Duden Das große Vornamenlexikon

Duden

Das große Vornamen-lexikon

4., völlig neu bearbeitete Auflage

Bearbeitet von Rosa und Volker Kohlheim

Dudenverlag
Berlin · Mannheim · Zürich

Redaktionelle Leitung Anette Auberle
Herstellung Monika Schoch

Die **Duden-Sprachberatung** beantwortet Ihre Fragen
zu Rechtschreibung, Zeichensetzung, Grammatik u. Ä.
montags bis freitags zwischen 09:00 und 17:00 Uhr.
Aus Deutschland: **09001 870098** (1,86 € pro Minute aus dem Festnetz)
Aus Österreich: **0900 844144** (1,80 € pro Minute aus dem Festnetz)
Aus der Schweiz: **0900 383360** (3,13 CHF pro Minute aus dem Festnetz)
Die Tarife für Anrufe aus den Mobilfunknetzen können davon abweichen.
Den kostenlosen Newsletter der Duden-Sprachberatung können Sie unter
www.duden.de/newsletter abonnieren.

Bibliografische Information der Deutschen Nationalbibliothek
Die Deutsche Nationalbibliothek verzeichnet diese Publikation in der Deutschen Nationalbibliografie; detaillierte bibliografische Daten sind im Internet über http://dnb.d-nb.de abrufbar.

Bibliographisches Institut GmbH
Mecklenburgische Str. 53, 14197 Berlin

Typografische Gestaltung Horst Bachmann
Umschlaggestaltung Büroecco, Augsburg
Umschlagabbildung ©iStockphoto.com
Satz Bibliographisches Institut GmbH, Mannheim
Druck und Bindearbeit Beltz Bad Langensalza GmbH,
Am Fliegerhorst 8, 99947 Bad Langensalza

Printed in Germany
ISBN 978-3-411-06084-9
www.duden.de

VORWORT

Woher stammt der Name Mia, ist Indra ein männlicher oder ein weiblicher Vorname, warum ist Alexander so beliebt geworden, und welche Berühmtheiten haben Namen wie Maximilian und Sophia getragen? Solche und ähnliche Fragen beantwortet »Das große Vornamenlexikon«. Dieses Buch erteilt aber nicht nur über Schreibung, Herkunft und Bedeutung unserer Vornamen Auskunft, sondern erleichtert auch Eltern die Wahl des Vornamens für ihr Kind.

In den letzten Jahren sind viele neue Namen aus dem Namenschatz benachbarter und auch entfernterer Nationen zu uns gekommen. Die Namenwelt unserer neu eingewanderten Mitbürger ist uns vertrauter geworden. Namen wie Cem oder Gülcan begegnen uns in den Medien. Andere heute geläufige Vornamen sind schon früher bei uns vergeben worden, wären aber noch vor ein paar Jahrzehnten als ungewohnt oder sogar altmodisch belächelt worden.

Auf diese Veränderungen ist bereits die letzte Auflage durch eine Erweiterung um mehr als 2000 neu aufgenommene Namen eingegangen, wozu noch viele Varianten kamen. Stärker als bisher wurden Namen neuhebräischer, arabischer, türkischer, persischer, indischer, chinesischer, japanischer, hawaiischer, indianischer und afrikanischer Herkunft berücksichtigt. Zu diesen Namen haben wir in dieser neuen Auflage des »Großen Vornamenlexikons« 200 weitere Namen hinzugefügt, darunter auch mehrere Vornamen altdeutscher Herkunft. Mit all diesen Namen reagiert »Das große Vornamenlexikon« auf eine durch Medien und Reisen scheinbar immer kleiner werdende Welt, in der jeder Einzelne täglich mit neuen Nachrichten und somit auch Namen aus aller Welt konfrontiert wird. Da bei der Auswahl der Namen darauf geachtet wird, dass sie vom Klang her möglichst reizvoll sind, stellen die Neuaufnahmen zugleich ein Angebot an diejenigen Eltern dar, die für ihr Kind einen ungewöhnlichen und bislang in Deutschland selten vergebenen Vornamen suchen.

Abgesehen von diesen Ergänzungen fanden die Fortschritte in der Namenforschung im Lexikonteil gebührende Berücksichtigung. Insbesondere bei der Deutung der Namen germanischer Herkunft ist die Wissenschaft in den letzten Jahren zu neuen Erkenntnissen gelangt. Hatten wir uns in den früheren Auflagen weitgehend darauf beschränkt, bei zweistämmigen Namen germanischer Herkunft lediglich die Bedeutung der beiden Namenstämme isoliert wiederzugeben, so wird nun, im Einklang mit der Forschung, eine Gesamtdeutung geboten, soweit dies zwanglos möglich erscheint. Bei allen fremdsprachigen Vornamen wird erläutert, aus welcher Sprache sie stammen, was sie bedeuten und gegebenenfalls auf welchen Wegen sie ins Deutsche vermittelt wurden. Die Aussprache wird stets angegeben. Das Namenlexikon enthält zudem die wichtigsten Entsprechungen der verzeichneten Vornamen in anderen Sprachen. Manche berühmte Persönlichkeit aus Geschichte, Literatur, Kunst, Musik und Wissenschaft, aus der Sport- und Medienwelt ist mit ihrem Namen Vorbild für die Namengebung geworden, was in den Artikeln ebenso vermerkt wird wie Gestalten aus Märchen und Sagen, aus literarischen Werken, aus Filmen, Opern, Operetten und Musicals. Nicht zuletzt bleiben Märtyrer und Heilige, die mit ihren Festtagen genannt sind, wichtige Vorbilder für die Namengebung.

Dem eigentlichen Lexikon stehen Vorbemerkungen voran, die Auskunft geben über Namenmoden, ihr Entstehen und ihren Wandel. Sie wurden für diese Neuauflage weitgehend neu verfasst, um den neuesten Entwicklungen in der Vornamengebung gerecht zu werden. An beispielhaften, heute modischen Namen wird die Herkunft unserer Vornamen erläutert. In diesem Teil des Buches finden sich auch Hinweise zur korrekten Namenschreibung sowie zu den rechtlichen Bestimmungen zur Vornamengebung. Einige Bemerkungen zur Namenwahl runden die Vorbemerkungen ab.

Der Erleichterung der Namenwahl sollen die getrennten Verzeichnisse der männlichen und weiblichen Vornamen, die Verzeichnisse der biblischen und mythologischen Namen sowie der Unisexnamen dienen. Das rückläufige Vornamenverzeichnis bietet die Möglichkeit, eine Auswahl zwischen Namen zu treffen, die dieselbe Endung haben. So wird z. B. ersichtlich, welche Namen die zurzeit beliebten Endungen -ia, -ian oder -as aufweisen. Mehrere im Buch verteilte Tabellen unterrichten über die häufigsten Vornamen in Deutschland seit dem ausgehenden 19. Jh. bis zur Gegenwart sowie über die derzeitigen Spitzenreiter in verschiedenen Ländern der Welt. Speziell an werdende Eltern richten sich die über den Alphabetteil verteilten Kästchenartikel mit Tipps zur Vornamengebung. Neu sind 30 Kästchenartikel – von A (Alexander) bis Z (Zoë) –, in denen die Geschichte ausgewählter Vornamen besonders herausgestellt wird.

Wie auch bei früheren Auflagen sind die benutzten Arbeiten zur Vornamenforschung und die herangezogenen Internetquellen im Literaturverzeichnis am Ende dieses Buches zu finden.

Ein Lexikon wie dieses, in dem Namen aus den unterschiedlichsten Sprachbereichen erklärt werden, kommt nicht ohne die Hilfe und den Rat von Spezialisten aus, und so ist es uns eine freudige Pflicht, unseren Helferinnen und Helfern wiederum herzlich zu danken: Herrn Prof. emer. Dr. Dr. h. c. Ernst Eichler, Leipzig (slawische Namen), Herrn Prof. emer. Dr. Heikki Solin, Helsinki (griechische und lateinische Namen), Herrn Prof. emer. Dr. Günther S. Henrich, Hamburg (neugriechische Namen), Frau Dr. Laimute Balode, Riga (lettische Namen), Frau Dr. Sirkka Paikkala, Helsinki (finnische

Namen), Frau Dr. Jutta Sperber, Münster (arabische und neuhebräische Namen), Frau Dipl.-Soc.-Anth. Kazuko Winter, Bayreuth (japanische Namen), Herrn Erkan Bilge, M. A., Bayreuth (türkische Namen), Herrn Dr. László Vincze, Budapest (ungarische Namen).

Bayreuth, im März 2013 *Rosa und Volker Kohlheim*

INHALT

VOR-
BEMERKUNGEN

Mia und Ben: Vornamen und Modenamen heute

Der Vorname ist der persönlichste Teil unseres offiziellen Gesamtnamens. Den Familiennamen haben wir ererbt, er gliedert uns ein in die Kette der Generationen. Unser Vorname aber wurde uns von unseren Eltern gegeben; bei seiner Wahl spielten Hoffnungen und Wünsche unserer Eltern eine Rolle; er unterscheidet uns von den Geschwistern und ist unser eigenstes »Markenzeichen«. Im besonderen Klang seines Vornamens wird sich das Kleinkind seiner Individualität bewusst; zu seinem Vornamen entwickelt es ein ganz besonderes Verhältnis. Da wir uns unseren Vornamen nicht selbst ausgesucht haben, müssen wir uns als Kind erst an ihn gewöhnen, bis wir ihn schließlich bejahen und uns mit ihm identifizieren.

Manche Psychologen sind der Ansicht, der Name habe Einfluss auf den Charakter und das Wesen des Benannten, ja er bestimme mit über Schulerfolg und Chancen im Liebes- und Berufsleben. Ob das stimmt, mag dahingestellt bleiben. Jedenfalls treffen Eltern mit der Namengebung eine wichtige und verantwortungsvolle Entscheidung. Es gilt nämlich als erwiesen, dass wir uns, sobald wir den Namen einer Person hören, schon eine gewisse Vorstellung von ihr machen. Der Name weckt bestimmte Assoziationen in uns: Von einem altmodischen Namen schließen wir auf eine etwas langweilige Person; ein neuer, nie gehörter Name lässt uns auch auf den Namensträger gespannt sein. Manche Jungennamen wirken »männlicher«, manche Mädchennamen »weiblicher« als andere. Vieles ist hier ganz subjektiv, doch hat man auch festgestellt, dass es mehr oder weniger allgemeingültige Geschmacksurteile über Namen gibt, die natürlich immer dem zeitlichen Wandel unterworfen sind. Aus all dem dürfte klar sein, dass die Wahl des Vornamens ein verantwortungsvolles Tun ist, das mitentscheidet über Glück, Erfolg und Wohlbefinden des neuen Erdenbürgers.

Wohlklang: das Hauptmotiv für die Namenwahl

Herkömmliche Motive wie die Namengebung nach Heiligen, nach den Paten, nach den Eltern oder Großeltern spielen heutzutage meist nur noch bei der Vergabe des Zweitvornamens eine gewisse Rolle. Auch die Bewunderung für einen Filmstar, eine Popsängerin oder eine Sportgröße schlägt sich nur selten unmittelbar auf die Namenwahl nieder, wie die Ergebnisse von Umfragen gezeigt haben. Auf der Suche nach einem passenden Namen für ihr Kind beteiligen sich Eltern an Internetforen oder ziehen ein Vornamenbuch zurate. Damit zeigen sie zwar Interesse für die ursprüngliche Bedeutung des Namens, doch ist diese nicht das wichtigste Kriterium für ihre Entscheidung. Im Vordergrund steht heute vor allem das Bestreben, dem Kind einen möglichst individuellen Namen zu geben, der zugleich schön und wohlklingend sein soll.

Was empfindet man aber heute als »schöne« Namen? Offensichtlich solche, die »weiche« Konsonanten wie *J, L, M, N* enthalten. Beispiele hierfür sind *Johanna, Lena, Lilli, Marie, Mia, Maja, Nele* sowie *Jan, Leon, Moritz, Noah.* Voll klingende unbetonte Vokale tragen ebenfalls zum Wohlklang – zur Euphonie – bei. Dies ist der Fall bei den heute beliebten männlichen Vornamen, die auf *-a (Luca), -as (Jonas, Lukas, Niklas), -ian (Fabian, Julian, Maximilian), -ias (Elias)* enden. Im Übrigen gilt ganz generell, dass die modischen Vornamen viele Selbstlaute aufweisen, vorzugsweise die Vokale *A* und *I.* Es sind dies u. a. *Anna, Emily, Emma, Hanna, Lina, Laura, Lea, Leonie, Luisa/Louisa, Sarah, Sofia; Alexander, David, Elias, Felix, Finn, Jannik, Lennard, Louis, Max, Philipp, Tim.*

Die zurzeit beliebtesten Vornamen in Deutschland

Mia, Emma, Hanna(h), Lea(h), Sofia/Sophia, Anna, Lena, Leoni(e), Lina und *Marie* lautet die Reihenfolge der beliebtesten Mädchennamen des Jahres 2012. Gegenüber 2011 sind manche Änderung eingetreten: *Lea(h)* ist auf den vierten Platz aufgestiegen, *Sofia/Sophia* auf den fünften und *Lena* auf den siebten. Hingegen ist *Lina* vom siebten auf den neunten, *Marie* vom achten auf den zehnten Platz zurückgefallen. *Lilly/Lilli* und *Emilie/Emily* haben inzwischen die Spitzengruppe verlassen. Im Vergleich zum Jahr 2000 finden sich bei den Mädchennamen sechs neue Spitzenreiter: *Mia, Hanna(h), Emma, Leoni(e), Lena* und *Lina.* Nach einem steilen Anstieg hatte auch *Emily/Emilie* im Jahr 2005 die Hitliste erreicht, doch rangiert sie derzeit wieder knapp unterhalb der Spitzengruppe. Als wenig beständig hat sich auch der Erfolg von *Lilli/Lilly* erwiesen: 2010 belegte sie den achten Platz in der Häufigkeitsrangfolge der Mädchennamen, doch 2012 nur noch die dreizehnte Stelle. Dagegen zeichnen sich andere Mädchennamen durch eine große Beständigkeit aus, nicht nur *Marie, Anna* und *Lea(h),* die weiterhin Spitzenpositionen einnehmen, sondern auch *Laura* und *Sarah,* die immer noch unter den dreißig häufigsten Mädchennamen zu finden sind. Hingegen hat die Beliebtheit von *Julia* (Rang 29) und *Katharina* (Rang 54) inzwischen nachgelassen.

Die männlichen Spitzenreiter des Jahres 2012 sind *Ben, Luca/Luka, Paul, Lukas/Lucas, Finn/Fynn, Jonas, Leon, Luis/Louis, Maximilian* und *Felix.* Gegenüber dem Vorjahr haben sich einige Veränderungen in der Häufigkeitsrangfolge der Jungennamen ergeben. *Ben* hat seine Spitzenreiterposition behalten können, während *Luca/Luka* und *Paul* auf den zweiten bzw. dritten Rang aufgestiegen sind. Ein Aufwärtstrend macht sich derzeit bei *Elias* und *Noah* bemerkbar. Sie haben daher gute Chancen, demnächst den Sprung in die Spitzengruppe zu schaffen. Seit der Jahrtausendwende ist es *Luca/Luka, Felix, Finn/Fynn, L(o)uis* und *Ben* gelungen, neu in die Hitliste aufzusteigen. Dabei wurden *Alexander, Jan, Niclas/Niklas* und *Tim* aus ihren Spitzenpositionen verdrängt, doch sind sie keineswegs in Vergessenheit geraten. *Tim* hält sich immer noch wacker auf Rang 13, *Niclas/Niklas* auf Rang 18, *Alexander* auf Rang 20 und *Jan* auf Rang 22.

Der Blick auf diese »Hitlisten« soll jedoch nicht den Eindruck erwecken, als sei die gegenwärtige Namengebung auf einige Favoriten beschränkt. Das Gegenteil ist der Fall: Noch nie, vielleicht abgesehen von der altgermanischen Zeit, war die Namengebung so vielfältig und individuell wie heute. Die beliebtesten Namen tragen derzeit höchstens noch zwei bis drei Prozent eines Altersjahrgangs. Ganz anders dagegen im Spätmittelalter, als die Heiligennamen die Namengebung europaweit und vor allem in den Städten eroberten. Im Regensburg des 14. Jh.s trugen 18,8 % der Frauen den Namen *Elisabeth,* im 15. Jh. waren 22,6 % der Männer auf den Namen *Johannes* getauft.

Aktuelle Trends in der Vornamengebung

Film, Funk, Fernsehen und Internet liefern zahlreiche Anregungen für eine originelle Namenwahl. Reisen eröffnen Einblicke in fremde Namenwelten. Aussiedler aus Rumänien, Polen und der ehemaligen Sowjetunion, Zuwanderer aus Südeuropa und der Türkei, Asylsuchende aus fernen Ländern haben viele neue Namen zu uns gebracht. So kann das allgemeine Streben nach Individualität und Wohlklang leicht befriedigt werden. Trotzdem werden Vornamen auch heute nicht völlig willkürlich vergeben. Vielmehr lassen sich Modeströmungen verfolgen, die keineswegs so schnelllebig sind, wie man vielleicht annehmen möchte. Seit Anfang der 1980er-Jahre rangiert *Anna* unter den zehn beliebtesten Mädchennamen, während *Lea* und *Sophia/Sophie* seit Ende der 1990er-Jahre zu den Top Ten gehören. *Maximilian, Lukas, Paul, Jonas* und *Leon* gehören seit Anfang der 1990er-Jahre bzw. seit der Jahrtausendwende zur Spitzengruppe der männlichen Vornamen.

Betrachtet man die Hitlisten der letzten fünfzig bis sechzig Jahre, so stellt man fest, dass nicht nur die Vornamen sich geändert haben, sondern auch deren Struktur. Unter den um 1960 beliebtesten Mädchennamen überwogen solche, die drei bzw. vier Silben hatten *(Angelika, Barbara, Brigitte, Gabriele, Monika, Sabine, Ulrike, Ursula)*. Hingegen waren die damaligen männlichen Spitzenreiter meist ein- oder zweisilbig *(Klaus, Bernd, Frank, Jürgen, Martin, Peter, Thomas, Uwe, Wolfgang)*. 2012 sind die weiblichen Lieblingsnamen kürzer geworden *(Mia, Lea, Lena, Lina, Hanna, Emma, Anna, Marie, Sofia)*. Unter den 20 häufigsten Mädchennamen sind dreisilbige Vornamen wie *Emily/Emilie* (Rang 11), *Amelie* (Rang 15) und *Johanna* (Rang 19) eindeutig in der Minderheit. Mit Ausnahme von *Maximilian* (Rang 9) und *Alexander* (Rang 20) beherrschen kurze Namen nach wie vor die Spitzengruppe der Jungennamen *(Ben, Finn, Luis, Paul, Max, Tim, Leon, Lukas, Jonas)*. Hinsichtlich der Namenlänge ist es also zu einer Annäherung der Mädchennamen an die Jungennamen gekommen. Umgekehrt haben sich die männlichen Vornamen den weiblichen angeglichen, indem nun bei ersteren vollklingende unbetonte Vokale und weiche Konsonanten stärker zugenommen haben: *Luka, Noah, Jonas, Ben, Finn, Elias* gegenüber *Peter, Dieter, Klaus, Bernd, Frank, Wolfgang*.

Die Namen germanisch-altdeutscher Herkunft sind seit dem Ende des Zweiten Weltkriegs allmählich aus der Mode gekommen. Abgesehen von *Emma*, die heute zu den Spitzenreitern gehört, werden derzeit nur wenige Mädchennamen germanisch-altdeutscher Herkunft häufiger vergeben: *Amelie* (Rang 15), *Ida* (Rang 35), *Mat(h)ilda* (Rang 39), *Fri(e)da* (Rang 37). Unter den 100 häufigsten männlichen Vornamen des Jahres 2012 sind Namen germanisch-altdeutscher Herkunft ebenfalls nur spärlich vertreten: *Till* (Rang 51), *Carl/Karl* (Rang 68), *Ole* (Rang 53) und *Levin* (Rang 87). Für *Leon* (Rang 7) und *Tim* (Rang 13) kommt – neben anderen Möglichkeiten – auch eine Ableitung von den deutschen Namen *Leonhard* und *Dietmar* infrage, *Erik/Eric* (Rang 25) kann nordischer oder niederdeutsch-friesischer Herkunft sein. Es treten heute vor allem Namen hervor, die hebräisch-aramäischen, griechischen oder lateinischen Ursprungs sind: *Anna, Hanna(h), Lea(h), Marie, Sara(h), Sofia, Clara, Emilia; David, Elias, Jonas, Noah, Alexander, Niclas, Philipp, Fabian, Felix, Julian, Lukas, Maximilian, Paul.* Mehrere Namen aus dieser Gruppe haben die deutsche Namengebung seit den 1950er-Jahren geprägt und werden weiterhin vergeben: *Daniela, Christina, Stefanie, Julia, Katharina; Michael, Thomas, Daniel, Andreas, Christian, Stefan, Mark(us), Matthias, Benjamin, Sebastian, Florian, Jonathan, Tobias.* Es handelt sich meist um Namen, die schon in früheren Jahrhunderten als christliche Heiligennamen oder biblische Namen in Gebrauch gewesen waren. Doch im Gegensatz zu früher wäre es wohl verfehlt, die Wiederbelebung dieser Namen auf eine gesteigerte Religiosität zurückzuführen. So knüpft zum Beispiel die Vorliebe für alttestamentliche Namen eindeutig an eine internationale Modeströmung an. Schon die Schreibweise einiger Namen (»Sarah« zum Bespiel schrieb man früher – und in deutschen Bibelübersetzungen heute noch – ohne *h*) deutet auf angloamerikanischen Einfluss.

Die Entlehnung von Namen aus anderen Sprachen ist ein weiteres Merkmal der modernen Namengebung. Vornamen fremder Herkunft werden nicht nur in Deutschland, sondern auch in anderen europäischen Ländern gern vergeben. Es sind vor allem ihr besonderer Klang und ihre Neuartigkeit, die solche Namen attraktiv machen, und weniger ihre sprachliche oder nationale Herkunft. Unter den derzeitigen Favoriten findet sich der englische Vorname *Emily*. In den 1960er- und 1970er-Jahren fanden *Mike, Mandy* und *Doreen* großen Anklang in der früheren DDR.

Andere Entlehnungen aus dem Englischen wie *Jennifer, Jessica, Vanessa; Patrick, Dennis* und *Kevin* waren in den 1980er- und 1990er-Jahren im ganzen Land beliebt. Die große Anzahl englischer Namen im gegenwärtigen Vornamenrepertoire ist nicht zuletzt auf die dominierende Rolle zurückzuführen, die England und vor allem Amerika auf dem Gebiet der modernen Musik bzw. der Film- und Fernsehproduktionen spielen.

Mehrere französische Vornamen haben in den letzten Jahrzehnten bei uns Anklang gefunden: *Céline, Chantal, Denise, Fabienne, Isabelle, Jacqueline, Jeannette, Jean(n)ine, Michelle, Monique, Nadine, Nathalie, Nicole, Yvonne; André, Marcel, Pascal, René, Yannick.* Darüber hinaus haben Entlehnungen aus den nordischen Ländern *(Kerstin, Linnea, Maren, Marit; Björn, Kjell, Lars, Mats/Mads, Mika, Niels, Sven, Torben, Torsten)*, aus den slawischen Sprachen *(Anja, Jana, Katja, Lara, Milena, Tanja; Boris, Sascha, Milan)*, aus dem Italienischen *(Alessia, Bianca, Carlotta, Chiara, Isabella, Laura, Mariella, Sandra; Carlo, Enrico, Fabio, Leandro, Lino, Luca, Marco, Mario, Matteo, Nino)*, aus dem Spanischen *(Carmen, Inés, Manuela; Diego, Manuel, Ricardo)* sowie aus anderen Sprachen zur Erweiterung des gegenwärtigen Vornamenschatzes beigetragen.

Gegenpol zu den Entlehnungen aus fremden Sprachen ist die Hinwendung zu »nostalgischen« Vornamen, d. h. zu Vornamen, die um 1900 oder auch schon früher häufig vergeben wurden und zwischenzeitlich als unmodern galten. Davon zeugt die Beliebtheit von *Emma, Sofia* und *Marie*, von *Paul, L(o)uis* und *Maximilian.* Auch Namen wie *Luisa, Johanna, Emilia, Charlotte, Paula, Ida* und *Josephine* bzw. *Max, Moritz, Jacob, Anton, Emil, Julius* und *Johannes* sind wieder aktuell geworden. Übrigens ist diese Modeströmung nicht nur auf Deutschland beschränkt.

Modenamen und Namenmoden

Bei dem bestehenden, überaus großen Angebot an neuen, teilweise exotischen Namen stellt sich die Frage, wie es heutzutage überhaupt zu Modenamen bzw. Modeströmungen in der Namengebung kommen kann. Schon die Wochenausgabe einer beliebigen Fernsehzeitschrift enthält derart viele originelle und dabei auch wohlklingende Namen, dass man sich fragen muss, warum gerade *Mia* und *Emma*, warum ausgerechnet *Ben* und *Leon* in die deutschen Hitlisten aufsteigen konnten. Viele meinen, es seien eben die Vorbilder aus dem Showgeschäft und der Sportwelt, die sozusagen automatisch durch ihre Präsenz in den Medien zur Entstehung von Namenmoden führen. Hierbei wird aber der Einfluss der modernen Medien weit überschätzt. Der Eurovision-Sieg von *Lena* (Meyer-Landrut) im Jahr 2010 hat den bereits sehr beliebten Vornamen (Rang 3) keinesfalls an die Spitze der Häufigkeitsrangfolge befördert. Seitdem hat die Beliebtheit des Namens *Lena* insgesamt etwas nachgelassen: 2012 steht er nur noch auf Platz 7. Ebensowenig haben die Erfolge von Sebastian Vettel in der Formel-1 einen Wiedereinzug seines Vornamens in die Hitliste zur Folge gehabt. Ohne Zweifel stellen die Medien eine wichtige Informationsquelle für neue Namen dar, doch sind am Anfang in der Regel nur sehr wenige Eltern bereit, einen bislang unbekannten Namen allein aufgrund der Tatsache zu vergeben, dass ein Sportidol, ein Filmstar oder eine Popsängerin ihn trägt. Solche Einzelfälle bleiben auch meist ohne Einfluss auf die Allgemeinheit. In der Tat sind Vornamen wie *Brooke* (nach den amerikanischen Schauspielerinnen Brooke Shields und Brooke Adams), *Whitney* (nach der amerikanischen Popsängerin Whitney Houston) und *Shakira* (nach der kolumbianischen Pop- und Rocksängerin) bei uns nur äußerst selten gewählt worden.

Damit ein Name sich zum Modenamen entwickeln kann, muss erst ein Nachahmungseffekt eintreten. Dann sind Vorbilder aus dem näheren gesellschaftlichen Umfeld

(Nachbarn und Bekannte, Freunde und Verwandte) viel wichtiger als einzelne Namensträger, die in der Öffentlichkeit sehr präsent sind. Amerikanische Kommunikationswissenschaftler, die das Phänomen der Verbreitung von Neuerungen schon in den 40er- und 50er-Jahren des vergangenen Jahrhunderts untersucht haben, sprechen daher von einem »multi-step flow of communication«, von einem mehrstufigen Kommunikationsfluss, der sich bei der Verbreitung von Produkten und Techniken ebenso wie bei der Entstehung von Namenmoden beobachten lässt.

In früheren Zeiten konnten die einflussreichen Neuerer in der Namengebung sogar recht genau bestimmt werden: Im Spätmittelalter war es zum Beispiel das städtische Patriziat, das mit neuen Namenströmungen, wie der Einführung der Heiligennamen, voranging. Ihm folgten in gewissem zeitlichem Abstand die nachgeordneten sozialen Schichten. Heutzutage ist ein derartiges soziales »Absinken« von Modenamen und Namenmoden nicht mehr so eindeutig festzustellen, auch wenn es noch manche Differenzen in den Namengebungsgewohnheiten unterschiedlicher Gesellschaftskreise gibt. Nach einer Untersuchung zur schichtenspezifischen Vornamengebung in Deutschland zu Beginn des 21. Jh.s hängt z. B. die Anzahl der Vornamen, die ein Kind erhält, mit der gesellschaftlichen Stellung zusammen: Je höher die soziale Schicht der Eltern ist, desto häufiger werden dem Kind zwei, drei oder mehr Vornamen gegeben. Bindestrich-Vornamen waren früher in den oberen Schichten häufiger anzutreffen, zu Beginn des neuen Jahrtausends sind sie jedoch in der unteren Schicht am beliebtesten. Hier finden sich auch ausgefallene Namenkombinationen wie *Shawn-Paul, Jean-Sullivan, Grace-Chantal* und *Li-An.* Ferner weisen die einzelnen sozialen Schichten unterschiedliche, z. T. auch spezifische Vornamenpräferenzen auf: Während die oberen Schichten sich bei der Namenwahl eher traditionell verhalten, neigen die unteren Schichten eher zur Vergabe neuer Vornamen, die oft aus dem Englischen oder Französischen stammen. So waren i. J. 2004 die Lieblingsnamen der oberen Mittelschicht *Paul, Felix* und *Moritz,* die der unteren Mittelschicht *Leon, Tim* und *Lukas,* die der unteren Schicht *Leon, Justin* und *Kevin.* »Nostalgische« Mädchennamen wie *Emma, Johanna, Charlotte* und *Paula* fanden sich unter den Spitzenreitern der oberen Mittelschicht, jedoch nicht unter den Favoriten der darunter liegenden Schichten. Wiederum fehlten Spitzenreiter der unteren Schicht wie *Celine/Celina* und *Michelle* unter den Top Ten der mittleren Schichten.

Wenn den modernen Medien auch ein gewisser Einfluss auf die Namenmoden zugesprochen werden muss, so darf doch nicht übersehen werden, dass es hinsichtlich der Namengebung auch einen Rückkoppelungseffekt gibt, der verstärkend auf manche Trends einwirken kann. Denn bei der Wahl von Künstlernamen oder Namen von Serienhelden und anderen werden oft sehr sorgfältig Moden berücksichtigt, die sich gerade anbahnen. Mancher Autor schaut sich da schon einmal Vornamenstatistiken an, um sicherzugehen, dass die Namen seiner Figuren tatsächlich »in« sind. So beeinflussen sich das Publikum und die Medien bis zu einem gewissen Grad gegenseitig.

Und noch eines ist für Modenamen charakteristisch. Sie treten selten als sprachliche Einzelgänger auf, sondern haben viel größere Chancen häufig gewählt zu werden, wenn sie dem Klang und Schriftbild nach ähnliche Gruppen bilden. Die in der zweiten Hälfte des 20. Jh.s beliebten Namenpaare *Peter* und *Petra, Ulrich* und *Ulrike, Christian* und *Christine, Stefan* und *Stefanie* sind nun durch *Leon* und *Leonie, Paul* und *Paula, Louis* und *Louisa, Finn* und *Fin(n)ja* ersetzt worden. Über rein äußerliche Ähnlichkeiten, unabhängig von der jeweiligen sprachgeschichtlichen Herkunft, stützen sich manche Namen gegenseitig auf ihrem Weg nach oben: der lateinische *Leon* und die hebräische *Lea,* die englische *Emily* und die wieder entdeckte *Lilli* sowie die derzeit beliebten Kurzformen *Lena* und *Lina.* Ebenso hat die große Beliebtheit von *Lukas* seit Mitte der 1990er-Jahre den Aufstieg von *Niklas* und *Jonas* begünstigt.

Es ist nicht uninteressant, dass derartige Namenmoden schon im Mittelalter vorkamen. So bewirkten zum Beispiel in Regensburg zur Zeit der Einführung der Heiligennamen im 13. und 14. Jh. Namenformen wie *Johan, Christian, Jordan, Stephan, Urban, Sebastian*, dass auch der Apostelname *Thomas* als *Thoman* erschien und dass die korrekte Endung *-ei/-ey (Sophey/Offmey)*, die sich bei der Eindeutschung von *Sophia* und *Euphemia* ergibt, auch bei Namen auftrat, wo sie lautgeschichtlich nicht zu erwarten gewesen wäre, also z. B. bei *Salmey* (aus *Salome*) und *Katrey* (aus *Katharina*).

Stehen wir vor einer Globalisierung der Namengebung?

In Österreich belegen *Sarah, Anna, Hannah, Lena, Leonie, Julia, Sophie, Marie, Emma* und *Laura* sowie *Lukas, Maximilian, Tobias, David, Jakob, Alexander, Jonas, Julian, Sebastian* und *Elias* die ersten Positionen der Häufigkeitsrangfolge. Die Favoriten in der deutschen Schweiz sind *Mia, Lena, Elena, Leonie, Julia, Alina, Lara* und *Laura; Leon, Noah, Luca, David, Leandro, Levin, Nico* und *Dario*. In der französischen Hitliste stehen die weiblichen Vornamen *Emma, Jade, Zoé, Chloé, Léa, Manon, Inès, Maëlys, Louise, Lilou* sowie die männlichen Vornamen *Nathan, Lucas, Jules, Enzo, Gabriel, Louis, Arthur, Raphaël, Mathis, Ethan* an der Spitze. In Spanien sind die derzeitigen Spitzenreiter *Lucía, Paula, María, Sara, Daniela, Carla, Sofia, Alba, Claudia* und *Martina* für Mädchen, *Alejandro, Daniel, Pablo, Hugo, Álvaro, Adrián, David, Diego, Javier* und *Mario* für Jungen. In England und Wales (2011) eroberten *Amelia, Olivia, Lily, Jessica, Emily, Sophie, Ruby, Grace, Ava* und *Isabella* neben *Harry, Oliver, Jack, Alfie, Charlie, Thomas, Jacob, James, Joshua* und *William* die Spitze der Beliebtheitsskala. In den USA stehen derzeit *Sophia, Isabella, Emma, Olivia, Ava, Emily, Abigail, Madison, Mia* und *Chloe; Jacob, Mason, William, Jayden, Noah, Michael, Ethan, Alexander, Aiden* und *Daniel* in der besonderen Gunst der Namensgeber.

Dieser Blick ins Ausland zeigt, dass die gegenwärtige Namengebung sowohl durch internationale Trends als auch durch eigenständige Entwicklungen geprägt ist. Die Vergabe von alttestamentlichen Namen, die in England und Amerika schon immer verbreitet war, hat in den letzten Jahrzehnten auch die europäische Namengebung erfasst. Doch zeichnen sich innerhalb dieser Namengruppe unterschiedliche Vorlieben in den einzelnen Ländern ab. *Abigail* ist auf der Hitliste der USA und Kanadas anzutreffen, *Lea(h)/Léa* erfreut sich in Deutschland, Frankreich, Belgien und der französischen Schweiz großer Beliebtheit, gehört aber in anderen Ländern nicht zu den Top Ten. *Sara(h)*, seit Langem ein internationaler Favorit, findet sich in Deutschland nicht mehr unter den Spitzenreitern. *Joshua* gehört in England zu den Favoriten, nicht aber in anderen europäischen Ländern. Die große Beliebtheit von *Daniel* bleibt auf Spanien beschränkt. In Frankreich zum Beispiel wird dieser Vorname heute nur selten vergeben. *Jonas* steht in Deutschland, Österreich und Norwegen hoch im Kurs, *Ethan* in den USA, Kanada und Frankreich. *Noah* ist derzeit ein international beliebter Name, der beispielsweise in den USA, Belgien und der Schweiz Spitzenpositionen einnimmt und in Deutschland zunehmend Anklang findet. Unter den Namen aus dem Neuen Testament fällt die große Beliebtheit von *Lukas* bzw. *Lucas, Luca* auf, die sich in Europa bereits von Skandinavien bis Italien durchgesetzt hat und sich nun in Australien anbahnt. In den USA gehört *Lucas* jedoch nicht zu den modischen Namen. *Mia*, ein häufiger Mädchenname in den USA und Australien, hat bislang nur in Deutschland und der deutschen Schweiz die Hitlisten erobern können.

Ein weiterer internationaler Trend ist die Vorliebe für »nostalgische« Namen. Damit sind Vornamen gemeint, die größtenteils um 1900 oder früher verbreitet waren. Sie traten dann allmählich in den Hintergrund und hatten zeitweilig ein altmodisches Image. Hierzu gehört zum Beispiel *Emma*, derzeit ein Spitzenreiter in den USA und Kanada sowie in Nord- und Mitteleuropa. *Manon* ist in Belgien und Frankreich in die Hitlisten eingezogen. *Sophie* bzw. *Sophia/Sofia* gehört wieder zu den häufig gewählten Namen in den USA, Kanada, England, Skandinavien, den Niederlanden, Deutschland, Österreich und Spanien. In den Niederlanden schätzt man wieder *Lotte*, in Dänemark *Ida*, in Spanien *Paula*. Die in den USA und England neu belebte *Emily* hat auch Anhänger auf dem europäischen Festland gefunden. Davon zeugt die Häufigkeit von *Emily/Emilie/Emilia/Emely* in Deutschland, von *Emilia* in Finnland, von *Emilie* in Norwegen. In der männlichen Namengebung treten ebenfalls Namen in den Vordergrund, die lange Zeit aus der Mode waren, etwa *Paul, Max, Maximilian, Moritz* und *Jakob* in Deutschland, *Jules, Arthur* und *Louis* in Frankreich, *Jacob* in England, *Pablo, Hugo und Diego* in Spanien.

Parallel zu den internationalen Trends spielt in manchen europäischen Ländern und Regionen die eigene Namentradition eine wichtige Rolle. So stehen zum Beispiel in Finnland die Jungennamen *Onni* (»Glück«), *Eetu* (Kurzform von *Edvard*) und *Veeti* (Kurzform von *Fredrik*) sowie der Mädchenname *Aino* (nach einer Gestalt des Nationalepos »Kalevala«) ganz oben in der Beliebtheitsskala. In der Tschechischen Republik schätzt man *Ondřej* und *Vojtyěch*. In Spanien zählen *Álvaro, Diego* und *Javier* zu den häufigsten Jungennamen. Im Baskenland und in Katalonien prägen baskische und katalanische Namen die derzeitige Namengebung, und die Friesen haben sich ihren eigenständigen Namenschatz zum Teil bis heute bewahrt.

Die Hitlisten aus verschiedenen Ländern zeigen, dass es gegenwärtig mehrere Vornamen bzw. Vornamengruppen gibt, die international beliebt sind, doch lassen sie auch erkennen, dass es noch nicht zu einer weitgehenden Angleichung der Namenvorlieben gekommen ist. Man kann heutzutage von einer Internationalisierung der Namengebung sprechen, nicht aber von einer Globalisierung. Denn es ist kaum zu erwarten, dass China, Indien und vor allem die islamischen Länder sich den Modetrends aus dem westlichen, christlich geprägten Kulturkreis anschließen.

Zur Herkunft unserer Vornamen

Emma, Mia und *Sophia, Till, Ben* und *Felix* sind drei Mädchen- und drei Jungennamen, wie sie uns heute häufig begegnen. Trotz ihrer Alltäglichkeit stehen hinter diesen sechs Namen 3000 Jahre europäischer Religions- und Kulturgeschichte. Man muss sie nur aufzuschlüsseln wissen. Ihrer sprachlichen Herkunft nach handelt es sich bei diesen Namen um zwei germanische Namen *(Emma* und *Till;* letzterer aus *Dietrich)*, um zwei hebräische Namen *(Mia* aus *Maria* und *Ben* aus *Benjamin)*, einen griechischen *(Sophia)* und einen lateinischen Namen *(Felix)*. Nimmt man die griechischen und lateinischen Namen zusammen, die bereits im Rom der Kaiserzeit und des frühen Christentums nebeneinander vergeben wurden, so hat man mit diesen sechs Namen die drei Hauptquellen identifiziert, aus denen sich unser Namenschatz nicht erst in der Gegenwart speist. Dabei prägte jeden dieser sechs Namen eine eigene Geschichte, in der sich Kultur- und Religions- oder besser Frömmigkeitsgeschichte vielfältig verzahnen. Um dies zu veranschaulichen, soll jeweils am Ende der folgenden Erklärungen der germanischen, hebräischen und griechisch-lateinischen Namen die Geschichte dieser sechs Namen exemplarisch erläutert werden.

Vornamen germanischer (altdeutscher) Herkunft

Die älteste Schicht: zweigliedrige dichterische Namen

Bis weit in das Mittelalter hinein trugen die Angehörigen der verschiedenen germanischen Stämme nur einen Namen, denn die Familiennamen bildeten sich bei uns erst ab dem 12. Jh. heraus. Daher spricht man für diese frühe Zeit auch nicht von »Vornamen«, sondern lieber von »Rufnamen«. Diese Namen waren größtenteils aus zwei Bestandteilen, zwei selbstständigen »Namenwörtern« (oder »Namengliedern«) zusammengesetzt und ließen sich so sinnvoll deuten: *Theoda-rīch (Dietrich)* »der im Volk mächtig ist«, *Kuon-rāt* »der kühn in der Beratung ist«. Parallelen in anderen indoeuropäischen Sprachen zeigen, dass diese Art der Namenbildung weit in die Frühzeit, wohl ins 3. Jahrtausend vor Christus, zurückreicht. Diese Annahme bekräftigen insbesondere solche Namen, deren Bestandteile dieselbe indoeuropäische Herkunft aufweisen, wie zum Beispiel dt. *Wolf-gang* und griech. *Lykó-phrōn* (griech. *lýkos* »Wolf« ist mit dt. *Wolf* urverwandt). Andere Namen deuten auf intensive Kontakte zwischen den indoeuropäischen Völkern hin. Die Bestandteile dieser Namen sind oft sprachlich nicht miteinander verwandt, bedeuten aber dasselbe. So entspricht der deutsche Name *Konrad* (ahd. *kuon* »kühn« + ahd. *rāt* »Rat, Beratung, Ratgeber«) dem griechischen *Thrasýboulos* (griech. *thrasýs* »kühn, tapfer« + *boulḗ* »Wille, Ratschluss«). Der russische Name *Borislav* (zu urslaw. **borti* »kämpfen« + urslaw. **slava* »Ruhm«) ist bedeutungsgleich mit dem deutschen *Hadmar* (ahd. *hadu* »Kampf« + ahd. *māri* »bekannt, berühmt, angesehen«) und der keltische *Caturix* (*cad* »Kampf« + *rīx* »Herrscher«) mit dem althochdeutschen *Gundorih* (ahd. *gund* »Kampf« + ahd. *rīhhi* »Herrschaft, Herrscher, Macht; reich, mächtig, hoch«).

Größtenteils um Christi Geburt und in den ersten nachchristlichen Jahrhunderten zur Zeit der germanischen Völkerwanderung bis zum Festwerden neuer politischer Ordnungen in Europa entstanden, bezeichnen die ältesten dieser Namen auf poetisch-bildliche Weise den Mann als Krieger, als Herrscher, als Angehörigen eines Stammes. Viele der dafür gebrauchten Namenwörter waren schon damals veraltet und gehörten daher einer höheren, dichterischen Sprachschicht an. So erscheint zum Beispiel nicht das gebräuchliche Wort *sper* »Speer« als Rufnamenbestandteil, sondern das poetische Wort *gēr* »Ger«, nicht *swert* »Schwert«, sondern *brant.* Vorherrschend sind Namenwörter aus dem kriegerischen Bereich: Wörter wie *hadu, hiltja, gund,* die alle »Kampf« bedeuten, Bezeichnungen für bestimmte Waffen wie *brant* »Schwert; eigentlich die scharf-brennende Klinge«, *gēr* »Speer«, *rant* »Schild«, *helm* »Helm«. Das Kriegsvolk wird als *folc* oder *heri* bezeichnet; in Namen kann besonders *heri* auch »Krieger« bedeuten. Auch starke, wilde Tiere wie der Bär *(bero)*, der Wolf *(wolf)* und der Eber *(ebur)*, Raubvögel wie der Adler *(arn)* und der Rabe *(hraban)* verkörpern Eigenschaften, die den Krieger symbolisieren. Zu diesen kämpferischen Namenwörtern scheint ein Namenbestandteil wie *Fried-/-fried* wenig zu passen, doch fügt er sich mit der Bedeutung »Bewahrer des Friedens innerhalb seines Stammes« ins allgemeine Bild. Der Krieger wollte nicht nur siegen *(Sig-/Sieg-)*, sondern auch bekannt werden, Ruhm erwerben. Das wird durch Wörter wie *māri* »berühmt«, *hlūt* »laut, berühmt«, *beraht* »glänzend, berühmt« ausgedrückt.

Überraschend ist, dass auch die meisten Frauennamen aus Namenwörtern mit kriegerischer Bedeutung gebildet sind. Bevorzugte Endglieder sind *-burg* »Burg, Zufluchtsstätte, Schutz«, *-gund* und *-hild,* beide mit der Bedeutung »Kampf, Kämpferin«, sowie *-trud* »Kraft, Stärke«. Eher zur Bildung von Frauennamen geeignet erscheint uns heute das Namenglied *-lind* »sanft, weich, mild«.

Bei der Bildung zweigliedriger Namen wurden in der Regel genaue Gesetze beachtet. Stabreim (Alliteration) wurde ebenso vermieden wie Binnenreim. Namen wie **Hadu-hild* oder **Rāt-flāt* konnten also nicht gebildet werden. Auch wurde vokalischer Anlaut beim zweiten Namenglied vermieden. Wo das scheinbar doch der Fall ist, wie zum Beispiel bei *Adal-olf, Adolf,* ist der ursprünglich vorhandene Anfangskonsonant *w* von *-wolf* geschwunden.

Neben den zahlreichen zweigliedrigen Namen kommen auch einige wenige eingliedrige (das heißt nicht unbedingt einsilbige) vor, die aus dem gleichen Sinnbezirk stammen: *Ernust* (ahd. *ernust* »Ernst, Eifer, Kampf, Sorge«), *Bruno* (ahd. *brūn* »braun«, Beiname des Gottes Wotan und verhüllender Name für den Bären). Auch Stammesbezeichnungen wie *Franko* (»der Franke«) und *Hasso* (»der Hesse«) begegnen.

Spätere Entwicklungen: Variation der Namenglieder

Auch zu einer Zeit, in der es noch keine Familiennamen gab, war man darum bemüht, die Zusammengehörigkeit der Sippe in der Namengebung zum Ausdruck zu bringen. Dies konnte auch mit nur einem Namen geschehen. Die einfachste Möglichkeit war, einen bestimmten Rufnamen immer erneut zu vergeben. So entstanden die »Leitnamen«, die wir von den großen dynastischen Geschlechtern her kennen, zum Beipiel von den *Ottonen* und den *Welfen.* Letztere gaben zunächst den Namen ihres Stammvaters *Welf* († um 825) weiter, bis sich bei ihnen der Leitname *Heinrich* durchsetzte. Leitname der Staufer war *Friedrich,* ebenso der Hohenzollern.

Älter jedoch und sehr verbreitet waren die verschiedenen Möglichkeiten der Namenvariation: Man kombinierte die Namenglieder der Eltern neu, stellte sie um oder behielt wenigstens ein Namenwort bei, um es mit neuen Namengliedern zusammenzusetzen. Variation im Zweitglied zeigt zum Beispiel die ostgotische Amalersippe: der Vater König *Theoderichs* des Großen trug den Namen *Theodemir,* sein Bruder hieß *Theodemund,* dessen Sohn wiederum *Theodahad,* dessen Kinder *Theodegisclus* und *Theodenante.* Bei den westfränkischen Merowingern variieren *Childerich* mit *Childebert, Chlodwig* mit *Chlodomer* und *Chlothar.* Aber auch das Erstglied konnte variieren, wie sich an der Sippe der so genannten »bairischen« Langobardenkönige zeigt, die Namen wie *Haripert, Godepert, Cunipert, Liutpert, Raginpert* und *Gundpert* trugen. Eine weitere Möglichkeit, genealogische Zusammenhänge im Namen deutlich werden zu lassen, bot der Stabreim, die Alliteration. Der bekannteste Fall sind die Namen im althochdeutschen Hildebrandslied: *Hiltibrand, Heribrantes sunu* (Hildebrand, Heribrands Sohn) und *Hadubrant [...] Hiltibrandes sunu* (Hadubrand, Hildebrands Sohn). Hier sind die Namen auf dreifache Weise miteinander verbunden: durch Stabreim *(H-),* durch das gemeinsame Zweitglied *(-brant)* und durch die Variation im Erstglied *(Hilti-, Heri-, Hadu-),* wobei der Sinn dieser drei Namenglieder ungefähr gleich bleibt. Nicht immer entstanden durch neue Kombinationen der Namenglieder sinnentleerte Namen: die Namen des Hildebrandsliedes lassen sich verstehen als »der ein im Kampf bewährtes Schwert führt«, »der im Heer ein Schwert führt« und »der ein im Streit bewährtes Schwert führt«.

Sinnabschwächung der alten Namenwörter

Häufiger Gebrauch und der Wandel der Sprache trugen dazu bei, dass der ursprüngliche Sinn einiger alter Namenwörter nicht mehr verstanden wurde. Das war zum Beispiel der Fall bei dem Namenglied *-bold/-pold,* das auf ahd. *-bald* »kühn« zurückgeht und in unserem heutigen Wort »Trunkenbold« steckt. Häufig war das Zweitglied *-wolf.* Bei fast allen Zusammensetzungen war hier das anlautende *-w* geschwunden (assimiliert), zum Beispiel bei *Adolf, Gandolf, Gundolf, Landolf, Ludolf, Rudolf.* Ebenso wie *-bold* wurde *-olf* nicht mehr als bedeutungstragendes Namenwort, sondern nur noch als eine typische Endung von Rufnamen aufgefasst. So konnte schon Notker der Deutsche († 1022) einen Reichen als *rīhholf* bezeichnen. Diese Sinnentleerung führte in späteren Jahrhunderten dazu, dass sich ursprünglich nicht zusammengehörige Namenglieder gelegentlich vermischten: So konnte zum Beispiel ein und derselbe Mann in der Überlieferung einmal als *Gundolf (gund + wolf)* erscheinen, ein anderes Mal als *Gundolt (gund + olt* aus *-walt,* zu ahd. *waltan* »herrschen«*)*. Diese Sinnentleerung hatte allerdings, solange überhaupt altdeutsche Namen gebildet wurden, keinen Einfluss auf die oben erwähnten Bildungsgesetze.

Kurzformen, Koseformen und Namen aus der Kinderstube (Lallnamen)

Sehr alt sind auch verkürzte Formen von Namen. Sie treten schon von Anfang der Überlieferung an auf. Bei den Kurzformen unterscheidet man zwischen den einstämmigen Formen, bei denen ein Namenglied, und zwar meist das zweite, ganz weggelassen wurde *(Bert* aus *Bertolt)*, und den zweistämmigen, bei denen meist der Anfangskonsonant des zweiten Namenglieds mit dem ersten Namenbestandteil verbunden wurde. Dabei wurde in der Regel der letzte Konsonant des ersten Namenglieds vollständig an den darauf folgenden Konsonanten angeglichen (assimiliert), das heißt, er schwand. So ergeben sich Formen wie *Tammo* aus *Tankmar, Lübbe* aus *Liutbert.* Der Einfachheit halber wird bei den Namenerklärungen im vorliegenden Lexikon nicht zwischen diesen beiden Arten von Kurzformen unterschieden.

Diese Kurzformen wurden sehr oft mit der männlichen Endung *-o* oder mit der weiblichen Endung *-a* versehen. Wollte man ein zärtliches Gefühl gegenüber dem Kind zum Ausdruck bringen, so konnte man auch eine Verkleinerungsendung an die Kurzform des betreffenden Namens hängen. Dann sprechen wir von einem Kosesuffix und von einer Koseform. Bevorzugte Suffixe sind *-i* (aus älterem *-ja*-Suffix, zum Beispiel bei *Rudi*), Suffixe mit *-z* (zum Beispiel bei *Fritz, Heinz, Lutz*), Suffixe mit *-k* (zum Beispiel bei *Elke* aus *Adelheid*) und Suffixe mit *-l* (zum Beispiel *Friedel* aus *Friedrich*). Auch *-man, -wīb* und *-kint* konnten in kosender Funktion an Kurzformen treten. Dies ist zum Beispiel der Fall bei den Namen *Karlman* (jüngerer Bruder Karls des Großen), *Azwip* (in Regensburg noch im 13. Jh. bezeugt) und *Widukint* (Sachsenführer, der sich 785 Karl dem Großen unterwerfen musste).

Ab dem 13./14. Jahrhundert tritt noch eine weitere Art auf, die langen, zweigliedrigen Namen zu verkürzen: Man zog zum Beispiel den Namen *Bernhard* zu *Bernd* zusammen, *Gerhard* zu *Gerd* oder *Konrad* zu *Kurt.* Diese Zusammenziehungen (Kontraktionen) und Verschleifungen werden in diesem Lexikon der Einfachheit halber ebenfalls als Kurzformen bezeichnet. Zusammenziehungen und Kürzungen, die nur das erste Namenglied eines zweistämmigen Namens betreffen, etwa *Albrecht* aus *Adalbrecht,* werden hier »jüngere Formen« genannt.

Bekanntlich haben Kleinkinder, die versuchen ihren eigenen Namen auszusprechen, oft Schwierigkeiten, komplizierte Lautverbindungen wiederzugeben. So wird etwa aus einer *Elisabeth* eine *Lilli* und aus einem *Dietrich* ein *Didi.* Die so in der Kinderstube entstandenen Namen nennt man Lallnamen. Solche Namen gab es schon in alter Zeit, etwa *Poppo* aus *Volkmar* oder *Atto* aus *Adalbert.*

Nicht immer blieben diese verkürzten oder freundlich-kosenden Namen auf die Kinderstube beschränkt. Oft behielten die so von Eltern, Großeltern und anderen Verwandten gerufenen Jungen oder Mädchen ihre ursprünglich zärtlich gemeinten Namen im reifen Alter bei. So sind ja auch die oben erwähnten *Karlman* und *Widukint* mit ihren Kosenamen in die Geschichtsbücher eingegangen, wobei vor allem *Widukint* (auch *Wittekind*) alles andere als ein zarter Knabe war. So kam es, dass aus vielen dieser Kurz- und Koseformen selbstständige Namen wurden, bei denen wir die ursprüngliche Zusammengehörigkeit mit ihren Vollformen gar nicht mehr empfinden. Wer würde heute noch daran denken, dass *Kurt* zu *Konrad, Berta* zu *Berthilde* oder *Bertrun* oder gar *Elke* zu *Adelheid* gehören? Wie man an den letzten Beispielen sieht, sind diese ehemaligen Kurzformen oft viel beständiger in der Namengebung geworden als die Vollformen, von denen sie ursprünglich abgeleitet wurden. In diesem Lexikon werden solche Namen als »verselbstständigte Kurzformen« bezeichnet.

Zwei Namen germanischer Herkunft: Emma und Till

Emma: Nicht alle Namen germanischer Herkunft sind heutzutage aus der Mode gekommen. *Emma* hat in den letzten Jahren sogar die internationalen Vornamen-Hitlisten erobert. In Deutschland belegte *Emma* im Jahr 2008 die neunte Position in der Rangfolge der Mädchennamen, 2010 bereits die fünfte, und seit 2011 steht *Emma* an zweiter Stelle. Vorausgegangen waren den deutschen *Emmas* aber bereits die französischen: In Frankreich begann der rasante Aufstieg dieses Namens bereits in den 80er-Jahren des 20. Jahrhunderts. Im Jahr 2011 hat sich *Emma* dort Platz eins in der Häufigkeitsrangfolge erobert, ebenso in Finnland, in den Niederlanden, in Dänemark, in Belgien und in der französischen Schweiz. Aber auch in Schweden, Norwegen, Österreich und den USA gehört *Emma* zu den Spitzenreitern.

Dabei handelt es sich bei *Emma* wirklich um einen altehrwürdigen Namen, den schon im 9. Jh. eine ostfränkische Königin führte und im 9./10. Jh. zwei westfränkische Königinnen getragen haben. Im 11. Jh. hieß auch eine englische Königin *Emma.* Sprachlich leitet er sich von dem germanischen Stamm **ermana, irmina* ab, der »allumfassend, groß« bedeutet. Das Wort ist zum Beispiel enthalten in der *Irminsul,* der heidnischen *Irmin-Säule,* die der angelsächsische Missionar Bonifatius umschlagen ließ. *Emma* ist eine schon früh verselbstständigte Kurzform von Namen, die mit diesem Stamm gebildet wurden, der in althochdeutscher Form *Erm(en)-, Irm(in)-* hieß.

Nach dem Mittelalter geriet dieser alte Name zunächst ziemlich in Vergessenheit, doch wurde er durch die Ritterdichtung und romantische Bewegung zu Anfang des 19. Jh.s wieder neu belebt. Dabei erhielt er auch höhere literarische Weihen; denken wir nur an die Heldinnen der Romane »Emma« von Jane Austen (1816) und »Madame Bovary« von Gustave Flaubert (1856). Abwechslungsreich ist die Geschichte dieses Namens in Deutschland: Im 19. Jh. wurde der Name so beliebt, dass Christian Morgenstern spotten konnte: »Die Möwen sehen alle aus, als ob sie Emma hießen ...«. Heute trauern wir den »Tante-Emma-Läden« nach. Dann wurde *Emma* durch die gleichnamige Zeitschrift Alice Schwarzers zum Symbol für die Bewegung zur Gleichstellung der Frau in Deutschland. *Emmas* erfolgreiche Karriere in verschiedenen Ländern hängt aber nicht zuletzt mit der gegenwärtigen Vorliebe für nostalgische Namen zusammen.

Till: Till Eulenspiegel kennt jeder; sicher weniger bekannt ist, dass dieser Name eine norddeutsche Koseform von Namen germanischer Herkunft ist, die mit dem althochdeutschen Namenglied *thiot-* »Volk« gebildet sind. Am ehesten kommt hierfür der Name *Dietrich* in Frage. Der Schalk Till Eulenspiegel soll aus Mölln stammen und im 14. Jh. gelebt haben. Ein Volksbuch aus dem 15. Jh. zeichnete seine Streiche zum ersten Mal auf. Sie gerieten nicht in Vergessenheit. In neuerer Zeit wurden Till Eulenspiegels Taten unter anderem von Gerhart Hauptmann, Christa und Gerhard Wolf literarisch bearbeitet. Richard Strauss widmete dem lustigen Gesellen eine symphonische Dichtung. Der Schelm wurde auch über die deutschen Grenzen hinaus bekannt: In Belgien versetzte der Dichter Charles de Coster Til Uylenspiegel, wie er dort heißt, in die Zeit der niederländischen Befreiungskriege gegen die Spanier. So wurde er dort zu einem Nationalhelden.

Wenden wir uns nun der wahrscheinlichsten Vollform des Namens zu, also *Dietrich,* so kommen wir in noch viel ältere sagenhafte Gefilde. Spielte doch Dietrich von Bern mit seinem Waffenmeister Hildebrand eine große Rolle in der mittelalterlichen Sagenwelt und Literatur. Bis ins 17. Jh hinein reichen die dichterischen Darstellungen seiner sagenhaften Abenteuer. Jahrhundertelang faszinierten seine angeblichen Kämpfe mit Riesen, Zwergen und Drachen ein Publikum, das, ebenso wie heute, auf fantastische Literatur erpicht war. So ist es kein Wunder, dass

Dietrich bis um die Mitte des 20. Jh.s ein beliebter Name war. Wie vielen Sagenhelden lag auch Dietrich von Bern eine reale historische Gestalt zugrunde: der große Ostgotenkönig *Theoderich* (5./6. Jh.). Er beherrschte von Ravenna und Verona aus Italien. Aus Verona machte die deutsche Sage *Bern; Theoderich* ist die halb lateinische Form des gotischen Namens *þiudareiks.* Auf Deutsch ist das *Dietrich* und bedeutet »Beherrscher des Volks«.

Mit der Beliebtheit von *Emma* kann sich *Till* nicht messen; er erreichte im Jahr 2012 lediglich Platz 51 auf der Beliebtheitsskala. Mit dem Schauspieler Til Schweiger gibt es für den Namen, abgesehen von seinem historischen Vorbild Till Eulenspiegel, aber auch einen prominenten aktuellen Namensträger.

Vornamen hebräisch-aramäischer Herkunft

Geschichte und Bedeutung

Die meisten Namen der Bibel sind, sprachlich gesehen, hebräischer Herkunft. Dazu kommen einige, die aus dem Aramäischen, der Sprache Jesu, herzuleiten sind. In die deutsche Namengebung sind diese Namen in drei zeitlich klar zu unterscheidenden Wellen gelangt. Bereits im 8.–10. Jh., also noch in althochdeutscher Zeit, wurden Namen aus dem Alten Testament vorwiegend von Geistlichen getragen. Dieser Namenmode war jedoch keine Dauer beschieden. Eine wesentlich größere Zahl hebräisch-aramäischer Namen fand erst ab dem 12./13. Jh. bleibende Aufnahme in unseren Vornamenschatz. Es war dies die Zeit, als sich bei uns die Namengebung nach Heiligen und nach anderen verehrten Personen aus dem Alten und Neuen Testament für Jahrhunderte durchsetzte. Hebräisch-aramäischer Herkunft sind vor allem die Namen aus dem Umfeld der Familie Jesu. Unter ihnen wurden *Johannes* – nach dem Täufer Jesu – und *Elisabeth* – nach dessen Mutter, einer Verwandten Marias – besonders beliebt, außerdem die Namen der Apostel und des Erzengels *Michael.* Der Name *Jesus* jedoch wurde aus religiöser Scheu im deutschen Sprachraum bis heute so gut wie gar nicht vergeben, und auch der Name *Maria* fand erst seit dem 16. Jh. weitere Verbreitung. Eine dritte und vorläufig letzte Welle mit vorwiegend alttestamentlichen Namen lässt sich seit dem Zweiten Weltkrieg feststellen. Sie hängt vor allem mit der gegenwärtigen Internationalisierung der Namengebung und insbesondere dem Vorbild der angloamerikanischen Namenmode zusammen.

Sehr viele biblische Namen enthalten eine Aussage über Gott: *Jahwe* (griechisch-lateinisch *Jehova*) wird in Form eines Satznamens gepriesen oder ihm wird gedankt. Daher beginnen viele hebräische Namen mit *Jo-* oder sie enden mit *-ja,* verkürzten Formen des Gottesnamens *Jahwe.* So bedeuten die Namen *Jo-natan* und *Netan-ja* beide »Jahwe hat gegeben«. Aber auch mit *El* oder *Ab* »Vater« ist Gott gemeint, und entsprechend oft erscheinen diese Wörter in hebräischen Namen, zum Beispiel in *Elisabeth* »[mein] Gott ist Fülle, Vollkommenheit« oder *Abigail* »der Vater hat sich gefreut«. Von all diesen Namen wurden auch Kurzformen gebildet, etwa *Natan* zu *Jonatan.* Manchen dieser Namen gibt man bereits im Alten Testament neue, volksetymologische Erklärungen, um die sich dann zahlreiche Geschichten ranken (vgl. zum Beispiel im Lexikonteil *Jakob*). – Nicht alle alten hebräischen Namen haben einen religiösen Inhalt. Man konnte ein Mädchen auch *Susanna* »Lilie« oder *Debora* »Biene« nennen. Selbst Spitznamen wurden als Rufnamen vergeben, zum Beispiel *Lahad* »der Träge«.

Alte und neue Schreibweise

Die hebräischen Namen wurden durch die auf der Übertragung des heiligen Hieronymus (4./5. Jh.) beruhende Vulgata-Bibelübersetzung in griechisch-lateinischer Form bekannt. Bei ihrer Aufnahme in den spätmittelalterlichen deutschen Namenschatz wurden sie so schnell und gründlich dem Laut- und Namensystem des Deutschen angepasst, dass sie bald nicht mehr als Fremdnamen zu erkennen waren. Aus *Johannes* wurde *Hans,* aus *Bartholomäus Bartel,* aus *Elisabeth Else.* Daneben bestanden natürlich die auf kirchlicher Seite benutzten offiziellen Namenformen weiter, doch bildeten sich seit der Reformation auch bei diesen offiziellen Formen öfter Unterschiede zwischen katholischer, auf der Vulgata-Tradition beruhender, und evangelischer, durch die Lutherbibel geprägter Schreibung heraus. So schrieb zum Beispiel die Vulgata *Iob* oder auch *Ijob,* Luther dagegen *Hiob,* und der in der Apostelgeschichte vorkommende Name *Tabita* wurde von Luther als *Tabea* wiedergegeben.

1966 beschloss man, diese störenden Differenzen durch eine evangelisch-katholische Kommission zu beseitigen, wobei das Ziel war, die Namen näher als bisher an das hebräische Original anzugleichen. Das Ergebnis sind die sogenannten »Loccumer Richtlinien« (nach einer Arbeitssitzung der Kommission im evangelischen Kloster Loccum), die 1970 von der Deutschen Bischofskonferenz und dem Rat der Evangelischen Kirche gebilligt wurden; Österreich und die deutschsprachige Schweiz schlossen sich an. Diese Richtlinien, welche die traditionellen Namenformen zum Teil entscheidend verändern (zum Beispiel *Jojakim* statt *Joachim*), haben ihren Niederschlag in der Einheitsübersetzung der Bibel und in liturgischen Büchern gefunden, in die alltagssprachliche Realität sind sie jedoch noch nicht eingedrungen, und das ist auch so schnell nicht zu erwarten. Sie sollen jedoch im Vornamenlexikon nicht fehlen. Sie werden – wo nötig – nach dem Eintrag der allgemein gebräuchlichen Form mit der Bemerkung: »(überkonfessionelle Form: ...)« aufgeführt.

Zwei Namen hebräisch-aramäischer Herkunft: Mia und Ben

Mia und *Ben* nehmen heute die erste Position der Top Ten unter den neu vergebenen Vornamen in Deutschland ein. Beide Namen sind verkürzte Formen ursprünglich hebräisch-aramäischer Namen.

Mia ist eine Zusammenziehung (Kontraktion) von *Maria,* dem Namen der Muttergottes. Zwar ist sicher, dass *Maria* auf die lateinisch-griechische Form des hebräisch-aramäischen Namens *Miryam* zurückgeht, doch konnte trotz intensivster Bemühungen der Sprachwissenschaftler dieser Name noch nicht eindeutig erklärt werden. Heute nimmt man an, dass ihm entweder die hebräische Wurzel *rym* »schenken« zugrunde liegt oder die Wurzel *mry* »fruchtbar sein«. So könnte *Miryam* als »Geschenk (Gottes)« oder als »die Fruchtbare« gedeutet werden. Dabei ist zu beachten, dass die Jungfrau Maria diesen Namen nicht als Erste trug, sein Sinn sich also nicht auf sie beziehen kann. Der Name findet sich schon im Alten Testament und war zur Zeit der Geburt Jesu recht häufig.

Der Mutter Jesu wurde vor allem seit dem Mittelalter eine außerordentlich große Verehrung zuteil. An zahlreichen Festen wurde und wird in der katholischen Kirche ihrer gedacht, auf unzähligen Bildern ist sie in verschiedenen Situationen ihres Lebens dargestellt. Zahlreiche Marienheiligtümer lockten seit dem Spätmittelalter unzählige Pilger an. Diese Verehrung ließ in katholischen Gebieten im 17./18. Jh. keineswegs nach, und im beginnenden 19. Jh., zur Zeit der Romantik, erfasste sie sogar protestantische Kreise. Doch als Vorname wurde *Maria* im Mittelalter in Deutschland so gut wie nie vergeben. So wie es bei dem Namen *Jesus* bei uns eigentlich noch bis heute ist, wagte man aus ehrfürchtiger Scheu vor der hoch verehrten Person *Marias* ihren Namen zunächst nicht den eigenen Kindern zu geben. Das wurde erst seit dem 16. Jh. anders. Plötzlich war der Bann gebrochen, und in katholischen Gegenden konnten im 18. Jh. schon einmal 50% aller Mädchen einer Gegend *Maria* heißen. Seltener wurde der Name in protestantischen Gebieten vergeben, hier oft in der Form *Marie.*

Maria ist der einzige weibliche Vorname, der einem Jungen als Zweitname gegeben werden darf. Aber auch bei Mädchen sind *Marie* und *Maria* als Zweitnamen sehr beliebt. Als erster Vorname gehört *Marie* derzeit zu den Spitzenreitern.

Mia war ursprünglich eine vorwiegend schwedische und dänische Form von *Maria*, kam aber auch gelegentlich in Deutschland vor. Wohl auch dank dem Vorbild von Mia Farrow, die 1945 noch als Maria de Lourdes Villiers Farrow in Los Angeles geboren wurde, kam *Mia* in den USA in Gebrauch. Im Jahr 2010 belegte *Mia* den zehnten Platz unter den am häufigsten vergebenen Mädchennamen in den USA, in Australien stand dieser Vorname an sechster Stelle. Unvergleichlich ist aber der Anstieg von *Mia* in Deutschland: Im Jahr 2008 befindet er sich schon auf Platz 3, ab 2010 steht er vorläufig fest auf dem ersten Platz der neu vergebenen Mädchennamen. Für diesen steilen Anstieg sind der Gedanke an die Muttergottes oder das Vorbild Mia Farrows nun kaum noch verantwortlich zu machen. Mit seiner Kürze, dem weich anlautenden *M* und den beiden darauf folgenden Selbstlauten empfindet man *Mia* heute einfach als einen sehr schönen Mädchennamen.

Ben: Zwar kann der Name *Ben* auch vom lateinischen *Benedikt* abgeleitet sein, in den meisten Fällen dürfte es sich jedoch um eine verkürzte Form von *Benjamin* handeln. *Benjamin* war nach dem Alten Testament der jüngste Sohn von Jakob und Rahel. Daher nennt man bis heute den jüngsten Spross einer Familie oft scherzhaft den Benjamin. Nach der Bibel war *Benjamin* jedoch keineswegs harmlos: Als Jakob seine Söhne segnete, charakterisierte er ihn als einen »reißenden Wolf« (1 Mose 49, 27).

Benjamin geht zurück auf hebr. *Ben-Jamin* »Sohn von rechts« und war ursprünglich der Name eines der zwölf Stämme Israels, und zwar dessen, der im Süden (»rechts«) wohnte. Die Bibel, die in *Benjamin* den Stammvater dieses Stammes sieht, deutete den Namen um (1 Mose 35, 16–18): Rahel, die bei der Geburt *Benjamins* fühlte, dass sie daran sterben werde, nannte ihn zunächst *Ben-Oni* »Sohn meines Schmerzes«, doch änderte Jakob den Namen in *Ben-Jamin.* »Sohn von rechts« kann man nämlich auch als »Sohn des Glücks« verstehen.

Wie auch andere alttestamentliche Namen wurde *Benjamin* in Deutschland erst nach der Reformation in protestantischen Familien häufiger vergeben. Allerdings gibt es auch einen Heiligen dieses Namens. Der heilige Benjamin war ein Missionar, der mit Bischof Willehad im 8. Jh. versuchte, die Sachsen zu bekehren. Er wurde am 30. November 782 ermordet. Dank dieses Märtyrers taufte man gelegentlich auch in katholischen Kreisen Söhne auf den Namen *Benjamin.*

Dennoch war *Benjamin* früher ein vorwiegend evangelischer Name. Vor allem während des 17./18. Jh.s vergab man diesen Namen, besonders in Ostmitteldeutschland. Ein Namensträger aus dieser Zeit ist der Barockdichter Benjamin Neukirch, geb. 1665 in Schlesien. Viel beliebter als bei uns wurde der Name in England und Amerika, vor allem unter den Puritanern. Hier ist der bekannteste Träger dieses Vornamens wohl der amerikanische Politiker, Naturwissenschaftler und Schriftsteller Benjamin Franklin (18. Jh.), der u. a. den Blitzableiter erfand. Beeinflusst durch die angloamerikanische Namenwelt kam dann der Name bei uns erst richtig ab den 1960er- und 1970er-Jahren in Mode. Von 1982 bis 1985 gehörte *Benjamin* in der alten BRD zu den Spitzenreitern, 1988 gelang ihm der Sprung in die Spitzengruppe der DDR.

Der Aufstieg von *Ben* vollzog sich dagegen erst spät, dann allerdings überraschend schnell. Bis zur Jahrtausendwende war der Name noch recht selten. Im Jahr 2008 ist er dann auf Platz 14 zu finden, zwei Jahre später schon auf Platz 3 und 2012 nimmt er unangefochten Platz 1 in der gesamtdeutschen Rangfolge ein. Ebensowenig wie bei *Mia* spielen prominente Vorbilder wie der amerikanische Schauspieler Ben Affleck bei dem rasanten Anstieg von *Ben* die ausschlaggebende Rolle. Mit seinem weichen Klang und seiner Kürze entspricht *Ben* einfach vollkommen der aktuellen Vorstellung vom Idealtyp eines schönen Namens.

Vornamen griechisch-lateinischer Herkunft

Antike Namen und Heiligennamen

Aus Bewunderung für das klassische Altertum wurden griechische oder lateinische Vornamen eigentlich nur während der Zeit des Humanismus im 15./16. Jh. gewählt, und dann vorwiegend in adligen und gelehrten Kreisen. Einige wenige unter ihnen konnten dann durch die Namengebung von Herrscherhäusern über längere Zeit populär werden, zum Beispiel *Julius, August(us), Maximilian.* Die meisten Namen griechisch-lateinischer Herkunft kamen aber im Mittelalter als Heiligennamen nach Deutschland. Hierbei spielte ihre sprachliche Herkunft oder die Erinnerung an die Antike natürlich überhaupt keine Rolle. Die Kreuzzüge und ein enormer Aufschwung des Heiligen- und Reliquienkults trugen dazu bei, die Namen von Heiligen aus der christlichen Spätantike bei uns zu verbreiten. *Agnes, Barbara, Cäcilie, Dorothea, Katharina, Lucia, Margarete; Felix, Florian, Georg, Laurentius (Lorenz), Martin, Nikolaus* sind nur eine kleine Auswahl aus dieser Namengruppe.

Griechische Namen

Die meisten griechischen Namen bestanden wie die germanischen aus zwei Gliedern, *Aristoteles* zum Beispiel aus griech. *áristos* »der Beste« und griech. *télos* »Ziel, Vollendung«, *Nikolaus* aus *níkē* »Sieg« + *laós* »Volk«. Bevorzugt wurden vor allem Namenwörter, die die Ideen der Schönheit, des Hervorragens, der Kraft, des Wagemuts, von Kampf, Krieg und Sieg zum Ausdruck brachten. Von diesen Namen wurden zahlreiche Kurz- und Koseformen gebildet, zum Beispiel *Andreas* aus Namen wie *Andromachos* (zu *anḗr, andrós* »Mann« und *máchē* »Kampf«) oder *Kleo* aus *Kleopatra* (zu *kléō* »rühmen« und *patḗr* »Vater«). Es gab aber auch einstämmige Namen wie diejenigen, welche die Zugehörigkeit zu einem Gott oder einer Göttin ausdrückten wie *Apollonios* zum Gott Apollon oder *Demetrios* zur Göttin Demeter. Darüber hinaus existierten zahlreiche Namen, die aus Übernamen entstanden waren und die meist in lateinischer Form als Heiligennamen überlebt haben: *Gregorius* (zu griech. *grēgoréō* »wachen, wachsam sein«), *Erasmus* (zu griech. *erásmios* »liebenswürdig, begehrenswert«) oder *Margarete* (aus griech. *margarítēs* »Perle«).

Lateinische Namen

Das alte römische System der drei Namen – Vorname *(praenomen),* Geschlechtername *(nomen gentilicium* oder *gentile),* Beiname *(cognomen)* – war aus sozialen und sprachlichen Gründen in den ersten nachchristlichen Jahrhunderten weitgehend untergegangen. Man trug jetzt im Allgemeinen, wie auch die Griechen, nur einen persönlichen Namen. Das war meistens ursprünglich ein Cognomen, ein Beiname, doch hatten sich viele ältere Geschlechternamen *(gentilicia),* vor allem diejenigen der Kaiserfamilien, als Beinamen von Freigelassenen und Neubürgern im Römischen Reich erhalten. Bekanntlich unterschieden sich die Namen der Römer von Anfang an von denen der übrigen Indoeuropäer, insofern sie kurz und unpoetisch waren. Als Beispiel seien *Quintus* (»der Fünfte«) oder *Paulus* (»klein«) angeführt. Die Christen verwendeten zunächst die alten Namen weiter, wobei einige heidnische Namen in christlichem Sinne umgedeutet wurden. Hierzu zählen *Felix* (»beglückt, gesegnet«), *Victor* (»der Sieger«), *Renata* (»die Wiedergeborene«). Einige wenige christliche Namen wie zum Beispiel *Dominicus, -a* (»dem Herrn zugehörig«) wurden neu geprägt.

Zwei Namen griechisch-lateinischer Herkunft: Sophia und Felix

Sophía bedeutet auf Griechisch »Weisheit«, und über sie heißt es in den biblischen Sprüchen Salomos: »Weisheit ist besser als Perlen, und alles, was man wünschen mag, kann ihr nicht gleichen.« Das Christentum sieht in Christus die göttliche Weisheit verkörpert; daher war die bekannte Kirche *Hagia Sophia* in Konstantinopel (heute Istanbul) Christus geweiht. In Rom glaubte man, die Gräber zweier Märtyrerinnen dieses Namens gefunden zu haben. Eine von ihnen wird am 30. September verehrt, die andere am 15. Mai. Letztere ist die »kalte Sophie«, denn ihr Fest folgt gleich dem der drei »Eisheiligen«.

Großen Einfluss auf die Namengebung hatten diese Heiligen jedoch nicht. Wichtiger war, dass *Sophia* (oder die deutsche Form *Sophie*) seit dem Mittelalter ein Name war, der verhältnismäßig oft in adligen und sogar hochadligen Kreisen vergeben wurde. So hieß zum Beispiel die Tochter der heiligen Elisabeth von Thüringen *Sophie.* Sie wurde Herzogin von Brabant. So richtig in Mode kam der Name aber erst im 17./18. Jh. Es sei nur an Sophie Luise, Großherzogin von Sachsen-Weimar erinnert, nach der die Sophienausgabe der Werke Goethes benannt ist, oder an die Schriftstellerin Sophie von La Roche (18./19. Jh.).

Im 20. Jh. ging die Beliebtheit von *Sophia* (oder *Sophie*) in Deutschland zunächst zurück. Immerhin zeugt der Vorname der Widerstandskämpferin Sophie Scholl, die 1921 geboren wurde, dafür, dass der Name nie ganz in Vergessenheit geriet. Doch seit dem Ende des 20. Jh.s erlebt *Sophie/Sophia* einen steilen Anstieg und gehört seit Mitte der 1990er-Jahre zu den beliebtesten Mädchennamen. Herrschte zunächst die Form *Sophie* vor, so wählt man zurzeit lieber die Varianten *Sophia/Sofia.* Diese beiden Formen zusammen erreichen im Jahr 2012 Platz 5 der gesamtdeutschen Häufigkeitsskala, während *Sophie* zusammen mit *Sofie* die 16. Stelle belegt.

Felix: Der lateinische Name *Felix* bedeutet »glücklich«. Daher war er schon bei den Römern beliebt. Eltern, die ihren Sohn so nannten, hofften, er würde im Leben sehr glücklich werden. Von den frühen Christen wurde dieser Wunschname umgedeutet: Jetzt ging es nicht mehr darum, im irdischen Leben glücklich zu werden, sondern man wünschte dem Kind später die himmlische Seligkeit, das überirdische Glück im Jenseits. So ist es kein Wunder, dass dieser Name im frühen Christentum recht beliebt wurde. Heilige Märtyrer und fünf Päpste hießen so, ein Gegenpapst namens *Felix* nicht mitgerechnet. Ein um 304 gestorbener Märtyrer namens *Felix* ist einer der Schutzheiligen der Stadt Zürich.

Zwar kommt der Name in Deutschland schon seit dem 10. Jh. vor, doch häufiger vergeben wird er erst im 18./19. Jh. Dabei mag die Literatur mitgeholfen haben: *Felix* heißt der Sohn des Titelhelden in Goethes Roman »Wilhelm Meister«. Auch Thomas Mann gibt seinem Hochstapler Krull den »redenden Namen« *Felix.* Für Eltern, die mit Begeisterung die deutsch-national gefärbten historischen Romane Felix Dahns lasen, mag dieser Autor Namensvorbild gewesen sein, für Musikliebhaber Felix Mendelssohn Bartholdy. Doch bleibt der Name bis 1960 selten. Richtig beliebt wird *Felix* erst seit der zweiten Hälfte der 1960er Jahre. Zurzeit gehört er zu den Spitzenreitern.

Neuzeitliche Entwicklungen in der Vornamengebung

Reformation, Gegenreformation und Pietismus

Mit den drei in den vorigen Abschnitten beschriebenen Namengruppen ist unser Namenbestand fast schon erschöpfend behandelt. Einige neuzeitliche Entwicklungen müssen aber doch noch erwähnt werden. Die Reformation hat am Namenbestand, wie er sich bis zum Beginn des 16. Jh.s herausgebildet hatte, wenig geändert. In geringem Maß wurden in den protestantischen Gebieten Deutschlands mehr alttestamentliche Namen vergeben als zuvor, doch sorgte schon die Sitte der Patennamengebung dafür, dass der traditionelle Bestand an Heiligennamen (*Hans, Georg, Nikolaus, Martin; Elisabeth, Anna, Katharina, Margarete* u.a.) erhalten blieb. In katholischen Gegenden brachte die Gegenreformation einige neue Heiligennamen in Gebrauch: *Ignatius, (Franz) Xaver, Alois, Alfons; Theresia, Veronika, Kreszentia.* Auf altdeutsche Namenbildungsweisen besann sich dagegen der Pietismus des 17./18. Jh.s. Sprachlich durchsichtige Namen wie *Gotthold, Gottlieb, Leberecht, Traugott, Fürchtegott* drücken das fromme Gefühl der Zeit aus.

Fremdsprachige Einflüsse

Im 17./18. Jh. prägte das Vorbild Frankreichs Kultur und Mode. Später wurde es durch England abgelöst. Das führte schon damals zur Aufnahme von französischen und englischen Namen wie *Eduard, Emil, Louis, Babette, Charlotte, Henriette, Luise; Alfred, Edgar, Harry, Betty, Edith, Fanny*.

Im Zeitalter des Sturm und Drangs begeisterte sich nicht nur der junge Goethe für die Lieder eines angeblich mittelalterlichen schottischen Barden namens Ossian, die sich bei näherer Betrachtung bald als Fälschung herausstellten. Immerhin verdanken wir ihnen die Namen *Selma, Oskar* und *Malvina*. Echtes keltisches Namengut war schon in geringem Maß durch die mittelalterlichen Artusepen zu uns gekommen. Hierzu gehören *Artur, Tristan, Gawein*, während *Isolde* wohl germanischen und *Parzival* und *Lancelot* altfranzösischen Ursprungs sind. An keltischen Namen kamen in der Gegenwart vor allem noch *Jennifer* (engl. für *Guenevere*, Name der Gemahlin des Königs Artus) und *Kevin* aus England zu uns.

Es sollte aber insgesamt deutlich geworden sein, dass bis auf wenige Ausnahmen all diese so neu anmutenden Namen *(Mike, Mandy; Marco, Chiara; Ricardo, Anita; André, Michelle; Lars, Kerstin; Sascha, Katja)*, die aus England, Italien, Spanien, Frankreich, Skandinavien und den slawischen Ländern zu uns kamen und kommen, meist nur aus dem alten Grundbestand hebräischer, griechisch-lateinischer und teils germanischer Namen stammen. Sie treten lediglich in einem neuen Gewand auf.

Zur Rechtschreibung der Vornamen

Allgemeine Richtlinien

■ Für die Schreibung der Vornamen gelten im Allgemeinen die heutigen Rechtschreibregeln, wie sie im Duden verzeichnet sind. Soweit die Eltern keinen besonderen Wunsch äußern, trägt der Standesbeamte den oder die Vornamen des Neugeborenen in der üblichen Rechtschreibung ins Stammbuch ein und legt sie damit amtlich fest.

■ Gewisse Abweichungen von den regelmäßigen Schreibungen sind zulässig. Sie ergeben sich vielfach aus der geschichtlichen Entwicklung unseres Namenschatzes. In vielen Fällen wirken aber auch modische Vorbilder mit, so wenn etwa *Kathrin* und *Karoline* heute gern *Cathrin* und *Caroline* geschrieben werden.

■ Willkürliche Schreibweisen, etwa *Anyta* für *Anita, Cerstin* für *Kerstin, Cevin* für *Kevin*, sollten jedoch vermieden werden. Sie zwingen die Namensträgerinnen bzw. -träger immer wieder dazu, ihren Vornamen zu buchstabieren.

■ Geläufige Namen nicht deutscher Herkunft sind meist eingedeutscht worden. So begegnen uns z. B. lat. *Petrus* und *Paulus* als *Peter* und *Paul*, lat. *Clara* als *Klara*, französ. *Louise* als *Luise*, span. *Inés* (mit Endbetonung) als *Ines* (mit Anfangsbetonung).

■ Fremdsprachige Namen, für die es keine geläufigen eindeutschenden Schreibungen gibt, sollten in der originalen Schreibweise übernommen werden (engl. *Brian, Jennifer, Chelsea;* französ. *Pascal, Jacqueline, Jeannette*).

Häufige Schreibvarianten

Der Wechsel zwischen c und k, c und z, ch und k

■ Die Schreibungen *ca, co, cu, cl* in lateinischen oder durch das Lateinische vermittelten

Namen werden zu *ka, ko, ku, kl* eingedeutscht: etwa *Veronica* zu *Veronika*, *Nicolaus* zu *Nikolaus*, *Marcus* zu *Markus*, *Clemens* zu *Klemens*.

■ Für *c* in lat. *ce, ci* tritt im Deutschen *z* ein: *Marzell* aus *Marcellus*, *Vinzenz* aus *Vincentius*, *Felizitas* aus *Felicitas*, *Luzia* aus *Lucia*.

■ Den historischen Namen *Cäsar* (lat. *Caesar*) schreibt man immer mit *C*. Dies ist auch bei *Cäcilia* (lat. *Caecilia*) meist der Fall. Die Schreibweise *Zäzilia* ist nur ganz selten anzutreffen.

■ Für den deutschen Namen *Karl* (latinisiert *Carolus*) kommt auch die Schreibung *Carl* vor.

■ Bei einigen Namen ist zurzeit unter modischen Einflüssen die *C*-Schreibung stärker verbreitet. Dies gilt zum Beispiel für *Carla, Carola, Caroline, Claudia, Cornelia*.

■ Bei *Christoph, Christine* und anderen griechisch-lateinischen Namen bleibt *Ch* gewöhnlich erhalten, jedoch besteht gegenwärtig unter Anlehnung an niederdeutsche und nordische Formen eine Neigung zu *K*-Schreibungen *(Kristof, Kristine)*

Der Wechsel zwischen d und t im Auslaut

■ Dass wir germanische Namen wie *Gerhard, Konrad, Mechthild, Waltraud* heute mit einem *d* am Ende schreiben, ist eine Folge der jahrhundertelang in den Urkunden, später in (katholischen) Kirchenbüchern und in Studentenlisten (Matrikeln) der Universitäten angewandten Latinisierung einheimischer Namen. Man schrieb *Gerhardus, Conradus, Mechthildis, Waltrudis*. Die in deutschen Urkunden verbreitete Schreibung mit *-t* tritt nur noch selten in Erscheinung: *Arnolt, Bertolt, Gerhart, Waltraut*.

Der Wechsel zwischen f und v

■ Bei den mit ahd. *folk* »Haufe, Kriegsschar, Volk« gebildeten deutschen Vornamen hat sich bereits früh (unter lateinischem Einfluss) die Schreibung mit *v* durchgesetzt. Besonders in Kurzformen und landschaftlichen Nebenformen ist aber auch die alte *f*-Schreibung erhalten geblieben. Als Beispiel seien die Nebenform *Folker* zu *Volker* sowie die Kurzformen *Folke* und *Focke* genannt.

Der Wechsel zwischen ph und f

■ Die Schreibung *ph* ist eine Umschrift für den griechischen Buchstaben Phi (Φ, φ). Sie hat daher nur in solchen Namen Sinn, die griechischer Herkunft sind oder durch das Griechische vermittelt wurden. Hierzu gehören etwa *Christoph, Philipp, Sophie, Stephan, Joseph*. Bei den meisten dieser Namen wird das *ph* zu *f* eingedeutscht *(Sofie, Stefan, Josef)*. Diese Schreibung empfehlen auch die »Loccumer Richtlinien« für Namen aus dem Hebräischen.

■ In deutsche Namen hatte das *ph* zum Teil durch Latinisierungen Eingang gefunden. Aber Schreibungen wie *Adolph* (aus *Adolphus*), *Rudolph* (aus *Rudolphus*) sind heute veraltet und sollten nicht mehr verwendet werden.

Der Wechsel zwischen th und t

■ Bei den mit dem Namenbestandteil ahd. *heri* »Kriegsschar, Heer« gebildeten Vornamen *Gunther/Günther* und *Walther* ist das *h* sprachgeschichtlich berechtigt. Die heute überwiegenden Schreibungen *Gunter/Günter, Walter* sind dadurch entstanden, dass man das *h* schon lange nicht mehr ausspricht.

■ Durch falsche Analogie ist das *h* in Namen wie *Bertha* und *Helmuth* eingedrungen, wo es sprachgeschichtlich nicht hingehört. Hier sollte man nicht mehr der älteren Schreibtradition folgen, sondern die Schreibung ohne *h* *(Berta, Helmut)* wählen.

■ In Vornamen, die aus dem Griechischen stammen oder durch das Griechische vermittelt sind, steht *th* als Umschrift für den griechischen Buchstaben Theta (Θ, ϑ). Hier ist *th* relativ selten zu *t* eingedeutscht worden. Man schreibt allgemein *Theodor, Katharina, Dorothea, Thomas, Ruth, Martha*. Die »Loccumer Richtlinien« empfehlen jedoch die *h*-lose Schreibung grundsätzlich für Namen hebräischer Herkunft *(Rut)*.

■ Auch bei Entlehnungen aus anderen Sprachen begegnet man Schwankungen zwischen Schreibungen mit *t* und *th (Artur – Arthur, Torsten – Thorsten, Turid – Thurid)*.

Der Wechsel zwischen ai und ei

■ Bei einigen alten deutschen Vornamen ist neben der Schreibung mit *ei* die auf eine oberdeutsche Schreibtradition zurückgehende Schreibung *ai* stark verbreitet. Dies trifft u. a. zu für *Rainer* und *Rainold*.

Der Wechsel zwischen i und ie

■ Die alten deutschen Namenbestandteile *sigu* und *fridu* schreibt man in der Regel mit *ie*: *Siegfried, Friedrich*.

■ Die ältere Schreibung mit einfachem *i* ist heute bis auf einige Ausnahmen wie *Fridolin* und *Sigmund* auf nordische Namen (zum Beispiel *Sigrid, Sigurd*) begrenzt.

Kurzformen mit -i oder -y

■ Mit der Endung *-i* werden Koseformen wie *Rudi* und *Susi* zu *Rudolf* und *Susanne* gebildet.

■ Im Englischen entspricht ihr die Endung *-y* (zum Beispiel *Betty* zu *Elizabeth, Jimmy* zu *James*).

■ Die Endung *-y* hat auch bei uns große Verbreitung gefunden. Häufig tritt das *-y* bei solchen Kurzformen auf, die als selbstständige Vornamen gebraucht werden, so etwa bei *Willy* und *Gaby*, eigentlich Kurzformen von *Wilhelm* und *Gabriele*.

■ Familiäre Gelegenheitsbildungen und Rufnamen, die nur als Koseformen empfunden werden, schreibt man mit *-i*, also *Barbi* (zu *Barbara*), *Wölfi* (zu *Wolfgang*), *Hansi* (zu *Hans, Johannes*).

Hinweise zur richtigen Schreibung fremdsprachiger Vornamen

■ Die aus anderen Sprachen übernommenen Vornamen werden gewöhnlich in der originalen Schreibweise geschrieben, zum Beispiel französ. *André, René, Jacqueline, Nadine, Yvonne*, engl. *Mike, Brian, Evelyn, Jane, Jennifer*, italien. *Claudio, Marco, Beatrice, Bianca, Chiara*.

■ Eindeutschende Schreibungen, welche die Originalaussprache wiedergeben, hat es schon immer gegeben. Vornamenformen wie *Eduard* für französ. *Édouard, Emil* für französ. *Émile, Kläre* für französ. *Claire* sind in Deutschland seit Langem eingebürgert. Deshalb fallen sie auch nicht mehr auf. Anders steht es jedoch mit der Eindeutschung neuerer Entlehnungen. Wer heutzutage seinen Sohn als *Meik/Maik* (für engl. *Mike*) standesamtlich eintragen lässt, kann leicht bei seinen Mitmenschen den Eindruck erwecken, er kenne die »richtige« englische Form nicht.

■ Eindeutschungsversuche wie »Monice« für französ. *Monique*, »Shanin« für französ. *Jeannine*, »Dorossie« für engl. *Dorothy* sind abzulehnen, da sie keine korrekte Wiedergabe der französischen bzw. englischen Aussprache darstellen.

■ Akzente, die wie bei *André* und *René* für das Erkennen der korrekten Aussprache erforderlich sind, dürfen nicht weggelassen werden.

■ Für die weiblichen Vornamen *Andrée* und *Désirée* ist eine Eindeutschung ohne Akzent *(Andree, Desiree)* möglich, da sie nicht zu einer falschen Aussprache führt.

■ Unzulässig ist die Schreibung mit falschen Akzenten, um die gewünschte Betonung auf der letzten Silbe zu erzielen (etwa »Michél«, »Irén«).

■ Die Endungen *-ette* und *-otte* werden in letzter Zeit gelegentlich zu *-ett* bzw. *-ott* verkürzt, um die französische Endsilbenbetonung zu gewährleisten, also *Annett* und *Charlott* im Unterschied zu *Annette* und *Charlotte*.

■ Bei französischen Namen wie *Aline, Nadine, Séverine* ist es nicht empfehlenswert, das *-e* wegzulassen, da die Endung *-in* im Französischen männlich ist.

■ Es empfiehlt sich, statt französischer bzw. englischer Transkriptionen russischer Vornamen *(Sacha, Dounia, Aliosha, Natasha)* die entsprechenden deutschen Transkriptionen *(Sascha, Dunja, Aljoscha, Natascha)* zu verwenden.

■ Einige Schwierigkeiten bereitet der Vorname *Sibylle* mit dem *y* in der zweiten Silbe. Da diese Lautung für uns ungewohnt ist, sprechen wir den Vornamen meist als »Sybille« aus und schreiben ihn auch häufig in dieser Weise. Die Schreibung »Sybille« ist demnach nicht richtig, sie wird aber von Standesbeamten anerkannt.

Zur Schreibung von Vornamenkombinationen

■ Zwei oder mehrere Vornamen können in beliebiger Weise zusammengestellt werden, wobei man auf einen guten Zusammenklang achten sollte. Hierbei stehen im Allgemeinen die jeweiligen Vornamen unverbunden nebeneinander. Ein Komma darf nicht dazwischengesetzt werden. Man schreibt also *Jan Michael Fischer, Julia Christine Schmidt, Thomas Martin Eberhard Müller.*

■ Zwei Vornamen können auch mit Bindestrich gekoppelt werden *(Karl-Heinz, Eva-Maria).* Zwei mit einem Bindestrich gekoppelte Vornamen gelten rechtlich als *ein* Vorname. Im amtlichen Verkehr muss er immer ganz geschrieben werden. Ungewöhnliche und vor allem allzu lange Koppelungen wie *Alexander-Maximilian* oder *Elisabeth-Friederike* können für die Namensträger bzw. -trägerinnen beschwerlich sein und auf die Umwelt oft herausfordernd wirken. Mehr als zwei Namen sollte man nicht mit Bindestrich verbinden.

■ Unter Doppelformen versteht man solche Namen, die aus der Verbindung zweier selbstständiger Vornamen hervorgegangen sind: *Annemarie* aus *Anne + Marie, Karlheinz* aus *Karl + Heinz.* So gibt es bei der Kombination zweier Namen drei mögliche Schreibweisen: *Karl Heinz, Karl-Heinz* und *Karlheinz.* In solchen Fällen müssen sich die Eltern von vorneherein über die gewünschte Schreibweise klar werden. Sie darf nicht eigenmächtig geändert werden, wenn sie einmal standesamtlich registriert ist.

Zu den rechtlichen Bestimmungen der Namengebung

Wie frei sind Eltern bei der Vornamenwahl?

■ Nach den Grundsätzen des deutschen Rechts sind die Eltern in der Wahl des Vornamens (oder der Vornamen) grundsätzlich frei, doch ist dies ein Fürsorgerecht, das sich am Kindeswohl auszurichten hat.

■ Das Kind hat ein Recht darauf, nicht mit einem anstößigen, lächerlichen oder sonstwie unpassenden Vornamen (etwa *Judas, Kain, Satan, Ogino, Pillula, Störenfried, Verleihnix, Bierstübl*) belastet zu werden, der ihm die Selbstidentifikation erschweren oder zu herabsetzenden Reaktionen seiner Umwelt Anlass geben könnte.

Was ist als Vorname zulässig und was nicht?

■ Allgemein verbindliche Vorschriften dafür, was tatsächlich als Vorname zuzulassen ist, gibt es derzeit in Deutschland nicht, doch sind die Standesbeamten verpflichtet, Namenwünsche, welche die allgemeine Sitte und Ordnung verletzen, oder Wörter, die ihrem Wesen nach keine Namen sind, zurückzuweisen. Die Eltern haben das Recht, dagegen Einspruch zu erheben. Ein solcher Einspruch hat ein gerichtliches Verfahren zur Folge, das sich unter Umständen über mehrere Instanzen hinziehen kann.

■ Die Standesbeamten haben als Richtlinien die »Dienstanweisungen für die Standesbeamten und ihre Aufsichtsbehörden«. Darin wird insbesondere auf die im Folgenden aufgeführten Grundsätze aufmerksam gemacht.

■ Es dürfen nur solche Namen gewählt werden, die ihrem Wesen nach Vornamen sind. Darum sind Wörter des allgemeinen Sprachgebrauchs, Bezeichnungen für Gegenstände, Eigenschaften, Vorstellungen u. dgl. als Namen ausgeschlossen. Niemand kann also sein Kind etwa *Pfeil, Feder, Klug, Anmut* nennen. Ein gerichtliches Urteil gegen die Eintragung des als Namen gewünschten Wortes *November* wurde damit begründet, dass in diesem Fall die Sachbedeutung gegenüber der Namensfunktion überwiegt.

■ Diese Auffassung gilt natürlich nicht für Wörter, die bereits seit Jahrhunderten zum deutschen Vornamenbestand gehören, wie zum Beispiel *Ernst* und *Kraft*. Auch manche fremdsprachigen Vornamen, die aus dem allgemeinen Wortschatz stammen (etwa engl. *Fay, Joy, Melody*), werden als eintragungsfähig erachtet.

■ Bei den aus gleichlautenden deutschen oder fremdsprachigen Pflanzenbezeichnungen gewonnenen Vornamen ist eine Abgrenzung oft problematisch. Gegen *Anemone, Clivia, Dahlia, Fleur, Hortensia, Jasmin, Rose, Violetta* wird niemand etwas einwenden. Weniger geeignete Pflanzenbezeichnungen – wie der einmal gewünschte Name *Pfefferminze* – werden nicht als Vornamen anerkannt.

■ Zugelassen sind ferner weibliche Vornamen nach Edelsteinen und Schmuck. Sie sind jedoch weitaus seltener als die aus dem Pflanzenreich entlehnten Vornamen. Hier finden wir zum Beispiel *Amber, Beryl(l), Coral, Esmeralda* (spanisch für »Smaragd«), *Jade, Pearl* und *Perla, Rubina* und *Ruby*.

■ Es ist im deutschen Namensrecht nicht erlaubt, Familiennamen als Vornamen zu benutzen. *Schwarz* und *Weiß, Groß* und *Klein, Schmidt* und *Schröder* kommen als Vornamen nicht infrage. Vor allem die häufigen Entlehnungen aus dem angloamerikanischen Raum seit der zweiten Hälfte des 20. Jh.s haben es jedoch mit sich gebracht, dass ursprüngliche Familiennamen, die in England bzw. in den USA zu geläufigen Vornamen geworden sind, auch bei uns als Vornamen eingetragen werden können. Hierzu gehören zum Beispiel männliche Vornamen wie *Byron, Clark, Clifford, Gordon*, weibliche Vornamen wie *Ashley, Beverley, Britney, Kelly, Shirley*. Viele englische Familiennamen, die sich zu Vornamen entwickelt haben, gehen auf einen Ortsnamen zurück. Dies ist auch bei dem französischen weiblichen Vornamen *Chantal* der Fall, der auf den Nachnamen der heiligen Jeanne Françoise Frémyot de Chantal zurückgeht.

■ Die in Ostfriesland bestehende Sitte, einen Zwischennamen zu gebrauchen, wird vom Standesamt respektiert. Dort wird der Vorname des Vaters im Genitiv zwischen dem Vornamen und dem Familiennamen der Kinder eingefügt: etwa Enno *Hinrichs* Timmermann, Gesa *Hinrichs* Timmermann als Namen von Bruder und Schwester.

■ Die Sitte der Zwischennamen (engl. *middle names*) wurde in den Vereinigten Staaten aus England übernommen. Sie gilt heute als typisch amerikanisch: *John Fitzgerald Kennedy, Franklin Delano Roosevelt, Pearl Sydenstricker Buck*. Diese amerikanischen Zwischennamen werden meist abgekürzt: *John F. Kennedy, Franklin D. Roosevelt, Pearl S. Buck*. In ähnlicher Weise und teilweise sicher nach amerikanischem Vorbild wird heute in Deutschland vielfach ein zweiter Vorname abgekürzt (zum Beispiel *Hans P. Meier* statt *Hans Peter Meier*). Namenformen wie *Hans P. Meier* können in Deutschland nur inoffiziell verwendet werden. Eine amtliche Eintragung ist nicht möglich, weil in standesamtlichen Urkunden überhaupt keine Abkürzungen zulässig sind.

■ Vornamen aus Ortsnamen dürfen in Deutschland eigentlich nicht vergeben werden. Doch sind gegenwärtig mehrere Vornamen, denen ein Ortsname zugrunde liegt, im Gebrauch. Ein älteres Beispiel ist *Xaver*, der aus dem Beinamen des heiligen Franciscus Xaverius hervorgegangen ist. *Xaver(ius)* geht auf den Geburtsort des Heiligen, das Schloss Xavier (heute Javier) in Navarra (Spanien) zurück. Der Vorname *Arnim* (Ortsname bei Potsdam) wurde sicher wegen des Anklangs an *Armin* zugelassen. Seit den 1970er-Jahren ist der englische Vorname *Sharon* (nach der in der Bibel erwähnten Küstenebene Scharon zwischen Jaffa und dem Berg Karmel in Israel) mehrmals eingetragen worden. Hingegen konnte *Chelsea* (der Name eines Londoner Stadtteils) z.T. erst nach gerichtlichem Verfahren durchgesetzt werden.

■ Stammesbezeichnungen wie *Frank* und *Hasso* gehören seit eh und je zum einheimischen Namenrepertoire. Über neue Namenwünsche aus diesem Bereich gibt es unterschiedliche gerichtliche Entscheidungen. Der von den Eltern gewünschte, bislang allerdings nicht gebräuchliche Vorname *Navajo* wurde abgelehnt, *Cheyenne* hingegen als Mädchenname zugelassen, weil dies ein in den USA üblicher Vorname sei.

■ Adelstitel sind nicht als Vornamen zulässig, ebensowenig irreführende Namen wie *Princess Ann* oder *Don Juan Carlos*. Nicht erlaubt ist ferner die Eintragung von unterscheidenden Namenzusätzen wie *(Karl) der Große, jun.* oder *jr.* Eintragungsfähig sind dagegen freie Erfindungen, wenn sie den Charakter eines Vornamens haben und sich vor allem als eindeutig männlich bzw. weiblich erweisen.

■ Der Vorname muss das Geschlecht des Namensträgers erkennen lassen. Wird diese wichtige Forderung der »Dienstanweisung« nach Ansicht des Standesbeamten nicht erfüllt, so wird die Hinzufügung eines zweiten, geschlechtsoffenkundigen Vornamens (etwa *Kim Svenja, Kai Julia, Kim Christian, Kai Michael*) verlangt.

■ Viele der heute beliebten Entlehnungen aus fremden Sprachen lassen nicht eindeutig erkennen, ob es sich um einen männlichen oder weiblichen Vornamen handelt. Im Grunde gibt es aber auch schon bei deutschen Namen, wenn man Kurz- und Koseformen berücksichtigt, Zweifelsfälle. Namen, die mit *-a* oder *-e* enden, sind traditionsgemäß weiblich, doch sind niederdeutsch-friesisch *Eike* und *Heike* und viele andere auch männliche Vornamen. Koseformen auf *-chen* oder *-lein*, auf *-el* oder *le* sind der Form nach ebenfalls nicht als männliche oder weibliche Namen zu erkennen, werden jedoch selten als amtliche Vornamen eingetragen. Ebensowenig eindeutig ist die Geschlechtszugehörigkeit bei vielen Kurz- bzw. Koseformen auf *-i/-y*: etwa bei *Toni/Tony, Sig(g)i, Dany, Ni(c)ki*.

■ Bei manchen Entlehnungen aus fremden Sprachen widersprechen die Endungen unserem Sprachgefühl. Dies gilt zum Beispiel für weibliche Vornamen auf *-o* (etwa für span. *Consuelo*, ungar. *Ildiko* oder die aus dem Griechischen stammenden Namen *Clio* und *Hero*) sowie für männliche Vornamen auf *-e* aus den nordischen Sprachen *(Arne, Helge)*. Das gleiche Problem tritt bei männlichen Namenformen auf, die aus den slawischen Sprachen übernommen worden sind und auf *-a* enden, also bei Koseformen wie *Aljoscha, Ilja, Kolja, Sascha, Wanja*. Aber auch unter den männlichen Namen aus der Bibel finden sich mehrere, welche die Endung *-a* aufweisen: neben *Joschua* vor allem überkonfessionelle Formen wie *Elija, Jeremia, Jona, Tobija*.

■ Männliche Vornamen auf *-a (Andrea, Luca, Nicola)* gibt es auch in Italien. Inzwischen hat sich *Luca* bei uns unter Berufung auf den italienischen Sprachgebrauch als männlicher Vorname durchgesetzt. Trotz der gerichtlichen Anerkennung des Vornamens *Andrea Nicola* für einen Jungen sollte aber *Andrea* in Deutschland weiterhin ein Mädchenname bleiben, da er bei uns schon lange als solcher eingebürgert ist.

■ Nach dem Gesetz kommen also für Mädchen prinzipiell nur weibliche, für Jungen nur männliche Vornamen infrage. Doch gibt es hier eine in der Tradition begründete Ausnahme: *Maria* darf, auch durch Bindestrich mit dem vorhergehenden Vornamen verbunden, Jungen als besonderer Beivorname gegeben werden. Bekannte Beispiele sind *Carl Maria* von Weber, *Rainer Maria* Rilke, *Klaus Maria* Brandauer.

Wie viele Vornamen darf ein Kind erhalten?

■ Die Zahl der Vornamen, die ein Kind bekommt, ist offiziell nicht geregelt, doch beschränkt man sich heute im Allgemeinen auf die Vergabe zweier, oft nur eines einzigen Vornamens. Mehr als drei Vornamen dürften sich im praktischen Leben als belastend auswirken.

■ Unabhängig von der Anzahl der eingetragenen Vornamen ist in den meisten Fällen im Alltag nur der Rufname bekannt, der heute meist als erster Name eingetragen wird. Rechtlich gesehen spielt der Rufname aber seit einiger Zeit keine Rolle mehr. Eine Anweisung zum Unterstreichen des Rufnamens beim standesamtlichen Eintrag, wie sie früher existierte, ist fortgefallen.

Was ist bei der standesamtlichen Anmeldung des Vornamens zu beachten?

■ Den oder die gewählten Namen für das Neugeborene teilen die Eltern dem Standesamt gewöhnlich gleich bei der Anmeldung der Geburt mit.

■ Es ist daher gut, wenn sich die Eltern schon vorher über die mit der Namengebung verbundenen Aspekte klar geworden sind. In Zweifelsfällen können sie sich von den Standesbeamten beraten lassen.

■ Wichtig ist die Entscheidung über die Schreibweise des Vornamens, da sie, wenn sie einmal standesamtlich eingetragen ist, nicht mehr eigenmächtig verändert werden kann. Wer als *Lukas, Marie, Sofie* registriert ist, darf in offiziellen Dokumenten nicht als *Lucas, Maria, Sophia* in Erscheinung treten.

■ Ist die Namenfrage bei der Anmeldung der Geburt noch nicht geklärt, kann der Vorname auch nachträglich gemeldet werden. Das soll innerhalb eines Monats nach der Geburt geschehen.

Empfehlungen zur Namenwahl

■ Das Bestreben, einen möglichst besonderen Namen zu geben, führt oft zur Entlehnung von Namen aus fremden Sprachen, auch von solchen Namen, die bei uns noch nicht eingebürgert sind. Man sollte derartige Namen aber nur dann vergeben, wenn die Namenwahl durch einen intensiven Bezug zur fremden Kultur begründet werden kann und davon auszugehen ist, dass dieser Bezug auch für das Kind von Bedeutung wird. Jedenfalls sollte man sich über Aussprache und Bedeutung des Namens völlig im Klaren sein, damit es später zu keinen unliebsamen Überraschungen kommt.

■ Durch den Vornamen sollte das Kind nicht zum Aushängeschild elterlicher Weltanschauungen und Vorlieben gemacht werden. Wählen die Eltern zum Beispiel den Vornamen *Johann Sebastian,* weil sie Bachs Musik besonders schätzen, so ist zu bedenken, dass der Namensträger es später als eine Last empfinden mag, ständig an den großen Komponisten erinnert zu werden.

■ Es empfiehlt sich, bei der Wahl des Vornamens auf das Zusammenspiel mit dem Familiennamen zu achten. Zu einem langen Familiennamen wird oft ein kurzer Vorname, zu einem kurzen Familiennamen ein langer Vorname als passend empfunden *(Jan Rosenberg, Katharina Weiß).* Betonte und unbetonte Silben sollten in einem harmonischen Wechsel stehen. Namenfolgen, die mit dem gleichen Buchstaben beginnen (Alliteration), werden von vielen als wohlklingend empfunden *(Daniel Daum, Marie Messner),* endreimende oder sogar vollreimende Verbindungen gelten als weniger schön *(Reinald Kobald, Rose Klose).* Lautet der Vorname auf den gleichen Buchstaben aus, mit dem der Familienname beginnt, ist die Grenze zwischen Vor- und Familiennamen nicht deutlich zu hören *(Luca Adler, Sophia Anger, Jan Nagel).*

■ Fällt die Wahl zwischen zwei Vornamen schwer, lässt man am besten beide eintragen. Welcher davon der Rufname wird, ist im Nachhinein immer noch festlegbar. Auch kann derjenige, der sich mit dem von den Eltern ausgewählten Rufnamen gar nicht anfreunden mag, diesen später problemlos gegen den anderen Vornamen austauschen.

■ Das Nebeneinander von verschiedenen Varianten oder Kurzformen desselben Namens (zum Beispiel *Kathrin Katharina, Kerstin Christina, Mike Michael*) sollte man ebenso vermeiden wie historische Koppelungen nach dem Muster *Julius Cäsar.* Lautet der Familienname etwa *Wagner* oder *Becker,* ist es nicht gerade günstig, für den Sohn ausgerechnet *Richard* oder *Boris* zu wählen.

■ Wer sich für eine Kurz- oder Koseform entscheidet, sollte dennoch die volle Namensform im Stammbuch eintragen lassen. Manche *Susi* möchte als erwachsene Frau vielleicht lieber als *Susanne* unterschreiben, auch wenn sie sich von Familienangehörigen, Freunden und Kollegen durchaus weiterhin gern *Susi* nennen lässt.

VORNAMEN-
LEXIKON
A–Z

a

Aada: weibl. Vorn., finnische Form von ▸ [1]Ada, ▸ [2]Ada.

Aaliyah, (auch:) Aaliya: weibl. Vorn., Nebenform von ▸ [1]Aliya, ▸ [2]Aliya. ✧ Bekannte Namensträgerin: Aaliyah Dani Haughton, amerikanische Popsängerin und Schauspielerin (20./21. Jh.).

Aaron, (auch:) Aron: aus der Bibel übernommener männl. Vorn. (hebr. *'aharōn*), dessen Bedeutung nicht sicher geklärt ist. Wahrscheinlich handelt es sich um einen Namen ägyptischen Ursprungs. Im Arabischen entspricht Aaron der Name ▸ Harun. Nach der Bibel war Aaron der ältere Bruder des Mose, sein Begleiter und Vertreter beim Zug zum Sinai. In Deutschland ist Aaron seit dem 8. Jh. anzutreffen. Im Mittelalter wie auch in der Neuzeit begegnet der Vorname vorwiegend bei jüdischen Familien. Durch die Hinwendung zu alttestamentlichen Namen in der heutigen Namengebung ist es zu einer Wiederbelebung dieses Vornamens seit den 1960er-Jahren gekommen. ✧ Bekannter Namensträger: Aaron Copland, amerikanischer Komponist (20. Jh.). Engl. Aussprache: ['ɛərən]. Neuhebr. Form: *Aharon.*

Aba: aus Ghana stammender weibl. Vorn., der in der Fante-Sprache »geboren an einem Donnerstag« bedeutet.

Abasi: in Kenia und Tansania vorkommender männl. Vorn., Suaheli-Form von ▸ Abbas.

Abbas: männl. Vorn. arabischen Ursprungs (arab. *'abbās* »streng, finster« zu arab. *'abasa* »jemanden finster ansehen«, nach seinem Aussehen auch Bezeichnung für den Löwen). ✧ Bekannter Namensträger: Abbas ibn-Abd-al-Muttalib, Onkel des Propheten Mohammed und Begründer der Abbassiden-Dynastie (6./7. Jh.).

Abbey, (auch:) Abbie; Abby ['æbɪ]: weibl. Vorn., englische Koseformen von ▸ Abigail.

Abbo: männl. Vorn., friesische Kurzform von Namen, die mit »Adal-« gebildet sind (z. B. ▸ Adalbert)

Abby: ▸ Abbey.

Abdallah: ▸ Abdullah. ✧ Bekannter Namensträger: Abd Allah, Vater Mohammeds (6. Jh.).

Abdelaziz [abdela'zi:z]: männl. Vorn. arabischen Ursprungs (arab. *'abd* »Diener« + arab. *'azīz* »mächtig« zu arab. *'azza* »mächtig sein«: »Diener [Gottes,] des Mächtigen«). ✧ Bekannter Namensträger: Abdelaziz II. ibn-Sa'ud, Gründer des Staates Saudi-Arabien (19./20. Jh.).

Abdelmunim: männl. Vorn. arabischen Ursprungs (arab. *'abd* »Diener« + arab. *mun'im* »Wohltäter«: »Diener [Gottes,] des Wohltäters«).

Abderrahman: ▸ Abdurrahman. ✧ Bekannter Namensträger: Abderrahman I., Gründer des arabischen Emirats von Córdoba (8. Jh.).

Abdi: männl. Vorn. arabischen Ursprungs, Kurzform eines mit arab. *'abd* »Diener [Gottes]« beginnenden Namens.

Abdul: männl. Vorn. arabischen Ursprungs, verkürzte Form von zahlreichen Vornamen, die mit arab. *'abd* »Diener [Gottes]« gebildet sind (z. B. ▸ Abdullah). Türk. Form: *Abdül.*

Abdulhamid: männl. Vorn. arabischen Ursprungs (arab. *'abd* »Diener« + arab. *Al-Ḥamīd* »der Gepriesene«: »Diener [Gottes,] des Gepriesenen«).

Abdullah, (auch:) Abdallah: männl. Vorn. arabischen Ursprungs (arab. *'abd* »Diener« + *Allāh* »Gott«: »Diener Gottes«).

Abdurrahman, (auch:) Abderrahman:

Die Spitzenreiter des Jahres 2011 in Australien (New South Wales)

männlich	weiblich
1. William	1. Chloe
2. Lucas	2. Ruby
3. Lachlan	3. Olivia
4. Ethan	4. Isabella
5. Oliver	5. Mia
6. Jack	6. Charlotte
7. Noah	7. Sophie
8. Thomas	8. Sienna
9. Joshua	9. Ava
10. Cooper	10. Amelia

Quelle: http://www.bdm.nsw.gov.au/cgi-bin/popularNames.cgi

männl. Vorn. arabischen Ursprungs (»Diener [Gottes,] des Gnädigen«).

Abel: aus der Bibel übernommener männl. Vorn. (zu hebr. *hebel* »Hauch, Vergänglichkeit«, als Anspielung auf Abels vorzeitigen Tod). Nach der Bibel war Abel der zweite Sohn Adams, der von seinem Bruder Kain erschlagen wurde. In Deutschland kommt Abel seit dem 12. Jh. vor, wird aber heute nur selten vergeben. Engl. Aussprache: [eɪbl].

Abelia: weibl. Vorn. spanischer Herkunft, weibliche Form von ▸Abel.

[1]Abelina: weibl. Vorn., weibliche Form von ▸Abel.

[2]Abelina: weibl. Vorn., Erweiterung von *Abel(a)*, einer älteren niederdeutschen Kurzform von ▸Apollonia, ▸Alberta oder von einem alten weibl. Vorn., der aus altsächs. *aval* »Kraft« gebildet wurde.

Abena: aus Ghana stammender weibl. Vorn., der in der Akan-Sprache »geboren an einem Dienstag« bedeutet.

Abigail, (überkonfessionelle Form:) Abigajil: aus der Bibel übernommener weibl. Vorn. hebräischen Ursprungs (hebr. *'abīgayil* »der Vater hat sich gefreut«), der in Deutschland seit dem 16. Jh. vereinzelt anzutreffen ist. Nach dem Alten Testament war Abigail die schöne und kluge Frau Nabals, nach dessen Tod die Frau König Davids. Die Verbreitung dieses Vornamens in den englischsprachigen Ländern seit dem 17. Jh. geht auf den Einfluss der Puritaner zurück. Zurzeit gehört Abigail zu den beliebtesten Vornamen in den USA. Eine literarische Gestalt ist die Abigail Williams in Arthur Millers Schauspiel »Hexenjagd« (1953). Engl. Aussprache: ['æbɪgeɪl].

Abir: weibl. Vorn. arabischen Ursprungs (arabisch *'abīr* »Duft, Aroma«).

Abischag, (auch:) Abisag: aus der Bibel übernommener weibl. Vorn. hebräischen Ursprungs, dessen Bedeutung noch ungeklärt ist. Nach dem Alten Testament war Abischag ein junges, sehr schönes Mädchen, das den alten David pflegen musste. Neuhebr. Form: *Avishag.*

Abital: weibl. Vorn. biblischer Herkunft (hebr. *'abīṭāl* »mein Vater ist Tau«). Nach dem Alten Testament war Abital eine der Frauen Davids. Neuhebr. Form: *Avital.*

Abla: weibl. Vorn. arabischen Ursprungs (arab. *'abla* »Frau von üppiger Statur« zu arab. *'abula* »groß, voll sein«). Abla war die Frau des arabischen Dichters 'Antarah ibn-Schaddad (6./7. Jh.), der ihr viele seiner Dichtungen widmete.

Abner: aus der Bibel übernommener, in Deutschland nur selten vergebener männl. Vorn. hebräischen Ursprungs (hebr. *'abner* »der Vater ist Ner« oder »der Vater ist Leuchte«); auch englisch ['æbnə]. Nach dem Alten Testament war Abner, Sohn des Ner, ein Vetter und Heerführer König Sauls. Neuhebr. Form: *Avner.*

Abraham, (auch:) Abram: männl. Vorn. hebräischer Herkunft (hebr. *'abrāhām*). Nach der Bibel lautete der Name des ersten Erzvaters Israels ursprünglich Abram (»der Vater ist erhaben«) und wurde von Gott in Abraham (»Vater der Menge«) umgewandelt. In Deutschland ist dieser Vorname seit dem 8. Jh. belegt, wird aber heutzutage nur selten vergeben. Im Arabischen entspricht Abraham der Name ▸Ibrahim. ✧ Bekannte Namensträger: Abraham a Sancta Clara, deutscher Prediger und Volksschriftsteller (17. Jh.); Abraham Lincoln, 16. Präsident der Vereinigten

Staaten (19. Jh.). Engl. Aussprache: ['eɪbrəhæm]. Neuhebr. Form: *Avraham*.

Abram: männl. Vorn., durch Zusammenziehung entstandene Form von ▸Abraham, auch ursprünglicher Name des biblischen Patriarchen. Engl. Aussprache: ['eɪbrəm]. Russ. Aussprache: [a'bram].

Abril: weibl. Vorn. spanischer Herkunft (span. *abril* »April«).

Absalom, (früher meist:) Absalon; (überkonfessionelle Form:) Abschalom: aus der Bibel übernommener männl. Vorn. hebräischen Ursprungs (hebr. *'abšālōm*), dessen Bedeutung als »der Vater ist Heil« oder »der Vater ist Friede« ausgelegt wird. Nach der Bibel war Absalom der dritte Sohn Davids. Um die Ehre seiner Schwester Tamar zu rächen, ließ er seinen Halbbruder ▸Amnon ermorden. In Deutschland ist Absalom seit dem 8. Jh. gelegentlich anzutreffen. Schwed. Form: *Axel*.

Acaraho: männl. Vorn., der in der Sprache der Crow-Indianer »Berg« bedeutet.

Acerina [aθe'rina]: von den Kanarischen Inseln stammender weibl. Vorn., der als Name einer einheimischen Königin auf der Insel La Palma überliefert ist.

Achatius, (auch:) Achatz; Achaz; Achaz; (als biblischer Name jetzt auch:) Ahas: männl. Vorn. hebräischen Ursprungs (hebr. *'āḥāz*), Kurzform von *Joahaz* (»der Herr hat ergriffen«). Die Vornamen Achatius und Achaz begegnen in Deutschland seit dem 15. Jh., werden in der Gegenwart aber kaum noch vergeben. Namenspatron ist der heilige Achatius, Märtyrer (2. Jh.), einer der 14 Nothelfer; NAMENSTAG: 22. Juni.

Achill, (auch:) Achilles: aus der griechischen Mythologie übernommener männl. Vorn. Der Name des griechischen Helden (griech. *Achilléus*), der im Trojanischen Krieg ▸Hektor im Zweikampf besiegt, ist unbekannten, wahrscheinlich vorgriechischen Ursprungs. Nach der »Ilias« fällt Achill, nachdem ihn Paris mit einem Pfeil an der Ferse verwundet hat. In Deutschland ist der Name seit dem 12. Jh., vor allem aber seit der Zeit des Humanismus und der Renaissance gelegentlich anzutreffen. ✧ Bekannter Namensträger: Albrecht III. Achilles, Kurfürst von Brandenburg (15. Jh.). Französ. Form: *Achille* [a'ʃil]. Italien. Form: *Achille* [a'kilɛ].

Achim: männl. Vorn., seit dem 16. Jh. vorkommende Kurzform von ▸Joachim. ✧ Bekannter Namensträger: Achim von Arnim, deutscher Dichter der Romantik (18./19. Jh.).

Achmed, (auch:) Ahmed: im 20. Jh. aus dem Arabischen entlehnter männl. Vorn. (»der Preiswürdigste«). Türk. Form: *Ahmet*.

¹Ada, (auch:) Adda: weibl. Vorn., Kurzform von Namen, die mit »Adel-« gebildet sind, gewöhnlich von ▸Adelheid. Die Namensform *Ada* kommt auch im Spanischen, Italienischen und Englischen ['eɪdə] vor.

²Ada: aus der Bibel übernommener weibl. Vorn. hebräischen Ursprungs (hebr. *'ādā*, Kurzform eines Namens mit dem Element **'dw/y* »schmücken, verzieren«: etwa »der Herr hat geschmückt«). Nach der Bibel war Ada eine der Frauen Esaus. Engl. Form: *Adah* ['eɪdə].

Adalbert, (auch:) Adelbert; Edelbert: alter deutscher männl. Vorn. (ahd. *adal* »edel, vornehm; Abstammung, [edles] Geschlecht« + ahd. *beraht* »glänzend, berühmt«; etwa »von glänzender Abstammung«). Im Verlauf des Mittelalters setzten sich die durch Zusammenziehung des ersten Namenbestandteils entstandenen Formen ▸Albert und ▸Albrecht zunehmend durch. Das Interesse für das Mittelalter führte zu einer Neubelebung von Adalbert seit Ende des 18. Jh.s. Eine bekannte literarische Gestalt ist der Adalbert von Weislingen in Goethes »Götz von Berlichingen« (1773). Namenspatrone sind der heilige Adalbert, Erzbischof von Magdeburg (10. Jh.); NAMENSTAG: 20. Juni; der heilige Bischof Adalbert von Prag, Apostel der Preußen (10. Jh.); NAMENSTAG: 23. April. ✧ Bekannter Namensträger: Adalbert Stifter, österreichischer Dichter (19. Jh.).

Adalet: weibl. Vorn. türkischer Herkunft (türk. *adalet* »Gerechtigkeit« aus gleichbedeutend arab. *ʿadalat*).

Adalger, (auch:) Elger: alter deutscher männl. Vorn. (ahd. *adal* »edel, vornehm; Abstammung, [edles] Geschlecht« + ahd. *gēr* »Speer«). Namenspatron ist der heilige Adalger, Erzbischof von Bremen-Hamburg (9./10. Jh.); NAMENSTAG: 9. Mai.

Adam: aus der Bibel übernommener männl. Vorn., dessen Herkunft nicht sicher geklärt ist. Die Bibel sieht in dem Namen hebr. *'adāmā* den rotbraunen, weil gepflügten Ackerboden und versteht ihn zugleich als hebr. *ha'ādām* »der Mensch, die Menschheit«. Nach der Bibel war Adam der erste, von Gott erschaffene Mensch, aus Ackerboden gebildet und mit Lebensodem erfüllt. In Deutschland ist Adam seit dem 8. Jh. überliefert. ✧ Bekannte Namensträger: Adam Ries (volkstümlich: Riese), deutscher Rechenmeister (15./16. Jh.); Adam Smith, britischer Moralphilosoph und Volkswirtschaftler (18. Jh.); Adam Opel, deutscher Industrieller (19. Jh.); Ádám Fischer, ungarischer Dirigent (20./21. Jh.). Engl. Aussprache: ['ædəm]. Italien. Form: *Adamo*. Ungar. Form: *Ádám* ['a:da:m]. Türk. Form: *Adem*. Suaheli-Form: *Adamu*.

Adamo, (deutsch auch:) Adamo: männl. Vorn., italienische Form von ▸Adam.

Adamu: männl. Vorn., Suaheli-Form von ▸Adam.

Adda: ▸[1]Ada.

Addo: männl. Vorn., niederdeutsch-friesische Kurzform von Namen, die mit »Ad(al)-« beginnen.

Adebola: aus Nigeria stammender weibl. Vorn., der in der Yoruba-Sprache »die Krone gehört ihr« bedeutet.

Adeboro: aus Nigeria stammender männl. Vorn., der in der Yoruba-Sprache »die Krone kommt zu Wohlstand« bedeutet.

Adela: weibl. Vorn., Nebenform von ▸Adele, auch spanisch. Im Mittelalter war *Adela* eine Kurzform von Namen, die mit »Adel-« gebildet wurden, besonders von ▸Adelheid. Namenspatronin ist die heilige Adela (Adula), Gründerin und Äbtissin des Frauenklosters Pfalzel bei Trier (8. Jh.); NAMENSTAG: 24. Dezember.

Adelaide: Ende des 18. Jh.s aus dem Französischen übernommene Form des deutschen Vornamens ▸Adelheid. Bekannt ist der Name heute vor allem durch Beethovens Lied »Adelaide«. Engl. Aussprache: ['ædəleɪd]. Französ. Form: *Adélaïde* [adela'id].

Adelbert: männl. Vorn., Nebenform von ▸Adalbert. ✧ Bekannter Namensträger: Adelbert von Chamisso, deutscher Dichter der Romantik (18./19. Jh.).

Adele: aus dem Französischen seit Ende des 18. Jh.s übernommener weibl. Vorn., Kurzform von ▸Adelaide. Eine bekannte Operettenfigur ist die Adele in der Operette »Die Fledermaus« (1874) von Johann Strauß. Französ. Form: *Adèle* [a'dɛl].

Adelene: weibl. Vorn., Neubildung aus ▸Adel(heid) + Lene (▸Lena).

Adelgard, (auch:) Edelgard; Elgard: alter deutscher weibl. Vorn. (ahd. *adal* »edel, vornehm; Abstammung, [edles] Geschlecht« + german. **gardaz* »Zaun, Einfriedung«, vgl. ahd. *garto* »Garten«).

Adelgunde, (auch:) Adelgund; Adelgundis; Algund: alter deutscher weibl. Vorn. (ahd. *adal* »edel, vornehm; Abstammung, [edles] Geschlecht« + ahd. *gund* »Kampf; Kämpferin«; etwa »edle Kämpferin«). Namenspatronin ist die heilige Adelgundis, Äbtissin von Maubeuge in Nordfrankreich (7. Jh.); NAMENSTAG: 30. Januar.

Adelhard, (auch:) Ahlert; Alert; Alhard; Edelhard; Ehlert: alter deutscher männl. Vorn. (ahd. *adal* »edel, vornehm; Abstammung, [edles] Geschlecht« + ahd. *harti, herti* »hart, kräftig, stark«).

Adelheid: seit dem Mittelalter beliebter weibl. Vorn. (ahd. *adal* »edel, vornehm; Abstammung, [edles] Geschlecht« + ahd. *heit*, dem german. **haidu-* »Art und Weise, Gestalt« zugrunde liegt; etwa »von edler Art, edlem Wesen«). Zwischen dem 13. und 17. Jh. waren jüngere

Formen wie ▸Aleid(a), ▸Alheid(e), ▸Alheidis im gesamten deutschen Sprachgebiet häufig anzutreffen. Die Namensform *Adelheid* wurde gegen Ende des 18. Jh.s unter dem Einfluss der Ritterdichtung neu belebt. Bekannte literarische Gestalten sind die Adelheid in Goethes »Götz von Berlichingen« (1773) und Adelheid von Stechlin in Th. Fontanes Roman »Der Stechlin« (1899). ✧ Bekannte Namensträgerin: die heilige Adelheid, Gemahlin Kaiser Ottos des Großen (10. Jh.); NAMENSTAG: 16. Dezember. Französ. Form: *Adélaïde* [adela'id]. Engl. Form: *Adelaide* ['ædəleɪd].

Adelia: weibl. Vorn., Weiterbildung von ▸Adele, auch italienisch.

Adelina: ▸Adeline, auch polnisch, italienisch und spanisch.

Adelind, (auch:) Adelinda; Adelinde; Adelindis; Alinde; Edelinde: alter deutscher weibl. Vorn. (ahd. *adal* »edel, vornehm; Abstammung, [edles] Geschlecht« + ahd. *lind* »sanft, weich, mild«).

Adeline: in Deutschland seit dem 19. Jh. vorkommender weibl. Vorn., Weiterbildung von ▸Adele, Adèle. Französ. Aussprache: [ad'lin].

Adelisa: Doppelform aus ▸Adel(e) und *Lisa* (▸Elisabeth).

Adelita: weibl. Vorn., spanische Koseform von ▸Adela.

Adeltraud, (auch:) Adeltrud; Edeltraud; Edeltrud; Altraud; Altrud: alter deutscher weibl. Vorn. (ahd. *adal* »edel, vornehm; Abstammung, [edles] Geschlecht« + german. **þrūþi* »Kraft, Stärke«, in althochdeutscher Zeit umgedeutet zu *trūt* »vertraut, lieb«).

Adem: männl. Vorn., türkische Form von ▸Adam.

Aden [eɪdn]: männl. Vorn., Schreibvariante von *Aiden* (▸Aidan), die vor allem in Australien geläufig ist.

Adeola: aus Nigeria stammender weibl. Vorn., der in der Yoruba-Sprache »die Krone bringt Ehre« bedeutet.

Adeyemi: aus Nigeria stammender männl. Vorn., der in der Yoruba-Sprache »die Krone steht mir gut« bedeutet.

[1]Adi: männl. Vorn., Kurzform von männlichen Vornamen, die mit »Ad(al)-«, »Ad(el)-« gebildet sind, besonders von ▸Adolf.

[2]Adi: weibl. Vorn. neuhebräischer Herkunft (neuhebr. *'adi* »Zierde, Schmuck, Schmuckstück«).

Adia: aus Nigeria stammender weibl. Vorn., der in der Haussa-Sprache »Gabe« bedeutet.

Adib: männl. Vorn. arabischen Ursprungs (arab. *adīb* »gebildet, wohlerzogen«).

Adiba: weibl. Vorn., weibliche Form von ▸Adib.

Adiël: männl. Vorn. biblischer Herkunft (hebr. *'adī'ēl* »Gott ist Zier«).

Adil: männl. Vorn. arabischen Ursprungs (arab. *'ādil* »gerecht« zu arab. *'ādala* »gerecht handeln«), auch türkisch *(Adil)*.

Adila: weibl. Vorn., weibliche Form von ▸Adil. Türk. Form: *Adile*.

[1]Adina: weibl. Vorn., Weiterbildung von ▸[1]Ada oder ▸[2]Ada. Adina ist der Name der Hauptgestalt in G. Donizettis Oper »Der Liebestrank« (1832).

[2]Adina: weibl. Vorn. neuhebräischer Herkunft (neuhebr. *'adinā* »die Edle, Feine, Vornehme, Zarte«).

[3]Adina: weibl. Vorn. persischer Herkunft für ein am Freitag geborenes Kind.

Welche Namen empfinden wir als schön?

Als besonders wohlklingend werden Namen mit vielen Selbstlauten empfunden, das gilt vor allem für Namen mit den Lauten *I* und *A*, z. B. *Mia, Sophia, Elias, Felix, Noah* etc. Auffällig viele Vornamen beginnen außerdem mit den Gleitlauten *M* oder *L*, z. B. *Marie, Maja, Maximilian, Moritz, Lea, Lena, Lina, Lilly, Leon, Lukas, Luis.* Seit längerer Zeit ungebrochen ist daneben der Trend zu einsilbigen Namen, wie etwa *Ben, Finn, Tim,* weil sie schlicht und unkompliziert wirken.

Die Spitzenreiter des Jahres 2009 in Belgien

männlich	weiblich
1. Noah	1. Emma
2. Lucas	2. Louise
3. Nathan	3. Marie
4. Louis	4. Élise
5. Arthur	5. Léa
6. Mohamed	6. Julie
7. Thomas	7. Charlotte
8. Mathis	8. Clara
9. Adam	9. Manon
10. Liam	10. Sarah

Quelle: http://www.statbel.fgov.be/fr/statistiques/chiffres/population/autres/noms/pre/

Adla: weibl. Vorn. arabischer Herkunft (»Gerechtigkeit«, ▸Adil).

Adnan: männl. Vorn. arabischen Ursprungs (vielleicht zu arab. *'adana* »sich niederlassen [an einem Ort bzw. in einem Land]«). Nach der Tradition waren die Bewohner des nördlichen Teils der arabischen Halbinsel Nachkommen von 'Adnan, der wiederum von Ismael, dem Sohn des Patriarchen Abraham, abstammte.

Adoette: weibl. Vorn., der in der Sprache der Kiowa-Indianer »großer Baum« bedeutet.

Adolf, (veraltet auch:) Adolph: männl. Vorn., jüngere Form von *Adalwolf* (ahd. *adal* »edel, vornehm; Abstammung, [edles] Geschlecht« + ahd. *wolf* »Wolf«). Vom Mittelalter bis zum 18. Jh. war Adolf in der nördlichen Hälfte Deutschlands verbreitet, seit dem 19. Jh. begegnet er auch im Süden. Der Einfluss Adolf Hitlers auf die Namengebung ist als gering zu veranschlagen. In den 1930er-Jahren kommt es insgesamt nur zu einer leichten Zunahme der Häufigkeit dieses Vornamens. Aus naheliegenden Gründen wird der Name seit 1945 gemieden. Vorbild für die früher in protestantischen Kreisen beliebte Namenkombination *Gustav Adolf* war König Gustav II. Adolf von Schweden (16./17. Jh.). Namenspatrone sind der heilige Adolf, Bischof von Utrecht oder Maastricht (8. Jh.); NAMENSTAG: 17. Juni; der heilige Adolf, Bischof von Osnabrück (12./13. Jh.); NAMENSTAG: 30. Juni. ✧ Bekannte Namensträger: Adolf Kolping, Begründer des katholischen Gesellenvereins (19. Jh.); Adolf Muschg, schweizerischer Schriftsteller (20./21. Jh.). Span. und italien. Form: *Adolfo*. Französ. Form: *Adolphe* [a'dɔlf].

Adolfine, (auch:) Adolfina: weibl. Vorn., weibliche Form von ▸Adolf mit der seit dem 17./18. Jh. beliebten Endung »-ine/-ina«.

Adolfo: männl. Vorn., italienische und spanische Form von ▸Adolf. ✧ Bekannter Namensträger: Adolfo Bioy Casares, argentinischer Schriftsteller (20. Jh.).

Adolph: männl. Vorn., veraltete Schreibweise von ▸Adolf. ✧ Bekannte Namensträger: Adolph Franz Friedrich Freiherr von Knigge (18. Jh.), auf dessen Buch »Über den Umgang mit Menschen« die Bezeichnung *Knigge* »Buch mit Verhaltensregeln« zurückgeht; Adolph von Menzel, deutscher Maler (19./20. Jh.).

Adolphe [a'dɔlf]: männl. Vorn., französische Form von ▸Adolf.

Adonis: in Deutschland seit den 1990er-Jahren vereinzelt vorkommender, aus der griechischen Mythologie übernommener männl. Vorn., der semitischen Ursprungs (wohl zu phönizisch *ādōn* »Herr«) ist. Adonis war ein außerordentlich schöner junger Gott, der von Aphrodite, der Liebesgöttin, geliebt wurde.

Adowa: aus Ghana stammender weibl. Vorn., der in der Akan-Sprache »geboren an einem Dienstag« bedeutet.

Adri: männl. Vorn., Kurzform von ▸Adrian.

Adriaan, (älter auch:) Adriaen: männl. Vorn., niederländische Form von ▸Adrian. ✧ Bekannte Namensträger: Adriaen de Vries, niederländischer Bildhauer (16./17. Jh.); Adriaen Brouwer, flämischer Maler (17. Jh.).

Adrian, (älter auch:) Hadrian: in Deutschland seit dem 13. Jh. vorkommender männl. Vorn. lateinischen Ursprungs (lat.

[H]adriānus »der aus der Stadt [H]adria«). Der Beiname des Kaisers Publius Aelius Hadrianus (2. Jh.) geht nach antiker Tradition auf den Herkunftsort seiner Eltern, Hadria, heute Atri, Provinz Teramo (nicht Adria südlich von Venedig), zurück. Eine bekannte literarische Gestalt ist Adrian Leverkühn, der »Doktor Faustus« des gleichnamigen Romans von Thomas Mann (1947). Namenspatrone sind der heilige Adrian von Nikomedia, Märtyrer (3./4. Jh.); NAMENSTAG: 8. September; der heilige Adrian III., Papst (9. Jh.); NAMENSTAG: 8. Juli. Französ. Form: *Adrien* [adriˈɛ̃]. Engl. Form: *Adrian* [ˈeɪdrɪən]. Niederländ. Form: *Adriaan*. Italien. Form: *Adriano*. Span. Form: *Adrián*.

Adriana, (auch:) Adriane: in Deutschland seit dem 16. Jh. belegter weibl. Vorn., weibliche Form von ▸Adrian; Adriana ist auch italienisch und spanisch. Eine bekannte Gestalt ist Adriana Lecouvreur in der gleichnamigen Oper von Francesco Cilea (1902). Französ. Form: *Adrienne* [adriˈɛn].

Adriano: in den 1970er-Jahren entlehnter männl. Vorn., italienische Form von ▸Adrian. ✧ Bekannter Namensträger: Adriano Celentano, italienischer Schlagersänger und Schauspieler (20./21. Jh.).

Adrianus: ▸Adrian.

Adriël: männl. Vorn. biblischer Herkunft (hebr. *ʿadrīʾēl* »Gott ist meine Hilfe«). Nach dem Alten Testament war Adriel der Schwiegersohn des Königs Saul.

Adrien [adriˈɛ̃]: in den 1970er-Jahren entlehnter männl. Vorn., französische Form von ▸Adrian.

Adrienne [adriˈɛn]: weibl. Vorn., französische Form von ▸Adriana. In Deutschland setzt die Vergabe dieses Vornamens gegen Ende des 19. Jh.s ein.

Adsila: weibl. Vorn., der in der Sprache der Cherokee-Indianer »Blüte« bedeutet.

[1]Ady: männl. Vorn., Kurzform von Vornamen, die mit »Ad(al)-« gebildet sind.

[2]Ady: weibl. Vorn., Kurzform von Vornamen, die mit »Adel-« gebildet sind.

Aegid, (auch:) Aegidius: ▸Ägid.

Aeneas: im 17. Jh. aus der antiken Mythologie (griech. *Aineías*, lat. *Aenēās*) übernommener männl. Vorn. unbekannten, wahrscheinlich vorgriechischen Ursprungs. Bereits in der Antike wurde der Name volksetymologisch an griech. *ainéō* »loben, preisen« sowie an griech. *ainós* »schrecklich, gefürchtet« angelehnt. Aeneas war der Sohn des Trojaners Anchises und der Göttin Aphrodite. Nach der Zerstörung Trojas durch die Griechen gelang ihm die Flucht, und er kam schließlich nach Italien. Aeneas wurde König in Latium und somit Stammvater der Römer. Sein Schicksal wird von Vergil in seinem Epos »Aeneis« (entstanden 30–19 v. Chr.) besungen.

Aenne: ▸Änne.

Afaf: weibl. Vorn. arabischer Herkunft (arab. *ʿafāf* »Keuschheit, Tugend« zu arab. *ʿaffa* »sich zurückhalten«).

Afërdita: weibl. Vorn. albanischer Herkunft, albanische Form von *Aphrodite*, dem Namen der griechischen Göttin der Liebe.

Afia: aus Ghana stammender weibl. Vorn., der in der Ewe-Sprache »geboren an einem Freitag« bedeutet.

Afif: männl. Vorn. arabischer Herkunft (arab. *ʿafāf* »Keuschheit, Tugend« zu arab. *ʿaffa* »sich zurückhalten«).

Afifa: weibl. Vorn., weibliche Form von ▸Afif.

Afiya: in Kenia und Tansania vorkommender weibl. Vorn., der auf Suaheli »Gesundheit« bedeutet (< arab. *āfia* »Gesundheit«).

Afra, (auch:) Afra: weibl. Vorn., wohl altitalischer Herkunft, bereits in der Antike an lat. *āfer, āfra, āfrum* »afrikanisch« angelehnt. In Deutschland ist der Name seit dem Mittelalter belegt. Namenspatronin ist die heilige Afra, Märtyrerin (3./4. Jh.); NAMENSTAG: 7. August.

Afua: in Kenia und Tansania vorkommender weibl. Vorn., der auf Suaheli »Vergebung« bedeutet (< arab. *āfuat* »Vergebung«).

Aga: weibl. Vorn., Kurzform von ▸Agatha.

Agata: weibl. Vorn., Schreibvariante von ▸Agatha, auch italienisch ['agata].

Agatha: weibl. Vorn. griechischen Ursprungs (griech. *agathós, -ḗ, -ón* »gut«), auch englisch ['ægəθə]. Agatha fand bereits im 11. Jh. Eingang in die deutsche Namengebung. Namenspatronin ist die heilige Agatha, Märtyrerin (3. Jh.); NAMENSTAG: 5. Februar. ✧ Bekannte Namensträgerin: Agatha Christie, englische Kriminalschriftstellerin (19./20. Jh.).

Agathe: weibl. Vorn., deutsche Form von ▸Agatha. Eine bekannte Operngestalt ist die Agathe in Carl Maria von Webers Oper »Der Freischütz« (1821). Eine literarische Figur ist die Agathe, die Schwester Ulrichs, in Robert Musils Roman »Der Mann ohne Eigenschaften«.

Agatina: weibl. Vorn., italienische Erweiterung von ▸Agata.

Agda: weibl. Vorn., schwedische und dänische Form von ▸Agathe.

Agi: weibl. Vorn., Koseform von ▸Agatha.

Ägid, (auch:) Ägidius; Aegid; Aegidius; Egid; Egidius: männl. Vorn., dem der spätlateinische, ab dem 5. Jh. überlieferte Name *Aegidius* zugrunde liegt. Die traditionelle Herleitung von griech. *aigís, -ídos* »Ziegenfell, Schild des Zeus oder der Athena« ist fraglich, da der Name **Aigídios* im Griechischen nicht dokumentiert ist. Die Verbreitung des Namens geht zurück auf den heiligen Ägidius, Einsiedler, dann Abt von St-Gilles (Südfrankreich), einen der 14 Nothelfer (7./8. Jh.); NAMENSTAG: 1. September. Möglicherweise trug der Heilige einen Namen germanischer Herkunft (etwa *Gillo*), für den in lateinischen Texten dann Aegidius eintrat. Französ. Form: *Gilles* [ʒil]. Engl. Form: *Giles* [dʒaɪlz].

Agilolf, (auch:) Egloff; Egolf: alter deutscher männl. Vorn. Den Namen, die mit »Agi(l)-« beginnen, liegt german. **agi-* »Furcht, Schrecken« zugrunde; der zweite Bestandteil ist ahd. *wolf* »Wolf«. Der Name bedeutet etwa »Schreckenswolf«. ✧ Bekannter Namensträger: Agilolf, Stammvater des ältesten bayerischen Herzogsgeschlechts der Agilolfinger.

Aglaé: weibl. Vorn., französische Form von ▸Aglaia.

Aglaë: ▸Aglaia.

Aglaia, (auch:) Aglaja; Aglaë: in Deutschland seit dem 18. Jh. vorkommender weibl. Vorn. griechischen Ursprungs (zu griech. *aglaós* »glänzend, prächtig«). Aglaia kam als Name einer der drei griechischen Göttinnen der Anmut auf. Eine bekannte literarische Gestalt ist die Aglaja in F. M. Dostojewskis Roman »Der Idiot« (1869). Französ. Form: *Aglaé*.

Agnes: weibl. Vorn. vulgärlateinischen Ursprungs, der nach griech. *hagnós, -ḗ, -ón* »keusch, rein; hehr; geheiligt« mit einem falschen Nominativ gebildet wurde; aufgrund der Klangähnlichkeit an lat. *agnus* »Lamm« angelehnt. Seit dem 11. Jh. fand Agnes zunächst durch dynastische und adlige Vorbilder Eingang in die deutsche Namengebung. Seit dem 19. Jh. trugen literarische Bearbeitungen und Vertonungen des tragischen Schicksals der Augsburger Baderstochter Agnes Bernauer, der Geliebten Herzog Albrechts III. von Bayern (15. Jh.), zur Bekanntheit des Vornamens Agnes bei. Zu nennen sind vor allem Friedrich Hebbels »Agnes Bernauer« (1852) und C. Orffs Oper »Agnes Bernauerin« (1946). Namenspatronin ist die heilige Agnes, Märtyrerin zu Rom (3./4. Jh.); NAMENSTAG: 21. Januar. ✧ Bekannte Namensträgerin: Agnes Baltsa, griechische Sängerin (20./21. Jh.). Span. Form: *Inés*. Französ. Form: *Agnès* [a'njɛs]. Italien. Form: *Agnese* [a'nje:ze]. Engl. Form: *Agnes* ['ægnɪs]. Poln. Form: *Agnieszka* [a'njɛʃka]. Finn. Form: *Aune*.

Agnès [a'njɛs]: weibl. Vorn., französische Form von ▸Agnes. ✧ Bekannte Namensträgerin: Agnès Varda, französische Regisseurin (20./21. Jh.).

Agnesa: weibl. Vorn., Weiterbildung von ▸ Agnes.

Agnese: weibl. Vorn., Weiterbildung von ▸ Agnes, auch italienisch [a'nje:ze].

Agneta, (auch:) Agnete; Agnetha: weibl. Vorn., Weiterbildung von ▸ Agnes.

Agnette: weibl. Vorn., Erweiterung von ▸ Agnes mit der französischen Endung »-ette«.

Agnieszka [a'njɛʃka]: weibl. Vorn., polnische Form von ▸ Agnes.

Ago: männl. Vorn., verselbstständigte Kurzform von Namen, die mit »Agi-« (zu german. **agi-* »Furcht, Schrecken«) gebildet wurden (z.B. *Agimar, Agimund*).

Aharon: männl. Vorn., neuhebräische Form von ▸ Aaron.

Ahas: ▸ Achatius.

Ahlam: weibl. Vorn. arabischer Herkunft (arab. *aḥlām* »Träume, Visionen« zu arab. *ḥalama* »träumen«).

Ahlert: männl. Vorn., jüngere Form von ▸ Adelhard.

Ahlrich: ▸ Alrich.

Ahmed, (auch:) Ahmad: ▸ Achmed.

Ahmet: männl. Vorn., türkische Form von ▸ Achmed.

Ahuva, (auch:) Ahuvah: weibl. Vorn. neuhebräischer Herkunft, der »die Geliebte« bedeutet.

[1]**Aida:** seit dem 20. Jh. vorkommender weibl. Vorn., der auf die Gestalt der äthiopischen Sklavin in G. Verdis Oper »Aida« (1871) zurückgeht. Der Name wurde von dem Autor der Vorlage, Auguste Mariette, vielleicht nach dem altägyptischen Namen *'Iiti* geschaffen.

[2]**Aida,** (auch:) Ayda: weibl. Vorn. arabischer Herkunft (arab. *'ā'ida* »Gewinn, Einkünfte« zu arab. *'āda* »zurückkehren«).

Aidan, (auch:) Aiden; Aden [eɪdn]: männl. Vorn. irischer Herkunft, englische Formen des gälischen Namens *Aodán*, einer Koseform von *Aodh* (»Feuer«). Dieser Name, den mehrere frühe irische Heilige trugen, wurde in den 1960er-Jahren wiederbelebt. ✧ Bekannter Namensträger: Aidan Quinn, irisch-amerikanischer Schauspieler (20./21. Jh.).

[1]**Aik:** männl. Vorn., eindeutschende Schreibung des englischen Vornamens *Ike* (▸ [2]Ike).

[2]**Aik:** ▸ [1]Eike.

[1]**Aike:** ▸ [1]Eike.

[2]**Aike:** ▸ [2]Eike.

[1]**Aiko:** ▸ [1]Eike.

[2]**Aiko:** weibl. Vorn. japanischer Herkunft (japan. *ai* »Liebe« + japan. *ko* »Kind«). ✧ Bekannte Namensträgerin: Prinzessin Aiko, Tochter des japanischen Thronfolgers (21. Jh.).

[1]**Aila:** ▸ Eila.

[2]**Aila:** weibl. Vorn., finnisch-samische Form von ▸ Helga.

Aileen, (auch:) Ayleen ['eɪli:n]: in den 1970er-Jahren aus dem Englischen übernommener weibl. Vorn., Schreibvariante von ▸ Eileen.

Ailert: ▸ Eilhard.

Ailika: ▸ Eilika.

Ailina, (auch:) Ailine; Ailin; Aylina; Ayline: weibl. Vorn., an die deutsche Schreibweise angepasste Erweiterung von ▸ Aileen.

Ailke: ▸ [2]Eilke.

Ailsa ['eɪlsə]: weibl. Vorn. schottischer Herkunft, der auf Ailsa Craig zurückgeht, eine Felseninsel vor der schottischen Küste.

Aiman: ▸ [2]Ayman.

Aimé [ɛ'me]: männl. Vorn., französische Form von *Amatus* (lat. *amātus, -a, -um* »geliebt«, zu *amāre* »lieben«).

Aimée [ɛ'me]: weibl. Vorn., weibliche Form von ▸ Aimé.

[1]**Aimo:** männl. Vorn., verselbstständigte Kurzform von Namen, die mit »Agi-« (▸ Ago) gebildet wurden.

[2]**Aimo:** männl. Vorn. finnisch-samischer Herkunft (finn. *aimo* »vortrefflich, tüchtig«).

[1]**Aina:** weibl. Vorn., katalanische und estnische Variante von ▸ Anna.

[2]**Aina:** im 20. Jh. in Lettland neu gebildeter weibl. Vorn. zu lett. *aina* »Bild (im übertragenen Sinn)«.

³Aina: ▸Aino.

Ainara: weibl. Vorn. baskischer Herkunft (bask. *ainara/enara* »Schwalbe«).

Aino, (auch:) Aina: vereinzelt vorkommender weibl. Vorn. finnischen Ursprungs (zu finn. *ainoa* »die Einzige«). Aino ist der Name einer Gestalt in dem finnischen Nationalepos »Kalevala«.

Ainoa, (auch:) Ainoha [ai'nɔa]: weibl. Vorn. baskischer Herkunft, der auf das gleichnamige Marienheiligtum im französischen Baskenland zurückgeht.

Ainran: in Kenia und Tansania vorkommender männl. Vorn., der auf Suaheli »Wohlstand« bedeutet.

Aira, (auch:) Airi: weibl. Vorn. finnischer Herkunft, weibliche Bildung zu einer finnischen Form von ▸Erik.

Aischa: weibl. Vorn. arabischen Ursprungs (arab. *'ā'ischa* »lebendig, wohlauf«). ✧ Bekannte Namensträgerin: Aischa, Lieblingsfrau Mohammeds (7. Jh). Engl. Formen: *Aisha* ['a:ɪʃə], *Aye(e)sha* [a'ji:ʃə]. Türk. Form: *Ayşe* [ai'ʃɛ].

Aitana: weibl. Vorn. spanischer Herkunft, dem der Name eines Gebirgszugs zugrunde liegt, dessen Ausläufer bis an die Küste von Benidorm (Provinz Alicante) reichen.

Aitor: im Baskenland und im übrigen Spanien vorkommender männl. Vorn., der im 19. Jh. von dem Schriftsteller J. A. Chaho für den legendären Stammvater der Basken (zu bask. *aitoren seme* »Edelmann«) geprägt wurde.

Aiyetoro: aus Nigeria stammender männl. Vorn., der in der Yoruba-Sprache »Friede auf Erden« bedeutet.

Aja: weibl. Vorn., Koseform verschiedener Vornamen, im Schwedischen z. B. von ▸Maria.

Ajit [a'dʒit]: aus Indien stammender männl. Vorn. (sanskrit. *a-jita* »nicht erobert, unbesiegbar«).

Ajita [a'dʒita]: weibl. Vorn., weibliche Form von ▸Ajit.

Ajjub: ▸Ayyub.

Akanni: aus Nigeria stammender männl. Vorn., der in der Yoruba-Sprache »unser Zusammentreffen bringt Reichtümer« bedeutet.

¹Ake: vereinzelt vorkommender männl. Vorn., verselbstständigte friesische Kurzform von Namen, die mit »Agi-« (zu german. **agi-* »Furcht, Schrecken«) gebildet wurden (z. B. *Agimar, Agimund*).

²Ake: weibl. Vorn., identisch mit ▸¹Ake.

Akelei: weibl. Vorn., identisch mit der Bezeichnung für eine Blumenart, die zur Gattung der Hahnenfußgewächse gehört.

Aki: weibl. Vorn. japanischer Herkunft (japan. *aki* »Herbst«).

Akiba: ▸Akiva.

Akiko: weibl. Vorn. japanischer Herkunft (japan. *aki* »Herbst« + japan. *ko* »Kind«).

Akila, (auch:) Akilah: in Kenia und Tansania vorkommender weibl. Vorn., der auf Suaheli »intelligent« bedeutet (< arab. *'āqil* »intelligent«).

¹Akim: männl. Vorn., nordische Kurzform von ▸Joachim.

²Akim: männl. Vorn., russische Kurzform von ▸Joachim.

Akın: männl. Vorn. türkischer Herkunft (türk. *akın* »Ansturm, Angriff; Flut«).

Akintunde: aus Nigeria stammender männl. Vorn., der in der Yoruba-Sprache »ein Junge ist wieder gekommen« bedeutet.

Akira: männl. Vorn. japanischer Herkunft, der »hell, klar« bedeutet. ✧ Bekannter Namensträger: Akira Kurosawa, japanischer Filmregisseur (20. Jh.).

Akiva, (auch:) Akiba: männl. Vorn., neuhebräische Form von ▸Jakob.

Akono: aus Nigeria stammender männl. Vorn., der in der Yoruba-Sprache »ich bin an der Reihe« bedeutet.

Akram: männl. Vorn. arabischen Ursprungs (arab. *akram* »sehr großzügig«).

Al [æl]: männl. Vorn., englische Kurzform von Namen, die mit »Al-« beginnen (etwa ▸Alfred u. a.). ✧ Bekannte Namensträger: Al (eigtl. Alphonse)

Capone, amerikanischer Gangster (19./20. Jh.); Al (eigtl. Alfredo James) Pacino, amerikanischer Schauspieler (20./21. Jh.); Al Jarreau, amerikanischer Jazzmusiker (20./21. Jh.).

Aladin: männl. Vorn. arabischen Ursprungs (arab. *'Alā'-ad-Dīn* »Erhabenheit des Glaubens«). Bekannt ist der Name durch das Märchen »Aladin und die Wunderlampe« aus »Tausendundeiner Nacht«. Türk. Form: *Alaettin.*

Alain [a'lɛ̃]: aus dem Französischen übernommener männl. Vorn. keltischen (bretonischen) Ursprungs (vielleicht zu *al-* »Fels«). ✧ Bekannte Namensträger: Alain Resnais, französischer Filmregisseur (20./21. Jh.); Alain Delon, französischer Filmschauspieler (20./21. Jh.); Alain Robbe-Grillet, französischer Schriftsteller (20./21. Jh.).

Alaine [ə'leɪn]: aus dem Englischen entlehnter weibl. Vorn., moderne weibliche Bildung zu ▸Alan. In Frankreich hat sich Alaine, eine alte weibliche Form von ▸Alain, nur noch als Familienname erhalten.

Alamea: weibl. Vorn. hawaiischer Herkunft, der »kostbar« bedeutet.

Alan, (auch:) Allan; Allen ['ælən]: aus dem Englischen übernommener männl. Vorn. keltischen (bretonischen) Ursprungs (vielleicht zu *al-* »Fels«), der durch die normannischen Eroberer im Mittelalter nach England kam.

Alana: in den 1980er-Jahren aus dem Englischen [ə'lɑ:nə] entlehnter weibl. Vorn., weibliche Form von ▸Alan.

Aland, (auch:) Alant: männl. Vorn., jüngere Form von Adalland (ahd. *adal* »edel, vornehm; Abstammung, [edles] Geschlecht« + ahd. *lant* »Land«).

Alanis, engl. Aussprache: [ə'lɑ:nɪs]: in den 1990er-Jahren aus dem Englischen entlehnter weibl. Vorn., weibliche Bildung zu ▸Alan. ✧ Bekannte Namensträgerin: Alanis Morissette, kanadische Popsängerin (20./21. Jh.).

Alannah [ə'lɑ:nə]: weibl. Vorn., englische Schreibvariante von ▸Alana, die wohl unter dem Einfluss biblischer Namen wie ▸Hannah, ▸Sarah entstanden ist.

Alant: ▸Aland.

Alara: weibl. Vorn. nach dem gleichnamigen Fluss im türkischen Taurusgebirge.

Alaska, engl. Aussprache: [ə'læskə]: in den USA geläufiger weibl. Vorn., identisch mit dem geografischen Namen. In Deutschland setzt die gelegentliche Vergabe dieses Vornamens in den 1990er-Jahren ein.

Alba: weibl. Vorn. lateinischen Ursprungs (lat. *albus, -a, -um* »weiß«).

Alban, (auch:) Alban: aus dem Lateinischen übernommener männl. Vorn. (lat. *Albānus* »der aus der Stadt Alba Stammende«). Namenspatron ist der heilige Alban von Mainz, Märtyrer (4./5. Jh.); NAMENSTAG: 21. Juni. ✧ Bekannter Namensträger: Alban Berg, österreichischer Komponist (19./20. Jh.). Italien. Form: *Albano.*

Albana: weibl. Vorn., weibliche Form von ▸Alban.

Albano: männl. Vorn., italienische Form von ▸Alban.

Albert: männl. Vorn., jüngere Form von ▸Adalbert. ✧ Bekannte Namensträger: (Gustav) Albert Lortzing, deutscher Opernkomponist (19. Jh.); Albert Schweitzer, elsässischer Arzt, Theologe und Philosoph (19./20. Jh.); Albert Einstein, deutschamerikanischer Physiker (19./20. Jh.); Albert Camus, französischer Schriftsteller (20. Jh.). Engl. Aussprache: ['ælbət]. Französ. Aussprache: [al'bɛ:r]. Italien. und span. Form: *Alberto.*

Alberta, (auch:) Alberte: weibl. Vorn., weibliche Form von ▸Albert.

Albertina, (auch:) Albertine: weibl. Vorn., weibliche Form von ▸Albert mit der seit dem 17./18. Jh. beliebten Endung »-ine/-ina«.

Alberto: männl. Vorn., italienische und spanische Form von ▸Albert. ✧ Bekannte Namensträger: Alberto Moravia, italienischer Schriftsteller (20. Jh.); Alberto Giacometti, schweizerischer Bildhauer und Maler (20. Jh).

Albertus: männl. Vorn., latinisierte Form von ▸ Albert. ✧ Bekannter Namensträger: Albertus Magnus, bedeutender Gelehrter des Mittelalters (13. Jh.); NAMENSTAG: 15. November.

[1]**Albin:** männl. Vorn., Nebenform von ▸ Albwin.

[2]**Albin,** (auch:) Albin; Albinus: männl. Vorn. lateinischer Herkunft, ursprünglich römischer Beiname (zu lat. *albus* »weiß«).

Albina, (auch:) Albine: weibl. Vorn., weibliche Form von ▸ [1]Albin oder ▸ [2]Albin.

Albinus: ▸ [2]Albin.

Albrecht: männl. Vorn., jüngere Form von *Adalbrecht* (▸ Adalbert). ✧ Bekannte Namensträger: Albrecht Dürer, deutscher Maler (15./16. Jh.); Albrecht Altdorfer, deutscher Maler (15./16. Jh.); Albrecht von Haller, schweizerischer Arzt, Naturforscher und Dichter (18. Jh.).

Albwin, (auch:) Albin: alter deutscher männl. Vorn. (ahd. *alb* »Elf, Naturgeist« + ahd. *wini* »Freund«).

Alda: aus dem Italienischen übernommener weibl. Vorn., verselbstständigte Kurzform von Namen, die mit »Alde-« (zu ahd. *alt* »alt, erfahren« oder ahd. *adal* »edel, vornehm; Abstammung, [edles] Geschlecht«) gebildet wurden (z.B. Aldegund). Der Name verdankt seine Verbreitung auch der Alda aus den karolingischen Epen. Alda ist hierin Rolands Braut.

Aldina, (auch:) Aldine: weibl. Vorn., Weiterbildung von ▸ Alda.

Aldis: in Lettland geläufiger männl. Vorn. (zu lit. *aldeit* »lärmen«).

Aldo: in Deutschland seit dem 19. Jh. gelegentlich vorkommender männl. Vorn., verselbstständigte Kurzform von mehreren italienischen Namen germanischer Herkunft (z.B. *Aldegardo, Aldobrando,* ▸ Arnaldo, ▸ Rinaldo).

Aldrik: ▸ Alrich.

Alea: weibl. Vorn., verselbstständigte friesische Kurzform von Namen, die mit »Adel-« gebildet sind (z.B. ▸ Adelheid).

Alec ['ælɪk]: männl. Vorn., englische Kurzform von ▸ Alexander. ✧ Bekannte Namensträger: Sir Alec Guinness, britischer Schauspieler (20./21. Jh.); Alec Baldwin, amerikanischer Filmschauspieler (20./21. Jh.).

Aleen: weibl. Vorn., Nebenform von ▸ [1]Alena oder ▸ [2]Alena, die unter dem Einfluss von englischen Namen auf »-een« (z.B. ▸ Doreen) entstanden ist. Dieser Vorname begegnet in Deutschland seit den 1980er-Jahren.

Aleid, (auch:) Aleida: weibl. Vorn., jüngere Form von ▸ Adelheid.

Alejandro [alɛ'xandro]: männl. Vorn., spanische Form von ▸ Alexander.

Alek: männl. Vorn., Kurzform von ▸ Alexander.

Aleka, (auch:) Aleke; Alika; Alike: weibl. Vorn., niederdeutsche Koseform von Namen, die mit »Adel-« gebildet sind, besonders von ▸ Adelheid.

Aleksander: männl. Vorn., polnische und norwegische Form von ▸ Alexander.

Aleksanders: männl. Vorn., lettische Form von ▸ Alexander.

Aleksandr [alɪk'sandr]: männl. Vorn., russische Form von ▸ Alexander.

Aleksandra: weibl. Vorn., polnische, russische und norwegische Form von ▸ Alexandra.

Aleksi: männl. Vorn., finnische Form von ▸ [1]Alexis.

[1]**Alena,** (deutsch auch:) Alene: weibl. Vorn., tschechische Kurzform von ▸ Magdalena. Tschech. Betonung: *Alena.*

[2]**Alena:** weibl. Vorn., russische Kurzform von ▸ Alexandra oder ▸ Jelena. Russ. Aussprache: [al'jɔna].

Alenka: weibl. Vorn., Koseform von ▸ [1]Alena oder ▸ [2]Alena.

Alert: männl. Vorn., durch Zusammenziehung entstandene niederdeutsch-friesische Form von ▸ Adelhard.

Alesia: weibl. Vorn., Nebenform von ▸ Alessia.

Alessa: in den 1980er-Jahren entlehnter

weibl. Vorn., italienische Kurzform von *Alessandra* (▸ Alexandra).

Alessandra: in den 1960er-Jahren entlehnter weibl. Vorn., italienische Form von ▸ Alexandra.

Alessandro: in den 1970er-Jahren entlehnter männl. Vorn., italienische Form von ▸ Alexander. ✧ Bekannte Namensträger: Alessandro Scarlatti, italienischer Komponist (17./18. Jh.); Alessandro Manzoni, italienischer Dichter (18./19. Jh.).

Alessia: in den 1980er-Jahren entlehnter weibl. Vorn., weibliche Form von ▸ Alessio.

Alessio: in den 1960er-Jahren entlehnter männl. Vorn., italienische Form von ▸ [1]Alexis.

Alette, (auch:) Aletta: weibl. Vorn., französische [a'lɛt] bzw. friesische Koseform von ▸ Adelheid.

Alex: männl. Vorn., Kurzform von ▸ Alexander oder ▸ [1]Alexis.

Alexa: weibl. Vorn., Kurzform von ▸ Alexandra.

Alexander: männl. Vorn., lateinische Form von griech. *Aléxandros* (zu *aléxō* »abwehren, schützen, verteidigen« + *anḗr, andrós* »Mann«; etwa »der Männer Abwehrende, Schützer«). ✧ Bekannte Namensträger: Alexander Sergejewitsch Puschkin, russischer Dichter (18./19. Jh.); Alexander von Humboldt, deutscher Naturforscher und Geograf (18./19. Jh.); Sir Alexander Fleming, britischer Bakteriologe (19./20. Jh.); Alexander Dubček, tschechoslowakischer Politiker (20. Jh.); Alexander Mitscherlich, deutscher Psychoanalytiker und Publizist (20. Jh.); Alexander Kluge, deutscher Schriftsteller und Filmregisseur (20./21. Jh.). Italien. Form: *Alessandro*. Span. Form: *Alejandro* [alɛ'xandro]. Französ. Form: *Alexandre* [alɛk'sã:dr]. Engl. Aussprache: [ælɪg'zɑ:ndə]. Poln. Form: *Aleksander*. Russ. Form: *Aleksandr* [alɪk'sandr]. Lett. Form: *Aleksanders*. Alban. Form: *Skender*. Neugriech. Form: *Aléxandros*.

Alexander:

Der makedonische König Alexander der Große (356–323 v. Chr.) hat durch seine staunenerregenden Taten zur Verbreitung des Namens beigetragen. Sein kometenhafter Aufstieg, seine Abenteuer in Persien und im geheimnisvollen Indien haben die Menschen seit der Antike beschäftigt. Im Mittelalter war sein Ansehen viel größer als das aller anderen antiken Helden. Alexander der Große wird auch in der Bibel erwähnt (I. Makkabäer 1, 1–8). Somit hat er für das christliche Mittelalter auch einen festen Platz im Ablauf der Heilsgeschichte. Es ist daher nicht erstaunlich, dass *Alexander* als Papstname vorkommt und in Herrscherfamilien von Byzanz und Russland bis Schottland immer wieder erscheint. In Deutschland gehört *Alexander* seit dem Mittelalter zu den geläufigen Vornamen. Die Bewunderung für Zar Alexander I. von Russland, der den deutschen Befreiungskampf gegen Napoleon unterstützte, trug zur Vergabe dieses Vornamens nach den Befreiungskriegen bei. Großer Beliebtheit erfreut sich *Alexander* vor allem seit den 1970er-Jahren.

Alexandra: weibl. Vorn., weibliche Form von ▸ Alexander, auch englisch [ælɪg'zɑ:ndrə]. Italien. Form: *Alessandra*. Poln. Form: *Aleksandra*.

Alexandre [alɛk'sã:dr]: männl. Vorn., französische Form von ▸ Alexander. ✧ Bekannte Namensträger: Alexandre Dumas, Vater und Sohn, französische Schriftsteller (19. Jh.).

Alexandrine, (auch:) Alexandrina: weibl. Vorn., weibl. Form von ▸ Alexander mit der seit dem 17./18. Jh. beliebten Endung »-ine/ -ina«.

Aléxandros: männl. Vorn., neugriechische Form von ▸ Alexander.

Alexei, (auch:) Alexej: männl. Vorn., russische Form von ▸ [1]Alexis. Eine bekannte literarische Gestalt ist der Alexej (Aljoscha) Karamasow in F. M. Dostojewskis

Roman »Die Brüder Karamasow« (1879/80). ✧ Bekannter Namensträger: Alexej von Jawlensky, russischer Maler (19./20. Jh.).

Alẹxia: weibl. Vorn., Kurzform von ▸Alexandra oder weibliche Form von ▸[1]Alexis.

Alexine [alɛk'sin]: weibl. Vorn. französischer Herkunft, weibliche Form von ▸[1]Alexis.

[1]**Alẹxis,** (auch:) Alẹxius: männl. Vorn. griechischen Ursprungs, verselbstständigte Kurzform von Namen, die mit »Alex-« (zu griech. *aléxō* »abwehren, schützen«) gebildet sind. Eine bekannte literarische Gestalt ist Alexis Sorbas in dem gleichnamigen Roman von Nikos Kazantzakis (1946). Namenspatron ist der heilige Alexius von Edessa (5. Jh.?); Namenstag: 17. Juli. Russ. Formen: *Alexẹi, Alexẹj.* Finn. Form: *Ạleksi.* Italien. Form: *Alẹssio.* Engl. Aussprache: [ə'leksɪs]. Französ. Aussprache: [alɛk'si].

[2]**Alẹxis:** weibl. Vorn., identisch mit ▸[1]Alexis. In Deutschland ist dieser Vorname seit den 1980er-Jahren anzutreffen. Engl. Aussprache: [ə'leksɪs].

Alẹxius: ▸[1]Alexis.

[1]**Aleyna:** weibl. Vorn., bei dem es sich um eine deutsche Variante des englischen Vornamens ▸Alaine oder einer ihrer Nebenformen (z. B. *Alayna, Alayne, Alleyne*) handelt.

[2]**Aleyna** [a'leina]: weibl. Vorn. türkischer Herkunft, der auf arab. *'aleina* »über uns« zurückgeht und dem Koran entnommen wurde.

[1]**Ạlf:** männl. Vorn., Kurzform von Namen, die mit »Alf-« beginnen (besonders von ▸Alfred), früher auch Kurzform von ▸Adolf.

[2]**Alf** [ælf]: männl. Vorn. englischer Herkunft, Kurzform von ▸Alfred.

Ạlfa: weibl. Vorn., weibliche Form von ▸[1]Alf, auch schwedisch.

Alfie ['ælfɪ]: männl. Vorn. englischer Herkunft, Koseform von ▸[2]Alf.

Ạlfio: männl. Vorn. italienischer Herkunft (zu griech. *alphós, -ḗ, -ón* »weiß«). Namenspatron ist der heilige Märtyrer Alfio (3. Jh.), der in Sizilien sehr verehrt wird. Nach ihm wurde der Alfio in der Oper »Cavalleria Rusticana« (1890) von P. Mascagni benannt.

Ạlfons, (veraltet auch:) Ạlphons: männl. Vorn., dem die spanische Form eines westgotischen Namens zugrunde liegt (der erste Bestandteil entspricht german. **haðu* »Kampf«; der zweite Bestandteil entspricht german. **funsa-* »eilig, rasch, bereit«, etwa »der Kampfbereite«; die lautliche Umgestaltung erfolgte durch Kreuzung mit dem Namen Hildefonso/Ildefonso [german. **hildjo-* »Kampf« + german. **funsa-*] sowie durch Anlehnung an das häufige Namenglied *»A(da)l-«* < german. **athala* »edel, [edles] Geschlecht«). Im mittelalterlichen Spanien begegnet Alfonso häufig als Königsname. In Deutschland ist Alfons bereits im 17. Jh. belegt, fand aber erst im 19. Jh. größere Verbreitung, vor allem bei Katholiken; Namensvorbild war der italienische Heilige Alfons von Liguori (17./18. Jh.; Heiligsprechung i. J. 1839); Namenstag: 1. August. Eine bekannte literarische Gestalt ist Alfons, Herzog von Ferrara, in Goethes Schauspiel »Torquato Tasso« (1790). Span. und italien. Form: *Alfonso* [al'fonso]. Französ. Form: *Alphonse* [al'fõ:s].

Alfọnso: männl. Vorn., spanische und italienische Form von ▸Alfons. Span., italien. Aussprache: [al'fonso].

Ạlfred: aus dem Englischen ['ælfrɪd] übernommener männl. Vorn. (altengl. *Ælfred*, zu altengl. *ælf* »Elf, Naturgeist« + altengl. *rǣd* »Rat«). Der Name fand in Deutschland seit dem 19. Jh. durch das Interesse für England und seine Kultur größere Verbreitung. Eine bekannte Operngestalt ist Alfredo Germont in »La Traviata« (1853) von G. Verdi. ✧ Bekannte Namensträger: Alfred der Große, angelsächsischer König (9. Jh.), der als Heiliger verehrt wird; Namenstag: 28. Oktober; Alfred de Musset, französischer Dichter (19. Jh.); Alfred Kubin, österreichischer Zeichner und Grafiker (19./20. Jh.); Alfred Nobel, schwedischer Chemiker (19. Jh.); Alfred Brehm, deutscher Zoologe und Schriftsteller (19. Jh.); Alfred Döblin, deutscher Schriftsteller (19./20. Jh.); Alfred Hitchcock, britisch-amerikanischer Filmregisseur (19./20. Jh.); Alfred Andersch, deutscher Schriftsteller (20. Jh.); Alfred Hrdlicka, österreichischer Bildhauer, Grafiker und Maler (20./21. Jh.); Alfred Grosser, französischer Politikwissenschaftler und Publizist deutscher Herkunft (20./21. Jh.); Alfred Brendel, österreichischer Pianist (20./21. Jh.); Alfred Biolek, deutscher Fernsehmoderator (20./21. Jh.). Französ. Aussprache: [al'frɛ]. Italien. und span. Form: *Alfredo*.

Alfreda, (auch:) Alfrede: weibl. Vorn., weibliche Form von ▸Alfred.

Alfredina: weibl. Vorn., weibliche Form von ▸Alfred mit der seit dem 17./18. Jh. beliebten Endung »-ina«.

Alfredo: männl. Vorn., italienische und spanische Form von ▸Alfred.

Alfried: männl. Vorn., der erst gegen Ende des 19. Jh.s nachzuweisen ist. Hierbei kann es sich entweder um eine jüngere Form von *Adalfried* (ahd. *adal* »edel, vornehm; Abstammung, [edles] Geschlecht« + ahd. *fridu* »Schutz vor Waffengewalt, Friede«, etwa »edler Friedenswahrer«) oder um eine Umgestaltung von ▸Alfred mit Anlehnung an das alte Rufnamenglied »-fried« handeln.

Alfrun: alter deutscher weibl. Vorn. (ahd. *alf* »Elf, Naturgeist« + ahd. *rūna* »Geheimnis, geheime Beratung«).

Algund: weibl. Vorn., jüngere Form von ▸Adelgunde.

Alhard: männl. Vorn., jüngere Form von ▸Adelhard.

Alheid, (auch:) Alheide: weibl. Vorn., jüngere Form von ▸Adelheid.

[1]Ali: männl. Vorn., Kurzform von Namen, die mit »Al-« beginnen. ✧ Bekannter Namensträger: Ali (= Alfons) Mitgutsch, Kinderbuchautor und Grafiker (20./21. Jh.).

[2]Ali: männl. Vorn. arabischen Ursprungs (arab. *'alī* »erhaben, edel«). ✧ Bekannter Namensträger: Ali ibn Abi Talib, Schwiegersohn Mohammeds und vierter Kalif, erster Imam der Schiiten (7. Jh.).

Alia: ▸Alja.

Alica ['alitsa]: weibl. Vorn., slowakische, serbische, kroatische und slowenische Form von ▸Alice.

Alice: weibl. Vorn., der auf *Adaliz, Aliz,* altfranzösische Kurzformen von ▸Adelheid, zurückgeht. Der Name fand unter französischem und englischem Einfluss in der ersten Hälfte des 19. Jh.s Eingang in die deutsche Namengebung. Alice ist der Name einer Gestalt in der Oper »Robert der Teufel« (1831) von G. Meyerbeer. Sehr bekannt ist das englische Kinderbuch »Alice in Wonderland« (1865) von Lewis Carroll. ✧ Bekannte Namensträgerin: Alice Schwarzer, deutsche Journalistin und Feministin (20./21. Jh). Engl. Formen: *Alice* ['ælɪs], *Alicia* [ə'lɪʃɪə, ə'lɪʃə]. Französ. Form: *Alice* [a'lis]. Italien. Form: *Alice* [a'li:tʃe]. Span. Form: *Alicia* [a'liθia]. Poln. Form: *Alicja* [a'litsia]. Slowak., serb., kroat., slowen. Form: *Alica* ['alitsa]. Lett. Form: *Alise* ['alise].

Alicia: weibl. Vorn., Latinisierung, spanische und englische Form von ▸Alice. ✧ Bekannte Namensträgerin: Alicia Keys, amerikanische Soulsängerin (20./21. Jh.).

Alicja [a'litsia]: weibl. Vorn., polnische Form von ▸Alice.

[1]Alida, (auch:) Alide; Alita: weibl. Vorn., niederdeutsch-friesische Kurzformen von ▸Adelheid.

[2]Alida: weibl. Vorn., verselbstständigte italienische Kurzform von germanischen Namen, die mit *adal* »edel, vornehm; Abstammung, [edles] Geschlecht« zusammengesetzt wurden.

Alieke: weibl. Vorn., niederländische Koseform von ▸Adelheid.

Aliénor [alie'nɔ:r]: in den 1990er-Jahren aus dem Französischen entlehnter weibl. Vorn., mittelalterliche Form von ▸Eleonore.

Alija: ▸[1]Aliya.

Alika, (auch:) Alike: ▸Aleka.
Alina: weibl. Vorn., polnische und tschechische Kurzform von ▸Adelina, auch deutsche Variante von ▸Aline. Tschech. Aussprache: *Alina.*
Alinde: weibl. Vorn., jüngere Form von ▸Adelinde.
Aline: im 19. Jh. aus dem Französischen entlehnter weibl. Vorn., Kurzform von ▸Adeline. Französ. Aussprache: [a'lin].
Alisa: weibl. Vorn., niederländische Nebenform von ▸Alice.
Alischa: weibl. Vorn., eindeutschende Schreibweise von ▸Alisha.
Alise ['alise]: weibl. Vorn., lettische Form von ▸Alice.
Alisha: in den 1970er-Jahren aus dem Englischen übernommener weibl. Vorn., phonetische Schreibweise von engl. Alicia [ə'lɪʃə], ▸Alice.
Alisia: weibl. Vorn., niederländische Nebenform von ▸Alice.
Alison, (auch:) Allison ['ælɪsn]: in den 1970er-Jahren aus dem Englischen übernommener weibl. Vorn., ursprünglich französische Koseform von ▸Alice.
Alissa: weibl. Vorn., niederländische, englische [ə'lɪsə] oder russische Nebenform von ▸Alice. Eine literarische Gestalt ist die Alissa in Martin Walsers Roman »Halbzeit« (1960). ✧ Bekannte Namensträgerin: Alissa Walser, deutsche Schriftstellerin und Grafikerin (20./21. Jh.).
Alissia: weibl. Vorn., Erweiterung von ▸Alissa oder Nebenform von ▸Alicia.
Alita: ▸[1]Alida.
Alix: weibl. Vorn., altfranzösische Kurzform von ▸Adelheid (vgl. auch ▸Alice); heute wird Alix auch als Kurzform von ▸Alexandra verwendet.
[1]**Aliya,** (auch:) Aliyah; Aaliyah; Alija: weibl. Vorn. arabischer Herkunft (arab. *'alīa* »die Hohe, Erhabene, Ausgezeichnete«). Türk. Form: *Aliye.*
[2]**Aliya,** (auch:) Aliyyah: weibl. Vorn. neuhebräischer Herkunft (neuhebr. *'aliyā* »Aufstieg, Hinaufgehen zum Vorlesen der Thora, Wallfahrt, Pilgerfahrt [nach Jerusalem]«, in übertragenem Sinn: »Einwanderung nach Israel«).
Aliye: weibl. Vorn., türkische Form von ▸[1]Aliya.
Aliyyah: ▸[2]Aliya.
Aliza, (auch:) Alizah [a'liza]: weibl. Vorn. neuhebräischer Herkunft (neuhebr. *'alizā* »die Fröhliche«).
Alizée [ali'ze]: in Frankreich um 1980 aufgekommener weibl. Vorn. zu französ. *alizé* »Passatwind«.
Alja, (auch:) Alia: weibl. Vorn., russische Kurzform von ▸Alexandra.
Aljona: weibl. Vorn., russische Koseform von ▸Alexandra oder Jelena (▸Helene).
Aljoscha: männl. Vorn., russische Koseform von ▸Alexei. Eine bekannte literarische Gestalt ist Aljoscha Fjodorowitsch Karamasow in F. M. Dostojewskis Roman »Die Brüder Karamasow« (1879/80).
[1]**Alka:** ▸Alke.
[2]**Alka:** weibl. Vorn., polnische Koseform von *Alicja* (▸Alice) oder ▸Alina.
[3]**Alka:** aus Indien stammender weibl. Vorn. unsicherer Herkunft (vielleicht zu sanskrit. *alaka* »Haarlocke«).
Alke, (auch:) Alka: weibl. Vorn., niederdeutsche Koseform von Namen, die mit »A(de)l-« gebildet sind, besonders von ▸Adelheid.
[1]**Alla:** weibl. Vorn., ostfriesische und niederländische Kurzform von Namen, die mit »A(de)l-« gebildet sind.
[2]**Alla:** weibl. Vorn., schwedische Kurzform von ▸Alexandra, ▸Alice und anderen Namen.
Allan: ▸Alan. ✧ Bekannter Namensträger: Edgar Allan Poe, amerikanischer Schriftsteller (19. Jh.).
Allard: männl. Vorn., vorwiegend ostfriesische und niederländische Variante von ▸Adelhard.
Allegra: weibl. Vorn. italienischer Herkunft (italien. *allegro, -a* »fröhlich, heiter, lebhaft, munter«). Seit dem Spätmittelalter in Italien vergebener Wunschname, der aus-

drückt, dass das Kind fröhlich aufwachsen möge.

Allen: ▸ Alan. ✧ Bekannter Namensträger: Allen Ginsberg, amerikanischer Lyriker (20. Jh.).

Alli: ▸ Ally.

Allison: ▸ Alison.

Allmut: ▸ Almut.

Ally, (auch:) Alli: weibl. Vorn., Koseform von ▸ [1]Alla.

[1]Alma: aus dem Italienischen übernommener weibl. Vorn. (lat. *almus, -a, -um* »nährend, Segen spendend, fruchtbar«, vgl. Alma Mater »nährende Mutter« als Bezeichnung für Universität). Der Name kam in Italien in der Renaissance in Gebrauch, in Deutschland erst im 19. Jh. ✧ Bekannte Namensträgerin: Alma Mahler-Werfel, Witwe des Komponisten Gustav Mahler und des Schriftstellers Franz Werfel (19./20. Jh.).

[2]Alma: weibl. Vorn., verselbstständigte Kurzform von Namen, die mit »Amal-« gebildet wurden (z. B. *Amalberga, Amalgunde*). Der Namenbestandteil »Amal-« ist kennzeichnend für die Namen des ostgotischen Königsgeschlechts der Amaler oder Amelungen; vgl. got. **amals* »tüchtig, tapfer«.

[3]Alma, (auch:) Almah: weibl. Vorn. neuhebräischer Herkunft (neuhebr. *'almā* »Fräulein, junge Frau«).

Almas: weibl. Vorn. persischer Herkunft (pers. *almās* »Diamant«).

Almina: weibl. Vorn., Erweiterung von ▸ [1]Alma, ▸ [2]Alma.

Almira: weibl. Vorn., Variante von ▸ Elmira.

Almke: weibl. Vorn., niederdeutsch-friesische Koseform von ▸ Almut.

Almudena: weibl. Vorn. spanischer Herkunft nach der in Madrid verehrten *Nuestra Señora de la Almudena* (»Unsere Liebe Frau von der Almudena«, zu arab. *al-mudayna*, Verkleinerungsform von *al-medina* »die Stadt«).

Almut, (auch:) Almute; Almuth; Allmut: weibl. Vorn., jüngere Form von *Adelmut* (ahd. *adal* »edel, vornehm; Abstammung, [edles] Geschlecht« + ahd. *muot* »Sinn, Gemüt, Geist«; etwa »von edlem Sinn«).

Alois, (auch:) Aloisius; Aloys; Aloysius: männl. Vorn., Latinisierung einer italienischen Koseform von *Ludovico* (▸ Ludwig), der eine altfranzös. Form dieses Namens *(Looïs)* zugrunde liegt. Die Verbreitung des Namens geht auf die Verehrung des Jesuiten Aloisius von Gonzaga (16. Jh.), heiliggesprochen i. J. 1726, zurück und blieb als Name der Gegenreformation im Wesentlichen auf Süddeutschland und Österreich beschränkt; NAMENSTAG: 21. Juni. ✧ Bekannter Namensträger: Alois Alzheimer, deutscher Neurologe und Psychiater (19./20. Jh.).

Aloisa, (auch:) Aloise; Aloysa; Aloisia; Aloysia: weibl. Vorn., weibliche Form von ▸ Alois.

Aloisius: ▸ Alois.

Alon: männl. Vorn. neuhebräischer Herkunft (neuhebr. *'alōn* »Eiche«).

Alona: weibl. Vorn., weibliche Form von ▸ Alon.

Aloys: ▸ Alois.

Aloysa, (auch:) Aloysia: ▸ Aloisa.

Aloysius: ▸ Alois.

Alper: männl. Vorn. türkischer Herkunft (türk. *alp* »Held« + türk. *er* »Mann«).

Alperen: männl. Vorn. türkischer Herkunft (türk. *alp* »Held« + türk. *eren* »Mystiker, Heiliger«).

Alphons: ▸ Alfons.

Alphonse [al'fõ:s]: männl. Vorn., französische Form von ▸ Alfons. ✧ Bekannter Namensträger: Alphonse Daudet, französischer Schriftsteller (19. Jh.).

Alptekin: männl. Vorn. türkischer Herkunft (türk. *alp* »Held« + türk. *tekin* »Fürst«).

Alram: männl. Vorn., jüngere Form von *Adalram* (ahd. *adal* »edel, vornehm; Abstammung, [edles] Geschlecht« + ahd. *hraban* »Rabe«).

Alrich, (auch:) Ahlrich; Alrik; Aldrik: männl. Vorn., jüngere Form von *Adalrich* (ahd. *adal* »edel, vornehm; Abstammung, [edles] Geschlecht« + ahd. *rīhhi* »Herrschaft, Herrscher, Macht; reich, mächtig, hoch«).

Alrike: weibl. Vorn., weibliche Form von *Alrik* (▸ Alrich).

Alrun, (auch:) Alruna; Alrune: weibl. Vorn., jüngere Form von *Adelrune* (ahd. *adal* »edel, vornehm; Abstammung, [edles] Geschlecht« + ahd. *rūna* »Geheimnis, geheime Beratung«) oder auch von ▸ Alfrun.

Althea: weibl. Vorn. griechischen Ursprungs (griech. *Altháia*), in der griechischen Mythologie Name der Gemahlin des Königs Oineus von Kalydon, die durch das tragische Schicksal ihres Sohnes Meleager bekannt wurde. Griech. *altháia*, lat. *althaea* ist auch die Bezeichnung der als Heilpflanze verwendeten wilden Malve.

Altraud, (auch:) Altrud: weibl. Vorn., jüngere Form von ▸ Adeltraud.

Aluna: aus Kenia stammender weibl. Vorn., der in der Mwera-Sprache »komm her« bedeutet.

Alva: weibl. Vorn. schwedischer Herkunft, weibliche Form von ▸ [1]Alf oder ▸ Alvar.

Alvar: in den 1980er-Jahren entlehnter männl. Vorn. schwedischer bzw. englischer ['ælvɑ:] Herkunft, dessen Bestandteile ahd. *alf* »Elf, Naturgeist« + ahd. *heri* »Heer; Heerführer, Krieger« entsprechen. ✧ Bekannter Namensträger: Alvar Aalto, finnischer Architekt (19./20. Jh.).

Álvaro: spanischer ['albaro] und portugiesischer ['alvɐru] männl. Vorn. westgotischen Ursprungs, dessen Etymologie noch ungeklärt ist. Italien. Form: *Alvaro* [al'va:ro].

[1]Alvin ['ælvɪn]: aus dem Englischen entlehnter männl. Vorn., der auf altengl. *Æðelwine* oder *Ælfwine* (altengl. *æðel* »edel« bzw. *ælf* »Elf, Naturgeist« + altengl. *wine* »Freund«) zurückgeht.

[2]Alvin: männl. Vorn., Nebenform von ▸ Alwin, auch schwedisch und norwegisch.

[1]Alvina [æl'vi:nə]: weibl. Vorn., weibliche Form von ▸ [1]Alvin.

[2]Alvina: weibl. Vorn., Nebenform von ▸ Alwine.

Alwin: männl. Vorn., jüngere Form von ▸ Albwin oder von *Adalwin* (ahd. *adal* »edel, vornehm; Abstammung, [edles] Geschlecht« + ahd. *wini* »Freund«). Der Name wurde zu Beginn des 19. Jh.s durch die Ritterdichtung und die romantische Bewegung neu belebt.

Alwine, (auch:) Alwina: weibl. Vorn., weibliche Form von ▸ Alwin.

Alysa: ▸ Alisa.

Alysha: ▸ Alisha.

Alyssa: weibl. Vorn., Schreibvariante von ▸ Alissa.

Alyssia: ▸ Alissia.

[1]Ama: weibl. Vorn., Kurzform von Namen, die mit »Ama-« beginnen (z.B. ▸ Amalie, ▸ Amanda).

[2]Ama: aus Ghana stammender weibl. Vorn., der in der Ewe-Sprache »geboren an einem Samstag« bedeutet.

Amadea: weibl. Vorn., weibliche Form von ▸ Amadeus.

Amadeo: männl. Vorn., spanische Form von ▸ Amadeus.

Amadeus: aus lateinischen Bestandteilen gebildeter männl. Vorn. mit der Bedeutung: »liebe Gott!«, d.i. »Gottlieb« (lat. *amā* »liebe!« zu *amāre* »lieben« + *deus* »Gott«). Das Auftreten dieses Vornamens im 17./18. Jh. steht in Zusammenhang mit der Vorliebe für christliche Namenprägungen wie Ehregott, Christlieb u.a. in pietistischen Kreisen. ✧ Bekannter Namensträger: Wolfgang Amadeus Mozart, deutsch-österreichischer Komponist (18. Jh.), wobei Amadeus (eigentlich Amadé) die Übersetzung des letzten seiner Taufnamen Johannes Chrysostomus Wolfgangus Theophilus ist. Die latinisierte Form wurde erst üblich, nachdem der Schriftsteller und Komponist Ernst Theodor Wilhelm Hoffmann (18./19. Jh.) seinen dritten Vornamen aus Verehrung für Mozart in Amadeus geändert hatte. Italien. Form: *Amedeo*. Französ. Form: *Amédée* [ame'de]. Span. Form: *Amadeo*.

Amadi: aus Nigeria stammender weibl. Vorn., der in der Ibo-Sprache »allgemeine Freude« bedeutet.

¹Amadou [amaˈdu]: männl. Vorn. französischer Herkunft, Variante von *Amadour* (lat. *amator* »der [Gott] liebt«), dem Namen eines Heiligen, dessen Existenz auf einer mittelalterlichen Legende beruht.

²Amadou [amaˈdu], (auch:) Amadu: männl. Vorn., in Westafrika übliche Form von ▸Achmed.

Amaia: ▸Amaya.

¹Amal: männl. Vorn. neuhebräischer Herkunft (»Arbeit, Mühe«).

²Amal: weibl. Vorn., verselbstständigte Kurzform von Namen, die mit »Amal-« gebildet wurden (z. B. ▸Amalie).

³Amal: vorwiegend weibl. Vorn. arabischer Herkunft (arab. *amal* »Hoffnung« zu arab. *amala* »hoffen«). Türk. Form: *Emel.*

⁴Amal: vorwiegend weibl. Vorn. arabischer Herkunft (arab. *amāl*, Plural von »Hoffnung«).

Amali: in Kenia und Tansania vorkommender weibl. Vorn., Suaheli-Form von ▸³Amal.

Amalie, (auch:) Amalia; Amelie: weibl. Vorn., verselbstständigte Kurzform von Namen, die mit »Amal-« gebildet wurden (z. B. *Amalberga, Amalgund*). Der Namenbestandteil »Amal-« ist kennzeichnend für die Namen des ostgotischen Königsgeschlechts der Amaler oder Amelungen; vgl. got. **amals* »tüchtig, tapfer«. Seit dem 15. Jh. ist Amalie als dynastischer, adliger und bürgerlicher Name häufig anzutreffen. Eine bekannte literarische Gestalt ist die Amalia in Schillers Drama »Die Räuber« (1781). ✧ Bekannte Namensträgerin: Herzogin Anna Amalia von Sachsen-Weimar (18./19. Jh.). Französ. Form: *Amélie* [ameˈli]. Engl. Form: *Amely* [ˈæməlɪ].

Amalthea: aus der griechischen Mythologie übernommener weibl. Vorn. nach der Nymphe, die den Knaben Zeus auf der Insel Kreta mit der Milch einer Ziege nährte. Nach einer anderen Version der Sage säugte die Ziege Amalthea den jungen Gott und wurde zur Belohnung in einen Stern verwandelt.

Aman: weibl. Vorn. arabischer Herkunft (arab. *amān* »Wunsch« zu arab. *mana* »wünschen, begehren«).

Amancaya [amanˈkaja]: weibl. Vorn., dem der Name einer Blume in der Sprache der Quechua-Indianer zugrunde liegt.

Amand, (auch:) Amand: ▸Amandus.

Amanda: weibl. Vorn., weibliche Form von ▸Amandus; auch italienisch, spanisch und englisch [əˈmændə]. Der Name fand im 19. Jh. Eingang in die deutsche Namengebung.

Amandine: weibl. Vorn., Erweiterung von ▸Amanda.

Amando: männl. Vorn., italienische und spanische Form von ▸Amandus.

Amandus, (auch:) Amand; Amand: in Deutschland seit dem 8. Jh. belegter männl. Vorn. lateinischen Ursprungs (lat. *amandus, -a, -um* »liebenswürdig, lieblich«, zu *amāre* »lieben«). Namenspatron ist der heilige Amandus, Apostel der Belgier (7. Jh.); NAMENSTAG: 6. Februar. Italien. und span. Form: *Amando.*

Amani: weibl. Vorn. arabischer Herkunft (arab. *amāni* »Wünsche« zu arab. *mana* »wünschen, begehren«).

Amapola: weibl. Vorn. spanischer Herkunft (span. *amapola* »Mohnblume«).

Amaranta: weibl. Vorn. griechischen Ursprungs (griech. *amárantos* »unverwelkbar, unvergänglich«, zu *maraínō* »auslöschen, vernichten«; eigentlich ein Blumenname: Amarant »Gartenfuchsschwanz«).

Amaryllis: weibl. Vorn. griechischen Ursprungs; Name einer Hirtin in der altgriechischen und lateinischen Hirtendichtung; im 18. Jh. auf die gleichnamige exotische Zierpflanze übertragen.

Amata: weibl. Vorn. lateinischen Ursprungs (lat. *amātus, -a, -um* »geliebt«, zu *amāre* »lieben«).

Amaya, (auch:) Amaia: im Baskenland und im übrigen Spanien vorkommender weibl. Vorn., der auf die Titelgestalt des historischen Romans »Amaya o los vascos del siglo VIII« (Amaya oder die Basken des 8. Jahrhunderts, 1877) von F. Navarro Villoslada zurückgeht.

Amber, engl. Aussprache: ['æmbə]: in den 1970er-Jahren aus dem Englischen übernommener weibl. Vorn. (engl. *amber* »Bernstein«).

Ambra: weibl. Vorn. italienischer Herkunft (italien. *ambra* »Bernstein«).

Ambre [ãbr]: weibl. Vorn. französischer Herkunft (französ. *ambre* »Bernstein«).

Ambros: ▸ Ambrosius.

Ambrosia: weibl. Vorn., weibliche Form von ▸ Ambrosius.

Ambrosius, (auch:) Ambros: in Deutschland seit dem Mittelalter vorkommender männl. Vorn. griechischen Ursprungs (griech. *ambrósios* »zu den Unsterblichen gehörend, göttlich«. Hierher gehört auch der Name der Unsterblichkeit verleihenden Götternahrung Ambrosia). ✧ Bekannter Namensträger: der heilige Ambrosius, Bischof von Mailand, Kirchenlehrer (4. Jh.); NAMENSTAG: 7. Dezember.

Amédée [ame'de]: männl. Vorn., französische Form von ▸ Amadeus.

Amedeo: männl. Vorn., italienische Form von ▸ Amadeus. ✧ Bekannter Namensträger: Amedeo Modigliani, italienischer Maler und Bildhauer (19./20. Jh.).

Amei: weibl. Vorn., oberdeutsche Kurzform von ▸ Annemarie.

Ameli, (auch:) Ameli: weibl. Vorn., Variante von ▸ Amelie oder ▸ Amélie.

Amelia, (auch:) Amelie: weibl. Vorn., der wahrscheinlich auf den römischen Geschlechternamen *Amelius* (wohl etruskischer Herkunft) zurückgeht. Gelegentlich wird Amelia auch als Nebenform von ▸ Amalie empfunden. Französ. Form: *Amélie* [ame'li].

Amelie: weibl. Vorn., Nebenform von ▸ Amalie.

Amélie [ame'li]: weibl. Vorn., französische Form von ▸ Amelia oder ▸ Amalie.

Amely ['æməlɪ]: weibl. Vorn., englische Form von ▸ Amelia oder ▸ Amalie.

Amerigo: männl. Vorn., italienische Entsprechung von *Heimerich* (▸ Heinrich). ✧ Bekannter Namensträger: Amerigo Vespucci, italienischer Seefahrer und Entdecker (15./16. Jh.), nach dessen Vornamen die Neue Welt »Amerika« benannt wurde.

Amethyst: weibl. Vorn. nach dem gleichlautenden Edelstein.

Ämilia: ▸ Emilie.

Ämilius: ▸ Emil.

Amin: männl. Vorn. arabischen Ursprungs (arab. *al amīn* »der Vertrauenswürdige«), Beiname des Propheten Mohammed. Türk. Form: *Emin.*

[1]**Amina:** weibl. Vorn. arabischen Ursprungs, weibliche Form von ▸ Amin. Türk. Form: *Emine.*

[2]**Amina:** weibl. Vorn. arabischer Herkunft (zu arab. *amina* »sicher sein, sich sicher fühlen«). ✧ Bekannte Namensträgerin: Amina bint-Wahab (6. Jh.), Mutter des Propheten Mohammed.

[3]**Amina:** weibl. Vorn., verselbstständigte Kurzform von Namen, die mit »Amal-« gebildet wurden (▸ Amalie, ▸ Amke). Im 19. Jh. wurde Amina durch V. Bellinis Oper »La Sonnambula« (1831) bekannt.

[1]**Amir:** männl. Vorn. arabischen Ursprungs (arab. *amīr* »Befehlshaber, Prinz«).

[2]**Amir:** männl. Vorn. neuhebräischer Herkunft, der »Baumwipfel« oder »Getreidegarbe« bedeutet.

Amira: weibl. Vorn. arabischen Ursprungs (arab. *amīra* »Herrin, Prinzessin«).

Amit: männl. Vorn. neuhebräischer Herkunft (neuhebr. *'amit* »Freund, Kollege«).

Amita: aus Indien stammender weibl. Vorn. (sanskrit. *amitā* »grenzenlos«).

Amitabh: aus Indien stammender männl. Vorn. (sanskrit. *amitābha* »von unermesslichem Glanz«). Amitabha ist der Name einer Gottheit oder einer der fünf Ansichten Buddhas im Mahayana-Buddhismus.

Amke: weibl. Vorn., verselbstständigte niederdeutsch-friesische Koseform von Namen, die mit »Amal-« gebildet wurden. Der Namenbestandteil »Amal-« ist kennzeichnend für die Namen des ostgotischen Königsgeschlechts der Amaler oder Amelungen; vgl. got. **amals* »tüchtig, tapfer«.

Amko: niederdeutsch-friesischer männl. Vorn., ▸Amke.

Ammar: männl. Vorn. arabischer Herkunft (arab. *'ammār* »langlebig« zu arab. *'amara* »lange leben«).

Amne: in Kenia und Tansania vorkommender weibl. Vorn., der auf Suaheli »sicher« bedeutet (< arab. *amina* »sicher sein, sich sicher fühlen«).

Amnon: männl. Vorn. biblischer Herkunft (hebr. *'amnōn* »treu, zuverlässig«). Nach der Bibel war Amnon der älteste Sohn König Davids. Er vergewaltigte seine Halbschwester Tamar und wurde deshalb von ihrem Bruder Absalom ermordet.

Amon: aus der Bibel übernommener männl. Vorn. hebräischen Ursprungs (zum hebr. Stamm *'mn* »treu sein«). Nach der Bibel war Amon ein König von Juda.

Amöna: in Deutschland seit dem 16. Jh. vereinzelt belegter weibl. Vorn. lateinischen Ursprungs (lat. *amoenus, -a, -um* »anmutig, lieblich, reizend«).

[1]Amory ['eɪmərɪ]: in den USA geläufiger männl. Vorn., ursprünglich ein Familienname, der aus dem altfranzösischen Namen *Amaury/Emaurri* (▸Emmerich) hervorgegangen ist.

[2]Amory ['eɪmərɪ]: weibl. Vorn., identisch mit ▸[1]Amory.

Amos: männl. Vorn. hebräischen Ursprungs (hebr. *'āmōs* »der [von Gott] Getragene«), der in Deutschland seit dem 16. Jh. gelegentlich anzutreffen ist. Nach der Bibel war Amos ein Viehhirte aus Tekoa, der von Gott zum Propheten berufen wurde und radikale Kritik an dem unsozialen Verhalten der führenden Kreise Israels übte. ✧ Bekannter Namensträger: Amos Oz, israelischer Schriftsteller (20./21. Jh.). Neuhebr. Aussprache: *Amos.*

[1]Amra: weibl. Vorn. arabischer Herkunft (zu arab. *'amara* »lange leben«).

[2]Amra: weibl. Vorn. literarischer Herkunft. Amra, gebildet aus den Anfangsbuchstaben von ▸Anna, ▸Margarete, ▸[1]Rosa und ▸Amalie, ist der Rufname einer Gestalt aus der Erzählung »Luischen« (1900) von Thomas Mann.

Amram: männl. Vorn. biblischer Herkunft (hebr. *'amrām* »der Vatersbruder ist erhaben«). Nach der Bibel war Amram der Vater von Mose und Aaron.

Amrei: weibl. Vorn., ursprünglich süddeutsche Kurzform von ▸Annemarie.

[1]Amrit: aus Indien stammender männl. Vorn. (zu sanskrit. *amṛta* »unsterblich«).

[2]Amrit, (auch:) Amrita: weibl. Vorn., identisch mit ▸[1]Amrit.

Amy ['eɪmɪ]: aus dem Englischen übernommener weibl. Vorn., der auf altfranzös. *amée* »geliebt« zurückgeht, vgl. ▸Aimée, ▸Amata. ✧ Bekannte Namensträgerin: Amy Winehouse, britische Sängerin und Songschreiberin (20./21. Jh.).

An: weibl. Vorn. chinesischer Herkunft, der »Frieden« bedeutet.

Ana: weibl. Vorn., spanische, aber auch bulgarische, serbische, kroatische Form von ▸Anna.

Anabel: weibl. Vorn., Nebenform von ▸Annabella; auch spanische Doppelform aus ▸Ana und ▸Isabel. Span. Betonung: *Anabel.*

Anabell, (auch:) Anabella; Anabelle: ▸Annabella.

Anaëlle [ana'ɛl]: weibl. Vorn., in der Bretagne beliebte Koseform von ▸Anna.

Anahita: weibl. Vorn. altiranischen Ursprungs, Name der zoroastrischen Göttin Anāhīd, ins Griechische als Anaïtis übernommen.

Anaïs: im 20. Jh. aus dem Französischen entlehnter weibl. Vorn., der als Weiterbildung von ▸Anna aufgefasst wird. ✧ Bekannte Namensträgerin: Anaïs Nin, amerikanische Schriftstellerin französisch-spanischer Herkunft (20. Jh.).

Anand: aus Indien stammender männl. Vorn. (sanskrit. *ānanda* »Glück, Freude«).

Ananda: weibl. Vorn., weibliche Form von ▸Anand.

Anant, (auch:) Ananth; Ananta: männl. Vorn. indischer Herkunft (sanskrit. *ananta* »unendlich«).

Anas: männl. Vorn. arabischer Herkunft (arab. *anās* »Gemeinschaft, Menschheit«).

Anastasia: weibl. Vorn. griechischen Ursprungs (zu griech. *anástasis* »Auferstehung«). In Deutschland setzt die Vergabe dieses Vornamens im 15. Jh. ein. Namenspatronin ist die heilige Anastasia, Märtyrerin (3./4. Jh.); NAMENSTAG: 25. Dezember. Russ. Form: *Anastasija.*

Anastasius: männl. Vorn. griechischen Ursprungs (zu griech. *anástasis* »Auferstehung«). Namenspatron ist der heilige Anastasius (der Perser), Märtyrer (7. Jh.); NAMENSTAG: 22. Januar. Neugriech. Form: *Anastásios.*

Anat: aus der Bibel übernommener weibl. Vorn., ursprünglich Name einer kriegerischen, gewalttätigen kanaanitischen Göttin.

Anatol: männl. Vorn., der auf den spätantiken Namen Anatolius zurückgeht. Dieser ist eine männliche Form des griechischen Frauennamens *Anatolē* (griech. *anatolē* »Sonnenaufgang; Gegend des Sonnenaufgangs; Morgenland, Kleinasien«). Den Vornamen Anatol gibt Max Frisch seinem Helden Stiller in dem Roman »Stiller« (1954). ✧ Bekannte Namensträger: der heilige Anatol aus Alexandrien (3. Jh.); NAMENSTAG: 3. Juli; Anatole France, französischer Schriftsteller (19./20. Jh.). Französ. Form: *Anatole* [ana'tɔl]. Russ. Form: *Anatolij.*

Andalib: weibl. Vorn. arabischer Herkunft (arab. *andalib* »Nachtigall«).

Ander: männl. Vorn., baskische Form von ▸ Andreas.

Andere: weibl. Vorn., weibliche Form von ▸ Ander.

Anders: männl. Vorn., Nebenform von ▸ Andreas, auch schwedisch. ✧ Bekannter Namensträger: Anders Celsius, schwedischer Astronom (18. Jh.).

¹Andi: männl. Vorn., Koseform von ▸ Andreas.

²Andi: weibl. Vorn., Koseform von ▸ ²Andrea.

Andina, (auch:) Andine: weibl. Vorn., Nebenform von ▸ Antina oder weibliche Bildung zu ▸ Andreas.

Andone: weibl. Vorn., baskische Form von ▸ Antonia.

Andoni: männl. Vorn., baskische Form von ▸ Anton.

¹Andor ['ɔndɔr], (deutsch auch:) Andor: männl. Vorn., ungarische Form von ▸ Andreas.

²Andor: männl. Vorn. norwegischer oder schwedischer Herkunft. Der erste Namenbestandteil entspricht ahd. *arn* »Adler«, der zweite enthält den Namen des altnordischen Donnergotts Thor.

Andra: weibl. Vorn., Kurzform von ▸ Alexandra oder Nebenform von ▸ ²Andrea.

András ['ɔndra:ʃ]: in den 1970er-Jahren entlehnter männl. Vorn., ungarische Form von ▸ Andreas.

Andre, (auch:) Andre: männl. Vorn., oberdeutsche Form von ▸ Andreas, auch als Eindeutschung von französ. ▸ André gebraucht.

André [ã'dre]: im 20. Jh. aus dem Französischen übernommener männl. Vorn., französische Form von ▸ Andreas. ✧ Bekannte Namensträger: André Gide, französischer Schriftsteller (19./20. Jh.); André Malraux, französischer Schriftsteller und Politiker (20. Jh.); André Heller, österreichischer Chansonsänger, Schriftsteller und Künstler (20./21. Jh.); Andre Agassi, amerikanischer Tennisspieler (20./21. Jh.).

¹Andrea: männl. Vorn., italienische Form von ▸ Andreas. ✧ Bekannte Namensträger: Andrea Doria, genuesischer Admiral und Staatsmann (15./16. Jh.); Andrea Mantegna, italienischer Maler und Kupferstecher (15./16. Jh.); Andrea del Sarto, italienischer Maler (15./16. Jh.); Andrea Palladio, italienischer Baumeister (16. Jh.).

²Andrea: weibl. Vorn., weibliche Form von ▸ Andreas, in Deutschland erst seit dem 19. Jh. anzutreffen, besonders häufig ab 1945. ✧ Bekannte Namensträgerin: Andrea Petković, deutsche Tennisspielerin (20./21. Jh.). Französ. Form: *Andrée* [ã'dre]. Italien. Formen: *Andreana, Andreina.*

Andreana: weibl. Vorn. italienischer Herkunft, weibliche Form von ▸ [1]Andrea.

Andreas: männl. Vorn. griechischen Ursprungs, verselbstständigte Kurzform von Namen, die mit »Andr-« (zu griech. *anḗr, andrós* »Mann«) gebildet sind. Der Name gelangte mit anderen griechischen Namen (z.B. ▸ Stephan) in hellenistischer Zeit nach Palästina und fand als Apostelname in der christlichen Welt schon früh große Verbreitung. In Deutschland gehört Andreas seit dem Mittelalter zu den geläufigen männlichen Vornamen. ✧ Bekannte Namensträger: der heilige Andreas, Apostel, Bruder des Simon Petrus; NAMENSTAG: 30. November; Andreas Gryphius, deutscher Dichter des Barocks (17. Jh.); Andreas Schlüter, deutscher Baumeister und Bildhauer (17./18. Jh.); Andreas Hofer, Tiroler Freiheitsheld (18./19. Jh.). Französ. Form: *André* [ãˈdre]. Engl. Form: *Andrew* [ˈændruː]. Russ. Formen: *Andrei, Andrej*. Poln. Form: *Andrzej* [ˈandʒɛɪ]. Tschech. Form: *Ondřej* [ˈɔndrʒɛj]. Ungar. Formen: *Andor* [ˈɔndɔr], *András* [ˈɔndraːʃ]. Italien. Form: *Andrea*. Span. Form: *Andrés*. Bask. Form: *Ander*. Finn. Form: *Antero*.

Andrée [ãˈdre], (deutsch auch:) Andree: in den 1960er-Jahren entlehnter weibl. Vorn., französische Form von ▸ [2]Andrea.

Andrei: männl. Vorn., eindeutschende Schreibweise von ▸ Andrej oder rumänische Form von ▸ Andreas.

Andreina: weibl. Vorn. italienischer Herkunft, weibliche Form von ▸ [1]Andrea.

Andrej: männl. Vorn., russische Form von ▸ Andreas. ✧ Bekannter Namensträger: Andrej Dmitrijewitsch Sacharow, russischer Physiker und Bürgerrechtler (20. Jh.).

Andres: ▸ Andreas.

Andrew [ˈændruː]: in den 1960er-Jahren entlehnter männl. Vorn., englische Form von ▸ Andreas. ✧ Bekannte Namensträger: Andrew Lloyd Webber, britischer Komponist (20./21. Jh.); Prinz Andrew, Sohn von Königin Elizabeth II. von England (20./21. Jh.).

Andries: männl. Vorn., niederdeutsch-friesische und niederländische Form von ▸ Andreas.

Andrik: männl. Vorn., russische Koseform von *Andrej* (▸ Andreas).

Andrina: weibl. Vorn., niederländische und englische [ænˈdriːnə] Erweiterung von ▸ [2]Andrea.

Andrzej [ˈandʒɛɪ]: männl. Vorn., polnische Form von ▸ Andreas. ✧ Bekannter Namensträger: Andrzej Wajda, polnischer Filmregisseur (20./21. Jh.).

Andy [ˈændɪ]: im 20. Jh. aus dem Englischen übernommener männl. Vorn., Koseform von *Andrew* (▸ Andreas). ✧ Bekannte Namensträger: Andy Warhol, amerikanischer Künstler und Filmregisseur (20. Jh.); Andy Roddick, amerikanischer Tennisspieler (20./21. Jh.).

Anemone: in Deutschland seit den 1930er-Jahren vorkommender weibl. Vorn., der mit dem Namen der Blume identisch ist. Dieser wurde im 16. Jh. aus gleichbedeutendem griech. *anemṓnē* entlehnt. Der eigentliche Ursprung des Wortes ist ungeklärt, doch wurde es schon im Griechischen mit *ánemos* »Wind« volksetymologisch verbunden.

Aneta [ˈanɛta]: weibl. Vorn., tschechische Form des französischen Vornamens ▸ Annette.

Anette, (auch:) Anett: weibl. Vorn., Schreibvariante von ▸ Annette.

[1]Angel [ˈeɪndʒəl]: männl. Vorn., englische Form von ▸ Angelus.

[2]Angel [ˈeɪndʒəl]: weibl. Vorn., identisch mit ▸ [1]Angel. Dieser Vorname wird vor allem von afroamerikanischen Eltern vergeben.

Ángel [ˈaŋxɛl]: männl. Vorn., spanische Form von ▸ Angelus. ✧ Bekannter Namensträger: Miguel Ángel Asturias, guatemaltekischer Schriftsteller (19./20. Jh.).

Angela, (auch:) Angela: weibl. Vorn. (zu lat. *angelus* »Engel« aus griech. *ángelos* »Bote; Bote Gottes, Engel«). ✧ Bekannte Namensträgerinnen: die heilige Angela

Merici, Begründerin des Ursulinenordens (15./16. Jh.); NAMENSTAG: 27. Januar; Angela Merkel, deutsche Bundeskanzlerin (20./21. Jh.). Französ. Form: *Angèle* [ã'ʒɛl]. Italien. Form: *Angela* ['andʒela]. Engl. Form: *Angela* ['ændʒɪlə]. Poln. Form: *Aniela.*

Angèle [ã'ʒɛl]: weibl. Vorn., französische Form von ▸ Angela.

Angelika, (auch:) Angelica: in Deutschland seit dem 16. Jh. vorkommender weibl. Vorn. (lat. *angelicus, -a, -um*, griech. *angelikós* »zum Engel gehörend, engelhaft«, Ableitung von *ángelos* »Bote; Bote Gottes, Engel«). Eine literarische Gestalt ist die Angelica in dem früher viel gelesenen Versepos »Der rasende Roland« von Ariost (1532). ✧ Bekannte Namensträgerin: Angelica Kauffmann, schweizerische Malerin (18./19. Jh.). Französ. Form: *Angélique* [ãʒe'lik]. Italien. Form: *Angelica* [an'dʒɛ:lika].

Angelina, (auch:) Angeline: in Deutschland seit dem 17. Jh. vorkommender weibl. Vorn., italienische Koseform von ▸ Angela. ✧ Bekannte Namensträgerin: Angelina Jolie, amerikanische Filmschauspielerin (20./21. Jh.). Engl. Aussprache: [ændʒə'li:nə]. Italien. Aussprache: [andʒe'li:na]. Französ. Form: *Angéline* [ãʒe'lin].

Angelino [andʒe'li:no]: männl. Vorn., italienische Koseform von ▸ Angelo.

Angélique [ãʒe'lik]: weibl. Vorn., französische Form von ▸ Angelika, in Deutschland seit dem 19. Jh. anzutreffen.

Angelo ['andʒelo]: männl. Vorn., italienische Form von ▸ Angelus. Dieser Vorname kommt in Deutschland seit dem 19. Jh. vor.

Angelos: männl. Vorn. griechischer Herkunft (griech. *ángelos* »Bote, Bote Gottes, Engel«).

Angelus: männl. Vorn., lateinische Form von ▸ Angelos. Der Name ist in Deutschland seit dem Mittelalter belegt, doch blieb er wesentlich seltener als Angelo in Italien. ✧ Bekannter Namensträger: Angelus Silesius (»Der Schlesische Bote«), Pseudonym des geistlichen Dichters Johannes Scheffler (17. Jh.). Italien. Form: *Angelo* ['andʒelo]. Span. Form: *Ángel* ['aŋxɛl]. Engl. Form: *Angel* ['eɪndʒəl].

Angie ['ændʒɪ]: in den 1960er-Jahren entlehnter weibl. Vorn., englische Koseform von ▸ Angela. ✧ Bekannte Namensträgerin: Angie Stone, amerikanische Rocksängerin (20./21. Jh.).

Angus ['æŋgəs]: vor allem in Schottland verbreiteter männl. Vorn., englische Form des gälischen Namens *Aonghus* (»einzige Wahl«). ✧ Bekannter Namensträger: Sir Angus Wilson, englischer Schriftsteller (20. Jh.).

Ania: weibl. Vorn., Schreibvariante von ▸ Anja, auch französisch.

Anian: seltener männl. Vorn., dessen Herkunft und Bedeutung umstritten sind. Namensvorbild ist der aus Irland oder Westfranken stammende heilige Anianus (7./8. Jh.). Zusammen mit dem heiligen Marinus flüchtete er vor den Alpenslawen in die Einöden von Wilparting und Alb (Oberbayern). Dort verkündeten beide das Evangelium und erlitten den Martertod; NAMENSTAG: 15. November.

Anica ['anit͜sa]: weibl. Vorn., slowenische, kroatische, bulgarische, makedonische Koseform von ▸ Anna.

Aniela: weibl. Vorn., poln. Form von ▸ Angela.

Anika: ▸ Annika.

Aniko: im 20. Jh. aus dem Ungarischen übernommener weibl. Vorn., Koseform von ▸ Anna. Ungar. Form: *Anikó* ['ɔniko:].

Anil: aus Indien stammender männl. Vorn. (sanskrit. *anila* »Luft, Wind«), Beiname des Windgottes Vayu.

Anila: weibl. Vorn., weibliche Form von ▸ Anil.

[1]**Anima:** weibl. Vorn. lateinischen Ursprungs (lat. *anima* »Seele, Lebenskraft, Atem«).

[2]**Anima:** aus Indien stammender weibl. Vorn. (sanskrit. *aṇiman* »Winzigkeit«), der sich auf die durch Yoga-Meditation zu erreichende Fähigkeit bezieht, sich ganz

klein und schließlich unsichtbar zu machen.

Anisa: weibl. Vorn., niederländische Erweiterung von ▸ Anna.

Anish ['aniʃ]: männl. Vorn. indischer Herkunft (sanskrit. *aniś* »der Höchste«), der auf einen Beinamen des Gottes Wischnu zurückgeht. ✧ Bekannter Namensträger: Anish Kapoor, britischer Künstler indischer Herkunft (20./21. Jh.).

[1]**Anisha** ['aniʃa]: weibl. Vorn., weibliche Form von ▸ Anish.

[2]**Anisha** [ə'nɪʃə]: weibl. Vorn., amerikanische Variante von ▸ [1]Anissa.

[1]**Anissa:** weibl. Vorn., russische umgangssprachliche Form von *Anissija* (zu griech. *ánysis* »Erfüllung, Vollendung«).

[2]**Anissa:** weibl. Vorn., niederländische Erweiterung von ▸ Anna.

[3]**Anissa:** weibl. Vorn. arabischer Herkunft (arab. *anīssa* »die Freundliche, die Höfliche«).

Anita: weibl. Vorn., spanische Koseform von ▸ Anna oder Kurzform von *Juanita* (▸ Johanna). Die Vergabe des Vornamens Anita setzt in Deutschland gegen Ende des 19. Jh.s ein. Wahrscheinlich erfolgte die Entlehnung nicht direkt aus Spanien, sondern durch italienische Vermittlung. In Italien geht die Verbreitung dieses Vornamens auf die Gattin des Freiheitskämpfers und Politikers Giuseppe Garibaldi, Anita (Anna Maria) Ribeira da Silva († 1849), zurück. ✧ Bekannte Namensträgerin: Anita Ekberg, schwedische Filmschauspielerin (20./21. Jh.).

Anitra: weibl. Vorn., der auf eine arabische Sklavin in Henrik Ibsens dramatischem Gedicht »Peer Gynt« (1867) zurückgeht. Der Name wurde wohl von Ibsen selbst geprägt. Bekannt wurde der Name vor allem durch »Anitras Tanz« in Edvard Griegs gleichnamiger Suite.

Anja: in Deutschland seit den 1940er-Jahren vorkommender weibl. Vorn., russische Form von ▸ Anna. ✧ Bekannte Namensträgerin: Anja Kling, deutsche Schauspielerin (20./21. Jh.).

Anjali [an'dʒa:li]: weibl. Vorn., Nebenform von ▸ Anjuli.

Anje: weibl. Vorn., friesische Koseform von ▸ Anna oder Variante von ▸ Anja.

Anjo: männl. Vorn., bei dem es sich um eine friesische Koseform von Namen, die mit dem Namenwort *arn* gebildet sind (▸ Arnold), um eine männliche Bildung zu ▸ Anja oder um eine bulgarische Koseform von ▸ Angelus handeln kann.

Anjuli, (auch:) Anjulie ['andʒuli]: weibl. Vorn., eigentlich indische Bezeichnung für die zum Gruß und zum Trinken aneinander gelegten Hände. Der Vorname wurde in Deutschland bekannt durch die Anjuli in Mary M. Kayes Roman »Palast der Winde« (deutsche Übersetzung 1979).

Anjuscha, (auch:) Anjuschka: weibl. Vorn., russische Koseformen von ▸ Anna.

Anjuta: weibl. Vorn., russische Koseform von ▸ Anna.

Anka: weibl. Vorn., niederdeutsche oder polnische (auch bulgarische, slowenische) Koseform von ▸ Anna.

Anke: weibl. Vorn., niederdeutsch-friesische Koseform von ▸ Anna. ✧ Bekannte Namensträgerin: Anke Engelke, deutsche Komikerin (20./21. Jh.).

Ann: ▸ Anna, auch englisch [æn]. Doppelformen mit Ann kamen in den 1980er-Jahren auf, z. B. *Annchristin* (▸ Christine), *Annkat(h)rin* (▸ Kathrin), *Annmarie* (▸ Maria), *Annsofie/Annsophie* (▸ Sophia).

Anna: weibl. Vorn. hebräischen Ursprungs (hebr. *hannā* »Anmut, Liebreiz«). Anna hieß nach der christlichen Überlieferung die Mutter Marias. Während Maria aus religiöser Scheu als Vorname in Deutschland bis zum 16. Jh. gemieden wurde, war der Name ihrer Mutter bereits im 14. Jh. sehr verbreitet. Nach der Reformation war der Name gleichermaßen bei Protestanten und Katholiken beliebt. Bis heute gehört Anna zu den meistvergebenen weiblichen Vornamen; NAMENSTAG: 26. Juli. Häufig wird Anna mit anderen Namen verbunden: z. B. *Annakat(h)rin* (▸ Kathrin), *Annalena/Annalene* (▸ Lena), *Annalies / Annaliesa /*

Annaliese / Annalisa (▸ Liese, ▸ Lisa), *Annalina* (▸ Lina), *Annal(o)uisa/Annal(o)uise* (▸ Louise, ▸ Luise), *Annamaria/Annamarie* (▸ Maria), *Annarita* (▸ [1]Rita), *Annarosa/Annarose* (▸ [1]Rosa), *Annasophia/Annasophie* (▸ Sophia), *Annat(h)eresa* (▸ Therese). Eine literarische Gestalt ist die Anna Karenina in Leo Tolstois gleichnamigem Roman (1875–77). Eine bekannte Gestalt aus der Opernwelt ist die Donna Anna in Mozarts »Don Giovanni« (1787). ✧ Bekannte Namensträgerinnen: Anna Boleyn, Königin von England und 2. Gemahlin Heinrichs VIII. (16. Jh.); Anna Seghers, deutsche Schriftstellerin (20. Jh.); Anna Netrebko, russische Opernsängerin (20./21. Jh.). Engl. Formen: *Anne, Ann* [æn]. Französ. Form: *Anne* [a:n], [an]. Russ. Formen: *Anna, Anja.* Span. Form: *Ana.* Italien. Form: *Anna.* Bulg., serb., kroat. Form: *Ana.*

Annabella, (auch:) Annabell; Annabel; Anabel: weibl. Vorn., entweder Doppelform aus ▸ Anna und ▸ Bella oder Umgestaltung des weiblichen Vornamens *Amabel* (lat. *amābilis, -e* »liebenswert«, vgl. ▸ Mabel) zu Anabel und weiter zu Annabella. Engl. Form: *An[n]abel* ['ænəbɛl]. Französ. Form: *Annabelle* [anna'bɛl].

Anne: weibl. Vorn., Nebenform von ▸ Anna, auch englisch [æn] und französisch [a:n, an]. Doppelformen mit Anne sind häufig: neben ▸ Anneliese und ▸ Annemarie finden sich z. B. *Annedora/Annedore* (▸ Dora), *Annegret/Annegrete* (▸ Grete), *Annegrit/Annegrid* (▸ Margrit, ▸ Ingrid, ▸ Sigrid), *Annekat(h)rin* (▸ Kathrin), *Annelena / Annelene / Anneleen* (▸ Lena), *Annelina / Anneline* (▸ Lina), *Annelore* (▸ Lore), *Annelott(e)* (▸ Lotte), *Annemarte* (▸ Martha), *Anneri(e)ke* (▸ Rike), *Annerose* (▸ [1]Rosa), *Anneruth* (▸ Ruth), *Anne-Sophie* (▸ Sophia), *Annetraud/Annetraut/Annetrud(e)* (▸ Traude, ▸ Trude). ✧ Bekannte Namensträgerinnen: Anne Frank, Kind einer deutsch-jüdischen Familie, bekannt durch ihr im Amsterdamer Versteck geschriebenes Tagebuch (20. Jh.); Anne Duden, deutsche Schriftstellerin (20./21. Jh.); Prinzessin Anne, Tochter der britischen Königin Elizabeth II. (20./21. Jh.); Anne-Sophie Mutter, deutsche Violinistin (20./21. Jh.); Anne Hathaway, amerikanische Filmschauspielerin (20./21. Jh.).

Änne, (auch:) Aenne: weibl. Vorn., Nebenform von ▸ Anna.

Anneke, (auch:) Anneka: weibl. Vorn., niederdeutsche Koseform von ▸ Anna.

Anneli, (auch:) Annelie; Annely: weibl. Vorn., süddeutsche Koseform von ▸ Anna.

Anneliese, (auch:) Annelies; Annelise; Annelis: weibl. Vorn., vor allem in den 1920er- und Anfang der 1930er-Jahren beliebte Doppelform aus ▸ Anna und ▸ Liese. ✧ Bekannte Namensträgerin: Anneliese Rothenberger, deutsche Opernsängerin (20./21. Jh.).

Annely: ▸ Anneli.

Annemarie, (auch:) Annemaria: weibl. Vorn., seit dem ausgehenden 19. Jh. beliebte Doppelform aus ▸ Anne und ▸ Maria.

Annemie: weibl. Vorn., Koseform von ▸ Annemarie.

Annemieke: weibl. Vorn., niederdeutsche Koseform von ▸ Annemarie.

Annemone: weibl. Vorn., Umdeutung von ▸ Anemone in Anlehnung an ▸ Anna.

Annette, (auch:) Annett; Anette; Anett: im 17./18. Jh. aus dem Französischen übernommene Koseform von ▸ Anna, die als amtliche Namensform seit dem 19. Jh. gelegentlich erscheint, häufig erst im 20. Jh. verwendet wird. ✧ Bekannte Namensträgerinnen: Annette (eigentlich Anna-Elisabeth) Freiin von Droste-Hülshoff, deutsche Dichterin (18./19. Jh.); Annette (eigentlich Anne Mathilde) Kolb, deutsche Schriftstellerin (19./20. Jh.). Französ. Aussprache: [a'nɛt].

Anni: weibl. Vorn., Koseform von ▸ Anna. ✧ Bekannte Namensträgerin: Anni Friesinger, deutsche Eisschnellläuferin (20./21. Jh.).

Annick: weibl. Vorn., französische Schreibung von *Annaig,* einer bretonischen Ableitung von ▸ Anna.

[1]**Annie:** weibl. Vorn., Nebenform von ▸ Anni. So heißt die Tochter von Effi Briest in dem gleichnamigen Roman von Th. Fontane (1895).

[2]**Annie:** weibl. Vorn., französische [a'ni] und englische ['ænɪ] Koseform von ▸ Anna. Die englische Namensform ist bekannt durch das Musical »Annie Get Your Gun« (1946) von Irving Berlin.

Annika, (auch:) Annike: weibl. Vorn., niederdeutsche und schwedische Koseform von ▸ Anna; Annika ist der Name einer Gestalt in dem Kinderbuch »Pippi Langstrumpf«.

Annikki: weibl. Vorn., finnische Koseform von ▸ Anna.

Annina: weibl. Vorn., Weiterbildung von ▸ Anna; auch italienisch.

Anno: alter deutscher männl. Vorn., Kurzform von ▸ Arnold. Namenspatron ist der heilige Anno, Erzbischof von Köln (11. Jh.); NAMENSTAG: 5. Dezember.

Annukka: weibl. Vorn., finnische Koseform von ▸ Anna.

Annunziata: aus dem Italienischen übernommener weibl. Vorn. (»die Angekündigte, Verkündigte«). Der Name bezieht sich auf das Fest Mariä Verkündigung (25. März).

Anny: weibl. Vorn., Schreibvariante von ▸ Anni oder von ▸ [2]Annie.

Anouk [a'nuk]: aus dem Französischen übernommener weibl. Vorn., Koseform von ▸ Annick. ✧ Bekannte Namensträgerin: Anouk Aimée, französische Schauspielerin (20./21. Jh.).

Ansas: männl. Vorn., litauische Form von ▸ Hans.

Ansbert: alter deutscher männl. Vorn. (german. **ans-* »Gottheit« + ahd. *beraht* »glänzend, berühmt«).

Anselm: alter deutscher männl. Vorn. (german. **ans-* »Gottheit« + ahd. *helm* »Helm«). Zur Verbreitung des Namens im Mittelalter trug die Verehrung des heiligen Anselm von Canterbury (11./12. Jh.) bei; NAMENSTAG: 21. April. Eine literarische Gestalt ist der Student Anselmus in E. T. A. Hoffmanns Kunstmärchen »Der goldene Topf« (1814). ✧ Bekannte Namensträger: Anselm Feuerbach, deutscher Maler (19. Jh.); Anselm Kiefer, deutscher Maler (20./21. Jh.). Italien. Form: *Anselmo.*

Ansgar: alter deutscher männl. Vorn. (german. **ans-* »Gottheit« + ahd. *gēr* »Speer«). Namenspatron ist der heilige Ansgar, Erzbischof von Hamburg-Bremen (9. Jh.); NAMENSTAG: 3. Februar.

Ansgard: alter deutscher weibl. Vorn. (german. **ans-* »Gottheit« + german. **gardaz* »Zaun, Einfriedung«, vgl. ahd. *garto* »Garten«).

Antal, ungar. Aussprache: ['ɔntɔl]: männl. Vorn., ungarische Form von ▸ Anton.

Antara: männl. Vorn. arabischen Ursprungs (arab. *'antara* »mutig, unerschrocken«). Der Name ist bekannt durch den arabischen Krieger Antara ibn-Schaddad (6./7. Jh.), der seine Heldentaten in eigenen Versen besang.

[1]**Ante:** männl. Vorn., schwedische, slowenische, makedonische Kurzform von ▸ Anton, in Schweden auch von *Anders* (▸ Andreas).

[2]**Ante:** männl. Vorn., friesische Kurzform von Namen, die mit german. **and-* »zornige, streitlustige Stimmung« gebildet wurden.

Antek: männl. Vorn., polnische Koseform von ▸ Andreas.

Antero: männl. Vorn., finnische Form von ▸ Andreas.

Anthea: weibl. Vorn. griechischer Herkunft (zu griech. *ántheios* »blütenreich«), Beiname der Göttin Hera.

Anthony ['æntənɪ]: um die Mitte des 20. Jh.s entlehnter männl. Vorn., englische Form von ▸ Anton. ✧ Bekannte Namensträger: Anthony Quinn, amerikanischer Filmschauspieler (20./21. Jh.); Anthony Perkins, amerikanischer Filmschauspieler (20. Jh.).

Antina, (auch:) Antine; Andina; Andine:

weibl. Vorn., ostfriesische und niederländische Erweiterung von ▸Anna.

Antje, (auch:) Antja: weibl. Vorn., friesische und niederländische Koseform von ▸Anna. ✧ Bekannte Namensträgerin: Antje Buschschulte, deutsche Schwimmerin (20./21. Jh.)

Antke: weibl. Vorn., friesische Koseform von Namen, die mit german. **and-* »zornige, streitlustige Stimmung« gebildet wurden.

Antoine [ã'twan]: in den 1980er-Jahren entlehnter männl. Vorn., französische Form von ▸Anton. ✧ Bekannte Namensträger: Antoine Watteau, französischer Maler und Zeichner (17./18. Jh.); Antoine de Saint-Exupéry, französischer Schriftsteller (20. Jh.).

Antoinette [ãtwa'nɛt]: im 17./18. Jh. aus dem Französischen übernommener weibl. Vorn., Koseform von französ. *Antoine* (▸Antonia). ✧ Bekannte Namensträgerin: Marie Antoinette, Gemahlin Ludwigs XVI. (18. Jh.).

Anton, (auch:) Antonius: männl. Vorn. lateinischen Ursprungs, der auf einen altrömischen Geschlechternamen zurückgeht. Der Name fand in Deutschland vor allem durch die Verehrung des heiligen Antonius von Padua (12./13. Jh.) Verbreitung; NAMENSTAG: 13. Juni. Eine literarische Gestalt ist Anton Reiser in dem gleichnamigen Roman (1785–90) von K. P. Moritz. Eine bekannte Gestalt der Jugendbuchliteratur ist der Anton in Erich Kästners »Pünktchen und Anton«. ✧ Bekannte Namensträger: der heilige Antonius, Einsiedler in Ägypten, als Patriarch des Mönchtums verehrt (3./4. Jh.); NAMENSTAG: 17. Januar; Anton van Dyck, flämischer Maler (16./17. Jh.); Anton Graff, schweizerischer Maler (18./19. Jh.); Anton Bruckner, österreichischer Komponist (19. Jh.); Anton Tschechow, russischer Schriftsteller (19./20. Jh.); Anton Friedrich Wilhelm von Webern, österreichischer Komponist (19./20. Jh.). Französ. Form: *Antoine* [ã'twan]. Italien. und span. Form: *Antonio*. Katal. Form: *Antoni*. Engl. Form: *Anthony* ['æntənɪ]. Ungar. Form: *Antal* ['ɔntɔl]. Tschech. Form: *Antonín*. Poln. Form: *Antoni*. Bask. Form: *Andoni*.

Antonella: weibl. Vorn., italienische Koseform von ▸Antonia.

Antonetta: weibl. Vorn., italienische Koseform von ▸Antonia.

Antoni: männl. Vorn., deutsche Variante von ▸Anton, auch polnisch, katalanisch [an'tɔni]. ✧ Bekannter Namensträger: Antoni Tàpies, spanischer Maler und Grafiker (20./21. Jh.).

Antonia, (auch:) Antonie: in Deutschland seit dem Mittelalter vorkommender weibl. Vorn., weibliche Form von ▸Anton(ius). Seit den 1990er-Jahren wird Antonia wieder öfter vergeben. Eine literarische Gestalt ist die Antonie in E. T. A. Hoffmanns Novelle »Rat Krespel« (1818). Bask. Form: *Andone*.

Antonietta: weibl. Vorn., italienische Koseform von ▸Antonia.

Antonín: männl. Vorn., tschechische Form von ▸Anton. ✧ Bekannter Namensträger: Antonín Dvořák, tschechischer Komponist (19./20. Jh.).

Antonina: weibl. Vorn., weibliche Form von ▸Antonino.

Antonino: aus dem Italienischen entlehnter männl. Vorn., der auf den römischen Geschlechternamen *Antoninus* zurückgeht.

Antonio: männl. Vorn., spanische und italienische Form von ▸Anton. ✧ Bekannte Namensträger: Antonio Vivaldi, italienischer Komponist (17./18. Jh.); Antonio Canova, italienischer Bildhauer (18./19. Jh.); Antonio Gaudí, spanischer Architekt (19./20. Jh.); Antonio Banderas, spanischer Filmschauspieler (20./21. Jh.).

Antonius: ▸Anton.

Antony: männl. Vorn., deutsche Variante von ▸Antoni, auch englische Nebenform ['æntənɪ] von ▸Anthony.

Antti: männl. Vorn., finnische Form von ▸Andreas.

Die Spitzenreiter des Jahres 2011 in Brasilien

männlich	weiblich
1. Miguel	1. Julia
2. Davi(d)	2. Sophia
3. Gabriel	3. Isabella
4. Arthur	4. Maria Eduarda
5. Lucas	5. Manuela
6. Matheus	6. Giovanna
7. Pedro	7. Alice
8. Guilherme	8. Laura
9. Gustavo	9. Luiza
10. Rafael	10. Beatriz

Quelle: http://brasil.babycenter.com/a7000029/os-100-nomes-de-beb%C3%AA-mais-usados-em-2011

Anuk: weibl. Vorn., eindeutschende Schreibweise von ▸Anouk.

Anuradha: weibl. Vorn. indischer Herkunft, Name einer Sterngruppe oder zu sanskrit. *anūrādha* »Glück und Wohlstand bringend«.

Anuschka: weibl. Vorn., russische Koseform von ▸Anna, auch eindeutschende Schreibung von ung. *Annuska* ['ɔnuʃkɔ].

Anwar: männl. Vorn. arabischer Herkunft (arab. *anwar* »leuchtender«). ✧ Bekannter Namensträger: Anwar as-Sadat, ägyptischer Staatspräsident (20. Jh.).

Apollonia, (auch:) Apollonie: weibl. Vorn., weibliche Form von lat. *Apollōnius*, griech. *Apollṓnios* (zum griechischen Götternamen Apóllōn). Zur Verbreitung des Namens im Mittelalter trug die Verehrung der heiligen Apollonia (3. Jh.) bei; NAMENSTAG: 9. Februar.

April ['eɪprəl]: aus dem Englischen entlehnter weibl. Vorn. nach dem gleichlautenden Monatsnamen.

Arabella, (auch:) Arabelle: weibl. Vorn., wahrscheinlich schottischer Herkunft, vielleicht Nebenform (Dissimilation) von ▸Annabella. Eine bekannte Operngestalt ist Arabella, die älteste Tochter des Grafen Waldner, in Richard Strauss' Oper »Arabella« (1933). ✧ Bekannte Namensträgerin: Arabella Kiesbauer, deutsche Moderatorin (20./21. Jh.).

Araceli [ara'θeli]: weibl. Vorn. spanischer Herkunft nach dem gleichlautenden Marienheiligtum im Arasgebirge bei Lucena (Córdoba). Die verbreitete Herleitung von lat. *ara coeli* »Altar des Himmels« ist unzutreffend.

Aram: aus der Bibel übernommener männl. Vorn. hebräischen Ursprungs (hebr. *'arām* »erhaben; Hochland«), in der Bibel einer von Noahs Enkeln, der als der Stammvater der Aramäer und Armenier betrachtet wird. ✧ Bekannter Namensträger: Aram Iljitsch Chatschaturjan, armenisch-sowjetischer Komponist (20. Jh.). Engl. Aussprache: ['ærəm].

Aramis: männl. Vorn., der von Alexandre Dumas für seinen Roman »Die drei Musketiere« (1844) erfunden wurde.

Aran: männl. Vorn. biblischer Herkunft (hebr. *'arān*), ursprünglich Name eines Stammes.

Aranka, ungar. Aussprache: ['ɔrɔŋkɔ]: in den 1930er-Jahren entlehnter weibl. Vorn. ungarischen Ursprungs, Übersetzung von ▸Aurelia (ungar. *arany* »Gold«).

Arantxa [a'rantʃa]: weibl. Vorn. baskischer Herkunft, Koseform des weiblichen Vornamens *Arántzazu*, der auf das gleichnamige Marienheiligtum im Baskenland zurückgeht.

Aras: männl. Vorn. türkischer Herkunft, der auf den gleichnamigen Fluss in Ostanatolien zurückgeht.

Aravind: männl. Vorn., Nebenform von ▸Arvind.

Arbo: männl. Vorn., einstämmiger Name (ahd. *arbeo* »der Erbe«).

Archibald, engl. Aussprache: ['ɑ:tʃɪbəld]: männl. Vorn., englische Form (über altfranzös. *Archimbald*) von *Erkenbald* (ahd. *erchan* »fest, vornehm, hervorragend« + ahd. *bald* »kühn«), bekannt durch Th. Fontanes Ballade »Archibald Douglas« (1867).

Arda: männl. Vorn. türkischer Herkunft

(»Stab eines Herrschers oder Befehlshabers«).

Ardit: männl. Vorn. albanischer Herkunft (alban. *ar* »Gold« + alban. *dita* »Tag«: »goldener Tag«).

[1]**Ardita:** weibl. Vorn., weibliche Form von ▸Ardit.

[2]**Ardita:** weibl. Vorn. italienischer Herkunft (italien. *ardito, -a* »kühn, wagemutig«).

Arel: männl. Vorn., in Israel übliche Variante von ▸Ariel.

Arend, (auch:) Arendt: männl. Vorn., niederdeutsche Kurzform von ▸Arnold.

Arendje: weibl. Vorn., ostfriesische weibliche Bildung zu ▸Arend mit der Koseendung »-je«.

Ares: aus der griechischen Mythologie übernommener männl. Vorn. Ares, Sohn von Zeus und Hera, war der Gott des Krieges. Neugriech. Aussprache: ['aris].

Areta, (auch:) Aretha: weibl. Vorn., vielleicht zu griech. *aretḗ* »Tugend«. ✧ Bekannte Namensträgerin: Aretha Franklin, amerikanische Soul- und Rocksängerin und -pianistin (20./21. Jh.). Engl. Aussprache: [ə'ri:θə].

[1]**Ari:** männl. Vorn., Kurzform von ▸Arian oder ▸Aribert.

[2]**Ari:** männl. Vorn., Kurzform von ▸Ariel.

Aria: weibl. Vorn., niederländische Kurzform von ▸Adriana.

Ariadne, (auch:) Ariadna: aus der griechischen Mythologie übernommener weibl. Vorn. vorgriechischen Ursprungs (griech. volksetymologisch als *ari* [verstärkende Vorsilbe] + *hagnḗ* »die Heilige« gedeutet). Ariadne war der Name der Tochter des Königs Minos von Kreta. Nach der griechischen Sage gab Ariadne Theseus, den sie liebte, ein Wollknäuel, mit dem er nach seinem Kampf mit dem Minotauros aus dem Labyrinth herausfand. Das weitere Schicksal der Ariadne, die mit Theseus auf die Insel Naxos floh, dort aber von ihm verlassen wurde, behandelt z.B. Richard Strauss in der Oper »Ariadne auf Naxos« (1916). In Deutschland setzt die Vergabe dieses Vornamens in den 1970er-Jahren ein. Französ. Form: *Ariane* [a'rjan]. Italien. Form: *Arianna.*

Arian: männl. Vorn., friesische und niederländische Nebenform von ▸Adrian.

[1]**Ariane,** (auch:) Ariana: weibl. Vorn., weibliche Form von ▸Arian.

[2]**Ariane** [a'rjan]: weibl. Vorn., französische Form von ▸Ariadne. ✧ Bekannte Namensträgerin: Ariane Mnouchkine, französische Schauspielerin und Regisseurin (20./21. Jh.).

Arianna: weibl. Vorn., italienische Form von ▸Ariadne.

Aribert: männl. Vorn., romanische Form von ▸Heribert. ✧ Bekannter Namensträger: Aribert Reimann, deutscher Komponist und Pianist (20./21. Jh.).

Arie: männl. Vorn., niederländische und friesische Kurzform von ▸Adrian oder ▸Arnold.

Ariel, (überkonfessionelle Form:) Ariël: männl. Vorn. hebräischen Ursprungs, der noch nicht sicher geklärt ist (hebr. *'arī'ēl* »Löwe Gottes« oder »Altar-Herd«?). Nach der Bibel war Ariel ein Abgesandter Esras, der Diener für das Haus Gottes in Jerusalem werben sollte. In William Shakespeares Komödie »Der Sturm« ist Ariel der Name des Luftgeistes.

Ariela: weibl. Vorn., weibliche Form von ▸Ariel. Italien. Form: *Ariella.* Französ. Form *Arielle* [ar'jɛl].

Arietta: weibl. Vorn., Erweiterung von ▸Aria oder *Ariana* (▸[1]Ariane).

Arif: männl. Vorn. türkischer Herkunft (türk. *arif* »weise« aus gleichbedeutend arab. *'arīf*).

Arife: weibl. Vorn., weibliche Form von ▸Arif.

Arik: männl. Vorn., Kurzform von mehreren russischen Vornamen. ✧ Bekannter Namensträger: Arik (eigtl. Erich) Brauer, österreichischer Maler, Grafiker und Liedermacher (20./21. Jh.).

Arina: weibl. Vorn., niederländische Kurzform von ▸Adriana oder russische Nebenform von ▸Irina.

Aris: weibl. Vorn. neuhebräischer Herkunft (zu neuhebr. *'erez* »Zeder«).

Aristide [aris'tid]: im 20. Jh. aus dem Französischen entlehnter männl. Vorn. griechischen Ursprungs (griech. *Aristéidēs*, zu griech. *áristos* »der Beste, der Edelste«, etwa »Sohn des Edelsten«). ✧ Bekannte Namensträger: Aristides, athenischer Staatsmann und Feldherr (6./5. Jh. v. Chr.); Aristide Briand, französischer Politiker, Verfechter der Idee eines vereinten Europas (19./20. Jh.); Aristide Maillol, französischer Bildhauer und Maler (19./20. Jh.).

Aristoteles: männl. Vorn. griechischen Ursprungs (griech. *Aristotélēs*, zu griech. *áristos* »der Beste« und griech. *télos* »Ziel, Vollendung«). ✧ Bekannte Namensträger: Aristoteles, griechischer Philosoph (4. Jh. v. Chr.); Aristoteles Onassis, griechischer Reeder (20. Jh.). Neugriech. Aussprache: [aristɔ'telis].

Arja: weibl. Vorn., niederländische Kurzform von ▸ Adriana.

Arjan, (auch:) Arjen: männl. Vorn., friesische und niederländische Form von ▸ Adrian.

Arje: ▸ Arye.

Arjuna ['ardʒu:na], (auch:) Arjun ['ardʒu:n]: aus Indien stammender männl. Vorn. (sanskrit. *arjuna* »silberweiß, glänzend«), Name einer Gestalt in dem indischen Epos »Mahabharata« (5. Jh. v. Chr. - 4. Jh. n. Chr.).

Arla: weibl. Vorn., schwedische Koseform von *Arnlaug*. Der erste Namenbestandteil entspricht ahd. *arn* »Adler«, der zweite geht auf altwestnord. *laug* »gelobt, geweiht« zurück.

Arleen, (auch:) Arlene; Arline; Arlyne: aus dem Englischen übernommener weibl. Vorn., vermutlich Neubildung aus ▸ Marlene oder *Charlene* (▸ Charleen). ✧ Bekannte Namensträgerin: Arleen Augér, amerikanische Opernsängerin (20. Jh.). Engl. Aussprache: [ɑ:'li:n].

Arlette, (auch:) Arlett: aus dem Französischen übernommener weibl. Vorn., dem vielleicht die Kurzform eines mit german. **harja* (vgl. ahd. *heri* »Kriegsschar, Heer«) gebildeten Namens zugrunde liegt. Zur Bekanntheit des Namens in den 1930er- und 1940er-Jahren hat die französische Filmschauspielerin Arletty (eigentlich Arlette-Léonie Bathiat; 19./20. Jh.) beigetragen. Französ. Aussprache: [ar'lɛt].

Arlind, (auch:) Arlinda, Arlinde: weibl. Vorn., niederländische Nebenform von ▸ Herlinde.

Arline, (auch:) Arlyne: ▸ Arleen.

Arman: männl. Vorn. persischer Herkunft (pers. *armān* »Ideal, Hoffnung, Wunsch«).

Armand [ar'mã]: männl. Vorn., französische Form von ▸ Hartmann oder ▸ Hermann.

Armando: männl. Vorn., italienische und spanische Form von ▸ Hartmann oder ▸ Hermann.

Armas: männl. Vorn. finnischer Herkunft (zu finn. *armas* »treu«).

Armelle, (auch:) Armella: weibl. Vorn., weibliche Bildung zu dem französischen Vornamen *Armel,* dem Namen eines bretonischen Heiligen aus dem 6. Jh. Französ. Aussprache: [ar'mɛl].

Armgard: weibl. Vorn., Nebenform von ▸ Irmgard; Name einer Gestalt in F. Schillers »Wilhelm Tell« (1804) und in Th. Fontanes Roman »Der Stechlin« (1899).

Armida: weibl. Vorn. italienischen Ursprungs, dessen Verbreitung auf die Dichtung »Das befreite Jerusalem« von Torquato Tasso (1580) zurückgeht. Nach dieser Dichtung wurde Armida Gestalt in mehreren Opern (z. B. von Ch. W. Gluck, G. Rossini, A. Dvořák). In Deutschland begegnet der Name vereinzelt seit Ende des 19. Jh.s.

Armin: im 19. Jh. aufgekommener männl. Vorn., der auf den Namen des Cheruskerfürsten Arminius zurückgeht, der i. J. 9 n. Chr. über das römische Heer des Qu. Varus siegte (einstämmige Kurzform zu einem mit german. **ermana, *irmina* »allumfassend, groß« gebildeten Namen, wahrscheinlich german. **Ermin-mēraz*, latinisiert **Ermino-merus*). Im 18./19. Jh. wurde Arminius fälschlich mit ▸ Hermann gleichgesetzt. ✧ Bekannter Namensträger: Armin Müller-Stahl, deutscher Filmschauspieler (20./21. Jh.).

Armina, (auch:) Armine: weibl. Vorn., weibliche Form von ▸Armin.

Arn: männl. Vorn., Kurzform von Namen, die mit »Arn-« beginnen, z. B. ▸Arnold.

Arnaldo: männl. Vorn., spanische und italienische Form von ▸Arnold.

Arnau: männl. Vorn., katalanische Form von ▸Arnold.

Arnaud [arˈno]: männl. Vorn., französische Form von ▸Arnold.

Arnbjörn: männl. Vorn. nordischer Herkunft (altnord. *ǫrn* »Adler« + altnord. *bjǫrn* »Bär«).

Arnd, (auch:) Arndt; Arnt: männl. Vorn., durch Zusammenziehung entstandene Kurzform von ▸Arnold.

Arne: in den 1930er-Jahren entlehnter männl. Vorn., nordische Kurzform von Namen, die mit »Arn-« gebildet sind (z. B. *Arnvald,* ▸Arnold).

Arnfried, (auch:) Arnfrid: alter deutscher männl. Vorn. (ahd. *arn* »Adler« + ahd. *fridu* »Schutz vor Waffengewalt, Friede; Friedenswahrer«).

Arnhelm: alter deutscher männl. Vorn. (ahd. *arn* »Adler« + ahd. *helm* »Helm«).

Arnhild: alter deutscher weibl. Vorn. (ahd. *arn* »Adler« + ahd. *hiltja* »Kampf, Kriegerin«).

Arnika: weibl. Vorn., latinisierende Koseform von Namen, die mit »Arn-« beginnen (▸Arnhild), gleichlautend mit der Bezeichnung für die Heilpflanze; auch ungarisch [ˈɔrnikɔ].

Arnim: gegen Ende des 19. Jh.s aufgekommener männl. Vorn., ursprünglich Ortsname (bei Potsdam), vielleicht Vermischung mit ▸Armin.

Arno: männl. Vorn., Kurzform von Namen, die mit »Arn-« gebildet sind (z. B. ▸Arnold). ✧ Bekannter Namensträger: Arno Schmidt, deutscher Schriftsteller (20. Jh.).

Arnold, (auch:) Arnolt: alter deutscher männl. Vorn. (ahd. *arn* »Adler« + ahd. *-walt* zu *waltan* »walten, herrschen«). ✧ Bekannte Namensträger: Arnold Winkelried, schweizerischer Volksheld (14. Jh.); Arnold Böcklin, schweizerischer Maler (19. Jh.); Arnold Zweig, deutscher Schriftsteller (19./20. Jh.); Arnold Schönberg, österreichischer Komponist (19./20. Jh.); Arnold Schwarzenegger, amerikanischer Filmschauspieler und Politiker österreichischer Herkunft (20./21. Jh.); Arnold Stadler, deutscher Schriftsteller (20./21. Jh.). Französ. Form: *Arnaud* [arˈno]. Span. und italien. Form: *Arnaldo.* Katal. Form: *Arnau.*

Arnolda, (auch:) Arnolde: weibl. Vorn., weibliche Form von ▸Arnold.

Arnoldina, (auch:) Arnoldine: weibl. Vorn., weibliche Form von ▸Arnold mit der seit dem 17./18. Jh. beliebten Endung »-ina/-ine«.

Arnolf: ▸Arnulf.

Arnolt: ▸Arnold.

Arnošt [ˈarnɔʃt]: männl. Vorn., tschechische Form von ▸Ernst.

Arnt: ▸Arnd.

Arnulf, (auch:) Arnolf: alter deutscher männl. Vorn. (ahd. *arn* »Adler« + ahd. *wolf* »Wolf«). ✧ Bekannter Namensträger: der heilige Arnulf, Bischof von Metz, Ahnherr der Karolinger (6./7. Jh.); NAMENSTAG: 18. Juli.

Aron: ▸Aaron.

Arp: männl. Vorn., niederdeutsche Kurzform von *Arbogast* (ahd. *arbeo* »der Erbe« + ahd. *gast* »Fremdling; Gast«).

Árpád, ungar. Aussprache: [ˈaːrpaːd]: männl. Vorn. (zu ungar. *árpa* »Gerste[nkorn]«?), der auf den Anführer eines ungarischen Stammes (9./10. Jh.) zurückgeht. Der Name wurde erst im 19. Jh. neu belebt.

Arslan: männl. Vorn. türkischer Herkunft (türk. *arslan* »Löwe«).

[1]Art: männl. Vorn., niederdeutsche und niederländische Kurzform von ▸Arnold.

[2]Art, engl. Aussprache: [ɑːt]: männl. Vorn., englische Kurzform von ▸Arthur.

Artemis: aus der griechischen Mythologie übernommener weibl. Vorn. Artemis,

Tochter des Zeus und Zwillingsschwester Apolls, war die Göttin der Jagd.

Arthur: ▸ Artur.

Artjom: männl. Vorn., russische Form des griechischen Namens *Artémios* (»zu [der Göttin] Artemis gehörig«). Namenspatron ist der heilige Märtyrer Artemius (4. Jh.).

Arto: männl. Vorn., finnische Form von ▸ Artur.

Arttu: männl. Vorn., finnische Form von ▸ Artur.

Artur, (auch:) Arthur: aus dem Englischen übernommener männl. Vorn., der in Deutschland erst seit dem Ende des 18. Jh.s allmählich Verbreitung fand. Engl. *Arthur* geht auf den sagenhaften König Arthur zurück. König Arthur und die Ritter seiner Tafelrunde sind der Mittelpunkt eines großen, ursprünglich keltischen Sagenkreises des Mittelalters. Der Name Arthur ist wahrscheinlich keltischer (walisischer) Herkunft (zu kelt. *artos* »Bär«), doch wird auch eine Ableitung von einem römischen Geschlechternamen (Artorius) erwogen, der dann durch römische Legionäre nach Britannien getragen wurde. ✧ Bekannte Namensträger: Arthur Schopenhauer, deutscher Philosoph (18./19. Jh.); Arthur Schnitzler, österreichischer Schriftsteller (19./20. Jh.); Arturo Toscanini, italienischer Dirigent (19./20. Jh.); Arthur Rubinstein, polnischer Pianist (19./20. Jh.); Arthur Miller, amerikanischer Dramatiker (20./21. Jh.). Englische Aussprache: [ˈɑːθə]. Französ. Aussprache: [arˈtyːr]. Italien./Span. Form: *Arturo*.

Arun: aus Indien stammender männl. Vorn. (sanskrit. *aruṇa* »rötlich braun, die Farbe der Morgendämmerung, von Gold und Rubinen«, in alten indischen Texten Verkörperung der Morgendämmerung, des Lenkers des Sonnenwagens).

Aruna: weibl. Vorn., weibliche Form von ▸ Arun.

Arved: männl. Vorn., Nebenform von ▸ Arvid. ✧ Bekannter Namensträger: Arved Fuchs, deutscher Abenteurer und Buchautor (20./21. Jh.).

Arvid: männl. Vorn. nordischer Herkunft, der auf altnord. *Arnviðr* zurückgeht. Der erste Namenbestandteil entspricht ahd. *arn* »Adler«, der zweite enthält altnord. *viðr* »Baum, Wald« und ist wohl als poetische Umschreibung des Kriegers aufzufassen.

Arvind, (auch:) Aravind: aus Indien stammender männl. Vorn. (sanskrit. *aravinda* »Lotus«).

Arvo: männl. Vorn. finnischer Herkunft (zu finn. *arvo* »Würde«).

Arwa: weibl. Vorn. arabischen Ursprungs (arab. *arwa* [Plural] »Bergziegen«).

Arwed: männl. Vorn., eindeutschende Schreibweise von ▸ Arved.

Arwid: männl. Vorn., eindeutschende Schreibweise von ▸ Arvid.

Arwin: männl. Vorn. (ahd. *aro* »Adler« + ahd. *wini* »Freund«).

Arye, (auch:) Arje; Aryeh: aus der Bibel übernommener männl. Vorn. hebräischer Herkunft (hebr. *'ariē* »Löwe«).

Asad [aˈsad]: männl. Vorn. arabischen Ursprungs (arab. *as'ad* »glücklicher« zu arab. *sa'īda* »glücklich sein«).

Asali: in Kenia und Tansania vorkommender weibl. Vorn., der auf Suaheli »süßer Honig« bedeutet.

Ascan, (auch:) Ascanius; Askan: männl. Vorn., latinisierte Form von ▸ Aschwin, angelehnt an griech. *Askánios*, Sohn des Äneas und der Eurydike.

Ascha: aus Indien stammender weibl. Vorn. (sanskrit. *āśā* »Wunsch, Sehnsucht, Hoffnung«).

Ascher: aus der Bibel übernommener männl. Vorn. hebräischer Herkunft (hebr. *'āšēr* »der Glückliche, der Rechtschaffene«). Nach der Bibel war Ascher, der Ahnherr des gleichnamigen Stammes, einer der Söhne Jakobs.

Aschok, (auch:) Aschoka; Ashok; Ashoka: männl. Vorn. indischer Herkunft (sanskrit. *a-śoka* »ohne Hitze, ruhig«). ✧ Bekannter Namensträger: Aschoka, indischer Kaiser der Maurya-Dynastie (3. Jh. v. Chr.).

Aschraf, (auch:) Ashraf: männl. Vorn. arabischen Ursprungs (arab. *aschrāf* »ehrbarer« zu arab. *scharafa* »ehrbar, von Adel sein«).

Aschwin, (auch:) Aswin; Asvin: alter deutscher männl. Vorn. (ahd. *ask* »Speer [aus Eschenholz]« + ahd. *wini* »Freund«).

Asgard: weibl. Vorn. (german. **ans-* »Gottheit« + german. **gardaz* »Zaun, Einfriedung«, vgl. ahd. *garto* »Garten«).

¹Ashley, (auch:) Ashleigh ['æʃlɪ]: gegen Ende des 20. Jh.s aus dem Englischen übernommener männl. Vorn., ursprünglich Orts- und Familienname (altengl. *æsc-lēah* »Eschenhain«). In England setzte die Vergabe dieses Vornamens um 1860 ein. Heute werden Ashley/Ashleigh zunehmend als weibliche Vornamen verwendet.

²Ashley: weibl. Vorn., identisch mit ▸¹Ashley.

Ashok, (auch:) Ashoka: ▸Aschok.

Ashraf: ▸Aschraf.

Ashton ['æʃtən]: vor allem in den USA geläufiger männl. Vorn., ursprünglich ein englischer Familienname nach dem häufigen gleichlautenden Ortsnamen.

¹Asia: weibl. Vorn. nach dem Namen des Erdteils Asien.

²Asia, (auch:) Asiya; Asya: weibl. Vorn. arabischer Herkunft. Diesen Namen trug in der islamischen Überlieferung die Gattin des Pharao, die Moses aus dem Nil errettete. Türk. Form: *Asiye*.

Asier [a'siɛr]: im Baskenland und im übrigen Spanien vorkommender männl. Vorn., der auf eine Gestalt des historischen Romans »Amaya o los vascos del siglo VIII« (Amaya oder die Basken des 8. Jahrhunderts, 1877) von F. Navarro Villoslada zurückgeht.

Asim: männl. Vorn. arabischer Herkunft (arab. *'āṣim* »Beschützer« zu arab. *'āṣama* »schützen«).

Asiya: ▸²Asia.

Asiye: weibl. Vorn., türkische Form von ▸²Asia.

Asja, (auch:) Assja; Assia: aus dem Russischen übernommener weibl. Vorn., Kurzform von ▸Anastasia und anderen Vornamen.

Askan: ▸Ascan.

Aslan: männl. Vorn. türkischer Herkunft, Nebenform von ▸Arslan.

¹Asma: weibl. Vorn., weibliche Form von ▸Asmus.

²Asma, (auch:) Asmaa: weibl. Vorn. arabischer Herkunft (arab. *asmā'* »Prestige, Ansehen«). Türk. Form: *Esme*.

Asmahani: in Kenia und Tansania vorkommender weibl. Vorn., der auf Suaheli »erhöht« bedeutet.

Asmus: männl. Vorn., Kurzform von ▸Erasmus.

Aspasia: weibl. Vorn. griechischen Ursprungs (griech. *aspásios* »willkommen; freudig«). ✧ Bekannte Namensträgerin: Aspasia, griechische Hetäre, zweite Frau des Perikles (5. Jh. v. Chr.).

Asriël: männl. Vorn. biblischer Herkunft (hebr. *'asrī'ēl* »Gott ist Hilfe«). Nach der Bibel war Asriel ein Anführer des Stammes Naftali. Engl. Form: *Azriel* ['æzrɪəl].

Assad: männl. Vorn. arabischer Herkunft (arab. *assad* »Löwe«).

Assja, (auch:) Assia: ▸Asja.

Assunta: im 20. Jh. aus dem Italienischen übernommener weibl. Vorn. (»die [in den Himmel] Aufgenommene«). Der Name bezieht sich auf das Fest Mariä Himmelfahrt (15. August).

Asta: in Deutschland seit dem 19. Jh. vorkommender weibl. Vorn., Kurzform von ▸Anastasia, ▸Astrid oder ▸Augusta.

Asträa: aus der griechischen Mythologie übernommener weibl. Vorn. (zu griech. *astḗr* »Stern«). Astraía, Tochter des Zeus und der Themis, war die Göttin der Gerechtigkeit. Italien. Form: *Astrea*.

Astrid: Anfang des 20. Jh.s aus dem Nordischen übernommener weibl. Vorn. (german. **ans-* »Gottheit« + altnord. *fríðr* »schön«). ✧ Bekannte Namensträgerin: Astrid Lindgren, schwedische Schriftstellerin (20./21. Jh.).

Asuman: weibl. Vorn. persischer Herkunft (pers. *āsumān* »Himmel«).

Asvin, (auch:) Aswin: ▸ Aschwin.

Asya: ▸ 2Asia.

Atahualpa [ata'ualpa]: vor allem in den Anden-Ländern vorkommender männl. Vorn., der in der Quechua-Sprache »Vogel des Glücks« (zu *atau* »Glück« und *huallpa* »Vogel«) bedeutet. ✧ Bekannter Namensträger: Atahualpa, letzter Inkaherrscher (16. Jh.), der von den Spaniern besiegt und hingerichtet wurde.

Atara: in Israel üblicher weibl. Vorn., der auf Hebräisch »Kranz, Krone« bedeutet. Im Alten Testament ist Atara eine der Frauen Jerachmeels.

Athanasia: weibl. Vorn., weibliche Form von ▸ Athanasius.

Athanasius: männl. Vorn. griechischen Ursprungs (zu griech. *a-thánatos* »unsterblich«). Namenspatron ist der heilige Athanasius, Kirchenlehrer, Patriarch von Alexandria (4. Jh.); NAMENSTAG: 2. Mai. Neugriech. Form: *Athanasios* [aθa'nasɪɔs].

Athena, (auch:) Athene: weibl. Vorn. vorgriechischen Ursprungs, der auf Athḗnē, die griechische Göttin der Weisheit, des Krieges und des Friedens, die Schutzherrin von Athen, zurückgeht. Die Bedeutung des Namens ist unklar. Nach der griechischen Sage war Athene die Lieblingstochter des Zeus. Neugriech. Aussprache: [a'θi:na].

Atif: männl. Vorn. arabischen Ursprungs (arab. *'āṭif* »mitleidig« zu arab. *'āṭafa* »Mitgefühl haben; jemanden mögen«).

Atilla: männl. Vorn., türkische Form von ▸ Attila.

Atiya: in Kenia und Tansania vorkommender weibl. Vorn., der auf Suaheli »Gabe« bedeutet.

Attila: männl. Vorn., der auf den Namen des Hunnenkönigs Attila (6. Jh.) zurückgeht (wohl zu got. *attila* »Väterchen«). ✧ Bekannter Namensträger: Attila Hörbiger, österreichischer [Film]schauspieler (19./20. Jh.). Türk. Form: Atilla.

Atzimba: aus Mexiko stammender weibl. Vorn., den im 16. Jh. eine indianische Prinzessin trug (taraskisch *ats* »Haupt; Häuptling, König« + taraskisch *mba* »Verwandtschaft«: »nahe Verwandte des Häuptlings/ Königs«).

Aud: weibl. Vorn. nordischer Herkunft (altnord. *auðr* »Besitz, Reichtum«).

Audrey ['ɔ:drɪ]: in den 1980er-Jahren entlehnter weibl. Vorn., der auf altenglisch *Æðelþryð* zurückgeht (altengl. *æðel* »edel« + *þrȳð* »Stärke, Macht«). ✧ Bekannte Namensträgerinnen: Audrey Hepburn, amerikanische Filmschauspielerin (20. Jh.); Audrey Tautou, französische Filmschauspielerin (20./21 Jh.).

August: männl. Vorn. lateinischen Ursprungs (lat. *augustus, -a, -um* »heilig; ehrwürdig; erhaben«). Lateinisch *Augustus* war ehrender Beiname des ersten römischen Kaisers Gaius Octavianus. Ihm zu Ehren ist der achte Monat des Kalenderjahres benannt: lat. [mēnsis] *Augustus*. Der Name kam in Deutschland im 15. Jh. auf, nachdem der Humanismus das Interesse an der altrömischen Geschichte geweckt hatte. Im 18. und 19. Jh. war August ein beliebter Vorname. ✧ Bekannte Namensträger: August II., der Starke, Kurfürst von Sachsen (17./18. Jh.); Karl August, Großherzog von Sachsen-Weimar (18./19. Jh.); August Oetker, deutscher Unternehmer (19./20. Jh.); August Bebel, Mitbegründer und Führer der deutschen Sozialdemokratie (19./20. Jh.); August Macke, deutscher Maler (19./20. Jh.); August Strindberg, schwedischer Schriftsteller (19./20. Jh.); Auguste Rodin, französischer Bildhauer (19./20. Jh.); Auguste Renoir, französischer Maler (19./20. Jh.). Französ. Form: *Auguste* [o'gyst].

Auguste, (auch:) Augusta: weibl. Vorn., weibliche Form von ▸ August. ✧ Bekannte Namensträgerinnen: Augusta, deutsche Kaiserin und Königin von Preußen (19. Jh.); Auguste Viktoria, deutsche Kaiserin und Königin von Preußen (19./20. Jh.).

Augustin, (auch:) Augustinus: in Deutschland seit dem Mittelalter belegter männl. Vorn., Weiterbildung von *Augustus* (▸ August). ✧ Bekannte Namensträger: der heilige Augustinus, Kirchenlehrer (4./5. Jh.); NAMENSTAG: 28. August; der heilige Augustinus, Apostel der Angelsachsen (6./7. Jh.); NAMENSTAG: 27. Mai. Engl. Form: *Austin* ['ɔstɪn].

Augustine, (auch:) Augustina: weibl. Vorn., weibliche Form von ▸ Augustin.

Augustinus: ▸ Augustin.

Aulis: männl. Vorn. finnischer Herkunft (finn. *aulis* »freigiebig«).

Aune: weibl. Vorn., finnische Form von ▸ Agnes.

Aurea: weibl. Vorn. italienischer Herkunft, der auf Aurea, die weibliche Form des römischen Beinamens *Aureus* (lat. *aureus* »golden«), zurückgeht.

Aurel, (auch:) Aurelius: in Deutschland seit dem 16. Jh. belegter männl. Vorn. lateinischen Ursprungs, der auf einen altrömischen Geschlechternamen vorrömischer Herkunft zurückgeht. ✧ Bekannter Namensträger: Marcus Aurelius, römischer Kaiser (2. Jh.). Italien. und span. Form: *Aurelio*.

Aurelia, (auch:) Aurelie: weibl. Vorn., weibliche Form von ▸ Aurel(ius). Bekannte literarische Gestalten sind die Aurelie in Goethes Roman »Wilhelm Meisters Lehrjahre« (1795/96) und die Aurelie in E. T. A. Hoffmanns Roman »Die Elixiere des Teufels« (1815/16).

Aurélie [ore'li]: weibl. Vorn., französische Form von ▸ Aurelia.

Aurelio: männl. Vorn., italienische und spanische Form von ▸ Aurel.

Aurelius: ▸ Aurel.

Aurica, (auch:) Aurika: aus dem Rumänischen übernommener weibl. Vorn. (rumän. *aur* aus lat. *aurum* »Gold«).

Aurobindo: männl. Vorn., bengalische Form von ▸ Arvind. ✧ Bekannter Namensträger: Sri (ein Ehrentitel) Aurobindo, indischer Philosoph (19./20. Jh.).

Aurora, (auch:) Aurore: in Deutschland seit dem 17. Jh. vorkommender weibl. Vorn. lateinischen Ursprungs (lat. *Aurōra* »[Göttin der] Morgenröte«).

Ausma: weibl. Vorn. lettischer Herkunft (lett. *ausma* »Morgenröte«).

Austin ['ɔstɪn]: männl. Vorn., englische Form von ▸ Augustin.

Austra: weibl. Vorn. lettischer Herkunft (lett. *austra* »Tagesanbruch«). Austra war die lettische Göttin des Morgens.

Autumn ['ɔ:təm]: weibl. Vorn. zu engl. *autumn* »Herbst«, der in den USA seit den 1980er-Jahren vorwiegend von afroamerikanischen Eltern vergeben wird.

Ava: weibl. Vorn. germanischer Herkunft, dessen Ausgangsform nicht sicher zu ermitteln ist (vielleicht altsächs. *aval* »Kraft«). Derzeit gehört Ava in England, den USA und Australien zu den beliebtesten Vornamen. Engl. Aussprache: ['ɑ:və], ['eɪvə].

Avelina: weibl. Vorn., Variante von ▸ Evelina.

[1]Avery ['eɪvrɪ]: männl. Vorn., ursprünglich ein englischer Familienname, der auf eine mittelalterliche Form von ▸ Alfred zurückgeht.

[2]Avery ['eɪvrɪ]: weibl. Vorn., identisch mit ▸ [1]Avery.

Avigdor: männl. Vorn. neuhebräischer Herkunft (neuhebr. *'avigdōr* »Vater, Beschützer«).

Avishag: weibl. Vorn., neuhebräische Form von ▸ Abischag.

Avital: weibl. Vorn., neuhebräische Form von ▸ Abital.

Aviv: männl. Vorn. neuhebräischer Herkunft, der »Frühling, Jugendlichkeit« bedeutet.

Aviva: weibl. Vorn., weibliche Form von ▸ Aviv.

Avner: männl. Vorn., neuhebräische Form von ▸ Abner.

Avraham: männl. Vorn., neuhebräische Form von ▸ Abraham.

Die Spitzenreiter des Jahres 2011 in Dänemark

männlich	weiblich
1. William	1. Emma
2. Oliver	2. Ida
3. Noah	3. Clara
4. Emil	4. Laura
5. Victor	5. Isabella
6. Magnus	6. Sofia
7. Frederik	7. Sofie
8. Mikkel	8. Anna
9. Lucas	9. Mathilde
10. Alexander	10. Freja

Quelle: http://www.baby-navne.dk/

Axana: weibl. Vorn., weißrussische Form von *Xenia,* ▸ Axinja.

Axel: im 17. Jh. aus dem Schwedischen übernommener männl. Vorn. Schwed. *Axel* ist eine umgebildete Kurzform des biblischen Namens ▸ Absalom. Gelegentlich wird Axel auch als Koseform von ▸ Alexander aufgefasst. ✧ Bekannte Namensträger: Axel Caesar Springer, deutscher Verleger (20. Jh.); Axel Schulz, deutscher Boxer (20./21. Jh.).

Axelle [a'ksɛl]: weibl. Vorn., französische weibliche Bildung zu ▸ Axel.

Axinja, (auch:) Axinia: weibl. Vorn. russischer und ukrainischer Herkunft, volkstümliche Form von ▸ Xenia.

Ayala: weibl. Vorn. neuhebräischer Herkunft (neuhebr. *'ayālā* » Hirschkuh«).

Ayame: weibl. Vorn. japanischer Herkunft (japan. *ayame* »Iris«).

Ayasha: weibl. Vorn., der in der Sprache der Cheyenne-Indianer »die Kleine« bedeutet.

Ayda: ▸ ²Aida.

¹Aydın ['aidən]: männl. Vorn. türkischer Herkunft (türk. *aydın* »hell, leuchtend«).

²Aydın ['aidən]: weibl. Vorn., identisch mit ▸ ¹Aydın.

Ayesha, (auch:) Ayeesha [a'ji:ʃə]: weibl. Vorn., englische Schreibvariante von *Aisha* (▸ Aischa).

Aygül: weibl. Vorn. türkischer Herkunft (türk. *ay* »Mond« + pers./ türk. *gül* »Rose«).

Ayita: weibl. Vorn., der in der Sprache der Cherokee-Indianer »die Erste im Tanz« bedeutet.

¹Ayla: weibl. Vorn. türkischer Herkunft (»Lichtkranz«).

²Ayla: ▸ ¹Aila, ▸ ²Aila.

³Ayla: weibl. Vorn., von der amerikanischen Schriftstellerin Jean Marie Auel (20./21. Jh.) erfundener Name der Titelheldin ihrer in prähistorischer Zeit spielenden Romane.

Ayleen: ▸ Aileen, ▸ Eileen.

Aylin: weibl. Vorn. türkischer Herkunft, Nebenform von ▸ ¹Ayla.

Ayline, (auch:) Aylina: ▸ Ailina.

¹Ayman: männl. Vorn. türkischer Herkunft (türk. *ayman* »gleich dem Mondenschein«).

²Ayman, (auch:) Aiman: männl. Vorn. arabischer Herkunft (arab. »gesegnet, rechtschaffen«).

Ayo: aus Nigeria stammender männl. Vorn., der in der Yoruba-Sprache »Glück, Freude« bedeutet.

Ayoub [a'ju:b]: männl. Vorn., französische Schreibweise von ▸ Ayyub.

Ayperi: weibl. Vorn. türkischer Herkunft (türk. *ay* »Mond« + pers./türk. *peri* »Fee«: »Mondfee«).

Ayşe [aɪ'ʃɛ]: weibl. Vorn., türkische Form von ▸ Aischa.

Ayşegül [aɪʃɛ'gyl]: weibl. Vorn. türkischer Herkunft (türk. ▸ Ayşe + pers./türk. *gül* »Rose«).

Aysel [aɪ'sɛl]: weibl. Vorn. türkischer Herkunft (türk. *aysel* »dem Mond gleichend«).

Ayşenur [aɪʃɛ'nu:r]: weibl. Vorn. türkischer Herkunft (türk. ▸ Ayşe + arab./türk. *nur* »Licht«).

Aytekin: weibl. Vorn. türkischer Herkunft (türk. *ay* »Mond« + türk. *tekin* »gleich wie«, etwa: »dem Mond gleich«).

Ayten: weibl. Vorn. türkischer Herkunft (türk. *ay* »Mond« + türk. *ten* »Haut«: »mondfarbene Haut«).

Ayyub, (auch:) Ayub; Ajjub: männl. Vorn., arabische Form von ▸ Hiob.

Azahara [aθa'ara]: weibl. Vorn. spanischer Herkunft (span. *azahar* »Orangenblüte«, vgl. ▸ Azhar).

Azalee: weibl. Vorn., der mit dem Namen der Pflanze identisch ist (griech. *azaléa*, zu griech. *azaléos* »trocken, dürr«).

Azat [a'zat]: türkischer männl. Vorn. persischen Ursprungs (zu persisch *azad* »frei, unabhängig«).

Azhar [az'ha:r]: weibl. Vorn. arabischen Ursprungs (arab. *azhār* »Blumen«).

Aziz [a'zi:z]: männl. Vorn. arabischen Ursprungs (arab. *'azīz* »geliebt; mächtig« zu arab. *'azza* »geliebt sein; mächtig sein«), auch verkürzte Form von ▸ Abdelaziz.

Aziza [a'zi:za]: weibl. Vorn., weibliche Form von ▸ Aziz.

Azra [az'ra:]: weibl. Vorn. arabischen Ursprungs (arab. *'azrā* »Jungfrau«).

Azriel ['æzrɪəl]: männl. Vorn., englische Form von ▸ Asriel.

Azucena [aθu'θena]: weibl. Vorn. spanischer Herkunft (span. *azucena* »Lilie«).

Azza ['azza]: weibl. Vorn. arabischen Ursprungs (arab. *'azza* »kleine Gazelle«).

b

Babẹtte, (auch:) Babẹtt: im 19. Jh. aus dem Französischen übernommener weibl. Vorn., Koseform von ▸Barbara oder ▸Elisabeth. Französ. Aussprache: [ba'bɛt].

Bạbs: weibl. Vorn., Koseform von ▸Barbara, auch englisch [bæbs].

Bạbsi: weibl. Vorn., Koseform von ▸Barbara.

¹Bạdr: männl. Vorn. arabischen Ursprungs (arab. *badr* »Vollmond«).

²Bạdr: weibl. Vorn., identisch mit ▸¹Badr.

¹Baha̱r: männl. Vorn. persischer Herkunft (pers. *bahār* »Frühling«).

²Baha̱r: weibl. Vorn., identisch mit ▸¹Bahar.

Ba̱hne: nordfriesischer männl. Vorn., dessen Ursprung und Bedeutung unklar sind.

Bahri̱yya: weibl. Vorn. arabischen Ursprungs (zu arab. *baḥr* »Meer«). Der Name soll zuerst der Frau von Alis Bruder Dschaafar ibn Abi Talib gegeben worden sein, die mit ihm nach Äthiopien reiste und dabei das Meer überquerte.

¹Bailey ['beɪlɪ]: männl. Vorn. englischer Herkunft, der aus dem gleichlautenden Familiennamen hervorgegangen ist. Diesem Familiennamen können die Bezeichnung für einen Verwaltungsbeamten (mittelengl. *bailiff*), ein Wohnstättenname zu engl. *bailey* (mittelengl. *baily*) »Burgmauer, Stadtbefestigung« oder ein Herkunftsname zu dem Ortsnamen Bailey (Lancashire) zugrunde liegen.

²Bailey: weibl. Vorn., identisch mit ▸¹Bailey.

¹Ba̱la: männl. Vorn. indischer Herkunft (sanskrit. *bāla* »jung«).

²Ba̱la: weibl. Vorn., identisch mit ▸¹Bala.

Balagopa̱l: aus Indien stammender männl. Vorn. (sanskrit. *bāla* »jung« + ▸Gopāl, einer der Beinamen Krischnas).

Balakrịschna, (auch:) Balakrịshna: aus Indien stammender männl. Vorn. (sanskrit. *bāla* »jung« + Name des Gottes ▸Krischna).

Balázs ['bɔla:ʒ]: männl. Vorn., ungarische Form von ▸Blasius.

Balbi̱na: weibl. Vorn. lateinischen Ursprungs (zu lat. *balbus, -a, -um* »stammelnd, lallend«). Balbina war der Name einer legendarischen Heiligen zu Rom (4. Jh.), NAMENSTAG: 31. März, doch erscheint der Name in Deutschland erst seit dem 18. Jh.

Balde̱o: männl. Vorn., nordindische Form von ▸Baldev.

Bạlder: ▸Baldur.

Baldẹv: aus Indien stammender männl. Vorn. (sanskrit. *bala* »Kraft, Stärke« + sanskrit. *deva* »Gott«: »Gott der Stärke«). Baladeva (auch Balarama) ist in dem indischen Epos »Mahabharata« (5. Jh. v. Chr. bis 4. Jh. n. Chr.) der ältere Bruder Krischnas.

Bạldo: männl. Vorn., Kurzform von Namen, die mit »Bald-« gebildet sind, z. B. ▸Baldwin.

Bạlduin: männl. Vorn., Nebenform von ▸Baldwin. Balduin war im Mittelalter Traditionsname bei den Grafen von Flandern.

Bạldur, (auch:) Bạlder: männl. Vorn.; Baldr (wohl zu german. **balðram* »Kraft«, **balðraz* »mutig, wehrhaft«) ist in der nordischen Mythologie der Sohn Odins und Friggas, der Gott des Lichtes und des Frühlings. Als Vorname erscheint Balder/Baldur ganz vereinzelt seit Ende des 19. Jh.s, wird dann nach dem Namen des nationalsozialistischen Reichsjugendführers Baldur von Schirach (1907–74) zwischen 1933 und 1945 etwas häufiger vergeben und ist danach erst seit 1960 gelegentlich wieder nachweisbar.

Baldwin, (auch:) Balduin: alter deutscher männl. Vorn. (ahd. *bald* »kühn« + ahd. *wini* »Freund«: »kühner Freund«).

Bálint ['ba:lint]: männl. Vorn., ungarische Form von ▸Valentin.

Baltasar: männl. Vorn., Schreibvariante von ▸Balthasar, auch spanisch [balta'sar].

Balthasar: in Deutschland seit dem 14. Jh. belegter männl. Vorn., griechische Form eines akkadischen Namens (*Bel-scharra-usur* »Gott [Baal] erhalte den König«). Diesen Namen gab der oberste Kämmerer Nebukadnezars dem Propheten Daniel. In Deutschland wurde Balthasar im Mittelalter vor allem als Name eines der Heiligen Drei Könige bekannt (vgl. die Vornamen ▸Kaspar und ▸Melchior). ✧ Bekannter Namensträger: Balthasar Neumann, deutscher Baumeister der Barockzeit (17./18. Jh.).

Balu: aus Indien stammender männl. Vorn. (sanskrit. *bāla* »jung«), auch Kurzform von Namen wie ▸Balagopal, ▸Balakrischna.

Balzer: männl. Vorn., durch Zusammenziehung entstandene Form von ▸Balthasar.

Bamin: männl. Vorn. persischen Ursprungs (pers. *bāmīn* »leuchtend, glänzend«).

Banu: weibl. Vorn. persischen Ursprungs (pers. *bānu* »Dame«).

Baptist: männl. Vorn. griechischen Ursprungs (zu griech. *baptízō* »eintauchen; taufen«, *baptistḗs* »Täufer«). Der Name ist eigentlich der Beiname Johannes des Täufers und kommt gewöhnlich in dem Doppelnamen Johann Baptist vor. Französ. Form: *Baptiste* [ba'tist].

Barack [bə'ra:k]: männl. Vorn., anglisierte Form des Suaheli-Namens Baraka, der auf das gleichlautende arabische Wort mit der Bedeutung »Segen« zurückgeht. ✧ Bekannter Namensträger: Barack Obama, 44. Präsident der USA (20./21. Jh.).

Barak: männl. Vorn. biblischer Herkunft (hebr. *bāraq* »Blitz«). Nach der Bibel kämpfte Barak im Auftrag Deboras siegreich gegen ein feindliches Heer.

Baran: männl. Vorn. türkischer Herkunft (»groß, hoch«).

Barb: weibl. Vorn., Kurzform von ▸Barbara.

Barbara: aus dem Lateinischen übernommener weibl. Vorn. (lat. *barbarus, -a, -um* »fremd, ausländisch, barbarisch« aus gleichbedeutend griech. *bárbaros*). Zu der Verbreitung des Namens in Deutschland seit dem Mittelalter hat die Verehrung der heiligen Märtyrerin Barbara (3./4. Jh.) beigetragen; NAMENSTAG: 4. Dezember. Die heilige Barbara gehört zu den vierzehn Nothelfern und ist Schutzpatronin der Bergleute. ✧ Bekannte Namensträgerin: Barbara Sukowa, deutsche Schauspielerin (20./21. Jh.).

Bärbel: weibl. Vorn., Koseform von ▸Barbara.

Barbi: weibl. Vorn., Koseform von ▸Barbara.

Barbie: weibl. Vorn., Koseform von ▸Barbara, auch englisch ['bɑ:bɪ]. Die bekannten Barbie-Puppen verdanken ihren Namen Barbie Handler, Tochter des Besitzers der Spielzeugfirma Mattel.

Barbora: weibl. Vorn., tschechische Form von ▸Barbara.

Barbra: weibl. Vorn., norwegische, niederländische und englische ['bɑ:brə] Nebenform von ▸Barbara. ✧ Bekannte Namensträgerin: Barbra Streisand, amerikanische Schauspielerin, Regisseurin und Sängerin (20./21. Jh.).

Barbro: in den 1960er-Jahren entlehnter weibl. Vorn., schwedische und norwegische Form von ▸Barbara.

Bardo: männl. Vorn., verselbstständigte Kurzform von Namen, die mit altsächs. *barda*, ahd. *barta* »kleine Axt, Streitaxt« gebildet wurden (z. B. *Bardolf*).

Bareket: weibl. Vorn. neuhebräischer Herkunft (neuhebr. *bareket* »Smaragd«).

Barid: männl. Vorn. persischen Ursprungs (pers. *barīd* »Bote«).

Barin: männl. Vorn. persischen Ursprungs (pers. *barīn* »hervorragend«).

Barnabas: in Deutschland seit dem 16. Jh. vereinzelt vorkommender männl. Vorn., griechisch-lateinische Form eines ursprünglich aramäischen Namens, dessen

Bedeutung umstritten ist. In der Apostelgeschichte wird dieser Name als »Sohn des Zuspruchs« *(bar nebū'ā)* interpretiert, ist jedoch eher als »Sohn des [Gottes] Nebo« zu deuten. Barnabas ist der Beiname des Leviten Joseph aus Zypern, der den Apostel Paulus auf seiner ersten Missionsreise begleitete; NAMENSTAG: 11. Juni.

Barne: männl. Vorn., niederdeutsche Kurzform von Namen, die mit »Barn-«, Nebenform von »Bern-«, gebildet sind (z.B. ▸ Bernhard).

Barney, (auch:) Barny ['bɑ:nɪ]: männl. Vorn., englische Koseform von ▸ Barnabas.

Barry ['bærɪ]: aus dem Englischen übernommener männl. Vorn. irischer Herkunft, Kurzform von *Bearrach*, einem mit gäl. *bear* »Speer« gebildeten Namen, oder von *Fionnb(h)arr* (gäl. *fionn* »weiß, hell« + *barr* »Kopf«). In Schottland kann der Vorname Barry aus einem Familiennamen entstanden sein, der wiederum auf den gleichlautenden schottischen Ortsnamen zurückgeht. Barry Lyndon ist die Hauptfigur in dem gleichnamigen Roman von W. M. Thackeray (1856), der 1975 von Stanley Kubrick verfilmt wurde.

[1]Bart [bɑ:t]: männl. Vorn., englische Kurzform von *Bartholomew* (▸ Bartholomäus). So heißt eine Figur in der amerikanischen Zeichentrickserie »Die Simpsons«.

[2]Bart: männl. Vorn., niederländische Form von ▸ Bert.

Bartel, (auch:) Barthel: männl. Vorn., Kurzform von ▸ Bartholomäus.

Barthold: männl. Vorn., niederdeutsche Nebenform von ▸ Berthold. ✧ Bekannter Namensträger: Barthold Hinrich Brockes, deutscher Dichter (17./18. Jh.).

Bartholomäus, (überkonfessionelle Form:) Bartolomäus: männl. Vorn. aramäischen Ursprungs (aramäisch *Bar Tolmai* »Sohn des Tolmai«, griech. *Bartholomaîos*). Nach der Bibel war Bartholomäus einer der Jünger Jesu; NAMENSTAG: 24. August. In Deutschland ist der Name seit dem 12. Jh. überliefert. Engl. Form: *Bartholomew* [bɑ:'θɔləmju:]. Französ. Form: *Barthol**o**mé*. Span. Form: *Bartolom**é***. Italien. Form: *Bartolom**e**o*. Poln. Form: *Bartosz* ['bartɔʃ].

Bartholomé: männl. Vorn., französische Form von ▸ Bartholomäus.

Bartholomew [bɑ:'θɔləmju:]: männl. Vorn., englische Form von ▸ Bartholomäus.

Bartley ['bɑ:tlɪ]: männl. Vorn., irische Kurzform von ▸ Bartholomäus.

Bartolo: männl. Vorn., italienische Kurzform von ▸ Bartolomeo.

Bartolomäus: ▸ Bartholomäus.

Bartolomé: männl. Vorn., spanische Form von ▸ Bartholomäus. ✧ Bekannter Namensträger: Bartolomé Esteban Murillo, spanischer Maler (17. Jh.).

Bartolomeo: männl. Vorn., italienische Form von ▸ Bartholomäus.

Bartosz ['bartɔʃ]: männl. Vorn., polnische Form von ▸ Bartholomäus.

Baruch: männl. Vorn. hebräischen Ursprungs (hebr. *bārūk* »der Gesegnete«). Baruch war Gefährte und Schreiber des Propheten Jeremia. ✧ Bekannter Namensträger: Baruch Spinoza, niederländischer Philosoph (17. Jh.).

Bas: männl. Vorn., niederländische Kurzform von ▸ Sebastian.

Başak [ba'ʃak]: weibl. Vorn. türkischer Herkunft (zu türk. *Başak* »das Tierkreiszeichen Jungfrau«).

Baschir: männl. Vorn. arabischen Ursprungs (arab. *baschīr* »der gute Nachrichten bringt«). *Al Baschīr* begegnet im Koran als Beiname Mohammeds.

[1]Basil: ▸ Basilius.

[2]Basil [bæzl]: männl. Vorn., englische Form von ▸ Basilius.

Basile [ba'zil]: männl. Vorn., französische Form von ▸ Basilius.

Basilius, (auch:) Basil: in Deutschland seit dem 12. Jh. belegter männl. Vorn. griechischen Ursprungs (griech. *basíleios* »königlich«). Namenspatron ist der heilige Basilius, Kirchenlehrer, Erzbischof von Cäsarea (4. Jh.); NAMENSTAG: 2. Januar. Engl. Form: *Basil* [bæzl]. Französ. Form:

Basile [ba'zil]. Russ. Form: *Wassili*. Neugriech. Form: *Vas(s)ílios*.

Basma: weibl. Vorn. arabischer Herkunft (arab. *basma* »Lächeln«).

Bastiaan: männl. Vorn., niederländische Form von ▸Bastian.

Bastian: männl. Vorn., Kurzform von ▸Sebastian.

Bastiana: weibl. Vorn., weibliche Form von ▸Bastian.

Bastien [bas'tjɛ̃]: männl. Vorn., französische Kurzform von ▸Sebastian. »Bastien und Bastienne« ist der Titel eines Singspiels von W. A. Mozart (1768).

Bastienne [bast'jɛn]: weibl. Vorn., weibliche Form von ▸Bastien.

Bastin: männl. Vorn. persischer Herkunft (pers. *bastīn* »geduldig«).

Batseba, (auch:) Bathseba: aus der Bibel übernommener weibl. Vorn. hebräischen Ursprungs (hebr. *batšeba'* »Tochter der Fülle, des Glücks«). Nach dem Alten Testament war Batseba die Frau des Urija, mit der David Ehebruch beging, die Mutter des Salomo. Neuhebr. Form: *Batsheva*. Französ. Form: *Bethsabée*.

Bastian:

Als familiäre Form von *Sebastian* war *Bastian* seit eh und je bekannt, als eigenständiger Vorname tritt *Bastian* jedoch erst seit den 1960er-Jahren in Erscheinung. Gerade zu diesem Zeitpunkt setzt die Vorliebe für klangvolle Jungennamen auf *-ian* ein, die bis heute anhält *(Adrian, Christian, Damian, Fabian, Florian, Julian, Kilian, Maximilian)*. Den Höhepunkt seiner Beliebtheit erreichte *Bastian* um 1982, doch wird der Name nach Ablauf von drei Jahrzehnten keineswegs in Vergessenheit geraten. Zur Verbreitung des Vornamens *Bastian* dürften die ab 1973 im Fernsehen laufende Kindersendung »Der Bastian«, die Gestalt des Bastian Balthasar Bux in Michael Endes Roman »Die unendliche Geschichte« (1981) und in neuerer Zeit die Popularität des Fußballspielers Bastian Schweinsteiger beigetragen haben.

Batsheva: weibl. Vorn., neuhebräische Form von ▸Batseba.

Batuhan: männl. Vorn. türkisch-aserbaidschanischer Herkunft (»der Überlegene«).

Batul: weibl. Vorn. arabischer Herkunft (arab. *batūl* »Jungfrau«), Beiname von Fatima, der jüngsten Tochter Mohammeds, und der Jungfrau Maria. Türk. Form: *Betül*.

Batya, (auch:) Batyah: weibl. Vorn. neuhebräischer Herkunft (neuhebr. *batyāh* »Tochter Gottes«).

Bayram: männl. Vorn. türkischer Herkunft (türk. *bayram*, Name des Opferfests am Ende des Fastenmonats Ramadān).

Bea: weibl. Vorn., Kurzform von ▸Beate und ▸Beatrix.

Beat: ▸Beatus.

Beate, (auch:) Beata: weibl. Vorn. lateinischen Ursprungs (lat. *beātus, -a, -um* »glücklich«).

Beatrice [bea'tri:sə], italien. Aussprache: [bea'tri:tʃe], engl. Aussprache: ['bɪətrɪs]: weibl. Vorn., italienische Form von ▸Beatrix. Beatrice Portinari (13. Jh), die Jugendliebe Dantes, war das Vorbild für die Beatrice in der »Göttlichen Komödie«.

Béatrice [bea'tris]: weibl. Vorn., französische Form von ▸Beatrix.

Beatrix, (auch:) Beatrix: weibl. Vorn. lateinischen Ursprungs. Mittellat. *Beatrix* ist eine Bildung zu lat. *beātus, -a, -um* »glücklich«, etwa »die glücklich Machende«. Der Name begegnet in Deutschland bereits seit dem 11. Jh., seine Vergabe wurde vor allem durch adlige und dynastische Vorbilder angeregt. Namenspatronin ist die heilige Märtyrerin Beatrix (3./4. Jh.); NAMENSTAG: 29. Juli. ✧ Bekannte Namensträgerin: Beatrix, Königin der Niederlande (20./21. Jh.). Französ. Form: *Béatrice* [bea'tris]. Italien. Form: *Beatrice* [bea'tri:tʃe]. Span. Form: *Beatriz* [bea'triθ]. Engl. Form: *Beatrice* ['bɪətrɪs].

Beatriz [bea'triθ]: weibl. Vorn., spanische Form von ▸ Beatrix.

Beatus, (auch:) Beat: männl. Vorn. lateinischen Ursprungs (lat. *beātus, -a, -um* »glücklich«). Nach der Legende hieß der erste Glaubensbote in der Schweiz Beatus (7. Jh.). Er wird als Patron der Innerschweiz verehrt; NAMENSTAG: 9. Mai.

[1]Beau [bo:], engl. Aussprache: [boʊ]: in den 1980er-Jahren entlehnter männl. Vorn. angloamerikanischer Herkunft, dem französ. *beau* »schön« zugrunde liegt. In England war Beau zunächst ein Spitzname, der durch den englischen Dandy Beau Brummell (18./19. Jh.) bekannt wurde. Im 19. Jh. war *beau* in der Bedeutung »Verehrer, Schatz« in Gebrauch. Die Verwendung als Vorname im angloamerikanischen Raum ist wohl durch die Hauptfigur des Romans »Beau Geste« (1924) von P. C. Wren oder die Gestalt des Beau Wilks in Margaret Mitchells Roman »Vom Winde verweht« (1936; Verfilmung 1939) angeregt worden.

[2]Beau [bo:], engl. Aussprache: [boʊ]: weibl. Vorn., identisch mit ▸ [1]Beau.

Becky: weibl. Vorn., englische Koseform von ▸ Rebekka.

Beda: männl. Vorn., der auf Beda [Venerabilis], den Namen des angelsächsischen Kirchenlehrers (7./8. Jh.), zurückgeht; NAMENSTAG: 25. Mai. Ursprung und Bedeutung dieses Namens sind noch ungeklärt.

Bedirhan: männl. Vorn. türkischer Herkunft (türk. *bedir* »Vollmond« + *han* »Fürst«).

Bedřich ['bɛdrʒix]: männl. Vorn., tschechische Form von ▸ Friedrich. ✧ Bekannter Namensträger: Bedřich Smetana, tschechischer Komponist (19. Jh.).

Bedros: männl. Vorn., armenische Form von ▸ Peter.

Beeke: ▸ Beke.

Begonia: weibl. Vorn. nach der Zierpflanzengattung der Begonien, die nach Michel Bégon, Gouverneur der französischen Kolonie Santo Domingo (17./18. Jh.), benannt wurde.

Beke, (auch:) Beeke: weibl. Vorn., niederdeutsch-friesische Koseform von ▸ Elisabeth, gelegentlich auch von ▸ Beate oder ▸ Berta.

Bekir: männl. Vorn., türkische Form des arabischen Namens *Bakr* (arab. *bakr* »junges Kamel«). ✧ Bekannter Namensträger: Abu-Bakr al-Siddīq (6./7. Jh.), erster Nachfolger des Propheten Mohammed und Vater von Aischa, seiner Lieblingsfrau.

Bektaş [bɛk'taʃ]: männl. Vorn. türkischer Herkunft (zu türk. *bek* »hart« + türk. *taş* »Stein«: »harter Stein«).

Béla, ungar. Aussprache: ['be:lɔ]: aus dem Ungarischen übernommener männl. Vorn. Der Name Béla wurde in Ungarn mit dem deutschen Namen *Adalbert* gleichgesetzt. Seine Herkunft (ungarisch, türkisch, slawisch?) ist jedoch ungeklärt. ✧ Bekannter Namensträger: Béla Bartók, ungarischer Komponist (19./20. Jh.).

Bele: weibl. Vorn., Kurzform – eigentlich Lallform aus der Kindersprache – von ▸ Elisabeth, gelegentlich auch von ▸ Sybille, ▸ [2]Gabriele. ✧ Bekannte Namensträgerin: Bele Bachem (eigtl. Gabriele Renate Böhmer), deutsche Malerin (20./21. Jh.).

Belén [be'len]: weibl. Vorn. spanischer Herkunft (span. *Belén* »Bethlehem«). Das Gnadenbild *Nuestra Señora de Belén* (»Unsere [Liebe] Frau von Bethlehem«) wird in der Geburtskirche zu Bethlehem und in mehreren spanischen Kirchen verehrt.

Belicar: von den Kanarischen Inseln stammender männl. Vorn., der als Name des Königs von Icod (Teneriffa) zur Zeit der spanischen Eroberung (15. Jh.) überliefert ist.

Belina: weibl. Vorn., Erweiterung von ▸ Bele.

Belinda, engl. Aussprache: [bɪ'lɪndə], (auch:) Belinde: im 20. Jh. aus dem Englischen übernommener weibl. Vorn. (der erste Bestandteil gehört vielleicht zu german. **badu-* »Kampf«, der zweite Bestandteil entspricht ahd. *lind* »sanft, weich, mild«). So hieß Rolands Frau im mittelalterlichen Karlsroman. Einfluss auf die englische Namengebung des 18. und 19. Jh.s übte Alexander Popes Versepos »The Rape of the Lock« aus, dessen schöne Heldin diesen Namen trägt. Die Vergabe des Vornamens Belinda im deutschsprachigen Raum ab den 1960er-Jahren ist z. T. durch die englische Filmschauspielerin Belinda Lee (1935–1961) und den Schlager »Pretty Belinda« angeregt worden.

[1]**Bẹlla:** weibl. Vorn. italienischen Ursprungs (italien. *bello, -a* »schön«).

[2]**Bẹlla:** weibl. Vorn., Kurzform von ▸Isabella.

Belle [bɛl]: in den 1990er-Jahren entlehnter weibl. Vorn. angloamerikanischer Herkunft, dem französ. *belle* »die Schöne« zugrunde liegt.

Bellịna: weibl. Vorn., Erweiterung von ▸[1]Bella oder ▸[2]Bella.

Bẹn: männl. Vorn., englische Kurzform von ▸Benjamin oder ▸Benedict. Heute gehört Ben zu den beliebtesten Jungennamen. ✧ Bekannte Namensträger: Ben Kingsley, britischer Schauspieler indischer Herkunft (20./21. Jh.); Ben Becker, deutscher Schauspieler (20./21. Jh.); Ben Stiller, amerikanischer Schauspieler und Regisseur (20./21. Jh.); Ben Affleck, amerikanischer Filmschauspieler (20./21. Jh.).

Benạja: aus der Bibel übernommener männl. Vorn. hebräischen Ursprungs (»Jahwe hat gebaut/geschaffen«). Nach der Bibel war Benaja Kommandant der Leibgarde König Davids. Er unterstützte die Thronfolge Salomons und wurde von diesem zum Heerführer ernannt.

Bẹnce: männl. Vorn., ungarische Form von ▸Vinzenz.

Bẹndix, (auch:) Bẹndik: männl. Vorn., durch Zusammenziehung entstandene Form von ▸Benedikt.

Benedẹtta: weibl. Vorn., italienische Form von ▸Benedikta.

Warum gibt es in Deutschland nicht mehr Britneys, Ronaldos und Shakiras?

Tatsächlich spielen bekannte Personen aus Film und Fernsehen für die Namengebung eine weit geringere Rolle, als gemeinhin angenommen wird. Die meisten Menschen scheuen vor einem Namen zurück, der allein durch einen Star geläufig ist. Nur einige besonders wagemutige Eltern vergeben solche Namen allein aufgrund der Tatsache, dass ihn ein Medienstar trägt. Diese kommen erst dann in Mode, wenn ein Nachahmungseffekt eintritt. Zu diesem Zeitpunkt sind Vorbilder aus der Nachbarschaft oder aus dem Bekanntenkreis aber entscheidender als die ursprünglichen Namensträger selbst.

Benedẹtto: männl. Vorn., italienische Form von ▸Benedikt. ✧ Bekannter Namensträger: Benedetto Croce, italienischer Philosoph, Historiker und Literaturwissenschaftler (19./20. Jh.).

Bẹnedict: ▸Benedikt.

Bénédict [bene'dikt]: männl. Vorn., französische Form von ▸Benedikt.

Benedịcta, (auch:) Benedịcte: ▸Benedikta.

Bénédicte [bene'dikt]: weibl. Vorn., französische Form von ▸Benedikta.

Bẹnedikt, (auch:) Bẹnedict: in Deutschland seit dem 8. Jh. belegter männl. Vorn. lateinischen Ursprungs (lat. *benedictus* »gepriesen, gesegnet«). Die Verbreitung des Namens geht zurück auf den heiligen Benediktus von Nursia (5./6. Jh.), den Vater des abendländischen Mönchtums; NAMENSTAG: 11. Juli. ✧ Bekannter Namensträger: Papst Benedikt XVI. (20./21. Jh.). Italien. Form: *Benedẹtto*. Span. Form: *Benịto*. Engl. Formen: *Benedict* ['bɛnɪdɪkt]; *Bennet* ['bɛnɪt]. Schwed. Form: *Bẹngt*. Dän. Form: *Bẹnt*.

Benedịkta, (auch:) Benedịcta; Benedịcte: weibl. Vorn., weibliche Form von ▸Benedikt. Französ. Form: *Bénédicte* [bene'dikt]. Italien. Form: *Benedetta*. Span. Form: *Benita*.

Bengt: männl. Vorn., schwedische Form von ▸Benedikt. ✧ Bekannter Namensträger: Bengt Berg, schwedischer Zoologe, Tierfotograf und Schriftsteller (19./20. Jh.).

Benigna: weibl. Vorn. lateinischen Ursprungs (lat. *benīgnus, -a, -um* »gütig«).

Benita: weibl. Vorn., spanische Form von ▸Benedikta.

Benito: männl. Vorn., spanische Form von ▸Benedikt. Die Übernahme dieses Vornamens erfolgte in den 1930er-Jahren durch italienische Vermittlung. Im 19. Jh. wurde Benito in sozialistischen Kreisen Italiens zu Ehren des mexikanischen Revolutionärs Benito Juárez (1806–1872) vergeben. Nach ihm wurde Benito Mussolini benannt, der später selbst zum Namensvorbild wurde.

Benja: weibl. Vorn., russische Koseform von ▸Benedikta.

Benjamin: aus der Bibel übernommener männl. Vorn. hebräischen Ursprungs (hebr. *ben-ymyn* »Sohn von rechts, d.h. Sohn des Südens«, zunächst Name des Stammes, der »rechts«, d.h. südlich des einflussreichen Stammes Efraim siedelte, dann übertragen auf den Ahnherrn des Stammes). Eine volksetymologische Umdeutung findet sich bereits in der Bibel: Benjamin, der jüngste Sohn Jakobs, wird von seiner Mutter Rahel, die bei der Geburt stirbt, Benoni (»Sohn meines Schmerzes«) genannt; Jakob ändert jedoch seinen Namen in Benjamin (»Sohn der rechten Hand, des Glücks«). Der Name kam in Deutschland bei Protestanten im 16. Jh. auf. Er war auch beliebt bei den Puritanern in England und Nordamerika. Wie andere biblische Namen gehört auch Benjamin seit den 1970er-Jahren zu den beliebten Vornamen. ✧ Bekannte Namensträger: Benjamin Franklin, amerikanischer Staatsmann (18. Jh.); Benjamin Britten, englischer Komponist (20. Jh.). Engl. Aussprache: ['bɛndʒəmɪn]. Neuhebr. Form: *Binyamin*.

Benjy, (auch:) Benji ['bɛndʒɪ]: männl. Vorn., englische Koseform von ▸Benjamin.

Bennet, (auch:) Bennett ['bɛnɪt]: in den 1970er-Jahren entlehnter männl. Vorn., englische Form von ▸Benedikt.

Benno: alter deutscher männl. Vorn., verselbstständigte Kurzform von Namen, die mit »Bern-« (german. **ber(a)nu-* »Bär«) gebildet sind.

Benny: männl. Vorn., englische Koseform von ▸Benjamin. ✧ Bekannter Namensträger: Benny Goodman, amerikanischer Jazzmusiker (20./21. Jh.).

[1]Bent: männl. Vorn., dänische Form von ▸Benedikt.

[2]Bent, (auch:) [1]Bente: männl. Vorn., friesische Kurzform von Namen, die mit »Bern-« beginnen (▸Bernhard).

[2]Bente: weibl. Vorn., friesische Kurzform von Namen, die mit »Bern-« beginnen (▸Bernhardine) oder weibliche Bildung zu ▸[2]Bent.

Bentor: von den Kanarischen Inseln stammender männl. Vorn., der auf Teneriffa als Name eines einheimischen Prinzen überliefert ist.

Benvenuto: männl. Vorn. italienischen Ursprungs (italien. *benvenuto, -a* »willkommen«). Dieser Vorname gehört zu einer Gruppe zwischen dem 11. und 13. Jh. vor allem in Mittelitalien neu gebildeter Vornamen, die entweder einen guten Wunsch für den Träger (▸Bonaventura) oder Dank für die Geburt ausdrücken. ✧ Bekannter Namensträger: Benvenuto Cellini, italienischer Goldschmied und Bildhauer (16. Jh.).

Ber: in Israel gebräuchlicher männl. Vorn. zu jiddisch *ber* »Bär« (Übersetzung von hebr. ▸Dov).

Bérangère [berã'ʒɛr]: aus dem Französischen übernommener weibl. Vorn., weibliche Form von *Béranger* (▸Berengar).

Berat: türkischer männl. Vorn. arabischen Ursprungs (»Abzeichen, Orden; [hoher] Rang«).

Berend: männl. Vorn., Kurzform von ▸Bernhard.

Berendine, (auch:) Berendina: weibl. Vorn., weibliche Form von ▸Berend.

Berengar: männl. Vorn., romanisierte Form von *Bernger* (german. **ber(a)nu-* »Bär« + ahd. *gēr* »Speer«). ✧ Bekannter Namensträger: Berengar von Tours, französischer Theologe (11. Jh.).

Berenice: weibl. Vorn., Nebenform von ▸Berenike, auch englisch [bɛrɪˈnaɪsɪ].

Bérénice [bereˈnis]: weibl. Vorn., französische Form von ▸Berenike.

Berenike, (auch:) Berenice: weibl. Vorn. griechischen (makedonischen) Ursprungs (makedonisch für griech. *Pherenī́kē* »die Siegbringerin«). Der Name, der durch Berenike, Witwe eines Offiziers von Alexander dem Großen und Gemahlin von König Ptolomaios I., nach Ägypten gelangte, fand auch Eingang in die Namengebung des jüdischen Königshauses. Berenike, Schwester von Herodes Agrippa II., wird in der Apostelgeschichte erwähnt. Dies führte zur Übernahme des Namens durch die englischen Puritaner im 17. Jh. Das tragische Schicksal dieser jüdischen Prinzessin, die i. J. 70 von Titus nach Rom entführt wurde, wurde im 17. Jh. von Corneille (»Tite et Bérénice«) und Racine (»Bérénice«) dramatisch bearbeitet. Das anschließende Aufkommen dieses Namens in Frankreich geht auf literarischen Einfluss zurück, dessen Wiederbelebung ab 1980 ist durch seinen Wohlklang und die damals herrschende Vorliebe für antike Vornamen zu erklären. In Deutschland ist der Vorname Berenike erst im 20. Jh. nachzuweisen, es kann sich hierbei wohl um eine Entlehnung aus engl. *Berenice* [bɛrɪˈnaɪsɪ] oder aus französ. *Bérénice* [bereˈnis] handeln.

Bergit, (auch:) Bergita: weibl. Vorn. nordischer Herkunft, Nebenform von ▸Birgit.

Berit, (auch:) Berrit: weibl. Vorn. nordischer Herkunft, Nebenform von ▸Birgit.

[1]Berk: männl. Vorn., niederländisch-friesische Koseform von Namen, die mit »Bern-« gebildet sind.

[2]Berk: männl. Vorn. türkischer Herkunft (türk. *berk* »fest, stark, hart«).

Berkan: männl. Vorn. türkischer Herkunft (türk. *berk* »stark« + türk. *kan* »Blut«).

Berkay: männl. Vorn. türkischer Herkunft (*berk* »stark« + türk. *ay* »Mond«).

Berlind, (auch:) Berlinde: weibl. Vorn. (german. **bera(n)u-* »Bär« + ahd. *lind* »sanft, weich, mild«).

Berna: weibl. Vorn., verselbstständigte Kurzform von Namen, die mit »Bern-« (german. **ber(a)nu-* »Bär«) gebildet sind.

Bernadette, (auch:) Bernadett: in den 1930er-Jahren aus dem Französischen übernommener weibl. Vorn., weibliche Form von ▸Bernard. ✧ Bekannte Namensträgerin: die heilige Maria Bernarda (bürgerlich Bernadette Soubirous, 19. Jh.), die in einer Grotte bei Lourdes mehrere Marienerscheinungen erlebte. Ihr Leben wurde von F. Werfel in dem Roman »Das Lied von Bernadette« (1941) literarisch behandelt. NAMENSTAG: 16. April. Französ. Aussprache: [bɛrnaˈdɛt].

Bernadina: ▸Bernardina.

Bernard: männl. Vorn., französische [bɛrˈnaːr] und englische [ˈbəːnəd] Form von ▸Bernhard. ✧ Bekannte Namensträger: George Bernard Shaw, irischer Schriftsteller (19./20. Jh.); Bernard Buffet, französischer Maler und Grafiker (20. Jh.).

Bernarda: weibl. Vorn., italienische und spanische Form von ▸Bernharda. Eine literarische Gestalt ist die Bernarda Alba in dem Drama »Bernarda Albas Haus« von Federico García Lorca.

Bernardette: weibl. Vorn., Nebenform von ▸Bernadette.

Bernardin: aus *Bernhardin,* einer Erweiterung von ▸Bernhard, entstandener männl. Vorn., auch französisch [bɛrnarˈdɛ̃].

Bernardina: ▸Bernhardine, auch italienisch.

Bernardo: männl. Vorn., italienische und spanische Form von ▸Bernhard. ✧ Bekannter Namensträger: Bernardo Bertolucci, italienischer Filmregisseur und Schriftsteller (20./21. Jh.).

Bernát ['bɛrna:t]: männl. Vorn., ungarische Form von ▸Bernhard.

Bernd, (auch:) Bernt; Berndt: männl. Vorn., Kurzform von ▸Bernhard. ✧ Bekannter Namensträger: Bernd Alois Zimmermann, deutscher Komponist (20. Jh.).

Bernfried: Anfang des 20. Jh.s aufgekommener männl. Vorn. (german. **ber(a)nu-* »Bär« + ahd. *fridu* »Schutz vor Waffengewalt, Friede; Friedenswahrer«).

Bernhard: alter deutscher männl. Vorn. (german. **ber(a)nu-* »Bär« + ahd. *harti, herti* »hart, kräftig, stark«; etwa »stark wie ein Bär«). Zur Beliebtheit des Namens im Mittelalter trug die Verehrung des heiligen Bernhard von Clairvaux (11./12. Jh.) bei; NAMENSTAG: 20. August. Im 19. Jh. fand der Name vor allem durch die Ritterdichtung und romantische Bewegung größere Verbreitung. ✧ Bekannte Namensträger: der heilige Bernhard von Aosta, Patron der Alpinisten (11. Jh.); NAMENSTAG: 15. Juni; Bernhard Grzimek, deutscher Zoologe (20. Jh.); Bernhard Wicki, schweizerischer Schauspieler und Regisseur (20./21. Jh.). Französ. Form: *Bernard* [bɛr'na:r]. Italien. und span. Form: *Bernardo.* Engl. Form: *Bernard* ['bə:nəd]. Ungar. Form: *Bernát* ['bɛrna:t].

Bernharda: weibl. Vorn., weibliche Form von ▸Bernhard. Französ. Form: *Bernadette* [bɛrna'dɛt]. Italien. und span. Form: *Bernarda.*

Bernhardine, (auch:) Bernhardina: weibl. Vorn., weibliche Form von ▸Bernhard.

Bernhild, (auch:) Bernhilde: alter deutscher weibl. Vorn. (german. **ber(a)nu-* »Bär« + ahd. *hiltja* »Kampf; Kriegerin«).

Bernhold: ▸Bernold.

[1]Berni: männl. Vorn., Koseform von Namen, die mit »Bern-« beginnen (▸Bernhard).

[2]Berni: weibl. Vorn., Koseform von Namen, die mit »Bern-« beginnen (▸Bernhild).

Bernice ['bə:nɪs]: weibl. Vorn., englische Nebenform von ▸Berenice.

Bernie ['bə:nɪ]: männl. Vorn., englische Koseform von *Bernard* (▸Bernhard).

Berno: alter deutscher männl. Vorn., verselbstständigte Kurzform von Namen, die mit »Bern-« (german. **ber(a)nu-* »Bär«) gebildet sind.

Bernold, (auch:) Bernhold: alter deutscher männl. Vorn. (german. **ber(a)nu-* »Bär« + ahd. *-walt* zu *waltan* »walten, herrschen«).

Bernolf: alter deutscher männl. Vorn. (german. **ber(a)nu* »Bär« + ahd. *wolf* »Wolf«).

Bernt: ▸Bernd.

Bernward: alter deutscher männl. Vorn. (german. **ber(a)nu-* »Bär« + ahd. *wart* »Hüter, Schützer«). Namenspatron ist der heilige Bernward, Bischof von Hildesheim (10./11. Jh.); NAMENSTAG: 20. November.

Bero: alter deutscher männl. Vorn. (ahd. *bero* »Bär«).

Berrit: weibl. Vorn., deutsche Schreibvariante von ▸Berit, die unter dem Einfluss von friesischen Namen wie ▸[2]Gerrit entstanden ist.

Bert: männl. Vorn., Kurzform von Namen, die mit »Bert-« oder »-bert« gebildet sind, z. B. ▸Berthold, ▸Albert. ✧ Bekannter Namensträger: Bert (Bertolt) Brecht, deutscher Schriftsteller und Regisseur (19./20. Jh.).

Berta, (älter auch:) Bertha: alter deutscher weibl. Vorn. (zu ahd. *beraht* »glänzend, berühmt«). Ursprünglich war Berta eine Kurzform von weiblichen Vornamen, die mit »Bert-« oder »-berta« gebildet wurden (z. B. ▸Berthild oder *Amalberta*). Der Name, der im Mittelalter sehr verbreitet war, wurde durch die Ritterdichtung und romantische Bewegung neu belebt und war im 19. Jh. besonders beliebt. Literarische Gestalten sind die Bertha in L. Tiecks Märchennovelle »Der blonde Eckbert« (1797) und die Berta von Bruneck in Schillers Drama »Wilhelm Tell« (1804). ✧ Bekannte Namensträgerinnen: die heilige Bert[h]a, Äbtissin von Avenay (7. Jh.); NAMENSTAG: 1. Mai; Bertha von Suttner, österreichische Pazifistin und Schriftstellerin (19./20. Jh.).

Bertfried: alter deutscher männl. Vorn. (ahd. *beraht* »glänzend, berühmt« + ahd. *fridu* »Schutz vor Waffengewalt, Friede;

Die Spitzenreiter des Jahres 2012 in Deutschland

männlich	weiblich
1. Ben	1. Mia
2. Luca/Luka	2. Emma
3. Paul	3. Hanna(h)
4. Lukas/Lucas	4. Lea(h)
5. Finn/Fynn	5. Sofia/Sophia
6. Jonas	6. Anna
7. Leon	7. Lena
8. Luis/Louis	8. Leoni(e)
9. Maximilian	9. Lina
10. Felix	10. Marie

Quelle: http://www.beliebte-vornamen.de

Friedenswahrer«, etwa »berühmter Friedenswahrer«).

Bertha: ▸Berta.

Berthild, (auch:) Berthilde: alter deutscher weibl. Vorn. (ahd. *beraht* »glänzend, berühmt« + ahd. *hiltja* »Kampf; Kriegerin«).

Berthold, (auch:) Barthold; Bertold; Bertolt: alter deutscher männl. Vorn. (ahd. *beraht* »glänzend, berühmt« + ahd. *-walt* zu *waltan* »walten, herrschen«, etwa »berühmter Herrscher«). Die Beliebtheit des Namens im Mittelalter vor allem in Süddeutschland wurde durch das Vorkommen in den Adelshäusern der Zähringer und Andechs-Meranier gefördert.

¹Berti: männl. Vorn., Koseform von Namen, die mit »Bert-« oder »-bert« (ahd. *beraht* »glänzend, berühmt«) gebildet sind.

²Berti: weibl. Vorn., Koseform von Namen, die mit »Bert-« oder »-berta« gebildet sind.

Bertil: männl. Vorn., ursprünglich deutsche, jetzt schwedische Kurzform von Namen, die mit »Bert-« oder »-bert« (ahd. *beraht* »glänzend, berühmt«) gebildet sind.

Bertina: weibl. Vorn., Kurzform von ▸Albertina oder Erweiterung von ▸Berta.

Bertold, (auch:) Bertolt: ▸Berthold. ✧ Bekannter Namensträger: Bertolt Brecht, deutscher Schriftsteller und Regisseur (19./20. Jh.).

Bertram: alter deutscher männl. Vorn. (ahd. *beraht* »glänzend, berühmt« + ahd. *hraban* »Rabe«, etwa »glänzender Rabe«). ✧ Bekannter Namensträger: Meister Bertram, deutscher Maler und Bildschnitzer (14./15. Jh.).

Bertrand: alter deutscher männl. Vorn. (ahd. *beraht* »glänzend, berühmt« + ahd. *rant* »Schild«) oder französische [bɛrˈtrã] bzw. englische [ˈbəːtrənd] Form von ▸Bertram. ✧ Bekannter Namensträger: Bertrand Russell, britischer Mathematiker, Philosoph und Schriftsteller (19./20. Jh.).

Bertraud, (auch:) Bertrud: alter deutscher weibl. Vorn. (ahd. *beraht* »glänzend, berühmt« + german. **þrūþi* »Kraft, Stärke«, in althochdeutscher Zeit umgedeutet zu *trût* »vertraut, lieb«).

Bertrun: alter deutscher weibl. Vorn. (ahd. *beraht* »glänzend, berühmt« + ahd. *rūna* »Geheimnis; geheime Beratung«).

Bertus: männl. Vorn., Kurzform von latinisierten Namen wie ▸Albertus und ▸Hubertus.

Bertwin: alter deutscher männl. Vorn. (ahd. *beraht* »glänzend, berühmt« + ahd. *wini* »Freund«, etwa »berühmter Freund«).

Beryl, (auch:) Beryll: um die Mitte des 20. Jh.s aus dem Englischen übernommener weibl. Vorn., dem die engl. Bezeichnung für den glashellen Halbedelstein Beryll zugrunde liegt. In England ist z.B. auch Pearl (identisch mit *pearl* »Perle«) als weiblicher Vorname gebräuchlich. Engl. Aussprache: [ˈbɛrɪl].

Bess: weibl. Vorn., englische Koseform von *Elizabeth* (▸Elisabeth). Eine bekannte Operngestalt ist die Bess in Gershwins Oper »Porgy and Bess« (1935).

Bessy, (auch:) Bessie: weibl. Vorn., englische Koseform von *Elizabeth* (▸Elisabeth).

Beta, (auch:) Betha: weibl. Vorn., Kurzform von ▸Elisabeth.

Beth: weibl. Vorn., Kurzform von ▸Elisabeth, auch englisch [bɛθ].

Betha: ▸Beta.

Bethany [ˈbɛθənɪ]: weibl. Vorn. englischer Herkunft, dem das im Neuen Testament erwähnte Dorf Bethanien (östlich von Jerusalem) zugrunde liegt. In katholischen Kreisen wird dieser Vorname zu Ehren der

Maria von Bethanien, Schwester von Lazarus und Martha, vergeben; NAMENSTAG: 22. Juli.

Bethsabée: weibl. Vorn., französische Form von ▸ Batseba.

Betina: weibl. Vorn., Erweiterung von ▸ Beta oder Schreibvariante von ▸ Bettina.

Betsy: weibl. Vorn., englische Koseform von *Elizabeth* (▸ Elisabeth).

Betta: weibl. Vorn., italienische Kurzform von *Elisabetta* (▸ Elisabeth).

Bette: weibl. Vorn., Koseform von ▸ Elisabeth, auch englisch [bɛt].

Betti: weibl. Vorn., Koseform von ▸ Elisabeth.

Bettina, (deutsch auch:) Bettine: weibl. Vorn., italienische Kurzform von *Elisabettina*, einer Weiterbildung von Elisabetta (▸ Elisabeth). ✧ Bekannte Namensträgerin: Bettina (eigentlich Anna Elisabeth) von Arnim, deutsche Dichterin (18./19. Jh.).

Betty: weibl. Vorn., englische Koseform von *Elizabeth* (▸ Elisabeth).

Betül: weibl. Vorn., türkische Form von ▸ Batul.

Beverley, (auch:) Beverly ['bɛvəlɪ]: in den 1970er-Jahren aus dem Englischen übernommener weibl. Vorn., dem ursprünglich ein Ortsname (Beverly in Yorkshire/England) bzw. der davon abgeleitete Familienname zugrunde liegt. In England ist der Name seit Ende des 19. Jh.s, auch als männlicher Vorname, anzutreffen, wurde dann vor allem in den USA beliebt und kehrte von dort wieder nach Europa zurück. ✧ Bekannte Namensträgerin: Beverly Sills, amerikanische Sopranistin (20./21. Jh.).

Beyza [bei'za]: weibl. Vorn. türkischer Herkunft (türk. *beiza* »die Weiße« aus gleichbedeutend arab. *al-beida*).

Beyzanur: [beiza'nu:r]: weibl. Vorn. türkischer Herkunft (»weißes Licht«).

Bezalel: männl. Vorn. biblischer Herkunft (hebr. *beṣal'ēl* »im Schatten, im Schutz Gottes«). Nach der Bibel war Bezalel einer der beiden Werkmeister, die auf dem Zug durch die Wüste die Stiftshütte, den Tempel für das Heiligtum in Form eines Zeltes, und die dazugehörigen Geräte herstellten.

Bharat: aus Indien stammender männl. Vorn. (sanskrit. *bharata* »erhalten werden«). Nach einem weisen Herrscher namens Bharat wurde das moderne Indien »Bharat« genannt.

Bharati: weibl. Vorn., weibliche Form von ▸ Bharat.

Bhaskar: aus Indien stammender männl. Vorn. (sanskrit. *bhās* »Licht« + sanskrit. *kara* »machend«: »leuchtend, hell«).

Bianca, (auch:) Bianka: im 19. Jh. aus dem Italienischen übernommener weibl. Vorn. (italien. *bianco, -a* »weiß«, das aus dem Germanischen stammt, vgl. ahd., mhd. *blanc* »weiß, glänzend; schön«).

[1]Bibi: weibl. Vorn., Lallform von ▸ Brigitte oder von Namen, die mit »Bi-« beginnen.

[2]Bibi: weibl. Vorn. persischer Herkunft (pers. *bībī* »Dame«), der auch in Indien geläufig ist.

Bibiana, (auch:) Bibiane: weibl. Vorn., Variante von ▸ Viviana. Die Schreibung *Bibiana* beruht auf der griechischen Wiedergabe des lat. V durch B. Namenspatronin ist die heilige Bibiana, Märtyrerin (4. Jh.); NAMENSTAG: 2. Dezember.

Biggi, (auch:) Bigi; Biggy: weibl. Vorn., Koseform von ▸ Brigitte oder ▸ Birgit.

Bilal: männl. Vorn. arabischen Ursprungs (arab. *bilāl* »Erfrischung« zu arab. *balla* »befeuchten«).

Bilge: männl. Vorn. türkischer Herkunft (»der Weise«).

Bilha: weibl. Vorn. biblischer Herkunft (hebr. *bilhā* wohl »Sorglosigkeit«). Nach dem Alten Testament gebar Bilha anstelle ihrer unfruchtbaren Herrin Rahel Jakob die Söhne Dan und Naftali.

Bilke: weibl. Vorn., niederdeutsche Koseform von ▸ Sibylle.

Bill: männl. Vorn., englische Kurzform von *William* (▸ Wilhelm). ✧ Bekannte Namensträger: Bill Clinton, amerikanischer Präsident (20./21. Jh.); Bill Gates, amerikanischer Unternehmer (20./21. Jh.).

Bille: weibl. Vorn., Kurzform von ▸Sibylle.

Billie: englische, als weiblicher Vorname gebrauchte Koseform von ▸William; gelegentlich auch Koseform von ▸Sibylle. ✧ Bekannte Namensträgerin: Billie Holiday, amerikanische Jazzsängerin (20. Jh.).

Billy: männl. Vorn., englische Koseform von ▸Bill. Eine bekannte literarische Gestalt ist Billy Budd in Herman Melvilles gleichnamiger Erzählung, die Benjamin Britten als Stoff für seine Oper »Billy Budd« (1951/60) diente. ✧ Bekannte Namensträger: Billy Wilder, amerikanischer Filmregisseur österreichischer Herkunft (20./21. Jh.); Billy Joel, amerikanischer Popmusiker (20./21. Jh.).

[1]**Bina:** ▸Bine.

[2]**Bina,** (auch:) Binah: weibl. Vorn. neuhebräischer Herkunft (neuhebr. *binā* »Einsicht, Verstand«).

Binah: aus Nigeria stammender weibl. Vorn., der in der Bobangi-Sprache »Tänzerin« bedeutet.

Bine, (auch:) [1]Bina: weibl. Vorn., Kurzform von Namen, die auf »-bine«, »-bina« ausgehen, besonders von ▸Sabine, Sabina.

Bini: weibl. Vorn., Koseform von ▸Bine.

Binia: weibl. Vorn., Erweiterung von ▸Bine.

Binyamin: männl. Vorn., neuhebräische Form von ▸Benjamin.

Bionda: weibl. Vorn. italienischer Herkunft (italien. *biondo, -a* »blond«).

Birdie ['bɔ:dɪ]: weibl. Vorn. englischer Herkunft (Verkleinerungsform von engl. *bird* »Vogel«: »kleiner Vogel«).

Birga, (auch:) Birge: weibl. Vorn., Kurzform von ▸Birgit, ▸Birgitta.

Birger: männl. Vorn. nordischer (schwedischer) Herkunft (wohl zu dem altnordischen Verb *bjarga* »helfen«, etwa »hilfreich, Helfer«).

Birgit, (auch:) Birgitt; Birgid; Bergit; Berit: in den 1930er-Jahren entlehnter weibl. Vorn. nordischer Herkunft (▸Birgitta). ✧ Bekannte Namensträgerinnen: Birgit Fischer, deutsche Kanutin (20./21. Jh.); Birgit Prinz, deutsche Fußballspielerin (20./21. Jh.).

Birgitta, (auch:) Birgitte: weibl. Vorn., schwedische, norwegische, dänische Form von ▸Brigitte. Namenspatronin ist die heilige Birgitta von Schweden (14. Jh.); NAMENSTAG: 23. Juli. Die heilige Birgitta war eine bedeutende Mystikerin und gründete den Birgittenorden.

Birk: männl. Vorn., in Deutschland ursprünglich alemannische Kurzform von ▸Burkhard. Seit Beginn des 20. Jh.s wird der Name in Skandinavien vergeben und gelangte von dort als nordischer Name in den 1960er-Jahren erneut nach Deutschland. Birk ist eine Person in Astrid Lindgrens Roman »Ronja Räubertochter« (1981, verfilmt 1984).

Birke, (auch:) Birka: im 20. Jh. aufgekommener weibl. Vorn., bei dem man trotz der Möglichkeit, ihn von altdeutschen Namen mit »Burg-« oder »-burg« abzuleiten, heute an den gleichnamigen Baum denkt.

Birkhild: weibl. Vorn., Neubildung aus ▸Birke und dem Namenbestandteil »-hild« (ahd. *hiltja* »Kampf; Kriegerin«).

Birko: männl. Vorn., Erweiterung von ▸Birk oder männliche Bildung zu ▸Birke.

Birsen: weibl. Vorn. türkischer Herkunft (türk. *birsen* »du bist eins, die Einzige«).

Birte, (auch:) Birtha; Birthe: weibl. Vorn., dänische Kurzform von ▸Birgit.

Biruta: aus dem Polnischen übernommener weibl. Vorn. Es handelt sich um einen ursprünglich litauischen Namen (litauisch *Birutė*, zu lit. *birti* »gießen« mit der Assoziation »klein, kleines Mädchen«).

Bitja: weibl. Vorn. biblischer Herkunft (hebr. *bityāh, batyāh* »Tochter Gottes«). Nach dem Alten Testament war Bitja die Tochter eines Pharao, doch deutet der Name eher auf jüdische Herkunft. Neuhebr. Formen: *Bitya, Bithia, Bithiah.*

Bjarne: männl. Vorn., norwegische Nebenform von ▸Björn.

Björn: in den 1930er-Jahren entlehnter männl. Vorn. nordischer Herkunft (norweg. *bjørn*, schwed. *björn* »Bär«).

Blai: männl. Vorn., katalanische Form von ▸Blasius.

Blaise [blɛ:s]: männl. Vorn., französische Form von ▸Blasius. ✧ Bekannter Namensträger: Blaise Pascal, französischer Philosoph, Mathematiker und Physiker (17. Jh.).

Blake [bleɪk]: männl. Vorn., ursprünglich ein englischer Familienname, dem ein Übername zu altengl. *blæc* »schwarz« oder zu altengl. *blāc* »blass, weiß« zugrunde liegt. ✧ Bekannter Namensträger: Blake Edwards, amerikanischer Filmregisseur (20./21. Jh.).

Blanca: ▸Blanka.

Blanche [blã:ʃ]: aus dem Französischen übernommener weibl. Vorn. (zu französ. *blanc, blanche* »weiß«, das aus dem Germanischen stammt, vgl. ahd., mhd. *blanc* »weiß, glänzend; schön«).

Blanda: weibl. Vorn. lateinischen Ursprungs (lat. *blandus, -a, -um* »schmeichelnd; liebkosend; freundlich; reizend«).

Blandine, (auch:) Blandina: weibl. Vorn., Weiterbildung von ▸Blanda. Der Name ist in Deutschland seit Mitte des 16. Jh.s anzutreffen.

Blanka, (auch:) Blanca: aus dem Spanischen stammender weibl. Vorn. (span. *blanco, -a* »weiß«, das aus dem Germanischen stammt, vgl. ahd., mhd. *blanc* »weiß, glänzend; schön«). Blanka fand als exotischer, wohlklingender Name seit der Mitte des 19. Jh.s eine gewisse Verbreitung.

Blas: männl. Vorn., spanische Form von ▸Blasius.

Blasius: aus dem Lateinischen übernommener männl. Vorn. unbekannter Bedeutung. Der Name wurde im Spätmittelalter durch den heiligen Märtyrer Blasius (3./4. Jh.) volkstümlich; NAMENSTAG: 3. Februar. Der heilige Blasius ist einer der vierzehn Nothelfer. Der Blasiussegen wird zum Schutz gegen Halskrankheiten erteilt. Französ. Form: *Blaise* [blɛ:s]. Span. Form: *Blas.* Katal. Form: *Blai.* Ungar. Form: *Balázs* [ˈbɔla:ʒ].

Blomma, schwed. Aussprache: [ˈblʊma]: weibl. Vorn. schwedischer Herkunft, Neuprägung (19. Jh.) zu schwed. *blomma* »Blume«.

[1]Bo: männl. Vorn. dänischer/schwedischer Herkunft, Nebenform von ▸Boje. ✧ Bekannter Namensträger: Bo (eigentlich Boje) Skovhus, dänischer Opernsänger (20./21. Jh.).

[2]Bo: männl. Vorn., phonetische Schreibweise von ▸[1]Beau.

[3]Bo: weibl. Vorn., phonetische Schreibweise von ▸[2]Beau, z. T. auch nach chinesisch *bo* »kostbar, wertvoll, unschätzbar« gebildet. ✧ Bekannte Namensträgerin: Bo (eigentlich Mary Cathleen) Derek, amerikanische Filmschauspielerin (20./21. Jh.).

Boas: in Deutschland in den 1970er-Jahren aus der Bibel übernommener männl. Vorn. hebräischen Ursprungs (hebr. *bōʿōz* »in ihm ist Stärke«). Nach dem Alten Testament war Boas ein jüdischer Grundbesitzer, der Rut heiratete. Deren Urenkel war König David.

Bob: im 20. Jh. entlehnter männl. Vorn., englische Koseform – eigentlich Lallform aus der Kindersprache – von ▸Robert. ✧ Bekannte Namensträger: Bob Dylan, amerikanischer Rockmusiker (20./21. Jh.); Bob Marley, jamaikanischer Reggaemusiker (20. Jh.).

Bobbie: ▸[2]Bobby.

[1]Bobby: männl. Vorn., englische Koseform von ▸Robert.

[2]Bobby, (auch:) Bobbie: weibl. Vorn., englische Koseform von ▸Roberta.

Bodhi: aus Indien stammender männl. Vorn. (sanskrit. *bodhi* »Erleuchtung«).

Bodil: aus dem Dänischen übernommener weibl. Vorn., verkürzte Form von ▸Bothild. Dän. Aussprache: [ˈbʊdil].

Bodo, (auch:) Boto; Botho: alter deutscher männl. Vorn., der auf altsächs. *bodo* »Gebieter«, später umgedeutet zu ahd. *boto* »Bote«, zurückgeht. Zu Beginn des 19. Jh.s wurde der Name durch die Ritterdichtung und romantische Bewegung neu belebt. ✧ Bekannter Namensträger: Bodo Kirchhoff, deutscher Schriftsteller (20./21. Jh.).

Bogdan: aus dem Polnischen oder Russischen übernommener männl. Vorn., der – wie auch Theodor – eigentlich »Gottesgeschenk« bedeutet (zu urslaw. **bogъ* »Gott« + *dan*, zu urslaw. **dati* »geben«).

Die Spitzenreiter des Jahres 2011 in England und Wales

männlich	weiblich
1. Harry	1. Amelia
2. Oliver	2. Olivia
3. Jack	3. Lily
4. Alfie	4. Jessica
5. Charlie	5. Emily
6. Thomas	6. Sophie
7. Jacob	7. Ruby
8. James	8. Grace
9. Joshua	9. Ava
10. William	10. Isabella

Quelle: http://www.ons.gov.uk/ons/rel/vsob1/baby-names//england-and-wales/2011/sb-baby-names-2011.html

Bogdana: weibl. Vorn., weibliche Form von ▸Bogdan.

Bogislaw, (auch:) Bogislav: männl. Vorn., im Deutschen verbreitete Nebenformen von ▸Boguslaw.

Boglárka ['bogla:rkɔ]: weibl. Vorn. ungarischer Herkunft (ungar. *boglár* »Hahnenfuß« + *-ka*-Suffix), der im 19./20. Jh. wiederbelebt wurde.

Boguslaw, (auch:) Boguslav; Bogislaw; Bogislav: aus dem Polnischen *(Bogusław)* übernommener männl. Vorn. (urslaw. **bogъ* »Gott« + urslaw. **slava* »Ruhm, Ehre«).

Bohdan: männl. Vorn., tschechische und slowakische Form von ▸Bogdan.

Bohdana: weibl. Vorn., weibliche Form von ▸Bohdan.

Boi, (auch:) Boie: ▸Boje.

Bojan: in Deutschland seit den 1980er-Jahren vorkommender männl. Vorn. russischer, polnischer, tschechischer, slowakischer, bulgarischer, serbischer oder kroatischer Herkunft, der entweder auf eine Partizipform des Verbs *bojati sę* »sich fürchten« (etwa »furchtsam«) oder auf eine Ableitung von Namen wie *Bojeslav/Bojislav* (urslaw. **bojь* »Kampf« + urslaw. **slava* »Ruhm, Ehre«) zurückgeht.

Boje, (auch:) Bo; Boj; Boie; Boi; Boy: männl. Vorn. friesischer, dänischer oder schwedischer Herkunft. Falls nicht einfach eine Kurzform zu ▸Bodo vorliegt, ist der Name am wahrscheinlichsten zu altnord. *búa* (schwed. *bo*) »(be)wohnen«, altsächs. *boio* »Bewohner« zu stellen.

Bolívar: aus Lateinamerika stammender männl. Vorn., der zu Ehren von Simón Bolívar, dem Befreier der spanischen Kolonien in Südamerika (18./19. Jh.), vergeben wird. Der Familienname geht auf den gleichlautenden Ortsnamen im Baskenland (Nordspanien) zurück.

Bolko: männl. Vorn., entweder verkürzte Form aus älterem *Boldeko* (Kurzform von Namen, die mit »Bald-« gebildet sind) oder Kurzform des polnischen Vornamens *Bolęsław* (urslaw. **bol'e* »mehr« + urslaw. **slava* »Ruhm, Ehre«).

Bomani: aus Malawi stammender männl. Vorn., der in der Ngoni-Sprache »Krieger« bedeutet.

Bonaventura: männl. Vorn. italienischen Ursprungs (italien. *buona ventura* »gutes Geschick«). Dieser Vorname gehört zu einer Gruppe zwischen dem 11. und 13. Jh. vor allem in Mittelitalien neu gebildeter Vornamen, die entweder einen guten Wunsch für den Träger oder Dank für die Geburt ausdrücken (▸Benvenuto). Namenspatron ist der heilige Bonaventura, ein bedeutender Kirchenlehrer (13. Jh.); NAMENSTAG: 15. Juli. Der Name Bonaventura ist auch bekannt durch den Roman »Die Nachtwachen des Bonaventura« (1804), eines der bedeutendsten Werke der Hochromantik.

Bongani: aus Südafrika stammender männl. Vorn., der in der Zulu-Sprache »sei dankbar!« bedeutet.

Bonifatius, (auch:) Bonifaz; Bonifaz: männl. Vorn. lateinischen Ursprungs, eigentlich »der gutes Geschick Verheißende« (mittellat. *Bonifatius*, zu lat. *bonus, -a, -um* »gut« + lat. *fārī* [for, fātum] »verkünden, verheißen«). Bonifatius war im Mittelalter beliebter Papstname. Namenspatrone sind der heilige Bonifatius, Apostel der Deutschen (7./8. Jh.); NAMENSTAG:

5. Juni; der heilige Bonifatius, Märtyrer in Tarsus, der mit den Heiligen Pankratius und Servatius zu den »Eisheiligen« gehört; NAMENSTAG: 14. Mai.

Bonịna: weibl. Vorn., weibliche Form von ▸Bonino.

Bonịno: männl. Vorn. italienischer Herkunft, Erweiterung von ▸²Bono oder Neuprägung zu dem italienischen Adjektiv *bonino* »gut, artig«.

Bonịta: weibl. Vorn., dem eine Erweiterung von *Bona* (lat. *bonus, -a, -um* »gut«) zugrunde liegen kann. Es kann sich aber auch um eine Entlehnung des in den 1940er-Jahren in den USA aufgekommenen Vornamens *Bonita* (span. *bonito, -a* »hübsch«) handeln. In den Spanisch sprechenden Ländern wird *Bonita* jedoch nicht als Vorname verwendet.

Bọnne, (auch:) Bọnno; ¹Bọno: männl. Vorn. friesischer Herkunft (zu einem german. Stamm **bun-* von unbekannter Bedeutung).

Bọnnie, (auch:) Bọnny: in der zweiten Hälfte des 20. Jh.s aus dem Englischen übernommener weibl. Vorn. (zu engl., bes. schott. *bonny* »hübsch, nett«, auch »Liebling«, vgl. das Volkslied »My Bonnie Lies Over the Ocean«). Diesen Namen erhält die kleine Tochter von Rhett Butler und Scarlett O'Hara in Margaret Mitchells Roman »Vom Winde verweht« (1936, Verfilmung 1939). Zur Bekanntheit des Namens hat ferner der Film »Bonnie and Clyde« (1967) beigetragen, der die Geschichte des amerikanischen Bankräuberpaars Bonnie Parker und Clyde Barrow (20. Jh.) erzählt. ✧ Bekannte Namensträgerin: Bonnie Tyler, amerikanische Sängerin (20./21. Jh.).

¹Bọno, (auch:) Bọnno: ▸Bonne.

²Bọno: männl. Vorn. italienischer Herkunft, der auf den spätrömischen Beinamen *Bonus* (lat. *bonus* »gut«) bzw. auf den gleichbedeutenden mittelalterlichen Wunschnamen Bono zurückgeht. ✧ Bekannter Namensträger: Bono (eigtl. Paul David Hewson), irischer Sänger und Bandleader (20./21. Jh.).

¹Borạ: männl. Vorn. türkischer Herkunft (zu türk. *bora* »Sturm«).

²Bọra: weibl. Vorn., tschechische Kurzform von *Barbora* (▸Barbara).

Bọ̈rge: in Deutschland seit den 1970er-Jahren vorkommender männl. Vorn. nordischer Herkunft (dän. *Børge*), Nebenform von ▸Birger.

Bọrghild: weibl. Vorn., niederdeutsche Form von ▸Burghild.

Bọris, russ. Aussprache: [ba'ris]: aus dem Russischen oder Bulgarischen übernommener männl. Vorn., Kurzform von ▸Borislav. Namenspatrone sind der heilige Boris I., erster christlicher Herrscher Bulgariens (9./10. Jh.); NAMENSTAG: 7. Mai; der in der russisch-orthodoxen Kirche verehrte heilige Boris, Sohn des Fürsten Vladimir von Kiev und Bruder des heiligen Gleb (10./11. Jh.). ✧ Bekannte Namensträger: Boris Godunow, russischer Zar (16./17. Jh.; vgl. die Oper von M. Mussorgskij); Boris Pasternak, russischer Dichter (20. Jh.); Boris Vian, französischer Schriftsteller und Chansonnier (20. Jh.); Boris Becker, deutscher Tennisspieler (20./21. Jh.).

Bọrislav, (auch:) Bọrislaw: männl. Vorn. slawischer Herkunft (russ., bulg., serb., kroat. *Bọrislav*, poln. *Borzysław* zu urslaw. **borti* »kämpfen« + urslaw. **slava* »Ruhm, Ehre«).

¹Bọrja: männl. Vorn., (vor allem serbische, kroatische, slowenische) Koseform von ▸Borislav.

²Borja ['bɔrxa]: männl. Vorn. spanischer Herkunft, verselbstständigter Beiname des heiligen Franz von Borja (span. *Francisco de Borja*), Jesuitengeneral (16. Jh.); NAMENSTAG: 1. Oktober.

Bọrk: männl. Vorn., niederdeutsche Kurzform von ▸Burkhard.

Börries ['bœriəs], (auch:) Borries ['bɔriəs]: männl. Vorn., niederdeutsche Kurzform von ▸Liborius. ✧ Bekannter Namensträger: Börries Freiherr von Münchhausen, deutscher Dichter (19./20. Jh.).

Borromạ̈us: männl. Vorn., latinisierte

Form des italienischen Familiennamens *Borromeo.* Namensvorbild ist der italienische Heilige Carlo Borromeo, Kardinal und Erzbischof von Mailand (16. Jh.), der im Jahre 1610 heiliggesprochen wurde; NAMENSTAG: 4. November. Während der Vorname Borromäus in Deutschland nur ganz vereinzelt vorkommt, sind die Namensformen *Karl/Carl Borromäus* seit dem 18. Jh. öfter anzutreffen.

Bosse, (auch:) Bosso: männl. Vorn., niederdeutsche Koseform von ▸ Burkhard.

Bothild: weibl. Vorn. nordischer Herkunft (altnord. *bót* »Besserung, Hilfe« + altnord. *hildr* »Kampf«).

Boto, (auch:) Botho: alter deutscher männl. Vorn., Nebenform von ▸ Bodo. ✧ Bekannter Namensträger: Botho Strauß, deutscher Schriftsteller (20./21. Jh.).

Boy: ▸ Boje.

Boyd [bɔɪd]: auf einen schottischen Clannamen (gäl. *buidhe* »gelb, blond«) zurückgehender männl. Vorn, der durch den Boyd Tarleton in Margaret Mitchells Roman »Vom Winde verweht« (1936; Verfilmung 1939) weitere Verbreitung fand.

Božena ['bɔʒɛna]: weibl. Vorn. tschechischer Herkunft, Ableitung von Namen, die mit urslaw. **bogъ* »Gott« gebildet sind.

Bracha: weibl. Vorn. neuhebräischer Herkunft (neuhebr. *brachā* »Segen, Glückwunsch«).

Brad [bræd]: männl. Vorn. englischer Herkunft, Kurzform von ▸ Bradley. ✧ Bekannter Namensträger: Brad Pitt, amerikanischer Schauspieler (20./21. Jh.).

Bradley ['brædlɪ]: männl. Vorn. englischer Herkunft, ursprünglich ein Familienname nach einem Ortsnamen zu altengl. *brad* »breit« und altengl. *lēah* »Wald, Lichtung«: »breite Waldlichtung«.

Brady ['breɪdɪ]: vor allem in den USA geläufiger männl. Vorn., der auf einen englischen Familiennamen nach einem körperlichen Merkmal (»breites Auge«) oder nach dem Wohnsitz (»wohnhaft bei der breiten Insel«) bzw. auf die englische Form des irischen Familiennamens Mac Brádaigh (»Nachkomme des Brádach«) zurückgeht.

Brais: männl. Vorn., galizische (nordwestspanische) Form von ▸ Blasius.

Bram: männl. Vorn., Kurzform von ▸ Abraham, ▸ Abram, auch englisch [bræm].

Brandon ['brændən]: in den 1970er-Jahren aus dem Englischen übernommener männl. Vorn., ursprünglich ein Orts- und Familienname (zu altengl. *brōm* »Ginster« + altengl. *dūn* »Hügel«: »Ginsterhügel«). Der Vorname Brandon wird vor allem in den USA vergeben. Zum Teil kann es sich hierbei auch um eine Variante von ▸ Brendan handeln. Möglicherweise hat der Familienname des amerikanischen Filmschauspielers Marlon Brando (20./21. Jh.) einen gewissen Einfluss auf die Vergabe dieses Vornamens ausgeübt.

Branka: weibl. Vorn. serbischer, kroatischer oder slowenischer Herkunft, weibliche Form von ▸ Branko.

Branko: männl. Vorn. serbischer, kroatischer oder slowenischer Herkunft, Kurzform von *Branislav* (zu urslaw. **borniti* »[be]kämpfen« + urslaw. **slava* »Ruhm, Ehre«).

Brenda: weibl. Vorn. schottischer/irischer Herkunft, vielleicht Kurzform eines mit »Brand-« gebildeten Namens (vgl. ahd. *brant* »Brand«, dichterische Umschreibung für das Schwert). In Irland wird Brenda als weibliche Form von ▸ Brendan aufgefasst. Zur Verbreitung der Namensform *Brenda* in England trug Sir Walter Scotts Roman »The Pirate« (1821) bei, in dem eine der beiden Heldinnen den Vornamen Brenda trägt.

Brendan ['brɛndən]: in den 1980er-Jahren entlehnter männl. Vorn., englische Schreibweise des altirischen Namens *Bréanainn* (»Prinz«). Diesen Namen trugen zwei irische Heilige aus dem 6. Jh. Nach der Legende war einer von ihnen, der heilige Brendan der Seefahrer, der erste Europäer, der nach Nordamerika gelangte. ✧ Bekannter Namensträger: Brendan Fraser, amerikanischer Schauspieler (20./21. Jh.).

Brent [brent]: männl. Vorn. englischer Herkunft, der auf den gleichlautenden Familiennamen zurückgeht. Die Etymologie des Familiennamens ist umstritten.

Brett, (auch:) Bret: männl. Vorn. englischer Herkunft, der auf den gleichlautenden Familiennamen (zu lat. *Britto* »Brite, Bretone«) zurückgeht. ✧ Bekannter Namensträger: Bret Harte, amerikanischer Schriftsteller (19./20. Jh.).

Brian, (auch:) Bryan ['braɪən]: aus dem Englischen übernommener männl. Vorn. irischen oder bretonischen Ursprungs (wahrscheinlich zu kelt. **brigonos* »hoch, erhaben, edel«). Durch die normannischen Eroberer gelangte Brian von der Bretagne nach England, wo er im Mittelalter geläufig war. Zur großen Verbreitung des Namens in Irland trug der irische Nationalheld Brian Bóroimhe (10./11. Jh.) bei. ✧ Bekannter Namensträger: Brian Jones, britischer Rockmusiker (20. Jh.).

Brianna [braɪ'ænə]: weibl. Vorn. englischer Herkunft, in den 1980er-Jahren aufgekommene weibliche Form von ▸Brian.

Brice: männl. Vorn., englische [braɪs] und französische [bris] Form des Heiligennamens *Brictius*, bei dem es sich um die Latinisierung eines ursprünglich keltischen Namens handelt, dessen Bedeutung noch umstritten ist. Der heilige Brictius (4./5. Jh.) war Bischof von Tours; NAMENSTAG: 13. November.

Bridget ['brɪdʒɪt]: weibl. Vorn., englische Form von ▸Brigitte. ✧ Bekannte Namensträgerinnen: Bridget Fonda, amerikanische Filmschauspielerin (20./21. Jh.); Bridget Riley, britische Malerin und Grafikerin (20./21. Jh.).

Brigida: weibl. Vorn., latinisierte Form von ▸Brigitte.

Brigitte, (auch:) Brigitt; Brigitta: in Deutschland seit dem Mittelalter vorkommender weibl. Vorn. keltischen Ursprungs (urkeltisch **briganti* »der/die Hohe, Erhabene«). Brigantia war der Name einer altirischen Lichtgottheit, und viele ihrer Attribute wurden in die Legende über die heilige Brigitta von Kildare (5./6. Jh.), die Nationalheilige Irlands, übernommen, auf die die Verbreitung des Namens in Irland und England zurückgeht. Im Rahmen der Missionstätigkeit irischer und schottischer Mönche auf dem Festland fand ihr Kult dann schon früh auch in Deutschland, vor allem in West- und Süddeutschland, schnelle Verbreitung; NAMENSTAG: 1. Februar. Mit Brigitte identisch ist der nordische Vorname ▸Birgitta, der gleichfalls auf den Namen der irischen Heiligen zurückgeht. Auch die Verehrung der heiligen Birgitta von Schweden (14. Jh.) hat zu der Verbreitung der Namensform *Brigitte* in Deutschland beigetragen; NAMENSTAG: 23. Juli. Eine bekannte literarische Gestalt ist beispielsweise die Brigitta in Adalbert Stifters gleichnamiger Novelle (1843). ✧ Bekannte Namensträgerinnen: Brigitte Bardot, französische Filmschauspielerin (20./21. Jh.); Brigitte Fassbaender, deutsche Sängerin (20./21. Jh.); Brigitte Kronauer, deutsche Schriftstellerin (20./21. Jh.). Französ. Aussprache: [bri'ʒit]. Engl. Form: *Bridget* ['brɪdʒɪt]. Poln. Form: *Brygida*.

Bringfried: gegen Ende des Ersten Weltkriegs aufgekommener, den Friedenswunsch ausdrückender männl. Vorname.

Bringfriede: weibl. Vorn., weibliche Form von ▸Bringfried.

Brinja: weibl. Vorn., dessen Herkunft und Bedeutung unbekannt sind.

Briony ['braɪənɪ]: ▸Bryony.

[1]Brit: männl. Vorn. neuhebräischer Herkunft (neuhebr. *brit* »Freundschaft [mit Gott]«).

[2]Brit, (auch:) Britt: in den 1960er-Jahren entlehnter weibl. Vorn., schwedische Kurzform von ▸Birgit, ▸Birgitta.

Brita: ▸Britta.

Britney, (auch:) Brittney ['brɪtnɪ]: in den 1990er-Jahren aus dem Englischen entlehnter weibl. Vorn., Nebenform von ▸Brittany. ✧ Bekannte Namensträgerin: Britney Spears, amerikanische Popsängerin (20./21. Jh.).

Britt: ▸[2]Brit.

Die Spitzenreiter des Jahres 2010 in Finnland

männlich	weiblich
1. Elias	1. Emma
2. Onni	2. Aino
3. Eetu	3. Venla
4. Veeti	4. Aada
5. Aleksi	5. Ella
6. Lauri	6. Siiri
7. Joona	7. Sofia
8. Leo	8. Iida
9. Leevi	9. Emilia
10. Niilo	10. Sara

Quelle: http://www.beliebte-vornamen.de/1862-finnische.htm

Britta, (auch:) Brita: weibl. Vorn., im 20. Jh. aus dem Schwedischen entlehnte Kurzform von ▸Birgitta. ✧ Bekannte Namensträgerin: Britta Steffen, deutsche Schwimmerin (20./21. Jh.).

Brittany ['brɪtənɪ]: in den 1980er-Jahren entlehnter weibl. Vorn. englischer Herkunft, der aus »Britannia«, der symbolischen Verkörperung von Großbritannien, hervorgegangen ist.

Brittney: ▸Britney.

Broder: friesischer und nordischer männl. Vorn. mit der Bedeutung »Bruder«.

Bronja, (auch:) Bronia: weibl. Vorn. polnischer Herkunft, Kurzform von *Bronislawa* (zu urslaw. **borniti* »[be]kämpfen« + urslaw. **slava* »Ruhm, Ehre«).

Brooke, (auch:) Brook [brʊk]: weibl. Vorn., ursprünglich ein englischer Orts- bzw. Familienname (zu engl. *brook* »Bach«). In Deutschland kommt dieser Vorname seit den 1990er-Jahren vereinzelt vor. ✧ Bekannte Namensträgerinnen: Brooke Shields, amerikanische Filmschauspielerin (20./21. Jh.); Brooke Adams, amerikanische Schauspielerin (20./21. Jh.).

Bror: männl. Vorn., durch Zusammenziehung entstandene Form von ▸Broder.

Bruce [bru:s]: in den 1970er-Jahren aus dem Englischen übernommener männl. Vorn., der auf den Namen eines schottischen Adelsgeschlechts normannischen Ursprungs zurückgeht, aus dem mehrere schottische Könige hervorgingen. Der Name leitet sich von einem bisher nicht genau bestimmbaren Ortsnamen in der Normandie ab. Durch die Verehrung des schottischen Nationalhelden und Königs Robert de Bruce (13./14. Jh.) wurde der Name im Mittelalter auch als Vorname gebräuchlich. ✧ Bekannte Namensträger: Bruce Willis, amerikanischer Filmschauspieler (20./21. Jh.); Bruce Springsteen, amerikanischer Rocksänger und -gitarrist (20./21. Jh.).

Brun: alter deutscher männl. Vorn. (zu ahd. *brūn* »braun«), ▸Bruno. Brun war Beiname des Gottes Odin und verhüllender Name für den Bären.

Bruna: weibl. Vorn., Kurzform von ▸Brunhild oder weibliche Form von ▸Bruno.

Brunhild, (auch:) Brunhild; Brunhilde; Brünhild; Brünhild; Brünhilde: alter deutscher weiblicher Vorn. (ahd. *brunnia* »Brünne, Brustpanzer« + ahd. *hiltja* »Kampf; Kriegerin«). Der Name ist vor allem durch die Brunhild der Nibelungensage, die Gattin König Gunthers und Rivalin Kriemhilds, bekannt. Zur Bekanntheit des Namens trug auch Richard Wagners Opernzyklus »Der Ring des Nibelungen« bei. Eine historische Persönlichkeit ist die merowingische Königin westgotischer Herkunft Brunichilde († 613), in der vielleicht das Vorbild für die Sagengestalt zu sehen ist. Span. Form: *Brunilda.* Italien. Form: *Brunilde.*

Bruni: weibl. Vorn., Koseform von ▸Brunhild.

Brunilda: weibl. Vorn., spanische Form von ▸Brunhild.

Brunilde: weibl. Vorn., italienische Form von ▸Brunhild.

Bruno: männl. Vorn., latinisierte Form von ▸Brun. Der Name, der im Mittelalter beliebt war, trat gegen Ende des 19. Jh.s wieder in den Vordergrund. ✧ Bekannte Namensträger: der heilige Bruno, Erzbischof von Köln und Herzog von Lothringen, Sohn Kaiser Heinrichs I. und Bruder Kaiser Ottos I. (10. Jh.); NAMENSTAG:

11. Oktober; der heilige Bruno, Gründer des Kartäuserordens (11./12. Jh.); NAMENSTAG: 6. Oktober; Bruno Walter, deutscher Dirigent (19./20. Jh.); Bruno Bettelheim, amerikanischer Psychologe österreichischer Herkunft (20. Jh.); Bruno Ganz, schweizerischer [Film]schauspieler (20./21. Jh.).

Brurya: in Israel vergebener weibl. Vorn. aramäischer Herkunft (aram. *bruryā* »die [vor Gott] Reine«).

Bryan: ▸Brian. ✧ Bekannter Namensträger: Bryan Adams, amerikanischer Popsänger (20./21. Jh.).

Brygida: weibl. Vorn., polnische Form von ▸Brigitte.

Bryn [brɪn]: männl. Vorn. walisischer Herkunft, im 20. Jh. nach walisisch *bryn* »Hügel« geprägt. ✧ Bekannter Namensträger: Bryn Terfel, britischer Opernsänger (20./21. Jh.).

Bryony, (auch:) Briony ['braɪənɪ]: in den 1990er-Jahren aus dem Englischen entlehnter weibl. Vorn. nach der Pflanzenbezeichnung (engl. *bryony* »Bryonie«).

[1]Bülent: männl. Vorn. türkischer Herkunft (türk. *bülent* »hoch«). ✧ Bekannte Namensträger: Bülent Ceylan, deutscher Komiker türkischer Abstammung (20./21. Jh.).

[2]Bülent: weibl. Vorn., identisch mit ▸[1]Bülent.

Burak, (auch:) Buraq: männl. Vorn. arabischer Herkunft. Nach islamischer Tradition ist Buraq der Name des Reittiers, das den Propheten Mohammed während einer Nacht von der Erde zum Himmel und zurück trug.

Burchard: ▸Burkhard.

Burga: weibl. Vorn., Kurzform von Namen, die mit »Burg-« oder »-burg« gebildet sind (z. B. ▸Burghild oder ▸Walburga).

Burgel: weibl. Vorn., Koseform von ▸Burga.

Burghard, (auch:) Burghardt; Burghart: ▸Burkhard.

Burghild, (auch:) Burghilde: alter deutscher weibl. Vorn. (ahd. *burg* »Burg, Zufluchtsstätte, Schutz« + ahd. *hiltja* »Kampf; Kriegerin«).

Burgi: weibl. Vorn., Koseform von ▸Burga.

Burglind, (auch:) Burglinde: weibl. Vorn., Neubildung aus den alten Namenbestandteilen »Burg-« + »-lind« (ahd. *burg* »Burg, Zufluchtsstätte, Schutz« + ahd. *lind* »sanft, weich, mild«).

Burgunde, (auch:) Burgunda: in den 1930er-Jahren aufgekommener weibl. Vorn., Neubildung zum Landschaftsnamen Burgund.

Burkhard, (auch:) Burchard; Burghard; Burghardt; Burghart; Burkhart; Burkart: alter deutscher männl. Vorn. (ahd. *burg* »Burg, Zufluchtsstätte, Schutz« + ahd. *harti, herti* »hart, kräftig, stark«). Der Name war früher besonders in Franken und Schwaben beliebt. Namenspatron ist der heilige Burkhard, Bischof von Würzburg (8. Jh.); NAMENSTAG: 14. Oktober.

Burt [bəːt]: männl. Vorn., Kurzform des englischen Familien- und Vornamens *Burton*, der wiederum auf den gleichlautenden Ortsnamen zurückgeht, oder Schreibvariante von engl. *Bert*, Kurzform von ▸Albert. ✧ Bekannte Namensträger: Burt Lancaster, amerikanischer Schauspieler (20. Jh.); Burt Reynolds, amerikanischer Schauspieler (20./21. Jh.).

Buschra: weibl. Vorn. arabischer Herkunft (arab. *buschrā* »gute Neuigkeit«). Türk. Form: *Büşra*.

Busso: männl. Vorn., niederdeutsche Koseform von ▸Burkhard.

Bustan: weibl. Vorn. arabischer und neuhebräischer Herkunft (neuhebr. und arab. *bustān* »Obstgarten«).

Butaina, (auch:) Buthaina; Buthayna: weibl. Vorn. arabischen Ursprungs (arab. *buthaina*, Diminutiv von *bathua* »ebenes, leicht zu kultivierendes Land«).

Butros: männl. Vorn., arabische Form von ▸Peter.

Byron ['baɪrən]: männl. Vorn. nach dem englischen Familiennamen *Byron* (zu altengl. *bȳre* »Stall, Schuppen, Hütte«). Der Name ist durch den englischen Dichter Lord Byron (18./19. Jh.) bekannt.

C

Cäcilie, (auch:) Cäcilia; Cäzilia; Cecilie; Cecilia; Zäzilie; Zäzilia: in Deutschland seit dem 11. Jh. belegter weibl. Vorn. lateinischen Ursprungs. Lat. *Caecilia* ist die weibliche Form zu dem altrömischen Geschlechternamen *Caecilius*, der vielleicht etruskischen Ursprungs ist und später volksetymologisch zu lat. *caecus, -a, -um* »blind« gestellt wurde. Zur Verbreitung des Namens hat vor allem die Verehrung der heiligen Märtyrerin Cäcilie (3. Jh.) beigetragen. Seit dem 15. Jh. wird die heilige Cäcilie als Schutzheilige der Musik verehrt; NAMENSTAG: 22. November. Französ. Form: *Cécile* [se'sil]. Engl. Form: *Cecily* ['sɪsɪlɪ], ['sɛsɪlɪ]. Italien. Form: *Cecilia* [tʃe'tʃi:lia].

Caden ['keɪdən]: in Australien geläufiger männl. Vorn., ursprünglich ein irischer Familienname, der aus *Mac Cadáin* (»Sohn des Cadán«) hervorgegangen ist.

Caesar: ▸ Cäsar ✧ Bekannter Namensträger: Axel Caesar Springer, deutscher Verleger (20. Jh.).

Cai: ▸ 1Kai.

Caitlín, (auch:) Caitlin ['keɪtlin], ['kætli:n]: weibl. Vorn., aus altfranzös. *Catheline* entstandene irische Form von ▸ Katharina. In Deutschland wird dieser Vorname seit den 1990er-Jahren gelegentlich vergeben.

1Caius: männl. Vorn., ältere lateinische Schreibweise des römischen Vornamens *Gaius*, dessen Etymologie noch ungeklärt ist. ✧ Bekannter Namensträger: Caius (Gaius) Julius Cäsar, römischer Feldherr und Staatsmann (1. Jh. v. Chr.).

2Caius: männl. Vorn., Latinisierung von ▸ 1Kai in Anlehnung an ▸ 1Caius.

Caja: ▸ Kaja.

Cajetan: ▸ Kajetan.

Caleb ['keɪləb]: männl. Vorn., englische Form von ▸ Kaleb.

Calíope: weibl. Vorn., spanische Form von ▸ Kalliope.

Callum ['kæləm]: männl. Vorn., schottisch-gälische Form des Namens des aus Irland stammenden heiligen *Columba* (zu lat. *columba* »Taube«; latinisierte Form seines irischen Klosternamens *Colum Cille* »Taube der Kirche«), der im 6. Jh. in Schottland als Glaubensbote wirkte.

Calvin ['kælvɪn]: aus dem Englischen übernommener männl. Vorn., der auf den Genfer Reformator Johannes Calvin (16. Jh.) zurückgeht (zu lat. *calvus* »kahlköpfig«). Der Vorname wurde in Deutschland durch den amerikanischen Modeschöpfer Calvin Klein (20./21. Jh.) bekannt.

1Cameron ['kæmərən]: männl. Vorn., der auf einen schottischen Familiennamen zurückgeht. So heißt einer der großen Clans in den Highlands (zu gäl. *cam shron* »gekrümmte Nase«).

2Cameron: weibl. Vorn., identisch mit ▸ 1Cameron. ✧ Bekannte Namensträgerin: Cameron Diaz, amerikanische Schauspielerin (20./21. Jh.).

Camila: weibl. Vorn., spanische Form von ▸ Camilla.

Camill: ▸ Camillus.

Camilla, (auch:) Kamilla: weibl. Vorn., weibliche Form von ▸ Camillus, auch italienisch. Der Name kam in Deutschland seit dem Humanismus auf. ✧ Bekannte Namensträgerin: Camilla, Gemahlin des englischen Thronfolgers (20./21. Jh.); Französ. Form: *Camille* [ka'mij]. Engl. Aussprache: [kə'milə]. Span. Form: *Camila.* Poln. Form: *Kamila.* Tschech. Form: *Kamila.*

1Camille [ka'mij]: männl. Vorn., französische Form von ▸ Camillus. ✧ Bekannte Namensträger: Camille Corot, französischer Maler (18./19. Jh.); Camille Pissarro, französischer Maler (19./20. Jh.); Camille Saint-Saëns, französischer Komponist (19./20. Jh.).

²Camille [ka'mij]: weibl. Vorn., französische Form von ▸ Camilla. ✧ Bekannte Namensträgerin: Camille Claudel, französische Bildhauerin (19./20. Jh.).

Camillo, (eindeutschend:) Kamillo: männl. Vorn., italienische Form von ▸ Camillus. Der Vorname ist bekannt durch den Don Camillo in Guareschis Roman »Don Camillo und Peppone« (1948).

Camillus, (auch:) Kamillus; Camill; Kamill: in Deutschland vor allem seit Beginn des 19. Jh.s vorkommender männl. Vorn. lateinischer Herkunft. *Camillus* war der Beiname des altrömischen Geschlechts der Furii. Man bringt ihn in Verbindung mit den *camillī*, edelgeborenen Knaben, die den Priestern bei den Opfern halfen. Italien. Form: *Camillo*. Französ. Form: *Camille* [ka'mij]. Tschech. und poln. Form: *Kamil*.

Can [dʒɑn]: männl. Vorn. türkischer Herkunft (türk. *can* »Seele, Leben«, aus pers. *jān* »Seele, Herz, Geist, Leben«).

Candice ['kændɪs]: weibl. Vorn. englischer Herkunft, anscheinend eine moderne Form von *Candace*, einem Vornamen, der auf einen in der Apostelgeschichte überlieferten Titel äthiopischer Königinnen (griech. *kandákē*) zurückgeht. Die Namensform *Candice* ist wohl unter dem Einfluss von Namen mit der Endung »-ice« (▸ Janice) entstanden.

Candid: ▸ Candidus.

Candida: weibl. Vorn., weibliche Form von ▸ Candidus. Eine literarische Gestalt ist die Candida in George Bernard Shaws gleichnamigem Stück (1895).

Candido: männl. Vorn., italienische Form von ▸ Candidus.

Candidus, (auch:) Candid: männl. Vorn. lateinischen Ursprungs (lat. *candidus, -a, -um* »blendend weiß; fleckenlos; heiter; rein, lauter, ehrlich«).

Candy, (auch:) Candie ['kændɪ]: in den 1970er-Jahren entlehnter weibl. Vorn., vielleicht englische Kurzform von ▸ Candice, ▸ Candida, doch eher Neubildung zu amerikanisch-englisch *candy* »Süßigkeiten, Konfekt«.

Caner [dʒɑn'ɛr]: männl. Vorn. türkischer Herkunft (türk. *can* »Seele, Leben« + türk. *er* »Mann«).

Cansu [dʒɑn'su]: weibl. Vorn. türkischer Herkunft (türk. *can* »Seele, Leben« + türk. *su* »Wasser«).

Cara, (auch:) Kara: weibl. Vorn., weibliche Form von ▸ ¹Caro.

Carda, (auch:) Carde: weibl. Vorn., Kurzform von ▸ Ricarda.

Careen [kə'ri:n]: aus dem Englischen übernommener weibl. Vorn., der erstmals als Name einer Gestalt in Margaret Mitchells Roman »Vom Winde verweht« (1936, Verfilmung 1939) begegnet. Es handelt sich hierbei entweder um eine Erweiterung von ▸ Cara mit dem beliebten irischen Kosesuffix »-een« oder um eine Nebenform von ▸ Karen.

Carel: ▸ Karel.

Caren: ▸ Karen.

Carena: ▸ Karena.

Carima: ▸ Karima.

Carin: ▸ Karin.

Carina: weibl. Vorn., Schreibvariante von ▸ Karina. Dies gilt z. T. auch für den italienischen Vornamen *Carina*, der sonst auf die weibliche Form des römischen Beinamens *Carinus*, eine Ableitung von *Carus* (lat. *cārus* »lieb, wert, geschätzt«), zurückgehen kann. Einer heiligen Märtyrerin Carina gedenkt die katholische Kirche am 7. November. In Deutschland ist dieser Name seit den 1960er-Jahren anzutreffen.

Carine: ▸ Karina.

Carissima: weibl. Vorn. italienischer Herkunft (italien. *carissima* »die Liebste, Teuerste«).

Caritas, (auch:) Charitas: weibl. Vorn. lateinischer Herkunft (lat. *cāritās* »[Nächsten]liebe«, eine der drei göttlichen Tugenden). Engl. Form: *Charity* ['tʃærɪtɪ].

Carl: männl. Vorn., Schreibvariante von ▸ Karl, die auch in den englischsprachigen Ländern in Gebrauch ist. ✧ Bekannte

Namensträger: Carl Maria von Weber, deutscher Komponist (18./19. Jh.); Carl Spitzweg, deutscher Maler (19. Jh.); Carl Zeiss, deutscher Optiker und Unternehmer (19. Jh.); Carl Benz, deutscher Ingenieur und Automobilpionier (19./20. Jh.); Carl Bosch, deutscher Chemiker, Ingenieur und Industrieller (19./20. Jh.); Carl Sternheim, deutscher Schriftsteller (19./20. Jh.); Carl Orff, deutscher Komponist (19./20. Jh.); Carl Zuckmayer, deutscher Schriftsteller (19./20. Jh.); Carl Friedrich Freiherr von Weizsäcker, deutscher Physiker und Philosoph (20./21. Jh.).

Carla: weibl. Vorn., latinisierende Schreibung von ▸ Karla, auch italienisch, spanisch und katalanisch.

Carleen, (auch:) Carlin: weibl. Vorn., englische Weiterbildung von ▸ Carla. Engl. Aussprache: [kɑːˈlɪn].

Carlie, (auch:) Carly [ˈkɑːlɪ]: weibl. Vorn. englischer Herkunft, weibliche Bildung zu ▸ Carl.

Carlin, engl. Aussprache: [kɑːˈlɪn]: weibl. Vorn., englische Schreibvariante von ▸ Carleen.

Carlina, (auch:) Carline: ▸ Karlina.

Carlino: männl. Vorn., Erweiterung von ▸ Carlo.

Carlo: gegen Ende des 19. Jh.s entlehnter männl. Vorn., italienische Form von ▸ Karl. ✧ Bekannte Namensträger: Carlo Goldoni, italienischer Dramatiker (18. Jh.); Carlo Carrà, italienischer Maler (19./20. Jh.).

Carlos: in Deutschland seit den 1920er-Jahren vorkommender männl. Vorn., spanische Form von ▸ Karl. Bekannt ist der Name durch das Drama »Don Carlos« (1787) von F. Schiller sowie durch G. Verdis Oper (1867). ✧ Bekannte Namensträger: Carlos Kleiber, argentinischer Dirigent (20./21. Jh.); Carlos Fuentes, mexikanischer Schriftsteller (20./21. Jh.); Carlos Saura, spanischer Filmregisseur (20./21. Jh.); Carlos Ruiz Zafón, spanischer Schriftsteller (20./21. Jh.).

Carlota: weibl. Vorn., spanische Form von ▸ Charlotte.

Carlotta: weibl. Vorn., italienische Form von ▸ Charlotte.

Carly: ▸ Carlie.

Carmela: in den 1930er-Jahren aus dem Spanischen oder Italienischen übernommener weibl. Vorn., Nebenform von ▸ Carmen. Die Namensform geht auf die lateinische Bezeichnung des Berges Karmel, Mōns Carmēlus, zurück.

Carmelo: männl. Vorn., männliche Form von ▸ Carmela.

Carmen: aus dem Spanischen übernommener weibl. Vorn. Span. *Carmen* bezieht sich auf die *Virgen del Carmen* (die »Jungfrau [Maria] vom Berge Karmel«), deren Fest (16. Juli) auf ein Marienbild zurückgeht, das sich in dem Karmeliterkloster auf dem palästinischen Berge Karmel befindet. Die spanische Namensform *Carmen* ist unter dem Einfluss von lat. *carmen* »Gedicht, Gesang« entstanden. Der Name wurde in Deutschland durch Bizets gleichnamige Oper (1875) bekannt, doch entwickelte sich Carmen erst in den 1960er-Jahren zu einem modischen Namen. ✧ Bekannte Namensträgerin: Carmen Nebel, deutsche Fernsehmoderatorin (20./21. Jh.).

Carmina: weibl. Vorn., Koseform von ▸ Carmen.

¹Caro: männl. Vorn. italienischen Ursprungs. Der Name kommt zwar in Italien seit dem Spätmittelalter vereinzelt vor, doch ist für diesen seit der zweiten Hälfte des 20. Jh.s in Deutschland anzutreffenden Namen eher eine Neubildung zu italien. *caro, -a* »lieb, teuer« anzunehmen.

²Caro: weibl. Vorn., Kurzform von ▸ Carola, ▸ Carolina, auch niederländisch.

¹Carol, (auch:) Karol: männl. Vorn., der auf die latinisierte Form von ▸ Karl, *Carolus,* zurückgeht, auch rumänisch [ˈkarol] und englisch [ˈkærəl].

²Carol [ˈkærəl]: weibl. Vorn., englische Kurzform von ▸ Caroline.

Carola, (auch:) Karola: weibl. Vorn., weibliche Form von ▸ Carolus.

Carole [kaˈrol]: weibl. Vorn., französische Form von ▸ Carola.

Carolin, (auch:) Carolin; Karolin; Karolin: weibl. Vorn., in Deutschland in den 1960er-Jahren aufgekommene Verkürzung von ▸Carolina und ▸Caroline.

Carolina, (auch:) Karolina: weibl. Vorn., Weiterbildung von ▸Carola. Dieser Vorname wird in Deutschland seit dem 17. Jh. vergeben.

Caroline: ▸Karoline, auch englisch ['kærəlaın] und französisch [karɔ'lin]. ✧ Bekannte Namensträgerin: Caroline, Prinzessin von Monaco (20./21. Jh.).

Carolus, (auch:) Karolus: männl. Vorn., latinisierte Form von ▸Karl.

Carolyn ['kærəlın]: in den 1960er-Jahren aus dem Englischen übernommener weibl. Vorn., moderne Nebenform von ▸Caroline.

Carolyne ['kærəlaın]: weibl. Vorn. englischer Herkunft, moderne Nebenform von ▸Caroline.

Carrie, (auch:) Carry ['kærı]: weibl. Vorn., englische Koseform von ▸[2]Carol oder ▸Caroline.

Carsta: ▸Karsta.

Carsten: ▸Karsten.

Carter ['kɑ:tə]: vor allem in den USA geläufiger männl. Vorn., ursprünglich ein englischer Familienname, der auf einen Berufsnamen für den Fuhrmann (zu mittelengl. *cart[e]* »Wagen« bzw. zu altfranzös. *charetier* »Fuhrmann«) zurückgeht.

Cary ['kɛərı]: männl. Vorn. englischer Herkunft, ursprünglich ein Familienname, der wiederum auf den gleichlautenden Ortsnamen (Devon, Somerset) zurückgeht. ✧ Bekannter Namensträger: Cary Grant, amerikanischer Filmschauspieler britischer Herkunft (20. Jh.).

Cäsar, (auch:) Caesar; Cesar: männl. Vorn. lateinischer Herkunft, dessen Bedeutung unbekannt ist. Die Antike kannte vier verschiedene (volksetymologische) Deutungen des Namens; die bekannteste stellte ihn zu dem Verb *caedere, caesum* »schlagen, hauen, [heraus]schneiden«, weil der erste Träger dieses Namens bei der Geburt aus dem Mutterleib herausgeschnitten worden sein soll. Cäsar war ein Beiname im Geschlecht der Julier. Der berühmteste Namensträger war Gaius Julius Cäsar, römischer Feldherr und Staatsmann (1. Jh. v. Chr.). Der Name Cäsar kam in Deutschland in der Folge des Humanismus im 16./17. Jh. auf. Italien. Form: *Cesare* ['tʃe:zare]. Französ. Form: *César* [se'zar].

Casey ['keısı]: männl. Vorn. amerikanischer Herkunft, nach dem Spitznamen des amerikanischen Volkshelden Casey (eigtl. John Luther) Jones (19./20. Jh.), der unter Aufopferung seines Lebens vielen Passagieren des Zuges »Cannonball Express« das Leben rettete. Er wurde nach seinem Geburtsort Cayce, Kentucky, genannt.

Casimir: ▸Kasimir.

Caspar, (auch:) Casper: ▸Kaspar. ✧ Bekannter Namensträger: Caspar David Friedrich, deutscher Maler (18./19. Jh.).

Cassandra: ▸Kassandra.

Cassian, (auch:) Kassian: aus dem Lateinischen übernommener männl. Vorn., Weiterbildung von ▸Cassius. Namenspatron ist der heilige Cassianus, Märtyrer (3./4. Jh.); NAMENSTAG: 13. August.

Cassidy ['kæsıdı]: weibl. Vorn. englischer Herkunft, englische Form des irischen Familiennamens *Ó Caiside* (zu gäl. *cas* »lockig, mit lockigem Haar«).

Cassie, (auch:) Cassy ['kæsı]: in den 1980er-Jahren entlehnter weibl. Vorn., englische Koseform von ▸Kassandra.

Cassiopeia: weibl. Vorn. nach einer Gestalt aus der griechischen Mythologie, auch Name eines Sternbildes. In Deutschland begegnet dieser Vorname vereinzelt seit den 1980er-Jahren.

Cassius: männl. Vorn. lateinischen Ursprungs, der auf einen altrömischen Geschlechternamen zurückgeht. Der Name ist vor allem in den USA gebräuchlich. ✧ Bekannter Namensträger: Cassius Clay, amerikanischer Boxer, der 1965 seinen Namen in Muhammad Ali änderte. Engl. Aussprache: ['kæsıəs], amerikan. Aussprache: ['kæʃ[ı]əs].

Cassy: ▸Cassie.

Castor: ▸ Kastor.

Catalina: weibl. Vorn., spanische Form von ▸ Katharina.

Catarina: ▸ Katharina.

Caterina: weibl. Vorn., italienische Form von ▸ Katharina.

Catharina: ▸ Katharina.

[1]**Catherine** [ka'trin]: weibl. Vorn., französische Form von ▸ Katharina. ✧ Bekannte Namensträgerin: Catherine Deneuve, französische Filmschauspielerin (20./21. Jh.).

[2]**Catherine** ['kæθərɪn], ['kæθrɪn]: weibl. Vorn., englische Form von ▸ Katharina. ✧ Bekannte Namensträgerin: Prinzessin Catherine, Gemahlin von Prinz William, Sohn des britischen Thronfolgers (20./21. Jh.), Catherine Zeta-Jones, walisische Schauspielerin (20./21. Jh.).

Cathie ['kæθɪ]: weibl. Vorn., englische Koseform von *Catherine* (▸ Katharina).

Cathleen, (auch:) Kathleen ['kæθli:n]: in den 1960er-Jahren aus dem Englischen übernommener weibl. Vorn., englische Form des irischen Vornamens ▸ Caitlín.

Cathrin: weibl. Vorn., Schreibvariante von ▸ Kathrin.

Cathrina: ▸ Kathrina.

Cathy ['kæθɪ]: in den 1960er-Jahren entlehnter weibl. Vorn., englische Koseform von ▸ Katharina. ✧ Bekannte Namensträgerin: Cathy Freeman, australische Leichtathletin (20./21. Jh.).

Catina: weibl. Vorn., italienische Koseform von *Caterina* (▸ Katharina).

Cato: weibl. Vorn., ursprünglich französische, dann niederländische Kurzform von ▸ Katharina.

Catrice, (auch:) Katrice [ka'tris], [ka'tri:tʃe]: weibl. Vorn., vermutlich Neubildung zu ▸ Katharina in Anlehnung an Namen auf »-ice« wie französ. *Alice* [a'lis], italien. *Beatrice* [bea'tri:tʃe] u. a.

Catrin: ▸ Kathrin.

Catrina: ▸ Kathrina.

Catriona: in den 1980er-Jahren aus dem Englischen entlehnter weibl. Vorn., englische Schreibweise einer gälischen (schottischen, irischen) Form von ▸ Katharina. Eine bekannte literarische Gestalt ist die Catriona in dem gleichnamigen Roman von R. L. Stevenson (1893). Engl. Aussprache: [kə'trɪənə], [kə'tri:nə], [kætrɪ'əunə].

Cattleya, (auch:) [ka'tlaia]: in Deutschland seit Beginn des 21. Jh.s vereinzelt vorkommender weibl. Vorn. nach einer Orchideengattung im tropischen Amerika. Sie wurde nach dem britischen Botaniker William Cattley (19. Jh.) benannt.

[1]**Cay:** ▸ [1]Kai.

[2]**Cay:** ▸ [3]Kai.

Caya: ▸ [2]Kaya.

Cäzilia: ▸ Cäcilie.

Cecil ['sɛsl], ['sɪsl]: in den 1970er-Jahren entlehnter männl. Vorn., englische Form des altrömischen Geschlechternamens *Caecilius* (▸ Cäcilie).

Cécile [se'sil]: weibl. Vorn., französische Form von ▸ Cäcilie.

[1]**Cecilia,** (auch:) Cecilie: weibl. Vorn., Nebenform von ▸ Cäcilie.

[2]**Cecilia** [tʃe'tʃi:li̯a]: weibl. Vorn., italienische Form von ▸ Cäcilie. ✧ Bekannte Namensträgerin: Cecilia Bartoli, italienische Opernsängerin (20./21. Jh.).

Cecily ['sɪsɪlɪ], ['sɛsɪlɪ]: weibl. Vorn., englische Form von ▸ Cäcilie.

Cecylia: weibl. Vorn., polnische Form von ▸ Cäcilie.

Warum dürfen kleine Mädchen nicht »Blume« oder »Sonne« heißen?

Nach dem deutschen Namenrecht sind Wörter des allgemeinen Sprachgebrauchs, etwa Bezeichnungen für Gegenstände, Eigenschaften, Tiere, Gefühle oder Vorstellungen als Vornamen unzulässig. Daher werden Namen wie »Diadem«, »Klug«, »Igel«, »Charme« vom Standesamt nicht akzeptiert. Ausnahmen bilden Namen, die seit Jahrhunderten zum deutschen Vornamenschatz gehören, wie etwa *Engel, Kraft* oder *Ernst.* Gleiches gilt für Wörter aus dem allgemeinen Wortschatz fremder Sprachen, wenn sie in diesen Sprachen seit Langem auch als Vornamen gebräuchlich sind, wie etwa *Melody* oder *Joy.*

Cedric, (auch:) Cedrik ['sidrɪk], ['sɛdrɪk]: in den 1970er-Jahren aus dem Englischen übernommener männl. Vorn., der von Walter Scott für eine Gestalt seines Romans »Ivanhoe« (1820) erfunden wurde. Vielleicht handelt es sich dabei um eine ungenaue Wiedergabe des Namens des angelsächsischen Gründers des Königreichs Wessex, Cerdic (6. Jh.). Eine weitere literarische Gestalt, die Einfluss auf die englische und amerikanische Namengebung übte, war Cedric, die Hauptperson des Romans »Der Kleine Lord« (1886) von F. H. Burnett.

Cees, (auch:) Kees: männl. Vorn., niederländische Kurzform von ▸ Cornelius. ✧ Bekannter Namensträger: Cees (Cornelis) Nooteboom, niederländischer Schriftsteller (20./21. Jh.).

Celal [dʒɛ'lal]: männl. Vorn., türkische Form des arabischen Namens ▸ Djalal.

Celeste: weibl. Vorn. lateinischen Ursprungs (lat. *caelestis* »himmlisch«), der bereits in der frühchristlichen Namengebung Verwendung fand; auch italienisch [tʃe'leste], spanisch [θe'lɛste] und englisch [sɪ'lɛst]. Französ. Form: *Céleste* [se'lɛst].

Celestina: weibl. Vorn., italienische [tʃeles'tina] und spanische [θeles'tina] Form von ▸ Cölestina.

Celestino: männl. Vorn., italienische [tʃeles'tino] und spanische Form [θeles'tino] von ▸ Cölestin.

Celia: seit den 1960er-Jahren vorkommender weibl. Vorn. lateinischen Ursprungs, weibliche Form des römischen Geschlechternamens *Caelius* (vielleicht zu lat. *caelum* »Himmel«). Heute wird Celia als Kurzform von ▸ Cäcilie aufgefasst.

Celina, (auch:) Celine; Celin: weibl. Vorn., im 20. Jh. aufgekommene deutsche Varianten des französischen Vornamens ▸ Céline. Dessen italienische Entsprechung lautet Celina [tʃe'lina].

Céline [se'lin]: weibl. Vorn., französische Form des römischen Frauennamens *Caelina*, einer Ableitung von Caelia (▸ Celia), oder Kurzform von ▸ Marceline. ✧ Bekannte Namensträgerin: Céline Dion, kanadische Sängerin (20./21. Jh.).

Cellina: weibl. Vorn., Schreibvariante von ▸ Celina oder italienische Kurzform [tʃe'lina] von ▸ Marcellina.

Cem [dʒɛm]: männl. Vorn. türkischer Herkunft (»Herrscher, König«).

Cemal [dʒɛ'mal]: männl. Vorn., türkische Form des arabischen Namens ▸ Djamal.

Cemil [dʒɛ'mil]: männl. Vorn., türkische Form des arabischen Namens ▸ Djamil.

Cemile [dʒɛmi'lɛ]: weibl. Vorn., türkische Form des arabischen Namens ▸ Djamila.

Cengiz [dʒɛŋ'giz], (auch:) Cengizhan [dʒɛɲgiz'han]: männl. Vorn., türkische Formen des Namens des Gründers des Mongolischen Weltreichs, Dschingis Khan (vielleicht »ozeangleicher Herrscher«) (12./13. Jh.).

Centa: weibl. Vorn., Kurzform von *Vincenta* (▸ Vinzentia).

Ceres: weibl. Vorn., der auf den Namen der Göttin des Ackerbaus in der römischen Mythologie zurückgeht.

Cesar: ▸ Cäsar. ✧ Bekannter Namensträger: Cesar Bresgen, österreichischer Komponist (20. Jh.).

César [se'zar]: männl. Vorn., französische Form von ▸ Cäsar. ✧ Bekannter Namensträger: César Franck, französischer Komponist deutsch-belgischer Herkunft (19. Jh.).

Cesare ['tʃe:zare]: männl. Vorn., italienische Form von ▸ Cäsar. ✧ Bekannter Namensträger: Cesare Borgia, italienischer Renaissancefürst (15./16. Jh.).

Çetin [tʃɛ'tin]: männl. Vorn. türkischer Herkunft (türk. *çetin* »feurig, lebhaft«).

Ceyhan [dʒeɪ'hɑn]: weibl. Vorn. türkischer Herkunft (türk. *ceyhan* »Gazelle«).

Chabela [tʃa'bɛla], (auch:) Chabeli [tʃa'bɛli]: weibl. Vorn., spanische Koseform von ▸ Isabel.

Chadwick ['tʃædwɪk]: männl. Vorn. englischer Herkunft, dem ein Familienname nach dem gleichlautenden englischen Ortsnamen zugrunde liegt.

Chaim, (auch:) Haim: männl. Vorn. neuhebräischen Ursprungs (neuhebr. *chayim* »Leben«).

Chana, (auch:) Chanah: weibl. Vorn., neuhebräische Form von ▸ [1]Hanna.

Chandan ['tʃandan]: aus Indien stammender männl. Vorn. (sanskrit. *candana* »Sandelholz«).

Chander ['tʃandər]: aus Indien stammender männl. Vorn., Nebenform von ▸ [1]Chandra.

[1]**Chandra** ['tʃandra]: aus Indien stammender männl. Vorn. (sanskrit. *candra* »Mond«).

[2]**Chandra:** weibl. Vorn., identisch mit ▸ [1]Chandra.

Chandrakant [tʃandra'kant]: aus Indien stammender männl. Vorn. (sanskrit. *candra* »Mond« + sanskrit. *kānta* »geliebt«: »der vom Mond Geliebte«, auch Name des sagenhaften Mondsteins und der weißen, essbaren Wasserlilie).

Chandrakanta [tʃandra'kanta]: weibl. Vorn., weibliche Form von ▸ Chandrakant.

Chanel [ʃa'nɛl]: in den USA in den 1980er-Jahren aufgekommener weibl. Vorn. nach dem bekannten französischen Parfüm, das 1921 von der französischen Modeschöpferin Coco Chanel kreiert wurde. Dem Familiennamen Chanel liegt eine Verkleinerungsform von altfranzös. *chane* »Krug, Flüssigkeitsmaß« zugrunde.

Chaniya ['tʃa:nija]: in Kenia und Tansania vorkommender weibl. Vorn., der auf Suaheli »reich« bedeutet.

Chantal [ʃã'tal]: in der zweiten Hälfte des 20. Jh.s aus dem Französischen übernommener weibl. Vorname. Der Name geht zurück auf den Nachnamen der französischen Heiligen Jeanne Françoise Frémyot de Chantal (16./17. Jh.); NAMENSTAG: 12. Dezember.

Chantale, (auch:) Chantalle [ʃã'tal]: weibl. Vorn., außerhalb Frankreichs aufgekommene Varianten von ▸ Chantal.

Charis: weibl. Vorn. griechischen Ursprungs (griech. *cháris* »Anmut, Liebreiz; Huld, Gnade«), auch englisch ['kærɪs]. In Deutschland kommt Charis seit den 1970er-Jahren vor.

Charise [ʃa'ris]: weibl. Vorn., französische Form von ▸ Charis.

Charissa: weibl. Vorn., englische [kæ'rɪsə] und niederländische Erweiterung von ▸ Charis.

Charitas: ▸ Caritas.

Charity ['tʃærɪtɪ]: weibl. Vorn., englische Form von ▸ Caritas.

Charleen, (auch:) Charlene [tʃɑ:'li:n]: weibl. Vorn. englischer Herkunft, weibliche Bildung zu *Charles* (▸ Karl). In Deutschland setzt die Vergabe dieses Vornamens in den 1970er-Jahren ein.

Charlène [ʃar'lɛn]: weibl. Vorn., französische Form von *Charlene* (▸ Charleen). ✧ Bekannte Namensträgerin: Charlène, Fürstin von Monaco (20./21. Jh.).

Charles: männl. Vorn., englische [tʃɑ:lz] und französische [ʃarl] Form von ▸ Karl. ✧ Bekannte Namensträger: Charles Dickens, englischer Schriftsteller (19. Jh.); Charles Baudelaire, französischer Dichter (19. Jh.); Charles de Gaulle, französischer General und Politiker (19./20. Jh.); Charles Aznavour, französischer Chansonnier und Filmschauspieler armenischer Abkunft (20./21. Jh.); Charles, Prince of Wales, Duke of Cornwall, britischer Thronfolger (20./21. Jh.).

[1]**Charlie,** (auch:) Charley; Charly ['tʃɑ:lɪ]: männl. Vorn., englische Koseform von *Charles* (▸ Karl). Allgemein bekannt ist der Charlie Brown aus der amerikanischen Comicserie »Die Peanuts«. ✧ Bekannte Namensträger: Charlie Chaplin, britischer Filmkomiker (19./20. Jh.); Charlie Parker, amerikanischer Jazzmusiker (20. Jh.).

[2]**Charlie,** (auch:) Charley ['tʃɑ:lɪ]: weibl. Vorn., englische Koseform von ▸ Charlotte. Eine bekannte literarische Gestalt ist die Charlie in U. Plenzdorfs Roman »Die neuen Leiden des jungen W.« (1973).

Charline: weibl. Vorn., französische [ʃar'lin] und englische [tʃɑ:'lin] weibliche Form von *Charles* (▸ Karl). In Deutschland kommt Charline seit den 1970er-Jahren vor.

Charlize [tʃɑːˈliːz]: nach der Jahrtausendwende aus dem Englischen entlehnter weibl. Vorn., englische Variante von *Charlisa*, einer weiblichen Bildung zu ▸ Charles. ✧ Bekannte Namensträgerin: Charlize Theron, südafrikanische Schauspielerin (20./21. Jh.).

Charlọtt, (auch:) Charlọt: weibl. Vorn., die französische Aussprache wiedergebende Form von ▸ Charlotte.

Charlọtta: weibl. Vorn., latinisierte Form von ▸ Charlotte.

Charlotte:

Im 17. Jh., als das Vorbild der französischen Kultur und Mode hoch im Kurs stand, kam *Charlotte* zusammen mit anderen französischen Vornamen (z. B. *Henriette*) in Deutschland auf und entwickelte sich im 18./19. Jh. zu einem Modenamen. Zu Beginn des 20. Jh.s war *Charlotte* noch immer ein geschätzter Vorname, doch schwand er ab den 1930er-Jahren nahezu vollständig aus der Namengebung. Durch die »nostalgische« Namenwelle wurde *Charlotte* um 1980 wieder attraktiv. Die Rückkehr von *Charlotte* ist nicht auf Deutschland beschränkt. In Frankreich kam es ebenfalls gegen Ende des 20. Jh.s zu einer Neubelebung dieses Vornamens.

Charlọtte: aus dem Französischen übernommener weibl. Vorn., weibliche Form von *Charles* (▸ Karl). ✧ Bekannte Namensträgerinnen: Kurfürstin Sophie Charlotte von Preußen, nach der Charlottenburg in Berlin genannt ist (17./18. Jh.); Charlotte Buff, Vorbild der Lotte in Goethes »Werther« (18./19. Jh.); Charlotte von Stein, Goethes Freundin (18./19. Jh.); Charlotte Brontë, englische Schriftstellerin (19. Jh.); Charlotte Rampling, englische Schauspielerin (20./21. Jh.); Charlotte Link, deutsche Schriftstellerin (20./21. Jh.). Französ. Aussprache: [ʃarˈlɔt]. Engl. Aussprache: [ˈʃɑːlət]. Italien. Form: *Carlọtta*. Span. Form: *Carlọta*.

Charly: ▸ [1]Charlie.

Charlyn [tʃɑˈliːn]: weibl. Vorn., Variante von ▸ Charleen oder ▸ Charline.

Charmaine [tʃɑːˈmeɪn]: aus dem Englischen übernommener weibl. Vorn., entweder eine Nebenform zu dem weibl. Vorn. *Charmian* (zu griech. *chárma* »Freude«) oder Neuprägung nach engl. *charm* »Anmut, Charme«. In den USA und in England ist Charmaine seit dem 20. Jh. gebräuchlich.

Charo [ˈtʃaro]: weibl. Vorn., spanische Koseform von ▸ Rosario.

Chase [tʃeɪs]: vor allem in den USA geläufiger männl. Vorn., ursprünglich ein Familienname, der auf einen Übernamen für den Jäger (zu altfranzös. *chase* »Jagd«) zurückgeht.

Chausiku [tʃauˈsiːku]: in Kenia und Tansania vorkommender weibl. Vorn., der auf Suaheli »in der Nacht geboren« bedeutet (zu suaheli *usiku* »Nacht«).

Cha̱ya, (auch:) Ha̱ya: weibl. Vorn. neuhebräischen Ursprungs (hebr. *chayā* »lebendig«).

Chayenne: ▸ Cheyenne.

Che [tʃe]: in Deutschland vereinzelt vorkommender männl. Vorn., der auf den Spitznamen des aus Argentinien stammenden Politikers und Guerillaführers Ernesto Guevara (20. Jh.) zurückgeht. Im Spanischen ist Che kein Vorname, sondern eine Interjektion, mit der man in Argentinien, Bolivien und Uruguay Verwunderung ausdrückt bzw. Personen und Tiere ruft. Guevaras Spitzname zielte vor allem auf seine argentinische Sprechweise ab.

Cheli [ˈtʃɛli]: weibl. Vorn., spanische Koseform von ▸ Consuelo.

Chelsea [ˈtʃɛlsɪ]: in den 1980er-Jahren aus dem Englischen übernommener weibl. Vorn., der auf den Namen eines Londoner Stadtteils zurückgeht.

Chema [ˈtʃema]: männl. Vorn. spanischer Herkunft, aus José María (▸ José, ▸ Maria) entstandene Doppelform.

Chen [tʃen]: männl. Vorn. chinesischer Herkunft, der »groß« bedeutet.

Cher [tʃɛə], [ʃɛə]: weibl. Vorn., Kurzform

von ▸Cheryl, ▸Cherilyn. ✧ Bekannte Namensträgerin: Cher (eigtl. Cherilyn Sarkassian La Pierre), amerikanische Sängerin und Schauspielerin (20./21. Jh.).

Chérie [ʃeˈri]: vereinzelt vorkommender weibl. Vorn. zu französ. *chérie* »Liebling«. Dieser Vorname ist in Frankreich nicht üblich, begegnet aber im Englischen in der Schreibweise »Cherie«.

Cherilyn [ˈtʃɛrılın]: um die Jahrtausendwende aus dem Englischen entlehnter weibl. Vorn., Erweiterung von ▸Cheryl.

Cherine [ʃeˈri:n]: weibl. Vorn., Weiterbildung von ▸Chérie.

Chérise, (auch:) Cherise [ʃeˈris]: weibl. Vorn., Weiterbildung von ▸Chérie.

Cherry [ˈtʃɛrı]: weibl. Vorn. englischer Herkunft, der früher als Koseform von ▸Charity in Gebrauch war, heute aber als englische Schreibweise von ▸Chérie angesehen wird. Gelegentlich geht die Vergabe dieses Vornamens auch auf engl. *cherry* »Kirsche« zurück.

Cheryl [ˈtʃɛrıl]: aus dem Englischen entlehnter weibl. Vorn., der um 1920 aus ▸Cherry unter dem Einfluss von ▸Beryl entstand. ✧ Bekannte Namensträgerin: Cheryl Studer, amerikanische Opernsängerin (20./21. Jh.).

Chester [ˈtʃɛstə]: männl. Vorn. englischer Herkunft, der auf den gleichlautenden englischen Familiennamen mit der Bedeutung »jemand aus der Stadt Chester« zurückgeht.

Cheyenne, (auch:) Chayenne [ʃaıˈæn], [ʃaıˈɛn]: in den 1990er-Jahren aus dem Angloamerikanischen übernommener weibl. Vorn., der auf den Namen eines zum Verband der Algonkin gehörenden Indianerstammes zurückgeht.

Chiara [ˈki̯a:ra]: in den 1970er-Jahren entlehnter weibl. Vorn., italienische Form von ▸Clara.

Chimène [ʃiˈmɛn]: weibl. Vorn., französische Form von ▸Jimena.

Chinook [tʃiˈnu:k]: weibl. Vorn. amerikanischer Herkunft nach der Bezeichnung eines föhnartigen Windes im Westen der USA, auch Name eines Indianerstammes.

Chinua [ˈtʃi:nua]: aus Nigeria stammender männl. Vorn., der in der Ibo-Sprache »Gottes Segen« bedeutet. ✧ Bekannter Namensträger: Chinua Achebe, nigerianischer Schriftsteller (20./21. Jh.).

Chlọdwig: männl. Vorn., der auf den Namen des ersten katholischen Frankenkönigs (5./6. Jh.) zurückgeht. Chlodwig (altfränkisch *Chlodovech*) entspricht ▸Ludwig.

Chloe [ˈklo:ə], [ˈxlo:ə]: weibl. Vorn. griechischen Ursprungs (griech. *chlóē* »junges Grün; junger Trieb; junges Mädchen«). In der griechischen Mythologie ist Chloe der Beiname der Erd- und Muttergöttin Demeter. In der Literatur des Barock und des Rokoko tragen Mädchen in Hirtenidyllen häufig diesen Namen nach dem Vorbild des Schäferromans »Daphnis und Chloe« von Longos (3. Jh. n. Chr.). Französ. Form: *Chloé* [kloˈe]. Engl. Aussprache: [ˈkləʊı].

Chole [ˈtʃolɛ]: weibl. Vorn., in Mexiko geläufige Koseform von ▸Soledad.

[1]Chrịs, (auch:) [1]Krịs; [1]Crịs: männl. Vorn., in den 1960er-Jahren aus dem Englischen übernommene Kurzform von *Christopher* (▸Christoph).

[2]Chrịs, (auch:) [2]Krịs; [2]Crịs: weibl. Vorn., in den 1960er-Jahren aus dem Englischen übernommene Kurzform von ▸Christine.

Chrịsta, (auch:) Crịsta; Krịsta: weibl. Vorn., Kurzform von ▸Christiane. ✧ Bekannte Namensträgerinnen: Christa Ludwig, österreichische Opernsängerin (20./21. Jh.); Christa Wolf, deutsche Schriftstellerin (20./21. Jh.).

[1]Chrịstel, (oberdeutsch auch:) [1]Chrịstl: männl. Vorn., Koseform von ▸Christian.

[2]Chrịstel, (oberdeutsch auch:) [2]Chrịstl: weibl. Vorn., Koseform von ▸Christiane oder dessen Kurzform ▸Christa. Bekannt ist der Name durch das Lied »Ich bin die Christel von der Post« aus Carl Zellers Operette »Der Vogelhändler« (1891) und durch G. Jarnos Operette »Die Försterchristel« (1907).

Christella: weibl. Vorn., latinisierte Form von ▸ Christelle.

Christelle [kris'tɛl]: weibl. Vorn., französische Umwandlung von ▸ Christine mit der Endung »-elle«.

Christen: männl. Vorn., Nebenform von ▸ Christian.

Christer: ▸ Krister.

Christfried: in der Zeit des Pietismus (17./18. Jh.) gebildeter männl. Vorn. aus »Christ-« und dem alten Namenbestandteil »-fried« (ahd. *fridu* »Schutz vor Waffengewalt, Friede; Friedenswahrer«).

Christhard, (auch:) Christhart: im 20. Jh. gebildeter männl. Vorn. aus »Christ-« und dem alten Namenbestandteil »-hart« (ahd. *harti, herti* »hart, kräftig, stark«).

Christhild, (auch:) Christhilde: im 20. Jh. gebildeter weibl. Vorn. aus »Christ-« und dem alten Namenbestandteil »-hild« (ahd. *hiltja* »Kampf; Kriegerin«).

Christian, (auch:) Cristian; Kristian: aus dem Lateinischen übernommener männl. Vorn. griechischen Ursprungs (lat. *Chrīstiānus* »zu Christus gehörend, Anhänger Christi, Christ« zu *Christus* »Christus« aus griech. *Christós* »der Gesalbte«). Der Name fand bereits im Mittelalter Eingang in die deutsche Namengebung. Nach der Reformation war er vor allem bei Protestanten in Norddeutschland anzutreffen. In der zweiten Hälfte des 20. Jh.s gehörte Christian zu den beliebtesten männlichen Vornamen in Deutschland. ✧ Bekannte Namensträger: Christian Fürchtegott Gellert, deutscher Dichter (18. Jh.); Christian Morgenstern, deutscher Dichter (19./20. Jh.); Christian Rohlfs, deutscher Maler (19./20. Jh.); Christian Dior, französischer Modeschöpfer (20. Jh.); Christian Thielemann, deutscher Dirigent und Pianist (20./21. Jh.); Christian Wulff, deutscher Politiker (20./21. Jh.). Als zweiter Vorname: Hans Christian Andersen, dänischer Schriftsteller (19. Jh.). Dän., schwed., norweg. Form: *Kristian*. Poln. Form: *Krystian* ['kristjan].

Christiane, (auch:) Christiana; Kristiane: weibl. Vorn., weibliche Form von ▸ Christian. ✧ Bekannte Namensträgerinnen: Christiane Vulpius, Goethes Gattin (18./19. Jh.); Christiane Hörbiger, österreichische [Film]schauspielerin (20./21. Jh.). Poln. Form: *Krystiana* [kris'tjana].

Christie ['krɪstɪ]: weibl. Vorn., englische Koseform von ▸ Christine.

Christien: weibl. Vorn., niederländische Form von ▸ Christine oder Eindeutschung von französisch Christine [kris'tin].

Christin, (auch:) Cristin; Kristin: weibl. Vorn., in den 1960er-Jahren aufgekommene Nebenform von ▸ Christine.

Christine, (auch:) Christina: in Deutschland seit dem Mittelalter beliebter weibl. Vorn., Nebenform von ▸ Christiane. Namenspatronin ist die heilige Christina von Bolsena, Märtyrerin (3./4. Jh.); NAMENSTAG: 24. Juli. ✧ Bekannte Namensträgerinnen: Christine de Pisan, französische Dichterin (14./15. Jh.); Königin Christina von Schweden (17. Jh.); Christine Brückner, deutsche Schriftstellerin (20. Jh.); Christina Aguilera, amerikanische Sängerin und Schauspielerin (20./21. Jh.); Christine Nöstlinger, österreichische Schriftstellerin (20./21. Jh.). Schwed. Form: *Kristina*. Dän. Formen: *Kristine*; *Kirstine*. Italien. und span. Form: *Cristina*. Französ. Form: *Christine* [kris'tin]. Tschech. Form: *Kristýna* ['kristi:na]. Poln. Form: *Krystyna* [kris'tina].

¹Christl: ▸ ¹Christel.

²Christl: ▸ ²Christel.

Christlieb: in der Zeit des Pietismus (17./18. Jh.) gebildeter männl. Vorname.

Christmar: im 20. Jh. gebildeter männl. Vorn. aus ▸ Christ(ian) und dem alten Namenbestandteil »-mar« (ahd. *māri* »bekannt, berühmt, angesehen«).

Christof: ▸ Christoph.

Christoffer: männl. Vorn., ältere Form von ▸ Christoph oder Schreibvariante von engl. ▸ Christopher.

Christoph, (auch:) Christof; Kristof: männl. Vorn. griechischen Ursprungs (griech. *Christophóros* »Christus tragend«). Christoph fand im Mittelalter Verbreitung als Name des heiligen Christophorus (3. Jh.), der als einer der vierzehn Nothelfer verehrt wurde; NAMENSTAG: 24. Juli. Um seinen Namen bildete sich die Legende von dem Riesen, der das Jesuskind auf den Schultern durch das Wasser trägt. ✧ Bekannte Namensträger: Christoph Columbus, Entdecker Amerikas (15./16. Jh.); Christoph Willibald Gluck, deutscher Komponist (18. Jh.); Christoph Martin Wieland, deutscher Dichter (18./19. Jh.); Christoph Waltz, deutscher Schauspieler (20./21. Jh.); Christoph Schlingensief, deutscher Regisseur (20./21. Jh.); Christoph Hein, deutscher Schriftsteller (20./21. Jh.). Französ. Form: *Christophe* [kris'tɔf]. Engl. Form: *Christopher* ['krɪstəfə]. Poln. Form: *Krzysztof* ['kʃiʃtɔf].

Christophe [kris'tɔf]: männl. Vorn., französische Form von ▸ Christoph.

Christopher ['krɪstəfə]: männl. Vorn., englische Form von ▸ Christoph. ✧ Bekannter Namensträger: Christopher Wren, englischer Baumeister, Mathematiker und Astronom (17./18. Jh.).

Christos: männl. Vorn. griechischer Herkunft, Kurzform von *Christóphoros* (▸ Christoph).

Cian ['kɪən]: männl. Vorn. irischer Herkunft, der auf einen alten gälischen Personennamen mit der Bedeutung »alt, beständig« zurückgeht.

Ciara ['kɪərə]: weibl. Vorn. irischer Herkunft, moderne weibliche Bildung zu ▸ Ciarán.

Ciarán, (auch:) Kieran ['kɪərən]: männl. Vorn. irischer Herkunft, ursprünglich ein Beiname, der auf eine Verkleinerungsform von gäl. *ciar* »schwarz« zurückgeht.

Çiğdem [tʃi:'dɛm]: weibl. Vorn. türkischer Herkunft (türk. *çiğdem* »Krokus«).

Cilia, (auch:) Cilja: weibl. Vorn., Kurzform von ▸ Cäcilia.

Cilla: ▸ [1]Zilla.

Cilli, (auch:) Cilly; Zilli: weibl. Vorn., Kurzform von ▸ Cäcilia.

Cinderella [tsɪnde'rɛla]; engl. Aussprache: [sɪndə'rɛlə]: weibl. Vorn. englischer Herkunft, nach der bekannten Märchenfigur; *Cinderella* ist die englische Bezeichnung für »Aschenputtel« (zu engl. *cinders* »Asche«). In Deutschland wird dieser Vorname seit den 1970er-Jahren vergeben.

Cindy, (auch:) Sindy ['sɪndɪ]: aus dem Englischen übernommener weibl. Vorn., englische Kurzform von Namen wie *Lucinda* (▸ Lucinde), ▸ Cynthia und ▸ Cinderella. Seit Ende der 1950er-Jahre ist der Name in Deutschland anzutreffen. ✧ Bekannte Namensträgerin: Cindy Crawford, amerikanisches Topmodel (20./21. Jh.).

Cinja: weibl. Vorn.; vielleicht Neubildung nach dem Pflanzennamen Zinnie.

Cintia ['θintia]: weibl. Vorn., spanische Form von ▸ Cynthia.

Cinzia ['tʃintsia]: weibl. Vorn., italienische Form von ▸ Cynthia.

Citlalli [sit'lalji]: aus Mexiko stammender weibl. Vorn., der in der Indianersprache Nahuatl »Stern« bedeutet.

Claas: männl. Vorn., niederdeutsche und niederländische Kurzform von ▸ Nikolaus.

Claire ['klɛ:rə], franz. Aussprache: [klɛ:r]: im 19. Jh. aus dem Französischen übernommener weibl. Vorn., französische Form von ▸ Clara.

Clamor: männl. Vorn. lateinischen Ursprungs (lat. *clāmor* »Ruf, Schrei«). Der Name, der nicht vor Ende des 16. Jh.s erscheint, und dann wohl nur in protestantischen Familien Norddeutschlands, ist vermutlich aus dem liturgischen Gottesdienst entstanden. Dort begegnet öfters die Bitte: *Domine, exaudi orationem meam* (Herr, schenke meinem Gebet Gehör!), worauf die Antwort lautet: *Et clamor meus ad te veniat* (Und mein Ruf gelange zu Dir!). Eine literarische Gestalt ist der Clamor in Ernst Jüngers Roman »Die Zwille«.

Clara, (auch:) Klara: weibl. Vorn. lateinischen Ursprungs (lat. *clārus, -a, -um* »hell, leuchtend, klar, deutlich, berühmt«). Clara fand im Mittelalter als Name der heiligen Klara von Assisi (12./13. Jh.), der Gründerin des Klarissenordens, Verbreitung; NAMENSTAG: 11. August. Zurzeit gehört Clara zu den modischen Vornamen. ✧ Bekannte Namensträgerinnen: Clara

Josephine Schumann, deutsche Pianistin (19. Jh.); Clara Zetkin, deutsche Politikerin (19./20. Jh.). Italien. Form: *Chiara* ['ki̯a:ra]. Französ. Form: *Claire* [klɛ:r]. Engl. Form: *Clare* [klɛə]. Span. Form: *Clara*.

Cläre: weibl. Vorn., eindeutschende Schreibung von ▸ Claire.

Clarissa, (auch:) Klarissa: weibl. Vorn., der auf eine mittellateinische Ableitung von ▸ Clara zurückgeht, auch englisch [klə'rɪsə]. Der Name wurde in Deutschland im 18. Jh. durch Clarissa, die Heldin von Samuel Richardsons gleichnamigem Roman (deutsche Übersetzung 1748), weiteren Kreisen bekannt. Eine weitere literarische Gestalt ist Clarissa Rodde in Thomas Manns Roman »Doktor Faustus« (1947).

Clarisse: weibl. Vorn., Nebenform von ▸ Clarissa, auch französisch [kla'ris]. Eine literarische Gestalt ist die Clarisse in Robert Musils Roman »Der Mann ohne Eigenschaften«.

Clarita: weibl. Vorn., spanische Koseform von ▸ Clara.

Clark [klɑ:k]: männl. Vorn. angloamerikanischer Herkunft, ursprünglich Familienname (mittelengl. *clerc* »Geistlicher, Gelehrter, Schreiber«). Dieser Vorname begegnet in Deutschland seit den 1960er-Jahren. ✧ Bekannter Namensträger: Clark Gable, amerikanischer Filmschauspieler (20. Jh.).

Clas: ▸ Klas.

[1]Claude [klo:d]: männl. Vorn., französische Form von ▸ Claudius. ✧ Bekannte Namensträger: Claude Lorrain, französischer Maler (17. Jh.); Claude Monet, französischer Maler (19./20. Jh.); Claude Debussy, französischer Komponist (19./20. Jh.); Claude Chabrol, französischer Filmregisseur (20./21. Jh.).

[2]Claude [klo:d]: weibl. Vorn., französische Form von ▸ Claudia.

Claudia, (auch:) Klaudia: weibl. Vorn., weibliche Form von ▸ Claudius. Der Name, der bis 1900 keine Rolle in der deutschen Namengebung spielte, entwickelte sich in der zweiten Hälfte des 20. Jh.s zu einem der beliebtesten weiblichen Vornamen. ✧ Bekannte Namensträgerinnen: die heilige Claudia, Märtyrerin in Kleinasien (3./4. Jh.); NAMENSTAG: 20. März; Claudia Cardinale, italienische Filmschauspielerin (20./21. Jh.); Claudia Keller, deutsche Schriftstellerin (20./21. Jh.); Claudia Pechstein, deutsche Eisschnellläuferin (20./21. Jh.). Claudia Schiffer, deutsches Topmodel (20./21. Jh.).

Claudina: weibl. Vorn., italienische Koseform von ▸ Claudia.

Claudine, franz. Aussprache: [klo'din]: weibl. Vorn., französische Koseform von ▸ Claudia. Eine literarische Gestalt ist die Claudine in den Romanen der französischen Schriftstellerin Colette.

Claudio: männl. Vorn., italienische und spanische Form von ▸ Claudius. ✧ Bekannte Namensträger: Claudio Monteverdi, italienischer Komponist (16./17. Jh.); Claudio Abbado, italienischer Dirigent (20./21. Jh.).

Claudius, (auch:) Klaudius: männl. Vorn., der auf einen römischen Geschlechternamen zurückgeht. Die herkömmliche Ableitung von lat. *claudus* »hinkend, lahm« wird von der neueren Forschung abgelehnt. Man nimmt jetzt an, dass es sich bei Claudius ursprünglich wohl um einen Vornamen unbekannter Herkunft und Bedeutung handelt. In Deutschland kam Claudius als Name des römischen Kaisers Claudius (Tiberius Claudius Nero) in der Zeit des Humanismus (15./16. Jh.) auf. In neuerer Zeit ist der Kaiser vor allem durch dessen fiktive Autobiografie von Robert Graves »Ich, Claudius, Kaiser und Gott« (1934) weiten Kreisen in Erinnerung gerufen worden.

Claus: ▸ Klaus. ✧ Bekannte Namensträger: Claus Graf Schenk von Stauffenberg, deutscher Offizier und Widerstandskämpfer (20. Jh.); Claus Peymann, deutscher Theaterregisseur (20./21. Jh.).

Clayton [kleɪtn]: männl. Vorn. englischer Herkunft, ursprünglich ein Familienname nach dem häufigen gleichlautenden Ortsnamen.

Clea: weibl. Vorn. griechischen Ursprungs (latinisierte Form von griech. *kléō* »rühmen«).

Clelia: weibl. Vorn., der auf lat. *Cloelia*, die weibliche Form zu dem altrömischen Geschlechternamen *Cloelius* (vgl. lat. *cluēre* »gepriesen werden«), zurückgeht. Eine literarische Gestalt ist die Clelia in Stendhals Roman »Die Kartause von Parma« (1839). In Deutschland begegnet dieser Vorname seit den 1960er-Jahren.

Clemens, (auch:) Klemens; Clement: männl. Vorn. lateinischen Ursprungs (lat. *clēmēns* »mild, gnädig«). Clemens fand im Mittelalter vor allem als Name des heiligen Clemens Verbreitung; NAMENSTAG: 23. November. Nach altkirchlicher Überlieferung war der heilige Clemens, genannt Clemens Romanus, im 1. Jh. Bischof von Rom (Papst). ✧ Bekannter Namensträger: Clemens Brentano, deutscher Dichter der Romantik (18./19. Jh.). Französ. Form: *Clément* [kle'mã].

Clementine, (auch:) Clementina; Klementina; Klementine: weibl. Vorn., weibliche Form von ▸Clemens mit der seit dem 17./18. Jh. beliebten Endung »-ine/ -ina«.

Cleo: weibl. Vorn. griechischen Ursprungs. Verselbstständigte Kurzform von mit griech. *kléō* »rühmen« zusammengesetzten Namen, z. B. ▸Cleopatra; auch Variante von ▸Clio.

Cleopatra, (auch:) Kleopatra: weibl. Vorn., lateinische Form des griechischen Namens *Kleopátra* (zu griech. *kléō* »rühmen« und griech. *patḗr* »Vater«). Der Name ist bekannt durch die ägyptische Königin Cleopatra, Geliebte von Julius Cäsar und Marcus Antonius. Nach Octavians Sieg über Marcus Antonius nahm sie sich i. J. 30 v. Chr. durch den Biss einer Giftschlange das Leben. Ihr Schicksal ist mehrmals in Dramen (z. B. in Shakespeares »Antonius und Cleopatra«, 1607), Opern und Filmen (1934, 1963) sowie in der bildenden Kunst dargestellt worden. In Deutschland ist dieser Vorname seit den 1970er-Jahren gelegentlich anzutreffen.

Cliff: männl. Vorn., Kurzform des englischen Vornamens ▸Clifford. ✧ Bekannter Namensträger: Cliff Richard, britischer Popsänger (20./21. Jh.).

Clifford, engl. Aussprache: ['klɪfəd]: männl. Vorn., der auf einen englischen Familiennamen (zum Ortsnamen Clifford) zurückgeht. In England fand der Vorname Clifford erst seit Ende des 19. Jh.s Verbreitung. In Deutschland ist er seit Anfang des 20. Jh.s gelegentlich anzutreffen. ✧ Bekannter Namensträger: Clifford Brown, amerikanischer Jazztrompeter und -komponist (20. Jh.).

Clint: in den 1970er-Jahren aus dem Englischen entlehnter männl. Vorn., Kurzform von ▸Clinton. ✧ Bekannter Namensträger: Clint Eastwood, amerikanischer Filmschauspieler und Regisseur (20./21. Jh.).

Clinton ['klɪntən]: männl. Vorn. englischer Herkunft, ursprünglich ein Familienname, der wiederum auf einen Ortsnamen zurückgeht.

Clio: weibl. Vorn. griechischer Herkunft, der auf den Namen der Muse der Geschichte zurückgeht (zu griech. *kleíō, kléō* »rühmen, preisen, verkünden«); auch Variante von ▸Cleo.

Clíona ['klaɪənə]: im 20. Jh. wiederbelebter weibl. Vorn. irischer Herkunft, durch Zusammenziehung entstandene Form des in gälischen Legenden vorkommenden Namens *Clíodhna*.

Clive [klaɪv]: männl. Vorn. englischer Herkunft, ursprünglich ein Familienname, der sich wiederum von einem Örtlichkeitsnamen zu altengl. *clif* »Klippe, Felsen, steiler Abhang« ableitet.

Clivia: weibl. Vorn., der mit dem Namen der nach der englischen Herzogin Lady Clive (19. Jh.) benannten Zierpflanze identisch ist. Dieser Vorname wird in Deutschland seit den 1950er-Jahren vergeben.

Coco: weibl. Vorn., französische Lallform zu verschiedenen Vornamen. Der Name wurde durch die französische Modeschöpferin Coco Chanel, eigtl. Gabrielle Chasnell (19./20. Jh.), international bekannt.

¹Cody ['koʊdɪ]: vor allem in den USA geläufiger männl. Vorn., ursprünglich ein irischer Familienname, dem das gälische Patronym *MacÓda* zugrunde liegt.

²Cody ['koʊdɪ]: weibl. Vorn., identisch mit ▸ ¹Cody.

Cole [koʊl]: männl. Vorn. englischer Herkunft, ursprünglich ein Familienname, der auf den mittelalterlichen Personennamen *Cola* (»schwarz wie Kohle«) oder auf den gleichbedeutenden Übernamen (zu altengl. *col* »Kohle«) zurückgeht. Gelegentlich wird Cole auch als Kurzform von *Nicholas* (▸ Nikolaus) gebraucht. ✧ Bekannter Namensträger: Cole Porter, amerikanischer Song- und Musicalkomponist (19./20. Jh.).

Coleen: ▸ Colleen.

Cölestin: männl. Vorn., der auf den lateinischen Beinamen *Caelestinus*, eine Ableitung von lat. *caelestis*, spätlat. *coelestis* »himmlisch«, zurückgeht. Namenspatrone sind die heiligen Päpste Cölestin I. (†432); NAMENSTAG: 6. April, und Cölestin V. (13. Jh.); NAMENSTAG: 19. Mai. Italien. Form: *Celestino* [tʃeles'tino]. Span. Form: *Celestino* [θeles'tino].

Cölestine, (auch:) Cölestina: weibl. Vorn., weibliche Form von ▸ Cölestin.

Coletta: weibl. Vorn., italienische Kurzform von ▸ Nicoletta.

Colette [kɔ'lɛt]: weibl. Vorn., französische Kurzform von ▸ Nicolette.

Colin, (auch:) Collin ['kɔlɪn]: in den 1970er-Jahren aus dem Englischen entlehnter männl. Vorn., Koseform von *Nicholas* (▸ Nikolaus). ✧ Bekannte Namensträger: Sir Colin Davis, britischer Dirigent (20./21. Jh.); Colin Firth, britischer Schauspieler (20./21. Jh.).

Colinda: weibl. Vorn., niederländische Erweiterung von ▸ Coline.

Coline [ko'lin]: weibl. Vorn., Koseform von ▸ Nicole, zum Teil auch französische Wiedergabe des englischen Vornamens ▸ Colleen.

Colleen ['kɔli:n]: in den 1970er-Jahren aus dem Englischen übernommener weibl. Vorname. Der Name, der in den 1940er-Jahren zu irisch-englisch *colleen*, gäl. *cailín* »Mädchen« geprägt wurde, ist besonders in den USA und Australien verbreitet, wird aber in Irland nicht als Vorname gebraucht. ✧ Bekannte Namensträgerin: Colleen McCullough, australische Schriftstellerin (20./21. Jh.).

Collien: weibl. Vorn., eindeutschende Schreibung von ▸ Colleen.

Collin: ▸ Colin.

Colline: weibl. Vorn., deutsche Variante von ▸ Colleen.

Colm [koʊlm]: männl. Vorn. irischer Herkunft, ▸ Callum.

Colman ['koʊlmən]: männl. Vorn., englische Form des gälischen Namens *Colmán*, den mehrere frühe irische Heilige trugen, vgl. ▸ Callum, ▸ Koloman.

Conan ['koʊnən], ['kɔnən]: männl. Vorn. irischer Herkunft, englische Schreibweise des gälischen Namens *Cónán*, ursprünglich ein Beiname, der auf eine Verkleinerungsform von gäl. *cú* »Jagdhund« zurückgeht. ✧ Bekannter Namensträger: der Schriftsteller Sir Arthur Conan Doyle (19./20. Jh.), Schöpfer des Detektivs Sherlock Holmes.

Concetta [kɔn'tʃetta]: weibl. Vorn. italienischen Ursprungs (zu lat. *concepta*, Partizip von *concipere* »empfangen«). Der Name bezieht sich auf das Fest von der Unbefleckten Empfängnis Marias (8. Dezember).

Conchita [kɔn'tʃita]: weibl. Vorn., Koseform des spanischen Vornamens *Concepción* (▸ Concetta).

Conner: männl. Vorn., eindeutschende Schreibung von ▸ Connor.

Connie, (auch:) Conny: weibl. Vorn., in Deutschland im 20. Jh. aufgekommene Koseform von ▸ Cornelia, auch englische Koseform ['kɔnɪ] von ▸ Constance.

Connor ['kɔnə]: männl. Vorn., englische Form des irischen (gälischen) Namens *Conchobhar*, dessen Bedeutung umstritten ist. König Conchobar (9. Jh.) begründete die Dynastie der Uì Conchobhair (O'Connor), die seit dem frühen 12. Jh. Connacht (Westirland) beherrschte.

¹Conny: männl. Vorn., Koseform von ▸ Konrad.

²Conny: ▸ Connie.

Conrad: ▸Konrad. ✧ Bekannte Namensträger: Conrad Ferdinand Meyer, schweizerischer Dichter (19. Jh.). Als zweiter Vorname: Wilhelm Conrad Röntgen, deutscher Physiker (19./20. Jh.).

Conradin: ▸Konradin.

Constance: weibl. Vorn., englische ['kɔnstəns] und französische [kõs'tã:s] Form von ▸Constanze.

Constantin: ▸Konstantin.

Constanze, (auch:) Konstanze: weibl. Vorn. lateinischen Ursprungs (lat. *cōnstantia* »Beständigkeit, Festigkeit«). Der Name, der im Mittelalter im Hochadel üblich war, kam im 18. Jh. wieder auf. Engl. Form: *Constance* ['kɔnstəns]. Französ. Form: *Constance* [kõ'stã:s].

Consuelo, (auch:) Consuela: in den 1970er-Jahren aus dem Spanischen übernommener weibl. Vorn. (span. *consuelo* »Trost«), der auf einen Beinamen Marias zurückgeht. Die Namensform *Consuela* kommt vereinzelt in Italien vor, ist aber in Spanien nicht üblich.

Cooper ['ku:pə]: männl. Vorn., der auf den gleichlautenden Familiennamen (zu mittelengl. *couper* »Handwerker, der hölzerne Fässer, Eimer und Kübel herstellte und ausbesserte«) zurückgeht. In Australien gehört Cooper zurzeit zu den Spitzenreitern.

¹Cora, (auch:) ¹Kora: weibl. Vorn., Kurzform von ▸Cordula, ▸Cordelia oder ▸Cornelia.

²Cora: ▸²Kora.

Coral ['kɔrəl]: weibl. Vorn., der in England gegen Ende des 19. Jh.s zu engl. *coral* »Koralle« gebildet wurde.

Coralie: im Englischen oder Französischen entstandener Vorname zu lat. *corallium*, engl. *coral*, französ. (älter) *coral* »Koralle«, gelegentlich auch als Erweiterung von ▸²Cora aufgefasst. In Deutschland wird dieser Vorname seit den 1970er-Jahren vergeben.

Coraline [kɔra'lin]: weibl. Vorn., französische Erweiterung von ▸Coralie.

Corbinian: ▸Korbinian.

Cord, (auch:) Cordt: ▸Kord.

Cordelia, (auch:) Kordelia: weibl. Vorn., der auf die Gestalt der Cordelia in Shakespeares Drama »König Lear« (1604/05) zurückgeht. Der Name von König Lears tugendhafter Tochter hieß in seinen Quellen Cordeilla, Cordila, Cordilla, sodass es sich wohl um eine bereits in der Antike belegte Nebenform von ▸Cordula handelt. In Deutschland wird der Name seit dem 19. Jh. vergeben.

Cordt: ▸Kord.

Cordula, (auch:) Kordula: weibl. Vorn. lateinischen Ursprungs (wahrscheinlich zu lat. *cordus* »spät geboren, spät entwickelt«, später mit lat. *cor, cordis* »Herz« in Verbindung gebracht; »Herzchen«). Zu der Verbreitung des Namens seit dem 15. Jh. hat die Verehrung der heiligen Cordula, Märtyrerin aus der Schar der heiligen Ursula, beigetragen; NAMENSTAG: 22. Oktober.

Corentin [kɔrã'tɛ̃]: männl. Vorn., französische Form des bretonischen Namens *Kaourantin*, dessen Bedeutung umstritten ist. In Frankreich ist dieser Vorname seit den 1980er-Jahren geläufig. Namenspatron ist der heilige Corentin, Bischof von Quimper (Bretagne, 4. Jh.); NAMENSTAG: 12. Dezember.

Coretta: weibl. Vorn., angloamerikanische Erweiterung von ▸²Cora mit der italienischen Endung »-etta«, bekannt durch Coretta King, Witwe des amerikanischen Bürgerrechtlers Martin Luther King (20. Jh.). Engl. Aussprache: [kɔ'rɛtə].

Corey ['kɔ:rɪ]: vor allem afroamerikanischer männl. Vorn., ursprünglich ein englischer Familienname, der auf einen altnordischen Personennamen zurückgeführt wird.

Corin ['kɔrɪn]: in den 1960er-Jahren aus dem Englischen entlehnter männl. Vorn., der auf eine französische Form von ▸Quirin zurückgeht.

¹Corinna, (auch:) Corina; Corine; Korina; ¹Korinna: weibl. Vorn., Weiterbildung von ▸¹Cora. ✧ Bekannte Namensträgerin: Corinna Harfouch, deutsche Schauspielerin (20./21. Jh.).

²Corinna: ▸ ²Korinna.

Corinne [kɔ'rin]: weibl. Vorn., französische Form von ▸ ²Korinna.

Cornel: männl. Vorn., verkürzte Form von ▸ Cornelius.

Cornelia, (auch:) Cornelie; Kornelia: weibl. Vorn., weibliche Form von ▸ Cornelius. Bekannt ist Cornelia, die Tochter des Publius Cornelius Scipio Africanus. Sie wurde wegen ihrer Tapferkeit, edlen Gesinnung und umfassenden Bildung zum altrömischen Frauenideal. Diesen Namen trug auch Goethes Schwester.

Cornelio: männl. Vorn., italienische und spanische Form von ▸ Cornelius.

Cornelis: männl. Vorn., Nebenform von ▸ Cornelius, auch niederländisch.

Cornelius, (auch:) Cornel; Cornell; Kornel; Kornelius: männl. Vorn. lateinischen Ursprungs, der auf einen altrömischen Geschlechternamen zurückgeht. Zur Verbreitung des Namens hat die Verehrung des heiligen Cornelius (Papst von 251 bis 253) beigetragen; NAMENSTAG: 16. September. In Deutschland ist Cornelius seit dem 12. Jh. belegt.

¹Cornell: männl. Vorn., verkürzte Form von ▸ Cornelius, auch englisch [kɔ:'nɛl].

²Cornell: weibl. Vorn., Kurzform von ▸ Cornelia.

Corona: weibl. Vorn. lateinischen Ursprungs (lat. *corōna* »Kranz, Krone«). In Deutschland begegnet dieser Vorname seit dem 16. Jh.

Corrado: männl. Vorn., italienische Form von ▸ Konrad.

Corrie: ▸ ²Corry, ▸ ³Corry.

¹Corry ['kɔrɪ]: männl. Vorn., Variante von ▸ Corey. Die Verwendung als Vorname setzte in den 1960er-Jahren ein. Der Name wird vor allem von afroamerikanischen Eltern vergeben.

²Corry, (auch:) Corrie: weibl. Vorn., niederländische Koseform von ▸ Cornelia oder Kurzform von ▸ Corinna.

³Corry, (auch:) Corrie: weibl. Vorn., identisch mit ▸ ¹Corry.

Corvin: männl. Vorn., verkürzte Form des römischen Beinamens *Corvinus* (zu lat. *corvus* »Rabe«).

Cosima, (auch:) Cosma: weibl. Vorn., weibliche Form von ▸ Cosimo. ✧ Bekannte Namensträgerin: Cosima Wagner, Gattin Richard Wagners (19./20. Jh.).

Cosimo, (auch:) Cosmo: männl. Vorn., italienische Form von ▸ Kosmas. Der Name war traditionell in der Familie der Medici (Cosimo I., Großherzog der Toskana, Förderer der Künste, 16. Jh.).

Coşkun [dʒɔʃ'kun]: männl. Vorn. türkischer Herkunft (türk. *coşkun* »begeistert, feurig, lebhaft«).

Cosma: ▸ Cosima. ✧ Bekannte Namensträgerin: Cosma Shiva Hagen, deutsche Schauspielerin (20./21. Jh.).

Cosmas: männl. Vorn., latinisierende Schreibung von ▸ Kosmas. ✧ Bekannter Namensträger: Cosmas Damian Asam, deutscher Maler und Baumeister (17./18. Jh.).

Cosme: männl. Vorn., spanische Form von ▸ Kosmas.

Cosmea: weibl. Vorn., nach einer Blumenbezeichnung zu griech. *kósmos* »Anordnung, Ordnung, Schmuck« (dt. »Schmuckkörbchen«).

Cosmo: ▸ Cosimo.

Courtney ['kɔ:tnɪ]: weibl. Vorn., ursprünglich ein Familienname, der wiederum auf einen Ortsnamen in Nordfrankreich zurückgeht. ✧ Bekannte Namensträgerin: Courtney Love, amerikanische Rocksängerin und Schauspielerin (20./21. Jh.).

Craig [kreɪg]: männl. Vorn., der auf einen schottischen Familiennamen (gäl. *creag* »Felsenspitze, Klippe«) zurückgeht. ✧ Bekannter Namensträger: Craig David, englischer Popsänger (20./21. Jh.).

Crescentia, (auch:) Kreszentia; Creszenz; Kreszenz: weibl. Vorn. lateinischen Ursprungs (zu lat. *crēscēns* »wachsend, gedeihend«). Zur Verbreitung des Namens hat die Verehrung der heiligen Märtyrerin Crescentia (3./4. Jh.), der legendären Amme des heiligen Vitus, beigetragen; NAMENSTAG: 15. Juni. Der Name, vor allem die Koseform *Zenzi*, war früher aufgrund der Verehrung der seligen Kreszentia von Kaufbeuren (17./18. Jh.) in Bayern sehr beliebt; NAMENSTAG: 5. April.

[1]**Cris:** ▸ [1]Chris.

[2]**Cris:** ▸ [2]Chris.

Crispin, (auch:) Crispinus: männl. Vorn. lateinischen Ursprungs, Erweiterung des römischen Namens *Crispus* (zu lat. *crispus* »kraushaarig«). Namenspatron ist der heilige Crispinus (3./4. Jh.), Märtyrer; NAMENSTAG: 25. Oktober.

Crista: ▸ Christa.

Cristian: ▸ Christian.

Cristin: ▸ Christin.

Cristina: weibl. Vorn., italienische und spanische Form von ▸ Christine.

Crystal, (auch:) Krystal; Krystle [krɪstl]: weibl. Vorn., der in England im 19. Jh. zu engl. *crystal* »Kristall« gebildet wurde.

Cuauhtémoc [ku̯au̯'temɔk]: in Mexiko vorkommender männl. Vorn., der in Erinnerung an den letzten Kaiser der Azteken vergeben wird. In der Indianersprache Nahuatl bedeutet *Cuauh(tli)témoc* »herabfliegender Adler«. Bei den Azteken war der Adler ein Symbol der Sonne.

Curd, (auch:) Curt: ▸ Kurt. ✧ Bekannte Namensträger: Curt Goetz, deutscher Schauspieler und Schriftsteller (19./20. Jh.); Curd Jürgens, deutscher Filmschauspieler (20. Jh.).

Curtis ['kəːtɪs]: männl. Vorn. englischer Herkunft, ursprünglich ein Familienname, der auf altfranzös. *curteis* »höfisch, zum Hof gehörig« zurückgeht. Der Name ist erst ab 1950 in Deutschland anzutreffen.

Cyndi ['sɪndɪ]: ▸ Cindy. ✧ Bekannte Namensträgerin: Cyndi Lauper, amerikanische Popsängerin (20./21. Jh.).

Cyndie [sɛ̃'di]: weibl. Vorn., französische Nebenform von ▸ Cynthia.

Cynthia: weibl. Vorn. griechischen Ursprungs (»die vom Berge Kynthos auf der Insel Delos Stammende«, Beiname der Göttin Artemis). Nach der griechischen Sage wurden Apollo und Artemis auf dem Berg Kynthos geboren. Engl. Aussprache: ['sɪnθɪə]. Italien. Form: *Cinzia* ['tʃintsi̯a]. Span. Form: *Cintia* ['θinti̯a].

Cyprianus, (auch:) Cyprian: männl. Vorn. griechischen Ursprungs (»der von der Insel Zypern Stammende« zu griech. *Kýpros* »Zypern«). Namenspatrone sind der heilige Cyprianus von Antiochien (3./4. Jh.); NAMENSTAG: 26. September; der heilige Cyprianus, Bischof von Karthago (3. Jh.); NAMENSTAG: 16. September.

Cyprien [si'prjɛ̃]: männl. Vorn., französische Form von ▸ Cyprianus.

Cyriacus, (auch:) Cyriac; Zyriak: männl. Vorn. griechischen Ursprungs (griech. *kyriakós* »zu dem Herrn [Gott] gehörend«). Namenspatron ist der heilige Märtyrer Cyriacus, einer der vierzehn Nothelfer; NAMENSTAG: 8. August.

Cyril ['sɪrɪl]: männl. Vorn., englische Form von ▸ Cyrillus.

Cyrill: ▸ Cyrillus.

Cyrilla, (auch:) Cyrille: weibl. Vorn., weibliche Form von ▸ Cyrillus.

Cyrillus, (auch:) Cyrill; Kyrill: männl. Vorn. griechischen Ursprungs (abgeleitet von griech. *kýrios* »Herr [Gott]«; ▸ Cyriacus). In Deutschland ist dieser Vorname seit dem 18. Jh. anzutreffen. Namenspatrone sind der heilige Cyrillus, Bischof von Jerusalem und Kirchenlehrer (4. Jh.); NAMENSTAG: 18. März; der heilige Cyrillus, Patriarch von Alexandrien und Kirchenlehrer (4./5. Jh.); NAMENSTAG: 27. Juni; der heilige Kyrill[os] (Cyrillus), Apostel der Slawen (9. Jh.); NAMENSTAG: 14. Februar. Engl. Form: *Cyril* ['sɪrɪl]. Russ. Form: *Kirill.*

Cyrus, engl. Aussprache: ['saɪərəs]: männl. Vorn. persischer Herkunft, dessen Bedeutung unklar ist. Die latinisierte Form *Cyrus* geht auf Kyros, die griechische Form von altpersisch *Kuruš* zurück. Kyros war der Name des persischen Königs und Gründers des altpersischen Weltreichs (6. Jh. v. Chr.). In England war der Name besonders in puritanischen Familien beliebt und ist heute vor allem in den USA gebräuchlich. In Deutschland begegnet Cyrus vereinzelt seit den 1960er-Jahren.

d

Daan: männl. Vorn., niederländische Kurzform von ▸ Daniel.

Dadvar: männl. Vorn. persischen Ursprungs (pers. *dādvar* »gerecht; Richter«).

[1]Dafina: weibl. Vorn. albanischer Herkunft (»Lorbeer«).

[2]Dafina: aus Kenia oder Tansania stammender weibl. Vorn., der auf Suaheli »kostbar« bedeutet.

Dafne: ▸ Daphne.

Dag: männl. Vorn., verselbstständigte, nordische Kurzform von Namen, die mit »Dag-« (german. **daga-* »Tag, helle Zeit«) gebildet sind. In Deutschland wird dieser Vorname seit den 1950er-Jahren vergeben.

Dagmar: gegen Ende des 19. Jh.s aus dem Dänischen übernommener weibl. Vorn. Dagmar ist ursprünglich kein germanischer Name, sondern eine Entstellung des alttschechischen Namens *Drahomíra*. Er kam nach Dänemark durch die Tochter des böhmischen Königs Ottokar I. Přemysl, Dragomira Margareta (12./13. Jh.), die König Waldemar II. heiratete. Dort wurde Dragomira als Dagmar (wie altsächs. *dag* »Tag« + *māri* »berühmt«) aufgefasst. Wirklich populär wurde der Name aber erst im 19. Jh. aufgrund der Dagmar in dem historischen Roman »Valdemar Sejr« von B. Ingemann (1826). ✧ Bekannte Namensträgerin: Dagmar Berghoff, deutsche Nachrichtensprecherin (20./21. Jh.).

Dagny: gegen Ende des 19. Jh.s aus Skandinavien entlehnter weibl. Vorn., Neubildung aus schwed. *dag* »Tag« + *ny* »neu«.

Dagobert: alter männl. Vorn. (wahrscheinlich kelt.- [gallisch-]germanischer Mischname zu kelt. *daga* »gut, sehr« + ahd. *heraht* »glänzend, berühmt«, also »der sehr Berühmte«). Dagobert war im 7. Jh. merowingischer Königsname. Der Name kam im Mittelalter außer Gebrauch und wurde erst im 19. Jh. neu belebt. Allgemein bekannt ist der Name durch die Comicfigur des reichen Geizhalses »Onkel Dagobert« (Dagobert Duck) von Walt Disney.

Dahlia, (auch:) Dalia: weibl. Vorn. nach dem Blumennamen, benannt nach dem schwedischen Botaniker A. Dahl (18. Jh.).

Daina: weibl. Vorn. litauischer Herkunft (lit. *daina* »Lied«).

Daisy ['de:zi], engl. Aussprache: ['deɪzɪ]: aus dem Englischen übernommener weibl. Vorn. (engl. *daisy* »Maßliebchen, Gänseblümchen«, aus altengl. *dæges ēage* »des Tages Auge«). Der Vorname kam in England in der zweiten Hälfte des 19. Jh.s als Koseform von *Margaret* (▸ Margarete) auf, da er mit französ. *marguerite* gleichgesetzt wurde. In Deutschland erscheint er seit der Jahrhundertwende.

[1]Daja: weibl. Vorn., Variante von *Daye*, einer niederdeutsch-friesischen Kurzform von ▸ Adelheid, wobei das anlautende »D-« einen Rest des sächlichen Artikels *dat/het* darstellt. (Die Namen unverheirateter Frauen wurden früher in vielen Gebieten sächlich behandelt.)

[2]Daja: weibl. Vorn. arabischer Herkunft (arab. *dāya* »Amme«). Von diesem arabischen Wort ist auch der Name der Dienerin Rechas, Daja, in Lessings Schauspiel »Nathan der Weise« (1779) abgeleitet.

Dajana, (auch:) Dayana: weibl. Vorn., seit den 1960er-Jahren in Deutschland anzutreffen. Falls es sich nicht einfach um eine eindeutschende Schreibweise des engl. Namens ▸ Diana handelt, könnte der Name aus dem Serbischen oder Kroatischen übernommen sein (wahrscheinlich zu türk. *dayanmak* »Widerstand leisten«, also »die Widerstehende«, oder zu arab. *dāya* »Amme«).

Dakota: seit der Jahrtausendwende aus dem

Angloamerikanischen übernommener weibl. Vorn., der auf den Namen eines Indianerstammes oder auf den Namen der amerikanischen Staaten Nord- bzw. Süddakota zurückgeht. Engl. Aussprache: [də'koʊtə].

Dalal: weibl. Vorn. arabischer Herkunft (arab. *dalāl* »Koketterie« zu arab. *dalla* »liebäugeln, kokettieren«).

Daland: männl. Vorn., der auf die Gestalt des norwegischen Seemanns Daland in Richard Wagners Oper »Der fliegende Holländer« (1843) zurückgeht. In Norwegen ist Daland ein auf einem Hofnamen beruhender Familienname.

[1]**Dale** [deɪl]: im 20. Jh. aus dem Englischen übernommener männl. Vorn., ursprünglich ein Familienname, der einen Talbewohner bezeichnete (zu engl. *dale* »Tal«).

[2]**Dale:** weibl. Vorn., identisch mit ▸ [1]Dale.

[1]**Dalia:** ▸ Dahlia.

[2]**Dalia:** weibl. Vorn. litauischer Herkunft (lit. *dalia* »Schicksal«).

[3]**Dalia,** (auch:) Daliah: weibl. Vorn., wahrscheinlich eine hebräische Kurzform des biblischen Namens *Gedalja* (hebr. »Gott hat Großes getan«), der als weibl. Vorn. umgedeutet wurde. Der Vorname wurde in Deutschland durch die israelische Sängerin und Schauspielerin Daliah Lavi (20./21. Jh.) bekannt.

Kurz- und Kosenamen als Vornamen?

So weit, wie sich unsere Vornamen zurückverfolgen lassen, treten neben den Vollformen auch Kurz- und Kosenamen auf, wie etwa *Wolf* zu *Wolfgang*, *Heinz* zu *Heinrich*, *Elke* zu *Adelheid*. Diese ursprünglichen Kurz- und Kosenamen sind inzwischen längst als eigenständige Formen in unseren Namenschatz integriert. Problematischer sind die modernen Abkürzungen und Kosenamen: Eltern sollten gut überlegen, ob sie nicht doch die volle Namensform ins Stammbuch eintragen lassen wollen. Auch eine *Kathi* oder ein *Tommy* wird irgendwann erwachsen und möchte dann vielleicht doch lieber als *Katharina* oder *Thomas* durchs Leben gehen.

Dalila: weibl. Vorn., Nebenform von ▸ Delila, auch spanisch.

Dalina, (auch:) Daline: weibl. Vorn. angloamerikanischer Herkunft, aus Namenkombinationen wie *Dale Lee, Dale Lynn* (▸ [2]Dale, ▸ [2]Lee, ▸ Lynn) hervorgegangene Neubildung. Engl. Aussprache: [də'li:nə], [də'li:n].

Dalisha, engl. Aussprache: [də'lɪʃə]: weibl. Vorn. angloamerikanischer Herkunft, Umwandlung von ▸ Dalina in Anlehnung an Namen wie ▸ Alisha, ▸ Tanisha.

Damaris: weibl. Vorn. griechischen Ursprungs (griech. *Damarís*, wohl zu *dámar* »Gattin, Geliebte«). So heißt nach der Apostelgeschichte eine Frau in Athen, die von dem Apostel Paulus bekehrt wurde. Deren Name fand im 17. Jh. Eingang in die Namengebung der englischen Puritaner. Für die Vergabe von Damaris in Deutschland seit den 1960er-Jahren ist mit angloamerikanischem Einfluss zu rechnen.

Damayanti: aus Indien stammender weibl. Vorn. (zu sanskrit. *dam* »unterwerfen«: »die [durch ihre Schönheit] die Männer Unterwerfende«).

Damian: männl. Vorn. (zu griech. *damázō* »bezwingen«). Der heilige Damian und sein Zwillingsbruder ▸ Kosmas, nach der Legende zwei Ärzte, erlitten im 4. Jh. den Martertod; NAMENSTAG: 26. September. Französ. Form: *Damien* [da'mjɛ̃]. Italien. Form: *Damiano*. Slowen., kroat., serb. Form: *Damjan*.

Damiana: weibl. Vorn., weibliche Form von ▸ Damian.

Damiano: männl. Vorn., italienische Form von ▸ Damian.

Damien [da'mjɛ̃]: männl. Vorn., französische Form von ▸ Damian.

Damjan: männl. Vorn., slowenische, kroatische, serbische Form von ▸ Damian.

Damodar: aus Indien stammender männl. Vorn. (zu sanskrit. *dāma* »Seil« + sanskrit. *udara* »Leib«: »der ein Seil um den Leib hat«, ein Name, der sich auf ein Ereignis im Leben des jungen Krischna bezieht).

Damon: männl. Vorn. griechischer Herkunft (zu griech. *damázō* »bezwingen«). Der Name ist in Deutschland durch Schillers Ballade »Die Bürgschaft« (1799) bekannt, doch ist für die gelegentliche Vergabe dieses Vornamens seit den 1990er-Jahren mit angloamerikanischem Einfluss zu rechnen. Damon kam in den USA um die Mitte des 20. Jh.s auf, vielleicht unterstützt durch die Bekanntheit des amerikanischen Schriftstellers Damon Runyon (19./20. Jh.). Dort wird Damon oft als Variante von ▸Damian angesehen. Engl. Aussprache: ['deɪmən].

[1]Dan: aus der Bibel übernommener männl. Vorn. hebräischen Ursprungs (»Er [Gott] hat gerichtet«). Nach dem Alten Testament war Dan ein Sohn Jakobs. Er gilt als Ahnherr einer der zwölf Stämme Israels.

[2]Dan [dæn]: männl. Vorn., englische Kurzform von ▸Daniel.

[3]Dan: männl. Vorn. nordischer Herkunft (altnord. *Danr* »Däne«).

[1]Dana: weibl. Vorn., weibliche Form von ▸[1]Dan.

[2]Dana: weibl. Vorn. polnischer, tschechischer, bulgarischer oder rumänischer Herkunft, Kurzform von Namen wie ▸Daniela, ▸Danuta, ▸Bogdana, ▸Bohdana.

[3]Dana: weibl. Vorn. nordischer Herkunft (altnord. *Dana* »Dänin«).

[4]Dana: weibl. Vorn. persischer Herkunft (pers. *dānā* »weise«).

Danae ['da:nae]: weibl. Vorn. nach einer Gestalt aus der griechischen Mythologie (griech. *Danáē*). Danaë war die Tochter des Königs Akrisios von Argos. Ein Orakel hatte ihm verkündet, dass sein Enkel ihn töten würde. Um diesem Schicksal zu entgehen, hielt Akrisios seine Tochter in einem Turm gefangen. Zeus verwandelte sich in einen Goldregen und gelangte in dieser Gestalt zu ihr. Aus der Verbindung von Zeus und Danaë wurde Perseus geboren. In Deutschland ist der Vorname Danae vereinzelt seit den 1970er-Jahren anzutreffen.

Dane [deɪn]: männl. Vorn. englischer Herkunft, ursprünglich ein Familienname nach der Herkunft bzw. dem Wohnsitz (zu altengl. *denu* »Tal«) oder nach einem Amt (zu mittelengl. *deen* aus lat. *decānus* »Vorsteher eines Kathedralkapitels«).

Danella, engl. Aussprache: [də'nelə]: aus dem Englischen entlehnter weibl. Vorn., weibliche Bildung zu ▸Daniel mit der italienischen Koseendung »-ella«.

Danesch: männl. Vorn. persischer Herkunft, der »Wissen« bedeutet.

Danetta, engl. Aussprache: [də'netə]: aus dem Englischen entlehnter weibl. Vorn., weibliche Bildung zu ▸Daniel mit der italienischen Koseendung »-etta«.

[1]Dania, (auch:) Danja: weibl. Vorn., Kurzform von slawischen Namen, die mit »Dan-« beginnen (z. B. russ. *Daniila*, tschech. *Daniela*) oder auf »-dana« ausgehen (z. B. russ. *Bogdana*, tschech. *Bohdana*).

[2]Dania, (auch:) Daniah: ▸Danya.

Danica ['danitsa]: im 20. Jh. aus dem Kroatischen, Serbischen oder Slowenischen übernommener weibl. Vorn. mit der Bedeutung »Morgenstern«.

Danice ['dænɪs]: aus dem Englischen entlehnter weibl. Vorn., weibliche Bildung zu ▸Daniel.

Daniel: aus der Bibel übernommener männl. Vorn. unsicherer Herkunft (zu hebr. *din'ēl* »Gott richtet« oder akkad. *danā-nu-ēl* »Gott ist mächtig«). Daniel fand als Name des alttestamentlichen Propheten (NAMENSTAG: 21. Juli) schon in altdeutscher Zeit Verbreitung und gehört seit Beginn der 1960er-Jahre, wahrscheinlich durch angloamerikanischen Einfluss, zu den beliebten Vornamen. Eine literarische Gestalt ist der Daniel in Siegfried Lenz' Roman »Stadtgespräch« (1963). ✧ Bekannte Namensträger: Daniel Chodowiecki, deutscher Kupferstecher, Zeichner und Maler (18. Jh.); Daniel Defoe, englischer Schriftsteller (17./18. Jh.); Daniel Gabriel Fahrenheit, deutscher Physiker und Instrumentenbauer (17./18. Jh.); Daniel Barenboim, israelischer Pianist und Dirigent (20./21. Jh.); Daniel Kehlmann, deutscher Schriftsteller (20./21. Jh.); Daniel Craig, britischer Schauspieler

(20./21. Jh.); Daniel Day-Lewis, irischer [Film]schauspieler (20./21. Jh.). Engl. Aussprache: ['dænjəl]. Italien. Form: *Daniẹle.* Ungar. Form: *Dạ́niel,* Russ. Form: *Daniil* [dɐni'il]. Arab., türk. Form: *Dạnyal.*

Daniẹla: weibl. Vorn., weibliche Form von ▸ Daniel. Dieser Vorname wird in Deutschland seit dem 19. Jh. vergeben.

[1]Daniẹle: männl. Vorn., italienische Form von ▸ Daniel.

[2]Daniẹle: weibl. Vorn., Nebenform von ▸ Daniela.

Danièle: ▸ Danielle.

Daniẹlla: aus dem Italienischen übernommener weibl. Vorn., weibliche Form von ▸ [1]Daniele.

Danielle, (auch:) Danièle [da'njɛl]: aus dem Französischen übernommener weibl. Vorn., weibliche Form von ▸ Daniel.

Daniil [dɐni'il]: männl. Vorn., russische Form von ▸ Daniel.

Dạnika: in den 1970er-Jahren entlehnter weibl. Vorn., serbische oder kroatische Koseform von ▸ Daniela.

Danịla: in den 1970er-Jahren entlehnter weibl. Vorn., weibliche Form von ▸ Danilo.

Danịlo: in Deutschland seit den 1960er-Jahren vorkommender männl. Vorn., serbische, kroatische, bulgarische, makedonische Form von ▸ Daniel, auch im Italienischen geläufig. ✧ Bekannter Namensträger: Danilo Dolci, italienischer Sozialreformer und Schriftsteller (20. Jh.).

Danịna, (auch:) Danịne: weibl. Vorn., Erweiterung von ▸ [1]Dana oder ▸ [2]Dana.

Danique [da'nik]: weibl. Vorn., weibliche Bildung zu ▸ Daniel in Anlehnung an Vornamen wie ▸ [2]Dominique, ▸ Monique.

Danịsha, engl. Aussprache: [də'nɪʃə]: weibl. Vorn. angloamerikanischer Herkunft, weibliche Bildung zu ▸ Daniel in Anlehnung an Namen wie ▸ Alisha, ▸ Tanisha.

Danịta, engl. Aussprache: [də'ni:tə]: aus dem Englischen entlehnter weibl. Vorn., weibliche Bildung zu ▸ Daniel in Anlehnung an spanische Vornamen mit der Koseendung »-ita« (▸ Anita).

Dạnja: ▸ [1]Dania.

Dạnka: weibl. Vorn., weibliche Form von ▸ Danko.

Dạnkmar, (auch:) Tạnkmar; Thạnkmar: alter deutscher männl. Vorn. (ahd. *thank* »Denken; Gedanke; Erinnerung; Dank« + *māri* »bekannt, berühmt, angesehen«).

Dạnko: männl. Vorn., Koseform von Namen, die mit »Dank-« beginnen, auch serbische, kroatische Koseform von ▸ Bogdan.

Dạnkrad: alter deutscher männl. Vorn. (ahd. *thank* »Denken; Gedanke; Erinnerung; Dank« + ahd. *rāt* »Rat, Beratung; Ratgeber«).

Dạnkward, (auch:) Dạnkwart: alter deutscher männl. Vorn. (ahd. *thank* »Denken; Gedanke; Erinnerung; Dank« + *wart* »Hüter, Schützer«). Bekannt ist der Name durch Dankwart, den Bruder Hagens, im Nibelungenlied.

[1]Danny ['dænɪ]: männl. Vorn., englische Koseform von ▸ Daniel, auch in Frankreich [da'ni] geläufig. In Deutschland begegnet dieser Vorname seit den 1950er-Jahren.

[2]Danny: in Deutschland in den 1960er-Jahren aufgekommener weibl. Vorn., identisch mit ▸ [1]Danny.

Dạno: männl. Vorn., bulgarische Koseform von ▸ Daniel, ▸ Bogdan, ▸ [1]Jordan.

Dạnte: männl. Vorn. italienischer Herkunft, alte Kurzform von dem spätlateinischen mittelalterlichen Wunschnamen *Durante* (zu lat. *dūrāns,* Partizip Präsens von *dūrāre* »ausdauern, aushalten«, auch im christlichen Sinn: »ausdauernd im Glauben«). Der Name verdankt sein Fortbestehen dem Ruhm des italienischen Dichters der »Göttlichen Komödie«, Dante Alighieri (13./14. Jh.). ✧ Weiterer bekannter Namensträger: Dante Gabriel Rossetti, englischer Maler und Dichter (19. Jh.).

Danụta: aus dem Polnischen übernommener weibl. Vorn. litauischer Herkunft. Er hängt möglicherweise mit dem litauischen Namen Danejko zusammen, der vielleicht von russ. *Daniil* (▸ Daniel) abgeleitet ist.

[1]Dạny: männl. Vorn., Koseform von ▸ Daniel.

[2]Dany [da'ni]: weibl. Vorn., französische Koseform von ▸ Danielle.

[3]Dany: weibl. Vorn., Koseform von ▸ Daniela.

Danya, (auch:) [2]Dania; Daniah; Danyah: weibl. Vorn. neuhebräischen Ursprungs (neuhebr. *danyāh* »Richterspruch Gottes«).

Danyal: männl. Vorn., arabische und türkische Form von ▸ Daniel.

Daphne, (auch:) Daphna; Dafne: weibl. Vorn. griechischen Ursprungs (griech. *dáphnē* »Lorbeer; Lorbeerbaum«). Der Name geht zurück auf eine griechische Sagengestalt. Nach der griechischen Sage war Daphne eine Nymphe, die, von Apollo begehrt und verfolgt, auf ihre Bitte hin in einen Lorbeerbaum verwandelt wurde (von Richard Strauss in der Oper »Daphne« behandelt). Als Vorname wird Daphne in Deutschland nicht vor dem 20. Jh. gebraucht. ✧ Bekannte Namensträgerin: Daphne du Maurier, englische Schriftstellerin (20. Jh.). Engl. Aussprache: ['dæfnɪ].

Daphné, (auch:) Daphnée [daf'ne]: weibl. Vorn., französische Form von ▸ Daphne.

Dara: weibl. Vorn., bulgarische Kurzform von *Božidara* (urslaw. **boži* »göttlich« + *dar*, zu urslaw. **dati* »geben«) oder serbische, kroatische und makedonische Nebenform von ▸ Darja. Der Name ist in Deutschland erst seit den 1970er-Jahren anzutreffen.

[1]Darcy ['dɑːsɪ]: in den 1980er-Jahren aus dem Englischen entlehnter männl. Vorn., ursprünglich ein Familienname normannischer Herkunft (d'Arcy) nach dem Ortsnamen Arcy in Nordfrankreich. Dagegen ist der irische Familienname Darcy gälischen Ursprungs und geht auf Ó Dorchaidhe (zu gäl. *dorcha* »dunkel«) zurück. Darcy ist der Familienname der Hauptgestalt in dem Roman »Stolz und Vorurteil« (1813) von Jane Austen.

[2]Darcy: weibl. Vorn., identisch mit ▸ [1]Darcy.

Darek: männl. Vorn., tschechische Koseform von *Božidar* (urslaw. **boži* »göttlich« + *dar*, zu urslaw. **dati* »geben«).

Daria, (auch:) Daria; Darya: weibl. Vorn., weibliche Form von lateinisch ▸ Darius oder italienisch ▸ Dario, auch Schreibvariante von ▸ Darja. Einer heiligen Märtyrerin namens Daria (3./4. Jh.) gedenkt die katholische Kirche am 25. Oktober. Der Vorname Daria wird in Deutschland seit den 1940er-Jahren gelegentlich vergeben.

Darian: in den 1980er-Jahren entlehnter männl. Vorn. serbischer, kroatischer, slowenischer Herkunft, Ableitung von *Božidar* (urslaw. **boži* »göttlich« + *dar*, zu urslaw. **dati* »geben«).

Dariana: weibl. Vorn., weibliche Form von ▸ Darian.

Darina: weibl. Vorn., Ableitung von russisch bzw. bulgarisch Darija (▸ Darja) oder von italienisch ▸ Daria. In Deutschland ist Darina seit den 1970er-Jahren anzutreffen.

Darinka: weibl. Vorn. slawischer Herkunft, Ableitung von ▸ Darja.

Dario: männl. Vorn., italienische Form von ▸ Darius. ✧ Bekannter Namensträger: Dario Fo, italienischer Dramatiker und Regisseur (20./21. Jh.).

Darius: männl. Vorn. persischen Ursprungs, der auf den Thronnamen dreier Perserkönige, vor allem Darius I., den Großen (550–486 v. Chr.), zurückgeht. Altpersisch *Dārayа-vauš* »das Gute festhaltend, Inhaber des Guten« ergibt griech. *Dareĩos*, lat. *Dārīus*. ✧ Bekannter Namensträger: Darius Milhaud, französischer Komponist (19./20. Jh.).

Dariusz ['darjuʃ]: männl. Vorn., polnische Form von ▸ Darius.

Darja: im 20. Jh. entlehnter weibl. Vorn. slawischer Herkunft (russisch, bulgarisch, serbisch, kroatisch *Darija,* slowenisch *Darja*), weibliche Form von ▸ Darius.

Darko: männl. Vorn., tschechische, bulgarische, serbische, kroatische, makedonische Koseform von ▸ Darius.

Darla, engl. Aussprache: ['dɑːlə]: weibl. Vorn., verkürzte Form von ▸ Darleen.

Darleen, (auch:) Darlene [dɑː'liːn]: aus dem Angloamerikanischen seit der 2. Hälfte des 20. Jh.s übernommener weibl. Vorn.; wohl eine Umbildung von engl. *darling* »Liebling« in Anlehnung an Namen wie ▸ Charleen, Charlene.

Darline, (auch:) Darlina: weibl. Vorn., eindeutschende Bildungen zu ▸ Darleen.

Darnell [dɑ:nl]: vor allem von afroamerikanischen Eltern vergebener männl. Vorn., ursprünglich ein englischer Familienname, dem engl. *darnel*, Bezeichnung für Lolch, eine Grasart *(lolium)*, oder der Ortsname Darnall zugrunde liegt.

Darrell [ˈdærəl]: aus dem Englischen entlehnter männl. Vorn., ursprünglich ein normannischer Adelsname (de Arel, Darel), der die Herkunft aus Airelle (Calvados) bezeichnete. Im englischsprachigen Raum wird Darrell seit Ende des 19. Jh.s als Vorname verwendet.

Darren [ˈdærən]: männl. Vorn. angloamerikanischer Herkunft, der vielleicht aus einem Familiennamen gebildet wurde. Möglicherweise ist der amerikanische Schauspieler Darren McGavin (geb. 1922) der erste Namensträger. In den 1960er-Jahren wurde Darren als Name einer Gestalt in der beliebten Fernsehserie »Bewitched« (dt. »Verliebt in eine Hexe«) bekannt.

Darryl [ˈdærɪl]: männl. Vorn. englischer Herkunft, bei dem es sich wohl um eine Variante von ▸ Darrel handelt.

Darvin: männl. Vorn., der deutschen Aussprache angepasste Variante von ▸ Darwin.

Darwin [ˈdɑ:wɪn]: in Deutschland seit Ende des 19. Jh.s vereinzelt vorkommender männl. Vorn., ursprünglich ein englischer Familienname, der vor allem durch den britischen Naturforscher Charles Darwin (19. Jh.) bekannt ist. Der Familienname Darwin geht auf den altenglischen Rufnamen *Dēorwine* (altengl. *dēor* »lieb« + *wine* »Freund«) zurück.

Darya: ▸ Daria.

Daud: männl. Vorn., arabische Form *(Dāʿūd)* von ▸ David.

Dave [deɪv]: in den 1970er-Jahren aus dem Englischen übernommener männl. Vorn., Koseform von ▸ David. ✧ Bekannter Namensträger: Dave Brubeck, amerikanischer Jazzpianist und -komponist (20./21. Jh.).

David:

Als Name des alttestamentlichen Königs und Ahnherrn Jesu kam *David* in Deutschland im frühen Mittelalter auf und wurde nach der Reformation in protestantischen Kreisen etwas häufiger vergeben. Die große Beliebtheit dieses Vornamens setzt aber erst in den 1960er-Jahren ein. Mit *David* und auch *Daniel* beginnt der bis heute andauernde Trend der alttestamentlichen Namen, der vor allem auf angloamerikanischen Einfluss zurückzuführen ist. Die Beliebtheit von *David* ist bis heute ungebrochen, nicht nur in Deutschland, sondern auch in Österreich, in der Schweiz, der Tschechischen Republik und sogar in Spanien und Brasilien.

David: männl. Vorn. hebräischen Ursprungs, der nicht zweifelsfrei geklärt werden kann (wahrscheinlich »Liebling«, vielleicht aber auch »Vatersbruder« oder ein Thronname). Namensfest des biblischen Königs David ist der 29. Dezember. Eine bekannte literarische Gestalt ist David Copperfield aus dem gleichnamigen Roman von Charles Dickens (1849/50). ✧ Bekannte Namensträger: David von Augsburg, deutscher Volksprediger (13. Jh.); David Ben Gurion, israelischer Politiker (19./20. Jh.); David Oistrach, russischer Geiger (20. Jh.); David Bowie, britischer Popmusiker (20./21. Jh.); David Hockney, britischer Maler und Grafiker (20./21. Jh.); David Beckham, englischer Fußballspieler (20./21. Jh.); David Coulthard, schottischer Formel-1-Fahrer (20./21. Jh.). Engl. Aussprache: [ˈdeɪvɪd]. Italien. Form: *Davide*. Russ. Form: *Dawid*. Poln. Form: *Dawid*. Arab. Form: *Daud*. Türk. Form: *Davut*.

Davida: weibl. Vorn., weibliche Form von ▸ David.

Davide: männl. Vorn., italienische Form von ▸ David.

Davin ['deivın]: männl. Vorn. englischer Herkunft. Der Name ist am ehesten durch eine Rückbildung des weiblichen, vorwiegend schottischen Namens *Davina* entstanden, der zu ▸ David gebildet wurde.

Davina, (auch:) Davinia: weibl. Vorn., englische, besonders schottische Form von ▸ Davida. Engl. Aussprache: [də'vi:nə], [də'vınıə].

Davis ['deıvıs]: männl. Vorn., ursprünglich ein aus ▸ David entstandener englischer Familienname.

Davita: weibl. Vorn., niederländische weibliche Bildung zu ▸ David.

Davut: männl. Vorn., türkische Form von ▸ David (über arabisch *Dā'ūd*).

Davy ['deıvı]: männl. Vorn., englische Koseform von ▸ David.

Dawar: männl. Vorn. persischen Ursprungs (pers. *dāwar* »Richter«).

Dawid: männl. Vorn., russische Form von ▸ David, auch polnisch *(Dawid)*.

Dawn [dɔ:n]: in den 1960er-Jahren entlehnter weibl. Vorn., Neubildung zu engl. *dawn* »Morgendämmerung«.

Dayana: ▸ Dajana.

Dayaram: aus Indien stammender männl. Vorn. (sanskrit. *dayā* »Mitleid« + ▸ Rām[a]: »wie Rama mitleidig«).

Dea: weibl. Vorn., schwedische Kurzform von ▸ ²Andrea, ▸ Desideria, auch Kurzform des englischen Vornamens ▸ Deanna.

Dean [di:n]: in den 1960er-Jahren aus dem Englischen übernommener männl. Vorn., der aus einem Familiennamen (zu mittelengl. *deen* aus lat. *decānus* »Vorsteher eines Kathedralkapitels« oder altengl. *denu* »Tal«) hervorgegangen ist. ✧ Bekannter Namensträger: Dean Martin, amerikanischer Filmschauspieler (20. Jh.).

Deanna, (auch:) Deana [dı'ænə]: aus dem Englischen entlehnter weibl. Vorn., ursprünglich eine Schreibvariante von ▸ Diana, jetzt auch als weibliche Form von ▸ Dean aufgefasst. Der Name wurde in den 1930er-Jahren durch die amerikanische Filmschauspielerin und Sängerin Deanna Durbin bekannt.

Debbie, (auch:) Debby: weibl. Vorn., englische Koseform von ▸ Debora.

Debdan: männl. Vorn. indischer Herkunft, bengalische Form von ▸ Devdan.

Debora: aus der Bibel übernommener weibl. Vorn. (hebr. *debōrā* »Biene«). Nach der Bibel war Debora eine Richterin und Prophetin in Israel. ✧ Bekannte Namensträgerin: Deborah Kerr, britische Filmschauspielerin (20./21. Jh.). Engl. Form: *Deborah* ['debərə]. Neuhebr. Form: *Dvorah*.

Debra: weibl. Vorn., englische Kurzform von ▸ Debora. ✧ Bekannte Namensträgerin: Debra Winger, amerikanische Schauspielerin (20./21. Jh.).

Deda, (auch:) Dedda; Dede; Detta: weibl. Vorn., niederdeutsch-friesische Kurzform von Namen, die mit »Diet-« (niederdeutsche Form »Det-«; ahd. *thiot* »Volk«) gebildet sind.

Dedo: niederdeutsch-friesischer männl. Vorn., ▸ Deda.

Deepak ['di:pæk]: männl. Vorn., englische Form von ▸ Dipak.

Degenhard, (auch:) Deinhard; Denhart: alter deutscher männl. Vorn. (ahd. *thegan, degan* »[junger] Held, Krieger« + ahd. *harti, herti* »hart, kräftig, stark«).

Deike: weibl. Vorn., niederdeutsche Kurzform von Namen, die mit »Diet-« (ahd. *thiot* »Volk«) gebildet sind.

Deinhard: männl. Vorn., jüngere Form von ▸ Degenhard.

Deirdre ['dıədrı]: weibl. Vorn. irischen Ursprungs, dessen Bedeutung unklar ist. Deirdre war der Name der Heldin einer irischen Sage aus dem 8. Jh. Der Name wurde erst zu Beginn des 20. Jh.s, u. a. durch gleichnamige Personen in Dichtungen von W. B. Yeats und J. M. Synge, wiederbelebt.

Dejan: männl. Vorn. slowenischer, kroatischer, serbischer Herkunft, der auf die südslawische Wurzel *děj-* »Handlung« zurückgeht.

Dela, (auch:) Dele: weibl. Vorn., Kurzform von ▸Adele.

Delano ['dɛlənoʊ]: männl. Vorn. nach dem Mittelnamen des amerikanischen Präsidenten Franklin Delano Roosevelt (19./20. Jh.). Delano geht auf den französischen Familiennamen *Delanoe, Delanoue* zurück, dem wiederum ein Orts- oder Flurname (»feuchte Wiese, sumpfige Stelle«) zugrunde liegt.

Delara: ▸Dilara.

Delawar: männl. Vorn. persischen Ursprungs, der »tapfer, mutig« bedeutet.

Dele: ▸Dela.

Delf: männl. Vorn., Kurzform von ▸Detlef.

Delfina, (auch:) Delfine: ▸Delphina.

Delia: weibl. Vorn. griechischen Ursprungs (»die von der Insel Delos Stammende«, Beiname der Göttin Artemis). Nach der griechischen Sage wurden Apollo und Artemis auf dem Berg Kynthos auf der Insel Delos geboren.

Deliane: weibl. Vorn., Weiterbildung von ▸Delia.

Delicia, engl. Aussprache: [də'lɪʃə]: aus dem Englischen entlehnter weibl. Vorn. lateinischer Herkunft (lat. *dēlicia* »Wonne, Vergnügen«).

Delila, (auch:) Dalila: aus der Bibel übernommener weibl. Vorn., vielleicht mit der Bedeutung »loses Haar« (zu hebr. *dalal* »herabhängen«) oder »klein, leicht« (hebr. *dal*). Am ehesten ist der Name jedoch als Wortspiel zu hebr. *laylā* »Nacht« zu verstehen, als Gegensatz zu Samson, dessen Name mit hebr. *šemeš* »Sonne« verbunden wird. Nach dem Alten Testament war Delila die Geliebte Samsons. Sie überredete Samson dazu, ihr das Geheimnis seiner Kraft zu verraten. Als er schlief, schnitt Delila ihm das Haar ab und lieferte ihn den Philistern aus. Engl. Form: *Delilah* [dɪ'lailə].

Delina: seit den 1990er-Jahren vorkommender weibl. Vorn., Erweiterung von ▸Delia oder Kurzform von ▸Adelina.

Delisa, engl. Aussprache: [də'li:zə]: weibl. Vorn. afroamerikanischer Herkunft, Umwandlung von ▸Delicia oder Neubildung aus ▸Lisa und der unter afroamerikanischen Eltern beliebten Vorsilbe »De-«.

Delphina, (auch:) Delphine; Delfina; Delfine: weibl. Vorn. griechischen Ursprungs (griech. *delphís* »Delphin«).

Demet: weibl. Vorn. türkischer Herkunft (türk. *demet* »Blumenstrauß«).

Demi: weibl. Vorn., Kurzform von *Demetria* (▸Dimitri). ✧ Bekannte Namensträgerin: Demi Moore, amerikanische Schauspielerin (20./21. Jh.).

Demian: männl. Vorn., nach der russischen und ukrainischen Form *Dem'jan* von ▸Damian. Eine bekannte literarische Gestalt ist der Demian in H. Hesses gleichnamigem Roman (hier allerdings Familienname). In Deutschland setzt die Vergabe dieses Vornamens in den 1980er-Jahren ein.

Demir: männl. Vorn. türkischer Herkunft (türk. *demir* »Eisen«).

Dénes ['de:nɛʃ]: männl. Vorn., ungarische Form von ▸Dionys(ius).

Denhart: männl. Vorn., jüngere Form von ▸Degenhard.

Denice [də'ni:s]: in den 1970er-Jahren aus dem Englischen entlehnter weibl. Vorn., englische Variante von ▸Denise.

[1]Denis [də'ni]: männl. Vorn., französische Form von ▸Dionys[ius]. Dieser Vorname begegnet in Deutschland seit Anfang des 20. Jh.s. ✧ Bekannter Namensträger: Denis Diderot, französischer Schriftsteller, Philosoph und Enzyklopädist (18. Jh.).

[2]Denis: weibl. Vorn., gelegentlich vorkommende, der Aussprache angepasste Schreibweise von französisch ▸Denise.

Denisa: weibl. Vorn., latinisierte Form von ▸Denise.

Denise [də'ni:z]: in den 1960er-Jahren aus dem Französischen übernommener weibl. Vorn., weibliche Form von ▸[1]Denis, auch im Englischen geläufig [də'ni:z], [də'ni:s].

[1]Deniz [dɛ'niz]: männl. Vorn. türkischer Herkunft (türk. *deniz* »Meer«). Diesen Namen trug einer der Söhne des legendären Herrschers Oghuz Khan.

[2]Deniz [dɛˈniz]: weibl. Vorn., identisch mit ▸[1]Deniz.

Dennis: in den 1960er-Jahren aus dem Englischen übernommener männl. Vorn., der auf ▸Dionys[ius] zurückgeht. ✧ Bekannter Namensträger: Dennis Hopper, amerikanischer [Film]schauspieler und Regisseur (20./21. Jh.).

Denny: männl. Vorn., englische Koseform von ▸Dennis.

Denys [dəˈni]: männl. Vorn. französischer Herkunft, ältere Form von ▸[1]Denis.

Denzel, (auch:) Denzil [ˈdenzɪl]: männl. Vorn. englischer Herkunft, ursprünglich ein Familienname, dem der Ortsname Denzell in Cornwall zugrunde liegt. ✧ Bekannter Namensträger: Denzel Washington, amerikanischer Filmschauspieler (20./21. Jh.).

Deo: männl. Vorn. indischer Herkunft, nordindische Form von ▸Dev.

Deodan: männl. Vorn. indischer Herkunft, nordindische Form von ▸Devdan.

Derek: männl. Vorn., niederdeutsche, durch Zusammenziehung entstandene Kurzform von ▸Dietrich. Bei der Wiederaufnahme dieses Vornamens in den 1960er-Jahren ist eine Entlehnung des englischen Vornamens Derek [ˈdɛrɪk], der im Mittelalter durch flämische Tuchhandwerker und -händler nach England gelangte, durchaus möglich.

Derik, (auch:) Derick; Derk: männl. Vorn., Variante von niederdeutsch ▸Derek.

Derrick: männl. Vorn., Variante von ▸Derek. Engl. *Derrick* [ˈdɛrɪk] ist vor allem in den USA geläufig.

Desdemona, (auch:) Desdemona: weibl. Vorn., Neubildung nach griechisch *dysdaímōn* »unglücklich«. Der Name ist aus Shakespeares Tragödie »Othello« bekannt. Seit den 1960er-Jahren ist der Name in Deutschland gelegentlich anzutreffen.

Desideria: weibl. Vorn., weibliche Form von ▸Desiderius.

Desiderius: männl. Vorn. lateinischen Ursprungs (zu lat. *dēsīderium* »Sehnsucht, Wunsch«). Der Name Desiderius kam erst in christlicher Zeit auf. Namenspatron ist der heilige Desiderius, Erzbischof von Vienne (6./7. Jh.); Namenstag: 23. Mai. Französ. Form: *Didier* [diˈdje].

Désirée [deziˈre], (eindeutschend auch:) Desiree: in den 1960er-Jahren aus dem Französischen übernommener weibl. Vorn. (lat. *desiderata* »die Erwünschte, Ersehnte«). ✧ Bekannte Namensträgerin: Désirée, Königin von Schweden (18./19. Jh.).

Desmond [ˈdɛzmənd]: in den 1980er-Jahren aus dem Englischen entlehnter männl. Vorn., ursprünglich ein irischer Familienname, der die Herkunft aus Süd-Munster (gäl. *Deas-Mhumhan*) bezeichnete.

[1]Despina: weibl. Vorn. (neu)griechischer Herkunft (neugriech. *déspoina* »Herrin, Gebieterin«). *Déspoina* ist eine Anrede der Jungfrau Maria. Namenstag: 15. August. Neugriech. Aussprache: [ˈðɛspina].

[2]Despina: weibl. Vorn. italienischer Herkunft. Den Namen der Zofe in Mozarts Oper »Così fan tutte« (1790) hat der Textdichter L. Da Ponte aus dem Namen *Fiordispina* »Dornenblume«, den er in Ariosts Epos »Der rasende Roland« (16. Jh.) fand, gewonnen, indem er ihn um die erste Silbe kürzte.

Destina: weibl. Vorn., latinisierende Umbildung von ▸Destiny.

Destiny [ˈdɛstɪnɪ]: in den USA geläufiger weibl. Vorn. zu engl. *destiny* »Schicksal, Geschick«.

Dethard, (auch:) Detert: männl. Vorn., niederdeutsche Form von ▸Diethard.

Detlef, (auch:) Detlef; Detlev; Detlev: niederdeutscher männl. Vorn. (altsächs. *thiad* »Volk« + altsächs. *leva* »Erbe, Nachlass, Sohn, Tochter«). ✧ Bekannter Namensträger: Detlev (eigentlich Friedrich Adolf Axel Freiherr) von Liliencron, deutscher Schriftsteller (19./20. Jh.).

Detmar, (auch:) Detmer; Dettmar: männl. Vorn., niederdeutsche Form von ▸Dietmar.

Detta: ▸Deda.

Dev: männl. Vorn. indischer Herkunft (zu sanskrit. *deva* »Gott«, auch übliche Anrede für Könige und Prinzen, etwa »Majestät«, »Hoheit«).

Devdan: männl. Vorn. indischer Herkunft (zu sanskrit. *deva* »Gott« + sanskrit. *dāna* »Gabe«: »Gabe Gottes«).

Devdas: männl. Vorn. indischer Herkunft (zu sanskrit. *deva* »Gott« + sanskrit. *dāsa* »Knecht, Sklave«: »Knecht Gottes«).

Devi: weibl. Vorn., weibliche Form von ▸Dev, Beiname der Gemahlin des Gottes Schiwa.

Devika: weibl. Vorn. indischer Herkunft, Verkleinerung von ▸Devi (»kleine Göttin«).

¹Devin ['devɪn]: in den USA geläufiger männl. Vorn., ursprünglich ein Familienname, dem ein Übername für einen vortrefflichen Menschen (zu mittelengl. *devin* »göttlich, himmlisch«) zugrunde liegt. Der irische Familienname Devin ist gälischen Ursprungs und geht auf *Ó Daimhín* (zu gäl. *damh* »Ochse«) oder *Ó Duibhín* (zu gäl. *dubh* »schwarz«) zurück.

²Devin: männl. Vorn. türkischer Herkunft (»Anstrengung, Bemühung, Eifer«).

Devina: weibl. Vorn., weibliche Form von ▸¹Devin oder englische Variante von ▸Davina.

¹Devon [dɛvn]: vor allem unter afroamerikanischen Eltern beliebter männl. Vorn., ursprünglich ein englischer Familienname, der auf Herkunft aus der Grafschaft Devon im Südwesten Englands hinweist.

²Devon: weibl. Vorn., identisch mit ▸¹Devon.

Dewi ['dju:ɪ]: aus dem Englischen entlehnter männl. Vorn., der auf eine walisische Form von ▸David zurückgeht.

Dex: männl. Vorn., Kurzform von ▸Dexter.

Dexter ['dɛkstə]: aus dem Englischen entlehnter männl. Vorn., ursprünglich ein Familienname nach dem Beruf (zu altengl. *dēag* »färben« + weibliche Endung *-estre*: »die Färberin«; diese Endung galt aber im Mittelenglischen bereits für beide Geschlechter). Gelegentlich wird dieser Vorname in Anlehnung an lat. *dexter* »rechts; geschickt; glückbringend; glücklich« vergeben.

Diallo: aus Senegal stammender männl. Vorn., der in der Malinke-Sprache »der Kühne« bedeutet.

Diamanda: weibl. Vorn., nach dem Edelstein »Diamant« gebildet.

Diamond ['daɪəmənd]: weibl. Vorn. zu engl. *diamond* »Diamant«. In England ist dieser Vorname gegen Ende des 19. Jh.s aufgekommen.

¹Dian: im 20. Jh. aufgekommener männl. Vorn., bei dem es sich wohl um eine verkürzte Form von ▸Gordian handelt.

²Dian [daɪ'æn]: aus dem Englischen entlehnter weibl. Vorn., in den 1940er-Jahren aufgekommene Form von ▸Diana.

Diana, (auch:) Diane: aus dem Lateinischen übernommener weiblicher Vorname. Diana war der Name der römischen Natur-, Jagd- und Mondgöttin. ✧ Bekannte Namensträgerinnen: Diana, Princess of Wales (20. Jh.); Diana Ross, amerikanische Sängerin (20./21. Jh.); Diane Keaton, amerikanische [Film]schauspielerin (20./21. Jh.); Diane Kruger, deutsch-amerikanische Schauspielerin (20./21. Jh.). Französ. Form: *Diane* [djan]. Engl. Formen: *Diana* [daɪ'ænə], Diane [daɪ'æn].

Diandra: weibl. Vorn., vermutlich angloamerikanische Neubildung aus ▸Diana und ▸Alexandra.

Diane: ▸Diana.

Dianna, (auch:) Dianne: weibl. Vorn., in den 1960er-Jahren aus dem Englischen entlehnte, unter dem Einfluss von ▸Anna entstandene Varianten von ▸Diana bzw. Diane. Engl. Aussprache: [daɪ'ænə], [daɪ'æn].

Dick: männl. Vorn., englische Koseform von ▸Richard.

Didi: männl. Vorn., Koseform von ▸Dietrich und ▸Dieter. ✧ Bekannter Namensträger: Didi (Dieter) Hallervorden, deutscher Komiker (20./21. Jh.).

Didier [di'dje]: im 20. Jh. aus dem Französischen entlehnter männl. Vorn., französische Form von ▸Desiderius.

Dido: aus der antiken Mythologie übernommener weibl. Vorname. Nach Vergils Epos »Aeneis« (entstanden 30–19 v. Chr.) gelangte Aeneas auf seiner Flucht von Troja nach Karthago, wo er von der Königin Dido freundlich aufgenommen wurde. Sie verliebte sich leidenschaftlich in Aeneas und nahm sich das Leben, als dieser sie verließ. Ihr Schicksal ist in der Literatur, in der Oper und in der bildenden Kunst mehrfach dargestellt worden.

Diederik: männl. Vorn., Nebenform von ▸Dietrich.

Diederike: weibl. Vorn., weibliche Form von ▸Diederik.

Diedrich: männl. Vorn., Nebenform von ▸Dietrich.

Diego: männl. Vorn. spanischer Herkunft. Die verbreitete Auffassung, span. *Diego* habe sich aus Sant Jago (=Jakob) durch falsche Abtrennung des »t« entwickelt, ist unzutreffend. Die heutige Namensform ist aus dem vorrömischen, im mittelalterlichen Spanien bezeugten Personennamen *Didacus* hervorgegangen und hat sich über Diago zu Diego entwickelt. ✧ Bekannte Namensträger: Diego Rodríguez de Silva y Velázquez, spanischer Maler (16./17. Jh.); Diego Rivera, mexikanischer Maler (19./20. Jh.); Diego Armando Maradona, argentinischer Fußballspieler (20./21. Jh.).

Diemo: männl. Vorn., seit den 1960er-Jahren wiederbelebte Kurzform von ▸Dietmar.

Diemut: weibl. Vorn. (ahd. *thiot* »Volk« + ahd. *muot* »Sinn, Gemüt, Geist«). Im Spätmittelalter wurde dieser Name oft als mhd. *diemuot* »Demut« und somit als christlicher Name verstanden.

Dierk: männl. Vorn., niederdeutsch-friesische Kurzform von ▸Dietrich.

Dieta: weibl. Vorn., Kurzform von Namen, die mit »Diet-« gebildet sind (z. B. ▸Dietlind und ▸Diethild).

Dietbert: alter deutscher männl. Vorn. (ahd. *thiot* »Volk« + ahd. *beraht* »glänzend, berühmt«, etwa »im Volk glänzend, berühmt«).

Dietburg: alter deutscher weibl. Vorn. (ahd. *thiot* »Volk« + ahd. *burg* »Burg, Zufluchtsstätte, Schutz«).

Dieter, (auch:) Diether ['di:thɛr]: alter deutscher männl. Vorn. (ahd. *thiot* »Volk« + ahd. *heri* »Heer; Heerführer, Krieger«, etwa »Krieger im Volksaufgebot«); in neuerer Zeit wird Dieter auch als Kurzform von ▸Dietrich gebraucht. Eine Gestalt aus der deutschen Sage ist Diether, der junge Bruder Dietrichs von Bern, der im Kampf gegen Wittich getötet wird. ✧ Bekannte Namensträger: Dieter Hildebrandt, deutscher Kabarettist (20./21. Jh.); Dieter Thomas Heck, deutscher Fernsehmoderator (20./21. Jh.).

Dietfried: alter deutscher männl. Vorn. (ahd. *thiot* »Volk« + ahd. *fridu* »Schutz vor Waffengewalt, Friede; Friedenswahrer«, etwa »Friedenswahrer im Volk«).

Dietgard: alter deutscher weibl. Vorn. (ahd. *thiot* »Volk« + german. **gardaz* »Zaun, Einfriedung«, vgl. ahd. *garto* »Garten«).

Dietger: alter deutscher männl. Vorn. (ahd. *thiot* »Volk« + ahd. *gēr* »Speer«).

Dietgund: alter deutscher weibl. Vorn. (ahd. *thiot* »Volk« + ahd. *gund* »Kampf; Kämpferin«).

Diethard, (auch:) Diethart; Dethard; Detert: alter deutscher männl. Vorn. (ahd. *thiot* »Volk« + ahd. *harti, herti* »hart, kräftig, stark«).

Diethelm: alter deutscher männl. Vorn. (ahd. *thiot* »Volk« + ahd. *helm* »Helm«).

Diether: ▸Dieter.

Diethild: alter deutscher weibl. Vorn. (ahd. *thiot* »Volk« + ahd. *hiltja* »Kampf; Kriegerin«).

Diethold: männl. Vorn., Umbildung von *Dietold* (▸Dietwald) in Anlehnung an das Adjektiv »hold«.

Dietholf: männl. Vorn., Nebenform von ▸Dietwolf.

Dietlind, (auch:) Dietlinde: alter deutscher weibl. Vorn. (ahd. *thiot* »Volk« + ahd. *lind* »sanft, weich, mild«). Von den mit »Diet-« gebildeten weiblichen Vornamen kommt Dietlind heute am häufigsten vor.

Dietlof: männl. Vorn., durch Umsprung des »l« entstandene Form von ▸Dietwolf.

Dietmar, (auch:) Ditmer; Detmar; Detmer; Dettmar; Dittmar: alter deutscher männl. Vorn. (ahd. *thiot* »Volk« + ahd. *māri* »bekannt, berühmt, angesehen«, etwa »im Volk berühmt«).

Dietra: weibl. Vorn., weibliche Form von ▸Dieter.

Dietram: alter deutscher männl. Vorn. (ahd. *thiot* »Volk« + ahd. *hraban* »Rabe«).

Dietrich: alter deutscher männl. Vorn. (ahd. *thiot* »Volk« + ahd. *rīhhi* »Herrschaft, Herrscher, Macht; reich, mächtig, hoch«, also »im Volk mächtig«). Der Name spielte in der Namengebung im Mittelalter eine große Rolle. Er war allgemein bekannt durch die Sagengestalt Dietrich von Bern, in der der große Ostgotenkönig Theoderich (5./6. Jh.) fortlebt. (Theoderich, Theodericus ist die latinisierte Form von gotisch *þiuda-reiks* »Herrscher des Volkes« und entspricht Dietrich.) ✧ Bekannte Namensträger: Dietrich Buxtehude, deutscher Organist und Komponist (17./18. Jh.); Dietrich Bonhoeffer, deutscher ev. Theologe (20. Jh.); Dietrich Fischer-Dieskau, deutscher Sänger (20./21. Jh.). Französ. Form: *Thierry* [tjɛˈri].

Dietrun: alter deutscher weibl. Vorn. (ahd. *thiot* »Volk« + ahd. *rūna* »Geheimnis; geheime Beratung«).

Dietwald, (auch:) Diethold: alter deutscher männl. Vorn. (ahd. *thiot* »Volk« + ahd. *-walt* zu *waltan* »walten, herrschen; Herrscher, Beherrscher«; etwa »Beherrscher des Volks«).

Dietwin: alter deutscher männl. Vorn. (ahd. *thiot* »Volk« + ahd. *wini* »Freund«).

Dietwolf, (auch:) Dietwulf; Dietholf; Dietlof: alter deutscher männl. Vorn. (ahd. *thiot* »Volk« + ahd. *wolf* »Wolf«).

Dietz: männl. Vorn., Koseform von ▸Dietrich.

Dila: weibl. Vorn. türkisch-persischer Herkunft (zu pers. *dil* »Herz«).

Dilan: weibl. Vorn. türkisch-persischer Herkunft (zu pers. *dilan* »Herzen«).

Die Spitzenreiter des Jahres 2011 in Frankreich

männlich	weiblich
1. Nathan	1. Emma
2. Lucas	2. Jade
3. Jules	3. Zoé
4. Enzo	4. Chloé
5. Gabriel	5. Léa
6. Louis	6. Manon
7. Arthur	7. Inès
8. Raphaël	8. Maëlys
9. Mathis	9. Louise
10. Ethan	10. Lilou

Quelle: http://www.babycenter.fr/a8600181/le-top-10-des-pr%C3%A9noms-2011-en-france

Dilara: weibl. Vorn. türkisch-persischer Herkunft (zu pers. *dil* »Herz«).

Dilek: weibl. Vorn. türkischer Herkunft (türk. *dilek* »Wunsch«).

Dilia: weibl. Vorn., Kurzform von ▸Odilia.

Dilip: männl. Vorn. indischer Herkunft (wahrscheinlich zu sanskrit. *Dilī* »Delhi« + sanskrit. *ja* »schützen«: »Delhi schützend«), Name verschiedener Könige in epischen Texten, z. B. in dem vom 4. Jh. v. Chr. bis zum 2. Jh. n. Chr. entstandenen »Ramayana«.

Dilschad, (auch:) Dilshad: weibl. Vorn. persischer Herkunft (pers. *dil* »Herz« + pers. *schād* »glücklich«: »die mit einem glücklichen Herzen«).

Dima: weibl. Vorn. arabischen Ursprungs (arab. *dīma* »Wolkenbruch, Dauerregen«, im Wüstenklima als Wohltat betrachtet).

Dimitra: weibl. Vorn., weibliche Form von ▸Dimitri.

Dimitri, (auch:) Dmitri; Dimitrij: männl. Vorn., russische Form von *Demetrius* (griech. *Dēmētrios* »der Fruchtbarkeitsgöttin Demeter zugehörig«). Der Vorname ist in Russland (und in Bulgarien) beliebt und spielt auch in der russischen Literatur eine bedeutende Rolle. Eine bekannte literarische Gestalt ist der Dmitri Karamasow aus F. M. Dostojewskis Roman »Die Brüder Karamasow« (1879/80). ✧ Bekannte

Namensträger: der heilige Demetrius, Märtyrer (3./4. Jh.); NAMENSTAG: 26. Oktober; Dimitrij Schostakowitsch, russischer Komponist (20. Jh.).

Dimítrios [ði'mi:triɔs]: männl. Vorn., neugriechische Form von altgriech. *Dēmḗtrios* (▸Dimitri).

Dimo: männl. Vorn., Kurzform von Namen, die mit »Diet-« gebildet sind, besonders von ▸Dietmar.

Din: männl. Vorn. neuhebräischer Herkunft (neuhebr. *din* »Recht, Gesetz, Gericht«).

¹Dina: weibl. Vorn. hebräischen Ursprungs, dessen Bedeutung nicht sicher geklärt ist (»Rechtsstreit«, »eine, der zum Recht verholfen worden ist«). Nach der Bibel war Dina eine Tochter Jakobs und Leas. Engl. Form: *Dinah* ['dainə].

²Dina, (auch:) Dine: weibl. Vorn., Kurzform von Namen, die auf »-dina«, »-dine« ausgehen (z.B. ▸Bernhardine, ▸Leopoldine).

Dinah ['daınə]: weibl. Vorn., englische Form von ▸¹Dina.

Dinesch, (auch:) Dinesh: männl. Vorn. indischer Herkunft (zu sanskrit. *dina* »Tag« + sanskrit. *īśa* »Herr«: »Herr des Tages«, das heißt: »Sonne«).

Dini: weibl. Vorn., Koseform von ▸¹Dina oder ▸²Dina.

Dino: männl. Vorn., italienische Kurzform von Namen, die auf »-dino« ausgehen (z.B. *Bernardino, Corradino*). ✧ Bekannter Namensträger: Dino Buzzati, italienischer Schriftsteller (20. Jh.).

Dion: männl. Vorn., Kurzform von ▸Dionys(ius). Engl. Aussprache: [daıən].

Dione: weibl. Vorn. aus der griechischen Mythologie. In der »Ilias« ist Dione die Mutter von Aphrodite, der Göttin der Liebe.

Dionisia: weibl. Vorn., italienische Form von ▸Dionysia.

Dionne, (auch:) ²Dione; Dyonne: weibl. Vorn., weibliche Form von ▸Dion, auch englisch [daı'ɔnı].

Dionys: ▸Dionysius.

Dionysia: weibl. Vorn., weibliche Form von ▸Dionysius. Französ. Form: *Denise* [də'ni:z]. Italien. Form: *Dionisia*.

Dionysius, (auch:) Dionys: männl. Vorn. griechischen Ursprungs (griech. *Dionýsios* »der dem Gott Dionysos Geweihte«). Zur Verbreitung des Namens im Mittelalter trug die Verehrung des heiligen Dionysius (3. Jh.) bei. Der heilige Dionysius war der erste Bischof von Paris und ist einer der vierzehn Nothelfer; NAMENSTAG: 9. Oktober. Französ. Form: *Denis* [də'ni]. Engl. Form: *Dennis* ['dɛnıs].

Diotima, (auch:) Diotima: aus dem Griechischen übernommener weibl. Vorn. (griech. *dio* »Zeus, Gott« + *timḗ* »Ehre«). Bekannt ist der Name durch die Diotima in Platons »Symposion«, die Sokrates über das Wesen der Liebe belehrt. Als Diotima verehrte Friedrich Hölderlin im »Hyperion« (1797/99) und in Gedichten Frau Susette Gontard.

Dipak: männl. Vorn. indischer Herkunft, Beiname von Kama, dem Gott der Liebe, und Name eines Sohnes von Garuda (sanskrit. *dīpa* »Licht, Lampe« + Verkleinerungsendung *-k*: »kleine Lampe«). Engl. Form: *Deepak* ['di:pæk].

Dirk: männl. Vorn., niederdeutsche, durch Zusammenziehung entstandene Kurzform von ▸Dietrich. ✧ Bekannter Namensträger: Dirk Nowitzki, deutscher Basketballspieler (20./21. Jh.).

Dirka, (auch:) Dirke; Dirkea: weibl. Vorn., weibl. Form von ▸Dirk.

Dirko: männl. Vorn., Erweiterung von ▸Dirk.

Dita, (auch:) Ditha: ▸Dieta.

Ditmer: männl. Vorn., Nebenform von ▸Dietmar.

Ditta, (auch:) Ditte: ▸Dieta.

Dittmar: männl. Vorn., Nebenform von ▸Dietmar.

Diya: weibl. Vorn. arabischen Ursprungs (arab. *diyā'* »Glanz« zu arab. *dā'* »glänzen«).

Djalal [dʒa'la:l]: männl. Vorn. arabischen Ursprungs (arab. *djalāl* »Größe, Verehrung, Ruhm«).

Djamal [dʒaˈmaːl]: männl. Vorn. arabischen Ursprungs (arab. *djamāl* »Schönheit«).

Djamil [dʒaˈmiːl]: männl. Vorn. arabischen Ursprungs (arab. *djamīl* »schön, hübsch«).

Djamila [dʒaˈmiːla]: weibl. Vorn., weibliche Form von ▸Djamil.

Djawahir [dʒaˈwaːhir]: weibl. Vorn. arabischer Herkunft (arab. *dschawāhir* »Juwelen«).

Dmịtri: männl. Vorn., Nebenform von ▸Dimitri.

Dobo̲: in Kenia und Tansania vorkommender männl. Vorn., der auf Suaheli »klein« bedeutet.

^{1}Do̲do: männl. Vorn., Lallform zu zweigliedrigen alten deutschen Namen, die ein »d« enthalten (z.B. *Liutold* oder ▸Rudolf).

^{2}Do̲do: weibl. Vorn., Lallform zu ▸Dorothea.

Doğan [doːˈan]: männl. Vorn. türkischer Herkunft (türk. *doğan* »Falke«).

Doğukan [doːuˈkan]: männl. Vorn. türkischer Herkunft (türk. *doğan* »Falke« + *kan* »Blut«).

Dọlf: männl. Vorn., Kurzform von Namen, die auf »-dolf« ausgehen, besonders von ▸Rudolf, ▸Adolf.

Dọlly: in Deutschland seit dem 19. Jh. vorkommender weibl. Vorn., englische Koseform von *Dorothy* (▸Dorothea).

Dolo̲res: aus dem Spanischen übernommener weiblicher Vorname. Spanisch *Dolores* ist gekürzt aus *Nuestra Señora de los Dolores*, einem Beinamen Marias (= lat. *Mater dolorosa* »schmerzensreiche Mutter«). NAMENSTAG: 15. September.

Dọmenic: männl. Vorn., gekürzt aus ▸Domenico.

Dome̲nica: weibl. Vorn., italienische Form von ▸Dominika. In Deutschland wird dieser Vorname seit den 1960er-Jahren vergeben.

Dome̲nico: männl. Vorn., italienische Form von ▸Dominikus. In Deutschland begegnet dieser Vorname seit den 1960er-Jahren. ✧ Bekannte Namensträger: Domenico Ghirlandaio, italienischer Maler (15. Jh.); Domenico Scarlatti, italienischer Komponist (17./18. Jh.).

Dọmenik: männl. Vorn., deutsche Schreibweise für ▸Domenic.

Dome̲nika: weibl. Vorn., deutsche Schreibweise für ▸Domenica.

Domịngo: männl. Vorn., spanische Form von ▸Dominikus.

Dọminic: männl. Vorn., verkürzt aus ▸Dominicus, auch englisch [ˈdɔmɪnɪk].

Domi̲nica: weibl. Vorn., weibliche Form von ▸Dominicus, auch spanisch (Betonung: *Domịnica*).

Domi̲nicus: ▸Dominikus.

Dọminik: männl. Vorn., verkürzt aus ▸Dominikus.

Domi̲nika: weibl. Vorn., weibliche Form von ▸Dominikus. Italien. Form: *Dome̲nica*. Französ. Form: *Dominique* [dɔmiˈnik]. Span. Form: *Domịnica*.

Domi̲nikus, (auch:) Domi̲nicus; Dọminik: männl. Vorn. lateinischen Ursprungs (lat. *dominicus* »zum Herrn gehörend«, zu *dominus* »Herr«). ✧ Bekannter Namensträger: der heilige Dominikus, der Gründer des Dominikanerordens (12./13. Jh.); NAMENSTAG: 8. August. Span. Form: *Domịngo*. Ital. Form: *Dome̲nico*. Französ. Form: *Dominique* [dɔmiˈnik]. Engl. Form: *Dominic* [ˈdɔmɪnɪk].

^{1}Dominique [dɔmiˈnik]: in den 1960er-Jahren aus dem Französischen übernommener männl. Vorn., französische Form von ▸Dominikus. ✧ Bekannter Namensträger: Jean Auguste Dominique Ingres, französischer Maler (18./19. Jh.).

^{2}Dominique [dɔmiˈnik]: in den 1960er-Jahren entlehnter weibl. Vorn., französische Form von ▸Dominika.

Dọn: in den 1970er-Jahren aus dem Englischen übernommener männl. Vorn., Kurzform von ▸Donald. ✧ Bekannter Namensträger: Don DeLillo, amerikanischer Schriftsteller (20./21. Jh.).

Donají [donaˈxi]: aus Mexiko stammender weibl. Vorn., den eine legendäre indianische Prinzessin trug (zapotekisch *do* »Jungfrau« + zapotekisch *nashí* »geliebt«: »die geliebte Jungfrau«).

Donald: aus dem Englischen [dɔnld] übernommener männl. Vorn. keltischen Ursprungs (kelt. **dubno* »Welt« + **walos* »mächtig«). ✧ Bekannter Namensträger: Donald Sutherland, kanadischer [Film]schauspieler (20./21. Jh.).

Donat, (auch:) Donat; Donatus: männl. Vorn. lateinischen Ursprungs (zu lat. *dōnāre* »schenken, geben«, »der [Gott oder von Gott] Geschenkte«). Namenspatron ist der heilige Donatus, Bischof von Arezzo (4. Jh.); NAMENSTAG: 7. August.

Donata, (auch:) Donate: weibl. Vorn., weibliche Form von ▸Donatus.

Donatella: weibl. Vorn., italienische Koseform von ▸Donata. ✧ Bekannte Namensträgerin: Donatella Versace, italienische Modedesignerin (20./21. Jh.).

Donato: männl. Vorn., italienische Form von ▸Donat.

Donatus: ▸Donat.

Donja, (auch:) Donia: weibl. Vorn., russische Koseform verschiedener Vornamen.

Donna ['dɔnə]: in den 1980er-Jahren aus dem Englischen entlehnter weibl. Vorn., Neuprägung zu italien. *donna* »Frau«, zum Teil auch als weibliche Form von ▸Donald aufgefasst. ✧ Bekannte Namensträgerin: Donna Leon, englische Schriftstellerin (20./21. Jh.).

Donny, (auch:) Donnie ['dɔnɪ]: männl. Vorn., schottische Koseform von ▸Donald.

Donovan ['dɔnəvən]: männl. Vorn., der auf den irischen Familiennamen *Ó Donndubháin* (»Nachkomme des Donndubhán«) zurückgeht. Dieser Name setzt sich aus den gälischen Bestandteilen *donn* »braun« + *dubh* »schwarz, dunkel« + *-an* (Koseendung) zusammen. Der Vorname Donovan kam im englischsprachigen Raum um 1900 auf, in Deutschland begegnet er vereinzelt seit den 1980er-Jahren.

Dor: männl. Vorn. neuhebräischer Herkunft (neuhebr. *dōr* »Generation, Geschlecht«).

Dora, (auch:) Dore: weibl. Vorn., Kurzform von ▸Dorothea oder ▸Theodora. ✧ Bekannte Namensträgerin: Dora Carrington, englische Malerin (19./20. Jh.). Engl. Aussprache: ['dɔ:rə].

Doralies, (auch:) Doralisa; Dorlies; Dorlis: weibl. Vorn., Doppelform aus ▸Dora und ▸Lies, ▸Lisa.

Dordana: weibl. Vorn. persischer Herkunft (pers. *dordāna* »Perle«).

Dore: ▸Dora.

Doreen: aus dem Englischen [dɔ:'ri:n] übernommener weibl. Vorn., zu Beginn des 20. Jh.s mit der ursprünglich irischen Endung »-een« geprägte Erweiterung von ▸Dora. In Deutschland setzt die Vergabe dieses Vornamens in den 1960er-Jahren ein.

Dorena, (auch:) Dorene: weibl. Vorn., Nebenform von ▸Doreen. Engl. Aussprache: [dɔ:'ri:nə], [dɔ:'ri:n].

Dorette, (auch:) Dorett: im 18. Jh. aus dem Französischen übernommener weibl. Vorn., Koseform von *Dorothée* (▸Dorothea). Französ. Aussprache: [dɔ'rɛt].

[1]Dori: männl. Vorn. neuhebräischer Herkunft (neuhebr. *dori* »meine Generation«).

[2]Dori: weibl. Vorn. persischer Herkunft (pers. *dōri* »funkelnder Stern«).

Doria: weibl. Vorn., weibliche Form von ▸Dorian oder Erweiterung von ▸Dora.

Dorian ['dɔ:rɪən]: im 20. Jh. aus dem Englischen übernommener männl. Vorn., der vermutlich von Oscar Wilde für die Hauptperson seines Romans »Das Bildnis des Dorian Gray« (1891) geschaffen wurde (vielleicht Ableitung von lat. *Dōriānus*, engl. *the Dorian* »der Dorier«).

Doriana: weibl. Vorn., weibliche Form von ▸Dorian.

Dorina: weibl. Vorn., Weiterbildung von ▸Dora, auch italienisch.

Dorine [do'rin]: weibl. Vorn., französische Erweiterung von ▸Dora.

Doris: weibl. Vorn., Ende des 17., Anfang des 18. Jh.s in der Schäferpoesie aufgekommener Name aus der griechischen Mythologie. Doris war die Tochter des Okeanos und der Tethys, die Gemahlin des Nereus, Mutter der fünfzig Nereiden. Früher wurde Doris gelegentlich auch als Kurzform von ▸Dorothea verwandt. ✧ Bekannte Namensträgerinnen: Doris Day, amerikanische [Film]schauspielerin (20./21. Jh.); Doris Lessing, englische Schriftstellerin (20./21. Jh.); Doris Dörrie, deutsche Filmregisseurin und Schriftstellerin (20./21. Jh.).

¹Dorit: weibl. Vorn., Kurzform von ▸Dorothea.

²Dorit: weibl. Vorn. neuhebräischer Herkunft, weibliche Form von ▸Dor.

Dorita: weibl. Vorn., spanische Koseform von ▸Dora oder Erweiterung von ▸¹Dorit.

Dorkas: weibl. Vorn. griechischen Ursprungs (griech. *dorkás* »Reh, Gazelle«).

Dorle: weibl. Vorn., Koseform von ▸Dora.

Dorleen: weibl. Vorn., in den 1990er-Jahren aufgekommene Weiterbildung von ▸Dora oder ▸Doris in Anlehnung an englische Vornamen wie ▸Charleen, ▸Darleen.

Dorlies, (auch:) Dorlis: ▸Doralies.

Doron: männl. Vorn. griechischen Ursprungs (griech. *dō̆ron* »Geschenk, Gabe«).

Dorota: weibl. Vorn., polnische Form von ▸Dorothea.

Dorothea, (auch:) Dorothee; Dorothee: weibl. Vorn. griechischen Ursprungs (griech. *Dorothéa*, zu *dō̆ron* »Geschenk, Gabe« und *theós* »Gott«, etwa »Gottesgeschenk«). Dorothea fand im Mittelalter als Name der heiligen Dorothea (3./4. Jh.) Verbreitung; NAMENSTAG: 6. Februar. Nach der Legende brachte ihr ein Knabe, bevor sie enthauptet wurde, einen Korb mit Rosen und Äpfeln aus dem Paradies (daher Patronin der Gärtner). Ein weiteres Namensvorbild ist die selige Dorothea von Montau (14. Jh.), die Schutzheilige (Alt-)Preußens; NAMENSTAG: 25. Juni. Zur Beliebtheit des Namens im 18. und 19. Jh. haben dynastische (Kurfürstin Dorothea von Brandenburg, 17. Jh.) und literarische Einflüsse (Goethes Epos »Hermann und Dorothea«, 1798) beigetragen. ✧ Bekannte Namensträgerinnen: Dorothea Schlegel (geb. Mendelssohn), Gattin Friedrich Schlegels (18./19. Jh.); Dorothea Tanning, amerikanische Malerin (20./21. Jh.). Engl. Formen: *Dorothea* [dɔrəˈθɪə], *Dorothy* [ˈdɔrəθɪ]. Franz. Form: *Dorothée*. Poln. Form: *Dorota*.

Dorothy [ˈdɔrəθɪ]: weibl. Vorn., englische Form von ▸Dorothea.

Dorrit: weibl. Vorn., englische Koseform von *Dorothy* (▸Dorothea). Eine literarische Gestalt ist »Little Dorrit« in dem gleichnamigen Roman von Charles Dickens (1855/57).

Dorte, (auch:) Dörte; Dorthe; Dörthe: weibl. Vorn., niederdeutsche Koseform von ▸Dorothea.

Dortje, (auch:) Dörtje: weibl. Vorn., niederdeutsch-friesische Koseform von ▸Dorothea.

Douglas [ˈdʌgləs]: aus dem Englischen übernommener männl. Vorn. keltischer Herkunft, der ursprünglich der Name eines schottischen Adelsgeschlechts war. Der Familienname geht auf einen schottischen Orts- und Flussnamen (zu gäl. *dubh* »schwarz« und *glas* »Bach«) zurück.

Dov: männl. Vorn. hebräischer Herkunft (hebr. *dōv* »Bär«).

Dries, (auch:) Drees: männl. Vorn., niederdeutsche Kurzform von ▸Andreas.

Drina: weibl. Vorn., Schreibvariante von ▸Trina oder Kurzform von *Alexandrina* (▸Alexandrine), ▸Sandrina.

Dror: männl. Vorn. neuhebräischer Herkunft (neuhebr. *drōr* »Freiheit«; auch: »Sperling«).

Drora, (auch:) Drorit: weibl. Vorn., weibliche Form von ▸Dror.

Duha: weibl. Vorn. arabischer Herkunft (arab. *ḍuḥa* »Vormittag« zu arab. *ḍaḥa* »erscheinen, sichtbar werden«).

Duncan [ˈdʌŋkən]: in den 1970er-Jahren aus dem Englischen entlehnter männl. Vorn., englische Schreibweise des gälischen Namens *Donnchadh* (»brauner Krieger«). Duncan ist ein alter schottischer Name. Durch Shakespeares Drama »Macbeth« (1606) ist das Schicksal des schottischen Königs Duncan I. († 1040) bekannt.

[1]Dunja, (auch:) Dunia: in der zweiten Hälfte des 20. Jh.s entlehnter weibl. Vorn., russische Koseform von *Avdot'ja*, mundartliche Nebenform von *Jevdokija* (griech. *eudokía* »Wohlgefallen, Wunsch«). Im Serbischen und Kroatischen geht der Name auf die Bezeichnung für eine Frucht (»Quitte«) zurück. Eine literarische Gestalt ist die Dunja in Puschkins Novelle »Der Postmeister« (1831; dt. Verfilmung 1940).

[2]Dunja: weibl. Vorn. arabischen Ursprungs (arab. *dunyā'* »Welt«). Türk. Form: *Dünya*. ✧ Bekannte Namensträgerin: Dunja Hayali, deutsche Journalistin (20./21. Jh.).

Dunya: weibl. Vorn., Schreibvariante von ▸ [2]Dunja, auch englische Schreibweise von ▸ [1]Dunja.

Duran: männl. Vorn. türkischer Herkunft (zu türk. *durmak* »bleiben«: »einer, der bleibt«). Dieser Name soll den Wunsch ausdrücken, dass das Kind am Leben bleibt.

Durga: weibl. Vorn. indischer Herkunft (sanskrit. *Durgā* »die schwer Zugängliche, Unerreichbare«), Beiname der Gattin des Gottes Schiwa.

Durs: männl. Vorn., dessen Herkunft und Bedeutung nicht sicher geklärt sind. Vielleicht ist der Name von ahd. *thurs, turs* »Dämon, Riese« abzuleiten. Im alemannischen Raum Südwestdeutschlands und der Schweiz ist *Durs* auch als Zusammenziehung von Sankt Urs (mit falscher Abtrennung des -t, das zu D- wird) belegt (▸ Urs). ✧ Bekannter Namensträger: Durs Grünbein, deutscher Dichter (20./21. Jh.).

Dursun: männl. Vorn. türkischer Herkunft (zu türk. *durmak* »bleiben«: »er möge [am Leben] bleiben!«).

Dustin ['dʌstɪn]: in den 1970er-Jahren aus dem Englischen übernommener männl. Vorn., der auf einen Familiennamen unklarer Herkunft zurückgeht. ✧ Bekannter Namensträger: Dustin Hoffman, amerikanischer Schauspieler (20./21. Jh.).

Dvorah, (auch:) Dvora: weibl. Vorn., neuhebräische Form von ▸ Debora.

Dwayne [dweɪn]: vor allem unter afroamerikanischen Eltern beliebter männl. Vorn., ursprünglich Variante des englischen Familiennamens *Duane*, der sich wiederum von dem irischen Beinamen *Dubhán* (Verkleinerungsform von gäl. *dubh* »dunkel, schwarz«) ableitet.

Die Spitzenreiter des Jahres 2011 in Kanada (Québec)

männlich	weiblich
1. William	1. Léa
2. Thomas	2. Emma
3. Olivier	3. Florence
4. Alexis	4. Zoé
5. Nathan	5. Juliette
6. Samuel	6. Alice
7. Felix	7. Olivia
8. Jacob	8. Rosalie
9. Gabriel	9. Chloé
10. Antoine	10. Camille

Quelle: http://www.rrq.gouv.qc.ca/en/enfantsPages/banque_prenoms.aspx

Dwight [dwaɪt]: männl. Vorn. englischer Herkunft, ursprünglich ein Familienname, dem wahrscheinlich *Diot*, eine Koseform von ▸ Dionysius, zugrunde liegt. Die Verbreitung dieses Vornamens in den USA nach dem Zweiten Weltkrieg wurde durch die Popularität des amerikanischen Generals und Präsidenten Dwight D. Eisenhower (19./20. Jh.) gefördert.

Dylan ['dɪlən]: aus dem Englischen übernommener männl. Vorn. ungeklärter Herkunft, Name eines legendarischen walisischen Helden. ✧ Bekannte Namensträger: Dylan Thomas, walisischer Schriftsteller (20. Jh.). Aus Bewunderung für ihn gab sich Bob Dylan, amerikanischer Folk- und Rocksänger, seinen Künstlernamen. Der Name ist seit den 1970er-Jahren gelegentlich in Deutschland anzutreffen.

Dylana, engl. Aussprache: [dɪ'lɑːnə]: weibl. Vorn., weibliche Bildung zu ▸ Dylan.

Dylano [dɪ'lɑːnoʊ]: männl. Vorn., Erweiterung von ▸ Dylan.

Dyon: ▸ Dion.

Dyonne: ▸ Dionne.

e

Earl [ɔ:l]: männl. Vorn., der entweder aus einem Spitznamen zu engl. *earl* »Graf« hervorgegangen ist oder aus einem Familiennamen, der ursprünglich auf dienstliche oder andere Beziehungen zu einem Grafen hinwies. Dieser Vorname ist vor allem in den USA in Gebrauch, in Deutschland begegnet er gelegentlich seit den 1960er-Jahren.

Ẹbba: weibl. Vorn., weibliche Form von ▸Ebbo oder Kurzform von ▸Elburg bzw. von heute nicht mehr gebräuchlichen Namen wie *Adelburg* und *Eberhild*; auch schwedisch.

Ebbịne: weibl. Vorn., Erweiterung von ▸Ebba.

Ẹbbo, (auch:) [1]Ebo: männl. Vorn., verselbstständigte Kurzform von Namen, die mit »Eber-« (ahd. *ebur* »Eber«) gebildet sind (z.B. von ▸Eberhard).

Eberhard, (auch:) Eberhardt; Eberhart: alter deutscher männl. Vorn. (ahd. *ebur* »Eber« + ahd. *harti, herti* »hart, kräftig, stark«, etwa »stark, kräftig wie ein Eber«). Von den zahlreichen Namen mit »Eber-«, die früher gebräuchlich waren (z.B. Eberhelm, Eberwolf, Eberhild), ist nur Eberhard bis heute volkstümlich geblieben. Der Name war früher bei den Grafen und Herzögen von Württemberg beliebt. ✧ Bekannte Namensträger: der heilige Eberhard, Erzbischof von Salzburg (11./12.Jh.); NAMENSTAG: 21.Juni; Eberhard im Bart, Herzog von Württemberg, Gründer der Universität Tübingen (15.Jh.).

Eberwin: alter deutscher männl. Vorn. (ahd. *ebur* »Eber« + ahd. *wini* »Freund«).

[1]Ebo: ▸Ebbo.

[2]Ebọ: aus Ghana stammender weibl. Vorn., der in der Fante-Sprache »geboren an einem Dienstag« bedeutet.

Ebony ['ɛbənɪ]: in den 1970er-Jahren in den USA aufgekommener weibl. Vorn. zu engl. *ebony* »Ebenholz«. Dieser Vorname wird gerne von afroamerikanischen Eltern vergeben, die damit Stolz auf ihre Hautfarbe bekunden.

Ẹckard, (auch:) Ẹckardt; Ẹckart: männl. Vorn., Nebenform von ▸Eckehard.

Ẹckbert, (auch:) Ẹckbrecht; Ẹgbert: alter deutscher männl. Vorn. Dem ersten Namenglied liegt german. **agi-* »Furcht, Schrecken«, später überlagert von ahd. *egga, ekka* »Schärfe, Kante, (Schwert)schneide« zugrunde, der zweite Namenbestandteil ist ahd. *beraht* »glänzend, berühmt«). Eine literarische Gestalt ist der Eckbert in Ludwig Tiecks Kunstmärchen »Der blonde Eckbert« (1797).

Ẹckehard, (auch:) Ẹckehart; Ẹkkehard; Ẹckhard; Ẹckhart; Ẹckard; Ẹckardt; Ẹckart; Ẹggert: alter deutscher männl. Vorn. (zum ersten Namenbestandteil ▸Eckbert, das zweite Namenglied ist ahd. *harti, herti* »hart, kräftig, stark«). Der Name war seit dem Mittelalter in Deutschland allgemein bekannt durch die Sagengestalt des getreuen Eckarts. Der Vorname wurde gegen Ende des 19.Jh.s neu belebt. ✧ Bekannte Namensträger: Ekkehard I. von St. Gallen, mittelalterlicher Dichter (10.Jh.), bekannt durch Scheffels Roman »Ekkehard«; Meister Eckart, deutscher Mystiker (13./14. Jh.); Eckhard Henscheid, deutscher Schriftsteller (20./21.Jh.); Eckart von Hirschhausen, deutscher Arzt, Schriftsteller und Kabarettist (20./21.Jh.).

Ẹd: männl. Vorn., englische Kurzform von *Edward* (▸Eduard).

[1]Eda: ▸Edda.

[2]Edạ: weibl. Vorn. türkischer Herkunft (türk. *eda* »Liebreiz, Grazie«).

Edda, (auch:) Eda: weibl. Vorn., Kurzform von Namen, die mit »Ed-« oder »Edel-« gebildet sind (z. B. ▸ Edith, ▸ Edeltraud), auch italienische Form von ▸ Hedda.

Eddi: männl. Vorn., Koseform von ▸ Eduard.

Eddie: ▸ Eddy.

Eddo: ▸ Edo.

Eddy, (auch:) Eddie: männl. Vorn., englische Koseform von *Edward* (▸ Eduard). ✧ Bekannte Namensträger: Eddy Merckx, belgischer Radrennfahrer (20./21. Jh.); Eddy Murphy, amerikanischer Schauspieler (20./21. Jh.).

Ede: männl. Vorn., niederdeutsch-friesische Kurzform von Namen, die mit »Ed-« beginnen.

Edel: weibl. Vorn., verselbstständigte Kurzform von Namen, die mit »Edel-« gebildet sind (z. B. ▸ Edeltraud und ▸ Edelgard).

Edelbert: männl. Vorn., Nebenform von ▸ Adalbert.

Edelgard, (auch:) Elgard: weibl. Vorn., jüngere Form von ▸ Adelgard.

Edelhard: männl. Vorn., Nebenform von ▸ Adelhard.

Edelinde: weibl. Vorn., Nebenform von ▸ Adelind.

Edeline: weibl. Vorn., Erweiterung von ▸ Edel.

Edeltraud, (auch:) Edeltrud; Eltrud: weibl. Vorn., jüngere Form von ▸ Adeltraud.

¹Eden: aus der Bibel übernommener männl. Vorn. hebräischen Ursprungs nach dem Namen des Paradieses (hebr. *gan ʿēden* »der Garten Eden«, verwandt mit ugaritisch *ʿda* »üppig machen«). Engl. Aussprache: [iːdn].

²Eden [iːdn]: männl. Vorn. englischer Herkunft nach dem gleichlautenden Familiennamen, der auf den altenglischen Namen *Edun* (altengl. *ēad* »Erbgut, Besitz« + altengl. *hūn* »Bärenjunges«) zurückgeht.

³Eden: weibl. Vorn., identisch mit ▸ ¹Eden.

¹Eder: männl. Vorn. biblischer Herkunft (hebr. *ʿēder*), Kurzform von ▸ Adriël.

²Eder: männl. Vorn. baskischer Herkunft (bask. *eder* »schön«).

Ederne: weibl. Vorn., weibliche Form von ▸ ²Eder.

Edgar: aus dem Englischen [ˈɛdgə] übernommener männl. Vorn. (altengl. *ēad* »Erbgut, Besitz« + altengl. *gār* »Speer«). Der Name fand im 19. Jh. mit anderen englischen Namen Eingang in die deutsche Namengebung. ✧ Bekannte Namensträger: Edgar Allan Poe, amerikanischer Schriftsteller (19. Jh.); Edgar Wallace, englischer Kriminalschriftsteller (19./20. Jh.); Edgar Degas, französischer Maler (19./20. Jh.).

Edger: männl. Vorn., dänische Form von ▸ Edgar.

¹Edi: männl. Vorn., Koseform von Namen, die mit »Ed-« beginnen (z. B. ▸ Eduard).

²Edi: weibl. Vorn., Kurzform von ▸ Edith.

Edina: weibl. Vorn., Erweiterung von *Eda* (▸ Edda).

Edison [ˈɛdɪsn]: männl. Vorn., ursprünglich ein englischer Familienname, dem eine Bildung auf *-son* zu einem mit dem altenglischen Namenwort *ēad* »Erbgut, Besitz« gebildeten weiblichen Rufnamen zugrunde liegt. Der Familienname ist durch den amerikanischen Erfinder Thomas Alva Edison (19./20. Jh.) allgemein bekannt.

Edit: weibl. Vorn., Schreibvariante von ▸ Edith, auch ungarisch und nordisch.

Edita: ▸ Editha.

Edith: aus dem Englischen übernommener weibl. Vorn. (altengl. *ēad* »Erbgut, Besitz« + altengl. *gȳð* »Kampf«). Der Name kam in Deutschland erst im 19. Jh. zusammen mit anderen englischen Namen auf. ✧ Bekannte Namensträgerinnen: Edith Stein, deutsche Theologin und Philosophin (19./20. Jh.); Edith Sitwell, englische Schriftstellerin (19./20. Jh.); Edith Piaf, französische Chansonsängerin (20. Jh.). Engl. Aussprache: [ˈiːdɪθ].

Editha: weibl. Vorn., latinisierte Form von ▸ Edith.

Edla: weibl. Vorn., schwedische Kurzform von Namen, die mit »Edel-« beginnen.

Edlef: niederdeutsch-friesischer männl. Vorn. (altfries. *ath-* »Gut« + altsächs. *leva* »Erbe, Nachlass, Sohn, Tochter«).

Edmée: im 20. Jh. aus dem Französischen entlehnter weibl. Vorn., weibliche Form zu ▸Edmond.

Edmond [ɛd'mõ]: männl. Vorn., französische Form von ▸Edmund.

Edmondo: männl. Vorn., italienische Form von ▸Edmund.

Edmund: aus dem Englischen übernommener männl. Vorn. (altengl. *ēad* »Erbgut, Besitz« + altengl. *mund* »Schutz, Schützer«, etwa »Schützer seines Besitzes«). ✧ Bekannter Namensträger: Edmund Husserl, deutscher Philosoph (19./20. Jh.). Französ. Form: *Edmond* [ɛd'mõ]. Engl. Aussprache: ['ɛdmənd]. Italien. Form: *Edmondo.*

Edna: gegen Ende des 19. Jh.s aus dem Englischen entlehnter weibl. Vorn., englische Form des irischen Namens *Eithne,* dessen Bedeutung umstritten ist, oder Name einer biblischen Gestalt, der Großmutter des Tobias (zum hebr. Stamm *'dn* »Freude; Zierlichkeit«).

Edo, (auch:) Eddo: männl. Vorn., niederdeutsch-friesische Kurzform von Namen, die mit »Ed-« beginnen.

Édouard [e'dwa:r]: männl. Vorn., französische Form von ▸Edward. ✧ Bekannter Namensträger: Édouard Manet, französischer Maler (19. Jh.).

Eduard: aus dem Französischen übernommener männl. Vorn. englischen Ursprungs, ▸Edward. Der Name wurde im 18. Jh. in Deutschland durch den Édouard in Rousseaus Roman »La nouvelle Héloïse« (1761; deutsche Übersetzung 1785 unter dem Titel »Julie oder die neue Heloise«) bekannt. Romane und Schauspiele von Vulpius, Kotzebue, Müllner u.a. trugen seit dem Ende des 18. Jh.s zu der Bekanntheit des Namens bei. Eine literarische Gestalt ist z.B. der Eduard in Goethes Roman »Die Wahlverwandtschaften« (1809). ✧ Bekannte Namensträger: Eduard der Bekenner, angelsächsischer König, Heiliger (11. Jh.); NAMENSTAG: 5. Januar; Eduard Mörike, deutscher Dichter (19. Jh.).

Eduardo: männl. Vorn., spanische Form von ▸Edward.

Edvard: männl. Vorn., schwedische und norwegische Form von ▸Edward. ✧ Bekannte Namensträger: Edvard Grieg, norwegischer Komponist (19./20. Jh.); Edvard Munch, norwegischer Maler (19./20. Jh.).

Edward ['ɛdwəd]: männl. Vorn. englischer Herkunft (altengl. *ēad* »Erbgut, Besitz« + altengl. *weard* »Hüter«). ✧ Bekannte Namensträger: Prinz Edward, Sohn von Königin Elizabeth II. von England (20./21. Jh.); Edward Norton, amerikanischer Filmschauspieler (20./21. Jh.). Deutsche Form: *Eduard.* Schwed., norweg. Form: *Edvard.* Französ. Form: *Édouard* [e'dwa:r]. Span. Form: *Eduardo.*

Edwin: aus dem Englischen ['ɛdwɪn] übernommener männl. Vorn. (altengl. *ēad* »Erbgut, Besitz« + altengl. *wine* »Freund«). Der Name wurde in Deutschland im 19. Jh. bekannt, als man sich stärker für England und seine Kultur zu interessieren begann.

Edwine, (auch:) Edwina: weibl. Vorn., weibliche Form von ▸Edwin.

Edyta [e'dita]: weibl. Vorn., polnische Form von ▸Edith.

Edyth ['i:dɪθ]: weibl. Vorn., englische Nebenform von ▸Edith.

Edzard: männl. Vorn., ursprünglich friesische Form von ▸Eckehard. ✧ Bekannte Namensträger: Edzard der Große, Graf von Ostfriesland (15./16. Jh.); Edzard Schaper, schweizerischer Schriftsteller deutscher Herkunft (20. Jh.).

Eetu: männl. Vorn., finnische Kurzform von *Edvard* (▸Edward) oder ▸Evert.

Efe: männl. Vorn. türkischer Herkunft (»ehrenhafter Mensch«; »älterer Bruder«).

Effi: weibl. Vorn., Koseform von ▸Elfriede. Bekannt ist der Name durch die Effi in Theodor Fontanes Roman »Effi Briest« (1895).

Efia: aus Ghana stammender weibl. Vorn., der in der Fante-Sprache »geboren an einem Freitag« bedeutet.

Efraim: ▸Ephraim.

Egberdina: weibl. Vorn., weibliche Form von ▸Egbert.

Egbert: männl. Vorn., Nebenform von ▸Eckbert.

Egge: männl. Vorn., verselbstständigte friesische Kurzform von Namen, die mit »Eck-«, »Eg-« (zu german. **agi-* »Furcht, Schrecken«) gebildet sind.

Eggert: männl. Vorn., niederdeutsche Nebenform von ▸Eckehard.

Egid, (auch:) Egidius: ▸Ägid. ✧ Bekannter Namensträger: Egid Quirin Asam, deutscher Stuckator und Baumeister (17./18. Jh.).

Egil: männl. Vorn., verselbstständigte Kurzform von Zusammensetzungen mit »Agil-«, »Egil-« (▸Agilolf), auch dänisch, schwedisch und norwegisch.

Eginhard, (auch:) Einhard; Einhart; Einert: alter deutscher männl. Vorn. Den Namen, die mit »Egin-« beginnen, liegt german. **agi-* »Furcht, Schrecken« zugrunde, der zweite Bestandteil ist ahd. *harti, herti* »hart, kräftig, stark«.

Egino: alter deutscher männl. Vorn., verselbstständigte Kurzform von Namen, die mit »Egin-« gebildet sind (z. B. ▸Eginhard).

Eglantine, (auch:) Eglantina: weibl. Vorn. französischer Herkunft (französ. *églantine* »wilde Rose, Heckenrose«). Französ. Form: *Églantine* [eglã'tin].

Egloff: ▸Egolf.

Egmont: männl. Vorn., niederdeutsche und niederländische Form von ▸Egmund. Der Name ist bekannt durch Goethes Trauerspiel über den niederländischen Staatsmann und Freiheitskämpfer Lamoraal Graf Egmont (16. Jh.; Egmont ist hier also ein Ortsname mit gänzlich anderer Etymologie).

Egmund: männl. Vorn., jüngere Form von *Agimund* (zu german. **agi-* »Furcht, Schrecken« + ahd. *munt* »Schutz, Schützer«). Häufiger als Egmund ist die niederdeutsche und niederländische Namensform ▸Egmont.

Egolf: männl. Vorn., jüngere Form von ▸Agilolf.

Egon: männl. Vorn., seit dem ausgehenden Mittelalter gebräuchliche Nebenform von ▸Egino. Der Name war in der ersten Hälfte des 20. Jh.s recht beliebt. ✧ Bekannte Namensträger: Egon Erwin Kisch, tschechischer Journalist und Schriftsteller deutsch-jüdischer Abstammung (19./20. Jh.); Egon Schiele, österreichischer Maler und Zeichner (19./20. Jh.).

Ehlert: männl. Vorn., Nebenform von ▸Adelhard oder ▸Eilhart.

Ehme: männl. Vorn., verselbstständigte friesische Kurzform von Namen wie *Aginmar/Eginmar* (zu german. **agi-* »Furcht, Schrecken«), *Erminolt* (german. **ermana, *irmina* »allumfassend, groß«, später Namenglied mit verstärkender Bedeutung).

Ehrenfried: um 1600 aufgekommener männl. Vorn., eher eine Neubildung mit »Ehre« und dem Namenbestandteil »-fried« als eine Umbildung des alten deutschen Namens Erenfrit (zu *erin* < german. **ermana, *irmina* »allumfassend, groß«, später Namenglied mit verstärkender Bedeutung + ahd. *fridu* »Schutz vor Waffengewalt, Friede, Friedenswahrer«).

Die kriegerischen Namen unserer Vorfahren

Bis weit ins Mittelalter hinein trugen die Menschen nur einen Namen – Familiennamen entstanden erst ab dem 12. Jahrhundert –, der meistens aus zwei Gliedern bestand, z. B. *Heinrich* aus ahd. *heim* »Haus« und *rīhhi* »Herrschaft, Herrscher, Macht; reich, mächtig«. Ab der Zeit um Christi Geburt finden sich auffällig viele Personennamen, die den Namensträger als Krieger ausweisen. Häufig sind Namenbestandteile mit der Bedeutung Kampf, z. B. *hadu* in *Hadubrand, hiltja* in *Hildebrand, gund* in *Gunther, wīg* in *Ludwig*, aber auch Bezeichnungen für Waffen wie *brant* »Schwert« in *Hildebrand, gēr* »Speer« in *Gerhard* oder *helm* »Helm« in *Wilhelm*. Erstaunlich ist, dass auch die meisten Frauennamen oder zumindest einer ihrer Bestandteile eine kriegerische Bedeutung aufweisen, wie dies zum Beispiel bei *Brunhild, Hedwig, Hildegard* der Fall ist.

Ehrengard: seit dem 19. Jh. belegter weibl. Vorn., Neubildung mit »Ehre« und dem Namenbestandteil »-gard« (german. **gardaz* »Zaun, Einfriedung«, vgl. ahd. *garto* »Garten«).

Ehrenreich: um 1600 aufgekommener männl. Vorn., eher eine Neubildung im Sinne von »reich an Ehren« als eine Umbildung des alten deutschen Namens *Ernreich* (zu *erin* < german. **ermana, *irmina* »allumfassend, groß«, später Namenglied mit verstärkender Bedeutung + ahd. *rīhhi* »Herrschaft, Herrscher, Macht; reich, mächtig, hoch«).

Ehrentraud, (auch:) Ehrentraut: im 17. Jh. aufgekommener weibl. Vorn., eher eine Neubildung mit »Ehre« und dem Namenbestandteil »-traud« als eine Umbildung des alten deutschen Namens *Erntraut* (zu *erin* < german. **ermana, *irmina* »allumfassend, groß«, später Namenglied mit verstärkender Bedeutung + german. **þrūþi* »Kraft, Stärke«, in althochdeutscher Zeit umgedeutet zu *trūt* »vertraut, lieb«).

Ehrhard: ▸ Erhard.

Eibe, (auch:) Eibo: männl. Vorn., verselbstständigte zweistämmige friesische Kurzform von Namen, die mit »Eg(i)-« oder »Ag(i)-« (zu german. **agi-* »Furcht, Schrecken«) und einem mit *b-* beginnenden Namenglied gebildet sind.

Eick, (auch:) Eik: männl. Vorn., Variante von ▸ 1Eike oder Eindeutschung des englischen Vornamens ▸ 2Ike.

Eika: ▸ 2Eike.

1Eike, (auch:) Eiko; Aik; Aike; Aiko; Eyck; Eyk; Eycke; Eyke; Eyko: männl. Vorn., niederdeutsche Kurzform von Namen, die mit »Ecke-« oder »Eg-« gebildet sind (z. B. ▸ Eckehard). ✧ Bekannter Namensträger: Eike von Repgow, Verfasser des Sachsenspiegels (12./13. Jh.).

2Eike, (auch:) Aike; Eika: weibl. Vorn., identisch mit ▸ 1Eike.

Eiko, (auch:) Aiko: ▸ 1Eike.

Eila: weibl. Vorn., verselbstständigte Kurzform von Namen, die mit »Eil-« (jüngere Form von »Agil-«, zu german. **agi-* »Furcht, Schrecken«) gebildet wurden.

Eildert: männl. Vorn., Nebenform von ▸ Eilert mit *-d-*Einschub.

Eileen, (auch:) Aileen; Ayleen; Eyleen ['aɪli:n]: in den 1940er-Jahren aus dem Englischen übernommener weibl. Vorn. irischen Ursprungs, englische Form des irischen Namens *Eibhlín* oder *Aibhilín*, der – wie auch ▸ Evelyn – auf den altfranzösisch-normannischen Namen *Aveline* (▸ Ava) zurückgeht. Häufig wird Eileen als eine irische Entsprechung von *Helen* (▸ Helene) aufgefasst.

Eilert: männl. Vorn., durch Zusammenziehung entstandene niederdeutsch-friesische Form von ▸ Eilhard.

Eilhard, (auch:) Eilert; Ailert; Eildert; Eldert; Elard: alter deutscher männl. Vorn., jüngere Form von *Agilhard* (german. **agi-* »Furcht, Schrecken« + ahd. *harti, herti* »hart, kräftig, stark«).

Eilika, (auch:) Ailika: alter deutscher weibl. Vorn., verselbstständigte niederdeutsch-friesische Koseform von Namen, die mit »Eil-« (jüngere Form von »Agil-«, zu german. **agi-* »Furcht, Schrecken«) gebildet wurden.

1Eilke, (auch:) Eilko: männl. Vorn., verselbstständigte niederdeutsche Koseform von Namen, die mit »Eil-« (jüngere Form von »Agil-«, zu german. **agi-* »Furcht, Schrecken«) gebildet sind.

2Eilke, (auch:) Ailke: weibl. Vorn., verselbstständigte Koseform von Namen, die mit »Eil-« gebildet sind (▸ Eilika).

Eilko: ▸ 1Eilke.

Eilrich: alter deutscher männl. Vorn., jüngere Form von *Agilrich* (german. **agi-* »Furcht, Schrecken« + ahd. *rīhhi* »Herrschaft, Herrscher, Macht; reich, mächtig, hoch«).

Einar: männl. Vorn. nordischen Ursprungs (altnord. *Einarr* aus german. **aina* »ein, allein« + urnordisch *harjaR*, altnord. *herr* »Heer; Heerführer, Krieger«, etwa »der alleine kämpft«).

Einhard, (auch:) Einhart; Einert: männl.

Vorn., jüngere Form von ▸Eginhard. ✧ Bekannter Namensträger: Einhard, fränkischer Gelehrter und Geschichtsschreiber (8./9.Jh.).

Eirik: männl. Vorn., norwegische Form von ▸Erik.

Eitel: männl. Vorn. Unser Wort »eitel«, das heute gewöhnlich im Sinne von »eingebildet, selbstgefällig« verwendet wird, bedeutete früher auch noch »rein, unverfälscht; lediglich, bloß, nur«. Etwa in dieser Bedeutung erscheint der Name im 13./14. Jh. zunächst als einziger Vorname. Seit Ende des 14.Jh.s wurde Eitel dann in Verbindung mit einem weiteren Vornamen verwendet, vor allem im Adel. Er bedeutete dann zu einer Zeit, als man gewöhnlich mehrere Vornamen führte, dass der Betreffende nur einen Namen hatte, also z.B. Eitelfritz = »nur Fritz«.

[1]Eka: weibl. Vorn., Kurzform von ▸Erika.

[2]Eka: weibl. Vorn. indonesischer Herkunft (indonesisch *eka* »eins, einzig, die Einzige«).

Ekaterina: weibl. Vorn., transliterierte (buchstabengetreue) Form von russisch ▸Jekaterina.

Ekke: männl. Vorn., Kurzform von Namen, die mit »Ek-«, »Eck-« oder »Eg-« beginnen.

Ekkehard, (auch:) Ekkehardt; Ekkehart: ▸Eckehard.

[1]Ela: weibl. Vorn., Kurzform von Namen, die mit »El-« beginnen, besonders von ▸Elisabeth, auch Kurzform von ▸Manuela, ▸Daniela.

[2]Ela: weibl. Vorn. türkischer Herkunft (türk. *ela* »hellbraun, honigfarben«).

Elaine [ɪ'leɪn]: im 20.Jh. aus dem Englischen entlehnter weibl. Vorn., der auf eine altfranzösische Nebenform von *Hélène* (▸Helene) zurückgeht.

Elanur: weibl. Vorn. türkischer Herkunft (türk. *ela* »hellbraun, honigfarben« + türk./arab. *nur* »Licht«).

Elard: männl. Vorn., durch Zusammenziehung entstandene Variante von ▸Eilhard.

Elburg, (auch:) Elborg: alter deutscher weibl. Vorn., der die Namenbestandteile

Die Spitzenreiter des Jahres 2011 in Kanada (British Columbia)

männlich	weiblich
1. Liam	1. Emma
2. Ethan	2. Olivia
3. Mason	3. Sophia
4. Lucas	4. Ava
5. Benjamin	5. Chloe
6. Jacob	6. Emily
7. Logan	7. Isabella
8. Nathan	8. Ella
9. Owen	9. Abigail
10. Alexander	10. Sophie

Quelle: http://www.vs.gov.bc.ca/babynames/baby2011.html

»El-« (jüngere Form von »Agil-«, zu german. **agi-* »Furcht, Schrecken«) und »-burg« (ahd. *burg* »Burg, Zufluchtsstätte, Schutz«) enthält.

Elda: weibl. Vorn., italienische Form von *Hilda* (▸Hilde).

Eldert: ▸Eildert.

Eldor: männl. Vorn., nordische Neubildung (19.Jh.) mit den Namenelementen »El-« (Variante von »Eld-« zu *eld* »Feuer« oder Anfangssilbe mehrerer Rufnamen unterschiedlicher Herkunft) und »-dor« (zu altnord. *þorr* »Thor«, dem Donnergott).

Eldrid: weibl. Vorn., nordische Form von altengl. *Æðelþryð* (altengl. *æðel* »edel« + altengl. *þrȳð* »Kraft, Stärke«; vgl. ▸Edeltraud).

Elea: weibl. Vorn., Erweiterung von ▸[1]Ela oder verkürzte Form von ▸Eleanor, ▸Eleanore.

Eleana: weibl. Vorn., englische Neubildung [ɛlɪ'ænə], Mischform aus ▸Eleanor und ▸Elena oder Erweiterung von ▸Elea.

Eleanor, (auch:) Eleanora, engl. Aussprache: ['ɛlɪnə], [ɛlɪə'nɔ:rə]: weibl. Vorn., englische Formen von ▸Eleonore.

Eleanore: weibl. Vorn., Eindeutschung von engl. *Eleanora* [ɛlɪə 'nɔ:rə], ▸Eleonore.

Elektra, (auch:) Electra: aus der griechischen Mythologie übernommener weibl. Vorn. (zu griech. *ēlektron* »Bernstein«, aber auch Bezeichnung für eine

»Legierung aus vier Teilen Gold und einem Teil Silber«, abgeleitet von griech. *ēlektor* »glänzend«). Die bekannteste Gestalt ist Elektra, Tochter des Agamemnon und der Klytämnestra. Sie treibt ihren Bruder Orestes zum Muttermord, um die Ermordung des Vaters zu rächen. Dieser Stoff ist mehrmals dramatisch bearbeitet worden, in der Antike von Aischylos, Sophokles und Euripides, im 20. Jh. u.a. von Jean Giraudoux (»Elektra«, 1937) und Jean Paul Sartre (»Die Fliegen«, 1943). Die Oper »Elektra« von Richard Strauss (Text von Hugo von Hofmannsthal) wurde 1909 in Dresden uraufgeführt.

Elena: weibl. Vorn., italienische ['ɛ:lena] und spanische [e'lena] Form von ▸ Helene. ✧ Bekannte Namensträgerin: Elena, Prinzessin von Spanien (20./21. Jh.).

Eleni, (deutsch auch:) Eleni: weibl. Vorn., neugriechische Form von ▸ Helena.

Elenora, engl. Aussprache: [ɛlɪ'nɔ:rə]: weibl. Vorn., englische Variante von Eleanora (▸ Eleanor).

Eleonora: weibl. Vorn., Variante von ▸ Eleonore, auch italienisch. ✧ Bekannte Namensträgerin: Eleonora Duse, italienische Schauspielerin (19./20. Jh.).

Eleonore: weibl. Vorn. altprovenzalischer Herkunft (Aliénor) von ungesicherter Etymologie (der erste Namenbestandteil gehört wohl zu german. **alja-* »anders, fremd«). In England wurde der Name bekannt durch Eleonore (altfranzös. *Alienor*) von Aquitanien (12./13. Jh.), die Gemahlin König Heinrichs II. von England und Mutter des Königs Richard Löwenherz. Zur Verbreitung des Namens in England trug auch die Verehrung der heiligen Königin Eleonore (13. Jh.) bei; NAMENSTAG: 25. Juni. Der Name begegnet in Deutschland seit dem 15. Jh., vor allem in der Form ▸ Leonore. Engl. Formen: *Eleanora* [ɛlɪə'nɔ:rə], *Elenora* [ɛlɪ'nɔ:rə], *Eleanor, Elinor* ['ɛlɪnə]. Französ. Form: *Éléonore* [eleo'nɔ:r]. Italien. Form: *Eleonora*.

Éléonore [eleo'nɔ:r]: weibl. Vorn., französische Form von ▸ Eleonore.

Elert: ▸ Ehlert.

Elfe: weibl. Vorn., Kurzform von Namen, die mit »Elf-« beginnen.

Elfgard: weibl. Vorn., im 20. Jh. gebildet aus den Namenbestandteilen »Elf-« (ahd. *alb* »Elf, Naturgeist«) und »-gard« (german. **gardaz* »Zaun, Einfriedung«, vgl. ahd. *garto* »Garten«).

Elfgund: weibl. Vorn., im 20. Jh. gebildet aus den Namenbestandteilen »Elf-« (ahd. *alb* »Elf, Naturgeist«) und »-gund« (ahd. *gund* »Kampf; Kämpferin«).

Elfi, (auch:) Elfie: weibl. Vorn., im 20. Jh. aufgekommene Koseform von ▸ Elfriede.

Elfriede, (auch:) Elfrieda; Elfrida: weibl. Vorn., deutsche Form des englischen Vornamens *Elfreda* (altengl. *ælf* »Elf, Naturgeist« + altengl. *þrȳð* »Kraft, Stärke«). Der altenglische Name *Ælfþrȳð* ging mit der normannischen Eroberung Englands (1066) unter, wurde aber im 19. Jh. wiederbelebt. In Deutschland war Elfriede Ende des 19./Anfang des 20. Jh.s weit verbreitet. ✧ Bekannte Namensträgerin: Elfriede Jelinek, österreichische Schriftstellerin (20./21. Jh.).

Elfrun: weibl. Vorn., jüngere Form von *Albrun* (ahd. *alb* »Elf, Naturgeist« + ahd. *rūna* »Geheimnis, geheime Beratung«).

Elga: in Deutschland seit dem 20. Jh. vorkommender weibl. Vorn., nordische Nebenform und italienische Form von ▸ Helga.

Elgard: weibl. Vorn., Nebenform von ▸ Edelgard.

Elger: männl. Vorn., jüngere Form von *Adalger* (ahd. *adal* »edel, vornehm; Abstammung, [edles] Geschlecht« + ahd. *gēr* »Speer«).

Elgin, (auch:) Elgine: weibl. Vorn., dessen Herkunft und Bedeutung unklar sind; vielleicht eine verselbstständigte Kurzform von Namen, die mit »Adel-« (ahd. *adal* »edel, vornehm; Abstammung, [edles] Geschlecht«) gebildet sind.

Elgo: männl. Vorn., verselbstständigte Kurzform von Zusammensetzungen mit »Eil-« (▸ Eilhard) bzw. »El-« (▸ Elger) oder männliche Bildung zu ▸ Elga.

[1]Eli: aus der Bibel übernommener männl. Vorn. hebräischen Ursprungs (hebr. *'ēlī*, Kurzform eines Namens, dessen Bedeutung unsicher ist, vielleicht »Oberer«). Eli hieß ein Priester in Schilo, aber auch ein Vorfahr Jesu.

[2]Eli: weibl. Vorn., Kurzform von ▸Elisabeth.

[1]Elia: männl. Vorn., Nebenform von ▸Elias, auch italienisch.

[2]Elia: weibl. Vorn., identisch mit ▸[1]Elia. Französ. Form *Élia* [e'lja].

[3]Elia: weibl. Vorn., weibliche Form von ▸Elio.

Eliakim: männl. Vorn., englische Schreibweise von ▸Eljakim.

Elian: in den 1980er-Jahren aus dem Französischen entlehnter männl. Vorn., der auf den Beinamen *Aelianus*, eine Ableitung des römischen Geschlechternamens *Aelius*, zurückgeht. Französ. Form: *Élian* [e'ljã].

Eliana: weibl. Vorn., italienische und spanische Form von ▸Eliane.

Eliane: im 20. Jh. aus dem Französischen entlehnter weibl. Vorn., weibliche Form von ▸Elian. Französ. Form: *Éliane* [e'ljan].

Eliano: männl. Vorn., italienische Form von ▸Elian.

Elias, (überkonfessionelle Form:) Elija: aus der Bibel übernommener männl. Vorn. hebräischen Ursprungs (hebr. *'ēlīyāh* »[mein] Gott ist Jahwe«). Nach der Bibel war Elias ein großer Prophet, der – von eindrucksvollen Wundern bestätigt – gegen den Baalskult kämpfte. Um ihn bildeten sich viele Legenden; NAMENSTAG: 20. Juli. In Deutschland ist Elias seit dem 11. Jh. anzutreffen, zurzeit gehört er zu den beliebtesten männlichen Vornamen. ✧ Bekannter Namensträger: Elias Canetti, Schriftsteller spanisch-jüdischer Herkunft (20. Jh.). Russ. Form: *Ilja*. Schwed. Form: *Elis*. Französ. Form: *Élie* [e'li]. Engl. Formen: *Elias* [ɪ'laɪɔs], Elijah [ɪ'laɪdʒə]. Neugriech. Form: *Ilias*. Arab./türk. Form: *Ilyas*.

Elida: weibl. Vorn., Schreibvariante von ▸Ellida.

Élie [e'li]: männl. Vorn., französische Form von ▸Elias.

Elieser, (auch:) Eliezer: aus der Bibel übernommener männl. Vorn. hebräischen Ursprungs (hebr. *'ēlī'ezer* »mein Gott ist Hilfe«).

Éliette [e'ljɛt]: weibl. Vorn. französischer Herkunft, weibliche Form von *Élie* (▸Elias).

Eliezer: männl. Vorn., Schreibvariante von ▸Elieser, auch englisch [ɛlɪ'i:zə].

Elif: weibl. Vorn. türkischen Ursprungs (zu arab. *alīf*, dem ersten Buchstaben des arab. Alphabets).

Eligio [e'li:dʒo]: männl. Vorn., italienische Form von ▸Eligius.

Eligius: männl. Vorn. lateinischen Ursprungs (zu lat. *ēligere* »auswählen, erwählen«). Der heilige Eligius, Münzmeister am Merowingerhof und später Bischof von Noyon (6./7. Jh.), ist der Patron der Goldschmiede; NAMENSTAG: 1. Dezember. Französ. Form: *Éloi* [e'lwa]. Span. Form: *Eloy* [e'lɔi̯].

Eligiusz [e'ligjuʃ]: männl. Vorn., polnische Form von ▸Eligius.

Elihu: aus der Bibel übernommener männl. Vorn. hebräischen Ursprungs (hebr. *'ēlīhū* »Er ist Gott«); im Alten Testament Name eines Ahnherrn Samuels und vier weiterer Personen.

Elija: ▸Elias.

Elijah [ɪ'laɪdʒə]: männl. Vorn., englische Form von ▸Elias. ✧ Bekannter Namensträger: Elijah Wood, amerikanischer Filmschauspieler (20./21. Jh.).

Elijana: weibl. Vorn., weibliche Form von ▸Elija.

Elimar: männl. Vorn., Nebenform von ▸Elmar.

Elimelech: männl. Vorn. biblischer Herkunft (hebr. *' ēlī melek* »mein Gott ist König«), im Alten Testament Name des Schwiegervaters der Rut.

Elin: weibl. Vorn., nordische Form von ▸Helene.

Elina: weibl. Vorn., nordische Form von ▸Helene, auch englische Kurzform von

▸Elinor; in Frankreich werden *Élina* [eli'na] und *Éline* [e'lin] gelegentlich als weibliche Formen von *Élie* (▸Elias) aufgefasst.

Eline: weibl. Vorn., deutsche Schreibvariante von ▸Elina.

Elinor ['ɛlɪnə]: weibl. Vorn., englische Form von ▸Eleonore. Dieser Vorname begegnet in Deutschland seit dem ausgehenden 19. Jh.

Elio: männl. Vorn., italienische oder spanische Form des römischen Geschlechternamens *Aelius*.

Eliot, (auch:) Elliot ['ɛljət]: in den 1980er-Jahren aus dem Englischen entlehnter männl. Vorn., ursprünglich ein Familienname, der wiederum auf eine altfranzösische Koseform von ▸Elias zurückgeht.

Elis: männl. Vorn., schwedische Form von ▸Elias.

Elisa, (auch:) Elise: weibl. Vorn., Kurzform von ▸Elisabeth.

Elisabet: ▸Elisabeth.

Elisabeta: weibl. Vorn., Schreibvariante von ▸Elisabetha, auch rumänisch [elisa'beta].

Elisabeth, (überkonfessionelle Form:) Elisabet: aus der Bibel übernommener weibl. Vorn., griech. Form des hebr. Namens *Elischeba* (»Gott ist Fülle, Vollkommenheit«). Namensvorbilder sind die Mutter Johannes' des Täufers (NAMENSTAG: 5. November) und die heilige Elisabeth von Thüringen (NAMENSTAG: 19. November). ✧ Bekannte Namensträgerinnen: Elisabeth I., Königin von England (16./17. Jh.), Gegenspielerin von Maria Stuart; Elisabeth, Kaiserin von Österreich (19. Jh.); Elisabeth Langgässer, deutsche Schriftstellerin (19./20. Jh.); Elisabeth II., Königin von Großbritannien und Nordirland (20./21. Jh.). Italien. Form: *Elisabetta*. Engl. Form: *Elizabeth* [ɪ'lɪzəbəθ]. Poln. Form: *Elżbieta* [ɛlʒ'bjeta]. Russ. Form: *Jelisaveta* [jiliza'vjɛtɐ]. Rumän. Form: *Elisabeta* [elisa'beta]. Lett. Form: *Elizabete* ['elizabete]. Neuhebr. Form: *Elisheva*.

Elisabeth:

Dieser Name wurde im Mittelalter zunächst nach der Mutter Johannes' des Täufers vergeben. Seine große Beliebtheit in Deutschland verdankt er aber der Verehrung der heiligen Elisabeth von Thüringen, deren aufopferungsvolle Tätigkeit im Dienst der Armen und Kranken die mittelalterlichen Menschen tief bewegte. Bereits vier Jahre nach ihrem Tod wurde sie 1235 heiliggesprochen. Schon vorher hatte die volkstümliche Verehrung ihrer Grabstätte in Marburg a. d. Lahn begonnen. Bereits um 1370 hießen in Regensburg 18,8 % aller Mädchen und Frauen *Elisabeth*. Auch im 21. Jh. gehört *Elisabeth* immer noch zu den geläufigen Mädchennamen, doch finden derzeit ihre Kurzformen *Lilli/Lilly, Lisa* und *Elisa* mehr Anklang bei jungen Eltern.

Elisabetha, (auch:) Elisabeta: weibl. Vorn., Weiterbildung von ▸Elisabeth.

Elisabetta: weibl. Vorn., italienische Form von ▸Elisabeth. ✧ Bekannte Namensträgerin: Elisabetta Sirani, italienische Malerin (17. Jh.).

Elischa: aus der Bibel übernommener männl. Vorn. hebräischen Ursprungs (vielleicht ursprünglich hebr. *'ēlyaša'* »Gott hat geholfen«). Nach dem Alten Testament wirkte Elischa als Prophet im 9. Jh. v. Chr. Er war Nachfolger des Propheten Elias und setzte dessen Kampf gegen den Baalskult in Israel fort; NAMENSTAG: 14. Juni.

Elise: ▸Elisa.

Élise [e'li:z]: weibl. Vorn., französische Kurzform von ▸Elisabeth.

¹Elisha [ɪ'laɪʃə]: männl. Vorn., englische Form von ▸Elischa.

²Elisha [ɪ'laɪʃə]: weibl. Vorn., identisch mit ▸¹Elisha.

Elisheva: weibl. Vorn., neuhebräische Form von ▸Elisabeth.

Eliška ['ɛliʃka]: weibl. Vorn. tschechischer Herkunft, dem eine Koseform von ▸Elisabeth zugrunde liegt.

Elissa, engl. Aussprache: [ɪ'lisə]: weibl.

Vorn. englischer Herkunft, der als moderne Kurzform von *Elizabeth* (▸ Elisabeth) gebraucht wird. Eigentlich ist Elissa der phönizische Name der karthagischen Königin ▸ Dido.

Eliza [ɪ'laɪzə]: weibl. Vorn., englische Kurzform von *Elizabeth* (▸ Elisabeth). Bekannt ist die Gestalt der Eliza Doolittle in F. Loewes Musical »My Fair Lady« (1956) nach »Pygmalion« von J. B. Shaw (1913).

Elizabete ['elizabete]: weibl. Vorn., lettische Form von ▸ Elisabeth.

Elizabeth [ɪ'lɪzəbəθ]: weibl. Vorn., englische Form von ▸ Elisabeth. ✧ Bekannte Namensträgerin: Elizabeth Taylor, britisch-amerikanische Filmschauspielerin (20./21. Jh.).

Elja: weibl. Vorn., Schreibvariante von ▸ ²Elia, ▸ ³Elia, auch russische Kurzform verschiedener Vornamen.

Eljakim: aus der Bibel übernommener männl. Vorn. hebräischen Ursprungs (hebr. *'ēlyāqīm* »Gott wird aufrichten«). Der Name erscheint dreimal im Alten Testament; im Neuen Testament heißen so zwei Vorfahren Jesu.

Elke, (auch:) Elka: weibl. Vorn., verselbstständigte niederdeutsch-friesische Koseform von ▸ Adelheid.

Elko: männl. Vorn., niederdeutsch-friesische Koseform von Namen, die mit »Adel-« (ahd. *adal* »edel, vornehm; Abstammung, [edles] Geschlecht«) oder mit »Agil-«, »Egil-« (zu german. **agi-* »Furcht, Schrecken«) gebildet sind.

Ella: weibl. Vorn., Kurzform von ▸ Elisabeth, ▸ Elfriede oder ▸ Eleonore, auch von italienischen Vornamen auf »-ella« (z. B. ▸ Graziella, ▸ Gabriella). ✧ Bekannte Namensträgerin: Ella Fitzgerald, amerikanische Jazzsängerin (20. Jh.). Engl. Aussprache: ['ɛlə].

Elle: weibl. Vorn., Variante von ▸ Ella, auch friesische Kurzform von Namen, die mit »Adel-«, »Edel-«, »Eil-« beginnen (▸ Adelheid, ▸ Edeltraud, ▸ Eilika).

Ellen: weibl. Vorn., englische Variante ['ɛlɪn] von ▸ Helen, auch dänische Form von

Die Spitzenreiter des Jahres 2012 in den Niederlanden

männlich	weiblich
1. Daan	1. Emma
2. Bram	2. Sophie
3. Sem	3. Julia
4. Lucas	4. Anna
5. Milan	5. Lisa
6. Levi	6. Isa
7. Luuk	7. Eva
8. Thijs	8. Saar
9. Jayden	9. Lotte
10. Tim	10. Tess

Quelle: http://www.svb.nl/int/nl/kinderbijslag/kindernamen/top20/index.jsp

▸ Helene. ✧ Bekannte Namensträgerinnen: Ellen Key, schwedische Schriftstellerin und Pädagogin (19./20. Jh.); Ellen Barkin, amerikanische Filmschauspielerin (20./21. Jh.).

Ellengard: weibl. Vorn. (ahd. *ellan* »Mut, Kraft, Stärke« + german. **gardaz* »Zaun, Einfriedung«, vgl. ahd. *garto* »Garten«).

Elli, (auch:) Elly: weibl. Vorn., Koseform von ▸ Elisabeth.

Ellida, (auch:) Elida: weibl. Vorn., abgeleitet von dem altisländischen Schiffsnamen Ellídi »Schnellsegler«, seit 1842 in der Form Ellida als nordischer weibl. Vorname in Gebrauch.

Ellie ['ɛlɪ]: weibl. Vorn. englischer Herkunft, Koseform von Namen, die mit »El-« beginnen, vor allem von ▸ Eleanor.

Ellinor: weibl. Vorn., Nebenform von ▸ Elinor.

Elliot: ▸ Eliot.

¹Ellis ['ɛlɪs]: im 20. Jh. aus dem Englischen entlehnter männl. Vorn. nach dem gleichlautenden Familiennamen, der wiederum auf eine im Mittelalter geläufige Form von ▸ Elias zurückgeht.

²Ellis: weibl. Vorn., Kurzform von ▸ Elisabeth, möglicherweise auch Schreibvariante von engl. *Ellice* ['ɛlɪs], einer Nebenform von ▸ Alice, oder identisch mit ▸ ¹Ellis.

Elly: ▸ Elli. ✧ Bekannte Namensträgerin: Elly Beinhorn, deutsche Fliegerin mit zahlreichen Auszeichnungen für Flugrekorde (20./21. Jh.); Elly Heuss-Knapp, deutsche Politikerin und Sozialreformerin (19./20. Jh.).

Elma: seit dem 19. Jh. vorkommender weibl. Vorn., Kurzform von Namen, die auf »-elma« ausgehen (z. B. ▸Wilhelma), Doppelform aus ▸Elisabeth und ▸Maria oder Variante von ▸²Alma.

Elmar, (auch:) Elmer; Elimar: männl. Vorn., jüngere Form von *Adalmar* (ahd. *adal* »edel, vornehm; Abstammung, [edles] Geschlecht« + ahd. *māri* »bekannt, berühmt, angesehen«). ✧ Bekannter Namensträger: Elmar Wepper, deutscher Schauspieler (20./21. Jh.).

Elmine: weibl. Vorn., Erweiterung von ▸Elma.

Elmira, (auch:) Almira: weibl. Vorn. spanischer Herkunft, weibliche Form westgotischer Namen wie *Adalmir* (▸Elmar) oder Alamir (zu got. *alls* »all, ganz«).

¹Elmo: männl. Vorn., Kurzform von ▸Elmar.

²Elmo: männl. Vorn., italienische Kurzform von ▸Erasmus.

Elna: weibl. Vorn., dänische und schwedische Nebenform von ▸Elina.

Élodie [elɔ'di]: in den 1970er-Jahren aus dem Französischen übernommener weibl. Vorn. germanischen Ursprungs (zu ahd. *al* »ganz, vollständig« + ahd. *ōt* »Besitz, Reichtum«, vgl. ahd. *alōd* »Allod, freier Besitz«). Namenspatronin ist die heilige Elodia (auch: Alodia), spanische Märtyrerin (9. Jh.); Namenstag: 22. Oktober.

Éloi [e'lwa]: männl. Vorn., französische Form von ▸Eligius.

Eloisa: weibl. Vorn., italienische Form von ▸Eloïse.

Eloise: weibl. Vorn., deutsche und englische ['ɛloʊi:z] Form von ▸Eloïse.

Éloïse [elɔ'i:z]: weibl. Vorn. französischer Herkunft, Nebenform von *Héloïse* (▸Heloise).

Elora, engl. Aussprache: [ɛ'lɔ:rə]: weibl. Vorn., englische Kurzform von *Eleanora* (▸Eleanor).

Elouan [e'luã]: in Frankreich geläufiger männl. Vorn. bretonischer, ursprünglich irischer Herkunft (gäl. *lugh* »der Leuchtende«, wohl bildliche Bezeichnung des Kriegers). Namenspatron ist der aus Irland stammende heilige Elouan (6. Jh.), der als Missionar in die Bretagne kam; Namenstag: 28. August.

Eloy [e'lɔi̯]: männl. Vorn., spanische Form von ▸Eligius.

Elrich, (auch:) Elrik: männl. Vorn., jüngere Form von *Adalrich* (ahd. *adal* »edel, vornehm; Abstammung, [edles] Geschlecht« + ahd. *rīhhi* »Herrschaft, Herrscher, Macht; reich, mächtig, hoch«).

Elrike: weibl. Vorn., weibliche Form von *Elrik* (▸Elrich).

Elroy ['ɛlrɔɪ]: männl. Vorn., Variante von ▸Leroy. Dieser Vorname wird in den USA vorwiegend von afroamerikanischen Eltern vergeben.

Elsa: weibl. Vorn., Kurzform von ▸Elisabeth. Der Name ist bekannt durch die Elsa von Brabant aus der Lohengrinsage und aus Richard Wagners Oper »Lohengrin« (1850). ✧ Bekannte Namensträgerinnen: Elsa Brändström, schwedische Philanthropin, genannt »Engel von Sibirien« (19./20. Jh.); Elsa Morante, italienische Schriftstellerin (20. Jh.).

Elsabe: weibl. Vorn., Kurzform von ▸Elisabeth.

Elsbe: weibl. Vorn., Kurzform von ▸Elisabeth.

Elsbeth: weibl. Vorn., Kurzform von ▸Elisabeth.

Else: weibl. Vorn., Kurzform von ▸Elisabeth. Eine bekannte literarische Gestalt ist die Else in Wilhelm Raabes Novelle »Else von der Tanne« (1865). ✧ Bekannte Namensträgerin: Else Lasker-Schüler, deutsche Dichterin (19./20. Jh.).

Elsi: weibl. Vorn., Koseform von ▸Elisabeth. Eine literarische Gestalt ist die Elsi in Jeremias Gotthelfs Roman »Elsi, die seltsame Magd« (1843).

Elsie, (auch:) Elsy; englische Aussprache: ['ɛlsɪ]: weibl. Vorn., englische Koseform von *Elizabeth* (▸Elisabeth).

Elske: weibl. Vorn., niederdeutsche Koseform von ▸Elisabeth.

Elsmarie: weibl. Vorn., Doppelform aus ▸Elsa und ▸Marie.

Elso: männl. Vorn., friesische Koseform von Namen, die mit »El-« (zu ahd. *adal* »edel, vornehm; Abstammung, [edles] Geschlecht«) beginnen, oder männliche Bildung zu ▸Elsa.

Elsy: ▸Elsie.

Eltje: weibl. Vorn., friesische Koseform von Namen, die mit »El-« (zu ahd. *adal* »edel, vornehm; Abstammung, [edles] Geschlecht«) beginnen.

Eltjo: männl. Vorn., friesische Koseform von Namen, die mit »El-« (zu ahd. *adal* »edel, vornehm; Abstammung, [edles] Geschlecht«) beginnen.

Elton ['ɛltən]: männl. Vorn. englischer Herkunft, ursprünglich ein Familienname nach dem häufigen gleichlautenden Ortsnamen. ✧ Bekannter Namensträger: Elton John, britischer Rocksänger, -pianist und -komponist (20./21. Jh.).

Eltrud: ▸Edeltraud.

Elvi: weibl. Vorn., Kurzform von ▸Elvira.

Elvin ['ɛlvɪn]: männl. Vorn. englischer Herkunft, ▸[1]Alvin.

[1]Elvina [ɛl'vi:nə]: weibl. Vorn. englischer Herkunft, ▸[1]Alvina.

[2]Elvina: ▸Elwine.

Elvira, (auch:) Elvire; Elwira: aus dem Spanischen übernommener weibl. Vorn. westgotischer Herkunft (zu got. **gails*, vgl. *gailjan* »erfreuen«, oder **gails* »Speer« + *wērs* »wahr« oder *-uara* »der [Ab]wehrende, Verteidiger«). Der Name begegnet in Deutschland gelegentlich seit dem 19. Jh., er wurde erst in den 1960er- und 1970er-Jahren etwas häufiger vergeben. Bekannte Operngestalten sind die Elvira in Mozarts Oper »Don Giovanni« (1787) und die Elvira in Daniel F. E. Aubers Oper »Die Stumme von Portici« (1828).

Elvis: männl. Vorn. angloamerikanischen Ursprungs, dessen Herkunft und Bedeutung unklar sind. Der Name wurde in Deutschland durch den amerikanischen Rocksänger und Gitarristen Elvis Presley (20. Jh.) allgemein bekannt. Er wird seit den 1960er-Jahren vergeben. ✧ Bekannter Namensträger: Elvis Costello, britischer Popsänger und Gitarrist (20./21. Jh.).

Elwin: ▸Alwin.

Elwine: weibl. Vorn., Nebenform von ▸Alwine.

Elwira: weibl. Vorn., eindeutschende Schreibung von ▸Elvira, auch polnisch.

Elżbieta [ɛlʒ'bjɛta]: weibl. Vorn., polnische Form von ▸Elisabeth.

Emanuel: männl. Vorn., Nebenform von ▸Immanuel, auch schwedisch. ✧ Bekannter Namensträger: Emanuel Swedenborg, schwedischer Naturforscher und Theosoph (17./18. Jh.).

Emanuela: weibl. Vorn., weibliche Form von ▸Emanuel.

Emel: weibl. Vorn., türkische Form von ▸[3]Amal.

Emelie: weibl. Vorn., Variante von ▸Amelie oder Eindeutschung von *Emely* (▸Emily).

Emeline: weibl. Vorn., Erweiterung von ▸Emelie. Französ. Form: *Émeline* [em'lin].

Emely ['ɛmɪlɪ]: in den 1970er-Jahren entlehnter weibl. Vorn., englische Variante von ▸Emily.

Emerald ['ɛmərəld]: weibl. Vorn. englischer Herkunft (engl. *emerald* »Smaragd«).

Emerentia, (auch:) Emerenzia: weibl. Vorn. lateinischen Ursprungs (zu lat. *ēmereor* »sich Verdienste erwerben«). Namenspatronin ist die heilige Emerentia (auch Emerentiana), Märtyrerin (3./4. Jh.); NAMENSTAG: 23. Januar.

Emerich: ▸Emmerich.

Emerson ['ɛməsn]: in den 1970er-Jahren entlehnter männl. Vorn., ursprünglich ein englischer Familienname (»Sohn des Emery«, ▸Emmerich).

Emery ['ɛmərɪ]: aus dem Englischen entlehnter männl. Vorn., englische Form von ▸Emmerich.

Emil: im 18. Jh. aus dem Französischen entlehnter, im 19. Jh. überaus beliebter männl. Vorn., der auf lat. *Aemilius*, einen altrömischen Geschlechternamen, zurückgeht.

Zum Aufkommen des Vornamens in Frankreich wie auch in Deutschland hat Rousseaus Roman »Émile ou De l'éducation« (1762; dt. Übersetzung unter dem Titel »Emil oder Über die Erziehung«) beigetragen. Eine bekannte Gestalt aus der Jugendliteratur ist der Emil in Erich Kästners Buch »Emil und die Detektive« (1929). ✧ Bekannte Namensträger: Emil von Behring, deutscher Bakteriologe (19./20. Jh.); Emil Nolde, deutscher Maler (19./20. Jh.). Französ. Form: *Émile* [e'mil]. Italien. und span. Form: *Emilio.*

Émile [e'mil]: männl. Vorn., französische Form von ▸Emil. ✧ Bekannter Namensträger: Émile Zola, französischer Schriftsteller (19./20. Jh.).

Emilia: weibl. Vorn., Variante von ▸Emilie, auch spanisch und italienisch. Eine bekannte literarische Gestalt ist die Emilia Galotti in Lessings gleichlautendem Drama (1772).

Emilian: männl. Vorn., der auf *Aemilianus*, eine Ableitung des römischen Geschlechternamens *Aemilius* (▸Emil), zurückgeht.

Emiliano: männl. Vorn., spanische und italienische Form von ▸Emilian.

Emilie: weibl. Vorn., weibliche Form von ▸Emil. Zurzeit gehören Emilia und Emilie zu den modischen Vornamen. Französ. Form: *Émilie* [emi'li]. Engl. Form: *Emily* ['ɛmɪlɪ].

Émilie [emi'li]: weibl. Vorn., französische Form von ▸Emilie.

Emilio: männl. Vorn., italienische und spanische Form von ▸Emil.

Emily ['ɛmɪlɪ]: weibl. Vorn., englische Form von ▸Emilie. Zurzeit gehört Emily zu den beliebten Mädchennamen. ✧ Bekannte Namensträgerinnen: Emily Brontë, englische Schriftstellerin (19. Jh.); Emily Dickinson, amerikanische Lyrikerin (19. Jh.).

Emin: männl. Vorn., türkische Form von ▸Amin.

Emina, (auch:) Emine: weibl. Vorn., Variante von ▸[3]Amina oder verselbstständigte Kurzform von Namen, die mit »Erm-« beginnen (▸Ermelind).

Emine: weibl. Vorn., türkische Form von ▸[1]Amina.

Emir: männl. Vorn. türkischer Herkunft (türk. *emir* »Befehlshaber, Prinz, Fürst« < gleichbedeutend arab. *amīr*).

Emirhan: männl. Vorn. türkischer Herkunft (türk. *emir* »Befehlshaber, Prinz, Fürst« < gleichbedeutend arab. *amīr* + türk. *han* »Fürst«).

Emke: weibl. Vorn., verselbstständigte Koseform von Namen, die mit »Em-« oder »Erm-« beginnen (▸Emeline, ▸Ermelind).

Emko: männl. Vorn., verselbstständigte Koseform von Namen, die mit »Em-« beginnen, z. B. ▸Emmerich.

Emma: alter deutscher weibl. Vorn., verselbstständigte Kurzform von Namen, die mit »Erm(en)-«, »Irm(in)-« (german. **ermana, *irmina* »allumfassend, groß«, später Namenglied mit verstärkender Bedeutung) gebildet wurden. Emma wurde zu Beginn des 19. Jh.s durch die Ritterdichtung und romantische Bewegung neu belebt, kam im 20. Jh. aus der Mode und gehört heute wieder zu den beliebtesten Vornamen. Auch in anderen Ländern (z. B. im Frankreich, den Niederlanden, der Schweiz und den USA) erfreut sich Emma zurzeit großer Beliebtheit. Bekannte literarische Gestalten sind die Emma in dem gleichnamigen Roman von Jane Austen (1816) und die Emma Bovary in Gustave Flauberts Roman »Madame Bovary« (1856). ✧ Bekannte Namensträgerinnen: Emma Watson, britische Schauspielerin (20./21. Jh.); Emma Thompson, britische [Film]schauspielerin (20./21. Jh.). Engl. Aussprache: ['ɛmə]. Französ. Aussprache: [ɛm'ma].

Emmalie: seit der Jahrtausendwende vorkommender weibl. Vorn., Koseform von ▸Emma oder Doppelform aus Emma und Lie (Kurzform von ▸Amalie oder ▸Elisabeth).

Emmanuel: männl. Vorn., Nebenform von ▸Emanuel, auch französisch [ɛma'nɥɛl].

Emmanuelle [ɛma'nɥɛl]: in den 1970er-Jahren aus dem Französischen entlehnter weibl. Vorn., weibliche Form von ▸Emmanuel. ✧ Bekannte Namensträgerin: Emmanuelle Béart, französische [Film]schauspielerin (20./21. Jh.).

Emmelie, (auch:) Emmely: weibl. Vorn., deutsche und niederländische Neubildungen zu ▸ Emma und ▸ Emily.

Emmeline: weibl. Vorn., Schreibvariante von ▸ Emeline, auch englisch ['ɛmɪli:n].

Emmely: ▸ Emmelie.

Emmeram, (auch:) Emmeran: männl. Vorn., lateinisch-romanische Form des westfränkischen Namens **Ermenhram* (german. **ermana, *irmina* »allumfassend, groß«, später Namenglied mit verstärkender Bedeutung + ahd. *hraban* »Rabe«). Bekannt ist der wohl aus Poitiers stammende heilige Wanderbischof Emmeram, Bischof von Regensburg und Märtyrer (7./8. Jh.); NAMENSTAG: 22. September. Sein unverständlich gewordener Name wurde bereits in althochdeutscher Zeit zu *Heimeran* (ahd. *heim* »Haus« + ahd. *hraban* »Rabe«) umgedeutet.

Emmerich, (auch:) Emerich: alter deutscher männl. Vorn., Nebenform von *Amalrich/Emelrich*, dessen erster Bestandteil kennzeichnend für die Namen des ostgotischen Königsgeschlechts der Amaler oder Amelungen ist (vgl. got. **amals* »tüchtig, tapfer«), von ▸ Heinrich oder von *Ermenrich* (german. **ermana, *irmina* »allumfassend, groß«, später Namenglied mit verstärkender Bedeutung + ahd. *rīhhi* »Herrschaft, Herrscher, Macht; reich, mächtig, hoch«). Zu der Verbreitung des Namens hat die Verehrung des heiligen Emmerich von Ungarn (11. Jh.) beigetragen; NAMENSTAG: 5. November. Der heilige Emmerich war der Sohn des heiligen Königs Stephan I. von Ungarn. ✧ Bekannter Namensträger: Emmerich Kálmán, ungarischer Operettenkomponist (19./20. Jh.). Ungar. Form: *Imre*.

Emmi: weibl. Vorn., Koseform von ▸ Emma.

Emmo: männl. Vorn., verselbstständigte Kurzform von Namen, die mit »Em-« oder »Erm-« beginnen (▸ Emmerich, ▸ Ermin).

Emmy: weibl. Vorn., Schreibvariante von ▸ Emmi, auch englische Koseform von ▸ Emma, ▸ Emily.

Emmylou [ɛmɪ'lu:]: weibl. Vorn., englische Doppelform aus ▸ Emmy und ▸ [2]Lou (Louise). ✧ Bekannte Namensträgerin: Emmylou Harris, amerikanische Countrysängerin (20./21. Jh.).

Emre: männl. Vorn. türkischer Herkunft (»Geliebter, Freund«).

Emy: weibl. Vorn., Schreibvariante von ▸ Emmy oder Kurzform von ▸ Emilie, auch niederländisch.

Ena: weibl. Vorn., vielleicht Kurzform von ▸ Helena oder englische Form ['i:nə] des irischen Namens *Eithne* (▸ Edna).

Endre: männl. Vorn., ungarische Form von ▸ Andreas.

Endres: männl. Vorn., Nebenform von ▸ Andreas.

Endrik: männl. Vorn., Variante von ▸ Hendrik.

Endrike: männl. Vorn., baskische Form von ▸ Heinrich.

Eneas: männl. Vorn., Schreibvariante von ▸ Aeneas, auch spanisch.

Enedina: weibl. Vorn. spanischer Herkunft (vielleicht zu griech. *enedýnō* »gefällig, zuvorkommend sein«).

Enes: türkischer männl. Vorn. arabischen Ursprungs (»Freund«).

Engbert: männl. Vorn., Nebenform von ▸ Engelbert oder ▸ Ingobert.

Engel: weibl. Vorn., verselbstständigte Kurzform von heute nicht mehr gebräuchlichen Namen wie *Engelburg, Engelheid*. Zum Namenbestandteil »Engel-« siehe ▸ Engelbert.

Engelbert: alter deutscher männl. Vorn. (der erste Bestandteil, der ursprünglich der Stammesname der Angeln ist, die von Schleswig aus England besiedelten, wurde seit der Christianisierung der Germanen zunehmend als »Engel« aus griech./lat. *angelus* verstanden; der zweite Bestandteil ist ahd. *beraht* »glänzend, berühmt«). Der Name konnte somit als »glänzend wie ein Engel« gedeutet werden. Zur Verbreitung des Namens im Mittelalter trug auch die Verehrung des heiligen Engelbert, des Erzbischofs von Köln (12./13. Jh.), bei;

NAMENSTAG: 7. November. ✧ Bekannter Namensträger: Engelbert Humperdinck, deutscher Komponist (19./20. Jh.).

Engelgard: weibl. Vorn., im 20. Jh. aus ▸Engel und dem Namenbestandteil »-gard« (▸Irmgard) neu gebildet.

Engelhard, (auch:) Engelhart: alter deutscher männl. Vorn. (zum ersten Bestandteil siehe ▸Engelbert; der zweite Bestandteil ist ahd. *harti, herti* »hart, kräftig, stark«).

Engelina, (auch:) Engeline: weibl. Vorn., Erweiterung von ▸Engel.

Engin: männl. Vorn. türkischer Herkunft (türk. *engin* »weit, endlos«, im Sinne von »unendliche Weite, offenes Meer«).

Enid [ˈiːnɪd]: weibl. Vorn. keltischen Ursprungs nach einer Gestalt aus der Artussage. Der Name, dessen Bedeutung umstritten ist, wurde in England durch Lord Tennysons Versepos »Idylls of the King« (1859) bekannt. Er fand gegen Ende des 19. Jh.s Eingang in die englische Namengebung und war in den 1920er-Jahren modisch. ✧ Bekannte Namensträgerin: Enid Blyton, englische Jugendbuchautorin (19./20. Jh.).

Enie: weibl. Vorn., der zu Beginn des 21. Jh.s durch den Künstlernamen der Fernsehmoderatorin Enie van de Meiklokjes (eigtl. Doreen Grochowski) bekannt wurde. Möglicherweise wurde der Künstlername in Anlehnung an *Ennie*, eine verselbstständigte friesische Koseform unsicherer Herkunft, gebildet.

Enja: weibl. Vorn. russischer Herkunft, Ableitung von *Enej* (▸Aeneas).

Enke: weibl. Vorn., niederdeutsch-friesische Koseform von ▸Enna.

Enna, (auch:) Enne: weibl. Vorn., verselbstständigte niederdeutsch-friesische Kurzform von Zusammensetzungen mit »Ein-« (aus »Agin-«/»Egin-«, zu german. **agi-* »Furcht, Schrecken«) oder »Arn-« (ahd. *arn* »Adler«).

Ennio: männl. Vorn., italienische Form des römischen Geschlechternamens *Ennius.* ✧ Bekannter Namensträger: Ennio Morricone, italienischer Komponist (20./21. Jh.).

Enno: männl. Vorn., verselbstständigte niederdeutsch-friesische Kurzform von Namen, die mit »Egin-« (▸Eginhard), »Ein-« (▸Einhard) oder »Arn-« (▸Anno) gebildet sind.

Enoch, (auch:) Henoch: aus der Bibel übernommener männl. Vorn. hebräischen Ursprungs, griech. Form des hebr. Namens *Henok* (zur hebr. Wurzel *ḥnk* »einführen, einweihen«, also etwa »der Eingeweihte« oder »der einweiht«). Nach der Bibel war Henoch der Siebente der Urväter und stand in unmittelbarer Verbindung mit Gott. Er soll im Alter von 365 Jahren, ohne zu sterben, in den Himmel entrückt worden sein. Der Name war vor allem bei den englischen Puritanern beliebt. Engl. Aussprache: [ˈiːnɔk].

Enola: gegen Ende des 20. Jh.s aus dem Englischen entlehnter weibl. Vorn. Die Bedeutung ist nicht gesichert (»Magnolie« aus einer nordamerikanischen Indianersprache?). Möglicherweise wurde der Name aus dem englischen Wort *alone* »allein«, rückwärts gelesen, geprägt. Zu beachten ist, dass *Enola Gay* das Flugzeug hieß, aus dem die erste Atombombe auf Hiroshima abgeworfen wurde. Der Pilot hatte seinem Flugzeug den Namen seiner Mutter gegeben. Engl. Aussprache: [ɪˈnoʊlə].

Énora [enɔˈra]: aus der Bretagne stammender weibl. Vorn., bretonische Form von *Honora* (zu lat. *honorare* »ehren«).

Enric: männl. Vorn., südfranzösische [ãˈrik] und katalanische [ənˈrik] Form von ▸Heinrich.

Enrica: aus dem Italienischen übernommener weibl. Vorn., weibliche Form von ▸Enrico.

Enrico, (deutsch auch:) Enriko: im 20. Jh. aus dem Italienischen übernommener männl. Vorn., italienische Form von ▸Heinrich. ✧ Bekannter Namensträger: Enrico Caruso, italienischer Tenor (19./20. Jh.).

Enrique [enˈrike]: im 20. Jh. entlehnter männl. Vorn., spanische Form von ▸Heinrich. ✧ Bekannter Namensträger: Enrique Iglesias, spanischer Popsänger (20./21. Jh.).

Ensar: türkischer männl. Vorn. arabischen Ursprungs (»Helfer, Schützer«).

Enya: seit Ende der 1980er-Jahre vorkommender weibl. Vorn., englische Nebenform ['ɛnjə] des irischen Vornamens *Eithne* (▸ Edna) oder Schreibvariante von ▸ Enja. ✧ Bekannte Namensträgerin: Enya (eigtl. Eithne Ní Bhraonáin), irische Folksängerin (20./21. Jh.).

[1]**Enzo,** (auch:) Enzio: männl. Vorn., italienische Form von *Heinz* (▸ Heinrich).

[2]**Enzo:** männl. Vorn., Kurzform von ▸ Lorenzo, ▸ Vincenzo.

Eos: aus der griechischen Mythologie übernommener weibl. Vorn., Name der Göttin der Morgenröte.

Ephraim, (auch:) Efraim: aus der Bibel übernommener männl. Vorn. hebräischer Herkunft (hebr. *'eprayim*, wahrscheinlich zu hebr. *'eper* »Gebiet« + Lokalformativ *-ayim*); ursprünglich wohl Landschaftsname, der einen der zwölf Stämme Israels bezeichnete, dann übertragen auf den Ahnherrn dieses Stammes, den zweiten Sohn des Patriarchen Josef. ✧ Bekannter Namensträger: Ephraim Kishon, israelischer Schriftsteller und Journalist (20./21. Jh.).

Eppa: ▸ Ebba.

Eppo: ▸ Ebbo.

Erardo: männl. Vorn., italienische und spanische Form von ▸ Erhard.

Erasmus: männl. Vorn. griechischen/lateinischen Ursprungs (zu griech. *erásmios* »liebenswürdig, begehrenswert«). Erasmus fand im Mittelalter Verbreitung als Name des heiligen Erasmus (3./4. Jh.), der als einer der vierzehn Nothelfer verehrt wurde; NAMENSTAG: 2. Juni. Er ist der Patron der Seeleute und Drechsler. ✧ Bekannter Namensträger: Erasmus von Rotterdam, niederländischer Humanist (15./16. Jh.).

Eray: männl. Vorn. türkischer Herkunft (türk. *er* »Mann« + türk. *ay* »Mond«).

Erdmann: seit dem 15. Jh. belegter männl. Vorn., dem ahd. *erda* »Erde« + ahd. *man* »Mann«, eine Koseform von ▸ Erdmar oder eine Umbildung von ▸ Hermann zugrunde liegen kann. Später wurde er als Entsprechung des biblischen Namens ▸ Adam verwendet. Vom 17. Jh. bis Ende des 19. Jh.s war Erdmann ein häufig vergebener Vorname.

Erdmar: alter deutscher männl. Vorn. (ahd. *erda* »Erde« + ahd. *māri* »bekannt, berühmt, angesehen«).

Erdmute, (auch:) Erdmuthe; Erdmut; Erdmuth: seit dem 16. Jh. überlieferter, vor allem im 18. Jh. beliebter weibl. Vorn. (zu ahd. *erda* »Erde« + ahd. *muot* »Sinn, Gemüt, Geist«; für die späteren Belege ist eine Neubildung aus nhd. *Erd(e)* + nhd. *Mut* möglich).

Erdoğan [ɛrdɔːˈɑn]: männl. Vorn. türkischen Ursprungs (türk. *erdoğan* »männlicher Falke«).

Erdwin: alter deutscher männl. Vorn. (ahd. *erda* »Erde« + ahd. *wini* »Freund«).

Eren: männl. Vorn. türkischer Herkunft (»wohltätiger Mann«).

Eréndira [ɛˈrɛndira]: aus Mexiko stammender weibl. Vorn., den eine legendäre indianische Prinzessin trug (taraskisch »die Lächelnde, die Heitere«).

Erfried: männl. Vorn., Variante von ▸ Ehrenfried oder Neubildung mit den Namenelementen »Er-« (▸ Erhard) und »-fried«.

Erhard, (auch:) Ehrhard; Erhart: alter deutscher männl. Vorn. (ahd. *ēra* »Ehre, Ansehen« + ahd. *harti, herti* »hart, kräftig, stark«). Namenspatron ist der heilige Erhard (7./8. Jh.), der um 700 Bischof von Regensburg war und als Patron gegen Pest und Viehseuchen verehrt wurde; NAMENSTAG: 8. Januar.

Eric ['ɛrɪk]: männl. Vorn., englische Form von ▸ Erik. ✧ Bekannter Namensträger: Eric Clapton, britischer Rockgitarrist und Sänger (20./21. Jh.).

Éric, (auch:) Érik [e'rik]: männl. Vorn., französische Form von ▸ Erik. ✧ Bekannte Namensträger: Érik Satie, französischer Komponist (19./20. Jh.); Éric Rohmer, französischer Filmregisseur (20./21. Jh.).

Erica: ▸ Erika. ✧ Bekannte Namensträgerin:

Erica Pedretti, schweizerische Schriftstellerin (20./21.Jh.).

Erich: männl. Vorn., hochdeutsche Form des nordischen und niederdeutsch-friesischen Vornamens ▸Erik. ✧ Bekannte Namensträger: Erich Kästner, deutscher Schriftsteller (19./20.Jh.); Erich Maria Remarque, deutscher Schriftsteller (19./20.Jh.); Erich Kleiber, argentinischer Dirigent österreichischer Herkunft (19./20. Jh.); Erich Heckel, deutscher Maler (19./20.Jh.); Erich Fried, deutscher Schriftsteller (20.Jh.).

Erik: männl. Vorn. dänischer/schwedischer Herkunft (altnord. *Eiríkr* aus german. **aina* »ein, allein« + altnord. *ríkr* »mächtig; Herrscher«) oder niederdeutsch-friesischer Herkunft (altsächs. *ēra* »Ehre« oder altsächs. *ēwa* »Gesetz« + altsächs. *rīki* »mächtig; Herrscher«). Erik ist der Name von Sentas Verlobtem in Richard Wagners Oper »Der fliegende Holländer« (1843). ✧ Bekannte Namensträger: Erik der Rote, ein Wikinger, der um 985 Grönland entdeckte; der heilige Erik IX., König von Schweden (12.Jh.); NAMENSTAG: 10.Juli; der heilige Erik IV., König von Dänemark (13. Jh.); NAMENSTAG: 10. August; Erik Zabel, deutscher Radrennfahrer (20./21.Jh.). Norweg. Form: *Eirik*. Engl. Form: *Eric* ['ɛrɪk]. Französ. Formen: *Éric, Érik* [e'rik].

Erika, (auch:) Erica: weibl. Vorn., weibliche Form von ▸Erich, die sich in der 2. Hälfte des 19. Jh.s mit dem Vornamen *Erika* (eigentlich »Heidekraut«, aus griech. *ereíkē*, lat. *ericē*) vermengte. Dieser Vorname wurde vor allem bekannt durch die Erika, genannt das Heideblümlein, in Scheffels Roman »Ekkehard« (1855) und durch Wilhelm Jensens Novelle »Die braune Erica« (1868).

[1]Erin ['eɪrən]: männl. Vorn., englische Form von gäl. *Éirinn*, Dativ von *Éire* »Irland«.

[2]Erin ['eɪrən]: weibl. Vorn., identisch mit ▸[1]Erin.

Erk: männl. Vorn., friesische und schwedische Nebenform von ▸Erik.

Erkan: männl. Vorn. türkischen Ursprungs (türk. *er* »Mann« + türk. *kan* »Blut«).

Erken: weibl. Vorn., Kurzform von Namen wie *Erkenhild* (ahd. *erchan* »fest, vornehm, hervorragend« + ahd. *hiltja* »Kampf, Kriegerin«).

Erkmar: männl. Vorn., jüngere Form von *Erkenmar* (ahd. *erchan* »fest, vornehm, hervorragend« + ahd. *māri* »bekannt, berühmt, angesehen«).

Erko: männl. Vorn., Kurzform von Namen, die mit »Erk-« beginnen (▸Erkmar).

Erland: alter deutscher männl. Vorn.; die Herkunft des ersten Namenbestandteils ist umstritten (zu ahd. *ēra* »Ehre, Ansehen«, zu ahd. *heri* »Kriegsschar, Heer« oder zu altsächs. *erl* »edler, vornehmer, freier Mann«), dem zweiten Namenglied liegt ahd. *lant* »Land« zugrunde. Der Name kommt seit dem Mittelalter auch in Skandinavien vor; hierfür wird alte deutsche Entlehnung angenommen oder eine selbstständige Bildung zu altnord. *erlendr* »fremdländisch, ausländisch«.

Erma: weibl. Vorn., verselbstständigte Kurzform von Namen, die mit »Erm[en]-« (german. **ermana, *irmina* »allumfassend, groß«, später Namenglied mit verstärkender Bedeutung) gebildet wurden, oder Nebenform von ▸Irma.

Ermanno: männl. Vorn., italienische Form von ▸Hermann.

Ermelind, (auch:) Ermelinda: alter deutscher weibl. Vorn. (german. **ermana, *irmina* »allumfassend, groß«, später Namenglied mit verstärkender Bedeutung + ahd. *lind* »sanft, weich, mild«). Eine literarische Gestalt ist die Ermelinda von Tuzzi in Robert Musils Roman »Der Mann ohne Eigenschaften«.

Ermengard, (auch:) Ermgard: weibl. Vorn., Nebenform von ▸Irmgard.

Ermin: männl. Vorn., verselbstständigte Kurzform von Namen, die mit »Ermen-« (german. **ermana, *irmina* »allumfassend, groß«, später Namenglied mit verstärkender Bedeutung) gebildet wurden.

Erminia: weibl. Vorn., weibliche Bildung zu ▸Ermin. Der in Italien geläufige Vorname Erminia ist literarischen Ursprungs. So nannte der italienische Dichter Torquato

Tasso eine Gestalt seines Epos »Das befreite Jerusalem« (1580).

Erna: weibl. Vorn., Kurzform von ▸Ernesta, ▸Ernestina. Der Name war Ende des 19./Anfang des 20. Jh.s sehr beliebt.

Ernest [ˈəːnɪst]: männl. Vorn., englische Form von ▸Ernst. ✧ Bekannter Namensträger: Ernest Hemingway, amerikanischer Schriftsteller (19./20. Jh.).

Ernesta: weibl. Vorn., weibliche Form von *Ernestus*, Latinisierung von ▸Ernst.

Ernestine, (auch:) Ernestina: weibl. Vorn., weibliche Form von ▸Ernst mit der seit dem 17./18. Jh. beliebten Endung »-ine/-ina«.

Ernesto: in den 1960er-Jahren entlehnter männl. Vorn., italienische und spanische Form von ▸Ernst. ✧ Bekannter Namensträger: Ernesto Cardenal, nicaraguanischer Lyriker (20./21. Jh.).

Erni: weibl. Vorn., Koseform von ▸Erna.

Erno: männl. Vorn., Kurzform von ▸Ernst oder von Namen, die mit »Ern-«, »Arn-« (ahd. *arn* »Adler«) gebildet wurden.

Ernő: im 20. Jh. aus dem Ungarischen entlehnter männl. Vorn., ungarische Form von ▸Ernst.

Ernst: alter deutscher männl. Vorn. (ahd. *ernust* »Ernst, Eifer; Kampf, Sorge«). Der Name wurde im Mittelalter in Deutschland durch die Sage vom Herzog Ernst von Schwaben allgemein bekannt. Ernst II. (11. Jh.) lehnte sich wiederholt gegen seinen Stiefvater, Kaiser Konrad II., auf; er wurde wegen seiner Weigerung, seinem Freund die Treue zu brechen, geächtet und fiel mit seinem Freund im Kampf. Er ist der Held des Volksbuches vom »Herzog Ernst« (16. Jh.), des Trauerspiels »Ernst, Herzog von Schwaben« (1817) von Ludwig Uhland und des Schauspiels »Das Volksbuch vom Herzog Ernst« (1955) von Peter Hacks. Der Name, vor allem der Doppelname Ernst August, spielte auch in der Namengebung des Adels eine Rolle. ✧ Bekannte Namensträger: Ernst Haeckel, deutscher Zoologe und Philosoph (19./20. Jh.); Ernst Ludwig Kirchner, deutscher Maler (19./20. Jh.); Ernst Rowohlt, deutscher Verleger (19./20. Jh.); Ernst Barlach, deutscher Bildhauer, Grafiker und Dramatiker (19./20. Jh.); Ernst Bloch, deutscher Philosoph (19./20. Jh.); Ernst Lubitsch, deutsch-amerikanischer Filmregisseur (19./20. Jh.); Ernst Reuter, deutscher Politiker (19./20. Jh.); Ernst Jünger, deutscher Schriftsteller (19./20. Jh.); Ernst Jandl, österreichischer Schriftsteller (20./21. Jh.). Italien. und span. Form: *Ernesto*. Engl. Form: *Ernest* [ˈəːnɪst]. Ungar. Form: *Ernő*.

Erol: männl. Vorn. türkischen Ursprungs (türk. *erol* »sei ein Mann!«).

Eros: männl. Vorn., Name des Gottes der Liebe in der altgriechischen Mythologie. Mit seinen Pfeilen brachte er Liebe, aber auch Unruhe und Unglück zu Göttern und Menschen. ✧ Bekannter Namensträger: Eros Ramazotti, italienischer Popsänger (20./21. Jh.).

Errol, (auch:) Erroll [ˈɛrəl]: männl. Vorn., der auf einen schottischen Familiennamen zurückgeht, dem wiederum ein Ortsname zugrunde liegt. ✧ Bekannter Namensträger: Erroll Garner, amerikanischer Jazzpianist (20. Jh.).

Erwin, (auch:) Erwein: alter deutscher männl. Vorn. unsicherer Herkunft (ahd. *heri* »Kriegsschar, Heer« oder altsächs. *evur* »Eber« + ahd./altsächs. *wini* »Freund«). Ein bekannter Namensträger aus dem Mittelalter ist Erwin von Steinbach (13./14. Jh.), der Erbauer des Straßburger Münsters. Zur Bekanntheit des Namens in der Neuzeit trug Goethe mit seinem Singspiel »Erwin und Elmire« (1775) bei. ✧ Bekannte Namensträger: Erwin Piscator, deutscher Regisseur (19./20. Jh.); Erwin Strittmatter, deutscher Schriftsteller (20. Jh.).

Erwine: weibl. Vorn., weibliche Form von ▸Erwin.

Esben: ▸Espen.

Esbjörn: männl. Vorn. schwedischer Herkunft (urnord. **ansuR* »Gottheit« + altnord. *bjǫrn* »Bär«). Dän. Formen: *Esben, Espen*.

Esi: aus Ghana stammender weibl. Vorn.,

der in der Fante-Sprache »geboren an einem Sonntag« bedeutet.

Eska, (auch:) Eske: weibl. Vorn., friesische Koseform, wohl von Namen, die mit altfries. *ēs* »Ase (Gott)« gebildet wurden.

Esma, engl. Aussprache: ['ɛsmə]: weibl. Vorn., Variante von ▸Esmé.

Esme: weibl. Vorn., türkische Form von ▸²Asma.

Esmé, (auch:) Esmée: weibl. Vorn. schottischer, ursprünglich französischer Herkunft (Partizip Perfekt von altfranzös. *esmer* »lieben, schätzen«). Der Name, der im 16. Jh. als männlicher Vorname in die schottische Namengebung eingeführt wurde, fand später Verwendung als weiblicher Vorname. Engl. Aussprache: ['ɛzmɪ].

Esmeralda: aus dem Spanischen übernommener weibl. Vorn. (span. *esmeralda* »Smaragd«). Eine bekannte literarische Gestalt ist die Esmeralda in Victor Hugos Roman »Der Glöckner von Notre-Dame« (1831).

Espe: weibl. Vorn., spanische Kurzform von ▸Esperanza.

Espen, (auch:) Esben: männl. Vorn., dänische Form von ▸Esbjörn.

Esperanza [espe'ranθa]: weibl. Vorn. spanischer Herkunft (span. *esperanza* »Hoffnung«).

¹Esra, (älter auch:) Ezra: aus der Bibel übernommener männl. Vorn. (aram. *'ezrā'* »Hilfe« oder Kurzform des hebr. Namens *Asarja* »Jahwe hat geholfen«). Nach der Bibel war Esra ein Schriftgelehrter, der als Bevollmächtigter des persischen Königs Artaxerxes nach Jerusalem ging und dem Gesetz Moses wieder seine ursprüngliche Geltung verschaffte. Dieser Vorname begegnet in Deutschland seit den 1980er-Jahren. Engl. Form: *Ezra* ['ɛzrə].

²Esra: in den 1960er-Jahren aus dem Türkischen entlehnter weibl. Vorn. arabischen Ursprungs (zu arab. *asra'* »schneller«).

Esta: weibl. Vorn., neuere englische Nebenform von ▸Esther.

Estanislao: männl. Vorn., spanische Form von ▸Stanislaw.

Esteban: männl. Vorn., spanische Form von ▸Stephan.

Estefania: weibl. Vorn., spanische Form von ▸Stephanie. Span. Schreibweise: *Estefanía.*

Estella: weibl. Vorn., Latinisierung von französisch ▸Estelle.

Estelle [ɛs'tɛl]: aus dem Französischen übernommener weibl. Vorn. (altfranzös. *estoile* »Stern«).

Esther, (auch:) Ester: aus der Bibel übernommener weibl. Vorn. unsicherer Herkunft (zu altpersisch **star(eh)* »Stern« oder zur babylonischen Göttin Ishtar). Nach der Bibel war Esther, mit hebräischem Namen Hadassa (»Myrte«), die Pflegetochter Mardochais in Susa. Sie wurde von dem persischen König Ahaschwerosch (Xerxes I.) zur Frau erwählt und vereitelte die Ausrottung der Juden in Persien; NAMENSTAG: 24. Mai. Engl. Aussprache: ['ɛstə]. Ungar. Form: *Eszter* ['ɛstɛr].

Estíbaliz [ɛs'tibaliθ]: aus Spanien stammender weibl. Vorn. baskischer Herkunft. *Nuestra Señora de Estíbaliz* (»Unsere Liebe Frau von Estibaliz«) ist die Patronin der Provinz Álava (Baskenland).

Estrella [ɛs'trelja]: im 20. Jh. aus dem Spanischen übernommener weibl. Vorn. (span. *estrella* »Stern«).

Estrid: weibl. Vorn., dänische und schwedische Nebenform von ▸Astrid.

Eszter ['ɛstɛr]: weibl. Vorn., ungarische Form von ▸Esther.

Etan: ▸Ethan.

Etelka: weibl. Vorn. ungarischer Herkunft, nach dem Königsnamen *Etele* (▸Attila) + *ka* 1788 von dem Schriftsteller András Dugonics geschaffen. Ungar. Aussprache: ['ɛtɛlkɔ].

Ethan, (überkonfessionelle Form:) Etan: aus der Bibel übernommener männl. Vorn. hebräischer Herkunft (hebr. *'ētān* »der Langlebige«). Etan war der Name eines Weisen mit dem Beinamen »der Esrahiter«. Der Name gehört in den USA, Kanada, Australien und Frankreich zu den beliebtesten Jungennamen. Ein bekannter

Namensträger in Amerika ist Ethan Allen (18. Jh.), der als Anführer der »Green Mountain Boys« eine wichtige Rolle im amerikanischen Unabhängigkeitskrieg spielte. Eine literarische Gestalt ist der Titelheld des amerikanischen Romans »Ethan Frome« von Edith Wharton (1911). Engl. Aussprache: [ˈiːθən]. ✧ Bekannter Namensträger: Ethan Hawke, amerikanischer Schauspieler und Schriftsteller (20./21. Jh.).

Ethel, engl. Aussprache: [ˈɛθəl]: im 20. Jh. aus dem Englischen übernommener weibl. Vorn., Kurzform von Namen, die mit »Ethel-« (altengl. *æðel* »edel«) gebildet sind.

Étienne [eˈtjɛn]: Ende des 19. Jh.s entlehnter männl. Vorn., französische Form von ▸ Stephan.

¹Etta: weibl. Vorn., Nebenform von ▸ Edda.

²Etta: weibl. Vorn., Kurzform von Namen, die auf »-etta« ausgehen (z. B. ▸ Henrietta).

Ettore: männl. Vorn., italienische Form von ▸ Hektor.

Etzel: alter deutscher männl. Vorn., Koseform von Namen, die mit »Adal-« gebildet sind (althochdeutsche Form: *Atzilo*), oder hochdeutsche Form des Namens des Hunnenkönigs ▸ Attila.

Eugen, (auch:) Eugen: männl. Vorn. griechischen/lateinischen Ursprungs (lat. *Eugenius* zu griech. *eugenē̓s* »wohlgeboren, von edler Abkunft, edel«). Gleichnamige Heilige (der heilige Eugenius [4. Jh.], Priester in Antiochia; NAMENSTAG: 20. Dezember; der heilige Papst Eugenius I. [7. Jh.]; NAMENSTAG: 2. Juni, u. a.) blieben ohne Einfluss auf die deutsche Namengebung. Eugen begegnet in Deutschland erst seit dem 18. Jh. Ein allgemein bekannter Namensträger war damals Prinz Eugen von Savoyen (17./18. Jh.), der österreichische Heerführer, der die Türken besiegte (vgl. das Volkslied »Prinz Eugen«). Eine literarische Gestalt ist der Eugen Onegin in Puschkins gleichnamigem Versroman (1833), dessen Text Tschaikowskis Oper »Eugen Onegin« (1879) zugrunde liegt.

Die Spitzenreiter des Jahres 2012 in Norwegen

männlich	weiblich
1. Lucas	1. Nora
2. Emil	2. Emma
3. Mathias	3. Sofie
4. Jonas	4. Linnea
5. Alexander	5. Sara
6. William	6. Emilie
7. Oskar	7. Ingrid
8. Magnus	8. Thea
9. Markus	9. Leah
10. Oliver	10. Sofia

Quelle: http://www.ssb.no/navn/

✧ Bekannte Namensträger: Eugen Roth, deutscher Schriftsteller (19./20. Jh.); Eugen Jochum, deutscher Dirigent (20. Jh.); Eugen Gomringer, schweizerischer Schriftsteller (20./21. Jh.). Engl. Form: *Eugene* [ˈjuːdʒiːn], [juːˈdʒeɪn]. Französ. Form: *Eugène* [øˈʒɛn]. Span. Form: *Eugenio* [eu̯ˈxeni̯o]. Italien. Form: *Eugenio* [eu̯ˈdʒɛːni̯o]. Ungar. Form: *Jenő*.

Eugene [ˈjuːdʒiːn], [juːˈdʒeɪn]: männl. Vorn., englische Form von ▸ Eugen. ✧ Bekannter Namensträger: Eugene O'Neill, amerikanischer Dramatiker (19./20. Jh.).

Eugène [øˈʒɛn]: männl. Vorn., französische Form von ▸ Eugen. ✧ Bekannte Namensträger: Eugène Delacroix, französischer Maler (18./19. Jh.); Eugène Ionescu, französischer Schriftsteller rumänischer Herkunft (20. Jh.).

Eugenie, (auch:) Eugenia: weibl. Vorn. griechischen/lateinischen Ursprungs (zu griech. *eugenē̓s* »wohlgeboren, von edler Abkunft, edel«). ✧ Bekannte Namensträgerin: Eugenie Marlitt, deutsche Schriftstellerin (19. Jh.).

Eugénie [øʒeˈni]: weibl. Vorn., französische Form von ▸ Eugenie.

Eugenio: männl. Vorn., italienische [eu̯ˈdʒɛːni̯o] und spanische [eu̯ˈxeni̯o] Form von ▸ Eugen.

Eulalia, (auch:) Eulalie: weibl. Vorn. griechischen/lateinischen Ursprungs (zu griech. *eúlalos* »wohlredend, beredt«). Der Name erscheint in Deutschland gelegentlich seit dem 16. Jh. Namenspatronin ist die heilige Eulalia von Mérida, Märtyrerin (3./4. Jh.); NAMENSTAG: 10. Dezember.

Eunice ['ju:nɪs]: weibl. Vorn., englische Form von ▸Eunike. Der Name kam in England im 17. Jh. bei den Puritanern auf. Heute wird er vor allem von afroamerikanischen Eltern in den USA vergeben.

Eunike: weibl. Vorn. griechischer Herkunft (griech. *eũ* »wohl, gut, schön, reich« + griech. *níkē* »Sieg«), bekannt aus dem zweiten Brief des Apostels Paulus an Timotheus. Eunike, die Mutter des Timotheus, war eine christlich gewordene Jüdin aus Lystra. Der Name begegnet in Deutschland gelegentlich seit der zweiten Hälfte des 20. Jh.s.

Euphemia: weibl. Vorn. griechischen Ursprungs (griech. *euphēmía* »gute Benennung«). Euphemia fand im Mittelalter als Heiligenname Eingang in die deutsche Namengebung. Namensvorbild war die heilige Euphemia, Märtyrerin (3./4. Jh.); NAMENSTAG: 16. September.

Eusebius: männl. Vorn. griechischen/lateinischen Ursprungs (griech. *eusebḗs* »fromm, gottesfürchtig«). Diesen Namen trugen mehrere frühchristliche Heilige.

Eustachius, (auch:) Eustach: männl. Vorn. griechischen/lateinischen Ursprungs (wohl entstellt aus dem Namen *Eustathios* zu griech. *eustáthios* »wohlgebaut«). Nach der Legende soll Eustachius, der als römischer Heerführer unter Kaiser Hadrian (1./2. Jh.) den Namen Placidus trug, auf der Jagd durch die Erscheinung eines Kreuzes in einem Hirschgeweih zum Christentum bekehrt worden sein, worauf er seinen Namen änderte. Nach vielen Missgeschicken wurde er mit seiner Familie auf Befehl des Kaisers hingerichtet. Er ist einer der vierzehn Nothelfer und neben Hubertus Patron der Jäger; NAMENSTAG: 20. September.

Eva, (auch:) Eve: aus der Bibel übernommener weibl. Vorn., dessen Herkunft und Bedeutung nicht sicher geklärt sind. In der Bibel wird der Name zu hebr. *chajjah* »lebendig« gestellt, denn Eva ist die Mutter aller Lebenden, möglicherweise gehört er aber eher zu aram. *chewyā* »Schlange«. Eva spielte schon im Mittelalter in der Namengebung in Deutschland eine Rolle, wurde aber erst nach der Reformation volkstümlich; NAMENSTAG: 24. Dezember. Eine bekannte Opernfigur ist die Eva in Richard Wagners Oper »Die Meistersinger von Nürnberg« (1868). ✧ Bekannte Namensträgerinnen: Eva Mattes, deutsche Schauspielerin (20./21. Jh.); Eva Marton, ungarische Sängerin (20./21. Jh.); Eva Wagner-Pasquier, deutsche Theatermanagerin (20./21. Jh.). Engl. Form: *Eve* [i:v]. Poln. Form: *Ewa*. Neuhebr. Form: *Hava*.

Evamaria, (auch:) Evamarie: weibl. Vorn., im 20. Jh. gebildete Doppelform aus ▸Eva und ▸Maria.

Evan ['ɛvən]: aus dem Englischen entlehnter männl. Vorn., englische Schreibweise von *Iefan*, einer walisischen Form von ▸Johannes.

Evangelia: weibl. Vorn. zu lat. *ēvangelium* »Evangelium, christliche Lehre« (aus griech. *euangélion* »gute/frohe Botschaft«), auch italienisch [evan'dʒelia]. Neugriech. Form: *Evangelía*.

Evangeline [ɪ'vændʒɪli:n]: weibl. Vorn. englischer Herkunft, mit der Endung »-ine« gebildete Ableitung von lat. *ēvangelium* »Evangelium, christliche Lehre« (aus griech. *euangélion* »gute/frohe Botschaft«). In der englischsprachigen Welt wurde der Name durch die Titelgestalt von H. W. Longfellows Versepos »Evangeline« (1847) bekannt. Italien. Form: *Evangelina* [evandʒe'li:na].

Evangelist: männl. Vorn. griechischen Ursprungs (zu griech. *euangelistḗs* »Verkünder des Evangeliums; Prediger«). Der Name ist eigentlich der Beiname Johannes des Evangelisten, um ihn von Johannes dem Täufer zu unterscheiden. Er ist in der Form *Johann[es] Evangelist* seit dem 17. Jh. anzutreffen.

Evạngelos: neugriechischer männl. Vorname zu griech. *euangélion* »gute/frohe Botschaft«.

[1]**Ẹve:** weibl. Vorn., Nebenform von ▸ Eva. Eine bekannte literarische Gestalt ist die Eve in Heinrich Kleists Lustspiel »Der zerbrochene Krug« (1811).

[2]**Eve** [i:v]: weibl. Vorn., englische Form von ▸ Eva.

Ẹvelin: weibl. Vorn., seit den 1950er-Jahren vorkommende eindeutschende Schreibung von ▸ Evelyn.

Evelịna, (auch:) Evelịne; Avelịna: im 19. Jh. aus dem Englischen übernommener weibl. Vorn., der auf den altfranzösisch-normannischen Namen *Aveline* (▸ Ava) zurückgeht. Der Name wurde in England durch den Roman »Evelina« (1778; dt. Übersetzung 1779) von Fanny Burney wiederbelebt. Engl. Aussprache: [ɛvɪ'li:nə] bzw. ['i:vlɪn], ['ɛvlɪn]. Poln. Form: *Ewelịna.*

Ẹvelyn, (auch:) Ẹvelyn, engl. Aussprache: ['i:vlɪn], ['ɛvlɪn]: aus dem Englischen übernommener weibl. Vorn. Seit dem 17. Jh. ist der männliche Vorname *Evelyn* in England dokumentiert. Ein bekannter Träger dieses Vornamens im 20. Jh. ist der Schriftsteller Evelyn Waugh. Evelyn geht auf den gleichlautenden Familiennamen zurück, der sich wiederum von dem Namen *Aveline* (▸ Evelina) ableitet. Der weibliche Vorname Evelyn kam gegen Ende des 19. Jh.s als moderne Form von ▸ Evelina in Gebrauch. ✧ Bekannte Namensträgerin: Evelyn Herlitzius, deutsche Opernsängerin (20./21. Jh.).

Evelyne: weibl. Vorn., Nebenform von ▸ Evelyn.

Ẹverdina, (auch:) Ẹverdine: weibl. Vorn., weibliche Form von ▸ Evert.

Ẹverhard: männl. Vorn., niederdeutsche Form von ▸ Eberhard.

Ẹvert: männl. Vorn., durch Zusammenziehung entstandene Form von ▸ Everhard.

Ẹvi: weibl. Vorn., Koseform von ▸ Eva, ▸ Evelina, ▸ Evelyn.

Evie ['i:vɪ]: weibl. Vorn. englischer Herkunft, Koseform von ▸ [2]Eve.

Evịta: in Deutschland seit den 1970er-Jahren vorkommender weibl. Vorn., spanische Koseform von ▸ Eva. ✧ Bekannte Namensträgerin: Evita Perón (eigtl. María Eva Duarte de Perón), argentinische Politikerin (20. Jh.). Ihr Leben inspirierte A. Lloyd-Webber zu dem Musical »Evita« (1978).

Ẹwa: weibl. Vorn., polnische Form von ▸ Eva.

Ẹwald: alter deutscher männl. Vorn. (ahd. *ēwa* »Gesetz, Recht, Ordnung« + ahd. *-walt* zu *waltan* »walten, herrschen«, etwa »der durch Gesetz herrscht«). Unter diesem Namen sind zwei angelsächsische Glaubensboten bekannt, die gegen Ende des 7. Jh.s von Irland auf das Festland kamen. Nach ihrer Haarfarbe wurden sie der »schwarze« und der »weiße Ewald« genannt. Sie wurden bei einem Missionsversuch im Gebiet zwischen Rhein, Ruhr und Lippe ermordet; NAMENSTAG: 3. Oktober. ✧ Bekannter Namensträger: Ewald Mataré, deutscher Bildhauer (19./20. Jh.).

Ẹward: alter deutscher männl. Vorn. (ahd. *ēwa* »Gesetz, Recht, Ordnung« + ahd. *wart* »Hüter, Schützer«; etwa »Schützer des Gesetzes«).

Ewelịna: weibl. Vorn., polnische Form von ▸ Evelina.

Eyck, (auch:) Eyk; Eycke; Eyke; Eyko: männl. Vorn., Nebenform von ▸ [1]Eike.

Eyla: ▸ Eila.

Eyleen: ▸ Eileen.

Ezẹchiel, (auch:) Hesẹkiel: aus der Bibel übernommener männl. Vorn. hebräischen Ursprungs (hebr. *yeḥezq'ēl* »Gott stärkt [dieses Kind], Gott möge [es] kräftig machen«). Ezechiel, einer der bedeutendsten Propheten des Alten Testaments, wirkte im frühen 6. Jh. v. Chr. im babylonischen Exil. Engl. Form: *Ezekiel* [ɪ'zi:kɪəl].

[1]**Ẹzra:** männl. Vorn., ältere Form von ▸ [1]Esra, auch englisch ['ɛzrə]. ✧ Bekannter Namensträger: Ezra Pound, amerikanischer Dichter (19./20. Jh.).

[2]**Ezrạ:** weibl. Vorn., türkische Form von ▸ Azra.

f

Fabia: weibl. Vorn., weibliche Form von ▸Fabius. Die Vergabe dieses Vornamens setzt in Deutschland in den 1980er-Jahren ein.

Fabian: männl. Vorn. lateinischen Ursprungs, der auf einen mit der Endung »-ānus« zu dem römischen Geschlechternamen ▸Fabius gebildeten Beinamen zurückgeht. Zur Verbreitung des Namens im Mittelalter trug die Verehrung des heiligen Fabianus bei, der als Papst im Jahre 250 den Martertod erlitt; NAMENSTAG: 20. Januar. Eine literarische Figur ist der Fabian in dem gleichnamigen Roman von Erich Kästner (1931). ✧ Bekannter Namensträger: Fabian Hambüchen, deutscher Turner (20./21. Jh.). Französ. Form: *Fabien* [fa'bjɛ̃].

Fabiane, (auch:) Fabiana: weibl. Vorn., weibliche Form von ▸Fabian. Dieser Vorname wird in Deutschland seit den 1970er-Jahren vergeben. Französ. Form: *Fabienne* [fa'bjɛn].

Fabien [fa'bjɛ̃]: in den 1980er-Jahren entlehnter männl. Vorn., französische Form von ▸Fabian.

Fabienne [fa'bjɛn]: in den 1960er-Jahren entlehnter weibl. Vorn., französische Form von ▸Fabiane.

Fabio: männl. Vorn., italienische und spanische Form von ▸Fabius. Dieser Vorname begegnet in Deutschland seit den 1960er-Jahren.

Fabiola: aus dem Spanischen entlehnter weibl. Vorn. lateinischen Ursprungs, der auf eine Ableitung von ▸Fabia zurückgeht. In Deutschland setzt die gelegentliche Vergabe dieses Vornamens 1961 ein. Der Name war 1960 bekannt geworden, als die spanische Adlige Fabiola de Mora y Aragón König Baudouin I. von Belgien heiratete.

Fabius: in Deutschland seit dem 16. Jh. vereinzelt vorkommender männl. Vorn. lateinischen Ursprungs, der auf einen altrömischen Geschlechternamen (vielleicht zu lat. **fabis* »edel«) zurückgeht. Span. und italien. Form: *Fabio*.

Fabrice [fa'bris]: in den 1980er-Jahren entlehnter männl. Vorn., französische Form von *Fabricius* (▸Fabrizio).

Fabrizia: weibl. Vorn. italienischer Herkunft, weibliche Form von ▸Fabrizio.

Fabrizio: aus dem Italienischen übernommener männl. Vorn., der auf den altrömischen Geschlechternamen *Fabricius* zurückgeht. Bekannte literarische Gestalten sind Fabrizio del Dongo in Stendhals Roman »Die Kartause von Parma« (1839) und Fürst Fabrizio Salina in dem Roman »Der Leopard« (1958) von Giuseppe Tomasi di Lampedusa.

Fadi: männl. Vorn. arabischer Herkunft (arab. *fādi* »Erlöser« zu arab. *fada* »erlösen, opfern«).

Fadia: weibl. Vorn., weibliche Form von ▸Fadi.

Fadil: männl. Vorn. arabischen Ursprungs (arab. *fāḍil* »tugendhaft, großzügig; ausgezeichnet« zu arab. *faḍala* »sich auszeichnen, hervorragen«).

Fadila: weibl. Vorn. arabischer Herkunft (arab. *faḍīla* »moralische Vortrefflichkeit, Tugend« zu arab. *faḍala* »sich auszeichnen, hervorragen«).

Fadl: männl. Vorn. arabischen Ursprungs (arab. *faḍl* »Tugend; Großzügigkeit« zu arab. *faḍala* »sich auszeichnen, hervorragen«).

Fahd [faxd]: männl. Vorn. arabischen

Ursprungs (arab. *fahd* »Panther, Leopard«). ✧ Bekannter Namensträger: Fahd ibn-Abd-al-Aziz Al-Saud, König Saudi-Arabiens (20./21. Jh.).

Fahim: männl. Vorn. arabischen Ursprungs (arab. *fahīm* »jemand, der sehr klug und gebildet ist« zu arab. *fahima* »verstehen«).

Fahima: weibl. Vorn., weibliche Form von ▸Fahim.

Faina, (auch:) Fayna: von den Kanarischen Inseln stammender weibl. Vorn., den eine einheimische Königin der Insel Lanzarote (14. Jh.) trug. Die Etymologie des Namens ist nicht sicher geklärt (»Feuer, Licht«? »edel, vornehm«?).

Fairuz [faɪ'ru:z]: weibl. Vorn. arabischer Herkunft (persisch-arabisch *fairūz* »Türkis«).

Faisal, (auch:) Faysal; Feisal: männl. Vorn. arabischen Ursprungs (arab. *fayṣal* »Richter«, auch »scharfes Schwert«). ✧ Bekannter Namensträger: Faisal ibn-Abd-al-Aziz ibn-Saud, König Saudi-Arabiens (20. Jh.).

Faith [feɪθ]: weibl. Vorn. zu engl. *faith* »Glaube«. Der Name wurde als religiöser Name von den Puritanern (16. Jh.) in die englische Namengebung eingeführt. Heute ist der Name vor allem in den USA geläufig.

Faiz [fa:'iz]: männl. Vorn. arabischen Ursprungs (arab. *fāiz* »Sieger« zu arab. *fāza* »erringen, siegen«).

Faiza [fa'i:za]: weibl. Vorn., weibliche Form von ▸Faiz.

Falco: ▸Falko.

Falk: ▸Falko.

Falka: weibl. Vorn., weibliche Form von ▸Falko.

Falkmar: männl. Vorn., Neubildung aus ▸Falk und dem alten Namenbestandteil »-mar« (ahd. *māri* »bekannt, berühmt, angesehen«).

Falko, (auch:) Falk; Falco: alter deutscher männl. Vorn., eher zum Stammesnamen der *Falhen* (Ostfalen, Westfalen) als zu ahd. *falko* »der Falke«. ✧ Bekannter Namensträger: Falco (eigtl. Johann Hölzel), österreichischer Popsänger (20. Jh.).

Die Spitzenreiter des Jahres 2011 in Österreich

männlich	weiblich
1. Lukas	1. Sarah
2. Maximilian	2. Anna
3. Tobias	3. Hannah
4. David	4. Lena
5. Jakob	5. Leonie
6. Alexander	6. Julia
7. Jonas	7. Sophie
8. Julian	8. Marie
9. Sebastian	9. Emma
10. Elias	10. Laura

Quelle: http://www.statistik.at/web_de/statistiken/bevoelkerung/geburten/haeufigste_vornamen/index.html

Fang: weibl. Vorn. chinesischer Herkunft, der »süß, duftend« bedeutet.

Fania: weibl. Vorn., Kurzform von *Stefania* (▸Stephanie).

Fanja: weibl. Vorn., russische Koseform verschiedener Vornamen.

Fanni: weibl. Vorn., seit dem 19. Jh. vorkommende eindeutschende Schreibweise von ▸Fanny.

Fanny: im 18. Jh. aus dem Englischen übernommener weibl. Vorn., Koseform von *Frances*, der englischen Form von ▸Franziska. In Deutschland wurde Fanny zunächst als familiäre Anredeform von *Franziska* benutzt, setzte sich aber im 19. Jh. als selbstständiger Vorname durch. In Frankreich wird Fanny häufig, in Deutschland nur gelegentlich als Kurzform von ▸Stephanie gebraucht. ✧ Bekannte Namensträgerinnen: Fanny Hensel, geb. Mendelssohn Bartholdy, deutsche Pianistin und Komponistin (19. Jh.); Fanny Ardant, französische Schauspielerin (20./21. Jh.). Engl. Aussprache: ['fænɪ]. Französ. Aussprache: [fa'ni].

Farah, (auch:) Fara: weibl. Vorn. arabischen Ursprungs (arab. *faraḥ* »Freude, Heiterkeit, Glück«). Der Vorname kommt in Deutschland seit den 1980er-Jahren vor. ✧ Bekannte Namensträgerin:

Farah Diba, ehemalige Kaiserin von Iran (20./21. Jh.).

Fariba: weibl. Vorn. persischer Herkunft, der »bezaubernd« bedeutet.

Farid: männl. Vorn. arabischer Herkunft (arab. *farīd* »einzigartig, unvergleichlich« zu arab. *farada* »einzigartig/einmalig sein«). Türk. Form: *Ferit.*

Farida: weibl. Vorn., weibliche Form von ▸Farid; im Arabischen ist *farīda* auch eine Bezeichnung für »Edelstein«. Türk. Form: *Feride.*

Farimah: weibl. Vorn. persischer Herkunft, der »herrlicher Mond« bedeutet.

Farin: weibl. Vorn. persischer Herkunft, der »die Beste« bedeutet.

Farinam: weibl. Vorn. persischer Herkunft, der »ruhmreicher Name« bedeutet.

Farnad: männl. Vorn. persischer Herkunft, der »Kraft, Stärke« bedeutet.

Farnam: männl. Vorn. persischer Herkunft, der »ruhmreicher Name« bedeutet.

Farrel ['færəl]: männl. Vorn., englische Form des irischen Familiennamens *Ó Fearghail* (»tapferer Mann«).

Farsad: männl. Vorn. persischer Herkunft, der »weise« bedeutet.

Faruk: männl. Vorn. arabischen Ursprungs (arab. *farūq* »der fähig ist, zwischen Recht und Unrecht, Wahrheit und Lüge zu unterscheiden« zu arab. *faraqa* »unterscheiden, trennen«). ✧ Bekannter Namensträger: Faruk I., letzter König von Ägypten (20. Jh.).

Fatima, (auch:) Fatma: in der zweiten Hälfte des 20. Jh.s aus dem Arabischen übernommener weibl. Vorn. (arab. *fāṭima* »Frau, die ihr Kind von der Muttermilch entwöhnt« zu arab. *faṭama* »abstillen, entwöhnen, sich enthalten«). Die durch Zusammenziehung entstandene Form *Fatma* ist vor allem türkisch. Die große Beliebtheit des Namens in der islamischen Welt geht auf Fatima, die jüngste Tochter Mohammeds (7. Jh.), zurück. In katholischen Kreisen kann dieser Vorname nach Unserer Lieben Frau von Fatima vergeben werden. Der portugiesische Wallfahrtsort Fatima verdankt seine Entstehung den durch drei Hirten bezeugten Erscheinungen der Gottesmutter im Jahre 1917.

Fatin: weibl. Vorn. arabischer Herkunft (arab. *fātin* »bezaubernd, verführerisch« zu arab. *fatana* »bezaubern, entzücken«).

Fatma: ▸Fatima.

Faust: ▸Faustus.

Fausta: weibl. Vorn., weibliche Form von ▸Faustus.

Faustin: männl. Vorn., der auf lat. *Faustinus*, eine Ableitung von ▸Faustus, zurückgeht. Diesen Namen trugen zwei Märtyrer, der eine soll nach der Legende im 2. Jh. in Brescia den Martertod erlitten haben (NAMENSTAG: 15. Februar), der andere wurde mit seinen Geschwistern zu Beginn des 4. Jh.s in Rom getötet (NAMENSTAG: 29. Juli).

Faustina, (auch:) Faustine: weibl. Vorn., weibliche Form von ▸Faustin. Namenspatronin ist die heilige Faustina (6. Jh.); NAMENSTAG: 18. Januar.

Fausto: in den 1960er-Jahren entlehnter männl. Vorn., italienische und spanische Form von ▸Faustus.

Faustus, (auch:) Faust: männl. Vorn. lateinischen Ursprungs, der auf einen römischen Beinamen (lat. *faustus* »günstig, beglückend, Glück bringend«) zurückgeht. Italien. und span. Form: *Fausto.*

Fawn [fɔ:n]: weibl. Vorn. zu engl. *fawn* »junges Wild, Rehkitz«.

Faye, (auch:) Fay [feɪ]: gegen Ende des 19. Jh.s in England aufgekommener weibl. Vorn., dem eine Umbildung von engl. *faith* »Glaube« oder engl. *fay* »Fee« zugrunde liegt. ✧ Bekannte Namensträgerinnen: [Dorothy] Faye Dunaway, amerikanische Filmschauspielerin (20./21. Jh.); Fay Weldon, britische Schriftstellerin (20./21. Jh.).

Fayna: ▸Faina.

Fayola: aus Nigeria stammender weibl. Vorn., der in der Yoruba-Sprache »Glück geht einher mit Ehre« bedeutet.

Faysal: ▸ Faisal.

[1]**Fe:** weibl. Vorn., Kurzform von Namen, die mit »Fe-« beginnen.

[2]**Fe:** weibl. Vorn. spanischer Herkunft zu span. *fe* »Glaube« (▸ Fides).

Febe: weibl. Vorn., spanische, italienische, niederländische, schwedische Form von ▸ Phöbe.

Federica: weibl. Vorn., weibliche Form von ▸ Federico.

Federico: männl. Vorn., italienische und spanische Form von ▸ Friedrich. ✧ Bekannte Namensträger: Federico Fellini, italienischer Filmregisseur (20. Jh.); Federico García Lorca, spanischer Dichter (19./20. Jh.).

Fedor, (auch:) Feodor: im 19. Jh. aus dem Russischen übernommener männl. Vorn., transliterierte (buchstabengetreue) Form von russisch ▸ Fjodor.

Fedora: weibl. Vorn., weibliche Form von ▸ Fedor.

Fee: weibl. Vorn., Variante von ▸ [1]Fe, in der Schreibung an das Wort »Fee« angelehnt.

[1]**Feike,** (auch:) Feiko: männl. Vorn., friesische Lall- und Koseform von Namen, die mit »Fried-« gebildet sind.

[2]**Feike:** weibl. Vorn., friesische Lall- und Koseform von Namen, die mit »Fried-« gebildet sind.

Feisal: ▸ Faisal.

Felia: weibl. Vorn., italienische Kurzform von ▸ Ofelia.

[1]**Felice** [fe'li:tʃe]: männl. Vorn., italienische Form von ▸ Felix.

[2]**Felice:** weibl. Vorn., weibliche Bildung zu ▸ Felix.

Felicia: ▸ Felizia, auch englisch [fɪ'liʃə].

Felician: ▸ Felizian.

Feliciana: weibl. Vorn., weibliche Form von *Felician* (▸ Felizian).

Felicita, italien. Aussprache: [fe'li:tʃita]: weibl. Vorn., italienische Form von ▸ Felizitas.

Felicitas: ▸ Felizitas.

Felicity [fɪ'lɪsɪtɪ]: weibl. Vorn., englische Form von ▸ Felizitas.

Felicja: weibl. Vorn., polnische Form von ▸ Felizia.

Feliks: männl. Vorn., polnische Form von ▸ Felix.

Felina, (auch:) Feline: weibl. Vorn. unsicherer Herkunft, wahrscheinlich Weiterbildung zu lat. *fēlīx* »fruchtbar; glücklich; Glück bringend«.

Felipe: männl. Vorn., spanische Form von ▸ Philipp. ✧ Bekannter Namensträger: Felipe, Prinz von Asturien, spanischer Thronfolger (20./21. Jh.).

Felisa, span. Aussprache: [fe'lisa]: weibl. Vorn. spanischer Herkunft, weibliche Form von *Félix* (▸ Felix).

Felisha [fɪ'lɪʃə]: weibl. Vorn., angloamerikanische phonetische Schreibweise von ▸ Felicia.

Felix: männl. Vorn. lateinischen Ursprungs (lat. *fēlīx* »fruchtbar; glücklich; Glück bringend«). Lat. *Felix* war ursprünglich ein römischer Beiname, der als Wunschname aufgefasst werden kann. In frühchristlicher Zeit gehörte er zu den von Christen bevorzugten Namen. Der Name, der bereits im 10./11. Jh. im Rheinland belegt ist, fand im 18./19. Jh. größere Verbreitung. Er gehört heute zu den beliebtesten Vornamen. Felix heißt der Sohn von Wilhelm Meister in Goethes »Wilhelm Meister«. Eine weitere literarische Gestalt ist der Felix Krull in Thomas Manns Roman »Bekenntnisse des Hochstaplers Felix Krull« (1954). ✧ Bekannte Namensträger: der heilige Felix I., Papst (3. Jh.); NAMENSTAG: 30. Dezember; der heilige Felix, Schutzheiliger der Stadt Zürich und ihrer beiden Münster; NAMENSTAG: 11. September; Felix Dahn, deutscher Schriftsteller und Geschichtsforscher (19./20. Jh.); Felix Mendelssohn Bartholdy, deutscher Komponist (19. Jh.); Italien. Form: *Felice* [fe'li:tʃe]. Poln. Form: *Feliks*.

Felizia, (auch:) Felicia: weibl. Vorn., weibliche Form von ▸ Felix.

Felizian, (auch:) Felician: männl. Vorn.

lateinischen Ursprungs, Weiterbildung von ▸ Felix.

Felizitas, (auch:) Felicitas: weibl. Vorn. lateinischen Ursprungs (lat. *fēlīcitās* »Fruchtbarkeit; Glück, Glückseligkeit«, auch personifiziert: Göttin des Glücks). Zur Verbreitung des Namens trug die Verehrung von zwei Märtyrerinnen bei. Der Namenstag der heiligen Felicitas, die zusammen mit ihrer Herrin Perpetua Anfang des 3. Jh.s in Karthago getötet wurde, ist der 7. März, der Namenstag der heiligen Felicitas, die nach der Legende in Rom mit ihren sieben Söhnen wegen ihres Glaubens enthauptet wurde, ist der 23. November. Engl. Form: *Felicity* [fɪˈlɪsɪtɪ]. Italien. Form: *Felicita* [feˈliːtʃita].

Femke: weibl. Vorn., friesische Lall- und Koseform von Namen, die mit »Fried-« gebildet sind.

Fenella, engl. Aussprache: [fɪˈnɛlə]: aus dem Englischen übernommener weibl. Vorn. (gäl. *Fionnguala* zu *fionn* »weiß« + *guala* »Schulter«).

Feng: weibl. Vorn. chinesischer Herkunft, der »Ahorn« bedeutet.

Fenja: in den 1960er-Jahren entlehnter weibl. Vorn., russische Koseform von ▸ Feodora, ▸ Marfa und anderen Namen.

Fenna: niederdeutsch-friesischer weibl. Vorn., dessen Herkunft umstritten ist. Am ehesten handelt es sich um eine Kurzform von *Aleferna/Alferne* (altsächs. *al-, ala-* »all, ganz« + *ferna*, Namenbestandteil ungeklärten Ursprungs).

Fenni: weibl. Vorn., Koseform von ▸ Fenna.

Fentje: weibl. Vorn., Koseform von ▸ Fenna.

Feodor: ▸ Fedor, ▸ Fjodor.

Feodora: weibl. Vorn., weibliche Form von ▸ Feodor.

Ferdi: männl. Vorn., Kurzform von ▸ Ferdinand.

Ferdinand: aus dem Spanischen übernommener männl. Vorn. germanischen Ursprungs (span. *Fernando* zu got. **frith* »Schutz vor Waffengewalt, Friede« + got. **nanth* »Kühnheit«). Der Name gelangte mit den Westgoten nach Spanien und wurde dort sehr beliebt. Im 16. Jh. wurde Ferdinand als spanischer Fürstenname von den Habsburgern übernommen. In Deutschland ist Ferdinand seit dem 17. Jh. anzutreffen. Eine bekannte literarische Gestalt ist der Ferdinand in Schillers Trauerspiel »Kabale und Liebe« (1784). ✧ Bekannte Namensträger: der heilige Ferdinand, König von Kastilien und León (12./13. Jh.); NAMENSTAG: 30. Mai; Ferdinand der Katholische, König von Kastilien und Aragonien (15./16. Jh.); Kaiser Ferdinand I., Begründer der habsburgischen Donaumonarchie (16. Jh.); Ferdinand Freiligrath, deutscher Schriftsteller (19. Jh.); Ferdinand Lassalle, deutscher Politiker (19. Jh.); Ferdinand de Lesseps, französischer Diplomat, Erbauer des Sueskanals (19. Jh.); Ferdinand Graf von Zeppelin, deutscher Luftschiffkonstrukteur (19./20. Jh.); Ferdinand Porsche, deutscher Automobilkonstrukteur (19./20. Jh.). Italien. Form: *Ferdinando*. Span. Form: *Fernando*. Französ. Formen: *Ferdinand* [fɛrdiˈnã], *Fernand* [fɛrˈnã]. Katal. Form: *Ferran* [fəˈrran].

Ferdinande, (auch:) Ferdinanda: seit dem 18. Jh. vorkommender weibl. Vorn., weibliche Form von ▸ Ferdinand.

Ferdinando: männl. Vorn., italienische Form von ▸ Ferdinand.

Ferenc [ˈfɛrɛnts]: männl. Vorn., ungarische Form von ▸ Franz. In Deutschland begegnet dieser Vorname seit den 1960er-Jahren.

Feride: weibl. Vorn., türkische Form von ▸ Farida.

Ferit: männl. Vorn., türkische Form von ▸ Farid.

Fermín: männl. Vorn., spanische Form von ▸ Firmin.

Fermina: weibl. Vorn., weibliche Form von ▸ Fermín.

Fernand [fɛrˈnã]: männl. Vorn., französische

Form von ▸Ferdinand. ✧ Bekannter Namensträger: Fernand Léger, französischer Maler (19./20. Jh.).

Fernanda: weibl. Vorn., weibliche Form von ▸Fernando.

Fernando: männl. Vorn., spanische Form von ▸Ferdinand, auch in Italien geläufig. ✧ Bekannte Namensträger: Fernando Botero, kolumbianischer Maler (20./21. Jh.); Fernando Alonso, spanischer Formel-1-Fahrer (20./21. Jh.).

Ferran [fə'rran]: männl. Vorn., katalanische Form von ▸Ferdinand.

Ferris, engl. Aussprache: ['fɛrɪs]: in den 1960er-Jahren aus dem Englischen entlehnter männl. Vorn., ursprünglich ein normannischer Familienname, der auf den französischen Ortsnamen Ferrières zurückgeht.

Ferry: männl. Vorn., niederländische Koseform von ▸Ferdinand.

Fia: weibl. Vorn., Kurzform von *Sofia* (▸Sophia).

Fidda: weibl. Vorn. arabischer Herkunft (arab. *fiḍḍa* »Silber«).

Fidel: ▸Fidelis.

Fidelia: weibl. Vorn., weibliche Form von ▸Fidelius.

Fidelio: männl. Vorn., spanische und italienische Form von ▸Fidelius. Der Name ist bekannt durch L. van Beethovens Oper »Fidelio« (1814).

Fidelis, (auch:) Fidel: männl. Vorn., der auf einen spätrömischen Personennamen zu lat. *fidēlis* »treu, zuverlässig; rechtgläubig; Christ« zurückgeht und von einem frühchristlichen Märtyrer getragen wurde. Namensvorbild für die Neuzeit ist der heilige Fidelis von Sigmaringen (16./17. Jh.); NAMENSTAG: 24. April.

Fidelius: männl. Vorn., Weiterbildung von ▸Fidelis. Span. und italien. Form: *Fidelio.*

Fides: weibl. Vorn. lateinischen Ursprungs (lat. *fidēs* »Glaube«). Fides, Spes (»Hoffnung«) und Caritas (»[Nächsten]liebe«) sind die drei göttlichen Tugenden. Als solche kamen die Namen bei den frühen Christen vor, man verehrte aber auch drei heilige Märtyrerinnen unter diesen Namen; NAMENSTAG: 1. August.

Fien: weibl. Vorn., niederländische und flämische Kurzform von *Jozefien* (▸Josefina).

Fiete: männl. Vorn., niederdeutsche Kurzform von Namen, die mit »Fried-« gebildet sind (z. B. ▸Friedrich).

Fifi: weibl. Vorn., kindersprachliche Form von ▸Josefina.

Filibert, (auch:) Philibert: alter deutscher männl. Vorn. (ahd. *filu* »viel, groß« + ahd. *beraht* »glänzend, berühmt«).

Filip: in Deutschland seit den 1980er-Jahren vorkommender männl. Vorn., niederländische, schwedische, norwegische, polnische, tschechische Form von ▸Philipp.

Filipe: männl. Vorn., rätoromanische und portugiesische [fə'lipə] Form von ▸Philipp.

Filippa: weibl. Vorn., weibliche Form von ▸Filippo.

Filippo: männl. Vorn., italienische Form von ▸Philipp. ✧ Bekannter Namensträger: Filippo Lippi, italienischer Maler (15. Jh.).

Filomena: ▸Philomena.

Fina, (auch:) Fine: weibl. Vorn., Kurzform von Namen, die auf »-fina« ausgehen, besonders von ▸Josefina, ▸Josefine.

Finbar ['fɪnbɑ:]: männl. Vorn., englische Form des irischen Namens *Fionnb(h)arr* (gäl. *fionn* »weiß, hell, blond« + gäl. *barr* »Haupt«). Diesen Namen trugen drei frühe irische Heilige.

Fine: ▸Fina.

Fingal ['fɪŋgəl]: männl. Vorn., englische Form des schottischen Namens *Fionnghall* (gäl. *fionn* »weiß, hell, blond« + gäl. *gall* »Fremder«), ursprünglich ein Beiname für nordische Siedler.

Fini: weibl. Vorn., Koseform von ▸Fina.

Finia: ▸Finja.

Finian: ▸Finnian.

Finja, (auch:) Finia; Finnja; Finya: in Deutschland seit den 1970er-Jahren vorkommender weibl. Vorn., russische Kurzform von *Rufinija* (▸Rufina) oder weibliche Bildung zu ▸[1]Finn oder ▸[2]Finn.

Finlay ['finleɪ], (auch:) Finley ['fɪnlɪ]: männl. Vorn., englische Form des schottischen Namens *Fionnlagh* (gäl. *fionn* »weiß, hell, blond« + gäl. *laogh* »Krieger, Held«).

[1]**Finn,** (auch:) Fynn: männl. Vorn. nordischer Herkunft, der einen Angehörigen des finnischen Volkes bezeichnet.

[2]**Finn,** (auch:) Fionn [fɪ'oʊn]: männl. Vorn. irischen Ursprungs (gäl. *fionn* »weiß, hell, blond«).

Finnegan ['fɪnɪgən]: männl. Vorn., englische Form des ursprünglich irischen Familiennamens *Ó Fionnagáin* (zu gäl. *fionn* »weiß, hell, blond«).

Finni: ▸Fini.

Finnian, (auch:) Finian, engl. Aussprache: ['fɪnɪən]: männl. Vorn., englische Form des irischen Namens *Finnén* (zu gäl. *fionn* »weiß, hell, blond«).

Finnja: ▸Finja.

Finnley: ▸Finlay.

Finola: weibl. Vorn., Nebenform von ▸Fenella.

Finya: ▸Finja.

Fiona: aus dem Englischen [fɪ'oʊnə] übernommener weibl. Vorn. keltischen Ursprungs (zu gäl. *fionn* »weiß, hell, blond«). Der Name wurde zuerst in J. Macphersons Ossian-Dichtung (18. Jh.) verwendet. Später benutzte William Sharp (1855–1905) diesen Namen für sein literarisches Pseudonym, Fiona Macleod. Unter diesem Namen veröffentlichte er mehrere romantische Werke. Seitdem ist der Name in England sehr beliebt gewesen.

Fionn [fi'oʊn]: ▸[2]Finn.

Fiora: weibl. Vorn. italienischer Herkunft (zu italien. *fiore* »Blume«).

Fiorella: weibl. Vorn. italienischer Herkunft, Erweiterung von ▸Fiora.

Fiorenza: weibl. Vorn., italienische Form von ▸Florenze.

Fiorenzo: männl. Vorn., italienische Form von ▸Florenz.

Fioretta: weibl. Vorn. italienischer Herkunft, Erweiterung von ▸Fiora.

Fiorina: weibl. Vorn. italienischer Herkunft, Erweiterung von ▸Fiora.

Lieber einen ausgefallenen oder einen beliebten Vornamen?

Klangvolle exotische Namen verleihen ihrem Träger ein Stück Individualität und verschaffen ihm Aufmerksamkeit. Nützlich ist es dabei, wenn sie auch für deutsche Ohren eingängig klingen und einigermaßen einfach zu schreiben sind: Mit der Zeit dürfte es lästig werden, seinen Namen immer und überall buchstabieren zu müssen. Übrigens sollten sich Eltern auch über die Bedeutung solcher exotischer Namen im Klaren sein, damit es später nicht zu unangenehmen Überraschungen kommt.
Haben Eltern erst einmal an einem bestimmten Namen Gefallen gefunden, stellen sie oft enttäuscht fest, dass er zu den Spitzenreitern zählt. Die Befürchtung jedoch, die kleine Anna könne spätestens in der Schule auf vier weitere Annas treffen, ist unbegründet: Auch die beliebtesten Namen verteilen sich derzeit höchstens auf zwei bis drei Prozent eines Altersjahrgangs.

Firdaus: weibl. Vorn. persisch-arabischen Ursprungs, der »Paradies« bedeutet.

Firmin: männl. Vorn. lateinischen Ursprungs, der auf den spätrömischen Beinamen *Firminus* (zu lat. *firmus* »fest, standhaft [im Glauben]«) zurückgeht. Französ. Aussprache: [fir'mɛ̃]. Span. Form: *Fermín.*

Fitz: in den 1950er-Jahren in England aufgekommener männl. Vorn., Bestandteil patronymischer Familiennamen normannischer Herkunft (zu französ. *fils* < lat. *filius* »Sohn«), ▸Fitzgerald.

Fitzgerald [fits'dʒɛrəld]: männl. Vorn. englischer Herkunft, ursprünglich patronymischer Familienname normannischen Ursprungs (»Sohn des Gerald«), ▸Fitz, ▸Gerald.

Fjodor, (auch:) Fedor; Feodor: aus dem Russischen übernommener männl. Vorn., russische Form von ▸Theodor. ✧ Bekannte Namensträger: Fjodor M. Dostojewski, russischer Dichter (19. Jh.); Fjodor Schaljapin, russischer Sänger (19./20. Jh.).

Flavia: weibl. Vorn., weibliche Form von ▸Flavius oder ▸Flavio.

Flavie [fla'vi]: weibl. Vorn., französische Form von ▸Flavia.

Flavio: männl. Vorn., italienische Form von ▸Flavius.

Flavius: männl. Vorn. lateinischen Ursprungs zu dem römischen Geschlechternamen *Flavius* (zu lat. *flāvus* »blond«).

Flemming: in den 1970er-Jahren entlehnter männl. Vorn. (norweg., dän. *Flemming*, schwed. *Fleming* »Flame«).

Fleur [flœ:r]: seit den 1960er-Jahren vorkommender weibl. Vorn. literarischer Herkunft (französ. *fleur* »Blume«), der auf die Gestalt der Fleur Forsyte in der »Forsyte Saga« von J. Galsworthy zurückgeht.

Fleurie [flœ'ri]: weibl. Vorn., Neubildung zu französ. *fleurir* »blühen«.

Fleurine [flœ'rin]: weibl. Vorn., französische Erweiterung von ▸Fleur.

Flor: weibl. Vorn., verkürzte Form von ▸Flora, ▸Florence, ▸Florenze oder zu span. *flor* »Blume«.

Flora: weibl. Vorn. nach der römischen Göttin der Blumen und des Frühlings (zu lat. *flōs, flōris* »Blume«), auch weibliche Form des römischen Beinamens ▸Florus. Der Vorname Flora begegnet in Deutschland seit dem 17. Jh.

Floreen: weibl. Vorn., Neubildung zu ▸Flora nach dem Vorbild englischer Vornamen wie ▸Doreen, ▸Laureen.

Florence: weibl. Vorn., englische ['flɔrəns] und französische [flɔ'rã:s] Form von ▸Florenze. ✧ Bekannte Namensträgerin: Florence Nightingale (19./20. Jh.), britische Krankenpflegerin.

Florencia [flo'renθi̯a]: weibl. Vorn., spanische Form von ▸Florenze.

Florens: männl. Vorn. lateinischen Ursprungs, der auf den gleichlautenden römischen Beinamen (lat. *flōrēns* »blühend, jugendlich blühend«) zurückgeht.

Florent [flɔ'rã]: männl. Vorn., französische Form von *Florentius* (▸Florens).

Florentin: männl. Vorn. lateinischen Ursprungs, der auf den römischen Beinamen *Florentinus,* eine Weiterbildung von ▸Florens, zurückgeht. In Deutschland begegnet dieser Name seit dem 18. Jh. Namenspatron ist der heilige Florentinus, Bischof von Straßburg (6. Jh.); NAMENSTAG: 7. November.

Florentine, (auch:) Florentina: in Deutschland seit dem 16. Jh. vorkommender weibl. Vorn., weibliche Form von ▸Florentin.

Florenz: männl. Vorn. lateinischen Ursprungs, der auf den römischen Beinamen Florentius, eine Weiterbildung von ▸Florens, zurückgeht. Namenspatron ist der heilige Florentius (3./4. Jh.), Märtyrer in Bonn; NAMENSTAG: 10. Oktober.

Florenze: weibl. Vorn., weibliche Form von ▸Florenz. Französ. Form: *Florence* [flɔ'rã:s]. Engl. Form: *Florence* ['flɔrəns]. Span. Form: *Florencia* [flo'renθi̯a]. Ital. Form: *Fiorenza.*

Florestan: männl. Vorn., der wahrscheinlich auf eine südfranzösische Bildung zu lat. *flōrēre* »blühen«, *flōrēscere* »aufblühen« zurückgeht. Eine bekannte Opernfigur ist der Florestan in »Fidelio« (1814) von L. van Beethoven.

Floretta: weibl. Vorn., italienische Koseform von ▸Flora.

Flori: männl. Vorn., Koseform von ▸Florian.

Floria: weibl. Vorn., Weiterbildung von ▸Flora. Floria Tosca ist der Name der Hauptgestalt in Puccinis Oper »Tosca« (1900).

Florian:

Der heilige Märtyrer Florian, Patron von Oberösterreich und Schutzheiliger gegen Feuersgefahr, ist einer der volkstümlichen Heiligen des süddeutschen Raums. Während der Christenverfolgung Diokletians zu Beginn des 4. Jh.s wurde er in Lorch (Oberösterreich) in die Enns gestürzt. Seit dem Spätmittelalter wurde *Florian* vor allem in Österreich und Süddeutschland als Heiligenname vergeben. Ab den 1960er-Jahren wurde *Florian* – nicht zuletzt wegen seines Wohlklangs – zu einem Modenamen. In den 1980er- und 1990er-Jahren gehörte er zu den Spitzenreitern in Deutschland. In Österreich konnte *Florian* auch im 21. Jh. seine Beliebtheit behaupten.

Florian: männl. Vorn. lateinischen Ursprungs, der auf *Florianus*, eine Weiterbildung von ▸Florus, zurückgeht. Namenspatron ist der heilige Florian; Namenstag: 4. Mai. ✧ Bekannte Namensträger: Florian Geyer, Reichsritter und Bauernführer (15./16. Jh.); Florian Silbereisen, deutscher Showmaster (20./21. Jh.); Florian Mayer, deutscher Tennisspieler (20./21. Jh.).

Floriane, (auch:) Floriana: weibl. Vorn., weibliche Form von ▸Florian. Dieser Vorname kommt in Deutschland seit dem 17. Jh. vor.

Florianne: weibl. Vorn., Nebenform von ▸Floriane oder Doppelform aus Flori(ane) + ▸Anne.

Florica: weibl. Vorn., rumänische Koseform von ▸Flora, auch serbisch, kroatisch ['floritsa].

Florida: weibl. Vorn. lateinischen Ursprungs (lat. *flōridus, -a, -um* »blühend, blumenreich«).

Florie: weibl. Vorn., Koseform von ▸Flora und anderen Namen, die mit »Flor-« beginnen.

Florijan: männl. Vorn., serbische, kroatische Form von ▸Florian.

Florika: weibl. Vorn., Erweiterung von ▸Flora.

Florin, (auch:) Florin: männl. Vorn. lateinischen Ursprungs, der auf den römischen Beinamen *Florinus*, eine Weiterbildung von ▸Florus, zurückgeht. Dieser Name wird oft als lautliche Variante von ▸Florian empfunden.

Florina: weibl. Vorn., weibliche Form von ▸Florin.

Florinda: weibl. Vorn., italienische und spanische Erweiterung von ▸Flora.

Florine [flɔ'rin]: weibl. Vorn., französische Form von ▸Florina.

Floris: männl. Vorn. lateinischen Ursprungs, der auf den gleichlautenden römischen Beinamen, eine Ableitung von ▸Florus, zurückgeht.

Florus: männl. Vorn. lateinischen Ursprungs, der auf den gleichlautenden römischen Beinamen zurückgeht. Ihm liegt nicht eine männliche Bildung zu ▸Flora zugrunde, sondern das alte lateinische Adjektiv *flōrus*, das ursprünglich (wie auch *flāvus*, ▸Flavius) »blond« bedeutete, später aber »blühend«.

Floyd [flɔɪd]: im 20. Jh. aus dem Englischen übernommener männl. Vorn., der die walisische Aussprache (»Ll-« = »Fl-«) von ▸Lloyd annähernd wiedergibt.

Flurin: männl. Vorn., rätoromanische Form von ▸Florin.

Flurina: weibl. Vorn., weibliche Form von ▸Flurin.

Flynn [flɪn]: um die Jahrtausendwende entlehnter männl. Vorn., englische Form des irischen Familiennamens *Ó Floinn* (zu gäl. *flann* »rot, rötlich«).

Focke, (auch:) Fokke; Focko; Fokko: männl. Vorn., alte (besonders friesische) Kurzform von Namen, die mit »Volk-« gebildet sind (z. B. ▸Volkhard und ▸Volkmar).

Fokka, (auch:) Fokke: weibl. Vorn., alte (besonders friesische) Kurzform von Namen, die mit »Volk-« gebildet sind (z. B. ▸Volkhild).

Fokke, (auch:) Fokko: ▸Focke.

Folbert: ▸ Volbert.

Foline, (auch:) Voline: weibl. Vorn., friesische Erweiterung einer Kurzform von Namen, die mit »Volk-« gebildet sind (z.B. ▸ Volkhild).

¹Folke, (auch:) Folko: männl. Vorn., Kurzform von Namen, die mit »Volk-« gebildet sind (z.B. ▸ Volkhard und ▸ Volkmar).

²Folke: weibl. Vorn., Kurzform von Namen, die mit »Volk-« gebildet sind (z.B. ▸ Volkhild).

Folker: ▸ Volker.

Folkert: ▸ Volkert.

Folkhard: ▸ Volkhard.

Folkmar: ▸ Volkmar.

Folko: ▸ ¹Folke.

Folkwin: ▸ Volkwin.

Folrat: ▸ Volkrat.

Fortuna: weibl. Vorn. lateinischen Ursprungs (lat. *fortūna* »Schicksal, Glück«). In der römischen Mythologie ist Fortuna die Schicksals- oder Glücksgöttin.

Fortunat, (auch:) Fortunatus: männl. Vorn. lateinischen Ursprungs (lat. *fortūnātus* »beglückt, gesegnet, glücklich«). Lat. Fortunatus war ursprünglich ein römischer Beiname, z.B. Venantius Fortunatus, lateinischer Dichter der Merowingerzeit (6. Jh.). Fortunatus ist als Name mehrerer frühchristlicher Märtyrer bezeugt. Eine bekannte literarische Gestalt ist der Fortunatus eines deutschen Volksbuches (um 1500). Weitere literarische Gestalten sind der Fortunato in J. v. Eichendorffs Novelle »Das Marmorbild« (1819) und der Fortunat in seinem Roman »Dichter und ihre Gesellen« (1834).

Fortunato: männl. Vorn., italienische und spanische Form von ▸ Fortunat.

Fortunatus: ▸ Fortunat.

Foruz [fo'ruz]: weibl. Vorn. persischer Herkunft, der »glänzend, hell« bedeutet.

Franca: in Deutschland seit den 1960er-Jahren vorkommender weibl. Vorn. italienischer Herkunft, weibliche Form von ▸ Franco.

France [frãs]: weibl. Vorn., identisch mit dem Ländernamen (französ. *France* »Frankreich«), zum Teil aber auch als verkürzte Form von ▸ Françoise aufgefasst. In Frankreich war France, vor allem in der Kombination Marie-France, in den 1940er-Jahren beliebt.

Frances ['frɑ:nsɪs]: im 20. Jh. entlehnter weibl. Vorn., englische Form von ▸ Franziska.

Francesca [fran'tʃeska]: weibl. Vorn., italienische Form von ▸ Franziska. ✧ Bekannte Namensträgerin: Francesca da Rimini, unglückliche Liebende des 13. Jh.s.

Francesco [fran'tʃesko]: männl. Vorn. italienischer Herkunft, ▸ Franziskus. ✧ Bekannte Namensträger: Francesco Petrarca, italienischer Dichter und Humanist (14. Jh.); Francesco Guardi, italienischer Maler (18. Jh.).

Francie ['frɑ:nsɪ]: in den 1980er-Jahren entlehnter weibl. Vorn., englische Koseform von ▸ Frances.

Francine [frã'sin]: weibl. Vorn. französischer Herkunft, weibliche Form von *Francin*, einer Koseform von *Franc* (▸ Frank).

¹Francis ['frɑ:nsɪs]: im 19. Jh. entlehnter männl. Vorn., englische Form von ▸ Franziskus. ✧ Bekannte Namensträger: Sir Francis Drake, englischer Admiral und Seeheld (16. Jh.); Francis Bacon, englischer Philosoph und Staatsmann (16./17. Jh.); Francis Bacon, englischer Maler (20. Jh.); Francis Ford Coppola, amerikanischer Filmregisseur (20./21. Jh.).

²Francis ['frɑ:nsɪs]: weibl. Vorn., identisch mit ▸ ¹Francis oder phonetische Schreibung von ▸ Frances.

Francisca: weibl. Vorn., Schreibvariante von ▸ Franziska, auch spanisch [fran'θiska].

Francisco [fran'θisko]: in den 1970er-Jahren entlehnter männl. Vorn., spanische Form von ▸ Franziskus. ✧ Bekannte Namensträger: Francisco Pizarro, spanischer Konquistador, Eroberer Perus (15./16. Jh.); Francisco de Zurbarán, spanischer Maler (16./17. Jh.); Francisco José de Goya y Lucientes, spanischer Maler, Radierer und Lithograf (18./19. Jh.);

Francisco Araiza, mexikanischer Tenor (20./21. Jh.).

Franciscus: ▸Franziskus.

Franciszek [fran'tɕiʃɛk]: männl. Vorn., polnische Form von ▸Franziskus.

Franck [frɑ̃:k]: männl. Vorn., in Frankreich geläufige Schreibvariante von ▸Frank. ✧ Bekannter Namensträger: Franck Ribéry, französischer Fußballspieler (20./21. Jh.).

Franco: in den 1960er-Jahren entlehnter männl. Vorn., italienische Form von ▸Frank, auch Kurzform von *Francesco* (▸Franziskus).

François [frɑ̃'swa]: männl. Vorn., französische Form von ▸Franziskus. ✧ Bekannte Namensträger: François Villon, französischer Dichter (15. Jh.); François Boucher, französischer Maler (18. Jh.); François Truffaut, französischer Filmregisseur (20. Jh.).

Françoise [frɑ̃'swa:z]: weibl. Vorn., französische Form von ▸Franziska. ✧ Bekannte Namensträgerin: Françoise Sagan, französische Schriftstellerin (20./21. Jh.).

[1]**Franjo:** männl. Vorn., slowenische, kroatische, serbische Koseform von ▸Franziskus.

[2]**Franjo:** männl. Vorn., Doppelform aus ▸Fran(z) und ▸Jo(sef).

Frank: alter deutscher männl. Vorn. (ahd. *Franko* »der Franke«). Frank wurde im 19. Jh. wieder aufgegriffen und entwickelte sich von den 1950er-Jahren bis Ende der 1970er-Jahre zu einem der beliebtesten Vornamen in Deutschland. Hierbei ist mit Einfluss der englischen Namengebung zu rechnen. Der gleichbedeutende englische Vorname Frank [fræŋk] wird, vor allem in den USA, auch als Kurzform von *Francis* (▸Franziskus) aufgefasst. ✧ Bekannte Namensträger: Frank Wedekind, deutscher Dramatiker (19./20. Jh.); Frank Lloyd Wright, amerikanischer Architekt (19./20. Jh.); Frank Sinatra, amerikanischer Sänger und Filmschauspieler (20. Jh.); Frank Castorf, deutscher Theaterregisseur (20./21. Jh.); Frank Gehry, amerikanischer Architekt (20./21. Jh.); Frank Plasberg, deutscher Journalist und Fernsehmoderator (20./21. Jh.). Italien. Form: *Franco*.

Franka: weibl. Vorn., weibliche Form von ▸Frank. Italien. Form: *Franca*. ✧ Bekannte Namensträgerin: Franka Potente, deutsche Schauspielerin (20./21. Jh.).

Frankie, (auch:) Franky ['fræŋkɪ]: männl. Vorn., englische Koseform von ▸Frank.

Franklin ['fræŋklɪn]: im 19. Jh. aus dem Englischen entlehnter männl. Vorn., ursprünglich ein Familienname zu mittelengl. *frankeleyn* »freier, aber nicht adliger Grundbesitzer«. ✧ Bekannter Namensträger: Franklin Delano Roosevelt (19./20. Jh.), 32. Präsident der USA.

Franko: männl. Vorn., eindeutschende Schreibung von ▸Franco.

Franky: ▸Frankie.

Frans: männl. Vorn., niederländische Form von ▸Franz. ✧ Bekannter Namensträger: Frans Hals, niederländischer Maler (16./17. Jh.).

František ['frantiʃɛk]: männl. Vorn., tschechische Form von ▸Franziskus.

Franz: männl. Vorn., der durch Verkürzung von ▸Franziskus entstanden ist. Namenspatron ist der heilige Franz von Assisi (12./13. Jh.), NAMENSTAG: 4. Oktober. In Deutschland wird dieser Vorname seit ca. 1300 vergeben. Früher war der Doppelname Franz Joseph gebräuchlich. Eine literarische Gestalt ist der Franz Moor in Schillers Schauspiel »Die Räuber« (1781). ✧ Bekannte Namensträger: der heilige Franz von Paula, italienischer Franziskaner, Gründer des Ordens der Minimen (15./16. Jh.); NAMENSTAG: 2. April; der heilige Franz von Borja, spanischer Jesuitengeneral (16. Jh.); NAMENSTAG: 1. Oktober; der heilige Franz von Sales, Kirchenlehrer, Bischof von Genf (16./17. Jh.); NAMENSTAG: 24. Januar; der heilige Franz Xaver, spanischer Jesuit, Apostel der Inder (16. Jh.); NAMENSTAG: 3. Dezember; Franz Grillparzer, österreichischer Dichter (18./19. Jh.); Franz Schubert, österreichischer Komponist (18./19. Jh.); Franz Liszt, ungarisch-deutscher Klaviervirtuose und Komponist (19. Jh.); Franz Lenbach, deutscher Maler (19./20. Jh.); Franz Marc, deutscher Maler (19./20. Jh.); Franz Kafka, österreichischer Dichter (19./20. Jh.); Franz Lehár, ungarischer Operettenkomponist (19./20. Jh.); Franz Werfel, österreichischer Schriftsteller (19./20. Jh.); Franz Beckenbauer, deutscher Fußballspieler (20./21. Jh.).

Fränze: weibl. Vorn., Koseform von ▸ Franziska.

Franzi, (auch:) Fränzi: weibl. Vorn., Koseform von ▸ Franziska.

Franzine: weibl. Vorn., weibliche Form von ▸ Franz.

Franzis: weibl. Vorn., im 20. Jh. aufgekommene Kurzform von ▸ Franziska.

Franziska, (auch:) Francisca: im 16. Jh. aufgekommener weibl. Vorn., weibliche Form von ▸ Franziskus. Eine bekannte literarische Gestalt ist die Zofe Franziska in Lessings Lustspiel »Minna von Barnhelm« (1767). Der Name gehörte in den 1980er- und 1990er-Jahren zu den beliebtesten weiblichen Vornamen. ✧ Bekannte Namensträgerinnen: die heilige Franziska von Rom (14./15. Jh.); NAMENSTAG: 9. März; Franziska van Almsick, deutsche Schwimmerin (20./21. Jh.). Italien. Form: *Francesca* [fran'tʃeska]. Französ. Form: *Françoise* [frã'swa:z]. Span. Form: *Francisca* [fran'θiska]. Engl. Form: *Frances* ['frɑ:nsɪs].

Franziskus, (auch:) Franciscus: männl. Vorn., der auf spätlat. *Franciscus* (»Franke, fränkisch«, später »Franzose, französisch«) zurückgeht. Daraus hat sich italien. *Francesco* entwickelt. Der Name geht zurück auf den heiligen Franz von Assisi (12./13. Jh.), den bedeutenden Prediger und Stifter des Franziskanerordens; NAMENSTAG: 4. Oktober. Der Heilige hieß eigentlich Giovanni Bernardone. Francesco (»Franzose«) wurde er nach der Meinung einiger von seinem Vater genannt, als dieser nach seiner Geburt von einer Reise nach Frankreich zurückkehrte, andere dagegen sind der Ansicht, der junge Giovanni habe Sprache und Lebensart eines Franzosen so vorzüglich beherrscht, dass ihm seine Freunde diesen Spitznamen gegeben hätten. Deutsche Form: *Franz*. Italien. Form: *Francesco* [fran'tʃesko]. Span. Form: *Francisco* [fran'θisko]. Französ. Form: *François* [frã'swa]. Engl. Form: *Francis* ['frɑ:nsɪs]. Niederländ. Form: *Frans*. Poln. Form: *Franciszek* [fran'tɕiʃɛk]. Tschech. Form: *František* ['frantiʃɛk]. Ungar. Form: *Ferenc* ['fɛrɛnts].

Fraser ['freɪzə]: aus dem Englischen entlehnter männl. Vorn., ursprünglich ein schottischer Familienname normannischer Herkunft, dessen Etymologie noch ungeklärt ist.

Frauke: weibl. Vorn., friesische und niederdeutsche Koseform unklarer Herkunft (zu ahd. *frouwa* »Frau, Herrin« oder zu ahd. *frawa-* »fröhlich, heiter«).

¹Fred: männl. Vorn., Kurzform von ▸ Alfred und ▸ Manfred sowie niederdeutsche und friesische Kurzform von *Frederik* (▸ Friedrich).

²Fred: männl. Vorn., Kurzform der englischen Vornamen ▸ Alfred und ▸ Frederick. ✧ Bekannter Namensträger: Fred Astaire, amerikanischer Schauspieler und Tänzer (19./20. Jh.).

Freda, (auch:) Frede: weibl. Vorn., Kurzform von ▸ Frederika.

Freddi, (auch:) Fredi; Fredy: männl. Vorn., Koseform von ▸ ¹Fred.

Freddy, (auch:) Freddie ['frɛdɪ]: männl. Vorn., englische Koseform von ▸ ²Fred. ✧ Bekannter Namensträger: Freddie Mercury, britischer Sänger und Bandleader (20. Jh.).

Frede: ▸ Freda.

Frédéric [frede'rik]: männl. Vorn., französische Form von ▸ Friedrich. ✧ Bekannter Namensträger: Frédéric Chopin, polnischer Komponist und Pianist (19. Jh.).

Frederica: weibl. Vorn., weibliche Form von *Fredericus* (▸ Friedrich), auch englisch [frɛ'drɪkə].

Frederick, engl. Aussprache: ['frɛdrɪk]: männl. Vorn., englische Form von ▸ Friedrich.

Frederico: männl. Vorn., portugiesische Form [frədə'riku] von ▸Friedrich.

Frederik: männl. Vorn., niederdeutsche, dänische und niederländische Form von ▸Friedrich.

Frederika, (auch:) Frederike: weibl. Vorn., weibliche Form von ▸Frederik.

Frédérique [frede'rik]: weibl. Vorn., französische Form von ▸Friederike.

Fredi: ▸Freddi.

Fredo: männl. Vorn., Erweiterung von ▸[1]Fred oder Kurzform von ▸Alfredo.

Fredric, engl. Aussprache: ['frɛdrɪk]: männl. Vorn., englische Variante von Frederick (▸Friedrich).

Fredrich, (auch:) Fredrik: männl. Vorn., niederdeutsche Form von ▸Friedrich.

Fredy: ▸Freddi oder ▸Freddy.

Freek: ▸Frerk.

Freerk: ▸Frerk.

Freia, (auch:) Freya; Freyja: im 19. Jh. entlehnter weibl. Vorn. nordischer Herkunft. In der nordischen Mythologie war Freyja, Tochter des Niörd und Schwester des Freyr, ursprünglich eine Erdgöttin. Später wurde sie als Göttin der Liebe und des Frühlings verehrt. Ihr Name gehört zu altnord. *frjá* »lieben«, vgl. auch ▸Frigga. Dän. und schwed. Form: *Freja.*

Freimund: männl. Vorn., Neubildung (19. Jh.) aus »frei« und dem Namenbestandteil »-mund« (ahd. *munt* »Schutz, Beschützer«).

Freimut: männl. Vorn., Neubildung (19. Jh.) aus »frei« und dem Namenbestandteil »-mut« (ahd. *muot* »Sinn, Gemüt, Geist«).

Freja: weibl. Vorn., schwedische und dänische Form von ▸Freia.

Frerich, (auch:) Frerik: männl. Vorn., durch Zusammenziehung entstandene niederdeutsch-friesische Kurzform von *Frederich* (▸Friedrich).

Frerike: weibl. Vorn., weibliche Form von *Frerik* (▸Frerich).

Frerk, (auch:) Freerk; Freek: männl. Vorn., durch Zusammenziehung entstandene niederdeutsch-friesische Kurzform von ▸Frederik.

Freya: ▸Freia.

Freydis: in den 1970er-Jahren entlehnter weibl. Vorn. nordischer Herkunft. Der erste Namenbestandteil gehört zu altnord. *frjá* »lieben«, der zweite enthält altnord. *dís* »Göttin«.

Freyja: ▸Freia.

Fricka: weibl. Vorn., deutsche Variante von ▸Frigga.

Frida: ▸Frieda. ✧ Bekannte Namensträgerin: Frida Kahlo, mexikanische Malerin (20. Jh.).

Fridebert: ▸Friedbert.

Fridegunde: ▸Friedegund.

Fridel: ▸[2]Friedel.

Frider: ▸Frieder.

Friderica: weibl. Vorn., weibliche Form von ▸Fridericus.

Fridericus: männl. Vorn., latinisierte Form von ▸Friedrich.

Friderike: ▸Friederike.

Friderun: ▸Friedrun.

Fridgard: ▸Friedgard.

Fridhelm: ▸Friedhelm.

Fridhild: ▸Friedhild.

Fridiger: ▸Friedger.

Frido: ▸Friedo.

Fridolf: ▸Friedolf.

Fridolin, (auch:) Friedolin: männl. Vorn. westfränkischer Herkunft, der mit german. **friþu* »Schutz vor Waffengewalt, Friede« und der romanischen Koseendung »-lenus« gebildet wurde. Zu der Verbreitung des Namens hat die Verehrung des heiligen Fridolin von Säckingen (wohl 7. Jh.) beigetragen; NAMENSTAG: 6. März. Allgemein bekannt ist der »fromme Knecht Fridolin« aus Schillers Ballade »Der Gang nach dem Eisenhammer«.

Fridolina, (auch:) Fridoline: weibl. Vorn., weibliche Form von ▸Fridolin.

Fridrun: ▸Friedrun.

Fridtjof: ▸Frithjof.

Fried: männl. Vorn., Kurzform von Namen, die mit »Fried-« gebildet sind, besonders von ▸Friedrich.

Frieda, (auch:) Friede; Frida: weibl. Vorn., Kurzform von Namen, die mit »Fried-« oder »-friede« gebildet sind, besonders von ▸ Friederike und ▸ Elfriede.

Friedbert, (auch:) Fridebert; Friedebert: alter deutscher männl. Vorn. (ahd. *fridu* »Schutz vor Waffengewalt, Friede« + ahd. *beraht* »glänzend, berühmt«).

Friedburg: ▸ Friedeburg.

Friede: ▸ Frieda.

Friedebald: alter deutscher männl. Vorn. (ahd. *fridu* »Schutz vor Waffengewalt, Friede« + ahd. *bald* »kühn«).

Friedebert: ▸ Friedbert.

Friedeberta: weibl. Vorn., weibliche Form von ▸ Friedebert.

Friedeburg, (auch:) Friedburg: alter deutscher weibl. Vorn. (ahd. *fridu* »Schutz vor Waffengewalt, Friede« + ahd. *burg* »Burg, Zufluchtsstätte, Schutz; Beschützerin«, etwa »Friedensschützerin«).

Friedegard, (auch:) Fridgard; Friedgard: alter deutscher weibl. Vorn. (ahd. *fridu* »Schutz vor Waffengewalt, Friede« + german. **gardaz* »Zaun, Einfriedung«, vgl. ahd. *garto* »Garten«).

Friedegund, (auch:) Fridegunde; Friedegunde: alter deutscher weibl. Vorn. (ahd. *fridu* »Schutz vor Waffengewalt, Friede« + ahd. *gund* »Kampf; Kämpferin«, etwa »Kämpferin, die den Frieden gewinnt«).

[1]**Friedel:** männl. Vorn., Koseform von Namen, die mit »Fried-« oder »-fried« gebildet sind, besonders von ▸ Friedrich, ▸ Fridolin und ▸ Gottfried.

[2]**Friedel,** (auch:) Fridel: weibl. Vorn., Koseform von Namen, die mit »Fried-« oder »-friede« gebildet sind, besonders von ▸ Frieda, ▸ Friederike und ▸ Elfriede.

Friedelind, (auch:) Friedelinde; Friedlinde: alter deutscher weibl. Vorn. (ahd. *fridu* »Schutz vor Waffengewalt, Friede« + ahd. *lind* »sanft, weich, mild«).

Friedemann, (auch:) Friedmann: alter deutscher männl. Vorn., Koseform von Zusammensetzungen mit »Fried-« (ahd. *fridu* »Schutz vor Waffengewalt, Friede«) und der alten Koseendung »-man(n)«. ✧ Bekannter Namensträger: Wilhelm Friedemann Bach (18. Jh.), Sohn Johann Sebastian Bachs (vgl. A. E. Brachvogels Roman »Friedemann Bach«, 1858).

Friedemar, (auch:) Friedmar: alter deutscher männl. Vorn. (ahd. *fridu* »Schutz vor Waffengewalt, Friede« + ahd. *māri* »bekannt, berühmt, angesehen«).

Friedemarie: weibl. Vorn., Doppelform aus *Friede* (▸ Frieda) und ▸ Marie.

Friedemund, (auch:) Friedmund: männl. Vorn. (ahd. *fridu* »Schutz vor Waffengewalt, Friede« + ahd. *munt* »Schutz, Schützer«, etwa »Friedensschützer«).

Frieder, (auch:) Frider: männl. Vorn., Kurzform von ▸ Friedrich.

Friederike, (auch:) Friederika; Friedericke; Friedericka; Friderike: weibl. Vorn., weibliche Form von ▸ Friedrich. Der Name kam im 18. Jh. in Deutschland auf. ✧ Bekannte Namensträgerinnen: Friederike Brion aus Sesenheim, die Jugendliebe Goethes in der Straßburger Zeit (18./19. Jh.); Friederike Mayröcker, österreichische Schriftstellerin (20./21. Jh.).

Friederun: ▸ Friedrun.

Friedewald: männl. Vorn. (ahd. *fridu* »Schutz vor Waffengewalt, Friede« + ahd. *-walt* zu *waltan* »walten, herrschen«, etwa »Friedensherrscher«).

Friedgard: ▸ Friedegard.

Friedger, (auch:) Fridiger: alter deutscher männl. Vorn. (ahd. *fridu* »Schutz vor Waffengewalt, Friede« + ahd. *gēr* »Speer«).

Friedhard: alter deutscher männl. Vorn. (ahd. *fridu* »Schutz vor Waffengewalt, Friede« + ahd. *harti, herti* »hart, kräftig, stark«).

Friedhelm, (auch:) Fridhelm: alter deutscher männl. Vorn. (ahd. *fridu* »Schutz vor Waffengewalt, Friede« + ahd. *helm* »Helm«).

Friedhild, (auch:) Fridhild; Friedhilde: alter deutscher weibl. Vorn. (ahd. *fridu* »Schutz vor Waffengewalt, Friede« + ahd. *hiltja* »Kampf; Kriegerin«, etwa »Kriegerin, die den Frieden gewinnt«).

Friedhold: männl. Vorn., Neubildung aus

dem Namenbestandteil »Fried-« (ahd. *fridu* »Schutz vor Waffengewalt, Friede«) und dem Eigenschaftswort »hold«.

Friedhorst: männl. Vorn., Neubildung aus ▸ Fried(rich) und ▸ Horst.

Friedlieb: alter deutscher männl. Vorn. (ahd. *fridu* »Schutz vor Waffengewalt, Friede« + ahd. *liob* »lieb«) oder Neubildung zu nhd. »Fried(e)« und »lieb«. ✧ Bekannter Namensträger: Friedlieb Ferdinand Runge, deutscher Chemiker (18./19. Jh.).

Friedlinde: ▸ Friedelind.

Friedmann: ▸ Friedemann.

Friedmar: ▸ Friedemar.

Friedmund: ▸ Friedemund.

Friedo, (auch:) Frido: männl. Vorn., Kurzform von Namen, die mit »Fried-« zusammengesetzt sind.

Friedolf, (auch:) Fridolf: männl. Vorn. (ahd. *fridu* »Schutz vor Waffengewalt, Friede« + ahd. *wolf* »Wolf«).

Friedolin: ▸ Fridolin.

Friedrich: alter deutscher männl. Vorn. (ahd. *fridu* »Schutz vor Waffengewalt, Friede« + ahd. *rîhhi* »Herrschaft, Herrscher, Macht«, etwa »Friedensherrscher«). Friedrich spielte vom Mittelalter bis Anfang des 20. Jh.s eine bedeutende Rolle in der Namengebung. Die Vergabe des Namens wurde auch durch dynastische Vorbilder wie Kaiser Friedrich I. Barbarossa (12. Jh.), Kaiser Friedrich II. (12./13. Jh.) und Friedrich den Großen (18. Jh.) unterstützt. Durch die preußischen Könige Friedrich Wilhelm I. (17./18. Jh.), Friedrich Wilhelm II. (18. Jh.) und Friedrich Wilhelm III. (18./19. Jh.) wurde der Doppelname Friedrich Wilhelm bekannt. ✧ Bekannte Namensträger: Friedrich Schiller, deutscher Dichter (18./19. Jh.); Friedrich Schleiermacher, deutscher Philosoph (18./19. Jh.); Friedrich Hölderlin, deutscher Dichter (18./19. Jh.); Friedrich Schlegel, deutscher Theoretiker und Dichter (18./19. Jh.); Friedrich Hebbel, deutscher Dramatiker (19. Jh.); Friedrich Engels, deutscher Philosoph und Politiker (19. Jh.); Friedrich Nietzsche, deutscher Philosoph (19. Jh.); Friedrich von Flotow, deutscher Opernkomponist (19. Jh.); Friedrich von Bodelschwingh, deutscher ev. Theologe (19./20. Jh.); Friedrich Dürrenmatt, schweizerischer Schriftsteller (20. Jh.). Italien. und span. Form: *Federico*. Französ. Form: *Frédéric* [frede'rik]. Engl. Form: *Frederick* ['frɛdrɪk]. Tschech. Form: *Bedřich* ['bɛdrʒɪx].

Friedrun, (auch:) Friederun; Friderun; Fridrun: alter deutscher weibl. Vorn. (ahd. *fridu* »Schutz vor Waffengewalt, Friede« + ahd. *rūna* »Geheimnis; geheime Beratung«).

Frigga: im 20. Jh. aus dem Schwedischen oder Norwegischen entlehnter weibl. Vorn., der auf *Frigg* (zu altnord. *frjá*, altengl. *frēogan* »lieben«, vgl. altindisch *priyā* »Ehegattin, Geliebte«) zurückgeht. Frigg(a), Odins Gattin, war die Göttin der Ehe. Sie beschützte das Leben der Pflanzen, der Tiere und der Menschen. In der nordischen Sage tritt Frigg(a) manchmal unter dem Namen Freyja (▸ Freia) in Erscheinung. Der Vorname Frigga ist auch als Kurzform von schwed. *Fredrika*, norweg. *Fredrikke* (▸ Friederike) in Gebrauch.

Frigge: weibl. Vorn., deutsche Variante von ▸ Frigga.

Friso, (auch:) Frieso: alter deutscher männl. Vorn. (zum Stammesnamen ahd. *Friesan* »Friesen«).

Frithjof: gegen Ende des 19. Jh.s entlehnter männl. Vorn. nordischer Herkunft; norweg. *Fridtjof*, schwed. *Fritjof*, dän. *Frithjof* aus altnord. *Friðþjófr* (altnord. *frið* »Friede« + altnord. *þjófr* »Dieb, Räuber«; für den zweiten Namenbestandteil wird auch eine Ableitung von german. **þewa-*, altengl. *þēow* »Diener« in Erwägung gezogen). Die nordische Sage um Frithiof den Kühnen wurde 1825 von E. Tegnér unter dem Titel »Frithiofs saga« literarisch bearbeitet. In der Folgezeit entwickelte sich Fritjof in Schweden zu dem beliebtesten unter den damals neu belebten altnordischen Namen. ✧ Bekannter Namensträger: Fridtjof Nansen, norwegischer Polarforscher (19./20. Jh.).

Fritz: männl. Vorn., seit dem Mittelalter verbreitete Koseform von ▸Friedrich. Fritz war im 19. Jh. und in der ersten Hälfte des 20. Jh.s ein beliebter Vorname. ✧ Bekannte Namensträger: Fritz Reuter, niederdeutscher Schriftsteller (19. Jh.); Fritz Lang, österreichisch-amerikanischer Filmregisseur (19./20. Jh.); Fritz Wunderlich, deutscher Tenor (20. Jh.); Fritz Walter, deutscher Fußballspieler (20./21. Jh.).

Fritzi, (auch:) Frizzi: weibl. Vorn., Koseform von ▸Friederike.

Frohart: männl. Vorn., Neubildung aus »froh« und »hart« oder Umdeutung des alten männlichen Vornamens *Frothart* (ahd. *frōt, fruot* »klug, weise, erfahren« + ahd. *harti, herti* »hart, kräftig, stark«) in Anlehnung an das Adjektiv »froh«.

Frohgard: weibl. Vorn., Umdeutung des alten weiblichen Vornamens Frodegard (ahd. *frōt, fruot* »klug, weise, erfahren« + german. **gardaz* »Zaun, Einfriedung«, vgl. ahd. *garto* »Garten«) in Anlehnung an das Adjektiv »froh«.

Frohlinde: weibl. Vorn., Nebenform von ▸Frolinde in Anlehnung an das Adjektiv »froh«.

Frohmund: männl. Vorn., Umdeutung des alten männlichen Vornamens *Fromund* (ahd. *frōt, fruot* »klug, weise, erfahren« + ahd. *munt* »Schutz, Schützer«) in Anlehnung an das Adjektiv »froh«.

¹Frohmut: männl. Vorn., Neubildung in Anlehnung an nhd. »froher Mut«.

²Frohmut: weibl. Vorn., identisch mit ▸¹Frohmut oder Variante von ▸Fromut.

Frohwald: männl. Vorn., Umdeutung von ▸Frowald in Anlehnung an das Adjektiv »froh«.

Frohwin: männl. Vorn., Umdeutung von ▸Frowin in Anlehnung an das Adjektiv »froh«.

Frolinde, (auch:) Frohlinde: weibl. Vorn., jüngere Form von *Frodelinde* (ahd. *frōt, fruot* »klug, weise, erfahren« + ahd. *lind* »sanft, weich, mild«).

Fromut, (auch:) ²Frohmut: weibl. Vorn., jüngere Form von *Frodemut* (ahd. *frōt, fruot* »klug, weise, erfahren« + ahd. *muot* »Sinn, Gemüt, Geist«).

Frowald, (auch:) Frohwald: männl. Vorn., jüngere Form von *Frodewalt* (ahd. *frōt, fruot* »klug, weise, erfahren« + ahd. *-walt* zu *waltan* »walten, herrschen; Herrscher«; etwa »weiser Herrscher«).

Frowin, (auch:) Frohwin: männl. Vorn., jüngere Form von *Frodewin* (ahd. *frōt, fruot* »klug, weise, erfahren« + ahd. *wini* »Freund«; etwa »weiser Freund«).

Fuad: männl. Vorn. arabischen Ursprungs (arab. *fu'ād* »Herz«). Türk. Form: *Fuat.*

Fulk: männl. Vorn., friesische Kurzform von Namen, die mit »Folk-«, »Volk-« gebildet sind.

Fülöp: männl. Vorn., ungarische Form von ▸Philipp.

Fulvia: weibl. Vorn., weibliche Form von ▸Fulvio.

Fulvio: männl. Vorn., italienische Form des altrömischen Geschlechternamens *Fulvius* (zu lat. *fulvus, -a, -um* »rotblond«).

Fumi: weibl. Vorn. japanischer Herkunft (japan. *fumi* »Buch, Schrift, Kultur«).

Fumio: männl. Vorn. japanischer Herkunft (japan. *fumi* »Buch, Schrift, Kultur« + japan. *o* »Mann«).

Funani: aus Südafrika stammender weibl. Vorn., der in der Zulu-Sprache »was willst du [von mir]?« bedeutet.

Fürchtegott: in der Zeit des Pietismus (17./18. Jh.) gebildeter männl. Vorn. (in Anlehnung an den griech. Namen ▸Timotheus). ✧ Bekannter Namensträger: Christian Fürchtegott Gellert, deutscher Dichter (18. Jh.).

Furkan: männl. Vorn. türkisch-arabischer Herkunft, der auf dem Namen der 25. Sure des Korans *Al-Furqan* »die Unterscheidung« beruht. Gemeint ist die Fähigkeit, zwischen Gut und Böse zu unterscheiden.

Fynn: ▸¹Finn.

g

Gabi, (auch:) Gaby: weibl. Vorn., Koseform von ▸ [2]Gabriele.

Gábor ['ga:bor]: in den 1960er-Jahren entlehnter männl. Vorn., ungarische Form von ▸ Gabriel.

Gabriel: männl. Vorn. hebräischen Ursprungs (zu hebr. *gabar* »stark sein« + *'ēl* »Gott«, also etwa »Gott hat sich stark gezeigt«, oder zu hebr. *geber* »Mann« + *'ēl* »Gott«, etwa »Mann Gottes«). Namensfest des Erzengels Gabriel ist der 29. September. ✧ Bekannte Namensträger: der heilige Gabriel von der Schmerzhaften Gottesmutter (19./20. Jh.); NAMENSTAG: 27. Februar; Gabriel Marcel, französischer Philosoph und Schriftsteller (19./20. Jh.); Gabriel García Márquez, kolumbianischer Schriftsteller (20./21. Jh.). Italien. Form: *Gabriele*. Französ. und span. Form: *Gabriel* [gabri'ɛl]. Ungar. Form: *Gábor* ['ga:bor].

> **Gabriel:**
>
> Im Alten Testament ist Gabriel ein Engel, der die Träume des Propheten Daniel deutet. Nach dem Lukasevangelium ist Gabriel der Verkünder der Geburt Johannes' des Täufers und Jesu. Der Name, der bereits im Mittelalter Eingang in die deutsche Namengebung fand, ist stets in bescheidenem Ausmaß vergeben worden, doch findet er neuerdings zunehmend Anklang bei jungen Eltern. Im benachbarten Frankreich sowie in der französischen Schweiz ist ein steiler Anstieg von *Gabriel* seit Beginn des neuen Jahrtausends zu beobachten.

Gabriela: ▸ [2]Gabriele.

[1]Gabriele: männl. Vorn., italienische Form von ▸ Gabriel. ✧ Bekannter Namensträger: Gabriele D'Annunzio, italienischer Dichter (19./20. Jh.).

[2]Gabriele, (auch:) Gabriela: weibl. Vorn., im 19. Jh. aufgekommene weibliche Form von ▸ Gabriel. ✧ Bekannte Namensträgerinnen: Gabriele Münter, deutsche Malerin (19./20. Jh.); Gabriele Wohmann, deutsche Schriftstellerin (20./21. Jh.). Französ. Form: *Gabrielle* [gabri'ɛl]. Italien. Form: *Gabriella*.

Gabriella: weibl. Vorn., italienische Form von ▸ [2]Gabriele.

Gabrielle [gabri'ɛl]: weibl. Vorn., französische Form von ▸ [2]Gabriele.

Gaby: ▸ Gabi.

Gad: aus der Bibel übernommener männl. Vorn. unsicherer Etymologie (vielleicht zur hebr. Wurzel *gdd* »abschneiden«), volksetymologisch als »Glück« gedeutet. Nach der Bibel war Gad, der Ahnherr des gleichnamigen Stammes, einer der Söhne Jakobs.

Gaël [ga'ɛl]: männl. Vorn. französischer Herkunft, dem der Name der keltischen Stämme, die im 5. Jh. v. Chr. Irland und Schottland besiedelten, zugrunde liegt.

Gaëlle [ga'ɛl]: weibl. Vorn., weibliche Form von ▸ Gaël.

Gaetana: weibl. Vorn., weibliche Form von ▸ Gaetano.

Gaetano: männl. Vorn., italienische Form von ▸ Kajetan. ✧ Bekannter Namensträger: Gaetano Donizetti, italienischer Komponist (18./19. Jh.).

Gaia: ▸ [2]Gea.

Gail [geɪl]: weibl. Vorn., englische Kurzform von ▸ Abigail.

Gala: weibl. Vorn., russische Kurzform von ▸ Galina, gelegentlich auch von ▸ Jelena.

✧ Bekannte Namensträgerin: Gala (eigtl. Jelena Diakonov), Lebensgefährtin von Salvador Dalí (20. Jh.). Sie spielte eine wichtige Rolle in dem künstlerischen Schaffen des spanischen Malers.

Galatea: weibl. Vorn. griechischen Ursprungs (griech. *Galáteia*, schon in der Antike zu griech. *gála* »Milch« gestellt und entweder als »die Milchweiße« gedeutet oder als »der wie Milch weiße Schaum des Meeres«); in der griechischen Mythologie Name einer Meeresnymphe. Ihre Liebe zu dem Hirten Acis und dessen tragischer Tod durch den einäugigen Zyklopen Polyphem, der Galatea ebenfalls begehrte, wurden in der Kunst, der Literatur und der Musik (z.B. Händels Pastorale »Acis und Galatea«, 1718) sehr oft dargestellt.

Gali: weibl. Vorn. neuhebräischer Herkunft, der »meine Welle« bedeutet.

Galina: aus dem Russischen übernommener weibl. Vorn. griechischen Ursprungs (griech. *galḗnē* »Ruhe, Stille«).

Gallus: männl. Vorn. lateinischen Ursprungs (lat. *Gallus* »der Gallier«). Der heilige Gallus, ein irischer Mönch, gründete im 7. Jh. eine Klause, aus der später das Kloster St. Gallen erwuchs; Namenstag: 16. Oktober.

Galt: männl. Vorn., durch Zusammenziehung entstandene Form des friesischen Namens *Galtet* (german. **gaila-* »lustig, lüstern« + altfries. *tēt, tāt* »zart, anmutig«).

Gandolf: alter deutscher männl. Vorn. (der erste Bestandteil »Gand-« gehört vielleicht zu altisländ. *gandr* »Stab, Zauberstab, Zauberei; [Wer]wolf«; der zweite Bestandteil ist ahd. *wolf* »Wolf«). In alten Urkunden tritt Gandolf auch oft als Nebenform des häufigeren Namens ▸ Gangolf auf.

Ganesch, (auch:) Ganẹsh; Ganẹsha: aus Indien stammender männl. Vorn. (sanskrit. *gaṇa* »Menge« + sanskrit. *īśa* »Herr«, etwa »Herr der Menge«). Ganescha, der älteste Sohn des Gottes Schiwa, wird mit dem Kopf eines Elefanten und einem dicken menschlichen Körper dargestellt. Er wird u.a. als Gott der Weisheit verehrt.

Ganga: weibl. Vorn. indischer Herkunft (sanskrit. *Gangā* »der Fluss Ganges«).

Gangolf: alter deutscher männl. Vorn., Umkehrung von ▸ Wolfgang. Gangolf fand im Spätmittelalter als Name des heiligen Gangolf (8. Jh.), Namenstag: 11. Mai, Verbreitung.

Garai: aus Simbabwe stammender männl. Vorn., der in der Schona-Sprache »ruhig« bedeutet.

Gard: männl. Vorn., niederdeutsche Kurzform von ▸ Gerhard.

Garda: weibl. Vorn., Kurzform von Namen, die mit »-gard« gebildet sind (z.B. ▸ Hildegard).

Gardenia: weibl. Vorn. nach der Blumenbezeichnung. Die Gardenie wurde nach dem schottischen Botaniker Alexander Garden (18. Jh.) benannt.

Gardi: weibl. Vorn., Koseform von ▸ Garda.

Gardis: weibl. Vorn., Kurzform von Namen, die auf »-gardis« ausgehen (z.B. ▸ Hildegardis).

Gardy: ▸ Gardi.

Gareth ['gærɪθ]: in den 1970er-Jahren aus dem Englischen entlehnter männl. Vorn., der besonders in Wales geläufig ist. Der Name ist wohl keltischen Ursprungs, Ausgangsform und Bedeutung sind jedoch umstritten. Gareth ist der Name eines Ritters in der Artussage.

Garlef: männl. Vorn., niederdeutsche und friesische Form des heute nicht mehr gebräuchlichen Vornamens *Gerleib* (ahd. *gēr* »Speer« + altsächs. *leva* »Erbe, Nachlass, Sohn, Tochter«).

Garlieb: männl. Vorn., Nebenform von ▸ Garlef bzw. Umdeutung dieses Vornamens im Sinne von »ganz/sehr lieb«.

Garnet ['gɑːnɪt]: weibl. Vorn. zu engl. *garnet* »Granat« (▸ Pearl, ▸ Ruby).

Garrelt: männl. Vorn., friesische Form von ▸ Gerald.

Garrit: männl. Vorn., durch Zusammenziehung entstandene friesische Form von ▸ Gerhard.

Garry ['gærɪ]: männl. Vorn., Nebenform von ▸ Gary.

Garvin ['gɑ:vɪn]: männl. Vorn., englische Form von ▸ Gerwin.

Garwin: männl. Vorn., niederdeutsche Form von ▸ Gerwin.

Gary ['gærɪ]: um 1950 aus dem Englischen übernommener männl. Vorn., der auf den amerikanischen Filmschauspieler Gary Cooper (eigtl. Frank Cooper) zurückgeht. Die Änderung seines Vornamens in »Gary« wurde ihm von seiner Agentin vorgeschlagen, die aus Gary (Indiana) stammte. Die Stadt wurde nach dem Industriellen E. H. Gary (19./20. Jh.) benannt. Dem Familiennamen Gary liegt eine Koseform des alten Vornamens *Garrett*, einer Ableitung von ▸ Gerhard, zugrunde.

Gaspar: männl. Vorn., spanische Form von ▸ Kaspar.

Gáspár ['ga:ʃpa:r]: männl. Vorn., ungarische Form von ▸ Kaspar.

Gaspard [gas'pa:r]: männl. Vorn., französische Form von ▸ Kaspar.

Gaspare: männl. Vorn., italienische Form von ▸ Kaspar.

Gaston [gas'tõ]: im 20. Jh. aus dem Französischen übernommener männl. Vorn., dessen Herkunft nicht sicher geklärt ist (vielleicht eine altfranzös. Koseform zu ahd. *gast* »Gast, Fremder«). In Nordfrankreich und Belgien bringt man den Namen in Verbindung mit dem Heiligennamen Vedastus (flämisch *Vaast, Waast*). Der heilige Vedastus (5./6. Jh.), Bischof von Arras, wurde in Nordfrankreich und Flandern sehr verehrt; NAMENSTAG: 6. Februar.

Gaudenz: männl. Vorn. lateinischen Ursprungs (lat. *Gaudentius*, Weiterbildung von lat. *gaudēns* »sich freuend«, zu *gaudēre* »sich freuen«). Namenspatron ist der heilige Gaudentius, Erzbischof von Gnesen (10./11. Jh.); NAMENSTAG: 25. August.

Gauri: weibl. Vorn. indischer Herkunft (sanskrit. *gaurī* »die Weiße«, Name von Schiwas Gattin).

Gautam, (auch:) Gautama: männl. Vorn. indischer Herkunft (sanskrit. *gautama* »Nachkomme des Gotama«; ▸ Gotam).

Gauthier, (auch:) Gautier [go'tje]: männl. Vorn., französische Form von ▸ Walter.

Gavin ['gævɪn]: in den 1980er-Jahren aus dem Englischen entlehnter männl. Vorn. keltischen Ursprungs, dessen Bedeutung umstritten ist. Er geht auf den Namen eines Ritters aus den Artussagen (französ. *Gauvain*, dt. *Gawan/Gawein*) zurück. Der Vorname Gavin, der ab dem 16. Jh. nur noch in Schottland üblich war, ist in den letzten Jahren im gesamten englischsprachigen Raum wiederbelebt worden.

Gayle [geɪl]: weibl. Vorn. englischer Herkunft, Variante von *Gail* (▸ Abigail).

Gaylord ['geɪlɔ:d]: männl. Vorn. englischer Herkunft, ursprünglich ein Familienname, der auf altfranzös., mittelengl. *gaillard* »munter, kühn, lustig, fidel« zurückgeht.

¹Gea: weibl. Vorn., (kindersprachliche) Verkürzung verschiedener Namen (z. B. ▸ Gertrud, ▸ Gerlinde u. a.).

²Gea: weibl. Vorn. griechischen Ursprungs (griech. *Gaia*, Erdgöttin, zu griech. *gē* »Erde«).

Gebba: weibl. Vorn., niederdeutsch-friesische Kurzform von ▸ Gerburg.

Gebbert: männl. Vorn., niederdeutsche Form von ▸ Gebhard.

Gebhard: alter deutscher männl. Vorn. (ahd. *geba* »Gabe« + ahd. *harti, herti* »hart, kräftig, stark«). Zur Verbreitung des Namens im Mittelalter trug die Verehrung des heiligen Gebhard bei; NAMENSTAG: 27. August. Der heilige Gebhard war im 10. Jh. Bischof von Konstanz.

Gebharda: weibl. Vorn., weibliche Form von ▸ Gebhard.

Gebke: weibl. Vorn., niederdeutsch-friesische Koseform von ▸ Gerburg.

Gebko: männl. Vorn., niederdeutsch-friesische Koseform von ▸ Gebhard.

Gedeon: ▸ Gideon.

Geela: ▸ ¹Gela, ▸ ²Gela.

Geelke: weibl. Vorn., Koseform von ▸ Geela.

Geert: männl. Vorn., niederdeutsch-friesische Variante von ▸ Gerd.

Geertje: weibl. Vorn., Koseform von ▸Geertruida oder weibliche Bildung zu ▸Geert, auch niederländisch ['xertjə].

Geertruida [ge:r'tru:da]: weibl. Vorn., friesische Form von ▸Gertrud, auch niederländisch [xe:r'trœida].

Geesche: ▸Gesche.

Geeske: ▸Geske.

[1]**Gela,** (auch:) Gele: weibl. Vorn., Kurzform von ▸Gertrud oder von Namen, die mit german. **gaila-* »lustig, lüstern« gebildet wurden.

[2]**Gela:** weibl. Vorn., Kurzform von ▸Angela.

Geli: weibl. Vorn., Kurzform von ▸Angelika.

Gellért ['gɛlle:rt]: männl. Vorn., ungarische Form von ▸Gerhard.

Gelsomina [dʒɛlso'mina]: weibl. Vorn. italienischer Herkunft (zu ital. *gelsomino* »Jasmin«).

Gemma ['dʒɛmma]: aus dem Italienischen übernommener weibl. Vorn. lateinischen Ursprungs (lat., italien. *gemma* »Edelstein«). Namenspatronin ist die heilige Gemma Galgani (19./20. Jh.); NAMENSTAG: 11. April.

Gene [dʒi:n]: in den 1980er-Jahren aus dem Englischen entlehnter männl. Vorn., Kurzform von *Eugene* (▸Eugen). ✧ Bekannte Namensträger: Gene Kelly, amerikanischer Tänzer und Schauspieler (20. Jh.); Gene Hackman, amerikanischer Schauspieler (20./21. Jh.).

Geneva [dʒɪ'ni:və]: in den 1980er-Jahren aus dem Englischen entlehnter weibl. Vorn., identisch mit dem englischen Namen der Stadt Genf, aber eher als latinisierende Kurzform von ▸Genoveva aufgekommen.

Geneviève [ʒən'vjɛ:v]: in den 1970er-Jahren entlehnter weibl. Vorn., französische Form von ▸Genoveva.

Genia: weibl. Vorn., Kurzform von *Eugenia* (▸Eugenie).

Gennadi, (auch:) Gennadij: in den 1960er-Jahren aus dem Russischen [gɪn'nadij] entlehnter männl. Vorn. (zu griech. *gennádas* »edel, von edler Geburt«).

Gennaro [dʒe'na:ro]: in den 1970er-Jahren entlehnter männl. Vorn., italienische Form von lat. *Januarius* (Ableitung von *Jānus*, dem römischen Gott des Anfangs und des Endes; auf lat. *mēnsis Jānuārius* geht der Monatsname »Januar« zurück). Namenspatron ist der heilige Märtyrer Januarius (ital. *Gennaro*), Schutzheiliger von Neapel; NAMENSTAG: 19. September.

Geno: weibl. Vorn., Kurzform von ▸Genoveva. ✧ Bekannte Namensträgerin: Geno (eigtl. Genoveva) Hartlaub, deutsche Schriftstellerin (20./21. Jh.).

Genovefa [geno'fe:fa], (auch:) [geno've:fa]: ▸Genoveva.

Genoveva [geno've:va], [geno'fe:fa]: weibl. Vorn. (wahrscheinlich zu german. **ginu-* »weit, geräumig, ausgedehnt« + german. **waifō-* »die sich Bewegende«, also »die weithin [im Kampf] sich Bewegende«). Zur Bekanntheit des Namens in Deutschland trugen die Sage und das Volksbuch von Genoveva von Brabant (aufgezeichnet von Martin von Cochem, 1687) bei. Nach der Sage war Genoveva die Gemahlin des Pfalzgrafen Siegfried. Sie lebte, des Ehebruchs beschuldigt, mit ihrem Sohn Schmerzensreich in der Wildnis, bis sich ihre Unschuld herausstellte. Der Stoff wurde oft literarisch behandelt, z. B. von Friedrich Hebbel und Ludwig Tieck. Namenspatronin ist die heilige Genovefa von Paris (5./6. Jh.); NAMENSTAG: 3. Januar. Französ. Form: *Geneviève* [ʒən'vjɛ:v].

Geo: männl. Vorn., Kurzform von ▸Georg.

Geoffrey ['dʒɛfrɪ]: in den 1980er-Jahren aus dem Englischen übernommener männl. Vorn., bei dem sich mehrere Namenstämme vermischt haben (german. **gawja* »Gau« und *walah* »der Fremde« + german. **friþu-* »Schutz vor Waffengewalt, Friede«). Früh schon wurde dieser Name mit ▸Gottfried verwechselt.

Georg, (auch:) Georg: männl. Vorn. (griechisch *Geōrgios*, lateinisch *Georgius* zu griech. *geōrgós* »Landmann, Bauer«). Georg fand als Name des heiligen Georg Verbreitung und war schon im Mittelalter im christlichen Abendland überaus beliebt. Der heilige Georg, vermutlich ein aus Kappadozien stammender Krieger, erlitt zu Beginn des 4. Jh.s den Martertod. Um ihn bildeten sich schon früh zahlreiche Legenden, u. a. über seinen Kampf mit dem Drachen. Nach einer anderen Legende erschien er den Kreuzfahrern und führte sie zum Sturm auf Jerusalem an. Daher hatten die Kreuzfahrer den heiligen Georg im Banner. Der heilige Georg, der seit dem 13. Jh. auch der Schutzheilige Englands ist, ist einer der vierzehn Nothelfer; NAMENSTAG: 23. April. ✧ Bekannte Namensträger: Georg Friedrich Händel, deutscher Komponist (17./18. Jh.); Georg Philipp Telemann, deutscher Komponist (17./18. Jh.); Georg Christoph Lichtenberg, deutscher Physiker und Schriftsteller (18. Jh.); Georg Büchner, deutscher Dichter (19. Jh.); Georg Trakl, österreichischer Dichter (19./20. Jh.); Georg Kreisler, österreichischer Kabarettist (20./21. Jh.); Georg Baselitz, deutscher Maler und Bildhauer (20./21. Jh.); Georg Hackl, deutscher Rennrodler (20./21. Jh.). Französ. Form: *Georges* [ʒɔrʒ]. Italien. Form: *Giorgio* [ˈdʒordʒo]. Engl. Form: *George* [dʒɔːdʒ]. Russ. Formen: *Jụri, Jụrij*. Schwed. Form: *Göran* [ˈjœːran]. Ungar. Form: *György* [ˈdjørdj]. Tschech. Form: *Jiři* [ˈjirʒi]. Poln. Form: *Jerzy* [ˈjɛʒi]. Neugriech. Formen: *Geórgios, Jórgos* [ˈjɔrɣɔs]. Finn. Form: *Jo̱ri*.

George [dʒɔːdʒ]: männl. Vorn., englische Form von ▸Georg. ✧ Bekannte Namensträger: George Washington, erster Präsident der USA (18. Jh.); George Gershwin, amerikanischer Komponist (19./20. Jh.); George Orwell, englischer Schriftsteller (20. Jh.); George Harrison, Mitglied der britischen Popgruppe »The Beatles« (20./21. Jh.); George Clooney, amerikanischer Schauspieler und Regisseur (20./21. Jh.); George Michael, britischer Sänger zypriotischer Herkunft (20./21. Jh.).

Georges [ʒɔrʒ]: männl. Vorn., französische Form von ▸Georg. ✧ Bekannte Namensträger: Georges Bizet, französischer Komponist (19. Jh.); Georges Braque, französischer Maler und Grafiker (19./20. Jh.); Georges Simenon, belgischer Schriftsteller (20. Jh.); Georges Brassens, französischer Chansonsänger und Komponist (20. Jh.).

Georgette [ʒɔrˈʒɛt]: im 19. Jh. aus dem Französischen übernommener weibl. Vorn., weibliche Form von *Georges* (▸Georg).

Geọrgia: weibl. Vorn., weibliche Form von ▸Georg, auch englisch [ˈdʒɔːdʒə].

Georgi̱na, (auch:) Georgi̱ne: weibl. Vorn., weibliche Form von ▸Georg mit der seit dem 17./18. Jh. beliebten Endung »-ine/-ina«. Französ. Form: *Georgine* [ʒɔrˈʒin]. Engl. Form: *Georgina* [dʒɔːˈdʒiːnə].

Geórgios [jɛˈɔrjiɔs]: männl. Vorn., neugriechische Form von ▸Georg.

Ge̱pa: weibl. Vorn., Kurzform von ▸Gerburg.

Ge̱rald, (auch:) Ge̱rold: alter deutscher männl. Vorn., jüngere Form von *Gerwald* (ahd. *gēr* »Speer« + ahd. *-walt* zu *waltan* »walten, herrschen«). ✧ Bekannter Namensträger: Gerald Asamoah, deutscher Fußballspieler ghanaischer Herkunft (20./21. Jh.). Engl. Form: *Gerald* [ˈdʒɛrəld].

Gerạlde, (auch:) Gerạlda: weibl. Vorn., weibliche Form von ▸Gerald.

Geraldine [ˈdʒɛrəldiːn]: im 20. Jh. aus dem Englischen entlehnter weibl. Vorn., weibliche Form von ▸Gerald. ✧ Bekannte Namensträgerin: Geraldine Chaplin, amerikanische Filmschauspielerin (20./21. Jh.). Französ. Form: *Géraldine* [ʒeralˈdin].

Ge̱ralf: männl. Vorn. (ahd. *gēr* »Speer« + ahd. *alf* »Elf, Naturgeist«).

Gerard: männl. Vorn., englische [ˈdʒɛrɑːd], niederländische [ˈxeːrart] und katalanische [ʒeˈrard] Form von ▸Gerhard. ✧ Bekannter Namensträger: Gerard Terborch, niederländischer Maler (17. Jh.).

Gérard [ʒeˈrar]: männl. Vorn., französische Form von ▸Gerhard. ✧ Bekannter Namensträger: Gérard Depardieu, französischer Filmschauspieler (20./21. Jh.).

Gerạrda: weibl. Vorn., Nebenform von

▸ Gerharda, auch italienisch [dʒeˈrarda] und niederländisch [xeˈrarda].

Gerardina: weibl. Vorn., Nebenform von ▸ Gerhardine, auch italienisch [dʒerarˈdiːna] und niederländisch [xerarˈdiːna].

Gerardo: männl. Vorn., italienische [dʒeˈrardo] und spanische [xeˈrardo] Form von ▸ Gerhard.

Gerardus: männl. Vorn., latinisierte Form von ▸ Gerhard.

Gerbert: alter deutscher männl. Vorn. (ahd. *gēr* »Speer« + ahd. *beraht* »glänzend, berühmt«; etwa »der mit dem Speer berühmt ist«). ✧ Bekannter Namensträger: Gerbert von Reims, der Lehrer Ottos III. und spätere Papst Silvester II. (10./11. Jh.).

Gerbrand: alter deutscher männl. Vorn. (ahd. *gēr* »Speer« + ahd. *brant* »Brand«, dichterische Umschreibung für das Schwert), auch niederländisch [ˈxeːrbrant]. ✧ Bekannter Namensträger: Gerbrand Bakker, niederländischer Schriftsteller (20./21. Jh.).

Gerburg: alter deutscher weibl. Vorn. (ahd. *gēr* »Speer« + ahd. *burg* »Burg, Zufluchtsstätte, Schutz«).

Gerd, (auch:) Gert: männl. Vorn., durch Zusammenziehung entstandene Kurzform von ▸ Gerhard. ✧ Bekannte Namensträger: Gerd Bucerius, deutscher Verleger und Publizist (20. Jh.); Gerd Müller, deutscher Fußballspieler (20./21. Jh.).

¹Gerda: im ausgehenden 19. Jh. entlehnter weibl. Vorn. nordischer Herkunft, der zu Beginn des 20. Jh.s in Deutschland volkstümlich wurde. Gerda ist eine Ableitung des altnordischen Frauennamens *Gerðr,* dem – wie auch dem deutschen Namenglied »-gard« (▸ Hildegard, ▸ Irmgard) – german. **gardaz* »Zaun, Einfriedung« zugrunde liegt. In der nordischen Mythologie ist Gerðr die schöne Tochter eines Riesen, die den Gott Freyr heiratet. Der Vorname Gerda war im 19. Jh. in den nordischen Ländern überaus beliebt. Hans Christian Andersen verwendet diesen Namen in dem Märchen von der Schneekönigin (1845). Eine weitere literarische Gestalt ist Gerda, die Frau von Thomas Buddenbrook, in Thomas Manns Roman »Buddenbrooks« (1901).

²Gerda: aus Nigeria stammender weibl. Vorn., der in der Haussa-Sprache »Schlangenbeschwörerin« bedeutet.

Gerdi: weibl. Vorn., Koseform von ▸ ¹Gerda.

Gerdina, (auch:) Gerdine: weibl. Vorn., Weiterbildung von ▸ ¹Gerda oder Kurzform von ▸ Gerhardina.

Gerdis: weibl. Vorn. schwedischer Herkunft, Neubildung aus ▸ ¹Gerda nach dem Vorbild von ▸ Hjördis.

Gereon, (auch:) Gerion: männl. Vorn., der auf den heiligen Gereon zurückgeht. Nach der Legende war Gereon ein Offizier der Thebäischen Legion, der mit mehreren Gefährten in der zweiten Hälfte des 4. Jh.s bei Köln den Martertod erlitt; NAMENSTAG: 10. Oktober. Der Name des Märtyrers gehört wohl zu griech. *gérōn* »Greis«.

Gerfried: alter deutscher männl. Vorn. (ahd. *gēr* »Speer« + ahd. *fridu* »Schutz vor Waffengewalt, Friede; Friedenswahrer«; etwa »der mit dem Speer den Frieden wahrt«).

Gerfriede: weibl. Vorn., weibliche Form von ▸ Gerfried.

Gergő [ˈgɛrgøː]: männl. Vorn., ungarische Koseform von ▸ Gregor.

Gerhard, (auch:) Gerhart: alter deutscher männl. Vorn. (ahd. *gēr* »Speer« + ahd. *harti, herti* »hart, kräftig, stark«; etwa »der im Speerkampf Harte«). Der Name war schon im Mittelalter sehr häufig; er kam als Heiligenname vor und spielte auch eine Rolle in der Namengebung beim Adel, besonders bei den Grafen und Herzögen von Holstein, Jülich und Geldern. Zur Beliebtheit des Namens trug auch die Sage vom guten Gerhard von Köln bei, die im 13. Jh. von Rudolf von Ems bearbeitet wurde. ✧ Bekannte Namensträger: der heilige Gerhard von Köln, Bischof von Toul (10. Jh.); NAMENSTAG: 23. April; Gerhard Tersteegen, deutscher Liederdichter und pietistischer Prediger (17./18. Jh.); Gerhart Hauptmann, deutscher Dichter (19./20. Jh.); Gerhard Polt, deutscher Kabarettist (20./21. Jh.). Französ. Form: *Gérard* [ʒe'ra:r]. Italien. Form: *Gerardo* [dʒe'rardo]. Span. Form: *Gerardo* [xe'rardo]. Katal. Form: *Gerard* [ʒe'rard]. Ungar. Form: *Gellért* ['gɛlle:rt].

Gerharda: weibl. Vorn., weibliche Form von ▸ Gerhard.

Gerhardina, (auch:) Gerhardine: weibl. Vorn., weibl. Form von ▸ Gerhard mit der seit dem 17./18. Jh. beliebten Endung »-ine/-ina«.

Gerhart: ▸ Gerhard.

Gerheid, (auch:) Gerheide: alter deutscher weibl. Vorn. (ahd. *gēr* »Speer« + ahd. *heit*, dem german. **haidu-* »Art und Weise, Gestalt« zugrunde liegt).

Gerhild, (auch:) Gerhilde: alter deutscher weibl. Vorn. (ahd. *gēr* »Speer« + ahd. *hiltja* »Kampf; Kriegerin«; etwa »die im Speerkampf bewährte Kriegerin«).

Gerhold: männl. Vorn., Nebenform von ▸ Gerold in Anlehnung an das Adjektiv »hold«.

[1]Geri: weibl. Vorn., Koseform von Namen, die mit »Ger-« gebildet sind, z.B. ▸ Gerhild, ▸ Gerlinde.

[2]Geri ['dʒɛrɪ], ['gɛrɪ]: weibl. Vorn. englischer Herkunft, Schreibvariante von ▸ [3]Gerry. ✧ Bekannte Namensträgerin: Geri Halliwell, englische Popsängerin (20./21. Jh.).

Gerion: ▸ Gereon.

[1]Gerit: ▸ [1]Gerrit.

[2]Gerit: ▸ [2]Gerrit.

[1]Gerke, (auch:) Gerko: männl. Vorn., niederdeutsch-friesische Koseform von Namen, die mit »Ger-« gebildet sind, besonders von ▸ Gerhard.

[2]Gerke: weibl. Vorn., niederdeutsch-friesische Koseform von Namen, die mit »Ger-« gebildet sind, besonders von ▸ Gertrud.

Gerko: ▸ [1]Gerke.

Gerlach: alter deutscher männl. Vorn., dessen erster Bestandteil ahd. *gēr* »Speer« ist, das zweite Namenglied gehört entweder zu got. *laiks* »[Kampf]spiel« oder zu altsächs. *lāk* »Grenzzeichen«.

Gerlinde, (auch:) Gerlind: alter deutscher weibl. Vorn. (ahd. *gēr* »Speer« + ahd. *lind* »sanft, weich, mild«). Eine Sagengestalt ist Gerlind, die Mutter des Normannenkönigs Hartmut im Kudrunepos.

Gerline: weibl. Vorn., Koseform von Namen, die mit »Ger-« gebildet sind, oder Doppelform aus ▸ Ger(hild), ▸ Ger(trud) + *Line* (▸ [1]Lina).

Germain [ʒɛr'mɛ̃]: männl. Vorn., französische Form von ▸ [1]German.

Germaine [ʒɛr'mɛn]: weibl. Vorn., weibliche Form von ▸ Germain.

[1]German, (auch:) Germanus: männl. Vorn. lateinischen Ursprungs (zu lat. *Germānus* »Germane« oder lat. *germānus, -a* »Bruder, Schwester«). Namenspatrone sind der heilige Germanus, Bischof von Auxerre (4./5. Jh.); NAMENSTAG: 31. Juli; der heilige Germanus, Bischof von Paris (5./6. Jh.); NAMENSTAG: 28. Mai. Französ. Form: *Germain* [ʒɛr'mɛ̃].

[2]German: männl. Vorn., russische Form von ▸ Hermann.

Germana: weibl. Vorn., weibliche Form von ▸ [1]German. Französ. Form: *Germaine* [ʒɛr'mɛn].

Germania: seit dem 19. Jh. gelegentlich vorkommender weibl. Vorn. (lat. *Germānia* »Germanien«), symbolische Verkörperung Deutschlands.

Germann: alter deutscher männl. Vorn. (ahd. *gēr* »Speer« + ahd. *man* »Mann«).

Germanus: ▸ [1]German.

Germar: alter deutscher männl. Vorn. (ahd. *gēr* »Speer« + ahd. *māri* »bekannt, berühmt, angesehen«; etwa »der mit dem Speer berühmt ist«).

Germo: alter deutscher männl. Vorn., Kurzform von ▸ Germar.

Germund: alter deutscher männl. Vorn. (ahd. *gēr* »Speer« + ahd. *munt* »Schutz, Schützer«).

Gernand: alter deutscher männl. Vorn. (ahd. *gēr* »Speer« + ahd. *nand* [nur noch in Namen belegt] »kühn, wagemutig«, vgl. ahd. *nenden* »wagen«; etwa »der im Speerkampf Kühne«).

Gernd: männl. Vorn., durch Zusammenziehung entstandene Kurzform von ▸ Gernand.

Gernot, (auch:) Gernot: alter deutscher männl. Vorn. (ahd. *gēr* »Speer« + ahd. *hniotan* »schlagen, schütteln, schwingen«; etwa »der den Speer schwingt«). Der Name ist bekannt durch den Gernot des Nibelungenliedes, den Bruder König Gunthers und Kriemhilds.

Gero: alter deutscher männl. Vorn., Kurzform von Namen, die mit »Ger-« gebildet sind, besonders von ▸ Gerhard. Namenspatron ist der heilige Gero, Erzbischof von Köln (10. Jh.); NAMENSTAG: 28. Juni.

Gerold: männl. Vorn., jüngere Form von *Gerwald* (▸ Gerald).

Gerolf, (auch:) Gerulf: alter deutscher männl. Vorn. (ahd. *gēr* »Speer« + ahd. *wolf* »Wolf«; »Speerwolf«).

Gérôme [ʒeˈroːm]: in den 1970er-Jahren aus dem Französischen entlehnter männl. Vorn., Schreibvariante von ▸ Jérôme.

Geronimo [dʒeˈronimo]: in den 1980er-Jahren entlehnter männl. Vorn., italienische Form von ▸ Hieronymus.

¹Gerrit, (auch:) ¹Gerit; Gerret; Gerriet: männl. Vorn., durch Zusammenziehung entstandene friesische Form von ▸ Gerhard.

²Gerrit, (auch:) ²Gerit: weibl. Vorn., identisch mit ▸ ¹Gerrit.

¹Gerry: männl. Vorn., in Deutschland seit dem 20. Jh. beliebte Kurzform von ▸ Gerhard.

²Gerry [ˈdʒɛrɪ], [ˈgɛrɪ]: männl. Vorn. englischer Herkunft, Kurzform von ▸ Gerald.

³Gerry [ˈdʒɛrɪ]; [ˈgɛrɪ]: weibl. Vorn. englischer Herkunft, Kurzform von ▸ Geraldine.

Gerschom: aus der Bibel übernommener männl. Vorn. hebräischer Herkunft (wohl künstliche Bildung in Anlehnung an hebr. *ger* »Fremdling« + hebr. *šām* »dort« für den biblischen Gerschom, einen aus dem Exil heimkehrenden Priester). ✧ Bekannter Namensträger: Gerschom Scholem, jüdischer Religionsphilosoph und -historiker (19./20. Jh.).

Gerschon: aus der Bibel übernommener männl. Vorn. hebräischer Herkunft (wohl Nebenform von ▸ Gerschom). Nach der Bibel war Gerschon ein Sohn Levis und der Ahnherr einer Levitenklasse, die niedere Tempeldienste verrichtete.

Gerson: männl. Vorn., Nebenform von ▸ Gerschon.

Gert: männl. Vorn., Nebenform von ▸ Gerd. ✧ Bekannter Namensträger: Gert Fröbe, deutscher Schauspieler (20. Jh.).

Gerta: weibl. Vorn., Kurzform von ▸ Gertrud.

Gertfried: männl. Vorn., Neubildung aus ▸ Gert und dem Namenbestandteil »-fried« (ahd. *fridu* »Schutz vor Waffengewalt; Friede; Friedenswahrer«).

Gertfriede: weibl. Vorn., weibliche Form von ▸ Gertfried.

Gerthild, (auch:) Gerthilde: weibl. Vorn., Neubildung aus ▸ Gert(rud) und dem alten Namenbestandteil »-hild« (ahd. *hiltja* »Kampf; Kriegerin«).

Gerthold: männl. Vorn., Neubildung aus ▸ Gert und dem Eigenschaftswort »hold«.

Gerti, (auch:) Gertie; Gerty: weibl. Vorn., Koseform von ▸ Gerta, ▸ Gertrud.

Gertien, (auch:) Gertin: weibl. Vorn., friesische Koseform von ▸ Gerta.

Gertje: weibl. Vorn., friesische Koseform von ▸ Gerta.

Gertraud, (auch:) Gertrauda; Gertraude: ▸ Gertrud.

Gertrud, (auch:) Gertruda; Gertrude: alter deutscher weibl. Vorn. (ahd. *gēr* »Speer« + german. **þrūþi* »Kraft, Stärke«, in althochdeutscher Zeit umgedeutet zu *trūt* »vertraut, lieb«). Der Name war schon im Mittelalter in Deutschland recht häufig. Zu seiner Verbreitung hatte die Verehrung der heiligen Gertrud von Nivelles (7. Jh.) beigetragen; NAMENSTAG: 17. März. ✧ Bekannte Namensträgerinnen: die heilige Gertrud von Helfta bei Eisleben (13./14. Jh.), deutsche Mystikerin; NAMENSTAG: 17. November; Gertrud von le Fort, deutsche Schriftstellerin (19./20. Jh.); Gertrud Kolmar, deutsche Dichterin (19./20. Jh.); Gertrud Bäumer, deutsche Frauenrechtlerin (19./20. Jh.);

Gertrude Stein, amerikanische Schriftstellerin (19./ 20. Jh.); Gertrud Fussenegger, österreichische Schriftstellerin (20./21. Jh.). Engl. Form: *Gertrude* ['gə:tru:d]. Französ. Form: *Gertrude* [ʒɛr'tryd].

Gertrudis: weibl. Vorn., latinisierte Form von ▸ Gertrud.

Gertrun: weibl. Vorn., Neubildung aus ▸ Gert(rud) und dem alten Namenbestandteil »-run« (ahd. *rūna* »Geheimnis, geheime Beratung«).

Gertwin: männl. Vorn., Neubildung aus ▸ Gert und dem alten Namenbestandteil »-win« (ahd. *wini* »Freund«).

Gerty: ▸ Gerti.

Gerulf: ▸ Gerolf.

Gervin: ▸ Gerwin.

Gerwig: alter deutscher männl. Vorn. (ahd. *gēr* »Speer« + ahd. *wīg* »Kampf; Krieg; Krieger«; etwa »im Speerkampf bewährter Krieger«).

Gerwin, (auch:) Gervin: alter deutscher männl. Vorn. (ahd. *gēr* »Speer« + ahd. *wini* »Freund«).

Gerwine: weibl. Vorn., weibliche Form von ▸ Gerwin.

Gesa, (auch:) Gese: weibl. Vorn., niederdeutsch-friesische Koseform von ▸ Gertrud.

Gesche: weibl. Vorn., niederdeutsch-friesische Koseform von ▸ Gertrud.

Gese: ▸ Gesa.

Gesina, (auch:) Gesine: weibl. Vorn., Erweiterung von ▸ Gesa. Eine literarische Gestalt ist die Gesine Cresspahl in Uwe Johnsons Romanen »Mutmaßungen über Jakob« (1959) und »Jahrestage« (1970–83).

Gesinus: männl. Vorn., männliche Bildung zu ▸ Gesa mit der lateinischen Endung »-inus«.

Geske: weibl. Vorn., niederdeutsch-friesische Koseform von ▸ Gertrud.

Géza ['ge:zɔ]: aus dem Ungarischen übernommener männl. Vorn. türkischer Herkunft. Géza war ursprünglich Ehrentitel der ungarischen Herrscher aus der Dynastie der Arpaden.

Ghislaine [giz'lɛn]: weibl. Vorn., weibliche Form des französischen Namens *Ghislain*, der den Namenbestandteil »gisel-/gisil-« (▸ Giselbert) enthält.

Giacomo ['dʒa:komo]: in den 1980er-Jahren entlehnter männl. Vorn., italienische Form von ▸ Jakob. ✧ Bekannte Namensträger: Giacomo Girolamo Casanova, Chevalier de Seingalt, italienischer Abenteurer, Schriftsteller und Frauenheld (18. Jh.); Giacomo Meyerbeer, deutscher Komponist (18./19. Jh.); Giacomo Puccini, italienischer Komponist (19./20. Jh.).

Giada ['dʒa:da]: weibl. Vorn. zu italien. *giada* »Jade«.

Gian [dʒan]: männl. Vorn., rätoromanische Kurzform von ▸ Johannes. Im Italienischen ist *Gian*, verkürzt aus ▸ Gianni, kein selbstständiger Vorname, sondern Bestandteil von Doppelformen, z. B. *Giancarlo* [dʒan'karlo] (▸ Carlo), *Gianfranco* [dʒan'franko] (▸ Franco), *Gianluca* [dʒan'luka] (▸ [1]Luca), und von Namenkombinationen, z. B. *Gian Lorenzo* (▸ Laurentius).

Gianna ['dʒanna]: in den 1980er-Jahren entlehnter weibl. Vorn., italienische Kurzform von *Giovanna* (▸ Johanna). ✧ Bekannte Namensträgerin: Gianna Nannini, italienische Rockmusikerin (20./21. Jh.).

Gianni ['dʒanni]: in den 1970er-Jahren entlehnter männl. Vorn., italienische Kurzform von *Giovanni* (▸ Johannes). ✧ Bekannter Namensträger: Gianni Versace, italienischer Modeschöpfer (20. Jh.).

Giannina [dʒan'ni:na]: in den 1980er-Jahren entlehnter weibl. Vorn., italienische Koseform von ▸ Gianna.

Gibeon: ▸ Givon.

Gideon, (auch:) Gedeon; Gidion; Gidon: aus der Bibel übernommener männl. Vorn., dessen Bedeutung nicht sicher geklärt ist (wahrscheinlich zu hebr. *ga'da'* »schneiden, fällen«). Der Name des fünften Richters von Israel fand im 16. Jh. Eingang in die deutsche Namengebung. ✧ Bekannter Namensträger: Gidon Kremer, lettisch-deutscher Violinist (20./21. Jh.) Engl. Aussprache: ['gɪdɪən]. Neuhebr. Form: *Gidon*.

Gido: männl. Vorn., deutsche und niederländische ['xi:do] Schreibvariante von ▸Guido.

Gidon: männl. Vorn., neuhebräische Form von ▸Gideon.

Gidron: männl. Vorn. neuhebräischer Herkunft (neuhebr. *gidrōn* »Zaunkönig«).

Giesbert: ▸Gisbert.

Giesela: ▸Gisela.

1Gil: männl. Vorn., Kurzform von Namen wie ▸Gilbert, Gilbrecht oder friesische Kurzform zu Namen, die mit »Gild-« (ahd. *gelt* »Entgelt, Lohn, Opfer«) oder »Gis-« (vgl. ▸Giselbert) gebildet wurden.

2Gil: männl. Vorn., [südwest]französische [ʒil] und spanische [xil] Kurzform von *Ägidius* (▸Ägid).

1Gila: weibl. Vorn., Kurzform von ▸Gisela. ✧ Bekannte Namensträgerin: Gila von Weitershausen, deutsche Schauspielerin (20./21.Jh.).

2Gila, (auch:) Gilah; Gilat: weibl. Vorn. neuhebräischer Herkunft (neuhebr. *gilā* »Freude, Frohlocken«).

Gilad: männl. Vorn., neuhebräische Form von ▸Gilead.

Gilah, (auch:) Gilat: ▸2Gila.

Gilbert, (auch:) Gilbrecht: männl. Vorn., jüngere Form von ▸Giselbert. Französ. Aussprache: [ʒil'bɛ:r]. Engl. Aussprache: ['gɪlbət]. ✧ Bekannte Namensträger: Gilbert Keith Chesterton, englischer Schriftsteller (19./20.Jh.); Gilbert Bécaud, französischer Chansonsänger und Komponist (20./21.Jh.).

1Gilda ['dʒilda]: aus dem Italienischen übernommener weibl. Vorn., weibliche Form von ▸1Gildo. In Deutschland ist der Name vor allem bekannt durch die Gilda in Verdis Oper »Rigoletto« (1851).

2Gilda: weibl. Vorn., verselbstständigte Kurzform von Namen, die mit »Gild-« (ahd. *gelt* »Entgelt, Lohn, Opfer«) gebildet wurden.

1Gildo ['dʒildo]: männl. Vorn., italienische Kurzform von *Ermenegildo* (zu german. **ermana, *irmina* »allumfassend, groß«, später Namenglied mit verstärkender Bedeutung, + ahd. *gelt* »Entgelt, Lohn, Opfer«). Zu der Verbreitung des Namens Ermenegildo trug der heilige Hermenegild, westgotischer König (6.Jh.), bei; NAMENSTAG: 13.April.

2Gildo: männl. Vorn., verselbstständigte Kurzform von Namen, die mit »Gild-« als erstem Bestandteil (z.B. Gildebrecht) gebildet wurden (▸1Gildo).

Gilead: aus der Bibel übernommener männl. Vorn. unsicherer Etymologie (volksetymologisch zu hebr. *gilʿād* »Steinhaufen [als Denkmal]« oder zu hebr. *galʿēd* »raues Land«). Im Alten Testament ist Gilead eine Landschaft im Ostjordanland und Name dreier Personen. Neuhebr. Form: *Gilad.*

Giles [dʒaɪlz]: männl. Vorn., englische Form von ▸Ägid.

1Gili: männl. Vorn. neuhebräischer Herkunft (neuhebr. *gili* »meine Freude«).

2Gili: weibl. Vorn., identisch mit ▸1Gili.

Gill [dʒɪl], [gɪl]: weibl. Vorn., Kurzform von ▸2Gillian.

Gilles [ʒil]: männl. Vorn., französische Form von ▸Ägid.

1Gillian ['gɪlɪən]: aus dem Englischen entlehnter männl. Vorn., Nebenform des gälischen Namens *Gillean* (»Diener des heiligen Johannes«).

2Gillian ['dʒɪlɪən], ['gɪlɪən]: weibl. Vorn., englische Form von ▸Juliana.

Gilmar: männl. Vorn., jüngere Form von ▸Giselmar.

1Gina: weibl. Vorn., Kurzform von ▸Regina.

2Gina ['dʒi:na]: aus dem Italienischen übernommener weibl. Vorn., weibliche Form von ▸Gino. ✧ Bekannte Namensträgerin: Gina Lollobrigida, italienische Filmschauspielerin (20./21.Jh.).

Gine: weibl. Vorn., Kurzform von *Regine* (▸Regina).

Ginette [ʒi'nɛt]: weibl. Vorn., französische Koseform von ▸Geneviève.

Ginger ['dʒɪndʒə]: weibl. Vorn. zu engl. *ginger* »Ingwer, ingwerfarben; rötlich gelb« oder kindliche Spielform von ▸Virginia. Der Name wurde durch die amerikanische

Schauspielerin und Tänzerin Ginger Rogers (eigtl. Virginia MacMath) (20. Jh.) international bekannt. In Deutschland ist dieser Vorname seit den 1980er-Jahren anzutreffen.

Ginia: weibl. Vorn., Kurzform von ▸Virginia.

Ginny ['dʒɪnɪ]: weibl. Vorn., englische Koseform von ▸Virginia.

Gino ['dʒi:no]: in den 1960er-Jahren entlehnter männl. Vorn., Koseform von italienischen Namen, die auf »-gi« (▸Luigi) oder »-gio« (▸Giorgio) enden, auch von *Giovannino* (▸Giovanni).

Ginster: seit den 1940er-Jahren gelegentlich vorkommender weibl. Vorn., der mit dem Namen des Strauches identisch ist.

Gioacchino [dʒoa'ki:no]: männl. Vorn., italienische Form von ▸Joachim. ✧ Bekannter Namensträger: Gioacchino Rossini, italienischer Komponist (18./19. Jh.).

Gioia ['dʒɔ:i̯a]: weibl. Vorn., in Italien seit dem Mittelalter vorkommender Wunschname zu italien. *gioia* »Freude; Juwel«.

Gion [dʒon]: männl. Vorn., rätoromanische Kurzform von ▸Johannes.

Giora: ▸Giyora.

Giorgia ['dʒɔrdʒa]: weibl. Vorn., weibliche Form von ▸Giorgio.

Giorgina [dʒor'dʒi:na]: weibl. Vorn., italienische Erweiterung von ▸Giorgia.

Giorgio ['dʒɔrdʒo]: in den 1970er-Jahren entlehnter männl. Vorn., italienische Form von ▸Georg. ✧ Bekannte Namensträger: Giorgio Vasari, italienischer Maler, Baumeister und Kunstschriftsteller (16. Jh.); Giorgio de Chirico, italienischer Maler (19./20. Jh.); Giorgio Armani, italienischer Modeschöpfer (20./21. Jh.).

Giosuè [dʒozu'ɛ]: männl. Vorn., italienische Form von ▸Josua.

Giovanna [dʒo'vanna]: in den 1970er-Jahren entlehnter weibl. Vorn., italienische Form von ▸Johanna.

Giovanni [dʒo'vanni]: männl. Vorn., italienische Form von ▸Johannes. In Deutschland begegnet dieser Vorname seit den 1970er-Jahren. Eine bekannte Opernfigur ist der Don Giovanni in der gleichnamigen Oper (1787) von W. A. Mozart. ✧ Bekannter Namensträger: Giovanni Boccaccio, italienischer Dichter und Humanist (14. Jh.).

Giovannina [dʒovan'ni:na]: weibl. Vorn., italienische Koseform von *Giovanna* (▸Johanna).

Gisa: weibl. Vorn., Kurzform von ▸Gisela und Namen, die mit »Gis-« gebildet sind (z. B. ▸Gislind).

Gisbert, (auch:) Giesbert: alter deutscher männl. Vorn. (zu german. **gīs* »Ger, Speer« + ahd. *beraht* »glänzend, berühmt«; etwa »der mit dem Speer berühmt ist«).

Gisela: alter deutscher weibl. Vorn. (zu ahd. **gisil* »kleiner Speer, Pfeilschaft«), der sich in der ersten Hälfte des 20. Jh.s wieder großer Beliebtheit erfreute. ✧ Bekannte Namensträgerinnen: Kaiserin Gisela, Gemahlin Konrads II. (10./11. Jh.); Gisela Elsner, deutsche Schriftstellerin (20. Jh.). Französ. Formen: *Gisèle, Giselle* [ʒi'zɛl]. Italien. Form: *Gisella* [dʒi'zella]. Tschech. Form: *Gizela* ['gizela]. Poln. Form: *Gizela* [gi'zela]. Ungar. Form: *Gizella* ['gizɛllɔ].

Giselbert: alter deutscher männl. Vorn. (zu ahd. **gisil* »kleiner Speer, Pfeilschaft« + ahd. *beraht* »glänzend, berühmt«; etwa »der mit dem kleinen Speer berühmt ist«).

Giselda [dʒi'zelda]: weibl. Vorn., italienische Form von ▸Giselhild.

Gisèle [ʒi'zɛl]: weibl. Vorn., französische Form von ▸Gisela.

Giselher: alter deutscher männl. Vorn. (zu ahd. **gisil* »kleiner Speer, Pfeilschaft« + ahd. *heri* »Heer; Heerführer, Krieger«; etwa »mit dem kleinen Speer kämpfender Krieger«). Der Name ist bekannt durch den Giselher des Nibelungenliedes, den jüngsten Bruder König Gunthers. ✧ Bekannter Namensträger: Giselher Klebe, deutscher Komponist (20./21. Jh.).

Giselhild: alter deutscher weibl. Vorn. (zu ahd. **gisil* »kleiner Speer, Pfeilschaft« + ahd. *hiltja* »Kampf; Kriegerin«; etwa »die mit dem kleinen Speer kämpft«).

Gisella [dʒi'zella]: weibl. Vorn., italienische Form von ▸ Gisela.

Giselle [ʒi'zɛl]: weibl. Vorn., Schreibvariante von ▸ Gisèle. »Giselle« ist der Titel eines Balletts von A. Adam (1841).

Giselmar: männl. Vorn. (zu ahd. **gisil* »kleiner Speer, Pfeilschaft« + ahd. *māri* »bekannt, berühmt, angesehen«; etwa »der mit dem kleinen Speer berühmt ist«).

Giseltrud: alter deutscher weibl. Vorn. (zu ahd. **gisil* »kleiner Speer, Pfeilschaft« + german. **þrūþi* »Kraft, Stärke«, in althochdeutscher Zeit umgedeutet zu *trūt* »vertraut, lieb«).

Gisla: ▸ Gisela.

Gislind, (auch:) Gislinde: alter deutscher weibl. Vorn. (zu german. **gīs* »Ger, Speer« + ahd. *lind* »sanft, weich, mild«).

Gismar: alter deutscher männl. Vorn. (zu german. *gīs* »Ger, Speer« + ahd. *māri* »bekannt, berühmt, angesehen«; etwa »der mit dem Speer berühmt ist«).

Giso: alter deutscher männl. Vorn., verselbstständigte Kurzform von Namen, die mit »Gis-« gebildet sind (z. B. ▸ Gisbert und ▸ Gismar).

¹Gita: weibl. Vorn., Kurzform von *Bergita* (▸ Bergit) oder ▸ Margarita.

²Gita: aus Indien stammender weibl. Vorn. (sanskrit. *gīta* »Lied«).

Gitit: weibl. Vorn. hebräischer Herkunft nach einem in der Bibel erwähnten Musikinstrument.

Gitta, (auch:) Gitte: seit dem 19. Jh. vorkommender weibl. Vorn., Kurzform von ▸ Brigitte, Brigitta.

Gitti: weibl. Vorn., Koseform von ▸ Gitta.

Giulia ['dʒu:li̯a]: weibl. Vorn., italienische Form von ▸ Julia.

Giuliana [dʒu'li̯a:na]: weibl. Vorn., italienische Form von ▸ Juliana.

Giuliano [dʒu'li̯a:no]: in den 1980er-Jahren entlehnter männl. Vorn., italienische Form von ▸ Julian.

Giulietta [dʒu'li̯etta]: in den 1970er-Jahren entlehnter weibl. Vorn., italienische Koseform von *Giulia* (▸ Julia). ✧ Bekannte Namensträgerin: Giulietta Masina, italienische Filmschauspielerin (20. Jh.).

Giulio ['dʒu:li̯o]: männl. Vorn., italienische Form von ▸ Julius. ✧ Bekannter Namensträger: Giulio Romano, italienischer Maler und Baumeister (15./16. Jh.).

Giuseppe [dʒu'zɛppe]: in den 1970er-Jahren entlehnter männl. Vorn., italienische Form von ▸ Josef. ✧ Bekannte Namensträger: Giuseppe Verdi, italienischer Komponist (19. Jh.); Giuseppe Garibaldi, italienischer Freiheitskämpfer und Politiker (19. Jh.).

Giuseppina [dʒuzep'pi:na]: weibl. Vorn., weibliche Form von ▸ Giuseppe.

Givon, (auch:) Gibeon: männl. Vorn. neuhebräischer Herkunft (zu neuhebr. *giv'a* »Hügel«).

Giyora, (auch:) Giora: in Israel üblicher männl. Vorn. nach Simeon bar Giyora (»der Sohn des Proselyten, des Neubekehrten«), einem messianischen König, der 70 bis 66 v. Chr. eine jüdische Revolte gegen die Römer anführte. ✧ Bekannter Namensträger: Giora Feidman, Musiker argentinischer Abstammung (20./21. Jh.).

Gizela: weibl. Vorn., tschechische ['gizela] und polnische [gi'zela] Form von ▸ Gisela.

Gizella ['gizɛllɔ]: weibl. Vorn., ungarische Form von ▸ Gisela.

Gladys ['glædɪs]: im 20. Jh. aus dem Englischen übernommener weibl. Vorn., der auf *Gwladus*, einen walisischen Namen unklarer Herkunft, zurückgeht. Oft wird Gladys als walisische Entsprechung von ▸ Claudia aufgefasst.

Glaubrecht: in der Zeit des Pietismus (17./18. Jh.) aufgekommener männl. Vorname mit wörtlicher Bedeutung.

Gleb, russ. Aussprache: [gljɛp]: aus dem Russischen entlehnter männl. Vorn. nordischer Herkunft (altnord. *Guðleifr*, zu altnord. *guð* »Gott« + altnord. *leiv* »Erbe, Nachkomme«). ✧ Bekannter Namensträger: der in der russisch-orthodoxen Kirche verehrte heilige Gleb, Sohn des Fürsten Vladimir von Kiew und Bruder des heiligen Boris (10./11. Jh.).

Glen: ▸ [1]Glenn.

Glenda: im 20. Jh. aus dem Englischen übernommener weibl. Vorn. walisischer Herkunft; Neuprägung aus gäl. *glan* »sauber, rein, heilig« + *da* »gut« oder weibliche Form des männlichen Vornamens ▸ [1]Glenn.

[1]**Glenn,** (auch:) Glen: im 20. Jh. aus dem Englischen übernommener männl. Vorn., der wahrscheinlich auf einen von gäl. *gleann* »Tal« abgeleiteten Familiennamen zurückgeht. ✧ Bekannte Namensträger: Glenn Miller, amerikanischer Posaunist und Orchesterleiter (20. Jh.); Glenn Gould, kanadischer Pianist (20. Jh.).

[2]**Glenn:** weibl. Vorn., identisch mit ▸ [1]Glenn. ✧ Bekannte Namensträgerin: Glenn Close, amerikanische Schauspielerin (20./21. Jh.).

Glenna: weibl. Vorn., weibliche Bildung zu ▸ [1]Glenn.

Gloria: weibl. Vorn. lateinischen Ursprungs (lat. *glōria* »Ruhm, Ehre«). Hierbei kann es sich sowohl um einen Wunschnamen als auch um einen christlich motivierten Namen, der den Preis Gottes (*Gloria in excelsis Deo* = Ehre sei Gott in der Höhe) zum Ausdruck bringt, handeln. ✧ Bekannte Namensträgerin: Gloria, Fürstin von Thurn und Taxis (20./21. Jh.). Engl. Formen: *Gloria* ['glɔ:rɪə], *Glory* ['glɔ:rɪ].

Glyn [glɪn]: männl. Vorn. walisischer Herkunft (walis. *glyn* »Tal«).

Glynis ['glɪnɪs]: weibl. Vorn. walisischer Herkunft (zu walis. *glyn* »Tal«).

Gobind: ▸ Govinda.

Goda: weibl. Vorn., Kurzform von Namen, die mit »God-« (ahd. *got* »Gott«) gebildet sind.

Godehard, (auch:) Godhard: männl. Vorn., niederdeutsche Form von ▸ Gotthard. Namenspatron ist der heilige Godehard, Bischof von Hildesheim (10./11. Jh.); NAMENSTAG: 5. Mai.

Godela: weibl. Vorn., Weiterbildung von ▸ Goda.

Godelind, (auch:) Gotlind; Gotlinde: alter deutscher weibl. Vorn. (ahd. *got* »Gott« + ahd. *lind* »sanft, weich, mild«).

Godhard: ▸ Godehard.

Godje, (auch:) Gotje: weibl. Vorn., niederdeutsch-friesische Koseform von Namen, die mit »Gode-« (ahd. *got* »Gott«) gebildet sind.

Godo: männl. Vorn., Kurzform von Namen, die mit »God-« (ahd. *got* »Gott«) gebildet sind.

Godwin: männl. Vorn., niederdeutsche Form von ▸ Gottwin, auch englisch ['gɔdwɪn].

Gody: männl. Vorn., Kurzform von Namen, die mit »Gode-« (ahd. *got* »Gott«) gebildet sind.

Gohar: weibl. Vorn. persischer Herkunft (pers. *gohar* »Edelstein, Juwel«).

Golo: alter deutscher männl. Vorn., Lallform von Namen, die mit »Gott-« gebildet sind, wie z. B. ▸ Gottfried, ▸ Gotthard. Zur Bekanntheit des Namens trugen die Sage und das Volksbuch von Genoveva von Brabant (aufgezeichnet von Martin von Cochem, 1687) bei. Nach der Sage war Golo Haushofmeister des Pfalzgrafen Siegfried. Er bezichtigte Genoveva, die er leidenschaftlich liebte, des Ehebruchs. ✧ Bekannter Namensträger: Golo (eigentlich Gottfried Angelo) Mann, deutscher Historiker und Publizist (20. Jh.).

Gonda: weibl. Vorn., im 20. Jh. aufgekommene Variante von ▸ Gunda.

Gonzalo [gɔn'θalo]: männl. Vorn. spanischer Herkunft, der in mittelalterlichen Quellen als *Gundisalvus, Gondisaluus, Gunsaluus* überliefert ist. Der erste Namenbestandteil entspricht ahd. *gund* »Kampf«, der zweite ist noch nicht sicher geklärt. Die Form Gundisalvus deutet auf eine mögliche Anlehnung an lat. *salvus* »wohlbehalten, unverletzt« hin.

Gopal: männl. Vorn. indischer Herkunft (sanskrit. *go* »Kuh, Rind« + sanskrit. *pāla* »Beschützer«: »Kuhhirte«), einer der Beinamen von Krischna.

Goran: männl. Vorn., bulgarische, serbische, kroatische Ableitung von ▸ Gregor.

Göran, schwed. Aussprache: ['jœ:ran]: männl. Vorn., schwedische Form von ▸ Georg.

Gorch: männl. Vorn., niederdeutsche Form von ▸ Georg. ✧ Bekannter Namensträger: Gorch Fock, deutscher Schriftsteller (19./20. Jh.).

Gorden [gɔ:dn]: männl. Vorn., englische Variante von ▸ Gordon.

Gordian: männl. Vorn. lateinischer Herkunft, der auf den römischen Geschlechternamen *Gordianus*, den Namen dreier Kaiser (1.–3. Jh.), zurückgeht. Namenspatron ist der heilige Gordianus, legendarischer römischer Märtyrer; NAMENSTAG: 10. Mai.

Gordon [gɔ:dn]: männl. Vorn. englischer Herkunft, der ursprünglich Familienname eines alten schottischen Adelsgeschlechts war. Dem Familiennamen liegt ein Ortsname in Berwickshire oder in der Normandie zugrunde. Durch die große Popularität des britischen Generals Charles George Gordon (19. Jh.) wurde Gordon als Vorname gebräuchlich. ✧ Bekannter Namensträger: Gordon Alexander Craig, amerikanischer Historiker (20./21. Jh.).

[1]Goren: männl. Vorn. neuhebräischer Herkunft (neuhebr. *gōren* »Tenne, Scheune; Zeit des Getreidedreschens«).

[2]Goren: weibl. Vorn., identisch mit ▸ [1]Goren.

Gorka: männl. Vorn., baskische Form von ▸ Georg.

Gosbert: alter deutscher männl. Vorn. (german. **gauta* »Gote« + ahd. *beraht* »glänzend, berühmt«).

Gösta, schwed. Aussprache: [ˈjœsta]: männl. Vorn., schwedische Kurzform von ▸ Gustav. Eine literarische Gestalt ist der Gösta Berling in dem gleichnamigen Roman von Selma Lagerlöf (1891).

Goswin: alter deutscher männl. Vorn. (german. **gauta-* »Gote« + ahd. *wini* »Freund«).

Gotam: männl. Vorn. indischer Herkunft (sanskrit. *go* »Ochse« + Steigerungsendung *-tama*, etwa »der beste/der kräftigste Ochse«).

Gothild: ▸ Gotthild.

Gotje: ▸ Godje.

Gotlind, (auch:) Gotlinde: ▸ Godelind.

Gottbert: alter deutscher männl. Vorn. (ahd. *got* »Gott« + ahd. *beraht* »glänzend, berühmt«).

Gottfried: alter deutscher männl. Vorn. (ahd. *got* »Gott« + ahd. *fridu* »Schutz vor Waffengewalt; Friede; Friedenswahrer«; etwa »der von Gott beauftragte Friedenswahrer«). Der Name war im Mittelalter in Deutschland überaus beliebt; er kam in der Zeit des Pietismus (17./18. Jh.) wieder in Mode. ✧ Bekannte Namensträger: Gottfried von Bouillon, Herzog von Niederlothringen und Eroberer Jerusalems (11. Jh.); der heilige Gottfried von Amiens (11./12. Jh.); NAMENSTAG: 8. November; der heilige Gottfried von Cappenberg (11./12. Jh.); NAMENSTAG: 13. Januar; Gottfried von Straßburg, mittelhochdeutscher Dichter (um 1200); Gottfried Keller, schweizerischer Dichter (19. Jh.); Gottfried Semper, deutscher Baumeister (19. Jh.); Gottfried Benn, deutscher Dichter (19./20. Jh.); Gottfried von Einem, österreichischer Komponist (20. Jh.). Als zweiter Vorname: Johann Gottfried Herder, deutscher Dichter und Philosoph (18./19. Jh.); Johann Gottfried Schadow, deutscher Bildhauer (18./19. Jh.).

Gotthard: alter deutscher männl. Vorn. (ahd. *got* »Gott« + ahd. *harti, herti* »hart, kräftig, stark«). Zu der Verbreitung des Namens im Mittelalter trug die Verehrung des heiligen Gotthard (Godehard) von Hildesheim (10./11. Jh.) bei; NAMENSTAG: 5. Mai. Im 17./18. Jh. wurde Gotthard als pietistischer Vorname häufig vergeben.

Gotthelf, (auch:) Gotthilf: in der Zeit des Pietismus (17./18. Jh.) aufgekommener männl. Vorname mit wörtlicher Bedeutung.

Gotthild, (auch:) Gotthilde; Gothild: weibl. Vorn. (ahd. *got* »Gott« + ahd. *hiltja* »Kampf; Kriegerin«).

Gotthilf: ▸ Gotthelf.

Gotthold: in der Zeit des Pietismus (17./18. Jh.) neu gebildeter männl. Vorn. oder Umdeutung des alten Namens *Gottolt* (▸ Gottwald) in Anlehnung an das Adjektiv

»hold«. ✧ Bekannter Namensträger: Gotthold Ephraim Lessing, deutscher Dichter (18. Jh.).

Gottlieb: in der Zeit des Pietismus (17./18. Jh.) aufgekommener männl. Vorn., Übersetzung von ▸Amadeus und ▸Theophil oder Umdeutung des alten Namens *Goteleib* (ahd. *got* »Gott« + ahd. *leiba* »Nachkomme, Sohn«) in Anlehnung an das Adjektiv »lieb«. ✧ Bekannte Namensträger: Gottlieb Wilhelm Daimler, deutscher Erfinder und Autoindustrieller (19. Jh.). Als zweiter Vorname: Friedrich Gottlieb Klopstock, deutscher Dichter (18./19. Jh.); Johann Gottlieb Fichte, deutscher Philosoph (18./19. Jh.).

Gottlob: in der Zeit des Pietismus (17./18. Jh.) neu gebildeter männl. Vorname mit wörtlicher Bedeutung.

Gottmar: alter deutscher männl. Vorn. (ahd. *got* »Gott« + ahd. *māri* »bekannt, berühmt, angesehen«).

Gottschalk: alter deutscher männl. Vorn. (ahd. *got* »Gott« + ahd. *scalc* »Knecht, Diener«).

Gottwald: alter deutscher männl. Vorn. (ahd. *got* »Gott« + ahd. *-walt* zu *waltan* »walten, herrschen«).

Gottwin: alter deutscher männl. Vorn. (ahd. *got* »Gott« + ahd. *wini* »Freund«).

Götz: männl. Vorn., Kurzform von Namen, die mit »Gott-« gebildet sind, besonders von ▸Gottfried. Der Name ist bekannt durch Götz (Gottfried) von Berlichingen, den Ritter mit der eisernen Hand (15./16. Jh.), literarisch behandelt von Goethe in dem Schauspiel »Götz von Berlichingen« (1774). ✧ Bekannte Namensträger: Götz George, deutscher [Film]schauspieler (20./21. Jh.); Götz Friedrich, deutscher Opernregisseur (20./21. Jh.).

Govinda, (auch:) Govind: in den 1960er-Jahren aus Indien entlehnter männl. Vorn. (sanskrit. *go* »Kuh, Rind« + Suffix *-vinda* »findend«: »der die Kühe findet«), einer der Beinamen von Krischna. Als Gowinda erscheint er in H. Hesses Roman »Siddhartha« (1922).

Die Spitzenreiter des Jahres 2012 in Schweden

männlich	weiblich
1. William	1. Alice
2. Oscar	2. Elsa
3. Lucas	3. Julia
4. Hugo	4. Ella
5. Elias	5. Maja
6. Alexander	6. Ebba
7. Liam	7. Emma
8. Charlie	8. Linnea
9. Oliver	9. Molly
10. Filip	10. Alva

Quelle: http://www.scb.se/Pages/TableAndChart____347442.aspx

Gowon: aus Nigeria stammender männl. Vorn., der in der Tiv-Sprache »Regenmacher« bedeutet.

Goyo: männl. Vorn., spanische Koseform von ▸Gregorio.

Grace [greɪs]: aus dem Englischen übernommener weibl. Vorn. (▸Grazia). ✧ Bekannte Namensträgerin: Grace Kelly, amerikanische Filmschauspielerin, später Fürstin Gracia Patricia von Monaco (20. Jh.).

Gracia: ▸Grazia, auch spanisch ['graθi̯a].

Gracie, (auch:) Gracy ['greɪsɪ]: weibl. Vorn., Koseform von ▸Grace.

Graciela [gra'θi̯ela]: weibl. Vorn., spanische Form von ▸Graziella.

Gracy ['greɪsɪ]: ▸Gracie.

Graham ['greɪəm]: männl. Vorn., ursprünglich ein schottischer Familienname, der auf einen Ortsnamen zurückgeht. ✧ Bekannter Namensträger: Graham Greene, englischer Schriftsteller (20. Jh.).

Gralf: männl. Vorn., durch r-Umstellung und Zusammenziehung entstandene friesische Form von ▸Garlef.

Gratian, (auch:) Grazian: männl. Vorn. lateinischen Ursprungs (lat. *Gratianus*, zu lat. *grātus* »anmutig, willkommen, teuer, lieb«). Namenspatron ist der heilige Gratianus, Bischof von Tours (3. Jh.); NAMENSTAG: 18. Dezember.

Grazia: weibl. Vorn. lateinischen Ursprungs, deutsche und italienische Form von lat.

Gratia (»Anmut, Huld, Gnade«). Im römischen Kaiserreich wurde Gratia als Name der drei Grazien, Töchter des Zeus, vergeben und erlangte dann im Christentum die neue Bedeutung »Gnade, Huld [Gottes]«. ✧ Bekannte Namensträgerin: Grazia Deledda, italienische Schriftstellerin (19./20. Jh.). Span. Form: *Gracia* ['graθi̯a]. Engl. Form: *Grace* [greɪs].

Grazian: ▸ Gratian.

Graziella: in den 1960er-Jahren entlehnter weibl. Vorn., italienische Koseform von ▸ Grazia.

Grazina: weibl. Vorn., eindeutschende Schreibung von ▸ Grażyna.

Grażyna [gra'ʒina]: weibl. Vorn. polnischer Herkunft, literarische Prägung von A. Mickiewicz für seine Erzählung »Grażyna« (1823) zu lit. *gražùs* »schön«.

Greet, (auch:) Greeta; Greete: weibl. Vorn., niederdeutsch-friesische Kurzform von ▸ Margarete.

Greg [grɛg]: männl. Vorn., Kurzform von ▸ Gregory.

Gregor: männl. Vorn., der auf Gregorius, einen spätrömischen Beinamen griechischer Herkunft (griech. *grēgoréō* »wachen, wachsam sein«), zurückgeht. Zur Verbreitung des Namens im Mittelalter trug die Verehrung des heiligen Gregor des Großen (6./7. Jh.) bei; NAMENSTAG: 3. September. Gregor der Große, der das kirchliche Leben ordnete und erneuerte, ist einer der bedeutendsten Päpste und Kirchenlehrer der katholischen Kirche. Er ist der Patron der Sänger und Schüler. Gregor war im Mittelalter beliebter Papstname. Eine legendäre Gestalt ist Papst Gregorius vom Steine, dessen Schicksal mehrmals literarisch behandelt worden ist, z. B. von dem mittelhochdeutschen Dichter Hartmann von Aue (»Gregorius«), in neuerer Zeit von Thomas Mann (»Der Erwählte«). ✧ Bekannte Namensträger: der heilige Gregor von Nazianz, Kirchenlehrer (4. Jh.); NAMENSTAG: 2. Januar; der heilige Gregor, Bischof von Tours, Geschichtsschreiber der Franken (6. Jh.); NAMENSTAG: 17. November; der heilige Gregor VII., Papst (11. Jh.); NAMENSTAG: 25. Mai; Papst Gregor XIII. (16. Jh.), Kalenderreformer (gregorianischer Kalender); Gregor von Rezzori, österreichischer Schriftsteller (20. Jh.). Engl. Form: *Gregory* ['grɛgərɪ]. Span., italien. Form: *Gregorio*. Russ. Form: *Grigori[j]*. Neugriech. Form: *Grigórios* [gri'ɣɔrjɔs].

Gregorio: männl. Vorn., spanische und italienische Form von ▸ Gregor.

Gregory ['grɛgərɪ]: in den 1960er-Jahren entlehnter männl. Vorn., englische Form von ▸ Gregor. ✧ Bekannter Namensträger: Gregory Peck, amerikanischer Filmschauspieler (20./21. Jh.).

Gret: ▸ Grete.

Greta: weibl. Vorn., Kurzform von *Margareta* (▸ Margarete), auch schwedisch. ✧ Bekannte Namensträgerin: Greta Garbo, schwedische Filmschauspielerin (20. Jh.).

Gretchen: weibl. Vorn., Koseform von ▸ Grete. Eine bekannte literarische Gestalt ist das Gretchen in Goethes Schauspiel »Faust«.

Grete: weibl. Vorn., Kurzform von ▸ Margarete. Eine literarische Gestalt ist Grete Minde in Fontanes gleichnamigem Roman (1880).

Gretel: weibl. Vorn., Koseform von ▸ Grete. Die Namensform ist bekannt durch das Märchen »Hänsel und Gretel« sowie die Märchenoper gleichen Namens (1893) von Engelbert Humperdinck.

Grethe: ▸ Grete.

Gretine: weibl. Vorn., Erweiterung von ▸ Grete.

Gretje, (auch:) Gretjen: weibl. Vorn., friesische Koseform von ▸ Grete.

Gretus: männl. Vorn., männliche Bildung zu ▸ Grete.

Griet, (auch:) Grieta: weibl. Vorn., friesische und niederländische Varianten von ▸ Gret, ▸ Greta.

Grietje: weibl. Vorn., friesische und niederländische Koseform von ▸ Grete.

Griffin ['grɪfɪn]: männl. Vorn. walisischer

Herkunft, der auf *Griffinus*, eine latinisierte Form von ▸ Griffith, zurückgeht.

Griffith ['grɪfɪθ]: männl. Vorn., englische Form des alten walisischen Namens *Grip(p)iud, Griffudd*. Die Herkunft des ersten Namenbestandteils ist noch ungeklärt, das zweite Namenglied bedeutet »Herr, Prinz«.

Grigori, (auch:) Grigorij: in den 1980er-Jahren entlehnter männl. Vorn., russische Form von ▸ Gregor.

Grigórios [gri'ɣɔrjɔs]: männl. Vorn., neugriechische Form von ▸ Gregor.

Grischa: männl. Vorn., russische Koseform von *Grigori* (▸ Gregor).

Griselda, (latinisiert:) Griseldis: aus dem Italienischen entlehnter weibl. Vorn. germanischen Ursprungs (zu altfranzös. *grīs* aus german. **græ-wa* »grau« + ahd. *hiltja* »Kampf«). Nach der italienischen Sage erduldet Griselda gehorsam und demütig die harten Bewährungsproben, die ihr Ehemann ihr auferlegt. Der Sagenstoff um Griselda ist mehrfach in der europäischen Literatur aufgegriffen worden. In Italien wurde er von Boccaccio in einer Novelle seiner Novellensammlung »Il Decamerone« (zwischen 1349 und 1353) und von Petrarca in einer auf Lateinisch verfassten Novelle (1373) literarisch bearbeitet. In England fand er Eingang in »The Canterbury Tales« (um 1380–1400) von G. Chaucer. In Deutschland begegnet er u.a. in einer Novelle von Heinrich Steinhöwel (1471) und in der Komödie »Gedultig und gehorsam marggräfin Griselda« von Hans Sachs (1546). Die gelegentliche Vergabe des Vornamens setzt in Deutschland aber erst zu Beginn des 20. Jh.s ein.

Grit, (auch:) Gritt: weibl. Vorn., Kurzform von *Margrit* (▸ Margarete). ✧ Bekannte Namensträgerin: Grit Böttcher, deutsche Schauspielerin (20./21. Jh.).

Grita, (auch:) Gritta: weibl. Vorn., Kurzform von *Margrit* (▸ Margarete).

Guadalupe: weibl. Vorn. nach einem Marienheiligtum in Spanien (Provinz Cáceres) und Mexiko. Die *Virgen de Guadalupe* (die [heilige] Jungfrau von Guadalupe) ist die Patronin Mexikos und der spanischen Region Extremadura.

Guda: alter deutscher weibl. Vorn. zu ahd. *guot* »gut« oder Kurzform von Namen, die mit altsächs. *gūth* »Kampf« bzw. mit ahd. *got* »Gott« gebildet wurden.

Gudela: ▸ Gudula.

Gudrid: weibl. Vorn. norwegischer, schwedischer Herkunft (altnord. *Guðriðr*, zu altnord. *guð* »Gott« + altnord. *friðr* »schön«).

Gudrun, (auch:) Gutrun; Gutrune: weibl. Vorn. nordischer Herkunft (altnord. *Guðrún* zu altnord. *guð* »Gott« + altnord. *rún* »Geheimnis, geheime Beratung«). In der nordischen Sage ist Gudrun Sigurds Gemahlin (entsprechend Kriemhild und Siegfried im »Nibelungenlied«). Kudrun ist die Heldin eines um 1240 entstandenen mittelhochdeutschen Epos. Kudrun, die Tochter von König Hetel von Hegelingen und seiner Gemahlin Hilde, wird von Hartmut von Ormanie entführt. Da sie sich weigert, ihn zu heiraten, muss sie 13 Jahre lang Magddienste verrichten. Schließlich wird Kudrun von ihrem Verlobten Herwig von Seeland befreit. Der Vorname Gudrun wurde in den skandinavischen Ländern im 19. Jh. neu belebt, kurz vor 1900 ist er auch in Deutschland anzutreffen. ✧ Bekannte Namensträgerinnen: Gudrun Pausewang, deutsche Schriftstellerin (20./21. Jh.); Gudrun Landgrebe, deutsche Schauspielerin (20./21. Jh.).

Gudula: alter deutscher weibl. Vorn., Weiterbildung von ▸ Guda. Zur Verbreitung des Namens im Mittelalter trug die Verehrung der heiligen Gudula, Patronin von Brüssel (7./8. Jh.), bei; NAMENSTAG: 8. Januar.

Guido ['gi:do], ['gui̯:do]: männl. Vorn., romanisierte Form von ▸ Wido. Der Name wurde zu Beginn des 19. Jh.s durch die Ritterdichtung und romantische Bewegung neu belebt. ✧ Bekannter Namensträger: Guido Reni, italienischer Maler

(16./17. Jh.). Italien. Aussprache: ['gu̯i:do]. Französ. Form: *Guy* [gi].

Guilherme [gi'ljɛrmə]: männl. Vorn., portugiesische Form von ▸ Wilhelm.

Guillaume [gi'jom]: männl. Vorn., französische Form von ▸ Wilhelm. ✧ Bekannter Namensträger: Guillaume Apollinaire, französischer Dichter und Kunstkritiker (19./20. Jh.).

Guillermina [giljɛr'mina]: weibl. Vorn., spanische Form von ▸ Wilhelmine.

Guillermo [gi'ljɛrmo]: im 20. Jh. aus dem Spanischen entlehnter männl. Vorn., spanische Form von ▸ Wilhelm.

Guiomar [gio'mar]: weibl. Vorn. westgotischen Ursprungs, dessen Etymologie unklar ist. In Spanien kam es zu einer Wiederbelebung dieses Vornamens in der zweiten Hälfte des 20. Jh.s.

Gül: weibl. Vorn. türkischer Herkunft (pers./türk. *gül* »Rose«).

Gülay: weibl. Vorn. türkischer Herkunft (pers./türk. *gül* »Rose« + türk. *ay* »Mond«).

Gülbahar: weibl. Vorn. türkischer Herkunft (pers./türk. *gül* »Rose« + pers./türk. *bahār* »Frühling«: »Rosenfrühling«).

Gülcan [gyl'dʒan]: weibl. Vorn. türkischer Herkunft (pers./türk. *gül* »Rose« + türk. *can* »Seele«). ✧ Bekannte Namensträgerin: Gülcan Kamps, deutsch-türkische Fernsehmoderatorin (20./21. Jh.).

Gülçin [gyl'tʃin]: weibl. Vorn. türkischer Herkunft (pers./türk. *gülçin* »Rosen pflückend«).

Gülkan: männl. Vorn. türkischer Herkunft (pers./türk. *gül* »Rose« + türk. *kan* »Blut«).

Gülperi: weibl. Vorn. türkischer Herkunft (pers./türk. *gül* »Rose« + pers./türk. *peri* »Fee«: »Rosenfee«).

Gültekin: weibl. Vorn. türkisch-aserbaidschanischer Herkunft, der von dem aserbaidschanischen Schriftsteller Jafar Jabbarli (19./20. Jh.) zu persisch *gul* »Rose« und aserbaidschanisch *tekin* »gleich wie« geschaffen wurde und »gleich einer Rose« bedeutet.

Gulzar [gul'za:r]: weibl. Vorn. persischer Herkunft (pers. *gul-zār* »Rosengarten«).

Gunar: männl. Vorn., in den nordischen Sprachen nicht gebräuchliche Schreibvariante von ▸ Gunnar.

[1]Günay: männl. Vorn. türkischer Herkunft (türk. *gün* »Sonne« + türk. *ay* »Mond«).

[2]Günay: weibl. Vorn., identisch mit ▸ [1]Günay.

Gunda, (auch:) Gunde: alter deutscher weibl. Vorn., Kurzform von Namen, die mit »Gund-/Gunt-« oder »-gund[e]« (zu ahd. *gund* »Kampf«) gebildet sind. ✧ Bekannte Namensträgerin: Gunda Niemann-Stirnemann, deutsche Eisschnellläuferin (20./21. Jh.).

Gundalena: weibl. Vorn., Doppelform aus ▸ Gunda und ▸ Lena.

Gunde: ▸ Gunda.

Gundel: weibl. Vorn., Koseform von Namen, die mit »Gund-/Gunt-« oder »-gund[e]« (zu ahd. *gund* »Kampf«) gebildet sind.

Gundela: weibl. Vorn., Erweiterung von ▸ Gundel.

Gundelinde, (auch:) Guntlinde: weibl. Vorn. (ahd. *gund* »Kampf« + ahd. *lind* »sanft, weich, mild«).

Gunder: im 20. Jh. entlehnter männl. Vorn., dänische Nebenform von ▸ Gunnar.

Gundhard: ▸ Gunthard.

Gundhilde, (auch:) Gundhild: ▸ Gunthild.

Gundi: weibl. Vorn., Koseform von Namen, die mit »Gund-/Gunt-« oder »-gund[e]« (zu ahd. *gund* »Kampf«) gebildet sind.

Gundis: in den 1960er-Jahren aus dem Schwedischen entlehnter weibl. Vorn., eine Neubildung des 20. Jh.s aus den Bestandteilen altnord. *gunnr* »Kampf, Streit« + altnord. *dís* »Göttin«.

Gundobert: ▸ Guntbert.

Gundolf, (auch:) Guntolf: alter deutscher männl. Vorn. (ahd. *gund* »Kampf« + ahd. *wolf* »Wolf«; »Kampfwolf«).

Gundram: ▸ Guntram.

Gundula: weibl. Vorn., Weiterbildung von ▸ Gunda. ✧ Bekannte Namensträgerin: Gundula Janowitz, deutsche Sängerin (20./21. Jh.).

Güneş [gy'neʃ]: weibl. Vorn. türkischer Herkunft (türk. *güneş* »Sonne«).

Güngör: männl. Vorn. türkischer Herkunft (türk. *güngör* »sieh die Sonne an!«).

Gunhild, (auch:) Gunhild: im 20. Jh. entlehnter weibl. Vorn. dänischer/schwedischer Herkunft (altnord. *gunnr* »Kampf, Streit« + altnord. *hildr* »Kampf, Streit«; etwa »im Kampf bewährte Kriegerin«); die deutsche Entsprechung dieses Namens ist ▸ Gunthild.

Gunild: weibl. Vorn., dänische Nebenform von ▸ Gunhild.

Gunilla: weibl. Vorn., in Schweden entstandene latinisierte Form von ▸ Gunhild.

Gunna: in den 1960er-Jahren entlehnter weibl. Vorn., dänische/schwedische Kurzform von ▸ Gunhild und anderen Namen, die mit »Gun-« beginnen.

Gunnar: im 20. Jh. entlehnter männl. Vorn., nordische Entsprechung von ▸ Günter. In der altisländischen Liedersammlung »Edda« tauscht Sigurd die Gestalt mit König Gunnar und gewinnt für diesen die Walküre Brynhild als Frau. ✧ Bekannter Namensträger: Gunnar Gunnarsson, isländischer Schriftsteller (19./20. Jh.).

Guntbert, (auch:) Gundobert: alter deutscher männl. Vorn. (ahd. *gund* »Kampf« + ahd. *beraht* »glänzend, berühmt«; etwa »der im Kampf berühmt ist«).

Gunter, (auch:) Gunther: männl. Vorn., Nebenform von ▸ Günter. ✧ Bekannter Namensträger: Gunter Sachs, deutscher Kunstsammler, Fotograf, Schriftsteller (20./21. Jh.).

Günter, (auch:) Günther: alter deutscher männl. Vorn. (ahd. *gund* »Kampf« + ahd. *heri* »Heer; Heerführer, Krieger«; etwa »im Kampf bewährter Krieger«). Seine häufige Vergabe im Mittelalter wurde nicht zuletzt durch die Gestalt König Gunthers aus dem Nibelungenlied gestützt. Der Name war seit dem 12. Jh. traditionell im thüringischen Fürstenhaus Schwarzburg, z. B. Günt[h]er von Schwarzburg (14. Jh.), Gegenkönig Karls IV. Die lokale Verehrung des heiligen Günther von Niederaltaich (10./11. Jh.), NAMENSTAG: 9. Oktober, dürfte aber kaum zum Fortleben des Namens beigetragen haben. Nach dem 16. Jh. geriet Günter in Vergessenheit und wurde erst gegen Ende des 19. Jh.s wieder aufgegriffen. In den 1920er- und 1930er-Jahren gehörte er zu den beliebten männlichen Vornamen und ist bis Ende des 20. Jh.s vergeben worden. ✧ Bekannte Namensträger: Günter Eich, deutscher Lyriker und Hörspielautor (20. Jh.); Günter Kunert, deutscher Schriftsteller (20./21. Jh.); Günter Wallraff, deutscher Schriftsteller (20./21. Jh.); Günter Grass, deutscher Schriftsteller (20./21. Jh.); Günter Netzer, deutscher Fußballspieler (20./21. Jh.); Günter Behnisch, deutscher Architekt (20./21. Jh.); Günther Jauch, deutscher Fernsehmoderator und Journalist (20./21. Jh.).

Guntfried: alter deutscher männl. Vorn. (ahd. *gund* »Kampf« + ahd. *fridu* »Schutz vor Waffengewalt, Friede; Friedenswahrer«).

Gunthard, (auch:) Gundhard: alter deutscher männl. Vorn. (ahd. *gund* »Kampf« + ahd. *harti, herti* »hart, kräftig, stark«; etwa »der im Kampf stark ist«).

Gunther: ▸ Gunter.

Günther: ▸ Günter.

Gunthild, (auch:) Gunthilde; Gundhilde; Gundhild: alter deutscher weibl. Vorn. (ahd. *gund* »Kampf« + ahd. *hiltja* »Kampf; Kriegerin«; etwa »im Kampf bewährte Kriegerin«).

Guntlinde: ▸ Gundelinde.

Guntmar: alter deutscher männl. Vorn. (ahd. *gund* »Kampf« + ahd. *māri* »bekannt, berühmt, angesehen«; etwa »der im Kampf berühmt ist«).

Guntolf: ▸ Gundolf.

Guntram, (auch:) Gundram: alter deutscher männl. Vorn. (ahd. *gund* »Kampf« + ahd. *hraban* »Rabe«; »Kampfrabe«).

Guntrud: alter deutscher weibl. Vorn. (ahd. *gund* »Kampf« + german. **þrūþi* »Kraft, Stärke«, in althochdeutscher Zeit umgedeutet zu *trūt* »vertraut, lieb«).

Guntrun: alter deutscher weibl. Vorn. (ahd. *gund* »Kampf« + ahd. *rūna* »Geheimnis; geheime Beratung«).

Guntwin: alter deutscher männl. Vorn. (ahd. *gund* »Kampf« + ahd. *wini* »Freund«; etwa »im Kampf bewährter Freund«).

Gunver: weibl. Vorn., dänische und südschwedische Form von ▸Gunvor.

Gunvor: im 20. Jh. aus dem Schwedischen entlehnter weibl. Vorn. (zu altnord. *gunnr* »Kampf, Streit« + altnord. *-vǫr* »wachsam«; etwa »die im Kampf wachsam ist«).

Gurli: aus Indien stammender weibl. Vorn. (zu sanskrit. *gaurī* »weiß«), der Name einer Göttin.

Gus: männl. Vorn., englische [gʌs] Kurzform von ▸Angus, *Augustus* (▸August), auch deutsche Kurzform von ▸Gustav.

Gusta: weibl. Vorn., Kurzform von ▸Augusta.

Gustav, (auch:) Gustaf: aus dem Schwedischen übernommener männl. Vorname. Nach älterer Auffassung wird der erste Namenbestandteil mit altschwed. *guth* »Gott« oder altschwed. *göt* »Gote« in Verbindung gebracht, der zweite Bestandteil mit altschwed. *stav* »Stab«. Nach neuerer, von manchen bezweifelter Meinung geht der Name auf slawische Kontakte zur späten Wikingerzeit zurück und ist als urslaw. **gostь* »Fremder, Gast« + urslaw. **slava* »Ruhm, Ehre« zu verstehen. Gustav wurde in Deutschland durch den Schwedenkönig Gustav II. Adolf bekannt, der im Dreißigjährigen Krieg auf protestantischer Seite kämpfte und 1632 in der Schlacht bei Lützen fiel. Der Name war vom 18. Jh. bis zu Beginn des 20. Jh.s sehr beliebt. ✧ Bekannte Namensträger: Gustav Wasa, König von Schweden (15./16. Jh.); Gustav Mahler, österreichischer Komponist (19./20. Jh.); Gustav Klimt, österreichischer Maler (19./20. Jh.); Gustav Meyrink, österreichischer Schriftsteller (19./20. Jh.); Gustaf Gründgens, deutscher Schauspieler und Regisseur (19./20. Jh.). Französ. Form: *Gustave* [gys'tav]. Span. Form: *Gustavo* [gus'tabo]. Italien. Form: *Gustavo* [gus'ta:vo]. Port. Form: *Gustavo* [guʃ'tavu].

Gustava: weibl. Vorn., weibliche Form von ▸Gustav.

Gustave [gys'tav]: männl. Vorn., französische Form von ▸Gustav. ✧ Bekannte Namensträger: Gustave Courbet, französischer Maler (19. Jh.); Gustave Doré, französischer Grafiker, Maler und Bildhauer (19. Jh.); Gustave Flaubert, französischer Schriftsteller (19. Jh.).

Gustavo: männl. Vorn., spanische [gus'tabo], italienische [gus'ta:vo] und portugiesische [guʃ'tavu] Form von ▸Gustav.

Guste: weibl. Vorn., Kurzform von ▸Auguste.

¹Gustel: männl. Vorn., Koseform von ▸August und ▸Gustav.

²Gustel: weibl. Vorn., Koseform von ▸Auguste.

Gusti: weibl. Vorn., Koseform von ▸Auguste.

Gutrune, (auch:) Gutrun: weibl. Vorn., Nebenform von ▸Gudrun.

Güven: männl. Vorn. türkischer Herkunft (türk. *güven* »habe Vertrauen!«).

Guy [gi]: männl. Vorn., französische Form von ▸Guido, auch im Englischen geläufig [gaɪ]. ✧ Bekannter Namensträger: Guy de Maupassant, französischer Schriftsteller (19. Jh.).

Gwen [gwɛn]: weibl. Vorn., Kurzform von ▸Gwendolin. ✧ Bekannte Namensträgerin: Gwen Stefani, amerikanische Popsängerin (20./21. Jh.).

Gwenaël [gvena'ɛl]: aus dem Französischen entlehnter männl. Vorn. bretonischen Ursprungs, moderne Form des bretonischen Namens *Gwenhael* (breton. *gwenn* »weiß« + breton. *hael* »großzügig«).

Gwenaëlle [gvena'ɛl]: weibl. Vorn., weibliche Form von ▸Gwenaël.

Gwenda ['gwɛndə]: weibl. Vorn. walisischen Ursprungs, Neubildung zu walis. *gwen* »weiß, schön, glücklich« und walis. *da* »gut«.

Gwendolin, (auch:) Gwendolen; Gwendoline; Gwendolyn ['gwɛndəlɪn]: aus dem

Englischen übernommener weibl. Vorn. walisischen Ursprungs (walis. *gwen* »weiß, schön, glücklich« + *dolen* »Ring, Bogen«).

Gwyn [gwɪn]: männl. Vorn. walisischer Herkunft (walis. *gwyn* »weiß, schön, gesegnet, heilig«).

Gwyneth ['gwɪnəθ]: weibl. Vorn. walisischer Herkunft (walis. *gwynaeth* »Glück, Glückseligkeit«). ✧ Bekannte Namensträgerinnen: Dame Gwyneth Jones, britische Opernsängerin (20./21. Jh.), Gwyneth Paltrow, amerikanische [Film]schauspielerin (20./21. Jh.).

Gyạtso: männl. Vorn. tibetischer Herkunft, ständiger Beiname des Dalai-Lama (»Weltmeer«, auf Menschen übertragen »von unauslotbarer Tiefe in seiner Weisheit«).

György ['djørdj]: männl. Vorn., ungarische Form von ▸Georg. ✧ Bekannter Namensträger: György Ligeti, österreichischer Komponist ungarischer Herkunft (20./21. Jh.).

Gyrid ['jy:rid]: aus dem Schwedischen entlehnter weibl. Vorn. (altnord. *guð* »Gott« + altnord. *friðr* »schön«).

Gyula ['djulɔ]: männl. Vorn., ungarische Form von ▸Julius.

h

Haakon: ▸ Hakon.

Habakuk: aus der Bibel übernommener männl. Vorn. (akkadisch *habbaqūqū*, Bezeichnung für eine Gartenpflanze); Habakuk wirkte zwischen 608 und 598 v. Chr. als Prophet im Südreich Juda.

Habbo, (auch:) Habbe: männl. Vorn., verselbstständigte friesische Kurzform von Namen wie *Hadbert, Hadbod* (ahd. *hadu* »Kampf«).

Habib: männl. Vorn. arabischen Ursprungs (arab. *ḥabīb* »geliebt, lieb; Liebling« zu arab. *ḥabba* »lieben«).

Habiba: weibl. Vorn., weibliche Form von ▸ Habib.

[1]**Hadar:** männl. Vorn. biblischer Herkunft. In 1 Mose 36, 39 irrtümlich für den Namen des Edomiterkönigs Hadad (»der, welcher zerschmettert«) eingesetzt, wird der Name im heutigen Israel volksetymologisch mit hebr. *hadar* »Ruhm, Glanz, Schönheit« verbunden.

[2]**Hadar,** (auch:) Hadara; Hadarit: in Israel gebräuchliche weibl. Vornamen, identisch mit ▸ [1]Hadar.

Hadassa: aus der Bibel übernommener weibl. Vorn. hebräischer Herkunft (hebr. *hadassā*, weibl. Form zu hebr. *hadas* »Myrte«), ursprünglicher Name der ▸ Esther. Engl. Form: *Hadassah*.

Hadeburg: alter deutscher weibl. Vorn. (ahd. *hadu-* »Kampf« + ahd. *burg* »Burg, Zufluchtsstätte, Schutz«).

Hademar, (auch:) Hadmar: alter deutscher männl. Vorn. (ahd. *hadu-* »Kampf« + ahd. *māri* »bekannt, berühmt, angesehen«; etwa »der im Kampf berühmt ist«).

Haden ['heɪdən]: männl. Vorn., Nebenform von ▸ Hayden.

Hadi: männl. Vorn. arabischer Herkunft (arab. *hādi* »einer, der führt« zu arab. *hadā* »[zum wahren Glauben] führen«).

Hadia, (auch:) Hadya: weibl. Vorn., weibliche Form von ▸ Hadi.

Hadmar: ▸ Hademar.

Hadmut: alter deutscher weibl. Vorn. (ahd. *hadu-* »Kampf« + ahd. *muot* »Sinn, Gemüt, Geist«).

Hadrian: ▸ Adrian.

Hadubrand: alter deutscher männl. Vorn. (ahd. *hadu-* »Kampf« + ahd. *brant* »Brand«, dichterische Umschreibung für das Schwert; etwa »der ein im Streit bewährtes Schwert führt«). Der Name ist bekannt durch Hadubrand, den Sohn Hildebrands, im Hildebrandslied (9. Jh.).

Hadumod, (auch:) Hadumoth: weibl. Vorn. (ahd. *hadu-* »Kampf« + altsächs. *mōd* »Sinn, Gemüt, Geist«). Die heilige Hathumoda, Äbtissin von Gandersheim, lebte im 9. Jh.; NAMENSTAG: 28. November.

Hadwig, (auch:) Hedwig: alter deutscher weibl. Vorn. (ahd. *hadu-* »Kampf« + ahd. *wīg* »Kampf; Kriegerin«; etwa »im Kampf bewährte Kriegerin«).

Hadwin: alter deutscher männl. Vorn. (ahd. *hadu-* »Kampf« + ahd. *wini* »Freund«; etwa »im Kampf bewährter Freund«).

Hadya: ▸ Hadia.

Hafis, (auch:) Hafiz: männl. Vorn. arabischer Herkunft (arab. *ḥāfiẓ* »Wächter« zu arab. *ḥafaẓa* »bewachen; auswendig lernen«), Ehrentitel für jemanden, der den Koran auswendig kann.

Hafisa, (auch:) Hafiza: weibl. Vorn., weibliche Form von ▸ Hafis.

Hagar: aus der Bibel übernommener weibl. Vorn. (hebr. *hāgār* zu einer altwestsemitischen Bezeichnung für »Stadt«; alter Name für Ostarabien). Nach dem Alten Testament war Hagar eine Sklavin Saras, die Abraham den Sohn Ismael schenkte.

Hagen: alter deutscher männl. Vorn. (zu ahd. *hag, hagan* »Einhegung, Hag«). Der Name ist bekannt durch den Hagen von Tronje des Nibelungenliedes.

Hagop: männl. Vorn., armenische Form von ▸Jakob.

Haidar, (auch:) Haydar: männl. Vorn. arabischen Ursprungs (arab. *ḥaidar* »Löwe«).

Haide: ▸Heide.

Haidée, (auch:) Haydée: weibl. Vorn., der wahrscheinlich auf den neugriechischen Namen *Chaído* (zu neugriech. *chaïdeúō* »liebkosen, verwöhnen«, neugriech. *cháidi* »Zärtlichkeit, Liebkosung« oder neugriech. *aidṓs* »Bescheidenheit«) zurückgeht. Literarische Gestalten sind die Haidée in Lord Byrons »Don Juan« (1819–24) und in dem Roman »Der Graf von Monte Christo« (1845–46) von A. Dumas.

Haider: ▸Heider.

Haidi: ▸Heidi.

Haike: ▸[2]Heike.

Haiko: ▸Heiko.

Hailey ['heɪlɪ]: weibl. Vorn., Schreibvariante von ▸Hayley.

Haim: ▸Chaim.

Haimo: ▸Heimo.

Hainer: ▸Heiner.

Hajar ['ha:dʒar]: weibl. Vorn., arabische Form von ▸Hagar. Da die Araber Ismā'īl, Hajars Sohn, als ihren Stammvater ansehen, wird Hajar auch als die »Mutter der Araber« bezeichnet.

[1]Hajo, (auch:) Haje: ▸Heio.

[2]Hajo: männl. Vorn., verkürzte Form von *Hansjoachim* (▸Hans).

Hakan: männl. Vorn. türkischer Herkunft (türk. *hakan* »Herrscher«).

Hakim: männl. Vorn. arabischer Herkunft (arab. *ḥakīm* »weise, vernünftig, klug« zu arab. *ḥakama* »ein Urteil fällen«).

Hakima: weibl. Vorn., weibliche Form von ▸Hakim.

Hakon, (auch:) Haakon: im 20. Jh. aus dem Nordischen übernommener männl. Vorn. (zu german. **hanha*, altwestnord. *há* »Ross« + *konr* »Nachkomme, Sohn«). ✧ Bekannter Namensträger: Håkon VII., König von Norwegen (19./20. Jh.).

Hal [hæl]: männl. Vorn., englische Kurzform von ▸Harry.

Hala: weibl. Vorn. arabischer Herkunft (arab. *hāla* »Hof um den Mond«). Diesen altarabischen Namen trug eine Schwester von Khadija, der ersten Frau Mohammeds.

Haldor: im 20. Jh. entlehnter männl. Vorn. nordischer Herkunft (schwed. *Haldor*, norweg. *Halldor* aus altnord. *Halldórr* zu altnord. *hallr* »Stein« + altnord. *Þórr*, dem Namen des Donnergottes Thor). ✧ Bekannter Namensträger: Halldór Laxness, isländischer Schriftsteller (20. Jh.).

Haley [heɪlɪ]: weibl. Vorn., Schreibvariante von ▸Hayley.

Halide: weibl. Vorn., weibliche Form von ▸Halit.

Halil: männl. Vorn., türkische Form von ▸Khalil.

Halima: weibl. Vorn. arabischer Herkunft (arab. *ḥalīma* »die Milde, Geduldige«).

Halina: im 20. Jh. entlehnter weibl. Vorn., dem wahrscheinlich eine polnische Ableitung von ▸Helene zugrunde liegt.

Halit: männl. Vorn., türkische Form von ▸Khalid.

Halka: weibl. Vorn., Koseform von ▸Halina.

Halldor: ▸Haldor.

[1]Hamid: männl. Vorn. arabischen Ursprungs (arab. *ḥāmid* »dankbar, preisend« zu arab. *ḥamida* »preisen, loben«).

[2]Hamid: männl. Vorn. arabischen Ursprungs, verkürzte Form von *Abdulhamid* (arab. *'abd* »Diener« + arab. *Al-Ḥamīd* »der Gepriesene«: »Diener [Gottes,] des Gepriesenen«).

Hamida: weibl. Vorn., weibliche Form von ▸[2]Hamid.

Hamide: weibl. Vorn., türkische Form von ▸Hamida.

Hamilton ['hæmɪltən]: männl. Vorn., ursprünglich ein englischer Familienname nach dem gleichlautenden Ortsnamen in Leicestershire.

Hamit: männl. Vorn., türkische Form von ▸ [1]Hamid.

Hamza, (auch:) Hamsa ['hamza]: männl. Vorn. arabischer Herkunft (vielleicht zu arab. *ḥamuza* »stark, standhaft sein oder werden«). Diesen altarabischen Namen trug ein Onkel Mohammeds, der sich durch besondere körperliche Stärke und Tapferkeit auszeichnete. Er konvertierte früh zum Islam, kämpfte mit Mohammed gegen seinen eigenen Stamm und fiel in der Schlacht bei Uhud i.J. 625.

Han: männl. Vorn., niederländische Kurzform von ▸ Johann.

[1]**Hana:** weibl. Vorn., weibliche Form von ▸ Han.

[2]**Hana:** weibl. Vorn., tschechische Form von ▸ [1]Hanna.

[3]**Hana:** weibl. Vorn. japanischer Herkunft (japan. *hana* »Blume, Blüte«).

[4]**Hana,** (auch:) Hanaa: weibl. Vorn. arabischer Herkunft (arab. *hanā'* »Freude, Glück, Wohlergehen« zu arab. *hani'a* »erfreut sein«).

[1]**Hanan:** männl. Vorn. biblischer Herkunft (hebr. *hānān*, Kurzform von Namen wie *Elhanan* oder *Hananel*: »Gott ist gnädig«), im Alten Testament Name eines Nachkommen Benjamins und acht weiterer Personen.

[2]**Hanan:** weibl. Vorn. arabischer Herkunft (arab. *ḥanān* »Zärtlichkeit« zu arab. *ḥanna* »Mitleid empfinden«).

Hanfried, (auch:) Hannfried: männl. Vorn., Neubildung aus ▸ [Jo]hann und ▸ Fried[rich].

Hania: weibl. Vorn., polnische Koseform von ▸ [1]Hanna.

Hanja: in den 1960er-Jahren aufgekommener weibl. Vorn., Koseform von ▸ [1]Hanna oder ▸ [2]Hanna in Anlehnung an russische Koseformen wie ▸ Anja, ▸ Tanja.

Hanjo: männl. Vorn., verkürzte Form von *Hansjoachim* (▸ Hans)

Hank: ▸ [1]Hanke.

Hanka: weibl. Vorn., polnische oder tschechische Koseform von ▸ [2]Hanna.

[1]**Hanke,** (auch:) Hanko; Hank: männl. Vorn., niederdeutsch-friesische Koseform von ▸ Johannes.

[2]**Hanke:** weibl. Vorn., niederdeutsch-friesische Koseform von ▸ Johanna.

Hanko: ▸ [1]Hanke.

[1]**Hanna,** (auch:) Hannah: weibl. Vorn. hebräischen Ursprungs (hebr. *hannā* »Anmut, Liebreiz«). So heißen im Alten Testament die Mutter des Propheten Samuel und die Mutter des Tobias. ✧ Bekannte Namensträgerin: Hannah Arendt, amerikanische Soziologin deutscher Herkunft (20. Jh.). Engl. Form: *Hannah* ['hænə].

[2]**Hanna,** (auch:) Hanne: weibl. Vorn., Kurzform von ▸ Johanna. Im 20. Jh. wurden mehrere Doppelformen mit Hanna bzw. Hanne gebildet. Neben ▸ Hannelore finden sich z.B. *Hannalena/Hannelene* (▸ Lena), *Hannaliese/Hanneliese* (▸ Liese), *Hannedore* (▸ Dora), *Hannegret* (▸ Grete), *Hannelotte* (▸ Lotte), *Hannemarie* (▸ Marie), *Hannerose* (▸ [1]Rosa).

Hannelore: weibl. Vorn., Doppelform aus *Hanne* (▸ [2]Hanna) und ▸ Lore. Hannelore war von den 1920er- bis zu den 1940er-Jahren ein sehr beliebter Vorname. ✧ Bekannte Namensträgerinnen: Hannelore Elsner, deutsche [Film]schauspielerin (20./21. Jh.); Hannelore Hoger, deutsche [Film]schauspielerin (20./21. Jh.).

Hannes: männl. Vorn., Kurzform von ▸ Johannes, auch finnisch. ✧ Bekannte Namensträger: Hannes Wader, deutscher Liedermacher (20./21. Jh.); Hannes Jaenicke, deutscher [Film]schauspieler (20./21. Jh.).

Hannfried: ▸ Hanfried.

Hanni: weibl. Vorn., Koseform von ▸ Johanna.

Hanno: männl. Vorn., Kurzform von ▸ Johann[es]. Eine literarische Gestalt ist Hanno, der Sohn Thomas Buddenbrooks, in Thomas Manns Roman »Buddenbrooks« (1901).

Hans, (selten auch:) Hanns: männl. Vorn., seit dem ausgehenden Mittelalter häufigste Kurzform von ▸ Johannes. Hans kommt in zahlreichen Märchen, Volksliedern und

Schlagern vor. Häufig wird Hans auch mit anderen Namen verbunden: z.B. *Hansdieter* (▸Dieter), *Hansgeorg* (▸Georg), *Hansgerd* (▸Gerd), *Hansgünther* (▸Günter), *Hansheiner* (▸Heiner), *Hansjakob* (▸Jakob), *Hansjoachim* (▸Joachim), *Hansjörg* (▸Jörg), *Hansjosef* (▸Josef), *Hansjürgen* (▸Jürgen), *Hanskarl* (▸Karl), *Hansmartin* (▸Martin), *Hanspeter* (▸Peter), *Hansrolf* (▸Rolf), *Hanswerner* (▸Werner). ✧ Bekannte Namensträger: Hans Holbein der Ältere und der Jüngere, deutsche Maler (15./16. Jh.); Hans Sachs, deutscher Meistersinger und Dichter (15./16. Jh.); Hans Christian Andersen, dänischer Erzähler (19. Jh.); Hans Thoma, deutscher Maler (19./20. Jh.); Hans Pfitzner, deutscher Komponist (19./20. Jh.); Hans Arp, deutscher Maler, Bildhauer und Dichter (19./20. Jh.); Hans Moser, österreichischer Filmschauspieler (19./ 20. Jh.); Hans Albers, deutscher Filmschauspieler (19./20. Jh.); Hans Fallada, deutscher Schriftsteller (19./20. Jh.); Hans Magnus Enzensberger, deutscher Dichter (20./21. Jh.); Hans Werner Henze, deutscher Komponist (20./21. Jh.); Hanns Dieter Hüsch, deutscher Kabarettist (20./21. Jh.).

Hänsel, (auch:) Hansel: männl. Vorn., süddeutsche Koseform von ▸Hans.

¹Hansi: männl. Vorn., Koseform von ▸Hans.

²Hansi: weibl. Vorn., Koseform von ▸Johanna.

Harald: männl. Vorn., dänische, norwegische, schwedische Entsprechung von ▸Herold. Der Name begegnet in Deutschland seit Ende des 18. Jh.s, wurde aber erst im 20. Jh. häufiger vergeben. ✧ Bekannter Namensträger: Harald Schmidt, deutscher Kabarettist und Entertainer (20./21. Jh.).

Haralda: weibl. Vorn., weibliche Form von ▸Harald.

Harbert: männl. Vorn., niederdeutsch-friesische Form von ▸Herbert.

Harder: alter deutscher männl. Vorn. (ahd. *harti, herti* »hart, kräftig, stark« + ahd. *heri* »Heer; Heerführer, Krieger«; etwa »starker Krieger«).

Die Spitzenreiter des Jahres 2011 in der deutschen Schweiz

männlich	weiblich
1. Leon	1. Mia
2. Noah	2. Lena
3. Luca	3. Elena
4. David	4. Leonie
5. Leandro	5. Julia
6. Levin	6. Alina
7. Nico	7. Lara
8. Dario	8. Laura

Quelle: http://www.bfs.admin.ch/bfs/portal/de/index/themen/01/02/blank/dos/prenoms/01.html

¹Hardi, (auch:) ¹Hardy: männl. Vorn., Koseform von Namen, die mit »Hart-« oder »-hard« gebildet sind (z.B. ▸Hartmut oder ▸Gerhard).

²Hardi, (auch:) ²Hardy: weibl. Vorn., Koseform von ▸Bernharda, ▸Gerharda.

Hardo: männl. Vorn., Kurzform von Namen, die mit »Hart-« oder »-hard« gebildet sind (z.B. ▸Hartmut oder ▸Gerhard).

Hardwin: ▸Hartwin.

¹Hardy: ▸¹Hardi. ✧ Bekannter Namensträger: Hardy Krüger, deutscher Filmschauspieler (20./21. Jh.).

²Hardy: ▸²Hardi.

Hari: männl. Vorn. indischer Herkunft (sanskrit. *hari* »braun, gelb«, gemeint sind die Pferde Indras, aber auch Indra selbst sowie Wischnu und Krischna).

Harinder: männl. Vorn. indischer Herkunft (sanskrit. *hari* als Name Wischnus + sanskrit. *Indra*, Name des Gottes Indra).

Hariolf: männl. Vorn., in der ersten Hälfte des 20. Jh.s wiederbelebte Form von ▸Herolf.

Hark, (auch:) Harke: männl. Vorn. (altfries. **Harika, *Herika*), verselbstständigte friesische Koseform von Namen, die mit ahd. *heri* »Heer; Heerführer, Krieger« gebildet sind. ✧ Bekannter Namensträger: Hark

Bohm, deutscher Regisseur und Schauspieler (20./21. Jh.).

Harlan ['hɑ:lən]: männl. Vorn., ursprünglich ein englischer Familienname, der sich von einem Ortsnamen (Harland Edge/Derby, Harlands Wood/Sussex) ableitet.

Harley ['hɑ:lı]: männl. Vorn., ursprünglich ein englischer Familienname, der sich von einem gleichlautenden Ortsnamen ableitet.

Harm: männl. Vorn., niederdeutsch-friesische Kurzform von ▸ Harmen.

Harmen: männl. Vorn., niederdeutsch-friesische Form von ▸ Hermann.

Harmina, (auch:) Harmine: weibl. Vorn., weibliche Form von ▸ Harm.

Harmke: weibl. Vorn., friesische Koseform zu ▸ Harmina oder weibliche Bildung zu ▸ Harm.

Haro: ▸ Harro.

[1]Harold: männl. Vorn., niederdeutsche Form von ▸ Herold.

[2]Harold ['hærəld]: männl. Vorn., englische Entsprechung von ▸ Herold. ✧ Bekannter Namensträger: Harold Pinter, englischer Dramatiker (20./21. Jh.).

Harri: männl. Vorn., deutsche Schreibvariante von ▸ Harry.

Harriet, engl. Aussprache: ['hærıət]: im 19. Jh. aus dem Englischen übernommener weibl. Vorn., weibliche Bildung zu ▸ Harry. ✧ Bekannte Namensträgerin: Harriet Beecher-Stowe, amerikanische Schriftstellerin (19. Jh.).

Harris ['hærıs]: männl. Vorn., ursprünglich ein englischer Familienname mit der Bedeutung »[Sohn] des Harry« (▸ Harry).

Harrison ['hærısn]: männl. Vorn., ursprünglich ein englischer Familienname mit der Bedeutung »Sohn des Harry« (▸ Harry). ✧ Bekannter Namensträger: Harrison Ford, amerikanischer Schauspieler (20./21. Jh.).

Harro, (auch:) Haro: männl. Vorn., friesische Kurzform von ▸ Harmen und ▸ Harbert.

Harry, engl. Aussprache: ['hærı]: im 18. Jh. aus dem Englischen übernommener männl. Vorn., Nebenform von ▸ Henry. Eine literarische Gestalt ist der Harry Potter aus der gleichnamigen Romanserie von Joanne K. Rowling. ✧ Bekannte Namensträger: Harry Kupfer, deutscher Opernregisseur (20./21. Jh.); Harry Belafonte, amerikanischer Sänger und Schauspieler jamaikanischer Herkunft (20./21. Jh.).

Hartfried: alter deutscher männl. Vorn. (ahd. *harti, herti* »hart, kräftig, stark« + ahd. *fridu* »Schutz vor Waffengewalt, Friede; Friedenswahrer«; etwa »starker Friedenswahrer«).

Hartlieb: alter deutscher männl. Vorn. (ahd. *harti, herti* »hart, kräftig, stark« + ahd. *liob* »lieb, teuer«).

Hartmann: alter deutscher männl. Vorn. (ahd. *harti, herti* »hart, kräftig, stark« + ahd. *man* »Mann; Mensch«). ✧ Bekannter Namensträger: Hartmann von Aue, mittelhochdeutscher Dichter (12./13. Jh.).

Hartmut, (auch:) Hartmuth: alter deutscher männl. Vorn. (ahd. *harti, herti* »hart, kräftig, stark« + ahd. *muot* »Sinn, Gemüt, Geist«). Eine bekannte Gestalt aus der Gudrunsage ist Hartmut, der Sohn König Ludwigs von der Normandie, der Gudrun entführt. Von den mit »Hart-« gebildeten Namen ist Hartmut der gebräuchlichste.

Hartmute, (auch:) Hartmuthe: weibl. Vorn., weibliche Form von ▸ Hartmut.

Harto: männl. Vorn., verselbstständigte Kurzform von Namen, die mit »Hart-« gebildet sind.

Hartwig, (auch:) Hartwich; Hertwig: alter deutscher männl. Vorn. (ahd. *harti, herti* »hart, kräftig, stark« + ahd. *wīg* »Kampf, Krieg; Krieger«; etwa »starker Krieger«).

Hartwin, (auch:) Hardwin: alter deutscher männl. Vorn. (ahd. *harti, herti* »hart, kräftig, stark« + ahd. *wini* »Freund«; etwa »starker Freund«).

Harun: männl. Vorn. arabischen Ursprungs, der dem biblischen Namen ▸ Aaron entspricht. ✧ Bekannte Namensträger: Harun ar-Raschid (d. h. »der Rechtgeleitete«), abassidischer Kalif (8./9. Jh.), zugleich zentrale Figur in den »Erzählungen von Tausendundeiner Nacht« (8.–16. Jh.); Harun Farocki, deutscher Filmregisseur (20./21. Jh.).

Harvey ['hɑːvɪ]: im 20. Jh. aus dem Englischen entlehnter männl. Vorn. bretonischen Ursprungs (▸Hervé), der mit den normannischen Eroberern nach England gelangte und im Mittelalter gebräuchlich war. Die Vergabe dieses Vornamens wurde im 19. Jh. wieder aufgenommen. ✧ Bekannter Namensträger: Harvey Keitel, amerikanischer Schauspieler (20./21. Jh.).

Harwig: männl. Vorn., niederdeutsche Form von ▸Herwig.

Harwin: männl. Vorn., niederdeutsche Form von ▸Herwin.

Hasan: männl. Vorn., türkische Form von ▸Hassan.

Hasko: männl. Vorn., Koseform von ▸Hasso.

Hassan: männl. Vorn. arabischen Ursprungs (arab. *ḥasan* »schön, gut«). So hieß ein Enkel des Propheten Mohammed. In der islamischen Welt ist Hassan ein beliebter Vorname. ✧ Bekannter Namensträger: Hassan II., König von Marokko (20. Jh.).

Hasso: männl. Vorn. nach dem Volksstamm der Hessen (zu ahd. *Hassi* »Hessen«) oder Koseform von Namen, die mit »Hart-« gebildet sind.

Hatice [hati'dʒɛ]: weibl. Vorn., türkische Form von ▸Khadija.

Hatim: männl. Vorn. arabischer Herkunft (arab. *ḥātim* »entschlossen« zu arab. *ḥatama* »entscheiden«).

Hatto: männl. Vorn., Kurzform von Namen, die mit »Had-« gebildet sind, wie z. B. ▸Hademar und ▸Hadwin.

Haug: männl. Vorn., Nebenform von ▸[1]Hugo.

[1]Hauke, (auch:) Hauko: männl. Vorn., seit dem ausgehenden Mittelalter gebräuchliche friesische Koseform von ▸Hugo und von Zusammensetzungen mit »Hug-« (ahd. *hugu* »Gedanke, Verstand, Geist, Sinn«). Eine bekannte literarische Gestalt ist Hauke Haien in Theodor Storms Novelle »Der Schimmelreiter« (1888).

[2]Hauke: weibl. Vorn., identisch mit ▸[1]Hauke.

[1]Haukea: weibl. Vorn., weibliche Bildung zu ▸[1]Hauke.

[2]Haukea: aus Hawaii stammender weibl. Vorn. (»schneeweiß«).

Hauko: ▸[1]Hauke.

Hava: weibl. Vorn., neuhebräische Form von ▸Eva.

Haviva: weibl. Vorn. neuhebräischer Herkunft (zu neuhebr. *chaviv* »lieb, nett«).

Haya: ▸Chaya.

Haydar: ▸Haidar.

Haydée: ▸Haidée.

Hayden, (auch:) Haydon; Haden ['heɪdən]: männl. Vorn., ursprünglich ein Familienname, dem ein englischer Ortsname (Haydon bzw. Heydon) zugrunde liegt.

Hayley, (auch:) Hailey; Haley ['heɪlɪ]: weibl. Vorn. englischer Herkunft, ursprünglich ein Familienname, der wiederum auf einen Ortsnamen zurückgeht. Der Name kam im englischsprachigen Raum in den 1960er-Jahren auf. Er wurde damals durch die Schauspielerin Hayley Mills bekannt.

Haymo: ▸Heimo.

Hayo: ▸Heio.

Hazel [heɪzl]: weibl. Vorn. zu engl. *hazel* »Haselnussstrauch«. Der Name kam in England gegen Ende des 19. Jh.s auf.

Heather ['hɛðə]: weibl. Vorn. zu engl. *heather* »Erika, Heidekraut«. Der Name kam in England im ausgehenden 19. Jh. auf.

Heaven [hevn]: weibl. Vorn. englischer Herkunft (engl. *heaven* »Himmel«).

Hector: männl. Vorn., Schreibvariante von ▸Hektor, auch englisch ['hɛktə] und französisch [ɛk'tɔːr]. ✧ Bekannter Namensträger: Hector Berlioz, französischer Komponist (19. Jh.).

Hed, (auch:) Heda: ▸Hede.

Hedda: im 19. Jh. entlehnter weibl. Vorn., nordische Kurzform von ▸Hedvig. Eine bekannte literarische Gestalt ist die Hedda Gabler in Ibsens gleichnamigem Drama (1890).

Heddi, (auch:) Heddy: weibl. Vorn., Koseform von ▸ Hedda.

Heddo: männl. Vorn., niederdeutsch-friesische Kurzform von Namen, die mit »Had-« gebildet sind, z. B. ▸ Hademar und ▸ Hadwin.

Hede, (auch:) Hed; Heda: weibl. Vorn., Kurzform von ▸ Hedwig.

Hedi, (auch:) Hedy: weibl. Vorn., Koseform von ▸ Hedwig.

Hedvig: weibl. Vorn., dänische, schwedische, norwegische Form von ▸ Hedwig.

Hedwig: alter deutscher weibl. Vorn., jüngere Form von ▸ Hadwig. Zu der Verbreitung des Namens im Mittelalter trug die Verehrung der heiligen Hedwig (12./13. Jh.), der Patronin von Schlesien, bei; NAMENSTAG: 16. Oktober. ✧ Bekannte Namensträgerinnen: die selige Hedwig, Königin von Polen (14. Jh.); NAMENSTAG: 17. Juli; Hedwig Courths-Mahler, deutsche Schriftstellerin (19./20. Jh.). Dän., schwed., norweg. Form: *Hedvig*. Poln. Form: *Jadwiga*.

Hedwiga: weibl. Vorn., Latinisierung von ▸ Hedwig.

Hedy: ▸ Hedi.

Heide, (auch:) Haide: weibl. Vorn., Kurzform von ▸ Adelheid. Der Name wird oft mit der gleichlautenden Pflanzenbezeichnung in Verbindung gebracht. Vor allem in den 1930er- und Anfang der 1940er-Jahre waren Doppelformen mit Heide modisch. Am häufigsten kommt *Heidemarie/Heidemaria* (▸ Maria) vor. Weitere Beispiele sind *Heidegard* (▸ Hildegard), *Heidegret(h)* (▸ Grete), *Heidelies(e)* (▸ Liese), *Heidelind(e)/Heidlinde* (▸ Linde), *Heidelore* (▸ Lore), *Heiderose* (▸ [1]Rosa).

Heider, (auch:) Haider: männl. Vorn., Kurzform von *Heiderich* (ahd. *heit*, dem german. **haidu-* »Art und Weise, Gestalt« zugrunde liegt, + ahd. *rīhhi* »Herrschaft, Herrscher, Macht; reich, mächtig, hoch«) oder dem alten Namen *Heidenreich* (ahd. *heidan* »Heide« + ahd. *rīhhi* »Herrschaft, Herrscher, Macht; reich, mächtig, hoch«).

Heiderich: alter deutscher männl. Vorn. (ahd. *heit*, dem german. **haidu-* »Art und Weise, Gestalt« zugrunde liegt, + ahd. *rīhhi* »Herrschaft, Herrscher, Macht; reich, mächtig, hoch«).

Heidi, (auch:) Haidi: im 20. Jh. beliebter weibl. Vorn., Koseform von ▸ Adelheid, auch als Koseform von ▸ Heidrun und von Doppelformen mit ▸ Heide verwendet. Ein bekanntes Mädchenbuch ist »Heidi« (1881) von Johanna Spyri. ✧ Bekannte Namensträgerin: Heidi Klum, deutsches Topmodel (20./21. Jh.).

Heidrun: weibl. Vorn., Neubildung aus den alten Namenbestandteilen »Heid-« (ahd. *heit*, dem german. **haidu-* »Art und Weise, Gestalt« zugrunde liegt) und »-run« (ahd. *rūna* »Geheimnis, geheime Beratung«).

Heidwin: männl. Vorn. (ahd. *heit*, dem german. **haidu-* »Art und Weise, Gestalt« zugrunde liegt, und ahd. *wini* »Freund«).

[1]Heike: ▸ Heiko.

[2]Heike, (auch:) Heika; Haike: weibl. Vorn., niederdeutsch-friesische Koseform von ▸ Heinrike. Dieser Vorname war in den 1960er- und 1970er-Jahren sehr beliebt. ✧ Bekannte Namensträgerinnen: Heike Henkel, deutsche Leichtathletin (20./21. Jh.); Heike Drechsler, deutsche Leichtathletin (20./21. Jh.); Heike Makatsch, deutsche Fernsehmoderatorin und Schauspielerin (20./21. Jh.).

Heikki ['heikki]: männl. Vorn., finnische Form von ▸ Henrik.

Heiko, (selten auch:) Haiko; [1]Heike; Heyko: männl. Vorn., niederdeutsch-friesische Koseform von ▸ Heinrich.

Heilburg: alter deutscher weibl. Vorn. (ahd. *heil* »gesund, unversehrt, heil« + ahd. *burg* »Burg, Zufluchtsstätte, Schutz«).

Heilgard, (auch:) Helgard: alter deutscher weibl. Vorn. (ahd. *heil* »gesund, unversehrt, heil« + german. **gardaz* »Zaun, Einfriedung«, vgl. ahd. *garto* »Garten«).

Heilke, (auch:) Heilka; Helke: weibl. Vorn., niederdeutsch-friesische Koseform von Namen, die mit »Heil-« gebildet sind (z. B. von ▸ [2]Heilwig).

Heilko: männl. Vorn., niederdeutsch-friesische Koseform von Namen, die mit »Heil-« gebildet sind (z.B. von ▸ [1]Heilwig).

Heilmar, (auch:) Helimar; Helmar; Helmer: alter deutscher männl. Vorn. (ahd. *heil* »gesund, unversehrt, heil« + ahd. *māri* »bekannt, berühmt, angesehen«).

Heiltrud, (auch:) Heltrud: weibl. Vorn. (ahd. *heil* »gesund, unversehrt, heil« + german. **þrūþi* »Kraft, Stärke«, in althochdeutscher Zeit umgedeutet zu *trūt* »vertraut, lieb«).

[1]**Heilwig,** (auch:) Helwig: alter deutscher männl. Vorn. (ahd. *heil* »gesund, unversehrt, heil« + ahd. *wīg* »Kampf, Krieg«).

[2]**Heilwig:** seit dem Mittelalter gebräuchlicher weibl. Vorn., identisch mit ▸ [1]Heilwig.

Heimeran: ▸ Emmeram.

Heimito: männl. Vorn., Eindeutschung von span. *Jaimito*, Koseform von *Jaime*, der spanischen Form von ▸ Jakob. ✧ Bekannter Namensträger: Heimito von Doderer, österreichischer Schriftsteller (19./20. Jh.).

Heimke: weibl. Vorn., verselbstständigte niederdeutsch-friesische Koseform von Namen, die mit »Heim-« (ahd. *heim* »Haus«) gebildet wurden.

Heimo, (selten auch:) Haimo; Haymo: alter deutscher männl. Vorn., verselbstständigte Kurzform von Namen, die mit »Heim-« (ahd. *heim* »Haus«) gebildet sind.

Heimrad: alter deutscher männl. Vorn. (ahd. *heim* »Haus« + ahd. *rāt* »Rat, Beratung, Ratgeber«).

Hein, (auch:) Heine: männl. Vorn., besonders niederdeutsch-friesische Kurzform von ▸ Heinrich.

Heinar: ▸ Heiner. ✧ Bekannter Namensträger: Heinar Kipphardt, deutscher Schriftsteller (20. Jh.).

Heine: ▸ Hein.

Heiner, (auch:) Heinar; Hainer: männl. Vorn., Kurzform von ▸ Heinrich. ✧ Bekannter Namensträger: Heiner Müller, deutscher Dramatiker und Regisseur (20. Jh.).

Heinfried: im 20. Jh. aus ▸ Hein[rich] und ▸ Fried[rich] gebildeter männl. Vorname.

Heini: männl. Vorn., Koseform von ▸ Heinrich.

[1]**Heinke,** (auch:) Heinko: männl. Vorn., niederdeutsch-friesische Koseform von ▸ Heinrich.

[2]**Heinke:** weibl. Vorn., niederdeutsch-friesische Koseform von ▸ Heinrike.

Heinko: ▸ [1]Heinke.

Heino: männl. Vorn., Kurzform von ▸ Heinrich. ✧ Bekannter Namensträger: Heino, deutscher Schlagersänger (20./21. Jh.).

Heinrich: alter deutscher männl. Vorn., der sich aus *Heimrich* (ahd. *heim* »Haus« + ahd. *rīhhi* »Herrschaft, Herrscher, Macht; reich, mächtig, hoch«) entwickelt hat. Heinrich war schon im Mittelalter einer der beliebtesten deutschen Vornamen. Zahlreiche Herzöge, Könige und Kaiser trugen diesen Namen. Zur Verbreitung des Namens trug auch die Verehrung Kaiser Heinrichs II. des Heiligen, (10./11. Jh.) bei; NAMENSTAG: 13. Juli. An der Formel *Hinz und Kunz* (Kurzformen von Heinrich und Konrad = »jedermann«) lässt sich die einstige Volkstümlichkeit des Namens noch erkennen. Bekannte literarische Gestalten sind der Heinrich in Gottfried Kellers Roman »Der grüne Heinrich« (1879/80) und Heinrich von Ofterdingen in dem gleichnamigen Romanfragment (1802) von Novalis. ✧ Bekannte Namensträger: Kaiser Heinrich III. (11. Jh.); Heinrich IV., deutscher Kaiser (11./12. Jh.), bekannt durch seinen Bußgang nach Canossa; Heinrich der Löwe, Herzog von Sachsen (12. Jh.); Heinrich von Veldeke, mittelhochdeutscher Dichter (12./13. Jh.); Heinrich VIII., englischer König (15./16. Jh.); Heinrich Schütz, deutscher Komponist (16./17. Jh.); Heinrich von Kleist, deutscher Dichter (18./19. Jh.); Heinrich Heine, deutscher Dichter (18./19. Jh.); Heinrich Schliemann, deutscher Archäologe (19. Jh.); Heinrich Rudolph Hertz, deutscher Physiker (19. Jh.); Heinrich Mann, deutscher Schriftsteller (19./20. Jh.); Heinrich Böll, deutscher Schriftsteller (20. Jh.); Heinrich Breloer, deutscher Filmregisseur

(20./21. Jh.). Italien. Form: *Enrico*. Span. Form: *Enrique* [en'rike]. Katal. Form: *Enric* [ən'rik]. Bask. Form: *Endrike*. Französ. Form: *Henri* [ã'ri]. Engl. Form: *Henry* ['hɛnrɪ]. Schwed., norweg., dän. Form: *Henrik*. Poln. Form: *Henryk*. Tschech. Form: *Jindřich* ['jindrʒix]. Niederländ. Form: *Hendrik*.

Heinrike, (auch:) Heinrika: weibl. Vorn., weibliche Form von ▸Heinrich.

Heintje: männl. Vorn., friesische und niederländische Koseform von ▸Heinrich. Der Name wurde in Deutschland durch den niederländischen Kinderstar Heintje (20./21. Jh.) bekannt.

Heinz: männl. Vorn., Koseform von ▸Heinrich. Heinz gehörte zu den beliebtesten Vornamen der ersten Hälfte des 20. Jh.s. Zu dieser Zeit wurden auch Doppelformen mit Heinz gebildet, z. B. *Heinzdieter* (▸Dieter), *Heinzgünter* (▸Günter), *Heinzjürgen* (▸Jürgen), *Heinzkarl* (▸Karl), *Heinzpeter* (▸Peter). ✧ Bekannter Namensträger: Heinz Rühmann, deutscher Filmschauspieler (20. Jh.).

Heio, (auch:) Haje; [1]Hajo; Hayo; Heye; Heyo: männl. Vorn., durch Zusammenziehung entstandene friesische Kurzform von Namen, die mit ahd. *hag, hagan* »Einhegung, Hag« gebildet wurden. ✧ Bekannter Namensträger: Heio von Stetten, deutscher Filmschauspieler (20./21. Jh.).

Hektor, (auch:) Hector: männl. Vorn. griechischen Ursprungs (wohl zu griech. *échō* in der Bedeutung »[durch Kampf] erwerben, an sich nehmen«), der auf den Namen des trojanischen Helden zurückgeht. Nach der Ilias fällt Hektor im Kampf gegen Achill. Der Name kam im 14./15. Jh. in Deutschland auf, wurde aber nicht volkstümlich. Italien. Form: *Ettore*. Engl. Form: *Hector* ['hɛktə]. Französ. Form: *Hector* [ɛk'tɔːr].

Hela: ▸[1]Hella.

Heleen: weibl. Vorn., moderne Variante von ▸Helen, ▸Helene.

Helen, (auch:) Helen: weibl. Vorn., verkürzte Form von ▸Helene, auch englisch ['hɛlɪn]. ✧ Bekannte Namensträgerinnen: Helen Keller, amerikanische Schriftstellerin (19./20. Jh.); Helen Hunt, amerikanische Schauspielerin (20./21. Jh.).

Helena, (auch:) Helene: aus der griechischen Mythologie stammender weibl. Vorn. (griech. *Helénē*), dessen Etymologie umstritten ist. Namenspatronin ist die heilige Helena (3./4. Jh.); NAMENSTAG: 18. August. ✧ Bekannte Namensträgerinnen: Helene Lange, deutsche Frauenrechtlerin (19./20. Jh.); Helene Weigel, Schauspielerin und Theaterleiterin österreichischer Herkunft (20. Jh.); Helene Fischer, deutsche Schlagersängerin (20./21. Jh.). Italien. Form: *Elena*. Span. Form: *Elena*. Französ. Formen: *Élaine*; *Hélène* [e'lɛn]. Engl. Formen: *Helen* ['hɛlɪn], *Ellen*. Schwed. Form: *Elin*. Ungar. Form: *Ilona* ['ilonɔ]. Rumän. Form: *Ileana*. Russ. Form: *Jelena* [jɪ'ljɛnɐ]. Neugriech. Form: *Eleni*.

Helena:

In der griechischen Sage ist Helena, Gemahlin des Königs Menelaos von Sparta, eine Frau von außerordentlicher Schönheit. Ihre Entführung durch Paris löst den Trojanischen Krieg aus. Die Gestalt der Helena begegnet in der Literatur von der Antike bis zur Gegenwart. In den »Troerinnen« des Euripides (415 v. Chr.) erscheint sie als gewissenlose Verführerin, in den mittelalterlichen Trojaromanen verkörpert sie die sündige Liebe, im zweiten Teil von Goethes »Faust« den Inbegriff der antiken Schönheit. Musikalische Bearbeitungen des Helena-Stoffs sind »Die ägyptische Helena« (1928), eine Oper von Richard Strauss nach einem Drama von Hugo von Hofmannsthal, und die Operette »Die schöne Helene« (1864) von Jacques Offenbach. Als christlicher Name geht Helena auf die heilige Kaiserin Helena (3./4. Jh.), Mutter Konstantins des Großen, zurück. Nach der Legende soll sie das Kreuz Christi aufgefunden haben. Dieser Vorname, der in Deutschland seit dem Mittelalter vorkommt, war im 19. Jh. beliebt und wird heute wieder vergeben.

Hélène [e'lɛn]: weibl. Vorn., französische Form von ▸Helene.

Helfrich: alter deutscher männl. Vorn. (ahd. *helfa* »Hilfe, Beistand« + ahd. *rīhhi* »Herrschaft, Herrscher, Macht; reich, mächtig, hoch«).

Helfried, (auch:) Hellfried: männl. Vorn., jüngere Form von ▸Helmfried oder *Heilfried* (ahd. *heil* »gesund, unversehrt, heil« + ahd. *fridu* »Schutz vor Waffengewalt, Friede; Friedenswahrer«).

Helga: gegen Ende des 19. Jh.s entlehnter weibl. Vorn. nordischer Herkunft, weibliche Form von ▸[1]Helge. In Deutschland war Helga im Zeitraum 1920–1960 ein sehr beliebter Vorname. ✧ Bekannte Namensträgerin: Helga M. Novak, deutsche Schriftstellerin (20./21. Jh.).

Helgar: männl. Vorn. nordischer Herkunft, Neubildung (19. Jh.) in Anlehnung an ▸[1]Helge oder ▸Helga.

Helgard: weibl. Vorn., Nebenform von ▸Heilgard.

[1]Helge: gegen Ende des 19. Jh.s aus dem Nordischen übernommener männl. Vorn. (zu altnord. *heilagr* »heilig«). Als Name verschiedener Gestalten aus der nordischen Sage wurde Helge im 19. Jh. in den skandinavischen Ländern neu belebt. ✧ Bekannter Namensträger: Helge Schneider, deutscher Komiker, Schriftsteller und Musiker (20./21. Jh.).

[2]Helge: weibl. Vorn., seit den 1920er-Jahren vorkommende deutsche Nebenform von ▸Helga.

Helger: männl. Vorn. (zu ahd. *heil* »gesund, unversehrt, heil« + ahd. *gēr* »Speer«), z. T. auch Variante von ▸Helgar.

Helgo: männl. Vorn., latinisierte Form von ▸[1]Helge, auch schwedisch.

Helgrid, (auch:) Helgrit: weibl. Vorn., Doppelform aus ▸Hel(ga), ▸Hel(ke) und einer Kurzform von Namen, die auf »-grid/-grit« enden (▸Ingrid, ▸Sigrid, ▸Margrit).

Heli, (auch:) Helli: weibl. Vorn., Koseform von ▸Helene.

Helia: weibl. Vorn., weibliche Form von ▸Helios.

Helimar: ▸Heilmar.

Helin, (auch:) Helin: weibl. Vorn., Verkürzung von *Heline*, einer norwegischen Nebenform von ▸Helene.

Helios, (auch:) Helio: männl. Vorn. griechischen Ursprungs (griech. *hḗlios* »Sonne«). In der griechischen Mythologie war Helios der Sonnengott.

Helja: weibl. Vorn., Neubildung aus ▸Hel(ene) und ▸Ja(kob).

Helke: ▸Heilke.

Helko: ▸Heilko.

[1]Hella, (auch:) Hela: weibl. Vorn., Kurzform von ▸Helene.

[2]Hella: weibl. Vorn., norwegische Variante von ▸Helga.

Helle: weibl. Vorn., dänische Variante von ▸Helga.

Hellfried: ▸Helfried.

Helli: ▸Heli.

Hellmuth: ▸Helmut.

Helm: männl. Vorn., Kurzform von Namen, die mit »Helm-« oder »-helm« gebildet sind (z. B. ▸Helmfried und ▸Wilhelm).

Helma: weibl. Vorn., Kurzform von Zusammensetzungen mit »Helm-« oder »-helma« (z. B. ▸Helmtraud und ▸Wilhelma).

Helmar: ▸Heilmar.

Helmbrecht: alter deutscher männl. Vorn. (ahd. *helm* »Helm« + ahd. *beraht* »glänzend, berühmt«). Eine literarische Gestalt ist der Helmbrecht in dem mittelhochdeutschen Versepos »Meier Helmbrecht« (13. Jh.).

Helmer: ▸Heilmar.

Helmfried: alter deutscher männl. Vorn. (ahd. *helm* »Helm« + ahd. *fridu* »Schutz vor Waffengewalt, Friede; Friedenswahrer«).

Helmgard: alter deutscher weibl. Vorn. (ahd. *helm* »Helm« + german. **gardaz* »Zaun, Einfriedung«, vgl. ahd. *garto* »Garten«).

Helmi, (auch:) Helmy: weibl. Vorn., Koseform von ▸Helma.

Helmine, (auch:) Helmina: weibl. Vorn., Kurzform von ▸Wilhelmine.

[1]Helmke: männl. Vorn., niederdeutsche Koseform von ▸Helm, ▸Helmo.

[2]Helmke: weibl. Vorn., niederdeutsche Koseform von ▸Helma.

Helmo: männl. Vorn., Kurzform von Namen, die mit »Helm-« oder mit »-helm« gebildet sind (z. B. ▸ Helmfried und ▸ Wilhelm).

Helmtraud, (auch:) Helmtraut; Helmtrud: alter deutscher weibl. Vorn. (ahd. *helm* »Helm« + german. **þrūþi* »Kraft, Stärke«, in althochdeutscher Zeit umgedeutet zu *trūt* »vertraut, lieb«).

Helmut, (auch:) Helmuth; Hellmut; Hellmuth: männl. Vorn., dessen Vergabe erst ab 1800 vereinzelt dokumentiert ist. Zwar lässt sich dieser Vorname als niederdeutsche Variante von *Heilmut* (ahd. *heil* »gesund, unversehrt, heil« + ahd. *muot* »Sinn, Gemüt, Geist«) oder als Neubildung mit den Namenbestandteilen »Helm-« und »-mut« (in der Schreibung »Hellmut« oft auch im Sinne von »heller Mut« ausgelegt) erklären, doch ist er aller Wahrscheinlichkeit nach aus *Helmold* (ahd. *helm* »Helm« + ahd. *-walt* zu *waltan* »walten, herrschen«) entstanden. Dieser Name war in Norddeutschland bis ins 17./18. Jh. in Gebrauch. In der Adelsfamilie von Rohr war Helmold vom 15. bis 18. Jh. Leitname. Es ist bekannt, dass Helmold Joh. Wilh. Erdmann von Rohr (geb. 1739 in Penzlin) Helmuth genannt wurde. Aus urkundlich belegten Varianten von Helmold wie *Helmod* (15. Jh.), *Helmoth* (16. Jh.) geht hervor, wie der Übergang zu Helmut verlaufen konnte. Der Name wurde in Deutschland durch einen prominenten Namensträger, den preußischen Generalfeldmarschall Helmuth Graf von Moltke (19. Jh.), bekannt. Die häufige Vergabe des Vornamens setzt gegen Ende des 19. Jh.s ein und erreicht ihren Höhepunkt in den 1930er-Jahren. Bis Ende der 1950er-Jahre gehörte Helmut noch zu den beliebten männlichen Vornamen. ✧ Bekannte Namensträger: Helmut Qualtinger, österreichischer Schauspieler und Kabarettist (20. Jh.); Helmut Schmidt, deutscher Politiker (20./21. Jh.); Helmut Heißenbüttel, deutscher Lyriker (20. Jh.); Helmut Kohl, deutscher Politiker (20./21. Jh.); Helmut Jahn, amerikanischer Architekt deutscher Herkunft (20./21. Jh.); Hellmuth Karasek, deutscher Literaturkritiker (20./21. Jh.).

Helmy: ▸ Helmi.

Heloise: aus dem Französischen entlehnter weibl. Vorn. germanischer Herkunft (wahrscheinlich zu ahd. *heil* »gesund, unversehrt, heil« + ahd. *witu* »Holz, Wald«). Rousseaus erfolgreicher Roman »La nouvelle Héloïse« (1761), der auf das unglückliche mittelalterliche Liebespaar Abélard und Héloïse anspielt, hatte nur einen bescheidenen Einfluss auf die französische Namengebung des 18. und 19. Jh.s. Erst ab den 1970er-Jahren kam es im Zuge einer Hinwendung zu mittelalterlichen Vornamen zu einer Wiederaufnahme von Héloïse und seiner Variante Éloïse. In Deutschland ist Heloise vom 18. Jh. bis zur Gegenwart nur ganz vereinzelt anzutreffen. Französ. Formen: *Héloïse, Éloïse* [elɔ'i:z].

Heltrud: ▸ Heiltrud.

Helwig: ▸ [1]Heilwig.

Helwin: männl. Vorn. (ahd. *heil* »gesund, unversehrt, heil« + ahd. *wini* »Freund«).

Hemma: weibl. Vorn., verselbstständigte Kurzform von Namen, die mit »Heim-« gebildet wurden. Hemma gilt auch als Nebenform von ▸ Emma.

Hemmo: männl. Vorn., niederdeutsche Kurzform von Namen, die mit »Heim-« gebildet sind.

Hendrick: männl. Vorn., Schreibvariante von ▸ Hendrik.

Hendrik: männl. Vorn., niederländische Form von ▸ Heinrich, auch friesisch.

Hendrike, (auch:) Hendrika: weibl. Vorn., weibliche Form von ▸ Hendrik.

Hendrikje: weibl. Vorn., niederländische Koseform von ▸ Hendrike. ✧ Bekannte Namensträgerin: Hendrickje Stoffels (17. Jh.), Lebensgefährtin Rembrandts.

Hendrina: weibl. Vorn., weibliche Bildung zu ▸ Hendrik.

Henja, (auch:) Henia: weibl. Vorn., Ableitung von Namen, die mit »Hen-« beginnen (z. B. ▸ Hendrike).

Henk: männl. Vorn., friesische und niederländische Koseform von ▸ Hendrik.

Henner: männl. Vorn., Kurzform von ▸ Heinrich.

Hennes: männl. Vorn., Kurzform von ▸Johannes.

Henni, (auch:) ²Henny: seit dem 19. Jh. vorkommender weibl. Vorn., Koseform von ▸Henriette oder auch von ▸Johanna.

Hennig, (auch:) Henning: männl. Vorn., niederdeutsch-friesische Koseform von ▸Johannes oder ▸Heinrich, auch in Skandinavien geläufig. ✧ Bekannter Namensträger: Henning Mankell, schwedischer Schriftsteller (20./21. Jh.).

Henno: männl. Vorn., Kurzform von ▸Heinrich oder ▸Johannes.

¹Henny: männl. Vorn., Koseform von ▸Heinrich oder ▸Johannes. ✧ Bekannter Namensträger: Hans Henny Jahnn, deutscher Schriftsteller (19./20. Jh.).

²Henny: ▸Henni.

Henoch: ▸Enoch.

Henri [ãˈri]: im 19. Jh. entlehnter männl. Vorn., französische Form von ▸Heinrich. ✧ Bekannte Namensträger: Henri Bergson, französischer Philosoph (19./20. Jh.); Henri de Toulouse-Lautrec, französischer Maler und Grafiker (19./20. Jh.); Henri Matisse, französischer Maler, Zeichner und Bildhauer (19./20. Jh.); Henri Nannen, deutscher Publizist (20. Jh.).

Henrica: weibl. Vorn., Schreibvariante von *Henrika* (▸Henrike).

Henrich: männl. Vorn., niederdeutsch-friesische Form von ▸Heinrich.

Henrick: männl. Vorn., Schreibvariante von ▸Henrik.

Henrieke: ▸Henrike.

Henrietta: weibl. Vorn., latinisierte Form von ▸Henriette.

Henriette, französ. Aussprache: [ãˈrjɛt]: im 17. Jh. aus dem Französischen übernommener weibl. Vorn., weibliche Form von *Henri* (▸Heinrich).

Henrik: männl. Vorn., niederdeutsch-friesische Form von ▸Heinrich, auch dänisch, norwegisch und schwedisch. ✧ Bekannte Namensträger: der heilige Henrik (12. Jh.), Bischof von Uppsala, Märtyrer, Patron Finnlands; NAMENSTAG: 20. Januar; Henrik Ibsen, norweg. Dramatiker (19./20. Jh.).

Henrike, (auch:) Henrika; Henrieke: seit dem 19. Jh. vorkommender weibl. Vorn., weibliche Form von ▸Henrik.

Henry [ˈhɛnrɪ]: im 18. Jh. aus dem Englischen übernommener männl. Vorn., englische Form von ▸Heinrich. ✧ Bekannte Namensträger: Henry Miller, amerikanischer Schriftsteller (19./20. Jh.); Henry James, amerikanischer Schriftsteller (19./20. Jh.); Henry Ford, amerikanischer Industrieller (19./20. Jh.); Henry Fonda, amerikanischer Filmschauspieler (20. Jh.); Henry Maske, deutscher Boxer (20./21. Jh.).

Henryk [ˈxɛnrik]: im 20. Jh. entlehnter männl. Vorn., polnische Form von ▸Heinrich. ✧ Bekannter Namensträger: Henryk Sienkiewicz, polnischer Schriftsteller (19./20. Jh.).

¹Hera: weibl. Vorn., Kurzform von Namen, die mit »Her-« beginnen (z. B. ▸Herlinde). ✧ Bekannte Namensträgerin: Hera Lind (eigtl. Herlind Heidenreich, geb. Wartenberg), deutsche Schriftstellerin und Sängerin (20./21. Jh.).

²Hera: aus der griechischen Mythologie übernommener weibl. Vorn.; die Göttin Hera, Gemahlin des Zeus, war die Beschützerin von Ehe und Familie.

Herald: ▸Herold.

Herbert, (auch:) Heribert: alter deutscher männl. Vorn. (ahd. *heri* »Kriegsschar, Heer« + ahd. *beraht* »glänzend, berühmt«), auch englisch [ˈhəːbət]. ✧ Bekannte Namensträger: der heilige Heribert (10./11. Jh.), Erzbischof von Köln; NAMENSTAG: 16. März; Herbert Marcuse, amerikanischer Philosoph deutscher Herkunft (19./20. Jh.); Herbert von Karajan, österreichischer Dirigent (20. Jh.); Herbert Achternbusch, deutscher Schriftsteller und Filmemacher (20./21. Jh.); Herbert Grönemeyer, deutscher Rock- und Popsänger (20./21. Jh.); Herbert Knaup, deutscher Schauspieler (20./21. Jh.).

Herburg: alter deutscher weibl. Vorn. (ahd. *heri* »Kriegsschar, Heer« + ahd. *burg* »Burg, Zufluchtsstätte, Schutz«).

Herdan: alter deutscher männl. Vorn., Kurzform der älteren Namensform *Herdegan* bzw. *Herdegen* (ahd. *heri* »Kriegsschar, Heer« + ahd. *thegan, degan* »[junger] Held, Krieger«).

Herdis: im 20. Jh. entlehnter weibl. Vorn. nordischer Herkunft (altnord. *Herdís*; urnord. *harjaR*, altnord. *herr* »Heer« + altnord. *dís* »Göttin«).

Herfried: alter deutscher männl. Vorn. (ahd. *heri* »Kriegsschar, Heer« + ahd. *fridu* »Schutz vor Waffengewalt, Friede; Friedenswahrer«).

Hergard: alter deutscher weibl. Vorn. (ahd. *heri* »Kriegsschar, Heer« + german. **gardaz* »Zaun, Einfriedung«, vgl. ahd. *garto* »Garten«).

Hergen: männl. Vorn., niederländische Koseform von Namen, die mit »Her-« gebildet sind, oder durch Zusammenziehung entstandene Form des heute nicht mehr gebräuchlichen Namens *Herdegen* (ahd. *heri* »Kriegsschar, Heer« + ahd. *thegan, degan* »[junger] Held, Krieger«).

Herger: alter deutscher männl. Vorn. (ahd. *heri* »Kriegsschar, Heer« + ahd. *gēr* »Speer«).

Heribert: ▸ Herbert.

Herko: männl. Vorn., friesische Koseform von Namen, die mit »Her-« gebildet sind.

Herlinde, (auch:) Herlind: alter deutscher weibl. Vorn. (ahd. *heri* »Kriegsschar, Heer« + ahd. *lind* »sanft, weich, mild«).

Herm: männl. Vorn., Kurzform von ▸ Hermann.

Herma: weibl. Vorn., weibliche Form von ▸ Herm oder Kurzform von ▸ Hermine.

Herman: männl. Vorn., ältere Schreibvariante von ▸ Hermann, auch schwedisch, dänisch, niederländisch, englisch ['hə:mən], polnisch. ✧ Bekannte Namensträger: Herman Melville, amerikanischer Schriftsteller (19. Jh.); Herman J. Bang, dänischer Schriftsteller (19./20. Jh.).

Hermann, (auch:) Herrmann: alter deutscher männl. Vorn. (ahd. *heri* »Kriegsschar, Heer« + ahd. *man* »Mann«). Der Name war im Mittelalter sehr häufig und blieb bis in die Neuzeit in Gebrauch. Im 18./19. Jh. wurde der Name des Cheruskerfürsten Arminius (▸ Armin), der i. J. 9 n. Chr. über das römische Heer des Varus siegte, fälschlich als Hermann eingedeutscht, so z. B. in Klopstocks Dramen »Hermanns Schlacht« (1769), »Hermann und die Fürsten« (1784) und »Hermanns Tod« (1787) sowie in Kleists Drama »Die Hermannsschlacht« (1821). Die Heldenhaftigkeit und vaterländische Gesinnung des Cheruskerfürsten dürften zur Attraktivität des Namens beigetragen haben. Hermann erfreute sich im 19. Jh. großer Beliebtheit. ✧ Bekannte Namensträger: Hermann Helmholtz, deutscher Physiker (19. Jh.); Hermann Löns, deutscher Schriftsteller (19./20. Jh.); Hermann Hesse, deutscher Dichter (19./20. Jh.); Hermann Broch, österreichischer Schriftsteller (19./20. Jh.); Hermann Kasack, deutscher Schriftsteller (19./20. Jh.); Hermann Kesten, deutscher Schriftsteller (20. Jh.); Hermann Prey, deutscher Sänger (20. Jh.).

Hermanna: weibl. Vorn., weibliche Form von ▸ Hermann.

Hermes: aus der griechischen Mythologie übernommener männl. Vorn. Hermes war der Sohn des Zeus und der Bote der Götter des Olymps. Er war berühmt wegen seiner Beredsamkeit. Unter seinem Schutz standen die Händler, die Reisenden, aber auch die Diebe.

Hermi, (auch:) Hermy: weibl. Vorn., Koseform von ▸ Herma.

Hermine, (auch:) Hermina: weibl. Vorn., um 1800 aufgekommene weibliche Bildung zu ▸ Hermann. Eine literarische Gestalt ist die Hermine aus den »Harry Potter«-Romanen von Joanne K. Rowling.

Hermione: weibl. Vorn. (griech. *Hermiónē*, zum Götternamen ▸ Hermes). Nach der griechischen Sage war Hermione die Tochter des Menelaos und der Helena (▸ Helene). Eine literarische Gestalt ist die Hermione in Shakespeares Drama »Das Wintermärchen« (um 1610–11). Engl. Aussprache: [hə:'miənɪ].

Hẹrmut: männl. Vorn. (ahd. *heri* »Kriegsschar, Heer« + ahd. *muot* »Sinn, Gemüt, Geist«).

Hẹrmy: ▸ Hermi.

[1]Hẹro: männl. Vorn., ostfriesische Kurzform von Namen, die mit »Her-« gebildet sind.

[2]Hẹro: weibl. Vorn. griechischen Ursprungs, bekannt durch die tragische Liebesgeschichte zwischen Hero und Leander.

Herold, (auch:) Herald; [1]Harold: alter deutscher männl. Vorn. (ahd. *heri* »Kriegsschar, Heer« + ahd. *-walt* zu *waltan* »walten, herrschen«).

Herolf, (auch:) Hạriolf: alter deutscher männl. Vorn. (ahd. *heri* »Kriegsschar, Heer« + ahd. *wolf* »Wolf«).

Hẹrrmann: männl. Vorn., Nebenform von ▸ Hermann. ✧ Bekannter Namensträger: Herrmann Maier, österreichischer Skiläufer (20./21. Jh.).

Hẹrta, (auch:) Hẹrtha: gegen Ende des 19. Jh.s aufgekommener weibl. Vorn., der auf einer falschen Lesart des Namens der germanischen Göttin Nerthus beruht (Tacitus, Germania, Kap. 40). ✧ Bekannte Namensträgerin: Herta Müller, rumäniendeutsche Schriftstellerin (20./21. Jh.).

Hẹrtraud, (auch:) Hẹrtraut: alter deutscher weibl. Vorn. (ahd. *heri* »Kriegsschar, Heer« + german. **þrūþi* »Kraft, Stärke«, in althochdeutscher Zeit umgedeutet zu *trūt* »vertraut, lieb«).

Hẹrtwig: ▸ Hartwig.

Hervé [ɛr've]: im 20. Jh. entlehnter männl. Vorn., französische Form des bretonischen Namens *Haeruiu*, dessen Bedeutung umstritten ist (vielleicht zu kelt. *haer-* »Kampf« und *-uiu* »lebhaft, munter«). Engl. Form: *Harvey* ['hɑ:vɪ].

Hẹrward, (auch:) Hẹrwart: alter deutscher männl. Vorn. (ahd. *heri* »Kriegsschar, Heer« + ahd. *wart* »Hüter, Schützer«).

Hẹrwig, (auch:) Hạrwig: alter deutscher männl. Vorn. (ahd. *heri* »Kriegsschar, Heer« + ahd. *wīg* »Kampf, Krieg; Krieger«; etwa »in der Kriegsschar bewährter Krieger«). Eine Sagengestalt ist Herwig von Seeland, der Verlobte Gudruns, in der Gudrunsage.

Hẹrwin, (auch:) Hạrwin: alter deutscher männl. Vorn. (ahd. *heri* »Kriegsschar, Heer« + ahd. *wini* »Freund«).

Hesekiel: männl. Vorn., von Luther eingeführte Form von ▸ Ezechiel.

Hẹsso: ▸ Hasso.

Hester ['hɛstə]: weibl. Vorn., englische Form von ▸ Esther.

Heta, (auch:) Hete; Hẹtta: weibl. Vorn., Kurzform von ▸ Hedwig.

Heti, (auch:) Hẹtti; Hẹtty: weibl. Vorn., Koseform von ▸ Heta.

Hẹtta: ▸ Heta.

Hẹtti, (auch:) Hẹtty: ▸ Heti.

Heye: ▸ Heio.

Heyko: ▸ Heiko.

Heyo: ▸ Heio.

Hịba: weibl. Vorn. arabischer Herkunft (arab. *hiba* »Geschenk, Gabe« zu arab. *wahaba* »geben, schenken«).

Hịddo, (auch:) Hịdde: männl. Vorn., Kurzform von Namen, die mit »Hild-« (ahd. *hiltja* »Kampf«) gebildet sind.

Hieronymus: männl. Vorn. griechischen Ursprungs (zu griech. *hierós* »heilig, geheiligt, den Göttern geweiht« und *ónoma* »Name, Ruf«). Hieronymus wurde im Mittelalter als Name des heiligen Hieronymus (4./5. Jh.) vergeben; Namenstag: 30. September. Der heilige Hieronymus ist der Schöpfer der lateinischen Bibelübersetzung »Vulgata«. ✧ Bekannter Namensträger: Hieronymus Bosch, niederländischer Maler (15./16. Jh.). Französ. Formen: *Gérôme, Jérôme* [ʒe'ro:m]. Engl. Form: *Jerome* [dʒə'roʊm], ['dʒɛrəm]. Italien. Form: *Geronimo* [dʒe'ronimo]. Niederländ. Form: *Jerœn* [je'ru:n]. Span. Form: *Jerónimo* [xe'ronimo].

Hịkari: weibl. Vorn. japanischer Herkunft (japan. *hikari* »Licht, Helligkeit«).

[1]Hikmẹt: männl. Vorn. türkischer Herkunft (türk. *hikmet* »Weisheit« aus gleichbedeutend arab. *ḥikmat*).

[2]Hikmẹt: weibl. Vorn., identisch mit ▸ [1]Hikmet.

Hịlar: ▸ Hilarius.

Hilaria: weibl. Vorn., weibliche Form von

▸Hilarius. Engl. Form: *Hilary* ['hɪlərɪ]. Italien. Form: *Ilaria.*

Hilario, span. Aussprache: [i'lario]: männl. Vorn., spanische Form von ▸Hilarius.

Hilarius, (auch:) Hilar: männl. Vorn. lateinischen Ursprungs (zu lat. *hilarus, -a, -um* »heiter, fröhlich«). Zur Verbreitung des Namens im Mittelalter trug die Verehrung des heiligen Hilarius, des Bischofs von Poitiers (4. Jh.), bei; NAMENSTAG: 13. Januar.

Hilary ['hɪlərɪ]: weibl. Vorn., englische Form von ▸Hilaria. ✧ Bekannte Namensträgerin: Hilary Hahn, amerikanische Violinistin (20./21. Jh.).

Hilbert: männl. Vorn., jüngere Form von ▸Hildebert.

Hilburg: ▸Hildburg.

Hilda: ▸Hilde.

Hildburg, (auch:) Hilburg; Hildeburg: alter deutscher weibl. Vorn. (ahd. *hiltja* »Kampf« + ahd. *burg* »Burg, Zufluchtsstätte, Schutz«). Eine Sagengestalt ist Hildeburg, die Begleiterin Gudruns, in der Gudrunsage.

Hilde, (auch:) Hilda: alter deutscher weibl. Vorn., Kurzform von Namen, die mit »Hilde-« oder »-hild[e]« gebildet sind (z. B. ▸Hildegard und ▸Mathilde). Eine Sagengestalt ist Hilde, die Mutter Gudruns, in der Gudrunsage. ✧ Bekannte Namensträgerinnen: Hilde Domin, deutsche Lyrikerin (20./21. Jh.); Hilde Gerg, deutsche Skiläuferin (20./21. Jh.).

Hildebert: alter deutscher männl. Vorn. (ahd. *hiltja* »Kampf« + ahd. *beraht* »glänzend, berühmt«; etwa »der im Kampf berühmt ist«).

Hildebrand: alter deutscher männl. Vorn. (ahd. *hiltja* »Kampf« + ahd. *brant* »Brand«, dichterische Umschreibung für das Schwert; etwa »der ein im Kampf bewährtes Schwert führt«). Eine bekannte Sagengestalt ist Hildebrand, der Waffenmeister Dietrichs von Bern.

Hildeburg: ▸Hilburg.

Hildegard, (auch:) Hildegarda; Hildegarde; Hildegart; Hildegardis: alter deutscher weibl. Vorn. (ahd. *hiltja* »Kampf« + german. **gardaz* »Zaun, Einfriedung«, vgl. ahd. *garto* »Garten«). Im Mittelalter war Hildegard ein häufiger Frauenname. Bekannte mittelalterliche Namensträgerinnen sind die selige Kaiserin Hildegard, zweite Gemahlin Karls des Großen und Mutter Kaiser Ludwigs des Frommen (8. Jh.); NAMENSTAG: 30. April, sowie die heilige Hildegard von Bingen (11./12. Jh.); NAMENSTAG: 17. September. Dieser Vorname geriet nach dem Mittelalter in Vergessenheit, wurde aber im 19. Jh. unter dem Einfluss der Ritterdichtung neu belebt. Er gehörte in der ersten Hälfte des 20. Jh.s, vor allem in den 1930er-Jahren, zu den beliebtesten weiblichen Vornamen. ✧ Bekannte Namensträgerin: Hildegard Knef, deutsche Filmschauspielerin und Chansonsängerin (20./21. Jh.).

Hildegardis: weibl. Vorn., latinisierte Form von ▸Hildegard.

Hildegund, (auch:) Hildegunde: alter deutscher weibl. Vorn. (ahd. *hiltja* »Kampf« + ahd. *gund* »Kampf; Kriegerin«; etwa »im Kampf bewährte Kriegerin«). Der Name war im Mittelalter beliebt, wurde aber auch im 20. Jh. gelegentlich wieder aufgenommen. Eine bekannte Sagengestalt ist die Hildegunde (Hiltgunt) der Walthersage.

Hildelies: weibl. Vorn., Doppelform aus ▸Hilde und ▸Lies.

Hildi: weibl. Vorn., Koseform von ▸Hilde.

Hildis: weibl. Vorn., latinisierte Form von ▸Hilde oder schwedische Neubildung (zu altnord. *hildr* »Kampf« + altnord. *dís* »Göttin«).

Hildmar: ▸Hilmar.

Hildrun: alter deutscher weibl. Vorn. (ahd. *hiltja* »Kampf« + ahd. *rūna* »Geheimnis; geheime Beratung«).

Hilger: männl. Vorn., jüngere Form von *Hildeger* (ahd. *hiltja* »Kampf« + ahd. *gēr* »Speer«; etwa »der einen im Kampf bewährten Speer führt«).

Hilja: weibl. Vorn. finnischer Herkunft, Neubildung (19. Jh.) zu finn. *hiljainen* »ruhig, still«.

Hilke, (auch:) Hilka: weibl. Vorn., niederdeutsch-friesische Koseform von Namen, die mit »Hild(e)-« oder »-hild(e)« gebildet sind.

Hilko: männl. Vorn., friesische Koseform von Namen, die mit »Hilde-«, »Hil-« beginnen.

Hilla, (auch:) Hille: weibl. Vorn., Kurzform von Namen, die mit »Hilde-« oder »-hild(e)« gebildet sind.

Hillrich, (auch:) Hilrich: männl. Vorn., jüngere Form von *Hilderich* (ahd. *hiltja* »Kampf« + ahd. *rīhhi* »Herrschaft, Herrscher, Macht; reich, mächtig, hoch«).

Hilma: um 1900 aufgekommener weibl. Vorn., weibliche Bildung zu einer friesischen Kurzform von ▸Hilmar.

Hilmar, (auch:) Hilmer; Hildmar: männl. Vorn., jüngere Form von *Hildemar* (ahd. *hiltja* »Kampf« + ahd. *māri* »bekannt, berühmt, angesehen«; etwa »der im Kampf berühmt ist«).

Hilrich: ▸Hillrich.

Hiltje: weibl. Vorn., friesische Koseform von Namen, die mit »Hild(e)-« oder »-hild(e)« gebildet sind.

Hiltrud, (auch:) Hiltraud; Hiltrude: alter deutscher weibl. Vorn. (ahd. *hiltja* »Kampf« + german. **þrūþi* »Kraft, Stärke«, in althochdeutscher Zeit umgedeutet zu *trūt* »vertraut, lieb«).

Hima: weibl. Vorn., weibliche Bildung zu einer friesischen Kurzform von ▸Hilmar.

Hind: altarabischer weibl. Vorn. unbekannter Herkunft und Bedeutung, der schon in vorislamischen Zeiten in Gebrauch war. ✧ Bekannte Namensträgerin: Hind bint-abi-Umayya war eine der Frauen Mohammeds. Es wird erzählt, dass die anderen Frauen des Propheten auf ihre Schönheit eifersüchtig waren.

Hinderika: weibl. Vorn., weibliche Form von ▸Hinderk.

Hinderk: männl. Vorn., friesische Form von ▸Heinrich.

Hindrik: männl. Vorn., friesische Form von ▸Heinrich.

Hindrike, (auch:) Hindrika: weibl. Vorn., weibliche Form von ▸Hindrik.

Hinnerika: weibl. Vorn., weibliche Form von ▸Hinnerk.

Hinnerk: männl. Vorn., niederdeutsch-friesische Form von ▸Heinrich.

Hinrik, (auch:) Hinrich: männl. Vorn., niederdeutsch-friesische Form von ▸Heinrich.

Hinrike, (auch:) Hinrika: weibl. Vorn., weibliche Form von ▸Hinrik.

Hinrikus: männl. Vorn., latinisierte Form von ▸Hinrik.

Hinz: männl. Vorn., Koseform von ▸Heinrich. Als Vorname spielt Hinz, dessen einstige Volkstümlichkeit sich noch an der Formel *Hinz und Kunz* = »jedermann« erkennen lässt, im Gegensatz zu Heinz heute kaum eine Rolle.

Hiob, (auch:) Job; Ijob: aus der Bibel übernommener männl. Vorn. hebräischen Ursprungs (hebr. *'iyyōb* »wo ist mein Vater [Gott]«). Hiob ist die Namensform, die Luther wählte, während Job die Namensform der Vulgata, der lateinischen Bibelübersetzung, und Ijob die ökumenische Namensform ist. Nach der Bibel ist Hiob der von Gott geprüfte Mann, der aber an Gott festhält. Arab. Form: *Ayyub*.

Hippolyt: männl. Vorn. griechischen Ursprungs (zu griech. *híppos* »Pferd« + *lýō* »lösen«, also etwa »der die Pferde loslässt«).

Hiroshi ['hiroʃɪ]: männl. Vorn. japanischer Herkunft (japan. *hiroshi* »weit«).

Hiske, (auch:) Hiska: weibl. Vorn., niederdeutsch-friesische Koseform von Namen, die mit »Hild-« oder »-hild« gebildet sind.

Hjalmar: gegen Ende des 19. Jh.s entlehnter männl. Vorn. nordischer Herkunft (altnord. *Hjalmarr* zu altnord. *hjalmr* »Helm« + urnordisch *harjaR*, altnord. *herr* »Heer; Heerführer, Krieger«).

Hjördis, (auch:) Jördis: im 20. Jh. entlehnter weibl. Vorn. nordischer Herkunft (altnord. *Hjǫrdís* zu altnord. *hjǫrr* »Schwert« + altnord. *dís* »Göttin«). In der nordischen Sage ist Hjördis die Mutter des ▸Sigurd.

Ho: männl. Vorn. chinesischer Herkunft, der »gut« bedeutet.

Hoimar: männl. Vorn., dessen Herkunft und Bedeutung umstritten sind (entweder zu ahd. *heim* »Haus« oder zu ahd. *hugu* »Gedanke, Verstand, Geist, Sinn« + ahd. *māri* »bekannt, berühmt, angesehen«). ✧ Bekannter Namensträger: Hoimar von Ditfurth, deutscher Wissenschaftspublizist (20. Jh.).

Holda, (auch:) Holde: weibl. Vorn., Nebenform von ▸ [1]Hulda.

Holger: im 20. Jh. entlehnter männl. Vorn. dänischer/schwedischer Herkunft (altnord. *holmr* »Insel« + altnord. *geirr* »Speer«). Eine dänische Heldengestalt ist Holger Danske, der nach der Sage aus dem Schlaf erwacht und in den Kampf zieht, wenn Dänemark in Not gerät.

Holk: männl. Vorn., friesische Koseform von älteren Namen, die mit »Hold-« bzw. »Huld-« (ahd. *hold* »gnädig, günstig; dienstbar; treu«) gebildet wurden.

Holle: weibl. Vorn., durch Zusammenziehung entstandene Form von *Holde* (▸ Holda).

[1]Holly: männl. Vorn., Koseform von Namen, die mit »Ho-« beginnen.

[2]Holly: weibl. Vorn., Koseform von ▸ Holle; auch englischer Vorname ['hɔlı] nach der gleichlautenden Pflanzenbezeichnung (engl. *holly* »Stechpalme, Stechpalmenzweige«). Der Name ist im englischsprachigen Raum seit Anfang des 20. Jh.s im Gebrauch. Holly Golightly ist die Hauptfigur in Truman Capotes Roman »Frühstück bei Tiffany« (1958). ✧ Bekannte Namensträgerin: Holly Hunter, amerikanische Schauspielerin (20./21. Jh.).

Holm: gegen Ende des 19. Jh.s entlehnter männl. Vorn. nordischer Herkunft (altnord. *Holmr* zu altnord. *holmr* »Insel«).

Holma: weibl. Vorn., weibliche Form von ▸ Holm.

Holmer: in Deutschland seit der zweiten Hälfte des 20. Jh.s vorkommender männl. Vorn., Variante von schwed. *Holmar*, einer Neubildung aus den Namenbestandteilen »Holm-« (altnord. *holmr* »Insel«) + »-mar« (altnord. *mærr* »berühmt«).

Homer: in Deutschland seit dem 20. Jh. vorkommender männl. Vorn., Name des griechischen Dichters des 8. Jh.s v. Chr. (griech. *Hómēros*, lat. *Homērus*), dem die Abfassung der »Ilias« und der »Odyssee« zugeschrieben wird. Die Herkunft des Namens ist umstritten. Er ist u. a. zu griech. *hómēros* »Geisel« gestellt worden, doch handelt es sich hierbei vielleicht um einen vorgriechischen Namen. In den USA ist Homer ['hoʊmə] ein geläufiger Vorname, den beispielsweise Homer Simpson trägt, eine Gestalt in der amerikanischen Zeichentrickserie »Die Simpsons«.

Honoré [ɔnɔ're]: männl. Vorn., französische Form des lateinischen Namens *Honoratus* (»geehrt, geachtet, angesehen«). ✧ Bekannte Namensträger: Honoré de Balzac, französischer Schriftsteller (18./19. Jh.); Honoré Daumier, französischer Grafiker, Maler und Bildhauer (19. Jh.).

Hope [hoʊp]: weibl. Vorn. zu engl. *hope* »Hoffnung«. Der Name wurde von den Puritanern im 16. Jh. in die englische Namengebung eingeführt und im christlichen Sinne (»Hoffnung auf das ewige Leben«) interpretiert. Heute ist der Name vor allem in den USA geläufig.

Horant: männl. Vorn. (ahd. *hōh* »hoch« + ahd. *rant* »Schild«), der auf den Namen des Spielmannes in der Gudrunsage zurückgeht. Nach der Sage gewann Horant durch die Kunst seines Gesanges die schöne Hilde von Irland für seinen Herrn, den König Hetel von Dänemark.

Horatio: ▸ Horatius.

Horatius: männl. Vorn. lateinischen Ursprungs, der auf einen altrömischen Geschlechternamen zurückgeht. Der Name ist durch den römischen Dichter Quintus Horatius Flaccus (= Horaz) bekannt. Die englische Form *Horatio* [hɔ'reıʃıɔ] ist bekannt durch den britischen Admiral Horatio Viscount Nelson (18./19. Jh.), der die französische Flotte bei

Trafalgar besiegte, und durch die Gestalt des Horatio in Shakespeares Tragödie »Hamlet, Prinz von Dänemark«.

Horst: männl. Vorn., der erstmals in einer Chronik des 15. Jh.s für den angelsächsischen Heerführer Horsa (zu altengl. *hors* »Pferd«) erscheint, entweder in Angleichung an den zusammen mit ihm genannten Hengist (zu altengl. *hengest* »Hengst«) oder an das Wort *Horst* »Gehölz, Dickicht«. Bekannt wurde der Name durch den Horst in Klopstocks Drama »Hermanns Schlacht« (1769), fand aber erst gegen Ende des 19. Jh.s Eingang in die deutsche Namengebung. Von ca. 1920 bis 1945 zählte Horst zu den beliebtesten männlichen Vornamen in Deutschland. ✧ Bekannte Namensträger: Horst Bienek, deutscher Schriftsteller (20. Jh.); Horst Janssen, deutscher Zeichner und Grafiker (20. Jh.); Horst Köhler, deutscher Wirtschaftswissenschaftler und Politiker (20./21. Jh.).

Horstmar: männl. Vorn., Neubildung aus ▸ Horst und dem alten Namenbestandteil »-mar« (ahd. *māri* »bekannt, berühmt, angesehen«).

Hortense [ɔr'tã:s]: im 20. Jh. entlehnter weibl. Vorn., französische Form von ▸ Hortensia. ✧ Bekannte Namensträgerin: Hortense de Beauharnais, Königin von Holland (18./19. Jh.).

Hortensia, (auch:) Hortensie: weibl. Vorn. lateinischen Ursprungs, weibliche Form des römischen Geschlechternamens *Hortensius* (zu lat. *hortus* »Garten«). Der Name kann auch nach dem gleichlautenden Zierstrauch vergeben werden (▸ Anemone, ▸ Lilie). Die Pflanzenbezeichnung »Hortensie« wurde von dem französischen Botaniker P. Commerson (18. Jh.) nach dem Frauennamen ▸ Hortense geprägt.

Hosea: aus der Bibel übernommener männl. Vorn. hebräischen Ursprungs (hebr. *hōšeā* »Er [Gott] hat geholfen«). Nach der Bibel war Hosea ein Prophet, der sich gegen den Götzendienst und die politischen und sozialen Missstände wandte.

Howard ['haʊəd]: im 20. Jh. aus dem Englischen entlehnter männl. Vorn., der auf den gleichlautenden Familiennamen zurückgeht. Der Familienname leitet sich z. T. von dem mittelalterlichen Namen *Houart, Huward* ab, dessen Bestandteile ahd. *hugu* »Gedanke, Verstand, Geist, Sinn« und ahd. *wart* »Hüter, Schützer« entsprechen. ✧ Bekannte Namensträger: Howard Hawks, amerikanischer Filmregisseur (19./20. Jh.); Howard Carpendale, südafrikanischer Schlagersänger (20./21. Jh.).

Hubald: alter deutscher männl. Vorn., jüngere Form von *Hugbald* (ahd. *hugu* »Gedanke, Verstand, Geist, Sinn« + ahd. *bald* »kühn«).

Hubert, (latinisiert:) Hubertus: alter deutscher männl. Vorn., jüngere Form von *Hugbert, Hugubert* (ahd. *hugu* »Gedanke, Verstand, Geist, Sinn« + ahd. *beraht* »glänzend, berühmt«). Zur Verbreitung des Namens hat die Verehrung des heiligen Hubert (7./8. Jh.), des Bischofs von Lüttich und Apostels der Ardennen, beigetragen; NAMENSTAG: 3. November. Bekannt ist der heilige Hubert vor allem als Patron der Jäger (latinisiert: Sankt Hubertus). ✧ Bekannte Namensträger: Hubert Fichte, deutscher Schriftsteller (20. Jh.); Hubert von Goisern, österreichischer Rockmusiker (20./21. Jh.).

Huberta: weibl. Vorn., weibliche Form von ▸ Hubert.

Hubertina: weibl. Vorn., weibliche Form von ▸ Hubert oder Erweiterung von ▸ Huberta.

Hubertus: ▸ Hubert.

Huda: weibl. Vorn. arabischer Herkunft (arab. *huda* »richtige Führung, besonders im religiösen Sinn« zu arab. *hada* »auf den richtigen Weg führen«).

Hugh [hju:]: männl. Vorn., englische Form von ▸ Hugo. ✧ Bekannter Namensträger: Hugh Grant, britischer Filmschauspieler (20./21. Jh.).

Hugo: alter deutscher männl. Vorn., verselbstständigte Kurzform von Namen, die mit »Hug-« (ahd. *hugu* »Gedanke, Verstand,

Geist, Sinn«) gebildet sind. Der Name, der im Mittelalter weit verbreitet war, wurde im 19. Jh. neu belebt. ✧ Bekannte Namensträger: Hugo Capet, König von Frankreich (10. Jh.); der heilige Hugo von Cluny (11./12. Jh.); NAMENSTAG: 28. April; Hugo von Hofmannsthal, österreichischer Dichter (19./20. Jh.); Hugo Wolf, österreichischer Komponist (19./20. Jh.); Hugo Claus, flämischer Schriftsteller (20./21. Jh.). Engl. Form: *Hugh* [hju:]. Französ. Formen: *Hugo* [y'go], *Hugues* [yg]. Span. Form: *Hugo* ['ugo].

Huguette [y'gɛt]: im 20. Jh. aus dem Französischen entlehnter weibl. Vorn., weibliche Form von *Hugues* (▸ Hugo).

¹Hụlda, (auch:) Họlda; Họlde: weibl. Vorn. (zu ahd. *hold* »gnädig, günstig; dienstbar; treu«). Der Name war im 19. Jh. beliebt.

²Hụlda: aus der Bibel übernommener, in Deutschland nur selten vergebener weibl. Vorn. hebräischen Ursprungs (hebr. »Wiesel«), im Alten Testament der Name einer Prophetin.

Hụldreich: männl. Vorn., volksetymologische Umdeutung von *Uldricus* (▸ Ulrich) in Anlehnung an nhd. *Huld* und *reich*. Der schweizerische Reformator Ulrich Zwingli unterschrieb mit Huldrych Zwingli (15./16. Jh.).

Hulya̱: weibl. Vorn. persischer Herkunft (pers. *hulyā* »Traum«).

Hülya̱: weibl. Vorn., türkische Form von ▸ Hulya.

Hụmbert: alter deutscher männl. Vorn., der sich aus der Namensform *Hunber[h]t* (wahrscheinlich zu german. **hun* »Tier-, besonders Bärenjunges« + ahd. *beraht* »glänzend, berühmt«) entwickelt hat. Humbert war Traditionsname im Hause Savoyen, dann auch – in der Form *Umberto* – im italienischen Königshaus, das aus dem savoyischen Herzogsgeschlecht hervorgegangen war. Italien. Form: *Umbẹrto*.

Humphrey ['hʌmfrɪ]: männl. Vorn. englischer Herkunft, der im Mittelalter als *Humfridus, Humfrey* überliefert ist. Der erste Namenbestandteil gehört wahrscheinlich zu german. **hun* »Tier-, besonders Bärenjunges«, der zweite entspricht ahd. *fridu* »Schutz vor Waffengewalt, Friede«. ✧ Bekannter Namensträger: Humphrey Bogart, amerikanischer Filmschauspieler (19./20. Jh.).

Hụnno: männl. Vorn., Kurzform von Namen, die mit »Hun-« gebildet sind.

Hụnold: alter deutscher männl. Vorn. (wahrscheinlich zu german. **hun* »Tier-, besonders Bärenjunges« + ahd. *-walt* zu *waltan* »walten, herrschen«).

Hunter ['hʌntə]: in den USA geläufiger männl. Vorn., ursprünglich ein Familienname, dem eine Berufsbezeichnung (»Jäger«) zugrunde liegt.

Hụsain, (auch:) Hụsayn: ▸ Hussein.

Hüseyị̱n: männl. Vorn., türkische Form von ▸ Hussein.

Hụssein, (auch:) Hụsain; Hụsayn ['husai:n]: männl. Vorn. arabischer Herkunft (Verkleinerungsform von arab. *ḥasan* »schön, gut«). In der islamischen Welt ist Hussein ein beliebter Vorname. ✧ Bekannte Namensträger: Hussein, Enkel des Propheten Mohammed, zweiter Sohn des Kalifen Ali ibn Abi Talib (7. Jh.); Hussein II., König von Jordanien (20. Jh.).

Hyazị̱nth, (auch:) Hyazị̱nthus: männl. Vorn. griechischen Ursprungs (griech. *Hyákinthos*), dessen Bedeutung unklar ist. Bekannt ist Hyazinth als Heiligenname und als Name einer griechischen Sagengestalt. Nach der griechischen Sage wurde Hyazinth, der Liebling Apolls, von diesem versehentlich mit einem Diskus getötet. Aus seinem Blut entsprang die Hyazinthe. Christliche Namensvorbilder sind der heilige Hyacinthus, römischer Märtyrer (3. Jh.), NAMENSTAG: 11. September, und der heilige Hyazinth von Polen (12./13. Jh.), NAMENSTAG: 17. August. Der Name kommt in Deutschland seit dem 17. Jh. nur ganz vereinzelt vor.

Hyazị̱ntha: weibl. Vorn., weibliche Form von ▸ Hyazinth. Engl. Form: *Jacinta* [dʒæ'sɪnta]. Span. Form: *Jacinta* [xa'θinta].

Hyazị̱nthus: ▸ Hyazinth.

i

Ian [ɪən]: in den 1970er-Jahren entlehnter männl. Vorn., schottische Form von ▸ ²John. ✧ Bekannter Namensträger: Ian Fleming, englischer Schriftsteller (20. Jh.).

Ibo: männl. Vorn., verselbstständigte friesische Kurzform unbekannten Ursprungs.

Ibrahim: im 20. Jh. entlehnter männl. Vorn., arabische (Ibrahīm) und türkische *(Ibrahịm)* Form von ▸ Abraham. Ibrahim gilt über seinen Sohn ▸ Ismail als Stammvater der Araber und Erbauer der ersten Kaaba.

Ibtisam: weibl. Vorn. arabischer Herkunft (arab. *ibtisām* »Lächeln« zu arab. *basama* »lächeln«).

Ichiro ['itʃro:]: männl. Vorn. japanischer Herkunft (japan. *ichi* »erster« + japan. *rō* »Mann«).

Iciar, (auch:) Itziar [iθi'ar]: aus Spanien stammender weibl. Vorn. nach einem Marienheiligtum im Baskenland.

Ida:

In Deutschland hat dieser Vorname eine wechselvolle Geschichte. Im Mittelalter war *Ida* ein geläufiger Frauenname. Doch geriet dieser Name in der Neuzeit in Vergessenheit, weil es hier nicht – wie bei so vielen anderen populären Namen – eine gleichnamige Heilige gab. Zu Beginn des 19. Jh.s wurde *Ida* durch die Ritterdichtung und romantische Bewegung neu belebt. Bis 1890 gehörte *Ida* zu den häufigen Vornamen, danach war ihre Beliebtheit stark rückläufig. Ab den 1930er-Jahren schwand *Ida* nahezu aus der Namengebung. Seit Beginn des 21. Jh.s ist ein steiler Aufwärtstrend zu beobachten, sodass *Ida* sich derzeit auf dem besten Weg zu einem Modenamen befindet. Gegenwärtig gehört *Ida* zu den Spitzenreitern in Dänemark.

Ida: alter deutscher weibl. Vorn., verselbstständigte Kurzform von heute nicht mehr gebräuchlichen Vornamen, die mit »Ida-« (vielleicht zu altnord. *ídh* »Werk, Tätigkeit«) gebildet wurden.

¹Idan: männl. Vorn. neuhebräischer Herkunft (neuhebr. *ʿidān* »Zeitalter, Epoche«).

²Idan: weibl. Vorn., identisch mit ▸ ¹Idan.

¹Iddo: männl. Vorn., verselbstständigte Kurzform von heute nicht mehr gebräuchlichen Vornamen, die mit »Id-« (vielleicht zu altnord. *ídh* »Werk, Tätigkeit«) gebildet wurden.

²Iddo: männl. Vorn. biblischer Herkunft (zu hebr. *ʾiddō*, wohl Kurzform von *yedaʿyāh* »Jahwe erwählt ihn«, oder zu hebr. *ʿiddō*, wohl Kurzform von *ʿadāyāh* »Jahwe ist wohltätig«). Im Alten Testament Name mehrerer Personen.

Ido: männl. Vorn., neuhebräische Form von ▸ ²Iddo.

Idoya [i'doja]: aus Spanien stammender weibl. Vorn. nach einem Marienheiligtum in Navarra.

¹Idris: männl. Vorn. arabischen Ursprungs, auch türkisch (arab. *Idrīs* zu arab. *darasa* »studieren, lernen«); im Islam Name eines Propheten, der oft mit dem biblischen ▸ Enoch/Henoch verglichen wird.

²Idris ['aɪdrɪs]: männl. Vorn. walisischer Herkunft, der die Namenbestandteile *iud* »Herr« und *ris* »feurig, leidenschaftlich, impulsiv« enthält. Dieser Name, der im mittelalterlichen Wales geläufig war, wurde um die Mitte des 19. Jh.s neu belebt.

Iduna: weibl. Vorn., latinisierte Form von *Iðunn(r)*, dem Namen der altnordischen Göttin der ewigen Jugend.

Ifama: aus Nigeria stammender weibl. Vorn., der in der Ibo-Sprache »alles ist gut« bedeutet.

Ifẹ: aus Nigeria stammender weibl. Vorn., der in der Yoruba-Sprache »Liebe« bedeutet.

Ifigẹnia: weibl. Vorn., Schreibvariante von ▸ Iphigenie, auch italienisch [ifiˈdʒeni̯a].

Ignacio [igˈnaθi̯o]: männl. Vorn., spanische Form von ▸ Ignatius.

Ignạcy: männl. Vorn., polnische Form von ▸ Ignatius.

Ignạtia: weibl. Vorn., weibliche Form von ▸ Ignatius.

Ignạtius, (auch:) Ịgnatz; Ịgnaz: männl. Vorn., der in Deutschland ab dem 17. Jh. als Name des heiligen Ignatius von Loyola (15./16. Jh.; heiliggesprochen i. J. 1622) Verbreitung fand; NAMENSTAG: 31. Juli. Der Gründer des Jesuitenordens, der eigentlich Íñigo López de Recalde (▸ Inigo) hieß, nannte sich später nach dem heiligen Märtyrer Ignatius (zu dem alten römischen Geschlechternamen *Egnatius*), Bischof von Antiochien (1./2. Jh.); NAMENSTAG: 17. Oktober. ✧ Bekannter Namensträger: Ignaz Philipp Semmelweis, österreichisch-ungarischer Arzt (18./19. Jh.). Span. Form: *Ignacio* [igˈnaθi̯o]. Poln. Form: *Ignạcy*.

Ignạzia: weibl. Vorn., eindeutschende Schreibung von ▸ Ignatia.

Ịgor, russ. Aussprache: [ˈigɐrj]: in den 1960er-Jahren aus dem Russischen übernommener männl. Vorn., der auf altnordisch *Ingvarr, Yngvarr* (▸ Ingvar) zurückgeht. Der Name gelangte im frühen Mittelalter mit den Warägern nach Russland. Eine bekannte Oper ist »Fürst Igor« (1889) von A. P. Borodin. ✧ Bekannte Namensträger: Igor Strawinsky, amerikanischer Komponist russischer Herkunft (19./20. Jh.); Igor Oistrach, russischer Geiger (20./21. Jh.).

¹Ihạb: männl. Vorn. arabischer Herkunft (arab. *ihāb* »Geschenk, Gabe« zu arab. *wahaba* »geben, schenken«).

²Ihạb: weibl. Vorn., identisch mit ▸ ¹Ihab.

Ịhna, (auch:) Ịhne: weibl. Vorn., verselbstständigte friesische Kurzform unbekannten Ursprungs, ▸ Inke.

Ịhne, (auch:) Ịhno: männl. Vorn., verselbstständigte friesische Kurzform unbekannten Ursprungs.

¹Ihsan [içˈsa:n]: männl. Vorn. arabischen Ursprungs (arab. *ihsān* »Wohltätigkeit« zu arab. *ahsana* »Gutes tun«).

²Ihsan [içˈsa:n]: weibl. Vorn., identisch mit ▸ ¹Ihsan.

Ịida: weibl. Vorn., finnische Form von ▸ Ida.

Ịjob: ▸ Hiob.

Ịka: weibl. Vorn., verselbstständigte friesische Kurzform unbekannten Ursprungs; auch schwedische Kurzform von ▸ Annika.

¹Ịke: männl. Vorn., verselbstständigte friesische Kurzform unbekannten Ursprungs.

²Ike [aɪk]: männl. Vorn., englische Kurzform von *Isaac* (▸ Isaak). ✧ Bekannter Namensträger: Ike Turner, amerikanischer Rockmusiker (20./21. Jh.).

³Ịke: weibl. Vorn., identisch mit ▸ ¹Ike.

Ịla: weibl. Vorn., ungarische Kurzform von ▸ Ilona. Ungar. Aussprache: [ˈilɔ].

¹Ịlan: im 20. Jh. entlehnter männl. Vorn., serbische, kroatische Ableitung von *Ilija* (▸ Elias).

²Ilạn: männl. Vorn. neuhebräischen Ursprungs (»Baum«).

Ilạna: weibl. Vorn., weibliche Form von ▸ ¹Ilan und ▸ ²Ilan.

Ilanịt: weibl. Vorn. neuhebräischer Herkunft (»Baum«).

Ilạria: in den 1980er-Jahren entlehnter weibl. Vorn., italienische Form von ▸ Hilaria.

Ilay: männl. Vorn. türkischer Herkunft, männliche Form von ▸ Ilayda.

Ilayda: weibl. Vorn. türkischer Herkunft, dem der Name einer Wasserfee zugrunde liegt.

Ịldefons: in Deutschland seit dem 17. Jh. vereinzelt auftretender männl. Vorn. westgotischer Herkunft (german. **hildjo-* »Kampf« + german. **funsa* »eilig, rasch, bereit«; etwa »der Kampfbereite«). Namensvorbild ist der heilige Ildefons, Erzbischof von Toledo (7. Jh.); NAMENSTAG: 23. Januar.

Ịldiko: weibl. Vorn., im 20. Jh. aus dem

Ungarischen *(Ildikó)* übernommene Koseform von ▸Hilde.

Ileana: weibl. Vorn., rumänische Form von ▸Helene. ✧ Bekannte Namensträgerin: Ileana Cotrubaș, rumänische Sängerin (20./21. Jh.).

Ileane: weibl. Vorn., deutsche Variante von ▸Ileana.

Ilektra: weibl. Vorn., neugriechische Form von ▸Elektra.

Ilena, (auch:) Ilene: in Deutschland seit den 1980er-Jahren vorkommender weibl. Vorn., bei dem es sich wohl um eine vereinfachte Form von ▸Ileana handelt.

Ilenia, (auch:) Ylenia: weibl. Vorn., Erweiterung von ▸Ilena.

¹Ilga: weibl. Vorn. lettischer Herkunft (zu lett. *ilgas* »Sehnsucht«).

²Ilga, (auch:) Ilge: im 20. Jh. gelegentlich vorkommender weibl. Vorn., der vielleicht an den bislang ungeklärten Namen der seligen Ilga von Schwarzenberg/Vorarlberg († um 1115) anknüpft; Namenstag: 8. Juni.

Ilia: weibl. Vorn., wohl Kurzform von Namen, die auf »-ilia« enden, auch italienisch.

Iliana: weibl. Vorn., Schreibvariante von ▸Iljana, auch schwedische Kurzform von ▸Juliana.

Ilías: männl. Vorn., neugriechische Form von ▸Elias.

Ilja, russ. Aussprache: [ilj'ja], auch: ['ilja]: im 20. Jh. entlehnter männl. Vorn., russische Form von ▸Elias. Eine literarische Gestalt ist der Ilja Iljitsch Oblomow in dem Roman »Oblomow« (1859) von I. A. Gontscharow. ✧ Bekannte Namensträger: Ilja Repin, russischer Maler (19./20. Jh.); Ilja Richter, deutscher Schauspieler (20./21. Jh.).

Iljana: in den 1960er-Jahren entlehnter weibl. Vorn., weibliche Bildung zu dem russischen männlichen Vornamen ▸Ilja.

¹Ilka: weibl. Vorn., dem u. a. eine ungarische ['ilkɔ] Koseform von ▸Ilona, eine russische Koseform von *Ilarija* (▸Hilaria) oder eine weibliche Form der bulgarischen Koseform ▸Ilko zugrunde liegen kann.

²Ilka, (auch:) Ilke: weibl. Vorn., verselbstständigte friesische Koseform unbekannten Ursprungs.

Ilknur: weibl. Vorn. türkischer Herkunft (türk. *ilk* »erster, erste, erstes« + arab./türk. *nur* »Licht«: »erstes Licht«).

Ilko: in den 1960er-Jahren entlehnter männl. Vorn., bulgarische Koseform von *Ilija* (▸Elias); vielleicht auch männliche Bildung zu ▸²Ilka.

Illa, (auch:) Ille: weibl. Vorn., Lallform eines nicht mehr erschließbaren Namens.

¹Ilma: weibl. Vorn. finnischer Herkunft (zu finn. *ilma* »Luft«).

²Ilma: weibl. Vorn. ungarischer Herkunft, Neuprägung aus ▸Il(ona) und *(Vil)ma* (▸Wilma) des ungarischen Dichters Mihály Vörösmarty für eine Gestalt seines Märchenspiels »Csongor und Tünde« (1831).

Ilmar: männl. Vorn., estnische und schwedische Form des finnischen Namens *Ilmari* (zu finn. *ilma* »Luft«).

Ilona, (auch:) Ilona: im 19. Jh. aus dem Ungarischen übernommener weibl. Vorn., ungarische Form von ▸Helene. Ungar. Aussprache: ['ilonɔ].

Ilonka, (auch:) Ilonka: im 20. Jh. aus dem Ungarischen übernommener weibl. Vorn., ungarische Koseform von ▸Ilona. Ungar. Aussprache: ['iloŋkɔ].

Ilsa: ▸Ilse.

Ilsabe, (auch:) Ilsbet: weibl. Vorn., Nebenform von ▸Elisabeth.

Ilse, (auch:) Ilsa: weibl. Vorn., Kurzform von ▸Elisabeth. Der Name war in der ersten Hälfte des 20. Jh.s beliebt. Zu dieser Zeit wurden auch mehrere Doppelformen mit Ilse gebildet, z. B. *Ilsedore* (▸Dora), *Ilsegret* (▸Grete), *Ilselore* (▸Lore), *Ilselotte* (▸Lotte), *Ilsemarie* (▸Marie), *Ilsetraut, Ilsetraud* (▸Traute, ▸Traude). ✧ Bekannte Namensträgerin: Ilse Aichinger, österreichische Schriftstellerin (20./21. Jh.).

Ilske: weibl. Vorn., niederdeutsche Koseform von ▸Ilse.

Ilta: weibl. Vorn. finnischer Herkunft (finn. *ilta* »Abend« oder finnische Form von ▸Mathilde).

Ilva: weibl. Vorn. italienischer Herkunft, der

auf *Ilva,* den lateinischen Namen der Insel Elba, zurückgeht, oder Schreibvariante von ▸ Ylva.

Ilvy: weibl. Vorn., Koseform von ▸ Ilva.

Ilyas: männl. Vorn., arabische (*Ilyās*) und türkische Form von ▸ Elias.

Iman: weibl. Vorn. arabischen Ursprungs (arab. *imān* »Glaube« zu arab. *āmana* »[an Gott] glauben«). Französ. Form: *Imane* [i'man].

Imanol: männl. Vorn., baskische Form von ▸ Immanuel.

Imanuel: ▸ Immanuel.

Imanuela: weibl. Vorn., weibliche Form von ▸ Imanuel.

Imelda: im 20. Jh. entlehnter weibl. Vorn., italienische, aus altfranzös. *Emihild* entstandene Form von ▸ Irmhild. Namenspatronin ist die selige Imelda Lambertini (14. Jh.); Namenstag: 12. Mai.

Imke, (auch:) Imka: weibl. Vorn., friesische Koseform von Namen, die mit »Irm-« gebildet sind, besonders von ▸ Irmgard.

Imma, (auch:) Imme: weibl. Vorn., verselbstständigte Kurzform von Namen, die mit »Irm-« (german. **ermana, *irmina* »allumfassend, groß«, später Namenglied mit verstärkender Bedeutung) gebildet sind. Im Italienischen Kurzform von ▸ Immaculata.

Immaculata, (auch:) Immakulata: weibl. Vorn., verkürzt aus lat. *Maria Immaculata* (lat. *immaculātus* »unbefleckt«). Der Name bezieht sich auf das Fest der Unbefleckten Empfängnis Marias (8. Dezember).

Immanuel, (auch:) Imanuel: aus der Bibel übernommener männl. Vorn. hebräischen Ursprungs (hebr. *'immānū'ēl* »mit uns [ist] Gott«), wohl ein Heilsruf des Tempelkultes. Unter diesem Namen kündigt der Prophet Jesaja nach neutestamentlichem Verständnis den Messias an. Die griechisch-lateinische Form von Immanuel ist ▸ Emanuel. ✧ Bekannter Namensträger: Immanuel Kant, deutscher Philosoph (18./19. Jh.).

Imme: ▸ Imma.

Immo, (auch:) Imo: männl. Vorn., verselbstständigte Kurzform von Namen, die mit »Irm[en]-« (german. **ermana, *irmina* »allumfassend, groß«, später Namenglied mit verstärkender Bedeutung) gebildet wurden.

Imogen: weibl. Vorn., der aus Shakespeares Drama »Cymbeline« (um 1610) übernommen wurde. Die Namensform beruht offensichtlich auf einem Setzfehler, da Shakespeares Quelle *Innogen* (vielleicht von altirisch **eni-genā* »Tochter, Mädchen«) beinhaltet. Engl. Aussprache: ['ɪmədʒən].

Impi: weibl. Vorn. finnischer Herkunft (finn. *impi* »Mädchen, Jungfrau«).

Imre: gegen Ende des 19. Jh.s entlehnter männl. Vorn., ungarische Form von ▸ Emmerich. ✧ Bekannter Namensträger: Imre Kertész, ungarischer Schriftsteller (20./21. Jh.).

¹Ina: weibl. Vorn., Kurzform von Namen, die auf »-ina« ausgehen. ✧ Bekannte Namensträgerin: Ina Müller, deutsche Sängerin und Moderatorin (20./21. Jh.).

²Ina: aus Nigeria stammender weibl. Vorn., der in der Haussa-Sprache »Mutter der Regen« bedeutet.

Inamaria: weibl. Vorn., Doppelform aus ▸ ¹Ina und ▸ Maria.

Inbar: weibl. Vorn. neuhebräischer Herkunft (neuhebr. *inbār* »Bernstein«).

Inci [in'dʒi]: weibl. Vorn. türkischer Herkunft (türk. *inci* »Perle«).

India: weibl. Vorn., identisch mit dem englischen Namen für Indien. In der Kolonialzeit wurde die Vergabe des Namens in England durch Beziehungen zu Indien motiviert. In den USA wurde der Vorname India durch die Gestalt der India Wilkes in Margaret Mitchells Roman »Vom Winde verweht« (1936; Verfilmung 1939) bekannt. In Deutschland wird dieser Vorname gelegentlich seit den 1990er-Jahren vergeben. Engl. Aussprache: ['ɪndjə].

Indira: weibl. Vorn. indischer Herkunft (sanskrit. *indira* »Schönheit, Glanz«), Beiname der Göttin Lakschmi, Wischnus Gattin. Der Name wurde in Deutschland durch die indische Politikerin Indira Gandhi (20. Jh.) bekannt und wird seit den 1960er-Jahren gelegentlich vergeben.

[1]**Ịndra:** männl. Vorn. aus der indischen vedischen Mythologie, Name des Gottes der Atmosphäre und des Himmels, der über den Regen herrscht. Der Name gehört wahrscheinlich zu sanskrit. *ind* »tropfen« bzw. *indu* »ein Tropfen« + *-ra* »besitzend«, meint also den »die Regentropfen Besitzenden«.

[2]**Ịndra:** weibl. Vorn., identisch mit ▸ [1]Indra.

[3]**Ịndra:** weibl. Vorn., weibliche Form von *Indri*, einer bulgarischen Koseform von ▸ Andreas.

[4]**Ịndra:** weibl. Vorn. lettischer Herkunft nach dem gleichnamigen Fluss im Bezirk Lettgallen.

[5]**Ịndra:** weibl. Vorn., deutsche weibliche Bildung zu dem norwegischen männl. Vorn. *Indre* (aus altnord. *Eindriðr*, < german. **aina* »ein, allein« + altnord. *ríða* »reiten« bzw. altnord. *ráða* »raten« oder *reíða* »das Schwert schwingen«).

Indradẹv: männl. Vorn. indischer Herkunft (▸ [1]Indra + sanskrit. *deva* »Gott«: »Gott Indra«).

Ịneke: ▸ Inke.

Ịnes: im 20. Jh. aus dem Spanischen übernommener weibl. Vorn., spanische Form von ▸ Agnes. Span. Form: *Inẹ́s*. Französ. Form: *Inès* [iˈnɛs].

Inẹssa: seit den 1990er-Jahren vereinzelt vorkommender weibl. Vorn., bei dem es sich um eine Erweiterung von ▸ Ines nach dem Vorbild von ▸ Vanessa handeln kann. Der Name ist auch im Russischen belegt.

Ịnga: weibl. Vorn., nordische Kurzform von Namen, die mit »Ing-« gebildet sind, z. B. ▸ Ingeborg.

[1]**Ịngar:** männl. Vorn. norwegischer Herkunft, Neubildung (ca. 1870) aus den häufigen Namenbestandteilen »Ing-« und »-ar« (▸ Ingeborg, ▸ Einar).

[2]**Ịngar:** weibl. Vorn., südschwedische Variante von *Ingvor* (zum ersten Namenbestandteil ▸ Ingeborg, zum zweiten ▸ Gunvor) oder ▸ [2]Inger.

Ịngbert: ▸ Ingobert.

Ịnge: weibl. Vorn., Eindeutschung von ▸ Inga, auch dänisch. Der Name war vor allem in den 1930er- und 1940er-Jahren beliebt. Um diese Zeit kamen auch mehrere Doppelformen mit Inge in Gebrauch, z. B. *Ịngedore* (▸ Dora), *Ingelẹne* (▸ Lena), *Ịngelies(e)/Ịngelis* (▸ Liese), *Ịngelind(e)* (▸ Linde), *Ịngelore* (▸ Lore), *Ịngelotte* (▸ Lotte), *Ịngemaren* (▸ Maren), *Ịngemarie* (▸ Maria), *Ịngerose* (▸ [1]Rosa), *Ịngeruth* (▸ Ruth), *Ịngetraud/Ịngetraut/Ịngetrud* (▸ Traude, ▸ Traute, ▸ Trude). ✧ Bekannte Namensträgerin: Inge Meysel, deutsche Schauspielerin (20./21. Jh.).

Ịngeborg: aus dem Dänischen oder Schwedischen entlehnter weibl. Vorn. (altnord. *Yngvi* – Name einer germanischen Gottheit + altnord. *borg* »Zufluchtsstätte, Schutz«). Ingeborg wird seit Ende des 19. Jh.s häufiger vergeben und erfreute sich vor allem im Zeitraum 1920–1940 großer Beliebtheit. Ingeborg ist der Name einer Gestalt in der nordischen Sage um Frithjof den Kühnen, die 1825 von E. Tegnér unter dem Titel »Frithjofs saga« literarisch bearbeitet wurde. ✧ Bekannte Namensträgerinnen: Ingeborg Bachmann, österreichische Schriftstellerin (20. Jh.); Ingeborg Drewitz, deutsche Schriftstellerin (20. Jh.).

Ịngeburg: weibl. Vorn., eindeutschende Form von ▸ Ingeborg; in Norddeutschland bzw. Ostfriesland kann dieser Vorname auch aus den alten Frauennamen Engelburg (> Engeburg, > Ingeburg) oder Engelberch (> Ingeberch, > Ingeborch) hervorgegangen sein. Der Namenbestandteil »Engel-«, ursprünglich der Stammesname der Angeln, die von Schleswig aus England besiedelten, wurde seit der Christianisierung der Germanen zunehmend als »Engel« aus griech. /lat. *angelus* verstanden. Das zweite Namenglied enthält altsächs. *borg* »Burg« bzw. altsächs. *bergan* »bergen, schützen«.

Ịngegerd: weibl. Vorn. dänischer/schwedischer Herkunft (altnord. *Ingigerðr*; zum ersten Namenbestandteil ▸ Ingeborg, zum zweiten ▸ [2]Gerda).

Ingehild: ▸Inghild.

Ingela: weibl. Vorn., Kurzform von Namen auf »Engel-/Ingel-« (▸Ingeburg) oder Koseform von Namen auf »Ing(e)-«.

Ingemar: ▸Ingmar.

[1]**Inger:** männl. Vorn., schwedische Nebenform von ▸Ingvar.

[2]**Inger:** weibl. Vorn., jüngere Form von ▸Ingegerd.

Ingfried: alter deutscher männl. Vorn. (ahd. *Ing[wio]* – Name einer germanischen Gottheit + ahd. *fridu* »Schutz vor Waffengewalt, Friede; Friedenswahrer«).

Inghard: alter deutscher männl. Vorn. (ahd. *Ing[wio]* – Name einer germanischen Gottheit + ahd. *harti, herti* »hart, kräftig, stark«).

Inghild, (auch:) Ingehild: alter deutscher weibl. Vorn. (ahd. *Ing[wio]* – Name einer germanischen Gottheit + ahd. *hiltja* »Kampf; Kriegerin«).

Ingke: ▸Inke.

Ingmar: männl. Vorn., Nebenform von ▸Ingomar, auch schwedisch und norwegisch. ✧ Bekannter Namensträger: Ingmar Bergman, schwedischer Filmregisseur (20./21. Jh.).

Ingo: männl. Vorn., verselbstständigte Kurzform von Namen, die mit »Ingo-« gebildet sind (z. B. ▸Ingobert und ▸Ingomar). ✧ Bekannter Namensträger: Ingo Schulze, deutscher Schriftsteller (20./21. Jh.).

Ingobert, (auch:) Ingbert: alter deutscher männl. Vorn. (ahd. *Ing[wio]* – Name einer germanischen Gottheit + ahd. *beraht* »glänzend, berühmt«).

Ingold: alter deutscher männl. Vorn. (ahd. *Ing[wio]* – Name einer germanischen Gottheit + ahd. *-walt* zu *waltan* »walten, herrschen«).

Ingolf, (auch:) Ingulf: alter deutscher männl. Vorn. (ahd. *Ing[wio]* – Name einer germanischen Gottheit + ahd. *wolf* »Wolf«).

Ingomar, (auch:) Ingemar; Ingmar: alter deutscher männl. Vorn. (ahd. *Ing[wio]* – Name einer germanischen Gottheit + ahd. *māri* »bekannt, berühmt, angesehen«).

Ingram: alter deutscher männl. Vorn. (ahd. *Ing[wio]* – Name einer germanischen Gottheit + ahd. *hraban* »Rabe«).

Ingrid: Ende des 19. Jh.s aus dem Nordischen übernommener weibl. Vorn. (altnord. *Ingiríðr;* zum ersten Namenbestandteil ▸Ingeborg, der zweite enthält altnord. *fríðr* »schön«). ✧ Bekannte Namensträgerinnen: Ingrid Bergmann, schwedische Filmschauspielerin (20. Jh.); Ingrid Noll, deutsche Schriftstellerin (20./21. Jh.).

Ingrun: weibl. Vorn., Neubildung aus ▸Ing(e) und dem alten Namenbestandteil »-run« (ahd. *rūna* »Geheimnis, geheime Beratung«).

Ingulf: ▸Ingolf.

Ingunn, (auch:) Ingun: in den 1960er-Jahren entlehnter weibl. Vorn. nordischer Herkunft (altnord. *Ingunnr;* zum ersten Namenbestandteil ▸Ingeborg, der zweite gehört wohl zu altnord. *unna* »lieben«).

Ingvar: männl. Vorn. nordischer Herkunft (altnord. *Yngvarr;* zum ersten Namenbestandteil ▸Ingeborg, der zweite enthält urnordisch *harjaR*, altnord. *herr* »Heer; Heerführer, Krieger«).

Ingvild: in den 1960er-Jahren entlehnter weibl. Vorn. (altnord. *Yngvildr*), nordische Form von ▸Inghild.

Ingwar: männl. Vorn., deutsche und niederländische Entsprechung von ▸Ingvar.

Ingward: alter deutscher männl. Vorn. (ahd. *Ing[wio]* – Name einer germanischen Gottheit + ahd. *wart* »Hüter, Schützer«).

Ingwer: männl. Vorn., friesische und niederländische Variante von ▸Ingwar.

Ingwert: männl. Vorn., niederdeutsch-friesische Variante von ▸Ingward.

Inigo: männl. Vorn., deutsche und englische Form von span. *Íñigo.* Diese Namensform ist über En(n)ego aus Enneco, einem im Mittelalter im Baskenland und im nördlichen Teil Spaniens verbreiteten Namen, hervorgegangen, dessen Etymologie noch umstritten ist. Der Gründer des Jesuitenordens, der heilige Ignatius von Loyola, hieß eigentlich Íñigo López de Recalde (▸Ignatius). In Deutschland ist der Name seit den

1950er-Jahren vereinzelt anzutreffen. ✧ Bekannter Namensträger: Inigo Jones, englischer Baumeister, Maler und Bühnengestalter (16./17. Jh.).

Inis: in der zweiten Hälfte des 20. Jh.s aufgekommener weibl. Vorn., vermutlich Variante von ▸Ines.

¹Inja: weibl. Vorn., Neubildung aus ▸In(geborg) und ▸Ja(koba).

²Inja: weibl. Vorn., russische Kurzform von *Innokentja* (▸Innocentia).

Inka, (auch:) Inke; Inken; Ineke; Ingke: friesische weibl. Vorn. unsicherer Herkunft, vielleicht Koseformen von Namen, die mit »Ing(e)-« beginnen oder auf »-ina/-ine« ausgehen. Eine literarische Gestalt ist Inken Peters in G. Hauptmanns Schauspiel »Vor Sonnenuntergang« (1932).

Inkeri: weibl. Vorn., finnische Form von ▸Ingrid.

Inko: männl. Vorn., männliche Bildung zu *Inke* (▸Inka).

Inna: weibl. Vorn., verselbstständigte friesische Kurzform unsicherer Herkunft (▸Inka), auch russische Kurzform verschiedener Namen.

Inno: männl. Vorn., verselbstständigte friesische Kurzform unsicherer Herkunft oder Kurzform von ▸Innozenz.

Innocentia: weibl. Vorn., weibliche Form von ▸Innozenz.

Innozenz: männl. Vorn. lateinischen Ursprungs, der auf den römischen Beinamen *Innocentius* (zu lat. *innocēns* »unschuldig«) zurückgeht. Innozenz hießen mehrere Päpste. Zur Verbreitung des Namens trug die Verehrung des heiligen Innozenz I., Papst von 402 bis 417, bei; NAMENSTAG: 12. März.

Ino: männl. Vorn., Variante von *Ihno* (▸Ihne), ▸Inno oder italienische Kurzform von Namen, die auf »-ino« ausgehen (z. B. ▸Angelino, ▸Antonino).

Inola: weibl. Vorn., deutsche Variante von ▸Enola.

Inse, (auch:) Insa: weibl. Vorn., verselbstständigte friesische Koseform unsicherer Herkunft, vgl. ▸Inka.

Inska, (auch:) Inske: weibl. Vorn., Weiterbildung von ▸Inse.

Inta: weibl. Vorn. lettischer Herkunft, weibliche Form von *Ints,* Kurzform von *Indrikis,* der lettischen Form von ▸Heinrich.

Ioanna: weibl. Vorn., Schreibvariante von ▸Johanna.

Ioánnis: männl. Vorn., neugriechische Form von ▸Johannes.

Iolanda: ▸Jolanda.

Iolanthe: ▸Jolanda.

Ion: männl. Vorn., friesische und rumänische Form von ▸Johannes.

Iona [aɪˈoʊnə]: englischer, vor allem schottischer weibl. Vorn. nach einer kleinen Insel der Hebriden.

Iphigenie, (auch:) Iphigenia: weibl. Vorn. griechischen Ursprungs, der auf griech. *Iphigéneia* (etwa »die von Geburt an Kräftige«), den Namen der Tochter Agamemnons und Klytämnestras, Schwester Orests, zurückgeht. Nach der griechischen Sage wurde Iphigenie von Artemis nach Tauris entführt und zu ihrer Priesterin gemacht. Bei der Ausführung seines Auftrages, das Kultbild der Artemis wieder nach Griechenland zu bringen, erkannte Orest seine Schwester und floh mit ihr nach Attika. Der Stoff ist mehrfach dramatisch behandelt worden, u. a. von J. W. Goethe in »Iphigenie auf Tauris« (1787) und von Ch. W. Gluck in der gleichnamigen Oper (1779). Italien. Form: *Ifigenia* [ifiˈdʒenia].

Ira: weibl. Vorn., Kurzform von ▸Irena oder ▸Irina.

Iracema [iraˈsema]: in Südamerika geläufiger weibl. Vorn. nach der Titelgestalt eines im indianischen Milieu spielenden Romans des brasilianischen Schriftstellers José de Alençar (19. Jh.). Dieser Name, der in Anlehnung an eine Tupí-Sprache geprägt wurde, kann aber auch als Anagramm für *América* (»Amerika«) aufgefasst werden.

Iraida: in Spanien geläufiger weibl. Vorn. griechischer Herkunft, dem eine Ableitung von ▸Hera zugrunde liegt.

Ireen, engl. Aussprache: ['aɪri:n]: weibl. Vorn., englische Form von ▸ Irene.

Irem: türkischer weibl. Vorn. arabischer Herkunft (»Paradies«).

Irén ['ire:n]: weibl. Vorn., ungarische Form von ▸ Irene.

Irena: weibl. Vorn., latinisierte Form von ▸ Irene, auch polnisch [i'rɛna] und tschechisch ['irɛna].

Irenäus: in Deutschland seit dem 17. Jh. vereinzelt vorkommender männl. Vorn. griechisch-lateinischen Ursprungs (zu griech. *eirḗnē* »Frieden«). Namenspatron ist der heilige Irenäus, Bischof von Lyon, Kirchenlehrer (2./3. Jh.); NAMENSTAG: 28. Juni.

Irene: weibl. Vorn. griechischen Ursprungs (griech. *eirḗnē* »Frieden«, auch Name der griechischen Friedensgöttin). In Deutschland setzt die Vergabe dieses Vornamens gegen Ende des 19. Jh.s ein. ✧ Bekannte Namensträgerin: die heilige Irene, Märtyrerin zu Konstantinopel (4. Jh.); NAMENSTAG: 5. Mai. Engl. Formen: *Irene* [aɪ'ri:nɪ], *Ireen* ['aɪri:n]. Französ. Form: *Irène* [i'rɛn]. Ungar. Form: *Irén* ['ire:n]. Russ. Form: *Irina*. Tschech. Form: *Irena* ['irɛna]. Poln. Form: *Irena* [i'rɛna]. Neugriech. Form: *Irini*.

Irène [i'rɛn]: weibl. Vorn., französische Form von ▸ Irene. ✧ Bekannte Namensträgerinnen: Irène Joliot-Curie, französische Physikerin (19./20. Jh.); Irène Jacob, französische Schauspielerin (20./21. Jh.).

Irfan: männl. Vorn. arabischer Herkunft (arab. *ʿirfān* »Wissen«).

Iria: weibl. Vorn. galizischer (nordwestspanischer) Herkunft, der auf den Namen der antiken Stadt Iria Flavia bei Padrón (A Coruña) zurückgeht.

Irina: weibl. Vorn., russische Form von ▸ Irene. ✧ Bekannte Namensträgerin: Irina Korschunow, deutsche Schriftstellerin (20./21. Jh.).

Iring: männl. Vorn., wohl eine die Zugehörigkeit ausdrückende *-ing*-Ableitung zu ahd. **īra* »Wut, Toben, Einherstürmen«; etwa »der wütend Einherstürmende«. Markgraf Iring kommt im Nibelungenlied vor. ✧ Bekannter Namensträger: Iring Fetscher, deutscher Politikwissenschaftler (20./21. Jh.).

Irini: weibl. Vorn., neugriechische Form von ▸ Irene.

Iris: weibl. Vorn. griechischen Ursprungs, der auf griech. *Ī́ris*, den Namen der Götterbotin, zurückgeht. In der griechischen Mythologie wurde die Botin der Götter mit dem Regenbogen gleichgesetzt und *ī́ris* appellativisch im Sinne von »Regenbogen« gebraucht. Heute denkt man bei dem Vornamen gewöhnlich an die gleichnamige Blume. Die Vergabe von Iris setzt in Deutschland im 20. Jh. ein. ✧ Bekannte Namensträgerin: Iris Berben, deutsche Schauspielerin (20./21. Jh.).

Irit, (auch:) Irith: seit Mitte des 20. Jh.s entlehnter weibl. Vorn. neuhebräischer Herkunft (neuhebr. *irīt* »Asphodele; ein Liliengewächs«).

Irka: weibl. Vorn., tschechische und polnische Koseform von ▸ Irena.

Irma: alter deutscher weibl. Vorn., verselbstständigte Kurzform von Namen, die mit »Irm-« gebildet sind (z. B. ▸ Irmgard und ▸ Irmtraud).

Irmalotte: weibl. Vorn., Doppelform aus ▸ Irma und ▸ Lotte.

Irmburg: alter deutscher weibl. Vorn. (german. **ermana, *irmina* »allumfassend, groß«, später Namenglied mit verstärkender Bedeutung, + ahd. *burg* »Burg, Zufluchtsstätte, Schutz«).

Irmela: weibl. Vorn., Koseform von ▸ Irma.

Irmelies: weibl. Vorn., Doppelform aus ▸ Irma und ▸ Lies.

Irmelin: weibl. Vorn., Weiterbildung von ▸ Irmela.

Irmelind, (auch:) Irmelinde; Irmlind; Irmlinde: alter deutscher weibl. Vorn. (german. **ermana, *irmina* »allumfassend, groß«, später Namenglied mit verstärkender Bedeutung, + ahd. *lind* »sanft, weich, mild«).

Irmen: weibl. Vorn., Kurzform von Namen, die mit »Irm(en)-« beginnen.

Irmengard: ▸ Irmgard.

Irmfried: alter deutscher männl. Vorn. (german. *ermana, *irmina* »allumfassend, groß«, später Namenglied mit verstärkender Bedeutung, + ahd. *fridu* »Schutz vor Waffengewalt, Friede; Friedenswahrer«; etwa »großer Friedenswahrer«).

Irmgard, (auch:) Irmengard; Irmingard: alter deutscher weibl. Vorn. (german. *ermana, *irmina* »allumfassend, groß«, später Namenglied mit verstärkender Bedeutung, + german. *gardaz* »Zaun, Einfriedung«, vgl. ahd. *garto* »Garten«). Zur Verbreitung des Namens im Mittelalter kann auch die Verehrung der heiligen Irmgard von Köln (11. Jh.), NAMENSTAG: 4. September, und der seligen Irm[en]gard, Tochter Kaiser Ludwigs des Deutschen, NAMENSTAG: 16. Juli, beigetragen haben. Gegen Ende des 19. Jh.s setzte eine Wiederbelebung dieses Vornamens ein. ✧ Bekannte Namensträgerin: Irmgard Keun, deutsche Schriftstellerin (20. Jh.).

Irmhild, (auch:) Irmhilde: alter deutscher weibl. Vorn. (german. *ermana, *irmina* »allumfassend, groß«, später Namenglied mit verstärkender Bedeutung, + ahd. *hiltja* »Kampf; Kriegerin«; etwa »große Kriegerin«).

Irmi: weibl. Vorn., Koseform von Namen, die mit »Irm-« gebildet sind.

Irmin: männl. Vorn., verselbstständigte Kurzform von Namen, die mit »Irmin-« (german. *ermana, *irmina* »allumfassend, groß«, später Namenglied mit verstärkender Bedeutung) gebildet sind.

Irmina: weibl. Vorn., Weiterbildung von ▸Irma.

Irmingard: ▸Irmgard.

Irmlind, (auch:) Irmlinde: ▸Irmelind.

Irmo: männl. Vorn., verselbstständigte Kurzform von Namen, die mit »Irm[in]-« (german. *ermana, *irmina* »allumfassend, groß«, später Namenglied mit verstärkender Bedeutung) gebildet sind.

Irmtraud, (auch:) Irmtraut; Irmtrud: alter deutscher weibl. Vorn. (german. *ermana, *irmina* »allumfassend, groß«, später Namenglied mit verstärkender Bedeutung, + german. *þrūþi* »Kraft, Stärke«, in althochdeutscher Zeit umgedeutet zu *trūt* »vertraut, lieb«). ✧ Bekannte Namensträgerin: Irmtraud Morgner, deutsche Schriftstellerin (20. Jh.).

Irune: weibl. Vorn., baskische Form von ▸[2]Trinidad.

Irving ['əːvɪŋ]: aus dem Englischen übernommener männl. Vorn., der auf einen schottischen Orts- und Familiennamen zurückgeht.

Isa: weibl. Vorn., Kurzform von ▸Isabella, gelegentlich auch von ▸Elisa, ▸Isolde und ▸Luisa/Luise.

Isaak, (auch:) Isaac: aus der Bibel übernommener männl. Vorn. hebräischen Ursprungs (hebr. *yis·hāq, yis·hāq-'ēl* »Gott lächelt [dem Kind] zu«). Nach der Bibel war Isaak der Sohn Abrahams und Saras und einer der Erzväter Israels. Historisch dürfte Isaak ein Kleinviehnomade im Süden Palästinas gewesen sein. Erst nachträglich ist Isaak genealogisch mit Abraham, Esau und Jakob in Verbindung gebracht worden. ✧ Bekannte Namensträger: Isaac Newton, englischer Mathematiker, Physiker und Astronom (17./18. Jh.); Isaac Albéniz, spanischer Komponist (19./20. Jh.); Isaak E. Babel, russischer Schriftsteller (19./20. Jh.). Engl. Form: *Isaac* ['aɪzək]. Schwed., norweg., dän. Form: *Isak* ['iːsak]. Arab. Form: *Ishaq* [is'hɑːk]. Neuhebr. Formen: *Yitzhak, Yitzchak.*

Isabe: weibl. Vorn., wohl Kurzform von ▸Isabella.

Isabeau [iza'bo]: weibl. Vorn. französischer Herkunft, ältere Variante von ▸Isabelle.

Isabel: weibl. Vorn., spanische Form von ▸Elisabeth, die aus der griechisch-lateinischen Form *Elisabel* hervorgegangen ist. ✧ Bekannte Namensträgerin: Isabel Allende, chilenische Schriftstellerin (20./21. Jh.). Span. Aussprache: [isa'bɛl]. Italien. Form: *Isabella.* Französ. Form: *Isabelle* [iza'bɛl].

Isabelita [isabɛ'lita]: weibl. Vorn., spanische Koseform von ▸Isabel.

Isabell, (auch:) Isabell: weibl. Vorn., in den

1960er-Jahren aufgekommene Schreibvariante von ▸Isabel oder ▸Isabelle.

Isabella: weibl. Vorn., italienische Form von ▸Isabel. Unter dieser Namensform wurden im Mittelalter spanische und französische Fürstinnen bekannt. Eine literarische Gestalt ist die Isabella in Schillers Tragödie »Die Braut von Messina oder die feindlichen Brüder« (1803). Zurzeit gehört Isabella zu den beliebtesten Mädchennamen in England, Dänemark, Australien, Kanada und den USA. ✧ Bekannte Namensträgerinnen: Isabella, dritte Gemahlin Kaiser Friedrichs II. (13. Jh.); Isabella I., die Katholische, Königin von Kastilien und Aragonien (15./16. Jh.); Isabella Nadolny, deutsche Schriftstellerin (20./21. Jh.); Isabella Rossellini, amerikanische Filmschauspielerin (20./21. Jh.).

Isabelle [iza'bɛl]: weibl. Vorn., französische Form von ▸Isabel. ✧ Bekannte Namensträgerinnen: Isabelle Huppert, französische Filmschauspielerin (20./21. Jh.); Isabelle Adjani, französische Filmschauspielerin (20./21. Jh.).

Isadora: weibl. Vorn., Nebenform von ▸Isidora. ✧ Bekannte Namensträgerin: Isadora Duncan, amerikanische Tänzerin (19./20. Jh.).

Isai: ▸Jesse.

Isaiah [aɪ'zaɪə]: männl. Vorn., englische Form von ▸Jesaja.

Isak ['i:sak]: männl. Vorn., schwedische, norwegische, dänische Form von ▸Isaak.

Isamaria: weibl. Vorn., Doppelform aus ▸Isa und ▸Maria.

Isaura: weibl. Vorn. griechischen/lateinischen Ursprungs, weibliche Form zu lat. *Isaurus*, »der Isaurier«, nach der antiken Landschaft Isaurien in Kleinasien (heute südliche Türkei, etwa zwischen Konya und Silifke gelegen).

Isbrand: alter deutscher männl. Vorn. (ahd. *īsan* »Eisen« + ahd. *brant* »Brand«, dichterische Umschreibung für das Schwert).

Ise: weibl. Vorn., Kurzform von Namen, die auf »-ise« enden (z. B. ▸Luise).

Isela [i'sela]: weibl. Vorn., Kurzform von ▸Marisela. ✧ Bekannte Namensträgerin: Isela Vega, mexikanische Filmschauspielerin (20./21. Jh.).

Die Spitzenreiter des Jahres 2011 in der französischen Schweiz

männlich	weiblich
1. Gabriel	1. Emma
2. Noah	2. Chloé
3. Nathan	3. Lara
4. Maxime	4. Zoé
5. Louis	5. Eva
6. Nolan	6. Léa
7. Arthur	7. Alice
8. Léo	8. Alicia

Quelle: http://www.bfs.admin.ch/bfs/portal/fr/index/themen/01/02/blank/dos/prenoms/01.html

Isgard: alter deutscher weibl. Vorn. (ahd. *īsan* »Eisen« + german. **gardaz* »Zaun, Einfriedung«, vgl. ahd. *garto* »Garten«).

Isger: männl. Vorn., jüngere Form von *Isenger* (ahd. *īsan* »Eisen« + ahd. *gēr* »Speer«).

Ishaq, (auch:) Ishak [is'hɑ:k]: männl. Vorn., arabische Form von ▸Isaak.

Ishild, (auch:) Ishilde: alter deutscher weibl. Vorn. (ahd. *īsan* »Eisen« + ahd. *hiltja* »Kampf; Kriegerin«).

Ishmael ['ɪʃmeɪəl]: männl. Vorn., englische Form von ▸Ismael. Ishmael nennt sich der Erzähler des amerikanischen Romans »Moby Dick« von Herman Melville (1851).

Isidor: männl. Vorn. griechischen Ursprungs (griech. *Isídōros* »Geschenk der Göttin Isis«). Namenspatron ist der heilige Isidor von Sevilla (6./7. Jh.); NAMENSTAG: 4. April.

Isidora, (auch:) Isidore: weibl. Vorn., weibliche Form von ▸Isidor.

Isis: weibl. Vorn., der auf den Namen der ägyptischen Göttin zurückgeht.

Iska, (auch:) Iske: weibl. Vorn., niederdeutsch-friesische Koseform von Namen, die mit »Is-« (ahd. *īsan* »Eisen«) gebildet sind.

Isko: niederdeutsch-friesischer männl. Vorn., ▸Iska.

Isla ['aɪlə]: aus Schottland stammender

weibl. Vorn., dem der Name zweier schottischer Flüsse zugrunde liegt. ✧ Bekannte Namensträgerin: Isla Fisher, australische Filmschauspielerin (20./21. Jh.).

Ismael: aus der Bibel übernommener männl. Vorn. hebräischen Ursprungs (hebr. *yišmā'ēl* »Gott erhörte«). Nach der Bibel war Ismael der Sohn Abrahams und der ägyptischen Sklavin Hagar. Engl. Form: *Ishmael* ['iʃmeɪəl].

Ismail: männl. Vorn., arabische *(Ismā'īl)*, türkische und russische Form von ▸ Ismael. Nach islamischer Tradition gilt Ismā'īl als Stammvater der Araber.

Ismar: alter deutscher männl. Vorn. (ahd. *īsan* »Eisen« + ahd. *māri* »bekannt, berühmt, angesehen«).

Ismene: weibl. Vorn. griechischen Ursprungs, dessen Bedeutung unklar ist. In der griechischen Sage ist Ismene eine Tochter des Ödipus und die Schwester der Antigone. Als solche kommt sie in verschiedenen griechischen und modernen Tragödien vor. In Deutschland ist der Name im 20. Jh. vereinzelt anzutreffen.

¹Ismet: männl. Vorn. türkischer Herkunft (aus arab. *'iṣmat* »Reinheit, Freiheit von Sünde«).

²Ismet: weibl. Vorn., identisch mit ▸ ¹Ismet.

Iso: alter deutscher männl. Vorn., Kurzform von Namen, die mit »Is-« (ahd. *īsan* »Eisen«) gebildet sind.

Isobel ['izəbɛl]: weibl. Vorn., vor allem schottische Variante von ▸ Isabel.

Isolde: weibl. Vorn., dessen Herkunft unklar ist (vielleicht zu ahd. *īsan* »Eisen« oder *īs* »Eis« + ahd. *hiltja* »Kampf, Kriegerin«). Der Name wurde im Mittelalter durch die Sage von »Tristan und Isolde« bekannt. Zur Bekanntheit des Namens seit dem 19. Jh. trug vor allem Richard Wagners Oper »Tristan und Isolde« (1865) bei.

Isra: weibl. Vorn. arabischer Herkunft (arab. *isrā'* »nächtliche Reise« zu arab. *sarā* »in der Nacht reisen«).

Israel: aus der Bibel übernommener männl. Vorn. hebräischen Ursprungs (hebr. *Yisrā'el*), dessen Herkunft unklar ist (zu hebr. *'el* »Gott« + hebr. *sārā* »kämpfen, herrschen«, also »Gott herrscht« bzw. »kämpft«, oder zu hebr. *yāšār* »aufrecht«), Beiname des Patriarchen Jakob. In Deutschland ist Israel als christlicher und jüdischer Vorname seit dem frühen Mittelalter belegt, in England wurde er im 17. Jh. durch die Puritaner in die Namengebung eingeführt. Engl. Aussprache: ['izreɪəl]. Neuhebr. Form: *Yisrael*.

Israela: weibl. Vorn., weibliche Form von ▸ Israel. Neuhebr. Form: *Yisraela*.

István, ungarische Aussprache: ['iʃtva:n]: männl. Vorn., ungarische Form von ▸ Stephan.

Itai, (auch:) Itay: männl. Vorn., neuhebräische Form von ▸ Ittai.

Italo: aus dem Italienischen übernommener männl. Vorn. (»der Italiener«). Der Name kam in Italien im 19. Jh. aus ideologischen Gründen während des Kampfes um die italienische Einheit in Gebrauch. ✧ Bekannter Namensträger: Italo Calvino, italienischer Schriftsteller (20. Jh.).

Itamar: aus der Bibel übernommener männl. Vorn. unsicherer Etymologie (hebr. *'ītāmār* »wo ist die Dattelpalme?« oder »er erschien«). Nach dem Alten Testament war Itamar, der Sohn von Aaron und Elischeba, der Ahnherr eines Priestergeschlechts.

Itay: ▸ Ittai.

Itimu: aus Kenia stammender männl. Vorn., der in der Kikuju-Sprache »Speer« bedeutet.

Ittai: aus der Bibel übernommener männl. Vorn. unsicherer Etymologie (hebr. *'ittay*, vielleicht Koseform zu *'itti'ēl* »mit mir ist Gott«). Im Alten Testament ist Ittai der Führer einer Söldnertruppe unter David. Neuhebr. Formen: *Itai, Itay*.

Itziar: ▸ Iciar.

Iva: weibl. Vorn., weibliche Form von ▸ Ivo oder Kurzform von ▸ Ivana.

Ivan: ▸ Iwan.

Ivana: ▸ Iwana.

Ivanka: ▸ Iwanka.

Ivano: männl. Vorn., italienische Form von ▸ Iwan.

Ivar: männl. Vorn. nordischer Herkunft, dessen Entstehung umstritten ist: entweder zu altnord. *ýr* »Eibe, Bogen aus Eibenholz« + altnord. *herr* »Heer; Heerführer, Krieger« oder Nebenform von ▸Ingvar.

Iven: männl. Vorn., dänische Form von ▸Iwan.

Iver: männl. Vorn., dänische und norwegische Variante von ▸Ivar.

Ives [i:v]: männl. Vorn., deutsche Schreibvariante des französischen Vornamens ▸Yves.

Ivette, französ. Aussprache: [iˈvɛt]: weibl. Vorn., deutsche Schreibvariante von ▸Yvette.

¹Ivo, (selten auch:) Iwo: alter deutscher männl. Vorn. (zu ahd. *īwa* »Eibe; Bogen aus Eibenholz«). Mit dem german. Wort urverwandt ist kelt. **ivos*, kymrisch *ywen*, bretonisch *ivin* mit der gleichen Bedeutung, sodass der Name des bretonischen Heiligen Ivo (13./14. Jh.), der sehr zur Verbreitung des Vornamens beigetragen hat, auch keltischen Ursprungs sein könnte. Der heilige Ivo war ein Advokat und Priester und wurde wegen seiner tätigen Nächstenliebe und Verteidigung der Schutzlosen der Advokat der Armen genannt. Er ist der Schutzheilige der Juristen; NAMENSTAG: 19. Mai. Ein weiterer Namenspatron ist der heilige Ivo, Bischof von Chartres (11./12. Jh.); NAMENSTAG: 23. Dezember. Französ. Formen: *Yves* [i:v], *Yvon* [iˈvõ].

²Ivo: männl. Vorn., serbische Kurzform von ▸Johannes. ✧ Bekannter Namensträger: Ivo Andrić, serbischer Schriftsteller (19./20. Jh.).

Ivona, (auch:) Ivone: weibl. Vorn., weibliche Bildung zu ▸Ivo oder Variante von ▸Ivonne.

Ivonne, (auch:) Ivonn [iˈvɔn]: weibl. Vorn., deutsche Schreibvariante des französischen Vornamens ▸Yvonne.

Ivor [ˈaɪvə]: männl. Vorn., englische Form von ▸Ivar.

Ivy [ˈaɪvɪ]: im 20. Jh. aus dem Englischen entlehnter weibl. Vorn. (engl. *ivy* »Efeu«). Der Name kam in England zusammen mit anderen Blumen- und Pflanzennamen Ende des 19. Jh.s in Gebrauch.

Iwan, (auch:) Ivan, russ. Aussprache: [iˈvan]: männl. Vorn., russische Form von ▸Johannes. Eine bekannte literarische Gestalt ist der Iwan Karamasow in dem Roman »Die Brüder Karamasow« (1879–80) von F. M. Dostojewski. ✧ Bekannte Namensträger: Iwan Grosny (der Schreckliche), russischer Großfürst und Zar (16. Jh.); Iwan A. Gontscharow, russischer Schriftsteller (19. Jh.); Iwan Sergejewitsch Turgenjew, russischer Schriftsteller (19. Jh.); Iwan Pawlow, russischer Mediziner und Physiologe (19./20. Jh.).

Iwana, (auch:) Ivana: weibl. Vorn., weibliche Form von ▸Iwan.

Iwanka, (auch:) Ivanka: weibl. Vorn., Koseform von ▸Iwana.

Iwo: ▸¹Ivo.

Iwona: weibl. Vorn., polnische Form von ▸Yvonne.

J

Jaak: männl. Vorn., niederländische Kurzform von ▸Jakob.

Jaap: männl. Vorn., niederländische Kurzform von ▸Jakob.

Jacaranda [xaca'randa]: aus Lateinamerika stammender weibl. Vorn., dem die Bezeichnung für einen tropischen Baum mit blauen Blüten (Tupí *yacarandá* »starker Duft«) zugrunde liegt.

Jacek ['jatsɛk]: männl. Vorn., polnische Koseform von *Jacenty* (▸Hyazinth).

Jacinta: weibl. Vorn., englische [dʒæ'sɪntə] und spanische [xa'θinta] Form von ▸Hyazintha.

Jacintha, engl. Aussprache: [dʒæ'sɪntə]: weibl. Vorn., englische Variante von ▸Jacinta.

Jack [dʒæk]: im 20. Jh. aus dem Englischen entlehnter männl. Vorn., Koseform von *John* (▸Johannes). Jack entwickelte sich aus Jehan, Jan durch Hinzufügung des Kosesuffixes »-kin« (Jankin, Jackin) schon vor dem 14. Jh. Gelegentlich wird Jack, unter dem Einfluss von französ. *Jacques*, als Kurzform von ▸James aufgefasst. ✧ Bekannte Namensträger: Jack London, amerikanischer Schriftsteller (19./20. Jh.); Jack Kerouac, amerikanischer Schriftsteller (20. Jh.); Jack Lemmon, amerikanischer Filmschauspieler (20./21. Jh.).

[1]Jackie, (auch:) [1]Jacky ['dʒækɪ]: männl. Vorn., Koseform von ▸Jack.

[2]Jackie, (auch:) [2]Jacky ['dʒækɪ]: weibl. Vorn., englische Koseform von ▸Jacqueline.

Jacklyn, (auch:) Jaclyn ['dʒækli:n]: weibl. Vorn., englische Schreibvarianten von ▸Jacqueline.

Jackson [dʒæksn]: männl. Vorn., ursprünglich ein englischer Familienname mit der Bedeutung »Sohn des Jack« (▸Jack).

[1]Jacky: ▸[1]Jackie.

[2]Jacky: ▸[2]Jackie.

Jaclyn: ▸Jacklyn.

Jacob: männl. Vorn., Schreibvariante von ▸Jakob, auch niederländisch und englisch ['dʒeɪkəb]. ✧ Bekannte Namensträger: Jacob van Ruisdael, niederländischer Maler (17. Jh.); Jacob Grimm, deutscher Sprachforscher (18./19. Jh.).

Jacquelin ['dʒækli:n]: in den 1960er-Jahren entlehnter weibl. Vorn., englische Nebenform von ▸Jacqueline.

Jacqueline [ʒɑ'klin], [ʒa'klin]: im 20. Jh. aus dem Französischen übernommener weibl. Vorn., weibliche Form von *Jacques* (▸Jakob), auch englisch ['dʒækli:n].

Jacquelyn ['dʒækli:n]: weibl. Vorn., englische Variante von ▸Jacqueline.

Jacques [ʒɑ:k], [ʒak]: im 19. Jh. entlehnter männl. Vorn., französische Form von ▸Jakob. ✧ Bekannte Namensträger: Jacques Offenbach, französischer Komponist deutscher Herkunft (19. Jh.); Jacques Brel, französischer Chansonsänger und Lyriker belgischer Herkunft (20. Jh.); Jacques Prévert, französischer Schriftsteller (20. Jh.).

Jada ['dʒeɪdə]: weibl. Vorn., in den USA geläufige Variante von ▸Jade.

Jade: in Deutschland seit den 1970er-Jahren vorkommender weibl. Vorn. nach dem Edelstein; auch englisch [dʒeɪd] und französisch [ʒad]. Italien. Form: *Giada* ['dʒa:da].

Jaden, (auch:) Jayden ['dʒeɪdən]: männl. Vorn., englische Nebenform von ▸Jadon.

Jadon: aus der Bibel übernommener männl. Vorn. hebräischer Herkunft (wohl Kurzform eines Namens mit der Bedeutung »Jahwe herrscht«). Nach dem Alten Testament war Jadon einer der Männer, die nach der Rückkehr aus dem Babylonischen Exil beim Wiederaufbau der Mauer von Jerusalem halfen.

Jadwiga: gegen Ende des 19. Jh.s entlehnter weibl. Vorn., polnische Form von ▸Hedwig.

Jael: aus der Bibel übernommener weibl. Vorn. hebräischen Ursprungs (hebr. *yāʿēl* »Steinbock, Bergziege«). Engl. Aussprache: [ˈdʒeɪəl]. Neuhebräische Form: *Yael.*

Jago: männl. Vorn., der auf eine verkürzte Form von ▸Jakob zurückgeht. Bekannt ist die Gestalt des Jago in Shakespeares Drama »Othello« (1622). Shakespeare hat diesen Namen aus seiner italienischen Vorlage übernommen, sodass hier eine im Italienischen oder Spanischen (▸Yago) entstandene Form von *Jakob* vorliegt. In England wurde Jago (engl. Aussprache: [ˈdʒeɪgoʊ]) Anfang der 1970er-Jahre wieder aufgegriffen. Als mögliche Herkunft wird nun die in Cornwall heimische Form *Jago* (< Jakob) oder der daraus entstandene, gleichlautende Familienname angesehen.

Jahn: ▸Jan.

¹Jaime [ˈxai̯me]: männl. Vorn., spanische Form von ▸Jakob, die aus spätlat. *Jacomus* hervorgegangen ist.

²Jaime [ˈdʒeɪmɪ]: männl. Vorn., schottische Koseform von ▸James.

³Jaime [ˈdʒeɪmɪ]: weibl. Vorn., identisch mit ▸²Jaime.

¹Jaimie, (auch:) ²Jaimy [ˈdʒeɪmɪ]: männl. Vorn., Koseform von ▸James.

²Jaimie, (auch:) ²Jaimy [ˈdʒeɪmɪ]: weibl. Vorn., identisch mit ▸¹Jaimie.

Jair, (überkonfessionelle Form:) Jaïr: männl. Vorn. biblischer Herkunft (zu hebr. *yāʾīr* »lass Jahwe erstrahlen« oder zu hebr. *yāʿīr* »lass Jahwe aufrütteln«). Neuhebr. Form: *Yair.*

Jairo [ˈxairo]: männl. Vorn., spanische Form von ▸Jair.

Jake [dʒeɪk]: männl. Vorn., ursprünglich eine englische Variante von ▸Jack, die sich aber zu einem selbstständigen Vornamen entwickelt hat.

Jakim: männl. Vorn., slawische (z. B. bulgarische, makedonische, weißrussische) Form von ▸Joachim.

Jakob, (auch:) Jacob: aus der Bibel übernommener männl. Vorn. hebräischen Ursprungs. Der Name bedeutet eigentlich »Er [Gott] möge schützen«, wird aber bereits im Alten Testament volksetymologisch als »Fersenhalter« und »er betrügt« verstanden. In der Tat handeln viele Geschichten um Jakob von schlauem Betrug. So bringt Jakob z. B. seinen Zwillingsbruder Esau durch List um dessen Erstgeburtsrecht und durch Betrug um den väterlichen Segen. Jakob fand in der christlichen Welt nicht als Name des alttestamentlichen Patriarchen Verbreitung, sondern als Name der Apostel Jakobus des Älteren, NAMENSTAG: 25. Juli, und Jakobus des Jüngeren, NAMENSTAG: 3. Mai. ✧ Bekannte Namensträger: Jakob Fugger, deutscher Handelsherr und Bankier (15./16. Jh.); Jakob Burckhardt, schweizerischer Kultur- und Kunsthistoriker (19. Jh.); Jakob Wassermann, deutscher Schriftsteller (19./20. Jh.). Engl. Formen: *Jacob* [ˈdʒeɪkəb], *James* [dʒeɪmz]. Französ. Form: *Jacques* [ʒɑ:k], [ʒak]. Italien. Form: *Giacomo* [ˈdʒa:komo]. Span. Form: *Jaime* [ˈxai̯me]. Tschech, poln. Form: *Jakub.* Russ. Form: *Jakov.* Neuhebr. Formen: *Yaakov, Yakov.* Arab. Form: *Yaqub.* Türk. Form: *Jakup.* Armen. Form: *Hagop.*

Jakoba: weibl. Vorn., weibliche Form von ▸Jakob.

Jakobine, (auch:) Jakobina: weibl. Vorn., weibliche Form von ▸Jakob mit der seit dem 17./18. Jh. beliebten Endung »-ine/ -ina«.

Jakobus: männl. Vorn., latinisierte Form von ▸Jakob.

Jakov: männl. Vorn., russische Form von ▸Jakob.

Jakub: männl. Vorn., tschechische, slowakische und polnische Form von ▸Jakob.

Jakup: männl. Vorn., türkische Form von ▸Jakob.

Jalal: ▸Djalal.

¹Jale: weibl. Vorn., friesische Kurzform von

Namen, deren erster Bestandteil german. *gailan* »lustig, lüstern« enthält (▸ Galt).

²Jale [ˈʒaːlə]: türkischer weibl. Vorn. persischer Herkunft (»Tau«).

Jalina, (auch:) Jaline: weibl. Vorn., Erweiterung von ▸ ¹Jale.

Jamal: ▸ Djamal.

James [dʒeɪmz]: gegen Ende des 18. Jh.s entlehnter männl. Vorn., englische Form von ▸ Jakob. ✧ Bekannte Namensträger: James Joyce, irischer Schriftsteller (20. Jh.); James Dean, amerikanischer Filmschauspieler (20. Jh.); James Blunt, britischer Sänger und Songwriter (20./21. Jh.); James Rizzi, amerikanischer Künstler (20./21. Jh.).

Jamey [ˈdʒeɪmɪ]: männl. Vorn., Variante von ▸ ¹Jamie.

¹Jamie [ˈdʒeɪmɪ]: in den 1970er-Jahren entlehnter männl. Vorn., schottische Koseform von ▸ James.

²Jamie [ˈdʒeɪmɪ]: weibl. Vorn., der vor allem in den USA seit den 1960er-Jahren als weibliche Bildung zu ▸ James in Gebrauch kam. In Deutschland ist dieser Vorname seit den 1980er-Jahren anzutreffen. ✧ Bekannte Namensträgerin: Jamie Lee Curtis, amerikanische Schauspielerin (20./21. Jh.).

Wie entstehen Modenamen?

Den Stars aus Film, Sport und Fernsehen kommt als Vorbildern für die Namengebung eine weit geringere Rolle zu als gemeinhin angenommen. Zu dem Zeitpunkt, an dem ein Name noch als unbekannt und exotisch gilt, wählen ihn nur wenige besonders mutige Eltern aufgrund der Tatsache, dass ihn ein Star trägt. Damit ein solcher Name Mode wird, muss zunächst ein Nachahmungseffekt eintreten. Dann sind Vorbilder in der unmittelbaren Umgebung sehr viel prägender als einzelne bekannte Namensträger in der Öffentlichkeit.

Jamil: ▸ Djamil.

Jamila: ▸ Djamila.

Jamina: ▸ Yamina.

¹Jamy [ˈdʒeɪmɪ]: männl. Vorn., Variante von ▸ ¹Jamie.

²Jamy [ˈdʒeɪmɪ]: weibl. Vorn., Variante von ▸ ²Jamie.

Jan: männl. Vorn., niederdeutsche, friesische, niederländische, schwedische, polnische, tschechische Form von ▸ Johannes. Jan gehört heute zu den beliebten männlichen Vornamen. ✧ Bekannte Namensträger: Jan Hus, tschechischer Reformator (14./15. Jh.); Jan van Eyck, niederländischer Maler (14./15. Jh.); Jan Brueghel der Ältere und der Jüngere, flämische Maler (16./17. Jh.); Jan Steen, niederländischer Maler (17. Jh.); Jan Neruda, tschechischer Schriftsteller (19. Jh.).

Jana: weibl. Vorn., weibliche Form von ▸ Jan, auch Kurzform von ▸ Juliana, im Niederländischen von ▸ Adriana.

¹Jane: weibl. Vorn., Kurzform von ▸ Christiane, ▸ Juliane oder Nebenform von ▸ Jana.

²Jane, engl. Aussprache: [dʒeɪn]: aus dem Englischen übernommener weibl. Vorn., englische Form von ▸ Johanna, die aus altfranzös. *Je(h)anne* hervorgegangen ist. Eine literarische Gestalt ist Jane Eyre in dem gleichnamigen Roman von Charlotte Brontë (1847). ✧ Bekannte Namensträgerinnen: Jane Austen, englische Schriftstellerin (18./19. Jh.); Jane Fonda, amerikanische Filmschauspielerin (20./21. Jh.); Jane Birkin, britische Schauspielerin und Sängern (20./21. Jh.).

Janea: weibl. Vorn., Erweiterung von ▸ Jana oder ▸ ¹Jane.

Janek: in den 1970er-Jahren entlehnter männl. Vorn., polnische und tschechische Koseform von *Jan* (▸ Johannes).

Janelle, (auch:) Janell; Janel [dʒəˈnɛl]: weibl. Vorn., um 1950 in den USA aufgekommene Koseform von ▸ ²Jane.

Janet, engl. Aussprache: [ˈdʒænɪt]: weibl. Vorn., englische Kosefom von ▸ ²Jane. ✧ Bekannte Namensträgerin: Janet Jackson, amerikanische Popsängerin (20./21. Jh.).

Janett: in den 1960er-Jahren aufgekommener weibl. Vorn., vereinfachte Schreibung von französ. ▸Jeannette.

Janẹtta: weibl. Vorn., latinisierende Form von ▸Janet oder Erweiterung von ▸Jana.

Janẹtte, engl. Aussprache: [dʒəˈnɛt]: aus dem Englischen übernommener weibl. Vorn., Erweiterung von engl. ▸Janet oder vereinfachte Schreibung von französ. ▸Jeannette; gelegentlich auch Weiterbildung von ▸Jana.

Janey [ˈdʒeɪnɪ]: weibl. Vorn., englische Koseform von ▸[2]Jane.

Jạnia: weibl. Vorn., Erweiterung von ▸Jana.

Jạnic: ▸Janick.

Janica [ˈjanitsa]: weibl. Vorn., serbische, kroatische Koseform von ▸Jana. ✧ Bekannte Namensträgerin: Janica Kostelic, kroatische Skiläuferin (20./21. Jh.).

Janice [ˈdʒænɪs]: in den 1970er-Jahren entlehnter weibl. Vorn., englische Koseform von ▸[2]Jane.

Jạnick, (auch:) Jạnic: männl. Vorn., Schreibvariante von ▸Janik, ▸Jannik, ▸Yannick.

Jạnik: in den 1970er-Jahren aufgekommener männl. Vorn., slowenische oder eingedeutschte tschechische *(Janík)* Koseform von ▸Jan oder Schreibvariante von ▸Jannik, ▸Yannick.

Jạnika: weibl. Vorn., weibliche Bildung zu ▸Janik.

Janin [ʒaˈnin]: weibl. Vorn., deutsche Variante von ▸[2]Janine.

Janịna: weibl. Vorn., weibliche Form von ▸Jan.

[1]Janịne: weibl. Vorn., deutsche und niederländische Variante von ▸Janina.

[2]Janine [ʒaˈnin]: weibl. Vorn., vereinfachte Schreibung von französ. ▸Jeannine, auch englisch [dʒəˈniːn].

Janique [ʒaˈnik]: weibl. Vorn., französische Koseform von ▸Johanna.

[1]Jạnis: männl. Vorn., niederländische und lettische *(Jạnis)* Form von ▸Johannes, auch Schreibvariante von ▸[1]Jannis und ▸[2]Jánnis. Die Vergabe dieses Vornamens setzt in Deutschland in den 1970er-Jahren ein.

[2]Janis [ˈdʒænɪs]: in den 1970er-Jahren entlehnter weibl. Vorn., englische Variante von ▸Janice. ✧ Bekannte Namensträgerin: Janis Joplin, amerikanische Rock- und Bluessängerin (20. Jh.).

Janịta: weibl. Vorn., weibliche Bildung zu ▸Jan, im Englischen vereinfachte Form von ▸Juanita oder Erweiterung von ▸Janet. Engl. Aussprache: [dʒəˈniːtə].

Jạnja: weibl. Vorn., Koseform mehrerer russischer Vornamen; vielleicht auch weibliche Bildung zu ▸Jan in Anlehnung an häufige Vornamen wie ▸Anja, ▸Tanja.

[1]Jạnka, ungar. Aussprache: [ˈjɔŋkɔ]: weibl. Vorn., ungarische Koseform von ▸Johanna.

[2]Jạnka: weibl. Vorn., polnische und tschechische Koseform von ▸Johanna.

Jạnko: männl. Vorn., niederdeutsch-friesische oder slawische (z. B. bulgarische) Koseform von ▸Jan.

Jankó [ˈjɔŋkoː]: männl. Vorn., ungarische Koseform von ▸János.

Jạnn: männl. Vorn., niederdeutsch-friesische Variante von *Jan* (▸Johannes).

Jạnna, (auch:) Jạnne: weibl. Vorn., niederdeutsch-friesische Kurzform von ▸Johanna.

[1]Jạnne: männl. Vorn., niederdeutsch-friesische, niederländische, norwegische, schwedische, finnische Kurzform von ▸Johannes.

[2]Jạnne: ▸Janna.

Jạnnek: um 1990 aufgekommener männl. Vorn., Koseform von ▸Jann.

Die Spitzenreiter des Jahres 2011 in der italienischen Schweiz

männlich	weiblich
1. Mattia	1. Giulia
2. Alessandro	2. Sofia
3. Leonardo	3. Emma
4. Matteo	4. Alice
5. Luca	5. Sara
6. Davide	6. Anna
7. Gabriel	7. Elena
8. Lorenzo	8. Noemi

Quelle: http://www.bfs.admin.ch/bfs/portal/it/index/themen/01/02/blank/dos/prenoms/01.html

Janneke: weibl. Vorn., niederdeutsch-friesische Koseform von ▸Johanna.

Jannes: niederdeutsch-friesische Kurzform von ▸Johannes.

Jannette: weibl. Vorn., Erweiterung von ▸Janna mit der Endung »-ette« oder Eindeutschung des französischen Vornamens ▸Jeannette.

¹Janni, (auch:) ¹Janny: männl. Vorn., Koseform von ▸Jann.

²Janni, (auch:) ²Janny: weibl. Vorn., Koseform von ▸Janna.

Jannik, (auch:) Jannick; Janic: gegen Ende des 20. Jh.s aufgekommener männl. Vorn., eine Ableitung von ▸Johannes, deren genaue Herkunft nicht eindeutig zu ermitteln ist. Am ehesten handelt es sich um eine neu belebte niederdeutsch-friesische Koseform von ▸Jann oder um eine Entlehnung des dänischen Vornamens Jannik, der wiederum deutschen oder slawischen Ursprungs sein kann, doch ist hierbei auch mit einer Schreibvariante des tschechischen Vornamens *Janík*, des slowenischen Vornamens *Janik* (▸Janik) oder des bretonischen Vornamens ▸Yannick zu rechnen.

Jannika: weibl. Vorn., weibliche Bildung zu ▸Jannik.

Jannina: weibl. Vorn., Erweiterung von ▸Janna oder Variante von ▸Janina.

Janning: männl. Vorn., niederdeutsche Koseform von ▸Jan.

¹Jannis: männl. Vorn., niederländisch-friesische Kurzform von ▸Johannes.

²Jánnis: männl. Vorn., neugriechische Form von ▸Johannes.

Janno: männl. Vorn., Ableitung von ▸Jann.

¹Janny: ▸¹Janni.

²Janny: ▸²Janni.

Jano: männl. Vorn., Ableitung von ▸Jan, auch tschechisch, serbisch, kroatisch oder ungarisch (*Jáno* ['ja:no]).

János, ungar. Aussprache: ['ja:noʃ]: männl. Vorn., ungarische Form von ▸Johannes.

Janosch: männl. Vorn., eindeutschende Schreibung von ▸János. ✧ Bekannter Namensträger: Janosch (eigtl. Horst Eckert), deutscher Kinderbuchautor (20./21. Jh.).

Janpeter: männl. Vorn., Doppelform aus ▸Jan und ▸Peter.

Jans: männl. Vorn., niederdeutsch-friesische Kurzform von ▸Johannes.

Jantje: weibl. Vorn. friesischer Herkunft, weibliche Bildung zu ▸Jan.

¹Janus: männl. Vorn., latinisierte Form von ▸Jan, auch niederländische Kurzform von *Adrianus* (▸Adrian).

²Janus: männl. Vorn., der auf den Namen des doppelgesichtigen römischen Gottes des Anfangs und des Endes zurückgeht und nach dem der Monat Januar benannt ist.

Janusch: männl. Vorn., eindeutschende Schreibung von ▸Janusz.

Janusz ['januʃ]: männl. Vorn., polnische Koseform von ▸Jan. ✧ Bekannter Namensträger: Janusz Korczak (eigtl. Henryk Goldszmit), polnischer Arzt, Pädagoge und Kinderbuchautor (19./20. Jh.).

Jaqueline: weibl. Vorn., deutsche Schreibvariante von ▸Jacqueline.

Jara: weibl. Vorn., tschechische Kurzform *(Jára)* von Namen, die mit »Jar-« beginnen (z. B. ▸Jarmila).

Jardena: weibl. Vorn., deutsche Variante von ▸Yardena.

Jared: in den 1970er-Jahren aus dem Englischen entlehnter männl. Vorn. biblischer Herkunft (hebr. *yered, yāred* von ungesicherter Herkunft; vielleicht zur hebr. Wurzel *yrd* »herabsteigen«). Der Name, der durch die Puritaner (16. Jh.) Eingang in die englische Namengebung gefunden hatte, wurde in den 1960er-Jahren wieder aufgegriffen und gehört in den USA zu den geläufigen Vornamen. Engl. Aussprache: ['dʒærɪd]. Neuhebr. Form: *Yered.*

Jarek: männl. Vorn., Koseform von ▸Jaromir, ▸Jaroslaw.

Jari: männl. Vorn. finnischer Herkunft, Kurzform von *Jalmari* (▸Hjalmar).

Jarik: männl. Vorn., friesische Koseform von Namen, die mit »Gar-« beginnen (z. B. ▸Garlef).

Jarl: männl. Vorn. nordischer Herkunft, der »vornehmer, freier Mann« bedeutet.

Jarmila: weibl. Vorn. tschechischer Herkunft, weibl. Form von *Jarmil*, einer Neubildung aus tschech. *jarý* »heftig, frisch, stark« und *milý* »lieb«.

Jarne: in den 1890er-Jahren in Norwegen aufgekommener männl. Vorn. unsicherer Herkunft.

Jarno, (auch:) Jarmo: männl. Vorn., finnische Form von ▸Jeremias.

Jaro: in den 1960er-Jahren entlehnter männl. Vorn., Kurzform von ▸Jaromir und ▸Jaroslaw.

Jaromir: aus dem Polnischen oder Tschechischen übernommener männl. Vorn. (urslaw. **jarъ* »kühn, stark, zornig, streng« + urslaw. **mirъ* »Frieden«, auch Ersatz für german. *mār, mēr* »bekannt, berühmt, angesehen«).

Jaron: männl. Vorn. griechischen Ursprungs (vielleicht zu griech. *hierós* »heilig, geheiligt, den Göttern geweiht«).

Jaroslaw, (auch:) Jaroslav: aus dem Polnischen oder Tschechischen übernommener männl. Vorn. (urslaw. **jarъ* »kühn, stark, zornig, streng« + urslaw. **slava* »Ruhm, Ehre«).

Jaroslawa, (auch:) Jaroslava: weibl. Vorn., weibliche Form von ▸Jaroslaw.

Jarvis ['dʒɑ:vɪs]: männl. Vorn., ursprünglich ein englischer Familienname, der auf den aus Frankreich kommenden Rufnamen *Gervais(e)* (lat. *Gervasius*) zurückgeht, dessen Etymologie noch ungeklärt ist. Der Name des legendären Märtyrers Gervasius war im frühmittelalterlichen Frankreich verbreitet.

Jascha: männl. Vorn., Koseform von *Jakov*, der russischen Form von ▸Jakob. ✧ Bekannter Namensträger: Jascha Heifetz, amerikanischer Geiger russischer Herkunft (20. Jh.).

Jasmin, (auch:) Jasmina; Jasmine; Yasmin; Yasmina: weibl. Vorn., der mit dem Namen des Zierstrauchs identisch ist. Der Pflanzenbezeichnung liegt letztlich persisch *yāsaman* mit gleicher Bedeutung zugrunde, das über arab. *yāsamīn* und span. *jazmín* ins Deutsche gelangte. Als Vorname kam *Jasmin(e)* ['dʒæsmɪn] im englischsprachigen Raum gegen Ende des 19. Jh.s auf und ist bis heute ein geläufiger Vorname geblieben. Erst in den 1960er-Jahren fand Jasmin Eingang in die deutsche Namengebung und entwickelte sich in der Folgezeit zu einem beliebten Vornamen. Italien. Form: *Gelsomina* [dʒɛlso'mina]. Türk. Form: *Yasemin.*

Jason: männl. Vorn. aus der griechischen Mythologie (griech. *Iásōn*, vielleicht zu griech. *iáesthai* »heilen«). Jason war der Anführer der Argonauten, die nach Kolchis zogen, um das Goldene Vlies zu holen. Der Name des griechischen Sagenhelden tritt in Deutschland im 16. Jh. vereinzelt auf, schwindet aber dann aus der Namengebung. Für das Wiederauftreten des Namens in den 1970er-Jahren ist mit angloamerikanischem Einfluss zu rechnen. In England wurde *Jason* [dʒeɪsn] im 17. Jh. vergeben als Name des Bürgers von Thessalonike, der den Apostel Paulus in seinem Hause aufnahm. In der Apostelgeschichte ist er als *Eásōn* (griechische Wiedergabe von hebräisch ▸Josua) überliefert. In der englischen Bibelübersetzung wurde er als Jason wiedergegeben. Der Name erlebte in der englischsprachigen Welt in der zweiten Hälfte des 20. Jh.s, gestützt durch die Namen zweier Filmschauspieler sowie durch Filme und Fernsehserien, einen steilen Anstieg.

Jaspar: männl. Vorn., niederdeutsche Form von ▸Kaspar.

Jasper: männl. Vorn., niederdeutsche, friesische, niederländische und englische ['dʒæspə] Form von ▸Kaspar.

Javier [xa'bi̯ɛr]: männl. Vorn., spanische Form von ▸Xaver. ✧ Bekannter Namensträger: Javier Marías, spanischer Schriftsteller (20./21. Jh.).

[1]Jay [dʒeɪ]: männl. Vorn. angloamerikanischer Herkunft, der als Abkürzung von Namen aufkam, die mit »J-« beginnen (engl. *jay* »Jot«), inzwischen aber als selbstständiger Vorname gebraucht wird.

²Jay [dʒaj]: männl. Vorn. indischer Herkunft (sanskrit. *jaya* »Sieg«).

Jaya ['dʒaja]: weibl. Vorn. indischer Herkunft, weibliche Form von ▸²Jay; Beiname der Gattin des Gottes Schiwa.

Jayant ['dʒajant]: männl. Vorn. indischer Herkunft (sanskrit. *jayanta* »siegreich«).

Jayanti ['dʒajanti]: weibl. Vorn. indischer Herkunft, weibliche Form von ▸Jayant, Beiname von Durga, Schiwas Gemahlin.

Jayde [dʒeɪd], (auch:) Jayda ['dʒeɪdə]: weibl. Vorn., englische Variante von ▸Jade.

Jayden ['dʒeɪdən]: männl. Vorn., Nebenform von ▸Jaden.

Jayne [dʒeɪn]: weibl. Vorn., Variante von ▸²Jane.

Jayson [dʒeɪsn]: männl. Vorn., englische Variante von ▸Jason, gelegentlich auch von Vätern, deren Name mit »J-« beginnt (▸¹Jay), als *Jay's son* (»Jays Sohn«) aufgefasst.

Jazmín [xaθ'min]: weibl. Vorn. spanischer Herkunft (span. *jazmín* »Jasmin«).

¹Jean [ʒã]: im 17. Jh. entlehnter männl. Vorn., französische Form von ▸Johannes. ✧ Bekannte Namensträger: Jean Paul, deutscher Dichter (18./19. Jh.); Jean Sibelius, finnischer Komponist (19./20. Jh.); Jean Cocteau, französischer Dichter, Maler, Komponist und Filmregisseur (19./20. Jh.); Jean Gabin, französischer Filmschauspieler (20. Jh.); Jean Genet, französischer Schriftsteller (20. Jh.); Jean Anouilh, französischer Dramatiker (20. Jh.); in Doppelnamen: Jean-Baptiste Lully, französischer Komponist (17. Jh.); Jean-Jacques Rousseau, französischer Schriftsteller und Kulturphilosoph schweizerischer Herkunft (18. Jh.); Jean-Paul Sartre, französischer Schriftsteller und Philosoph (20. Jh.); Jean-Luc Godard, französischer Filmregisseur (20./21. Jh.).

²Jean [dʒi:n]: in den 1970er-Jahren entlehnter weibl. Vorn., englische Form von ▸Johanna. ✧ Bekannte Namensträgerin: Jean Seberg, amerikanische Filmschauspielerin (20. Jh.).

Jeanett [ʒa'nɛt]: weibl. Vorn., in den 1960er-Jahren aufgekommene deutsche Schreibweise von ▸Jeannette.

Jeanette [ʒa'nɛt]: weibl. Vorn., seit dem 18. Jh. anzutreffende deutsche Variante von ▸Jeannette.

Jeanie: ▸Jeanny.

Jeanine: ▸Jeannine.

Jeanne [ʒɑ:n], [ʒan]: in Deutschland seit dem 19. Jh. vorkommender weibl. Vorn., französische Form von ▸Johanna. ✧ Bekannte Namensträgerin: Jeanne Moreau, französische Filmschauspielerin (20./21. Jh.).

Jeannette [ʒa'nɛt]: weibl. Vorn., Koseform von *Jeanne* (▸Johanna).

Jeannie: ▸Jeanny.

Jeannine [ʒa'nin]: weibl. Vorn., Koseform von *Jeanne* (▸Johanna). ✧ Bekannte Namensträgerin: Jeannine Altmeyer, amerikanische Opernsängerin (20./21. Jh.).

Jeannot [ʒa'no]: männl. Vorn., französische Koseform von ▸¹Jean.

Jeanny, (auch:) Jeannie; Jeanie ['dʒi:nɪ]: weibl. Vorn., englische Koseform von ▸²Jean.

Jeff [dʒɛf]: aus dem Englischen übernommener männl. Vorn., Kurzform von ▸Jeffrey. ✧ Bekannter Namensträger: Jeff Bridges, amerikanischer Schauspieler (20./21. Jh.).

Jefferson ['dʒɛfəsn]: männl. Vorn., ursprünglich ein englischer Familienname, der »Sohn des Geoffrey« bedeutet (▸Geoffrey).

Jeffrey, (auch:) Jeffry ['dʒɛfrɪ]: männl. Vorn. englischer Herkunft, Nebenform von ▸Geoffrey.

Je̩ftah: ▸Jephtah.

Je̩hiel: männl. Vorn. biblischer Herkunft (hebr. *yehī'ēl* »möge er leben, o Gott!«); im Alten Testament Name mehrerer Personen.

Jekaterina, russ. Aussprache: [jɪkɐtɪ'rinɐ]: weibl. Vorn., russische Form von ▸Katharina.

Je̩ldrik, (auch:) Je̩ldrich; Je̩lderk: männl. Vorn., friesische Form des heute nicht mehr gebräuchlichen Vornamens *Gelderich* (ahd. *gelt* »Entgelt, Lohn, Opfer« + ahd.

rīhhi »Herrschaft, Herrscher, Macht; reich, mächtig, hoch«).

Jelẹna, russ. Aussprache: [jɪˈljɛnɐ]: weibl. Vorn., russische Form von ▸Helena. ✧ Bekannte Namensträgerin: Jelena Issinbajewa, russische Leichtathletin (20./21. Jh.).

Jelisavẹta: weibl. Vorn., russische Form von ▸Elisabeth. Russ. Aussprache: [jɪlizaˈvjɛtɐ].

Jẹlka: weibl. Vorn., kroatische und slowenische Koseform von ▸Helene, gleichlautend mit kroat., slowen. *jelka* »Tanne«.

Jẹlla: weibl. Vorn., Kurzform von *Gabriela* (▸[2]Gabriele), ▸Gabriella.

Jẹlle: weibl. Vorn., Kurzform von ▸[2]Gabriele oder friesische Kurzform, deren Ausgangsform nicht mehr sicher zu erschließen ist, vielleicht von Zusammensetzungen mit »Geld-« (ahd. *gelt* »Entgelt, Lohn, Opfer«).

Jẹlsche, (auch:) Jẹlscha: weibl. Vorn., friesische Koseform von ▸Jelle.

Jemịma: aus der Bibel übernommener weibl. Vorn. hebräischen Ursprungs (hebr. *yemīmā* »Turteltaube«). So heißt im Alten Testament die älteste Tochter Hiobs. Der Name begegnet in der englischen Namengebung seit dem 17. Jh.; engl. Aussprache: [dʒəˈmaɪmə].

Jemịna: weibl. Vorn., Variante von *Jamina* (▸Yamina).

Jẹndrik, (auch:) Jẹndrick; Jẹndrich: männl. Vorn., eindeutschende Schreibung einer Ableitung von *Jędrzej*, einer polnischen Nebenform von *Andrzej* (▸Andreas).

Jenifer: ▸Jennifer.

Jenịta: weibl. Vorn., Umwandlung von ▸Jennie, ▸[2]Jenny in Anlehnung an ▸Janita und andere Vornamen mit der spanischen Koseendung »-ita«.

Jẹnja: weibl. Vorn., russische Kurzform verschiedener Vornamen.

Jẹnna: in den 1980er-Jahren aus dem Englischen [ˈdʒɛnə] entlehnter weibl. Vorn., latinisierte Form von ▸[2]Jenny.

Jẹnni, (auch:) Jẹnnie; [1]Jẹnny: weibl. Vorn., Koseform von ▸Johanna oder ▸Eugenie.

Jennie [ˈdʒɪnɪ], [ˈdʒɛnɪ]: weibl. Vorn., Variante von ▸[2]Jenny.

Jennifer, (auch:) Jenifer [ˈdʒɛnɪfə]: aus dem Englischen übernommener weibl. Vorn., der auf keltisch *Guenevere* (walis. *gwen* »weiß, blond; gesegnet, heilig« + *hwyfar* »glatt, weich«), den Namen der Gemahlin von König Artus, zurückgeht. Jennifer gehörte in den 1980er- und frühen 1990er-Jahren zu den beliebtesten weiblichen Vornamen. ✧ Bekannte Namensträgerinnen: Jennifer Lopez, amerikanische Popsängerin und Schauspielerin (20./21. Jh.); Jennifer Aniston, amerikanische Schauspielerin (20./21. Jh.); Jennifer Capriati, amerikanische Tennisspielerin (20./21. Jh.).

Jẹnning: männl. Vorn., niederdeutsche Koseform von ▸Johannes.

[1]Jẹnny: ▸Jenni. Eine literarische Gestalt ist die Jenny Treibel in Theodor Fontanes Roman »Frau Jenny Treibel« (1892).

[2]Jenny, (auch:) Jennie [ˈdʒɪnɪ], [ˈdʒɛnɪ]: weibl. Vorn., englische Koseform von ▸[2]Jane und Kurzform von ▸Jennifer.

Jẹnő: in den 1970er-Jahren aus dem Ungarischen übernommener männl. Vorn., ursprünglich wohl ein Stammesname, der im 19. Jh. als Entsprechung von ▸Eugen in Gebrauch kam.

Jẹns: männl. Vorn., dänische und niederdeutsch-friesische Form von ▸Johannes. ✧ Bekannte Namensträger: Jens Peter Jacobsen, dänischer Dichter (19. Jh.); Jens Lehmann, deutscher Fußballspieler (20./21. Jh.).

Jẹnte: weibl. Vorn., friesische Bildung zu ▸Johanna.

Jẹphtah, (auch:) Jẹftah: aus der Bibel übernommener männl. Vorn. hebräischer Herkunft (hebr. *yiptāh*, Kurzform eines Namens wie *yiptā- ʼēl* »Gott öffnet, befreit«). In der Bibel war Jephtah ein Held der Richterzeit, der aufgrund eines Gelübdes seine Tochter opfern musste.

Jeremịa: ▸Jeremias.

Jeremịah, engl. Aussprache: [dʒɛrɪˈmaɪə]: männl. Vorn., englische Form von ▸Jeremias.

Jeremias, (überkonfessionelle Form:) Jeremia: aus der Bibel übernommener männl. Vorn. hebräischen Ursprungs (hebr. *yimeyāhū* »Jahwe erhöht«). Jeremias ist der zweite der vier großen Propheten des Alten Testaments. ✧ Bekannter Namensträger: Jeremias Gotthelf, schweizerischer Erzähler (18./19. Jh.). Französ. Form: *Jérémie* [ʒere'mi]. Engl. Formen: *Jeremy* ['dʒɛrɪmɪ], *Jeremiah* [dʒɛrɪ'maɪə].

Jeremie: männl. Vorn., eindeutschende Schreibung von ▸Jérémie.

Jérémie [ʒere'mi]: männl. Vorn., französische Form von ▸Jeremias.

Jeremy ['dʒɛrɪmɪ]: männl. Vorn., englische Form von ▸Jeremias. ✧ Bekannter Namensträger: Jeremy Irons, englischer Filmschauspieler (20./21. Jh.).

Jermain, (auch:) Jermaine [dʒə:'meɪn]: um 1970 in der afroamerikanischen Bevölkerung aufgekommener männl. Vorn., ursprünglich ein englischer Familienname, dem der französische Rufname ▸Germain zugrunde liegt.

Jero: männl. Vorn., schweizerische Koseform von ▸Hieronymus.

Jeroen [je'ru:n]: in den 1980er-Jahren entlehnter männl. Vorn., niederländische Form von ▸Hieronymus.

Jerome [dʒɛ'roʊm], ['dʒɛrəm]: männl. Vorn., englische Form von ▸Hieronymus.

Jérôme [ʒe'ro:m]: männl. Vorn., französische Form von ▸Hieronymus.

Jerónimo [xe'ronimo]: in den 1980er-Jahren entlehnter männl. Vorn., spanische Form von ▸Hieronymus.

Jerry ['dʒɛrɪ]: im 20. Jh. aus dem Englischen übernommener männl. Vorn., Koseform von ▸Jeremy und ▸Gerald, gelegentlich auch von ▸Jerome.

Jerzy ['jɛʒi]: im 20. Jh. entlehnter männl. Vorn., polnische Form von ▸Georg.

Jesaja: männl. Vorn. biblischer Herkunft (hebr. *yešaʻyāh* »Jahwe hat geholfen«). Jesaja, Sohn des Amoz, war einer der ersten großen Unheilspropheten der Weltgeschichte. Er wirkte in der 2. Hälfte des 8. Jahrhunderts v. Chr. in Jerusalem. Engl Form: *Isaiah* [aɪ'zaɪə].

Jeschua: aus der Bibel übernommener männl. Vorn. hebräischer Herkunft (hebr. *yešūaʻ*, Kurzform von *yehōšūaʻ* »Jahwe ist Retter«), Name mehrerer Personen im Alten Testament, unter denen der Jeschua, der als erster Hohepriester nach dem Exil den Wiederaufbau des Tempels in Jerusalem leitete, als messianische Gestalt herausragt. Engl. Form: *Jeshua* ['dʒɛʃwə].

Jesko: männl. Vorn., dem wohl eine slawische Ableitung von ▸Johannes oder ▸Jaroslaw zugrunde liegt.

Jesper: in den 1960er-Jahren entlehnter männl. Vorn., dänische Form von ▸Kaspar.

Jess [dʒɛs]: männl. Vorn., englische Kurzform von ▸Jesse.

Jesse: aus der Bibel übernommener männl. Vorn; über griech. *Iessai* entstandene lateinische Form von hebr. *yišay* (wohl »Mann von ...«). Überkonfessionelle Form: *Isai*. Nach der Bibel war Isai der Vater Davids und somit einer der Ahnen Jesu. Engl. Aussprache: ['dʒɛsɪ]. ✧ Bekannter Namensträger: Jesse James, amerikanischer Bandit und Volksheld (19. Jh.). Neuhebr. Form: *Yishai* [ji'ʃai].

Jessica, engl. Aussprache: ['dʒɛsɪkə]: weibl. Vorn., der von Shakespeare für eine Gestalt in seinem Drama »Der Kaufmann von Venedig«, vielleicht in Anlehnung an hebr. *Jiska* (»Er [Gott] schaut«), geprägt wurde. Die Vergabe von Jessica setzt in Deutschland in den 1960er-Jahren ein, in den 1990er-Jahren gehörte der Name zu den beliebtesten Vornamen. ✧ Bekannte Namensträgerinnen: Jessica Lange, amerikanische Schauspielerin (20./21. Jh.); Jessica Biel, amerikanische Schauspielerin (20./21. Jh.); Jessica Schwarz, deutsche Schauspielerin (20./21. Jh.).

Jessie, (auch:) Jessye ['dʒɛsɪ]: aus dem Englischen übernommener weibl. Vorn., schottische Koseform von ▸²Jean (▸Johanna). Jessie wird auch als Kurzform von ▸Jessica gebraucht. ✧ Bekannte Namensträgerin: Jessye Norman, amerikanische Sopranistin (20./21. Jh.).

Jessika: weibl. Vorn., seit den 1960er-Jahren vorkommende Eindeutschung von ▸Jessica.

Jesus: griech./lat. Form des hebräischen Namens ▸Joschua. Der Name der zentralen Gestalt des Christentums, Jesus von Nazareth, wurde im deutschen Sprachbereich bis in die Neuzeit aus religiöser Scheu nicht als Vorname vergeben. Nur ganz vereinzelt erscheint der Name ab dem 16. Jh., wird ab 1961 in Deutschland gerichtlich als Vorname nicht mehr zugelassen, bis i. J. 1998 ein Amtsgericht Jesus als Zweitnamen wieder erlaubt. Häufig war der Name dagegen bis in die zweite Hälfte des 20. Jh.s in Spanien; span. Form: *Jesús* [xɛˈsus].

Jethro, engl. Aussprache: [ˈdʒɛθroʊ]: männl. Vorn., englische Form des alttestamentlichen Namens *Jitro* (hebr. *yitrō*, wohl »Er [Gott] hat reichlich gegeben«). Nach der Bibel war Jitro der Schwiegervater des Mose. Die Wiederbelebung dieses Vornamens in England geht auf eine Rockgruppe zurück, die sich 1968 nach dem Landwirtschaftsreformer Jethro Tull (17./18. Jh.) nannte.

Jette, (auch:) Jetta: weibl. Vorn., Kurzform von ▸Henriette. ✧ Bekannte Namensträgerin: Jette Joop, deutsche Modedesignerin (20./21. Jh.).

Jevon [ˈdʒɛvən]: männl. Vorn., walisische Form von ▸Johannes.

Jewel [ˈdʒu:əl]: in den 1980er-Jahren aus dem Englischen entlehnter weibl. Vorn. zu engl. *jewel* »Juwel, Edelstein«.

Jian [dʒiˈan]: männl. Vorn. chinesischer Herkunft, der »stark« bedeutet.

Jigal: aus der Bibel übernommener männl. Vorn. hebräischen Ursprungs (hebr. *yig'āl* »Er [Gott] wird erlösen«). Im Alten Testament Name mehrerer Personen, darunter eines Kriegers Davids. Neuhebr. Form: *Yigal*.

Jill, (auch:) Jil [dʒɪl]: in den 1970er-Jahren entlehnter weibl. Vorn., englische Kurzform von ▸Jillian. ✧ Bekannte Namensträgerin: Jil Sander, deutsche Modeschöpferin (20./21. Jh.).

Jillian [ˈdʒɪlɪən]: weibl. Vorn., englische Nebenform von *Gillian* (▸Juliana).

Jim [dʒɪm]: in den 1980er-Jahren entlehnter männl. Vorn., englische Kurzform von *James* (▸Jakob). Eine literarische Gestalt ist »Lord Jim« in dem gleichnamigen Roman (1900) von J. Conrad. Aus der Jugendliteratur ist der Jim in Michael Endes Erzählungen »Jim Knopf und Lukas der Lokomotivführer« und »Jim Knopf und die wilde 13« bekannt. ✧ Bekannte Namensträger: Jim Morrison, amerikanischer Rocksänger und Dichter (20. Jh.); Jim Jarmusch, amerikanischer Filmregisseur (20./21. Jh.).

Jimena, (auch:) Ximena [xiˈmena]: weibl. Vorn., weibliche Form von *Jimeno*, einem im mittelalterlichen Spanien geläufigen männlichen Namen, dessen Herkunft noch ungeklärt ist. Die Vergabe von Jimena wurde in Spanien in den 1960er-Jahren wieder aufgenommen.

Jimmy [ˈdʒɪmɪ]: männl. Vorn., Koseform von ▸Jim. ✧ Bekannter Namensträger: Jimmy Carter, 39. Präsident der Vereinigten Staaten (20./21. Jh.).

Jin [dʒin]: weibl. Vorn. chinesischer Herkunft, der »Gold« bedeutet.

Jindřich [ˈjindrʒix]: männl. Vorn., tschechische Form von ▸Heinrich.

Jiri: im 20. Jh. entlehnter männl. Vorn., eindeutschende Schreibung von *Jiří* [ˈjirʒi:], tschechische Form von ▸Georg. ✧ Bekannter Namensträger: Jiří Kolář, tschechischer Schriftsteller und Künstler (20./21. Jh.).

Jirina, (auch:) Jirina: weibl. Vorn., eindeutschende Schreibung von tschech. *Jiřina* [ˈjirʒina], weibliche Form von *Jiří* (▸Georg).

Jirka, (auch:) Jirko: in den 1960er-Jahren entlehnter männl. Vorn., tschechische Koseform von *Jiří* (▸Georg).

Jirka: weibl. Vorn., tschechische Koseform von *Jiřina* (▸Jirina).

Jirko: ▸ [1]Jirka.

Jiska: aus der Bibel übernommener weibl.

Vorn. (»Jahwe sieht«), Name einer Nichte Abrahams.

Jitka: im 20. Jh. entlehnter weibl. Vorn., tschechische Form von ▸Judith.

[1]Jo: männl. Vorn., Kurzform von Namen, die mit »Jo-« beginnen, besonders von ▸Johannes. Englisch *Jo* [dʒoʊ] ist eine Kurzform von ▸Joseph.

[2]Jo: weibl. Vorn., Kurzform von Namen, die mit »Jo-« beginnen, besonders von ▸Johanna; engl. *Jo* [dʒoʊ] ist eine Kurzform von *Josephine* (▸Josefina).

Joachim, (auch:) Joachim, (überkonfessionelle Form:) Jojakim: männl. Vorn. hebräischen Ursprungs (hebr. *yōyākīm* »Jahwe möge aufrichten«). Nach den neutestamentlichen apokryphen Schriften war Joachim der Mann der heiligen Anna, der Mutter Marias; NAMENSTAG: 26. Juli. Der Name kommt in Deutschland seit dem Mittelalter vor und wurde vom 15. Jh. bis um die Mitte des 20. Jh.s häufig vergeben. ✧ Bekannte Namensträger: Joachim Ringelnatz, deutscher Dichter (19./20. Jh.); Joachim Fuchsberger, deutscher Filmschauspieler (20./21. Jh.); Joachim Fest, deutscher Publizist (20./21. Jh.); Joachim Król, deutscher Filmschauspieler (20./21. Jh.).

[1]Joan: männl. Vorn., schwedische, niederländische und katalanische [ʒɔ'an] Form von ▸Johannes. ✧ Bekannter Namensträger: Joan Miró, spanischer Maler, Grafiker und Bildhauer (20. Jh.).

[2]Joan [dʒoʊn]: in den 1970er-Jahren entlehnter weibl. Vorn., englische Form von ▸Johanna. ✧ Bekannte Namensträgerinnen: Joan Baez, amerikanische Folksängerin (20./21. Jh.); Joan Sutherland, australische Opernsängerin (20./21. Jh.).

Joana, (auch:) Joanna: weibl. Vorn., Nebenform von ▸Johanna, auch englisch [dʒoʊ'ænə].

Joanne: weibl. Vorn., altfranzösische Form von ▸Johanna, die im 20. Jh. im Englischen wieder aufgenommen wurde. Französ. Aussprache: [ʒɔ'a:n], [ʒɔ'an]. Engl. Aussprache: [dʒoʊ'æn]. Diesem Vornamen kann aber auch eine deutsche oder englische Doppelform aus ▸[2]Jo und ▸Anne zugrunde liegen. ✧ Bekannte Namensträgerin: Joanne K. Rowling, englische Schriftstellerin (20./21. Jh.).

Job: ▸Hiob.

Jobst: männl. Vorn., der aus der Vermischung von ▸Job und ▸Jost entstanden ist.

Jocelyn, (auch:) Joceline ['dʒɔslɪn]: aus dem Englischen übernommener weibl. Vorn. normannischer Herkunft (doppelte Verkleinerungsform zu dem Stammesnamen der Goten/Gauten: *Gautzelin*). Im Mittelalter war der Name eher ein männlicher Rufname, in der Gegenwart wird er vor allem Mädchen gegeben. Französ. Formen: *Joceline, Jocelyne* [ʒɔs'lin].

Jochebet: weibl. Vorn. biblischer Herkunft (hebr. *yōkebed* »Jahwe ist Herrlichkeit«). Nach dem Alten Testament war Jochebet die Mutter Aarons, Mirjams und des Mose. Neuhebr. Form: *Yocheved.*

Jochen, (auch:) Jochem; Jochim: männl. Vorn., Kurzform von ▸Joachim. ✧ Bekannter Namensträger: Jochen Klepper, deutscher Schriftsteller (20. Jh.).

Jockel: männl. Vorn., landschaftliche Koseform von ▸Jakob.

Jodie: ▸Jody.

Jodokus, (auch:) Jodok: männl. Vorn. keltischen (bretonischen) Ursprungs (zu kelt. *jud* »Herr«). Jodokus kam im Mittelalter als Name des heiligen Jodokus (7. Jh.) auf, der 665 bei Montreuil (südlich von Boulogne) eine Einsiedelei gründete, aus der sich später die Benediktinerabtei St-Josse-sur-Mer, ein wichtiges Wallfahrtsziel im Spätmittelalter, entwickelte; NAMENSTAG: 13. Dezember. Der bretonische Heilige wurde auch in Deutschland seit dem 9. Jh. verehrt.

Jody, (auch:) Jodie ['dʒoʊdɪ]: in den 1990er-Jahren aus dem Englischen entlehnter weibl. Vorn., dessen Herkunft umstritten ist. Möglicherweise handelt es sich um eine Koseform von ▸Judith oder um eine Erweiterung von ▸Jo. ✧ Bekannte

Namensträgerin: Jodie Foster, amerikanische Schauspielerin und Regisseurin (20./21. Jh.).

Joe [dʒoʊ]: männl. Vorn., englische Kurzform von ▸Joseph. ✧ Bekannter Namensträger: Joe Cocker, britischer Rocksänger (20./21. Jh.).

Joel, (überkonfessionelle Form:) Joël: aus der Bibel übernommener männl. Vorn. hebräischen Ursprungs (hebr. *yō'ēl* »Jahwe ist Gott«). Joel war einer der Propheten des Alten Testaments.

Joela: weibl. Vorn., weibliche Form von ▸Joel.

Joelina, (auch:) Joeline: weibl. Vorn., Erweiterung von ▸Joela.

Joelle [ʒɔ'ɛl]: in den 1970er-Jahren entlehnter weibl. Vorn. französischer Herkunft, weibliche Form von ▸Joel. Französ. Schreibung: *Joëlle.*

Joey ['dʒoʊɪ]: in den 1970er-Jahren aus dem Englischen entlehnter männl. Vorn., Koseform von ▸Joe.

Johan: männl. Vorn., Schreibvariante von ▸Johann, auch niederländisch.

Johanan: ▸Johannes.

Johann, (auch:) Johann: männl. Vorn., schon im Mittelalter gebräuchliche verkürzte Form von ▸Johannes. Im 17./18. Jh. wurde Johann gern mit einem zweiten Namen verbunden, der der eigentliche Rufname war: Johann Sebastian Bach, deutscher Musiker und Komponist (17./18. Jh.); Johann Gottfried Herder, deutscher Dichter und Philosoph (18./19. Jh.); Johann Wolfgang Goethe, deutscher Dichter (18./19. Jh.) u. a. ✧ Bekannter Namensträger: Johann Strauß, österreichischer Komponist (19. Jh.).

Johanna, (auch:) Johanne; Joana; Joanna: weibl. Vorn., weibliche Form von ▸Johannes oder nach der neutestamentlichen Johanna, einer der Frauen, die Jesus geheilt hatte und die ihm nachfolgten. Im Gegensatz zu dem männlichen Vornamen Johann[es] wurde Johanna in Deutschland erst im 17./18. Jh. volkstümlich. Zurzeit gehört Johanna wieder zu den beliebten Vornamen. ✧ Bekannte Namensträgerinnen: Johanna von Orleans (französ. Jeanne d'Arc), genannt die Jungfrau von Orleans, französische Nationalheldin (15. Jh.); Johanna Schopenhauer, Mutter Arthur Schopenhauers, deutsche Schriftstellerin (18./19. Jh.); Johanna Spyri, schweizerische Schriftstellerin (19./20. Jh.). Italien. Form: *Giovanna* [dʒo'vanna]. Span. Form: *Juana* ['xu̯ana]. Französ. Form: *Jeanne* [ʒɑ:n], [ʒan]. Engl. Formen: *Joan* [dʒoʊn], *Jane* [dʒeɪn], *Jean* [dʒi:n].

Johannah: weibl. Vorn., in den letzten Jahren aufgekommene Schreibvariante von ▸Johanna.

Johannes, (überkonfessionelle Form:) Johanan: aus der Bibel übernommener männl. Vorn. hebräischen Ursprungs; griechische Form von hebr. *yōḥānān* »Jahwe hat Gnade erwiesen«. Namenspatrone sind Johannes der Täufer (NAMENSTAG: 24. Juni) und der Apostel und Evangelist Johannes (NAMENSTAG: 27. Dezember) sowie mehrere Heilige. ✧ Bekannte Namensträger: Johannes Gutenberg, deutscher Erfinder des Buchdrucks (14./15. Jh.); Johannes von Tepl (Johannes von Saaz), Verfasser des »Ackermanns aus Böhmen« (14./15. Jh.); Johannes Kepler, deutscher Astronom (16./17. Jh.); Johannes Vermeer van Delft, holländischer Maler (17. Jh.); Johannes Brahms, deutscher Komponist (19. Jh.); Johannes XXIII., Papst (19./20. Jh.); Johannes Mario Simmel, österreichischer Schriftsteller (20./21. Jh.); Johannes Rau, deutscher Politiker (20./21. Jh.); Johannes B. Kerner, deutscher Showmaster (20./21. Jh.). Italien. Form: *Giovanni* [dʒo'vanni]. Span. Form: *Juan* [xu̯an]. Katal. Form: *Joan* [ʒɔ'an]. Französ. Form: *Jean* [ʒã]. Engl. Form: *John* [dʒɔn]. Niederländ. Form: *Jan.* Dän. Form: *Jens.* Russ. Form: *Iwan.* Ungar. Form: *János* ['ja:noʃ]. Rumän. Form: *Ion.* Griech. Formen: *Ioánnis, Jánnis.* Finn. Form: *Juhani.* Arab. Form: *Yahya* ['jahja].

Johannes:

Als Name des Evangelisten und Lieblingsjüngers Jesu, vor allem aber als Name Johannes' des Täufers fand *Johannes* schon früh in der christlichen Welt große Verbreitung. In einer Urkunde aus der süditalienischen Stadt Barletta heißen bereits im 11. Jh. 14 von 66 Personen *Johannes.* Das Wirken des 1050 in Palästina gegründeten Johanniter-Ordens, durch den der Täufer Patron zahlreicher Burgkapellen und Spitäler wurde, vor allem aber das Bild des asketischen Bußpredigers, das die Menschen in dieser religiös bewegten Zeit tief beeindruckte, ließ den Namen im Spätmittelalter fast überall in Europa zum häufigsten Rufnamen werden. Im Regensburg des 15. Jh.s heißen bereits 22,6 % aller männlichen Personen *Hans.* Im 17./18. Jh., als die Sitte aufkam, mehrere Vornamen zu vergeben, war *Johann* meist der erste Vorname, dem der eigentliche Rufname an zweiter Stelle folgte (etwa *Johann Sebastian, Johann Wolfgang*). Beliebter als *Johannes* sind heute die Namensformen *Jan, Jannik/Yanni(c)k* und *Hannes.*

¹John: männl. Vorn., durch Zusammenziehung entstandene niederdeutsche Form von ▸Johann.

²John [dʒɔn]: männl. Vorn., englische Form von ▸Johannes. ✧ Bekannte Namensträger: John Keats, englischer Dichter (18./19. Jh.); John Steinbeck, amerikanischer Schriftsteller (20. Jh.); John F. Kennedy, amerikanischer Präsident (20. Jh.); John Cage, amerikanischer Komponist und Pianist (20. Jh.); John Lennon, Gitarrist und Sänger der »Beatles« (20. Jh.); John Updike, amerikanischer Schriftsteller (20./21. Jh.); John Travolta, amerikanischer Filmschauspieler (20./21. Jh.).

Johnny ['dʒɔnɪ]: männl. Vorn., Koseform von ▸²John. ✧ Bekannte Namensträger: Johnny Weissmuller, amerikanischer Filmschauspieler deutscher Abstammung (20. Jh.); Johnny Cash, amerikanischer Countrysänger (20./21. Jh.); Johnny Depp, amerikanischer Schauspieler (20./21. Jh.).

Jojakim: ▸Joachim.

Jola: weibl. Vorn., Kurzform von ▸Jolanda.

Jolanda, (auch:) Jolande; Jolanta; Jolanthe; Iolanthe; Iolanda; Yolanda: weibl. Vorn., dessen Entstehung noch ungeklärt ist. Vermutlich liegt ihm ursprünglich die altfranzösische Form eines germanischen Namens zugrunde, dessen Bestandteile nicht mehr sicher zu identifizieren sind. Der Name, der im Mittelalter in mehreren europäischen Fürstenhäusern und Adelsfamilien vorkommt, wechselt in der Überlieferung mit *Violante.* Möglicherweise wurde der Name in Anlehnung an griech. *íon* »Veilchen« + griech. *ánthos* »Blume, Blüte« bzw. lat. *viola* »Veilchen« umgedeutet.

Joleen ['dʒoʊli:n]: weibl. Vorn., Nebenform von ▸Jolene.

Jolena: weibl. Vorn., deutsche Variante von ▸Jolene oder Neubildung aus ▸²Jo + ▸Lena.

Jolene [dʒoʊ'li:n]: weibl. Vorn., der Anfang der 1940er-Jahre in den USA aus ▸²Jo und der Endung »-lene« gebildet wurde. Dieser Vorname wird in Deutschland seit den 1980er-Jahren vergeben.

Jolie [ʒɔ'li]: vereinzelt vorkommender weibl. Vorn. zu französ. *joli, -e* »hübsch, niedlich«. Dieser Vorname ist in Frankreich nicht üblich, begegnet aber in Holland, England und den USA.

Jolien: weibl. Vorn., niederländische Form von ▸Jolene.

Jolina, (auch:) Joline: weibl. Vorn., deutsche Variante von ▸Jolene oder Neubildung aus ▸²Jo + ▸¹Lina.

Jolinda: weibl. Vorn., Neubildung aus ▸²Jo und ▸Linda, auch englisch [dʒoʊ'lɪndə].

Joline: ▸Jolina.

Jolyn [dʒoʊ'li:n]: weibl. Vorn., Nebenform von ▸Jolene.

Jon: männl. Vorn., durch Zusammenziehung entstandene niederdeutsche Form von ▸Johann, auch dänisch, schwedisch, norwegisch. Im Englischen wird Jon als Schreibvariante von ▸²John verwendet. Bei diesem Namen kann es sich ferner um eine Kurzform von ▸Jonas oder ▸Jonathan handeln.

[1]Jona: männl. Vorn., überkonfessionelle Form von ▸Jonas.

[2]Jona: weibl. Vorn., identisch mit ▸[1]Jona.

[3]Jona: weibl. Vorname, Variante von ▸Jonna.

Jonah, engl. Aussprache: ['dʒoʊnə]: in den 1980er-Jahren entlehnter männl. Vorn., englische Form von ▸Jonas.

Jonas, (überkonfessionelle Form:) Jona: aus der Bibel übernommener männl. Vorn. hebräischen Ursprungs (hebr. *yōnā* »Taube«). Nach der Bibel war Jonas ein Prophet. Er wurde vor dem Ertrinken durch einen großen Fisch (Walfisch) gerettet, der ihn verschlang und dann ans Land spie. Der Vorname erfreut sich zurzeit in Deutschland großer Beliebtheit. ✧ Bekannter Namensträger: Jonas Kaufmann, deutscher Tenor (20./21. Jh.). Engl. Formen: *Jonas* ['dʒoʊnəs], *Jonah* ['dʒoʊnə]. Finn. Form: *Joona*. Neuhebr. Form: *Yona(h)*.

Jonathan, (überkonfessionelle Form:) Jonatan: aus der Bibel übernommener männl. Vorn. hebräischen Ursprungs (hebr. *yōnātān* »Jahwe hat gegeben«). Nach der Bibel war Jonathan der älteste Sohn König Sauls, der im Kampf gegen die Philister fiel. Der Name, der in Deutschland seit dem frühen Mittelalter vereinzelt anzutreffen war, wurde in den 1970er-Jahren wieder aufgegriffen. ✧ Bekannte Namensträger: Jonathan Swift, irischer Schriftsteller (17./18. Jh.); Jonathan Franzen, amerikanischer Schriftsteller (20./21. Jh.). Engl. Aussprache: ['dʒɔnəθən].

Jonna: in den 1970er-Jahren entlehnter weibl. Vorn., durch Zusammenziehung entstandene dänische und norwegische Form von ▸Johanna.

Jonne: männl. Vorn., schwedische Koseform von ▸Johannes.

Jonny: männl. Vorn., Koseform von niederdeutsch ▸Jon oder englische Schreibvariante ['dʒɔnɪ] von ▸Johnny.

Jonte: männl. Vorn. schwedischer Herkunft, mundartliche Koseform von *Jon* (▸Johannes). Jonte ist der Name einer Gestalt in den Jugendbüchern über Meisterdetektiv Kalle Blomquist von Astrid Lindgren.

Joona: männl. Vorn., finnische Form von ▸Jonas.

Joost: ▸Jost.

Joram: aus der Bibel übernommener männl. Vorn. hebräischen Ursprungs (hebr. *yōrām* »Jahwe ist erhaben«).

Jöran: männl. Vorn., Nebenform von schwedisch *Göran* (▸Georg).

[1]Jordan: männl. Vorn., der auf den Namen des Flusses in Palästina zurückgeht, in dem Jesus getauft wurde. Der Name fand nach den Kreuzzügen Eingang in die abendländische Namengebung. Engl. Aussprache: [dʒɔ:dn]. Neuhebr. Form: *Yarden*.

[2]Jordan: in den USA geläufiger weibl. Vorn., identisch mit ▸[1]Jordan.

Jordana: weibl. Vorn., weibliche Form von ▸[1]Jordan.

Jorden: männl. Vorn., niederländische Form von ▸[1]Jordan.

Jordi: männl. Vorn., südfranzösische [ʒɔr'di] und katalanische ['ʒɔrdi] Form von ▸Georg.

Jordis: weibl. Vorn., deutsche Variante von ▸Jördis.

Jördis: weibl. Vorn., Nebenform von ▸Hjördis.

Jordy: männl. Vorn., niederländische und französische Variante von ▸Jordi.

Jörg, (auch:) Jorg: männl. Vorn., seit dem Mittelalter übliche Form von ▸Georg. ✧ Bekannte Namensträger: Jörg Immendorf, deutscher Maler und Bildhauer (20./21. Jh.); Jörg Pilawa, deutscher Fernsehmoderator (20./21. Jh.).

[1]Jorge: männl. Vorn., Variante von *Jorg* (▸Jörg).

[2]Jorge: männl. Vorn., spanische ['xɔrxe] und portugiesische ['ʒɔrʒi] Form von ▸Georg. ✧ Bekannte Namensträger: Jorge Luis Borges, argentinischer Schriftsteller (19./20. Jh.); Jorge Amado, brasilianischer Schriftsteller (20./21. Jh.).

Jörgen: männl. Vorn., niederdeutsch-friesische Nebenform von ▸Jürgen; diese Form fand im Spätmittelalter Eingang in die dänische Namengebung *(Jørgen)*.

Jórgos ['jɔrɣɔs]: männl. Vorn. neugriechischer Herkunft, volkstümliche Kurzform von *Geórgios* (▸Georg).

Jori: männl. Vorn., finnische Form von ▸Georg.

Jorick: ▸Yorick.

Jorid: weibl. Vorn. nordischer Herkunft (altnord. *Jóríðr* zu altnord. *jór* »Hengst« + altnord. *fríðr* »schön«).

Jorin: männl. Vorn., friesische/niederländische Ableitung von ▸Gregor oder ▸Georg.

Jorina: weibl. Vorn., friesische weibliche Bildung zu ▸Gregor oder ▸Georg.

Jorinde: weibl. Vorn., vielleicht niederdeutsche weibliche Bildung zu ▸Georg oder ▸Gregor. Der Name ist bekannt durch das grimmsche Märchen »Jorinde und Joringel«.

Joris, (auch:) Jöris: männl. Vorn., niederdeutsch-friesische und niederländische Form von ▸Gregor[ius] oder ▸Georg. ✧ Bekannter Namensträger: Joris-Karl Huysmans, belgischer Schriftsteller (19./20. Jh.).

Jorit: ▸Jorrit.

Jork, (auch:) Jörk: männl. Vorn., friesische Koseform von Namen, die mit »Eber-«, »Ever-« gebildet sind, die dadurch entstanden ist, dass das »E-« zu »Jo-« wurde und das »b-/v-« ausgestoßen wurde. Anschließend wurde ein -k-Suffix angehängt.

Jorma: männl. Vorn., finnische Form von ▸Jeremias.

Jörn: männl. Vorn., durch Zusammenziehung entstandene Form von ▸Jörgen.

Jörna: weibl. Vorn., weibliche Form von ▸Jörn.

Jorrit: männl. Vorn., friesische Form von ▸Eberhard, die durch Wandel von »E-« zu »Jo-« und Zusammenziehung entstanden ist, vgl. auch ▸Jork.

Jos, (auch:) Joss: männl. Vorn., verselbstständigte Kurzform von ▸Jodokus, auch Kurzform von Namen, die mit »Jos-« beginnen (z. B. ▸Josef).

Josa: weibl. Vorn., niederländische weibliche Form von ▸Josef oder ▸Jost.

[1]Joscha: männl. Vorn., eindeutschende Schreibung von ungarisch *Jósa* ['jo:ʃɔ], Koseform von ▸Josef.

[2]Joscha: aus der Bibel übernommener männl. Vorn. (hebr. *yōšā* »Jahwe ist eine Gabe«).

Joscheba: weibl. Vorn. biblischer Herkunft (hebr. *yōšebaʿ* »Jahwe ist Fülle, Glück«). Diesen Namen trug eine Tochter des Königs Joram von Juda.

Joschija: ▸Josias.

Joschka: männl. Vorn., eindeutschende Schreibung von ungarisch *Jóska* ['jo:ʃkɔ], Koseform von ▸Josef; auch russische Koseform von ▸Hiob. ✧ Bekannter Namensträger: Joschka (eigtl. Josef) Fischer, deutscher Politiker (20./21. Jh.).

Joschua: ▸Josua.

José: männl. Vorn., spanische [xo'se] und portugiesische [ʒu'ze] Form von ▸Josef. Bekannt ist der Name durch die Gestalt des Don José in Bizets Oper »Carmen« (1875). ✧ Bekannter Namensträger: José Carreras, spanischer Tenor (20./21. Jh.).

Josef, (auch:) Joseph: aus der Bibel übernommener männl. Vorn. hebräischen Ursprungs (hebr. *yōsep* »hinweggenommen hat Jahwe meine [Rahels] Schmach« oder »Jahwe möge [noch einen Sohn] dazugeben«). Nach der Bibel war Josef der 11. Sohn Jakobs. Wichtig für die Namengebung ist aber nicht der alttestamentliche Patriarch, sondern der Nährvater Jesu, dessen Verehrung seit der Gegenreformation sehr in den Vordergrund trat. Sein Fest am 19. März wurde 1621 zum gebotenen Feiertag erhoben. Vom 18. Jh. an bis um die Mitte des 20. Jh.s belegt der Name Spitzenpositionen in den katholischen Gebieten des deutschen Sprachraums. ✧ Bekannte Namensträger: Josef Roth, österreichischer Schriftsteller (19./20. Jh.); als zweiter Vorname: Franz Josef Degenhardt, deutscher Musiker, Sänger und Schriftsteller (20./21. Jh.). Italien. Form: *Giuseppe* [dʒu'zɛppe]. Span. Form: *José* [xo'se]. Port.

Form: *José* [ʒuˈze]. Französ. Form: *Joseph* [ʒoˈzɛf]. Engl. Form: *Joseph* [ˈdʒoʊsɪf]. Russ. Form: *Ossip*. Slowen., serb., kroat. Form: *Josip*. Poln. Form: *Józef* [ˈjuzɛf]. Neuhebr. Form: *Yosef*. Arab. Form: *Yusuf* [ˈjuːsuf].

Josefa, (auch:) Josepha: in Deutschland seit dem 18. Jh. vorkommender weibl. Vorn., weibliche Form von ▸Josef.

Josefina, (auch:) Josefine; Josefin; Josephine; Josephina; Josephin: weibl. Vorn., weibliche Form von ▸Josef. Der Name, der in Deutschland im 18. Jh. aufkam, war im 19. Jh. recht häufig, kam aber dann aus der Mode und wurde in den 1980er-Jahren wieder aufgenommen. Zurzeit werden die Varianten Josefina und Josephina bevorzugt.

Joselien, (auch:) Joselin; Joseline: weibl. Vorn., Erweiterung von ▸Josa.

Joseph: männl. Vorn., ältere Schreibvariante von ▸Josef, auch französisch [ʒoˈzɛf] und englisch [ˈdʒoʊsɪf]. ✧ Bekannte Namensträger: die österreichischen Kaiser Joseph I. (17./18. Jh.) und Joseph II. (18. Jh.); Joseph Haydn, österreichischer Komponist (18./19. Jh.); Joseph Freiherr von Eichendorff, deutscher Dichter (18./19. Jh.); Joseph von Görres, deutscher Publizist (18./19. Jh.); Joseph Conrad, englischer Schriftsteller polnischer Herkunft (19./20. Jh.); Joseph Beuys, deutscher Künstler (20. Jh.).

Josepha: ▸Josefa.

Josephina, (auch:) Josephine; Josephin: ▸Josefina. ✧ Bekannte Namensträgerinnen: Joséphine de Beauharnais, erste Gemahlin Napoleons (18./19. Jh.); Josephine Baker, französische Tänzerin und Sängerin amerikanischer Herkunft (20. Jh.). Französ. Form: *Joséphine* [ʒozeˈfin]. Engl. Form: *Josephine* [dʒoʊzɪˈfiːn].

Josette [ʒoˈzɛt]: im 20. Jh. entlehnter weibl. Vorn. französischer Herkunft, weibliche Bildung zu ▸Joseph.

Josh [dʒɔʃ]: männl. Vorn., englische Kurzform von *Joshua* (▸Josua).

Josha [ˈdʒɔʃə]: männl. Vorn., englische Form von ▸²Joscha.

Joshua [ˈdʒɔʃwə]: männl. Vorn., englische Form von ▸Josua. ✧ Bekannter Namensträger: Sir Joshua Reynolds, englischer Maler und Kunsttheoretiker (18. Jh.).

Josi: weibl. Vorn., Koseform von ▸Josefina.

Josiah [dʒoʊˈsaɪə]: männl. Vorn., englische Form von ▸Josias.

Josiane, (auch:) Josianne [ʒoˈzjan]: aus dem Französischen entlehnter weibl. Vorn., weibliche Bildung zu ▸Joseph.

Josias, (auch:) Josia; (überkonfessionelle Form:) Joschija: aus der Bibel übernommener männl. Vorn. hebräischen Ursprungs (hebr. *yōʾšiyyāh* »Jahwe möge gewähren« oder »Jahwe bringt hervor«). Nach der Bibel war Josias Sohn und Nachfolger König Amons von Juda.

Josie [ˈdʒoʊzɪ]: in den 1980er-Jahren entlehnter weibl. Vorn., englische Koseform von ▸Josephina.

Josina: weibl. Vorn., friesische und niederländische Kurzform von ▸Josefina.

Josip: männl. Vorn., slowenische, serbische, kroatische [ˈjɔsip] Form von ▸Josef.

Joss: ▸Jos.

Josse: männl. Vorn., ursprünglich französische [ʒɔs] Form von ▸Jodokus, auch in Holland verbreitet.

Jost, (auch:) Joost: männl. Vorn., der sich aus der altfranzösischen Namensform *Josse* von ▸Jodokus entwickelt hat. ✧ Bekannter Namensträger: Joost van den Vondel, niederländischer Dichter (16./17. Jh.).

Jostein: aus dem Norwegischen stammender männl. Vorn. (zu altnord. *jór* »Ross, Hengst« + *steinn* »Stein«). ✧ Bekannter Namensträger: Jostein Gaarder, norwegischer Schriftsteller (20./21. Jh.).

Josua, (auch:) Joschua: aus der Bibel übernommener männl. Vorn. hebräischen Ursprungs (hebr. *yehōšūaʿ* »Jahwe ist Retter«). Nach der Bibel war Josua Helfer und Begleiter des Mose. Nach dessen Tod führte er Israel ins Westjordanland. Er hieß, bevor Mose ihn umbenannte, ▸Hosea. Engl. Form: *Joshua* [ˈdʒɔʃwə]. Französ. Form: *Josué* [ʒozyˈe]. Span. Form: *Josué* [xosuˈe]. Ital. Form: *Giosuè* [dʒozuˈɛ].

Josue: männl. Vorn., eindeutschende Schreibweise von *Josué,* der französischen [ʒozy'e] bzw. spanischen [xosu'e] Form von ▸Josua.

[1]**Josy:** männl. Vorn., Koseform von ▸Josef.

[2]**Josy:** weibl. Vorn., Koseform von ▸Josefa, ▸Josefina.

Jovan: männl. Vorn., serbische Form von ▸Johannes.

Jovana: weibl. Vorn., weibliche Form von ▸Jovan.

Jovanka: weibl. Vorn., Ableitung von ▸Jovana.

Joy [dʒɔɪ]: aus dem Englischen übernommener weibl. Vorn. (engl. *joy* »Freude«). ✧ Bekannte Namensträgerin: Joy Fleming, deutsche Bluessängerin (20./21. Jh.).

Joya ['dʒɔɪə]: weibl. Vorn., Erweiterung von ▸Joy, die vor allem in den USA geläufig ist.

Joyce [dʒɔɪs]: im 20. Jh. aus dem Englischen übernommener weibl. Vorn., der auf Josce, eine englische Form von ▸Jodokus, zurückgeht, die im Mittelalter als Frauen- und Männername vorkam. *Josce* ist von der französischen Form von *Jodokus* abgeleitet; vgl. den französischen Wallfahrtsort St-Josse-sur-Mer. Seit dem 14. Jh. trat Joyce in England vereinzelt als weiblicher Vorname auf und wurde im 19. Jh. unter dem Einfluss literarischer Vorbilder neu belebt.

Józef ['juzɛf]: männl. Vorn., polnische Form von ▸Josef.

Juan [xu̯an]: männl. Vorn., spanische Form von ▸Johannes. Der sagenhafte spanische Liebhaber Don Juan lieferte den Stoff für zahlreiche literarische und musikalische Bearbeitungen, so beispielsweise von Tirso de Molina, Byron und Mozart (▸Giovanni). ✧ Bekannte Namensträger: Juan Gris, spanischer Maler und Grafiker (19./20. Jh.); Juan Carlos I., König von Spanien (20./21. Jh.).

Juana ['xu̯ana]: weibl. Vorn., spanische Form von ▸Johanna.

Juanita [xu̯a'nita]: weibl. Vorn., spanische Koseform von *Juana* (▸Johanna).

Jubal: männl. Vorn. biblischer Herkunft (hebr. *yūbāl* »er ist gebracht worden«). Jubal, Sohn Lamechs, gilt als Ahnherr aller Flöten- und Zitherspieler. Neuhebr. Form: *Yuval.*

Juda: aus der Bibel übernommener männl. Vorn. unsicherer Etymologie (vielleicht zur hebr. Wurzel *ydh(y)* »preisen«). Nach der Bibel war Juda, der Ahnherr des gleichnamigen Stammes, ein Sohn Jakobs und Leas. Engl. Form: *Judah* ['dʒu:də]. Neuhebr. Form: *Yehuda.*

Judith, (überkonfessionelle Form:) Judit: weibl. Vorn. hebräischen Ursprungs (hebr. *yehūdīt* »Judäerin«). Nach den apokryphen Schriften tötete Judith den assyrischen Feldherrn Holofernes mit einer List und rettete so ihre Vaterstadt Bethulia und Jerusalem. Dieser Stoff ist mehrfach in der bildenden Kunst und auch dramatisch behandelt worden, z. B. in dem Drama »Judith« (1841) von Friedrich Hebbel. Der Name ist seit dem Mittelalter in Deutschland gebräuchlich. ✧ Bekannte Namensträgerin: Judith Rakers, deutsche Fernsehmoderatorin (20./21. Jh.). Engl. Form: *Judith* ['dʒu:dɪθ]. Neuhebr. Form: *Yehudit.*

Judy ['dʒu:dɪ]: weibl. Vorn., englische Koseform von ▸Judith. ✧ Bekannte Namensträgerin: Judy Garland, amerikanische Filmschauspielerin und Sängerin (20. Jh.).

Juhani: männl. Vorn., finnische Form von ▸Johannes.

Juho: männl. Vorn., finnische Kurzform von ▸Johannes.

Jule, (auch:) Jula: weibl. Vorn., Kurzform von ▸Julia.

Jules [ʒyl]: männl. Vorn., französische Form von ▸Julius. ✧ Bekannte Namensträger: Jules Verne, französischer Schriftsteller (19./20. Jh.); Jules Massenet, französischer Komponist (19./20. Jh.).

Juli: weibl. Vorn., Kurzform von ▸Julia, ▸Juliana.

Julia, (auch:) Julie: weibl. Vorn. lateinischen Ursprungs, weibliche Form von ▸Julius. ✧ Bekannte Namensträgerinnen: Julia Roberts, amerikanische Filmschauspielerin (20./21. Jh.); Julia Jentsch, deutsche Filmschauspielerin (20./21. Jh.). Französ. Form:

Julie [ʒy'li]. Italien. Form: *Giulia* ['dʒu:li̯a]. Engl. Form: *Julia* ['dʒu:ljə].

Julian: männl. Vorn. lateinischen Ursprungs, der auf Julianus, einen von ▸Julius abgeleiteten Beinamen, zurückgeht. Julian gehört heute zu den beliebten Vornamen. Französ. Form: *Julien* [ʒy'ljɛ̃].

Juliana, (auch:) Juliane: weibl. Vorn. lateinischen Ursprungs, weibliche Form von *Julianus* (▸Julian). Der Name fand im Mittelalter Eingang in die deutsche Namengebung; Namenspatroninnen sind die heilige Juliana von Lüttich (12./13. Jh.), NAMENSTAG: 5. April, und die heilige Juliana von Falconieri (13./14. Jh.), NAMENSTAG: 19. Juni. ✧ Bekannte Namensträgerin: Juliana, Königin der Niederlande (20./21. Jh.). Engl. Formen: *Gillian* ['dʒɪlɪən], ['gɪlɪən], *Jillian* ['dʒɪlɪən]. Französ. Form: *Julienne* [ʒy'ljɛn]. Russ. Form: *Uljana.*

Julia:

Julia ist die weibliche Form des altrömischen Geschlechternamens Julius. *Julia* heißt schon eine römische Christin im Neuen Testament, und es gibt im 3. und 4. Jh. mehrere Heilige dieses Namens, was dafür sorgte, dass er in Italien recht kontinuierlich vergeben wurde. In der Neuzeit wurde *Julia* vor allem als literarischer Name beliebt. Neben dem Trauerspiel »Romeo und Julia« (engl. *Juliet* von italien. *Giulietta*) von Shakespeare trugen auch die Übersetzung von Rousseaus Roman »La nouvelle Héloïse«, der in Deutschland 1785 unter dem Titel »Julie oder die neue Heloise« erschien, und andere literarische Vorbilder zur Beliebtheit des Namens bei. Im 19. Jh. war die Namensform *Julie* geläufig. Nachdem der Name jahrzehntelang vernachlässigt wurde, startete *Julia* in den 1970er-Jahren erneut eine sehr erfolgreiche Karriere, die bis zum ersten Jahrzehnt des 21. Jh.s anhielt.

Julianna, (auch:) Julianne: weibl. Vorn., Erweiterung von ▸Julia in Anlehnung an ▸Anna/Anne.

Julie: ▸Julia, auch englisch ['dʒu:lɪ] und französisch [ʒy'li]. ✧ Bekannte Namensträgerin: Julie Andrews, englische Schauspielerin und Sängerin (20./21. Jh.).

Julien [ʒy'ljɛ̃]: in den 1970er-Jahren entlehnter männl. Vorn., französische Form von ▸Julian.

Julienne [ʒy'ljɛn]: weibl. Vorn., französische Form von ▸Juliana.

Juliet ['dʒu:ljət]: in den 1980er-Jahren entlehnter weibl. Vorn., der auf die Heldin von Shakespeares Drama »Romeo and Juliet« (dt. »Romeo und Julia«) zurückgeht. Hierbei handelt es sich um eine Anpassung von italien. *Giulietta,* Koseform von *Giulia* (▸Julia), an das Englische.

Julietta: weibl. Vorn., latinisierende Erweiterung von ▸Julia oder ▸Juliet.

Juliette [ʒy'ljɛt]: in den 1960er-Jahren entlehnter weibl. Vorn., französische Koseform von *Julie* (▸Julia). ✧ Bekannte Namensträgerinnen: Juliette Gréco, französische Chansonsängerin und Schauspielerin (20./21. Jh.); Juliette Binoche, französische Filmschauspielerin (20./21. Jh.).

Julika: weibl. Vorn., aus dem Ungarischen ['julikɔ] übernommene Koseform von ▸Julia. Eine bekannte literarische Gestalt ist die Julika aus Max Frischs Roman »Stiller« (1954).

Julina, (auch:) Juline: weibl. Vorn., Weiterbildung von ▸Julia.

Julio ['xuli̯o]: männl. Vorn., spanische Form von ▸Julius. ✧ Bekannter Namensträger: Julio Iglesias, spanischer Schlagersänger (20./21. Jh.).

Julischka: weibl. Vorn., deutsche Schreibweise von *Juliska* ['juliʃkɔ], einer ungarischen Koseform von ▸Julia.

Julitta: weibl. Vorn. lateinischen Ursprungs, mit dem Suffix »-itta« erweiterte Form von ▸Julius. Namenspatrone sind die heilige Julitta, Märtyrerin in Cäsarea (2./3. Jh.), NAMENSTAG: 30. Juli; sowie die legendarischen Heiligen Julitta und Kyriakos (2./3. Jh.), NAMENSTAG: 16. Juni.

Julius: männl. Vorn. lateinischen Ursprungs. Julius ist ein altrömischer

Geschlechtername. Der bekannteste Angehörige des Geschlechts der Julier ist Gaius Julius Cäsar. Ihm zu Ehren ist der siebente Monat des Kalenderjahrs benannt: lat. [mēnsis] *Jūlius*. Der Name kam in Deutschland, zunächst beim Adel, erst im 16. Jh. auf, nachdem der Humanismus das Interesse an der altrömischen Geschichte geweckt hatte. ✧ Bekannte Namensträger: der heilige Julius I., Papst (4. Jh.); NAMENSTAG: 12. April; Julius II., bedeutender Renaissancepapst (15./16. Jh.). Italien. Form: *Giulio* ['dʒu:li̯o]. Französ. Form: *Jules* [ʒyl]. Span. Form: *Julio* ['xuli̯o]. Ungar. Form: *Gyula* ['djulɔ].

June [dʒu:n]: weibl. Vorn. zu engl. *june* »Juni«. Der Name kam in England um 1920 auf.

Ju̲nia: weibl. Vorn., latinisierende Erweiterung von ▸June.

Ju̲pp: männl. Vorn., rheinische Kurzform von ▸Josef.

Ju̲rek: aus dem Polnischen übernommener männl. Vorn., Koseform von *Jerzy* (▸Georg). ✧ Bekannter Namensträger: Jurek Becker, deutscher Schriftsteller (20. Jh.).

Jü̲rg: männl. Vorn., oberdeutsche Form von ▸Georg.

Jü̲rgen: männl. Vorn., niederdeutsche Form von ▸Georg. Der Name war im Zeitraum 1940–1960 sehr beliebt. ✧ Bekannte Namensträger: Jürgen Habermas, deutscher Philosoph und Soziologe (20./21. Jh.); Jürgen Klinsmann, deutscher Fußballspieler und -trainer (20./21. Jh.); Jürgen Vogel, deutscher Schauspieler und Drehbuchautor (20./21. Jh.).

Ju̲rij, (auch:) Ju̲ri: männl. Vorn., russische Form von ▸Georg. ✧ Bekannter Namensträger: Jurij Gagarin, russischer Astronaut (20. Jh.).

Juri̲na: weibl. Vorn., friesische und niederländische Form von ▸Georgina.

Jü̲rn: männl. Vorn., Kurzform von ▸Jürgen.

Ju̲ssuf: männl. Vorn., eindeutschende Form von ▸Yusuf.

Ju̲st: ▸Justus.

[1]Justi̲n, (auch:) Ju̲stin: ▸Justinus.

[2]Justin ['dʒʌstɪn]: männl. Vorn., englische Form von ▸Justinus. ✧ Bekannte Namensträger: Justin Timberlake, amerikanischer Popsänger (20./21. Jh.); Justin Bieber, amerikanischer Popsänger (20./21. Jh.).

Justi̲na, (auch:) Justi̲ne: weibl. Vorn., weibliche Form von ▸Justinus. Namenspatronin ist die heilige Justina, Märtyrerin (3./4. Jh.); NAMENSTAG: 26. September.

Justino [xus'tino]: männl. Vorn., spanische Form von ▸Justinus.

Justi̲nus, (auch:) Justi̲n: männl. Vorn. lateinischen Ursprungs, Weiterbildung von ▸Justus. ✧ Bekannte Namensträger: der heilige Justinus, Märtyrer (2. Jh.); NAMENSTAG: 1. Juni; Justinus Kerner, deutscher Dichter (18./19. Jh.). Engl. Form: *Justin* ['dʒʌstɪn]. Span. Form: *Justino* [xus'tino]

Ju̲stus, (auch:) Ju̲st: männl. Vorn. lateinischen Ursprungs (lat. *iūstus, -a, -um* »gerecht; rechtschaffen, redlich«). Der Name fand in Deutschland seit der Zeit des Humanismus (16. Jh.) Verbreitung, zum Teil als Wiedergabe von ▸Jost und ▸Jobst. So hieß z. B. Justus Jonas, der Freund Martin Luthers, eigentlich Jobst Koch. Eine literarische Gestalt ist der Just in Lessings Lustspiel »Minna von Barnhelm oder das Soldatenglück« (1767). ✧ Bekannte Namensträger: Justus Liebig, deutscher Chemiker (19. Jh.); Justus Frantz, deutscher Pianist (20./21. Jh.).

Ju̲tta: weibl. Vorn., alte Koseform von ▸Judith. Der Name war im Mittelalter recht beliebt. In der Neuzeit kam er nur vereinzelt vor und ist erst im 20. Jahrhundert wieder volkstümlich geworden. ✧ Bekannte Namensträgerinnen: die selige Jutta, Erzieherin der heiligen Hildegard von Bingen (11./12. Jh.); NAMENSTAG: 22. Dezember; Jutta Speidel, deutsche Filmschauspielerin (20./21. Jh.); Jutta Kleinschmidt, deutsche Rallyefahrerin (20./21. Jh.).

Jytte ['jydə]: weibl. Vorn., dänische Nebenform von ▸Jutta.

k

Kaan ['ka:an]: männl. Vorn. türkischer Herkunft (türk. *kaan,* älter *kağan* »Fürst«).

Kaarina: weibl. Vorn., finnische Form von ▸Karina.

Kaatje: weibl. Vorn., friesische und niederländische Koseform von ▸Katharina.

Kadija, (auch:) Kadidja [xa'di:dʒa]: ▸Khadija.

Kadir: türkischer männl. Vorn. arabischen Ursprungs (arab. *qadīr* »mächtig«).

[1]Kai, (auch:) [1]Kaj; [1]Kay; Cai; [1]Cay: männl. Vorn. friesischer oder nordischer Herkunft, dessen Bedeutung umstritten ist. Vielleicht handelt es sich um eine friesische kindersprachliche Form von *Garrit* (▸Gerhard) oder *Klais* (▸Nikolaus). Auch eine Verkürzung des lateinischen Vornamens *Caius,* dessen Herkunft noch unbekannt ist, wird hierbei erwogen. In Dänemark ist der männl. Vorn. Kai bereits ab 1300 bezeugt, in Deutschland wird er erst seit den 1960er-Jahren häufiger vergeben. ✧ Bekannter Namensträger: Kai Pflaume, deutscher Fernsehmoderator (20./21. Jh.). Dän./schwed. Form: *Kaj.*

[2]Kai: aus Hawaii stammender männl. Vorn. (»Meer«).

[3]Kai, (auch:) [2]Kaj; [2]Kay; [2]Cay: weibl. Vorn. nordischer Herkunft, stark verkürzte Form von ▸Katharina.

Kaia: aus Hawaii stammender weibl. Vorn., weibliche Form von ▸[2]Kai.

Kaija: weibl. Vorn., finnische Kurzform von ▸Katharina.

Kailani: aus Hawaii stammender weibl. Vorn. (»Meer + Himmel«).

Kailash: männl. Vorn. indischer Herkunft (sanskrit. *Kailāsa*), Name eines Berges im Himalaja, wo Kubera, Gott des Reichtums, residiert und sich Schiwas Paradies befindet.

Kainda: aus Kenia stammender weibl. Vorn., der in der Tharaka-Sprache »Tochter des Jägers« bedeutet.

Kairu: aus Kenia stammender männl. Vorn., der in der Kikuju-Sprache »der Schwarze« bedeutet.

Kaitlyn ['keɪtlin], ['kætli:n]: weibl. Vorn., in den USA häufige Schreibvariante von ▸Caitlín.

[1]Kaj: ▸[1]Kai.

[2]Kaj: ▸[3]Kai.

Kaja, (auch:) Caja; [2]Kaya; Caya: weibl. Vorn., schwedische Kurzform von ▸Katharina oder weibliche Form von ▸[1]Kai, ▸[1]Kaj.

Kajetan, (auch:) Kajetan; Cajetan; Cajetan: männl. Vorn. (zu dem römischen Beinamen *Caietanus* »aus der Stadt Gaeta, lat. *Cāiēta,* stammend«), dessen Verbreitung seit dem 17. Jh. auf die Verehrung des heiligen Kajetan von Thiene (15./16. Jh.), des Gründers des Theatinerordens, zurückgeht; NAMENSTAG: 7. August. Italien. Form: *Gaetano.*

Kajetana: weibl. Vorn., weibliche Form von ▸Kajetan.

Kajo: in Deutschland im 20. Jh. aufgekommener männl. Vorn., Erweiterung von ▸[1]Kai oder Neubildung aus ▸Karl + ▸Josef.

Kajsa: weibl. Vorn., schwedische Koseform von ▸Karin.

Kalani: aus Hawaii stammender weibl. Vorn. (»der Himmel«).

Kaleb: aus der Bibel übernommener männl. Vorn. hebräischen Ursprungs (wohl Kurzform eines mit dem Element *kalb-* »Hund« beginnenden Namens, wobei »Hund« entweder zur Selbsterniedrigung des Namensträgers dienen konnte oder im Sinne von »treuer Diener« oder auch als »hundswütig« verstanden wurde). Engl. Form: *Caleb* ['keɪləb].

¹Kali: weibl. Vorn. indischer Herkunft (sanskrit. *kālī* »die Schwarze«), Beiname der Gattin des Gottes Schiwa.

²Kali: aus der Elfenbeinküste stammender weibl. Vorn., der in der Senufo-Sprache »kräftig« bedeutet.

Kalidas: männl. Vorn. indischer Herkunft (sanskrit. *kālī* »die Schwarze« + sanskrit. *dāsa* »Diener«, etwa »Diener der [Göttin] ▸ ¹Kali«).

Kalinka: weibl. Vorn. russischer Herkunft, russische Koseform von *Kallinika* (griech. *kalós* »schön« + griech. *níkē* »Sieg«).

Kalla: weibl. Vorn., weibliche Form von ▸ Kalle.

Kalle: männl. Vorn., schwedische und finnische Koseform von ▸ Karl. Auch in Deutschland ist Kalle als Koseform von Karl gebräuchlich. Eine bekannte Gestalt der Jugendbuchliteratur ist der Kalle in Astrid Lindgrens Büchern »Meisterdetektiv Blomquist« und »Kalle Blomquist lebt gefährlich«.

Kalliope: weibl. Vorn. aus der griechischen Mythologie (griech. *kalós* »schön« + griech. *óps, opós* »Stimme«); Kalliope war die Muse der Dichtung. Neugriech. Form: *Kalliọpi*. Span. Form: *Calịope*.

Kálmán: männl. Vorn. ungarischer Herkunft, bekannt vor allem durch den ungarischen König Kálmán I. (11./12. Jh.). Der Name ist türkischer Herkunft (zu türk. *kalmak* »bleiben«, etwa »der, der [am Leben] bleibt«), wurde jedoch mit dem Heiligennamen ▸ Koloman gleichgesetzt.

Kalyan: männl. Vorn. indischer Herkunft (sanskrit. *kalyāṇa* »schön; verheißungsvoll«).

Kalyani: weibl. Vorn., weibliche Form von ▸ Kalyan.

Die Spitzenreiter des Jahres 2011 in Spanien

männlich	weiblich
1. Alejandro	1. Lucía
2. Daniel	2. Paula
3. Pablo	3. María
4. Hugo	4. Sara
5. Álvaro	5. Daniela
6. Adrián	6. Carla
7. David	7. Sofía
8. Diego	8. Alba
9. Javier	9. Claudia
10. Mario	10. Martina

Quelle: http://www.ine.es/daco/daco42/nombyapel/nomnac11.xls

¹Kamal: männl. Vorn. arabischen Ursprungs (arab. *kamāl* »Vollkommenheit« zu arab. *kamula* »vollkommen sein oder werden«). Türk. Form: *Kemạl*.

²Kamal: männl. Vorn. indischer Herkunft (sanskrit. *kamala* »hellrot«, auch Bezeichnung für eine Lotusart).

¹Kamala: weibl. Vorn., weibliche Form von ▸ ¹Kamal.

²Kamala: weibl. Vorn., weibliche Form von ▸ ²Kamal; Beiname der Göttin Lakschmi.

Kamaria: in Kenia und Tansania vorkommender weibl. Vorn., der auf Suaheli »mondgleich« bedeutet.

Kamau: aus Kenia stammender männl. Vorn., der in der Kikuju-Sprache »ruhiger Krieger« bedeutet.

Kamea: aus Hawaii stammender weibl. Vorn. (»die Einzige«).

¹Kamil: männl. Vorn., tschechische Form von ▸ Camillus, auch polnisch.

²Kamil: männl. Vorn. arabischen Ursprungs (arab. *kāmil* »vollkommen«).

¹Kamila: weibl. Vorn., weibliche Form von ▸ ¹Kamil. Poln. Aussprache: *Kamịla*.

²Kamila: weibl. Vorn., weibliche Form von ▸ ²Kamil. Türk. Form: *Kamilẹ*.

Kamill: ▸ Camillus.

Kamilla: ▸ Camilla.

Kamillo: ▸ Camillo.

Kamillus: ▸ Camillus.

Kandoro: in Kenia und Tansania vorkommender männl. Vorn., der auf Suaheli »Süßkartoffel« bedeutet.

Kane [keɪn]: männl. Vorn., englische Schreibweise einer walisischen Kurzform (zu walis. *cain* »schön«) oder des irischen Namens *Cathán* (zu gäl. *cath* »Kampf, Schlacht«).

Kani: in Kenia und Tansania vorkommender männl. Vorn., der auf Suaheli »Kraft, Stärke« bedeutet.

Kannan: männl. Vorn., südindische Form von ▸ Krischna.

Kanoro: aus Kenia stammender männl. Vorn., der in der Kikuju-Sprache »der Schwarze« bedeutet.

Kanta: weibl. Vorn. indischer Herkunft (sanskrit. *kānta* »schön«, auch »Gattin, Herrin«).

Kanti: weibl. Vorn. indischer Herkunft (sanskrit. *kānti* »Schönheit«), Beiname der Göttinnen Lakschmi und Durga.

Kanzi: in Kenia und Tansania vorkommender weibl. Vorn., der auf Suaheli »Schatz« bedeutet.

Kaori: weibl. Vorn. japanischer Herkunft (»Duft«).

Kara: ▸ Cara.

¹Karam: männl. Vorn. arabischen Ursprungs (arab. *karam* »Großzügigkeit, Edelmut« zu arab. *karuma* »großzügig, großmütig sein«).

²Karam: weibl. Vorn., identisch mit ▸ ¹Karam.

Karama: in Kenia und Tansania vorkommender weibl. Vorn., der auf Suaheli »Ehre« bedeutet.

¹Karan: männl. Vorn. türkischer Herkunft (zu türk. *karanlık* »dunkel«).

²Karan: männl. Vorn. indischer Herkunft (sanskrit. *karṇa* »Ohr«). Diesen Namen trug ein König von Anga (heute Bengalen) in dem indischen Epos »Mahabharata« (5. Jh. v. Chr. – 4. Jh. n. Chr.).

Kareen: in den 1960er-Jahren aufgekommener weibl. Vorn., Eindeutschung von ▸ Careen.

Karel: männl. Vorn., tschechische *(Karel)* und niederländische *(Karel)* Form von ▸ Karl. ✧ Bekannter Namensträger: Karel Gott, tschechischer Sänger (20./21. Jh.).

Karen, (auch:) Caren: weibl. Vorn., dänische Form von ▸ Katharina. ✧ Bekannte Namensträgerin: Karen Duve, deutsche Schriftstellerin (20./21. Jh.).

Karena: weibl. Vorn., Erweiterung von ▸ Karen.

Kari: weibl. Vorn., schwedische und norwegische Kurzform von ▸ Katharina.

Karim: männl. Vorn. arabischen Ursprungs (arab. *karīm* »wohltätig, großmütig«). Karim ist eine der Bezeichnungen des Propheten Mohammed. Türk. Form: *Kerim.*

Karima: weibl. Vorn., weibliche Form von ▸ Karim.

Karimu: in Kenia und Tansania vorkommender weibl. Vorn., der auf Suaheli »großzügig« bedeutet.

Karin: weibl. Vorn., schwedische Form von ▸ Katharina. Karin gehörte von den 1930er- bis zu den 1960er-Jahren zu den beliebtesten weiblichen Vornamen in Deutschland. ✧ Bekannte Namensträgerin: Karin Struck, deutsche Schriftstellerin (20./21. Jh.).

Karina, (auch:) Karine; Carina; Carine: weibl. Vorn., Weiterbildung von ▸ Karin.

Karl, (auch:) Carl: alter deutscher männl. Vorn., dessen Herkunft umstritten ist: Eher als von ahd. *kar[a]l* »Mann; Ehemann« ist der Name von einer Koseform eines mit ahd. *heri* »Kriegsschar, Heer« gebildeten Namens abzuleiten, dem im westfränkisch-romanischen Mischgebiet die romanische Koseendung »-olus« angehängt wurde. Auch das Anfangs-K erklärt sich durch romanische Wiedergabe des germanischen H- als C-. Für diese Herleitung spricht auch, dass der Name im Frühmittelalter zunächst fast nur bei Mitgliedern des merowingisch-karolingischen Hauses erscheint. Erst durch den Ruhm und den Sagenkreis um Karl den Großen gelangte der Name in das mittelalterliche Deutschland (zurück), blieb zunächst aber selten. Die Heiligsprechung Karls des Großen i. J. 1165 blieb praktisch ohne Einfluss auf die spätmittelalterliche Namengebung. Der Name tritt erst im 18. Jh. häufiger in Erscheinung und gehört im 19. Jh. und in der ersten Hälfte des 20. Jh.s zu den beliebtesten Vornamen in Deutschland. Namensvorbild für die katholische Namengebung dieser Zeit war der heilige Karl Borromäus, Kardinal und Erzbischof von Mailand, der i. J. 1610 heiliggesprochen wurde; NAMENSTAG: 4. November. Karl kommt auch häufig in Verbindung mit anderen Namen vor, neben ▸Karlheinz finden sich z.B. die Doppelformen *Karldieter* (▸Dieter), *Karlernst* (▸Ernst), *Karlfranz* (▸Franz), *Karlfried* (▸Friedrich), *Karlgünter* (▸Günter), *Karlhans* (▸Hans), *Karlheinrich* (▸Heinrich), *Karljosef* (▸Josef), *Karlpeter* (▸Peter). Eine bekannte literarische Gestalt ist der Karl Moor aus Schillers Drama »Die Räuber« (1781). ✧ Bekannte Namensträger: Karl V., deutscher Kaiser (16. Jh.); Karl Marx, deutscher Theoretiker des Sozialismus (19. Jh.); Karl May, deutscher Schriftsteller (19./20. Jh.); Karl Valentin, deutscher Kabarettist (19./20. Jh.); Karl Schmidt-Rottluff, deutscher Maler und Grafiker (19./20. Jh.); Karl Jaspers, deutscher Philosoph (19./20. Jh.); Karl Böhm, österreichischer Dirigent (19./20. Jh.); Karl Kraus, österreichischer Schriftsteller (19./20. Jh.); Karl Krolow, deutscher Schriftsteller (20. Jh.); Karl Lagerfeld, deutscher Modeschöpfer (20./21. Jh.). Italien. Form: *Carlo*. Span. Form: *Carlos*. Französ. Form: *Charles* [ʃarl]. Engl. Form: *Charles* [tʃɑ:lz]. Niederländ. Form: *Karel*. Poln. Form: *Karol*. Tschech. Form: *Karel*. Ungar. Form: *Károly* ['ka:roj].

Karla, (auch:) Carla: weibl. Vorn., weibliche Form von ▸Karl.

Karlheinz: männl. Vorn., Doppelform aus ▸Karl und ▸Heinz. Der Name war in der ersten Hälfte des 20. Jh.s beliebt. ✧ Bekannte Namensträger: Karlheinz Stockhausen, deutscher Komponist (20./21. Jh.); Karlheinz Böhm, deutscher [Film]schauspieler (20./21. Jh.).

Karlina, (auch:) Karline; Carline; Carlina: weibl. Vorn., Weiterbildung von ▸Karla.

Karlmann: alter deutscher männl. Vorn., Koseform von ▸Karl.

Karlo: männl. Vorn., eindeutschende Schreibweise von ▸Carlo.

Karlotta: weibl. Vorn., eindeutschende Schreibweise von ▸Carlotta.

Karmen: weibl. Vorn., eindeutschende Schreibweise von ▸Carmen.

Karna: weibl. Vorn., südschwedische und dänische Kurzform von ▸Katharina.

Karol: männl. Vorn., polnische Form von ▸Karl, auch Schreibvariante ▸[1]Carol.

Karola: ▸Carola.

Karolin: ▸Carolin.

Karolina: ▸Carolina.

Karoline, (auch:) Caroline: weibl. Vorn., Weiterbildung von ▸Carola mit der seit dem 17./18. Jh. beliebten Endung »-ine/-ina«. Der Name war im 18. Jh. und zu Beginn des 19. Jh.s sehr beliebt. Eine moderne Variante ist die verkürzte Form ▸Carolin. ✧ Bekannte Namensträgerinnen: Karoline von Schlegel, deutsche Schriftstellerin (18./19. Jh.); Karoline von Günderode, deutsche Schriftstellerin (18./19. Jh.). Französ. Form: *Caroline* [karɔ'lin]. Engl. Form: *Caroline* ['kærəlaɪn].

Karolus: ▸Carolus.

Károly ['ka:roj]: männl. Vorn., ungarische Form von ▸Karl.

Karsta, (auch:) Carsta: weibl. Vorn., niederdeutsche Form von ▸Christa.

Karsten, (auch:) Carsten: männl. Vorn., niederdeutsche Form von ▸Christian.

Kasimir, (auch:) Casimir: aus dem Polnischen *(Kazimierz)* übernommener männl. Vorn. (urslaw. **kaziti* »verderben, vernichten« + urslaw. **mirъ* »Frieden«, auch Ersatz für german. **mār, mēr* »bekannt, berühmt, angesehen«). Kasimir war bei den Piasten, dem ältesten polnischen Herrschergeschlecht, Traditionsname. Zur Verbreitung des Namens trug die Verehrung des heiligen Kasimir bei, des Schutzpatrons Polens und Litauens (15. Jh.); NAMENSTAG: 4. März.

Kaspar, (auch:) Caspar; Casper; Kasper; Jasper; Jaspar: männl. Vorn. persischer Herkunft (altpersisch *kandschwar* »Schatzmeister«, zu altpersisch *gandsch* »Schatz«, davon abgeleitet lat. *gaza* »Schatzkammer, besonders orientalischer Fürsten«). Die Verbreitung des Namens geht auf Kaspar, den Namen eines der Heiligen Drei Könige, zurück. Deren Anzahl und Namen werden seit dem 6. Jh. genannt. Der Name wurde durch die Legende und durch die Dreikönigsspiele im Mittelalter in Deutschland bekannt. Da der Kaspar in den Dreikönigsspielen als Mohr auftrat und lustige Einlagen brachte, wurde er allmählich zur lustigen Figur (daher Kasper, Kasperletheater). Eine Opernfigur ist der Kaspar in Webers »Der Freischütz« (1821). Bekannt ist der Name auch durch die geheimnisvolle Geschichte des Findelkindes Kaspar Hauser (19. Jh.). ✧ Bekannter Namensträger: Johann Kaspar Lavater, schweizerischer Philosoph und Theologe (18./19. Jh.). Französ. Form: *Gaspard* [gas'pa:r]. Italien. Form: *Gaspare.* Span. Form: *Gaspar.* Ungar. Form: *Gáspár* ['ga:ʃpa:r]. Dän. Form: *Jesper.*

Kassandra, (auch:) Cassandra: weibl. Vorn. griechischen Ursprungs, dessen Bedeutung nicht sicher geklärt ist. Nach der griechischen Sage sagte Kassandra – ohne dass jemand ihren Prophezeiungen Glauben schenkte – den Untergang Trojas voraus und warnte vergeblich vor dem hölzernen Pferd. Literarisch wurde die Sage um Kassandra in dem gleichnamigen Roman aus dem Jahr 1983 von Christa Wolf verarbeitet.

Kassian: ▸ Cassian.

Kassim: männl. Vorn. arabischer Herkunft (arab. *kasīm* »schön, anmutig«).

Kastor, (auch:) Castor: männl. Vorn. griechischen Ursprungs. Nach der griechischen Sage war Kastor einer der Dioskuren.

Katalin: im 20. Jh. entlehnter weibl. Vorn., ungarische Form von ▸ Katharina. Ungar. Aussprache: ['kɔtɔlin].

Katarina: ▸ Katharina.

Kate [keɪt]: weibl. Vorn., englische Kurzform von *Katherine* (▸ Katharina). ✧ Bekannte Namensträgerinnen: Kate Winslet, englische Schauspielerin (20./21. Jh.); Kate Moss, amerikanisches Topmodel (20./21. Jh.).

Käte: ▸ Käthe.

Katelyn ['keɪtlin]: weibl. Vorn., englische Variante des irischen Vornamens ▸ Caitlín.

Katerina: ▸ Katharina.

Kateřina ['katɛrʒina]: weibl. Vorn., tschechische Form von ▸ Katharina.

Katharina, (auch:) Katharine; Katarina; Katherina; Katerina; Catarina: weibl. Vorn. griechischen Ursprungs (Umdeutung des griechischen Frauennamens *Aikaterínē* zu griech. *katharós* »rein«). Namenspatroninnen sind die heilige Katharina von Alexandria (3./4. Jh.); NAMENSTAG: 25. November, und die heilige Katharina von Siena, italienische Mystikerin, Dominikanerin (14. Jh.); NAMENSTAG: 29. April. ✧ Bekannte Namensträgerinnen: Katharina von Bora, Frau Martin Luthers (15./16. Jh.); Katharina II., gen. die Große, Kaiserin von Russland (18. Jh.); Katharina Witt, deutsche Eiskunstläuferin (20./21. Jh.); Katharina Wagner, deutsche Opernregisseurin (20./21. Jh.). Italien. Form: *Caterina.* Span. Form: *Catalina.* Französ. Form: *Catherine* [ka'trin]. Engl. Formen: *Katherine, Catherine* ['kæθərɪn], ['kæθrɪn]; (ursprünglich irisch:) *Caitlín* ['keɪtlin], *Kathleen, Cathleen* ['kæθli:n]. Russ. Form: *Jekaterina* [jɪkɐtɪ'rinɐ]. Tschech. Form: *Kateřina* ['katɛrʒina].

Katharina:

Der Name der heiligen Märtyrerin Katharina von Alexandrien (3./4. Jh.), deren Verehrung im Katharinenkloster auf dem Berg Sinai bereits im 9. Jh. einsetzte, fand erst im Gefolge der Kreuzzüge weite Verbreitung im christlichen Abendland. Um die heilige Katharina bildeten sich zahlreiche Wunderberichte. Nach der im 6./7. Jh. entstandenen Legende bekehrten sich fünfzig Philosophen nach einem Disput mit ihr zum christlichen Glauben. Daher ist die heilige Katharina die Schutzheilige der Philosophen. Eine bekannte literarische Gestalt ist die Katharina Blum in Heinrich Bölls Erzählung »Die verlorene Ehre der Katharina Blum« (1974). In Deutschland hat *Katharina* seit dem Mittelalter einen festen Platz in der weiblichen Namengebung. Als Anfang der 1940er-Jahre die Vergabe von *Katharina* stark nachgelassen hatte, erfreute sich die schwedische Form *Karin* großer Beliebtheit. Bald danach nahm aber die Beliebtheit von *Katharina* wieder deutlich zu. Ende der 1980er- und in den 1990er-Jahren belegte sie Spitzenpositionen in der Häufigkeitsrangfolge der Mädchennamen. Inzwischen hat *Katharina* die Gruppe der Top Ten verlassen, doch wird der Name noch gern als Zweitvorname gewählt.

Käthchen: weibl. Vorn., Koseform von ▸Käthe. Eine literarische Gestalt ist das Käthchen in Kleists Schauspiel »Das Käthchen von Heilbronn« (1810).

Käthe, (auch:) Käte: weibl. Vorn., Kurzform von ▸Katharina. ✧ Bekannte Namensträgerinnen: Käthe Kollwitz, deutsche Grafikerin und Malerin (19./20. Jh.); Käthe Kruse, deutsche Kunsthandwerkerin (19./20. Jh.).

Käthemarie: weibl. Vorn., Doppelform aus ▸Käthe und ▸Marie.

Katherina: ▸Katharina.

Katherine ['kæθərɪn], ['kæθrɪn]: weibl. Vorn., englische Form von ▸Katharina. ✧ Bekannte Namensträgerinnen: Katherine Mansfield, neuseeländische Schriftstellerin (19./20. Jh.); Katherine Heigl, amerikanische Schauspielerin (20./21. Jh.).

Kathi: ▸Kati.

Kathinka: ▸Katinka.

Kathleen ['kæθli:n]: im 20. Jh. aus dem Englischen übernommener weibl. Vorn., Schreibvariante von ▸Cathleen.

Kathrein, (auch:) Katrein: in den 1960er-Jahren wieder aufgenommener weibl. Vorn., ursprünglich oberdeutsche Form von ▸Katharina.

Kathrin, (auch:) Katrin; Cathrin; Catrin: weibl. Vorn., verkürzte Form von ▸Katharina, die in der zweiten Hälfte des 20. Jh.s wiederbelebt wurde.

Kathrina, (auch:) Kathrine; Katrina; Katrine; Cathrina; Catrina: weibl. Vorn., Nebenform von ▸Katharina.

Kathryn: in Deutschland seit den 1960er-Jahren vorkommender weibl. Vorn., englische Schreibvariante von ▸Katherine. Engl. Aussprache: ['kæθrɪn].

Kathy: weibl. Vorn., Schreibvariante von ▸Kati, auch englisch ['kæθɪ].

Kati, (auch:) Kathi; Katy: weibl. Vorn., Koseform von ▸Katharina. ✧ Bekannte Namensträgerin: Kati Wilhelm, deutsche Biathletin (20./21. Jh.).

Katia: ▸Katja. ✧ Bekannte Namensträgerin: Katia Mann, Ehefrau von Thomas Mann (19./20. Jh.).

Katie ['keɪtɪ]: weibl. Vorn., derzeit in England beliebte Koseform von *Katherine* (▸Katharina).

Katina: im 20. Jh. aufgekommener weibl. Vorn., Erweiterung von ▸Kati oder verkürzte Form von ▸Kathrina.

Katinka, ungar. Aussprache: ['kɔtiŋkɔ]: weibl. Vorn., ungarische Koseform von ▸Katharina, auch Eindeutschung von russ. *Katen'ka, Katjonka,* tschech. *Katynka, Kátěnka.*

Katja: aus dem Russischen übernommener weibl. Vorn., Koseform von *Jekaterina* (▸Katharina). Dieser Vorname war in den 1970er-Jahren sehr beliebt. ✧ Bekannte Namensträgerinnen: Katja Riemann, deutsche [Film]schauspielerin (20./21. Jh.); Katja Seizinger, deutsche Skirennfahrerin (20./21. Jh.).

Katjana: weibl. Vorn., Weiterbildung von ▸Katja.

Katrein: ▸Kathrein.

Katrice [ka'tris]: ▸Catrice.

Katrin: ▸Kathrin.

Katrina, (auch:) Katrine: ▸Kathrina.

Katti, (auch:) Katty: weibl. Vorn., Koseform von ▸Katharina.

Katy: ▸Kati.

Kaveri: weibl. Vorn. indischer Herkunft nach dem gleichnamigen indischen Fluss.

¹Kay: männl. Vorn., Schreibvariante von ▸¹Kai, auch englisch [keɪ].

²Kay: weibl. Vorn., Schreibvariante von ▸³Kai. Im Englischen ist Kay [keɪ] eine Kurzform von Namen, die mit »K-« beginnen, besonders von *Katherine* (▸Katharina).

¹Kaya: männl. Vorn. türkischer Herkunft (türk. *kaya* »Fels«). ✧ Bekannter Namensträger: Kaya Yanar, deutscher Komiker türkischer Abstammung (20./21. Jh.).

²Kaya: ▸Kaja.

Kayla ['keɪlə]: in den USA beliebter weibl. Vorn., Variante von ▸Kayleigh.

Kayleigh, (auch:) Kaylee; Kaylie ['keɪlɪ]: in der zweiten Hälfte des 20. Jh.s in den USA aufgekommene weibl. Vorn., deren Herkunft nicht sicher zu bestimmen ist. Sie können als Schreibvarianten von *Kayley* (engl. Form des irischen Familiennamens *Ó Caollaidhe* »Nachkomme des Caolladhe«) entstanden sein, doch ist eine Abwandlung der häufigen Vornamen ▸Kelly und ▸Kylie ebenfalls möglich.

Kazuko ['kazko]: weibl. Vorn. japanischer Herkunft (japan. *kazu* »Frieden« + *ko* »Kind«).

Kazuo: männl. Vorn. japanischer Herkunft (japan. *kazu* »Frieden« + japan. *o* »Mann«).

Kea: weibl. Vorn. ostfriesischer Herkunft, eigentlich nur die Endung von latinisierten Namen wie *Alkea* (▸Alke), *Fraukea* (▸Frauke).

Keanu [kɪ'ænu]: männl. Vorn. hawaiischer Herkunft (hawaiisch *ke anu* »der Kühle«), der durch den amerikanischen Schauspieler Keanu Reeves (20./21. Jh.) bekannt geworden ist. Die gelegentliche Vergabe dieses Vornamens setzt in Deutschland in den 1990er-Jahren ein.

Keely, (auch:) Keelie ['ki:lɪ]: weibl. Vorn., englische Neuprägung zu ▸Kelly oder ▸Kayleigh.

Kees: ▸Cees.

Keiko ['keiko]: weibl. Vorn. japanischer Herkunft (japan. *kei* »Gnade«, »Munterkeit«, »Freude«, »Respekt« + *ko* »Kind«).

Keira ['kɪərə]: weibl. Vorn., Variante von ▸Kiera. ✧ Bekannte Namensträgerin: Keira Knightley, englische Filmschauspielerin (20./21. Jh.).

Keiran ['kɪərən]: männl. Vorn., Variante von ▸Kieran.

Keisha ['ki:ʃə]: in den 1990er-Jahren entlehnter weibl. Vorn., verkürzte Form des afroamerikanischen Vornamens ▸Lakeisha.

Keith [ki:θ]: im 20. Jh. aus dem Englischen übernommener männl. Vorn., der auf einen schottischen Orts- und Familiennamen zurückgeht. ✧ Bekannter Namensträger: Keith Richards, Gitarrist der englischen Rockgruppe »Rolling Stones« (20./21. Jh.).

Kellie: ▸²Kelly.

¹Kelly ['kɛlɪ]: männl. Vorn., ursprünglich ein englischer Familienname, dem der irische Familienname *O'Ceallaigh* »Nachkomme des Ceallach« oder ein schottischer Ortsname zugrunde liegen kann.

²Kelly, (auch:) Kellie: weibl. Vorn., identisch mit ▸¹Kelly. In der englischsprachigen Welt hat sich Kelly als weiblicher Vorname durchgesetzt und in den 1970er- und 1980er-Jahren Spitzenpositionen eingenommen. Möglicherweise wurde das Aufkommen von Kelly als Frauenname durch die Bekanntheit der amerikanischen Filmschauspielerin Grace Kelly (20. Jh.) gefördert.

Kelsey ['kɛlsɪ]: in den 1990er-Jahren aus dem Englischen entlehnter weibl. Vorn., der auf den gleichlautenden Familiennamen zurückgeht. In den englischsprachigen Ländern ist Kelsey auch ein männlicher Vorname.

Kelvin ['kɛlvɪn]: in den 1970er-Jahren entlehnter männl. Vorn., der auf einen schottischen Flussnamen zurückgeht. Kelvin kam in England um 1920 vielleicht unter dem Einfluss von Namen wie ▸Calvin und ▸Melvin auf.

Kemal: männl. Vorn. türkischer Herkunft (türk. *kemâl* »Vollkommenheit« aus gleichbedeutend arab. *kamāl*).

Ken: männl. Vorn., Kurzform von ▸Kenneth. Dieser Vorname ist in Deutschland seit den 1970er-Jahren anzutreffen. ✧ Bekannter Namensträger: Ken Follett, englischer Schriftsteller (20./21. Jh.).

Kenan: gegen Ende des 20. Jh.s aus der Bibel übernommener männl. Vorn. hebräischen Ursprungs (hebr. *qēnān*, wohl zu hebr. *qayin* »Lanze«, in übertragenem Sinn »Schmied« + Verkleinerungsendung *-ān*, also »kleiner Schmied«. Die gleiche Wurzel liegt dem Namen *Kain* zugrunde); auch türkisch.

Kendall, (auch:) Kendal [kɛndl]: männl. Vorn., ursprünglich ein Familienname, der wiederum auf die englischen Ortsnamen Kendal bzw. Kendale zurückgeht.

Kendra ['kɛndrə]: in den 1970er-Jahren aus dem Englischen entlehnter weibl. Vorn., bei dem es sich wahrscheinlich um eine Neuprägung aus ▸Ken(neth) und ▸(Alexan)dra handelt; der Name wird auch als weibliche Bildung zu ▸Kenneth aufgefasst.

Kendrick ['kɛndrɪk]: männl. Vorn., ursprünglich ein englischer Familienname, der seit dem 19. Jh. auch als Vorname gebraucht wird. Der Familienname Kendrick kann aus dem walisischen Personennamen *Cynwrig*, dessen Bestandteile nicht sicher gedeutet sind, sowie aus den altenglischen Rufnamen *Cēnerīc* (altengl. *cēne* »kühn« + altengl. *rīc* »Macht«) oder *Cynerīc* (altengl. *cyne* »königlich« + altengl. *rīc* »Macht«) hervorgegangen sein.

Kenia ['kɛnjə]: in den 1980er-Jahren entlehnter weibl. Vorn., englische Neubildung als weibliche Form zu ▸Kenneth.

Kenja: weibl. Vorn., deutsche Schreibvariante von ▸Kenia.

Kenji ['kendʒi]: männl. Vorn. japanischer Herkunft (japan. *ken* »Gesundheit«).

Kenneth ['kɛnɪθ]: in den 1970er-Jahren aus dem Englischen übernommener männl. Vorn. keltischen Ursprungs. Der englische Name kann von zwei gälischen Namen abgeleitet sein: *Cinaed* (wahrscheinlich »aus Feuer geboren«) und *Coinneach* (»hübsch«). ✧ Bekannte Namensträger: Kenneth I. Mac Alpin, erster König von Schottland (9. Jh.); Kenneth Branagh, irischer Schauspieler und Regisseur (20./21. Jh.).

Kenny ['kɛnɪ]: in den 1970er-Jahren entlehnter männl. Vorn., Koseform von ▸Kenneth.

Keno: männl. Vorn., friesische Form von ▸Kuno.

Kent [kɛnt]: aus dem Englischen entlehnter männl. Vorn., ursprünglich ein Familienname, der jemanden bezeichnete, der aus der Grafschaft Kent stammte. Dieser Vorname ist vor allem in den USA und Kanada geläufig.

Kenta: männl. Vorn. japanischer Herkunft (japan. *ken* »Gesundheit« + japan. *ta* »dick, groß«).

Kenya: weibl. Vorn., Schreibvariante von ▸Kenia.

Kenzie ['kɛnzɪ]: weibl. Vorn., Kurzform von ▸Mackenzie.

Kerem: männl. Vorn., türkische Form von ▸[1]Karam.

Keren ['kɛərən]: aus dem Englischen entlehnter weibl. Vorn., Kurzform des biblischen Namens *Keren-Happuch* (hebr. *qeren happūk* »Horn«, d. h. »Behälter« für »Antimon« bzw. die daraus gewonnene Schminke zum Schwärzen der Augenpartie), den eine Tochter Hiobs trug.

Kerim: männl. Vorn., türkische Form von ▸Karim.

Kerime: weibl. Vorn., weibliche Form von ▸Kerim.

Kerrin: weibl. Vorn., nordfriesische Kurzform von ▸ Katharina.

Kerry ['kɛrɪ]: aus dem Englischen entlehnter weibl. Vorn., dem der gleichlautende Name einer irischen Grafschaft zugrunde liegt. Kerry kam als männlicher Vorname in den 1940er-Jahren in Australien auf, hat sich aber später in der gesamten englischsprachigen Welt zunehmend als weiblicher Vorname durchgesetzt.

Kerst: männl. Vorn., verkürzte Form von ▸ ¹Kersten.

¹Kersten: männl. Vorn., niederdeutsche Form von ▸ Christian.

²Kersten: weibl. Vorn., niederdeutsche Form von ▸ Christina.

Kersti: weibl. Vorn., verkürzte Form von ▸ Kerstin.

Kerstin: weibl. Vorn., niederdeutsche und schwedische Form von ▸ Christine, die in den 1960er-Jahren sehr beliebt war.

Kerstina, (auch:) Kerstine: weibl. Vorn., Erweiterung von ▸ Kerstin.

Keshia, (auch:) Keshya ['kɛʃjə]: in den 1990er-Jahren entlehnter weibl. Vorn., Variante des afroamerikanischen Vornamens *Keisha* (▸ Lakeisha).

Kevin ['kɛvɪn]: aus dem Englischen übernommener männl. Vorn. irischen Ursprungs, dem der gälische Name *Caoimhín*, ursprünglich ein Beiname (Verkleinerungsform zu gäl. *caomh* »anmutig«), zugrunde liegt. Kevin ist der Name eines irischen Heiligen aus dem 7. Jh. Der Name wird in Deutschland seit Ende der 1970er-Jahre vergeben. Im ausgehenden 20. Jh. war Kevin ein international beliebter Name. Zwei bekannte Filme aus den 1990er-Jahren sind »Kevin – Allein zu Haus« und »Kevin – Allein in New York« von Chris Columbus. ✧ Bekannter Namensträger: Kevin Costner, amerikanischer [Film]schauspieler (20./21. Jh.).

Kezia, (auch:) Keziah [ke'zi:a], ['ke:tsia]: aus dem Englischen [kɪ'zaɪə] übernommener weibl. Vorn. biblischer Herkunft (hebr. *qesi'ā* »Kassia«, eine Heil- und Gewürzpflanze). So heißt im Alten Testament eine Tochter Hiobs. Der Name fand im 17. Jh. durch die Puritaner Eingang in die englische Namengebung.

Khadija, (auch:) Khadidja; Kadija, Kadidja [xa'di:dʒa]: weibl. Vorn. arabischer Herkunft (arab. *khadīja* »frühzeitig geborenes Kind«). Diesen altarabischen Namen trug die erste Frau des Propheten Mohammed, die Mutter aller seiner Kinder, die ihm in sämtlichen Gefahren treu zur Seite stand. Türk. Form: *Hatice* [hati'dʒɛ].

Khalid ['xa:lid]: männl. Vorn. arabischer Herkunft (arab. *khālid* »unsterblich, ewig« zu arab. *khalada* »immer bleiben, ein langes Leben genießen«). Türk. Form: *Halit.*

Khalil [xa'li:l]: männl. Vorn. arabischer Herkunft (arab. *khalīl* »enger Freund«). *Khalil Allah,* »Freund Gottes«, ist der Beiname von ▸ Ibrahim. ✧ Bekannter Namensträger: Khalil Gibran, libanesischer Maler und Dichter (19./20. Jh.). Türk. Form: *Halil.*

Kia: weibl. Vorn., schwedische Kurzform von *Kristina* (▸ Christine).

Kian ['kɪæn]: männl. Vorn. zu irisch *cian* »alt, anhaltend, fortdauernd«.

¹Kiana [kɪ'ænə]: weibl. Vorn., weibliche Bildung zu ▸ Kian.

²Kiana [kɪ'ænə]: weibl. Vorn., hawaiische Form von ▸ Diana. ✧ Bekannte Namensträgerin: Kiana Davenport, hawaiisch-amerikanische Schriftstellerin (20./21. Jh.).

Kiara, engl. Aussprache: ['kɪərə]: weibl. Vorn., moderne weibliche Bildung zu *Kiaran,* Nebenform von ▸ Kieran.

Kiera ['kɪərə]: weibl. Vorn., weibliche Bildung zu ▸ Kieran.

Kieran, (auch:) Kieren; Kieron ['kɪərən]: männl. Vorn., englische Form des irischen Namens *Ciarán* (zu gäl. *ciar* »schwarz«).

Kilian: männl. Vorn., der auf den Namen des heiligen Kilian (zu altirisch *killena* »Kirchenmann«) zurückgeht, eines irischen Missionars, der im 7. Jh. als Wanderbischof nach Würzburg kam; NAMENSTAG: 8. Juli. Der Name kommt in Deutschland seit dem Mittelalter vor; er ist in der zweiten Hälfte des 20. Jh.s wiederbelebt worden. Engl. Form: *Killian* ['kılıən].

[1]**Kim:** männl. Vorn. englischer Herkunft, Kurzform von *Kimball* oder ▸Kimberley. Kimball (ursprünglich ein Familienname) und die Kurzform Kim wurden durch R. Kiplings Roman »Kim« (1901) bekannt. Der vollständige Name der Hauptperson lautet Kimball O'Hara.

[2]**Kim:** männl. Vorn., russische, schwedische, norwegische Kurzform von ▸Joachim.

[3]**Kim:** weibl. Vorn., Kurzform von ▸Kimberley. ✧ Bekannte Namensträgerinnen: Kim (eigtl. Marilyn Pauline) Novak, amerikanische Filmschauspielerin (20./21. Jh.); Kim Basinger, amerikanische Filmschauspielerin (20./21. Jh.).

Kimberley, (auch:) Kimberly ['kımbəlı]: weibl. Vorn. englischer Herkunft, dem ursprünglich ein englischer Ortsname bzw. der davon abgeleitete Familienname zugrunde liegt. Zunächst war der Name männlich. In England wurde er in Erinnerung an die Schlacht bei Kimberley während des südafrikanischen Burenkriegs als männlicher Vorname vergeben, doch schwand der Name bald wieder aus der Namengebung, bis er in den 1940er-Jahren in den USA als weiblicher Vorname wieder in Erscheinung trat und in den 1960er- und 1970er-Jahren sehr häufig vergeben wurde. In Deutschland erscheint der Name seit den 1980er-Jahren.

[1]**Kimi:** männl. Vorn., finnische Kurzform von ▸Joachim.

[2]**Kimi:** weibl. Vorn. japanischer Herkunft (japan. *kimi* »einzigartig«).

Kimiko: weibl. Vorn. japanischer Herkunft (japan. *kimi* »einzigartig« + japan. *ko* »Kind«).

Kimmy: weibl. Vorn., Koseform von ▸Kimberley.

Kinga: weibl. Vorn., ungarische Kurzform von ▸Kunigunde, auch im Polnischen und Tschechischen geläufig.

Kira: weibl. Vorn., russische Form von ▸Kyra.

Kiran: männl. Vorn. indischer Herkunft (sanskrit. *kiraṇa* »Staub; Strahl«, später »Lichtstrahl«, besonders »Sonnen-, Mondstrahl«).

Kirill: männl. Vorn., russische Form von ▸Cyrillus.

Kirk [kə:k]: männl. Vorn. schottischer/englischer Herkunft, ursprünglich ein Familienname nach dem Wohnsitz bei einer Kirche (zu altnord. *kirkja* »Kirche«). ✧ Bekannter Namensträger: Kirk Douglas, amerikanischer Filmschauspieler (20./21. Jh.).

Kirsa: weibl. Vorn., dänische Kurzform von ▸Kirstin.

[1]**Kirsten:** männl. Vorn., niederdeutsche Form von ▸Christian.

[2]**Kirsten:** weibl. Vorn., niederdeutsche, norwegische, schwedische und dänische Form von ▸Christine.

Kirsti: weibl. Vorn., norwegische und schwedische Variante von ▸Kirstin.

Kirstin: weibl. Vorn., Nebenform von ▸[2]Kirsten.

Kirstina: weibl. Vorn., Erweiterung von ▸Kirstin.

Kirsty ['kə:stı]: weibl. Vorn., ursprünglich eine schottische Koseform von ▸Christine.

Kischor: männl. Vorn. indischer Herkunft (sanskrit. *kiśora* »Fohlen, Junge«). Engl. Form: *Kishore* ['kiʃɔ:].

Kistna: männl. Vorn., zentralindische Form von ▸Krischna.

Kitty: im 19. Jh. aus dem Englischen übernommener weibl. Vorn., Koseform von ▸Katherine. ✧ Bekannte Namensträgerin: Kitty Kahane, deutsche Malerin und Grafikerin (20./21. Jh.).

Kiyoshi [ki'jɔʃı]: männl. Vorn. japanischer Herkunft (japan. *kiyoshi* »rein«).

Kjell: männl. Vorn., schwedische und norwegische Kurzform von ▸Kjetil. Dän. Form: *Kjeld.*

Kjerstin: weibl. Vorn., schwedische Variante von ▸Kerstin.

Kjetil: männl. Vorn. nordischer Herkunft (zu altnord. *ketill* »[Opfer]kessel« oder »Helm«).

Klaas, (auch:) Claas: männl. Vorn., niederdeutsche und niederländische Kurzform von ▸ Nikolaus.

Klara: ▸ Clara.

Kläre: ▸ Claire.

Klarina: weibl. Vorn., Weiterbildung von ▸ Klara.

Klarissa: ▸ Clarissa.

Klas, (auch:) Clas: männl. Vorn., Kurzform von ▸ Nikolaus.

Klasina, (auch:) Klasine: weibl. Vorn., weibliche Bildung zu ▸ Klas.

Klaudia: ▸ Claudia.

Klaudius: ▸ Claudius.

Klaus, (auch:) Claus: männl. Vorn., seit dem späten Mittelalter gebräuchliche Kurzform von ▸ Nikolaus. Der Name war von den 1930er-Jahren bis zu den 1960er-Jahren besonders beliebt. Klaus ist auch Bestandteil von Doppelformen, z.B. *Klausdieter* (▸ Dieter), *Klausfriedrich* (▸ Friedrich), *Klausheinrich* (▸ Heinrich), *Klausjürgen* (▸ Jürgen), *Klauspeter* (▸ Peter). ✧ Bekannte Namensträger: Klaus Störtebeker, Seeräuber aus Wismar (14./15. Jh.); Klaus Mann, deutscher Schriftsteller (20. Jh.); Klaus Maria Brandauer, österreichischer Schauspieler (20./21. Jh.); Klaus Kinski, deutscher Schauspieler (20. Jh.); Klaus Staeck, deutscher Grafiker und Galerist (20./21. Jh.).

Klemens: ▸ Clemens. ✧ Bekannter Namensträger: Klemens Fürst von Metternich, österreichischer Staatsmann (18./19. Jh.).

Klementina, (auch:) Klementine: ▸ Clementine.

Kleopatra: ▸ Cleopatra.

Klio: ▸ Clio.

Klothilde: weibl. Vorn., der auf den altfränkischen Frauennamen Chlothildis (zu ahd. *hlūt* »laut, berühmt« + ahd. *hiltja* »Kampf; Kriegerin«; etwa »berühmte Kriegerin«) zurückgeht. Klothilde (Chlothilde) hieß die Gemahlin des Frankenkönigs Chlodwig I. Sie wurde heiliggesprochen, weil sie dazu beitrug, dass sich ihr Gemahl zum christlichen Glauben bekehrte; NAMENSTAG: 3. Juni. Der Name wurde im 19. Jh. wieder aufgegriffen. Zur Bekanntheit des Namens trug die Gestalt der Klothilde in Jean Pauls Roman »Hesperus« (1795) bei.

Knut, (auch:) Knud: aus dem Nordischen (norweg., schwed. *Knut*, dän. *Knud*) übernommener männl. Vorn. unklarer Herkunft. Der Name wurde vielleicht aus dem Deutschen entlehnt (vgl. mhd. *knūz*, »waghalsig, vermessen, keck« oder ahd. *kind* »Sohn, Nachkomme«) oder er gehört zu altnord. *knútr* »Knute«. ✧ Bekannte Namensträger: Knut IV., genannt der Heilige, König von Dänemark; NAMENSTAG: 10. Juli; Knut Hamsun, norwegischer Dichter (19./20. Jh.).

Kofi: aus Ghana stammender männl. Vorn., der in der Akan-Sprache »geboren an einem Freitag« bedeutet (Akan-Präfix *kwa* »menschlich + männlich« + Akan *Efiada* »Freitag«). ✧ Bekannter Namensträger: Kofi Annan, ehem. Generalsekretär der UNO (20./21. Jh.).

Kohar: weibl. Vorn. armenischer Herkunft (»Edelstein«).

Kolin: männl. Vorn., deutsche Schreibvariante von ▸ Colin.

Kolja: in den 1960er-Jahren entlehnter männl. Vorn., russische Koseform von *Nikolai* (▸ Nikolaus).

Koloman, (auch:) Koloman: männl. Vorn., der auf *Columbanus* (zu lat. *columba* »Taube«), die latinisierte Form des irischen Klosternamens *Colum* (vgl. auch ▸ Callum), zurückgeht. Namenspatron ist der aus Irland stammende heilige Koloman (10./11. Jh.), Märtyrer in Stockerau, bis 1663 Landespatron von Österreich; NAMENSTAG: 13. Oktober.

Kong: männl. Vorn. chinesischer Herkunft, der »ruhmreich« bedeutet.

Konrad, (auch:) Conrad: alter deutscher männl. Vorn. (ahd. *kuoni* »kühn, tapfer« + ahd. *rāt* »Rat, Beratung, Ratgeber«, etwa »kühn in der Beratung«). Konrad war im Mittelalter einer der beliebtesten deutschen Vornamen. Die einstige Volkstümlichkeit des Namens lässt sich noch an der Formel *Hinz und Kunz* (Kurzformen von

Heinrich und Konrad) = »jedermann« erkennen. Zu seinem Fortbestehen in der deutschen Namengebung bis heute haben gleichnamige Heilige beigetragen: der heilige Konrad, Bischof von Konstanz (10. Jh.); NAMENSTAG: 26. November; der heilige Konrad von Parzham (19. Jh.); NAMENSTAG: 21. April. ✧ Bekannte Namensträger: Konrad II., deutscher Kaiser (10./11. Jh.); Konrad von Würzburg, mittelhochdeutscher Dichter (13. Jh.); Konrad Duden, Verfasser des »Orthographischen Wörterbuchs« (19./20. Jh.); Konrad Adenauer, deutscher Politiker (19./20. Jh.); Konrad Lorenz, österreichischer Verhaltensforscher (20. Jh.). Italien. Form: *Corrado*.

Konrada: weibl. Vorn., weibliche Form von ▸ Konrad.

Konradin, (auch:) Conradin: männl. Vorn., Koseform von ▸ Konrad. Der Name ist bekannt durch Konradin, den Sohn Konrads IV., der bei dem Versuch, sein sizilianisches Erbe in Besitz zu nehmen, im Alter von 16 Jahren 1268 in Neapel enthauptet wurde.

Konradina: weibl. Vorn., weibliche Form von ▸ Konrad oder ▸ Konradin.

Konstantin, (auch:) Constantin: männl. Vorn. lateinischen Ursprungs, der auf den römischen Beinamen *Constantinus*, eine Weiterbildung von *Constantius* (zu lat. *cōnstāns* »standhaft«) zurückgeht. Konstantin fand im Mittelalter als Name Kaiser Konstantins des Großen (3./4. Jh.) Verbreitung. Unter Konstantin wurde das Christentum im Römischen Reich öffentlich anerkannt und sehr gefördert. Nach der Legende soll er eine Vision gehabt haben, dass er im Zeichen des Kreuzes über seinen Gegner Maxentius siegen werde. Er ließ das Kreuz an seine Feldzeichen heften und trat nach dem Sieg über seine Feinde zum Christentum über. NAMENSTAG: 21. Mai. ✧ Bekannte Namensträger: Constantin Brancusi, rumänischer Bildhauer (19./20. Jh.); Konstantin Wecker, deutscher Liedermacher (20./21. Jh.).

Konstantine, (auch:) Konstantina: weibl. Vorn., weibliche Form von ▸ Konstantin.

Konstanze: ▸ Constanze. Eine bekannte Opernfigur ist die Konstanze in Mozarts Oper »Die Entführung aus dem Serail« (1782). ✧ Bekannte Namensträgerin: Konstanze Mozart, Gattin des Komponisten W. A. Mozart (18./19. Jh.).

[1]Kora: ▸ [1]Cora.

[2]Kora, (auch:) [2]Cora: weibl. Vorn. griechischen Ursprungs, der auf den Beinamen der Göttin Persephone (griech. *kórē* »Jungfrau, Mädchen«) zurückgeht.

Koray: männl. Vorn. türkischer Herkunft (»glühender Mond«).

Korbinian, (auch:) Korbinian; Corbinian: männl. Vorn. (Erweiterung zu lat. *corvus* »Rabe«). Es dürfte sich bei diesem Namen um die durch die lat. Endung »-īniānus« erweiterte Übersetzung des häufig vorkommenden Namens *Hraban* »Rabe« handeln. Derartige Übersetzungen kamen im westfränkischen Gebiet, der Heimat des heiligen Korbinian, Bischof von Freising (7./8. Jh.), NAMENSTAG: 20. November, oftmals vor.

Kord, (auch:) Cord; Cordt: männl. Vorn., niederdeutsche Kurzform von ▸ Konrad.

Kordelia: ▸ Cordelia.

Kordula: ▸ Cordula.

[1]Korinna, (auch:) Korina: ▸ [1]Corinna.

[2]Korinna, (auch:) [2]Corinna: weibl. Vorn. griechischen Ursprungs (zu griech. *kórē* »Jungfrau, Mädchen«, ▸ [2]Kora). ✧ Bekannte Namensträgerin: Korinna, griechische Dichterin (6. Jh. v. Chr.). Französ. Form: *Corinne* [kɔ'rin].

Kornel: ▸ Cornelius.

Kornelia: ▸ Cornelia.

Kornelius: ▸ Cornelius.

Kosima: ▸ Cosima.

Kosmas, (auch:) Cosmas: männl. Vorn. griech. Ursprungs (zu griech. *kósmios* »geschmückt, wohlgeordnet, bedacht«). Der Name fand im Mittelalter Eingang in die deutsche Namengebung. Der heilige Kosmas und sein Zwillingsbruder Damian, nach der Legende zwei Ärzte, erlitten im

4. Jh. den Martertod; NAMENSTAG: 26. September. Italien. Form: *Cosimo*. Span. Form: *Cosme*.

Kosta: männl. Vorn., russische, serbische, kroatische Koseform von ▸ Konstantin.

Kóstas: männl. Vorn., neugriechische Koseform von ▸ Konstantin.

Kostja: in den 1970er-Jahren entlehnter männl. Vorn., russische Koseform von ▸ Konstantin.

Kraft: alter deutscher männl. Vorn. (ahd. *kraft* »Stärke, Mut, Macht«).

Kreszentia, (auch:) Kreszenz: ▸ Crescentia.

Kriemhild, (auch:) Kriemhilde; Krimhild; Krimhilde: alter deutscher weibl. Vorn., jüngere Form von *Grimhild* (german. **grīm-an* »Maske; Helm« + ahd. *hiltja* »Kampf; Kriegerin«). Der Name ist durch die Kriemhild aus dem Nibelungenlied bekannt.

[1]Kris: männl. Vorn., Schreibvariante von ▸ [1]Chris.

[2]Kris: weibl. Vorn., Schreibvariante von ▸ [2]Chris.

Krischan: männl. Vorn., niederdeutsche Form von ▸ Christian.

Krischna, (auch:) Krishna: männl. Vorn. indischen Ursprungs (»der Dunkle, der Blauschwarze«). Der Name geht zurück auf den mythischen indischen Helden Krischna, der als achte Erscheinung des Gottes Wischnu gilt. Krischna wird in der Kunst immer mit dunkelblauer Hautfarbe dargestellt.

Krista: weibl. Vorn., (vorwiegend skandinavische) Schreibvariante von ▸ Christa.

Krister: männl. Vorn., nordische Nebenform von ▸ Christian. Lett. Form: *Kristers*.

Kristian: männl. Vorn., (vorwiegend skandinavische) Schreibvariante von ▸ Christian.

Kristiane, (auch:) Kristiana: weibl. Vorn., (vorwiegend skandinavische) Schreibvariante von ▸ Christiane.

Kristin: weibl. Vorn., (vorwiegend skandinavische) Schreibvariante von ▸ Christin.

Kristina, (auch:) Kristine: weibl. Vorn., (vorwiegend skandinavische) Schreibvariante von ▸ Christine.

Kristof: männl. Vorn., (vorwiegend skandinavische) Schreibvariante von ▸ Christoph.

Kristoffer: männl. Vorn., (vorwiegend skandinavische) Schreibvariante von ▸ Christopher.

Kristy: weibl. Vorn., englische Kurzform von ▸ Christine.

Kristýna ['kristi:na]: weibl. Vorn., tschechische Form von ▸ Christine.

Krystal, (auch:) Krystle: ▸ Crystal.

Krystian ['kristjan]: männl. Vorn., polnische Form von ▸ Christian.

Krystiana [kris'tjana]: weibl. Vorn., polnische Form von ▸ Christiane.

Krystyna [kris'tina]: weibl. Vorn., polnische Form von ▸ Christine.

Krzysztof ['kʃiʃtɔf]: männl. Vorn., polnische Form von ▸ Christoph. ✧ Bekannte Namensträger: Krzysztof Penderecki, polnischer Komponist (20./21. Jh.), Krzysztof Kieślowski, polnischer Regisseur (20. Jh.).

Ksenia: weibl. Vorn., polnische Form von ▸ Xenia.

Kumar: männl. Vorn. indischer Herkunft (sanskrit. *kumāra* »Junge; Sohn«).

Kumari: weibl. Vorn. indischer Herkunft (»Mädchen; Tochter«), Beiname von Durga, Schiwas Gemahlin.

Kunibald: alter deutscher männl. Vorn. (ahd. *kunni* »Geschlecht, Sippe« + ahd. *bald* »kühn«).

Kunibert: alter deutscher männl. Vorn. (ahd. *kunni* »Geschlecht, Sippe« + ahd. *beraht* »glänzend, berühmt«).

Kunigunde: alter deutscher weibl. Vorn. (ahd. *kunni* »Geschlecht, Sippe« + ahd. *gund* »Kampf; Kämpferin«). Der Name war im Mittelalter überaus beliebt. Zu seiner Beliebtheit trug auch die Verehrung der Kaiserin Kunigunde bei, der Gemahlin Heinrichs II., die im Jahre 1200 heiliggesprochen wurde; NAMENSTAG: 13. Juli. Im 18./19. Jh. wurde der Name durch die Ritterdichtung neu belebt. Eine literarische Gestalt ist die Kunigunde von Thurneck in Kleists Schauspiel »Das Käthchen von

Heilbronn« (1810). Durch Balladen, z.B. durch Schillers Gedicht »Der Handschuh«, und durch das Volkslied »Als wir jüngst in Regensburg waren« ist Kunigunde zum typischen Namen des Burgfräuleins geworden.

Kuno: alter deutscher männl. Vorn., verselbstständigte Kurzform von ▸Konrad. Der Name wurde im 19. Jh. wieder aufgegriffen. Eine literarische Gestalt ist der Kuno in Ludwig Tiecks Kunstmärchen »Der blonde Eckbert« (1797). Eine bekannte Opernfigur ist der Erbförster Kuno in Carl Maria von Webers Oper »Der Freischütz« (1821).

Kunz: männl. Vorn., veraltete Koseform von ▸Konrad, deren einstige Volkstümlichkeit sich noch an der Formel *Hinz und Kunz* = »jedermann« erkennen lässt.

Kurt, (auch:) Curt; Curd: alter deutscher männl. Vorn., verselbstständigte Kurzform von ▸Konrad. Der Name, der in der ersten Hälfte des 19. Jh.s durch die Ritterdichtung und romantische Bewegung neu belebt wurde, gehörte Anfang des 20. Jh.s zu den beliebten männlichen Vornamen. Eine bekannte Ballade ist »Ritter Kurts Brautfahrt« von Goethe. ✧ Bekannte Namensträger: Kurt Tucholsky, deutscher Schriftsteller (19./20. Jh.); Kurt Schwitters, deutscher Maler und Dichter (19./20. Jh.); Kurt Schumacher, deutscher Politiker (19./20. Jh.); Kurt Weill, deutscher Komponist (20. Jh.); Kurt Marti, schweizerischer Schriftsteller (20./21. Jh.); Kurt Masur, deutscher Dirigent (20./21. Jh.).

Kuseni: aus Südafrika stammender männl. Vorn., der in der Zulu-Sprache »am Morgen [geboren]« bedeutet.

Kyara: ▸Kiara.

Kyla ['kaılə]: gegen Ende des 20. Jh.s in England neu geprägte, eindeutig weibliche Form von ▸[1]Kyle.

[1]Kyle [kaıl]: in Deutschland seit den 1980er-Jahren gelegentlich vergebener männl. Vorn. englischen Ursprungs, der auf einen schottischen Familiennamen zurückgeht. Der Familienname beruht auf einem Orts- oder Flurnamen (zu gäl. *caol* »eng«).

[2]Kyle [kaıl]: weibl. Vorn., identisch mit ▸[1]Kyle.

Kylie ['kaılı]: weibl. Vorn. australischer Herkunft, wohl Erweiterung von ▸[2]Kyle. ✧ Bekannte Namensträgerin: Kylie Minogue, australische Popsängerin und Schauspielerin (20./21. Jh.).

Kyra: weibl. Vorn. griechischen Ursprungs, weibliche Form von *Kyrillos* (▸Cyrillus) oder von *Kyros* (▸Cyrus). Russ. Form: *Kira.*

Kyrill: ▸Cyrillus.

Kyros: ▸Cyrus.

l

Laban: aus der Bibel übernommener männl. Vorn. hebräischen Ursprungs (hebr. *lābān* »weiß«), in den Jakob-Erzählungen ist Laban der Vater Leas und Rahels.

Lachlan ['lækl**ə**n]: männl. Vorn. schottischer Herkunft. Der alte gälische Personenname *Lachlann,* früher auch *Lochlann,* bedeutet wahrscheinlich »der aus dem Land der Seen und Fjorde, d.h. Skandinavien, Stammende«. In Australien gehört Lachlan zurzeit zu den beliebten Jungennamen.

Ladislaus, (auch:) Ladislav; Ladislaw: männl. Vorn., lateinische Form von poln. *Władysław,* tschech. *Vladislav, Ladislav* (urslaw. **vold-* »herrschen« + urslaw. **slava* »Ruhm, Ehre«). Namenspatrone sind Ladislaus I., König von Ungarn, der im Jahre 1192 heiliggesprochen wurde; NAMENSTAG: 29. Juni; der selige Ladislaus von Gielnów (15./16. Jh.), Patron von Polen und Litauen; NAMENSTAG: 4. Mai. Ungar. Form: *László* ['la:slo:]. Span./italien. Form: *Ladislao.*

Laetitia, (auch:) Laetizia; Lätitia: weibl. Vorn. lateinischen Ursprungs (lat. *laetitia* »Freude, Fröhlichkeit«). Die Schreibvariante *Leticia* kann auch spanisch *[le'tiθia],* *Letizia* italienisch und *Letitia* englisch [lɪ'tɪʃə] sein. ✧ Bekannte Namensträgerin: Laetitia Casta, französisches Topmodel und Schauspielerin (20./21. Jh.).

Laia: weibl. Vorn. katalanischer Herkunft, alte Kurzform von ▸ Eulalia, die in den letzten Jahrzehnten des 20. Jh.s wiederbelebt wurde.

Laila: ▸ Leila.

Laima: weibl. Vorn. litauischer Herkunft (lit. *laimė* »Glück«, auch Name der vorchristlichen baltischen Schicksalsgöttin).

Laimutė: weibl. Vorn. litauischer Herkunft, Koseform von ▸ Laima.

Laini: in Kenia und Tansania vorkommender weibl. Vorn., der auf Suaheli »sanft« bedeutet.

Lais, (überkonfessionelle Form:) Lajisch: männl. Vorn. biblischer Herkunft (hebr. *layiš* »Löwe«). Nach der Bibel war Lajisch der Vater Paltiëls, des Schwiegersohns von König Saul.

Lajana [lə'dʒɑ:nə]: afroamerikanischer weibl. Vorn., Neubildung mit der modischen Vorsilbe »La-« und vielleicht einer abgewandelten Form von ▸ [2]Jane.

Lajisch: ▸ Lais.

Lajos ['lɔjoʃ]: in den 1980er-Jahren entlehnter männl. Vorn., ungarische Form von ▸ Ludwig.

Lakeisha [lə'ki:ʃə]: afroamerikanischer weibl. Vorn., Neubildung, die aus der modischen Vorsilbe »La-«, einem »-k-« als Gleitlaut und wohl einer abgewandelten Form von *Aisha, Ayesha* (▸ Aischa) besteht.

Lakschmi, (auch:) Lakshmi; Laxmi: weibl. Vorn. indischer Herkunft (sanskrit. *lakṣmī* »[gutes] Zeichen«). Lakschmi, Wischnus Gemahlin, ist die Göttin der Schönheit, des Glücks und des Reichtums.

Lal: männl. Vorn. indischer Herkunft (sanskrit. *lal* »spielen, liebkosen«).

[1]Lale: weibl. Vorn., kindersprachliche Form von ▸ Lieselotte oder von Namen, die auf »-alie« enden. ✧ Bekannte Namensträgerin: Lale Andersen (eigtl. Lise-Lotte Helene Eulalia Wilke, geb. Bunnenberg), deutsche Chansonsängerin und Schauspielerin (20. Jh.).

[2]Lale: weibl. Vorn. zu türk. *lale* »Tulpe«, einem Lehnwort aus dem Persischen.

Lalita: weibl. Vorn. indischer Herkunft (sanskrit. *lalita* »ausgelassen, verliebt, bezaubernd, reizend« zu sanskrit. *lal* »spielen, liebkosen«), ein Name von Durga, Schiwas Gemahlin.

Lamar [lə'mɑ:]: männl. Vorn. englischer Herkunft, verkürzte Form des Familiennamens *Delamare*, dem der häufige französische Ortsname La Mare (»Teich, Tümpel, Lache«) zugrunde liegt.

Lambert, (auch:) Lammert: männl. Vorn., jüngere Form von *Lambrecht/Lamprecht* (ahd. *lant* »Land« + ahd. *beraht* »glänzend, berühmt«). Zur Verbreitung des Namens hat die Verehrung des heiligen Lambert beigetragen; NAMENSTAG: 18. September. Der heilige Lambert, Bischof von Maastricht, wurde um 705 bei Lüttich ermordet. Er wurde nicht nur in den Niederlanden verehrt, sondern auch in weiten Teilen Deutschlands, besonders in Westfalen (Lambertusspiele und -lieder).

Lamberta: weibl. Vorn., weibliche Form von ▸Lambert.

Lambertus: männl. Vorn., latinisierte Form von ▸Lambert.

Lammert: männl. Vorn., durch Zusammenziehung entstandene niederdeutsche Form von ▸Lambert.

Lana: weibl. Vorn., russische Kurzform von Namen, die auf »-lana« ausgehen (z.B. ▸Swetlana). Im Englischen ist *Lana* ['lɑ:nə] eine Kurzform von ▸Alana.

Lance [lɑ:ns], [læ:ns]: männl. Vorn., dessen Vergabe in England in den 1880er-Jahren einsetzt. Es handelt sich entweder um eine Kurzform von ▸Lancelot oder um die Verwendung des etymologisch gleichbedeutenden Familiennamens *Lance* als Vorname.

Lancelot, (auch:) Lanzelot: männl. Vorn., der auf den Namen des Ritters aus den Artussagen zurückgeht, der Guenevere, die Gattin des Königs Artus, liebte. Lancelot galt als Muster höfischer Tugenden. Der Name ist wahrscheinlich eine mit zweifachem französischen Suffix *(-el + -ot)* erweiterte Koseform zu dem germanischen Namen *Lanzo*, der bereits eine mit -z-Suffix erweiterte Koseform eines mit *lant* »Land« gebildeten Namens darstellt.

Die Spitzenreiter des Jahres 2009 in der Tschechischen Republik

männlich	weiblich
1. Jakub	1. Tereza
2. Jan	2. Natálie
3. Tomáš	3. Eliška
4. Lukáš	4. Adéla
5. Filip	5. Anna
6. David	6. Karolína
7. Ondřej	7. Kateřina
8. Matěj	8. Barbora
9. Adam	9. Lucie
10. Vojtěch	10. Veronika

Quelle: http://czechmatediary.com/2009/3/23/and-the-most-popular-czech-name-is/

Landelin: ▸Landolin.

Lando: männl. Vorn., alte Kurzform von Namen, die mit »Land-« gebildet sind (z.B. ▸Landolf und ▸Lambert).

Landolf: alter deutscher männl. Vorn. (ahd. *lant* »Land« + ahd. *wolf* »Wolf«).

Landolin, (auch:) Landelin: alter deutscher männl. Vorn., Koseform von ▸Lando.

Landon ['lændən]: männl. Vorn. englischer Herkunft, ursprünglich ein Familienname, dem wiederum ein Ortsname zugrunde liegt.

Lane [leɪn]: männl. Vorn., ursprünglich ein Familienname nach dem Wohnsitz an einem Weg oder an einer Gasse (engl. *lane*).

Lanie, (auch:) Lani: weibl. Vorn., Kurzform von ▸Melanie.

Lanzelot: ▸Lancelot.

Lapo: männl. Vorn. italienischer Herkunft, Lallform von *Jacopo* (▸Jakob), die in den letzten Jahren wiederbelebt wurde.

Lara: weibl. Vorn., russische Kurzform von ▸Laura oder ▸Larissa. Der Name wurde durch die Lara in dem Roman »Doktor Schiwago« (1957) von Boris Pasternak und die Romanverfilmung (1965) bekannt. Seit Beginn des neuen Jahrtausends ist Lara ein beliebter Mädchenname.

Laraine [lə'reɪn]; Lareen [lə'ri:n]; Larena [lə'ri:nə]: weibl. Vorn. englischer Herkunft, Varianten von ▸Lorraine.

Larina: in den 1990er-Jahren aufgekommener weibl. Vorn., Erweiterung von ▸Lara oder Eindeutschung von *Larena* (▸Laraine).

Larissa, (auch:) Larisa: im 20. Jh. aus dem Russischen übernommener weibl. Vorn. griechischer Herkunft (vielleicht zum Ortsnamen Larissa oder Erweiterung zu griech. *larós* »lieblich« oder zu griech. *láros* »Möwe«). Larissa ist der Name einer in der orthodoxen Kirche verehrten Heiligen.

Larry ['lærɪ]: in den 1940er-Jahren entlehnter männl. Vorn., englische Kurzform von *Laurence, Lawrence* (▸Laurentius).

Lars: männl. Vorn., schwedische, dänische und norwegische Form von ▸Laurentius. ✧ Bekannte Namensträger: Lars Gustafsson, schwedischer Schriftsteller (20./21. Jh.); Lars Riedel, deutscher Diskuswerfer (20./21. Jh.), Lars von Trier, dänischer Filmregisseur und Drehbuchautor (20./21. Jh.).

Lasar: männl. Vorn., Nebenform von *Lazar* (▸Lazarus).

Laslo: männl. Vorn., eindeutschende Schreibung von ungarisch *László* (▸Ladislaus).

Lasse: männl. Vorn., schwedische und norwegische Koseform von ▸Lars. ✧ Bekannter Namensträger: Lasse Hallström, schwedischer Filmregisseur (20./21. Jh.).

László ['la:slo:]: männl. Vorn., ungarische Form von ▸Ladislaus. ✧ Bekannter Namensträger: László Németh, ungarischer Schriftsteller (20. Jh.).

Latasha [lə'tæʃə]: afroamerikanischer weibl. Vorn., wohl Umbildung von *Natasha* (▸Natascha) in Anlehnung an die mit der modischen Vorsilbe »La-« gebildeten Namen.

Latif: männl. Vorn. arabischen Ursprungs; gekürzte Form von *Abd-el-Latif* (arab. *'abd* »Diener« + arab. *al latîf* »der Gütige, Sanftmütige«, einer der Beinamen Allahs: »Diener [Gottes,] des Gütigen«). Türk. Form: *Latif.*

Latifa: weibl. Vorn. arabischen Ursprungs; weibliche Form zu ▸Latif. Türk. Form: *Latife.*

Latischa: weibl. Vorn., deutsche Schreibweise von ▸Latisha.

Latisha [lə'tɪʃə]: afroamerikanischer weibl. Vorn., Umbildung von *Letitia* (▸Laetitia) in Anlehnung an Namen mit der modischen Vorsilbe »La-«.

Lätitia, (auch:) Lätizia: ▸Laetitia.

¹Latona: weibl. Vorn. lateinischen Ursprungs. *Lātō* bzw. *Lātōna* ist die lateinische Form des Namens der griechischen Göttin Leto, der Mutter des Apollon und der Artemis.

²Latona [lə'toʊnə]: afroamerikanischer weibl. Vorn., Nebenform zu ▸Latonya.

Latonya [lə'tonjə]: afroamerikanischer weibl. Vorn., Neubildung zu *Tonya* (▸Tonia) mit der modischen Vorsilbe »La-«.

Latoya [lə'tɔɪə]: afroamerikanischer weibl. Vorn., vielleicht eine vereinfachte Form des ebenfalls beliebten Vornamens ▸Latonya. ✧ Bekannte Namensträgerin: LaToya Jackson, amerikanische Popsängerin (20./21. Jh.).

Latrisha [lə'trɪʃə]: afroamerikanischer weibl. Vorn., Neubildung zu ▸Trisha mit der modischen Vorsilbe »La-«.

Laura: aus dem Italienischen übernommener weibl. Vorn., der auf einen lateinischen Personennamen der Kaiserzeit (zu lat. *laurus* »Lorbeer«, lat. *laurea* »Lorbeerbaum, Lorbeerkranz«) zurückgeht. Der Name war ein Wunschname, der auf die Schönheit der Pflanze und auf den Lorbeerkranz als Symbol des Sieges anspielte; bei den frühen Christen war der Lorbeerkranz auch Symbol des Martyriums. Der Name ist durch Petrarcas Sonette und Kanzonen an seine unerreichbare Geliebte Laura bekannt. Petrarca selbst deutet den Namen als »Lorbeer, Lorbeerbaum« (italien. *lauro*) und setzt ihn mit griech. *dáphnē* »Lorbeer; Lorbeerbaum« gleich. Laura war für ihn so unerreichbar wie die in einen Lorbeerbaum verwandelte Nymphe Daphne für Apollo (▸Daphne). Von Petrarca inspiriert schrieb Schiller seine Laura-Gedichte (1782). Laura gehört seit Jahren zu den international beliebten Namen. Französ.

Form: *Laure* [lɔ:r]. Engl. Form: *Laura* ['lɔ:rə].

Laurane, (auch:) Lauranne [lɔ'ran]: weibl. Vorn., französische Doppelform aus *Laure* (▸ Laura) und *Anne* (▸ Anna).

Laure [lɔ:r]: weibl. Vorn., französische Form von ▸ Laura.

Laureen [lɔ'ri:n]: weibl. Vorn., englische Koseform von ▸ Laura.

Laureline [lɔr'lin]: weibl. Vorn., französische Doppelform aus *Laure* (▸ Laura) und *Line* (▸ 1Lina).

1Lauren ['lɔ:rən]: männl. Vorn. englischer Herkunft, Kurzform von ▸ 1Laurence.

2Lauren, (auch:) 2Loren ['lɔ:rən]: in den 1970er-Jahren aus dem Englischen entlehnter weibl. Vorn., bei dem es sich um eine weibliche Bildung zu ▸ 1Laurence oder um eine Koseform von ▸ Laura handeln kann. Der Name wurde durch die amerikanische Filmschauspielerin Lauren Bacall (eigtl. Betty Jean Perske) Anfang der 1940er-Jahre bekannt und von amerikanischen Eltern bald aufgegriffen.

Laurena [lɔ'ri:nə]: weibl. Vorn., englische Koseform von ▸ Laura.

1Laurence ['lɔrəns]: männl. Vorn., englische Form von ▸ Laurentius. ✧ Bekannte Namensträger: Laurence Sterne, englischer Schriftsteller (18. Jh.); Sir Laurence Olivier, englischer Schauspieler und Regisseur (20. Jh.).

2Laurence [lɔ'rãs]: weibl. Vorn., französische Form von ▸ Laurentia.

Laurène [lɔ'rɛn]: weibl. Vorn., dem Französischen angepasste Form von ▸ 2Lauren.

Laurens: männl. Vorn., schwedische Form von ▸ Laurentius.

Laurent [lɔ'rã]: männl. Vorn., französische Form von ▸ Laurentius.

Laurentia: weibl. Vorn., weibliche Form von ▸ Laurentius.

Laurentin [lɔrã'tɛ̃]: männl. Vorn., französische Form des römischen Beinamens *Laurentinus*, einer Ableitung von ▸ Laurentius.

Laurentius, (auch:) Laurenz; Lorenz: männl. Vorn. lateinischen Ursprungs, der auf den römischen Beinamen *Laurentius* (»der aus der Stadt Laurentum Stammende«) zurückgeht. Der Name wurde schon früh durch volkstümliche Anlehnung an lat. *laurus* »Lorbeer; Lorbeerkranz« zu »der Lorbeerbekränzte« umgedeutet. Laurentius fand im Mittelalter als Name des heiligen Märtyrers Laurentius (3. Jh.) Verbreitung; NAMENSTAG: 10. August. Nach der Legende wurde er auf einem glühenden Rost zu Tode gemartert. Die Verehrung des heiligen Laurentius wurde dadurch verstärkt, dass man ihm den Sieg über die Ungarn auf dem Lechfeld zuschrieb. Die Ungarn wurden im Jahre 955 am 10. August, dem Festtag des heiligen Laurentius, von Otto dem Großen entscheidend geschlagen. Französ. Form: *Laurent* [lɔ'rã]. Engl. Formen: *Laurence, Lawrence* ['lɔrəns], ['lɔ:rəns]. Schwed. Formen: *Laurens*; *Lars*. Dän. Formen: *Laurits* ['lauris]; *Lars*. Italien. Form: *Lorenzo*.

Lauretta: weibl. Vorn., italienische Koseform von ▸ Laura.

Laurette, (auch:) Lorette [lɔ'rɛt]: weibl. Vorn., französische Koseform von *Laure* (▸ Laura).

1Lauri: männl. Vorn., Koseform von *Laurenz* (▸ Laurentius), auch englisch ['lɔrɪ], schwedisch, finnisch.

2Lauri: weibl. Vorn., Koseform von ▸ Laura.

Laurids ['lauris]: männl. Vorn., dänische Variante von ▸ Laurits.

1Laurie ['lɔrɪ]: männl. Vorn., englische Koseform von ▸ 1Laurence.

2Laurie ['lɔrɪ]: weibl. Vorn., englische Koseform von ▸ Laura. ✧ Bekannte Namensträgerin: Laurie Anderson, amerikanische Rocksängerin (20./21. Jh.).

Laurien: weibl. Vorn., niederländische Form von ▸ Laureen.

Laurin: männl. Vorn., dessen Herkunft und Bedeutung unklar sind. Laurin ist der Name des Zwergenkönigs in der Heldendichtung um Dietrich von Bern.

Laurina: weibl. Vorn., italienische Erweiterung von ▸ Laura.

Laurine [lɔ'rin]: weibl. Vorn., dem Französischen angepasste Form von ▸ Laureen.

Lauris: männl. Vorn., niederländische Kurzform von ▸ Laurentius.

Laurita: weibl. Vorn., spanische Koseform von ▸ Laura.

Laurits, (auch:) Lauritz: männl. Vorn., dänische Form von ▸ Laurentius, auch norwegisch. Dän. Aussprache: ['lau̯ris].

Lauryn: ▸ Laureen.

Lautaro: in Chile und Argentinien vorkommender männl. Vorn., der in Erinnerung an den araukanischen Herrscher Lautaro, der 1557 im Kampf gegen die Spanier fiel, vergeben wird. Dieser Name enthält die araukanischen Wörter *lev* »schnell« und *tharu*, eine Bezeichnung für einen in den Anden heimischen Raubvogel.

Laverne [lə'və:n]: weibl. Vorn., der vorwiegend von afroamerikanischen Eltern vergeben wird. Möglicherweise handelt es sich um eine Umbildung von Laverna, dem Namen der römischen Schutzgöttin der Diebe und Betrüger, unter dem Einfluss des kalifornischen Ortsnamens La Verne.

Lavinia: weibl. Vorn. lateinischen Ursprungs, dessen Bedeutung unklar ist. In der römischen Mythologie ist Lavinia die Tochter von Latinus, König von Latium, und die Gattin des Äneas.

Lawrence ['lɔrəns], ['lɔ:rəns]: männl. Vorn., englische Form von ▸ Laurentius. ✧ Bekannter Namensträger: Lawrence Durrell, englischer Schriftsteller (20. Jh.).

Laxmi: weibl. Vorn., Variante von ▸ Lakschmi.

Layla: ▸ Leila.

Lazarus, (auch:) Lazar; Lasar: aus der Bibel übernommener männl. Vorn., latinisierte Form von hebr. *la'zār*, einer Abkürzung von *'ēl-'āzār* »dem Gott hilft«. Eine biblische Gestalt ist der arme Lazarus, der im Mittelalter als Patron der Bettler, Armen und Aussätzigen verehrt wurde. Eine andere biblische Gestalt dieses Namens ist der heilige Lazarus von Bethanien, Bruder von Maria und Martha, der von Jesus wieder zum Leben erweckt wurde. Nach der Legende soll Lazarus erster Bischof von Marseille geworden sein; NAMENSTAG: 17. Dezember.

Lea: aus der Bibel übernommener weibl. Vorn. hebräischen Ursprungs (hebr. *le'āh* »[Wild]kuh«). Nach der Bibel war Lea die Tochter Labans und die ältere Schwester Rachels. Durch Betrug ihres Vaters wurde sie die erste Frau Jakobs. Zurzeit ist Lea ein sehr beliebter Vorname. Französ. Form: *Léa*.

Leah [li:]: weibl. Vorn., englische Form von ▸ Lea.

Lean: männl. Vorn., um die Jahrtausendwende aufgekommene Kurzform von ▸ Leander.

Leana: weibl. Vorn., Erweiterung von ▸ Lea oder Kurzform von ▸ Ileana.

Leander: männl. Vorn. griechischen Ursprungs (wohl zu griech. *laós, leōs* »Volk« und *anḗr, andrós* »Mann«). Der Name ist bekannt durch die griechische Sage vom unglücklichen Liebespaar Hero und Leander, die z.B. von Schiller in der Ballade »Hero und Leander« (1797), von Grillparzer in dem Drama »Des Meeres und der Liebe Wellen« (1840) behandelt worden ist. Leander war der Geliebte der schönen Priesterin Hero. Er schwamm allnächtlich zu ihr über den Hellespont, bis er auf einer dieser Überquerungen den Tod fand, worauf sich Hero von dem Turm stürzte, auf dem sie ihn erwartete. In dem Lied von den »Zwei Königskindern« lebt diese Sage auch im Norden fort. ✧ Bekannter Namensträger: Leander Haußmann, deutscher Film- und Theaterregisseur (20./21. Jh.). Italien./Span. Form: *Leandro*.

Leandra: weibl. Vorn., weibliche Form von ▸ Leander.

Leandro: männl. Vorn., italienische und spanische Form von ▸ Leander.

Léane [le'an]: weibl. Vorn., französische Erweiterung von *Léa* (▸ Lea).

Leanne, (auch:) Leann [lɪ'æn]: weibl. Vorn., englische Doppelform aus ▸ ²Lee und ▸ Anne.

Leberecht, (auch:) Lebrecht: in der Zeit des Pietismus (17./18. Jh.) gebildeter männl.

Vorn. ✧ Bekannter Namensträger: Karl Leberecht Immermann, deutscher Schriftsteller (18./19. Jh.).

Lech [lɛx]: männl. Vorn. polnischer Herkunft, dessen Etymologie nicht sicher geklärt ist (vielleicht zu altpoln. *lścić* »heimtückisch handeln«). ✧ Bekannter Namensträger: Lech (Leszek) Wałęsa, polnischer Gewerkschafter und Politiker (20./21. Jh.).

Leda: weibl. Vorn. griechischen Ursprungs, dessen Bedeutung unklar ist. In der griechischen Mythologie zeugt Zeus in Gestalt eines Schwans mit Leda, der Frau des Spartanerkönigs Tyndareos, die Dioskuren Kastor und Pollux.

[1]Lee, (auch:) [1]Leigh [li:]: männl. Vorn., ursprünglich ein englischer Familienname, dem ein Örtlichkeitsname zu altengl. *lēah* »Wald; Lichtung; Wiese« zugrunde liegt.

[2]Lee, (auch:) [2]Leigh [li:]: weibl. Vorn., identisch mit ▸[1]Lee.

Leelou [li:ˈlu]: weibl. Vorn., seit Ende der 1990er-Jahre vorkommende Doppelform aus ▸[2]Lee und ▸[2]Lou

Leena: weibl. Vorn., finnische Form von ▸Lena.

Leevi: männl. Vorn., finnische Form von ▸Levi.

Lefert: männl. Vorn., niederdeutsch-friesische Form von ▸Liebhard.

Lefke: ▸Levke.

Lei [lei]: weibl. Vorn. chinesischer Herkunft, der »Knospe« bedeutet.

Leia: weibl. Vorn. nach einer Gestalt aus der amerikanischen Filmreihe »Krieg der Sterne« (ab 1976).

Leif: im 20. Jh. entlehnter männl. Vorn., nordische Kurzform von Zusammensetzungen mit *-leifr* »Erbe, Hinterlassenschaft«. Bekannt ist der Name durch den norwegischen Seefahrer Leif Eriksson, der um 1000 an die Küste Nordamerikas gelangte.

[1]Leigh: ▸[1]Lee.

[2]Leigh: ▸[2]Lee.

Leila, (auch:) Laila; Layla; Leyla: weibl. Vorn. arabischen Ursprungs (»Dunkelheit, Nacht«). Der Name wurde bekannt durch die arabopersische Liebesgeschichte von Leila und Madschnun, die zahlreiche dichterische Bearbeitungen erfuhr, u. a. auch durch den persischen Dichter Nizami (12. Jh.). Auch Goethe bezieht sich in seinem »Westöstlichen Divan« auf dieses Liebespaar. Dadurch, dass Byron den Namen in seinem Versepos »The Giaour« (1813) und in »Don Juan« (1819–24) verwandte, fand er in England im 19. Jh. eine gewisse Verbreitung. Engl. Formen: *Leila, Leilah* [ˈli:lə], [ˈleɪlə]. Türk. Form: *Leyla* [ˈleila].

Leilani: aus Hawaii stammender weibl. Vorn. (»himmlische Blumen«).

Lelia: weibl. Vorn. lateinischen Ursprungs, weibliche Form des römischen Geschlechternamens *Laelius.*

Len: männl. Vorn., englische Kurzform von *Leonard* (▸Leonhard).

Lena, (auch:) Lene: weibl. Vorn., Kurzform von ▸Helena und ▸Magdalena. Eine bekannte literarische Gestalt ist die Lena in Georg Büchners Lustspiel »Leonce und Lena« (1842). Lena gehört heute zu den beliebtesten Vornamen. ✧ Bekannte Namensträgerin: Lena Meyer-Landrut, deutsche Popsängerin (20./21. Jh.). Finn. Form: *Leena.*

Lenard: ▸Lennard.

Lene: ▸Lena.

Lenert: ▸Lennert.

Lenhard: ▸Leonhard.

Leni, (auch:) Lenie; Leny: weibl. Vorn., Koseform von ▸Helena und ▸Magdalena. ✧ Bekannte Namensträgerin: Leni Riefenstahl, deutsche Filmschauspielerin und Regisseurin (20./21. Jh.).

Lenia: weibl. Vorn., Schreibvariante von ▸Lenja.

Lenie: ▸Leni.

Lenja: weibl. Vorn., russische Kurzform von ▸Helena.

Lenka: weibl. Vorn., polnische, tschechische Koseform von ▸Helena und ▸Magdalena.

Lenn: männl. Vorn., Kurzform von *Lennart, Lennert* (▸Leonhard).

Lenna, (auch:) Lenne: weibl. Vorn., weibliche Bildung zu ▸Lenn.

Lennard, (auch:) Lenard; engl. Aussprache ['lɛnəd]: männl. Vorn., englische Nebenform von ▸ Leonard.

Lennart: männl. Vorn., schwedische Form von ▸ Leonhard.

Lenne: ▸ Lenna.

Lennert: männl. Vorn., niederdeutsche Form von ▸ Leonhard.

Lenni: männl. Vorn., Koseform von ▸ Lennert, auch deutsche Schreibvariante von ▸ Lenny.

Lennon ['lɛnən]: in den 1990er-Jahren entlehnter männl. Vorn., englische Form des ursprünglich irischen Familiennamens *Ó Leannáin*, dessen Herkunft nicht sicher geklärt ist (vielleicht zu gäl. *leann* »Mantel, Umhang« oder zu gäl. *leanán* »Geliebter«).

Lennox ['lɛnəks]: nach der Jahrtausendwende entlehnter männl. Vorn., ursprünglich ein schottischer Familienname, der wiederum auf den Namen eines Distrikts nördlich von Glasgow zurückgeht.

Lenny: männl. Vorn., englische Koseform von *Leonard* (▸ Leonhard). ✧ Bekannter Namensträger: Lenny Kravitz, amerikanischer Rocksänger (20./21. Jh.).

Lenore: weibl. Vorn., Nebenform von ▸ Leonore. Bekannt ist diese Namensform durch Gottfried August Bürgers Ballade »Lenore« (1774).

Leny: ▸ Leni.

Lenya: weibl. Vorn., Schreibvariante von ▸ Lenja.

Lenz: männl. Vorn., Kurzform von ▸ Lorenz, früher auch von Lenhard (▸ Leonhard).

[1]Leo: männl. Vorn. griechischen und lateinischen Ursprungs, der auf den spätrömischen Beinamen *Leo* (lat. *leo* »Löwe«) zurückgeht. Leo fand im Mittelalter als Heiligen- und Papstname Verbreitung, vor allem als Name Papst Leos des Großen (5. Jh.); NAMENSTAG: 10. November. ✧ Bekannte Namensträger: Leo von Klenze, deutscher Baumeister (18./19. Jh.); Léo Delibes, französischer Komponist (19. Jh.); Leo Tolstoi, russischer Dichter (19./20. Jh.); Leo Trotzki, russischer Politiker (19./20. Jh.); Leo Fall, österreichischer Komponist (19./20. Jh.). Französ. Formen: *Léo* [le'o], *Léon* [le'õ]. Russ. Form: *Lew* [ljɛf].

[2]Leo: männl. Vorn., Kurzform von ▸ Leonhard und ▸ Leopold.

Leokadia: weibl. Vorn., der auf den antiken Namen *Leucadia* zurückgeht, welcher zu dem Namen des Vorgebirges auf der griech. Insel Leukás, Leukátas, gebildet wurde, von dem sich die Dichterin Sappho (um 600 v. Chr.) zu Tode stürzte. Namenspatronin ist die heilige Leocadia von Toledo, die Anfang des 4. Jh.s den Märtyrertod erlitt; NAMENSTAG: 9. Dezember.

Leon: männl. Vorn., Variante von ▸ [1]Leo oder Kurzform von ▸ Leonhard. Zurzeit gehört Leon zu den beliebtesten Vornamen. ✧ Bekannte Namensträger: Leon Jessel, deutscher [Operetten]komponist (19./20. Jh.); Leon de Winter, niederländischer Schriftsteller (20./21. Jh.).

Léon [le'õ]: männl. Vorn., französische Form von ▸ [1]Leo.

Leona: weibl. Vorn., weibliche Form von ▸ Leon.

Leonard, (auch:) Lennard; Lenard ['lɛnəd]: männl. Vorn., englische Form von ▸ Leonhard. ✧ Bekannte Namensträger: Leonard Bernstein, amerikanischer Komponist, Dirigent und Pianist (20. Jh.); Leonard Cohen, kanadischer Songwriter und Gitarrist (20./21. Jh.).

Léonard [leo'na:r]: männl. Vorn., französische Form von ▸ Leonhard.

Leonarda: weibl. Vorn., weibliche Form von ▸ Leonardo.

Leonardo: männl. Vorn., italienische Form von ▸ Leonhard. ✧ Bekannte Namensträger: Leonardo da Vinci, italienischer Maler, Bildhauer, Architekt, Naturforscher und Ingenieur (15./16. Jh.); Leonardo DiCaprio, amerikanischer Schauspieler (20./21. Jh.).

Leonas: männl. Vorn., litauische Form von ▸ [1]Leo.

Leonella: weibl. Vorn., italienische Koseform von ▸ Leona.

Leonhard: im romanisch-germanischen

Mischgebiet des Frankenreichs entstandener männl. Vorname (roman. *leon[e]- < lat. *leo, leōnis* »Löwe« + german. *hardu* »hart, kräftig, stark«; etwa »stark wie ein Löwe«). Leonhard fand im Mittelalter als Name des heiligen Leonhard Verbreitung; NAMENSTAG: 6. November. Der heilige Leonhard, ein fränkischer Einsiedler, soll im 6. Jh. ein Kloster in Saint-Léonard-de-Noblat bei Limoges gegründet und dort gelebt haben. Von dort drang sein Kult ins Rheingebiet und weiter nach Süddeutschland und Österreich. Er wurde u. a. als Patron der Gefangenen, der Wöchnerinnen und Kranken, auch des Viehs, vor allem der Pferde (daher Leonhardiritt), verehrt. ✧ Bekannter Namensträger: Leonhard Euler, schweizerischer Mathematiker (18. Jh.). Italien. Form: *Leonardo*. Französ. Form: *Léonard* [leoˈnaːr]. Engl. Formen: *Leonard, Lennard, Lenard* [ˈlɛnəd]. Schwed. Formen: *Leonard*; *Lennart*.

Leoni: ▸ Leonie.

Leonid: männl. Vorn. griechischen Ursprungs (zum Personennamen *Léōn*, aus griech. *léōn* »Löwe« mit dem patronymischen Suffix *-ídēs*, also »Sohn des Leon«). ✧ Bekannte Namensträger: Leonídas, König von Sparta, der 480 v. Chr. mit nur 300 Soldaten die Thermopylen gegen die Übermacht des persischen Heeres verteidigte und mit seinen Männern im Kampf fiel; der heilige Leonides, Märtyrer zu Alexandrien (2./3. Jh.); NAMENSTAG: 22. April; Leonid Iljitsch Breschnew, sowjetischer Politiker (20. Jh.). Russ. Aussprache: [lɪaˈnit]. Griech. Form: *Leonidas*.

Leonie, (auch:) Leonie; Leoni; Leony: im 19. Jh. aus dem Französischen übernommener weibl. Vorn., weibliche Form von *Léon* (▸ Leo). Dieser Vorname ist heute sehr beliebt. ✧ Bekannte Namensträgerinnen: Leonie Rysanek, österreichische Opernsängerin (20. Jh.); Leonie Ossowski, deutsche Schriftstellerin (20./21. Jh.). Französ. Form: *Léonie* [leɔˈni].

Leonilda, (auch:) Leonilde: weibl. Vorn., der aus dem romanisch-germanischen Namen **Leonhilde* (roman. **leon[e]-* < lat. *leo, leōnis* »Löwe« + german. **hildjo* »Kampf«) hervorgegangen sein könnte, der aber eher eine Umbildung von ▸ Leonilla in Anlehnung an geläufige Namen germanischer Herkunft wie *Matilde, Clotilde* darstellt.

Leonilla, (auch:) Leonille: aus dem Italienischen entlehnter weibl. Vorn., Koseform von ▸ Leona.

Leonina: weibl. Vorn., Weiterbildung von ▸ Leona, auch italienisch.

Leonita: weibl. Vorn., spanische Koseform von ▸ Leona.

Leonor: weibl. Vorn., Kurzform von ▸ Eleonore, auch spanisch [leoˈnɔr]. ✧ Bekannte Namensträgerin: Prinzessin Leonor, Tochter des spanischen Thronfolgers (21. Jh.).

Leonore, (auch:) Leonora: weibl. Vorn., Kurzform von ▸ Eleonore. Eine bekannte Operngestalt ist die Leonore in Beethovens Oper »Fidelio« (1814).

Leontina, (auch:) Leontine: weibl. Vorn. lateinischen Ursprungs, weibliche Form von lat. *Leontinus* (zu lat. *leo* »Löwe«).

Leony: ▸ Leonie.

Leopold, (auch:) Luitpold: alter deutscher männl. Vorn., der auf die Latinisierung von ▸ Luitpold zurückgeht. Namenspatron ist der heilige Leopold, Markgraf von Österreich, der die Burg und Stiftskirche von Klosterneuburg bei Wien errichtete und die Zisterzienserabtei Heiligenkreuz gründete. Er wurde 1485 heiliggesprochen und 1663 zum Landespatron von Österreich erhoben; NAMENSTAG: 15. November. Durch ihn wurde Leopold in Österreich volkstümlich. Auch beim Adel war der Name beliebt. Vom Hause Sachsen-Coburg ausgehend wurde Leopold Name belgischer Könige. ✧ Bekannte Namensträger: Leopold Mozart, Vater von Wolfgang Amadeus Mozart, Musiker und Komponist (18. Jh.); Leopold von Ranke, deutscher Historiker (18./19. Jh.).

Leopoldine: weibl. Vorn., weibliche Form von ▸ Leopold mit der seit dem 17./18. Jh. beliebten Endung »-ine«.

Leroy, (auch:) Leroi [lə'rɔɪ], ['li:rɔɪ]: in den 1980er-Jahren entlehnter männl. Vorn., der aus einem Familiennamen (zu altfranzös. *le roy* »der König«) hervorgegangen ist. Dem Familiennamen liegt ein Übername zugrunde, der u.a. jemanden bezeichnen konnte, der im Dienste eines Königs stand. Gegen Ende des 19. Jh.s war Leroy ein häufiger Vorname in den USA, heute wird der Name gern von afroamerikanischen Eltern vergeben. ✧ Bekannter Namensträger: Leroi Jones, amerikanischer Schriftsteller (20./21. Jh.).

Leschek: männl. Vorn., deutsche Schreibweise von ▸ Leszek.

Leska: weibl. Vorn., Kurzform von ▸ Valeska.

Lesley: ▸ ²Leslie.

¹Leslie ['lɛzlɪ], ['lɛslɪ]: aus dem Englischen übernommener männl. Vorn., dem ein schottischer Orts- und Familienname zugrunde liegt. Der männliche Vorname Leslie kam in England Ende des 19. Jh.s auf. Seit den 1960er-Jahren wird der Name in den USA häufiger als Mädchenname verwendet. ✧ Bekannter Namensträger: Leslie Nielsen, amerikanischer Schauspieler (20./21. Jh.).

²Leslie, (auch:) Lesley ['lɛzlɪ], ['lɛslɪ]: weibl. Vorn., identisch mit ▸ ¹Leslie.

Lester: im 20. Jh. entlehnter männl. Vorn., phonetische Schreibung des englischen Orts- und Familiennamens *Leicester.* Die Verwendung als Vorname setzte in England um 1840 ein.

Leszek ['lɛʃɛk]: männl. Vorn. polnischer Herkunft, dessen Etymologie nicht sicher geklärt ist. Vielleicht handelt es sich um eine Koseform von ▸ Lech. ✧ Bekannter Namensträger: Leszek Kołakowski, polnischer Philosoph und Schriftsteller (20./21. Jh.).

Leticia, (auch:) Letitia; Letizia: ▸ Laetitia. ✧ Bekannte Namensträgerin: Prinzessin Letizia, Gemahlin des spanischen Thronfolgers (20./21. Jh.).

Letta: weibl. Vorn., Kurzform von ▸ Violetta.

Die Spitzenreiter des Jahres 2011 in den USA

männlich	weiblich
1. Jacob	1. Sophia
2. Mason	2. Isabella
3. William	3. Emma
4. Jayden	4. Olivia
5. Noah	5. Ava
6. Michael	6. Emily
7. Ethan	7. Abigail
8. Alexander	8. Madison
9. Aiden	9. Mia
10. Daniel	10. Chloe

Quelle: http://www.ssa.gov/oact/babynames/

Leutfried: männl. Vorn., Nebenform von ▸ Luitfried.

Lev: ▸ Lew.

Levent: männl. Vorn. türkischer Herkunft (türk. *levent* »junger Held«).

Levente ['lɛvɛntɛ]: männl. Vorn. ungarischer Herkunft (zu ungar. *lenni* »sein«, etwa »der Seiende, Existierende«), der im 19. Jh. wiederbelebt wurde.

Levi, (auch:) Levy: aus der Bibel übernommener männl. Vorn. hebräischen Ursprungs. In der Bibel wird der Name volksetymologisch mit der Wurzel *lwh* »sich anschließen« in Verbindung gebracht. Möglicherweise ist die Urbedeutung »Anhänger, Verehrer des Gottes ...«. Levi war der Sohn Jakobs und Leas. ✧ Bekannter Namensträger: Levi Strauss, amerikanischer Fabrikant deutscher Herkunft (19./20. Jh.). Engl. Aussprache: ['li:vaɪ]. Finn. Form: *Leevi.*

Levin, (auch:) Lewin: niederdeutscher männl. Vorn. (altsächs. *liof* »lieb, wert, freundlich« + altsächs. *wini* »Freund«). Eine literarische Gestalt ist Lewin von Vitzewitz in Fontanes Roman »Vor dem Sturm« (1878). ✧ Bekannter Namensträger: Levin Schücking, deutscher Schriftsteller (19. Jh.).

Levina: weibl. Vorn., weibliche Form von ▸ Levin.

Levinia: seit den 1980er-Jahren gelegentlich vergebener weibl. Vorn., eigtl. weibliche Form zu ▸Levin, doch eher aufgefasst als Eindeutschung der englischen Aussprache von ▸Lavinia.

Lẹvke, (auch:) Lefke: weibl. Vorn., niederdeutsche Koseform von Zusammensetzungen mit altsächs. *liof*, niederdt. *lēf* »lieb, wert, freundlich«.

Lẹvy: männl. Vorn., Schreibvariante von ▸Levi.

Lew, (auch:) Lev [ljɛf]: männl. Vorn., russische Form von ▸Leo. ✧ Bekannter Namensträger: Lew Kopelew, russischer Germanist und Schriftsteller (20. Jh.).

Lẹwin: ▸Levin.

Lewis ['luːɪs]: männl. Vorn., englische Form von ▸Ludwig. ✧ Bekannte Namensträger: Lewis Carroll, englischer Schriftsteller (19. Jh.); Lewis Hamilton, britischer Automobilrennfahrer (20./21. Jh.).

Lẹx: männl. Vorn., Kurzform von ▸Alexander oder ▸[1]Alexis, auch englisch. ✧ Bekannter Namensträger: Lex Barker, amerikanischer Filmschauspieler (20. Jh.).

Lẹxa: weibl. Vorn., Kurzform von ▸Alexandra.

Leyla: ▸Leila.

[1]Li: männl. Vorn. chinesischer Herkunft, der »Pflaumenbaum« bedeutet.

[2]Li: weibl. Vorn. chinesischer Herkunft, identisch mit ▸[1]Li.

[3]Li, (auch:) Lie; Ly [liː]: weibl. Vorn., Kurzform von ▸Elisabeth.

[1]Lia: weibl. Vorn., griechisch-lateinische Form *(Léia, Lia)* des biblischen Namens ▸Lea.

[2]Lia: weibl. Vorn., Kurzform von Namen, die auf »-lia« ausgehen, besonders von ▸Julia.

Liah: weibl. Vorn., Schreibvariante von ▸[1]Lia in Anlehnung an ▸Leah.

Liam ['liːəm]: in den 1990er-Jahren entlehnter männl. Vorn., ursprünglich irische Kurzform von *William* (▸Wilhelm). ✧ Bekannte Namensträger: Liam O'Flaherty, irischer Schriftsteller (19./20. Jh.); Liam Neeson, irischer Schauspieler (20./21. Jh.).

[1]Lian: männl. Vorn., Kurzform von ▸Julian.

[2]Lian ['lɪən]: männl. Vorn. englischer Herkunft, Kurzform von ▸[1]Gillian.

[3]Lịan: männl. Vorn. chinesischer Herkunft, der »anmutiger Weidenbaum« bedeutet.

[4]Lian ['lɪən]: weibl. Vorn. englischer Herkunft, Kurzform von ▸[2]Gillian.

[5]Lian: weibl. Vorn. chinesischer Herkunft, identisch mit ▸[3]Lian.

Liane, (auch:) Liana: weibl. Vorn., Kurzform von *Juliane* (▸Juliana). Der Vorname wurde zu Beginn des 19. Jh.s durch die Liane in Jean Pauls Roman »Titan« weiteren Kreisen bekannt. Heute wird der Vorname häufig mit »Liane«, der Bezeichnung der tropischen Schlingpflanze, gleichgesetzt.

Lịang: männl. Vorn. chinesischer Herkunft, der »gut« bedeutet.

Lịanne, (auch:) Lyạnne; Lyạnn: weibl. Vorn., Umbildung von ▸Liane in Anlehnung an *Anne* oder Doppelform aus ▸Elisabeth und ▸Anne. Englisch *Lianne* [lɪ'æn] kann eine phonetische Schreibweise des Vornamens *Lee-Anne* (▸[2]Lee) sein.

Lias: männl. Vorn., Kurzform von ▸Elias.

Libby ['lɪbɪ]: weibl. Vorn., englische Koseform von *Elizabeth* (▸Elisabeth).

Liborius, (auch:) Libor; Bọrries: männl. Vorn. lateinischen Ursprungs, dessen Bedeutung unklar ist. Namenspatron ist der heilige Liborius (4. Jh.), Bischof von Le Mans; Namenstag: 23. Juli. Nachdem seine Gebeine im 9. Jh. nach Paderborn gelangten, wurde er auch in Deutschland verehrt.

Libụssa: aus dem Tschechischen *(Lịbuše,* alttschechisch *Lịbuša, Lụbuša)* übernommener weibl. Vorn. (zu urslaw. **l'ub-* »lieb, angenehm« + -š-Suffix). Der Überlieferung nach war Libussa (8. Jh.) die Ahnherrin der Přemysliden und die legendäre Gründerin von Prag. Dieser Stoff wurde von Grillparzer in der Tragödie »Libussa« (1872) und von Smetana in der Oper »Libussa« (1881) behandelt.

Lida: weibl. Vorn., Kurzform von ▸[1,2]Alida,

tschechische Kurzform (*Lída*) von *Lidmila* (▸ Ludmilla) oder italienische Kurzform von *Lidia* (▸ Lydia).

Liddy: weibl. Vorn., englische Kurzform von ▸ Lydia.

Lidia: ▸ Lydia, auch polnisch, spanisch, italienisch.

Lidwina: ▸ Ludwina.

Lie: weibl. Vorn., Kurzform von ▸ Elisabeth oder Eindeutschung von ▸ [2]Lee.

Liebgard: alter deutscher weibl. Vorn. (ahd. *liob* »lieb« + german. **gardaz* »Zaun, Einfriedung«, vgl. ahd. *garto* »Garten«).

Liebhard: alter deutscher männl. Vorn. (ahd. *liob* »lieb« + ahd. *harti, herti* »hart, kräftig, stark«).

Liebhild: alter deutscher weibl. Vorn. (ahd. *liob* »lieb« + ahd. *hiltja* »Kampf; Kämpferin«).

Liebtraud: alter deutscher weibl. Vorn. (ahd. *liob* »lieb« + german. **þrūþi* »Kraft, Stärke«, in althochdeutscher Zeit umgedeutet zu *trūt* »vertraut, lieb«).

Lieke: zurzeit in den Niederlanden beliebter weibl. Vorn., Kurzform von *Angelieke* (▸ Angelika), auch Schreibvariante von ▸ Like.

[1]Lien: weibl. Vorn., niederländische Kurzform von *Angeline* (▸ Angelina) und *Carolien* (▸ Karoline).

[2]Lien: weibl. Vorn. chinesischer Herkunft, der »Lotus« bedeutet.

Liena: weibl. Vorn., niederländische Form von ▸ Lina.

Lienhard: männl. Vorn., oberdeutsche Nebenform von ▸ Leonhard. Eine literarische Gestalt ist Lienhard in Pestalozzis Roman »Lienhard und Gertrud« (1781–87).

Lies, (auch:) Liesa; Liese; Lise; Lis: weibl. Vorn., Kurzform von ▸ Elisabeth.

Liesbeth, (auch:) Lisbeth: weibl. Vorn., Kurzform von ▸ Elisabeth.

Lieschen: weibl. Vorn., Koseform von ▸ Elisabeth.

Liese: ▸ Lies.

Liesel, (oberdeutsch auch:) Liesl: weibl. Vorn., Koseform von ▸ Elisabeth.

Lieselore, (auch:) Liselore: weibl. Vorn., Doppelform aus ▸ Lies(e) und ▸ Lore.

Lieselotte, (auch:) Lieselott; Liselotte: weibl. Vorn., Doppelform aus ▸ Liese und ▸ Lotte. Der Name gehörte in den 1920er- und 1930er-Jahren zu den beliebtesten Doppelformen. ✧ Bekannte Namensträgerin: Lieselotte (eigtl. Elisabeth Charlotte) von der Pfalz (17./18. Jh.).

Liesgret, (auch:) Lisgret: weibl. Vorn., Doppelform aus ▸ Lies und ▸ Grete.

Liesl: ▸ Liesel. ✧ Bekannte Namensträgerin: Liesl Karlstadt, deutsche Schauspielerin und Humoristin (19./20. Jh.).

Lika: weibl. Vorn., Kurzform von Namen, die auf »-lika« enden, z. B. ▸ Angelika.

Like: weibl. Vorn. niederländischer Herkunft, Koseform von ▸ Elisabeth, auch weibl. Form von *Likele*, einer friesischen Kurzform von ▸ Nikolaus, die durch Angleichung des »N-« an das »-l« entstanden ist.

Lil, (auch:) Lili: ▸ Lilli.

[1]Lila ['laɪlə]: weibl. Vorn., englische Nebenform von ▸ Leila.

[2]Lila: in Kenia und Tansania vorkommender weibl. Vorn., der auf Suaheli »gut« bedeutet.

Lili: ▸ Lilli.

Lilia, (auch:) Lilie: weibl. Vorn. nach der Blumenbezeichnung.

Lilian, (auch:) Lillian: weibl. Vorn. englischer Herkunft, dem wahrscheinlich eine Lallform von ▸ Elisabeth zugrunde liegt. Der Vorname kommt in England seit dem 16. Jh. vor. Heute wird Lilian manchmal als Ableitung von Lily (»Lilie«) aufgefasst. Engl. Aussprache: ['lɪlɪən].

Liliana, (auch:) Liliane; Lilliana; Lilliane: weibl. Vorn., Weiterbildung von ▸ Lilian.

Lilie: ▸ Lilia.

Lilith: aus der Bibel übernommener weibl. Vorn. (hebr. *līlit* < akkadisch *lilītū* < sumerisch *lil* »Wind«), ursprünglich der Name eines babylonischen weiblichen Sturmdämons, der in Israel wegen des Anklangs an hebr. *layl* »Nacht« als Nachtgespenst angesehen wurde. Der Name kommt in

Deutschland seit den 1920er-Jahren gelegentlich vor.

Lilja: weibl. Vorn. zu schwed. *lilja* »Lilie«.

Lill: ▸Lilli.

Lilla: weibl. Vorn.; kindersprachliche Koseform zu ▸Elisabeth oder italienische Koseform zu Namen wie ▸Angela, ▸Lilia oder ▸Raffaella bzw. nordische Kurzform zu ▸Lillemor.

Lillemor: weibl. Vorn. zu schwed. *lilla mor* »kleine Mutter«.

Lilli, (auch:) Lilly; Lil; Lill; Lili: weibl. Vorn., Koseform – eigentlich Lallform aus der Kindersprache – von ▸Elisabeth. Zurzeit gehören Lilli und Lilly zu den beliebtesten Mädchennamen. ✧ Bekannte Namensträgerin: Lili (eigtl. Elisabeth) Schönemann, Jugendliebe Goethes (18./19. Jh.).

Lillian: ▸Lilian.

Lilliana, (auch:) Lilliane: ▸Liliana.

Lilly: ▸Lilli und ▸Lily.

Lilo: weibl. Vorn., Kurzform von ▸Lieselotte.

Lilou, (auch:) Lylou [li'lu]: Ende der 1990er-Jahre aus dem Französischen entlehnter weibl. Vorn., Doppelform aus *Li* (▸Elisabeth) und *Lou* (▸Louise). Zurzeit ist Lilou sehr beliebt in Frankreich.

Lily: weibl. Vorn., Variante von ▸Lilli, auch englischer Vorname zu engl. *lily* »Lilie«. Zurzeit ist Lily ein beliebter Mädchenname in England. Engl. Aussprache: ['lɪlɪ]. Französ. Aussprache: [li'li].

[1]Lin: weibl. Vorn., Kurzform von ▸Carolin.

[2]Lin: weibl. Vorn. chinesischer Herkunft, der »Jade« bedeutet.

[1]Lina, (auch:) Line: in Deutschland seit dem 19. Jh. vorkommender weibl. Vorn., Kurzform von Namen, die auf »-lina« ausgehen, besonders von ▸Carolina. Zurzeit ist Lina ein sehr beliebter Vorname. ✧ Bekannte Namensträgerin: Lina Wertmüller, italienische Filmregisseurin (20./21. Jh.).

[2]Lina: aus Nigeria stammender weibl. Vorn., der in der Haussa-Sprache »zart« bedeutet.

Linda: weibl. Vorn., Nebenform von ▸Linde, auch englisch (hier oft Kurzform von ▸Belinda, später auch mit span. *linda* »hübsch« in Verbindung gebracht). Der Vorname wurde in Deutschland zu Beginn des 19. Jh.s durch die Linda in Jean Pauls Roman »Titan« weiteren Kreisen bekannt, die Vornamenvergabe setzt gegen Ende des 19. Jh.s ein. ✧ Bekannte Namensträgerin: Linda de Mol, niederländische Fernsehmoderatorin (20./21. Jh.). Engl. Aussprache: ['lɪndə].

Linde: weibl. Vorn., Kurzform von Namen, die mit »-linde« (ahd. *lind* »sanft, weich, mild«) gebildet sind. Der Vorname wird heute volkstümlich auf das Adjektiv »lind« bezogen oder mit dem Baumnamen »Linde« gleichgesetzt.

Lindgard, (auch:) Lindgart: weibl. Vorn., Neubildung aus ▸Linde und dem Namenbestandteil »-gard« (▸Hildegard).

Lindsay, (auch:) Lindsey ['lɪnsɪ]: aus dem Englischen entlehnter weibl. Vorn., ursprünglich ein Orts- und Familienname, der zunächst als männlicher Vorname verwendet wurde. Seit den 1980er-Jahren ist der Name jedoch vorwiegend weiblich. ✧ Bekannte Namensträgerin: Lindsay Vonn, amerikanische Skirennläuferin (20./21. Jh.).

Lindtraud, (auch:) Lintrud: weibl. Vorn., Neubildung aus ▸Linde und ▸Traude, ▸Trude.

Line: ▸Lina, auch französisch [lin].

Linea: weibl. Vorn., Schreibvariante von ▸Linnea.

Linette, (auch:) Linett: weibl. Vorn., französische Koseform von *Line* (▸[1]Lina). Französ. Aussprache: [li'nɛt].

Linford ['lɪnfəd]: männl. Vorn., ursprünglich ein Familienname nach den englischen Ortsnamen Linford, Lynford. ✧ Bekannter Namensträger: Linford Christie, britischer Leichtathlet (20./21. Jh.).

Ling: weibl. Vorn. chinesischer Herkunft, der »das Klingen von Jadestücken« bedeutet.

Linka: weibl. Vorn., Kurzform von *Karolinka*, einer polnischen Koseform von ▸Karoline.

Linn: im 20. Jh. aufgekommener weibl. Vorn., Kurzform von Namen, die auf »-lin«, »-lina«, »-line« enden.

Linnart: ▸Lennart.

Linnea, (auch:) Linnéa: in Deutschland seit den 1980er-Jahren vorkommender weibl. Vorn. schwedischer Herkunft. Der Name bezeichnet eine Blume, die nach dem Familiennamen des schwedischen Botanikers Carl von Linné (18. Jh.) benannt wurde.

Lino: in den 1970er-Jahren entlehnter männl. Vorn., italienische Form von ▸Linus oder Kurzform von Namen auf »-lino« (z.B. ▸Angelino). ✧ Bekannter Namensträger: Lino Ventura, französisch-italienischer Filmschauspieler (20. Jh.).

Lintrud: ▸Lindtraud.

Linus: männl. Vorn. griechischer/lateinischer Herkunft, dessen Bedeutung unklar ist. In der griechischen Mythologie war Línos, Sohn des Apollon, Lehrer des Herakles in der Musik. Ein Christ in Rom namens Linus wird in einem Paulusbrief erwähnt. Ein weiterer Namensträger ist der heilige Linus (1. Jh.), Nachfolger des Apostels Petrus als Bischof von Rom; NAMENSTAG: 23. September. Linus ist der Name einer Gestalt in der Comicserie »Peanuts« von Charles Schultz. Engl. Aussprache ['laɪnəs]. Italien. Form: *Lino*.

Lio: männl. Vorn., Variante von ▸¹Leo in Anlehnung an ▸Lion.

Lioba: weibl. Vorn., verselbstständigte Kurzform von Namen, die mit »Li(e)b-« (ahd. *liob* »lieb«) gebildet sind. Namenspatronin ist die heilige Lioba, Äbtissin in Tauberbischofsheim (8. Jh.); NAMENSTAG: 28. September.

Lion: männl. Vorn., Variante von ▸Leo(n). ✧ Bekannter Namensträger: Lion Feuchtwanger, deutscher Schriftsteller (19./20. Jh.).

Liona: weibl. Vorn., weibliche Form von ▸Lion.

Lionel, (auch:) Lyonel ['laɪənl]: aus dem Englischen entlehnter männl. Vorn., der auf eine altfranzösische Koseform von ▸Léon zurückgeht; französ. Aussprache: [lio'nɛl]. ✧ Bekannte Namensträger: Lionel Hampton, amerikanischer Jazzmusiker (20./21. Jh.); Lionel Richie, amerikanischer Sänger und Musiker (20./21. Jh.); Lionel Messi, argentinischer Fußballspieler (20./21. Jh.).

Lionella: weibl. Vorn., weibliche Bildung zu ▸Lionel oder Erweiterung von ▸Liona.

Lior: männl. Vorn. neuhebräischer Herkunft (neuhebr. *liōr* »mir ist ein Licht, ich habe ein Licht«).

Lis: ▸Lies.

Lisa: weibl. Vorn., Kurzform von ▸Elisabeth. Eine bekannte Operettenfigur ist die Lisa in Lehárs Operette »Das Land des Lächelns« (1929). Von den 1990er-Jahren bis 2001 gehörte Lisa zu den Spitzenreitern in Deutschland.

Lisabeth: weibl. Vorn., Kurzform von ▸Elisabeth.

Lisamaria, (auch:) Lisamarie: weibl. Vorn., Doppelform aus ▸Lisa und ▸Maria.

Lisanne, (auch:) Lisann; Lysann; Lysanne: weibl. Vorn., Doppelform aus ▸Lisa und ▸Anne.

Lisbeth: ▸Liesbeth.

Lise: ▸Lies. ✧ Bekannte Namensträgerin: Lise Meitner, österreichisch-schwedische Physikerin (19./20. Jh.).

Liselore: ▸Lieselore.

Liselotte: ▸Lieselotte.

Lisette, (auch:) Lisett: im 18. Jh. aus dem Französischen entlehnter weibl. Vorn., Koseform von ▸Elisabeth. Französ. Aussprache: [li'zɛt].

Lisgret: ▸Liesegret.

Liska: weibl. Vorn., schwedische und russische Koseform von ▸Elisabeth.

Lison [li'zõ]: weibl. Vorn. französischer Herkunft, Koseform von ▸Elisabeth.

Lissa, (auch:) Lisse: weibl. Vorn., Kurzform von ▸Elisabeth oder ▸Melissa.

Lissi, (auch:) Lissy: weibl. Vorn., Koseform von ▸Elisabeth.

Lita: weibl. Vorn., spanische Kurzform von ▸Isabelita.

Liutgard: ▸ Luitgard.

Liv: weibl. Vorn. norwegischer Herkunft (altnord. *hlíf* »Wehr, Schild«, aber häufig mit *liv* »Leben« in Verbindung gebracht). ✧ Bekannte Namensträgerinnen: Liv Ullmann, norwegische Schauspielerin (20./21. Jh.); Liv Tyler, amerikanische Schauspielerin (20./21. Jh.).

Livia: weibl. Vorn., weibliche Form von ▸ Livius.

Liviana: seit den 1980er-Jahren gelegentlich vergebener weibl. Vorn., eigtl. weibliche Form des römischen Beinamens *Līviānus*, der von dem römischen Geschlechternamen ▸ Livius abgeleitet ist, heute jedoch eher als Erweiterung von ▸ Livia aufgefasst.

Livio: männl. Vorn., italienische Form von ▸ Livius.

Livius: männl. Vorn. lateinischen Ursprungs, der auf einen römischen Geschlechternamen ungeklärter Herkunft und Bedeutung zurückgeht. ✧ Bekannter Namensträger: Titus Livius, römischer Geschichtsschreiber († 17 n. Chr.).

Liz [lɪz]: weibl. Vorn., englische Kurzform von *Elizabeth* (▸ Elisabeth). ✧ Bekannte Namensträgerin: Liz Taylor, britisch-amerikanische Filmschauspielerin (20./21. Jh.).

Liza ['laɪzə]: weibl. Vorn., englische Kurzform von *Elizabeth* (▸ Elisabeth). ✧ Bekannte Namensträgerin: Liza Minnelli, amerikanische Schauspielerin und Sängerin (20./21. Jh.).

Lizanne [lɪ'zæn]: weibl. Vorn., englische Neubildung aus ▸ Liz und ▸ Anne.

Lizzy ['lɪtsi], engl. Aussprache: ['lɪzɪ]: aus dem Englischen übernommener weibl. Vorn., Koseform von *Elizabeth* (▸ Elisabeth).

Ljuba: weibl. Vorn., Kurzform von slawischen Vornamen, die mit »Ljub-« (zu urslaw. **l'ubъ* »lieb, angenehm«) beginnen.

Ljubinka: weibl. Vorn., serbische und kroatische Koseform von ▸ Ljuba.

Ljubka: weibl. Vorn., serbische und kroatische Koseform von ▸ Ljuba.

Lloyd [lɔɪd]: im 20. Jh. entlehnter männl. Vorn., englische Schreibweise eines ursprünglich walisischen Vor- und Familiennamens (zu walisisch *llwyd* »grau«).

Loan [lɔ'ã]: männl. Vorn. französischer Herkunft, Kurzform von ▸ Elouan.

Loane [lɔ'an]: weibl. Vorn., weibliche Form von ▸ Loan.

Logan ['loʊgən]: aus dem Englischen entlehnter männl. Vorn., ursprünglich ein schottischer Orts- und Familienname.

Loic: in den 1980er-Jahren aus dem Französischen *(Loïc)* entlehnter männl. Vorn., bei dem es sich wohl um eine Koseform von *Loeiz*, der bretonischen Form von ▸ Louis, handelt.

[1]Lois: männl. Vorn., Kurzform von ▸ Alois.

[2]Lois ['loʊɪs]: aus dem Englischen entlehnter weibl. Vorn. biblischer Herkunft. Loïs (hebr. »angenehm, wohlgefällig«) heißt die Großmutter des Paulusschülers Timotheus. Der Name wird heute gelegentlich auch als Kurzform von ▸ Louisa oder *Eloise* (▸ Heloise) aufgefasst. Bekannt ist der Name durch die Gestalt der Lois Lane in der Comicserie »Superman«.

Lok: männl. Vorn. chinesischer Herkunft, der »glücklich« bedeutet.

Lola: weibl. Vorn., spanische Koseform (Lallform) von ▸ Dolores, auch kindersprachliche Form von ▸ Aloisia, ▸ Carlotta, ▸ Carola, ▸ Leonore und auf Sizilien von ▸ Lorenza. In Deutschland wurde der Name im 19. Jh. durch die Tänzerin Lola Montez (eigtl. Maria Dolores Eliza Rosanna Gilbert) und ihre Beziehung zu König Ludwig I. von Bayern bekannt. Eine Opernfigur ist die Lola in Mascagnis Oper »Cavalleria rusticana« (1890).

Lolita: weibl. Vorn., spanische Koseform von ▸ Lola. Der Vorname wurde vor allem durch Vladimir Nabokovs Roman »Lolita« (1955) bekannt.

Lona: weibl. Vorn., Kurzform von ▸ Apollonia und ▸ Leona, auch englisch ['loʊnə].

Long: männl. Vorn. chinesischer Herkunft, der »Drache« bedeutet.

Loni, (auch:) Lonni; Lonie; Lony; Lonny:

weibl. Vorn., Kurzform von ▸ Apollonia und ▸ Leonie.

Lora: weibl. Vorn., Kurzform von *Eleonora* (▸ Eleonore) oder Nebenform von ▸ Laura.

Loraine: ▸ Lorraine.

Lore: weibl. Vorn., Kurzform von ▸ Eleonore.

Lorea: weibl. Vorn., Erweiterung von ▸ Lore.

Loreana: weibl. Vorn., Erweiterung von ▸ Lore.

Loredana: in den 1950er-Jahren aus dem Italienischen übernommener weibl. Vorn. Der Name kam Anfang des 20. Jh.s in Italien auf. Die Verbreitung dieses Vornamens steht mit der großen Popularität des Romans von L. Zuccoli »L'amore di Loredana« (1908) in Zusammenhang. Der Name der Romanheldin wurde von L. Zuccoli (vielleicht in Anlehnung an *Loredan*, den Familiennamen eines alten venezianischen Patriziergeschlechts) geprägt.

Loreen [lɔ'ri:n]: weibl. Vorn., englische Erweiterung von ▸ Lora mit der Koseendung »-een« oder Variante von ▸ Laureen. Deutsche Aussprache: *Loreen*.

Lorelies: weibl. Vorn., Doppelform aus ▸ Lore und ▸ Lies.

Lorella: weibl. Vorn., italienische Koseform von ▸ Lora.

¹Loren: männl. Vorn., Kurzform von ▸ Lorenz, auch englische Variante von ▸ ¹Lauren. Engl. Aussprache: ['lɔ:rən].

²Loren: ▸ ²Lauren. Engl. Aussprache: ['lɔ:rən].

Lorena: ▸ Laurena, auch spanische und italienische Form von ▸ Lorraine.

Lorene: weibl. Vorn., Variante von ▸ Loreen.

Lorenz: männl. Vorn., deutsche Form von ▸ Laurentius.

Lorenza: weibl. Vorn., weibliche Form von ▸ Lorenzo.

Lorenzo: männl. Vorn., italienische Form von ▸ Laurentius. ✧ Bekannte Namensträger: Lorenzo Da Ponte, italienischer Librettist (der Mozart-Opern, 18./19. Jh.); Lorenzo de Medici, Stadtherr von Florenz, Mäzen und Dichter (15. Jh.); Lorenzo Lotto, italienischer Maler (15./16. Jh.); Lorenzo Bellotto, italienischer Maler (18. Jh.).

Loretta: weibl. Vorn., italienische Koseform von ▸ Lora, auch im Englischen geläufig [lɔ'retə]. ✧ Bekannte Namensträgerin: Loretta Lynn, amerikanische Countrysängerin (20./21. Jh.).

Lorette, (auch:) Lorett: ▸ Laurette.

Lori: weibl. Vorn., Koseform von ▸ Lora, ▸ Lore.

¹Lorin ['lɔ:rɪn]: männl. Vorn., englische Variante von ▸ ¹Loren. ✧ Bekannter Namensträger: Lorin Maazel, amerikanischer Dirigent (20./21. Jh.).

²Lorin ['lɔ:rɪn]: weibl. Vorn., englische Variante von ▸ ²Loren.

Lorina: weibl. Vorn., italienische Erweiterung von ▸ Lora.

¹Loris: gegen Ende des 20. Jh.s entlehnter männl. Vorn., italienische männliche Bildung zu ▸ Lora.

²Loris: weibl. Vorn., phonetische Schreibweise von Laurice [lɔ'rɪs], einem englischen Vornamen, dem der römische Name Lauricia, weibliche Form zu dem Beinamen *Lauricius* (zu lat. *laurus* »Lorbeer«), zugrunde liegt.

Lorna: in den 1960er-Jahren entlehnter weibl. Vorn. englischer Herkunft, der von R. D. Blackmore für die Heldin seines Romans »Lorna Doone« (1869) wohl nach dem schottischen Ortsnamen Lorn geprägt wurde. Der Roman war seinerzeit sehr erfolgreich und der Name fand bald Eingang in die englische Namengebung. Engl. Aussprache: ['lɔ:nə].

Lorne [lɔ:n]: männl. Vorn. nach dem schottischen Ortsnamen Lorn.

Lorraine: in den 1970er-Jahren entlehnter weibl. Vorn. englischer [lɔ'reɪn] oder französischer [lɔ'rɛn] Herkunft, identisch mit dem Namen der französischen Region (dt. Lothringen). Der englische und schottische Vorname kann aus einem gleichlautenden Familiennamen, der ursprünglich

Die häufigsten Vornamen in Berlin vor 1900

männlich	weiblich
1. Paul	1. Mart(h)a
2. Erich	2. Fri(e)da
3. Otto	3. Margaret(h)e, -a
4. Karl	4. Anna
5. Wilhelm	5. Gertrud
6. Walt(h)er	6. Erna
7. Willi/Willy	7. Elisabeth
8. Fritz	8. Charlotte
9. Richard	9. Hedwig
10. Max	10. Emma

Quelle: W. Seibicke (1991)

die Herkunft aus Lothringen bezeichnete, oder auch aus einer Umbildung von ▸Lora hervorgegangen sein. In Frankreich wird Lorraine zu Ehren der Nationalheldin Jeanne d'Arc (15. Jh.), auch Jeanne la Lorraine genannt, vergeben.

Lothar, (selten auch:) Lotar: alter deutscher männl. Vorn. (zu ahd. *hlūt* »laut, berühmt« + ahd. *heri* »Heer; Heerführer, Krieger«; etwa »berühmter Krieger«). Lothar ist vor allem als fränkischer Adelsname bekannt: Lothar I., Sohn Ludwigs des Frommen, fränkischer Kaiser (8./9. Jh.), und Lothar II., König im Teilreich Lotharingien (9. Jh.), daher der Name Lothringen. ✧ Bekannte Namensträger: Lothar III. (Lothar von Supplinburg), deutscher Kaiser (11./12. Jh.); Lothar Franz, Graf von Schönborn, Erzbischof und Kurfürst von Mainz (17./18. Jh.); Lothar Matthäus, deutscher Fußballspieler (20./21. Jh.).

Lotta: weibl. Vorn., Kurzform von ▸Charlotta und ▸Carlotta.

Lotte: weibl. Vorn., beliebte Kurzform von ▸Charlotte, die als amtliche Namensform erst ab 1900 häufiger verwendet wird. Doppelformen mit Lotte sind z. B. *Lotteli(e)s* (▸Lies) und *Lottemarie* (▸Marie). Eine bekannte literarische Gestalt ist die Lotte (= Charlotte Buff) in Goethes Roman »Die Leiden des jungen Werthers« (vgl. auch Thomas Manns Roman »Lotte in Weimar«). ✧ Bekannte Namensträgerin: Lotte Lenya, österreichische Sängerin und Schauspielerin, Ehefrau von Kurt Weill (20. Jh.).

Lotti: weibl. Vorn., Koseform von ▸Lotte.

[1]Lou [lu:]: männl. Vorn., Kurzform von ▸Louis.

[2]Lou [lu:]: weibl. Vorn., Kurzform von *Louise* (▸Luise). ✧ Bekannte Namensträgerin: Lou Andreas-Salomé, russische Schriftstellerin deutscher Herkunft (19./20. Jh.).

Louane, (auch:) Louanne [lu'an]: weibl. Vorn. französischer Herkunft, der aus *Lou-Anne* (▸[2]Lou, ▸Anne) hervorgegangen ist.

Louie [lʊɪ], ['lu:ɪ]: männl. Vorn., englische Koseform von ▸Louis.

Louis ['lu:i], französ. Aussprache: [lwi]: im 18. Jh. aus dem Französischen übernommener männl. Vorn., französische Form von ▸Ludwig, auch im Englischen geläufig [lʊɪ], ['lu:ɪs]. Heute gehören Louis und die Schreibvariante ▸[1]Luis zu den beliebtesten Jungennamen in Deutschland. ✧ Bekannte Namensträger: Louis Daguerre, französischer Maler und Physiker, Miterfinder der Fotografie (18./19. Jh.); Louis Pasteur, französischer Chemiker und Bakteriologe (19. Jh.); Louis Aragon, französischer Dichter (19./20. Jh.); Louis Armstrong, amerikanischer Jazztrompeter (20. Jh.); Louis Ferdinand, Prinz von Preußen (20. Jh.); Louis de Funès, französischer Filmschauspieler (20. Jh.); Louis Malle, französischer Filmregisseur (20. Jh.).

Louisa: weibl. Vorn., latinisierte Form von ▸Louise, auch englisch [lu:'i:zə].

Louise [lwi:z]: weibl. Vorn., weibliche Form von ▸Louis, auch englisch [lu:'i:z].

Louna [lu'na]: weibl. Vorn., derzeit in Frankreich beliebte Schreibvariante von ▸Luna.

Lourdes [lurd]: weibl. Vorn. nach dem gleichlautenden Wallfahrtsort in Südfrankreich. In einer Grotte bei Lourdes erlebte Bernadette Soubirous i. J. 1858 mehrere Marienerscheinungen. Unserer

Lieben Frau in Lourdes gedenkt die katholische Kirche am 11. Februar.

Lovis: männl. Vorn., niederdeutsche Form von ▸Louis. ✧ Bekannter Namensträger: Lovis Corinth, deutscher Maler und Grafiker (19./20. Jh.).

Lovisa: weibl. Vorn., weibliche Form von ▸Lovis.

Loyola [lo'jola]: weibl. Vorn. spanischer Herkunft nach einem Marienheiligtum in der baskischen Provinz Guipúzcoa.

[1]Lu: männl. Vorn., Kurzform von ▸Ludwig.

[2]Lu: weibl. Vorn., Kurzform von ▸Luise.

Luan: gegen Ende des 20. Jh.s aufgekommener männl. Vorn., am ehesten männliche Bildung zu ▸[1]Luana oder ▸[2]Luana.

[1]Luana: aus Hawaii stammender weibl. Vorn. (»zufrieden, glücklich«). Der Name wurde durch die Luana in King Vidors Film »The Bird of Paradise« (1932) bekannt. Wegen seines exotischen Klangs fand der Name u. a. Eingang in die italienische Namengebung. In Deutschland ist Luana seit den 1950er-Jahren gelegentlich anzutreffen.

[2]Luana: weibl. Vorn., eindeutschende Schreibweise von ▸Louane.

Lubaya: in Kenia und Tansania vorkommender weibl. Vorn., der auf Suaheli »junge Löwin« bedeutet.

Lübbe: männl. Vorn., niederdeutsch-friesische Kurzform von ▸Lübbert.

Lübbert: männl. Vorn., niederdeutsch-friesische Form von *Liutbert* (ahd. *liut* »Volk« + ahd. *beraht* »glänzend, berühmt«; etwa »im Volk glänzend, berühmt«).

Luc [lyk]: männl. Vorn., französische Form von ▸Lukas. ✧ Bekannte Namensträger: Jean-Luc Godard, französischer Filmregisseur (20./21. Jh.); Luc Bondy, schweizerischer Regisseur (20./21. Jh.); Luc Besson, französischer Filmregisseur (20./21. Jh.).

[1]Luca: männl. Vorn., italienische Form von ▸Lukas, die zurzeit in Deutschland häufig vergeben wird. ✧ Bekannte Namensträger: Luca Della Robbia, italienischer Bildhauer (15. Jh.); Luca Signorelli, italienischer Maler (15./16. Jh.).

[2]Luca: ▸[2]Luka.

Lucas: ▸Lukas.

Lucca: männl. Vorn., in den 1980er-Jahren in Deutschland aufgekommene, in Italien aber unbekannte Variante von ▸[1]Luca. Im Italienischen ist Lucca der Name einer Stadt in der Toskana.

Lucette [ly'sɛt]: weibl. Vorn., französische Koseform von *Lucie* (▸Lucia).

Luchina [lu'ki:na]: weibl. Vorn. italienischer Herkunft, weibliche Form von ▸[1]Luca.

Lucho ['lutʃo]: männl. Vorn., in Lateinamerika geläufige Koseform von ▸[2]Luis.

Luci: weibl. Vorn., verkürzte Form von ▸Lucia.

Lucia, (auch:) Luzia; Lucie; Luzie: weibl. Vorn., weibliche Form von ▸Lucius. Zur Verbreitung des Namens im Mittelalter trug vor allem die Verehrung der heiligen Lucia von Syrakus (3./4. Jh.) bei; NAMENSTAG: 13. Dezember. Nach der um 500 verfassten Vita wurde sie von ihrem heidnischen Bräutigam als Christin angeklagt und unter Diokletian hingerichtet. Eine bekannte Opernfigur ist die Lucia in Donizettis Oper »Lucia di Lammermoor« (1835). ✧ Bekannte Namensträgerin: Lucia Popp, österreichische Sängerin (20. Jh.). Italien. Form: *Lucia* [lu'tʃi:a]. Französ. Form: *Lucie* [ly'si]. Engl. Form: *Lucy* ['lu:sɪ]. Span. Form: *Lucía* [lu'θia].

Lucian, (auch:) Luzian: männl. Vorn., der auf den römischen Beinamen *Lucianus*, Weiterbildung von ▸Lucius, zurückgeht. Französ. Form. *Lucien* [ly'sjɛ̃]. Italien. Form: *Luciano* [lu'tʃa:no].

Luciana, (auch:) Luciane: weibl. Vorn., weibliche Form von ▸Lucian. Eine literarische Gestalt ist die Luciane in Goethes Roman »Die Wahlverwandtschaften« (1809).

Luciano [lu'tʃa:no]: männl. Vorn., italienische Form von *Lucianus* (▸Lucian). ✧ Bekannter Namensträger: Luciano Pavarotti, italienischer Tenor (20./21. Jh.).

Lucie: ▸Lucia, auch französisch [ly'si].

Lucien [ly'sjɛ̃]: im 20. Jh. entlehnter männl.

Vorn., französische Form von *Lucianus* (▸ Lucian). Eine literarische Gestalt ist der Lucien Leuwen in Stendhals gleichnamigem Roman (1894).

Lucienne [ly'sjɛn]: in den 1960er-Jahren aus dem Französischen übernommener weibl. Vorn., weibliche Form von ▸ Lucien.

Lucile [ly'sil]: weibl. Vorn., französische Form von ▸ Lucilla.

Lucilla: weibl. Vorn., der auf einen römischen Beinamen der Kaiserzeit, eine Weiterbildung von ▸ Lucius, zurückgeht, auch italienisch [lu'tʃilla].

Lucille: weibl. Vorn., englische [lu'sil] Form von ▸ Lucilla. »Lucille« ist der Titel eines Rock-'n'-Roll-Hits (1955) von Little Richard.

Lucina, italien. Aussprache: [lu'tʃi:na]: weibl. Vorn. italienischer Herkunft, Koseform von ▸ Lucia oder nach der römischen Geburtsgöttin Lucina.

Lucinde, (auch:) Lucinda: weibl. Vorn., Weiterbildung von ▸ Lucia. »Lucinde« ist der Titel eines Romans (1799) von Friedrich Schlegel.

Lucio ['lu:tʃo]: männl. Vorn., italienische Form von ▸ Lucius. ✧ Bekannter Namensträger: Lucio Dalla, italienischer Sänger und Musiker (20./21. Jh.).

Lucius, (auch:) Luzius: männl. Vorn., der auf einen alten, sehr verbreiteten römischen Vornamen (Praenomen) zurückgeht (zu lat. *lūx* »Licht«, also »der Lichte, der Glänzende« oder »der bei Tagesanbruch Geborene«). Italien. Form: *Lucio* ['lu:tʃo].

Lucretia: ▸ Lukretia.

Lucrezia: weibl. Vorn., italienische Form von ▸ Lukretia.

Lucy ['lu:sɪ]: im 19. Jh. entlehnter weibl. Vorn., englische Form von ▸ Lucia.

Lüder: männl. Vorn., niederdeutsche Form von *Liuther* (ahd. *liut* »Volk« + ahd. *heri* »Heer; Heerführer, Krieger«).

Ludewig: ▸ Ludwig.

Ludgard: ▸ Luitgard.

Ludger: männl. Vorn., niederdeutsche Form von *Liutger* (ahd. *liut* »Volk« + ahd. *gēr* »Speer«). Namenspatron ist der heilige Ludger, ein friesischer Missionar, der i. J. 804 der erste Bischof von Münster wurde; NAMENSTAG: 26. März.

Ludivine [lydi'vin]: weibl. Vorn. französischer Herkunft, französische Form von ▸ Ludwina. Namenspatronin ist die niederländische heilige Ludwina (Luduina) von Schiedam (14./15. Jh.); NAMENSTAG: 14. April. Der Vorname Ludivine wurde in Frankreich in den 1970er-Jahren wiederbelebt. So hieß die Hauptgestalt der erfolgreichen Fernsehserie »Gens de Mogador« (1972).

Ludmilla: aus dem Tschechischen (*Ludmila*) übernommener weibl. Vorn. (urslaw. **l'udъ* »Volk« + **milъ* »lieb, teuer«). Namenspatronin ist die heilige Ludmilla, die Landespatronin Böhmens (9./10. Jh.); NAMENSTAG: 15. September.

Ludo: männl. Vorn., Kurzform von Namen, die mit »Lud-« (z. B. ▸ Ludolf) gebildet sind.

Ludolf: männl. Vorn. (ahd. *liut* »Volk« + ahd. *wolf* »Wolf«). Der Name war im Mittelalter beim sächsischen Adel beliebt. Nach seinem Ahnherrn Ludolf hieß ein sächsisches Herrschergeschlecht Ludolfinger. Namenspatron ist der heilige Ludolf, Bischof von Ratzeburg (13. Jh.); NAMENSTAG: 29. März.

Ludovica, (auch:) Ludovika; Ludowika: weibl. Vorn., weibliche Form von *Ludovicus*, Latinisierung von ▸ Ludwig.

Ludwig, (auch:) Ludewig: alter deutscher männl. Vorn. (ahd. *hlūt* »laut, berühmt« + ahd. *wīg* »Kampf, Krieg«; etwa »berühmter Krieger«). Viele Könige trugen diesen Namen: Ludwig der Fromme, deutscher Kaiser (8./9. Jh.); Ludwig der Deutsche, deutscher König (9. Jh.); Ludwig IX., der Heilige, König von Frankreich (13. Jh.); NAMENSTAG: 25. August; Ludwig XIV., König von Frankreich (17./18. Jh.); Ludwig XVI., König von Frankreich (18. Jh.); Ludwig II., König von Bayern (19. Jh.). Vom 18. Jh. bis Anfang des 20. Jh.s war Ludwig ein häufiger Vorname.

✧ Bekannte Namensträger: Ludwig van Beethoven, deutscher Komponist (18./19. Jh.); Ludwig Tieck, deutscher Dichter (18./19. Jh.); Ludwig Uhland, deutscher Dichter (18./19. Jh.); Ludwig Börne, deutscher Schriftsteller (18./19. Jh.); Ludwig Richter, deutscher Maler (19. Jh.); Ludwig Feuerbach, deutscher Philosoph (19. Jh.); Ludwig Anzengruber, österreichischer Schriftsteller (19. Jh.); Ludwig Thoma, deutscher Schriftsteller (19./20. Jh.); Ludwig Ganghofer, deutscher Schriftsteller (19./20. Jh.); Ludwig Klages, deutscher Philosoph und Psychologe (19./20. Jh.); Ludwig Mies van der Rohe, deutsch-amerikanischer Architekt (19./20. Jh.); Ludwig Erhard, deutscher Politiker (19./20. Jh.). Italien. Form: *Luigi* [lu'i:dʒi]. Span. Form: *Luis*. Französ. Form: *Louis* [lwi]. Engl. Form: *Lewis* ['lu:ɪs]. Ungar. Form: *Lajos* ['lɔjoʃ].

Ludwiga: weibl. Vorn., weibliche Form von ▸ Ludwig.

Ludwin: ▸ Luitwin.

Ludwina, (auch:) Lidwina: weibl. Vorn., weibliche Form von ▸ Ludwin.

Luigi [lu'i:dʒi]: männl. Vorn., italienische Form von ▸ Ludwig. ✧ Bekannte Namensträger: Ridolfo Luigi Boccherini, italienischer Komponist (18./19. Jh.); Luigi Pirandello, italienischer Schriftsteller (19./20. Jh.); Luigi Nono, italienischer Komponist (20. Jh.).

[1]Luis: männl. Vorn., eindeutschende Schreibung von französisch ▸ Louis. ✧ Bekannter Namensträger: Luis Trenker, Schriftsteller und Schauspieler aus Südtirol (19./20. Jh.).

[2]Luis: männl. Vorn., spanische Form von ▸ Ludwig. ✧ Bekannte Namensträger: Luis de Góngora, spanischer Dichter (16./17. Jh.); Luis Buñuel, spanischer Filmregisseur (20. Jh.).

Luise, (auch:) Luisa: weibl. Vorn., eindeutschende Form von ▸ Louise. Der Vorname, der vom 18. Jh. bis Anfang des 20. Jh.s sehr beliebt war, ist in den letzten Jahren, vor allem in den Schreibungen Luisa und Louisa, wieder aufgenommen worden. Eine bekannte literarische Gestalt ist Luise Millerin in Schillers Trauerspiel »Kabale und Liebe« (1784). ✧ Bekannte Namensträgerinnen: Königin Luise von Preußen (18./19. Jh.); Luise Rinser, deutsche Schriftstellerin (20./21. Jh.). Französ. Form: *Louise* [lwi:z]. Engl. Formen: *Louise, Louisa* [lu:'i:z], [lu:'i:zə].

Luiselotte: weibl. Vorn., Doppelform aus ▸ Luise und ▸ Lotte.

Luitgard, (auch:) Liutgard; Ludgard; Lutgard: alter deutscher weibl. Vorn. (ahd. *liut* »Volk« + german. **gardaz* »Zaun, Einfriedung«, vgl. ahd. *garto* »Garten«).

Luitpold, (auch:) Lupold; Leopold: alter deutscher männl. Vorn. (ahd. *liut* »Volk« + ahd. *bald* »kühn«).

Luitwin, (auch:) Ludwin; Lutwin: alter deutscher männl. Vorn. (ahd. *liut* »Volk« + ahd. *wini* »Freund«).

Luk: männl. Vorn., Kurzform von ▸ Lukas, auch niederländisch [lyk].

[1]Luka: männl. Vorn., russische, serbische, kroatische Form von ▸ Lukas oder Eindeutschung von italienisch ▸ [1]Luca.

[2]Luka, (auch:) [2]Luca: im 20. Jh. aufgekommener weibl. Vorn., weibliche Form von ▸ Lukas.

Lukas, (auch:) Lucas: männl. Vorn. lateinischen Ursprungs, mit dem griechischen Suffix »-âs« gebildete Ableitung von ▸ Lucius (etwa »der große Lúkios/Lucius«). Namenspatron ist der Evangelist Lukas; NAMENSTAG: 18. Oktober. ✧ Bekannte Namensträger: Lucas van Leyden, niederländischer Maler (15./16. Jh.); Lucas Cranach der Ältere, deutscher Maler (15./16. Jh.); Lucas Cranach der Jüngere, deutscher Maler (16. Jh.); Johann Lucas von Hildebrandt, österreichischer Baumeister (17./18. Jh.); Lukas Podolski, deutscher Fußballspieler (20./21. Jh.). Französ. Formen: *Lucas* [ly'kɑ], *Luc* [lyk]. Engl. Form: *Luke* [lu:k]. Niederländ. Form: *Luuk* [ly:k]. Tschech. Form: *Lukáš* ['luka:ʃ]. Italien. Form: *Luca*.

Lukas:

Der Evangelist Lukas, der wohl aus Antiochia stammte und Arzt von Beruf war, war Mitarbeiter und Reisebegleiter des Apostels Paulus. Nach der Legende malte er Christus- und Marienbilder. Deshalb wird er als Schutzheiliger der Maler verehrt. Da der Stier das Symbol des Evangelisten Lukas ist, wurde er auch zum Patron der Fleischer. In Deutschland begegnet der Name *Lukas* zwar schon seit dem Mittelalter, doch blieb er bis in die zweite Hälfte des 20. Jh.s selten. Der steile Anstieg von *Lukas* und seiner Variante *Lucas* beginnt in den 1970er-Jahren, der Sprung in die Spitzengruppe, wo er sich bis heute fest etabliert hat, erfolgte in den 1990er-Jahren. Die italienische Form *Luca* und ihre deutsche Variante *Luka* gehören zurzeit ebenfalls zu den Spitzenreitern. Gegenwärtig ist *Lucas* ein international beliebter Jungenname, der sich zum Beispiel in Skandinavien, Österreich und Frankreich einen Platz auf den Hitlisten erobert hat.

Lukáš ['luka:ʃ]: männl. Vorn., tschechische Form von ▸ Lukas.

Luke [lu:k]: männl. Vorn., englische Form von ▸ Lukas.

Lukretia, (auch:) Lucretia; Lukrezia: weibl. Vorn. lateinischen Ursprungs, weibliche Form des altrömischen Geschlechternamens *Lucretius* von unbekannter Herkunft und Bedeutung. Der Name ist vor allem bekannt durch Lucretia, die Gattin des vornehmen Römers Lucius Tarquinius Collatinus, die vor den Augen ihres Gatten Selbstmord beging, nachdem der Königssohn Sixtus Tarquinius sie entehrt hatte. Nach der Sage führte ihre Tat zum Sturz der Königsherrschaft. ✧ Bekannte Namensträgerin: die italienische Renaissancefürstin Lucrezia Borgia (15./16. Jh.).

[1]Lulu: weibl. Vorn., Lallform aus der Kindersprache von Namen, die mit »Lu-« beginnen, z. B. ▸ Ludmilla, ▸ Luise. Eine bekannte literarische Gestalt ist die Lulu in Frank Wedekinds gleichnamigem Drama (1913), danach auch die Oper »Lulu« von Alban Berg. ✧ Bekannte Namensträgerin: Lulu von Strauß und Torney, deutsche Dichterin (19./20. Jh.).

[2]Lulu: in Kenia und Tansania vorkommender weibl. Vorn., der auf Suaheli »Perle« bedeutet.

Luna: in Deutschland gegen Ende des 20. Jh.s aufgekommener weibl. Vorn. nach der römischen Mondgöttin oder zu lat./span./italien. *luna* »Mond«.

Lupe: weibl. Vorn., Kurzform von ▸ Guadalupe.

Lupita: weibl. Vorn., Koseform von ▸ Lupe.

Lupold: ▸ Luitpold.

Lüppe, (auch:) Lüppo: männl. Vorn., niederdeutsch-friesische Kurzform von ▸ Lübbert, ▸ Lupold.

Lutgard: ▸ Luitgard.

Lutwin: ▸ Luitwin.

Lutz: männl. Vorn., Koseform von ▸ Ludwig.

Luuk [ly:k]: männl. Vorn., niederländische Form von ▸ Lukas.

Luzia, (auch:) Luzie; Luzi: ▸ Lucia.

Luzian: ▸ Lucian.

Luzius: ▸ Lucius.

Ly [li:]: weibl. Vorn., Kurzform von ▸ Elisabeth.

Lya ['li:a]: weibl. Vorn., Schreibvariante von ▸ [1]Lia oder ▸ [2]Lia.

Lyanne, (auch:) Lyann: weibl. Vorn., seltene Schreibvariante von ▸ Lianne.

Lydia, (auch:) Lidia: weibl. Vorn. griechischen Ursprungs (griech. *Lydía* »die aus Lydien in Kleinasien Stammende, die Lydierin«). Lydia war schon im republikanischen Rom häufig und erscheint in den Dichtungen von Horaz und Martial. Namenspatronin ist die heilige Lydia aus Thyatira, eine Purpurhändlerin, die von Paulus in Philippi getauft wurde; NAMENSTAG: 3. August.

Lydie [li'di]: weibl. Vorn., französische Form von ▸ Lydia.

Lylou: ▸ Lilou.

[1]Lyn [lɪn]: männl. Vorn., Kurzform des alten walisischen Namens *Llywelyn*, dessen Etymologie nicht sicher geklärt ist.

[2]Lyn: ▸ Lynn.

Lynda ['lɪndə]: weibl. Vorn., englische Schreibvariante von ▸ Linda.

Lyndon [lɪndn]: männl. Vorn., ursprünglich ein englischer Familienname nach dem gleichlautenden Ortsnamen (Leicestershire). ✧ Bekannter Namensträger: Lyndon B. Johnson, 36. Präsident der USA (20. Jh.).

Lynẹtte, engl. Aussprache: [lɪ'nɛt], (deutsch auch:) Lynẹtt: aus dem Englischen entlehnter weibl. Vorn., literarische Prägung (Umbildung eines keltischen Namens), die durch Lord Tennysons Artus-Epos »Idylls of the King« (1859–85) bekannt wurde. Heute wird dieser Vorname als eine Ableitung von ▸ Lynn mit der französischen Koseendung »-ette« aufgefasst.

Lynn, (auch:) Lyn; Lynne [lɪn]; Lynna ['lɪnə]: aus dem Englischen übernommener weibl. Vorn., moderne Kurzform von ▸ Linda oder von ▸ Carolyn.

Lyon: ▸ Lion.

Lyonel: ▸ Lionel. ✧ Bekannter Namensträger: Lyonel Feininger, amerikanischer Maler und Grafiker deutscher Herkunft (19./20. Jh.).

Lysạnder: männl. Vorn., lateinische Form des griechischen Namens *Lýsandros* (zu griech. *lýō* »lösen, befreien« und griech. *anḗr, andrós* »Mann«, etwa »der Männer Befreiende«). In Deutschland ist der Name seit den 1970er-Jahren gelegentlich anzutreffen.

Lysạnn, (auch:) Lysạnne: ▸ Lisanne.

M

Maaike: weibl. Vorn., Schreibvariante von ▸Maike, auch niederländisch.

Maarten: männl. Vorn., niederdeutsch-friesische und niederländische Form von ▸Martin. ✧ Bekannter Namensträger: Maarten 't Hart, niederländischer Schriftsteller (20./21. Jh.).

Maartje: weibl. Vorn., weibliche Form von ▸Maarten.

Mabel [meɪbl]: weibl. Vorn., englische Kurzform von *Amabel* (lat. *amābilis* »liebenswürdig«).

Mabelle [ma'bɛlə]: weibl. Vorn., englische Variante von ▸Mabel, die unter dem Einfluss von französ. *ma belle* »meine Schöne« entstanden ist.

Mable [meɪbl]: weibl. Vorn., an die Aussprache angelehnte Variante von ▸Mabel.

Macarena: weibl. Vorn. spanischer Herkunft, der auf das im gleichnamigen Stadtteil von Sevilla verehrte Muttergottesbild zurückgeht.

Mackenzie [mə'kɛnzɪ]: in den USA geläufiger weibl. Vorn., urprünglich ein schottischer Familienname, der »Sohn des Coinneach« bedeutet.

Madalena: weibl. Vorn., portugiesische Form von ▸Magdalena. Port. Aussprache: [mɐdɐ'lɛnɐ].

Madalina: weibl. Vorn., deutsche Variante von ▸Madaline.

Madaline, engl. Aussprache: ['mædəlɪn], [mædə'li:nə]: weibl. Vorn., Variante von ▸Madeline.

Maddalena: weibl. Vorn., italienische Form von ▸Magdalena.

Maddox ['mædɔks]: aus dem Englischen übernommener männl. Vorn., der auf einen Familiennamen walisischen Ursprungs (zu walis. *madog* »angenehm, gefällig«) zurückgeht.

Maddy ['mædɪ]: weibl. Vorn., englische Kurzform von *Magdalen* (▸Magdalena).

Madelaine [ma'dlɛn]: weibl. Vorn., ältere französische Form von ▸Madeleine, auch englisch ['mædlɪn], ['mædleɪn].

Madeleine [ma'dlɛn]: weibl. Vorn., französische Form von ▸Magdalena, auch englisch ['mædlɪn], ['mædleɪn].

Madelief: weibl. Vorn. niederländischer Herkunft (zu niederländ. *madeliefje* »Gänseblümchen«). Die Vergabe dieses Vornamens geht auf das gleichnamige Kinderbuch von Guus Kuijer zurück.

Madeline: weibl. Vorn., englische ['mædlɪn] Variante von ▸Madeleine, auch im Französischen gebräuchlich [ma'dlin].

Madelon [ma'dlõ]: weibl. Vorn., französische Koseform von ▸Madeleine.

Madhav: männl. Vorn. indischer Herkunft (sanskrit. *mādhava* »frühlingshaft«), Beiname Krischnas und Schiwas.

Madhavi: weibl. Vorn., weibliche Form von ▸Madhav, einer der Namen von Lakschmi, gelegentlich auch von Durga.

Madhu: weibl. Vorn. indischer Herkunft (sanskrit. *mádhu* »süß, Süße; Honig«).

Madhukar: männl. Vorn. indischer Herkunft (sanskrit. *madhukara* »Honigmacher, Biene«).

Madhur: weibl. Vorn. indischer Herkunft (sanskrit. *madhura* »süß«).

Madiha: weibl. Vorn. arabischer Herkunft (arab. *madiḥ* »Lob« zu arab. *madaḥa* »loben«).

Madina: weibl. Vorn., italienische Koseform von *Maddalena* (▸Magdalena).

Madison ['mædɪsn]: in den USA beliebter weibl. Vorn., dem ein Familienname (»Sohn des Mathies«, eine verkürzte Form von ▸Matthäus) oder ein Ortsname zugrunde liegt. Nach James Madison, dem vierten Präsidenten der USA (18./19. Jh.), wurde Madison, die Hauptstadt des Staates Wisconsin, benannt.

Madita: in Deutschland seit den 1970er-Jahren vorkommender weibl. Vorn., Neubildung der bekannten Kinderbuchautorin Astrid Lindgren als Koseform von *Margareta* (▸ Margarete) für eines ihrer Bücher.

Madlaina, (auch:) Madleina: weibl. Vorn., rätoromanische Form von ▸ Magdalena.

Madleen, (auch:) Madlen; Madlena; Madlene: weibl. Vorn., Kurzform von ▸ Magdalena.

Madlin: weibl. Vorn., eindeutschende Schreibung von ▸ Madeline.

Madlon [maˈdlõ]: weibl. Vorn., deutsche Schreibvariante von ▸ Madelon.

Mads: männl. Vorn., dänische Kurzform von ▸ Matthias oder ▸ Matthäus.

Madu: aus Nigeria stammender männl. Vorn., der in der Ibo-Sprache »Volk« bedeutet.

Mae [meɪ]: weibl. Vorn., englische Variante von ▸ May.

Maël [maˈɛl]: aus dem Französischen entlehnter männl. Vorn. bretonischer Herkunft (altbretonisch *mael* »Prinz«).

Maëlle [maˈɛl]: weibl. Vorn., weibliche Form von ▸ Maël.

Maëlys [maeˈlis]: derzeit in Frankreich beliebter weibl. Vorn., französische Umbildung von ▸ Maëlle in Anlehnung an ▸ Maïlys.

Maéva [maeˈva]: aus dem Französischen entlehnter weibl. Vorn. polynesischer Herkunft (»willkommen«).

Maeve [meɪv]: weibl. Vorn., englische Form von *Meadhbh* (»die betrunken macht, die berauscht«), dem Namen einer Königin in der irischen Sage.

Mafalda: weibl. Vorn. germanischen Ursprungs (▸ Mathilde). Die Namensform geht zurück auf *Mahalt* (= frankoprovenzalische Form von *Mathilde*) von Savoyen (12. Jh.), die Alfons I. von Portugal heiratete. In Portugal entwickelte sich aus *Mahalt* durch Lautersatz die Form *Mafalda*. Diesen Namen trägt die bekannte Comicfigur des argentinischen Humoristen Quino.

Magali, (auch:) Magalie: aus dem Französischen übernommener weibl. Vorn., provenzalische Form von ▸ Margarete.

Magda: weibl. Vorn., Kurzform von ▸ Magdalena.

Magdalena, (auch:) Magdalene: weibl. Vorn. hebräischen Ursprungs, Kürzung aus Maria Magdalena (eigentlich »Maria aus dem Ort Magdala am See Genezareth«). Nach der Bibel war Maria Magdalena eine der treuesten Jüngerinnen Jesu. Sie stand mit ihren Gefährtinnen unter dem Kreuz Christi und entdeckte am Ostermorgen sein leeres Grab. Ihr erschien als Erster der auferstandene Christus. Namensfest der Maria Magdalena ist der 22. Juli. ✧ Bekannte Namensträgerin: Magdalena Neuner, deutsche Biathletin (20./21. Jh.). Französ. Form: *Madeleine* [maˈdlɛn]. Italien. Form: *Maddalena*. Engl. Formen: *Madeleine, Madeline* [ˈmædleɪn], [ˈmædlɪn].

Magelone: weibl. Vorn., der auf die sagenhafte Heldin des Volksbuches »Die schöne Magelone« (15. Jh.) zurückgeht. Bekannt sind auch die Magelonelieder von Brahms (1862). Der Name ist vermutlich eine Koseform von ▸ Magdalena.

Maggie, (auch:) Maggy [ˈmægɪ]: weibl. Vorn., englische Koseform von ▸ Margaret.

Magna: weibl. Vorn., weibliche Form von ▸ Magnus.

Magnolia: weibl. Vorn. nach der Blumenbezeichnung. Die Magnolie wurde nach dem französischen Botaniker Pierre Magnol (17./18. Jh.) benannt.

Magnus: männl. Vorn. (lat. *māgnus* »groß«). Für die Verbreitung des Namens in Deutschland seit dem Mittelalter gibt es unterschiedliche Anstöße. In Norddeutschland ist mit einem Einfluss aus Skandinavien zu rechnen. Dort geht der Name auf König Magnus I., den Guten, von Norwegen (11. Jh.) zurück. Sein Vater, König Olaf der Heilige, soll ihm den Namen Magnus aus Bewunderung für Karl den Großen (lat. *Carolus Magnus*) gegeben haben. Zwischen dem 11. und dem 14. Jh. trugen mehrere norwegische und schwedische Könige diesen Namen. Für die norddeutsche Namengebung kann ferner der heilige Märtyrer Magnus (3. Jh.) von Bedeutung sein, der als Kirchenpatron im Münsterland und in Braunschweig bezeugt ist; NAMENSTAG: 19. August. Wichtig für die Verbreitung des Namens im Süden des deutschen Sprachgebiets ist der heilige Magnus, Glaubensbote im Allgäu (8. Jh.), NAMENSTAG: 6. September, der im Mittelalter sehr verehrt wurde. ✧ Bekannter Namensträger: Hans Magnus Enzensberger, deutscher Lyriker und Schriftsteller (20./21. Jh.).

Maha: weibl. Vorn. arabischer Herkunft (arab. *maha* »wilde Kuh«; wilde Kühe werden in der arabischen Welt wegen ihrer großen, schönen Augen bewundert).

Mahadev: männl. Vorn. indischer Herkunft (sanskrit. *mahā* »groß« + sanskrit. *deva* »Gott«: »der große Gott«), ein Name Schiwas.

Mahasin: weibl. Vorn. arabischer Herkunft (arab. *maḥāsin* »weibliche Reize; gute Eigenschaften« zu arab. *ḥasuna* »schön oder gut sein«).

Mahasti: weibl. Vorn. persischer Herkunft, der »du bist der Mond« bedeutet.

Mahavir: männl. Vorn. indischer Herkunft (sanskrit. *mahā* »groß« + sanskrit. *vīra* »Held«: »großer Held«), Beiname der Götter Indra und Wischnu.

Mahdi ['mahdi], (auch:) Mehdi ['mehdi]: männl. Vorn. arabischen Ursprungs (arab. *mahdi* »der [von Gott] gut Geleitete« zu arab. *hada* »leiten, führen«). Der Mahdi ist der von den Muslimen erwartete Welt- und Glaubenserneuerer.

Mahdukht, (auch:) Mahducht ['ma:hduxt]: weibl. Vorn. persischer Herkunft (»Mondtochter«).

Mahendra: männl. Vorn. indischer Herkunft (sanskrit. *mahā* »groß« + Name des Gottes ▸ 1Indra: »großer Indra«).

Mahesch, (auch:) Mahesh: männl. Vorn. indischer Herkunft (sanskrit. *mahā* »groß« + sanskrit. *īśa* »Herr, Herrscher«: »großer Herrscher«), ein Name des hinduistischen Gottes Schiwa.

Mahin: weibl. Vorn. persischer Herkunft (»mondverbunden«).

Mahinder: männl. Vorn., nordindische Form von ▸ Mahendra.

Mahliqa ['ma:hlika]: weibl. Vorn. persischer Herkunft (»mondgleich«). Türk. Form: *Mehlika.*

Mahmut [max'mut]: männl. Vorn., türkische Form des arabischen Namens *Maḥmūd* (»der Lobenswerte, der Gepriesene«, zu arab. *ḥamida* »loben, rühmen, preisen«, einer der Beinamen des Propheten Mohammed). Engl. Schreibweise: Mahmood.

Mahnaz [ma:h'na:z]: weibl. Vorn. persischer Herkunft (pers. *māh* »Mond« + pers. *nāz* »Koketterie«).

Mai: ▸ Maie, auch norwegische und eingedeutschte Form von ▸ Maj, ▸ May.

Maia: ▸ 1Maja, ▸ 2Maja, ▸ 3Maja.

Maiba: aus Zimbabwe stammender weibl. Vorn., der in der Schona-Sprache »ernst« bedeutet.

Maibrit, (auch:) Maibritt; Mai-Brit; Maybrit; Maybritt: weibl. Vorn., eindeutschende Schreibung von schwedisch *Majbritt* bzw. norwegisch *May-Britt*, einer Doppelform aus ▸ Maj bzw. May und Britt (▸ 2Brit).

Maica ['maika]: weibl. Vorn. spanischer Herkunft, Doppelform aus ▸ Maria und ▸ Carmen.

Maidie ['meɪdɪ]: vor allem in Irland und Schottland vorkommender weibl. Vorn., Kosebildung zu engl. *maid* »junges Mädchen«.

Maie, (auch:) Mai: weibl. Vorn., niederdeutsch-friesische Kurzform von ▸ Maria.

Maija: weibl. Vorn., russische Koseform von ▸ Maria.

Maik: männl. Vorn., eindeutschende Schreibung von ▸ Mike.

Maike, (auch:) Maiken; Maika: weibl. Vorn., niederdeutsch-friesische Koseform von ▸ Maria.

Maikel: männl. Vorn., Eindeutschung von englisch ▸ Michael.

Maiken: ▸Maike.
Maiko: ▸Meiko.
[1]**Maila:** weibl. Vorn., finnische Koseform von ▸Maria.
[2]**Maila:** weibl. Vorn. norwegischer Herkunft, Variante von *Magla*, einer durch Zusammenziehung entstandenen Form von *Magnhilda* (▸Meinhild) oder ▸Magdalena.
Mailin, (auch:) Mailina; Mailine: weibl. Vorn., Neubildung aus ▸Mai und ▸Lin(a), auch norwegische Kosebildung zu ▸Mai mit der Endung »-lin«.
Mailo: männl. Vorn., eindeutschende Schreibung von ▸[2]Milo.
Maïlys, (auch:) Maïlis [mai'lis]: weibl. Vorn. französischer Herkunft, Neubildung aus ▸Marie und französ. *lis* »Lilie« oder *Lise, Lyse* (▸Elisabeth).
Maira, (auch:) Mayra: weibl. Vorn., Abwandlung von ▸Maire.
Maire ['mɛərɪ]: weibl. Vorn., irische Form *(Máire)* von ▸Maria.
Máirín (eingedeutscht:) Mairin: ['mɔ:ri:n], [mɔ:'ri:n]; weibl. Vorn., irische Koseform von ▸Maria.
[1]**Maite:** aus dem Spanischen übernommener weibl. Vorn. baskischen Ursprungs (»Geliebte«).
[2]**Maite:** weibl. Vorn. spanischer Herkunft, der aus *María Teresa* entstanden ist.
Maj: weibl. Vorn., schwedische Kurzform von ▸Maria.
[1]**Maja:** weibl. Vorn., Kurzform von ▸Maria, auch schwedisch und polnisch. Der Name ist durch Waldemar Bonsels' Roman »Die Biene Maja und ihre Abenteuer« (1912) bekannt.
[2]**Maja:** weibl. Vorn. griechisch-lateinischen Ursprungs. In der griechischen Mythologie war Maīa, Tochter des Atlas und Mutter des Hermes, die Schönste der Plejaden. In Rom wurde sie gleichgesetzt mit Māia, der altrömischen Göttin des Wachstums.
[3]**Maja:** weibl. Vorn., der auf die altindische Göttin Maya (»Wunderkraft«, auch »Trugbild«) zurückgeht.
Majella: weibl. Vorn., der auf den Familiennamen des heiligen Gerhard Majella (18. Jh.) zurückgeht, der i. J. 1904 heiliggesprochen wurde; NAMENSTAG: 16. Oktober.
Makayla [mə'keɪlə]: in den USA geläufiger weibl. Vorn., Abwandlung von ▸Michaela.
Makena: aus Kenia stammender weibl. Vorn., der in der Kikuju-Sprache »die Glückliche« bedeutet.
Maksim: männl. Vorn., russische Form von ▸Maximus. ✧ Bekannter Namensträger: Maksim Gorki, russischer Schriftsteller (19./20. Jh.).
Malaika, (auch:) Maleika: weibl. Vorn., der auf Suaheli »Engel« bedeutet (zu arab. *malak* »Engel«).
Malcolm, engl. Aussprache: ['mælkəm]: in den 1980er-Jahren aus dem Englischen übernommener männl. Vorn., der auf gäl. *maol-Columb* »Diener/Schüler des [heiligen] Columba« (▸Callum) zurückgeht. Malcolm ist der Name von vier mittelalterlichen schottischen Königen und kommt als solcher auch in Shakespeares »Macbeth« vor.
Male: weibl. Vorn., Kurzform von ▸Malwine und ▸Amalie.
Malea: weibl. Vorn., Erweiterung von ▸Male.
Maleen, (auch:) Malen; Malena: weibl. Vorn., Kurzform von ▸Magdalena.
Maleika: ▸Malaika.
Malen, (auch:) Malena: ▸Maleen.
Malenga: in Kenia und Tansania vorkommender weibl. Vorn., der auf Suaheli »sie singt gut« bedeutet.
Malenka: weibl. Vorn., russische Koseform von ▸Melanie und anderen Vornamen.
Małgorzata [maṷgɔ'ʒata]: weibl. Vorn., polnische Form von ▸Margarete.
Mali: weibl. Vorn., Kurzform von ▸Amalie.
Malia, (auch:) Malie: weibl. Vorn., Kurzform von *Amalia* (▸Amalie).
[1]**Malik:** männl. Vorn. arabischen Ursprungs, gekürzte Form von *Abd-el-Malik* (arab. *ʿabd* »Diener« + arab. *al mālik* »der Besitzer, König« zu arab. *malaka* »besitzen«, einer der Beinamen Allahs: »Diener [Gottes,] des Königs«).

²Malik: männl. Vorn., bulgarische Koseform von Namen wie z. B. *Malomir* (urslaw. **malъ* »klein« + urslaw. **mirъ* »Friede«).

Malika: weibl. Vorn., weibliche Form von ▸ ¹Malik, ▸ ²Malik. Ungarisch *Málika* ['ma:likɔ] ist eine Koseform von ▸ Amalie.

Malin: weibl. Vorn., nordische Kurzform von ▸ Magdalena.

Malina: in Deutschland seit den 1970er-Jahren vorkommender weibl. Vorn., Erweiterung von ▸ Malin oder russische Kurzform von *Magdalina* (▸ Magdalena), vielleicht mit Anlehnung an *malina* »Himbeere«. Ingeborg Bachmanns Roman »Malina« (1971) kann zur Bekanntheit des Namens beigetragen haben, doch ist hier »Malina« der (slowenische) Familienname des Geliebten der Hauptperson.

Maline: weibl. Vorn., deutsche Variante von ▸ Malina.

Malissa: weibl. Vorn., Erweiterung von ▸ Mali oder Abwandlung von ▸ Melissa.

¹Malka: weibl. Vorn., tschechische *(Málka)* Koseform von ▸ Amalie.

²Malka: weibl. Vorn. lettischer Herkunft, Kurzform von ▸ Malwine und ▸ Melanie.

³Malka, (auch:) Malkah: weibl. Vorn. neuhebräischer Herkunft (neuhebr. *malkā* »Königin«).

Malki: männl. Vorn. neuhebräischer Herkunft (neuhebr. *malki* »mein König«).

Mallikavati: weibl. Vorn. indischer Herkunft (sanskrit. *mallika* »Jasmin« + sanskrit. *vatī* »habend«: »Jasmin habend«).

Mallory ['mæləri]: weibl. Vorn., ursprünglich ein englischer Familienname, dem altfranzös. *maleuré, maloré* »der Unglückliche« zugrunde liegt.

Malou [ma'lu]: weibl. Vorn., Doppelform aus ▸ Marie und ▸ Louise.

Malte: aus dem Dänischen übernommener männl. Vorn., der auf eine alte deutsche zweistämmige Kurzform von *Helmolt* (ahd. *helm* »Helm« + ahd. *-walt* zu *waltan* »walten, herrschen«) zurückgeht. Der Name ist durch Rilkes Roman »Die Aufzeichnungen des Malte Laurids Brigge« (1910) bekannt.

Malu: weibl. Vorn., Doppelform aus ▸ Marie und ▸ Luise.

Malve, (auch:) Malva: weibl. Vorn. nach dem gleichlautenden Pflanzennamen.

Malvin ['mælvin]: ▸ Melvin.

Malvina, (auch:) Malvine: ▸ Malwine.

Malwin: männl. Vorn., Eindeutschung von ▸ Malvin, vielleicht auch Wiederaufnahme einer jüngeren Form des deutschen Vornamens *Madalwin* (zu got. *maþl* »festes Wort, Verhandlung, Versammlung« + ahd. *wini* »Freund«).

Malwine, (auch:) Malwina; Malvina; Malvine: weibl. Vorn., der auf den Namen einer Gestalt aus »The Works of Ossian« (1765) von James MacPherson zurückgeht. Das Werk wurde seinerzeit in England wie auch im übrigen Europa mit großer Begeisterung aufgenommen. MacPherson präsentierte diese Sammlung als Übersetzung wiederentdeckter altgälischer Heldenlieder des Barden Ossian, in Wirklichkeit aber war sie, wie sich später herausstellte, seine eigene Erfindung. Möglicherweise prägte er den Namen Malvina in Anlehnung an gäl. *maol-mhin* »glatte Augenbraue«. In Deutschland ist dieser Vorname seit Anfang des 19. Jh.s anzutreffen. Eine bekannte Operettenfigur ist Malwine von Hainau in Leon Jessels Operette »Das Schwarzwaldmädel« (1917). Engl. Formen: *Malvina* [mæl'vi:nə], *Melvina* [mɛl'vi:nə].

Passt der Vorname zum Familiennamen?

Damit Vor- und Nachname gut zusammen klingen, empfiehlt es sich, zu einem langen Nachnamen einen kurzen Vornamen, zu einem kurzen Nachnamen einen langen Vornamen zu wählen (z. B. *Jan Michaelsen, Charlotte Weiß*). Betonte und unbetonte Silben sollten in einem harmonischen Wechsel stehen. Als schön werden auch sogenannte Alliterationen empfunden, nämlich Namenfolgen, die mit dem gleichen Buchstaben beginnen (z. B. *Stefan Stellmacher, Alice Angermann*).

Manasse: aus der Bibel übernommener männl. Vorn. hebräischer Herkunft (hebr. *menaššeh* »der vergessen Machende«). Nach der Bibel war Manasse, der Ahnherr des gleichnamigen Stammes, der erstgeborene Sohn Josefs und Bruder Efraims.

Manda: weibl. Vorn., Kurzform von ▸ Amanda.

Mandana: weibl. Vorn. persischer Herkunft (pers. *manda* »schwarzer Bernstein«).

Mandisa: aus Südafrika stammender weibl. Vorn., der in der Xhosa-Sprache »süß« bedeutet.

Mandy ['mændɪ]: in den 1960er-Jahren entlehnter weibl. Vorn., englische Kurzform von ▸ Amanda.

Manfred, (auch:) Manfried: männl. Vorn., normannische Form von *Manfried* (ahd. *man* »Mann« + ahd. *fridu* »Schutz vor Waffengewalt, Friede, Friedenswahrer«). Das Schicksal von König Manfred von Sizilien (13. Jh.), dem Sohn Kaiser Friedrichs II., der im Kampf gegen Karl von Anjou fiel, wurde im 19. Jh. mehrmals literarisch behandelt. Der Name wurde im 19. Jh. auch durch Byrons dramatisches Gedicht »Manfred« (1817) bekannt. Manfred wurde in Deutschland gegen Ende des 19. Jh.s wiederbelebt und gehörte bis in die 1960er-Jahre zu den beliebten männlichen Vornamen. ✧ Bekannte Namensträger: Manfred Freiherr von Richthofen, deutscher Jagdflieger (19./20. Jh.); Manfred Hausmann, deutscher Schriftsteller (19./20. Jh.).

Manhard, (auch:) Manhart: alter deutscher männl. Vorn. (ahd. *man* »Mann« + ahd. *harti, herti* »hart, kräftig, stark«).

Mani: männl. Vorn. indischer Herkunft (sanskrit. *maṇi* »Kleinod, Juwel«).

Mania: weibl. Vorn., polnische Koseform von ▸ Maria.

Manja: weibl. Vorn., russische Koseform von ▸ Maria.

[1]**Mano:** männl. Vorn., bulgarische und ungarische (Manó) Kurzform von ▸ Emanuel.

[2]**Mano:** männl. Vorn. hawaiischer Herkunft (»leidenschaftlicher Liebhaber«).

Manoel [mɐ'nuɛl]: männl. Vorn., portugiesische Form von ▸ Emanuel.

Manoela [mɐ'nuɛlɐ]: weibl. Vorn., weibliche Form von ▸ Manoel.

Manólis: männl. Vorn., griechische Form von ▸ Manuel.

Manolita: weibl. Vorn., spanische Koseform von ▸ Manuela.

Manolo, (auch:) Manolito: männl. Vorn., spanische Koseformen von ▸ Manuel.

Manon [ma'nõ]: weibl. Vorn., französische Koseform von ▸ Maria. Zurzeit ist Manon ein sehr beliebter Mädchenname in Frankreich. Bekannt ist der Name durch den Roman »Histoire du Chevalier des Grieux et de Manon Lescaut« (1731) von Abbé Prévost und die Opern »Manon« (1884) von Massenet und »Manon Lescaut« (1893) von Puccini.

Manou [ma'nu]: weibl. Vorn., niederländische Neubildung aus ▸ Man(on) und ▸ (Mal)ou.

Manouk [ma'nuk]: weibl. Vorn., niederländische Neubildung aus ▸ Man(on) und ▸ (An)ouk.

[1]**Manu:** männl. Vorn., Kurzform von ▸ Manuel.

[2]**Manu:** aus Ghana stammender männl. Vorn., der in der Akan-Sprache »der Zweitgeborene« bedeutet.

[3]**Manu:** weibl. Vorn., Kurzform von ▸ Manuela.

Manuel, span. Betonung: Manuel: männl. Vorn., spanische Form von ▸ Emanuel. In Deutschland war der Name in den 1980er-Jahren sehr beliebt. ✧ Bekannte Namensträger: Manuel de Falla, spanischer Komponist (19./20. Jh.); Manuel Neuer, deutscher Fußballspieler (20./21. Jh.).

Manuela: weibl. Vorn., weibliche Form von ▸ Manuel. Der Name war in Deutschland von den 1960er- bis zu den 1980er-Jahren sehr beliebt.

[1]**Mara:** weibl. Vorn., bulgarische, makedonische, serbische, kroatische Nebenform von ▸ Maria.

[2]**Mara,** (auch:) Marah: aus der Bibel übernommener weibl. Vorn. hebräischen

Ursprungs (hebr. *mārā'* »bitter«). Nach der Bibel nahm ▸Noemi nach dem Tod ihres Mannes Elimelech diesen Namen an. Eine literarische Gestalt ist die Tänzerin Mara aus Henry Millers »Sexus. Plexus. Nexus.« (1945–57).

Maraike: ▸Mareike.

Marbert: alter deutscher männl. Vorn. (ahd. *marah* »Pferd« + ahd. *beraht* »glänzend, berühmt«).

Marbod: alter deutscher männl. Vorn. (ahd. *marah* »Pferd« + altsächs. *bodo* »Gebieter«, später umgedeutet zu ahd. *boto* »Bote«). Der Name ist bekannt durch den Markomannenkönig Marbod (1. Jh. v. Chr./1. Jh. n. Chr.).

Marc: männl. Vorn., französische und katalanische Form von ▸Markus. ✧ Bekannter Namensträger: Marc Chagall, französischer Maler und Grafiker russischer Herkunft (19./20. Jh.).

Marceau [mar'so]: männl. Vorn., französische Variante von ▸Marcel.

Marcel [mar'sɛl]: aus dem Französischen übernommener männl. Vorn., französische Form von ▸Marcellus. ✧ Bekannte Namensträger: Marcel Proust, französischer Schriftsteller (19./20. Jh.); Marcel Pagnol, französischer Dramatiker (19./20. Jh.); Marcel Duchamp, amerikanischer Künstler französischer Herkunft (19./20. Jh.); Marcel Breuer, amerikanischer Architekt und Designer ungarischer Herkunft (20. Jh.); Marcel Carné, französischer Filmregisseur (20./21. Jh.); Marcel Reich-Ranicki, deutscher Literaturkritiker polnischer Herkunft (20./21. Jh.).

Marcela: weibl. Vorn., polnische Form von ▸Marcella, auch spanisch [mar'θela].

Marcelin [marsə'lɛ̃]: männl. Vorn., französische Form von ▸Marcellinus.

Marcelina: weibl. Vorn., polnische Form von ▸Marcellina, auch spanisch [marθe'lina].

Marceline [marsə'lin]: weibl. Vorn. französischer Herkunft, weibliche Form von ▸Marcelin.

Marcelino [marθe'lino]: männl. Vorn., spanische Form von ▸Marcellinus.

Marcell: ▸Marcellus.

Marcella, (auch:) Marzella: weibl. Vorn., weibliche Form von ▸Marcellus. Namenspatronin ist die heilige Marcella, Märtyrerin (4./5. Jh.); NAMENSTAG: 31. Januar. Italien. Form: *Marcella* [mar'tʃɛlla]. Französ. Form: *Marcelle* [mar'sɛl]. Span. Form: *Marcela* [mar'θela].

Marcelle [mar'sɛl]: weibl. Vorn., französische Form von ▸Marcella.

Marcellina: weibl. Vorn., weibliche Form von ▸Marcellinus, auch italienisch [martʃɛl'lina].

Marcellino [martʃɛl'li:no]: männl. Vorn., italienische Form von ▸Marcellinus.

Marcellinus: männl. Vorn., Weiterbildung von ▸Marcellus. Italien. Form: *Marcellino* [martʃɛl'li:no]. Französ. Form: *Marcelin* [marsə'lɛ̃]. Span. Form: *Marcelino* [marθe'lino].

Marcello [mar'tʃɛllo]: männl. Vorn., italienische Form von ▸Marcellus. ✧ Bekannter Namensträger: Marcello Mastroianni, italienischer Filmschauspieler (20. Jh.).

Marcellus, (auch:) Marzellus; Marcell; Marzell: männl. Vorn. lateinischen Ursprungs, Weiterbildung zu lat. *Marcus* (▸Markus). Marcellus heißen mehrere Heilige und Päpste, z. B. der heilige Papst Marcellus I. (3./4. Jh.); NAMENSTAG: 16. Januar. Italien. Form: *Marcello* [mar'tʃɛllo]. Französ. Form: *Marcel* [mar'sɛl].

Marcia ['mɑ:sɪə], ['mɑ:ʃə]: in den 1970er-Jahren aus dem Englischen übernommener weibl. Vorn. lateinischen Ursprungs, weibliche Form von *Marcius*, einem römischen Geschlechternamen. Der Name wird oft als weibliche Form von ▸[1]Mark aufgefasst.

Marcial [mar'θi̯al]: männl. Vorn., spanische Form von ▸Martial.

Marcin ['martçin]: männl. Vorn., polnische Form von ▸Martin.

Marco: männl. Vorn., italienische Form von

▸ Markus. ✧ Bekannter Namensträger: Marco Polo, bedeutendster Asienreisender des Mittelalters (13./14. Jh.).

Marcos: männl. Vorn., spanische Form von ▸ Markus.

Marcus: ▸ Markus.

Marea: weibl. Vorn., englische Schreibvariante von ▸ Maria. Engl. Aussprache: [mə'riːə].

Maree: weibl. Vorn., englische Schreibvariante von ▸ Marie. Engl. Aussprache: [mə'riː].

Mareen: ▸ Marena.

Marei: weibl. Vorn., Nebenform von ▸ Maria.

Mareike, (auch:) Mareika; Maraike: weibl. Vorn., niederdeutsche Koseform von ▸ Maria.

Mareile: weibl. Vorn., Koseform von ▸ Marei. ✧ Bekannte Namensträgerin: Mareile Millowitsch, deutsche Schauspielerin (20./21. Jh.).

Marek: in den 1960er-Jahren entlehnter männl. Vorn., polnische, slowakische und tschechische Form von ▸ Markus.

Mareka, (auch:) Mareke: weibl. Vorn., niederdeutsch-friesische Koseform von ▸ Maria.

Maren: weibl. Vorn., dänische Form von ▸ Marina.

Marena, (auch:) Marene; Mareen: weibl. Vorn., Weiterbildung von ▸ Maren.

Maresa: weibl. Vorn., Neubildung aus ▸ Maria und ▸ Theresa.

Maret: weibl. Vorn., norwegische und schwedische Kurzform von ▸ Margarete.

Marfa: weibl. Vorn., russische Form von ▸ Martha.

Marga: weibl. Vorn., Kurzform von ▸ Margarete.

Margalit: weibl. Vorn. neuhebräischer Herkunft (neuhebr. *margalit* < griech. *margarítēs* »Perle«).

Marganit, (auch:) Marganita: weibl. Vorn. neuhebräischer Herkunft (neuhebr. *marganit* »Ackergauchheil, Anagallis; eine Pflanze«).

Margard: alter deutscher weibl. Vorn. (ahd. *māri* »bekannt, berühmt, angesehen« + germ. **gardaz* »Zaun, Einfriedung«, vgl. ahd. *garto* »Garten«).

Margaret ['mɑːgərɪt]: weibl. Vorn., englische Form von ▸ Margarete. ✧ Bekannte Namensträgerin: Margaret Mitchell, amerikanische Schriftstellerin (20. Jh.).

Margareta: weibl. Vorn., Nebenform von ▸ Margarete, auch schwedisch.

Margarete:

Margarete fand im Mittelalter als Name der heiligen Märtyrerin Margarete von Antiochia (3./4. Jh.) große Verbreitung. Nach der Legende soll sie den Teufel in Gestalt eines Drachen im Kampf mit dem Kreuzeszeichen besiegt haben. Sie zählt zu den vierzehn Nothelfern und ist die Schutzheilige der Bauern sowie der Gebärenden und Wöchnerinnen. In Deutschland waren *Margarete* und ihre Kurz- und Koseformen *(Grete, Gretel, Gretchen, Gretje, Griet, Grietje)* bis in die 1920er-Jahre sehr beliebt. In der zweiten Hälfte des 20. Jh.s kam *Margarete* aus der Mode und wurde nur noch als zweiter oder dritter Vorname vergeben. Doch inzwischen findet die Kurzform *Greta* zunehmend Anklang.

Margarete, (auch:) Margareta; Margarita; (ältere Schreibungen:) Margarethe; Margaretha: weibl. Vorn. lateinischer Herkunft (lat. *margarīta* »Perle« aus griech. *margarítēs* »Perle«). Namenspatronin ist die heilige Margarete von Antiochia (3./4. Jh.); NAMENSTAG: 20. Juli. Der Vorname wird oft mit dem Blumennamen *Margerite* gleichgesetzt. Der Blumenname ist aus französ. *marguerite* »Gänseblümchen, Maßliebchen« entlehnt, das gleichfalls auf lat. *margarīta* »Perle« zurückgeht. Der Benennung der Blume liegt ein Vergleich der Blütenköpfchen von Gänseblümchen mit Perlen zugrunde. ✧ Bekannte Namensträgerinnen: Margarete, Königin von Navarra (15./16. Jh.), Verfasserin der Novellensammlung »Das

Heptameron«; Margarete Mitscherlich, deutsche Psychoanalytikerin und Publizistin (20./21. Jh.); Margarete II., Königin von Dänemark (20./21. Jh.); Margarethe von Trotta, deutsche Filmregisseurin (20./21. Jh.). Italien. Form: *Margherita* [marge'ri:ta]. Span. Form: *Margarita*. Französ. Form: *Marguerite* [margə'rit]. Engl. Form: *Margaret* ['mɑ:gərɪt]. Schwed. Form: *Margareta*. Russ. Form: *Margarita*. Ungar. Form: *Margit* ['mɔrgit]. Tschech. Form: *Marketa*. Poln. Form: *Malgorzata* [mau̯gɔ'ʒata].

Margarita: weibl. Vorn., lateinische, spanische und russische Form von ▸ Margarete. Eine literarische Gestalt ist die Margarita in dem Roman »Der Meister und Margarita« von Michail Bulgakow.

Margaux [mar'go]: weibl. Vorn., Schreibvariante von ▸ Margot, die von der amerikanischen Schauspielerin Margaux (eigtl. Margot) Hemingway (20. Jh.) in Anlehnung an einen bekannten französischen Rotwein eingeführt wurde.

Margherita [marge'ri:ta]: weibl. Vorn., italienische Form von ▸ Margarete.

Margit: weibl. Vorn., schwedische, norwegische und ungarische ['mɔrgit] Kurzform von ▸ Margarete.

Margitta, (auch:) Margitte: weibl. Vorn., Weiterbildung von ▸ Margit.

Margo: weibl. Vorn., eindeutschende, die französische Aussprache wiedergebende Form von ▸ Margot.

Margot, französ. Aussprache: [mar'go]: im 19. Jh. aus dem Französischen übernommener weibl. Vorn., Koseform von *Marguerite* (▸ Margarete). ✧ Bekannte Namensträgerin: Margot Käßmann, deutsche Theologin (20./21. Jh.).

Margret: weibl. Vorn., Kurzform von ▸ Margarete.

Margrit: weibl. Vorn., Kurzform von ▸ Margarete.

Marguerite [margə'rit]: weibl. Vorn., französische Form von ▸ Margarete. ✧ Bekannte Namensträgerinnen: Marguerite Yourcenar, französisch-amerikanische Schriftstellerin (20. Jh.); Marguerite Duras, französische Schriftstellerin (20. Jh.).

Margund: alter deutscher weibl. Vorn. (ahd. *māri* »bekannt, berühmt, angesehen« + ahd. *gund* »Kampf; Kämpferin«).

Mari: weibl. Vorn., Kurzform von ▸ Maria.

Maria: aus der Bibel übernommener weibl. Vorn., griechische und lateinische Form von hebräisch (aramäisch) *Mirjām*, dessen Herkunft noch nicht sicher geklärt ist (vielleicht zur hebr. Wurzel *rym* »schenken«, also »Gottesgeschenk«, oder zur Wurzel *mry* »fruchtbar sein«). Maria kam im Mittelalter in Deutschland aus ehrfürchtiger Scheu vor der Gottesmutter als Vorname nur ganz vereinzelt vor. Erst ab dem 16. Jh. fand er weitere Verbreitung. Vom 18. Jh. an wurde Maria als zweiter Vorname auch männlichen Kindern gegeben, um sie dem Schutz der Jungfrau Maria anzuvertrauen. Namenstage für Maria sind alle Marienfeste. ✧ Bekannte Namensträgerinnen: Maria Stuart, schottische Königin, Gegenspielerin von Königin Elisabeth I. von England (16. Jh.); Maria Montessori, italienische Ärztin und Pädagogin (19./20. Jh.); Maria Callas, griechische Sopranistin (20. Jh.); Maria Schell, schweizerische [Film]schauspielerin (20./21. Jh.); Maria Höfl-Riesch, deutsche Skirennläuferin (20./21. Jh.); Maria Furtwängler, deutsche Schauspielerin (20./21. Jh.). Als zweiter Vorname männlicher Personen: Carl Maria von Weber, deutscher Komponist (18./19. Jh.); Rainer Maria Rilke, österreichischer Dichter (19./20. Jh.); Klaus Maria Brandauer, österreichischer Schauspieler (20./21. Jh.). Französ. Form: *Marie* [ma'ri]. Englische Form: *Mary* ['mɛərɪ]. Russ. Form: *Marija* [ma'rijɐ]. Finn. Form: *Mirja*.

Mariah, engl. Aussprache: [mə'raɪə]: weibl. Vorn., englische Variante von ▸ Maria. ✧ Bekannte Namensträgerin: Mariah Carey, amerikanische Popsängerin (20./21. Jh.).

Mariam, (auch:) Maryam: weibl. Vorn.,

Variante von Mirjam (▸Maria), auch arabisch.

[1]**Marian,** (auch:) Marianus: männl. Vorn., deutsche Form des römischen Beinamens *Marianus,* einer Weiterbildung von ▸Marius, oder eine zu ▸Maria gebildete männliche Form. Italien., span. Form: *Mariano.*

[2]**Marian** ['mærɪən]: weibl. Vorn. englischer Herkunft, ursprünglich eine mittelalterliche Schreibvariante von ▸Marion, die im 18. Jh. auch als Doppelform aus ▸Mary und ▸Ann aufgefasst wurde.

Mariane, (auch:) Mariana: weibl. Vorn., weibliche Form von ▸[1]Marian, auch Schreibvariante von ▸Marianne. Eine literarische Gestalt ist die Schauspielerin Mariane in Goethes Roman »Wilhelm Meisters Lehrjahre« (1795/96).

Marianela: weibl. Vorn., spanische Doppelform aus ▸Maria und ▸Manuela.

Marianka: weibl. Vorn., polnische Koseform von ▸Marianne.

Mariann: ▸Marianne, ▸[2]Marian.

Marianne, (auch:) Marianna: weibl. Vorn., Doppelform aus ▸Maria und ▸Anna. Der Vorname kommt in Deutschland seit dem 18. Jh. häufiger vor und war bis zu den 1950er-Jahren recht beliebt. ✧ Bekannte Namensträgerinnen: Marianne von Werefkin, russische Malerin (19./20. Jh.); Marianne Sägebrecht, deutsche Filmschauspielerin (20./21. Jh.). Engl. Formen: *Marianne* ['mærɪən], [mærɪ'æn]; *Marianna* [mærɪ'ænə]. Französ. Form: *Marianne* [ma'rjan]. Italien. Form: *Marianna.*

Mariano: in den 1960er-Jahren entlehnter männl. Vorn., italienische und spanische Form von ▸[1]Marian.

Marianus: ▸[1]Marian.

Maribel: weibl. Vorn. spanischer Herkunft, Doppelform aus ▸Mari[a] und ▸[Isa]bel.

Marie: weibl. Vorn., Nebenform von ▸Maria, auch französisch. Zurzeit gehört Marie zu den beliebten Mädchennamen. ✧ Bekannte Namensträgerinnen: Marie Curie, französische Chemikerin und Physikerin polnischer Herkunft (19./20. Jh.); Marie Luise Kaschnitz, deutsche Schriftstellerin (20. Jh.).

Die häufigsten Vornamen in Berlin 1919–1932

männlich	weiblich
1. Günt(h)er	1. Ursula
2. Heinz	2. Hildegard
3. Horst	3. Gerda
4. Gerhard	4. Ingeborg
5. Werner	5. Irmgard
6. Kurt	6. Helga
7. Wolfgang	7. Edith
8. Hans	8. Erika
9. Herbert	9. Ruth
10. Helmut	10. Gisela

Quelle: W. Seibicke (1991)

Mariechen: weibl. Vorn., Koseform von ▸Maria.

Marieke: weibl. Vorn., niederdeutsch-friesische Koseform von ▸Maria.

Marieken: weibl. Vorn., niederdeutsche Form von ▸Mariechen.

Mariel: ['mærɪəl]: weibl. Vorn., englische Form von ▸Marielle.

Mariela: ▸Mariella.

Mariele: weibl. Vorn., oberdeutsche Koseform von ▸Maria.

Marielena, (auch:) Marielene; Marilena; Marilene: weibl. Vorn., Doppelform aus ▸Maria und ▸Lena.

Marielies, (auch:) Marielis; Marieliese: weibl. Vorn., Doppelform aus ▸Marie und ▸Lies.

Mariell: weibl. Vorn., eindeutschende, die französische Aussprache wiedergebende Form von ▸Marielle.

Mariella: aus dem Italienischen übernommener weibl. Vorn., Koseform von ▸Maria. Deutsch auch *Mariela.*

Marielle [ma'rjɛl]: weibl. Vorn., französische Koseform von ▸Maria.

Marieluise: weibl. Vorn., Doppelform aus ▸Marie und ▸Luise. ✧ Bekannte Namensträgerin: Marieluise Fleißer, deutsche Schriftstellerin (20. Jh.).

Marierose: weibl. Vorn., Doppelform aus ▸Marie und ▸Rose.

Marieta: weibl. Vorn., katalanische Koseform von ▸Maria.

Marietheres: weibl. Vorn., Doppelform aus ▸Marie und ▸Theres[a].

Marietta: aus dem Italienischen übernommener weibl. Vorn., Koseform von ▸Maria. ✧ Bekannte Namensträgerin: Marietta Slomka, deutsche Fernsehmoderatorin und Journalistin (20./21. Jh.).

Mariette [maˈrjɛt]: weibl. Vorn., französische Koseform von ▸Maria.

Marija, (auch:) Marja: weibl. Vorn., russische Form von ▸Maria.

Marijan: männl. Vorn., serbische, kroatische, slowenische Form von ▸[1]Marian.

Marijana: weibl. Vorn., weibliche Form von ▸Marijan.

Marijke [maˈrɛikə]: weibl. Vorn., niederländische Koseform von ▸Maria.

Marika, ungar. Aussprache: [ˈmɔrikɔ]: aus dem Ungarischen übernommener weibl. Vorn., Koseform von ▸Maria.

Marike: ▸Marieke.

Marikka: weibl. Vorn., finnische Koseform von ▸Maria.

Mariko: weibl. Vorn. japanischer Herkunft mit verschiedenen Deutungsmöglichkeiten (z. B. japan. *ma* »wahrhaft, echt« + *ri* »klug« + *ko* »Kind« oder *Mari* [Maria] + *ko*).

Marilena, (auch:) Marilene: ▸Marielena.

Marilu: weibl. Vorn., Doppelform aus ▸Mari[a] und ▸Lu[ise].

Marilyn, (auch:) Marylin [ˈmærılın]: weibl. Vorn., englische Erweiterung von *Mary* (▸Maria) mit der Endung »-lyn«. ✧ Bekannte Namensträgerin: Marilyn Monroe, amerikanische Filmschauspielerin (20. Jh.).

[1]Marin: ▸Marinus, auch französisch [maˈrɛ̃].

[2]Marin: weibl. Vorn., eindeutschende, die französische Aussprache wiedergebende Form von ▸Marine.

Marina: weibl. Vorn., weibliche Form von ▸Marinus, auch italienisch. Französ. Form: *Marine* [maˈrin]. Dän. Form: *Maren.*

Marine [maˈrin]: weibl. Vorn., französische Form von ▸Marina.

Marinella: weibl. Vorn., italienische Koseform von ▸Marina.

Marinette [mariˈnɛt]: weibl. Vorn., französische Koseform von *Marine* (▸Marina).

Marinka, ungar. Aussprache: [ˈmɔriŋkɔ]: weibl. Vorn., ungarische Koseform von ▸Maria.

Marino: in den 1950er-Jahren entlehnter männl. Vorn., italienische Form von ▸Marinus. ✧ Bekannter Namensträger: Marino Marini, italienischer Bildhauer und Grafiker (20. Jh.).

Marinus: männl. Vorn. lateinischen Ursprungs, der auf den römischen Beinamen *Marinus,* eine Ableitung von ▸Marius, zurückgeht, aber bereits in spätrömischer Zeit in Verbindung mit lat. *marīnus* »am Meer lebend« gebracht wurde. Italien. Form: *Marino.* Französ. Form: *Marin* [maˈrɛ̃].

Mario: im 20. Jh. entlehnter männl. Vorn., italienische und spanische Form von ▸Marius. Eine literarische Gestalt ist der Mario in Thomas Manns Novelle »Mario und der Zauberer« (1930). ✧ Bekannte Namensträger: Mario Adorf, deutscher [Film]schauspieler (20./21. Jh.); Mario Vargas Llosa, peruanischer Schriftsteller (20./21. Jh.); Mario Gómez, deutscher Fußballspieler (20./21. Jh.). Als zweiter Vorname: Johannes Mario Simmel, österreichischer Schriftsteller (20./21. Jh.).

Mariola: in den 1950er-Jahren entlehnter weibl. Vorn., italienische Koseform von ▸Maria.

Marion, französ. Aussprache: [maˈrjõ], engl. Aussprache: [ˈmɛərıən], [ˈmærıən]: gegen Ende des 19. Jh.s aus dem Französischen oder Englischen übernommener weibl. Vorn., Koseform von ▸Maria. ✧ Bekannte Namensträgerinnen: Marion Gräfin Dönhoff, deutsche Publizistin (20./21. Jh.); Marion Jones, amerikanische Leichtathletin (20./21. Jh.).

Mariona: weibl. Vorn., Weiterbildung von ▸Marion.

[1]Maris: männl. Vorn., Variante von ▸Marius, in Deutschland seit den 1970er-Jahren gelegentlich anzutreffen.

[2]Maris: weibl. Vorn., der auf lat. *Stēlla maris* (»Meerstern«), einen Beinamen der Jungfrau Maria, zurückgeht (vgl. auch ▸Stella).

Marisa, (auch:) Marise: weibl. Vorn., Doppelform aus ▸Maria und ▸Luisa/▸Luise, ▸Lisa/▸Lise, auch spanisch [ma'risa].

Marischka: weibl. Vorn., russische Koseform von ▸Maria oder ▸Marina; auch Eindeutschung von ungarisch ▸Mariska.

Marise: ▸Marisa.

Marisela [mari'sela]: weibl. Vorn., lateinamerikanische Koseform von ▸Marisa.

Mariska: weibl. Vorn., ungarische ['mɔriʃkɔ] Koseform von ▸Maria.

Marisol: weibl. Vorn. spanischer Herkunft, Kurzform aus den marianischen Namen *María del Sol* (span. *sol* »Sonne«) oder *María de la Soledad* (span. *soledad* »Einsamkeit«). Span. Aussprache: [mari'sɔl].

Marissa: weibl. Vorn., Erweiterung von ▸Maria.

Marit: weibl. Vorn., schwedische und norwegische Kurzform von ▸Margarete.

Marita: weibl. Vorn., norwegische Variante von ▸Marit, gelegentlich auch Koseform von ▸Maria mit der spanischen Endung »-ita«. Eine deutsche Schreibvariante ist *Maritta.*

Maritere: weibl. Vorn., spanische Doppelform aus ▸Maria und ▸Teresa.

Marius: männl. Vorn. lateinischen Ursprungs, der auf einen altrömischen Geschlechternamen etruskischer Herkunft zurückgeht. Bekannt ist der Name durch Gaius Marius, den römischen Feldherrn, der die Kimbern und Teutonen besiegte. ✧ Bekannter Namensträger: Marius Müller-Westernhagen, deutscher Schauspieler und Sänger (20./21. Jh.). Italien. und span. Form: *Mario.*

Mariusz ['marjuʃ]: männl. Vorn., polnische Form von ▸Marius.

Mariví: weibl. Vorn., spanische Doppelform aus ▸Maria und ▸Victoria.

Marja: weibl. Vorn., friesische, finnische, slowenische Form von ▸Maria, auch Schreibvariante von ▸Marija.

Marjana: ▸Marijana.

Marjolaine [marʒɔ'lɛn]: weibl. Vorn. zu französ. *marjolaine* »Majoran«. Niederländ. Form: *Marjolein.*

Marjorie ['mɑ:dʒərɪ]: in den 1970er-Jahren entlehnter weibl. Vorn., Schreibvariante von *Margery*, einer englischen Form von ▸Margarete, die auf altfranzös. *Margerie* zurückgeht.

[1]Mark: männl. Vorn., deutsche und englische [mɑ:k] Form von ▸Markus. ✧ Bekannte Namensträger: Mark Anton, römischer Staatsmann (1. Jh. v. Chr.); Mark Aurel, römischer Kaiser (2. Jh.); Mark Twain, amerikanischer Schriftsteller (19./20. Jh.); Mark Knopfler, britischer Musiker (20./21. Jh.); Mark Zuckerberg, amerikanischer Unternehmer und Facebook-Gründer (20./21. Jh.).

[2]Mark, (auch:) Marke: männl. Vorn., Kurzform von ▸Markolf, ▸Markward.

Markéta: weibl. Vorn., tschechische Form von ▸Margarete.

Marko: männl. Vorn., eindeutschende Schreibung von ▸Marco.

Markolf: alter deutscher männl. Vorn. (ahd. *marcha* »Grenze« + ahd. *wolf* »Wolf«).

Markos: männl. Vorn., neugriechische Form von ▸Markus.

Markus, (auch:) Marcus: männl. Vorn. lateinischen Ursprungs, der auf den Vornamen (Praenomen) *Mārcus* (aus älterem *Mārt-kos* »dem Mars zugehörig, geweiht«) zurückgeht. Dieser Name wurde ursprünglich den im »Mēnsis Mārtius« (März) Geborenen gegeben. Markus fand im Mittelalter als Name des Evangelisten Markus Verbreitung; NAMENSTAG: 25. April. Nach der Legende wurden die Reliquien des Markus von Alexandria, wo er Bischof war, nach Venedig (Markusdom) gebracht. In der zweiten Hälfte des 20. Jh.s gehörten Markus/Marcus/Mark/Marc/Marko/Marco zu den beliebten männlichen Vornamen. ✧ Bekannter Namensträger: Markus Lüpertz, deutscher Künstler (20./21.Jh.). Italien. Form: *Marco*. Span. Form: *Marcos*. Französ. Form: *Marc*. Engl. Form: *Mark* [mɑ:k]. Neugriech. Form: *Markos*. Poln. und tschech. Form: *Marek*. Lett. Form: *Markuss*.

Markward, (auch:) Markwart: alter deutscher männl. Vorn. (ahd. *marcha* »Grenze« + ahd. *wart* »Hüter, Schützer«).

Marla, (auch:) Marle: weibl. Vorn., Kurzform von ▸ Marlene.

Marlea, engl. Aussprache: ['mɑ:li:ə]: weibl. Vorn., englische Erweiterung von ▸ Marla.

Marlee, engl. Aussprache: ['mɑ:li:]: weibl. Vorn., englische Koseform von ▸ Marla.

Marlene, (auch:) Marlena; Marlen; Marleen: weibl. Vorn., Doppelform aus ▸ Maria und ▸ Lena, ▸ Lene. ✧ Bekannte Namensträgerin: Marlene Dietrich, amerikanische Filmschauspielerin und Sängerin deutscher Herkunft (20. Jh.). Engl. Aussprache: [mɑ:'li:n].

Marlène [mar'lɛn]: weibl. Vorn., französische Form von ▸ Marlene.

[1]Marley ['mɑ:lɪ]: männl. Vorn., ursprünglich ein englischer Familienname nach dem gleichlautenden Ortsnamen.

[2]Marley ['mɑ:lɪ]: weibl. Vorn., angloamerikanische Koseform von ▸ Marlene.

Marlies, (auch:) Marlis; Marliese: weibl. Vorn., Doppelform aus ▸ Maria und ▸ Lies.

[1]Marlin ['mɑ:lɪn]: aus dem Englischen entlehnter männl. Vorn., Variante von ▸ [1]Merlin.

[2]Marlin: weibl. Vorn., die englische Aussprache von ▸ Marlene wiedergebende Schreibweise.

Marlina: ▸ Marline.

Marlind, (auch:) Marlinde: weibl. Vorn., Variante von ▸ Merlind oder Neubildung aus ▸ Maria und ▸ Dietlind, ▸ Sieglinde.

Marline, (auch:) Marlina: weibl. Vorn., Doppelform aus ▸ Maria und ▸ [1]Lina, ▸ Line. Im Englischen ist Marline eine Variante von ▸ Marlene.

Marlis: ▸ Marlies.

Marlitt, (auch:) Marlit: in den 1920er-Jahren aufgekommener weibl. Vorn., vielleicht Neubildung aus ▸ Maria und ▸ Melitta oder nach dem Künstlernamen der Schriftstellerin Eugenie Marlitt (19.Jh.; eigtl. John).

Marlon, engl. Aussprache: ['mɑ:lən]: in den 1960er-Jahren entlehnter angloamerikanischer männl. Vorn., dem vielleicht eine altfranzös. Koseform von *Marc* (▸ Markus) zugrunde liegt. Der Name wurde durch den amerikanischen Filmschauspieler Marlon Brando (20./21.Jh.) bekannt.

Marlou [mar'lu:]: weibl. Vorn., Doppelform aus ▸ Marie und ▸ Louise.

Marlow ['mɑ:loʊ]: männl. Vorn., uspründlich ein englischer Familienname nach dem gleichlautenden Ortsnamen.

Marlu: weibl. Vorn., Doppelform aus ▸ Marie und ▸ Luise.

Marnie, (auch:) Marny ['mɑ:nɪ]: weibl. Vorn., angloamerikanische Ableitung von *Marna*, einer schwedischen Form von ▸ Marina.

Marnin: männl. Vorn. neuhebräischer Herkunft (neuhebr. *marnin* »erfreuend, erfreulich«).

Marnina: weibl. Vorn., weibl. Form von ▸ Marnin.

Marno: männl. Vorn., italienische Neubildung zum Gedenken an die Marne-Schlachten im Ersten Weltkrieg.

Marny: ▸ Marnie.

Marsha ['ma:ʃə]: weibl. Vorn., phonetische Schreibweise von ▸ Marcia, die vor allem von afroamerikanischen Eltern bevorzugt wird.

Marshall [mɑ:ʃl]: männl. Vorn., ursprünglich ein englischer Familienname normannischer Herkunft nach dem Beruf (zu altfranzös. *mareschal* »Pferdeknecht; Hufschmied«), seltener nach einem Amt.

Marta, (auch:) Marte: ▸ Martha.

Marten: männl. Vorn., niederdeutsche Form von ▸ Martin.

Martha, (älter auch:) Marthe; Marte; (überkonfessionelle Form:) Marta: aus der Bibel übernommener weibl. Vorn. (aram. *mārtā'* »Herrin«). Nach der Bibel war Martha die Schwester des Lazarus und der Maria von Bethanien. Sie ist die Patronin der Hausfrauen; NAMENSTAG: 29. Juli. Der Vorname fand im Mittelalter Eingang in die deutsche Namengebung. Er wurde vom 18. Jh. bis Anfang des 20. Jh.s häufig vergeben. Eine bekannte Oper ist »Martha« (1847) von Friedrich von Flotow. ✧ Bekannte Namensträgerin: Martha Argerich, argentinische Pianistin (20./21. Jh.); Marta Vieira da Silva, genannt Marta, brasilianische Fußballspielerin (20./21. Jh.). Italien. und span. Form: *Marta.* Russ. Form: *Marfa.*

Marti: männl. Vorn., Kurzform von ▸ Martin.

Martial: männl. Vorn. lateinischen Ursprungs, der auf den römischen Beinamen *Mārtiālis* »zu Mars gehörig« zurückgeht. Namensvorbild ist der heilige Martialis, Bischof von Limoges (3. Jh.); NAMENSTAG: 30. Juni. ✧ Bekannter Namensträger: Martial, römischer Dichter (1./2. Jh.). Span. Form: *Marcial* [mar'θi̯al].

Martijn ['martein]: männl. Vorn., niederländische Form von ▸ Martin.

Martin: männl. Vorn. lateinischen Ursprungs, der auf den römischen Beinamen *Martinus* (zu lat. *Mārs, -tis,* dem Namen des Kriegsgottes) zurückgeht. Namenspatron ist der heilige Martin (4. Jh.); NAMENSTAG: 11. November. ✧ Bekannte Namensträger: Martin Opitz, deutscher Dichter (16./17. Jh.); Martin Buber, jüdischer Religionsphilosoph (19./20. Jh.); Martin Niemöller, deutscher evangelischer Theologe (19./20. Jh.); Martin Heidegger, deutscher Philosoph (19./20. Jh.); Martin Walser, deutscher Schriftsteller (20./21. Jh.); Martin Scorsese, amerikanischer Regisseur und Drehbuchautor italienischer Herkunft (20./21. Jh.). Engl. Aussprache: ['mɑːtɪn]. Französ. Aussprache: [mar'tɛ̃]. Italien. Form: *Martino.* Ungar. Form: *Márton.* Poln. Formen: *Martyn, Marcin* ['martçin]. Niederländ. Form: *Martijn* ['martein].

Martin:

Martin kam im frühen Mittelalter in Deutschland als Name des heiligen Martin (4. Jh.) auf. Er war der Gründer der ersten abendländischen Klöster, Bischof von Tours und Schutzheiliger der Franken. Nach der Legende teilte er seinen Mantel mit einem Bettler. Der Mantel wurde von den fränkischen Königen als kostbare Reliquie gehütet und in Kriegen mitgeführt. Seit dem Mittelalter ranken sich allerhand Bräuche um den Martinstag am 11. November. Nach diesem Tag begann früher das Adventfasten. Daher genoss man die Martinsgans als letzten Festbraten vor Weihnachten. Bis heute ziehen in vielen Gegenden Kinder durch die Straßen, singen vor den Häusern Martinslieder und erhalten dafür kleine Gaben. In protestantischen Gegenden bezog man den Martinstag auf Martin Luther, der am 10.11.1483 geboren worden war. In der Neuzeit wurde der Vorname des Reformators in protestantischen Kreisen gern vergeben. Nach dem Zweiten Weltkrieg entwickelte sich *Martin* zu einem sehr beliebten Jungennamen. Ende der 1980er-Jahre ging seine Popularität zurück, doch wird *Martin* im 21. Jh. weiterhin gewählt, vor allem als zweiter Vorname.

Martina: weibl. Vorn., weibliche Form von ▸ Martin. Der Vorname war in der zweiten Hälfte des 20. Jh.s beliebt. Einer heiligen Märtyrerin Martina (3. Jh.) gedenkt die katholische Kirche am 30. Januar. ✧ Bekannte Namensträgerinnen: Martina Navratilova, amerikanische Tennisspielerin tschechoslowakischer Herkunft (20./21. Jh.); Martina Gedeck, deutsche Schauspielerin (20./21. Jh.); Martina Glagow, deutsche Biathletin (20./21. Jh.). Französ. Form: *Martine* [mar'tin].

Martine [mar'tin]: weibl. Vorn., französische Form von ▸ Martina.

Martino: männl. Vorn., italienische Form von ▸ Martin.

Martje: weibl. Vorn., friesische Koseform

von ▸ Martha, im Niederländischen auch weibliche Form von ▸ Martin.

Mạrton: männl. Vorn., ungarische Form von ▸ Martin.

Marty ['mɑ:tɪ]: männl. Vorn., englische Koseform von ▸ Martin.

Mạrtyn: männl. Vorn., polnische Form oder englische Schreibvariante von ▸ Martin.

Maruja [ma'ruxa]: weibl. Vorn., spanische Form von *Maruxa* [ma'ruʃa], einer galizischen (nordwestspanischen) Koseform von ▸ Maria.

Marụschka: weibl. Vorn., russische Koseform von ▸ Maria. Bei Mạruschka handelt es sich um eine Eindeutschung von ungarisch *Maruska* ['mɔruʃkɔ].

Marụsja: weibl. Vorn., russische Koseform von ▸ Maria.

Marvin, (auch:) Marvyn ['mɑ:vɪn]: aus dem Englischen übernommener männl. Vorn., dem der walisische Name *Merfyn*, aus dem mehrere englische Familiennamen hervorgegangen sind, zugrunde liegt. Der Name wurde durch den amerikanischen Soulsänger Marvin Gaye (20. Jh.) bekannt.

Mạrwin: alter deutscher männl. Vorn. (ahd. *māri* »bekannt, berühmt, angesehen« + ahd. *wini* »Freund«) oder Eindeutschung von ▸ Marvin.

Mary ['mɛərɪ]: aus dem Englischen übernommener weibl. Vorn., englische Form von ▸ Maria. ✧ Bekannte Namensträgerinnen: Mary Wigman, deutsche Tänzerin und Choreografin (19./20. Jh.); Mary McCarthy, amerikanische Schriftstellerin (20. Jh.); Prinzessin Mary, Gemahlin des dänischen Thronfolgers (20./21. Jh.).

Mạryam: ▸ Mariam.

Marylin: ▸ Marilyn.

Marylou [mærɪ'lu:]: aus dem Englischen übernommener weibl. Vorn., Doppelform aus ▸ Mary und ▸ ²Lou[isa].

Marzẹll, (auch:) Marcẹll: männl. Vorn., deutsche Form von ▸ Marcellus.

Marzẹlla: weibl. Vorn., weibliche Form von ▸ Marzell.

Marzẹllus: ▸ Marcellus.

Masako ['masako]: weibl. Vorn. japanischer Herkunft (japan. *masa* »gerecht« + *ko* »Kind«).

Masashi ['masaʃi]: männl. Vorn. japanischer Herkunft (japan. *masa* »gerecht« + japan. *shi* »Geschichte«).

Mạscha: im 20. Jh. aus dem Russischen übernommener weibl. Vorn., Koseform von *Marija* (▸ Maria).

Masịka: in Kenia und Tansania vorkommender weibl. Vorn., der auf Suaheli »in der Regenzeit geboren« bedeutet.

Mason [meɪsn]: in den USA geläufiger weibl. Vorn., ursprünglich ein englischer Familienname, dem ein mittelalterlicher Berufsname (zu altfranzös. *maçon* »Steinmetz; Maurer«) zugrunde liegt.

Mạssimo: männl. Vorn., italienische Form von ▸ Maximus.

Masụd: männl. Vorn. arabischen Ursprungs (arab. *mas'ūd* »glücklich« zu arab. *sa'īda* »glücklich sein«).

Máté ['ma:te:]: männl. Vorn., ungarische Form von ▸ Matthäus.

Matẹa: weibl. Vorn., weibliche Form von ▸ Mateo.

Matěj ['matjɛj]: männl. Vorn., tschechische Form von ▸ Matthäus.

Matẹo: männl. Vorn., spanische Form von ▸ Matthäus.

Mateusz [ma'tɛuʃ]: männl. Vorn., polnische Form von ▸ Matthäus.

Mathẹa: weibl. Vorn., weibliche Form von ▸ Matheus.

Mathéọ: männl. Vorn., derzeit in Frankreich beliebte Form von ▸ Matteo.

Mathẹus: männl. Vorn., niederländische Nebenform von ▸ Mattheus.

Mathew: ▸ Matthew.

Mathịas: männl. Vorn., Schreibvariante von ▸ Matthias, auch dänisch.

Mathieu [ma'tjø]: im 19. Jh. entlehnter männl. Vorn., französische Form von ▸ Matthäus.

Mathịlda, (auch:) Mathịlde; Matịlda; Matịlde: alter deutscher weibl. Vorn. (ahd. *ma[c]ht* »Macht, Kraft« + ahd. *hiltja* »Kampf; Kriegerin«; etwa »starke Kriegerin«). Zur Verbreitung des Namens im

Mittelalter trug die Verehrung der heiligen Mathilde (9./10. Jh.), Gemahlin Heinrichs I. und Mutter Ottos des Großen, bei; NAMENSTAG: 14. März. Im 18./19. Jh. wurde der Name durch die Ritterdichtung und romantische Bewegung neu belebt. Heute werden die Formen Mathilda und Matilda wieder geschätzt. Einen Roman »Mathilde Möhring« schrieb Theodor Fontane. ✧ Bekannte Namensträgerin: Mathilde Wesendonck, Verfasserin der Texte von Richard Wagners »Wesendonck-Liedern« (19./20. Jh.). Französ. Aussprache: [ma'tild].

Mathis, (auch:) Mattis; Matthis: männl. Vorn., verkürzte Form von ▸ Matthias. Paul Hindemiths Oper »Mathis der Maler« (= Matthias Grünewald) wurde 1938 uraufgeführt.

Matias: männl. Vorn., finnische Form von ▸ Matthias.

Matilda, (auch:) Matilde: ▸ Mathilde.

Mats: männl. Vorn., schwedische Kurzform von ▸ Matthias.

Matt [mæt]: männl. Vorn., englische Kurzform von *Matthew* (▸ Matthäus). ✧ Bekannter Namensträger: Matt Damon, amerikanischer Schauspieler (20./21. Jh.).

Mattea: weibl. Vorn., weibliche Form von ▸ Matteo.

Matteo: männl. Vorn., italienische Form von ▸ Matthäus.

Mattes, (auch:) Matthes: männl. Vorn., verkürzte Form von ▸ Matthäus.

Matthäus: männl. Vorn., auf die griechische/lateinische Form von hebr. *Mattai*, Kurzform von hebr. *mattanyāh* »Gabe Jahwes«, zurückgehender Name. Der Name des Evangelisten Matthäus fand bereits im Mittelalter Eingang in die deutsche Namengebung; NAMENSTAG: 21. September. ✧ Bekannter Namensträger: Matthäus Merian der Ältere, schweizerischer Kupferstecher und Buchhändler (16./17. Jh.). Italien. Form: *Matteo*. Span. Form: *Mateo*. Engl. Form: *Matthew* ['mæθju:]. Französ. Form: *Mathieu* [ma'tjø]. Poln. Form: *Mateusz* [ma'tɛuʃ]. Tschech. Form: *Matěj* ['matjɛj]. Ungar. Form: *Máté* ['ma:te:].

Matthes: ▸ Mattes.

Mattheus: männl. Vorn., niederländische Form von ▸ Matthäus.

Matthew ['mæθju:]: männl. Vorn., englische Form von ▸ Matthäus.

Matthias: männl. Vorn., griechische Kurzform von *Mattatías*, zu hebr. *mattityāh* »Gabe Jahwes«. Der heilige Matthias war einer der Jünger Jesu; er wurde durch das Los zum Ersatzapostel für Judas Ischariot bestimmt. Nach der Legende sollen seine Reliquien im Auftrag der Kaiserin Helena nach Trier gekommen sein; NAMENSTAG: 24. Februar. In der zweiten Hälfte des 20. Jh.s gehörte Matthias zu den beliebtesten männlichen Vornamen. ✧ Bekannte Namensträger: Matthias Grünewald, deutscher Maler (15./16. Jh.); Matthias Claudius, deutscher Dichter (18./19. Jh.); Matthias Schweighöfer, deutscher Schauspieler (20./21. Jh.); Matthias Steiner, deutscher Gewichtheber (20./21. Jh.). Italien. Form: *Mattia*. Finn. Form: *Matti*.

Matthieu: ▸ Mathieu.

Matthis: ▸ Mathis.

Matti: männl. Vorn., finnische Form von ▸ Matthias. Der Name ist durch Brechts Theaterstück »Herr Puntila und sein Knecht Matti« (1948) bekannt.

[1]Mattia: männl. Vorn., italienische Form von ▸ Matthias.

[2]Mattia: im 20. Jh. aufgekommener weibl. Vorn., weibliche Form von ▸ Matthias.

Mattias: ▸ Matthias.

Mattis: ▸ Mathis.

Matu: aus Kenia stammender männl. Vorn., der in der Kikuju-Sprache »Wolken« bedeutet.

Maud, (auch:) Maude [mɔ:d]: weibl. Vorn., englische Form von ▸ Mathilde, die auf altfranzös. *Mahault* zurückgeht. Tennysons Gedicht »Maud« (1855) trug zur Wiederbelebung des Namens im 19. Jh. bei.

[1]Maura ['mɔ:rə]: aus dem Englischen übernommener weibl. Vorn. irischer Herkunft. Ursprünglich handelt es sich hierbei um einen keltischen Namen, den eine heilige Märtyrerin aus dem 5. Jh. trug. In Irland wird Maura heute jedoch als eine Form von *Máire* (▸ Maria) aufgefasst.

[2]Maura: weibl. Vorn., weibliche Form von ▸ Mauro.

Maureen, (auch:) Moreen ['mɔ:ri:n]; [mɔ:'ri:n]: in den 1960er-Jahren entlehnter weibl. Vorn., englische Form des irischen Namens *Máirín*, einer Koseform von ▸ Maria.

Maurice: männl. Vorn., französische [mo'ris] und englische ['mɔrɪs] Form von ▸ Moritz. ✧ Bekannter Namensträger: Maurice Ravel, französischer Komponist (19./20. Jh.).

Mauricio [mau̯'riθi̯o]: männl. Vorn., spanische Form von ▸ Moritz. ✧ Bekannter Namensträger: Mauricio Kagel, argentinisch-deutscher Komponist (20./21. Jh.).

Maurin: männl. Vorn. lateinischen Ursprungs, der auf *Maurinus*, eine Ableitung von ▸ Maurus, zurückgeht.

Mauritia: weibl. Vorn., weibliche Form von ▸ Mauritius.

Mauritius: ▸ Moritz.

Maurits: männl. Vorn., niederländische, norwegische und schwedische Form von ▸ Moritz.

Mauritz: ▸ Moritz.

Maurizia: weibl. Vorn., weibliche Form von ▸ Maurizio.

Maurizio: männl. Vorn., italienische Form von ▸ Moritz. ✧ Bekannter Namensträger: Maurizio Pollini, italienischer Pianist (20./21. Jh.).

Mauro: männl. Vorn., italienische Form von ▸ Maurus.

Maurus: männl. Vorn. lateinischen Ursprungs, der auf einen römischen Beinamen (lat. *maurus* »der aus Mauretanien Stammende, der Mohr«) zurückgeht. Maurus fand im Mittelalter als Heiligenname Verbreitung, vor allem als Name des heiligen Maurus, des Schülers und Gehilfen des heiligen Benedikt (6. Jh.); NAMENSTAG: 15. Januar. Italien. Form: *Mauro*.

Mavis ['meɪvɪs]: weibl. Vorn. englischer Herkunft (engl. *mavis* »Singdrossel«).

Mawuwani: aus Südafrika stammender weibl. Vorn., der in der Tsonga-Sprache »[geboren im] Juli« bedeutet.

Max: männl. Vorn., Kurzform von ▸ Maximilian. Der Vorname war im 19. Jh. und zu Beginn des 20. Jh.s sehr häufig. Seit den 1990er-Jahren gehört Max wieder zu den beliebten Vornamen. Eine literarische Gestalt ist Max Piccolomini in Schillers Drama »Wallenstein« (1800). Sehr bekannt sind die Lausbubengestalten Max und Moritz aus Wilhelm Buschs bebilderter Geschichte »Max und Moritz« (1865). Eine Opernfigur ist der Max in Webers Oper »Der Freischütz« (1821). ✧ Bekannte Namensträger: Max Planck, deutscher Physiker (19./20. Jh.); Max Weber, deutscher Nationalökonom und Soziologe (19./20. Jh.); Max Slevogt, deutscher Maler und Grafiker (19./20. Jh.); Max Ernst, französischer Maler und Bildhauer deutscher Herkunft (19./20. Jh.); Max Klinger, deutscher Maler und Bildhauer (19./20. Jh.); Max Bruch, deutscher Komponist (19./20. Jh.); Max Liebermann, deutscher Maler (19./20. Jh.); Max Pechstein, deutscher Maler (19./20. Jh.); Max Reger, deutscher Komponist (19./20. Jh.); Max Reinhardt, Regisseur und Theaterleiter (19./20. Jh.); Max Beckmann, deutscher Maler (19./20. Jh.); Max Brod, israelischer Schriftsteller (19./20. Jh.); Max Frisch, schweizerischer Schriftsteller (20. Jh.); Max Schmeling, deutscher Boxer (20./21. Jh.); Max von der Grün, deutscher Schriftsteller (20./21. Jh.).

Maxi, (auch:) Maxie: weibl. Vorn., besonders süddeutsche Kurzform von ▸ Maximiliane.

Maxim: männl. Vorn., deutsche Form des römischen Beinamens *Maximus* (lat. *māximus, -a, -um* »der Größte«). Der heilige Maximus Confessor (6./7. Jh.) war ein bedeutender Theologe; NAMENSTAG: 13. August. Italien. Form: *Massimo*. Span.

Form: *Máximo*. Französ. Form: *Maxime* [mak'sim]. Russ. Form: *Maksim*.

Maxima: weibl. Vorn., weibliche Form von ▸Maxim, auch spanisch *(Máxima)*. ✧ Bekannte Namensträgerin: Prinzessin Maxima, Gemahlin des niederländischen Thronfolgers (20./21. Jh.).

¹Maxime [mak'sim]: männl. Vorn., französische Form von ▸Maximus.

²Maxime: weibl. Vorn., weibliche Form von ▸Maxim.

Maximilian: männl. Vorn., der auf die vulgärlateinische Form *(Maximilianus)* des römischen Beinamens *Maximillianus*, einer Bildung zu lat. *māximus* »der Größte«, zurückgeht. Namenspatron ist der heilige Maximilian, Bischof im Pongau (südlich von Salzburg); NAMENSTAG: 12. Oktober. Nach der legendarischen Vita aus dem 13. Jh. soll der heilige Maximilian im Ostalpenraum gewirkt haben und Bischof von Lorch in Oberösterreich gewesen sein. Seine Reliquien kamen im 10. Jh. nach Passau, wo er dann als Märtyrer und Schutzheiliger der Diözese verehrt wurde. Die frühere Verbreitung des Namens in Österreich und Bayern wurde auch durch dynastische Vorbilder (Kaiser Maximilian I., 15./16. Jh.; Maximilian I., Kurfürst von Bayern, 16./17. Jh.; Maximilian II. Joseph, König von Bayern, 19. Jh., u. a.) gefördert. Seit den 1990er-Jahren gehört Maximilian zu den beliebtesten männlichen Vornamen. ✧ Bekannte Namensträger: Maximilian, Kaiser von Mexiko (19. Jh.); Maximilian Wolf, deutscher Astronom (19./20. Jh.); Maximilian Schell, schweizerischer Schauspieler (20./21. Jh.). Französ. Form: *Maximilien* [maksimi'ljɛ̃].

Maximiliane, (auch:) Maximiliana: weibl. Vorn., weibliche Form von ▸Maximilian.

Maximilien [maksimi'ljɛ̃]: männl. Vorn., französische Form von ▸Maximilian. ✧ Bekannter Namensträger: Maximilien de Robespierre, französischer Revolutionär (18. Jh.).

Maximin: männl. Vorn., deutsche Form von *Maximinus*, einem römischen Beinamen zu lat. *māximus, -a, -um* »der Größte«. Namenspatron ist der heilige Maximinus, Bischof von Trier (4. Jh.); NAMENSTAG: 12. September (in Trier am 29. Mai).

Maximo: männl. Vorn., spanische Form *(Máximo)* von ▸Maxim.

Maxine: weibl. Vorn., weibliche Form von ▸Max.

May [meɪ]: weibl. Vorn., englische Kurzform von ▸Mary und ▸Margaret, seit den 1920er-Jahren auch nach dem Monatsnamen.

Maya: ▸¹Maja, ▸²Maja, ▸³Maja.

Maybrit, (auch:) Maybritt: ▸Maibrit. ✧ Bekannte Namensträgerin: Maybrit Illner, deutsche Journalistin und Fernsehmoderatorin (20./21. Jh.).

Mayleen, auch: [meɪ'li:n]: weibl. Vorn., Neubildung aus ▸May und Namen wie ▸Eileen, ▸Charleen.

Maylin, (auch:) Maylina: ▸Mailin.

Mayra: ▸Maira.

Mazal [ma'za:l], (auch:) Mazala [ma'za:la], Mazalit [maza'lit]: weibl. Vornamen neuhebräischer Herkunft (neuhebr. *mazāl* »Glück, Glücksfall, Erfolg«).

Mea: weibl. Vorn., Kurzform von Namen, die auf »-mea« enden (z. B. Salomea).

Mechthild, (auch:) Mechthilde (latinisierte Form:) Mechtildis, davon abgeleitet Mechtilde: alter deutscher weibl. Vorn., umgelautete Nebenform von ▸Mathilda. Der Name war im Mittelalter überaus beliebt. Namenspatronin ist die heilige Mechthild von Magdeburg, deutsche Mystikerin (13. Jh.); NAMENSTAG: 15. August.

Medardus, (auch:) Medard: männl. Vorn., wahrscheinlich latinisierte Form von *Machthard* (ahd. *ma*[c]*ht* »Macht, Kraft« + ahd. *harti, herti* »hart, kräftig, stark«). Namensvorbild ist der heilige Medardus, Bischof von Noyon (6. Jh.); NAMENSTAG: 8. Juni. Eine literarische Gestalt ist der Mönch Medardus in E. T. A. Hoffmanns Roman »Die Elixiere des Teufels« (1815/16).

Medea: weibl. Vorn. griechischen Ursprungs (griech. *Mḗdeia*, zu griech. *mḗdomai* »nachdenken; geschickt, fähig sein«). In der griechischen Mythologie ist Medea die zauberkundige Tochter des Königs Aietes in Kolchis, die Jason zum Goldenen Vlies verhilft und später aus Rache an ihm die gemeinsamen Kinder umbringt. Der Stoff wurde seit dem Drama des Euripides (5. Jh. v. Chr.) häufig in der Literatur behandelt, in neuerer Zeit beispielsweise von Hans Henny Jahnn und Christa Wolf.

Meeno: ▸ Meine.

Meent: ▸ Meint.

Mees: männl. Vorn., niederländische Kurzform von ▸ Bartholomäus.

Meg [mɛg]: weibl. Vorn., englische Koseform von *Margaret* (▸ Margarete). ✧ Bekannte Namensträgerin: Meg Ryan, amerikanische Filmschauspielerin (20./21. Jh.).

Megan ['mɛgən]: gegen Ende des 20. Jh.s aus dem Englischen übernommener weibl. Vorn., walisische Koseform von *Margaret* (▸ Margarete).

Meggy, (auch:) Meggie ['mɛgɪ]: weibl. Vorn., englische Koseform von *Margaret* (▸ Margarete).

Meghan: ▸ Megan.

Mehdi ['mehdi]: ▸ Mahdi.

Mehlika: weibl. Vorn., türkische Form von ▸ Mahliqa.

Mehmet: männl. Vorn., türkische Form von ▸ Mohammed. ✧ Bekannter Namensträger: Mehmet Scholl, deutscher Fußballspieler (20./21. Jh.).

Mei [mei]: weibl. Vorn. chinesischer Herkunft, der »Pflaume« bedeutet.

Meik, (auch:) Maik: männl. Vorn., eindeutschende Schreibung von englisch ▸ Mike.

Meike: weibl. Vorn., niederdeutsch-friesische Koseform von Namen, die mit »Mein-« gebildet sind (z. B. ▸ Meinhild).

Meikel: männl. Vorn., Eindeutschung von englisch ▸ Michael.

Meiko: männl. Vorn., niederdeutsch-friesische Koseform von Namen, die mit »Mein-« gebildet sind (z. B. ▸ Meinhard).

Meileen, (auch:) Meilin: weibl. Vorn., Varianten von ▸ Mayleen, ▸ Mailin.

Meina: weibl. Vorn., Kurzform von Namen, die mit »Mein-« gebildet sind (z. B. ▸ Meinhild).

Meinard: ▸ Meinhard.

Meine, (auch:) Meino; Meeno; Menno; Meno: männl. Vorn., friesische Kurzform von Namen, die mit »Mein-« gebildet sind (z. B. ▸ Meinhard).

Meinert: männl. Vorn., jüngere Form von ▸ Meinhard.

Meingard: alter deutscher weibl. Vorn. (ahd. *magan, megin* »Kraft, Stärke, Macht« + german. **gardaz* »Zaun, Einfriedung«, vgl. ahd. *garto* »Garten«).

Meinhard, (auch:) Meinard; Meinert: alter deutscher männl. Vorn. (ahd. *magan, megin* »Kraft, Stärke, Macht« + ahd. *harti, herti* »hart, kräftig, stark«).

Meinhild: alter deutscher weibl. Vorn. (ahd. *magan, megin* »Kraft, Stärke, Macht« + ahd. *hiltja* »Kampf; Kriegerin«; etwa »starke Kriegerin«).

Meinhold: männl. Vorn., Variante von ▸ Meinold in Anlehnung an das Adjektiv »hold«.

Meino: ▸ Meine.

Meinold, (auch:) Meinhold: alter deutscher männl. Vorn. (ahd. *magan, megin* »Kraft, Stärke, Macht« + ahd. *-walt* zu *waltan* »walten, herrschen; Herrscher«; etwa »mächtiger Herrscher«).

Meinolf, (auch:) Meinulf: alter deutscher männl. Vorn. (ahd. *magan, megin* »Kraft, Stärke, Macht« + ahd. *wolf* »Wolf«; etwa »starker Wolf«).

Meinrad: alter deutscher männl. Vorn. (ahd. *magan, megin* »Kraft, Stärke, Macht« + ahd. *rāt* »Rat, Beratung, Ratgeber«; etwa »starker Ratgeber«). Der heilige Meinrad von Reichenau (9. Jh.), aus dessen Mönchszelle die Abtei Einsiedeln hervorging, wird in der Ostschweiz verehrt; NAMENSTAG: 21. Januar.

Meint, (auch:) Meent: männl. Vorn., durch Zusammenziehung entstandene friesische Kurzform von ▸ Meinhard oder ▸ Meinrad.

Meinulf: ▸ Meinolf.

[1]Mel: männl. Vorn., englische Kurzform von ▸ Melvin.

²Mel: weibl. Vorn., englische Kurzform von ▸Melanie.

Mela: weibl. Vorn., Kurzform von Namen, die mit »Mela-« beginnen oder auf »-mela« enden (z.B. ▸Melanie oder ▸Pamela).

Melaine [mɛ'leɪn], [mɛ'leɪnə]: weibl. Vorn., englische Variante von ▸Melanie.

Melani: weibl. Vorn., verkürzte Form von ▸Melanie.

Melania: weibl. Vorn., latinisierte Form von ▸Melanie.

Melanie, (auch:) Melanie: in Deutschland seit dem 19. Jh. vorkommender weibl. Vorn., der auf einen spätrömischen Personennamen griechischer Herkunft (griech. *Melanía,* zu griech. *mélas* »schwarz«) zurückgeht. Eine literarische Gestalt ist die Melanie in Margaret Mitchells Roman »Vom Winde verweht« (1936). Die Verfilmung des Romans (1939) war sehr erfolgreich und trug zur Bekanntheit der Namen der Hauptpersonen bei. Melanie gehörte in Deutschland in den 1970er- und 1980er-Jahren zu den beliebtesten weiblichen Vornamen. ✧ Bekannte Namensträgerinnen: die heilige Melania (4./5. Jh.); NAMENSTAG: 31. Dezember; Melanie [Safka], amerikanische Popsängerin (20./21. Jh.); Melanie Griffith, amerikanische Filmschauspielerin (20./21. Jh.). Engl. Formen: *Melanie, Melany* ['mɛlənɪ]. Französ. Form: *Mélanie* [mela'ni].

Melany ['mɛlənɪ]: in den 1960er-Jahren entlehnter weibl. Vorn., englische Form von ▸Melanie.

Melba: weibl. Vorn., der auf den Künstlernamen (Nellie Melba) der australischen Sopranistin Helen Porter Armstrong zurückgeht. Der Name wurde in Anlehnung an die Stadt Melbourne gebildet, in deren Nähe die Sängerin i.J. 1861 geboren wurde. Ihr zu Ehren nannte der Londoner Spitzenkoch Auguste Escoffier das von ihm kreierte Dessert »Pfirsich Melba«.

Melchior: männl. Vorn. hebräischen Ursprungs (hebr. **Melkiʾor,* zu hebr. *mäläk* »König« und *ōr* »Licht«, etwa »König [Jahwe] ist Licht«). Melchior wurde im Mittelalter in Deutschland als Name eines der Heiligen Drei Könige bekannt. Deren Anzahl und Namen werden erst seit dem 6. Jh. genannt.

¹Melek: männl. Vorn. türkischer Herkunft (türk. *melek* »Engel«).

²Melek: weibl. Vorn., identisch mit ▸¹Melek.

Melena: weibl. Vorn., Variante von Melene, einer niederländischen Kurzform von ▸Magdalena.

Melf: männl. Vorn., durch Zusammenziehung entstandene friesische Form von ▸Meinolf.

Melia: weibl. Vorn., verkürzte Form von ▸Amelia, gelegentlich auch von ▸Melania.

Melike: weibl. Vorn., weibliche Form von ▸¹Melek.

Melina, (auch:) Meline: weibl. Vorn., altfranzösische Kurzform von *Ameline,* einer Koseform von germanischen Namen, die mit dem Stamm »Amal-« gebildet wurden (▸Amalia). In Deutschland ist der Name vor allem durch die griechische Schauspielerin und Politikerin Melina Mercouri (20. Jh.), deren eigentlicher Vorname Maria Amalia lautete, bekannt geworden.

Melinda: weibl. Vorn., Kurzform von ▸Ermelind(a) oder englische Bildung aus ▸Melanie oder ▸Melissa mit der Endung »-inda« nach dem Muster von ▸Lucinda.

Meline: ▸Melina.

Melisa: weibl. Vorn., Schreibvariante von ▸Melissa oder Kurzform von ▸Melisande.

Melisande: weibl. Vorn., Nebenform von *Melisenda,* einem Namen westfränkischer Herkunft, der besonders in den »fränkischen« Kreuzfahrerstaaten beliebt wurde (wohl zu german. **mel* »lieb, mild« + german. **swinþa* »stark, ungestüm« oder german. **sinþa,* got. *sinþs* »Weg, Gang, Kriegszug«). Diesen Namen trug im 12. Jh. u.a. eine Tochter Balduins II., des Königs von Jerusalem. In spanischen Romanzen wurde sie zu einer Tochter Karls des Großen, die von den Mauren geraubt wird. Melisendis, Gräfin von Tripolis im Libanon, wurde durch den provenzalischen Troubadour

Jaufré Rudel (12. Jh.) bekannt, der sich in sie verliebte, ohne sie überhaupt gesehen zu haben. Zur Bekanntheit des Namens haben auch Maeterlincks Werk »Pelléas et Mélisande« (1893) sowie Debussys gleichnamige Oper (1902) beigetragen. Französ. Form: *Mélisande* [meli'zɑ̃:d]. Engl. Form: *Millicent* ['mɪlɪsnt].

Melissa: ▸Melitta.

Melita: weibl. Vorn., italienische Form von ▸Melitta.

Melitta, (auch:) Melissa: weibl. Vorn. griechischen Ursprungs (griech. *mélitta, -issa* »Biene«). Melissa ist der Name einer Gestalt in Ariosts Werk »Der rasende Roland«.

Mélodie [melɔ'di]: weibl. Vorn. zu französ. *mélodie* »Melodie«. In Frankreich ist dieser Vorname seit den 1960er-Jahren in Gebrauch.

Melody ['mɛlədɪ]: in den 1970er-Jahren aus dem Englischen entlehnter weibl. Vorn. zu engl. *melody* »Melodie«. Der Name kam in England im 18. Jh. auf, wurde aber erst seit den 1940er-Jahren häufiger vergeben. Französ. Form: *Mélodie* [melɔ'di].

Melusine: weibl. Vorn., der auf den gleichlautenden Namen einer schönen Meerfee in der altfranzösischen Sage zurückgeht (vielleicht zu altfranzösisch *mère Lucine* < lat. *mater Lūcīna* »Mutter Lucina«. Lucina war der Beiname der Göttin Juno und wurde als »die [die Kinder] ans Licht Bringende« verstanden). Der Name wurde in Deutschland im 15. Jh. durch ein Volksbuch bekannt (vgl. auch Goethes Märchen »Die neue Melusine«).

Melvin, (auch:) Melvyn; Malvin ['mælvɪn]: in den 1980er-Jahren aus dem Englischen entlehnter männl. Vorn., Rückbildung aus dem weiblichen Vornamen *Melvina* (▸Malwine) oder Variante von *Melville*, einem schottischen Familiennamen, dem ein französischer Ortsname zugrunde liegt.

Melvina: ▸Malwine.

Melvyn: ▸Melvin.

Melwin: männl. Vorn., Eindeutschung von ▸Melvin.

Mena: ▸Meina.

Menachem, (auch:) Menahem: aus der Bibel übernommener männl. Vorn. hebräischen Ursprungs (hebr. *menaḥēm* »Tröster«); Menahem war von 746 bis 737 v. Chr. König des Nordreichs Israel. ✧ Bekannter Namensträger: Menachem Begin, israelischer Politiker (20. Jh.).

Menchu ['mentʃu]: weibl. Vorn., spanische Koseform von ▸Carmen.

Menko, (auch:) Menke: männl. Vorn., friesische Koseform von Namen, die mit »Mein-« gebildet sind (z. B. ▸Meinhard).

Menna: ▸Meina.

Menno, (auch:) Meno: ▸Meine.

Menso, (auch:) Mense: männl. Vorn., friesische Koseform von Namen, die mit »Mein-« gebildet sind (z. B. ▸Meinhard).

Meral: weibl. Vorn. türkischer Herkunft (türk. *meral* »Damhirschkuh«).

Mercedes, span. Aussprache: [mɛr'θedes]: aus dem Spanischen übernommener weibl. Vorn. Mercedes bezieht sich auf das Fest *Maria de mercede redemptionis captivorum* »Maria von der Gnade der Gefangenenerlösung«. Dieses Marienfest wird in Spanien am 24. September gefeiert.

Merche ['mɛrtʃɛ]: weibl. Vorn., spanische Koseform von ▸Mercedes.

Meret: weibl. Vorn., Kurzform von ▸Margarete. ✧ Bekannte Namensträgerinnen: Meret Oppenheim, schweizerische Künstlerin deutscher Herkunft (20. Jh.); Meret Becker, deutsche Schauspielerin (20./21. Jh.).

Meriel ['mɛrɪəl]: weibl. Vorn., englische Variante von ▸Muriel.

Merit: in den 1960er-Jahren entlehnter weibl. Vorn., schwedische Form von ▸Margarete.

Merita: weibl. Vorn., Erweiterung von ▸Merit.

Merja: weibl. Vorn., finnische Form von ▸Maria.

Merle [mə:l]: aus dem Englischen übernommener weibl. Vorn. (französ. *merle*, lat. *merula* »Amsel«). Der Vorname wurde in den 1930er-Jahren durch die englische

Schauspielerin Merle Oberon (Estelle Merle O'Brien Thompson) bekannt.

Merleen, (auch:) Merlena; Merlene; Merlina: weibl. Vorn., deutsche Varianten von ▸ ²Merlin.

¹Merlin, engl. Aussprache: ['mə:lɪn]: aus dem Englischen übernommener männl. Vorn., der aus dem Sagenkreis um den walisischen König Artus stammt. Dort ist Merlin der Ratgeber von König Artus. Die Namensform geht auf die entstellende Latinisierung von kelt. (walisisch) *Myrddin, Merddin* (wohl mit der Bedeutung »Hügel am Meer, Düne«) zurück.

²Merlin, (auch:) Merlyn ['mə:lɪn]: aus dem Englischen entlehnter weibl. Vorn., dessen Aufkommen im 20. Jh. durch engl. *merlin* »Zwergfalke« sowie durch die beliebten weiblichen Endungen »-lin/-lyn« angeregt wurde.

Merlina: ▸ Merleen.

Merlind, (auch:) Merlinde: weibl. Vorn. (ahd. *māri* »bekannt, berühmt, angesehen« + ahd. *lind* »sanft, weich, mild«).

Merlyn: ▸ ²Merlin.

Merry ['merɪ]: weibl. Vorn., ursprünglich Koseform des englischen Vornamens *Mercy* (»Barmherzigkeit«), heute wird der Name mit dem Adjektiv *merry* »lustig, fröhlich« in Verbindung gebracht.

Mert: männl. Vorn. türkischer Herkunft (»freigebig; tapfer, aufrichtig«).

Merten: männl. Vorn., niederdeutsche Form von ▸ Martin.

Merula: weibl. Vorn. lateinischen Ursprungs (lat. *merula* »Amsel«).

¹Merve [mə:v]: aus dem Englischen entlehnter weibl. Vorn., weibliche Form zu ▸ Mervyn.

²Merve: weibl. Vorn. türkischer Herkunft, der auf den Namen des arabischen Berges Al-Marwa zurückgeht. Als Teil der Pilgerfahrt nach Mekka gehen die Gläubigen siebenmal zwischen den beiden Hügeln As-Safa und Al-Marwa hin und her. Hierbei soll die Suche nach Wasser, wie ▸ Hagar (arab. *Hajar*) sie erlebte, nachempfunden werden.

Mervyn ['mə:vɪn]: aus dem Englischen entlehnter männl. Vorn. walisischen Ursprungs, ▸ Marvin.

Merwin: männl. Vorn., Eindeutschung von ▸ Mervyn oder Variante von ▸ Marwin.

Meryem: weibl. Vorn., türkische Form von ▸ Maria.

Meta: weibl. Vorn., Kurzform von ▸ Margareta.

Metin: männl. Vorn. türkischer Herkunft (türk. *metin* »stark, vertrauenswürdig« aus gleichbedeutend arab. *matīn*).

Metta: weibl. Vorn., niederdeutsche und schwedische Kurzform von ▸ Mechthild.

Mette: weibl. Vorn., niederdeutsche, dänische und norwegische Kurzform von ▸ Mechthild. ✧ Bekannte Namensträgerin: Mette-Marit, norwegische Kronprinzessin (20./21. Jh.).

Mia: weibl. Vorn. dänisch-schwedischer Herkunft, Kurzform von ▸ Maria. Zurzeit gehört Mia zu den beliebtesten Vornamen in Deutschland, der deutschen Schweiz, Australien und den USA. ✧ Bekannte Namensträgerin: Mia Farrow, amerikanische Schauspielerin (20./21. Jh.). Engl. Aussprache: ['mi:ə].

Micaela: weibl. Vorn., spanische Form von ▸ Michaela. Eine bekannte Operngestalt ist die Micaela in Bizets Oper »Carmen« (1875).

¹Micha: aus der Bibel übernommener männl. Vorn. (hebr. *mīkā*, Kurzform von ▸ Michael oder *mīkāyāhū* »wer ist wie Jahwe?«). Im Alten Testament kommt der Name mehrmals vor; ein Micha war ein Prophet im 8. Jh. v. Chr.

²Micha: männl. Vorn., Kurzform von ▸ Michael.

³Micha: weibl. Vorn., Kurzform von ▸ Michaela.

Michael: aus der Bibel übernommener männl. Vorn. hebräischen Ursprungs (hebr. *mīkā'ēl* »wer ist wie Gott?«). Michael fand im Mittelalter in der christlichen Welt als Name des Erzengels Michael Verbreitung; NAMENSTAG: 29. September. Michael als siegreicher Heerführer der Engel im Kampf gegen den Satan wurde zum Beschützer der

Kirche und des Heiligen Römischen Reiches und somit auch zum Schutzpatron Deutschlands. Er galt – neben Georg – als Personifizierung des christlichen Ritterideals. Seit dem 16. Jh. wurde der »deutsche Michel« zum Inbegriff des gemeinen Mannes und eines einfältigen Menschen. Andererseits konnte er seit dem 17. Jh. gerade wegen seiner Einfalt zum Gegenbild gegen den französische Modetorheiten nachahmenden Narren werden. Eine bekannte literarische Gestalt ist der Michael Kohlhaas aus Kleists gleichnamiger Novelle (1810). In der zweiten Hälfte des 20. Jh.s gehörte Michael zu den beliebtesten Vornamen in Deutschland. ✧ Bekannte Namensträger: Michael Pacher, deutscher Maler und Bildschnitzer (15./16. Jh.); Michael Ende, deutscher Schriftsteller (20. Jh.); Michael Stich, deutscher Tennisspieler (20./21. Jh.); Michael Jackson, amerikanischer Popsänger (20./21. Jh.); Michael Schumacher, deutscher Formel-1-Fahrer (20./21. Jh.); Michael Ballack, deutscher Fußballspieler (20./21. Jh.). Italien. Form: *Michele* [mi'kɛ:le]. Span. Form: *Miguel* [mi'gɛl]. Französ. Form: *Michel* [mi'ʃɛl]. Engl. Form: *Michael* [maɪkl]. Schwed. Formen: *Mikael*; *Mickel*. Russ. Form: *Michail* [mixa'il]. Tschech. Form: *Michal*. Poln. Form: *Michał* ['mixau̯]. Ungar. Form: *Mihály* ['miha:j]. Bask. Form: *Mikel*. Arab., türk. Form: *Mikail*.

Michaela, (auch:) Michaele: weibl. Vorn., weibliche Form von ▸Michael. Michaela ist in Deutschland erst im 20. Jh. anzutreffen. Dieser Vorname wurde in den 1960er- und 1970er-Jahren häufig vergeben. ✧ Bekannte Namensträgerin: Michaela May, deutsche Schauspielerin (20./21. Jh.). Span. Form: *Micaela*. Französ. Formen: *Michèle, Michelle* [mi'ʃɛl]. Schwed. Form: *Mikaela*. Italien. Form: *Michela* [mi'kɛla].

Michail [mixa'il]: männl. Vorn., russische Form von ▸Michael. ✧ Bekannter Namensträger: Michail Gorbatschow, russischer Politiker (20./21. Jh.).

¹Michal: männl. Vorn., tschechische Form von ▸Michael, auch Eindeutschung von poln. *Michał* ['mixau̯].

²Michal: aus der Bibel übernommener weibl. Vorn. hebräischen Ursprungs, wohl weibliche Kurzform von ▸Michael. So heißt im Alten Testament eine Tochter Sauls, die König David heiratete.

Michalina, (auch:) Michaline: weibl. Vorn., Weiterbildung von ▸Michaela.

¹Michel: männl. Vorn., seit dem Mittelalter gebräuchliche deutsche Form von ▸Michael.

²Michel [mi'ʃɛl]: männl. Vorn., französische Form von ▸Michael. ✧ Bekannte Namensträger: Michel Piccoli, französischer [Film]schauspieler (20./21. Jh.); Michel Serrault, französischer Schauspieler (20./21. Jh.).

Michela [mi'kɛla]: weibl. Vorn., weibliche Form von ▸Michele.

Michelangelo [mike'landʒelo]: männl. Vorn. italienischen Ursprungs (»[Erz]engel Michael«). ✧ Bekannte Namensträger: Michelangelo Buonarroti, italienischer Maler, Bildhauer und Architekt (15./16. Jh.); Michelangelo Antonioni, italienischer Filmregisseur (20./21. Jh.).

Michele [mi'kɛ:le]: männl. Vorn., italienische Form von ▸Michael.

Michèle, (auch:) Michelle [mi'ʃɛl]: im 20. Jh. entlehnter weibl. Vorn., französische Form von ▸Michaela. Michelle gehörte um die Jahrtausendwende zu den beliebtesten weiblichen Vornamen in Deutschland. ✧ Bekannte Namensträgerinnen: Michelle Pfeiffer, amerikanische Filmschauspielerin (20./21. Jh.); Michelle Hunziker, schweizerische Moderatorin (20./21. Jh.).

Michelina: weibl. Vorn., weibliche Bildung zu ▸Michael, auch italienisch [mikɛ-'li:na].

Micheline [miʃ'lin]: aus dem Französischen übernommener weibl. Vorn., Weiterbildung von *Michèle* (▸Michaela).

Michelle [mi'ʃɛl]: ▸Michèle.

Michi ['mitʃɪ]: weibl. Vorn. japanischer Herkunft (japan. *mi* »schön« + japan. *chi* »vernünftig, verständig«).

Michiel [mi'xil]: männl. Vorn., niederländische Nebenform von ▸ Michael.

Michiko ['mitʃko]: weibl. Vorn. japanischer Herkunft (japan. *mi* »schön« + *chi* »vernünftig, verständig« + *ko* »Kind«). ✧ Bekannte Namensträgerin: Michiko, japanische Kaiserin (20./21. Jh.).

Michou [mi'ʃu]: in den 1990er-Jahren entlehnter weibl. Vorn., französische Koseform von ▸ Michèle.

Mick: in den 1950er-Jahren entlehnter männl. Vorn., englische Kurzform von ▸ Michael. ✧ Bekannter Namensträger: Mick Jagger, englischer Rockmusiker (20./21. Jh.).

Mickel: männl. Vorn., schwedische Form von ▸ Michael.

[1]Mickey ['mɪkɪ]: männl. Vorn., englische Koseform von ▸ Michael, die vor allem durch die Zeichentrickfilm- und Comicfigur Mickey Mouse bekannt geworden ist.

[2]Mickey, (auch:) Micky ['mɪkɪ]: weibl. Vorn., identisch mit ▸ [1]Mickey.

Midori: weibl. Vorn. japanischer Herkunft (»grün«, Symbol für Hoffnung, Jungsein, Frische, oder »Schönheit«, auch »Aufstieg«, »Heimat«).

Mieke: weibl. Vorn., niederdeutsche und niederländische Koseform von ▸ Maria.

Miena: weibl. Vorn., in den 1990er-Jahren aufgekommene Schreibvariante von ▸ Mina.

Mientje: weibl. Vorn., friesische Koseform von Namen, die auf »-mina« oder »-mine« enden (z. B. ▸ Hermine oder ▸ Wilhelmina).

Mignon [mi'njõ]: in Deutschland seit Anfang des 20. Jh.s vorkommender weibl. Vorn. (französ. *mignon* »zart, niedlich«). Der Name ist bekannt durch die Mignon in Goethes Roman »Wilhelm Meisters Lehrjahre«.

Miguel [mi'gɛl]: in den 1960er-Jahren entlehnter männl. Vorn., spanische und portugiesische Form von ▸ Michael. ✧ Bekannter Namensträger: Miguel de Cervantes, spanischer Dichter (16./17. Jh.).

Mihály ['miha:j]: männl. Vorn., ungarische Form von ▸ Michael.

[1]Mika: männl. Vorn., Kurzform von ▸ Mikael. ✧ Bekannter Namensträger: Mika Häkkinen, finnischer Formel-1-Fahrer (20./21. Jh.).

[2]Mika: weibl. Vorn., Kurzform von ▸ Mikaela.

Mikael: männl. Vorn., nordische Form von ▸ Michael.

Mikaela: weibl. Vorn., schwedische Form von ▸ Michaela.

Mikail: männl. Vorn., arabische und türkische Form von ▸ Michael.

Mike [maɪk]: in den 1950er-Jahren aus dem Englischen übernommener männl. Vorn., Kurzform von ▸ Michael. ✧ Bekannter Namensträger: Mike Krüger, deutscher Komiker (20./21. Jh.).

Mikel: in den 1980er-Jahren entlehnter männl. Vorn., niederländische Nebenform von ▸ Michael, auch baskisch [mi'kel].

Mikis: in den 1970er-Jahren entlehnter männl. Vorn., von der griechischen Insel Chios stammende Kurzform von ▸ Michael. ✧ Bekannter Namensträger: Míkis Theodorákis, griechischer Komponist (20./21. Jh.).

Mikka: männl. Vorn., finnische Form von ▸ Michael.

Mikkel: männl. Vorn., dänische Nebenform von ▸ Michael.

Mikko: männl. Vorn., finnische Form von ▸ Michael.

Miklas: männl. Vorn., der auf eine Kurzform von polnisch *Mikołaj* bzw. tschechisch *Mikoláš* (▸ Nikolaus) zurückgeht.

Miklós ['miklo:ʃ]: männl. Vorn., ungarische Form von ▸ Nikolaus.

Miko: männl. Vorn., Variante von *Mikko* (▸ Michael), auch Kurzform von *Mikolai* (< poln. *Mikołaj*) oder von ung. *Miklós* (▸ Nikolaus).

Mikolai: männl. Vorn., eindeutschende Schreibung von *Mikołaj* [mi'kɔu̯aj], der polnischen Form von ▸ Nikolaus.

Mila: weibl. Vorn., tschechische Kurzform *(Míla)* mehrerer weiblicher Vornamen, z.B. *Ludmila* (▸Ludmilla), *Miloslava* (▸Miloslawa), ▸Milena, *Emílie* (▸Emilie).

Milada: weibl. Vorn. tschechischer Herkunft, Neubildung zu tschech. *milá* »Geliebte«.

Milan: männl. Vorn. tschechischer Herkunft (urslaw. **milъ* »lieb, teuer« + Endung *-an*). ✧ Bekannter Namensträger: Milan Kundera, tschechischer Schriftsteller (20./21. Jh.).

Milana, (tschech. Betonung:) Milana: weibl. Vorn., weibliche Form von ▸Milan.

Milda: weibl. Vorn., verselbstständigte Kurzform von Namen, die mit ahd. *milti* »Sanftmut, Milde« gebildet wurden, oder italienische Kurzform von ▸Romilda.

Mildred: im 20. Jh. aus dem Englischen übernommener weibl. Vorn., der auf altenglisch *Mildþryð* (altengl. *mild* »mild, sanft« + altengl. *þrȳð* »Stärke, Macht«) zurückgeht. Die heilige Mildred († um 734) war die Tochter des Königs Merowald von Mercien. Sie war Benediktinernonne und Äbtissin zu Minster auf der Insel Thanet (Kent); Namenstag: 13. Juli. Engl. Aussprache: ['mɪldrɪd].

Milena, (deutsch auch:) Milena: um 1930 aus dem Tschechischen übernommener weibl. Vorn. (urslaw. **milъ* »lieb, teuer« + Endung *-ena*). Bekannt ist der Name durch Franz Kafkas Briefe an Milena.

Milène [mi'lɛn]: in den 1990er-Jahren aus dem Französischen entlehnter weibl. Vorn., durch Zusammenziehung entstandene Form von *Marie-Hélène* (▸Maria, ▸Helene).

Milenka: weibl. Vorn., tschechische Koseform von ▸Milena.

Miles, (auch:) Myles [maɪlz]: in den 1960er-Jahren aus dem Englischen entlehnter männl. Vorn. Es handelt sich hierbei um einen Namen (wohl zu german. **mel* »lieb, mild«), der mit den normannischen Eroberern nach England gelangte. ✧ Bekannter Namensträger: Miles Davis, amerikanischer Jazzmusiker (20. Jh.).

Miley ['maɪlɪ]: weibl. Vorn., bei dem es sich wohl um eine weibliche Bildung zu ▸Miles handelt. ✧ Bekannte Namensträgerin: Miley Cyrus, amerik. Popsängerin und Schauspielerin (20./21. Jh.).

Milian: männl. Vorn., Kurzform von ▸Maximilian.

[1]Milka: aus der Bibel übernommener weibl. Vorn. hebräischen Ursprungs (zur hebr. Wurzel *mlk* »König«: »Königin«).

[2]Milka: weibl. Vorn., tschechische Koseform von ▸Mila, ▸Milena, polnische und tschechische Koseform von ▸Emilie.

Milko: männl. Vorn., Kurzform von ▸Miloslaw/Miloslav.

Milla: weibl. Vorn., Kurzform von ▸Camilla, ▸Ludmilla.

Milli: weibl. Vorn., Koseform von ▸Emilie, ▸Ludmilla.

Millicent ['mɪlɪsnt]: weibl. Vorn., englische Form von ▸Melisande.

Millie ['mɪlɪ]: weibl. Vorn., englische Koseform von ▸Camilla, ▸Emily, ▸Mildred, ▸Millicent.

Milly: weibl. Vorn., Schreibvariante von ▸Milli, ▸Millie.

[1]Milo: männl. Vorn., Kurzform von ▸Miloslaw/ Miloslav.

[2]Milo ['maɪloʊ]: männl. Vorn. englischer Herkunft, romanisierte Form von ▸Miles.

Miloslaw, (auch:) Miloslav: aus dem Polnischen *(Miłosław)*, Russischen oder Tschechischen *(Miloslav)* übernommener männlicher Vorname (urslaw. **milъ* »lieb, teuer« + urslaw. **slava* »Ruhm, Ehre«).

Miloslawa, (auch:) Miloslava: weibl. Vorn., weibliche Form von ▸Miloslaw.

Milou [mi'lu]: weibl. Vorn., französische Koseform von ▸Émilie, im Niederländischen auch zusammengezogene Form von *Marie Louise* (▸Maria, ▸Louise).

Milton ['mɪltən]: aus dem Englischen entlehnter männl. Vorn., ursprünglich ein Familienname nach einem gleichlautenden Ortsnamen mit der Bedeutung »Siedlung bei einer Mühle« oder »die mittlere Siedlung«. Ein bekannter Träger des Familiennamens ist der englische Dichter John Milton (17. Jh.).

Milva: weibl. Vorn., italienische Doppelform aus ▸Maria und ▸Ilva. Der Vorname wurde in Deutschland durch die italienische Chansonsängerin Milva (eigentlich Maria Ilva Biolcati; 20./21. Jh.) bekannt.

Mimi: weibl. Vorn., Koseform – eigentlich Lallform aus der Kindersprache – von ▸Maria. Der Name ist vor allem bekannt durch die Mimi in Puccinis Oper »La Bohème« (1896).

Mina, (auch:) Mine; Miena: seit dem 19. Jh. vorkommender weibl. Vorn., Kurzform von Namen, die auf »-mina« oder »-mine« ausgehen, besonders von ▸Wilhelmine/-a und ▸Hermine/-a.

Minerva: weibl. Vorn., der auf die römische Göttin der Weisheit, des Handwerks und der schönen Künste zurückgeht.

Minette: weibl. Vorn., französierende Koseform von *Mine* (▸Mina).

Minja: weibl. Vorn., Koseform verschiedener russischer Vornamen.

Minka: weibl. Vorn., polnische oder tschechische (Mínka) Koseform von ▸Wilhelmine.

Minna, (auch:) Minne: weibl. Vorn., im 18. Jh. aufgekommene Kurzform von ▸Wilhelmine. Lessings Lustspiel »Minna von Barnhelm« (1767) trug zur Bekanntheit des Namens bei.

Minni: weibl. Vorn., Koseform von ▸Wilhelmine.

Minnie: weibl. Vorn., englische Koseform von *Wilhelmina* (▸Wilhelmine). Eine Operngestalt ist die Minnie in der Oper »Das Mädchen aus dem goldenen Westen« (1910) von Puccini. Bekannt ist auch die Comicfigur Minnie Mouse von Walt Disney.

Minou [mi'nu]: weibl. Vorn., in Holland geläufige Koseform von ▸Mina. In Deutschland setzt die gelegentliche Vergabe dieses Vornamens in den 1960er-Jahren ein.

[1]Mio: männl. Vorn., der durch das Kinderbuch »Mio, mein Mio« (1954) von Astrid Lindgren bekannt wurde.

[2]Mio: weibl. Vorn. japanischer Herkunft (japan. *mio* »schöner Kirschbaum«).

[1]Mira: weibl. Vorn., Kurzform von ▸Miroslawa/Miroslava oder von ▸Miranda.

[2]Mira: weibl. Vorn. indischer Herkunft, der auf Sanskrit »erfolgreich, wohlhabend« bedeutet.

Miran: männl. Vorn., Ableitung von *Miroslav* (▸Miroslaw). Im Serbischen und Kroatischen wird der Name auch mit dem Adjektiv *miran* »ruhig, gelassen« in Verbindung gebracht.

Miranda: im 19. Jh. aus dem Englischen übernommener weibl. Vorn., der wohl von Shakespeare für die Heldin seines Schauspiels »Der Sturm« (zu lat. *mīrandus, -a, -um* »wunderbar, bewundernswert«) gebildet wurde. ✧ Bekannte Namensträgerin: Miranda Richardson, britische Schauspielerin (20./21. Jh.). Engl. Aussprache: [mi'rændə].

Mirco: in Deutschland seit den 1960er-Jahren vorkommender männl. Vorn., italienische Schreibweise von ▸Mirko.

Mireia: weibl. Vorn., katalanische Form von ▸Mireille.

Mireille [mi'rɛj]: in den 1970er-Jahren entlehnter weibl. Vorn., französische Form von provenzalisch *Mirèio*. Der Name wurde von F. Mistral für die Titelheldin seiner Verserzählung »Mirèio« (1859) (wohl in Anlehnung an provenz. *mirar* »bewundern«) gebildet. Um Bedenken der katholischen Kirche gegen diesen Namen auszuräumen, erklärte der Dichter anlässlich der Taufe seines Patenkindes i. J. 1861, er habe ihn als provenzalische Form von ▸Miriam geprägt. Eine Vertonung von Mistrals Werk ist die Oper »Mireille« (1864) von Ch. Gounod. ✧ Bekannte Namensträgerin: Mireille Mathieu, französische Sängerin (20./21. Jh.). Italien. Form: *Mirella*. Span. Form: *Mireya*. Katal. Form: *Mireia*.

Mirek: in den 1970er-Jahren entlehnter männl. Vorn., polnische und tschechische Koseform von ▸Miroslaw.

Mirella: um 1950 entlehnter weibl. Vorn., italienische Form von ▸Mireille.

Miren: weibl. Vorn., baskische Form von ▸Maria.

Mireya: weibl. Vorn., spanische Form von ▸Mireille.

Miriam, (auch:) Mirijam: ▸Mirjam.

Mirja: weibl. Vorn., finnische Form von ▸Maria, im Deutschen auch Kurzform von ▸Mirjam.

Mirjam, (auch:) Miriam; Mirijam; Myriam: aus der Bibel übernommener weibl. Vorn. hebräischen (aramäischen) Ursprungs. Die griechische und lateinische Form von *Mirjam* ist ▸Maria.

Mirjan: männl. Vorn., bulgarische Bildung zu einer Kurzform von Namen wie *Miroslav* (▸Miroslaw).

Mirjana: weibl. Vorn., weibliche Form zu ▸Mirjan.

Mirka: weibl. Vorn., Koseform von ▸Miroslawa/Miroslava.

Mirko: männl. Vorn., Koseform von ▸Miroslaw/Miroslav.

Miro: männl. Vorn., dem u.a. eine italienische Kurzform von *Miroslavo* (▸Miroslaw), Vladimiro (▸Wladimir) zugrunde liegen kann.

Miroslaw, (auch:) Miroslav: aus dem Polnischen *(Mirosław)* oder Tschechischen/Slowenischen/Serbischen/Kroatischen *(Miroslav)* übernommener männl. Vorn. (urslaw. **mirъ* »Friede« + urslaw. **slava* »Ruhm, Ehre«). ✧ Bekannter Namensträger: Miroslav Klose, deutsch-polnischer Fußballspieler (20./21. Jh.).

Miroslawa, (auch:) Miroslava: weibl. Vorn., weibliche Form von ▸Miroslaw.

Mirta: weibl. Vorn., spanische und italienische Form von ▸Myrta.

Misaki [mi'saki]: weibl. Vorn. japanischer Herkunft (japan. *misaki* »schön blühen«).

Mischa, (auch:) Mischka: aus dem Russischen übernommener männl. Vorn., Koseform von *Michail* (▸Michael).

[1]Misia: weibl. Vorn. polnischer Herkunft, Koseform von ▸[2]Michalina.

[2]Misia: weibl. Vorn. italienischer Herkunft, bei dem es sich wohl um eine Kurzform von *Artemisia* (▸Artemis) handelt.

Mitch [mɪtʃ]: männl. Vorn., Kurzform von ▸Mitchell.

Mitchell ['mɪtʃəl]: männl. Vorn., ursprünglich ein aus ▸Michael entstandener englischer Familienname.

Mitja: männl. Vorn. russischer Herkunft, Koseform von ▸Dimitri.

Mitsuko ['mitsko]: weibl. Vorn. japanischer Herkunft (japan. *mitsu* »Licht, Schein« + japan. *ko* »Kind«).

Mitzi: ▸Mizzi.

Miyuki [mi'juki]: weibl. Vorn. japanischer Herkunft (»tiefer Schnee«).

Mizzi, (auch:) Mitzi: weibl. Vorn., oberdeutsche Koseform von ▸Maria.

[1]Mo [mɔ]: männl. Vorn. englischer Herkunft, Kurzform von ▸Maurice.

[2]Mo [mɔ]: weibl. Vorn. englischer Herkunft, Kurzform von ▸Maureen.

Moa: weibl. Vorn. schwedischer Herkunft, Kosebildung zu schwed. *mor* »Mutter«.

Moana: in den 1960er-Jahren entlehnter weibl. Vorn. hawaiischer Herkunft (»Ozean«).

Moctezuma [mɔkte'suma]: aus Mexiko stammender männl. Vorn. (Nahuatl *mo* »dein« + Nahuatl *tecuh[tli]* »Herr« + Nahuatl *zoma[lli]* »stirnrunzelnd, finster blickend«: »dein finster blickender Herr«. ✧ Bekannter Namensträger: Moctezuma II., letzter Herrscher des Aztekenreichs (15./16. Jh.).

Modest: männl. Vorn. lateinischen Ursprungs (lat. *modestus, -a, -um* »bescheiden; sanftmütig, besonnen; sittsam«). ✧ Bekannte Namensträger: der heilige Modestus, Glaubensbote in Kärnten (8. Jh.); Namenstag: 3. Dezember; der heilige Märtyrer Modestus (3./4. Jh.), nach der Legende Erzieher des heiligen Vitus; Namenstag: 15. Juni; Modest Mussorgskij, russischer Komponist (19. Jh.).

Modesta: weibl. Vorn., weibliche Form von ▸Modest.

Mogens: männl. Vorn., dänische Form von ▸Magnus.

Mohammed, (auch:) Mohamed: männl. Vorn. arabischen Ursprungs (arab. *muham-*

mad »preiswürdig« zu arab. *ḥamida* »preisen«); als Name des Propheten Mohammed (6./7. Jh.), des Begründers des Islam, der beliebteste männliche Vorname in der gesamten islamischen Welt. Türk. Formen: *Mehmet, Muhammed.*

Mohan: männl. Vorn. indischer Herkunft (sanskrit. *mohana* »der Bezaubernde, der Verzaubernde«), einer der Beinamen Krischnas.

Mohana: weibl. Vorn., weibliche Form von ▸ Mohan.

Mohinder: männl. Vorn., nordindische Form von ▸ Mahendra.

Mohini: weibl. Vorn. indischer Herkunft (zu sanskrit. *muh* »bezaubern«: »die die Männer bezaubert«).

Moira: in den 1970er-Jahren aus dem Englischen übernommener weibl. Vorn., der die Aussprache von *Máire*, der irischen Form von *Mary* (▸ Maria), wiedergibt.

Molly: aus dem Englischen übernommener weibl. Vorn., Koseform – eigentlich Lallform aus der Kindersprache – von *Mary* (▸ Maria). Eine literarische Gestalt ist Molly Bloom in dem Roman »Ulysses« (1922) von James Joyce.

Momme: männl. Vorn., niederdeutsch-friesische Kurzform von *Mombert* (german. **muni* »Geist, Gedanke, Wille«, vgl. mhd. *mun* »Gedanke; Absicht« + ahd. *beraht* »glänzend, berühmt«).

¹Mona: aus dem Englischen [ˈmoʊnə] übernommener weibl. Vorn. irischer Herkunft (zu gäl. *muadh* »edel«). Mona fand Ende des 19. Jh.s zusammen mit anderen irischen Vornamen Eingang in die englische Namengebung. Der Name des berühmten Gemäldes von Leonardo da Vinci hat nichts mit dem Vornamen Mona zu tun. Mona Lisa, eigentlich Madonna Lisa, bedeutet »Frau Lisa«.

²Mona: weibl. Vorn., Kurzform von ▸ Monika und ▸ Ramona.

Mongo: aus Nigeria stammender männl. Vorn., der in der Yoruba-Sprache »berühmt« bedeutet.

Moni: weibl. Vorn., Kurzform von ▸ Monika.

Monia: ▸ Monja.

Monica: ▸ Monika.

Monifa: aus Nigeria stammender weibl. Vorn., der in der Yoruba-Sprache »ich habe mein Glück« bedeutet.

Monika, (auch:) Monica: weibl. Vorn. wohl punischer Herkunft, dessen Bedeutung unklar ist. Namensvorbild ist die heilige Monika (4. Jh.), die Mutter des heiligen Augustinus; NAMENSTAG: 27. August. In Deutschland gehörte Monika von den 1940er- bis zu den 1970er-Jahren zu den beliebtesten weiblichen Vornamen. ✧ Bekannte Namensträgerinnen: Monika Maron, deutsche Schriftstellerin (20./21. Jh.); Monica Seleš, amerikanische Tennisspielerin jugoslawischer Herkunft (20./21. Jh.). Italien. Form: *Monica.* Französ. Form: *Monique* [moˈnik].

Monique [mɔˈnik]: in den 1930er-Jahren entlehnter weibl. Vorn., französische Form von ▸ Monika.

Monja: weibl. Vorn., russische Koseform von *Marija* (▸ Maria) und anderen Namen.

Montse: weibl. Vorn., Kurzform von ▸ Montserrat.

Montserrat: weibl. Vorn. nach der Jungfrau [Maria] von Montserrat, der Patronin von Katalonien, die im gleichnamigen Kloster (< lat. *mons serrātus* »gezackter Berg«) westlich von Barcelona verehrt wird. Der Name ist durch die spanische Opernsängerin Montserrat Caballé (20./21. Jh.) bekannt.

Monty: männl. Vorn., Kurzform der auch als Vornamen verwendeten englischen Familiennamen *Montague* und *Montgomery.* Diese Familiennamen gehen auf französische Ortsnamen zurück, sie gelangten mit der normannischen Eroberung nach England.

Moon [muːn]: weibl. Vorn. englischer Herkunft (engl. *moon* »Mond«).

Mordechai: aus der Bibel übernommener männl. Vorn. hebräischer Herkunft (hebr. *mŏrdekay* »Anhänger des babylonischen Hauptgottes Marduk«). Nach der Bibel war Mordechai der Vormund der Ester und führte diese König Ahasveros zu.

Moreen: ▸Maureen.

Morena: weibl. Vorn., weibliche Form von ▸Moreno.

Moreno: aus dem Italienischen entlehnter männl. Vorn., der auf span. *moreno, -a* »braun« zurückgeht. In Spanien sind Moreno/Morena aber keine Vornamen.

Morgaine [mɔr'gɛn]: weibl. Vorn., ältere Form von ▸Morgane.

[1]**Morgan** ['mɔ:gən]: aus dem Englischen entlehnter männl. Vorn., der auf einen alten walisischen Personennamen und späteren Familiennamen zurückgeht. Die Etymologie dieses Namens ist umstritten. ✧ Bekannter Namensträger: Morgan Freeman, amerikanischer Schauspieler (20./21. Jh.).

[2]**Morgan** ['mɔ:gən]: weibl. Vorn., vor allem in den USA geläufige Variante von ▸Morgana.

Morgana: in Deutschland seit den 1980er-Jahren vorkommender weibl. Vorn. nach einer Gestalt aus den Artussagen. Die Herkunft des Namens ist aber noch ungeklärt. Nach einer Sagenversion nimmt Morgana, die mit ihren Schwestern auf einer magischen Insel lebt, König Artus auf und heilt seine Wunden. Nach einer anderen Fassung ist die Fee Morgana die Halbschwester von König Artus.

Morgane [mɔr'gan]: weibl. Vorn., französische Form von ▸Morgana.

Morice ['mɔrɪs]: männl. Vorn. englischer Herkunft, phonetische Schreibweise von ▸Maurice.

Moritz, (auch:) Moriz: männl. Vorn., der aus lat. *Mauritius*, einer Ableitung von ▸Maurus, entstanden ist. Für die Verbreitung des Namens im Mittelalter ist der heilige Mauritius ausschlaggebend, der mit seinen Gefährten der Thebäischen Legion zu Beginn des 4. Jh.s in der Schweiz bei Agaunum (heute Saint-Maurice) den Martertod erlitt; NAMENSTAG: 22. September. In der Neuzeit kann die Vergabe dieses Namens durch dynastische Vorbilder beeinflusst worden sein, so z. B. in Sachsen durch den Kurfürsten Moritz von Sachsen (16. Jh.). Zurzeit gehört Moritz zu den modischen Vornamen. Sehr bekannt ist die bebilderte Geschichte »Max und Moritz« (1865) von Wilhelm Busch. ✧ Bekannte Namensträger: Ernst Moritz Arndt, deutscher Schriftsteller (18./19. Jh.); Moritz von Schwind, deutscher Maler (19. Jh.); Moritz Bleibtreu, deutscher Schauspieler (20./21. Jh.). Französ. Form: *Maurice* [mo'ris]. Italien. Form: *Maurizio*. Span. Form: *Mauricio* [mau̯'riθi̯o].

Morna ['mɔ:nə]: aus dem Englischen entlehnter weibl. Vorn., Nebenform von ▸Myrna. Morna gehört zu den Namen, die durch »The Works of Ossian« (1765) von James MacPherson (vgl. ▸Malwine) bekannt wurden.

Morowa: aus Ghana stammender weibl. Vorn., der in der Akan-Sprache »Königin« bedeutet.

Morris, engl. Aussprache: ['mɔrɪs]: männl. Vorn., englische Form von ▸Moritz.

Morrison ['mɔrɪsn]: männl. Vorn., ursprünglich ein englischer Familienname (»Sohn des Morris«, ▸Morris).

Morten: männl. Vorn., dänische und norwegische Form von ▸Martin. Eine literarische Gestalt ist der Morten Schwarzkopf in Thomas Manns Roman »Buddenbrooks« (1901).

Mortimer, engl. Aussprache: ['mɔ:tɪmə]: männl. Vorn., ursprünglich ein Familienname nach einem Ortsnamen in der Normandie, der in England seit dem 19. Jh. auch als Vorname gebraucht wird. Eine bekannte literarische Gestalt ist der Mortimer in Schillers »Maria Stuart« (1801).

Morton [mɔ:tn]: männl. Vorn., ursprünglich ein englischer Familienname nach dem häufigen gleichlautenden Ortsnamen (zu altengl. *mōrtūn* »Siedlung am Moor«).

Mosche: männl. Vorn., Nebenform von ▸Moses.

Moses, (überkonfessionelle Form:) Mose: aus der Bibel übernommener männl. Vorn.

ägyptischen Ursprungs (Verkürzung eines theophoren [= einen Gottesnamen enthaltenden] Namens wie Thut-mosis, Ramses [= Ra-mosis], wobei *-mosis* so viel bedeutet wie »geboren aus ..., Sohn des ...«). Nach der Bibel war Moses der Führer der Israeliten aus der ägyptischen Unterdrückung und Mittler zwischen Jahwe und Israel. ✧ Bekannter Namensträger: Moses Mendelssohn, deutscher Philosoph (18. Jh.). Neuhebr. Formen: *Moshe, Mosheh.*

Moshe, (auch:) Mosheh: männl. Vorn., neuhebräische Form von ▸Moses.

Moyo: aus Malawi stammender männl. Vorn., der in der Ngoni-Sprache »Leben, Wohlbefinden, Gesundheit« bedeutet.

Muhammad: männl. Vorn., Variante von ▸Mohammed.

Muhammed, (auch:) Muhamed: männl. Vorn., türkische Form von ▸Mohammed.

Mukami: aus Kenia stammender weibl. Vorn., der in der Kikuju-Sprache »Milchmädchen« bedeutet.

Mukesch, (auch:) Mukesh: männl. Vorn. indischer Herkunft (wohl zu sanskrit. *Muka*, Name eines Dämons, + sanskrit. *īśa* »Herr«: »Herr über Muka«).

Mukondi: aus Kenia stammender weibl. Vorn., der in der Kikuju-Sprache »Tänzerin« bedeutet.

Mukti: weibl. Vorn. indischer Herkunft (»Errettung, Erlösung«).

Muna: weibl. Vorn. arabischen Ursprungs (arab. *muna* »Hoffnung, Wunsch«).

Munim: männl. Vorn. arabischen Ursprungs, verkürzte Form von ▸Abdelmunim.

Munir: männl. Vorn. arabischer Herkunft (arab. *munīr* »strahlend, leuchtend«; *Sirādsch Munīr* »Leuchtende Lampe« ist einer der Beinamen Mohammeds). Türk. Form: *Münir.*

Munira: weibl. Vorn., weibliche Form von ▸Munir. Türk. Form: *Münire.*

Murad: männl. Vorn. arabischer Herkunft (arab. *murād* »erwünscht«). Türk. Form: *Murat.*

Muriel, engl. Aussprache: ['mjʊərɪəl]: im 20. Jh. aus dem Englischen übernommener weibl. Vorn. keltischen (bretonischen/irischen) Ursprungs (vgl. den irischen Namen *Muirgheal*, zusammengesetzt aus *muir* »die See« und *geal* »glänzend«). Der Name ist wohl mit Wilhelm dem Eroberer von Nordfrankreich nach England gelangt und wurde dort seit der zweiten Hälfte des 19. Jh.s neu belebt. ✧ Bekannte Namensträgerin: Muriel Spark, englische Schriftstellerin (20./21. Jh.). Französ. Form: *Murielle* [my'rjɛl].

Musa, (auch:) Mussa ['mu:sa:]: männl. Vorn., arabische Form von *Mose* (▸Moses); auch türkisch [mu'sa].

Mustafa: männl. Vorn. arabischen Ursprungs (arab. *muṣṭafa* »erwählt« zu arab. *aṣṭafa* »wählen«). Als Beiname des Propheten Mohammed (*Al-Mustafa* »der Erwählte«) ist Mustafa ein sehr häufiger Name in der gesamten islamischen Welt. ✧ Bekannter Namensträger: Mustafa Kemal, bekannt als Atatürk »Vater der Türken« (19./20. Jh.), Begründer der modernen Türkei.

My [my:]: weibl. Vorn. schwedischer Herkunft nach dem griechischen Buchstaben μ (m).

Mylène [mi'lɛn], (eingedeutscht:) Mylene: in den 1960er-Jahren aus dem Französischen entlehnter weibl. Vorn., durch Zusammenziehung entstandene Form von *Marie-Hélène* (▸Maria, ▸Helene). ✧ Bekannte Namensträgerin: Mylène Farmer, französische Sängerin (20./21. Jh.).

Myles: ▸Miles.

Myra ['maɪərə]: weibl. Vorn., der von dem englischen Dichter Fulke Greville (16./17. Jh.) geprägt wurde. Möglicherweise wurde der Name als Anagramm von ▸Mary, als vereinfachte Form von ▸Myrrha oder zu lat. *mīrāri* »bewundern« gebildet.

Myriam: ▸Mirjam.

Myrna ['mə:nə]: weibl. Vorn., englische Form eines irischen Namens zu gäl. *muirne* »freundlich, geliebt«.

Myron ['maɪərən]: um 1970 aus dem Englischen entlehnter männl. Vorn. griechischen Ursprungs (zu griech. *mýrōn* »Öl, parfümierte Salbe«). Diesen Namen trugen einige frühchristliche Märtyrer und Heilige. ✧ Bekannter Namensträger: Myron, griechischer Bildhauer (5. Jh. v. Chr.), dessen Werke (z. B. der »Diskobol« = Diskuswerfer) nur in römischen Kopien erhalten sind.

Myrrha, (auch:) Myrra: weibl. Vorn. griechischen Ursprungs (griech. *mýrra* »Myrrhe«, ein wohlriechendes Harz). In Ovids »Metamorphosen« (entstanden um 1 n. Chr. bis 10 n. Chr.) liebt Myrrha ihren eigenen Vater. Sie wird von den Göttern in einen Myrrhenbaum verwandelt, aus dessen Stamm Adonis geboren wird.

Myrta, (auch:) Myrtha; Myrte; Myrthe: weibl. Vorn., der mit dem Pflanzennamen (griech. *mýrtos* »Myrthe«) identisch ist. Span. und italien. Form: *Mirta*.

n

Naa̱ma: weibl. Vorn. biblischer Herkunft (hebr. *na'amā* »Liebreiz, Anmut«). Im Alten Testament ist Naama die Tochter Lamechs.

Nabi̱l: männl. Vorn. arabischen Ursprungs (arab. *nabīl* »edel, ehrenwert«); auch türkisch.

Nabi̱la: weibl. Vorn., weibliche Form von ▸ Nabil. Türk. Form: *Nabilẹ*.

Nachma̱n: ▸ Nahman.

Nacho ['natʃo]: männl. Vorn., spanische Koseform von *Ignacio* (▸ Ignatius).

Nạda: weibl. Vorn., russische Kurzform von ▸ Nadjeschda.

Nadège [na'dɛʒ]: weibl. Vorn., französische Form von ▸ Nadjeschda.

Nạdia: ▸ [1]Nadja, ▸ [2]Nadja. ✧ Bekannte Namensträgerin: Nadia Boulanger, französische Komponistin und Musikpädagogin (19./20. Jh.).

Nadi̱n: weibl. Vorn., die französische Aussprache wiedergebende deutsche Variante von ▸ Nadine.

Nadi̱ne, französ. Aussprache: [na'din], (auch:) Nadi̱na: weibl. Vorn., französische Weiterbildung von ▸ [1]Nadja, auch im Englischen geläufig [neɪ'di:n]. In Deutschland gehörte Nadine Ende der 1970er- bis Anfang der 1990er-Jahre zu den beliebtesten Vornamen. ✧ Bekannte Namensträgerin: Nadine Gordimer, südafrikanische Schriftstellerin (20./21. Jh.).

Nạdir: männl. Vorn. arabischen Ursprungs (arab. *nādir* »selten, kostbar«); auch türkisch.

Nạdira: weibl. Vorn., weibliche Form von ▸ Nadir. Türk. Form: *Nadirẹ*.

[1]Nạdja, (auch:) Nạdia; Nạdya: aus dem Russischen übernommener weibl. Vorn., Kurzform von ▸ Nadjeschda. Eine literarische Gestalt ist die Nadja in dem gleichnamigen Roman von A. Breton (1928). ✧ Bekannte Namensträgerinnen: Nadja Tiller, österreichische Filmschauspielerin (20./21. Jh.); Nadja Auermann, deutsches Topmodel (20./21. Jh.).

[2]Nạdja, (auch:) Nạdia; Nạdya: weibl. Vorn. arabischer Herkunft (zu arab. *nadan* »Morgentau« oder »Großzügigkeit«).

Nadja̱na: weibl. Vorn., Weiterbildung von ▸ [1]Nadja.

Nadjẹschda: weibl. Vorn. russischer Herkunft (russ. *nadežda* »Hoffnung«).

Nạdya: ▸ [1]Nadja, ▸ [2]Nadja.

Naë̱mi: weibl. Vorn., Nebenform von ▸ Noemi.

Naftali̱: aus der Bibel übernommener männl. Vorn. hebräischer Herkunft (hebr. *naptālī*, zu einer Wurzel *ptl* »kämpfen, ringen«). Nach der Bibel war Naftali, der Ahnherr des gleichnamigen Stammes, ein Sohn Jakobs und Bilhas. Span. Form: *Neftali̱*.

Nagẹndra: männl. Vorn. indischer Herkunft (sanskrit. *nāgendra* »große Schlange«).

Nahe̱le: männl. Vorn. hawaiischer Herkunft (»Wald«).

Nạhid: weibl. Vorn. persischer Herkunft (pers. *nāhīd* »der Stern Venus«).

Nahla ['nahla]: weibl. Vorn. arabischer Herkunft (arab. *nahla* »ein Schluck Wasser« zu arab. *nahala* »den Durst löschen«).

Nahman [nax'ma:n], (auch:) Nachma̱n: männl. Vorn., neuhebräische Form von ▸ Nahum.

Nahu̱m: aus der Bibel übernommener männl. Vorn. hebräischen Ursprungs (Kurzform von Namen wie ▸ Nehemia oder »Tröster«). Neuhebr. Form: *Nahman* [nax'ma:n].

Na̱il: männl. Vorn. arabischen Ursprungs (arab. *nā'il* »jemand, der [seine Ziele] erreicht«, von *nāla* »erreichen«); auch türkisch.

Naila, (auch:) Nayla: weibl. Vorn.; weibliche Form von ▸Nail. Türk. Form: *Naile*.

Naim: männl. Vorn. arabischen Ursprungs (arab. *na'īm* »sorglos, glücklich« zu arab. *na'ima* »ohne Sorgen sein«); auch türkisch.

Naima: weibl. Vorn.; weibliche Form von ▸Naim. Türk. Form: *Naime*.

Naira: weibl. Vorn. südamerikanischer Herkunft, der auf Quechua »große Augen« bedeutet.

Naja: aus Grönland entlehnter weibl. Vorn. mit der Bedeutung »kleine Schwester«.

Najma, (auch:) Nejma ['nædʒma]; (eingedeutscht:) Nedschma: weibl. Vorn. arabischen Ursprungs (arab. *nadschma* »Stern«).

¹Nana: weibl. Vorn., französische Koseform von ▸Anna. Eine bekannte literarische Gestalt ist die Nana Coupeau in Émile Zolas Roman »Nana« (1879/80). ✧ Bekannte Namensträgerin: Nana Mouskouri, griechische Sängerin (20./21. Jh.).

²Nana: in Kenia und Tansania vorkommender weibl. Vorn., der auf Suaheli »Dame« bedeutet.

Nancy ['nænsɪ]: im 19. Jh. aus dem Englischen übernommener weibl. Vorn., Koseform (Lallform) von *Anne* (▸Anna). ✧ Bekannte Namensträgerin: Nancy Sinatra, amerikanische Schlagersängerin (20./21. Jh.).

¹Nanda: weibl. Vorn., weibliche Form von ▸Nando.

²Nanda: weibl. Vorn. indischer Herkunft (sanskrit. *nanda* »Freude«).

Nandine: weibl. Vorn., deutsche Erweiterung von ▸¹Nanda.

Nando: männl. Vorn., Kurzform von italienisch ▸Ferdinando oder spanisch ▸Fernando.

Nandolf: alter deutscher männl. Vorn. (ahd. *nand* [nur noch in Namen belegt] »kühn, wagemutig«, vgl. ahd. *nenden* »wagen« + ahd. *wolf* »Wolf«).

Nane: weibl. Vorn., aus der Kindersprache stammende Lallform verschiedener Vornamen (z. B. ▸Christiane).

Nanea: weibl. Vorn., latinisierte Form von ▸Nane.

Nanette, (auch:) Nanett: ▸Nannette.

Nani: weibl. Vorn. hawaiischer Herkunft (»Schönheit, Glanz«).

Nanna, (auch:) Nanne: weibl. Vorn., aus der Kindersprache stammende Lallform von ▸Anna und anderen Vornamen.

Nannette, (auch:) Nanette; Nanett; französ. Aussprache: [na'nɛt]: weibl. Vorn., französische Koseform von *Anne* (▸Anna).

Nanni: weibl. Vorn., Koseform von ▸Nanna.

Nannina: weibl. Vorn., Erweiterung von ▸Nanna, auch italienische Koseform von ▸Giovanna.

Nanno: männl. Vorn., Kurzform von Namen, die mit »Nant-« beginnen (z. B. ▸Nantwin).

Nanny: weibl. Vorn., Variante von ▸Nanni oder englische Koseform ['nænɪ] von ▸Ann.

Nanon [na'nõ]: weibl. Vorn., französische Koseform von ▸Anna.

Nantwin: alter deutscher männl. Vorn. (ahd. *nand* [nur noch in Namen belegt] »kühn, wagemutig«, vgl. ahd. *nenden* »wagen«, + ahd. *wini* »Freund«).

¹Naomi, engl. Aussprache: ['neɪəmɪ]: weibl. Vorn., englische Form von ▸Noemi. ✧ Bekannte Namensträgerin: Naomi Campbell, amerikanisches Topmodel (20./21. Jh.).

²Naomi: weibl. Vorn. japanischer Herkunft (japan. *nao* »Ehrlichkeit« + japan. *mi* »Schönheit«).

Narasimha: männl. Vorn. indischer Herkunft (sanskrit. *nara* »Mann« + sanskrit. *simha* »Löwe«: »Löwenmann«), Name einer Inkarnation von Wischnu.

Narcisa: weibl. Vorn., italienische [nar'tʃi:za] und spanische [nar'θisa] Form von ▸Narcissa.

Narciss, (auch:) Narziß: männl. Vorn. griechisch-lateinischen Ursprungs (lat. *narcissus* < griech. *nárkissos* »Narzisse«). Nach der griechischen Sage war Nárkissos ein außerordentlich schöner Jüngling, der sein

Gesicht in einer Quelle erblickte und aus Liebe zu sich selbst starb. Nach seinem Tod wurde er in eine Narzisse verwandelt. Eine literarische Gestalt ist der Narziß in Hermann Hesses Erzählung »Narziß und Goldmund« (1930).

Narcissa: weibl. Vorn., weibliche Form von ▸ Narciss. Italien. Form: *Narcisa* [nar'tʃi:za]. Span. Form: *Narcisa* [nar'θisa].

Narendra: männl. Vorn. indischer Herkunft (sanskrit. *narendra* »großer Mann«, »Fürst«, »Heiler«).

Naresch, (auch:) Naresh: männl. Vorn. indischer Herkunft (sanskrit. *nara* »Mann« + sanskrit. *īśa* »Herrscher«).

Narinder: männl. Vorn., nordindische Form von ▸ Narendra.

Narmin: weibl. Vorn. persischer Herkunft, der »weich« bedeutet.

Nasir: männl. Vorn., türkische Form von ▸ Nassir.

Nasr, (auch:) Nasser: männl. Vorn. arabischen Ursprungs (arab. *naṣr* »Sieg«).

Nasra: weibl. Vorn., weibliche Form von ▸ Nasr.

Nasser: ▸ Nasr.

Nassim: männl. Vorn. arabischer Herkunft (arab. *nasīm* »Brise; Lebenshauch« zu arab. *nasama* »sanft wehen«).

Nassima: weibl. Vorn., weibliche Form von ▸ Nassim.

Nassir: männl. Vorn. arabischen Ursprungs (arab. *nāṣir* »jemand, der hilft, den Sieg zu erringen«). Türk. Form: *Nasir.*

Nassira: weibl. Vorn., weibliche Form von ▸ Nassir.

Nastasja, (auch:) Nastasia; Nastassja: in der zweiten Hälfte des 20. Jh.s aus dem Russischen übernommener weibl. Vorn., Kurzform von ▸ Anastasia. ✧ Bekannte Namensträgerin: Nastassja Kinski, deutsche Filmschauspielerin (20./21. Jh.).

Nastja: weibl. Vorn., Kurzform von ▸ Nastasja.

Nat [næt]: männl. Vorn., englische Kurzform von ▸ Nathan und ▸ Nathanael. ✧ Bekannter Namensträger: Nat King Cole, amerikanischer Jazzmusiker (20. Jh.).

Natali: weibl. Vorn., verkürzte Form von ▸ Natalie.

Natalie, (auch:) Natalia; Nathalie: weibl. Vorn. lateinischen Ursprungs, »die am Geburtstag Christi (Weihnachten) Geborene« (zu lat. *[diēs] nātālis* »[Tag der] Geburt«, womit zunächst das heidnische Fest *natalis Solis invicti* gemeint war, der Geburtstag des unbesiegten Sonnengottes; frühestens seit dem 4. Jh. wurde der Name auch auf das Fest von Christi Geburt bezogen). Der Name wurde häufig in der Dichtung verwendet, z. B. von Goethe im Roman »Wilhelm Meisters Lehrjahre« (1795/96) und von Kleist im Schauspiel »Prinz Friedrich von Homburg« (1821). Eine weitere literarische Gestalt ist die Natalie in Stifters Roman »Der Nachsommer« (1857). Der Name, der im 19. Jh. recht beliebt war, wurde Ende der 1960er-Jahre neu belebt. ✧ Bekannte Namensträgerinnen: die heilige Natalia von Nikomedien (3./4. Jh.); NAMENSTAG: 1. Dezember; Natalia Ginzburg, italienische Schriftstellerin (20. Jh.); Natalie Imbruglia, australische Schauspielerin und Popsängerin (20./21. Jh.); Natalie Portman, israelisch-amerikanische Schauspielerin (20./21. Jh.). Französ. Formen: *Natalie, Nathalie.* Engl. Form: *Natalie* ['nætəlɪ]. Russ. Form: *Natalja.*

Natalina: weibl. Vorn., italienische Koseform von ▸ Natalie.

Natalja: weibl. Vorn., russische Form von ▸ Natalie. ✧ Bekannte Namensträgerin: Natalja Gontscharowa, russische Malerin und Bühnenbildnerin (19./20. Jh.).

Nataly: ▸ Natali.

Natan: ▸ Nathan.

Natanaël: ▸ Nathanael.

Natanja: weibl. Vorn., russische Koseform von ▸ Natalja.

Naradsch, (auch:) Nataraj [nata'ra:dʒ]: männl. Vorn. indischer Herkunft (sanskrit. *nata* »tanzen« + sanskrit. *rāja* »König«: »König der Tänzer«), Beiname von Schiwa.

Natascha: im 20. Jh. aus dem Russischen übernommener weibl. Vorn., Koseform von *Natalja* (▸ Natalie). Eine bekannte literarische Gestalt ist die Natascha in Leo Tolstois Roman »Krieg und Frieden« (1868/69).

Nathalie: ▸ Natalie. ✧ Bekannte Namensträgerin: Nathalie Sarraute, französische Schriftstellerin russischer Herkunft (20. Jh.).

Nathan, (überkonfessionelle Form:) Natan: männl. Vorn. hebräischen Ursprungs (Kurzform von ▸ Jonathan »Jahwe hat gegeben«). Nach der Bibel war Nathan ein Prophet, der David nach dem Ehebruch mit Bathseba und dem Mord an Uria das Urteil Gottes verkündete. Bekannt ist der Name durch Lessings Schauspiel »Nathan der Weise« (1779).

Nathanael, (überkonfessionelle Form:) Natanaël: männl. Vorn. hebräischen Ursprungs (»Gott hat gegeben«). Eine literarische Gestalt ist der Nathanael in E. T. A. Hoffmanns Nachtstück »Der Sandmann« (1817). ✧ Bekannter Namensträger: Nathanael West, amerikanischer Schriftsteller (20. Jh.).

Nathaniel [nəˈθænjəl]: männl. Vorn., englische Form von ▸ Nathanael. ✧ Bekannter Namensträger: Nathaniel Hawthorne, amerikanischer Schriftsteller (19. Jh.).

Nausikaa, (auch:) Nausika: aus der griechischen Sage übernommener weibl. Vorn. In der »Odyssee« ist Nausikaa die Tochter von Alkinoos, dem König der Phäaken. Sie findet den schiffsbrüchigen Odysseus am Strand auf, versorgt ihn mit Kleidung und weist ihm den Weg zum Palast ihres Vaters.

Nava: weibl. Vorn. neuhebräischer Herkunft (neuhebr. *navā* »die Schöne, Liebliche«).

Naveed [naˈviːd]: männl. Vorn., englische Schreibweise von ▸ Nawid.

Navin: männl. Vorn. indischen Ursprungs (»der Neue«).

Navina: weibl. Vorn. indischen Ursprungs (»die Neue«).

Nawid: männl. Vorn. persischer Herkunft (pers. *navīd* »frohe Kunde«). Engl. Schreibweise: *Naveed.* ✧ Bekannter Namensträger: Navid Kermani, deutscher Schriftsteller iranischer Herkunft (20./21. Jh.).

Nayla: ▸ Naila.

Nazli [ˈnaːzliː]: weibl. Vorn. persischer Herkunft (pers. *nāzlī* »kokett«).

Nea: weibl. Vorn., schwedische Kurzform von ▸ Linnea.

Neal: ▸ Neil.

Nechama: ▸ Nehama.

Ned: männl. Vorn., englische Kurzform von *Edward* (▸ Eduard).

Nedschma: ▸ Najma.

Neele, (auch:) Neela: weibl. Vorn., niederdeutsch-friesische Kurzform von ▸ Cornelia.

Neels: männl. Vorn., friesische Kurzform von ▸ Cornelius.

Neeltje: weibl. Vorn., niederdeutsch-friesische Koseform von ▸ Cornelia.

Neftalí: männl. Vorn., spanische Form von ▸ Naftali.

Nehama, (auch:) Nechama: weibl. Vorn. neuhebräischer Herkunft, weibliche Form von ▸ Nahman.

Nehemia: männl. Vorn. hebräischen Ursprungs (hebr. *nḥæmyā* »Jahwe hat getröstet«). Nach der Bibel war Nehemia der jüdische Mundschenk des Perserkönigs Artaxerxes I. Engl. Form: *Nehemiah* [niːhɪˈmaɪə].

Neidhard, (auch:) Neidhart: alter deutscher männl. Vorn. (ahd. *nīd* »[Kampfes]groll, feindselige Gesinnung« + ahd. *harti, herti* »hart, kräftig, stark«). ✧ Bekannter Namensträger: Neidhart von Reuenthal, mittelhochdeutscher Dichter (12./13. Jh.).

Neil, (auch:) Neal [niːl]: männl. Vorn., englische Form des gälischen Namens *Niall,* dessen Bedeutung umstritten ist (»Kämpfer«, »Wolke« oder »leidenschaftlich«). Der Name wurde seit dem Mittelalter in Irland und Schottland häufig vergeben, im 20. Jh. fand er in der ganzen englischsprachigen Welt Verbreitung. ✧ Bekannter Namensträger: Neil Young, kanadischer Sänger und Musiker (20./21. Jh.).

Nejma [ˈnædʒma]: ▸ Najma.

Nekane: weibl. Vorn., baskische Form des

spanischen Vornamens ▸Dolores (zu bask. *neke* »Leid, Schmerz« + weibliche Endung *-ne*).

Nele, (auch:) Neele; Nela; Neela: weibl. Vorn., niederdeutsch-friesische Kurzform von ▸Cornelia. Zurzeit gehören Nele und Neele zu den modischen Mädchennamen.

Nelia: weibl. Vorn., Kurzform von ▸Cornelia.

Nelio: männl. Vorn., Kurzform von ▸Cornelio.

Nella: weibl. Vorn., Kurzform von ▸Cornelia, ▸Petronella und italienischen Namen auf »-nella« (z.B. ▸Antonella, ▸Ornella).

Nelli, (auch:) Nelly: weibl. Vorn., Kurzform von ▸Cornelia, ▸Petronella.

Nelly: weibl. Vorn., englische Lallform aus der Kindersprache von *Helen* (▸Helene) oder *Elinor* (▸Eleonore). ✧ Bekannte Namensträgerinnen: Nelly Sachs, deutsche Lyrikerin (19./20. Jh.); Nelly Furtado, portugiesisch-kanadische Sängerin und Songwriterin (20./21. Jh.).

Nelson [nɛlsn]: männl. Vorn., ursprünglich ein englischer Familienname (»Sohn des Nel«, ▸Neil). Die Verwendung als Vorname erfolgte zunächst wohl in Andenken an Lord Nelson, den britischen Admiral, der i.J. 1805 die französische und spanische Flotte bei Trafalgar besiegte. ✧ Bekannter Namensträger: Nelson Mandela, südafrikanischer Staatsmann (20./21. Jh.).

Nemo: männl. Vorn. (zu lat. *nēmo* »niemand«), der entweder auf Kapitän Nemo, die Hauptgestalt des Romans »Zwanzigtausend Meilen unter dem Meer« (1870) von Jules Verne, oder auf den Clownfisch Nemo aus dem Film »Findet Nemo« (2003) zurückgeht.

Nena: weibl. Vorn., Lallform aus der Kindersprache zu verschiedenen Vornamen, z.B. im Italienischen von *Maddalena* (▸Magdalena). Im Spanischen tritt Nena (span. *nena* »kleines Mädchen«) nicht als Vorname auf, sondern nur als kosende Anredeform im engsten Familienkreis (etwa wie dt. Püppi). Der Name wurde in Deutschland als Künstlername der Popsängerin Nena (eigtl. Gabriele Susanne Kerner) Anfang der 1980er-Jahre bekannt. Seit dieser Zeit begegnet Nena gelegentlich als Vorname.

Neo: männl. Vorn., der durch Neo (zu griech. *néos* »neu«), den Helden der amerikanischen Filmtrilogie »Matrix« (1999–2003), bekannt wurde. ✧ Bekannter Namensträger: Neo Rauch, deutscher Maler (20./21. Jh.).

Nepomuk: männl. Vorn. nach dem heiligen Johannes Nepomuk. Der Beiname des Heiligen, der im 14. Jh. Generalvikar des Prager Erzbischofs war, geht auf seinen Geburtsort Pomuk (Böhmen) zurück. Nach der Legende wurde er von König Wenzel gefoltert und in der Moldau ertränkt, weil er über die Beichte der Königin Schweigen wahrte. Er wird oft als Brückenheiliger dargestellt und ist der Landespatron von Böhmen; NAMENSTAG: 16. Mai. Eine literarische Gestalt ist der Nepomuk in Thomas Manns Roman »Doktor Faustus« (1947). ✧ Bekannter Namensträger: Johann Nepomuk Nestroy, österreichischer Schriftsteller und Schauspieler (19. Jh.).

Nerea: in Spanien geläufiger weibl. Vorn., weibliche Form von *Nereus*. In der griechischen Mythologie war Nereus ein Wasser- und Meeresgott.

Nerina: in den 1970er-Jahren aus dem Italienischen entlehnter weibl. Vorn. griechisch-lateinischen Ursprungs (lat. *Nērīnē* < griech. *Nērēínē* »Nereide«), gelegentlich auch weibliche Form von italien. *Neri*, Kurzform von *Raineri* (▸Rainer).

Nesta: weibl. Vorn., walisische Koseform von ▸Agnes.

Nestor: männl. Vorn. griechischen Ursprungs, der auf griech. *Néstōr*, den Helden der Ilias und der Odyssee, zurückgeht. Nach der griechischen Sage führte Nestor im hohen Alter 90 Schiffe gegen Troja, wobei er sich durch seine weisen Ratschläge und seine Beredsamkeit auszeichnete.

Neta: weibl. Vorn., Kurzform von ▸Agneta.

Netanel: aus der Bibel übernommener

männl. Vorn. hebräischer Herkunft (hebr. *netan'ēl* »Gott hat gegeben«). Im Alten Testament Name mehrerer Personen, unter anderem eines Stammesführers.

Netti, (auch:) Netty: weibl. Vorn., Koseform von Namen, die auf »-nette« enden (z.B. ▸ Annette).

Nevaeh [ne'veɪɑ]: weibl. Vorn. angloamerikanischer Herkunft, der aus dem rückwärtsgeschriebenen Wort engl. *heaven* »Himmel« gebildet wurde.

Neven: männl. Vorn. serbischer/kroatischer Herkunft nach einer Blumenbezeichnung (serb., kroat. *neven* »Ringelblume, Immortelle«).

Nevenka: weibl. Vorn., Koseform und weibliche Bildung zu ▸ Neven.

Neville ['nɛvɪl]: aus dem Englischen entlehnter männl. Vorn., ursprünglich ein normannischer Familienname nach einem französischen Ortsnamen mit der Bedeutung »neue Stadt«, seit der zweiten Hälfte des 19. Jh.s auch als Vorname geläufig.

Nevio: männl. Vorn. italienischer Herkunft, der auf den römischen Geschlechternamen *Naevius* (zu lat. *naevus* »Muttermal«) zurückgeht.

Newton [nju:tn]: männl. Vorn., ursprünglich ein englischer Familienname nach dem häufigen gleichlautenden Ortsnamen (»neue Siedlung, neue Stadt«).

Ngaio: aus Neuseeland stammender weibl. Vorn., dem die Maori-Bezeichnung für einen einheimischen Baum zugrunde liegt, der zur Holzgewinnung angebaut wird.

Nia: weibl. Vorn., der auf Suaheli »Ziel, Zweck, Absicht« zurückgeht. Der Name ist in Deutschland durch die 1980 in Botswana geborene Fußballspielerin Nia T. Künzer bekannt geworden.

Niaz [ni'a:z]: männl. Vorn. persischer Herkunft (persisch *niāz* »Gebet, Opfer«).

Nic: männl. Vorn., Kurzform von ▸ Nikolaus.

Nica: weibl. Vorn., Kurzform von ▸ ²Nicola, ▸ Domenica, ▸ Dominica.

Nicholas ['nɪkələs]: männl. Vorn., englische Form von ▸ Nikolaus.

Nick: männl. Vorn., englische Kurzform von *Nicholas* (▸ Nikolaus). ✧ Bekannter Namensträger: Nick Nolte, amerikanischer Schauspieler (20./21. Jh.).

¹Nicki, (auch:) ¹Niki: männl. Vorn., Koseform von ▸ Nikolaus.

²Nicki, (auch:) ²Niki: weibl. Vorn., Koseform von ▸ ²Nikola und ▸ Nicole.

Nicklas: ▸ Niklas.

Nicko: ▸ Nico.

¹Nicky: männl. Vorn., Schreibvariante von ▸ ¹Nicki, auch englische Koseform von ▸ Nick.

²Nicky: weibl. Vorn., Schreibvariante von ▸ ²Nicki, auch englisch.

Nicla: weibl. Vorn., italienische Kurzform von ▸ ²Nicola.

Niclas: ▸ Niklas.

Nico: männl. Vorn., Kurzform von *Nicolaus* oder von italienisch *Nicola* (▸ Nikolaus). ✧ Bekannter Namensträger: Nico Dostal, österreichischer Operettenkomponist (19./20. Jh.).

¹Nicol: ▸ Nikol.

²Nicol: weibl. Vorn., eindeutschende, die französische Aussprache wiedergebende Form von ▸ Nicole.

¹Nicola: männl. Vorn., italienische Form von ▸ Nikolaus.

²Nicola, (auch:) Nicola: in den 1960er-Jahren aus dem Italienischen übernommener weibl. Vorn., identisch mit ▸ ¹Nicola.

Nicolai: ▸ Nikolai.

Nicolas [nikɔ'lɑ]: im 20. Jh. entlehnter männl. Vorn., französische Form von ▸ Nikolaus. ✧ Bekannter Namensträger: Nicolas Poussin, französischer Maler (16./17. Jh.).

Nicolaus: ▸ Nikolaus.

Nicole [ni'kɔl]: im 20. Jh. aus dem Französischen übernommener weibl. Vorn., weibliche Form von *Nicolas* (▸ Nikolaus). In den 1970er- und 1980er-Jahren gehörte Nicole zu den beliebtesten Mädchennamen. ✧ Bekannte Namensträgerinnen: Nicole Heesters, deutsche Schauspielerin (20./21. Jh.); Nicole Kidman, australische Filmschauspielerin (20./21. Jh.).

Nicoletta: weibl. Vorn., italienische Koseform von ▸ [2]Nicola.

Nicolette [nikɔˈlɛt]: weibl. Vorn., französische Koseform von ▸ Nicole.

Nicolina: weibl. Vorn., italienische Koseform von ▸ [2]Nicola.

Nicoline [nikɔˈlin]: weibl. Vorn., französische Koseform von ▸ Nicole.

Nicolo: männl. Vorn., italienische Form (eigentlich *Nicolò*) von ▸ Nikolaus.

Niel: ▸ Neil.

Niels: männl. Vorn., dänische Form von ▸ Nikolaus. ✧ Bekannte Namensträger: Niels Wilhelm Gade, dänischer Komponist und Dirigent (19. Jh.); Niels Bohr, dänischer Physiker (19./20. Jh.).

Nigel [naɪdʒl]: in den 1980er-Jahren aus dem Englischen entlehnter männl. Vorn., der aus der Latinisierung des gälischen Namens *Niall* (▸ Neil) als *Nigellus* hervorgegangen ist. ✧ Bekannter Namensträger: Nigel Kennedy, britischer Violinist (20./21. Jh.).

Niilo: männl. Vorn., finnische Form von ▸ [1]Nilo.

Nik: männl. Vorn., Kurzform von ▸ Nikolaus.

Nika: weibl. Vorn., Kurzform von ▸ [2]Nikola oder ▸ Veronika.

Nike: weibl. Vorn. griechischen Ursprungs, der auf griech. *Nike*, die Göttin des Sieges, zurückgeht (griech. *níkē* »Sieg«). ✧ Bekannte Namensträgerin: Nike Wagner, deutsche Publizistin und Dramaturgin (20./21. Jh.).

[1]Niki: ▸ [1]Nicki. ✧ Bekannter Namensträger: Niki Lauda, österreichischer Automobilrennfahrer (20./21. Jh.).

[2]Niki: ▸ [2]Nicki. ✧ Bekannte Namensträgerin: Niki de Saint Phalle, französische Bildhauerin und Malerin (20./21. Jh.).

Nikias: männl. Vorn. griechischer Herkunft (zu griech. *níkē* »Sieg«). ✧ Bekannter Namensträger: Nikias, athenischer Feldherr und Politiker (5. Jh. v. Chr.).

[1]Nikita: im 20. Jh. entlehnter männl. Vorn., russische Form des griechischen Namens *Nikētas* (zu griech. *níkē* »Sieg«). Namensvorbild ist der heilige Niketas, Märtyrer in Konstantinopel (4. Jh.); NAMENSTAG: 15. September. ✧ Bekannter Namensträger: Nikita Chruschtschow, sowjetischer Staatsmann (19./20. Jh.).

[2]Nikita: weibl. Vorn., identisch mit ▸ [1]Nikita. Die Verwendung als weiblicher Vorname seit den 1990er-Jahren geht auf die eiskalte Killerin und Titelheldin eines französisch-italienischen Films (1990) zurück; sie erhielt ihren Namen nach einem Lied von Elton John.

[1]Nikki: männl. Vorn., Koseform von ▸ Nikolaus.

[2]Nikki: weibl. Vorn., Koseform von ▸ [2]Nikola, ▸ Nicole.

Niklaas: in den 1990er-Jahren entlehnter männl. Vorn., niederländische Form von ▸ Niklas.

Niklas, (auch:) Nicklas; Niclas: männl. Vorn., Kurzform von ▸ Nikolaus. Der Vorname ist in den 1960er-Jahren wieder aufgegriffen worden und gehört noch immer zu den beliebten Jungennamen. ✧ Bekannter Namensträger: Niklas von Wyle, schweizerischer Humanist (15. Jh.).

Niklaus: männl. Vorn., schweizerische Kurzform von ▸ Nikolaus.

Niko: männl. Vorn., Kurzform von ▸ Nikolaus.

Nikodemus, (auch:) Nikodem: aus der Bibel übernommener männl. Vorn. griechischen Ursprungs, eigentlich etwa »Volkssieger« (griech. *Nikódēmos*, zu griech. *níkē* »Sieg« und *dēmos* »Volk«). Nach der Bibel war Nikodemus ein Schriftgelehrter. Er trat für Jesus ein und beteiligte sich an seiner Bestattung; NAMENSTAG: 3. August.

Nikol, (auch:) Nicol: männl. Vorn., Kurzform von ▸ Nikolaus.

[1]Nikola: männl. Vorn., eindeutschende Schreibung von italienisch ▸ [1]Nicola.

[2]Nikola: weibl. Vorn., weibliche Bildung zu ▸ Nikolaus. Eine literarische Gestalt ist die Nikola von Einstein in dem Roman »Abu Telfan« (1868) von Wilhelm Raabe.

Nikolai, (auch:) Nikolaj; Nicolai; (russ. Betonung:) Nikolaj: männl. Vorn., russische Form von ▸Nikolaus. ✧ Bekannte Namensträger: Nikolaj W. Gogol, russischer Schriftsteller (19. Jh.); Nikolaj S. Leskow, russischer Schriftsteller (19. Jh.); Nikolaj A. Rimski-Korsakow; russischer Komponist (19./20. Jh.); Nicolai Hartmann, deutscher Philosoph (19./20. Jh.).

Nikolaos: männl. Vorn., griechische (*Nikólaos*) Form von ▸Nikolaus.

Nikolas: männl. Vorn., eindeutschende Schreibung von französisch ▸Nicolas.

Nikolaus, (auch:) Nicolaus; Nikolaus: männl. Vorn. griechischen Ursprungs (griech. *Nikólaos*, zu griech. *níkē* »Sieg« und *laós* »Volk, Kriegsvolk«). Nikolaus fand im Mittelalter Verbreitung als Name des heiligen Nikolaus, der im 4. Jh. Bischof von Myra (Lykien) war; NAMENSTAG: 6. Dezember. Um seine Person bildeten sich zahlreiche Legenden. Er wurde zunächst in der Ostkirche verehrt, dann breitete sich sein Kult auch im Abendland aus. Er war im Mittelalter in Deutschland Patron der Schüler und zahlreicher Stände. In der ersten Hälfte des 20. Jh.s war die Kurzform *Klaus* ein häufiger Vorname, zurzeit erfreut sich die Form *Niklas* großer Beliebtheit. ✧ Bekannte Namensträger: Nikolaus von Kues, deutscher Philosoph und Theologe (15. Jh.); der heilige Nikolaus von der Flüe (15. Jh.); NAMENSTAG: 25. September; Nikolaus Kopernikus, deutscher Astronom (15./16. Jh.); Nikolaus Lenau, österreichischer Dichter (19. Jh.); Nikolaus August Otto, deutscher Maschinenbauer und Unternehmer (19. Jh.); Zar Nikolaus II. von Russland (19./20. Jh.). Italien. Formen: *Nicola, Nicolò*. Französ. Form: *Nicolas* [nikɔ'lɑ]. Engl. Form: *Nicholas* ['nɪkələs]. Russ. Formen: *Nikolai, Nikolaj*. Neugriech. Form: *Nikólaos*. Ungar. Form: *Miklós* ['miklo:ʃ]. Poln. Form: *Mikołaj* [mi'kɔu̯aj].

Nikoletta: ▸Nicoletta.

Nikolette: ▸Nicolette.

Nikolina: ▸Nicolina.

Nikoline: ▸Nicoline.

Níkos: männl. Vorn., neugriechische Kurzform von *Nikólaos* (▸Nikolaus). ✧ Bekannter Namensträger: Níkos Kazantsakis, griechischer Schriftsteller (19./20. Jh.).

Nila: weibl. Vorn., weibliche Form von ▸¹Nilo, ▸²Nilo.

Nilay: weibl. Vorn. türkischer Herkunft (nach dem afrikanischen Fluss Nil + türk. *ay* »Mond«: »Nil-Mond«).

Nilda: weibl. Vorn., spanische bzw. italienische Kurzform von Namen, die auf »-nilda« ausgehen, z. B. ▸Brunilda, ▸Leonilda.

Nilla: weibl. Vorn., Kurzform von Namen, die auf »-nilla« ausgehen, z. B. ▸Gunilla, ▸Leonilla.

¹Nilo: männl. Vorn. spanischer Herkunft (zu dem Flussnamen lat. *Nilus* »Nil«). Den Namen Nilus trugen u. a. zwei Märtyrer aus dem 4. Jh.

²Nilo: männl. Vorn., italienische Kurzform von *Danilo* (▸Daniel).

Nils: männl. Vorn., schwedische und norwegische Kurzform von ▸Nikolaus. Eine bekannte literarische Gestalt ist der Nils in Selma Lagerlöfs Kinderbuch »Die wunderbare Reise des kleinen Nils Holgersson mit den Wildgänsen« (1906/07). ✧ Bekannter Namensträger: Nils Schumann, deutscher Leichtathlet (20./21. Jh.).

Nilufar: weibl. Vorn. persisch-arabischer Herkunft (pers. *nīlufar* »Lotusblume«). Türk. Form: *Nilüfer*.

Nimrod: männl. Vorn. biblischer Herkunft (hebr. *nimrōd*, entstellte Form des assyrisch-babylonischen Götternamens *Ninurta*). Nach der Bibel war Nimrod ein sagenhafter König von Babylon und Assur, berühmt als Jäger.

Nina: weibl. Vorn. vor allem russischer Herkunft. Der Name kann sich auf die heilige Nina (auch: Nino) beziehen, die als die Missionarin Georgiens auch unter dem Namen Christiana (wohl nur ihr Beiname: »die Christin«) verehrt wird (4. Jh.; NAMENSTAG: 15. Dezember). Ihr Name ist die weibliche Form des griechisch-assyrischen Namens *Nínos*. So hieß der sagenhafte Gründer der Stadt Ninive. Heute ist

Nina eher Koseform; im Russischen vor allem zu ▸ Anna oder ▸ Antonina, im Italienischen zu ▸ Giovannina oder anderen Namen auf »-nina«. ✧ Bekannte Namensträgerinnen: Nina Hagen, deutsche Rocksängerin (20./21. Jh.); Nina Ruge, deutsche Fernsehmoderatorin und Journalistin (20./21. Jh.).

Ninette [ni'nɛt]: in den 1960er-Jahren entlehnter weibl. Vorn., französische Koseform von ▸ Nina.

Nini: weibl. Vorn., Koseform von ▸ Nina.

Nino: männl. Vorn. italienischer Herkunft, Kurzform von *Giovannino* (▸ Johannes).

Ninon [ni'nõ]: in den 1980er-Jahren entlehnter weibl. Vorn., französische Koseform von ▸ Nina.

Nira: weibl. Vorn. neuhebräischer Herkunft (neuhebr. *nir* »Neuland«).

Nirmala: weibl. Vorn. indischer Herkunft (sanskrit. *niḥ* »ohne« + sanskrit. *malā* »Flecken«: »unbefleckt, rein«).

Nirudsch, (auch:) Niruj [ni'rudʒ]: männl. Vorn. indischer Herkunft (sanskrit. *niruja* »ohne Krankheit, gesund«).

Nis: männl. Vorn., nordfriesische und dänische [nɪs], in Nordschleswig verbreitete Form von ▸ Niels.

[1]Nisa: weibl. Vorn., weibliche Form von ▸ Nis oder Kurzform von ▸ Denisa.

[2]Nisa [ni'sa]: weibl. Vorn. türkischer Herkunft, der »Frau« bedeutet.

[3]Nisa ['nisa]: von den Kanarischen Inseln stammender weibl. Vorn., der in historischen Quellen als einheimischer Name auf der Insel El Hierro überliefert ist.

Nischa: weibl. Vorn., russische Koseform von ▸ Nina. Engl. Schreibweise: *Nisha.*

Nita: weibl. Vorn., Kurzform von Namen, die auf »-nita« ausgehen (z. B. ▸ Anita, ▸ Benita).

Nitsa: weibl. Vorn., neugriechische Kurzform von *Elenitsa,* einer Koseform von ▸ Eléni.

Nitza, (auch:) Nitzah; Nitzana: weibl. Vorn. neuhebräischer Herkunft (neuhebr. *nitsā* »Knospe«).

Niva: weibl. Vorn. neuhebräischer Herkunft (neuhebr. *niv* »Redewendung, Redensart, Dialekt«).

Niven ['nɪvən]: männl. Vorn., englische Form des irischen Namens *Naomhain* (Verkleinerungsform von gäl. *naomh* »heilig«).

[1]Noa: männl. Vorn., Variante von ▸ Noah.

[2]Noa: aus der Bibel übernommener weibl. Vorn. hebräischen Ursprungs (hebr. *no'ā* »Bewegung«). Im Alten Testament ist Noa eine Tochter Zelofhads.

Noah, (auch:) [1]Noa; Noe; (überkonfessionelle Form:) Noach: männl. Vorn. hebräischen Ursprungs (wahrscheinlich Kurzform eines hebräischen Befehlsnamens, etwa: »beruhige dich[,Gott]!«). ✧ Bekannte Namensträger: Noah Webster, amerikanischer Lexikograf (18./19. Jh.); Noah Gordon, amerikanischer Schriftsteller (20./21. Jh.). Engl. Aussprache: ['noʊə].

Noah:

Der Name des alttestamentlichen Noah, den Gott wegen seiner Frömmigkeit mit seiner Familie und einem Paar von sämtlichen Tierarten in einer Arche die Sintflut überleben ließ, war in England und den USA seit dem 17. Jh. geläufig. In Deutschland wurde *Noah* nach der Reformation gelegentlich vergeben, spielte aber bis zu den 1990er-Jahren keine Rolle in der Namengebung. Gegenwärtig ist *Noah* ein international beliebter Vorname, der u. a. in den USA, Dänemark und der Schweiz zu den Spitzenreitern gehört. In Deutschland hat die Beliebtheit von *Noah* seit der Jahrtausendwende stark zugenommen. Zurzeit belegt er einen Platz knapp unterhalb der Spitzengruppe.

[1]Noam: männl. Vorn. hebräischen Ursprungs (»Wonne, Freude, Heiterkeit«). ✧ Bekannter Namensträger: Noam Chomsky, amerikanischer Linguist (20./21. Jh.). Engl. Aussprache: ['noʊəm].

[2]Noam: weibl. Vorn., identisch mit ▸ [1]Noam.

Noe: männl. Vorn., Variante von ▸ Noah. Französ. Form: *Noé* [no'e:].

[1]Noe̱l: männl. Vorn. zu französ. *Noël* »Weihnachten«, auch im Englischen ['noʊəl] geläufig. Französische Schreibweise: *Noël.*

[2]Noe̱l: weibl. Vorn., identisch mit ▸ [1]Noel.

Noe̱la: weibl. Vorn., weibliche Form von ▸ [1]Noel.

Noe̱lia: weibl. Vorn., latinisierte Form von ▸ Noelle.

Noelle [nɔ'ɛl]: weibl. Vorn., weibl. Form von ▸ [1]Noel. Französische Schreibung: *Noëlle.*

No̱emi, (überkonfessionelle Form:) No̱omi: weibl. Vorn. hebräischen Ursprungs (zu hebr. *no'am* »Freude«). Nach der Bibel war Noemi die Schwiegermutter der Ruth. Nach dem Tod ihres Mannes änderte sie ihren Namen in ▸ [2]Mara (hebr. »bitter«) um. Engl. Form: *Naomi* ['neɪəmɪ]. Französ. Formen: *Noémi, Noémie* [noe'mi].

Nola ['noʊlə]: weibl. Vorn., Kurzform von ▸ Finola, auch weibliche Form von ▸ Nolan.

Nolan ['noʊlən]: männl. Vorn. irischer Herkunft, englische Form des gälischen Familiennamens *Ó Nualláin* (»Nachkomme des Nuallán«).

No̱na: weibl. Vorn. lateinischen Ursprungs (zu lat. *nōna* »die Neunte« oder zu Nōna, der Göttin, die die Geburt beschützte).

No̱omi: ▸ Noemi.

Noor [no:r]: weibl. Vorn., niederländische Kurzform von ▸ Eleonore.

No̱ra: weibl. Vorn., Kurzform von *Eleonora* (▸ Eleonore). Eine literarische Gestalt ist die Nora in Henrik Ibsens Drama »Nora oder ein Puppenheim« (1879). Engl. Formen: *Nora, Norah* ['nɔ:rə]. ✧ Bekannte Namensträgerin: Norah Jones, amerikanische Jazz- und Countrysängerin (20./21. Jh.).

Nọrbert: alter deutscher männl. Vorn. (ahd. *nord* »Norden« + ahd. *beraht* »glänzend, berühmt«). Namenspatron ist der heilige Norbert von Xanten (11./12. Jh.), Gründer des Prämonstratenserordens; NAMENSTAG: 6. Juni. ✧ Bekannte Namensträger: Norbert Elias, Soziologe und Kulturphilosoph deutscher Herkunft (19./20. Jh.); Norbert Schultze, deutscher Komponist (20./21. Jh.); Norbert Gstrein, österreichischer Schriftsteller (20./21. Jh.).

Nore̱a: weibl. Vorn., Erweiterung von ▸ Nora.

Noreen [nɔ:'ri:n], ['nɔ:ri:n]: weibl. Vorn., englische Form von *Nóirín*, einer irischen Koseform von ▸ Nora.

Nọrfried: männl. Vorn. (ahd. *nord* »Norden« + ahd. *fridu* »Schutz vor Waffengewalt, Friede; Friedenswahrer«).

Nọri: weibl. Vorn. japanischer Herkunft (japan. *nori* »Gesetz«).

Nọriko: weibl. Vorn. japanischer Herkunft (japan. *nori* »Gesetz« + japan. *ko* »Kind«).

Nori̱na: weibl. Vorn., italienische Koseform von ▸ Nora. Norina ist der Name der weiblichen Hauptperson in Donizettis Oper »Don Pasquale« (1843).

Nori̱ta: weibl. Vorn., spanische Koseform von ▸ Nora.

Nọrma: weibl. Vorn., der auf Norma, die Hauptgestalt in Bellinis gleichnamiger Oper (1831), zurückgeht. Der Name wurde von dem Autor des Librettos, F. Romani, geprägt. Diese Oper war im 19. Jh. recht beliebt.

Nọrman, (auch:) Nọrmann: alter deutscher männl. Vorn. (ahd. *nord* »Norden« + ahd. *man* »Mann«). Der Vorname ist in England und Amerika geläufig. ✧ Bekannte Namensträger: Norman Mailer, amerikanischer Schriftsteller (20./21. Jh.); Norman Foster, englischer Architekt (20./21. Jh.). Engl. Aussprache: ['nɔ:mən].

Nọrtrud: alter deutscher weibl. Vorn. (ahd. *nord* »Norden« + german. **þrūþi* »Kraft, Stärke«, in althochdeutscher Zeit umgedeutet zu *trūt* »vertraut, lieb«).

Nọrwig: alter deutscher männl. Vorn. (ahd. *nord* »Norden« + ahd. *wīg* »Kampf; Krieg«).

Nọrwin: alter deutscher männl. Vorn. (ahd. *nord* »Norden« + ahd. *wini* »Freund«).

No̱tburg, (auch:) Notbụrga: alter deutscher weibl. Vorn. (ein zu altwestnord. *hnióða* »stoßen, schlagen« gehörendes Namenglied in der Bedeutung »Kampf« + ahd. *burg* »Burg, Zufluchtsstätte, Schutz«). Namenspatronin ist die heilige Notburga von Eben (Tirol), Patronin der Dienstmägde und Bauern (13./14. Jh.); NAMENSTAG: 13. September.

Notker: alter deutscher männl. Vorn. (ein zu altwestnord. *hnióða* »stoßen, schlagen« gehörendes Namenglied in der Bedeutung »Kampf« + ahd. *gēr* »Speer«). Bekannt ist der Name durch zwei Mönche aus dem Kloster St. Gallen: Notker den Stammler (9./10. Jh.), der durch seine Werke nachhaltigen Einfluss auf die mittelalterliche Dichtung und Musik ausübte, und vor allem Notker den Deutschen (10./11. Jh.), der mit der Übersetzung biblischer, philosophischer und theologischer Schriften entscheidend zur Entwicklung der althochdeutschen Sprache beitrug.

[1]Nour [nur]: ▸ [1]Nur.

[2]Nour [nur]: ▸ [2]Nur.

Nova: in den 1970er-Jahren aus dem Englischen ['noʊvə] entlehnter weibl. Vorn. zu lat. *novus, -a, -um* »neu«.

Nuala [nju'ælə]: weibl. Vorn., Koseform des irischen Namens *Fionn(g)uala* (▸ Fenella).

[1]Nur: männl. Vorn. arabischer Herkunft (arab. *nūr* »Licht« zu arab. *nawara* »beleuchten«). Der Name ist auch türkisch.

[2]Nur: weibl. Vorn., identisch mit ▸ [1]Nur.

Nuray: weibl. Vorn. türkischer Herkunft (arab./türk. *nur* »Licht« + türk. *ay* »Mond«: »Lichtmond«).

Nurcan [nur'dʒan]: weibl. Vorn. türkischer Herkunft (arab./türk. *nur* »Licht« + türk. *can* »Seele, Leben«: »Lichtseele«).

Nureddin: männl. Vorn. arabischen Ursprungs (arab. *nūr ad-dīn* »Licht der Religion«). Türk. Form: *Nurettin*.

Nurgül: weibl. Vorn. türkischer Herkunft (arab./türk. *nur* »Licht« + pers./türk. *gül* »Rose«: »Lichtrose«).

Nurhan: weibl. Vorn. türkischer Herkunft (arab./türk. *nur* »Licht« + türk. *han* »Prinz«: »Lichtprinz«).

Nuri: männl. Vorn. arabischen Ursprungs; Kurzform von ▸ Nureddin, auch türkisch *(Nuri)*.

Nuria: aus dem Spanischen übernommener weibl. Vorn., der auf ein Marienheiligtum in Katalonien zurückgeht, wo ein Muttergottesbild (katalanisch »la Mare de Déu de Núria« = die Gottesmutter von Nuria) verehrt wird (Fest am 8. September).

Nurit: weibl. Vorn. neuhebräischer Herkunft (neuhebr. *nurit* »Ranunkel, Hahnenfuß«).

Nuriyya, (auch:) Nuriya: weibl. Vorn., weibliche Form von ▸ Nuri. Türk. Form: *Nuriye*.

O

Oba: aus Nigeria stammender männl. Vorn., der in der Yoruba-Sprache »König« bedeutet.

Obadja: aus der Bibel übernommener männl. Vorn. hebräischer Herkunft (hebr. *'ōbādyā* »Knecht Jahwes«). Die Bibel kennt zwölf Personen dieses Namens; die wichtigste von ihnen ist der Prophet, der das Obadjabuch verfasst hat. Engl. Form: *Obadiah* [oʊbəˈdaɪə]. Neuhebr. Form: *Ovadya.*

Obi: aus Nigeria stammender männl. Vorn., der in der Ibo-Sprache »Herz« bedeutet.

Oceana, (auch:) Oceane; Ozeana: weibl. Vorn., weibliche Bildung zu lat. *Ōceanus,* griech. *Ōkeanós.* Nach der griechischen Sage ist Ōkeanós der Gott des die Erdscheibe umströmenden Weltmeers. Französ. Form: *Océane* [ɔseˈan].

Oceano [otʃeˈano]: männl. Vorn., italienische Form von lat. *Ōceanus,* ▸Oceana.

Ocko: ▸Okko.

Ocotlán, (auch:) Ocotlana: weibl. Vorn. nach einem mexikanischen Marienheiligtum (zu Nahuatl *óctol* »Pinie« + Nahuatl *tlantli* »nahe«: »am Pinienhain«). *Nuestra Señora de Ocotlán* (»Unsere Liebe Frau von Ocotlán«) ist die Patronin von Puebla.

Octavia, (auch:) Oktavia: weibl. Vorn., weibliche Form von ▸Octavius.

Octavian, (auch:) Oktavian: männl. Vorn. lateinischen Ursprungs, der auf *Octavianus,* einen von ▸Octavius abgeleiteten Beinamen, zurückgeht. Eine Opernfigur ist der Octavian im »Rosenkavalier« (1911) von Richard Strauss. ✧ Bekannter Namensträger: Gaius Julius Caesar Octavianus Augustus, römischer Kaiser (63 v. Chr. – 14 n. Chr.). Italien. Form: *Ottaviano.*

Octaviana: weibl. Vorn., weibliche Form von ▸Octavian.

Octavio: männl. Vorn., spanische Form von ▸Octavius. ✧ Bekannter Namensträger: Octavio Paz, mexikanischer Schriftsteller (20. Jh.).

Octavius: männl. Vorn. lateinischen Ursprungs, der auf einen römischen Geschlechternamen zurückgeht, der wiederum auf dem alten Praenomen (Vornamen) *Octāvus* (lat. »der Achte«) beruht. Mit Octavus wurde ursprünglich ein im achten römischen Monat geborener Knabe benannt. Italien. Form: *Ottavio.* Span. Form: *Octavio.*

Oda: alter deutscher weibl. Vorn., verselbstständigte Kurzform von Zusammensetzungen mit »Ot-« (ahd. *ōt* »Besitz, Reichtum«) als erstem Bestandteil (z. B. ▸Othild). Bekannter als die ursprünglich altsächsische Namensform *Oda* ist die hochdeutsche Form ▸Ute (ahd. *Uota, Uoda*).

Odessa: weibl. Vorn., identisch mit dem Namen der ukrainischen Hafenstadt am Schwarzen Meer. In Italien wurde Odessa in Erinnerung an den Aufstand der Bevölkerung gegen das zaristische Regime i. J. 1905 vergeben. Davon handelt der Film »Panzerkreuzer Potemkin« (1925) von S. M. Eisenstein. In den USA wird Odessa als weibliche Form von ▸Odysseus gebraucht. Engl. Aussprache: [oʊˈdɛsə].

Odette, französ. Aussprache: [ɔˈdɛt]: aus dem Französischen übernommener weibl. Vorn., Koseform von ▸Oda.

Odile [ɔˈdil]: weibl. Vorn., französische Form von ▸Odilia.

Odilia, (auch:) Odilie: alter deutscher weibl. Vorn., latinisierte Form von ahd. *Odila, Otila,* einer Koseform von ▸Oda. Zur Verbreitung des Namens im Mittelalter trug die Verehrung der heiligen Odilia, Äbtissin des Klosters Odilienberg (7./8. Jh.), bei; NAMENSTAG: 13. Dezember. Nach der

Legende wurde sie blind geboren und erlangte bei der Taufe das Augenlicht. Sie ist Patronin der Augenkranken und Schutzheilige des Elsass. Französ. Form: *Odile* [ɔ'dil].

Odilo: alter deutscher männl. Vorn., Koseform von ▸ Odo.

Odin: männl. Vorn. nach der höchsten Gottheit der nordgermanischen Mythologie (altnord. *Óðinn*, wahrscheinlich zu *óðr* »rasend«). Bei den Westgermanen trägt der Gott den Namen Wotan. Die gelegentliche Vergabe dieses Vornamens setzt in Deutschland zunächst zwischen 1940 und 1945 ein. Nach einer Pause von 35 Jahren wird der Name erst seit 1980 wieder etwas häufiger vergeben.

Odina, (auch:) Odine: weibl. Vorn., Weiterbildung von ▸ Oda oder weibliche Form von ▸ Odin.

Odo: alter deutscher männl. Vorn., verselbstständigte Kurzform von Namen, die mit »Ot-« (ahd. *ōt* »Besitz, Reichtum«) gebildet sind (z. B. ▸ Otfried und ▸ Otmar).

Odwin: ▸ Otwin.

Odysseus: männl. Vorn. aus der griechischen Sage, dessen Etymologie noch nicht geklärt ist. Odysseus' langjährige Irrfahrt bei der Heimkehr aus dem Trojanischen Krieg wird in dem um 700 v. Chr. entstandenen, Homer zugeschriebenen Epos »Odyssee« erzählt.

Ofelia: weibl. Vorn., italienische und spanische Form von ▸ Ophelia.

Ofir, (auch:) Ophir: männl. Vorn. nach einem in der Bibel erwähnten goldreichen Land in Südarabien oder weiter östlich.

Ofira, (auch:) Ophira: weibl. Vorn., weibliche Form von ▸ Ofir.

Ofra, (auch:) Ophra; Ophrah: weibl. Vorn. hebräischer Herkunft (hebr. *'oprā* »Rehkitz«). Im Alten Testament trägt den Männernamen Ofra ein Angehöriger des Stammes Juda. Engl. Aussprache: ['ɔfrɑ].

Oke: ▸ Okko.

Okka: weibl. Vorn., weibliche Bildung zu ▸ Okko.

Okko, (auch:) Okke; Ocko; Oke: männl. Vorn., friesische Koseform von Namen, die mit »Ot-« (ahd. *ōt* »Besitz, Reichtum«) gebildet sind.

Oktavia: ▸ Octavia.

Oktavian: ▸ Octavian.

Oktay: männl. Vorn. türkischer Herkunft (türk. *ok* »Pfeil« + türk. *tay* »Fohlen«).

¹Ola: weibl. Vorn., weibliche Bildung zu ▸ ¹Ole, ▸ ²Ole oder Kurzform von Namen, die mit »Ol-« beginnen.

²Ola: weibl. Vorn. hawaiischer Herkunft (»Leben, Wohlbefinden«).

Olaf: männl. Vorn. altnordischer Herkunft (altnord. *Ōlāfr* aus **AnulaiƀaR*, etwa »Nachkomme des Urahns«). Olaf ist ein alter norwegischer Königsname. König Olaf I. Tryggvesson ließ sich auf einer Wikingerfahrt in England im Jahre 994 taufen und begann mit der Christianisierung Norwegens. König Olaf II. Haraldsson setzte die Bekehrung fort. Er wurde im 12. Jh. heiliggesprochen und ist der Schutzheilige Norwegens; NAMENSTAG: 10. Juli. ✧ Bekannter Namensträger: Olaf Gulbransson, norwegischer Zeichner und Maler (19./20. Jh.). Norweg. Form: *Olav*. Schwed. Formen: *Olav, Olof, Olov*. Dän. Formen: *Olaf, Oluf*.

Olamide: aus Nigeria stammender weibl. Vorn., der in der Yoruba-Sprache »Wohlstand ist gekommen« bedeutet.

Olayinka: aus Nigeria stammender weibl. Vorn., der in der Yoruba-Sprache »Wohlstand umgibt mich« bedeutet.

Oldrik: männl. Vorn., niederdeutsche Form von ▸ Ulrich.

¹Ole: männl. Vorn., Kurzform von Namen, die mit »Ol-« gebildet sind (z. B. ▸ Oldrik, ▸ Olrik).

²Ole: männl. Vorn., dänische/norwegische Kurzform von ▸ Olaf. ✧ Bekannter Namensträger: Ole Einar Bjørndalen, norwegischer Biathlet (20./21. Jh.).

Oleg: in den 1960er-Jahren aus dem Russischen übernommener männl. Vorn., der auf den nordischen Namen ▸ ¹Helge zurückgeht. Der nordische Name gelangte mit den Warägern (Normannen), die im

9. Jh. in Osteuropa Handelsniederlassungen errichteten, nach Russland. Russ. Aussprache: [a'ljɛk].

Olek: männl. Vorn., tschechische Koseform von *Oldřich* (▸ Ulrich).

Olesja: weibl. Vorn., russische Koseform von ▸ Olga.

Olf: männl. Vorn., durch Zusammenziehung entstandene Form von ▸ Olof oder Kurzform von Namen, die auf »-olf« (= Wolf) enden (z. B. ▸ Adolf, ▸ Ludolf, ▸ Rudolf).

Olga: im 19. Jh. aus dem Russischen übernommener weibl. Vorn., der auf den nordischen Namen ▸ Helga zurückgeht. Der nordische Name gelangte mit den Warägern (Normannen), die im 9. Jh. in Osteuropa Handelsniederlassungen errichteten, nach Russland. Eine bekannte Opernfigur ist die Olga in Peter Tschaikowskys »Eugen Onegin« (1879). Im russischen Volksmärchen entspricht Olga Zarewna dem deutschen Schneewittchen. Namenspatronin ist die heilige Olga, russische Großfürstin (9./10. Jh.); NAMENSTAG: 11. Juli. Russ. Aussprache: ['ɔljgɐ].

Oli: ▸ [1]Olli.

Olimpia: ▸ Olympia.

[1]Olina, (auch:) Oline: weibl. Vorn., weibliche Bildung zu ▸ [1]Ole, ▸ [2]Ole oder Kurzform von Namen, die auf »-olina« bzw. »-oline« enden (z. B. von ▸ Carolina/Caroline).

[2]Olina: weibl. Vorn. hawaiischer Herkunft (»freudig«).

Oline: ▸ [1]Olina.

Olinka: weibl. Vorn., tschechische Koseform von *Oldřiška* (▸ Ulrike).

Oliva: ▸ Olivia.

Olive ['ɔlɪv]: weibl. Vorn. englischer Herkunft, der gegen Ende des 19. Jh.s zu engl. *olive [tree]* »Ölbaum, Ölzweig« gebildet wurde. Seit biblischen Zeiten ist der Ölzweig ein Symbol des Friedens.

Oliver, (auch:) Oliver: männl. Vorn., der auf altfranzösisch *Olivier*, den Namen des Waffengefährten Rolands, zurückgeht. Der Name wird traditionellerweise von altfranzös. *olivier* (zu spätlat. *olivārius* »Ölbaum[pflanzer]«) abgeleitet, da aber die ältesten in den Karlsepen erscheinenden Namen fast durchgehend germanischen Ursprungs sind, ist auch hier das Vorliegen eines germanischen Namens wahrscheinlicher. ✧ Bekannte Namensträger: Oliver Cromwell, englischer Staatsmann (16./17. Jh.); Oliver Hardy, amerikanischer Filmkomiker (19./20. Jh.); Oliver Stone, amerikanischer Filmregisseur (20./21. Jh.); Oliver Kahn, deutscher Fußballspieler (20./21. Jh.). Französ. Form: *Olivier* [ɔli'vje]. Engl. Form: *Oliver* ['ɔlɪvə].

Olivera: weibl. Vorn., weibliche Form von ▸ Oliver.

Olivia, (auch:) Oliva: weibl. Vorn. lateinischen Ursprungs (zu lat. *olīva* »Ölbaum; Ölzweig, Olive«), der zurzeit in England, Kanada und den USA zu den Spitzenreitern gehört. ✧ Bekannte Namensträgerin: Olivia Newton-John, amerikanische Popsängerin und Filmschauspielerin (20./21. Jh.). Engl. Aussprache: [oʊ'lɪvɪə].

Olivier [ɔli'vje]: männl. Vorn., französische Form von ▸ Oliver. ✧ Bekannte Namensträger: Olivier Messiaen, französischer Komponist (20. Jh.).

Oliver:

Im französischen Rolandslied verkörpert Olivier, ein Paladin Karls des Großen, Besonnenheit und Mäßigung im Gegensatz zu der ungestümen Tapferkeit seines Freundes Roland. Anders als im mittelalterlichen Frankreich, wo sich *Olivier* zu einem beliebten Adelsnamen entwickelte, blieben die mittelhochdeutschen Bearbeitungen dieses Erzählstoffes ohne nennenswerten Einfluss auf die deutsche Namengebung des Spätmittelalters und der Neuzeit. Eine bekannte literarische Gestalt ist Oliver in dem Roman »Oliver Twist« von Charles Dickens (1837/38), der 1960 als Musical (»Oliver«) bearbeitet wurde. In den 1960er-Jahren wurde *Oliver* aus dem Englischen entlehnt und gehört immer noch zu den geläufigen Jungennamen.

¹Olli, (auch:) Oli: Kurzform von ▸Oliver.
²Olli, (auch:) Olly: weibl. Vorn., Koseform verschiedener Vornamen (z. B. ▸Olga, ▸Olivia und ▸Ottilie).
Olof, (auch:) Olov: männl. Vorn., schwedische Form von ▸Olaf.
Olrik: männl. Vorn., niederdeutsch-friesische Form von ▸Ulrich.
Oluf: männl. Vorn., dänische Form von ▸Olaf.
Olufemi: aus Nigeria stammender männl. Vorn., der in der Yoruba-Sprache »Gott liebt mich« bedeutet.
Olumide: aus Nigeria stammender männl. Vorn., der in der Yoruba-Sprache »Gott kommt« bedeutet.
Olympia, (auch:) Olimpia: weibl. Vorn. griechischen Ursprungs, der auf den Ortsnamen Olympía, die Stätte der Olympischen Spiele, zurückgeht. Eine bekannte Gestalt ist die Olympia in Offenbachs Oper »Hoffmanns Erzählungen« (1881).
Omar: im 20. Jh. entlehnter männl. Vorn. arabischen Ursprungs (arab. *'āmir* »blühend« zu arab. *'amara* »gedeihen, lange leben«). Die große Beliebtheit des Namens in der islamischen Welt geht auf den zweiten Kalifen Omar I. ibn al-Khattab (6./7. Jh.) zurück. ✧ Bekannte Namensträger: Omar-e Chajjam, persischer Dichter, Mathematiker und Astronom (11./12. Jh.); Omar Sharif, ägyptischer Filmschauspieler (20./21. Jh.). Türk. Form: *Ömer.*
Omer: männl. Vorn. neuhebräischer Herkunft (neuhebr. *'ōmer* »Garbe«).
Ommo: männl. Vorn., friesische Kurzform von ▸Otmar.
Omolara: aus Nigeria stammender weibl. Vorn., der in der Yoruba-Sprache »zur rechten Zeit geboren« bedeutet.
Omrit: weibl. Vorn., weibliche Form von ▸Omer.
Ondřej ['ɔndrʒɛj]: männl. Vorn., tschechische Form von ▸Andreas.
Oni: aus Nigeria stammender weibl. Vorn., der in der Yoruba-Sprache »geboren an einem heiligen Ort« bedeutet.
Onke: männl. Vorn., Koseform von ▸Onno.
Onna: weibl. Vorn., weibliche Form von ▸Onno.
Onni: männl. Vorn. finnischer Herkunft, der »Glück« bedeutet.
Onno: männl. Vorn. friesischer Herkunft, bei dem es sich um eine Kurzform, deren Ausgangsform wegen der starken Verkürzung nicht mehr zu ermitteln ist, oder um einen mit ahd. *gunnen,* mittelniederländ. *gehe-onnen, onnen* »gönnen« gebildeten Namen handeln kann.
Oona ['u:nə]: weibl. Vorn., Variante des irischen Vornamens *Úna* (▸Una).
Opeyemi: aus Nigeria stammender männl. Vorn., der in der Yoruba-Sprache »ich sollte preisen« bedeutet.
Ophelia: weibl. Vorn., der durch die Ophelia in Shakespeares »Hamlet« (um 1600) bekannt ist. Wahrscheinlich wurde der Name von I. Sannazzaro für eine Gestalt seines Schäferromans »Arcadia« (1504) zu griech. *ōphelía* »Hilfe« geprägt. Französ. Form: *Ophélie* [ofe'li]. Span., italien. Form: *Ofelia.*
Ophélie [ofe'li]: weibl. Vorn., französische Form von ▸Ophelia.
Ophir: ▸Ofir.
Ophira: ▸Ofira.
Ophra, (auch:) Ophrah ['ɔfrɑ], ['ɔprɑ]: weibl. Vorn., englische Form von ▸Ofra.
Ora, (auch:) Orah: weibl. Vorn. neuhebräischer Herkunft (neuhebr. *'ōr* »Licht«).
Orbán ['ɔrba:n]: männl. Vorn., ungarische Form von ▸Urban.
Orell: männl. Vorn., schweizerische Form von ▸Aurelius.
Oren: aus der Bibel übernommener männl. Vorn. hebräischen Ursprungs (hebr. *'ōren* »Lorbeer«). Im Alten Testament ist Oren ein Sohn Jerachmeels.
Orest: männl. Vorn. griechischen Ursprungs (griech. *Oréstēs* zu griech. *óros* »Berg«, etwa »Bergbewohner«). Nach der griechischen Sage ist Orestes der Sohn von Agamemnon und Klytämnestra. Er rächt den Tod seines Vaters, indem er die eigene Mutter ermordet. Das tragische Schicksal des Orestes wurde in der griechischen Tra-

gödie von Aischylos und Euripides behandelt. Eine moderne Bearbeitung dieses Stoffs ist Jean-Paul Sartres Drama »Die Fliegen« (1943).

Orhan: männl. Vorn. alttürkischen Ursprungs. ✧ Bekannte Namensträger: Orhan Beg, osmanischer Sultan, zweiter Herrscher des Osmanischen Reichs (13./14. Jh.); Orhan Pamuk, türkischer Schriftsteller (20./21. Jh.).

Oriana, (auch:) Oriane: weibl. Vorn., der auf die gleichnamige Gestalt in dem spätmittelalterlichen spanischen Ritterroman »Amadís de Gaula«, überliefert in der Fassung von Garci Ordóñez de Montalvo (1508), zurückgeht. Die Herkunft des literarischen Namens ist umstritten (vielleicht zu lat. *aurum* »Gold« oder zu lat. *orīrī* »sich erheben; aufgehen«). Engl. Form: *Oriana* [ɔrɪˈænə]. Französ. Form: *Oriane* [ɔˈrjan]. ✧ Bekannte Namensträgerin: Oriana Fallaci, italienische Journalistin und Schriftstellerin (20./21. Jh.).

Oriol: männl. Vorn. nach dem Familiennamen des katalanischen Heiligen Joseph Oriol (17./18. Jh.); NAMENSTAG: 22. März. Der katalanische Familienname Oriol ist aus dem römischen Beinamen *Aureolus/Auriolus* (zu lat. *aurum* »Gold«) hervorgegangen. In Katalonien ist Oriol ein geläufiger Vorname.

Orla [ˈɔːlə]: weibl. Vorn., englische Form des irischen Namens *Ór(fh)lait*, der die gälischen Namenbestandteile *ór* »Gold« + *flaith* »Herrscherin, Prinzessin« enthält.

Orlando: männl. Vorn., italienische Form von ▸ Roland. Als literarische Gestalt kommt Orlando vor in Shakespeares Schauspiel »Wie es euch gefällt« (1599) und in Virginia Woolfs gleichnamigem Roman (1928). ✧ Bekannte Namensträger: Orlando di Lasso, frankoflämischer Komponist (16. Jh.); Orlando Bloom, englischer Filmschauspieler (20./21. Jh.); Orlando Villasón, mexikanischer Tenor (20./21. Jh.)

Orna: weibl. Vorn., weibliche Form von ▸ Oren.

Ornella: Anfang des 20. Jh.s in Italien aufgekommener weibl. Vorn., der von G. D'Annunzio für eine Gestalt seiner Tragödie »La figlia di Iorio« (1904) in Anlehnung an italien. *ornello* »Esche« geprägt wurde. ✧ Bekannte Namensträgerin: Ornella Muti, italienische Filmschauspielerin (20./21. Jh.).

Ortfried: alter deutscher männl. Vorn. (ahd. *ort* »Spitze einer Waffe« + ahd. *fridu* »Schutz vor Waffengewalt, Friede; Friedenswahrer«).

Ortgies: alter deutscher männl. Vorn. (ahd. *ort* »Spitze einer Waffe« + german. **gīs* »Ger, Speer«).

Orthia: weibl. Vorn., mitteldeutsche Kurzform von ▸ Dorothea.

Ortlinde: alter deutscher weibl. Vorn. (ahd. *ort* »Spitze einer Waffe« + ahd. *lind* »sanft, weich, mild«).

Ortolf: alter deutscher männl. Vorn. (ahd. *ort* »Spitze einer Waffe« + ahd. *wolf* »Wolf«).

Ortrud, (auch:) Ortraud: alter deutscher weibl. Vorn. (ahd. *ort* »Spitze einer Waffe« + german. **þrūþi* »Kraft, Stärke«, in althochdeutscher Zeit umgedeutet zu *trūt* »vertraut, lieb«). Der Name ist bekannt durch die Ortrud in Richard Wagners Oper »Lohengrin« (1850).

Ortrun: alter deutscher weibl. Vorn. (ahd. *ort* »Spitze einer Waffe« + ahd. *rūna* »Geheimnis, geheime Beratung«). Eine Gestalt aus der Gudrunsage ist Ortrun, die Schwester Hartmuts.

Ortwin: alter deutscher männl. Vorn. (ahd. *ort* »Spitze einer Waffe« + ahd. *wini* »Freund«). Ortwin ist als Name mehrerer Gestalten der deutschen Heldensage bekannt.

Osbert: männl. Vorn., wahrscheinlich altsächsische Nebenform von ▸ Ansbert. Der Name kann auch altenglischen Ursprungs sein (altenglisch *Ōsbe*[o]*rht*) und mit angelsächsischen Missionaren nach Deutschland gelangt sein.

Oskar, (auch:) Oscar: männl. Vorn., der auf den Namen einer Gestalt aus »The Works of Ossian« (1765) von James MacPherson zurückgeht. Das Werk wurde seinerzeit in England wie auch im übrigen Europa mit großer Begeisterung aufgenommen. MacPherson präsentierte diese Sammlung als Übersetzung wiederentdeckter altgälischer Heldenlieder des Barden Ossian, in Wirklichkeit aber war sie, wie sich später herausstellte, seine eigene Erfindung. Es ist umstritten, ob der Name von Ossians Sohn nordischer (altnord. *Ásgeirr* zu altnord. *áss, óss* »Gott« + altnord. *geir* »Speer«; vgl. ▸Ansgar) oder keltischer (gäl. *Osgar* zu gäl. *os* »Hirsch« + gäl. *cara* »Freund«) Herkunft ist. Aus Begeisterung für die Ossian-Dichtung gab Napoleon seinem Patensohn Oscar Bernadotte, der 1844 König von Schweden wurde, diesen Namen. In Deutschland begegnet Oskar seit Anfang des 19. Jh.s. Eine literarische Gestalt ist der Oskar Matzerath in Günter Grass' Roman »Die Blechtrommel« (1959). ✧ Bekannte Namensträger: Oscar Wilde, englischer Dichter (19. Jh.); Oskar Loerke, deutscher Dichter (19./20. Jh.); Oskar Kokoschka, österreichischer Maler (19./20. Jh.); Oskar Maria Graf, deutscher Schriftsteller (19./20. Jh.); Oskar Schlemmer, deutscher Maler und Bildhauer (19./20. Jh.). Engl. Form: *Oscar* ['ɔskə].

Osman: männl. Vorn. türkisch-arabischen Ursprungs (türkische Form des arabischen Namens *'Uthmān* zu arab. *'uthmān* »Trappe [eine Vogelart]«). Die Beliebtheit des Namens 'Uthmān in der islamischen Welt geht zurück auf den Namen des dritten Kalifen (6./7. Jh.), der in zwei aufeinander folgenden Ehen mit Töchtern Mohammeds verheiratet war. ✧ Bekannter Namensträger: Osmān I., Begründer der osmanischen Dynastie (13./14. Jh.).

Osmar: alter deutscher männl. Vorn., altsächsische Nebenform von *Ansmar* (german. **ans* »Gottheit« + ahd. *māri* »bekannt, berühmt, angesehen«).

Osmund: männl. Vorn., wahrscheinlich altsächsische Nebenform des heute nicht mehr gebräuchlichen Namens *Ansmund* (german. **ans-* »Gottheit« + ahd. *munt* »Schutz, Schützer«). Der Name kann auch altenglischen Ursprungs sein (altengl. *Ōsmund*) und mit angelsächsischen Missionaren nach Deutschland gelangt sein.

Ossi, (auch:) Ossy: männl. Vorn., Koseform von Namen, die mit »Os-« gebildet sind (z. B. ▸Oswald und ▸Oskar).

Ossip: männl. Vorn., russische Form von ▸Josef. ✧ Bekannte Namensträger: Ossip Mandelstam, russischer Dichter (19./20. Jh.); Ossip Zadkine, französischer Bildhauer und Grafiker russischer Herkunft (19./20. Jh.).

Ossy: ▸Ossi.

Oswald: männl. Vorn., altsächsische Nebenform von *Answald* (german. **ans* »Gottheit« + ahd. *-walt* zu *waltan* »herrschen, walten«). Oswald fand in Deutschland vor allem als Heiligenname Verbreitung. Der heilige Oswald (7. Jh.), König von Northumbrien, führte in seinem Land das Christentum ein. Er fiel im Kampf gegen den heidnischen König Penda von Mercien. Im Rahmen der Missionstätigkeit angelsächsischer und schottischer Mönche auf dem Festland fand sein Kult auch in Deutschland Verbreitung, vor allem im Alpenraum; NAMENSTAG: 5. August. ✧ Bekannte Namensträger: Oswald von Wolkenstein, mittelhochdeutscher Dichter (14./15. Jh.); Oswald Spengler, deutscher Kulturphilosoph (19./20. Jh.); Oswald Wiener, österreichischer Schriftsteller (20./21. Jh.).

Oswin: männl. Vorn., wahrscheinlich altsächsische Nebenform des heute nicht mehr gebräuchlichen Namens *Answin* (german. **ans-* »Gottheit« + ahd. *wini* »Freund«). Der Name kann auch altenglischen Ursprungs (altenglisch *Ōswine*) und mit angelsächsischen Missionaren nach Deutschland gelangt sein.

Otfried, (auch:) Ottfried: alter deutscher männl. Vorn. (ahd. *ōt* »Besitz, Reichtum« + ahd. *fridu* »Schutz vor Waffengewalt, Friede; Friedenswahrer«). ✧ Bekannte

Namensträger: Otfried von Weißenburg (9. Jh.), Verfasser der Evangelienharmonie; Otfried Preußler, deutscher Jugendbuchautor (20./21. Jh.).

Otger, (auch:) Otker: alter deutscher männl. Vorn. (ahd. *ōt* »Besitz, Reichtum« + ahd. *gēr* »Speer«).

Othild: alter deutscher weibl. Vorn. (ahd. *ōt* »Besitz, Reichtum« + ahd. *hiltja* »Kampf; Kriegerin«).

Othmar: ▸Otmar. ✧ Bekannter Namensträger: Othmar Schoeck, schweizerischer Komponist (19./20. Jh.).

Otis ['oʊtɪs]: männl. Vorn., ursprünglich ein englischer Familienname mit der Bedeutung »Sohn des Ote« (vgl. ▸Otto). Dieser Vorname wird vor allem von afroamerikanischen Eltern vergeben. ✧ Bekannter Namensträger: Otis Redding, amerikanischer Soulsänger (20. Jh.).

Otker: ▸Otger.

Otmar, (auch:) Ottmar; Othmar; Ottomar: alter deutscher männl. Vorn. (ahd. *ōt* »Besitz, Reichtum« + ahd. *māri* »bekannt, berühmt, angesehen«). Namenspatron ist der heilige Ot[h]mar (7./8. Jh.), Gründerabt von St. Gallen.

Ott: ▸Otto.

Ottaviano: männl. Vorn., italienische Form von ▸Octavian.

Ottavio: männl. Vorn., italienische Form von ▸Octavius. Eine bekannte Operngestalt ist Don Ottavio in Mozarts Oper »Don Giovanni« (1787).

Ottfried: ▸Otfried.

Otthein: männl. Vorn., Doppelform aus ▸Otto und *Hein* (Kurzform von ▸Heinrich).

Ottheinrich: männl. Vorn., Doppelform aus ▸Otto und ▸Heinrich.

Ottheinz: männl. Vorn., Doppelform aus ▸Otto und ▸Heinz.

Otti: weibl. Vorn., Kurzform von ▸Ottilie.

Ottilie, (auch:) Ottilia: weibl. Vorn., Nebenform von ▸Odilia/Odilie. Eine literarische Gestalt ist die Ottilie in Goethes Roman »Die Wahlverwandtschaften« (1809). ✧ Bekannte Namensträgerinnen: Ottilie von Goethe, Schwiegertochter des Dichters (18./19. Jh.); Ottilie Baader, deutsche Arbeiterführerin (19./20. Jh.).

Ottmar: ▸Otmar.

Otto: alter deutscher männl. Vorn., verselbstständigte Kurzform von Namen, die mit »Ot-« (ahd. *ōt* »Besitz, Reichtum«) gebildet sind. Der Name spielte schon im Mittelalter eine bedeutende Rolle in der Namengebung. Zahlreiche Grafen und Herzöge, Könige und Kaiser (z. B. Otto I. der Große, 10. Jh.) trugen diesen Namen. ✧ Bekannte Namensträger: der heilige Otto, Bischof von Bamberg und Apostel Pommerns (11./12. Jh.); NAMENSTAG: 30. Juni; Otto von Bismarck, deutscher Staatsmann (19. Jh.); Otto Lilienthal, deutscher Luftfahrtpionier (19. Jh.); Otto Klemperer, deutscher Dirigent (19./20. Jh.); Otto Dix, deutscher Maler (19./20. Jh.); Otto Hahn, deutscher Chemiker (19./20. Jh.); Otto Waalkes, deutscher Komiker und Produzent (20./21. Jh.).

Ottokar: alter deutscher männl. Vorn., der sich aus der Namensform *Odowakar* (ahd. *ōt* »Besitz, Reichtum« + ahd. *wakar* »wachsam, munter«) entwickelt hat (vgl. Odoaker, den Namen eines germanischen Heerführers). Der Name ist bekannt durch König Ottokar II. von Böhmen (13. Jh.), dessen Schicksal Grillparzer in dem Drama »König Ottokars Glück und Ende« (1825) behandelt.

Ottomar: ▸Otmar.

Otwin, (auch:) Odwin: alter deutscher männl. Vorn. (ahd. *ōt* »Besitz, Reichtum« + ahd. *wini* »Freund«).

Ovadya: männl. Vorn., neuhebräische Form von ▸Obadja.

Owe, (auch:) Ove: ▸Uwe.

Owen ['oʊɪn]: männl. Vorn. walisischer Herkunft, dessen Etymologie umstritten ist. In Irland ist Owen die anglisierte Form des bislang ungeklärten gälischen Namens *Eóghan*. ✧ Bekannter Namensträger: Owen Wilson, amerikanischer Filmschauspieler (20./21. Jh.).

Oxạna: weibl. Vorn., russische und ukrainische Form von *Xenia*, vgl. ▸ Axinja.
Oyạ: weibl. Vorn. türkischer Herkunft (zu türk. *oya* »eine Art Stickerei«, türk. *oyagibi* »zierlich, lieblich«).
Ozan [oˈzɑn]: männl. Vorn. türkischer Herkunft (türk. *ozan* »Dichter«, früher »Spielmann«).
Özcan [œzˈdʒɑn]: männl. Vorn. türkischer Herkunft (türk. *öz* »echt, rein« + türk. *can* »Leben«: »echtes, reines Leben«).
Ozeạna: ▸ Oceana.
Özgül [œzˈgyl]: weibl. Vorn. türkischer Herkunft (türk. *öz* »echt, rein« + pers./türk. *gül* »Rose«: »echte, reine Rose«).
Özhan [œzˈhɑn]: männl. Vorn. türkischer Herkunft (türk. *öz* »echt, rein« + türk. *han* »Fürst«: »echter Fürst«).
Özkan [œzˈkɑn]: männl. Vorn. türkischer Herkunft (türk. *öz* »echt, rein« + türk. *kan* »Blut«: »reines Blut«).
Öznur [œzˈnur]: weibl. Vorn. türkischer Herkunft (türk. *öz* »echt, rein« + arab./türk. *nur* »Licht« : »reines Licht«).

P

Paavo: männl. Vorn., finnische Form von ▸ Paul. ✧ Bekannter Namensträger: Paavo Nurmi, finnischer Rekordläufer (19./20. Jh.).

Pablo: männl. Vorn., spanische Form von ▸ Paul. ✧ Bekannte Namensträger: Pablo Picasso, spanischer Maler (19./20. Jh.); Pablo Casals, spanischer Cellovirtuose (19./20. Jh.); Pablo Neruda, chilenischer Lyriker (20. Jh.).

Paco: in den 1980er-Jahren entlehnter männl. Vorn., spanische Koseform von *Francisco* (▸ Franz). ✧ Bekannte Namensträger: Paco Rabanne, französischer Modeschöpfer (20./21. Jh.); Paco de Lucía, spanischer Gitarrist (20./21. Jh.).

Padma: weibl. Vorn. indischer Herkunft (sanskrit. *padma* »Lotus«), Beiname der Göttin Lakschmi.

Padmaj [pad'madʒ]: männl. Vorn. indischer Herkunft (sanskrit. *padma* »Lotus« + sanskrit. *ja* »geboren«: »der Lotusgeborene«), Beiname des Gottes Brahma.

Padmavati: weibl. Vorn. indischer Herkunft (sanskrit. *padma* »Lotus« + sanskrit. *vatī* »habend«: »Lotus habend, haltend«), Beiname der Göttin Lakschmi.

Padmini: weibl. Vorn. indischer Herkunft (zu sanskrit. *padma* »Lotus«, »dem Lotus gleichend«), Beiname der Göttin Lakschmi.

Paige [peɪdʒ]: in den 1990er-Jahren entlehnter weibl. Vorn., ursprünglich ein englischer Familienname mit der Bedeutung »Page«. Der Name kommt vor allem in den USA vor.

Pál [pa:l]: männl. Vorn., ungarische Form von ▸ Paul.

Palle: männl. Vorn., friesisch-niederländische Koseform – eigentlich Lallform aus der Kindersprache – von Namen, die mit »Bald-« (ahd. *bald* »kühn«) gebildet sind, auch altschwed. Koseform von ▸ Paul. Dän. *Palle* ist eine jüngere Form von *Palne*, einem Namen ungeklärter Herkunft.

Paloma: weibl. Vorn. spanischer Herkunft (span. *paloma* »Taube«). Es handelt sich hierbei um einen der in Spanien üblichen Vornamen nach einem Beinamen der Gottesmutter. Die »Virgen de la Paloma« (»die [heilige] Jungfrau von der Taube«) wird besonders in Madrid verehrt. ✧ Bekannte Namensträgerin: Paloma Picasso, Modeschöpferin und Designerin spanisch-französischer Herkunft (20./21. Jh.).

Pam [pæm]: weibl. Vorn., englische Kurzform von ▸ Pamela.

Pamela, engl. Aussprache: ['pæmɪlə]: im 20. Jh. aus dem Englischen übernommener weibl. Vorn. literarischen Ursprungs. Der Name ist wohl eine Neuprägung von Philip Sidney für eine Gestalt seines Romans »Arcadia« (1590). Der erste Namenbestandteil enthält griech. *pān* »all, ganz«, der zweite kann u. a. zu griech. *mélas* »schwarz« oder zu griech. *méli* »Honig« gehören. Aus diesem Roman übernahm ihn der englische Dichter Samuel Richardson und gab ihn der tugendhaften Heldin seines Romans »Pamela« (1740). ✧ Bekannte Namensträgerin: Pamela Anderson, amerikanische Schauspielerin (20./21. Jh.).

Pamina: weibl. Vorn., dessen Herkunft und Bedeutung unklar sind. Der Name ist durch die Pamina in Mozarts Oper »Die Zauberflöte« (1791) bekannt.

Pancho ['pantʃo]: männl. Vorn., spanische (vor allem mexikanische) Koseform von *Francisco* (▸ Franziskus). ✧ Bekannter Namensträger: Francisco (Pancho) Villa, mexikanischer Revolutionsführer (19./20. Jh.).

Pandu: in Kenia und Tansania vorkommender männl. Vorn., der auf Suaheli »kunstvoll« bedeutet.

Pankraz, (auch:) Pankraz: männl. Vorn. griechischen Ursprungs (griech. *Pankrátēs*, zu griech. *pān* »all, ganz« und *krátos* »Kraft, Macht«, *kratéō* »herrschen«). Der Name fand in Deutschland als Name des heiligen Märtyrers Pankratius Verbreitung; NAMENSTAG: 12. Mai. Bekannt ist der heilige Pankratius als einer der drei »Gestrengen Herren« oder »Eisheiligen« (▸ Bonifatius, ▸ Servatius). Eine literarische Gestalt ist der Pankraz in Gottfried Kellers Novelle »Pankraz der Schmoller« (1856).

Pantaleon: männl. Vorn. griechischen Ursprungs (zu griech. *pánta* »in allem« und *léōn* »Löwe«, »gänzlich ein Löwe«). Namenspatron ist der heilige Märtyrer Pantaleon von Nicomedia (3./4. Jh.), der zu den vierzehn Nothelfern gehört; NAMENSTAG: 27. Juli.

Panya: in Kenia und Tansania vorkommender weibl. Vorn., der auf Suaheli »kleine Maus« bedeutet.

Paola: weibl. Vorn., italienische Form von ▸ Paula. ✧ Bekannte Namensträgerin: Paola, Königin von Belgien (20./21. Jh.).

Paolo: in den 1960er-Jahren entlehnter männl. Vorn., italienische Form von ▸ Paul. ✧ Bekannte Namensträger: Paolo Veronese, italienischer Maler (16. Jh.); Paolo Conte, italienischer Sänger und Musiker (20./21. Jh.).

Pär: männl. Vorn., schwedische Form von ▸ Peter. ✧ Bekannter Namensträger: Pär Fabian Lagerkvist, schwedischer Schriftsteller (19./20. Jh.).

Paraschakti, (auch:) Parashakti: weibl. Vorn. indischer Herkunft (sanskrit. *para* »höchster« + sanskrit. *śakti* »Kraft, Energie«: »die höchste Kraft«).

Parda: aus dem Italienischen entlehnter weibl. Vorn., der auf die weibliche Form des römischen Beinamens *Pardus* (lat. *pardus* »der männliche Panther«) zurückgeht.

Pari: weibl. Vorn. persischer Herkunft (pers. *parī* »Fee«).

Parihan, (auch:) Parikhan [pari'xa:n]: weibl. Vorn. persischer Herkunft (pers. *parīkhān* »Feenkönigin«).

Paris: männl. Vorn. aus der griechischen Mythologie, dessen Herkunft ungeklärt ist. Paris, Sohn des Königs Priamos von Troja, entführte Helena und löste damit den Trojanischen Krieg aus.

Parizad [pari'za:d]: weibl. Vorn. persischer Herkunft (pers. *parīzād* »von einer Fee geboren«).

Parsifal, (auch:) Parzival: männl. Vorn. Der Name wurde in der Form *Perceval* wahrscheinlich von Chrétien de Troyes (12. Jh.) erfunden (zu altfranzös. *perce val*, etwa »der das Tal durchquert«) und von Wolfram von Eschenbach als »Parzival« übernommen. Die Form *Parsifal* geht auf Richard Wagners gleichnamige Oper (1882) zurück.

Parvati: weibl. Vorn. indischer Herkunft (sanskrit. *pārvatī* »[Tochter] des Gebirges«), Beiname der Gemahlin des Gottes Schiwa.

Parvin: weibl. Vorn. persischen Ursprungs (pers. *parvīn*, Bezeichnung für die Pleiaden).

Parzival: ▸ Parsifal.

Pascal [pas'kal]: in den 1960er-Jahren entlehnter männl. Vorn., französische Form von lat. *Paschalis* (zu lat. *pascha* »Osterfest« über aramäisch *pisḥā* aus hebr. *pesaḥ*).

Pascale [pas'kal]: weibl. Vorn., weibliche Form von ▸ Pascal.

Pascaline [paska'lin]: weibl. Vorn., Erweiterung von ▸ Pascale.

Pascual: männl. Vorn., spanische Form von *Paschalis* (▸ Pascal).

Paskal: männl. Vorn., tschechische Form von ▸ Pascal.

Pasqual: männl. Vorn., rätoromanische und katalanische Form von *Paschalis* (▸ Pascal).

Pasquale: männl. Vorn., italienische Form von *Paschalis* (▸ Pascal). Eine bekannte Opernfigur ist Don Pasquale in der gleichnamigen Oper (1843) von G. Donizetti.

[1]Pat [pæt]: männl. Vorn., englische Kurzform von ▸ Patrick.

[2]Pat [pæt]: weibl. Vorn., englische Kurzform von ▸ Patricia.

Pati: männl. Vorn. indischer Herkunft (sanskrit. *pati* »Herr, Herrscher«).

Patni: weibl. Vorn. indischer Herkunft (sanskrit. *patnī* »Herrin, Herrscherin«).

[1]**Patrice** [pa'tris]: männl. Vorn., französische Form von ▸Patricius. ✧ Bekannter Namensträger: Patrice Chéreau, französischer Film- und Opernregisseur (20./21. Jh.).

[2]**Patrice** ['pætrıs]: weibl. Vorn., vor allem in den USA gebräuchliche Nebenform von ▸Patricia.

Patricia: weibl. Vorn., weibliche Form von ▸Patricius, um die Mitte des 20. Jh.s aus dem Englischen [pə'trıʃə] entlehnt. ✧ Bekannte Namensträgerinnen: Gracia Patricia, Fürstin von Monaco (20. Jh.); Patricia Highsmith, amerikanische Schriftstellerin (20. Jh.); Patricia Arquette, amerikanische Schauspielerin (20./21. Jh.).

Patricio [pa'triθi̯o]: männl. Vorn., spanische Form von ▸Patricius.

Patricius: männl. Vorn. lateinischen Ursprungs, der auf einen römischen Beinamen (lat. *patricius, -a, -um* »patrizisch, dem römischen Geburtsadel angehörig«) zurückgeht. Der Name begegnet in Deutschland vor allem in der englischen Form ▸Patrick ['pætrık]. Italien. Form: *Patrizio*. Span. Form: *Patricio* [pa'triθi̯o]. Französ. Form: *Patrice* [pa'tris]. Schwed., norweg., tschech. Form: *Patrik*. Poln. Form: *Patryk*.

Patrick, engl. Aussprache: ['pætrık]: männl. Vorn., englische Form von ▸Patricius. Der heilige Patrick wirkte im 5. Jh. als Glaubensbote in Irland. Er wird als Schutzheiliger der Insel verehrt; NAMENSTAG: 17. März. Patrick wurde um 1950 aus dem Englischen entlehnt und gehörte im ausgehenden 20. Jh. zu den beliebtesten männlichen Vornamen. ✧ Bekannte Namensträger: Patrick White, australischer Schriftsteller (20. Jh.); Patrick Süskind, deutscher Schriftsteller (20./21. Jh.); Patrick Swayze, amerikanischer Filmschauspieler (20./21. Jh.).

Patrik: männl. Vorn., schwedische, norwegische, tschechische, slowakische Form von ▸Patricius.

Patrizia: weibl. Vorn., weibliche Form von ▸Patrizio oder Eindeutschung von ▸Patricia.

Patrizio: männl. Vorn., italienische Form von ▸Patricius.

Patryk: männl. Vorn., polnische Form von ▸Patricius.

Patsy ['pætsı]: weibl. Vorn., englische Koseform von ▸Patricia.

Patty ['pætı]: weibl. Vorn., englische Koseform von ▸Patricia. ✧ Bekannte Namensträgerin: Patty LaBelle, amerikanische Sängerin (20./21. Jh.).

Pau: männl. Vorn., katalanische Form von ▸Paul.

Paul:

Namenspatron ist vor allem der heilige Apostel Paulus. Er wurde in der Stadt Tarsus (Kilikien) geboren. Sein jüdischer Name war Saulus, daneben trug er den lateinischen Beinamen Paulus, da seine Familie das römische Bürgerrecht besaß. Zunächst beteiligte sich Paulus an der Verfolgung der christlichen Urgemeinde in Jerusalem. Ein Wendepunkt in seinem Leben ereignete sich auf einer Reise nach Damaskus, als er eine Erscheinung des auferstandenen Christus erlebte. Nach seiner Bekehrung entfaltete er eine rege Missionstätigkeit in Kleinasien, Zypern, Griechenland und Mazedonien. Mit seinen Briefen, die Teil des Neuen Testaments sind, war Paulus der eigentliche Begründer der christlichen Theologie. In Deutschland hat *Paul* seit dem Mittelalter einen festen Platz in der Namengebung. Besonders häufig wurde dieser Vorname zwischen 1890 und 1920 vergeben, danach galt er jahrzehntelang als altmodisch. Um 1980 wurde *Paul* neu entdeckt, und er gehört seit den 1990er-Jahren zu den beliebtesten Jungennamen.

Paul, (auch:) Paulus: männl. Vorn. lateinischen Ursprungs, der auf den römischen

Beinamen *Paul[l]us* (lat. *paul[l]us* »klein«) zurückgeht. Namensfest des heiligen Apostels Paulus ist der 29. Juni. ✧ Bekannte Namensträger: Paul Gerhardt, deutscher Kirchenlieddichter (17. Jh.); Paul Verlaine, französischer Dichter (19. Jh.); Paul Cézanne, französischer Maler (19./20. Jh.); Paul Gauguin, französischer Maler (19./20. Jh.); Paul Lincke, deutscher Komponist (19./20. Jh.); Paul Klee, schweizerisch-deutscher Maler (19./20. Jh.); Paul Hindemith, deutscher Komponist (19./20. Jh.); Paul Celan, deutscher Schriftsteller (20. Jh.); Paul Newman, amerikanischer Filmschauspieler (20./21. Jh.); Paul McCartney, Bassgitarrist und Sänger der englischen Beatgruppe »Beatles« (20./21. Jh.); Paul Auster, amerikanischer Schriftsteller (20./21. Jh.); Paul Biedermann, deutscher Schwimmer (20./21. Jh.). Italien. Form: *Paolo*. Span. Form: *Pablo*. Katal. Formen: *Pau, Pol*. Port. Form: *Paulo* ['paulu]. Französ. Form: *Paul* [pol]. Engl. Form: *Paul* [pɔ:l]. Neugriech. Form: *Pavlos*. Finn. Form: *Paavo*. Russ. Form: *Pawel* ['pavɪl]. Poln. Form: *Paweł* ['pavɛu]. Tschech. Form: *Pavel*. Ungar. Form: *Pál* [pa:l].

Paula: weibl. Vorn., weibl. Form von ▸ Paul. Paula war gegen Ende des 19./Anfang des 20. Jh.s. beliebt und wird zurzeit wieder öfter vergeben. ✧ Bekannte Namensträgerinnen: die heilige Paula von Rom (4./5. Jh.); NAMENSTAG: 26. Januar; Paula Modersohn-Becker, deutsche Malerin (19./20. Jh.). Italien. Form: *Paola*. Tschech. Form: *Pavla* ['pavla].

Paulette [po'lɛt]: weibl. Vorn., französische Koseform von ▸ Paula.

Pauline, (auch:) Paulina: weibl. Vorn., Weiterbildung von ▸ Paula. Namenspatronin ist die selige Paulina, Gründerin des Klosters Paulinzelle (11./12. Jh.); NAMENSTAG: 13. März. Pauline war im 19. Jh. beliebt und wird seit den 1990er-Jahren wieder öfter vergeben. Französ. Aussprache: [po'lin].

Paulo ['paulu]: männl. Vorn., portugiesische Form von ▸ Paul. ✧ Bekannter Namensträger: Paulo Coelho, brasilianischer Schriftsteller (20./21. Jh.).

Paulus: ▸ Paul.

Pavel: männl. Vorn., tschechische Form von ▸ Paul. ✧ Bekannter Namensträger: Pavel Kohout, tschechischer Schriftsteller (20./21. Jh.).

Pavla ['pavla]: weibl. Vorn., tschechische Form von ▸ Paula.

Pavlos: männl. Vorn., neugriechische Form von ▸ Paul.

Pawel ['pavɪl]: männl. Vorn., russische Form von ▸ Paul. Poln. Form: *Paweł* ['pavɛu].

Payaspati: männl. Vorn. indischer Herkunft (sanskrit. *payah* »Milch« + sanskrit. *pati* »Herr«: »der Herr der Milch«, ein Name des Gottes Wischnu).

Paye, (auch:) Pay: männl. Vorn., friesische Form von ▸ Paul.

Pearl [pə:l]: im 20. Jh. aus dem Englischen entlehnter weibl. Vorn. zu engl. *pearl* »Perle«. ✧ Bekannte Namensträgerin: Pearl S. Buck, amerikanische Schriftstellerin (19./20. Jh.).

Pedro: männl. Vorn., spanische und portugiesische Form ['pedru] von ▸ Peter. ✧ Bekannte Namensträger: Pedro Calderón de la Barca, spanischer Dramatiker (17. Jh.); Pedro Almodóvar, spanischer Filmregisseur (20./21. Jh.).

Peer: männl. Vorn., niederländische, norwegische und dänische Form von ▸ Peter. Der Name wurde in Deutschland vor allem durch Henrik Ibsens dramatisches Gedicht »Peer Gynt« (1867) und Edvard Griegs gleichnamige Suite dazu bekannt.

Peggy: weibl. Vorn., englische Koseform – eigentlich Lallform aus der Kindersprache – von *Margaret* (▸ Margarete).

Pekka ['pɛkka]: männl. Vorn., finnische Form von ▸ Peter. ✧ Bekannter Namensträger: Pekka Halonen, finnischer Maler (19./20. Jh.).

Pelin: weibl. Vorn. türkischer Herkunft (türk. *pelin* »Wermutpflanze, Beifuß«).

Pelle: männl. Vorn., schwedische Koseform von *Per* (▸ Peter).

Penelope: weibl. Vorn. griechischen

Ursprungs. In dem spätestens um 700 v. Chr. entstandenen, Homer zugeschriebenen Epos »Odyssee« ist Penelope die Gemahlin des Odysseus, die ihm während seiner 20-jährigen Abwesenheit die Treue hält. Zwar sieht schon der Dichter der »Odyssee« einen Zusammenhang zwischen dem Namen Penelope und griech. *pēnélops* »Entenart mit buntem Hals«, doch ist der Name wohl älter und unbekannter Herkunft. In der Neuzeit ist Penelope in England seit dem 16. Jh. in Gebrauch, in Deutschland erst im 20. Jh. anzutreffen. ✧ Bekannte Namensträgerin: Penélope Cruz, spanische Filmschauspielerin (20./21. Jh.). Engl. Form: *Penelope* [pɪˈneləpɪ]. Span Form: *Penélope.*

Pénélope [peneˈlop]: weibl. Vorn., französische Form von ▸Penelope.

Peninna, (auch:) Penina: aus der Bibel übernommener weibl. Vorn. hebräischen Ursprungs (hebr. *peninnā* »Koralle«). Nach dem Alten Testament war Peninna die zweite Frau des Elkana, des Vaters Samuels.

Penny: weibl. Vorn., englische Koseform von ▸Penelope.

Pepe: männl. Vorn., spanische Koseform (Lallform) von *José* (▸Josef).

Pepi: weibl. Vorn., spanische Koseform von ▸Josefa.

Pepita: weibl. Vorn., spanische Koseform von ▸Josefa.

Peppo: männl. Vorn., italienische Koseform von *Giuseppe* (▸Josef).

Per: männl. Vorn., durch Zusammenziehung entstandene nordische Form von ▸Peter.

Percy, engl. Aussprache: [ˈpəːsɪ]: im 19. Jh. aus dem Englischen übernommener männl. Vorn., ursprünglich ein englischer Familienname nach einem Ortsnamen in der Normandie. Heutzutage wird Percy oft fälschlicherweise als Kurzform von *Percival* (▸Parsifal) aufgefasst. ✧ Bekannte Namensträger: Percy Bysshe Shelley, englischer Dichter (18./19. Jh.); Percy Adlon, deutscher Filmregisseur (20./21. Jh.).

Perdita: weibl. Vorn. lateinischen Ursprungs (lat. *perditus, -a, -um* »verloren«). Der Name ist durch die Perdita in Shakespeares Schauspiel »Das Wintermärchen« (um 1610/11) bekannt.

Pere [ˈperə]: männl. Vorn., katalanische Form von ▸Peter.

Perez, (auch:) Peretz: aus der Bibel übernommener männl. Vorn. hebräischen Ursprungs (hebr. *pereṣ* »Riss, Durchbruch«). Nach dem Alten Testament war Perez der Sohn des Juda und der Tamar.

[1]Peri: weibl. Vorn. persisch-türkischer Herkunft (pers./türk. *peri* »Fee«).

[2]Peri: weibl. Vorn. neuhebräischer Herkunft (neuhebr. *peri* »Frucht«).

Perko: männl. Vorn., bulgarische Koseform von *Petar* (▸Peter).

Perla: im 20. Jh. vereinzelt vorkommender weibl. Vorn. zu italien./span. *perla* »Perle«.

Pernilla: in den 1960er-Jahren entlehnter weibl. Vorn., schwedische Form von ▸Petronella. Dän. Form: *Pernille.*

Pero: männl. Vorn., bulgarische und slowenische Koseform von ▸Peter.

Perpetua: weibl. Vorn. lateinischen Ursprungs (lat. *perpetuus, -a, -um* »beständig, ewig«). Der heiligen Perpetua, Märtyrerin in Karthago, gedenkt die katholische Kirche am 7. März.

Perry [ˈperɪ]: in den 1950er-Jahren entlehnter männl. Vorn., englische Koseform von *Peregrinus* (lat. *peregrīnus* »Fremder«, später auch »Pilger, Kreuzfahrer«).

Petar: männl. Vorn., bulgarische, serbische, kroatische, makedonische Form von ▸Peter.

Pete [piːt]: männl. Vorn., englische Koseform von ▸Peter. ✧ Bekannter Namensträger: Pete Sampras, amerikanischer Tennisspieler (20./21. Jh.).

Peter, (auch:) Petrus: männl. Vorn., der sich aus der lateinischen Namensform *Petrus* entwickelt hat. Petrus hieß eigentlich *schime'on* oder *schim'on* (▸Simon). Jesus gab ihm den aramäischen Beinamen *kyph'* (»Edelstein, Felsbrocken«), in griechischer Umschrift als Kēphâs wiedergegeben. Im

Neuen Testament wurde dieser mit dem griechischen Namen *Pétros*, bezogen auf griech. *pétra* »Fels«, gleichgesetzt und als »Petrus« ins Lateinische übernommen. Der Name fand schon früh in der christlichen Welt als Name des Apostelfürsten Petrus große Verbreitung; NAMENSTAG: 29. Juni. Petrus war der erste Bischof von Rom und erlitt in Rom den Märtyrertod. Über seinem Grab wurde die Peterskirche errichtet. In der Legende wurde Petrus wegen seines »Schlüsselamtes« zum Himmelspförtner. Vom Mittelalter bis in die zweite Hälfte des 20. Jh.s gehörte Peter in Deutschland zu den beliebtesten Vornamen. Eine literarische Gestalt ist der Peter Camenzind in Hermann Hesses gleichnamigem Roman (1904). Bekannt sind auch das Märchenspiel »Peter Pan« (1904) von J. M. Barrie und das sinfonische Märchen »Peter und der Wolf« (1936) von Sergei Prokofjew. ✧ Bekannte Namensträger: Peter Parler, Architekt und Bildhauer (14. Jh.); Peter Paul Rubens, niederländischer Maler (16./17. Jh.); Peter I., der Große, russischer Zar (17./18. Jh.); Peter Tschaikowsky, russischer Komponist (19. Jh.); Peter Rosegger, österreichischer Schriftsteller (19./20. Jh.); Peter Weiss, deutscher Schriftsteller (20. Jh.); Peter Ustinov, englischer Schauspieler und Schriftsteller (20./21. Jh.); Peter Hacks, deutscher Schriftsteller (20./21. Jh.); Peter Rühmkorf, deutscher Schriftsteller (20./21. Jh.); Peter Zadek, deutscher Regisseur (20./21. Jh.); Peter Rosei, österreichischer Schriftsteller (20./21. Jh.); Peter Handke, österreichischer Schriftsteller (20./21. Jh.); Peter Härtling, deutscher Schriftsteller (20./21. Jh.); Peter Maffay, deutscher Schlager- und Popsänger (20./21. Jh.); Peter Gabriel, britischer Musiker und Videokünstler (20./21. Jh.); Peter Jackson, neuseeländischer Regisseur (20./21. Jh.). Italien. Formen: *Pietro; Piero.* Span. Form: *Pedro.* Katal. Form: *Pere* ['perə]. Französ. Form: *Pierre* [pjɛ:r]. Engl. Form: *Peter* ['pi:tə]. Neugriech. Form: *Pétros.* Russ. Form: *Pjotr.* Tschech. Form: *Petr.* Poln. Form: *Piotr.* Bulg., serb., kroat. Form: *Petar.* Ungar. Form: *Péter* ['pe:tɛr]. Armen. Form: *Bedros.* Arab. Form: *Butros.*

Peterke: weibl. Vorn., niederdeutsche Koseform von ▸Petra oder weibliche Bildung zu ▸Peter.

Petr: männl. Vorn., tschechische Form von ▸Peter.

Petra: weibl. Vorn., weibliche Form von ▸Peter. Der Name ist erst in der ersten Hälfte des 20. Jh.s in Deutschland aufgekommen und war von den 1950er- bis zu den 1970er-Jahren sehr beliebt. ✧ Bekannte Namensträgerin: Petra Gerster, deutsche Journalistin und Fernsehmoderatorin (20./21. Jh.). Italien. Form: *Piera.*

Petrina: weibl. Vorn., Weiterbildung von ▸Petra.

Petro: männl. Vorn., seltene norwegische Nebenform und ukrainische Form von ▸Peter.

Petronella, (auch:) Petronilla: weibl. Vorn. zu lat. *Petronilla*, einer Weiterbildung von dem Namen *Petronia*, der seinerseits auf den alten römischen Geschlechternamen *Petronius* (von unbekannter, wahrscheinlich etruskischer Herkunft) zurückgeht. Namenspatronin ist die heilige Petronilla, Märtyrerin der Frühzeit; NAMENSTAG: 31. März.

Pétros: männl. Vorn., neugriechische Form von ▸Peter.

Petrus: ▸Peter.

Petunia: weibl. Vorn. nach der Blumenbezeichnung Petunie (französ. Neubildung des 18. Jh.s zu veraltetem französ. *pétun* »Tabak«, entlehnt über das Portugiesische aus den Indianersprachen Guaraní-Tupí, wegen der Ähnlichkeit der Petunie mit der Tabakpflanze).

Phebe: weibl. Vorn., niederländische Form von ▸Phöbe, auch englisch ['fi:bɪ].

Phia: weibl. Vorn., Kurzform von ▸Sophia.

Phil: männl. Vorn., englische Kurzform von *Philip* (▸Philipp). ✧ Bekannter Namensträger: Phil Collins, englischer Popmusiker (20./21. Jh.).

Phila: weibl. Vorn., Kurzform von Namen, die mit »Phil-« beginnen (z. B. ▸ Philine).

Phileas: männl. Vorn. griechischen Ursprungs (zu griech. *philéō* »lieben«). Bekannt ist der Name durch Phileas Fogg, die Hauptgestalt des Romans »Zwanzigtausend Meilen unter dem Meer« (1870) von Jules Verne. Namenspatron ist der heilige Märtyrer Phileas (3./4. Jh.); NAMENSTAG: 4. Februar.

Philemon: männl. Vorn. griechischer Herkunft (griech. *philḗmōn* »lieb, anhänglich« zu griech. *phílēma* »Kuss; Liebe«). Der Name ist einerseits aus Ovids »Metamorphosen« (entstanden 1 v. Chr. bis etwa 10 n. Chr.) bekannt. Das alte Bauernehepaar Philemon und Baucis gewährt den wandernden Göttern Jupiter und Merkur Obdach. Als Dank für die Gastfreundschaft werden sie bei einer Sintflut von den Göttern verschont. Nach ihrem gleichzeitigen Tod werden Philemon und Baucis in eine Eiche und eine Linde verwandelt. Andererseits ist Philemon auch ein neutestamentlicher Name. So heißt der Empfänger eines Briefes des Apostels Paulus. Die gelegentliche Vergabe dieses Vornamens setzt in Deutschland im 17. Jh. ein.

Philibert: ▸ Filibert.

Philine, (auch:) Philina: weibl. Vorn. griechischen Ursprungs (zu griech. *phílos* »lieb, geliebt, teuer«). Der Name ist durch die Philine in Goethes Roman »Wilhelm Meisters Lehrjahre« (1795/96) bekannt.

Philip: in den 1960er-Jahren entlehnter männl. Vorn., englische Form von ▸ Philipp. ✧ Bekannter Namensträger: Philip, Duke of Edinburgh, britischer Prinzgemahl (20./21. Jh.).

Philipp: männl. Vorn. griechischen Ursprungs (griech. *Philippos*, zu griech. *phílos* »Freund« und *híppos* »Pferd«, also etwa »Pferdefreund«). Die lateinische Namensform lautet *Philippus*. Der Name gelangte mit anderen griechischen Namen (z. B. Andreas) in hellenistischer Zeit nach Palästina und fand in der christlichen Welt als Name des Apostels Philippus Verbreitung; NAMENSTAG: 11. Mai. Philipp ist bereits seit dem 12. Jh. in der deutschen Namengebung vertreten, seit dem ausgehenden 20. Jh. gehört er zu den beliebten männlichen Vornamen. ✧ Bekannte Namensträger: Philipp II., König von Mazedonien, Vater Alexanders des Großen (4. Jh. v. Chr.); Philipp Melanchthon, deutscher Humanist und Reformator (15./16. Jh.); Philipp Emanuel Bach, deutscher Komponist (18. Jh.); Philipp Otto Runge, deutscher Maler (18./19. Jh.); Philipp Lahm, deutscher Fußballspieler (20./21. Jh.). Italien. Form: *Filippo*. Span. Form: *Felipe*. Port. Form: *Filipe* [fəˈlipə]. Französ. Form: *Philippe* [fiˈlip]. Engl. Form: *Philip*. Schwed., norweg., poln., tschech. Form: *Filip*. Ungar. Form: *Fülöp*.

Philippa: weibl. Vorn., weibliche Form von ▸ Philipp.

Philippe [fiˈlip]: in den 1960er-Jahren entlehnter männl. Vorn., französische Form von ▸ Philipp.

Philippine, (auch:) Philippina: weibl. Vorn., weibliche Form von ▸ Philipp mit der seit dem 17./18. Jh. beliebten Endung »-ine«.

Philis [ˈfɪlɪs]: ▸ Phillis.

Phillip: männl. Vorn., englische Nebenform von ▸ Philip.

Phillis [ˈfɪlɪs]: weibl. Vorn., englische Nebenform von ▸ Phyllis.

Philo: männl. Vorn. griechischen Ursprungs, Ableitung von dem spätgriechischen Personennamen *Philōn* (zu griech. *philéō* »lieben«) oder Kurzform von Namen, die mit »Phil-« beginnen (z. B. ▸ Philipp). Engl. Aussprache: [ˈfɪləʊ].

Philomela, (auch:) Philomele: weibl. Vorn. griechischen Ursprungs (zu griech. *phílos* »Freund« und wahrscheinlich *mēlon* »Schaf; Herde« oder *mēlon* »Apfel«, schon früh umgedeutet in *mélos* »Lied, Melodie«). Philomela wurde nach der griechischen Sage in eine Nachtigall verwandelt.

Philomena, (auch:) Philomene; Filomena: weibl. Vorn. griech. Ursprungs (zu griech. *Philouménē*; »eine, die geliebt wird«).

Phineas ['fɪnɪəs]: männl. Vorn., englische Form von ▸ Pinkas.

Phöbe, (auch:) Phoebe: weibl. Vorn. griechischen Ursprungs (zu griech. *phoībos* »glänzend, leuchtend, rein«). In der griechischen Sage ist Phöbe Beiname der Mondgöttin Artemis. In England und Amerika ist der Name seit der Reformation wegen der Erwähnung einer Christin Phoebe im Römerbrief des Paulus in Gebrauch. Eine literarische Gestalt ist die Phoebe, Schwester von Holden Caulfield, in J. D. Salingers Roman »Der Fänger im Roggen« (1951). Engl. Formen: *Phoebe, Phebe* ['fi:bɪ]. Niederländ. Formen: *Phebe, Febe.* Span., italien., schwed. Form: *Febe.*

Phyllis: weibl. Vorn. griechischen Ursprungs. In der griechischen Mythologie tötet sich Phyllis, die Tochter des thrakischen Königs Sithon, selbst, weil ihr Geliebter Demophon zu lange fernblieb, und wird in einen Mandelbaum verwandelt. Dies und der angenommene Zusammenhang ihres Namens mit griech. *phýllon* »[grünes] Blatt«, verstanden als Symbol der Jugend, machte den Namen in der Schäferliteratur des 17./18. Jh.s beliebt. Er erscheint auch in Goethes Roman »Wilhelm Meisters Lehrjahre« (1795/96). Engl. Aussprache: ['fɪlɪs].

Pia: weibl. Vorn., weibl. Form von ▸ Pius.

Pidder: männl. Vorn., niederdeutsche Nebenform von ▸ Peter. Der Name ist bekannt durch die Ballade »Pidder Lüng« (1893) von Detlev von Liliencron.

Pien: weibl. Vorn., niederländische Kurzform von ▸ Josephine.

Pier: ▸ Piero. ✧ Bekannter Namensträger: Pier Paolo Pasolini, italienischer Filmregisseur und Schriftsteller (20. Jh.).

Piera: weibl. Vorn., weibliche Form von ▸ Piero.

Pierce [pɪəs]: männl. Vorn. englischer/irischer Herkunft, dem eine mittelalterliche Form von ▸ Peter bzw. der daraus hervorgegangene Familienname zugrunde liegt. ✧ Bekannter Namensträger: Pierce Brosnan, irisch-amerikanischer Filmschauspieler (20./21. Jh.).

Pierina [pi̯e'ri:na]: weibl. Vorn., italienische Koseform von ▸ Piera.

Pierino [pi̯e'ri:no]: männl. Vorn., italienische Koseform von ▸ Piero.

Piero: männl. Vorn., italienische Form von ▸ Peter. ✧ Bekannter Namensträger: Piero della Francesca, italienischer Maler (15. Jh.).

Pierre [pjɛ:r]: im 20. Jh. entlehnter männl. Vorn., französische Form von ▸ Peter. ✧ Bekannte Namensträger: Pierre Augustin Caron de Beaumarchais, französischer Schriftsteller (18. Jh.); Pierre Bonnard, französischer Maler (19./20. Jh.); Pierre Boulez, französischer Komponist und Dirigent (20./21. Jh.).

Pierrette [pjɛ'rɛt]: weibl. Vorn., weibliche Form von ▸ Pierre.

Pierrine [pjɛ'rin]: weibl. Vorn., weibliche Form von ▸ Pierre.

Piers [pɪəs]: männl. Vorn. englischer Herkunft, in den 1930er-Jahren wiederbelebte mittelenglische Form von ▸ Peter.

Piet: männl. Vorn., niederdeutsche und niederländische Kurzform von ▸ Peter. ✧ Bekannter Namensträger: Piet Mondrian, niederländischer Maler (19./20. Jh.).

Pieter: männl. Vorn., niederdeutsche und niederländische Form von ▸ Peter. ✧ Bekannte Namensträger: Pieter Bruegel der Ältere und der Jüngere, flämische Maler (16./17. Jh.); Pieter de Hooch, niederländischer Maler (17. Jh.).

Pietro: männl. Vorn., italienische Form von ▸ Peter. ✧ Bekannter Namensträger: Pietro Mascagni, italienischer Komponist (19./20. Jh.).

Pilar: weibl. Vorn. spanischer Herkunft (span. *pilar* »Pfeiler«). Der Name geht zurück auf die »Virgen del Pilar« (»die [heilige] Jungfrau von dem Pfeiler«), ein Muttergottesbild auf einem Pfeiler, das in Zaragoza (Spanien) verehrt wird (Fest am 12. Oktober). Die bildliche Darstellung bezieht sich auf eine Legende, wonach die Madonna an dieser Stelle dem Apostel

Jakobus dem Älteren während seiner Missionstätigkeit in Spanien erschienen sei. Eine literarische Gestalt ist die Pilar in E. Hemingways Roman »Wem die Stunde schlägt«.

[1]Pili: weibl. Vorn. spanischer Herkunft, Koseform von ▸Pilar.

[2]Pili: in Kenia und Tansania vorkommender weibl. Vorn., der auf Suaheli »die Zweitgeborene« bedeutet.

Pim: männl. Vorn., niederdeutsch-friesische und niederländische Koseform – eigentlich Lallform aus der Kindersprache – von ▸Wilhelm.

Pina: weibl. Vorn., italienische Kurzform von Namen, die auf »-pina« ausgehen, z. B. von ▸Giuseppina. ✧ Bekannte Namensträgerin: Pina Bausch, deutsche Tänzerin und Choreografin (20./21. Jh.).

Pınar [pə'nar]: weibl. Vorn. türkischer Herkunft (türk. *pınar* »Quelle, Brunnen«).

Pinkas, (auch): Pinchas, Pinhas: aus der Bibel übernommener männl. Vorn. (< hebr. *pīnḥas* < ägyptisch *p'nhsj* »der Dunkelhäutige, der Nubier«). Im Alten Testament ist Pinhas u. a. einer der Enkel Aarons, der Ahnherr eines Priestergeschlechts. Engl. Form: *Phineas* ['fɪnɪəs].

Pino: männl. Vorn., italienische Kurzform von Namen, die auf »-pino« ausgehen, z. B. *Filippino* (▸Filippo), *Giuseppino* (▸Giuseppe).

Pio: männl. Vorn., italienische Form von ▸Pius.

Piotr: männl. Vorn., polnische Form von ▸Peter.

Pippa: weibl. Vorn., italienische Koseform – eigentlich Lallform aus der Kindersprache – von ▸Philippa und *Giuseppa* (▸Josefa). Eine literarische Gestalt ist die Pippa in G. Hauptmanns Schauspiel »Und Pippa tanzt!« (1906).

Pirjo: weibl. Vorn., finnische Koseform von ▸Brigitte.

Pirkko: weibl. Vorn., finnische Koseform von ▸Brigitte.

Pirko: weibl. Vorn., ungarische Koseform *(Pirkó)* von ▸Piroska.

Pirmin, (auch:) Pirmin: männl. Vorn., dessen Herkunft und Bedeutung unklar sind. Der Name fand als Name des heiligen Glaubensboten Pirmin[ius] (8. Jh.) Verbreitung, der mehrere Klöster in Südwestdeutschland gründete; NAMENSTAG: 3. November.

Piroschka: weibl. Vorn., eindeutschende Schreibung des ungarischen Vornamens ▸Piroska.

Piroska ['piroʃkɔ]: weibl. Vorn., ungarische Form von ▸Prisca.

Pit, (auch:) Pitt: männl. Vorn., Kurzform von ▸Peter, ursprünglich rheinisch.

Pitambar: männl. Vorn. indischer Herkunft (sanskrit. *pīta* »gelb« + sanskrit. *ambara* »Kleidung«, etwa: »der gelbe Kleidung trägt«), Beiname der Götter Krischna und Wischnu.

Pitt: ▸Pit.

Pius: männl. Vorn. lateinischen Ursprungs (lat. *pius, -a, -um* »fromm, rechtschaffen, gottesfürchtig«). ✧ Bekannte Namensträger: der heilige Papst Pius V. (16. Jh.); NAMENSTAG: 30. April; der heilige Papst Pius X. (19./20. Jh.); NAMENSTAG: 21. August; Papst Pius XII. (19./20. Jh.). Italien. Form: *Pio.*

Pjotr: männl. Vorn., russische Form von ▸Peter.

Plácido ['plaθido]: männl. Vorn., spanische Form des römischen Beinamens *Placidus* (lat. *placidus, -a, -um* »sanft, friedlich, ruhig«). Des heiligen Placidus, Märtyrer zu Disentis (7./8. Jh.), gedenkt die katholische Kirche am 11. Juli. ✧ Bekannter Namensträger: Plácido Domingo, spanischer Tenor (20./21. Jh.).

Pocahontas: weibl. Vorn., der in der Sprache der Algonkin-Indianer »sie ist spielerisch« bedeutet.

[1]Pol: männl. Vorn., niederländische Kurzform mehrerer Vornamen, z. B. ▸Leopold, *Apollonius* (vgl. ▸Apollonia).

[2]Pol: männl. Vorn., katalanische Form von ▸Paul.

Pola: weibl. Vorn., polnische Kurzform von ▸Apollonia.

Poldi: männl. Vorn., oberdeutsche Koseform von ▸Leopold.

Polina: weibl. Vorn., russische Koseform von *Apollinarija* (< griech. *Apollinária*, Ableitung von dem griechischen Götternamen Apóllōn), auch russische Variante von *Pavlina* (▸Pauline).

Polly: weibl. Vorn., in der Kindersprache über ▸Molly entstandene Koseform von *Mary* (▸Maria). Bekannt ist der Name durch die Polly Peachum in Brechts »Dreigroschenoper« (1929).

Pontus: männl. Vorn. schwedischer Herkunft, der auf eine Latinisierung von griech. *póntos* »Meer« oder auf eine Verkürzung des Heiligennamens *Pontianus* zurückgeht.

Portia, engl. Aussprache ['pɔːʃjə]: weibl. Vorn., weibliche Form des römischen Geschlechternamens *Porcius*. Der Name ist bekannt durch die Gestalt der Portia in Shakespeares Drama »Der Kaufmann von Venedig« (1600).

Poul [pəul]: männl. Vorn., dänische Form von ▸Paul.

Prabhu: männl. Vorn. indischer Herkunft (sanskrit. *prabhu* »mächtig«).

Pran: männl. Vorn. indischer Herkunft (sanskrit. *prāṇa* »Atem, Lebenskraft«).

Praschanti, (auch:) Prashanti: weibl. Vorn. indischer Herkunft (»höchster Frieden«).

Pratap: männl. Vorn. indischer Herkunft (zu sanskrit. *pratāpa* »Hitze«, auch »Pracht, Erhabenheit, Macht«, zur Beschreibung von Königen und Kriegern gebraucht).

Pravin: männl. Vorn. indischer Herkunft (sanskrit. *pravīna* »geschickt«).

Prem: männl. Vorn. indischer Herkunft (sanskrit. *prēma* »Liebe«).

Prema: weibl. Vorn. indischer Herkunft (sanskrit. *prēma* »Liebe«).

Premabandhu: männl. Vorn. indischer Herkunft (sanskrit. *prēma* »Liebe« + sanskrit. *bandhu* »Freund, Verwandter«: »liebender Freund«).

Premadas: männl. Vorn. indischer Herkunft (sanskrit. *prēma* »Liebe« + sanskrit. *dāsa* »Diener«: »liebender Diener«).

Premadasi: weibl. Vorn., weibliche Form von ▸Premadas.

Primus: männl. Vorn. lateinischen Ursprungs, der auf einen alten, aus Oberitalien stammenden Vornamen (Praenomen; lat. *Prīmus* »der Erste«) zurückgeht. Dort ist die in Rom selbst unbekannte Sitte, die Kinder in der Reihenfolge ihrer Geburt zu nummerieren, schon bei der vorrömischen Bevölkerung nachzuweisen. Namenspatron ist der heilige Primus, Märtyrer; NAMENSTAG: 9. Juni.

Prisca, (auch:) Priska: weibl. Vorn. lateinischen Ursprungs, der auf einen römischen Beinamen (zu lat. *prīscus, -a, -um* »alt«) zurückgeht. Namenspatronin ist die heilige Prisca, eine frühchristliche Märtyrerin; NAMENSTAG: 18. Januar.

Priscilla: weibl. Vorn. lateinischen Ursprungs, Verkleinerungsform von ▸Prisca. Den Namen Priscilla (Prisca) trug eine Schülerin des Apostels Paulus; NAMENSTAG: 8. Juli. Die Verwendung des Namens in England und Amerika geht auf die Puritaner zurück. ✧ Bekannte Namensträgerin: Priscilla Presley, amerikanische Schauspielerin (20./21. Jh.). Engl. Aussprache: [prɪ'sɪlə].

Priska: ▸Prisca.

Prita: weibl. Vorn. indischer Herkunft (»die Erfreute«).

Priti: weibl. Vorn. ind. Herkunft (»Freude«).

Priya: weibl. Vorn. indischer Herkunft (sanskrit. *priyā* »geliebt, lieb, teuer«).

Purnima: weibl. Vorn. indischer Herkunft (sanskrit. *pūrṇīmā* »Vollmondnacht«).

q

Queenie ['kwi:nɪ]: weibl. Vorn. zu engl. *queen* »Königin«. Dieser Vorname kam in England gegen Ende des 19. Jh.s auf.

Quentin: männl. Vorn., französische [kã'tɛ̃] und englische ['kwɛntɪn] Form von ▸ Quintinus. ✧ Bekannter Namensträger: Quentin Tarantino, amerikanischer Filmregisseur, Produzent und Drehbuchautor (20./21. Jh.).

Quentin:

ist die französische und englische Form des Namens des heiligen Märtyrers Quintinus (3. Jh.). Der in Nordfrankreich und Belgien volkstümlich verehrte Heilige spielte im mittelalterlichen Deutschland keine Rolle als Namensvorbild. In Frankreich wurde *Quentin* in den letzten Jahrzehnten des 20. Jh.s wieder entdeckt, gehörte in den 1990er-Jahren zu den Spitzenreitern und ist danach keinesfalls in Vergessenheit geraten. *Quentin* gelangte mit den Normannen nach England, war vom 11. bis zum 13. Jh. in Gebrauch und wurde in Schottland bis zum 17. Jh. vergeben. Zu seiner Wiederbelebung im 19. Jh. hat möglicherweise der seinerzeit sehr beliebte, im Mittelalter spielende Roman »Quentin Durward« (1823) von Walter Scott beigetragen. Heute ist der amerikanische Filmregisseur Quentin Tarantino international bekannt. In Deutschland wird *Quentin* seit den 1980er-Jahren immer wieder vergeben.

Quincy ['kwɪnsɪ]: vor allem in den USA geläufiger männl. Vorn., ursprünglich ein englischer Familienname normannischer Herkunft, dem ein französischer Ortsname zugrunde liegt.

Quinn [kwɪn]: männl. Vorn., ursprünglich ein Familienname irischer (< *Ó Cuinn* »Sohn des Conn«) oder normannischer Herkunft (altfranzös. *quin* »Affe«).

Quint: ▸ Quintus.

Quintin: ▸ Quintinus.

Quintino: männl. Vorn., italienische Form von ▸ Quintinus.

Quintinus, (auch:) Quintin: männl. Vorn. lateinischen Ursprungs, Weiterbildung von ▸ Quintus. Namenspatron ist der heilige Quintin[us], Märtyrer in Amiens; NAMENSTAG: 31. Oktober. Französ. Form: *Quentin* [kã'tɛ̃]. Engl. Form: *Quentin* ['kwɛntɪn]. Italien. Form: *Quintino*.

Quintus, (auch:) Quint: männl. Vorn. lateinischen Ursprungs, der auf das alte römische Praenomen (Vornamen) Quintus (lat. *Quīntus* »der Fünfte«) zurückgeht. Mit Quintus wurden ursprünglich Knaben benannt, die im fünften Monat *(Quīntīlis mēnsis)* des alten, mit März beginnenden römischen Kalenders geboren wurden. Der Monatsname wurde später zu Ehren Julius Cäsars umbenannt. ✧ Bekannter Namensträger: der römische Dichter Horaz, dessen vollständiger Name Quintus Horatius Flaccus lautet.

Quirin, (auch:) Quirinus: männl. Vorn., der auf den Namen eines alten römischen Gottes (lat. *Quirīnus*) zurückgeht. Später wurde Quirinus zum Beinamen von Romulus, dem zum Gott erhobenen Gründer der Stadt Rom. Quirinus fand im Mittelalter in Deutschland als Heiligenname Verbreitung, vor allem als Name des heiligen Quirinus von Neuß, NAMENSTAG: 30. März, und des heiligen Quirinus von Tegernsee, NAMENSTAG: 16. Juni.

Quirina: weibl. Vorn., weibliche Form von *Quirinus* (▸ Quirin).

Quirinus: ▸ Quirin.

r

Rabab: weibl. Vorn. arabischer Herkunft (arab. *rabāb*, Bezeichnung für ein Saiteninstrument, das einer Fiedel ähnlich ist).

Rabanus, (auch:) Raban: männl. Vorn., latinisierte Form von ahd. *hraban* »Rabe«. Bekannt ist der Name durch den heiligen Mainzer Erzbischof [H]rabanus Maurus (8./9. Jh.), NAMENSTAG: 4. Februar, dessen Schriften auf lange Zeit für die Ausbildung des Klerus maßgeblich waren. Mit seinem 22-bändigen Werk »De rerum naturis« (»Über die Natur der Dinge«) schuf er eine theologisch ausgerichtete Realenzyklopädie, die das gesamte Wissen der damaligen Zeit umfasste.

Rabea: weibl. Vorn., seit den 1960er-Jahren in Deutschland erscheinende Variante von ▸ Rabia.

Rabia: weibl. Vorn. arabischer Herkunft (arab. *Rābiʿa* »die Vierte« für die vierte Tochter oder weibl. Form zu arab. *Rabīʿ* »zum Frühling gehörend«).

Rachel, (überkonfessionelle Form:) Rahel: weibl. Vorn. hebräischen Ursprungs (hebr. *rāḥel* »Mutterschaf«). Nach der Bibel war Rachel, eine Tochter Labans, die zweite Frau Jakobs. Sie schenkte ihm zwei Söhne, Josef und Benjamin, zwei Stammväter der Zwölf Stämme Israels. NAMENSTAG: 11. Juli. Engl. Form: *Rachel* ['reɪtʃəl]. Poln. Form: *Rachela*. Französ. Form: *Rachel* [ra'ʃɛl]. Italien. Form: *Rachele* [ra'kɛ:le]. Span. Form: *Raquel* [ra'kɛl].

Rachela: weibl. Vorn., polnische Form von ▸ Rachel.

Rachele, (auch:) Rachela [ra'kɛ:le], [ra'kɛ:la]: weibl. Vorn., italienische Form von ▸ Rachel.

Rachelle ['reɪtʃəl]: weibl. Vorn., in den 1930er-Jahren in den USA aufgekommene Variante von ▸ Rachel.

Rachil: weibl. Vorn., bulgarische und russische *(Rachil')* Form von ▸ Rachel.

Rada: weibl. Vorn., serbische, kroatische, slowenische Kurzform von Namen, die den Namenbestandteil »Rad-« (zu urslaw. **radъ* »gern, froh« oder urslaw. **raditi* »arbeiten, fügen, passend zurechtlegen«) enthalten.

Radegund, (auch:) Radegunde: alter deutscher weibl. Vorn. (ahd. *rāt* »Rat, Beratung, Ratgeber« + ahd. *gund* »Kampf; Kämpferin«). Namenspatronin ist die heilige Radegundis, Magd in Weltenburg (6. Jh.), Schutzpatronin der Weber und Töpfer; NAMENSTAG: 13. August.

Radek: männl. Vorn., Kurzform von slawischen Namen, die mit »Rad-« beginnen (z. B. ▸ Radomir).

Radha: weibl. Vorn. indischer Herkunft (sanskrit. *rādhā* »Erfolg«); Name der Lieblingsgemahlin Krischnas.

Radka: weibl. Vorn., weibliche Form von ▸ Radko.

Radko: männl. Vorn., Kurzform von ▸ Radomir und anderen Namen, die mit »Rad-« beginnen.

[1]Rado: männl. Vorn., Kurzform von slawischen Namen, die mit »Rad-« beginnen (z. B. ▸ Radomir).

[2]Rado: männl. Vorn., Kurzform von ▸ Radolf.

Radolf, (auch:) Radulf: alter deutscher männl. Vorn. (ahd. *rāt* »Rat, Beratung, Ratgeber« + ahd. *wolf* »Wolf«).

Radomir: männl. Vorn., serb., kroat. *Radomir*, poln. *Radomir*, tschech. *Radomír* (urslaw. **radъ* »gern, froh« oder urslaw. **raditi* »arbeiten, fügen, passend zurechtlegen« + urslaw. **mirъ* »Friede«).

Rae, (auch:) Raye [reɪ]: weibl. Vorn., englische Kurzform von ▸ Rachel, zum Teil auch als weibliche Form von ▸Ray aufgefasst.

Raf: männl. Vorn., Kurzform von *Rafael* (▸Raphael).

Rafa: männl. Vorn., spanische Kurzform von *Rafael* (▸Raphael).

Rafael: männl. Vorn., Variante von ▸Raphael, auch spanisch [rafa'ɛl]. ✧ Bekannte Namensträger: Rafael Kubelík, schweizerischer Dirigent und Komponist tschechischer Herkunft (20. Jh.); Rafael Nadal, spanischer Tennisspieler (20./21. Jh.).

Rafaela: ▸Raphaela.

Rafaelia: weibl. Vorn., Erweiterung von *Rafaela* (▸Raphaela).

Raffael: männl. Vorn., wohl in Anlehnung an italienisch *Raffaele* entstandene Schreibvariante von ▸Raphael.

Raffaela: weibl. Vorn., italienische Variante von ▸Raffaella.

Raffaele: männl. Vorn., italienische Form von ▸Raphael. ✧ Bekannter Namensträger: Raffaele (Raffael) Santi, italienischer Maler und Baumeister (15./16. Jh.).

Raffaella: weibl. Vorn., italienische Form von ▸Raphaela.

Rafik, (auch:) Rafiq: männl. Vorn. arabischer Herkunft (Kurzform von arab. *Rafīq al-islām* »Begleiter des Islam«). Türk. Form: *Refik*. ✧ Bekannter Namensträger: Rafik Schami, deutsch-syrischer Schriftsteller (20./21. Jh.).

Rafika: weibl. Vorn., weibliche Form von ▸Rafik.

Rafiq: ▸Rafik.

Ragna: um die Mitte des 20. Jh.s entlehnter weibl. Vorn., dänische, schwedische, norwegische Kurzform von ▸Ragnhild.

Ragnar: gegen Ende des 19. Jh.s aus den skandinavischen Ländern übernommener männl. Vorn., der dem deutschen Vornamen ▸Rainer entspricht.

Ragnhild: gegen Ende des 19. Jh.s aus den skandinavischen Ländern übernommener weibl. Vorn., der dem deutschen Vornamen ▸Reinhild entspricht.

Rahel: ▸Rachel. ✧ Bekannte Namensträgerin: Rahel Varnhagen von Ense, deutsche Schriftstellerin (18./19. Jh.).

Rahim: männl. Vorn. arabischer Herkunft (Kurzform von arab. *'abd er-Raḥīm* »Diener [Allahs,] des Gnädigen«), auch türkisch.

Rahima: weibl. Vorn., weibliche Form von ▸Rahim.

Rahime: weibl. Vorn. türkischer Herkunft, weibliche Form von ▸Rahim.

Rahman: männl. Vorn. arabischer Herkunft, Kurzform von ▸Abdurrahman.

Raik: ▸Raiko.

Raika: weibl. Vorn., Eindeutschung von ▸Rajka oder Schreibvariante von ▸Reika.

Raiko, (auch:) Raik; Rayk; Rayko: in den 1960er-Jahren in der ehemaligen DDR aufgekommener männl. Vorn., Eindeutschung von ▸Rajko oder Schreibvariante von ▸Reiko.

Raimar, (auch:) Raimer: ▸Reimar.

Raimo: ▸Reimo.

Raimond: männl. Vorn., Variante von ▸Raimund oder ▸Raymond.

Raimonda, (auch:) Raimonde: weibl. Vorn., weibliche Form von ▸Raimond.

Raimund, (auch:) Raimond; Raymund; Reimund: männl. Vorn. (zu german. **ragina* »Rat, Beschluss [der Götter], Schicksal« + german. **mundō* »Schutz«). Der Name, der seit dem frühen Mittelalter im romanischen Gebiet, vor allem in Südfrankreich, verbreitet war, ist in Deutschland erst seit Beginn der Neuzeit anzutreffen. Namenspatron ist der heilige Raimund von Peñafort, spanischer Dominikaner (12./13. Jh.); NAMENSTAG: 7. Januar. Span. Form: *Ramón*. Französ. Form: *Raymond* [rɛ'mõ]. Engl. Form: *Raymond* ['reɪmənd].

Raina: ▸Reina.

Rainald: ▸Reinold. ✧ Bekannter Namensträger: Rainald (Reinald) von Dassel, Erzbischof von Köln, Reichskanzler Friedrich Barbarossas (12. Jh.).

Rainer, (auch:) Reiner; Reinar: alter deutscher männl. Vorn. (zu german. **ragina* »Rat, Beschluss [der Götter], Schicksal« + ahd. *heri* »Heer; Heerführer, Krieger«). In den 1940er- und 1950er-Jahren gehörte

Rainer zu den beliebten männlichen Vornamen. ✧ Bekannte Namensträger: Rainer Maria Rilke, österreichischer Dichter (19./20. Jh.); Rainer Werner Fassbinder, deutscher Schriftsteller und Regisseur (20. Jh.). Französ. Form: *Rainier* [rɛ'nje].

Rainhard: ▸ Reinhard.

Rainier [rɛ'nje]: männl. Vorn., französische Form von ▸ Rainer. ✧ Bekannter Namensträger: Rainier III., Fürst von Monaco (20./21. Jh.).

Raissa, (auch:) Raisa: im 20. Jh. aus dem Russischen entlehnter weibl. Vorn., bei dem es sich vermutlich um eine Ableitung von griech. *rádios* »leicht, mühelos« handelt. In Deutschland wurde der Name vor allem bekannt durch Raissa Gorbatschowa, die Gattin des russischen Politikers Michail Gorbatschow.

Raj [ra:dʒ]: männl. Vorn. indischer Herkunft (sanskrit. *rāja* »König«).

Raja: weibl. Vorn., russische Kurzform von *Rachil* (▸ Rachel).

Rajan ['ra:dʒan]: männl. Vorn., südindische Variante von ▸ Raj.

Rajani [ra'dʒani:]: weibl. Vorn. indischer Herkunft (sanskrit. *rajanī* »die Dunkle«, auch »die Nacht«), Beiname der Gattin des Gottes Schiwa.

Rajendra [ra:'dʒendra], (auch:) Rajinder [ra:'dʒindɐ]: männl. Vorn. indischer Herkunft (sanskrit. *rāja* »König« + ▸ [1]Indra [als Steigerungssuffix], etwa »mächtiger König«).

Rajka: weibl. Vorn., ungarische und russische Koseform von ▸ Rachel, ungarische, slowenische und tschechische Koseform von *Rajmunda* (▸ Raimonda), tschechische und russische Koseform von ▸ Raissa.

Rajko: männl. Vorn., ungarische *(Rajkó)* und tschechische Koseform von *Rajmund* (▸ Raimund).

Rakti: männl. Vorn. indischer Herkunft (»der Liebliche«).

Ralf, (auch:) Ralph: im 19. Jh. aus dem Englischen übernommener männl. Vorn., der auf altnord. *Raðulfr*, altengl. *Rædwulf* zurückgeht und dessen Fortbestehen in

Die häufigsten Vornamen in Berlin 1933–1945

männlich	weiblich
1. Wolfgang	1. Helga
2. Klaus	2. Ingrid
3. Peter	3. Renate
4. Manfred	4. Gisela
5. Horst	5. Brigitte, -a
6. Dieter	6. Karin
7. Günt(h)er	7. Christa
8. Jürgen	8. Ursula
9. Gerhard	9. Monika
10. Werner	10. Hannelore

Quelle: W. Seibicke (1991)

der englischen Namengebung durch den normannischen Namen *Radulf* (▸ Radolf) unterstützt wurde. Die zusammengezogene Form *Ralf* ist in England seit dem 16. Jh. nachweisbar, die etymologisch unbegründete Schreibung *Ralph* ist im 18. Jh. aufgekommen. In Deutschland war Ralf/Ralph im Zeitraum 1960–1975 ein beliebter männlicher Vorname. ✧ Bekannte Namensträger: Ralph Waldo Emerson, amerikanischer Dichter und Philosoph (19. Jh.); Ralph Benatzky, österreichischer Operettenkomponist (19./20. Jh.); Ralf Dahrendorf, deutscher Soziologe (20./21. Jh.) Engl. Form: *Ralph* [reɪf], [rælf].

Ram: männl. Vorn., vor allem in Nordindien verbreitete Variante von ▸ Rama.

Rama: männl. Vorn. indischer Herkunft (sanskrit. *rāma* »angenehm, wohltuend, gefällig«). Rama wird als die siebente Inkarnation des Gottes Wischnu angesehen. Seine Geschichte ist das Hauptthema des indischen Epos »Ramayana« (entstanden vom 4. Jh. v. Chr. bis zum 2. Jh. n. Chr.).

Ramadan: männl. Vorn. arabischer Herkunft (arab. *ramadān* »der neunte Monat im arabischen Kalender, der Fastenmonat« zu arab. *ramid* »sehr heiß«).

Ramakrischna: männl. Vorn. indischer Herkunft, aus den Götternamen ▸ Rama und ▸ Krischna gebildeter Name.

Raman: männl. Vorn. indischer Herkunft

(sanskrit. *ramaṇa* »der Gefällige, der Angenehme«).

Ramani: weibl. Vorn., weibliche Form von ▸Raman.

Ramapriya: weibl. Vorn. indischer Herkunft (▸Rama + sanskrit. *priyā* »die Geliebte«: »die von Rama Geliebte«), ein Name Sitas.

Ramazan [rama'zan]: männl. Vorn., türkische Form von ▸Ramadan.

Ramesch, (auch:) Ramesh: männl. Vorn. indischer Herkunft (sanskrit. *Ramā*, Name der Göttin Lakschmi + sanskrit. *īśa* »Herr«: »Ramās Herr«), ein Name Wischnus.

Rami: männl. Vorn. arabischer Herkunft (arab. *rāmi* »Bogenschütze«).

Ramin: männl. Vorn. persischer Herkunft (»der Glückliche, Gehorsame«).

Ramiro: in den 1970er-Jahren aus dem Spanischen entlehnter männl. Vorn. westgotischer Herkunft. Der erste Namenbestandteil enthält german. **ran* »Ecke, Keil«, wohl als »keilförmige Anordnung des Heeres« zu verstehen, der zweite entspricht ahd. *māri* »bekannt, berühmt, angesehen«.

Ramón: im 20. Jh. entlehnter männl. Vorn., spanische Form von ▸Raimund.

Ramona: aus dem Spanischen übernommener weibl. Vorn., weibliche Form von *Ramón* (▸Raimund). Der Vorname ist durch den Schlager »Ramona« bekannt.

Ramses: in Deutschland seit der zweiten Hälfte des 20. Jh.s vereinzelt vorkommender männl. Vorn. ägyptischen Ursprungs (< griech. *Raamsēs* < ägypt. *R'-msj-sw* »[der Gott] Re ist es, der ihn geboren hat«). Diesen Namen trugen mehrere ägyptische Pharaonen. Bekannt ist vor allem Ramses II. (1290–1224 v. Chr.), der die Errichtung bedeutender Bauwerke veranlasste.

Ramunė: weibl. Vorn. litauischer Herkunft (lit. *ramunė* »Gänseblümchen«).

Ran [ræn]: männl. Vorn., englische Kurzform von Namen, die mit »Ran-« beginnen (z. B. ▸Randall, ▸Randolph).

Rana: weibl. Vorn. arabischer Herkunft (arab. *rana* »ins Auge fallender, schöner Gegenstand« zu arab. *rana* »anstarren, auf etwas blicken, etwas betrachten«).

[1]Randa ['rændə]: weibl. Vorn., englische Kurzform von ▸Miranda.

[2]Randa: weibl. Vorn. arabischer Herkunft (wohl zu arab. *ranad* oder *randa*, Bezeichnung für einen wohlriechenden Baum, der in der Wüste wächst).

Randall [rændl]: männl. Vorn., ursprünglich ein englischer Familienname, der sich von einer mittelalterlichen Form von ▸Randolph ableitet.

[1]Randi: im 20. Jh. entlehnter weibl. Vorn. nordischer Herkunft, Kurzform des altnordischen Namens *Ragnfriðr* (der erste Namenbestandteil gehört zu german. **ragina* »Rat, Beschluss [der Götter], Schicksal«, der zweite enthält altnord. *friðr* »schön«).

[2]Randi: ▸[2]Randy.

Rando: männl. Vorn., Kurzform von ▸Randolf.

Randolf: alter deutscher männl. Vorn. (ahd. *rant* »Schild« + ahd. *wolf* »Wolf«).

Randolph, (auch:) Randolf ['rændɔlf]: männl. Vorn., englische Form von ▸Randolf.

[1]Randy ['rændɪ]: in den 1960er-Jahren entlehnter männl. Vorn., englische Koseform von ▸Randolph.

[2]Randy, (auch:) [2]Randi ['rændɪ]: weibl. Vorn., englische Koseform von ▸Miranda. ✧ Bekannte Namensträgerin: Randy Crawford, amerikanische Sängerin (20./21. Jh.).

Rani: weibl. Vorn. indischer Herkunft, der »Königin« bedeutet.

Raniya, (auch:) Rania: weibl. Vorn. arabischer Herkunft (arab. *ranya* »die [den Geliebten] Betrachtende« zu arab. *rana* »anstarren, auf etwas blicken, etwas betrachten«).

Rao: männl. Vorn., nordindische Form von ▸Ravi.

Raoul [ra'ul]: im 19. Jh. entlehnter männl. Vorn., französische Form von ▸Radolf. ✧ Bekannte Namensträger: Raoul Dufy, französischer Maler (19./20. Jh.);

Raoul Schrott, österreichischer Schriftsteller (20./21. Jh.); Raoul Hausmann, österreichisch-deutscher Künstler (19./20. Jh.). Italien. Form: *Raul.* Span. Form: *Raúl.*

Raphael, (auch:) Rafael: aus der Bibel übernommener männl. Vorn. hebräischen Ursprungs (»Gott heilt«). Raphael fand im Mittelalter in der christlichen Welt als Name des Erzengels Verbreitung; NAMENSTAG: 29. September. Italien. Form: *Raffaele.* Span. Form: *Rafael* [rafa'ɛl]. Französ. Form: *Raphaël* [rafa'ɛl].

Raphaela, (auch:) Rafaela: weibl. Vorn., weibliche Form von ▸Raphael. Italien. Formen: *Raffaella, Raffaela.*

Raquel [ra'kɛl]: weibl. Vorn., spanische Form von ▸Rachel. ✧ Bekannte Namensträgerin: Raquel Welch, amerikanische Schauspielerin bolivianischer Abstammung (20./21. Jh.).

Rasa: weibl. Vorn. litauischer Herkunft (lit. *rasa* »Tau«).

Rasamayi: weibl. Vorn. indischer Herkunft (sanskrit. *rasa* »Geschmack, Nektar« + sanskrit. *mayī* »bestehend aus«: »die aus Nektar Bestehende«).

Raschid: männl. Vorn. arabischer Herkunft (arab. *er-rashīd* »der Rechtgeleitete; der Weise«). Bekannt ist der Name vor allem durch den Kalifen von Bagdad Harun ar-Raschid (8./9. Jh.), dem Scheherezade tausendundeine Nacht lang Märchen erzählte. Türk. Formen: *Raşit* [ra'ʃit], *Reşit* [re'ʃit].

Raschida: weibl. Vorn., weibliche Form von ▸Raschid. Türk. Formen: *Raşide* [raʃi'de], *Reşide* [reʃi'de].

Raşit [ra'ʃit], (auch:) Reşit [re'ʃit]: männl. Vorn., türkische Form von ▸Raschid.

Rasma: weibl. Vorn. lettischer Herkunft (zu lett. *rasma* »Ernte; Erfolg«).

Rasmus: männl. Vorn., Kurzform von ▸Erasmus, auch dänisch.

Rasso: männl. Vorn., verselbstständigte Koseform von Namen, die mit »Rat-« (ahd. *rāt* »Rat, Beratung, Ratgeber«) gebildet sind.

Rathard: alter deutscher männl. Vorn. (ahd. *rāt* »Rat, Beratung, Ratgeber« + ahd. *harti, herti* »hart, kräftig, stark«).

Name und Persönlichkeit

Dass ein als schön empfundener Name für den Träger in vielerlei Hinsicht von Vorteil sein kann, verwundert kaum – nicht ohne Grund legen sich Schauspieler, Sänger und andere Stars klangvolle Künstlernamen zu. Als Durchschnittsbürger sucht man sich weder Vor- noch Familiennamen selbst aus. Von klein auf mit dem Namen gerufen, erkennt sich ein Kind in seinem Namen wieder und identifiziert sich allmählich mit ihm. Aber wer vermag zu sagen, ob ein Name und seine Bedeutung nicht auch Einfluss auf die Persönlichkeit haben? Schließlich verbinden Eltern mit der Entscheidung für einen Vornamen oft auch Wünsche, die den Lebensweg des Neugeborenen betreffen, und wählen deshalb einen Namen mit einer entsprechenden Bedeutung.
Tatsächlich ist der Glaube, dass Name und »Wesen«, also Persönlichkeit und Charakter, eng miteinander zusammenhängen, ja eins sind, bereits uralt. *Nomen atque omen* »Name und Vorbedeutung«, so formulierte es der römische Komödiendichter Plautus. Vereinfacht wurde daraus das bekannte *Nomen est omen* – der Name ist Vorbedeutung, Schicksal.

Ratna: weibl. Vorn. indischer Herkunft (»die Juwelen gleicht«).

Räto: ▸Reto.

Raul: männl. Vorn., italienische Form von ▸Raoul oder eindeutschende Schreibung von französ. *Raoul* und span. *Raúl.*

Raven: männl. Vorn., Variante von *Raban* (▸Rabanus).

Ravi: männl. Vorn. indischer Herkunft (sanskrit. *ravi* »Sonne«).

Ray [reɪ]: männl. Vorn., englische Kurzform von *Raymond* (▸Raimund). ✧ Bekannter Namensträger: Ray Charles, amerikanischer Jazzmusiker (20./21. Jh.).

Raye [reɪ]: ▸Rae.

Rayk, (auch:) Rayko: ▸Raiko.

Raymond: männl. Vorn., englische ['reɪmənd] und französische [rɛ'mõ] Form von ▸Raimund. ✧ Bekannte Namensträger: Raymond Chandler, amerikanischer Kriminalschriftsteller (19./20. Jh.); Raymond Queneau, französischer Schriftsteller (20. Jh.).

Raymund: ▸Raimund.

Rea, (auch:) Rhea: weibl. Vorn., der auf eine Gestalt der römischen Mythologie zurückgeht. Nach der römischen Sage war Rhea Silvia die Mutter von Romulus und Remus und somit Stammmutter der Römer. Die Bedeutung des Namens ist unklar.

Rebecca [rɪ'bɛkə]: weibl. Vorn., englische Form von ▸Rebekka. Bekannte literarische Gestalten sind die Rebecca in Walter Scotts Roman »Ivanhoe« (1820) und die Rebecca in Daphne du Mauriers gleichnamigem Roman (1938).

Rebekka, (auch:) Rebecka: weibl. Vorn. hebräischen Ursprungs (hebr. *ribqā*, vielleicht zu hebr. *baqar* »Rind«). Nach der Bibel war Rebekka die Frau Isaaks und die Mutter von Jakob und Esau, die ihrem Sohn Jakob mit einer List dazu verhilft, den Erstgeburtssegen seines Vaters zu erschleichen; Namenstag: 30. August. Engl. Form: *Rebecca* [rɪ'bɛkə].

Redelf, (auch:) Redolf; Reelf; Relef: männl. Vorn., friesische Form von ▸Radolf.

Reece: ▸Rees.

Reelf: ▸Redelf.

Reemt: männl. Vorn., durch Zusammenziehung entstandene friesische Form von ▸Raimund.

Reena: ▸Rena.

Reenhard: ▸Reinhard.

Reent: ▸Reint.

Rees, (auch:) Reece; ¹Reese [ri:s]: männl. Vorn., englische Form des walisischen Vornamens ▸Rhys.

¹Reese [ri:s]: ▸Rees.

²Reese [ri:s]: weibl. Vorn., identisch mit ▸¹Reese. ✧ Bekannte Namensträgerin: Reese Witherspoon, amerikanische Schauspielerin (20./21. Jh.).

Refik: männl. Vorn., türkische Form von ▸Rafik.

Refika: weibl. Vorn., weibliche Form von ▸Refik.

Regina, (auch:) Regine: weibl. Vorn. lateinischen Ursprungs (lat. *rēgīna* »Königin, Herrscherin«). Der schon in der Antike bezeugte Name kann auf die Himmelskönigin Maria bezogen sein oder aber einen Wunsch der Eltern (das Mädchen möge schön, reich, glücklich wie eine Königin sein) zum Ausdruck bringen. ✧ Bekannte Namensträgerin: Regina Halmich, deutsche Boxerin (20./21. Jh.). Französ. Form: *Régine* [re'ʒin].

Reginald: männl. Vorn., ältere Namensform von ▸Reinold, auch englisch ['rɛdʒɪnld].

Régis [re'ʒi]: männl. Vorn. nach dem Familiennamen des französischen Heiligen Jean-François Régis (16./17. Jh.); Namenstag: 31. Dezember. Der Familienname stammt aus Südfrankreich und leitet sich von lat. *regere* »leiten, herrschen« ab.

Reglinde (auch:) Reglindis; Relinde; Relinda; Relindis: weibl. Vorn., verkürzte Form von älterem *Reginlind* (zu german. **ragina* »Rat, Beschluss [der Götter], Schicksal« + ahd. *lind* »sanft, weich, mild«).

Regula: weibl. Vorn. lateinischen Ursprungs, der auf den römischen Beinamen *Regulus* (lat. *rēgulus* »kleiner König, Häuptling, Fürst, Prinz«) zurückgeht. Die heilige Märtyrerin Regula und ihr Bruder Felix (3./4. Jh.) sind die Patrone von Zürich; Namenstag: 11. September.

Reika, (auch:) Reike: in den 1960er-Jahren in der ehemaligen DDR aufgekommener weibl. Vorn., verselbstständigte Kurzform von Namen, die mit altsächs. *rīki* »mächtig, gewaltig, reich« gebildet sind, auch Eindeutschung von ▸Rajka.

Reiko, (auch:) Reik: in den 1960er-Jahren in der ehemaligen DDR aufgekommener männl. Vorn., verselbstständigte Kurzform von Namen, die mit altsächs. *rīki* »mächtig, gewaltig, reich« gebildet sind, auch Eindeutschung von ▸ Rajko.

Reimar, (auch:) Reimer; Raimar; Raimer; Reinmar; Remmer: alter deutscher männl. Vorn. (zu german. **ragina* »Rat, Beschluss [der Götter], Schicksal« + ahd. *māri* »bekannt, berühmt, angesehen«). Der Name war im Mittelalter recht beliebt.

Reimo, (auch:) Raimo: männl. Vorn., verselbstständigte Kurzform von Namen, die mit »Reim-« (zu german. **ragina* »Rat, Beschluss [der Götter], Schicksal«) gebildet sind.

Reimund: ▸ Raimund.

Reina, (auch:) Raina: weibl. Vorn., verselbstständigte Kurzform von Namen, die mit »Rein-« gebildet sind.

Reinald: ▸ Reinold.

Reinar: ▸ Rainer.

Reinard: ▸ Reinhard.

Reinbert, (auch:) Rembert; Rimbert: alter deutscher männl. Vorn. (zu german. **ragina* »Rat, Beschluss [der Götter], Schicksal« + ahd. *beraht* »glänzend, berühmt«).

Reiner: ▸ Rainer.

Reinfried: alter deutscher männl. Vorn. (zu german. **ragina* »Rat, Beschluss [der Götter], Schicksal« + ahd. *fridu* »Schutz vor Waffengewalt, Friede; Friedenswahrer«).

Reingard: alter deutscher weibl. Vorn. (zu german. **ragina* »Rat, Beschluss [der Götter], Schicksal« + german. **gardaz* »Zaun, Einfriedung«, vgl. ahd. *garto* »Garten«).

Reinhard, (auch:) Rainhard; Reenhard; Reinard; Reinhart: alter deutscher männl. Vorn. (zu german. **ragina* »Rat, Beschluss [der Götter], Schicksal« + ahd. *harti, herti* »hart, kräftig, stark«). Der Name war im Mittelalter weit verbreitet. ✧ Bekannte Namensträger: Reinhard Lettau, deutscher Schriftsteller (20. Jh.); Reinhard Mey, deutscher Chansonsänger (20./21. Jh.); Reinhard Hauff, deutscher Filmregisseur (20./21. Jh.).

Reinhild, (auch:) Reinhilde; Reinhilt: alter deutscher weibl. Vorn. (zu german. **ragina* »Rat, Beschluss [der Götter], Schicksal« + ahd. *hiltja* »Kampf; Kriegerin«).

Reinhold: männl. Vorn., Nebenform von ▸ Reinold in Anlehnung an das Adjektiv »hold«. ✧ Bekannte Namensträger: Jakob Michael Reinhold Lenz, deutscher Schriftsteller (18. Jh.); Reinhold Messner, italienischer Bergsteiger, Schriftsteller und Filmemacher (20./21. Jh.); Reinhold Beckmann, deutscher Fernsehmoderator (20./21. Jh.).

Reinke: männl. Vorn., niederdeutsch-friesische Koseform von Namen, die mit »Rein-« gebildet sind.

Reinmar: ▸ Reimar. ✧ Bekannte Namensträger: Reinmar von Hagenau (der Alte), mittelhochdeutscher Dichter (12./13. Jh.); Reinmar von Zweter, mittelhochdeutscher Dichter (13. Jh.).

Reino: männl. Vorn., verselbstständigte Kurzform von Namen, die mit »Rein-« gebildet sind.

Reinold, (auch:) Reinhold; Renold; Reinald; Rainald; Reginald: alter deutscher männl. Vorn. (zu german. **ragina* »Rat, Beschluss [der Götter], Schicksal« + ahd. *-walt* zu *waltan* »herrschen, walten«). Der Name war schon im Mittelalter beliebt. Zu seiner Verbreitung trug auch die Verehrung des heiligen Reinold, des Patrons von Dortmund (10. Jh.), bei; NAMENSTAG: 7. Januar. Italien. Formen: *Rinaldo, Renaldo.* Engl. Form: *Reginald* [ˈrɛdʒɪnld]. Span. Form: *Reynaldo* [reiˈnaldo].

Reint: männl. Vorn., durch Zusammenziehung entstandene friesische Kurzform von Namen wie ▸ Reinhard, ▸ Reinold.

Reintje: weibl. Vorn., friesische Koseform von Namen, die mit »Rein-« gebildet sind.

Reintraud, (auch:) Reintraut: alter deutscher weibl. Vorn. (zu german. **ragina* »Rat, Beschluss [der Götter], Schicksal« + german. **þrūþi* »Kraft, Stärke«, in althochdeutscher Zeit umgedeutet zu *trūt* »vertraut, lieb«).

Reinulf: alter deutscher männl. Vorn. (zu german. **ragina* »Rat, Beschluss [der Götter], Schicksal« + ahd. *wolf* »Wolf«).

Réka [ˈreːkɔ]: weibl. Vorn. ungarischer Herkunft. Diesen Namen trug die Frau des Hunnenkönigs Attila.

Rẹlef: ▸Redelf.

Relịnde (auch:) Relịnda, Relịndis: ▸Reglinde.

Rẹmbert: ▸Reinbert.

Rẹmi: männl. Vorn., Kurzform von ▸Remigius.

Rémi, (auch:) Rémy [re'mi]: männl. Vorn., französische Form von ▸Remigius.

Remịgius: männl. Vorn. lateinischen Ursprungs (zu lat. *rēmex* »Ruderer«). Die Verbreitung des Namens im Mittelalter geht auf die Verehrung des heiligen Bischofs von Reims (5./6. Jh.) zurück; NAMENSTAG: 1. Oktober. Der heilige Remigius taufte um 498 König Chlodwig I. und begann die Mission unter den Franken.

Rẹmko: männl. Vorn., niederdeutsch-friesische Koseform von *Remmer* (▸Reimar) oder von altfriesisch *hremr* »Rabe«.

Rẹmmer: männl. Vorn., niederdeutsch-friesische Form von ▸Reimar.

Rẹmmo, (auch:) Re̲mo: männl. Vorn., Kurzform von ▸Remmer.

Re̲mo: männl. Vorn., italienische Form von ▸Remus.

Re̲mus: männl. Vorn. nach einem der beiden sagenhaften Gründer Roms.

Rémy: ▸Rémi.

Re̲na, (auch:) Re̲e̲na: weibl. Vorn., Kurzform von ▸Renate und ▸Verena, auch friesische Kurzform von Namen, die mit »Rein-« beginnen (▸Reintraud).

Re̲nald: ▸Reinold.

Renạldo: ▸Rinaldo.

Rena̲t: ▸Renatus.

Rena̲te, (auch:) Rena̲ta: weibl. Vorn., weibliche Form von ▸Renatus. Der Vorname ist in Deutschland erst in der ersten Hälfte des 20. Jh.s volkstümlich geworden. Italien. Form: *Rena̲ta*. Französ. Form: *Renée* [rə'ne].

Rena̲to: in den 1960er-Jahren entlehnter männl. Vorn., italienische Form von ▸Renatus. ✧ Bekannter Namensträger: Renato Guttuso, italienischer Maler (20. Jh.).

Rena̲tus, (auch:) Rena̲t: männl. Vorn. lateinischen Ursprungs (lat. *renātus* »wiedergeboren«). Italien. Form: *Rena̲to*. Französ. Form: *René* [rə'ne].

René [rə'ne]: gegen Ende des 19. Jh.s entlehnter männl. Vorn., französische Form von ▸Renatus. In den 1970er-Jahren gehörte René zu den beliebtesten Vornamen in der früheren DDR. ✧ Bekannte Namensträger: René Descartes, französischer Philosoph (16./17. Jh.); René Magritte, belgischer Maler (19./20. Jh.); René Goscinny, französischer Zeichner und Texter (20. Jh.); René Kollo, deutscher Tenor (20./21. Jh.).

Renée [rə'ne]: weibl. Vorn., französische Form von ▸Renate. ✧ Bekannte Namensträgerin: Renée Sintenis, deutsche Bildhauerin (19./20. Jh.); Renée Zellweger, amerikanische Schauspielerin (20./21. Jh.).

Renẹtte: weibl. Vorn., Neubildung, Erweiterung von ▸Rena mit der französischen Endung »-ette«.

Re̲ni: weibl. Vorn., Koseform von ▸Renate, ▸Verena und ▸Irene.

Re̲nia: weibl. Vorn., Weiterbildung von ▸Reni.

Rẹnke, (auch:) Rẹnko: männl. Vorn., niederdeutsch-friesische Koseform von Namen, die mit »Rein-« (zu german. **ragina* »Rat, Beschluss [der Götter], Schicksal«) gebildet sind.

Renke̲a: weibl. Vorn., weibliche Bildung zu ▸Renke.

Rẹnko: ▸Renke.

[1]**Re̲no:** männl. Vorn., friesische Form von ▸Reino.

[2]**Re̲no:** männl. Vorn., italienische Kurzform von Namen, die auf »-reno« ausgehen (z. B. ▸Moreno).

Re̲nold: ▸Reinold.

Rẹnz: männl. Vorn., Kurzform von ▸Lorenz.

Rẹnzo: männl. Vorn., italienische Kurzform von *Lorenzo* (▸Lorenz).

Re̲si: weibl. Vorn., Koseform von ▸Therese.

Reşide [rɛʃi'de]: weibl. Vorn., weibliche Form von ▸Reşit.

Reşit [rɛ'ʃit]: männl. Vorn., türkische Form von ▸ Raschid.

[1]**Reta:** weibl. Vorn., Kurzform von ▸ Margarete.

[2]**Reta:** schweizerischer weibl. Vorn., eigentlich »die Rätoromanin«.

Reto, (auch:) Räto: schweizerischer männl. Vorn., eigentlich »der Rätoromane«.

Reuben ['ru:bɪn], (auch:) Reuven ['ru:vɪn]: männl. Vorn., englische Formen von ▸ Ruben.

Rewert: männl. Vorn., jüngere Form von *Reinwart* oder *Redwart* (zu german. **ragina* »Rat, Beschluss [der Götter], Schicksal« bzw. ahd. *rāt* »Rat, Beratung, Ratgeber« + ahd. *wart* »Hüter, Schützer«).

Rex: aus dem Englischen übernommener männl. Vorn. lateinischen Ursprungs (lat. *rēx* »König«), der gelegentlich auch als Kurzform von *Reginald* (▸ Reinold) gebraucht wird. ✧ Bekannter Namensträger: Rex Harrison, englischer Schauspieler (20. Jh.).

Reyk: ▸ Reiko.

Reynaldo [rei'naldo]: männl. Vorn., spanische Form von ▸ Reinold.

Reza [re'za]: männl. Vorn. persischer Herkunft, der »Zustimmung, Übereinstimmung« bedeutet.

Rhea: ▸ Rea.

Rhett [rɛt]: männl. Vorn., ursprünglich ein amerikanischer Familienname niederländischer Herkunft (mittelniederländ. *raet* »Rat«). Eine literarische Gestalt ist Rhett Butler in Margaret Mitchells Roman »Vom Winde verweht« (1936). Die Verfilmung des Romans (1939) war sehr erfolgreich und trug zur Bekanntheit der Namen der Hauptpersonen bei.

Rhiannon [rɪ'ænən]: weibl. Vorn. walisischer Herkunft, Name einer Göttin in der keltischen Mythologie (abgeleitet von kelt. **rīgantonā*, etwa »große Königin«). In Wales setzte die Vergabe dieses Vornamens im 20. Jh. ein.

Rhoda: aus dem Englischen ['roʊdə] entlehnter weibl. Vorn. griechischen Ursprungs (zu griech. *rhódon* »Rose«). In der »Apostelgeschichte« begegnet Rhode als Name einer Magd in Jerusalem.

Rhona: aus dem Englischen ['roʊnə] entlehnter weibl. Vorn. umstrittener Herkunft. Der Name, der gegen Ende des 19. Jh.s in Schottland aufkam, könnte eine weibliche Bildung zu ▸ Ronald darstellen oder auf Rona, eine Insel der Hebriden, zurückgehen.

Rhonda ['rɔndə]: aus dem Englischen entlehnter weibl. Vorn., der Anfang der 1940er-Jahre durch die angloamerikanische Filmschauspielerin Rhonda Fleming (eigtl. Marilyn Louis) bekannt wurde. Der Name kann aus einer Verschmelzung von ▸ Rhoda und ▸ Rhona hervorgegangen sein, wird aber auch als eine Namenprägung mit den walisischen Namenbestandteilen *rhon* »Speer« und *da* »gut« aufgefasst. Gelegentlich wird Rhonda auch mit dem Namen des Rhondda-Tals in South Wales in Verbindung gebracht, doch hat der zugrunde liegende Flussname eine ganz andere Etymologie.

Rhys [ri:s]: männl. Vorn. walisischer Herkunft (zu walis. *rhys* »Glut; Leidenschaft, Inbrunst, Eifer«). Diesen Namen trugen im frühen Mittelalter mehrere walisische Könige.

Ria: weibl. Vorn., Kurzform von ▸ Maria.

[1]**Rian:** männl. Vorn., niederländische Kurzform von ▸ Adrian.

[2]**Rian** ['raɪən]: männl. Vorn., Schreibvariante von ▸ Ryan.

Riana: weibl. Vorn., Kurzform von ▸ Adriana.

Rianne: weibl. Vorn., Doppelform aus ▸ Ria und ▸ Anne.

Ribanna: weibl. Vorn., dessen Bedeutung unklar ist. Der Name ist bekannt durch Ribanna, die Geliebte Winnetous, in den Romanen Karl Mays. Die gelegentliche Vergabe des Vornamens setzt in den 1980er-Jahren ein.

Rica: weibl. Vorn., Kurzform verschiedener Vornamen (z. B. ▸ Erica, ▸ Ricarda, ▸ Frederica).

Ricard: ▸ Richard.

Ricarda: weibl. Vorn., weibliche Form von ▸Ricardo oder latinisierende weibliche Form von ▸Richard. ✧ Bekannte Namensträgerin: Ricarda Huch, deutsche Dichterin (19./20. Jh.).

Ricardo: in den 1960er-Jahren entlehnter männl. Vorn., spanische Form von ▸Richard.

Ricca: weibl. Vorn., Kurzform von ▸Riccarda.

Riccarda: weibl. Vorn., weibliche Form von ▸Riccardo.

Riccardo: in den 1960er-Jahren entlehnter männl. Vorn., italienische Form von ▸Richard. ✧ Bekannter Namensträger: Riccardo Muti, italienischer Dirigent (20./21. Jh.).

Ricco: in den 1960er-Jahren entlehnter männl. Vorn., italienische Kurzform von ▸Riccardo. ✧ Bekannter Namensträger: Ricco Groß, deutscher Biathlet (20./21. Jh.).

Richard, (auch:) Rickert; Ridsert; Righard: alter deutscher männl. Vorn. (ahd. *rīhhi* »Herrschaft, Herrscher, Macht; reich, mächtig, hoch« + ahd. *harti, herti* »hart, kräftig, stark«). Der Name wurde in England von den Normannen eingeführt und hat seitdem stets eine wichtige Rolle in der englischen Namengebung gespielt. In Deutschland trat Richard um 1800 wieder in den Vordergrund. Im Rahmen der damals herrschenden Shakespeare-Begeisterung ist ein Einfluss seiner Königsdramen »Richard II.« (um 1594) und »Richard III.« (1595) auf die Namengebung durchaus denkbar. Eine weitere historische Gestalt ist Richard Löwenherz, König von England (12. Jh.), der auch in Walter Scotts bekanntem Roman »Ivanhoe« (1820) auftritt. ✧ Bekannte Namensträger: Richard Wagner, deutscher Komponist (19. Jh.); Richard Strauss, deutscher Komponist (19./20. Jh.); Richard Dehmel, deutscher Dichter (19./20. Jh.); Richard Burton, englischer Filmschauspieler (20. Jh.); Richard Freiherr von Weizsäcker, deutscher Politiker (20./21. Jh.); Richard Gere, amerikanischer Filmschauspieler (20./21. Jh.). Italien. Form: *Riccardo*. Engl. Form: *Richard* [ˈrɪtʃəd]. Span. Form: *Ricardo*.

Richarda: weibl. Vorn., weibliche Form von ▸Richard.

Richhild, (auch:) Richilde: alter deutscher weibl. Vorn. (ahd. *rīhhi* »Herrschaft, Herrscher, Macht; reich, mächtig, hoch« + ahd. *hiltja* »Kampf; Kriegerin«).

Richie, (auch:) Ritchie [ˈrɪtʃɪ]: männl. Vorn., englische Koseform von ▸Richard.

Rick: männl. Vorn., englische Kurzform von ▸Richard.

Ricke: ▸Rike.

Rickert: männl. Vorn., niederdeutsch-friesische Form von ▸Richard.

Rickey [ˈrɪkɪ]: männl. Vorn., Schreibvariante von ▸¹Ricky.

Ricklef: ▸Riklef.

Rickmer: männl. Vorn., niederdeutsch-friesische Form von *Richmar* (ahd. *rīhhi* »Herrschaft, Herrscher, Macht; reich, mächtig, hoch« + ahd. *māri* »bekannt, berühmt, angesehen«).

¹Ricky: männl. Vorn., englische Koseform von ▸Richard.

²Ricky: weibl. Vorn., Koseform von ▸Rike.

Rico: männl. Vorn., italienische Kurzform von *Enrico* (▸Heinrich).

Ridsert: männl. Vorn., friesische Form von ▸Richard.

Rieke, (auch:) Rieka: ▸Rike, auch Kurzform von ▸Marieke.

Riekje: weibl. Vorn., friesische Koseform von ▸Rieke, ▸Rike.

Rieko: ▸Riko.

Righard: ▸Richard.

Rigo: männl. Vorn., italienische Kurzform von Namen wie *Rigoberto* (▸Rigobert), *Federigo* (▸Friedrich), ▸Amerigo u. a.

Rigobert: männl. Vorn., der auf eine romanische Form von *Richbert* (ahd. *rīhhi* »Herrschaft, Herrscher, Macht; reich, mächtig, hoch« + ahd. *beraht* »glänzend, berühmt«) zurückgeht. Namenspatron ist der heilige Rigobert, Erzbischof von Reims (7./8. Jh.); NAMENSTAG: 4. Januar.

Rigoberta: weibl. Vorn., weibliche Form von ▸ Rigobert. ✧ Bekannte Namensträgerin: Rigoberta Menchú, guatemaltekische Menschenrechtlerin (20./21. Jh.).

Rik: ▸ Riko.

Rike, (auch:) Ricke; Rieke; Rika; Rieka: weibl. Vorn., Kurzform von Namen, die auf »-rike« ausgehen, besonders von ▸ Friederike, ▸ Henrike und ▸ Ulrike.

Rikea: weibl. Vorn., friesische Erweiterung von ▸ Rike.

Riklef, (auch:) Ricklef: friesischer männl. Vorn. (ahd. *rīhhi* »Herrschaft, Herrscher, Macht; reich, mächtig, hoch« + altsächs. *lēva* »Erbe, Nachlass; Sohn, Tochter«).

Riko, (auch:) Rieko; Rik: männl. Vorn., Kurzform von ▸ Richard oder von Namen, die auf »-rik« ausgehen (z. B. ▸ Hendrik).

Rilana: in Deutschland seit den 1970er-Jahren gelegentlich vorkommender weibl. Vorn., vielleicht Erweiterung von *Rila*, einer bulgarischen Kurzform von *Kirila* (vgl. ▸ Cyrillus) oder *Gabrila* (▸ ^{2}Gabriele).

Riley, (auch:) Rylee ['raılı]: in den USA geläufiger weibl. Vorn., dem ein englischer Familienname nach einem gleichlautenden Ortsnamen oder eine Schreibvariante des irischen Familiennamens *Reilly* (< *Ó Raghailligh* »Sohn des Raghallach«) zugrunde liegt.

Rima: weibl. Vorn. litauischer Herkunft (zu lit. *rimti* »ruhig sein«).

Rimbert: ▸ Reinbert.

^{1}**Rina:** weibl. Vorn., Kurzform von Namen, die auf »-rina« ausgehen, z. B. von ▸ Katharina, ▸ Marina.

^{2}**Rina,** (auch:) Rinat: weibl. Vorn. neuhebräischer Herkunft (neuhebr. *rinā* »Gesang, Gebet«).

Rinaldo, (auch:) Renaldo: männl. Vorn., italienische Form von ▸ Reinold. Als Paladin Karls des Großen erscheint Rinaldo in den italienischen Bearbeitungen der Karlssage von Boiardo, Ariost und Tasso, außerdem in T. Tassos »Das befreite Jerusalem« (1580), das wiederum Vorlage für zahlreiche Opern wurde. Volkstümlich wurde auch der Räuberroman »Rinaldo Rinaldini« (1798) von Vulpius.

Rinat: ▸ ^{2}Rina.

Ringo: männl. Vorn., der auf den Künstlernamen des Beatles Richard Starkey »Ringo Starr« (20./21. Jh.) zurückgeht. Angeblich wurde er ihm von seiner Mutter wegen seiner Vorliebe für das Tragen von Ringen verliehen. In Deutschland setzt die Vergabe dieses Vornamens gegen Ende der 1960er-Jahre ein.

Rino: männl. Vorn., italienische Kurzform von Namen, die auf »-rino« ausgehen (z. B. *Arturino, Salvatorino*).

Risto: männl. Vorn., finnische Form von ▸ Christoph.

^{1}**Rita:** gegen Ende des 19. Jh.s aus dem Italienischen übernommener weibl. Vorn., Kurzform von *Margherita* (▸ Margarete). Namenspatronin ist die heilige Rita von Cascia, italienische Augustinerin und Mystikerin (14./15. Jh.); NAMENSTAG: 22. Mai.

^{2}**Rita:** weibl. Vorn. indischer Herkunft (»die Wahrhaftige, die Gerechte«).

Ritaparna: männl. Vorn. indischer Herkunft (sanskrit. *rita* »Wahrheit« + sanskrit. *parna* »Feder, Flügel«: »der Wahrheitsbeflügelte«).

Ritayin: männl. Vorn. indischer Herkunft (»der Wahrhaftige«).

Ritayus: männl. Vorn. indischer Herkunft (sanskrit. *rita* »wahr, gerecht« + sanskrit. *āyus* »Leben«: »das wahre, gerechte Leben führend«).

Ritchie: ▸ Richie.

Rivka: weibl. Vorn., neuhebräische Form von ▸ Rebekka, auch russische Koseform von ▸ Margarita und ▸ Rebekka. Neuhebr. Aussprache: *Rivka*.

Rixa: weibl. Vorn., niederdeutsch-friesische Kurzform von Namen, die mit »Rik-« (ahd. *rīhhi* »Herrschaft, Herrscher, Macht; reich, mächtig, hoch«) gebildet sind.

Roald: männl. Vorn. norwegischer Herkunft (altnord. *hróðr* »Ruhm« + altnord. *valdar* »Herrscher«). ✧ Bekannte Namensträger: Roald Amundsen, norwegischer Polarforscher (19./20. Jh.); Roald Dahl, englischer Schriftsteller (20. Jh.).

Rob: männl. Vorn., englische und niederländische Kurzform von ▸Robert.

Robbe: männl. Vorn., niederländische und flämische Kurzform von ▸Robert.

Robby, (auch:) Robbie: männl. Vorn., englische Koseform von ▸Robert. ✧ Bekannter Namensträger: Robbie Williams, britischer Sänger (20./21. Jh.).

Robert: männl. Vorn., niederdeutsche Form von ▸Rupert. Die Namensform *Robert* war im Mittelalter sowohl im niederdeutschen Sprachgebiet als auch in Nordfrankreich verbreitet. Von der Normandie aus gelangte der Name mit den Normannen nach England, wo er das einheimische *Hreodbeorht* verstärkte. In Deutschland wurde Robert um 1800 neu belebt. Der Name begegnet uns in Kleists Dramenfragment »Robert Guiskard, Herzog der Normandie« (1808) und in Meyerbeers Oper »Robert der Teufel« (1831). ✧ Bekannte Namensträger: der heilige Robert, Abt von Molesme, Mitbegründer der Zisterzienser (11./12. Jh.); NAMENSTAG: 29. April; Robert Schumann, deutscher Komponist (19. Jh.); Robert Bunsen, deutscher Chemiker (19. Jh.); Robert Koch, deutscher Bakteriologe (19./20. Jh.); Robert Bosch, deutscher Industrieller (19./20. Jh.); Robert Musil, österreichischer Schriftsteller (19./20. Jh.); Robert Walser, schweizerischer Schriftsteller (19./20. Jh.); Robert Schuman, französischer Politiker (19./20. Jh.); Robert Mitchum, amerikanischer Filmschauspieler (20./21. Jh.); Robert Redford, amerikanischer Schauspieler (20./21. Jh.); Robert De Niro, amerikanischer Schauspieler (20./21. Jh.); Robert Altman, amerikanischer Filmregisseur (20./21. Jh.). Italien. und span. Form: *Roberto*. Französ. Form: *Robert* [rɔˈbɛːr]. Engl. Form: *Robert* [ˈrɔbət].

Roberta, (auch:) Roberte: weibl. Vorn., weibliche Form von ▸Robert.

Robertine: weibl. Vorn., weibliche Form von ▸Robert mit der seit dem 17./18. Jh. beliebten Endung »-ine«.

Roberto: in den 1960er-Jahren entlehnter männl. Vorn., italienische und spanische Form von ▸Robert. ✧ Bekannte Namensträger: Roberto Rossellini, italienischer Filmregisseur (20. Jh.); Roberto Benigni, italienischer Regisseur und Schauspieler (20./21. Jh.); Roberto Saviano, italienischer Schriftsteller und Journalist (20./21. Jh.).

[1]Robin, (auch:) [1]Robyn: männl. Vorn., englische Koseform von ▸Robert. Der Name ist bekannt durch Robin Hood, den Helden vieler englischer Volksballaden des 14. und 15. Jahrhunderts. ✧ Bekannter Namensträger: Robin Williams, amerikanischer [Film]schauspieler (20./21. Jh.).

[2]Robin, (auch:) [2]Robyn: weibl. Vorn., identisch mit ▸[1]Robin. Die zunehmende Verwendung als weiblicher Vorname seit den 1940er-Jahren wurde auch durch engl. *robin* »Rotkehlchen« beeinflusst.

Robina, (auch:) Robine: weibl. Vorn., weibliche Form von ▸[1]Robin.

Robinson [ˈrɔbɪnsn]: männl. Vorn., ursprünglich ein englischer Familienname, der »Sohn des Robin« (▸[1]Robin) bedeutet. Robinson Crusoe ist der Titelheld eines Romans (1719/20) von Daniel Defoe, der die Erlebnisse eines Schiffbrüchigen auf einer einsamen Insel schildert.

[1]Robyn: ▸[1]Robin.

[2]Robyn: ▸[2]Robin.

Rocco: männl. Vorn., italienische Form von ▸Rochus.

Roch: männl. Vorn., französische [rɔk] und polnische [rɔx] Form von ▸Rochus.

Rochelle [roʊˈʃɛl]: vor allem von afroamerikanischen Eltern vergebener weibl. Vorn., weibliche Bildung zu *Roch* (▸Rochus), Umbildung von ▸Rachelle oder nach der französischen Hafenstadt La Rochelle gebildet.

Rochus: männl. Vorn., latinisierte Form von ahd. *Roho*. Der althochdeutsche Männername Roho (zu ahd. *rohōn* »[in der

Schlacht] brüllen«) ist eine Kurzform von heute nicht mehr gebräuchlichen Namen, wie z.B. *Rochbert* und *Rochold.* Rochus fand im Mittelalter Verbreitung als Name des heiligen Rochus von Montpellier (13./14.Jh.), des Schutzheiligen gegen die Pest; NAMENSTAG: 16. August. Italien. Form: *Rocco.* Französ. Form: *Roch* [rɔk]. Poln. Form: *Roch* [rɔx].

Rocío [ro'θio]: weibl. Vorn. spanischer Herkunft (span. *rocío* »Morgentau«); das Heiligtum der *Virgen del Rocío* (»der [heiligen] Jungfrau vom Morgentau«) in der Provinz Huelva ist das Ziel einer traditionellen, sehr farbenfrohen Wallfahrt am Pfingstsonntag.

Rocky: in den 1970er-Jahren entlehnter männl. Vorn. zu engl. *rocky* »felsig; steinhart«. Der Name, dessen Vergabe in den USA um 1950 einsetzte, war durch das amerikanische Boxidol Rocky Marciano (1923–1969) bekannt, der auf diese Weise seinen ital. Vornamen *Rocco* an das Englische angepasst hatte.

Roderich, (auch:) Roderik: alter deutscher männl. Vorn. (altsächs. *hrōth* »Ruhm« + altsächs. *rīki* »mächtig, gewaltig, reich«), der in Norddeutschland in der zusammengezogenen Form *Rorich* bis ins 16.Jh. in Gebrauch war. Für die Neubelebung von Roderich im 19.Jh. ist mit literarischem Einfluss zu rechnen. Das Schicksal von Roderich (span. *Don Rodrigo*), dem letzten König der Westgoten, der 711 im Kampf gegen die Araber bei Jerez de la Frontera (Andalusien) fiel, wurde bereits in mittelalterlichen spanischen Romanzen besungen. In Deutschland wurde dieser Stoff im 19.Jh. von E. Geibel und F. Dahn dramatisch behandelt, in England von Walter Scott in dem Gedicht »The Visions of Don Roderick« (1811). Span. und italien. Form: *Rodrigo.* Engl. Form: *Roderick* ['rɔdərɪk]. Niederländ. Form: *Roderik.*

Rodger: männl. Vorn., niederdeutsche Form von ▸Rüdiger.

Rodney ['rɔdnɪ]: in den 1970er-Jahren entlehnter männl. Vorn., ursprünglich ein englischer Familienname nach einem bislang nicht sicher lokalisierten Ortsnamen.

Rodolfo: männl. Vorn., italienische und spanische Form von ▸Rudolf. Eine bekannte Operngestalt ist der Rodolfo in Puccinis Oper »La Bohème« (1896).

Rodolphe [rɔ'dɔlf]: männl. Vorn., französische Form von ▸Rudolf.

Rodrigo: männl. Vorn., spanische und italienische Form von ▸Roderich.

Roger: männl. Vorn., niederdeutsche Form von ▸Rüdiger. Die Namensform *Roger* war im Mittelalter sowohl im niederdeutschen Sprachgebiet als auch in Frankreich verbreitet. Von dort aus gelangte der Name mit den Normannen nach England, wo er das einheimische altenglische *Hrōðgār* verstärkte. Im 20. Jh. fand der Name Roger – zum Teil unter englischem oder französischem Einfluss – wieder Eingang in die deutsche Namengebung. ✧ Bekannte Namensträger: Roger Bacon, englischer Philosoph und Physiker (13. Jh.); Roger Vadim, französischer Filmregisseur (20./21. Jh.); Roger Federer, schweizerischer Tennisspieler (20./21. Jh.). Französ. Aussprache: [rɔ'ʒe]. Engl. Aussprache: ['rɔdʒə].

Rohini: weibl. Vorn. indischer Herkunft (»die Rötliche«).

Roi: männl. Vorn. neuhebräischer Herkunft (hebr. *roi* »[Gott ist] mein Hirte«).

Roland: männl. Vorn., der auf die altfranzösische Form des althochdeutschen Namens *Hruodland* (ahd. *hruod* »Ruhm« + ahd. *lant* »Land«) zurückgeht. Der Name ist bekannt durch Roland, den Markgrafen der Bretagne, der als Paladin Karls des Großen i.J. 778 im Tal von Roncesvalles im Kampf gegen die Basken fiel. Seine Taten werden im Rolandslied und in mehreren anderen Dichtungen verherrlicht. Italien. Formen: *Orlando, Rolando.* Französ. Aussprache: [rɔ'lɑ̃]. Engl. Aussprache: ['roʊlənd].

Rolanda, (auch:) Rolande: weibl. Vorn., weibliche Form von ▸Roland.

Rolando: männl. Vorn., italienische Form von ▸Roland.

Rolf, (auch:) Roolf: männl. Vorn., durch Zusammenziehung entstandene Form von *Rodolf* (▸Rudolf). Der Vorname ist erst in der ersten Hälfte des 20. Jh.s – zum Teil unter nordischem Einfluss (schwed., dän. *Rolf*) – in Mode gekommen. ✧ Bekannte Namensträger: Rolf Liebermann, schweizerischer Komponist (20. Jh.); Rolf Hochhuth, deutscher Schriftsteller (20./21. Jh.); Rolf Schneider, deutscher Schriftsteller (20./21. Jh.).

Rolof, (auch:) Roluf: männl. Vorn., niederdeutsche Nebenform von ▸Rudolf.

[1]**Roma:** weibl. Vorn. italienischer Herkunft nach der Stadt Rom (italien. *Roma;* vgl. ▸Romano).

[2]**Roma:** weibl. Vorn., Kurzform von ▸Romana.

Romain [rɔ'mɛ̃]: männl. Vorn., französische Form von ▸Roman. ✧ Bekannter Namensträger: Romain Rolland, französischer Schriftsteller (19./20. Jh.).

Romaine [rɔ'mɛn]: weibl. Vorn., weibliche Form von ▸Romain.

Roman, (auch:) Romanus: männl. Vorn. lateinischen Ursprungs (lat. *Rōmānus* »Römer«). ✧ Bekannte Namensträger: der heilige Romanus, Bischof von Rouen (7. Jh.); NAMENSTAG: 23. Oktober; Roman Polanski, polnisch-amerikanischer Regisseur (20./21. Jh.); Roman Herzog, deutscher Jurist und Politiker (20./21. Jh.). Italien. Form: *Romano.* Französ. Form: *Romain* [rɔ'mɛ̃].

Romana: weibl. Vorn., weibliche Form von ▸Roman oder ▸Romano.

Romane [rɔ'man]: weibl. Vorn., französische Variante von ▸Romaine.

Romano: männl. Vorn., italienische Form von ▸Roman. Der Name fand im 19. Jh. während des Kampfes um die Einheit Italiens aus patriotischen Gründen (Rom als angestrebte Hauptstadt des vereinten Italiens) sowie zur Zeit des Faschismus aus ideologischen Gründen (Anknüpfung an den Glanz und die Größe des antiken Roms) häufig Verwendung. ✧ Bekannter Namensträger: Romano Guardini, katholischer Religionsphilosoph und Theologe italienischer Herkunft (19./20. Jh.).

Romanus: ▸Roman.

Romea: weibl. Vorn., weibliche Form von ▸Romeo. Italien. Betonung: *Romea.*

Romeo: männl. Vorn. italienischen Ursprungs, der auf den römischen Beinamen *Romaeus* (zu griech. *Rhṓmē* »Rom«, *Rhōmaîos* »Römer«) zurückgeht. Der Name bezeichnete in der Spätantike einen Bürger des [Ost- oder West]römischen Reiches und nahm im Spätmittelalter die Bedeutung »Rompilger« und schließlich überhaupt »Pilger« an. Der Name ist in Deutschland durch den Romeo in Shakespeares Drama »Romeo und Julia« (1595/96) allgemein bekannt. Italien. Betonung: *Romeo.*

Romi: ▸Romy.

Romilda: aus dem Italienischen übernommener weibl. Vorn. germanischen Ursprungs (ahd. *hruom* »Ruhm« + ahd. *hiltja* »Kampf; Kriegerin«).

Romina: weibl. Vorn., Koseform von ▸[1]Roma oder ▸[2]Roma. Der Name ist in Deutschland bekannt durch die Schlagersängerin Romina Power (20./21. Jh.).

Romney ['rɔmnɪ]: männl. Vorn., ursprünglich ein englischer Familienname nach dem gleichlautenden Ortsnamen (Kent).

Romola: weibl. Vorn., weibliche Form von ▸Romolo.

Romolo: männl. Vorn., italienische Form von ▸Romulus.

Romuald: männl. Vorn. nach dem heiligen Romuald (geb. um 952 in Ravenna), dem Stifter des Ordens der Kamaldulenser; NAMENSTAG: 19. Juni. Die Entstehung des Namens ist umstritten. Man nimmt heute an, dass es sich bei diesem bereits bei den Langobarden überlieferten Namen eher um eine Mischbildung (zu *Roma* »die Stadt Rom« + german. **walda* »Herrscher«, etwa »Romherrscher«) handelt als um einen rein germanischen Namen, der dem deutschen ▸Rumold entsprechen würde.

Romulus: männl. Vorn., der auf Rōmulus, einen der beiden sagenhaften Gründer Roms, zurückgeht. Italien. Form: *Romolo.*

Romy, (auch:) Romi: weibl. Vorn., Koseform – eigentlich Lallform aus der Kindersprache – von ▸Rosemarie. ✧ Bekannte Namensträgerin: Romy Schneider (eigtl. Rosemarie Albach-Retty), deutsche Filmschauspielerin (20. Jh.).

Ron: in den 1960er-Jahren entlehnter männl. Vorn., englische Kurzform von ▸Ronald.

Rona: in Deutschland seit den 1960er-Jahren anzutreffender weibl. Vorn., Schreibvariante von ▸Rhona, Kurzform von ▸Corona oder weibliche Bildung zu ▸Ron.

Ronald, englische Aussprache: [rɔnld]: aus dem Englischen entlehnter männl. Vorn., schottische Ableitung des altnordischen Namens *Rögnvaldr* (vgl. die entsprechenden Bildungen englisch ▸Reginald und deutsch ▸Reinold).

Ronaldo: männl. Vorn., spanische und portugiesische Form von ▸Ronald. ✧ Bekannter Namensträger: Ronaldo Nazario de Lima, brasilianischer Fußballspieler (20./21. Jh.).

Ronan [ˈroʊnən]: männl. Vorn., englische Schreibweise des irischen Namens *Rónán,* ursprünglich ein Beiname mit der Bedeutung »kleine Robbe« (zu gäl. *rón* »Robbe«). ✧ Bekannter Namensträger: Ronan Keating, irischer Popsänger (20./21. Jh.).

Ronda: weibl. Vorn., deutsche Schreibvariante von ▸Rhonda.

[1]**Ronit:** weibl. Vorn. neuhebräischer Herkunft (zu neuhebr. *rānan* »singen, jubeln«).

[2]**Ronit** [ˈrɔnɪt]: weibl. Vorn. irischer Herkunft, englische Schreibweise des gälischen Namens *Rathnait* (Verkleinerungsform von gäl. *rath* »Anmut; Wohlstand, Glück«).

Ronja:

Als russische Koseform von *Veronika, Roxana* und anderen Vornamen wurde *Ronja* in Deutschland ab 1960, als *Anja, Katja* und *Tanja* modisch waren, gelegentlich vergeben. Die steigende Beliebtheit von *Ronja* ab Mitte der 1980er-Jahre ist aber vor allem auf eine Gestalt der Jugendliteratur zurückzuführen: die Ronja in Astrid Lindgrens Buch »Ronja Räubertochter«, das 1981 ins Deutsche übersetzt wurde. *Ronja* hat zwar nicht den Sprung in die Gruppe der Spitzenreiter geschafft, belegt aber seit 25 Jahren einen Platz unter den 100 häufigsten Mädchennamen.

[1]**Ronja:** weibl. Vorn., der von der schwedischen Schriftstellerin Astrid Lindgren nach dem Ortsnamen Ju*ronja*ure in Lappland für eine Romanfigur geprägt wurde.

[2]**Ronja:** weibl. Vorn., russische Kurzform von ▸Veronika, ▸Roxana und anderen Vornamen.

[1]**Ronny,** (auch:) Ronnie: männl. Vorn., englische Koseform von ▸Ronald.

[2]**Ronny:** weibl. Vorn., englische Koseform von *Veronica* (▸Veronika).

Roolf: ▸Rolf.

Roos: weibl. Vorn., niederländische Form von ▸[1]Rosa.

Rory [ˈrɔːrɪ]: männl. Vorn. irischer/schottischer Herkunft, englische Form der gälischen Namen *Ruaidhrí* (irisch) bzw. *Ruairidh/Ruaraidh* (schottisch), deren Bestandteile »rot« und »König« bedeuten. In Schottland ist Rory auch eine Kurzform von *Roderick* (▸Roderich).

[1]**Rosa,** (auch:) Rose: weibl. Vorn. lateinischen Ursprungs (lat. *rosa* »Rose«). Der Vorname fand in Deutschland erst im 19. Jh. größere Verbreitung. Eine damals bekannte literarische Gestalt war die Rosa in Vulpius' Roman »Rinaldo Rinaldini« (1798). Doppelformen mit Rosa und Ros(e) waren zwischen den 1920er- und den 1940er-Jahren modisch. Am häufigsten kommt *Rosemarie* mit den Schreibva-

rianten *Rosamaria, Rosamarie, Rosemaria* und *Rosmarie* (▸Maria) vor. Weitere Namenkombinationen sind z. B. *Roselies(e)* (▸Lies), *Roselore* (▸Lore), *Rosetraut* (▸Traute). ✧ Bekannte Namensträgerinnen: die heilige Rosa von Viterbo (13. Jh.); NAMENSTAG: 6. März; die heilige Rosa von Lima, Patronin Amerikas (16./17. Jh.); NAMENSTAG: 23. August; Rosa Luxemburg, deutsche Politikerin (19./20. Jh.). Französ. Form: *Rose* [ro:z]. Engl. Form: *Rose* [roʊz]. Niederländ. Form: *Roos*.

²Rosa: weibl. Vorn., Kurzform von ▸Rosalinde, ▸Rosamunde, ▸Roswitha.

Rosalba: in den 1970er-Jahren entlehnter weibl. Vorn., italienische Doppelform aus ▸¹Rosa und ▸Alba. ✧ Bekannte Namensträgerin: Rosalba Carriera, italienische Malerin (17./18. Jh.).

Rosaleen ['rɔzəli:n]: weibl. Vorn., englische Form einer irischen Koseform von ▸¹Rosa.

Rosalia, (auch:) Rosalie: in Deutschland seit dem 18. Jh. vorkommender weibl. Vorn. italienischer Herkunft, dessen Entstehung nicht sicher geklärt ist. Wahrscheinlich handelt es sich um die sizilianische Umbildung eines ursprünglich germanischen Namens (zu german. **hrōþi* »Ruhm«) in Anlehnung an lat. *rosa* »Rose«. Namenspatronin ist die heilige Rosalia, die Schutzheilige Palermos (12. Jh.); NAMENSTAG: 15. Juli. Italien. Aussprache: *Rosalia*. Französ. Form: *Rosalie* [roza'li].

Rosalin: weibl. Vorn., Doppelform aus ▸¹Rosa und ▸¹Lin(a) oder eindeutschende Schreibung von ▸Rosalyn.

Rosalind: weibl. Vorn., Variante von ▸Rosalinde oder englischer Vorname ['rɔzəlɪnd] literarischen Ursprungs. Rosalind wurde von dem englischen Dichter Edmund Spenser (16. Jh.) als Anagramm des Namens seiner Geliebten (Rosa Daniel) gebildet. Von ihm übernahm Thomas Lodge den Namen für die Hauptgestalt eines Romans, den Shakespeare in seiner Komödie »Wie es euch gefällt« (um 1599) dramatisch bearbeitete. In England setzt die Vergabe des Vornamens Rosalind in den 1860er-Jahren ein.

Rosalinde, (auch:) Rosalinda; Roselinde: in Deutschland um 1930 aufgekommener weibl. Vorn., bei dem es sich meist um eine Neubildung aus ▸¹Rosa und ▸Linde handeln dürfte, gelegentlich aber auch um die Übernahme eines englischen Vornamens literarischer Herkunft (▸Rosalind). Letztere Erklärung kommt auch für italien./span. *Rosalinda* infrage. Im romanischen Bereich ist darüber hinaus mit dem Fortleben eines Namens germanischen Ursprungs (wohl zu german. **hros* »Ross« + german. **lenþja* »geschmeidig, weich«) zu rechnen, wobei eine Umdeutung im Sinne von »reine Rose« (italien. *lindo, -a* »rein, sauber«) bzw. »schöne Rose« (span. *lindo, -a* »schön«) erfolgen konnte. Rosalinde ist der Name einer Gestalt in der Operette »Die Fledermaus« (1874) von Johann Strauß.

Rosalyn, (auch:) Rosalynn ['rɔzəlɪn]: weibl. Vorn., englische Nebenform von ▸Rosalind.

Rosamond ['rɔzəmənd]: weibl. Vorn., englische Form von ▸Rosamunde.

Rosamunde: weibl. Vorn., dessen Herkunft nicht sicher geklärt ist (wohl zu german. **rausa* »daherstürmen, eilen« + german. **mundō* »Schutz«), wobei später eine Umdeutung erfolgte in Anlehnung an lat. *rosa munda* »reine Rose« oder *rosa mundi* »Rose der Welt«, beides Titel der Jungfrau Maria. Rosamunde hieß die gepidische Frau des Langobardenkönigs Alboin (6. Jh.). Sie ließ ihren Mann ermorden, nachdem er sie gezwungen hatte, aus dem Schädel ihres erschlagenen Vaters zu trinken. Ihr Schicksal und damit auch ihr Name blieben durch die Sage und literarische Bearbeitungen des Stoffes bekannt. H. von Chézys Drama »Rosamunde, Prinzessin von Zypern«, zu dem Schubert Musik komponierte (»Rosamunden-Ouvertüre«), spielt allerdings in einer unbestimmten Sagenzeit. ✧ Bekannte Namensträgerin: Rosamunde Pilcher, englische Schriftstellerin (20./21. Jh.).

Rosanna, (auch:) Rosanne: weibl. Vorn., Doppelform aus ▸ [1]Rosa und ▸ Anna. Beide Namensformen sind auch im Englischen ([roʊ'zænə] bzw. [roʊ'zæn]) verbreitet. In Italien ist die Doppelform *Rosanna* ein geläufiger Vorname.

Rosaria: weibl. Vorn. italienischer Herkunft, weibliche Form von ▸ Rosario.

Rosario: männl. Vorn. italienischer Herkunft (zu mittellat. *rosārium* »Rosenkranz«) nach einem Beinamen der Gottesmutter (»Unsere Liebe Frau von dem Rosenkranz«, NAMENSTAG: 7. Oktober). In Spanien ist die Namensform *Rosario* ein geläufiger weiblicher Vorname.

Rosaura: weibl. Vorn. lateinischer Herkunft (lat. *rosa aurea* »goldene Rose«).

Rose: ▸ [1]Rosa.

Rosel, (auch:) Rösel: weibl. Vorn., Koseform von ▸ [1]Rosa.

Roselinde: ▸ Rosalinde.

[1]Roseline: weibl. Vorn., Doppelform aus *Rose* (▸ [1]Rosa) und ▸ Line.

[2]Roseline ['roʊzlɪn]: aus dem Englischen entlehnter weibl. Vorn., Umbildung von ▸ Rosalind.

Rosella: weibl. Vorn., italienische Koseform von ▸ [1]Rosa.

Roselore: weibl. Vorn., Doppelform aus *Rose* (▸ [1]Rosa) und ▸ Lore.

Rosemarie: weibl. Vorn., Doppelform aus *Rose* (▸ [1]Rosa) und ▸ Marie.

Rosemary ['roʊzmərɪ]: im 19. Jh. in England aufgekommener weibl. Vorn., dem die englische Pflanzenbezeichnung *rosemary* »Rosmarin« zugrunde liegt. Häufig wird der Name als Doppelform aus *Rose* (▸ [1]Rosa) und *Mary* (▸ Maria) aufgefasst.

Rosetta: weibl. Vorn., italienische Koseform von ▸ [1]Rosa.

Rosette [ro'zɛt]: weibl. Vorn., französische Koseform von ▸ [1]Rosa.

Rosi: weibl. Vorn., Koseform von ▸ [1]Rosa. ✧ Bekannte Namensträgerin: Rosi Mittermaier, deutsche Skirennfahrerin (20./21. Jh.).

Rosika: weibl. Vorn., eindeutschende Schreibung von ungarisch *Rózika*, einer Koseform von ▸ [1]Rosa.

Rosina: weibl. Vorn., italienische Koseform von ▸ [1]Rosa. Eine bekannte Opernfigur ist die Rosina aus dem »Barbier von Sevilla« (1816) von Rossini.

Rosita: weibl. Vorn., spanische Koseform von ▸ [1]Rosa.

Ross: männl. Vorn., ursprünglich ein schottischer Familienname, dem wahrscheinlich gäl. *ros* »Landspitze, Landzunge« zugrunde liegt.

Rossana: weibl. Vorn., italienische Form von ▸ Roxana.

Rostam, (auch:) Rostan; ▸ Rustam.

Roswin: männl. Vorn. (vermutlich zu ahd. *hros* »Ross« + ahd. *wini* »Freund«).

Roswitha, (auch:) Roswita: alter deutscher weibl. Vorn. (ahd. *hruod* »Ruhm« + altsächs. *swīth[i]* »stark«, mhd. *swint* »stark, heftig«, vgl. *geschwind* »schnell«). ✧ Bekannte Namensträgerinnen: die heilige Äbtissin Roswitha (8./9. Jh.); NAMENSTAG: 29. April; die Nonne Roswitha (Hrothsvith) von Gandersheim (10. Jh.), die als erste deutsche Dichterin gilt.

Rötger: männl. Vorn., niederdeutsche Form von ▸ Rüdiger.

Rotraud, (auch:) Rotraut: alter deutscher weibl. Vorn. (ahd. *hruod* »Ruhm« + german. **þrūþi* »Kraft, Stärke«, in althochdeutscher Zeit umgedeutet zu *trūt* »vertraut, lieb«).

Rouven: in Deutschland seit den 1970er-Jahren vorkommender männl. Vorn., Nebenform von ▸ Ruben.

Rowan ['roʊən]: männl. Vorn. irischer Herkunft, englische Form des gälischen Beinamens *Ruadhán* (Verkleinerungsform von gäl. *ruadh* »rot«). ✧ Bekannter Namensträger: Rowan Atkinson, englischer Schauspieler und Komiker (20./21. Jh.).

Rowena, engl. Aussprache: [rou'i:nə]: in den 1960er-Jahren aus dem Englischen übernommener weibl. Vorn., der erstmals als Name einer Tochter des angelsächsischen Heerführers Hengist in den lateinischen Chroniken von Geoffrey of Monmouth

(12. Jh.) begegnet. Dem Namen liegt vielleicht die latinisierte Form des altenglischen Namens *Hrōðwyn* (*hreod* »Ruhm« + *wine* »Freund« oder *wynn* »Freude«) zugrunde. Der Name ist durch die Rowena in Walter Scotts Roman »Ivanhoe« (1820) bekannt.

Roxana, (auch:) Roxane: weibl. Vorn. altpersischen Ursprungs (altpersisch [awestisch] *raoxšna* »strahlend, glänzend«, später »Morgenröte«). Roxana hieß die Gemahlin Alexanders des Großen. Der Name begegnet auch mehrmals in der Literatur, z. B. in Racines »Bajazet« (1672), in dem Roman »Roxana« von Daniel Defoe (1724) und in Edmond Rostands Schauspiel »Cyrano de Bergerac« (1897), das später mehrmals verfilmt wurde. Dieser Vorname wird in Deutschland seit den 1960er-Jahren vergeben.

Roxanna, (auch:) Roxanne: weibl. Vorn., Umbildung von ▸ Roxana in Anlehnung an ▸ Anna.

Roxy: weibl. Vorn., englische Koseform von ▸ Roxana.

Roy: im 20. Jh. aus dem Englischen übernommener männl. Vorn. gälischen Ursprungs (zu gäl. *ruadh* »rot«). ✧ Bekannte Namensträger: Roy Orbison, amerikanischer Sänger und Komponist (20. Jh.); Roy Lichtenstein, amerikanischer Maler und Grafiker (20. Jh.).

Ruben: männl. Vorn. hebräischen Ursprungs (hebr. *re'ūbēn*, wohl »seht den Sohn!«). In der Bibel ist Ruben der älteste Sohn Jakobs und Leas. Span. Form: *Rubén*.

Rubi: weibl. Vorn., eindeutschende Schreibweise von ▸ Ruby.

Rubin: im 20. Jh. aus dem Englischen entlehnter männl. Vorn., englische Nebenform von ▸ Ruben.

Rubina: in Deutschland seit den 1970er-Jahren vorkommender weibl. Vorn. englischer oder italienischer Herkunft. Bei engl. *Rubina* handelt es sich entweder um eine Ableitung von ▸ Ruby oder um die weibliche Form von ▸ Rubin. Italien. *Rubina* leitet sich von der Bezeichnung des Edelsteins (italien. *rubino*) ab.

Ruby ['ru:bɪ]: im 20. Jh. aus dem Englischen entlehnter weibl. Vorn. zu engl. *ruby* »Rubin«. Zurzeit ist Ruby ein beliebter Mädchenname in England und Australien.

Rüdeger: ▸ Rüdiger.

Rudgar: männl. Vorn., Nebenform von ▸ Rüdiger.

Rudi, (auch:) Rudy: männl. Vorn., Koseform von ▸ Rudolf. ✧ Bekannte Namensträger: Rudi Dutschke, deutscher Studentenführer (20. Jh.); Rudi Carell, niederländischer Sänger und Showmaster (20./21. Jh.).

Rudibert: männl. Vorn., Neubildung aus ▸ Rudi und dem Namenbestandteil »-bert« (ahd. *beraht* »glänzend, berühmt«).

Rüdiger: alter deutscher männl. Vorn. (ahd. *hruod* »Ruhm« + ahd. *gēr* »Speer«). Rüdiger ist bekannt als Name des Markgrafen Rüdiger von Bechelaren aus dem Nibelungenlied.

¹Rudo: männl. Vorn., Kurzform von Namen, die mit »Rud-« beginnen, vor allem von ▸ Rudolf.

²Rudo: aus Simbabwe stammender männl. Vorn., der in der Schona-Sprache »Liebe« bedeutet.

Rudolf, (auch:) Rudolph: alter deutscher männl. Vorn. (ahd. *hruod* »Ruhm« + ahd. *wolf* »Wolf«). Der Name war schon im Mittelalter im ganzen deutschsprachigen Raum beliebt. Vor allem im süddeutschen Raum und in der Schweiz trugen verschiedene Fürsten und Herrscher zur Erhaltung des Namens bei. ✧ Bekannte Namensträger: Rudolf I. von Habsburg, deutscher König (13. Jh.); Rudolf II., deutscher Kaiser (16./17. Jh.); Rudolf Virchow, deutscher Pathologe (19./20. Jh.); Rudolf Christian Karl Diesel, deutscher Ingenieur (19./20. Jh.); Rudolf Steiner, österreichischer Anthroposoph (19./20. Jh.); Rudolf Borchardt, deutscher Schriftsteller (19./20. Jh.); Rudolf Mößbauer, deutscher Physiker (20./21. Jh.); Rudolf Augstein, deutscher Publizist und Schriftsteller (20./21. Jh.). Italien. und span. Form:

Rodolfo. Französ. Form: *Rodolphe* [rɔ'dɔlf]. Engl. Form: *Rudolph* ['ru:dɔlf].

Rudolfine: weibl. Vorn., weibliche Form von ▸Rudolf mit der seit dem 17./18. Jh. beliebten Endung »-ine/-ina«.

Rudy: ▸Rudi.

Rufin: männl. Vorn. lateinischen Ursprungs, der auf den römischen Beinamen *Rufinus*, eine Ableitung von ▸Rufus, zurückgeht.

Rufina, (auch:) Rufine: weibl. Vorn., weibliche Form von ▸Rufin.

Rufus: männl. Vorn. lateinischen Ursprungs, der auf einen römischen Beinamen (lat. *rūfus, -a, -um* »rothaarig, fuchsrot«) zurückgeht. ✧ Bekannte Namensträger: der heilige Rufus von Rom, Schüler des Apostels Paulus, NAMENSTAG: 21. November; Rufus Sewell, englischer Filmschauspieler (20./21. Jh.). Engl. Aussprache: ['ru:fəs].

Rukmini: weibl. Vorn. indischer Herkunft (»die Goldene«), einer der Beinamen der Göttin Lakschmi.

Rul: männl. Vorn., Kurzform von ▸Rudolf.

Rulani: aus Südafrika stammender weibl. Vorn., der in der Tsonga-Sprache »Trost« bedeutet.

Rulf: männl. Vorn., Kurzform von ▸Rudolf.

Rulo: männl. Vorn., Kurzform von ▸Rudolf.

Rumold: alter deutscher männl. Vorn. (ahd. *[h]ruom* »Ruhm, Ehre, Auszeichnung« + ahd. *-walt* zu *waltan* »herrschen, walten«). Rumold ist bekannt als Name des Kochs aus dem Nibelungenlied.

Runa, (auch:) ²Rune: weibl. Vorn., Kurzform von Namen, die mit »Run-« oder mit »-run«, »-runa«, »-rune« gebildet sind, wie z. B. ▸Runhild und ▸Siegrun.

Runar: männl. Vorn. schwedisch-norwegischer Herkunft, bei dem es sich wahrscheinlich um eine Neubildung aus den Namenbestandteilen »Run-« (▸¹Rune) und »-ar« (▸Einar) handelt.

¹Rune: männl. Vorn. schwedisch-dänischer Herkunft, Kurzform von Namen, die mit dem Namenbestandteil altnord. *rún* »Geheimnis, geheime Beratung« gebildet sind.

²Rune: ▸Runa.

Runfried: weibl. Vorn., Neubildung aus den Namenbestandteilen »Run-« (ahd. *rūna* »Geheimnis, geheime Beratung«) und »-fried« (ahd. *fridu* »Schutz vor Waffengewalt, Friede; Friedenswahrer«).

Runhild: alter deutscher weibl. Vorn. (ahd. *rūna* »Geheimnis; geheime Beratung« + ahd. *hiltja* »Kampf; Kriegerin«).

Rupert, (auch:) Ruppert; Rupprecht; Ruprecht; (latinisiert:) Rupertus: alter deutscher männl. Vorn. (ahd. *hruod* »Ruhm« + ahd. *beraht* »glänzend, berühmt«). Die entsprechende niederdeutsche Form ist ▸Robert. Zur Verbreitung des Namens im Mittelalter trug der heilige Rupert, Bischof von Salzburg (7./8. Jh.), bei; NAMENSTAG: 24. September. Eine bekannte Gestalt ist der Knecht Ruprecht, der Begleiter des heiligen Nikolaus. ✧ Bekannter Namensträger: Ruprecht von der Pfalz, deutscher König (14./15. Jh.).

Rurik: männl. Vorn., russische Form des altschwedischen Namens *Rörik* (▸Roderich). Der Name gelangte im frühen Mittelalter mit den skandinavischen Warägern nach Russland.

Rusalka: aus dem Tschechischen (»Nixe«) entlehnter weibl. Vorn., bekannt durch die Titelgestalt der Oper »Rusalka« (1901) des tschechischen Komponisten A. Dvořák.

Ruslan: männl. Vorn. russischer Herkunft; frühe Entlehnung aus türkisch-tatarisch *arslan* »Löwe«.

Ruslana: weibl. Vorn., weibliche Form von ▸Ruslan.

Russell [rʌsl]: männl. Vorn., ursprünglich ein englischer Familienname französischer Herkunft (zu altfranzös. *rous* »rot«). ✧ Bekannter Namensträger: Russell Crowe, neuseeländischer Filmschauspieler (20./21. Jh.).

Rustam (auch:) Rostam; Rostan; Rustan; Rustem: männl. Vorn. persischer Herkunft nach dem von Firdausi in seinem »Königsbuch« (982–1014) beschriebenen Haupthelden der persischen Frühzeit (< frühneuiranisch *Rōtastahm* »von gewaltigem Wuchs«). Türk. Form: *Rüstẹm.*

Rusty ['rʌstɪ]: männl. Vorn., ursprünglich ein englischer Spitzname zu engl. *rusty* »rostfarben« für einen Menschen mit rötlich braunem Haar. Der Name ist vor allem in den USA geläufig.

Ru̱tger, (auch:) Rü̱tger: ▸ Rüdiger.

Ru̱th, (überkonfessionelle Form:) Ru̱t: aus der Bibel übernommener weibl. Vorn. hebr. Herkunft (wohl »Labsal, Erquickung«). Ruth war eine fromme Moabiterin, die, verwitwet, ihre israelitische Schwiegermutter nicht verließ und als Ährenleserin die Liebe des reichen Boas gewann; NAMENSTAG: 1. September. ✧ Bekannte Namensträgerin: Ruth Berghaus, deutsche Regisseurin und Theaterleiterin (20. Jh.).

Ru̱thard, (auch:) Ru̱thart: alter deutscher männl. Vorn. (ahd. *hruod* »Ruhm« + ahd. *harti, herti* »hart, kräftig, stark«).

Ru̱thild, (auch:) Ruthịlde: alter deutscher weibl. Vorn. (ahd. *hruod* »Ruhm« + ahd. *hiltja* »Kampf; Kriegerin«) oder Neubildung aus ▸ Ruth und ▸ Hilde.

Ru̱ven, (auch:) Ru̱wen: männl. Vorn., in Deutschland seit den 1970er-Jahren vorkommende Varianten von ▸ Ruben.

Ryan ['raɪən]: in Deutschland seit den 1980er-Jahren vorkommender männl. Vorn., der auf den irischen Familiennamen *Ó' Riain* (»Nachkomme des Rian«) zurückgeht. Die Bedeutung des alten gälischen Namens *Rian* ist umstritten (vielleicht zu gäl. *rí* »König«). ✧ Bekannter Namensträger: Ryan O'Neal, amerikanischer Schauspieler (20./21. Jh.); Ryan Reynolds, amerikanischer Schauspieler (20./21. Jh.).

Rylee ['raɪlɪ]: ▸ Riley.

S

Saar: weibl. Vorn., niederländische Form von ▸ Sara.

Sabah: weibl. Vorn. arabischer Herkunft (arab. *ṣabāḥ* »Morgen« zu arab. *ṣabaḥa* »am Morgen geschehen« oder »Morgen werden«).

Sabala: männl. Vorn. indischer Herkunft (sanskrit. *sa* »mit« + sanskrit. *bala* »Kraft, Stärke«: »der mit Kraft, Stärke versehen ist«).

Sabel [sa'bɛl]: weibl. Vorn., spanische Kurzform von ▸ Isabel.

Sabeth: weibl. Vorn., Kurzform von ▸ Elisabeth.

Sabine, (auch:) Sabina: weibl. Vorn. lateinischen Ursprungs, weibliche Form des römischen Beinamens *Sabinus* (»Sabiner, Bewohner des Gebirgslandes in Mittelitalien nordöstlich von Rom«). Der Name fand im Mittelalter als Heiligenname Verbreitung, vor allem als Name der legendären heiligen Sabina von Rom; NAMENSTAG: 29. August. In der zweiten Hälfte des 20. Jh.s gehörte Sabine zu den beliebtesten Mädchennamen in Deutschland. ✧ Bekannte Namensträgerin: Sabine Lisicki, deutsche Tennisspielerin (20./21. Jh.).

Sabir: männl. Vorn. arabischer Herkunft (arab. *ṣābir* »geduldig, standhaft« zu arab. *ṣabara* »durchhalten, erdulden, ertragen«).

Sabira: weibl. Vorn., weibliche Form von ▸ Sabir.

Sabri: männl. Vorn. arabischer Herkunft (zu arab. *ṣabr* »Geduld«).

Sabria: weibl. Vorn., weibliche Form von ▸ Sabri.

Sabrin: weibl. Vorn., die französische Aussprache wiedergebende, deutsche und niederländische Form von ▸ Sabrine.

Sabrina: aus dem Englischen übernommener weibl. Vorn., eigentlich Name der Nymphe des Flusses Severn in England. Sabrina wurde durch den Film »Sabrina« (mit Audrey Hepburn) aus dem Jahre 1954 weiteren Kreisen in Deutschland bekannt und war in den 1980er-Jahren Modename. ✧ Bekannte Namensträgerin: Sabrina Setlur, deutsche Sängerin und Musikerin (20./21. Jh.).

Sabrine [sa'brin]: weibl. Vorn., französische Form von ▸ Sabrina.

Sabriye: weibl. Vorn., türkische Form von ▸ Sabria.

[1]Sacha [sa'ʃa]: männl. Vorn., französische Schreibweise von ▸ [1]Sascha.

[2]Sacha [sa'ʃa]: weibl. Vorn., französische Schreibweise von ▸ [2]Sascha.

Sacharja: aus der Bibel übernommener männl. Vorn. hebräischer Herkunft (hebr. *zecharyāh* »Jahwe hat sich erinnert«). Nach dem Alten Testament war Sacharja ein Prophet, der im 6. Jh. v. Chr. wirkte und sich für den Wiederaufbau des 587/586 v. Chr. zerstörten Tempels von Jerusalem einsetzte.

Sadguna: weibl. Vorn. indischer Herkunft (sanskrit. *sat* »gut« + sanskrit. *guna* »Tugend«: »mit guter Tugend versehen«).

Sadhwi: weibl. Vorn. indischer Herkunft (»die Tugendhafte«).

Sadie ['seɪdɪ]: weibl. Vorn., englische Koseform von ▸ Sara.

Safia, (auch:) Safiyya: weibl. Vorn. arabischen Ursprungs zu arab. *ṣafia* »Vertraute, Freundin«. Türk. Form: *Safiye.*

Saga: weibl. Vorn. schwedischer Herkunft (schwed. *saga* »Erzählung, Bericht«). In der nordischen Mythologie ist Saga ein Beiname der Göttin Frigg(a).

Saguna: weibl. Vorn. indischer Herkunft (sanskrit. *sa* »mit« + sanskrit. *guṇa* »Tugend«: »mit Tugend versehen«).

Sahak: männl. Vorn., armenische Form von ▸Isaak.

[1]**Sahar:** weibl. Vorn. neuhebräischer Herkunft (neuhebr. *sachar* »Handel«).

[2]**Sahar:** weibl. Vorn. arabischer Herkunft (arab. *saḥar* »Morgendämmerung«).

Şahin [ʃa'hin]: männl. Vorn. türkischer Herkunft (türk. *şahin* »Falke«).

Sahra: weibl. Vorn., Schreibvariante von ▸Sara oder ▸Zahra.

Said: männl. Vorn. arabischen Ursprungs (arab. *saʿīd* »glücklich« zu arab. *saʿida* »glücklich sein«). Türk. Form: *Sait.*

Saida: weibl. Vorn., weibliche Form von ▸Said. Türk. Form: *Saide.*

Saima: weibl. Vorn. finnischer Herkunft, der nach dem Namen des ostfinnischen Sees *Saimaa* gebildet wurde.

Sait: männl. Vorn., türkische Form von ▸Said.

Sakuntala: weibl. Vorn. indischer Herkunft; Śakuntalā ist die Heldin eines klassischen Dramas von Kalidasa (4./5. Jh.). Ihr Name wird zu sanskrit. *śakuntā* »ein Vogel« gestellt, weil sie im Wald bei den Vögeln aufwuchs.

Sakura: weibl. Vorn. japanischer Herkunft (japan. *sakura* »Kirschbaum«).

Saladin, (auch:) Saladin: männl. Vorn. arabischen Ursprungs (arab. *Ṣālaḥ ad-Dīn* »Rechtschaffenheit des Glaubens«). Saladin, Sultan von Ägypten und Syrien (12. Jh.), der i. J. 1187 Jerusalem eroberte, wurde in der christlichen Welt wegen seiner Großmütigkeit und seiner ritterlichen Tugenden sehr geschätzt. Sein Name fand daher auch vereinzelt Eingang in die christliche Namengebung. Türk. Form: *Selahattin.*

Salama: männl. Vorn. arabischen Ursprungs (arab. *salāma* »Sicherheit, Wohlbefinden«).

Salih: männl. Vorn. arabischer Herkunft (arab. *ṣāliḥ* »tugendhaft, fromm« zu arab. *ṣaluḥa* »rechtschaffen sein«).

Saliha: weibl. Vorn., weibliche Form von ▸Salih.

Salim: männl. Vorn. arabischen Ursprungs (arab. *sālim* »sicher, unversehrt« zu arab. *salima* »unversehrt sein«). Türk. Form: *Selim.*

Salima, (auch:) Salma: weibl. Vorn., weibliche Form von ▸Salim. Türk. Form: *Selma.*

Salina: weibl. Vorn., der am ehesten auf eine englische Umbildung von ▸Selina zurückgeht, die unter dem Einfluss von ▸Sally entstanden ist. Dieser Vorname begegnet in Deutschland gelegentlich seit den 1980er-Jahren.

Salka: weibl. Vorn., polnische, bulgarische Koseform von ▸Salome, russische Koseform von *Salwija* (zu lat. *salvus* »wohlbehalten, unversehrt«) oder nach der Titelgestalt des isländischen Romans »Salka Valka« (1951) von Halldór Kilijan Laxness.

Sally, englische Aussprache: ['sælɪ]: weibl. Vorn., englische Koseform – eigentlich Lallform aus der Kindersprache – von ▸Sarah. ✧ Bekannte Namensträgerin: Sally Field, amerikanische Schauspielerin (20./21. Jh.).

Salma: ▸Salima. ✧ Bekannte Namensträgerin: Salma Hayek, mexikanische Filmschauspielerin (20./21. Jh.).

Salome, (auch:) Salomea: aus der Bibel übernommener weibl. Vorn., griechische Form eines hebräischen mit *šālōm* »Glück, Wohlergehen, Friede« gebildeten Namens. Bekannt ist der Name durch die Stieftochter des Herodes Antipas, die die Enthauptung Johannes' des Täufers forderte. Der Stoff wurde vor allem von Oscar Wilde und Richard Strauss (Oper »Salome«, 1905) bearbeitet. Salome, die Mutter der Apostel Johannes und Jakobus d. Ä., wird als Heilige verehrt; NAMENSTAG: 22. Oktober. Französ. und span. Form: *Salomé.*

Salomon, (überkonfessionelle Form:) Salomo: aus der Bibel übernommener männl. Vorn. hebräischen Ursprungs (hebr. *šelōmō*, wohl zu hebr. *šālōm* »Glück, Wohlergehen, Friede«). Salomon war als Sohn Davids dessen Nachfolger und König von Juda, Israel und Jerusalem (965–926 v. Chr.). Unter seiner Herrschaft gelangte sein Reich zu wirtschaftlicher und kultureller Blüte (Tempel von Jerusalem). Die biblischen Erzählungen vom »salomonischen Urteil« und vom Besuch der Königin von Saba verherrlichen Salomons Weisheit, die weit über die Grenzen seines Reiches hinaus berühmt gewesen sein soll. ✧ Bekannte Namensträger: Salomon van Ruysdael, niederländischer Maler (17. Jh.); Salomon Geßner, schweizerischer Dichter, Maler und Verleger (18. Jh.). Türk. Form: *Süleyman.*

Sạlua: ▸ Salwa.

Salvadọr: männl. Vorn., spanische Form von ▸ Salvator. ✧ Bekannter Namensträger: Salvador Dalí, spanischer Maler und Grafiker (20. Jh.).

Salvạtor: männl. Vorn. lateinischen Ursprungs (lat. *salvātor* »Erlöser, Heiland«). ✧ Bekannter Namensträger: Salvator Rosa, italienischer Maler, Radierer und Dichter (17. Jh.). Italien. Form: *Salvatọre.* Span. Form: *Salvadọr.*

Salvatọre: in den 1960er-Jahren entlehnter männl. Vorn., italienische Form von ▸ Salvator.

Sạlvia: weibl. Vorn. lateinischen Ursprungs (lat. *salvus, -a, -um* »wohlbehalten, unversehrt«), der in frühchristlicher Zeit als »erlöst in Gott« aufgefasst wurde.

Sạlwa, (auch:) Sạlua: weibl. Vorn. arabischen Ursprungs (arab. *salwa* »Trost«).

Sạm, englische Aussprache: [sæm]: männl. Vorn., englische Kurzform von ▸ Samuel. ✧ Bekannter Namensträger: Sam Cooke, amerikanischer Soulmusiker und -sänger (20. Jh.).

Sạmant: männl. Vorn. indischer Herkunft (sanskrit. *samanta* »universal, ganz, allumfassend«).

Samạntha, (auch:) Samạnta: seit den 1960er-Jahren aus dem Angloamerikanischen entlehnter weibl. Vorn., der auf eine Neuprägung aus den amerikanischen Südstaaten des 17./18. Jh.s zurückgeht (wohl eine Bildung zu ▸ Sam mit einer an griech. *ánthos* »Blume, Blüte« angelehnten, auch in anderen zeitgenössischen Namen auftretenden Endung). Während der Name im angloamerikanischen Bereich, verstärkt

Die häufigsten Vornamen in der Bundesrepublik 1957/58

männlich	weiblich
1. Thomas	1. Gabriele
2. Michael	2. Petra
3. Jürgen	3. Monika
4. Wolfgang	4. Brigitte
5. Peter	5. Ute
6. Klaus	6. Ulrike
7. Bernd	7. Karin
8. Martin	8. Angelika
9. Uwe	9. Ursula
10. Ulrich/Günt(h)er	10. Barbara

Quelle: W. Seibicke (1991)

durch Literatur und Film (»High Society«, 1956), kontinuierlich vergeben wurde, scheint der Auslöser für die Vergabe in Deutschland die Fernsehserie »Bewitched« (1964), dt. »Verliebt in eine Hexe«, gewesen zu sein, in der die Titelgestalt diesen Namen trug. Engl. Aussprache: [səˈmænθə].

Sạmar: weibl. Vorn. arabischer Herkunft (arab. *samar* »vertrauliche nächtliche Unterhaltung« zu arab. *samara* »sich am Abend oder in der Nacht unterhalten«).

Sạmi: männl. Vorn. arabischen Ursprungs zu arab. *sāmi* »erhaben«, auch türkisch.

Sạmia: weibl. Vorn., weibliche Form von ▸ Sami.

Samịh: männl. Vorn. arabischer Herkunft (arab. *samīḥ* »großzügig, tolerant« zu arab. *samuḥa* »verzeihen, tolerant sein«). Türk. Form: *Semịh.*

Samịha: weibl. Vorn., weibliche Form von ▸ Samih.

Samịna: in den 1980er-Jahren aufgekommener weibl. Vorn., bei dem es sich am ehesten um eine weibliche Bildung zu ▸ Sam oder um eine Erweiterung von ▸ [2]Sammy handelt.

Samịr: männl. Vorn. arabischen Ursprungs (arab. *samīr* »abendlicher Gesprächspartner« zu arab. *samara* »sich am Abend oder in der Nacht unterhalten«). Türk. Form: *Semịr.*

Samịra: weibl. Vorn., weibliche Form von ▸ Samir.

[1]Sạmmy, engl. Aussprache: [ˈsæmɪ]: aus

dem Englischen übernommener männl. Vorn., Koseform von ▸Samuel. ✧ Bekannter Namensträger: Sammy Davis jr., amerikanischer Unterhaltungskünstler (20. Jh.).

[2]**Sammy,** englische Aussprache: ['sæmɪ]: in den 1990er-Jahren entlehnter weibl. Vorn., englische Koseform von ▸Samantha.

Sampat: weibl. Vorn. indischer Herkunft (»Reichtum«).

Samson, (überkonfessionelle Form:) Simson: männl. Vorn. hebräischen Ursprungs (hebr. *šimšōn* »Sonnenmann?«). Nach der Bibel verfügte Samson über ungewöhnliche Kräfte. Seine Geliebte Delila entlockte ihm das Geheimnis seiner Kraft, schnitt ihm heimlich das Haupthaar ab und lieferte ihn den Philistern aus.

Samudra: männl. Vorn. indischer Herkunft, auch indonesisch (sanskrit. *samudra* »Ozean«).

Samuel: männl. Vorn. hebräischen Ursprungs, dessen Bedeutung nicht sicher ist (hebr. *šemū'ēl* »Gott ist El« oder »Gott ist erhaben« bzw. »Sein Name ist El«). Nach der Bibel war Samuel der letzte Richter Israels und der erste Prophet. Er salbte David zum König; NAMENSTAG: 20. August. ✧ Bekannte Namensträger: Samuel Johnson, englischer Schriftsteller (18. Jh.); Samuel Fischer, deutscher Verleger (19./20. Jh.); Samuel Beckett, irisch-französischer Schriftsteller (20. Jh.); Samuel L. Jackson, amerikanischer Schauspieler (20./21. Jh.). Engl. Form: *Samuel* ['sæmjʊəl]. Französ. Form: *Samuel* [sa'mɥɛl]. Italien. Form: *Samuele*.

Samuelina: weibl. Vorn., weibliche Form von ▸Samuel.

Samy: männl. Vorn., deutsche Variante von ▸[1]Sammy.

Sana ['sana]: weibl. Vorn., spanische Kurzform von *Susana* (▸Susanne).

Sanaa, (auch:) Sanah: weibl. Vorn. arabischer Herkunft (arab. *sanā'* »Leuchten, strahlender Glanz«).

Sancho ['santʃo]: männl. Vorn. spanischer Herkunft, der auf *Sanctius*, einen römischen Beinamen zu lat. *sānctus, -a, -um* »heilig, ehrwürdig, erhaben«, zurückgeht. Eine bekannte literarische Gestalt ist Sancho Pansa, Don Quijotes Schildknappe, in dem Roman (1605–1615) von Miguel de Cervantes.

Sander: männl. Vorn., Kurzform von ▸Alexander.

Sandhya: weibl. Vorn. indischer Herkunft (sanskrit. *sandhyā* »Abenddämmerung«).

Sandip: weibl. Vorn. indischer Herkunft (»Glut, Flamme«).

Sando: männl. Vorn., bulgarische Kurzform von ▸Alexander.

Sándor ['ʃa:ndor]: männl. Vorn., ungarische Kurzform von ▸Alexander. ✧ Bekannter Namensträger: Sándor Márai, ungarischer Schriftsteller (20. Jh.).

Sandra: weibl. Vorn., italienische Kurzform von *Alessandra* (▸Alexandra), auch im Englischen geläufig ['sændrə]. In Deutschland war dieser Vorname von den 1970er-Jahren bis Anfang der 1990er-Jahre sehr beliebt. ✧ Bekannte Namensträgerinnen: Sandra Paretti (eigtl. Irmgard Schneeberger), deutsche Schriftstellerin (20. Jh.); Sandra Bullock, amerikanische Schauspielerin (20./21. Jh.).

Sandrina: weibl. Vorn., italienische Koseform von ▸Sandra.

Sandrine: weibl. Vorn., deutsche Variante von ▸Sandrina, auch französisch [sã'drin].

Sandrino: männl. Vorn., italienische Koseform von ▸Sandro.

Sandro: männl. Vorn., italienische Kurzform von *Alessandro* (▸Alexander). ✧ Bekannter Namensträger: Sandro Botticelli, italienischer Maler (15./16. Jh.).

[1]**Sandy** ['sændɪ]: männl. Vorn., englische Koseform von ▸Alexander.

[2]**Sandy** ['sændɪ]: weibl. Vorn., englische Koseform von ▸Alexandra.

Sangita: weibl. Vorn. indischer Herkunft (»göttliche Musik«).

Sanita: weibl. Vorn., Koseform von ▸Sana.

Saniyya: weibl. Vorn. arabischer Herkunft (arab. *saniyya* »leuchtend, glänzend«). Türk. Form: *Seniye*.

Sanja: weibl. Vorn., russische Kurzform

verschiedener Vornamen, vor allem von ▸Alexandra.

Sanna, (auch:) Sanne: weibl. Vorn., Kurzform von ▸Susanne.

Santa: weibl. Vorn., weibliche Form von ▸Santo.

Santana: in den 1980er-Jahren aus den USA entlehnter weibl. Vorn. spanischen Ursprungs. Santana wurde in Deutschland als Name einer Gestalt in der Fernsehserie »California Clan« bekannt. Im Spanischen ist Santana kein Vorname, sondern ein geläufiger Familienname (vgl. den mexikanischen Gitarristen Carlos Santana, 20./21. Jh.), der auf eine Herkunft aus dem häufigen Ortsnamen Santa Ana hinweist.

Santi: männl. Vorn., spanische Kurzform von ▸Santiago.

Santiago: männl. Vorn. spanischer Herkunft, zusammengezogen aus *Santo* »heilig« + *Yago* < *Iácobus* (▸Jakob).

Santina: weibl. Vorn., weibliche Form von ▸Santino.

Santino: in den 1980er-Jahren entlehnter männl. Vorn., italienische Koseform von ▸Santo.

Santo: aus dem Italienischen entlehnter männl. Vorn., der auf einen römischen Beinamen (zu lat. *sānctus, -a, -um* »heilig, ehrwürdig, erhaben«) zurückgeht. In christlicher Zeit nahm der Name die Bedeutung »heilig, Gott geweiht« an.

Santoschan: männl. Vorn. indischer Herkunft (»Zufriedenheit«).

Santoschini: weibl. Vorn., weibliche Form von ▸Santoschan.

Sanura: in Kenia und Tansania vorkommender weibl. Vorn., der auf Suaheli »Kätzchen« bedeutet.

Saphira: aus der Bibel übernommener weibl. Vorn. aramäischen Ursprungs (aram. *šappīrā'* »die Schöne«).

Sara, (auch:) Sarah: weibl. Vorn. hebräischen Ursprungs (hebr. *śarā* »Fürstin«). Namensvorbild ist die biblische Sara, die Frau Abrahams; NAMENSTAG: 9. Oktober. Eine literarische Gestalt ist die Sara Sampson in Lessings Trauerspiel »Miss Sara Sampson« (1775). ✧ Bekannte Namensträgerinnen: Sarah Bernhardt, französische Schauspielerin (19./20. Jh.); Sarah Vaughan, amerikanische Jazzsängerin (20. Jh.); Sarah Kirsch, deutsche Schriftstellerin (20./21. Jh.); Sarah Jessica Parker, amerikanische Schauspielerin (20./21. Jh.); Sarah Connor, deutsche Pop- und Soulsängerin (20./21. Jh.). Engl. Form: *Sarah* [ˈsɛərə].

Sara:

Nach der Bibel ist Sara die Frau Abrahams und die Mutter Isaaks. Im Neuen Testament erscheint sie als Vorbild des Glaubens und der Gattentreue. In Deutschland kam *Sara* erst nach der Reformation im 16. Jh. auf, wurde aber nie besonders häufig vergeben, da *Sara* als »jüdischer« Name galt. So gehört zur Geschichte dieses Namens in Deutschland auch, dass jüdische Frauen und Mädchen während des Naziregimes (ab 1939) *Sara* als Zweitnamen führen mussten, wenn sie nicht schon so hießen. Sie sollten so durch ihren Namen stigmatisiert werden. Unter diesen Umständen verwundert es nicht, dass *Sara* erst ab den 1970er-Jahren häufiger vergeben wurde, dann aber eine sehr erfolgreiche Karriere startete. Dieser Erfolg verdankt sich vor allem dem angloamerikanischen Vorbild, was schon durch die englische Schreibweise mit -h deutlich wird, die früher in Deutschland nicht üblich war. Vom Anfang der 1980er-Jahre bis zum Beginn des 21. Jh.s gehörte *Sara(h)* zu den Spitzenreitern. Trotz einer rückläufigen Tendenz findet sich *Sara(h)* aber weiterhin unter den beliebten Mädchennamen. In Österreich, der italienischen Schweiz, Frankreich und Spanien rangiert *Sara(h)* derzeit unter den Top Ten.

Sarafina: weibl. Vorn., Variante von *Serafina* (▸Seraphine).

Sarah: ▸Sara.

Sarai: weibl. Vorn. hebräischen Ursprungs (hebr. *śaray*), ältere Form von ▸Sara. Nach der Bibel trug Sara diesen Namen, bevor sie auf Gottes Geheiß in Sara umbenannt wurde.

Sarala: weibl. Vorn. indischer Herkunft (sanskrit. *sarala* »ehrlich«).

Saralena: weibl. Vorn., Doppelform aus ▸Sara und ▸Lena.

Saraswati: weibl. Vorn. indischer Herkunft (sanskrit. *saras* »Wasser; See« + sanskrit. *vatī* »habend«: »die das Wasser besitzt«), Name einer Flussgottheit, Gattin Brahmas.

Sarina: weibl. Vorn., Weiterbildung von ▸Sara.

Sarita: weibl. Vorn., spanische Koseform von ▸Sara.

Sarja: weibl. Vorn., russische Koseform von ▸Sara.

Saroja [sa'rodʒa]: weibl. Vorn. indischer Herkunft (sanskrit. *saras* »See« + Suffix *-ja* »geboren«: »geboren in einem See«, auch in der Bedeutung »Lotus« überliefert).

Sarojini [saro'dʒini]: weibl. Vorn. indischer Herkunft (sanskrit. *saroja* »Lotus« + Possessivsuffix *-inī*: »die Lotus besitzt«).

Sarvagati: weibl. Vorn. indischer Herkunft (sanskrit. *sarva* »alles« + sanskrit. *gati* »Ziel«: »das Ziel von allem«).

Sary: weibl. Vorn., niederländische Koseform von ▸Sara.

¹Sascha: aus dem Russischen übernommener männl. Vorn., Koseform von ▸Alexander. ✧ Bekannter Namensträger: Sascha Hehn, deutscher Filmschauspieler (20./21. Jh.). Engl. Schreibweise: *Sasha*.

²Sascha: weibl. Vorn., russische Koseform von ▸Alexandra. Engl. Schreibweise: *Sasha*.

Saskia: in der zweiten Hälfte des 20. Jh.s aus dem Niederländischen übernommener weibl. Vorn., weibliche Form eines mit »Sas-« (»Sachse«) gebildeten Namens. Der Name ist durch Saskia van Uylenburgh, die Frau Rembrandts, bekannt.

Sassa: weibl. Vorn., schwedische Koseform von ▸Astrid und ▸Sara.

Satpati: männl. Vorn. indischer Herkunft (sanskrit. *sat* »gut« + sanskrit. *pati* »Herr«: »der gute Herr«).

Satya: weibl. Vorn. indischer Herkunft (sanskrit. *satya* »wahr, Wahrheit«).

Satyajit [satja'dʒit]: männl. Vorn. indischer Herkunft (sanskrit. *satya* »wahr, Wahrheit« + sanskrit. *jit* »Sieger«: »der die Wahrheit gewinnt«).

Satyam: männl. Vorn. indischer Herkunft (sanskrit. *satyam* »das Wahre, Wahrheit«), einer der Namen Wischnus.

Satyarupa: weibl. Vorn. indischer Herkunft (sanskrit. *satya* »wahr, Wahrheit« + sanskrit. *rūpā* »Form, Bild«: »das Bild der Wahrheit«), einer der Namen Wischnus.

Satyavan: männl. Vorn. indischer Herkunft (sanskrit. *satya* »wahr, Wahrheit« + sanskrit. *van* »habend«: »der Wahrhaftige«).

Satyavati: weibl. Vorn., weibliche Form von ▸Satyavan.

Saul: männl. Vorn. hebräischen Ursprungs (hebr. *šā'ūl* »der [von Gott] Erbetene«). Nach der Bibel war Saul der erste König von Israel (um 1000 v. Chr.). Saul war auch der jüdische Name des heiligen Apostels Paulus (▸Paul). ✧ Bekannter Namensträger: Saul Bellow, amerikanischer Schriftsteller (20./21. Jh.). Engl. Aussprache: [sɔːl].

Savanna, (auch:) Savannah [sə'vænə]: in den 1990er-Jahren aus den USA entlehnter weibl. Vorn. nach dem gleichlautenden Fluss- und Stadtnamen im Staat Georgia.

Savin [sa'vɛ̃]: männl. Vorn., französische Form des römischen Beinamens *Sabinus* (»Sabiner, Bewohner des Gebirgslandes in Mittelitalien nordöstlich von Rom«).

Savina: weibl. Vorn., italienische Nebenform von *Sabina* (▸Sabine).

Scarlett, (auch:) Scarlet ['skɑːlɪt]: in den 1950er-Jahren aus dem Englischen übernommener weibl. Vorn. (engl. *scarlet* »scharlach-, feuerrot«). Der Vorname wurde in Deutschland durch die Scarlett O'Hara in Margaret Mitchells Roman »Vom Winde verweht« (1936) und dessen Verfilmung (1939) bekannt. ✧ Bekannte Namensträgerin: Scarlett Johansson, amerikanische Filmschauspielerin (20./21. Jh.).

Schachar: weibl. Vorn. neuhebräischer Herkunft (neuhebr. *šachar* »Morgengrauen, Morgenröte«, auch »Sinn, Bedeutung«).

Schahin: weibl. Vorn. persischer Herkunft (pers. *schahīn* »königlich«).

Schakir: männl. Vorn. arabischen Ursprungs (arab. *schākir* »dankbar« zu arab. *schakara* »danken«).

Schakira: weibl. Vorn., weibliche Form von ▸ Schakir.

Schalom: männl. Vorn. hebräischer Herkunft (hebr. *šalōm* »Friede«).

Schalva, (auch:) Schalvah: weibl. Vorn. neuhebräischer Herkunft (neuhebr. *šalvā* »Ruhe, innere Sicherheit, Gelassenheit«).

Schamir: männl. Vorn. biblischer Herkunft (hebr. *šāmīr* »Dornen«). Im Alten Testament Name eines Leviten.

Schan: weibl. Vorn. chinesischer Herkunft, der »Koralle« bedeutet.

[1]Schani: männl. Vorn. neuhebräischer Herkunft (neuhebr. *šāni* »Purpur, Karmesin«).

[2]Schani, (auch:) Schanit: weibl. Vorn. neuhebräischer Herkunft, identisch mit ▸ [1]Schani.

Schanta, (auch:) Shanta: weibl. Vorn. indischer Herkunft (sanskrit. *śānta* »ruhig«).

Scharon: weibl. Vorn., deutsche Schreibweise von ▸ Sharon.

[1]Schavit: männl. Vorn. neuhebräischer Herkunft (neuhebr. *šavit* »Komet«).

[2]Schavit: weibl. Vorn. neuhebräischer Herkunft, identisch mit ▸ [1]Schavit.

Scheli, (auch:) Sheli; Shelli; [2]Shelley: weibl. Vorn. neuhebräischer Herkunft (neuhebr. *šeli* »mein, mir gehörend«).

Schen: männl. Vorn. chinesischer Herkunft, der »geistig, gedankenvoll« bedeutet.

Scher: ▸ [1]Schir.

Schifra: aus der Bibel übernommener weibl. Vorn. hebräischen Ursprungs (hebr. *šiprā* »Schönheit«). Nach dem Alten Testament war Schifra eine der hebräischen Hebammen in Ägypten, die dem Gebot des Pharao, alle neugeborenen israelitischen Knaben zu töten, nicht gehorchten. Engl. Formen: *Shifrah* [ˈʃɪfrə], *Shiprah* [ˈʃɪprə].

Sching: männl. Vorn. chinesischer Herkunft, der »Sieg« bedeutet.

[1]Schir, (auch:) Scher: männl. Vorn. persischen Ursprungs (pers. *šīr* »Löwe«).

[2]Schir: männl. Vorn. neuhebräischer Herkunft (hebr. *šir* »Lied, Gedicht«).

[3]Schir: weibl. Vorn. neuhebräischer Herkunft, identisch mit ▸ [2]Schir.

Schira: weibl. Vorn. neuhebräischer Herkunft (neuhebr. *širā* »Poesie, Lyrik, Dichtung, Gesang«).

Schiri: weibl. Vorn. neuhebräischer Herkunft (neuhebr. *širi* »mein Lied«).

Schirin: weibl. Vorn. persischen Ursprungs (»süß, bezaubernd, angenehm«). Schirin war die Geliebte des Sassanidenkönigs Chosrau Parwēz (6./7. Jh.). Ihre unglückliche Liebe zu dem Bildhauer und Baumeister Farhād wurde in der persischen Dichtung viel besungen.

Schiwa, (auch:) [1]Shiva: männl. Vorn. indischer Herkunft nach dem Gott Schiwa (sanskrit. *śiva* »gütig, mild; verheißungsvoll, glücklich«).

Scholastika: weibl. Vorn. lateinischen Ursprungs (lat. *scholasticus* »zur Schule gehörig, Schüler«). Namenspatronin ist die heilige Scholastika, Schwester des heiligen Benedikt; NAMENSTAG: 10. Februar.

Schorsch: männl. Vorn., eindeutschende Schreibung von französisch ▸ Georges.

Schuang: weibl. Vorn. chinesischer Herkunft, der »hell, klar, offenherzig« bedeutet.

Schulammit: ▸ Sulamith.

Schwanette: ▸ Swanette.

Schwanhild, (auch:) Swanhild: alter deutscher weibl. Vorn. (ahd. *swan* »Schwan« + ahd. *hiltja* »Kampf; Kriegerin«). Der Schwan spielte im germanischen Glauben eine Rolle als Schicksalsvogel. Aus der Wielandsage sind die Schwanenjungfrauen bekannt. Swanhild hieß die Gemahlin Karl Martells, eine bayerische Herzogstochter (8. Jh.). Eine Gestalt der nordischen Sage ist Svanhildr, die Tochter Sigurds und Gudruns.

Schwantje: ▸ Swaantje.

Scott: männl. Vorn., der auf einen englischen Vor- und Familiennamen (»der Schotte«) zurückgeht. ✧ Bekannter Namensträger: Scott Joplin, amerikanischer Jazzmusiker (19./20. Jh.).

Scotty: männl. Vorn., Koseform von ▸Scott.

Sean [ʃɔːn]: in den 1970er-Jahren aus dem Englischen übernommener männl. Vorn., der in Deutschland vor allem durch den Filmschauspieler Sean Connery (James-Bond-Filme) bekannt wurde. Der Vorname ist die irische Form von ▸Johannes, die wiederum auf normannisch-französisch *Jehan* (▸Jean) zurückgeht.

Sebald: alter deutscher männl. Vorn., Nebenform von ▸Siegbald. Namenspatron ist der heilige Sebald, Einsiedler bei Nürnberg; NAMENSTAG: 19. August.

Sebas: männl. Vorn., spanische Kurzform von *Sebastián* (▸Sebastian).

Sebastian: männl. Vorn. griechischen Ursprungs (zu griech. *sebastós* »erhaben« oder zu griech. *Sebastianós* »Mann aus Sebaste«, Name mehrerer Städte im Orient. Der Ortsname geht auf die griechische Übersetzung von lat. *Augustus* zurück und bedeutet ebenfalls »erhaben«. Derart wurden viele Städte zu Ehren eines Kaisers benannt.) Sebastian fand im Spätmittelalter als Heiligenname Eingang in die deutsche Namengebung. Nach der Legende war der heilige Sebastian Tribun der kaiserlichen Garde. Er wurde wegen seines christlichen Glaubens auf Befehl Kaiser Diokletians mit Pfeilen durchbohrt und dann, als er genesen war, mit Keulen erschlagen. Er wurde als Schutzheiliger gegen die Pest verehrt und ist Patron der Schützengilden; NAMENSTAG: 20. Januar. Sebastian gehörte von 1979 bis Mitte der 1990er-Jahre zu den beliebtesten männlichen Vornamen. ✧ Bekannte Namensträger: Sebastian Brant, deutscher Dichter (15./16. Jh.); Sebastian Kneipp, deutscher Heilkundiger (19. Jh.); Sebastian Vettel, deutscher Formel-1-Fahrer (20./21. Jh.); Sebastian Koch, deutscher Schauspieler (20./21. Jh.). Als zweiter Vorname: Johann Sebastian Bach, deutscher Komponist (17./18. Jh.). Italien. Form: *Sebastiano*. Französ. Form: *Sébastien* [sebas'tjɛ̃].

Sebastiane: weibl. Vorn., weibliche Form von ▸Sebastian.

Sebastiano: männl. Vorn., italienische Form von ▸Sebastian.

Sébastien [sebas'tjɛ̃]: männl. Vorn., französische Form von ▸Sebastian.

Sebastina: weibl. Vorn., seit den 1980er-Jahren vereinzelt vorkommende weibliche Bildung zu ▸Sebastian.

Ségolène [sego'lɛn]: französischer weibl. Vorn., mit der romanischen Endung »-lena« gebildete Koseform eines germanischen Namens (*sig-* »Sieg«). ✧ Bekannte Namensträgerin: Ségolène Royal, französische Politikerin (20./21. Jh.).

Selahattin: männl. Vorn., türkische Form von ▸Saladin.

Selda, (auch:) Selde: weibl. Vorn., Kurzform von ▸Griselda.

Selene, (auch:) Selena: weibl. Vorn. griechischen Ursprungs, nach der griechischen Mondgöttin Selēnē.

Selia: weibl. Vorn., Variante von ▸Celia, auch englisch ['siːlɪə].

Selim: männl. Vorn., türkische Form von ▸Salim.

[1]Selin: weibl. Vorn., eindeutschende Schreibweise von ▸Céline.

[2]Selin: weibl. Vorn. türkischer Herkunft (»Wasserreichtum, reichlich fließendes Wasser«).

Selina: weibl. Vorn., Variante von ▸Celina, im Englischen auch von *Selena* (▸Selene).

Selinde: ▸Sieglinde.

Seline: ▸Selina.

Selini: weibl. Vorn., neugriechische Form von ▸Selene.

Selke: weibl. Vorn., Koseform von ▸Marcella oder von Namen, die mit ahd. *salo* »dunkel« gebildet wurden.

[1]Selma: weibl. Vorn., der auf einen Ortsnamen in »The Works of Ossian« (1765) von James MacPherson zurückgeht. Diese Sammlung wurde von MacPherson als Übersetzung wiederentdeckter altgälischer Heldenlieder des Barden Ossian ausgegeben, in Wirklichkeit aber war sie, wie sich später herausstellte, seine eigene Erfindung. Das Werk wurde seinerzeit in England sowie im übrigen Europa mit großer Begeisterung aufgenommen und hinterließ auch seine Spuren in der Namengebung (vgl. ▸Malwine, ▸Oskar). Klopstock verwendete den Ortsnamen Selma als Frauennamen in seinen Oden. Die Vornamenvergabe setzt in Deutschland in den 1820er-Jahren ein, gegen Ende des 19. Jh.s war Selma ein beliebter Frauenname. ✧ Bekannte Namensträgerin: Selma Lagerlöf, schwedische Dichterin (19./20. Jh.).

[2]**Selma:** weibl. Vorn., Kurzform von ▸Anselma.

[3]**Selma:** weibl. Vorn., türkische Form von ▸Salima.

Selmar: männl. Vorn., von Klopstock Ende des 18. Jh.s nach dem Vorbild altdeutscher Namen mit dem Namenbestandteil »-mar« (ahd. *māri* »bekannt, berühmt, angesehen«) zu ▸[1]Selma gebildet.

Sem: männl. Vorn. biblischer Herkunft (hebr. *šēm* »Name, guter Ruf, Ansehen«). Nach der Bibel war Sem der älteste Sohn Noahs.

[1]**Sema:** weibl. Vorn., weibliche Bildung zu ▸Sem.

[2]**Sema:** weibl. Vorn. türkischer Herkunft (»Himmel[sgewölbe]«).

Semih: männl. Vorn., türkische Form von ▸Samih.

Semir: männl. Vorn., türkische Form von ▸Samir.

Semiramis: weibl. Vorn., der auf den Namen der legendären assyrischen Königin zurückgeht. Semíramis ist die griechische Form des Namens der historischen assyrischen Königin Šammu-Rāmat (assyrisch »mein Name sei erhaben«) (9. Jh. v. Chr.), mit der sie zum Teil gleichgesetzt wurde. Ihr Schicksal behandelt z. B. Rossinis Oper »Semiramide« (1823).

Semjon, russ. Betonung: Semjon: in den 1970er-Jahren entlehnter männl. Vorn., russische Form von ▸Simon.

[1]**Şen** [ʃɛn]: männl. Vorn. türkischen Ursprungs (türk. *şen* »fröhlich, glücklich«).

[2]**Şen** [ʃɛn]: weibl. Vorn., identisch mit ▸[1]Şen.

Sena: weibl. Vorn., türkische Form von ▸Sanaa.

Şenay [ʃɛnˈaɪ]: weibl. Vorn. türkischen Ursprungs (türk. *şen* »fröhlich, glücklich« + türk. *ay* »Mond«: »glücklicher Mond«).

Seniye: weibl. Vorn., türkische Form von ▸Saniyya.

Senja: weibl. Vorn., russische und slowenische Kurzform mehrerer Vornamen, z. B. von *Arsenia* (< griech. *ársēn* »männlich, stark«).

Senna: weibl. Vorn., Kurzform von ▸Crescentia.

Senta: weibl. Vorn., dessen Vergabe ab 1860 auf die Gestalt der Senta in Richard Wagners Oper »Der fliegende Holländer« (1843) zurückgeht. Hinweise dafür, dass Wagners Namenprägung in Anlehnung an den vor allem in Bayern verbreiteten Vornamen ▸Crescentia oder auf den in Deutschland seltenen Vornamen ▸Vinzentia erfolgte, finden sich nicht. ✧ Bekannte Namensträgerin: Senta Berger, deutsche Schauspielerin (20./21. Jh.).

Senya: ▸Senja.

Sepp: männl. Vorn., Kurzform von ▸Josef. Der Vorname Sepp und die Koseform Sepp[e]l sind typisch süddeutsch. ✧ Bekannter Namensträger: Sepp Herberger, deutscher Fußballspieler (19./20. Jh.).

Serafin: ▸Seraphin.

Serafina, (auch:) Serafine: ▸Seraphine.

Seraina: weibl. Vorn., rätoromanische Form von ▸Serena.

Seraphin, (auch:) Serafin; Seraphim: männl. Vorn., der auf die kirchenlat. Mehrzahlform *Seraphīn* (hebräisch *śerāpīm* zu hebr. *śārap* »brennen«) zurückgeht, mit der in der Bibel (beim Propheten Jesaja) die sechsflügeligen Engelsgestalten an Gottes Thron bezeichnet werden. Der heilige Seraphin von Montegranaro, ein Kapuzinermönch, lebte im 16./17. Jh. in Italien; NAMENSTAG: 12. Oktober. Ein bekannter Heiliger der Ostkirche ist Seraphim von Sarow, ein Einsiedler und

Volksheiliger aus Kursk (18./19. Jh.); NAMENSTAG: 14. Januar.

Seraphine, (auch:) Seraphina; Serafina; Serafine: weibl. Vorn., weibliche Form von ▸ Seraphin.

Serena: weibl. Vorn., weibliche Form von ▸ Serenus. ✧ Bekannte Namensträgerin: Serena Williams, amerikanische Tennisspielerin (20./21. Jh.). Engl. Aussprache: [sɪ'rɪ:nə].

Serenus: männl. Vorn. lateinischen Ursprungs (lat. *serēnus, -a, -um* »heiter, hell, leuchtend«). Eine literarische Gestalt ist der Serenus Zeitblom, der Erzähler des Romans »Doktor Faustus« (1947) von Thomas Mann.

Serge [sɛrʒ]: in den 1960er-Jahren entlehnter männl. Vorn., französische Form von ▸ Sergius.

Sergej: männl. Vorn., russische Form von ▸ Sergius. ✧ Bekannte Namensträger: Sergej Prokofjew, russischer Komponist (19./20. Jh.); Sergej Eisenstein, russischer Filmregisseur und Schriftsteller (19./20. Jh.); Sergej Rachmaninow, russisch-amerikanischer Komponist und Pianist (19./20. Jh.); Sergej Jessenin, russischer Lyriker (19./20. Jh.).

Sergio: männl. Vorn., italienische ['sɛrdʒo] oder spanische ['sɛrxi̯o] Form von ▸ Sergius. ✧ Bekannter Namensträger: Sergio Leone, italienischer Filmregisseur (20. Jh.).

Sergius: männl. Vorn., der auf einen altrömischen Geschlechternamen zurückgeht. Namenspatrone sind der besonders im Orient verehrte heilige Sergius (3./4. Jh.), der in Syrien als römischer Offizier den Märtyrertod starb; NAMENSTAG: 7. Oktober; der heilige Papst Sergius I. (7./8. Jh.); NAMENSTAG: 8. September; der heilige Sergius von Radonesch (14. Jh.), der großen Einfluss auf das russische Mönchtum ausübte; NAMENSTAG: 25. September. Französ. Form: *Serge* [sɛrʒ]. Russ. Form: *Sergej*. Italien. Form: *Sergio* ['sɛrdʒo]. Span. Form: *Sergio* ['sɛrxi̯o].

[1]Serina: weibl. Vorn., englische Variante von ▸ Serena. Engl. Aussprache: [sɪ'ri:nə].

[2]Serina, (auch:) Serine: weibl. Vorn., norwegische Variante von ▸ Severine.

Serjoscha: in den 1960er-Jahren entlehnter männl. Vorn., russische Koseform von ▸ Sergej.

Servatius: männl. Vorn. lateinischen Ursprungs (zu lat. *servātus, -a, -um* »gerettet«). Namenspatron ist der heilige Servatius, Bischof von Tongern (4. Jh.); NAMENSTAG: 13. Mai. Bekannt ist Servatius auch als einer der drei »Gestrengen Herren« oder »Eisheiligen« (▸ Bonifatius, ▸ Pankraz).

Seth, (überkonfessionelle Form:) Set: männl. Vorn. biblischen Ursprungs zu hebr. *šet* »setzen« im Sinne von »Ersatz« (für den von Kain erschlagenen Abel). Im Alten Testament ist Seth der dritte Sohn Adams und Evas. Engl. Aussprache [seθ].

Severa: weibl. Vorn. lateinischen Ursprungs, weibliche Form des römischen Beinamens *Severus* (lat. *sevērus, -a, um* »streng, ernst«).

Severin, (auch:) Severin: männl. Vorn. lateinischen Ursprungs, Weiterbildung von *Severus* (▸ Severa). Namenspatrone sind der heilige Severin, Bischof von Köln (4./5. Jh.); NAMENSTAG: 23. Oktober; der heilige Severin von Noricum, der im 5. Jh. im Gebiet zwischen Donau und Inn als Wohltäter und Glaubensbote wirkte; NAMENSTAG: 8. Januar. Dän. Form: *Søren*. Französ. Form: *Séverin* [se'vrɛ̃].

Severine, (auch:) Severina: weibl. Vorn., weibliche Form von ▸ Severin. Französ. Form: *Séverine* [se'vrin].

Sevil: weibl. Vorn. türkischer Herkunft (türk. *sevil* »sei geliebt!«).

Sevinç [sɛ'vintʃ]: weibl. Vorn. türkischer Herkunft (türk. *sevinç* »Freude«).

Seymour ['si:mɔ:], schottisch: ['seɪmɔ:]: männl. Vorn., ursprünglich ein englischer Familienname, der auf den Ortsnamen Saint-Maur-des-Fossés in der Normandie zurückgeht.

Shakira: weibl. Vorn., englische Schreibweise von ▸ Schakira. ✧ Bekannte Namensträgerin: Shakira, kolumbianische Pop- und Rocksängerin (20./21. Jh.).

Shaleen [ʃə'li:n]: gegen Ende des 20. Jh.s entlehnter weibl. Vorn., Variante von Shalena, einer afroamerikanischen Neubildung mit der modischen Vorsilbe »Sha-«. Anfang der 1980er-Jahre bildeten afroamerikanische Eltern viele neue Namen mit dieser Vorsilbe.

Shalin, (auch:) Shalina; Shaline: weibl. Vorn., deutsche Varianten von ▸Shaleen.

Shalyn: ▸Shaleen.

Shan [ʃan]: weibl. Vorn., englische Schreibweise von walisisch ▸Sian, gelegentlich auch als Kurzform von ▸²Shannon aufgefasst.

Shana ['ʃa:nə]: weibl. Vorn., weibliche Bildung zu ▸¹Shane oder Erweiterung von ▸Shan.

¹Shane [ʃa:n]: männl. Vorn., englische Schreibweise des irischen Vornamens ▸Sean.

²Shane [ʃa:n]: weibl. Vorn., identisch mit ▸¹Shane.

Shanell, (auch:) Shanelle [ʃə'nɛl]: weibl. Vorn., Umbildung des afroamerikanischen Vornamens ▸Chanel in Anlehnung an weibliche Vornamen, die mit »Sha-« beginnen (vgl. ▸Shaleen, ▸Shanice).

Shania, engl. Aussprache: ['ʃɑ:nɪə]: weibl. Vorn., Erweiterung von ▸Shan.

Shanice ['ʃænis]: weibl. Vorn., afroamerikanische Umbildung von ▸Janice.

Shanita [ʃə'ni:tə]: weibl. Vorn., afroamerikanische Umbildung von ▸Janita oder Neuprägung mit dem Namenbestandteil »Shan-« und der spanischen Koseendung »-ita«.

Shanna ['ʃænə]: weibl. Vorn. englischer Herkunft, der vielleicht eine verkürzte Form von ▸²Shannon oder von ▸Shoshannah darstellt.

¹Shannon: männl. Vorn., identisch mit ▸²Shannon.

²Shannon ['ʃænən]: weibl. Vorn. nach dem gleichlautenden Fluss in Irland. Der weibliche Vorname Shannon kam in den USA in den 1930er-Jahren auf, seit den 1980er-Jahren wird er von afroamerikanischen Eltern auch als männlicher Vorname vergeben.

Shanta: ▸Schanta.

Shantelle [ʃən'tɛl]: weibl. Vorn., amerikanische Umbildung des französischen Vornamens ▸Chantal.

Shanti: aus Indien stammender weibl. Vorn. (sanskrit. *śānti* »Ruhe«).

Shara ['ʃɛərə]: weibl. Vorn., Koseform von ▸Sharon.

Shareen [ʃə'ri:n]: aus dem Englischen übernommener weibl. Vorn., mit der ursprünglich irischen Endung »-een« geprägte Abwandlung von ▸Sharon.

Shari ['ʃɛərɪ]: weibl. Vorn., Koseform von ▸Sharon.

Sharice ['ʃɛəris]: weibl. Vorn., Erweiterung von ▸Shara, ▸Shari.

Sharin ['ʃɛərɪn]: weibl. Vorn., englische Variante von ▸Sharon.

Sharina: weibl. Vorn., Erweiterung von ▸Sharin. Engl. Aussprache: ['ʃɛərɪnə].

Sharleen [ʃɑ:'li:n]: weibl. Vorn., Abwandlung von ▸Charleen.

Sharline, (auch:) Sharlyn [ʃɑ:'li:n]: weibl. Vorn., Abwandlung von ▸Charline.

Sharmaine [ʃɑ:'meɪn]: weibl. Vorn., Abwandlung von ▸Charmaine.

Sharon ['ʃɛərən]: in den 1970er-Jahren aus dem Englischen entlehnter weibl. Vorn., der auf einen in der Bibel genannten Landschaftsnamen, die Küstenebene Scharon (hebr. *šārōn* »Talebene«), zurückgeht. Als »Rose von Scharon« wird in Salomos Hohelied die Geliebte bezeichnet, und dieser Name erscheint in John Steinbecks Roman »Die Früchte des Zorns« (1939). Sharon, zunächst als männlicher Vorname von den Puritanern nach Amerika gebracht, wurde seit Beginn des 20. Jh.s in den USA, seit den 1930er-Jahren auch in England bereits als Mädchenname vergeben und erlebte seinen Höhepunkt in den 1970er-Jahren. ✧ Bekannte Namensträgerin: Sharon Stone, amerikanische Filmschauspielerin (20./21. Jh.).

Sharona [ʃə'roʊnə]: weibl. Vorn., Erweiterung von ▸Sharon.

Shaun, (auch:) Shawn [ʃɔ:n]: männl. Vorn., englische Schreibweise des irischen Vornamens ▸Sean.

Sheela ['ʃi:lə]: aus dem Englischen entlehnter weibl. Vorn., Variante von ▸Sheila.

Sheena ['ʃi:nə]: in den 1980er-Jahren entlehnter weibl. Vorn., englische Schreibung von irisch *Síne* bzw. schottisch *Sìne*. Diese gälischen Namensformen sind, wie auch englisch ▸²Jane, aus altfranzös. *Je(h)anne* (▸Johanna) hervorgegangen.

Sheila ['ʃi:lə]: weibl. Vorn., englische Schreibung des irischen Namens *Síle*, einer gälischen Form von ▸Cäcilie.

Shelby ['ʃɛlbɪ]: in den USA gebräuchlicher weibl. Vorn., ursprünglich ein Familienname, dem ein englischer Ortsname zugrunde liegt.

Sheli: ▸Scheli.

¹Shelley ['ʃɛlɪ]: weibl. Vorn., ursprünglich ein englischer Familienname nach einem Ortsnamen, der durch den romantischen Dichter Percy Bysshe Shelley (18./19. Jh.) bekannt ist. Shelley war zunächst als männlicher Vorname in Gebrauch, in den 1940er-Jahren setzte er sich jedoch als weiblicher Vorname durch. Die amerikanische Schauspielerin Shelley Winters (eigtl. Shirley Schrift), deren Filmkarriere zu dieser Zeit begann, trug zur Bekanntheit des Namens bei.

²Shelley, (auch:) Shelli: ▸Scheli.

Sheri ['ʃɛrɪ]: weibl. Vorn., englische phonetische Schreibweise des Vornamens *Cherie* (zu französ. *chérie* »Liebling«).

Sherin [ʃə'ri:n]: in Deutschland seit den 1970er-Jahren vorkommender weibl. Vorn., Eindeutschung von *Shereen*, einer Erweiterung von ▸Sheri, vielleicht auch als Schreibvariante von englisch *Shirin* (▸Schirin) empfunden.

Sherwin ['ʃə:wɪn]: männl. Vorn., ursprünglich ein englischer Familienname, der i. J. 1187 als *Scherewind* (»Schneidewind«) überliefert ist.

Sheryl ['ʃɛrɪl]: ▸Cheryl. ✧ Bekannte Namensträgerin: Sheryl Crow, amerikanische Rocksängerin (20./21. Jh.).

Shifrah ['ʃɪfrə], (auch:) Shiprah ['ʃɪprə]: weibl. Vorn., englische Form von ▸Schifra.

Shilo ['ʃaɪloʊ]: weibl. Vorn., englische Form des biblischen Ortsnamens *Schilo* (hebr. *šilōh*, vielleicht zu der Wurzel *š'l* »fragen, bitten«, also: »der Ort, wo man Gott bittet«). Im Alten Testament bezeichnet Schilo einen wichtigen Kultort im Gebiet Ephraim.

¹Shir: männl. Vorn., englische Schreibweise von ▸¹Schir ▸²Schir.

²Shir: weibl. Vorn., englische Schreibweise von ▸³Schir.

Shira: weibl. Vorn., englische Schreibweise von ▸Schira.

Shiri: weibl. Vorn., englische Schreibweise von ▸Schiri.

Shirin: weibl. Vorn., englische Schreibweise von ▸Schirin.

Shirleen [ʃə:'li:n]: weibl. Vorn. englischer Herkunft, Umbildung von ▸Shirley mit der beliebten Endung »-een«.

Shirley ['ʃə:lɪ]: in den 1930er-Jahren entlehnter weibl. Vorn., ursprünglich ein englischer Familienname nach einem Ortsnamen. Die erste Verwendung als weiblicher Vorname geht auf den Roman »Shirley« (1849) von Charlotte Brontë zurück. Zu der Beliebtheit des Namens in England und Amerika in den 1930er-Jahren trug auch der amerikanische Kinderfilmstar Shirley Temple bei. ✧ Bekannte Namensträgerinnen: Shirley MacLaine, amerikanische Filmschauspielerin (20./21. Jh.); Shirley Bassey, britische Popsängerin (20./21. Jh.).

¹Shiva: ▸Schiwa.

²Shiva: weibl. Vorn. persischer Herkunft (»beredt, bezaubernd«).

Shizuko ['ʃizko]: weibl. Vorn. japanischer Herkunft (japan. *shizu* »ruhig« + *ko* »Kind«).

Shlomit: weibl. Vorn., neuhebräische Form von ▸Sulamith.

Shona ['ʃəʊnə]: weibl. Vorn. schottischer

Herkunft, englische Schreibweise von *Seònaid*, einer gälischen Form von ▸Johanna.

Shoshana, (auch:) Shoshanah; Shoshanna(h): weibl. Vorn., neuhebräische Form von ▸Susanne.

Shun [ʃun]: männl. Vorn. japanischer Herkunft (japan. *šun* »ausgezeichnet«).

Sia: weibl. Vorn., niederländische Kurzform von ▸Lucia, auch friesische Kurzform von Zusammensetzungen mit »Sieg-«.

Sian [ʃan]: weibl. Vorn., walisische Form von ▸²Jane.

Sibilla, (auch:) Sibille: ▸Sibylle.

Sibo, (auch:) Siebo: männl. Vorn., friesische Kurzform von ▸Siegbert.

Sibrand: ▸Siegbrand.

Sibyl ['sɪbɪl]: weibl. Vorn., englische Form von ▸Sibylle.

Sibylle, (auch:) Sibilla; Sibille; Sibylla; Sibyll; Sybille: aus dem Lateinischen übernommener weibl. Vorn., der auf griechisch *Síbylla*, den Namen einer Seherin in Kleinasien, zurückgeht. Er wurde später auf andere Seherinnen übertragen. Berühmt ist die Sibylle von Cumae (Süditalien), deren Orakelsprüche (»Sibyllinische Bücher«) auf dem Kapitol in Rom aufbewahrt und bei wichtigen Anlässen zurate gezogen wurden. Im Mittelalter wurden die Weissagungen der Sibyllen auch auf Christus bezogen. Als Vorname erscheint Sibylla (Sibilla) in Deutschland seit dem Mittelalter. ✧ Bekannte Namensträgerinnen: Maria Sibylla Merian, Botanikerin und Kupferstecherin (17./18. Jh.); Sibylle Lewitscharoff, deutsche Schriftstellerin (20./21. Jh.). Engl. Form: *Sibyl* ['sɪbɪl].

Sicco, (auch:) Sicko: männl. Vorn., niederdeutsch-friesische Koseform von Namen, die mit »Sieg-« gebildet sind.

Sid [sɪd]: männl. Vorn., Kurzform von ▸¹Sidney.

Siddharta: männl. Vorn. indischer Herkunft (sanskrit. *siddha* »erreicht, vollendet« + *artha* »Ziel«, etwa »der sein Ziel erreicht hat«), Siddharta oder Gautama (Ehrenname Buddha, 6./5. Jh. v. Chr.) war der Religionsstifter des Buddhismus. In Deutschland wird dieser Vorname seit den 1980er-Jahren gelegentlich vergeben. Hermann Hesse schrieb den Roman »Siddhartha« i. J. 1922.

¹Sidney, (auch:) ¹Sydney ['sɪdnɪ]: im 20. Jh. entlehnter männl. Vorn., ursprünglich ein englischer Familienname nach einem französischen Ortsnamen (Saint-Denis). ✧ Bekannte Namensträger: Sidney Poitier, amerikanischer Schauspieler (20./21. Jh.); Sidney Pollack, amerikanischer Regisseur (20./21. Jh.).

²Sidney, (auch:) ²Sydney ['sɪdnɪ]: weibl. Vorn., identisch mit ▸¹Sidney oder durch Zusammenziehung entstandene Form von englisch *Sidony* (▸Sidonie).

Sidonie, (auch:) Sidonia: weibl. Vorn. lateinischen Ursprungs (»Frau aus Sidon«; Sidon, jetzt Saida, war im Altertum eine phönizische Handelsstadt im Libanon). Französ. Form: *Sidonie* [sidɔ'ni].

Siebelt: männl. Vorn., friesische Form von *Siegbald* (ahd. *sigu* »Sieg« + ahd. *bald* »kühn«).

Siebert: ▸Siegbert.

Siebo: ▸Sibo.

Siegbert, (auch:) Siebert; Sigisbert: alter deutscher männl. Vorn. (ahd. *sigu* »Sieg« + ahd. *beraht* »glänzend, berühmt«; etwa »der durch Sieg berühmt ist«). Diesen Namen trug der Merowingerkönig Sigibert I. (6. Jh.). Er war mit der westgotischen Prinzessin Brunhilde verheiratet und wurde auf Anstiften seiner Schwägerin Fredegunde ermordet (Motiv der Siegfriedsage).

Siegbrand, (auch:) Sibrand: alter deutscher männl. Vorn. (ahd. *sigu* »Sieg« + ahd. *brant* »Brand«, dichterische Umschreibung für das Schwert; etwa »der ein siegreiches Schwert führt«).

Sieger: alter deutscher männl. Vorn. (ahd. *sigu* »Sieg« + ahd. *heri* »Heer; Heerführer, Krieger«; etwa »Siegeskrieger«).

Siegert: ▸Sieghart.

Siegesmund: ▸Siegmund.

Siegfried:

Der Name war im ganzen Mittelalter bis in die Neuzeit hinein beliebt, vor allem durch die Erinnerung an die Gestalt des Drachentöters Siegfried in der Nibelungensage. Auch in anderen Sagen kommt der Name vor, etwa Pfalzgraf Siegfried in der Genovevasage und König Siegfried von Morland in der Gudrunsage. Im 19. Jh. wurde der Nibelungenstoff von Ludwig Uhland in der Ballade »Jung Siegfried«, von Friedrich Hebbel in dem Trauerspiel »Die Nibelungen« und von Richard Wagner in der Tetralogie »Der Ring des Nibelungen« neu bearbeitet. Die verbreitete Auffassung von Siegfried als Inbegriff des germanischen Helden dürfte zur häufigen Wahl dieses Vornamens vom ausgehenden 19. Jh. bis in die 1940er-Jahre beigetragen haben.

Siegfried, (selten auch:) Sigfrid: alter deutscher männl. Vorn. (ahd. *sigu* »Sieg« + ahd. *fridu* »Schutz vor Waffengewalt, Friede; Friedenswahrer«; etwa »der den im Sieg errungenen Frieden wahrt«). ✧ Bekannte Namensträger: der heilige Siegfried von Schweden, Bischof und Glaubensbote (10./11. Jh.); NAMENSTAG: 15. Februar; Siegfried Wagner, deutscher Dirigent und Komponist, Sohn Richard Wagners (19./20. Jh.); Siegfried Kracauer, deutscher Soziologe (19./20. Jh.); Siegfried Lenz, deutscher Schriftsteller (20./21. Jh.).

Siegfriede: weibl. Vorn., weibliche Form von ▸ Siegfried.

Sieghard, (auch:) Sieghart; Siegert; Sighard; Sighart: alter deutscher männl. Vorn. (ahd. *sigu* »Sieg« + ahd. *harti, herti* »hart, kräftig, stark«).

Sieghild, (auch:) Sieghilde; Sighild: alter deutscher weibl. Vorn. (ahd. *sigu* »Sieg« + ahd. *hiltja* »Kampf; Kriegerin«; etwa »Siegeskriegerin«).

Sieglinde, (auch:) Sieglind; Siglind; Siglinde: alter deutscher weibl. Vorn. (ahd. *sigu* »Sieg« + ahd. *lind* »sanft, weich, mild«). In der Nibelungensage trägt Siegfrieds Mutter diesen Namen, den Richard Wagner in der »Walküre« wieder aufnahm.

Siegmar, (auch:) Sigmar: alter deutscher männl. Vorn. (ahd. *sigu* »Sieg« + ahd. *māri* »bekannt, berühmt, angesehen«; etwa »der durch Sieg berühmt ist«). In der alten Form *Segimērus* ist dieser Name bei Tacitus überliefert.

Siegmund, (auch:) Siegesmund; Sigmund; Sigismund: alter deutscher männl. Vorn. (ahd. *sigu* »Sieg« + ahd. *munt* »Schutz, Schützer«; etwa »der den Sieg schützt«). In der latinisierten Form *Segimundus* ist dieser Name bei Tacitus überliefert. Für die spätmittelalterliche Namengebung war die Verehrung des heiligen Königs Sigismund von Burgund (5./6. Jh.), dessen Reliquien sich seit 1354 zum Teil im Prager Veitsdom befinden, ausschlaggebend; NAMENSTAG: 1. Mai. In der Nibelungensage ist Siegmund der Vater Siegfrieds. Als solcher begegnet er uns auch in R. Wagners Oper »Die Walküre«. ✧ Bekannter Namensträger: der deutsche Kaiser Siegmund (Sigismund), König von Böhmen (14./15. Jh.).

Siegrid: weibl. Vorn., deutsche Schreibvariante von ▸ Sigrid.

Siegrun, (auch:) Sigrun; Sigrune: alter deutscher weibl. Vorn. (ahd. *sigu* »Sieg« + ahd. *rūna* »Geheimnis, geheime Beratung«). In der Form *Siegrune* kommt der Name in Richard Wagners Oper »Die Walküre« vor. Eine Gestalt der nordischen Sage ist die Walküre Sigrun, die Helgi über den Tod hinaus die Liebe bewahrt.

Siegtraud, (auch:) Siegtrud: alter deutscher weibl. Vorn. (ahd. *sigu* »Sieg« + german. **þrūþi* »Kraft, Stärke«, in althochdeutscher Zeit umgedeutet zu *trūt* »vertraut, lieb«).

Siegwald: alter deutscher männl. Vorn. (ahd. *sigu* »Sieg« + ahd. *-walt* zu *waltan* »walten, herrschen; Herrscher«; etwa »Siegesherrscher«).

Siegward, (auch:) Siegwart; Sievert: alter deutscher männl. Vorn. (ahd. *sigu* »Sieg« + ahd. *wart* »Hüter, Schützer«; etwa »Schützer des Siegs«).

Siegwin: alter deutscher männl. Vorn. (ahd.

sigu »Sieg« + ahd. *wini* »Freund«; etwa »Freund im Sieg«).

Sieke, (auch:) Syka; Syke: weibl. Vorn., niederdeutsch-friesische Koseform von ▸Lucia oder von Namen, die mit »Sieg-« beginnen.

Siem, (auch:) Siemen: männl. Vorn., niederdeutsch-friesische Kurzform von Namen, die mit »Sieg-« gebildet sind. Die Namensform *Siemen* kann auch Nebenform von ▸Simon sein.

Siena: weibl. Vorn., niederländische Kurzform von Namen, die auf »-sina« ausgehen (z. B. ▸Josina).

Sienna [sɪˈɛnə]: weibl. Vorn. amerikanischer Herkunft, dem die englische Schreibweise der italienischen Stadt Siena zugrunde liegt. ✧ Bekannte Namensträgerin: Sienna Miller, amerikanische Filmschauspielerin (20./21. Jh.).

Sierk, (auch:) Sirko: männl. Vorn., durch Zusammenziehung entstandene niederdeutsch-friesische Form von *Sigerik* (altsächs. *sigi* »Sieg« + altsächs. *rīki* »mächtig, gewaltig«; etwa »der durch Sieg mächtig ist«).

Sierra [ˈsi̯ɛrra]: weibl. Vorn. spanischer Herkunft (span. *sierra* »Gebirgszug«), der vor allem in den USA geläufig ist. In Spanien geht die seltene Vergabe dieses Vornamens auf die Verehrung verschiedener Gnadenbilder der Jungfrau Maria zurück.

Sievert: männl. Vorn., niederdeutsch-friesische Form von ▸Siegward.

Sigfrid, (auch:) Sigfried: ▸Siegfried.

¹Siggi, (auch:) ¹Sigi; Sigo: männl. Vorn., Koseform von Namen, die mit »Sieg-«, »Sig-« gebildet sind (z. B. ▸Siegfried). Eine literarische Gestalt ist der Siggi Jepsen in dem Roman »Deutschstunde« (1968) von Siegfried Lenz.

²Siggi, (auch:) ²Sigi: weibl. Vorn., Koseform von Namen, die mit »Sieg-«, »Sig-« gebildet sind (z. B. ▸Sieglinde, ▸Sigrid).

Sighard, (auch:) Sighart: ▸Sieghard.

Sighild: ▸Sieghild.

¹Sigi: ▸¹Siggi.

²Sigi: ▸²Siggi.

Sigidi: aus Südafrika stammender männl. Vorn., der auf Zulu »eintausend« bedeutet.

Sigisbert: ▸Siegbert.

Sigismund: männl. Vorn., Variante von ▸Siegmund. Aus der Jugendliteratur ist der Sigismund Rüstig bekannt. So heißt in der deutschen Übersetzung (1843) die Hauptperson des englischen Seefahrerromans »Masterman Ready« von Frederick Marryat. ✧ Bekannter Namensträger: Sigismund von Radecki, deutscher Schriftsteller (19./20. Jh.).

Siglind, (auch:) Siglinde: ▸Sieglinde.

Sigmar: ▸Siegmar. ✧ Bekannter Namensträger: Sigmar Polke, deutscher Künstler (20./21. Jh.).

Sigmund: ▸Siegmund. ✧ Bekannter Namensträger: Sigmund Freud, österreichischer Psychiater, Begründer der Psychoanalyse (19./20. Jh.).

Signe: weibl. Vorn. nordischer Herkunft (altnord. *sigr* »Sieg« + *ny* »neu, jung«).

Sigo: ▸¹Siggi.

Sigolf, (auch:) Sigulf: alter deutscher männl. Vorn. (ahd. *sigu* »Sieg« + ahd. *wolf* »Wolf«; etwa »Siegeswolf« für den siegreichen Krieger).

Sigourney: [sɪˈgɔːnɪ]: weibl. Vorn., der auf den Künstlernamen der amerikanischen Filmschauspielerin Sigourney Weaver (20./21. Jh.) zurückgeht. Sie entnahm den Namen dem Roman »Der große Gatsby« (1925) von F. Scott Fitzgerald, wo er ein einziges Mal als »Mrs. Sigourney Howard« erscheint und – den amerikanischen Gepflogenheiten entsprechend – wohl der Vorname des Mannes von Mrs. Howard ist.

Sigrid: weibl. Vorn. nordischer Herkunft (altnord. *sigr* »Sieg« + *fríðr* »schön«). ✧ Bekannte Namensträgerin: Sigrid Undset, norwegische Schriftstellerin (19./20. Jh.).

Sigrun, (auch:) Sigrune: ▸Siegrun.

Sigune: weibl. Vorn., bei dem es sich wohl um eine erweiterte Kurzform eines mit »Sieg-« (ahd. *sigu* »Sieg«) gebildeten Namens handelt. Eine bekannte literarische Gestalt ist die Sigune im »Parzifal« Wolframs von Eschenbach (um 1200–10).

Sigurd: im 20. Jh. entlehnter männl. Vorn.

nordischer Herkunft, der dem deutschen Vornamen ▸Siegward entspricht. In der nordischen Wälsungensage ist Sigurd die Entsprechung des deutschen Siegfried.

Siham: weibl. Vorn. arabischer Herkunft (arab. *sihām* »Pfeile« zu arab. *sahama* »werfen, die Bogensehne spannen«).

Siiri: weibl. Vorn., finnische Form von ▸Sigrid.

Silas: aus der Bibel übernommener männl. Vorn. unsicherer Herkunft (gräzisierte Form einer aramäischen Nebenform von ▸Saul oder griechische Kurzform des römischen Beinamens *Silvanus,* ▸Silvan). Silas war zunächst ein führendes Mitglied der christlichen Gemeinde in Jerusalem, später Mitarbeiter und Begleiter des heiligen Paulus; NAMENSTAG: 13. Juli. Der Name kam in England nach der Reformation auf und war dort im 17. Jh. recht häufig. In Deutschland ist Silas seit den 1980er-Jahren anzutreffen. Engl. Aussprache: ['saɪləs].

Silia: weibl. Vorn., Schreibvariante von ▸Silja.

Silja: weibl. Vorn., friesische, schwedische und finnische Kurzform von *Cäcilia* (▸Cäcilie). Norweg. Form: *Silje.*

Silke, (auch:) Silka; Sylke; Sylka: weibl. Vorn., niederdeutsch-friesische Koseform von ▸Cäcilie.

Silko: männl. Vorn., männliche Bildung zu ▸Silke.

Silva: weibl. Vorn., Nebenform von ▸Silvia oder Kurzform von ▸Silvana.

Silvan: männl. Vorn. lateinischen Ursprungs, der auf *Silvanus,* den Namen des altrömischen Gottes des Waldes, des Feldes und der Herden (zu lat. *silva* »Wald«), zurückgeht. Italien. Form: *Silvano.* Französ. Form: *Sylvain* [sil'vɛ̃].

Silvana, (auch:) Sylvana: weibl. Vorn., weibliche Form von ▸Silvano.

Silvano: männl. Vorn., italienische Form von ▸Silvan.

Silvelin, (auch:) Sylvelin: weibl. Vorn., Koseform von ▸Silvia, ▸Silva oder ▸Silvana.

Silvester, (auch:) Sylvester: männl. Vorn. lateinischen Ursprungs (lat. *silvester* »zum Wald gehörend, im Wald lebend; waldig«). Als Vorname schließt Silvester gewöhnlich an die Verehrung des heiligen Papstes Silvester I. an (3./4. Jh.); NAMENSTAG: 31. Dezember. Dieser Papst stand in Verbindung mit Kaiser Konstantin dem Großen, der als erster römischer Kaiser die christliche Religion anerkannte.

Silvi: weibl. Vorn., Kurzform von ▸Silvia.

Silvia, (auch:) Sylvia: weibl. Vorn., weibliche Form von ▸Silvius. Aus der altrömischen Sage ist die Vestalin Rhea Silvia bekannt, die Mutter des Romulus und des Remus. Eine heilige Silvia (6. Jh.) war die Mutter Papst Gregors des Großen; NAMENSTAG: 3. November. Der Vorname Silvia begegnet in Deutschland seit dem 19. Jh., sehr beliebt war er in den 1950er- und 1960er-Jahren. ✧ Bekannte Namensträgerinnen: Silvia, Königin von Schweden (20./21. Jh.); Silvia Neid, Bundestrainerin der Fußballnationalmannschaft der Frauen (20./21. Jh.). Französ. Formen: *Silvie, Sylvie* [sil'vi]. Engl. Formen: *Silvia, Sylvia* ['sɪlvɪə]. Poln. Form: *Sylwia.*

Silvian: männl. Vorn., der auf lat. *Silvianus,* eine Ableitung von ▸Silvius, zurückgeht.

Silviana: weibl. Vorn., weibliche Form von ▸Silvian.

Silvie [sil'vi]: ▸Sylvie.

Silvija: weibl. Vorn., russische *(Sil'vija),* serbische, kroatische, slowenische Form von ▸Silvia.

Silvina: weibl. Vorn., italienische Koseform von ▸Silvia.

Silvino: männl. Vorn., italienische Koseform von ▸Silvio.

Silvio: männl. Vorn., italienische und spanische Form von ▸Silvius. Aus der europäischen Kulturgeschichte ist der italienische Humanist Enea Silvio Piccolomini (als Papst: Pius II.; 15. Jh.) bekannt.

Silvius: männl. Vorn. lateinischen Ursprungs. In der altrömischen Sage ist Silvius ein Sohn des Äneas, von dem die Könige von Alba Longa und die Vestalin Rhea Silvia (▸Silvia) abstammen. Italien. und span. Form: *Silvio.*

Simba: in Kenia und Tansania vorkommender männl. Vorn., der auf Suaheli »Löwe« bedeutet.

[1]Simcha: männl. Vorn. neuhebräischer Herkunft (hebr. *simchā* »Freude, Fest«).

[2]Simcha: weibl. Vorn., identisch mit ▸ [1]Simcha.

Simen: männl. Vorn., norwegische Form von ▸ Simon.

Simeon: aus der Bibel übernommener männl. Vorn. unsicherer Herkunft (hebr. *šim'ōn*, in der Bibel volksetymologisch erklärt als Ausspruch Leas »weil der Herr hörte [, dass ich gehasst werde]«). Simeon ist der zweite Sohn Jakobs und Leas. Wichtig für die Namengebung wurde die Verehrung mehrerer Heiliger: der fromme Greis Simeon, der im Lukasevangelium das Jesuskind im Tempel als den Messias begrüßt; NAMENSTAG: 8. Oktober; der Säulenheilige Simeon Stylites (4./5. Jh.); NAMENSTAG: 25. Juli; der heilige Simeon, Inkluse in Trier (11. Jh.); NAMENSTAG: 1. Juni.

Simon: aus der Bibel übernommener männl. Vorn., der als griechischer Name auf griech. *simós* »stumpf-, plattnasig« zurückgeht, als jüdischer Name dagegen eine griechisch beeinflusste Schreibung von ▸ Simeon ist. Der Name kommt in der Bibel sehr häufig vor, u.a. als ursprünglicher Name des Apostels Petrus und als Name des Apostels Simon Zelotes (= des Eiferers); NAMENSTAG: 28. Oktober. In der deutschen Vornamengebung erscheint der Name Simon seit dem Mittelalter. Heute ist er recht beliebt. ✧ Bekannte Namensträger: der heilige Simon Stock (13. Jh.); NAMENSTAG: 16. Mai; Simón Bolívar, südamerikanischer Staatsmann und General (18./19. Jh.); Simon Estes, amerikanischer Opernsänger (20./21. Jh.). Engl. Form: *Simon* ['saımən]. Französ. Form: *Simon* [si'mõ]. Span. Form: *Simón* [si'mɔn]. Italien. Form: *Simone* [sı'mo:ne]. Poln. Form: *Szymon* ['ʃimɔn]. Norweg. Form: *Simen*.

Simona: weibl. Vorn., weibliche Form von ▸ Simon, auch italienisch.

[1]Simone [si'mo:ne]: männl. Vorn., italienische Form von ▸ Simon. ✧ Bekannter Namensträger: Simone Martini, italienischer Maler (13./14. Jh.).

[2]Simone: weibl. Vorn., weibliche Form von ▸ Simon. ✧ Bekannte Namensträgerinnen: Simone de Beauvoir, französische Schriftstellerin (20. Jh.); Simone Weil, französische Philosophin (20. Jh.); Simone Thomalla, deutsche Schauspielerin (20./21. Jh.). Französ. Aussprache [si'mɔn].

Simonetta: weibl. Vorn., italienische Koseform von ▸ Simona.

Simson: ▸ Samson.

[1]Sina: weibl. Vorn., Kurzform von Namen, die auf »-sina« ausgehen (z.B. ▸ Rosina, ▸ Teresina).

[2]Sina, (auch:) Sinah ['sınə]: aus dem Englischen entlehnte weibl. Vorn., wohl Varianten von *Sine*, einer gälischen Form von *Johanna* (vgl. ▸ Sheena).

Sinan: männl. Vorn. türkischer Herkunft (»eiserne Speerspitze«). Sinan ist der Name eines berühmten Baumeisters im Osmanischen Reich (16. Jh.).

Sinclair ['sıŋklɛə]: männl. Vorn., ursprünglich ein schottischer Familienname normannischer Herkunft nach einem französischen Ortsnamen (Saint-Clair). ✧ Bekannter Namensträger: Sinclair Lewis, amerikanischer Schriftsteller (19./20. Jh.).

Sindy: ▸ Cindy.

Sini: weibl. Vorn., Koseform von Namen, die auf »-sina« ausgehen (z.B. ▸ Rosina, ▸ Teresina).

Sinia: ▸ Sinja.

Sinikka: in den 1970er-Jahren entlehnter weibl. Vorn. finnischer Herkunft, Neubildung von E. Leinos für eine Gestalt seines Theaterstücks »Lalli« (1907) zu finn. *sini* »blau«.

Sinja: in den 1970er-Jahren entlehnter weibl. Vorn., russische Koseform verschiedener Namen, z.B. von *Sinaida* (weibliche Form von ▸ Zeno).

Sinje: weibl. Vorn., Variante von ▸ Sinja, auch friesische Koseform von Namen, die auf »-sine« enden.

[1]Sion: männl. Vorn. hebräischen Ursprungs

Die häufigsten Vornamen in der DDR 1960

männlich	weiblich
1. Frank	1. Petra
2. Uwe	2. Gabriele
3. Peter	3. Sabine
4. Michael	4. Kerstin
5. Thomas	5. Martina
6. Jürgen	6. Birgit
7. Klaus	7. Marina
8. Bernd	8. Monika
9. Andreas	9. Karin
10. Dieter	10. Andrea

Quelle: G. Müller (2001)

von ungedeuteter Herkunft, Name des Tempelbergs in Jerusalem.

[2]Sion [ʃɔn]: männl. Vorn., walisische Form von ▸Johannes.

Sipho ['sipho]: aus Südafrika stammender männl. Vorn., der in der Zulu-Sprache »Gabe« bedeutet.

Siran: weibl. Vorn. armenischer Herkunft (»lieblich«).

Sirena: aus der griechischen Mythologie übernommener weibl. Vorn. (griech. *Seirēn*, lat. *Sirēna*). Nach der griechischen Sage waren die Sirenen Mädchen mit Vogelleibern. Sie lockten von ihrer Insel aus mit zauberhaftem Gesang die vorbeisegelnden Schiffe ins Verderben.

Siri: weibl. Vorn., nordische Variante von ▸Sigrid. Finnische Form: *Siiri.*

Sirid: weibl. Vorn., nordische Variante von ▸Sigrid.

Sirin: weibl. Vorn., schwedische (mundartliche) Variante von ▸Siri in Anlehnung an Namen wie ▸Elin, ▸Karin.

Sirka: weibl. Vorn., weibliche Form von ▸Sirko oder vereinfachte Schreibung von ▸Sirkka.

Sirke: weibl. Vorn., weibliche Form von ▸Sirko.

Sirkka: weibl. Vorn. finnischer Herkunft (finn. »Keimblatt, Spross«).

Sirko: ▸Sierk.

Sirvart: weibl. Vorn. armenischer Herkunft (»Liebesrose«).

Sisi: ▸[1]Sissy.

Siska: weibl. Vorn., schwedische Kurzform von ▸Franziska.

[1]Sissy, (auch:) Sissi; Sisi: weibl. Vorn., Koseform (eigentlich Lallform aus der Kindersprache) von ▸Elisabeth oder ▸Cäcilie. ✧ Bekannte Namensträgerin: Elisabeth, Kaiserin von Österreich und Königin von Ungarn, gen.: »Sisi« (19. Jh.).

[2]Sissy: weibl. Vorn., englische Koseform von *Cecily* (▸Cäcilie).

[1]Sita: weibl. Vorn. indischer Herkunft (sanskrit. *sītā* »Furche«). Sita ist die Göttin des Ackerbaus und die Gattin Ramas. Ihr Schicksal spielt eine wichtige Rolle im indischen Epos »Ramayana« (4. Jh. v. Chr. bis 2. Jh. n. Chr.).

[2]Sita: weibl. Vorn., Kurzform von Namen, die auf »-sita« ausgehen (z. B. ▸Rosita).

Sitara: weibl. Vorn. indischer Herkunft (sanskrit. *sitara* »Stern«).

Sitta, (auch:) Sittah: weibl. Vorn. arabischen Ursprungs (»Herrin«). Der Name ist bekannt durch Lessings Schauspiel »Nathan der Weise« (1779), wo Sittah die Schwester Saladins ist.

Siv, (auch:) Siw: weibl. Vorn. nordischer Herkunft, der auf altnord. *sif* (»Braut, Gattin«, vgl. dt. Sippe) zurückgeht. So heißt in der nordischen Mythologie die Gattin des Gottes Thor.

Sixta: weibl. Vorn., weibliche Form von ▸Sixtus.

Sixten: männl. Vorn. schwedischer Herkunft (altnord. *sigr* »Sieg« + altnord. *steinn* »Stein«).

Sixtus: männl. Vorn., der eine lateinische Umbildung des aus dem Griechischen stammenden männlichen Beinamens *Xystós* (griech. *xystós* »geglättet« zu *xýō* »schaben, abreiben, glätten«) ist. Zur Verbreitung des Vornamens hat die Verehrung der heiligen Päpste Sixtus I. (2. Jh.), NAMENSTAG: 6. April, und Sixtus II. (3. Jh.), NAMENSTAG: 7. August, beigetragen. Ein weiterer Papst dieses Namens ist Sixtus IV. (15. Jh.), Bauherr der Sixtinischen Kapelle im Vatikan. Eine Operngestalt ist der Sixtus

Beckmesser in Richard Wagners Oper »Die Meistersinger von Nürnberg« (1868).

Sizzo: männl. Vorn., alte deutsche Koseform von Namen, die mit »Sieg-« gebildet sind.

Sjard: männl. Vorn., durch Zusammenziehung entstandene friesische Form von ▸ Sieghard.

Skadi: aus der nordischen Mythologie übernommener weibl. Vorn., Name der Tochter des Riesen Thiassi. Die Bedeutung des Namens ist noch ungeklärt.

Skender: männl. Vorn., albanische Form von ▸ Alexander.

Skrollan: weibl. Vorn., Eindeutschung von schwed. *Skrållan* (etwa »die Schrulle«), einer Neuprägung der schwedischen Schriftstellerin Astrid Lindgren (20./21. Jh.).

[1]Sky [skaɪ]: männl. Vorn. zu engl. *sky* »Himmel«.

[2]Sky [skaɪ]: weibl. Vorn., identisch mit ▸ [1]Sky.

Slava: weibl. Vorn., Kurzform von Namen, die mit urslaw. **slava* »Ruhm, Ehre« gebildet sind, z. B. *Miroslava* (▸ Miroslawa).

Slavica ['slavitsa]: : weibl. Vorn., serbische, kroatische Koseform von ▸ Slava.

Smeralda: aus dem Italienischen entlehnter weibl. Vorn. zu italien. *smeraldo* »Smaragd«, vgl. auch ▸ Esmeralda.

Smilla: weibl. Vorn., nach der Titelfigur des dänischen Romans »Fräulein Smillas Gespür für Schnee« (dt. 1994) von P. Høeg; in der Familie des Autors aus dem grönländischen Namen *Millaaraq* »die ein wenig summt« unter Anlehnung an dän. *smil* »Lächeln« neu gebildet.

Sofi: weibl. Vorn., Kurzform von ▸ Sofia, ▸ Sofie.

Sofia: ▸ Sophia.

Sofie, (auch:) Sofie: ▸ Sophia.

Söhnke: ▸ Sönke.

Solange [sɔ'lã:ʒ]: weibl. Vorn., französische Form des Heiligennamens *Solemnia* (zu lat. *sol[l]emnis* »[alljährlich] gefeiert, feierlich, festlich«).

Soledad [sole'dad]: weibl. Vorn. spanischer Herkunft (span. *soledad* »Einsamkeit«). Der Name erinnert an die Einsamkeit Marias nach Jesu Tod.

Solène [sɔ'lɛn]: weibl. Vorn. französischer Herkunft, der auf den Heiligennamen *Solemnia* (▸ Solange) zurückgeht.

Solomon: männl. Vorn., Variante von ▸ Salomon.

Solveig: zu Beginn des 20. Jh.s entlehnter weibl. Vorn. nordischer Herkunft (zu altnord. *salr* »Saal, Haus«; die Herleitung des zweiten Namenbestandteils ist umstritten, vielleicht gehört er zu altnord. *víg* »Kampf« oder zu isländ. *veig* »Kraft«). Der Name ist bekannt durch die Solveig in H. Ibsens Versdrama »Peer Gynt« (1867). Nebenformen: dän./norweg. *Solvejg*, dän. *Solveigh, Solvej.*

Sondra: weibl. Vorn. angloamerikanischer Herkunft, bei dem es sich vielleicht um eine Nebenform von ▸ Sandra handelt. Eine literarische Gestalt ist die Sondra in Theodore Dreisers Roman »Eine amerikanische Tragödie« (1925).

Sondre: männl. Vorn. norwegischer Herkunft (altnord. *Sundri*), dessen Etymologie unklar ist.

Sonhild, (auch:) Sonhilde: ▸ Sonnhild.

Sonja, (auch:) Sonia; Sonya: weibl. Vorn., russische Koseform von ▸ Sophia. Sonja ist der Name einer Romanfigur in Tolstois »Krieg und Frieden« (1868/69).

Sönke, (auch:) Söhnke; Sunke: nordfriesischer männl. Vorn. (altnordfriesisch **Sunika*, zu ahd. *sunu* »Sohn«). ✧ Bekannter Namensträger: Sönke Wortmann, deutscher Schauspieler und Regisseur (20./21. Jh.).

Sonnele: weibl. Vorn., Koseform von Namen, die mit »Sonn-« gebildet sind (z. B. ▸ Sonnhild).

Sonnfried: männl. Vorn., Neubildung aus »Sonne« und dem Namenbestandteil »-fried« (ahd. *fridu* »Schutz vor Waffengewalt, Friede; Friedenswahrer«).

Sonngard: weibl. Vorn., Neubildung aus »Sonne« und dem Namenbestandteil »-gard« (german. **gardaz* »Zaun, Einfriedung«, vgl. ahd. *garto* »Garten«).

Sonnhild, (auch:) Sonnhilde; Sonhild; Sonhilde: weibl. Vorn., Neubildung aus »Sonne« und dem Namenbestandteil »-hild« (ahd. *hiltja* »Kampf; Kriegerin«).

Sonnlind: weibl. Vorn., Neubildung aus »Sonne« und ▸Linde.

Sonntraud: weibl. Vorn., Neubildung aus »Sonne« und dem Namenbestandteil »-traud« (german. **þrūþi* »Kraft, Stärke«, in althochdeutscher Zeit umgedeutet zu *trūt* »vertraut, lieb«).

[1]**Sonny** ['sʌnɪ]: männl. Vorn., Verkleinerungsform von engl. *son*, also »Söhnchen«. ✧ Bekannter Namensträger: Sonny Rollins, amerikanischer Jazzmusiker (20./21. Jh.).

[2]**Sonny:** männl. Vorn., Koseform von Namen, die mit »Sonn-« gebildet sind (z. B. ▸Sonnfried).

[3]**Sonny:** weibl. Vorn., Kurzform von Namen, die mit »Sonn-« gebildet sind (z. B. ▸Sonngard, ▸Sonnhild).

Sonya: ▸Sonja.

Sophia, (auch:) Sofia; Sophie; Sofie; Sophie; Sofie: weibl. Vorn. griechischen Ursprungs (griech. *sophía* »Weisheit«). Diesen Namen tragen zwei römische Märtyrerinnen: die heilige Sophia (3./4. Jh.), genannt »die kalte Sophie«, da ihr Fest am 15. Mai dem der Eisheiligen (Pankratius, Servatius, Bonifatius) folgt, und die heilige Sophia, nach der Legende die Mutter der Heiligen Fides, Spes und Caritas; NAMENSTAG: 30. September. Der Name, der in Deutschland seit dem Mittelalter begegnet, spielte vom 17. Jh. bis Anfang des 20. Jh.s eine wichtige Rolle in der Namengebung. Seit den 1990er-Jahren erfreuen sich Sophia/Sofia und Sophie/Sofie wieder großer Beliebtheit. Eine Operngestalt ist die Sophie Faninal im »Rosenkavalier« (1911) von Richard Strauss. Gegenwärtig ist Jostein Gaarders philosophischer Roman »Sofies Welt« bekannt. ✧ Bekannte Namensträgerinnen: Sophie Charlotte, Kurfürstin von Brandenburg und Königin von Preußen, Mitbegründerin der Preußischen Akademie (17./18. Jh.); Sophie Luise, Großherzogin von Sachsen-Weimar (19. Jh.), nach ihr ist die Sophienausgabe von Goethes Werken benannt; Sophie Scholl, deutsche Widerstandskämpferin (20. Jh.); Sofía, Königin von Spanien (20./21. Jh.); Sophia Loren, italienische Filmschauspielerin (20./21. Jh.); Sophie Marceau, französische Schauspielerin (20./21. Jh.); Sofia Coppola, amerikanische Regisseurin und Drehbuchautorin (20./21. Jh.). Poln. Form: *Zofia* ['zɔfja]. Ungar. Form: *Zsófia* ['ʒoːfiɔ].

Sophus: aus dem Lateinischen übernommener männl. Vorn. griechischen Ursprungs (lat. *sophus* aus griech. *sophós* »weise, der Weise«).

Sophy: weibl. Vorn., Kurzform von ▸Sophia, auch englisch ['soʊfɪ].

Soraya, (auch:) Soraja: weibl. Vorn. arabischen Ursprungs (arab. *ath- thuráyyā* »die Plejaden«, zu arab. *thariya* »reichlich vorhanden sein«; nach der großen Anzahl dieser Sterne auf kleinem Raum). Der Name wurde in Deutschland in der zweiten Hälfte des 20. Jh.s durch die Kaiserin Soraya (pers. *Soraija*) bekannt.

Soren: männl. Vorn., deutsche Variante von ▸Sören.

Sören: aus dem Dänischen übernommener männl. Vorn. (dän. *Søren*), dänische Form von ▸Severin. ✧ Bekannter Namensträger: Søren Kierkegaard, dänischer Theologe und Philosoph (19. Jh.).

Soumia: weibl. Vorn., französische Schreibweise von ▸Sumia.

Spencer ['spɛnsə]: männl. Vorn., ursprünglich ein englischer Familienname, der auf die altfranzös. Berufsbezeichnung *despensier* »Verwalter [der Vorräte], Kellermeister« zurückgeht. ✧ Bekannter Namensträger: Spencer Tracy, amerikanischer Schauspieler (20. Jh.).

Spyros, (auch:) Spiros ['spiːros]: männl. Vorn., Kurzform von *Spyrídon* (wahrscheinlich zu griech. *spyrís, spyrídos* »Korb«). Diesen Namen trägt ein heiliger Bischof (4. Jh.), der in der orthodoxen Kirche sehr verehrt wird.

[1]**Stacey,** (auch:) Stacy ['steɪsɪ]: männl. Vorn., ursprünglich ein englischer Familienname, der auf eine Koseform von *Eustace* (▸Eustachius) zurückgeht.

[2]**Stacey,** (auch:) Stacy ['steɪsɪ]: weibl. Vorn., wahrscheinlich unter dem Einfluss von

▸ ¹Stacey aufgekommene Koseform von ▸ Anastasia.

Stạffan: männl. Vorn., schwedische Nebenform von ▸ Stephan.

Stan [stæn]: männl. Vorn., englische Kurzform von ▸ Stanley. ✧ Bekannter Namensträger: Stan (Stanley) Laurel, amerikanischer Schauspieler britischer Herkunft (19./20. Jh.).

Stạni: männl. Vorn., Kurzform von ▸ Stanislaus.

Stạnislaus: männl. Vorn., lateinische Form von ▸ Stanislaw/Stanislav. ✧ Bekannte Namensträger: der heilige Stanislaus, Bischof von Krakau (11. Jh.), Schutzpatron von Polen; NAMENSTAG: 11. April; der heilige Stanislaus Kostka (16. Jh.); NAMENSTAG: 13. November; Stanislaus Leszczynski, König von Polen und Herzog von Lothringen (17./18. Jh.).

Stạnislaw, (auch:) Stạnislav: aus dem Polnischen (*Stanịsław*) oder Tschechischen (*Stạnislav*) übernommener männl. Vorn. (urslaw. **stati* »werden«, **stanъ* »Festigkeit, Härte« + urslaw. **slava* »Ruhm, Ehre«). ✧ Bekannter Namensträger: Stanisław Lem, polnischer Schriftsteller (20./21. Jh.).

Stanislạwa, (auch:) Stạnislava: weibl. Vorn., weibliche Form von ▸ Stanislaw/Stanislav.

Stạnko: männl. Vorn., Kurzform von ▸ Stanislaw/Stanislav.

Stanley ['stænli]: männl. Vorn., ursprünglich ein englischer Familienname nach einem Ortsnamen. Die gelegentliche Verwendung von Stanley als Vorname kam in England im 18. Jh. auf. Zur Verbreitung des Namens ab den 1880er-Jahren trug u. a. die Popularität des englischen Forschungsreisenden Sir Henry Morton Stanley bei. ✧ Bekannter Namensträger: Stanley Kubrick, englischer Filmregisseur (20. Jh.).

Steen: ▸ Sten.

Stẹfan: männl. Vorn., heute bevorzugte Schreibweise von ▸ Stephan, auch dänisch, schwedisch, norwegisch. Im Zeitraum 1960–90 gehörte Stefan in Deutschland zu den beliebtesten männlichen Vornamen. ✧ Bekannte Namensträger: Stefan George, deutscher Dichter (19./20. Jh.); Stefan Zweig, österreichischer Schriftsteller (19./20. Jh.); Stefan Askenase, belgischer Pianist polnischer Herkunft (19./20. Jh.); Stefan Andres, deutscher Schriftsteller (20. Jh.); Stefan Heym, deutscher Schriftsteller (20./21. Jh.); Stefan Raab, deutscher Fernsehmoderator (20./21. Jh.); Stefan Brandl, deutscher Motorradrennfahrer (20./21. Jh.).

Stẹfanie, (auch:) Stẹfani; Stefanie; Stefạnia: ▸ Stephanie.

Stẹfano: in den 1960er-Jahren entlehnter männl. Vorn., italienische Form von ▸ Stephan.

Steffany ['stɛfənɪ]: weibl. Vorn., englische Nebenform von ▸ Stephanie.

Stẹffen: männl. Vorn., Nebenform von ▸ Stephan, auch dänisch.

Stẹffi, (auch:) Stẹffie: weibl. Vorn., Kurzform von ▸ Stephanie. ✧ Bekannte Namensträgerinnen: Steffi (Stefanie) Graf, deutsche Tennisspielerin (20./21. Jh.); Steffi Nerius, deutsche Speerwerferin (20./21. Jh.); Steffi (Stephanie) Jones, deutsche Fußballspielerin (20./21. Jh.).

Stẹlla: weibl. Vorn. lateinischen Ursprungs (lat. *stēlla* »Stern«). Die Vergabe dieses Vornamens kann einerseits religiös motiviert sein und an »Stēlla Maris« (»Meerstern«), einen Beinamen Marias, anknüpfen. Dieser Beiname der Gottesmutter beruht auf der volksetymologischen Deutung von *mar jam* (»Maria«) als *stīlla maris* »Tropfen des Meeres«. Andererseits kann Stella auch den Wunsch der Eltern, dem Mädchen möge die Schönheit und der Glanz eines Sterns zuteilwerden, ausdrücken. In Deutschland wurde der Name durch Goethes Trauerspiel »Stella« (1776) bekannt. Der Vorname wird aber erst ab den 1960er-Jahren häufiger vergeben. ✧ Bekannte Namensträgerin: Stella McCartney, britische Modedesignerin (20./21. Jh.). Französ. Form: *Estelle* [ɛs'tɛl]. Span. Form: *Estrella* [es'trelja]. Italien. Form: *Stẹlla*.

Stẹn: in den 1930er-Jahren entlehnter

männl. Vorn. nordischer Herkunft (schwed. *Sten,* dän. *Steen, Sten* zu altnord. *steinn* »Stein«). ✧ Bekannter Namensträger: Sten Nadolny, deutscher Schriftsteller (20./21. Jh.).

Stephan, (auch:) Stefan: männl. Vorn. griechischen Ursprungs (griech. *stéphanos* »Kranz, Krone«). Zur Verbreitung des Namens im Mittelalter trug vor allem die Verehrung des heiligen Erzmärtyrers Stephanus bei, der vor den Toren Jerusalems gesteinigt wurde. Er wurde vor allem als Patron der Pferde verehrt. Der Stephanstag (26. Dezember) war früher mit verschiedenen Volksbräuchen verbunden. Nach diesem Heiligen heißt der heilige Stephan I., König von Ungarn (10./11. Jh.); NAMENSTAG: 16. August. ✧ Bekannter Namensträger: Stephan Lochner, deutscher Maler (15. Jh.). Italien. Form: *Stefano.* Französ. Formen: *Stéphane* [steˈfan], *Étienne* [eˈtjɛn]. Span. Form: *Esteban.* Engl. Formen: *Stephen, Steven* [stiːvn]. Serb., kroat. Form: *Stevan* [ˈstɛvaːn]. Finn. Form: *Tapani.* Ungar. Form: *István* [ˈiʃtvaːn].

Stéphane [steˈfan]: männl. Vorn., französische Form von ▸Stephan. ✧ Bekannter Namensträger: Stéphane Mallarmé, französischer Dichter (19. Jh.).

Stephanie, (auch:) Stefanie; Stephanie; Stefanie; Stephania; Stefania: weibl. Vorn., weibliche Form von ▸Stephan. Zwischen den 1970er- und den 1990er-Jahren zählte Stephanie/Stefanie zu den beliebtesten weiblichen Vornamen. ✧ Bekannte Namensträgerin: Prinzessin Stéphanie von Monaco (20./21. Jh.). Französ. Form: *Stéphanie* [stefaˈni]. Engl. Formen: *Stephany, Steffany* [stɛˈfənɪ].

Stephanus: ▸Stephan.

Stephany [ˈstɛfənɪ]: weibl. Vorn., englische Form von ▸Stephanie.

Stephen [stiːvn]: männl. Vorn., englische Form von ▸Stephan. ✧ Bekannte Namensträger: Stephen King, amerikanischer Schriftsteller (20./21. Jh.); Stephen Hawking, britischer Physiker (20./21. Jh.).

Stevan [ˈstɛvaːn]: männl. Vorn., serbische, kroatische Form von ▸Stephan.

Steve [stiːv]: männl. Vorn., englische Kurzform von ▸[1]Steven. ✧ Bekannte Namensträger: Steve McQueen, amerikanischer Filmschauspieler (20. Jh.); Steve Martin, amerikanischer Komiker und Filmschauspieler (20./21. Jh.); Steve Jobs, amerikanischer Unternehmer (20./21. Jh.).

[1]Steven [stiːvn]: männl. Vorn., englische Form von ▸Stephan. ✧ Bekannter Namensträger: Steven Spielberg, amerikanischer Filmregisseur (20./21. Jh.).

[2]Steven: männl. Vorn., niederländische Form von ▸Stephan.

[1]Stevie [ˈstiːvɪ]: männl. Vorn., englische Koseform von ▸Stephen. ✧ Bekannter Namensträger: Stevie Wonder, amerikanischer Soul- und Popsänger (20./21. Jh.).

[2]Stevie [ˈstiːvɪ]: weibl. Vorn., englische Koseform von ▸Stephany.

Stig: aus dem Dänischen entlehnter männl. Vorn. (ungefähr »der Wanderer« zu altnord. *stíga* »steigen, gehen«), auch schwedisch und norwegisch.

Stilla: alter deutscher weibl. Vorn. (zu ahd. *stilli* »still, ruhig«).

Stine, (auch:) Stina: weibl. Vorn., Kurzform von Namen, die auf »-stine« enden, meist von ▸Christine. Eine bekannte literarische Gestalt ist die Stine in Fontanes gleichnamigem Roman (1890).

Stojan: männl. Vorn. russischer/polnischer / tschechischer / serbischer / kroatischer Herkunft (zu urslaw. **stojati* »stehen«).

Stuart [stjʊət]: männl. Vorn., ursprünglich ein englischer Familienname, dem eine französisch beeinflusste Schreibung von mittelengl. *stīweard,* engl. *steward* »Haushofmeister, Haushalter, Verwalter« zugrunde liegt.

Sturmi, (auch:) Sturm; Sturmius: alter deutscher männl. Vorn. (ahd. *sturm* »Kampf, Aufruhr, Getümmel«). Der heilige Sturmius war Abt in dem von ihm 744 gegründeten Großkloster Fulda; NAMENSTAG: 17. Dezember.

Su: weibl. Vorn., Kurzform von ▸ Susanne.

Subhadra: weibl. Vorn. indischer Herkunft (sanskrit. *su* »sehr« + sanskrit. *bhadrā* »gesegnet«: »die sehr Gesegnete«). So heißt eine der Frauen Arjunas.

Subhaga: weibl. Vorn. indischer Herkunft (sanskrit. *su* »sehr« + sanskrit. *bhagā* »die Glückliche«: »die sehr Glückliche«).

Subhasch, (auch:) Subhash: männl. Vorn. indischer Herkunft (sanskrit. *su* »gut, hervorragend« + sanskrit. *bhasa* »Rede, Sprache«: »gute Rede«).

Sudam: männl. Vorn. indischer Herkunft (sanskrit. *su* »sehr« + sanskrit. *dāma* »gebend«: »der viel Gebende«).

Sudaman: männl. Vorn. indischer Herkunft (sanskrit. *su* »sehr« + sanskrit. *dāman* »gebend«: »der viel Gebende«).

Sudamini: weibl. Vorn., weibliche Form von ▸ Sudaman.

Sudas: männl. Vorn. indischer Herkunft (sanskrit. *su* »gut, hervorragend« + sanskrit. *dāsa* »Diener«: »der gute Diener«).

Sudasi: weibl. Vorn. indischer Herkunft (sanskrit. *su* »gut, hervorragend« + sanskrit. *dāsī* »Dienerin«: »die gute Dienerin«).

Sudhir: männl. Vorn. indischer Herkunft (sanskrit. *su* »sehr« + sanskrit. *dhira* »weise«: »der sehr Weise«).

Sue [sju:], [su:]: in den 1960er-Jahren entlehnter weibl. Vorn., englische Kurzform von *Susan* (▸ Susanne).

Sugandhi: männl. Vorn. indischer Herkunft (sanskrit. *su* »sehr« + sanskrit. *gandhi* »duftend«: »der sehr Duftende«), einer der Namen des Gottes Schiwa.

Suheyla, (auch:) Suhayla; Suhela: weibl. Vorn. arabischer Herkunft (arab. *suhail* »Kanopus; ein Fixstern«).

Suitbert, (auch:) Switbert: männl. Vorn. (altengl. *Swīðbeorht* zu altengl. *swīð* »stark, mächtig« + altengl. *beorht* »glänzend«). Namensvorbild ist der heilige Suitbert (7./8. Jh.), ein angelsächsischer Glaubensbote, der am Niederrhein wirkte; NAMENSTAG: 4. September.

Sulamith, (überkonfessionelle Form:) Schulammit: aus der Bibel übernommener weibl. Vorn. hebräischen Ursprungs (hebr. *šūlammīt* »Mädchen aus Schulem, einem unbekannten Ort«). Sulamith ist im Hohelied Salomos der Name der Braut.

Die häufigsten Vornamen in der Bundesrepublik 1967

männlich	weiblich
1. Thomas	1. Sabine
2. Andreas	2. Claudia
3. Stefan	3. Petra
4. Michael	4. Susanne
5. Frank	5. Heike
6. Peter	6. Andrea
7. Ralf	7. Birgit
8. Markus	8. Anja
9. Jürgen	9. Martina
10. Jörg	10. Christine

Quelle: G. Müller (2001)

Suleika, (auch:) Zuleika: weibl. Vorn. arabischer Herkunft, dessen Bedeutung unklar ist. In der islamischen Tradition ist Suleika die Frau des Potiphar, die versucht, Joseph (arabisch *Yussuf*) zu verführen. Als sie die Vergeblichkeit ihres Bemühens einsieht, wendet sie ihre Liebe höheren Dingen und Allah zu, um sich schließlich zum Islam zu bekehren. Der Name ist in Deutschland durch Goethes »Westöstlichen Diwan« (1819) bekannt, wo die Geliebte des Dichters (Marianne von Willemer) Suleika heißt. Goethe übernahm den Namen aus der persischen Dichtung (»Yussuf und Suleika« von Firdausi, 10./11. Jh.). Als Vorname begegnet Suleika gelegentlich seit den 1990er-Jahren. Türk. Form: *Züleyha* [zylei'ha].

Süleyman: männl. Vorn., türkische Form von ▸ Salomon.

Suma: aus Tansania stammender weibl. Vorn., der in der Njakjusa-Sprache »fragen« bedeutet.

Sumantra: männl. Vorn. indischer Herkunft (sanskrit. *su* »gut, hervorragend« + sanskrit. *mantra* »Rat«: »guter Rat«).

Sumaya: weibl. Vorn. arabischer Herkunft, Verkleinerungsform von ▸ Samia.

Sumia: weibl. Vorn. arabischer Herkunft, Verkleinerungsform von ▸ Samia.

Sumitra: weibl. Vorn. indischer Herkunft (sanskrit. *su* »gut, hervorragend« + sanskrit. *mitrā* »Freundin«: »gute Freundin«).

Summer ['sʌmə]: vor allem in den USA vorkommender weibl. Vorn. zu engl. *summer* »Sommer«.

Suna: weibl. Vorn., weibliche Form des altschwedischen Namens *Sune* (»Sohn«).

Sundari: weibl. Vorn. indischer Herkunft (»die Schöne«).

Sunder: männl. Vorn. indischer Herkunft (sanskrit. *sundara* »schön«).

Sunhild, (auch:) Sunhilde: alter deutscher weibl. Vorn. (ahd. *suona* »Sühne, Urteil, Entscheidung« + ahd. *hiltja* »Kampf; Kriegerin«).

Sunita: weibl. Vorn. indischer Herkunft (wahrscheinlich zu sanskrit. *su* »gut« + sanskrit. *nīta* »geführt, geleitet«, etwa »von gutem Betragen«).

Sünje: weibl. Vorn., Koseform von Namen, die mit »Sun-« gebildet sind.

Sunke: ▸ Sönke.

Sunna, (auch:) Sünne: weibl. Vorn., wohl Kurzform von Namen, die mit ahd., altfries. *sunna* »Sonne« gebildet wurden.

Sunniva: weibl. Vorn., latinisierte Form des altenglischen Namens *Sunngifu* (altengl. *sunne* »Sonne« + altengl. *gifu* »Geschenk«). Nach der Legende war die heilige Sunniva eine irische Prinzessin aus dem 10. Jh. Sie floh vor einem fremden Eroberer, der sie zur Frau begehrte, zusammen mit ihrem Bruder und zahlreichen anderen Jungfrauen an die Küste Norwegens, wo sie alle von den Bewohnern erschlagen wurden; NAMENSTAG: 8. Juli.

[1]**Sunny** ['sʌnɪ]: männl. Vorn. zu engl. *sunny* »sonnig« oder Variante von ▸ [1]Sonny.

[2]**Sunny** ['sʌnɪ]: weibl. Vorn. zu engl. *sunny* »sonnig«.

Suparna: männl. Vorn. indischer Herkunft (sanskrit. *su* »gut, hervorragend« + sanskrit. *parna* »Feder, Flügel«: »der hervorragende Flügel hat«), ein Name des Vogels Garuda, der den Gott Schiwa trägt.

Suresch, (auch:) Suresh: männl. Vorn. indischer Herkunft (sanskrit. *sura* »Gott« + sanskrit. *īśa* »Herr«: »Herr der Götter«), Beiname der Götter Indra, Schiwa, Wischnu.

Suruci [su'rutʃi], (auch:) Surutschi: weibl. Vorn. indischer Herkunft (»guter Geschmack«).

Surya: weibl. Vorn. indischer Herkunft (sanskrit. *sūrya* »Sonne«).

Susan [su:zn]: in den 1950er-Jahren entlehnter weibl. Vorn., englische Form von ▸ Susanne. ✧ Bekannte Namensträgerinnen: Susan Sontag, amerikanische Kritikerin und Schriftstellerin (20./21. Jh.); Susan Sarandon, amerikanische [Film]schauspielerin (20./21. Jh.).

Nostalgische Namen

Nicht nur in Deutschland, sondern auch in vielen anderen Ländern zeigt sich seit einigen Jahren wieder der Trend zu Namen, die um 1900 oder auch schon früher verbreitet waren und lange Zeit als altmodisch galten: *Emma* und *Sophie, Paul* und *Moritz* finden bei vielen deutschen Eltern wieder Anklang. In Dänemark erobert *Ida* wieder die Hitlisten, in England und den USA hören in jüngster Zeit wieder viele kleine Mädchen auf den Namen *Emily. Louis* und *Jules* erfreuen sich in Frankreich großer Beliebtheit.

Susana [su'sana]: weibl. Vorn., spanische Form von ▸ Susanne.

Susann: ▸ Susanne, auch englisch [su:'zæn].

Susanna: ▸ Susanne, auch englisch [su:'zænə] und italienisch [su'zanna].

Susannah [su:'zænə]: weibl. Vorn., englische Schreibvariante von ▸ Susanna.

Susanne, (auch:) Susanna; Susann: seit dem 15. Jh. vorkommender weibl. Vorn. hebräischen Ursprungs (hebr. *šōšannā* »Lilie«). In den Apokryphen wird die Geschichte von der keuschen Susanne erzählt, die von zwei lüsternen Ältesten im Bade überrascht wird und, als sie sich weigert, ihnen zu Willen zu sein, von ihnen verleumdet und unschuldig zum Tode verurteilt wird. Der junge Daniel überführt die falschen Zeugen und rettet sie. Susanna war einer der wenigen alttestamentlichen Namen, die schon von den frühen Christen der römischen Spätantike übernommen wurden; NAMENSTAG: 19. Dezember. Die Erzählung von der »keuschen Susanna« war seit dem Mittelalter in Deutschland volkstümlich und wurde oft in der Kunst dargestellt. Eine heilige Susanna war (der unhistorischen Legende nach) im 3./4. Jh. Märtyrerin in Rom; NAMENSTAG: 11. August. In Mozarts Oper »Die Hochzeit des Figaro« (1786) ist das Kammermädchen Susanna Figaros Braut. Zwischen den 1950er- und 1970er-Jahren war Susanne ein sehr beliebter Vorname. Engl. Formen: *Susan* [su:zn], *Susannah* [su'zænə]. Französ. Form: *Suzanne* [sy'zan]. Italien. Form: *Susanna* [su'zanna]. Span. Form: *Susana* [su'sana]. Neuhebr. Formen: *Shoshana(h)*, *Shoshanna(h)*.

Susannika: weibl. Vorn., Doppelform aus ▸Susanne und ▸Annika.

Suschant, (auch:) Sushant: männl. Vorn. indischer Herkunft (»friedlich, friedfertig«).

Suschil, (auch:) Sushil: männl. Vorn. indischer Herkunft (sanskrit. *su* »gut, hervorragend« + sanskrit. *śila* »Verhalten, Benehmen«: »gutes Benehmen«).

Suschila, (auch:) Sushila: weibl. Vorn., weibliche Form von ▸Suschil.

Suse: weibl. Vorn., Kurzform von ▸Susanne.

Susen: weibl. Vorn., schwedische Koseform von ▸Susanne, auch eindeutschende Schreibweise von englisch ▸Susan.

Susette, (auch:) Susett: seit dem 18. Jh. vorkommender weibl. Vorn., Eindeutschung von französisch ▸Suzette.

Susi, (auch:) Susy: weibl. Vorn., Koseform von ▸Susanne. Die Namensform *Susy* ist auch englisch.

Suzan [su:zn]: in den 1960er-Jahren entlehnter weibl. Vorn., englische Schreibvariante von ▸Susan.

Suzanne [sy'zan]: in den 1960er-Jahren entlehnter weibl. Vorn., französische Form von ▸Susanne.

Suzette [sy'zɛt]: weibl. Vorn., französische Koseform von ▸Suzanne.

Svana: ▸Swana.

Svanhild: ▸Schwanhild.

Svanja: weibl. Vorn., Koseform von Namen, die mit »Svan-« gebildet sind (z. B. ▸Svanhild).

Svantje: ▸Swaantje.

Svea: in den 1940er-Jahren entlehnter weibl. Vorn. schwedischer Herkunft, verkürzt aus älterem schwed. *Svea-rike* (heute *Sverige*) »Schweden«.

Sven: im 20. Jh. entlehnter männl. Vorn. nordischer Herkunft (altnord. *sveinn* »junger Mann«). In den 1960er- und 1970er-Jahren gehörte Sven zu den beliebtesten Vornamen. ✧ Bekannte Namensträger: Sven Hedin, schwedischer Asienforscher (19./20. Jh.); Sven Hannawald, deutscher Skispringer (20./21. Jh.); Sven Fischer, deutscher Biathlet (20./21. Jh.).

Svend: männl. Vorn., dänische Form von ▸Sven.

Svende: weibl. Vorn., deutsche Variante von nordisch Svenda, einer weiblichen Neubildung zu ▸Sven.

Svenja, (auch:) Svenia; Svenje; Swenja: in der zweiten Hälfte des 20. Jh.s aufgekommener weibl. Vorn., der als weibliche Bildung zu ▸Sven entstanden sein dürfte.

Svetlana: ▸Swetlana.

Swaantje, (auch:) Swantje; Schwantje; Svantje; Zwaantje: weibl. Vorn., friesische Koseform von Zusammensetzungen mit »Schwan-«, »Swan-« (z. B. ▸Swanhild).

Swana: weibl. Vorn., Kurzform von Namen, die mit »Swan-« oder »Schwan-« gebildet sind (z. B. ▸Swanhild).

Swanette: weibl. Vorn., Erweiterung von ▸Swana.

Swanhild: ▸Schwanhild.

Swantje: ▸Swaantje.

Swapan: männl. Vorn. indischer Herkunft (sanskrit. *svapna* »Schlaf, Traum«).

Swapnil: männl. Vorn. indischer Herkunft, der auf Sanskrit »traumartig, traumhaft« bedeutet.

Swaran: männl. Vorn. indischer Herkunft

(sanskrit. *su* »gut, hervorragend« + sanskrit. *varṇa* »Farbe«: etwa »schöne Farbe«, »goldene Farbe«).

Swarna: weibl. Vorn., weibliche Form von ▸ Swaran.

Sweer, (auch:) Zwier: männl. Vorn., durch Zusammenziehung entstandene Form von *Sweder/Swider* (altsächs. *swīth* »stark« + ahd. *heri* »Heer; Heerführer, Krieger«; etwa »starker Krieger«).

Swen: ▸ Sven.

Swenja: ▸ Svenja.

Swenna: weibl. Vorn., Variante von ▸ Swana.

Swetlana, (auch:) Svetlana: russischer weibl. Vorn. (zu russ. *swetlyj* »hell«).

Swinda, (auch:) Swinta: alter deutscher weibl. Vorn., verselbstständigte Kurzform von Namen, die mit »Swind-« oder »-swind[e]« gebildet sind, z.B. *Amalaswintha*, Name der Tochter Theoderichs des Großen. Der Name gehört zu got. *swinþs* »stark, ungestüm«; vgl. mhd. *swinde, swint* »stark, heftig, rasch«, nhd. *geschwind*.

Switbert: ▸ Suitbert.

Syasse: männl. Vorn. friesischer Herkunft (altfries. *thiad* »Volk«).

Sybil ['sɪbɪl]: weibl. Vorn., englische Variante von ▸ Sibyl, vgl. ▸ Sybille.

Sybille: (auch:) Sybilla: weibl. Vorn., sprachlich unrichtige, aber häufig gebrauchte Nebenform von ▸ Sibylle.

[1]Sydney: ▸ [1]Sidney.

[2]Sydney: ▸ [2]Sidney.

Syka, (auch:) Syke: ▸ Sieke.

Sylke, (auch:) Sylka: ▸ Silke.

Sylva: ▸ Silva.

Sylvain [sil'vɛ̃]: männl. Vorn., französische Form von ▸ Silvan.

Sylvan: ▸ Silvan.

Sylvana: ▸ Silvana.

Sylvelin: ▸ Silvelin.

Sylvester: ▸ Silvester. ✧ Bekannter Namensträger: Sylvester Stallone, amerikanischer Schauspieler (20./21. Jh.).

Sylvi: weibl. Vorn., schwedische und finnische Kurzform von ▸ Silvia.

Sylvia: weibl. Vorn., sprachlich unrichtige, aber häufig gebrauchte Schreibweise von ▸ Silvia. ✧ Bekannte Namensträgerin: Sylvia Plath, amerikanische Schriftstellerin (20. Jh.).

Sylvian: ▸ Silvian.

Sylviana: ▸ Silviana.

Sylviane [silvi'an]: weibl. Vorn., französische Form von ▸ Silviana.

Sylvie [sil'vi]: weibl. Vorn., französische Form von ▸ Silvia.

Sylvina: ▸ Silvina.

Sylvio: ▸ Silvio.

Sylwia: weibl. Vorn., polnische Form von ▸ Silvia.

Szymon ['ʃimɔn]: männl. Vorn., polnische Form von ▸ Simon.

t

Taade: ▸Thade.
Taalke: ▸Talke.
Tabaré: männl. Vorn. lateinamerikanischer Herkunft (Tupí *taba* »Dorf« + Tupí *re* »nach«: »der weit vom Dorf lebt«).
Tabatha, (auch:) Tabata: weibl. Vorn., Variante von ▸Tabitha. In Deutschland wurde der Name bekannt durch eine Gestalt in der amerikanischen Fernsehserie »Bewitched« (1964), dt. »Verliebt in eine Hexe«, die gelegentliche Namenvergabe setzte in den 1980er-Jahren ein.
Tabea, (auch:) Thabea: weibl. Vorn., von Luther eingeführte Form des biblischen Namens ▸Tabitha.
Tabitha, (überkonfessionelle Form:) Tabita: weibl. Vorn. aramäischen Ursprungs (»Gazelle«). Nach der Apostelgeschichte war Tabita eine Christin, die durch Petrus vom Tode erweckt wurde.
Tadeo: männl. Vorn., spanische Form von ▸Thaddäus.
Tadeusz [taˈdɛuʃ]: männl. Vorn., polnische Form von ▸Thaddäus.
Tadzio: männl. Vorn., polnische Koseform von ▸Tadeusz. Eine literarische Gestalt ist der 14-jährige polnische Junge in Thomas Manns Novelle »Der Tod in Venedig« (1913).
Taha: männl. Vorn. arabischer Herkunft nach den Anfangsbuchstaben der zwanzigsten Sure des Korans.
Tahani [taˈhɑːnɪ]: unter afroamerikanischen Eltern beliebter weibl. Vorn. arabischer Herkunft, der »Glückwünsche« bedeutet.
Tahir: männl. Vorn. arabischer Herkunft (arab. *ṭāhir* »rein, tugendhaft, keusch« zu arab. *ṭahura* »rein sein«).
Tahira: weibl. Vorn., weibliche Form von ▸Tahir.
Tahnee [ˈtɔːnɪ]: weibl. Vorn., Schreibvariante von ▸Tawny.
Taina: weibl. Vorn., finnische Form von ▸Tatjana.
Taisa, (auch:) Taissa: weibl. Vorn., Variante von ▸Thaïs, die vor allem in den USA und Brasilien vergeben wird.
Taisha [ˈtaːɪʃə]: weibl. Vorn. afroamerikanischer Herkunft, Umbildung von *Aisha* (▸Aischa) mit der beliebten Vorsilbe »T(a)-«.
Taissa: ▸Taisa.
Taiwo: aus Nigeria stammender weibl. Vorn., der in der Yoruba-Sprache »erstgeborenes Zwillingskind« bedeutet.
[1]Taja: weibl. Vorn., friesische Kurzform von Namen, die mit »Diet-« (altsächs. *thiad* »Volk«) gebildet sind.
[2]Taja: weibl. Vorn., serbische, kroatische Kurzform von *Tatjana* (▸Tatiana).
Tajana: weibl. Vorn., Erweiterung von ▸[2]Taja.
Takako: weibl. Vorn. japanischer Herkunft (japan. *taka* »ehrenvoll, hoch« + japan. *ko* »Kind«).
Takeshi [ˈtakeʃi]: männl. Vorn. japanischer Herkunft (japan. *takeshi* »mutig«).
Takumi: männl. Vorn. japanischer Herkunft (japan. *takumi* »Handwerk«).
Tale, (auch:) Thale; Talea; Thalea: weibl. Vorn., niederdeutsch-friesische und niederländische Koseform von ▸Adelheid, wobei das anlautende »T-« einen Rest des sächlichen Artikels *dat/het* darstellt. (Die Namen unverheirateter Frauen wurden früher in vielen Gebieten sächlich behandelt.)
Talena: weibl. Vorn., Erweiterung von ▸Tale.
Taleshia [təˈliːʃɪə]: ▸Talisha.
Taletta: weibl. Vorn., Erweiterung von ▸Tale.

Talia: weibl. Vorn., Schreibvariante von ▸Thalia, auch Eindeutschung von ungar. *Tália* oder span. *Talía.*

Talida: weibl. Vorn., niederdeutsch-friesische Bildung zu ▸Tale oder Schreibvariante von ▸Talitha.

Taliesin [tælɪˈɛsɪn]: in den 1990er-Jahren aus dem Englischen entlehnter männl. Vorn. walisischer Herkunft, zusammengesetzt aus kymrisch *tāl* »[Augen]braue; Stirn« + *iesin* »strahlend, glänzend«. ✧ Bekannter Namensträger: Taliesin, walisischer Dichter (6. Jh.).

Talina, (auch:) Taline; Thalina: weibl. Vorn., Weiterbildung von ▸Tale.

¹Talisa, (auch:) Talissa; Thalisa: weibl. Vorn., Erweiterung von ▸Tale.

²Talisa [təˈliːzə], (auch:) Talissa [təˈlɪsə]: weibl. Vorn. afroamerikanischer Herkunft, Umbildung von ▸Lisa mit der beliebten Vorsilbe »Ta-«.

Talisha [təˈlɪʃə]: weibl. Vorn. afroamerikanischer Herkunft, wohl Umbildung von ▸Talitha.

¹Talissa: ▸¹Talisa.

²Talissa [təˈlɪsə]: ▸²Talisa.

Talitha, (auch:) Talita: weibl. Vorn. biblischen Ursprungs (»Mädchen, Tochter«). In der Bibel ist dies kein Name, sondern *Talitha kumi* »Mädchen, steh auf« sind die aramäischen Worte, die Jesus zur Tochter des Jairus sprach und mit denen er sie vom Tode erweckte. In Deutschland wird dieser Vorname seit den 1970er-Jahren gelegentlich vergeben.

Talke, (auch:) Taalke; Thalke; Talkea: weibl. Vorn., niederdeutsch-friesische Koseformen von ▸Adelheid, entstanden aus *het/dat Aleke* mit falscher Wortabtrennung.

Talma: weibl. Vorn. neuhebräischer Herkunft (neuhebr. *talma*, weibliche Bildung zu neuhebr. *tel* »Hügel, Berg«).

Talya: weibl. Vorn. neuhebräischer Herkunft (neuhebr. *talya* »junge Lämmer«).

Tamar, (auch:) Thamar: aus der Bibel übernommener weibl. Vorn. hebräischen Ursprungs (hebr. *tāmār* »Dattelpalme« als Symbol für Schönheit und Anmut).

Tamara: weibl. Vorn., russische Form von ▸Tamar.

Tamaris: weibl. Vorn., englische Nebenform von ▸Damaris. Engl. Aussprache: [ˈtæmərɪs].

Tamás [ˈtomaːʃ]: in den 1970er-Jahren entlehnter männl. Vorn., ungarische Form von ▸Thomas.

Tamaya: weibl. Vorn. südamerikanischer Herkunft, der auf Quechua »in der Mitte« bedeutet.

Tameka, engl. Aussprache: [ˈtæmɪkə]: weibl. Vorn. afroamerikanischer Herkunft, Variante von ▸Tamika.

Tami, (auch:) Tamie [ˈtæmɪ]: ▸²Tammy.

Tamika, engl. Aussprache: [ˈtæmɪkə]: weibl. Vorn. afroamerikanischer Herkunft, Erweiterung von ▸²Tammy.

Tamina: weibl. Vorn., weibliche Form von ▸Tamino, auch friesisch-niederländische weibliche Bildung zu ▸Tammo.

Tamino: männl. Vorn., dessen Herkunft und Bedeutung unklar sind. Der Name ist durch den Tamino in Mozarts Oper »Die Zauberflöte« (1791) bekannt.

Tamira: weibl. Vorn., Variante von ▸Tamar.

Tamisha [ˈtæmɪʃə]: weibl. Vorn. afroamerikanischer Herkunft, wohl Erweiterung von ▸²Tammy.

Tammo, (auch:) Tamme; Tamo: männl. Vorn., friesische Kurzform von *Thankmar* (▸Dankmar).

¹Tammus, (auch:) ¹Tammuz: männl. Vorn. biblischer Herkunft (hebr. *Tammūz*); Name eines assyrisch-babylonischen Frühlings- und Fruchtbarkeitsgottes.

²Tammus, (auch:) ²Tammuz: weibl. Vorn., identisch mit ▸¹Tammus.

¹Tammy [ˈtæmɪ]: in den 1970er-Jahren entlehnter männl. Vorn., Koseform von *Tammas*, einer schottischen Variante von ▸Thomas.

²Tammy, (auch:) Tami; Tamie [ˈtæmɪ]: in der zweiten Hälfte des 20. Jh.s entlehnter weibl. Vorn., englische Koseform von ▸Tamara oder ▸Tamsin.

Tạmo: männl. Vorn., Eindeutschung von ungar. *Tamó*, einer Kurzform von ▸ Thomas, oder Variante von ▸ Tammo.

Tamsin ['tæmsɪn]: weibl. Vorn. englischer Herkunft, neubelebte Kurzform von *Thomasine*, einer weiblichen Form von ▸ Thomas.

Tạmu: in Kenia und Tansania vorkommender weibl. Vorn., der auf Suaheli »süß« bedeutet.

[1]Tạn: männl. Vorn., niederländische Lallform von Namen, die mit »Dank-« beginnen (▸ Dankmar), auch rätoromanische Kurzform von ▸ Christian.

[2]Tạn: männl. Vorn. türkischer Herkunft (türk. *tan* »Morgendämmerung«).

Tạna: weibl. Vorn., Kurzform von ▸ Tatiana.

Tạne: männl. Vorn., niederländische Kurzform von Namen, die mit »Dank-« beginnen (▸ Dankmar).

Tangạmma: männl. Vorn. indischer Herkunft (»Gold«).

Tanguy [tã'gi]: männl. Vorn. bretonischer Herkunft (breton. *tan* »Feuer« + breton. *ki* »Hund«, etwa »feuriger Hund [Krieger]«). Der heilige Tanguy, der im 9. Jh. lebte, wird in der Bretagne verehrt; NAMENSTAG: 19. November.

Tạnia: ▸ Tanja.

Tạnika, engl. Aussprache: ['tənɪkə]: weibl. Vorn. afroamerikanischer Herkunft, der vielleicht zu einem Hindi-Wort für »Seil, Tau« gebildet wurde.

Tanịscha: weibl. Vorn., Eindeutschung von ▸ Tanisha.

Tanisha [tə'nɪʃə]: weibl. Vorn. afroamerikanischer Herkunft, vielleicht zu einem Haussawort für »Montag« für ein an diesem Tag geborenes Kind.

Tanịta, (auch:) Tanịtha: weibl. Vorn., Neubildung zu *Tanit* (eigentlich: *Tinnit*), dem Namen der Hauptgöttin von Karthago, vielleicht auch moderne Erweiterung von ▸ Tana, ▸ Tanja.

Tạnja, (auch:) Tạnia; Tạnya: aus dem Russischen übernommener weibl. Vorn., Koseform von ▸ Tatjana. Von den 1960er- bis zu den 1980er-Jahren war Tanja ein sehr beliebter Vorname. ✧ Bekannte Namensträgerin: Tania Blixen, dänische Schriftstellerin (19./20. Jh.).

Tạnjo: männl. Vorn., bulgarische, serbische, kroatische Koseform von *Atanas* (▸ Athanasius).

Tạnkmar: ▸ Dankmar.

Tạnkred: männl. Vorn., normannische Form von ▸ Dankrad. Der Name Tankred kam bei den normannischen Fürsten von Sizilien im 11. und 12. Jh. vor. ✧ Bekannter Namensträger: Tankred Dorst, deutscher Schriftsteller (20./21. Jh.).

Tạnno: männl. Vorn., verselbstständigte friesische Kurzform von Namen, die mit »Thank-« gebildet sind (z. B. *Thankmar*, ▸ Dankmar).

Tạnny: weibl. Vorn., niederländische Koseform des weiblichen Vornamens *Tan(n)e* (▸ Tane).

[1]Tạno: ▸ Tanno.

[2]Tạno: männl. Vorn., italienische Kurzform von ▸ Gaetano.

Tạnya: ▸ Tanja.

Tạo: weibl. Vorn. chinesischer Herkunft, der »Pfirsich«, Symbol des langen Lebens, bedeutet.

Taọnga: aus Malawi stammender weibl. Vorn., der in der Tumbuka-Sprache »wir sind dankbar« bedeutet.

Tạpani: männl. Vorn., finnische Form von ▸ Stephan.

Tạpio: männl. Vorn. finnischer Herkunft (finn. *tapio* »Wald«, auch Wald- und Jagdgott).

Tapịwa: aus Simbabwe stammender weibl. Vorn., der in der Shona-Sprache »gegeben« bedeutet.

[1]Tạra: um 1940 in den USA aufgekommener weibl. Vorn., dem ursprünglich ein irischer Ortsname (mit der Bedeutung »Hügel«) zugrunde liegt. Tara ist der Name der Plantage, die eine zentrale Rolle in M. Mitchells Roman »Vom Winde verweht« (1936) spielt. Das Aufkommen des Vornamens ist wohl als Folge des großen Erfolgs des Romans und seiner Verfilmung (1939) anzusehen. Engl. Aussprache: ['tɑːrə].

²Tara: weibl. Vorn. indischer Herkunft (sanskrit. *tārā* »Stern«).

Tarah ['tɑ:rə]: weibl. Vorn., angloamerikanische Schreibvariante von ▸ ¹Tara.

Taravati: weibl. Vorn. indischer Herkunft (sanskrit. *tārā* »Stern« + sanskrit. *vatī* »habend«: »Sterne habend«), ein Name der Göttin Durga.

Tarek, (auch:) Tarik; Tariq: im 20. Jh. entlehnter männl. Vorn. arabischen Ursprungs (arab. *ṭāriq* »der an die Tür klopft, nächtlicher Besucher«).

Tarina, englische Aussprache: [tæ'ri:nə]: weibl. Vorn., Erweiterung von ▸ ¹Tara.

Tarisha [tæ'rɪʃə]: weibl. Vorn. angloamerikanischer Herkunft, wohl Erweiterung von ▸ ¹Tara.

Tarja: in den 1980er-Jahren entlehnter weibl. Vorn., finnische Form des russischen Vornamens *Darija* (▸ Darja).

Taro: männl. Vorn. japanischer Herkunft (japan. *ta* »dick« + *ro* »junger Mann, Gatte, Herr«).

Taron, englische Aussprache: ['tærɔn]: männl. Vorn. afroamerikanischer Herkunft, vielleicht Umbildung von ▸ Ron mit der beliebten Vorsilbe »Ta-«.

Tarun: männl. Vorn. indischer Herkunft (sanskrit. *taruna* »zart, jung«).

Taruni: weibl. Vorn., weibliche Form von ▸ Tarun.

Taryn ['tɑ:rɪn]: weibl. Vorn., Erweiterung von ▸ ¹Tara.

Tascha: weibl. Vorn., Kurzform von ▸ Natascha. Engl. Schreibweise: *Tasha* ['tæʃə].

Tashia ['tæʃə], ['tæʃɪə]: weibl. Vorn., Schreibvariante von *Tasha* (▸ Tascha).

Tashina: weibl. Vorn., Erweiterung von *Tasha* (▸ Tascha) oder afroamerikanische Umbildung von ▸ Sheena mit der beliebten Vorsilbe »Ta-«. Engl. Aussprache: [tə'ʃi:nə].

Tasja, (auch:) Tassja: in den 1970er-Jahren entlehnter weibl. Vorn., russische Koseform von ▸ Anastasia.

Tassilo, (auch:) Thassilo: alter deutscher männl. Vorn., Koseform von ▸ Tasso. Bekannt ist Tassilo III., der letzte, von Karl dem Großen abgesetzte Herzog von Bayern aus dem Haus der Agilolfinger (8. Jh.). Er wurde auch als Seliger verehrt; NAMENSTAG: 11. Dezember.

Tassja: ▸ Tasja.

Tasso: männl. Vorn. langobardisch-oberdeutscher Herkunft (zu german. **dēdi* »Tat«).

Tatiana: weibl. Vorn., weibliche Bildung zu dem spätantiken römischen Beinamen *Tatianus*, einer Weiterbildung zu *Tatius*. So hieß ein König der Sabiner, der später Mitregent des Romulus wurde. Namenspatronin ist die heilige Tatiana, Märtyrerin in Rom (2./3. Jh.), die schon früh in der lateinischen, griechischen und russischen Kirche verehrt wurde; NAMENSTAG: 12. Januar.

Tatjana: weibl. Vorn., russische Form von ▸ Tatiana. Eine bekannte Operngestalt ist die Tatjana in Tschaikowskis »Eugen Onegin« (1877) nach dem gleichnamigen Versroman von A. S. Puschkin. ✧ Bekannte Namensträgerin: Tatjana Tolstaja, russische Schriftstellerin (20./21. Jh.).

Taufiq: männl. Vorn. arabischen Ursprungs (arab. *taufīq* »[von Gott gewährter] Erfolg«). ✧ Bekannter Namensträger: Taufiq Al-Hakim, ägyptischer Schriftsteller (20. Jh.). Türk. Form: *Tevfik*.

Tauno: männl. Vorn. finnischer Herkunft (»fügsam, ruhig, beherrscht«), der im 19. Jh. in Karelien aufkam.

Täve: männl. Vorn., Kurzform von ▸ Gustav.

Tawny ['tɔ:nɪ]: weibl. Vorn. englischer Herkunft (engl. *tawny* »lohfarben, gelbbraun«).

Taya: weibl. Vorn., Schreibvariante von ▸ ¹Taja oder ▸ ²Taja.

Tayanita: weibl. Vorn., der in der Sprache der Cherokee-Indianer »junger Biber« bedeutet.

Tayfun: männl. Vorn. türkischer Herkunft (türk. *tayfun* »Taifun, Wirbelsturm« < chin. *tai fung* »großer Wind«).

¹Taylor, (auch:) Tayler ['teɪlə]: männl. Vorn., der auf den gleichlautenden englischen Familiennamen (»Schneider«) zurückgeht.

²Taylor ['teɪlə]: weibl. Vorn., identisch mit ▸ ¹Taylor.

Tea: ▸ Thea.

Tebbo, (auch:) Tebbe: männl. Vorn., friesische Kurzform von Zusammensetzungen mit »Diet-« (ahd. *thiot*, altsächs. *thiad* »Volk«).

Tecumseh: männl. Vorn., Name eines Häuptlings der Shawnee-Indianer († 1813) mit der Bedeutung »der zum Sprung sich duckende Berglöwe«. Engl. Aussprache: [ti'kʌmsɪ].

Ted: männl. Vorn., englische Kurzform von ▸ Edward, auch als Kurzform von *Theodore* (▸ Theodor) in Gebrauch.

Teda: ▸ Theda.

Teddy: männl. Vorn., englische Koseform von ▸ Ted. Teddy war der Spitzname des amerikanischen Präsidenten Theodore Roosevelt (19./20. Jh.), nach dem der Teddybär benannt worden ist.

Teja: männl. Vorn., der auf den Namen des letzten Ostgotenkönigs (6. Jh.) zurückgeht. Bei dem Namen, der auch als Theia, Thela, Thila erscheint, handelt es sich um eine mit spätostgotisch **þiuða-* »Volk« + *-jan*-Suffix gebildete Kurzform.

Tekin: männl. Vorn. türkischer Herkunft (türk. *tekin* »Prinz«).

Tekla: ▸ Thekla.

Tell: männl. Vorn., der auf den Familiennamen des Schweizer Nationalhelden Wilhelm Tell zurückgeht. Die Bedeutung des Namens ist unklar.

Telsa, (auch:) Telse; Telsche: weibl. Vorn., niederdeutsche Koseform von ▸ Elisabeth, wobei das anlautende »T-« einen Rest des Artikels *(dat)* darstellt (vgl. ▸ Tale).

Temani: männl. Vorn., neuhebräische Form des alttestamentlichen Namens *Teman* (»aus dem Süden«).

Temmo: männl. Vorn., niederdeutsch-friesische zweistämmige Kurzform von Namen, die mit »Diet-« (ahd. *thiot*, altsächs. *thiad* »Volk«) gebildet sind.

Tendai: aus Simbabwe stammender weibl. Vorn., der in der Shona-Sprache »sei dankbar!« bedeutet.

Die häufigsten Vornamen in der DDR 1970

männlich	weiblich
1. Thomas	1. Kathrin
2. Jens	2. Annett
3. Andreas	3. Manuela
4. Frank	4. Heike
5. Michael	5. Kerstin
6. Mario	6. Anke
7. Mike	7. Andrea
8. René	8. Sabine
9. Thorsten	9. Silke
10. Marco	10. Simone

Quelle: G. Müller (2001)

Teno: von den Kanarischen Inseln stammender männl. Vorn., Name eines Gebirges (»Fels, Klippe; hoch gelegene Stelle«) im Nordwesten von Teneriffa, auch als Name eines einheimischen Kriegers überliefert.

Teo: ▸ Theo.

Tere: weibl. Vorn., spanische Kurzform von ▸ Teresa.

Terence, (auch:) Terrence ['tɛrəns]: aus dem Englischen übernommener männl. Vorn., der auf den römischen Geschlechternamen *Terentius* zurückgeht, dessen Bedeutung umstritten ist. ✧ Bekannte Namensträger: P. Terentius Afer (Terenz), lateinischer Komödiendichter aus Karthago (2. Jh. v. Chr.); Terence Hill, italienischer Filmschauspieler (20./21. Jh.).

Teres: ▸ Theresa.

Teresa: weibl. Vorn., italienische [te'rɛ:za] und spanische [te'resa] Form von ▸ Theresa. ✧ Bekannte Namensträgerinnen: Mutter Teresa, indische katholische Ordensgründerin albanischer Herkunft (20. Jh.); Teresa Berganza, spanische Sängerin (20./21. Jh.).

Terese: ▸ Theresa.

Teresina: weibl. Vorn., italienische Koseform von *Teresa* (▸ Theresa).

Teresita: weibl. Vorn., spanische Koseform von *Teresa* (▸ Theresa).

Tereza ['tɛrɛza]: weibl. Vorn., tschechische Form von ▸ Theresa.

Terje: männl. Vorn. norwegischer Herkunft, jüngere Form von ▸Torgeir.

Terrence ['tɛrəns]: ▸Terence.

Terri ['tɛrɪ]: weibl. Vorn., englische Koseform von ▸Theresa.

[1]**Terry** ['tɛrɪ]: männl. Vorn. englischer Herkunft, der seit Anfang des 20. Jh.s als Koseform von ▸Terence gebraucht wird.

[2]**Terry** ['tɛrɪ]: ▸Terri.

Terzia: weibl. Vorn., weibliche Form des römischen Beinamen *Tertius* (lat. *tertius, -a, -um* »der/die/das Dritte«). Der Beiname beruht wiederum auf einem alten, aus Oberitalien stammenden lateinischen Vornamen (Praenomen) gleicher Bedeutung. Anders als in Rom selbst ist dort die Sitte, die Kinder in der Reihenfolge ihrer Geburt zu nummerieren, schon bei der vorrömischen Bevölkerung nachweisbar.

Tesa ['tesa]: weibl. Vorn., spanische Kurzform von ▸Teresa.

Tess, (auch:) Tessa; Tessy: weibl. Vorn., englische Koseformen von ▸Theresa. Eine literarische Gestalt ist die Tess in Th. Hardys Roman »Tess of the D'Urbervilles« (1891).

Teun: männl. Vorn., niederländische Kurzform von *Antonius* (▸Anton).

Teunis: männl. Vorn., rheinische und niederländ. Kurzform von *Antonius* (▸Anton).

Teut: alter deutscher männl. Vorn., verselbstständigte Kurzform von Zusammensetzungen mit »Theud-« (ahd. *thiot* »Volk«).

Tevfik: männl. Vorn., türkische Form von ▸Taufiq.

Tevin ['tɛvɪn]: männl. Vorn. afroamerikanischer Herkunft, Umbildung von ▸Kevin mit dem beliebten Anlaut »T-«.

Tewes: männl. Vorn., verkürzte Form von ▸Matthäus.

Thabea: ▸Tabea.

Thadäa: weibl. Vorn., weibliche Form von ▸Thaddäus.

Thaddäus: aus der Bibel übernommener männl. Vorn., dessen Herkunft und Bedeutung unbekannt sind. Thaddäus lautete der Beiname des heiligen Judas Thaddäus, der einer der zwölf Apostel war; NAMENSTAG: 28. Oktober. ✧ Bekannter Namensträger: Thaddäus Troll (eigentlich Hans Bayer), deutscher Schriftsteller (20. Jh.). Poln. Form: *Tadeusz* [ta'dɛuʃ]. Span. Form: *Tadeo*.

Thade: männl. Vorn., friesische Kurzform von Namen, die mit »Diet-« (altsächs. *thiad* »Volk«) gebildet sind.

Thaïs, (auch:) Thais: weibl. Vorn. griechischen Ursprungs (griech. *Thaīs*), den eine Heilige des 4. Jh.s trägt. Nach der Legende war sie eine Kurtisane in Alexandrien, die von einem Mönch bekehrt wurde. Sie verbrannte alle Güter, die sie durch ihr sündiges Leben erworben hatte, und lebte dann drei Jahre als Reklusin in einem Kloster, um Vergebung für ihre Sünden zu erlangen; NAMENSTAG: 8. Oktober.

Thale, (auch:) Thalea: ▸Tale.

Thalia, (auch:) Talia: weibl. Vorn., lateinische Form von griech. *Tháleia* (zu griech. *thallō* »blühen«). So hieß in der griechischen Mythologie die Muse der Komödie und eine der drei Göttinnen der Anmut und des Frohsinns. Der Name begegnet im englischsprachigen Raum seit den 1930er-Jahren, in Deutschland seit Ende der 1960er-Jahre.

Thalina: ▸Talina.

Thalisa: ▸[1]Talisa.

Thalke: ▸Talke.

Thamar: ▸Tamar.

Thankmar: ▸Dankmar.

Thassilo: ▸Tassilo.

Thea, (auch:) Tea: weibl. Vorn., Kurzform von ▸Dorothea und ▸Theodora.

Theda, (auch:) Thede; Teda: weibl. Vorn., friesische Kurzform von Zusammensetzungen mit »Theod-« (ahd. *thiot*, altsächs. *thiad* »Volk«).

Thedo: männl. Vorn., friesische Kurzform von Namen, die mit »Theod-« (ahd. *thiot*, altsächs. *thiod* »Volk«) gebildet sind.

Thees: männl. Vorn., verkürzte Form von ▸Matthäus.

Theia: weibl. Vorn. griechischen Ursprungs (zu griech. *theīos* »göttlich«). Nach der griechischen Sage war Theia die Tochter der Gaia und des Uranos.

Theis: männl. Vorn., Kurzform von ▸Matthias.

Thekla, (auch:) Tekla: weibl. Vorn., der auf die heilige Märtyrerin Thekla zurückgeht, nach der Legende eine Gefährtin des heiligen Paulus; NAMENSTAG: 23. September. Eine bekannte literarische Gestalt ist die Thekla in Schillers »Wallenstein« (1800). ✧ Bekannte Namensträgerin: Thekla Carola Wied, deutsche Schauspielerin (20./21. Jh.).

Thelma ['θɛlmə], ['tɛlmə]: im 20. Jh. aus dem Englischen übernommener weibl. Vorn. Seit 1827 in Oslo als »Telma« belegt, wurde der Name durch die Schriftstellerin Marie Corelli in England bekannt, die ihn für die Titelheldin ihres in Norwegen spielenden Romans »Thelma: a society novel« (1887) verwandte. Die eigentliche Herkunft des Namens ist aber unbekannt.

Themba: aus Südafrika stammender weibl. Vorn., der in der Tsonga-Sprache »Hoffnung« bedeutet.

Themke: weibl. Vorn., niederdeutsche zweistämmige Kurzform von Namen, die mit »Diet-« oder »Dank-« gebildet sind.

Theo, (selten auch:) Teo: männl. Vorn., Kurzform von Namen, die mit »Theo-« gebildet sind, z. B. ▸Theodor, ▸Theobald. ✧ Bekannter Namensträger: Theo Adam, deutscher Opernsänger und Regisseur (20./21. Jh.). Französ. Form: *Théo* [te'o].

Theobald: männl. Vorn., latinisierte Form von *Dietbald* (ahd. *thiot* »Volk« + ahd. *bald* »kühn«). Vor allem im 18. und 19. Jh. war Theobald ein beliebter männlicher Vorname. ✧ Bekannter Namensträger: Theobald von Bethmann Hollweg, deutscher Reichskanzler (19./20. Jh.).

Theoderich: veralteter männl. Vorn., der aus *Theodericus*, einer latinisierten Form von ▸Dietrich, hervorgegangen ist. Der Name ist bekannt durch den ostgotischen König Theoderich den Großen (5./6. Jh.).

Theodor: männl. Vorn. griechischen Ursprungs (zu griech. *theós* »Gott« und *dōron* »Geschenk, Gabe«, also »Gottesgeschenk«). Zur Verbreitung des Namens trug besonders die Verehrung des heiligen Theodor (3./4. Jh.) bei. Der heilige Theodor war ein im Orient geborener römischer Soldat, der einen heidnischen Tempel verbrannte und dafür den Martertod erlitt. Er ist Patron der Heere und Soldaten; NAMENSTAG: 9. November. ✧ Bekannte Namensträger: Theodor Storm, deutscher Dichter (19. Jh.); Theodor Fontane, deutscher Dichter (19. Jh.); Theodor Mommsen, deutscher Historiker (19./20. Jh.); Theodor Herzl, österreichischer Schriftsteller (19./20. Jh.); Theodor Heuss, deutscher Politiker (19./20. Jh.); Theodor Frings, deutscher Germanist (19./20. Jh.); Theodor W. Adorno, deutscher Philosoph und Soziologe (20. Jh.). Als zweiter Vorname: Ernst Theodor Amadeus Hoffmann, deutscher Dichter (18./19. Jh.). Französ. Form: *Théodore* [teɔ'dɔ:r]. Engl. Form: *Theodore* ['θɪədɔ:]. Russ. Form: *Fjodor*, (eingedeutscht:) *Fedor, Feodor.*

Theodora, (auch:) Theodore: weibl. Vorn., weibliche Form von ▸Theodor. Russ. Form: *Fjodora*, (eingedeutscht:) *Fedora, Feodora.*

Theodore ['θɪədɔ:]: männl. Vorn., englische Form von ▸Theodor. ✧ Bekannter Namensträger: Theodore Roosevelt, amerikanischer Präsident (19./20. Jh.).

Théodore [teɔ'dɔ:r]: männl. Vorn., französische Form von ▸Theodor.

Theofried: männl. Vorn., Neubildung aus Theo (Kurzform von ▸Theodor, ▸Theobald) und dem Namenbestandteil »-fried« (ahd. *fridu* »Schutz vor Waffengewalt, Friede; Friedenswahrer«).

Theophil, (auch:) Theophilus: männl. Vorn. griechischen Ursprungs (griech. *Theóphilos*, zu *theós* »Gott« und *phílos* »lieb, befreundet«, also »Gottesfreund«). Eine mittelalterliche Legendengestalt ist der Zauberer Theophilus, der auf Fürbitte der Gottesmutter von seinem Teufelspakt erlöst wurde (Vorstufe der Faustsage). ✧ Bekannte Namensträger: der heilige Theophilus, Bischof von Antiochia (2. Jh.); NAMENSTAG: 13. Oktober; Théophile Gautier, französischer Dichter (19. Jh.).

Thera, (auch:) There: weibl. Vorn., Kurzform von ▸ Theresa.

Theresa:

Die Verbreitung des Namens seit der Gegenreformation geht zurück auf die heilige Theresia von Ávila (1515–1582), eine bedeutende spanische Mystikerin, die den Orden der Karmeliterinnen reformierte. Sie wurde i. J. 1622 heiliggesprochen. Große Beliebtheit gewannen *Theresa* und ihre Varianten *Therese* und *Theresia* besonders in Österreich und in Bayern, wo neben der Heiligen auch zwei prominente Namensträgerinnen, die österreichische Kaiserin Maria Theresia (1717–1780) und die bayerische Königin Therese (1792–1854), wichtige Vorbilder waren. Nachdem der Name in den 1970er-Jahren nahezu aus der Namengebung verschwunden war, haben *Theresa* und *Teresa* seit 1980 einen steilen Aufstieg erlebt, ohne jedoch in die Spitzengruppe zu gelangen.

Theresa, (auch:) Therese; Theresia; Theres; Teresa; Terese; Teres: aus Spanien übernommener weibl. Vorn. vorrömischer (wahrscheinlich keltischer) Herkunft. Eine frühe Namensträgerin ist Theresia, eine Christin aus Spanien, die i. J. 385 den heiligen Paulinus von Nola heiratete. Namenspatroninnen sind die heilige Theresia von Ávila (NAMENSTAG: 15. Oktober) und die heilige Theresia vom Kinde Jesu, französische Karmeliterin (19. Jh.); NAMENSTAG: 1. Oktober. ✧ Bekannte Namensträgerin: Therese Giehse, deutsche Schauspielerin (19./20. Jh.). Engl. Form: *Theresa* [tə'ri:zə]. Span. Form: *Teresa* [te'resa]. Italien. Form: *Teresa* [te'rɛ:za]. Französ. Form: *Thérèse* [te'rɛ:z]. Tschech. Form: *Tereza* ['tɛrɛ:za].

Thérèse [te'rɛ:z]: weibl. Vorn., französische Form von ▸ Theresa.

Theresia: ▸ Theresa.

Thessa, (auch:) Thesi; Thessi; Thessy: weibl. Vorn., Kurzform von ▸ Theresa.

Thibaut, (auch:) Thibault [ti'bo]: männl. Vorn., französische Form von ▸ Theobald.

Thido: männl. Vorn., Kurzform von Namen, die mit »Diet-« (ahd. *thiot* »Volk«) gebildet sind.

Thielo: ▸ Thilo.

Thiemo: ▸ Timo.

Thierry [tjɛ'ri]: männl. Vorn., französische Form von ▸ Dietrich. ✧ Bekannter Namensträger: Thierry Mugler, französischer Modedesigner (20./21. Jh.).

Thies, (auch:) Thieß: männl. Vorn., Kurzform von ▸ Matthias.

Thijs [tɛis]: männl. Vorn., niederländische Kurzform von ▸ Matthias.

Thilde, (auch:) Tilda; Tilde: weibl. Vorn., Kurzform von ▸ Mathilda oder ▸ Klothilde.

Thilo, (auch:) Thielo; Tilo: männl. Vorn., Koseform von Namen, die mit »Diet-« gebildet sind, besonders von ▸ Dietrich.

Thimo: ▸ Timo.

Thirza: ▸ Tirza.

This: männl. Vorn., Kurzform von ▸ Matthias.

Thomas, (auch:) Tomas: aus der Bibel übernommener männl. Vorn., der auf einen Beinamen aramäischen Ursprungs (*te'omā* »Zwilling«) zurückgeht. Namensfest des Apostels Thomas ist der 3. Juli. Weitere Namenspatrone sind der heilige Thomas Becket, Erzbischof von Canterbury (12. Jh.), auch bekannt durch Thomas Stearns Eliots Drama »Mord im Dom« (1935) und Jean Anouilhs Schauspiel »Becket oder die Ehre Gottes« (1959); NAMENSTAG: 29. Dezember; der heilige Thomas von Aquin, bedeutendster Theologe und Philosoph des Mittelalters (13. Jh.); NAMENSTAG: 28. Januar. ✧ Bekannte Namensträger: Thomas Hardy, englischer Schriftsteller (19./20. Jh.); Thomas Alva Edison, amerikanischer Erfinder (19./20. Jh.); Thomas Mann, deutscher Schriftsteller (19./20. Jh.); Thomas Wolfe, amerikanischer Schriftsteller (20. Jh.); Thomas Bernhard, österreichischer Schriftsteller (20. Jh.); Thomas Gottschalk, deutscher Fernsehmoderator (20./21. Jh.); Thomas Müller, deutscher Fußballspieler (20./21. Jh.). Engl. Aussprache: ['tɔməs]. Französ. Aussprache: [tɔ'ma]. Italien. Formen: *Tommaso* [tom'ma:zo], *Tomaso* [to'ma:zo]. Rumän. Form: *Toma*. Tschech. Form: *Tomáš* ['tɔma:ʃ]. Poln. Form: *Tomasz* ['tomaʃ]. Ungar. Form: *Tamás* ['toma:ʃ]. Finn. Form: *Tuomo*.

Thomas:

Der Name des Apostels Thomas ist in Deutschland seit dem frühen Mittelalter geläufig. Nach der Legende zweifelte der Apostel an der Auferstehung Christi und glaubte erst daran, als er dessen Wunden berühren konnte. Hierauf bezieht sich der umgangssprachliche Ausdruck »ungläubiger Thomas« für jemanden, der an allem zweifelt. Bekannt ist auch die Gestalt des Konsuls Thomas Buddenbrook in Thomas Manns Roman »Buddenbrooks« (1901), der mehrmals verfilmt wurde, zuletzt von Heinrich Breloer i. J. 2008. Besonders beliebt war *Thomas* zwischen 1950 und 1985, danach ging seine Popularität zurück. *Thomas* wird heute noch häufig als zweiter Vorname vergeben, als erstem Vornamen gibt man aber der englischen Kurzform *Tom* den Vorzug.

Thor: ▸ [1]Tor. ✧ Bekannter Namensträger: Thor Heyerdahl, norwegischer Zoologe und Ethnologe (20./21. Jh.).

Thora: ▸ Tora.

Thorald: ▸ Torald.

Thoralf: ▸ Toralf.

Thorben: ▸ Torben.

Thorbjörn: ▸ Torbjörn.

Thordis: ▸ Tordis.

Thore: ▸ [1]Tore.

Thoren: ▸ Toren.

Thorge: ▸ Torge.

Thorgeir: ▸ Torgeir.

Thorger: ▸ Torger.

Thorid: ▸ Torid.

Thorild: ▸ Torild.

Thorin: ▸ Torin.

Thorina: ▸ Torina.

Thorleif: ▸ Torleif.

Thorolf: ▸ Torolf.

Thorsten: ▸ Torsten.

Thorvid: ▸ Torvid.

Thorwald: ▸ Torwald.

Thure: ▸ Ture. ✧ Bekannter Namensträger: Thure von Uexküll, deutscher Mediziner (20./21. Jh.).

Thurid: ▸ Turid.

Thusnelda: weibl. Vorn., dessen Herkunft umstritten ist, vielleicht zu german. **þūs* »Kraft« + ahd. *snel* »schnell, tapfer«. Der Name geht zurück auf Thusnelda, die Tochter des Cheruskerfürsten Segestes und Frau des Arminius, die im Jahre 15 n. Chr. in römische Gefangenschaft geriet. Sie ist ebenso wie Arminius vor allem durch die Hermannsdramen von Klopstock und Kleist (vgl. ▸ Hermann) bekannt. Der Name spielte im 19. Jh. eine gewisse Rolle in der Namengebung.

Thyra, (auch:) Tyra: weibl. Vorn. nordischer Herkunft, latinisierte Form des dänischen Namens *Thyre* (altnord. **Þyrwi*; der erste Bestandteil ist eine umgelautete Form von *Þur-* »Thor«, dem Donnergott, die Herkunft des zweiten Bestandteils ist umstritten).

Tia: weibl. Vorn., Kurzform von Namen, die auf »-tia« enden (z. B. ▸ Laetitia).

Tiago: in den 1980er-Jahren aus dem Portugiesischen oder Spanischen entlehnter männl. Vorn., Kurzform von ▸ Santiago.

[1]Tiana: weibl. Vorn., Kurzform von ▸ Christiana.

[2]Tiana [taɪ'ænə]: weibl. Vorn. afroamerikanischer Herkunft, Umbildung von ▸ Diana mit dem beliebten Anlaut »T-«.

Tiara, engl. Aussprache: [tɪ'ɑ:rə]: in den 1990er-Jahren entlehnter weibl. Vorn. zu engl. *tiara* »Diadem, Stirnreif [für Damen]«. Der Name kam in den 1940er-Jahren in den USA auf, gegen Ende des 20. Jh.s wurde er vor allem von afroamerikanischen Eltern vergeben.

Tiberio: männl. Vorn., italienische und spanische Form von ▸Tiberius.

Tiberiu: männl. Vorn., rumänische Form von ▸Tiberius.

Tiberius: männl. Vorn., der auf das römische Praenomen (Vornamen) Tiberius (abgeleitet von dem Namen des Flusses Tiber, lat. *Tiberis*) zurückgeht. ✧ Bekannter Namensträger: der römische Kaiser Tiberius, Nachfolger des Augustus (1. Jh. v. Chr./1. Jh. n. Chr.).

Tibor: männl. Vorn., ungarische Form von ▸Tiburtius. ✧ Bekannter Namensträger: Tibor Varga, britischer Violinist ungarischer Herkunft (20./21. Jh.).

Tiburtius: männl. Vorn. lateinischen Ursprungs (Erweiterung von lat. *Tīburs* »Einwohner von Tibur, dem heutigen Tivoli bei Rom«).

Ticia: weibl. Vorn., Kurzform von *Leticia* (▸Laetitia).

Tido: männl. Vorn., friesische Kurzform von Namen, die mit »Diet-« gebildet sind, besonders von ▸Dietrich.

Tiebo: männl. Vorn., friesische Kurzform von Namen wie z. B. ▸Dietbert.

Tiemo: ▸Timo.

Tietje: weibl. Vorn., friesische Koseform von Namen, die mit »Diet-« gebildet sind.

Tiffany, (auch:) Tiffani ['tɪfənɪ]: in den 1970er-Jahren aus dem Englischen übernommener weibl. Vorn., der auf griechisch *Theophania* (griech. *theós* »Gott« + *phaínō* »erscheinen«) zurückgeht. Der Name bezieht sich auf das Fest der Epiphanie (6. Januar), das an das Erscheinen Gottes in Menschengestalt erinnert. Der im mittelalterlichen England vorkommende Frauenname Tiffany schwand später aus der Namengebung, lebte aber in dem gleichlautenden Familiennamen fort. Unter dem Einfluss des bekannten New Yorker Juweliers Tiffany und des Films »Frühstück bei Tiffany's« mit Audrey Hepburn (1961; nach der Erzählung von Truman Capote) wurde der Name neu belebt. Französ. Form: *Tiphaine* [ti'fɛn].

Tiki: weibl. Vorn., Koseform von ▸Tikva.

Tikva, (überkonfessionelle Form:) Tikwa: weibl. Vorn. hebräischer Herkunft (hebr. *tikvā* »Hoffnung«). Im Alten Testament ist Tikwa der Name zweier männlicher Gestalten. Engl. Form: *Tikvah.*

Til: ▸Till. ✧ Bekannter Namensträger: Til Schweiger, deutscher [Film]schauspieler (20./21. Jh.).

Tilbert: männl. Vorn., Neubildung aus Til (▸Till) und dem Namenbestandteil »-bert« (ahd. *beraht* »glänzend, berühmt«).

Tilde, (auch:) Tilda: ▸Thilde.

Tilia: weibl. Vorn., Kurzform von ▸Ottilia.

Till, (auch:) Til; Tyll: männl. Vorn., Koseform von Namen, die mit »Diet-« gebildet sind, besonders von ▸Dietrich. Der Name, der im ausgehenden Mittelalter in Norddeutschland recht beliebt war, wurde im 20. Jh. wieder aufgegriffen. Eine berühmte Gestalt der Volksdichtung ist der norddeutsche Schalk Till Eulenspiegel, der im 14. Jh. gelebt haben soll und dessen Streiche in einem Volksbuch des 15. Jh.s gesammelt sind. Auch neuere Bearbeitungen des Stoffes, besonders von G. Hauptmann, Christa und G. Wolf und musikalisch von R. Strauss, haben die Erinnerung an Till Eulenspiegel lebendig gehalten.

Benennung nach dem Vater oder dem Paten?

War es noch im 19. Jahrhundert gang und gäbe, ein Kind nach Großeltern, Eltern oder Paten zu taufen, so trat dieser Brauch im 20. Jahrhundert allmählich in den Hintergrund. Immer mehr Eltern legten Wert darauf, eine ganz individuelle Namenwahl zu treffen. Heute spielt die Nachbenennung nur noch bei der Vergabe des zweiten Vornamens eine gewisse Rolle.
Den Zweitnamen nach einem Familienmitglied zu vergeben ist eine geeignete Alternative für Eltern, die einerseits familiäre Verbundenheit zeigen möchten, andererseits den Namen von Vater, Patentante oder Großvater eventuell als altmodisch empfinden.

Tilla: weibl. Vorn., Kurzform von ▸Mathilda oder ▸Ottilie.

Tilli, (auch:) Tilly: weibl. Vorn., Koseform von ▸Mathilda oder ▸Ottilie.

Tillmann, (auch:) Tilmann; Tilman: männl. Vorn., mit »-mann« gebildete Erweiterung von ▸Till. Der Name ist vor allem durch den deutschen Bildschnitzer Tilman Riemenschneider (15./16. Jh.) bekannt.

Tilly: ▸Tilli.

Tilmann, (auch:) Tilman: ▸Tillmann.

Tilmar: männl. Vorn., Neubildung aus *Til* (▸Till) und dem Namenbestandteil »-mar« (ahd. *māri* »bekannt, berühmt, angesehen«).

Tilo: ▸Thilo.

Tim, (auch:) Timm: männl. Vorn., Kurzform von ▸Timotheus, ▸Dietmar oder ▸Timo. Im Englischen ist Tim eine Kurzform von ▸Timothy. Seit der Jahrtausendwende erfreut sich Tim großer Beliebtheit.

Timea: weibl. Vorn. ungarischer Herkunft (ungar. *Tímea*), Neubildung des Schriftstellers Mór Jókai (vielleicht als verkürzte Form des griechischen Namens *Euthymia* zu griech. *eu* »gut« + griech. *thymós* »Gemüt«) für eine Gestalt seines Romans »Ein Goldmensch« (1872; dt. Übersetzung 1873 und 1963).

Timéo [time'o]: männl. Vorn., zurzeit in Frankreich beliebte Doppelform aus *Timothé* (▸Timotheus) und *Théo* (▸Theo).

Timm: ▸Tim.

Timmi: männl. Vorn., Koseform von ▸Tim, ▸Timo.

Timmo: ▸Timo.

Timmy: männl. Vorn., englische Koseform von ▸Timothy.

Timna: aus der Bibel übernommener weibl. Vorn., eigentlich ein Ortsname (hebr. *timnā'*, wohl »Ort der Zuteilung«).

Timo, (auch:) Timmo: männl. Vorn., Kurzform von ▸Timotheus oder ▸Dietmar. ✧ Bekannter Namensträger: Timo Boll, deutscher Tischtennisspieler (20./21. Jh.).

Timon: männl. Vorn. griechischen Ursprungs (griech. *Tímōn*, Kurzform von Vollformen wie *Timótheos*, ▸Timotheus). Nach der Apostelgeschichte war Timon einer der ersten sieben Diakone in Jerusalem; Namenstag: 19. April. Eine literarische Gestalt ist der Timon in Shakespeares Schauspiel »Timon von Athen« (ca. 1606/09).

Timor: männl. Vorn., der im 16. Jh. möglicherweise im Anschluss an Psalm 110 (Initium sapientiae *timor* domini = Gottesfurcht ist der Anfang der Weisheit; vgl. auch den pietistischen Namen ▸Fürchtegott) vergeben wurde. Bei dem erneuten Auftreten von Timor gegen Ende der 1970er-Jahre dürfte es sich jedoch eher um eine Variante des turksprachigen Namens ▸Timur als um die Wiederbelebung eines seltenen christlichen Namens handeln.

Timothée, (auch:) Timothé [timɔ'te]: männl. Vorn., französische Form von ▸Timotheus.

Timotheus: männl. Vorn. griechischen Ursprungs (griech. *Timótheos* zu *timáō* »schätzen, ehren« und *theós* »Gott«, also »Gott ehrend«). Nach dem Neuen Testament war der heilige Timotheus ein Schüler und Mitarbeiter des Apostels Paulus (1. Jh.); Namenstag: 26. Januar. Engl. Form: *Timothy* ['tɪməθɪ]. Französ. Form: *Timothé(e)* [timɔ'te].

Timothy ['tɪməθɪ]: männl. Vorn., englische Form von ▸Timotheus. ✧ Bekannter Namensträger: Timothy Dalton, amerikanischer Schauspieler (20./21. Jh.).

Timur: in Deutschland seit den 1960er-Jahren vorkommender männl. Vorn. nach dem mittelasiatischen Eroberer Timur i Leng, im Westen bekannt als »Tamerlan« (14./15 Jh.). Timur geht auf alttürkisch *temür* »Eisen« zurück, *i Leng* bedeutet auf Persisch »der Lahme«. Türk. Aussprache: *Timur*.

Tina, (auch:) Tine: weibl. Vorn., Kurzform von Namen, die auf »-tina/-tine« ausgehen, z. B. *Christina* (▸Christine), ▸Bettina und ▸Martina, auch englisch. ✧ Bekannte Namensträgerin: Tina Turner, amerikanische Rocksängerin (20./21. Jh.).

Tindaya: von den Kanarischen Inseln stammender weibl. Vorn.; Name eines Weilers und eines Berges auf der Insel Fuerteventura, auch als Name einer einheimischen Prinzessin überliefert.

Tine: ▸Tina.

Tineke: weibl. Vorn., niederdeutsche Koseform von *Tine* (▸Tina).

Tinerfe: von den Kanarischen Inseln stammender männl. Vorn., der als Name eines einheimischen Königs von Teneriffa überliefert ist.

Ting: männl. Vorn. chinesischer Herkunft, der »tapfer, hervorragend« bedeutet.

Tini: weibl. Vorn., Koseform von ▸Tina.

Tinia: weibl. Vorn., Erweiterung von ▸Tina oder ▸Tini.

Tinka: weibl. Vorn., Kurzform von ▸Katinka.

Tino: männl. Vorn., italienische Kurzform von Namen, die auf »-tino« ausgehen (z.B. ▸Valentino).

Tiphaine [ti'fɛn]: weibl. Vorn., französische Form von ▸Tiffany.

Tirza, (auch:) Thirza: aus der Bibel übernommener weibl. Vorn. hebräischen Ursprungs (zu hebr. *tirṣā* »Anmut, Wonne, Lieblichkeit«).

Tita: weibl. Vorn., Koseform – eigentlich Lallform aus der Kindersprache – verschiedener Namen, besonders von ▸Christa und ▸Christina, oder weibliche Form von ▸Tito.

Titia: weibl. Vorn., weibliche Form des römischen Geschlechternamens *Titius*, einer Ableitung von ▸Titus, oder Kurzform von ▸Laetitia.

Tito: männl. Vorn., italienische Form von ▸Titus.

Titus: männl. Vorn., der auf einen alten römischen Vornamen (Praenomen) wahrscheinlich nordoskisch-umbrischer Herkunft zurückgeht, dessen Bedeutung ungeklärt ist. Besonders bekannt sind Titus Livius, römischer Geschichtsschreiber um Christi Geburt, und der römische Kaiser Titus (1. Jh.), der Eroberer und Zerstörer Jerusalems, der den Titusbogen in Rom errichtete; er ist der Held von Mozarts Oper »La clemenza di Tito« (1791). Aus dem Neuen Testament ist der heilige Titus bekannt, ein Mitarbeiter des Apostels Paulus, der als erster Bischof von Kreta gilt; NAMENSTAG: 26. Januar. Italien. Form: *Tito*.

Tiva: weibl. Vorn., der in der Sprache der Hopi-Indianer »Tanz« bedeutet.

Tizia: weibl. Vorn., italienische Form von ▸Titia.

Tizian: männl. Vorn., deutsche Form von *Titianus* (▸Tiziano).

Tiziana: weibl. Vorn., weibliche Form von ▸Tizian(o).

Tiziano: männl. Vorn., italienische Form von *Titianus*, einem von ▸Titus abgeleiteten römischen Beinamen. ✧ Bekannter Namensträger: Tiziano (Tizian) Vecellio, italienischer Maler (15./16. Jh.).

Tjade, (auch:) Tjado: männl. Vorn., friesische Kurzform von Namen, die mit »Diet-« (altsächs. *thiad* »Volk«) gebildet sind.

Tjadina: weibl. Vorn., weibliche Bildung zu ▸Tjade.

Tjalf: männl. Vorn., durch Zusammenziehung entstandene friesische Form von ▸Detlef.

Tjard: männl. Vorn., durch Zusammenziehung entstandene friesische Form von ▸Diethard, auch ▸Tjade.

Tjark, (auch:) Tjarko: männl. Vorn., durch Zusammenziehung entstandene friesische Form von ▸Dietrich, vgl. auch ▸Tjade.

Tjorben: männl. Vorn., Variante von ▸[1]Tjorven unter dem Einfluss von ▸Torben.

[1]Tjorven, (auch:) Tjorben: männl. Vorn. literarischer Herkunft, Neuprägung der Schriftstellerin Astrid Lindgren (20./21. Jh.), die im Deutschen etwa »der Irrwisch« bedeutet (zu schwed. *tjorv* »formlose Masse, verknotetes Woll- oder Garnknäuel«, auch »Klatsch, Wirrwarr; unzuverlässige Person«).

[2]Tjorven: weibl. Vorn., identisch mit ▸[1]Tjorven.

Tobi: männl. Vorn., Kurzform von ▸Tobias.

Tobia: männl. Vorn., italienische Form von ▸Tobias; in der Lutherbibel Form von *Tobias* und ▸Tobit.

Tobias, (überkonfessionelle Form:) Tobija: männl. Vorn. hebräischen Ursprungs (hebr. *ṭōbīyā(hū)* »Jahwe ist gütig«). In der Bibel ist Tobias der fromme Sohn eines erblindeten Vaters, der mit dem Engel Raphael als unerkanntem Begleiter eine gefährliche Reise besteht und zuletzt seinen Vater heilt. Die Tobiasgeschichte war besonders in der Reformationszeit sehr beliebt und machte den Namen bekannt. In den 1990er-Jahren gehörte Tobias zu den beliebten männlichen Vornamen. Eine literarische Gestalt ist der Junggeselle Tobias Knopp bei Wilhelm Busch. ✧ Bekannter Namensträger: Tobias Angerer, deutscher Skilangläufer (20./21. Jh.). Engl. Form: *Tobias* [tə'baɪəs]. Italien. Form: *Tobia*. Neuhebr. Form: *Tuvya*.

Tobit: aus der Bibel übernommener männl. Vorn. (griechische Form von hebr. *tobi*, Kurzform von *ṭōbīyā(hū)* »Jahwe ist gütig«). So heißt der Vater des Tobias.

Toby ['toʊbɪ]: männl. Vorn., englische Kurzform von ▸Tobias. Eine literarische Gestalt ist der Onkel Toby in L. Sternes Roman »Tristram Shandy« (1759–67).

Toivo: männl. Vorn. finnischer Herkunft (finn. *toivo* »Hoffnung«).

Tolga: männl. Vorn. türkischer Herkunft (türk. *tolga* »Helm«).

Tom: männl. Vorn., englische Kurzform von ▸Thomas. Bekannte literarische Gestalten sind der Tom Jones in dem gleichnamigen Roman (1749) von H. Fielding und der Tom Sawyer in den Romanen »Die Abenteuer des Tom Sawyer« (1876) und »Huckleberry Finn« (1884) von Mark Twain. ✧ Bekannte Namensträger: Tom Hanks, amerikanischer Filmschauspieler (20./21. Jh.); Tom Cruise, amerikanischer Filmschauspieler (20./21. Jh.).

Toma: männl. Vorn., rumänische Form von ▸Thomas.

Tomas: männl. Vorn., Schreibvariante von ▸Thomas, auch serbisch, kroatisch, dänisch, schwedisch, norwegisch.

Tomáš ['tɔma:ʃ]: männl. Vorn., tschechische Form von ▸Thomas.

Tomaso [to'ma:zo]: ▸Tommaso.

Tomasz ['tomaʃ]: männl. Vorn., polnische Form von ▸Thomas.

Tomek: männl. Vorn., polnische und tschechische Koseform von ▸Thomas.

Tomheinz: männl. Vorn., Doppelform aus ▸Tom und ▸Heinz.

Tomi: männl. Vorn., Koseform von ▸Thomas.

Tomislav: im 20. Jh. entlehnter männl. Vorn. tschechischer, slowakischer, slowenischer, serbischer, kroatischer Herkunft (urslaw. **tomiti* »quälen, plagen« + urslaw. **slava* »Ruhm, Ehre«). ✧ Bekannter Namensträger: Tomislav, König von Kroatien (10. Jh.). Poln. Form: *Tomisław*.

[1]Tomke: männl. Vorn., friesische Koseform von ▸Thomas oder Kurzform von Namen, die mit »Dank-« gebildet sind.

[2]Tomke: weibl. Vorn., Koseform von ▸Tomma.

Tomma: weibl. Vorn., friesische Kurzform von Namen, die mit »Dank-« gebildet sind.

Tommaso [tom'ma:zo]: männl. Vorn., italienische Form von ▸Thomas.

Tommi: männl. Vorn., deutsche Schreibweise von ▸Tommy.

Tommy: männl. Vorn., englische Koseform von ▸Thomas. ✧ Bekannter Namensträger: Tommy Haas, deutscher Tennisspieler (20./21. Jh.).

Tomoko: weibl. Vorn. japanischer Herkunft (japan. *tomo* »Begleiter« + japan. *ko* »Kind«).

Ton: männl. Vorn., Kurzform von ▸Anton.

Tona: weibl. Vorn., Kurzform von ▸Antonia.

Tonátiuh: aus Mexiko stammender männl. Vorn., der auf Nahuatl »die Sonne« bedeutet.

[1]Toni, (auch:) [1]Tony: männl. Vorn., Kurzform von ▸Anton. ✧ Bekannter Namensträger: Toni Kroos, deutscher Fußballspieler (20./21. Jh.).

[2]Toni, (auch:) [2]Tony: weibl. Vorn., Kurzform von ▸Antonia, auch englisch ['təʊnɪ]. Eine bekannte literarische Gestalt ist die Tony (eigentlich Antonie) Buddenbrook in Thomas Manns Roman »Buddenbrooks«

(1901). ✧ Bekannte Namensträgerin: Toni Morrison, amerikanische Schriftstellerin (20./21. Jh.).

Tonia: weibl. Vorn., Kurzform von ▸ Antonia, auch italienisch.

Tonina: weibl. Vorn., italienische Koseform von ▸ Antonia oder Kurzform von ▸ Antonina.

Tonino: männl. Vorn., italienische Koseform von ▸ Antonio oder Kurzform von ▸ Antonino.

Tonio: männl. Vorn., italienische Kurzform von *Antonio* (▸ Anton). Eine bekannte literarische Gestalt ist der Tonio Kröger in Thomas Manns gleichnamiger Novelle (1903).

Tonja: weibl. Vorn., russische Koseform von *Antonija* (▸ Antonia).

Tönjes: männl. Vorn., niederdeutsch-friesische Kurzform von ▸ Antonius.

Tonka: weibl. Vorn., tschechische und slowenische Koseform von ▸ Antonia. Eine literarische Gestalt ist die Tonka in der gleichnamigen Novelle (1924) von R. Musil.

Tönnies: männl. Vorn., niederdeutsche Kurzform von ▸ Antonius.

[1]Tony: männl. Vorn., englische [ˈtəʊnɪ] Kurzform von ▸ Anthony, auch Schreibvariante von ▸ [1]Toni. ✧ Bekannter Namensträger: Tony Martin, deutscher Radrennfahrer (20./21. Jh.).

[2]Tony: ▸ [2]Toni.

Tonya: weibl. Vorn., Schreibvariante von ▸ Tonia oder ▸ Tonja.

Topsy: weibl. Vorn., Name einer Sklavin in dem Roman »Onkel Toms Hütte« (1851/52) von Harriet Beecher-Stowe. Möglicherweise liegt diesem Namen engl. *topsail* »Marssegel« zugrunde. Es ist dokumentiert, dass manche Sklaven während der Überfahrt von Afrika nach Nordamerika nach Bezeichnungen aus dem Bereich der Schifffahrt benannt wurden.

[1]Tor, (auch:) Thor: männl. Vorn., Kurzform von nordischen Namen, die mit »Tor-« gebildet sind (z. B. ▸ Torbjörn).

[2]Tor: aus Nigeria stammender männl. Vorn., der in der Tiv-Sprache »König« bedeutet.

Tora, (auch:) Thora; [2]Tore: weibl. Vorn., Kurzform von nordischen Namen, die mit »Tor-« gebildet sind (z. B. ▸ Torhild).

Torald, (auch:) Thorald: ▸ Torwald.

Toralf, (auch:) Thoralf: im 20. Jh. entlehnter männl. Vorn. nordischer Herkunft (altnord. *Þóralfr* zu altnord. *Þórr* »Thor«, dem Donnergott, + altnord. *alfr* »Elf, Naturgeist«).

Torben, (auch:) Thorben: männl. Vorn., dänische und schwedische Nebenform von ▸ Torbjörn.

Torbjörn, (auch:) Thorbjörn: in den 1980er-Jahren entlehnter männl. Vorn. nordischer Herkunft (altnord. *Þórbjǫrn* zu altnord. *Þórr* »Thor«, dem Donnergott, + altnord. *bjǫrn* »Bär«).

Tordis, (auch:) Thordis: zu Beginn des 20. Jh.s entlehnter weibl. Vorn. nordischer Herkunft (altnord. *Þórdís* zu altnord. *Þórr* »Thor«, dem Donnergott, + altnord. *dís* »Göttin«).

[1]Tore, (auch:) Thore: im 20. Jh. entlehnter männl. Vorn. nordischer Herkunft (altnord. *Þórir* < **Þórvér*, wohl zu altnord. *Þórr* »Thor«, dem Donnergott, + altnord. *vér* < urnord. **wīhaR* »Mann, Kämpfer«, oder Kurzform von Zusammensetzungen mit »Tor-«).

[2]Tore: weibl. Vorn., Variante von ▸ Tora.

Toren, (auch:) Thoren: in Deutschland seit den 1980er-Jahren vereinzelt vorkommender männl. Vorn., der auf norwegisch/schwedisch *Torenius* zurückgeht, eine Erweiterung von mit »Tor-« gebildeten Namen (vgl. ▸ [1]Tore); auch schwedischer Familienname.

Torge, (auch:) Thorge: in den 1960er-Jahren aufgekommener männl. Vorn., wohl Eindeutschung von norwegisch *Torje*/schwedisch *Törje*, Nebenformen von ▸ Torgeir.

Torgeir, (auch:) Thorgeir: männl. Vorn., norwegische Form von ▸ Torger.

Torger, (auch:) Thorger: männl. Vorn. nordischer Herkunft (altnord. *Þórgeirr* zu altnord. *Þórr* »Thor«, dem Donnergott, + altnord. *geirr* »Speer«).

Torhild, (auch:) Thorild; Toril; Torild: weibl. Vorn. nordischer Herkunft (altnord. *Þórhildr* zu altnord. *Þórr* »Thor«, dem Donnergott, + altnord. *hildr* »Streit, Kampf«).

Tori: weibl. Vorn., schwedische Kurzform von ▸Viktoria oder norwegische Nebenform von *Torid* (▸Turid).

Toria: weibl. Vorn., Kurzform von ▸Viktoria, auch niederländisch.

Torid, (auch:) Thorid: ▸Turid.

Toril: ▸Torhild.

Torild, (auch:) Thorild: ▸Torhild.

Torin, (auch:) Thorin: in Deutschland seit den 1980er-Jahren gelegentlich vorkommender männl. Vorn. nordischer Herkunft, männliche Bildung zu ▸Torina.

Torina, (auch:) Thorina: weibl. Vorn., Weiterbildung von ▸Tora.

Torleif, (auch:) Thorleif: in den 1930er-Jahren entlehnter männl. Vorn. nordischer Herkunft (altnord. *Þorleifr* zu altnord. *Þórr* »Thor«, dem Donnergott, + altnord. *leifr* »Erbe, Nachkomme«).

Torolf, (auch:) Thorolf: männl. Vorn. nordischer Herkunft (altnord. *Þórolfr* zu altnord. *Þórr* »Thor«, dem Donnergott, + altnord. *ulfr* »Wolf«).

Torsten, (auch:) Thorsten: männl. Vorn. nordischer Herkunft (altnord. *Þorsteinn* zu altnord. *Þórr* »Thor«, dem Donnergott, + altnord. *steinn* »Stein«). Dieser Vorname war vor allem in den 1960er- und 1970er-Jahren sehr beliebt.

Torvald: ▸Torwald.

Torvid, (auch:) Thorvid: männl. Vorn. nordischer Herkunft (altnord. *Þorviðr* zu altnord. *Þórr* »Thor«, dem Donnergott, + altnord. *viðr* »Baum«).

Torwald, (auch:) Thorwald; Thorvald; Thorald; Torald; Torvald: männl. Vorn. nordischer Herkunft (altnord. *Þorvaldr, Þóraldr* zu altnord. *Þórr* »Thor«, dem Donnergott, + altnord. *valdr* »Herrscher«).

Tosca, (auch:) Toska: aus dem Italienischen übernommener weibl. Vorn., dessen Verbreitung auf Puccinis Oper »Tosca« (1900) zurückgeht. Der Name der Heldin lautet Floria Tosca. Der Name ist abgeleitet von dem spätrömischen Beinamen *Tuscus, Tusca* »aus Tuszien oder aus der Toskana; Etrusker[in]«.

Toshiro ['toʃiro:]: männl. Vorn. japanischer Herkunft (japan. *toshi* »schnell« + japan. *rō* »Mann«). ✧ Bekannter Namensträger: Toshiro Mifune, japanischer Schauspieler (20. Jh.).

[1]Tova: weibl. Vorn. schwedischer Herkunft (altnord. *Tófa*), Kurzform von Namen, die mit dem Namenbestandteil altnord. *Þórr* »Thor«, dem Donnergott, gebildet sind.

[2]Tova: weibl. Vorn. neuhebräischer Herkunft (neuhebr. *tōvā* »die Gute«).

Tove: weibl. Vorn., schwedische, norwegische und dänische Form von ▸[1]Tova.

[1]Tracy ['treɪsɪ]: männl. Vorn., ursprünglich ein englischer Familienname nach einem Ortsnamen in der Normandie.

[2]Tracy, (auch:) Tracey ['treɪsɪ]: in den 1970er-Jahren entlehnter weibl. Vorn., der als englische Koseform von ▸Theresa aufgefasst wird. Für die Verbreitung dieses Vornamens in den USA und in England war die Gestalt der Tracy Samantha Lord (gespielt von Grace Kelly) in dem Film »High Society« (1956) von Bedeutung. ✧ Bekannte Namensträgerin: Tracy Chapman, amerikanische Sängerin und Musikerin (20./21. Jh.).

Trajan, (auch:) Traian: männl. Vorn., dem der Name des römischen Kaisers Marcus Ulpius Traianus (1./2. Jh.) zugrunde liegt. In den USA wird dieser Vorname von afroamerikanischen Eltern vergeben. Engl. Aussprache: ['treɪdʒən].

Traude: weibl. Vorn., Kurzform von Namen, die mit »-traud[e]« gebildet sind (z. B. ▸Gertraud und ▸Waltraud).

Traudel, (auch:) Traudl: weibl. Vorn., Koseform von ▸Traude.

Traudemarie: weibl. Vorn., Doppelform aus ▸Traude und ▸Marie.

Trauderose: weibl. Vorn., Doppelform aus ▸Traude und *Rose* (▸[1]Rosa).

Traudhild: ▸ Trudhild.
Traudi: weibl. Vorn., Koseform von ▸ Traude.
Traudl: ▸ Traudel.
Traudlinde: ▸ Trudlinde.
Traugott: in der Zeit des Pietismus (17./18. Jh.) gebildeter männl. Vorn. mit wörtlicher Bedeutung.
Traute: weibl. Vorn., Kurzform von Namen, die mit »-traut« gebildet sind, z. B. *Gertraut* (▸ Gertraud), *Waltraut* (▸ Waltraud).
Trautlind, (auch:) Trautlinde: ▸ Trudlinde.
Travis ['trævɪs]: männl. Vorn., ursprünglich ein Familienname zu mittelengl. *travers*, später *travis* < altfranzös. *travers(e)* »Überquerung [eines Flusses, einer Brücke, einer Grenze]; Brückenzoll, Durchgangszoll«. Der Vorname Travis ist vor allem in den USA und in Australien verbreitet.
Tressa: weibl. Vorn., angloamerikanische Kurzform von ▸ Theresa.
Trevor ['trɛvə]: in den 1980er-Jahren entlehnter männl. Vorn., englische Schreibweise eines ursprünglich walisischen Familiennamens zum Ortsnamen Trefor (walisisch *tref* »Siedlung« + *fôr*, unbetonte Form von *mawr* »groß«: »großes Dorf«), der auch als Vorname benutzt wird.
Tricia ['trɪʃə]: weibl. Vorn., englische Kurzform von ▸ Patricia.
Trientje: weibl. Vorn., niederdeutsch-friesische Koseform von ▸ Katharina.
Trimurti: männl. Vorn. indischer Herkunft (sanskrit. *tri* »drei« + sanskrit. *mūrti* »Form«: »das drei Formen hat«), im Hinduismus Name des Göttlichen, das in den drei Formen Brahma, Wischnu und Schiwa erscheint.
Trina: weibl. Vorn., Kurzform von ▸ Katharina.
[1]Trini: männl. Vorn., Kurzform von ▸ [1]Trinidad.
[2]Trini: weibl. Vorn., Kurzform von ▸ [2]Trinidad.
[1]Trinidad: männl. Vorn. spanischer Herkunft, der zu Ehren der Heiligen Dreifaltigkeit vergeben wird.
[2]Trinidad: weibl. Vorn., identisch mit ▸ [1]Trinidad.
Trinity ['trɪnətɪ]: weibl. Vorn. englischer Herkunft, der zu Ehren der Heiligen Dreifaltigkeit vergeben wird.
Trischna, (auch:) Trishna: weibl. Vorn. indischer Herkunft, der auf Sanskrit »Durst, Begehren« bedeutet.
Trisha ['trɪʃə]: weibl. Vorn., die Aussprache wiedergebende Schreibweise von ▸ Tricia. ✧ Bekannte Namensträgerin: Trisha Brown, amerikanische Choreografin (20./21. Jh.).
Trishna: ▸ Trischna.
Tristan: männl. Vorn. keltischen Ursprungs (kelt. *Drystan* zu *drest, drust* »[Waffen]lärm«). Die Form *Tristan* ist wohl beeinflusst durch altfranzös. *triste* »traurig«. Der Name wurde im Mittelalter durch die keltisch-französische Sage von Tristan und Isolde bekannt, die Vorlage der deutschen Tristandichtungen Eilharts von Oberge und Gottfrieds von Straßburg (12./13. Jh.). Seit dem 19. Jh. hat vor allem Richard Wagners Oper »Tristan und Isolde« (1865) zur Bekanntheit des Namens beigetragen. Als Vorname ist Tristan erst ab der zweiten Hälfte des 20. Jh.s öfter anzutreffen. ✧ Bekannter Namensträger: Tristan Tzara, französischer Schriftsteller rumänischer Herkunft (19./20. Jh.).
Tristram ['trɪstrəm]: männl. Vorn., englische Form von ▸ Tristan. Tristram Shandy ist die Hauptperson in dem Roman »Das Leben und die Meinungen des Tristram Shandy« (1759–67) von Laurence Sterne.
Trix: weibl. Vorn., Kurzform von ▸ Beatrix.
Trixi: weibl. Vorn., Koseform von ▸ Beatrix. Engl. Form: *Trixie*.
Troy [trɔɪ]: männl. Vorn., für den mehrere Herleitungen möglich sind. Dem Vornamen Troy kann ein anglonormannischer Familienname nach der Herkunft aus der französischen Stadt Troyes oder die englische Schreibweise des irischen Familiennamens *Ó Troighthigh* (zu gäl. *troightheach* »Fußsoldat«) zugrunde liegen. Für die USA kommt eine weitere Erklärung

infrage: Im 18. Jh. war Troy ein geläufiger Sklavenname, denn die Plantagenbesitzer gaben ihren Sklaven oft die Namen von bekannten Städten. In diesem Fall geht der Name auf die englische Form der antiken Stadt Troja zurück, nach der auch mehrere amerikanische Städte benannt wurden.

Trudbert, (auch:) Trudpert: alter deutscher männl. Vorn. (german. **þrūþi* »Kraft, Stärke«, in althochdeutscher Zeit umgedeutet zu *trūt* »vertraut, lieb« + ahd. *beraht* »glänzend, berühmt«). Namenspatron ist der heilige Trudpert (6./7. Jh.), der als Missionar im Breisgau wirkte und den Märtyrertod erlitt; NAMENSTAG: 26. April.

Trude: weibl. Vorn., Kurzform von Namen, die mit »-trud«, »-trude« oder »Trud-« gebildet sind, besonders von ▸ Gertrud.

Trudel, (auch:) Trudl: weibl. Vorn., Koseform von ▸ Trude.

Trudeliese: weibl. Vorn., Doppelform aus ▸ Trude und ▸ Liese.

Trudemarie: weibl. Vorn., Doppelform aus ▸ Trude und ▸ Marie.

Trudhild, (auch:) Trudhilde; Traudhild: alter deutscher weibl. Vorn. (german. **þrūþi* »Kraft, Stärke«, in althochdeutscher Zeit umgedeutet zu *trūt* »vertraut, lieb« + ahd. *hiltja* »Kampf; Kriegerin«) oder Neubildung aus ▸ Traude, ▸ Trude und ▸ Hilde.

Trudi: weibl. Vorn., Koseform von ▸ Trude.

Trudl: ▸ Trudel.

Trudlinde, (auch:) Traudlinde; Trautlind; Trautlinde: alter deutscher weibl. Vorn. (german. **þrūþi* »Kraft, Stärke«, in althochdeutscher Zeit umgedeutet zu *trūt* »vertraut, lieb« + ahd. *lind* »sanft, weich, mild«) oder Neubildung aus ▸ Traude, ▸ Traute, ▸ Trude und ▸ Linde.

Trudy ['tru:dı]: weibl. Vorn., englische Koseform von *Gertrude* (▸ Gertrud), auch Schreibvariante von ▸ Trudi.

Trutz: in den 1930er-Jahren aufgekommener männl. Vorn., ältere oberdeutsche Form des deutschen Hauptwortes *Trotz*, etwa mit der Bedeutung »Gegenwehr, Widerstand«.

Trygve: männl. Vorn. dänischer Herkunft (zu altnord. *tryggr* »treu, geborgen«). Schwed. und norweg. Form: *Tryggve*.

Tryphene: weibl. Vorn. griechischen Ursprungs (zu griech. *tryphē* »Üppigkeit, Wohlleben, Prunk, Stolz«). Als Name einer Christin in Rom, die in dem Brief des Apostels Paulus an die Römer erwähnt wird, fand Triphena im 16. Jh. Eingang in die englische Namengebung.

Tsambika: in den 1990er-Jahren entlehnter weibl. Vorn. griechischer Herkunft nach dem Kloster *Moní Tsambíkas* auf der Insel Rhodos. Das Kloster, das besonders von Ehepaaren aufgesucht wird, die Kindersegen erbitten, heißt nach dem Berg, auf dem es liegt.

Tuba: weibl. Vorn. türkischer Herkunft (»Glückseligkeit; Bezeichnung für einen Paradiesbaum«).

Tula: weibl. Vorn., spanische Koseform von *Gertrudis* (▸ Gertrud).

Tullio: männl. Vorn., italienische Form von *Tullius*, einem römischen Geschlechternamen.

Tulsi: weibl. Vorn. indischer Herkunft (sanskrit. *tulasī* »Basilikum«, Symbol des Gottes Wischnu).

Tulsidas: männl. Vorn. indischer Herkunft (sanskrit. *tulasī* »Basilikum«, Symbol des Gottes Wischnu + sanskrit. *dāsa* »Diener«: »Diener des personifizierten Basilikums«).

Tuomo: männl. Vorn., finnische Form von ▸ Thomas.

Turan: männl. Vorn. türkischer Herkunft, der von dem geografischen Namen Turan abgeleitet ist, einem Tiefland Mittelasiens, ungefähr dem heutigen Turkestan entsprechend.

Ture, (auch:) Thure: männl. Vorn., dänische und schwedische Variante von ▸ [1]Tore.

Turid, (auch:) Thurid; Thorid; Torid: in den 1960er-Jahren entlehnter weibl. Vorn. nordischer Herkunft (altnord. *Þuríðr*, Nebenform von *Þorríðr* zu altnord. *Þórr* »Thor«, dem Donnergott, + altnord. *friðr* »schön«).

Tuva: weibl. Vorn., schwedische und norwegische Nebenform von ▸ Tove.

Tuvya: männl. Vorn., neuhebräische Form von ▸ Tobias.

Tycho: männl. Vorn., humanistische Umbildung des dänischen Namens *Tyge* (wohl eine umgelautete Kurzform von Zusammensetzungen mit *Þur-* »Thor«) in Anlehnung an griech. *týchē* »Glück, Schicksal, Fügung«. ✧ Bekannter Namensträger: Tycho (eigtl. Tyge) Brahe, dänischer Astronom (16./17. Jh.).

Tyler ['taɪlə]: in den 1990er-Jahren entlehnter männl. Vorn., ursprünglich ein englischer Familienname nach dem Beruf des Ziegelbrenners oder Dachdeckers (vgl. engl. *tile* »[Dach]ziegel«).

Tyll: ▸ Till.

Tyra: ▸ Thyra.

Tyrone, (auch:) Tyron [tɪ'roʊn]: in den 1970er-Jahren entlehnter männl. Vorn., ursprünglich der Name einer Grafschaft in Nordirland und einer Stadt in Pennsylvania. Vorbild für die in den USA gegen Ende der 1930er-Jahre einsetzende Vornamenvergabe war vor allem der amerikanische Schauspieler Tyrone Power (20. Jh.).

Tyson [taɪsn]: männl. Vorn., ursprünglich ein englischer Familienname, dem altfranzös. *tison* »Holzstück« zugrunde liegt.

U

Ubbe: ▸ Ubbo.

Ubbina: weibl. Vorn., weibliche Bildung zu ▸ Ubbo.

Ubbo, (auch:) Ubbe: männl. Vorn., zweistämmige friesische Kurzform von Namen wie *Ulbert* (ahd. *uodal* »Erbgut, Heimat« + ahd. *beraht* »glänzend, berühmt«). Im Schwedischen ist Ubbe eine Ableitung von ▸ Ulf oder ▸ Urban.

Ucke, (auch:) Uke: männl. Vorn., verselbstständigte friesische Koseform von Namen wie ▸ Ulrich, ▸ Uwe.

Uda, (auch:) ²Ude: ▸ Oda.

Udaradsch, (auch:) Udaraj [uda'ra:dʒ]: männl. Vorn. indischer Herkunft (sanskrit. *uda* »Wasser« + sanskrit. *rāja* »König«: »König der Wasser, des Ozeans«).

Udasuta: weibl. Vorn. indischer Herkunft (sanskrit. *uda* »Wasser« + sanskrit. *sutā* »Tochter«: »Tochter der Wasser, des Ozeans«), ein Name der Göttin Lakschmi.

Uddanta: männl. Vorn. indischer Herkunft (sanskrit. *ut* »höchst« + sanskrit. *dānta* »kontrolliert«: »äußerst selbstbeherrscht«).

¹Ude: ▸ ¹Udo.

²Ude: ▸ Uda.

Udi: weibl. Vorn., Koseform von ▸ Uda.

¹Udo, (auch:) ¹Ude; Uto: alter deutscher männl. Vorn., Nebenform von ▸ Odo oder Kurzform von Namen, die mit ahd. *uodal* »Erbgut, Heimat« gebildet sind, besonders von *Uodalrich* (▸ Ulrich). Udo gehörte vor allem in den 1930er- und 1940er-Jahren zu den modischen Vornamen. ✧ Bekannte Namensträger: Udo Jürgens, deutscher Schlagersänger (20./21. Jh.); Udo Lindenberg, deutscher Rockmusiker (20./21. Jh.); Udo Zimmermann, deutscher Komponist und Dirigent (20./21. Jh.).

²Udo: aus Nigeria stammender männl. Vorn., der in der Ibo-Sprache »Frieden« bedeutet.

³Udo: weibl. Vorn., identisch mit ▸ ²Udo.

Udonie: weibl. Vorn., weibliche Form von ▸ ¹Udo.

Ueli: männl. Vorn., schweizerische Koseform von ▸ Ulrich.

Uffe, (auch:) Ufe: männl. Vorn., friesische Kurzform von ▸ Ulfried.

Ufuk: männl. Vorn. türkischer Herkunft (»Horizont, Gesichtskreis«).

Ugo: männl. Vorn., italienische Form von ▸ Hugo.

Uğur [u:'ur]: männl. Vorn. türkischer Herkunft (»gutes Vorzeichen, Omen«).

Uhland: ▸ Uland.

Uke: ▸ Ucke.

Ukko: männl. Vorn., Variante von ▸ Okko oder ▸ Ucke.

Ula: weibl. Vorn., Nebenform von ▸ Ulla.

Ulana: weibl. Vorn., polnische Kurzform von ▸ Juliana.

Uland, (auch:) Uhland: alter deutscher männl. Vorn. (ahd. *ōa-lant* »Nachfolger, Neuer aus einem fremden Land«).

Ule: männl. Vorn., Kurzform von ▸ Ulrich.

Uletta: weibl. Vorn., Erweiterung von *Ula* (▸ Ulla).

Ulf: männl. Vorn., Kurzform von Namen, die mit dem Namenbestandteil altsächs. *wulf* »Wolf« gebildet sind, oder Entlehnung des nordischen Vornamens Ulf (altnord. *Ulfr*) mit gleicher Bedeutung. ✧ Bekannter Namensträger: Ulf Merbold, deutscher Astronaut (20./21. Jh.).

Ulfert: männl. Vorn., Nebenform von ▸ Wulfhard.

Ulfhild: weibl. Vorn. schwedischer Herkunft, der dem deutschen Vornamen ▸Wolfhilde entspricht.

Ụlfilas: männl. Vorn., gräzisierte Form des männlichen Vornamens *Wulfila* (»Wölfchen«). ✧ Bekannter Namensträger ist der gotische Bischof Ulfilas oder Wulfila (4. Jh.), der die gotische Bibelübersetzung geschaffen hat.

Ụlfried, (auch:) Ụlfrid: alter deutscher männl. Vorn. (ahd. *uodal* »Erbgut, Heimat« + ahd. *fridu* »Schutz vor Waffengewalt, Friede; Friedenswahrer«).

[1]Ụli, (auch:) [1]Ụlli: männl. Vorn., Koseform von Namen, die mit »Ul-« gebildet sind, besonders von ▸Ulrich. Bekannt sind Jeremias Gotthelfs Bauernromane »Uli der Knecht« und »Uli der Pächter« (1841/1849). ✧ Bekannter Namensträger: Uli Stein, deutscher Karikaturist (20./21. Jh.).

[2]U̲li, (auch:) [2]Ụlli: weibl. Vorn., Koseform von Namen, die mit »Ul-« gebildet sind, besonders von ▸Ulrike.

Ụlina: weibl. Vorn., tschechische Koseform von ▸Ulrike.

Ụlinka: weibl. Vorn., tschechische Koseform von ▸Ulrike.

Ulises [u'lises]: männl. Vorn., spanische Form von *Odysseus* (▸Ulysses).

Ulịsse: männl. Vorn., italienische Form von *Odysseus* (▸Ulysses).

Uli̲ta: weibl. Vorn., russische Kurzform von ▸Julietta.

Ulja̲na: weibl. Vorn., russische Form von ▸Juliane.

Ụlla, (auch:) U̲la: weibl. Vorn., Kurzform von ▸Ursula oder ▸Ulrike, auch schwedisch. ✧ Bekannte Namensträgerinnen: Ulla Hahn, deutsche Schriftstellerin (20./21. Jh.); Ulla Berkéwicz, deutsche Schriftstellerin (20./21. Jh.).

[1]Ụlli: ▸[1]Uli.

[2]Ụlli: ▸[2]Uli.

Ụllo, (auch:) U̲lo: männl. Vorn., Kurzform von Namen, die mit »Ul-« gebildet sind.

Ụllrich: ▸Ulrich.

Ụllrike, (auch:) Ụllrika: ▸Ulrike.

U̲lo: ▸Ullo.

Ụlpt: männl. Vorn., durch Zusammenziehung entstandene friesische Form von *Ulbert* oder *Ulbod* (ahd. *uodal* »Erbgut, Heimat« + ahd. *beraht* »glänzend, berühmt« bzw. altsächs. *bodo* »Gebieter«, später umgedeutet zu ahd. *boto* »Bote«).

Ụlrich, (auch:) Ụllrich: alter deutscher männl. Vorn. (ahd. *uodal* »Erbgut, Heimat« + ahd. *rīhhi* »Herrschaft, Herrscher, Macht; reich, mächtig, hoch«). Die Vergabe des Namens seit dem Mittelalter wurde durch die Verehrung des heiligen Bischofs Ulrich von Augsburg gefördert. Im Jahre 955 verteidigte er seine Stadt gegen die Ungarneinfälle und sandte dann seine Truppen unter der Führung seines Bruders zur Schlacht auf das Lechfeld, wodurch er Otto I. zu seinem entscheidenden Sieg über die Ungarn verhalf; NAMENSTAG: 4. Juli. Eine bekannte literarische Gestalt ist Ulrich, der Held von Robert Musils Roman »Der Mann ohne Eigenschaften«. ✧ Bekannte Namensträger: Ulrich von Hutten, deutscher Humanist (15./16. Jh.); Ulrich Zwingli, schweizerischer Reformator (15./16. Jh.); Ulrich Schamoni, deutscher Filmregisseur (20. Jh.); Ulrich Plenzdorf, deutscher Schriftsteller (20./21. Jh.); Ulrich Wickert, deutscher Fernsehmoderator und Journalist (20./21. Jh.).

Ụlrik: männl. Vorn., niederdeutsche Nebenform von ▸Ulrich.

Ulri̲ke, (auch:) Ulri̲ka; Ụllrike; Ụllrika: weibl. Vorn., weibliche Form von ▸Ulrich. Zu den frühen Namensträgerinnen gehören die preußische Prinzessin und spätere Königin von Schweden Luise Ulrike (geb. 1720), die ihren zweiten Vornamen Königin Ulrike Eleonore von Schweden verdankte, mit der ihr Vater Friedrich Wilhelm I. im Jahr ihrer Geburt Frieden geschlossen hatte, Ulrike von Kleist (geb. 1784), Stiefschwester des Dichters Heinrich von Kleist, und Ulrike von Levetzow (geb. 1804), eine Freundin Goethes.

Ulrike:

Durch die Verehrung des heiligen Bischofs Ulrich von Augsburg wurde der im Mittelalter häufige Rufname *Ulrich* auch dann noch vergeben, als sich statt der Weitergabe der altdeutschen Namen die Namengebung nach Heiligen durchgesetzt hatte. Die weibliche Form *Ulrike* ist jedoch erst im 18. Jh. aufgekommen. Vergleichbare Frauennamen, die mit der Endung *-ike (Friederike)* oder *-ine (Wilhelmine)* gebildet wurden, waren seit dem 17. Jh., vor allem beim Adel, in Mode. Solche Vornamen fanden insgesamt weite Verbreitung, weil sie es bei der damals vorherrschenden Sitte der Patenamengebung ermöglichten, von jedem beliebigen Namen eine weibliche Form zu bilden. *Ulrike* setzte sich zunächst nur langsam durch. Erst ab den 1930er-Jahren gewann *Ulrike* die Gunst der Namengeber. In den 1950er-Jahren, als *Peter* und *Petra* Spitzenreiter waren, erfreute sich auch das Namenpaar *Ulrich* und *Ulrike* großer Beliebtheit.

Ulv: männl. Vorn., nordische Variante von ▸ Ulf.

Ulwig: alter deutscher männl. Vorn. (ahd. *uodal* »Erbgut, Heimat« + ahd. *wīg* »Kampf; Krieg«).

Ulysse [y'lis]: männl. Vorn., französische Form von *Odysseus* (▸ Ulysses).

Ulysses: männl. Vorn., eine lateinische Wiedergabe des Namens des griechischen Helden Odysseus, dessen Listen und Klugheit, die er im Trojanischen Krieg bewies, sprichwörtlich wurden. In der »Odyssee« wird über seine Irrfahrten nach dem Fall Trojas und über seine Rückkehr nach Ithaka zu seiner Gemahlin Penelope berichtet. *Ulysses* [ju(:)'lɪsi:z] ist auch die englische Form des Namens, bekannt vor allem durch Ulysses S. Grant, General der Nordstaaten im amerikanischen Bürgerkrieg und 18. Präsident der USA (19. Jh.), sowie durch den Roman »Ulysses« (1922) von James Joyce. Der Name wird bei uns seit den 1990er-Jahren vergeben.

Uma: weibl. Vorn. indischer Herkunft (sanskrit. *umā* »Flachs« oder »Gelbwurz«), Beiname von Parvati, der Gemahlin des Gottes Schiwa. ✧ Bekannte Namensträgerin: Uma Thurman, amerikanische Filmschauspielerin (20./21. Jh.).

Umakant: männl. Vorn. indischer Herkunft (▸ Uma + sanskrit. *kānta* »geliebt«: »Umas Geliebter, Schiwa«).

Umar: ▸ Omar.

Umberto: männl. Vorn., italienische Form von ▸ Humbert. Umberto war traditioneller Name im Haus Savoyen, sodass zwei italienische Könige im 19. und 20. Jh. diesen Namen trugen. ✧ Bekannter Namensträger: Umberto Eco, italienischer Philosoph und Schriftsteller (20./21. Jh.).

Umesch, (auch:) Umesh: männl. Vorn. indischer Herkunft (▸ Uma + sanskrit. *īśa* »Herr«: »Umas Herr«), ein Name Schiwas.

Ümit: türkischer männl. Vorn. persischer Herkunft (»Hoffnung, Erwartung«).

Umut: männl. Vorn. türkischer Herkunft (türk. *umut* »hoffnungsvoll«).

Una: weibl. Vorn. lateinischer Herkunft (lat. *ūna* »eine, einzige«). Im Englischen kann *Una* ['ju:nə] auch auf einen Vornamen irischen Ursprungs *(Úna)* zurückgehen. Die Etymologie des Namens ist noch umstritten, früher wurde er zu gäl. *uan* »Lamm« gestellt. Bei Entlehnung aus Skandinavien kommt für *Una* auch eine Ableitung von altnord. *una* »gedeihen, zufrieden sein« infrage.

Ünal: männl. Vorn. türkischer Herkunft (Imperativname zu türk. *ünal* »nimm Ruhm!«).

¹Unathi: aus Südafrika stammender männl. Vorn., der in der Xhosa-Sprache »Gott ist mit uns« bedeutet.

²Unathi: weibl. Vorn., identisch mit ▸ ¹Unathi.

Unda: weibl. Vorn. lateinischen Ursprungs (lat. *unda* »Welle«).

Undine, (auch:) Undina: weibl. Vorn., eigentlich die Bezeichnung der Wassernixe. Neulat. *undīna* »Nixe« ist eine Weiterbildung zu lat. *unda* »die Welle«, die zuerst bei Paracelsus (15./16. Jh.) in seinem Buch über die Nymphen vorkommt. Das Märchen von der Nixe Undine, die die Frau eines Menschen wird, um eine unsterbliche Seele zu erhalten, wurde besonders durch die Erzählung »Undine« von Friedrich de la Motte-Fouqué (1811) und die daran anschließenden gleichnamigen Opern von E. T. A. Hoffmann (1813–16) und A. Lortzing (1845) bekannt. Die Vergabe des Vornamens setzt in den 1920er-Jahren ein. ✧ Bekannte Namensträgerin: Undine Gruenter, deutsche Schriftstellerin (20./21. Jh.).

Unnati: weibl. Vorn. indischer Herkunft (sanskrit. *ut* »nach oben« + sanskrit. *nati* »sich biegend«: »die sich nach oben biegt«), Name der Frau des Vogels Garuda, der den Gott Schiwa trägt.

Urban: männl. Vorn. lateinischen Ursprungs, der auf einen römischen Beinamen (lat. *urbānus, -a, -um* »zur Stadt [Rom] gehörend; fein gebildet; weltmännisch; Städter«) zurückgeht. Für die Ausbreitung des Namens im Mittelalter war vor allem die Verehrung des heiligen Papstes Urban I. (3. Jh.) entscheidend, der besonders in Süddeutschland und Tirol als Patron des Weinbaus bekannt ist; NAMENSTAG: 25. Mai. ✧ Bekannter Namensträger: Urban Priol, deutscher Kabarettist (20./21. Jh.). Ungar. Form: *Orbán* ['ɔrba:n].

Urda, (auch:) Urd: weibl. Vorn., in der nordischen Mythologie Name einer der drei Nornen oder Schicksalslenkerinnen (altnord. *Urdr*). Urds Wissen umfasste die Vergangenheit, das ihrer Schwestern die Gegenwart bzw. die Zukunft.

Urho: männl. Vorn. finnischer Herkunft (finn. *urho* »Held, mutiger Krieger«).

Uri: männl. Vorn., Kurzform von ▸Uriel oder ▸Urias.

Urias, (überkonfessionelle Form:) Urija: männl. Vorn. hebräischen Ursprungs (hebr. *'ūriyā(hū)* »Jahwe ist mein Licht«). Nach der Bibel war Urias ein Hethiter, mit dessen Frau Batseba König David Ehebruch beging. Eine literarische Gestalt ist der Uriah Heep im Roman »David Copperfield« (1849–50) von Ch. Dickens. Engl. Form: *Uriah* [juə'raɪə].

Uriel: männl. Vorn. hebräischen Ursprungs (hebr. *'ūri'ēl* »Gott ist mein Licht«). In der altjüdischen Tradition ist Uriel der Name eines Erzengels. In der außerbiblischen christlichen Tradition ist Uriel der Erzengel, der beim Weltgericht die Tore der Unterwelt öffnet und die Verstorbenen vor den Richterstuhl Gottes führt.

Urija: ▸Urias.

Urs, (auch:) Ursus: männl. Vorn. lateinischen Ursprungs, der auf einen römischen Beinamen (zu lat. *ursus* »der Bär«) zurückgeht. Namenspatron ist der heilige Ursus, der nach der Legende als Mitglied der Thebäischen Legion in Solothurn den Märtyrertod erlitt (3./4. Jh.); NAMENSTAG: 30. September. ✧ Bekannte Namensträger: Urs Graf, schweizerischer Zeichner und Holzschnittmeister (15./16. Jh.); Urs Widmer, schweizerischer Schriftsteller (20./21. Jh.).

Ursel: weibl. Vorn., Kurzform von ▸Ursula.

Ursela: weibl. Vorn., Weiterbildung von ▸Ursel.

Urselmarie: weibl. Vorn., Doppelform aus ▸Ursel und ▸Marie.

Ursi: weibl. Vorn., Koseform von ▸Ursula.

Ursin: männl. Vorn. lateinischen Ursprungs, der auf den römischen Beinamen *Ursinus*, eine Ableitung von *Ursus* (▸Urs), zurückgeht.

Ursina: weibl. Vorn., weibliche Form von ▸Ursin.

Ursmar: männl. Vorn., Neubildung aus ▸Urs und dem Namenbestandteil »-mar« (ahd. *māri* »bekannt, berühmt, angesehen«).

Ursula: weibl. Vorn. lateinischen Ursprungs (Verkleinerung von lat. *ursa* »Bärin«, also »kleine Bärin«). Zur Verbreitung des Vornamens im Mittelalter trug vor allem die Verehrung der heiligen Ursula bei. Nach der Legende war sie eine britannische Königstochter, die auf der Rückkehr von einer Romfahrt in Köln mit angeblich 11000 Jungfrauen den Martertod erlitt; NAMENSTAG: 21. Oktober. Der Orden der Ursulinen wurde 1535 durch Angela Merici gegründet. Zwischen 1930 und 1960 war Ursula ein sehr beliebter Vorname.

Ursus: ▸Urs.

Urte: weibl. Vorn., Kurzform von ▸Dorothea, auch litauisch *(Urtė)*.

Uscha: weibl. Vorn., Kurzform von ▸Ursula.

Uschi: weibl. Vorn., Koseform von ▸Ursula. ✧ Bekannte Namensträgerinnen: Uschi Glas, deutsche [Film]schauspielerin (20./21. Jh.); Uschi Disl, deutsche Biathletin (20./21. Jh.).

Usha: weibl. Vorn. indischer Herkunft (sanskrit. *uṣā* »Morgendämmerung«).

Usi: männl. Vorn. biblischer Herkunft (hebr. *'ūzzī*, Kurzform von *Usiel*, »Gott ist Kraft« oder *Usija* »Jahwe ist Kraft«). Im Alten Testament Name mehrerer Personen. Engl. Formen: *Uzi, Uzzi* ['u:zɪ].

Usman: ▸Osman.

Ute, (auch:) Uta; Utta: alter deutscher weibl. Vorn., hochdeutsche Form von ▸Oda. Aus dem Nibelungenlied ist Frau Ute (mhd. *Uote*) als Mutter Kriemhilds und der Wormser Könige bekannt. In anderen dt. Heldensagen erscheinen ebenfalls Fürstinnen dieses Namens, z. B. die Frau Meister Hildebrands im jüngeren Hildebrandslied. Bis ins 12. Jh. war Ute ein verbreiteter Frauenname, der dann aber aus der Namengebung verschwand und erst im 20. Jh. neu aufgenommen wurde. Besonders beliebt war Ute von den 1930er- bis zu den 1960er-Jahren. Zur Wiederbelebung des Namens hat auch die Erinnerung an die Markgräfin Uta von Meißen (11. Jh.) beigetragen, deren Standbild aus dem 13. Jh. zu den berühmten Stifterfiguren des Naumburger Doms gehört. ✧ Bekannte Namensträgerin: Uta Pippig, deutsche Marathonläuferin (20./21. Jh.).

Uthelm: männl. Vorn., Neubildung aus ▸Ut[e] und ▸Helm[ut].

Utlinde: weibl. Vorn., Neubildung aus ▸Ut[e] und ▸Linde.

Uto: ▸[1]Udo.

Utta: ▸Ute. ✧ Bekannte Namensträgerin: Utta Danella, deutsche Schriftstellerin (20./21. Jh.).

Uttam: männl. Vorn. indischer Herkunft (sanskrit. *uttama* »der Höchste, Beste«).

Utz: männl. Vorn., Koseform von Namen, die mit ahd. *uodal* »Erbgut, Heimat« gebildet sind, besonders von ▸Ulrich.

Uwe, (auch:) Uve; Owe; Ove: männl. Vorn., wahrscheinlich verselbstständigte friesische Kurzform von Namen, die mit altinselnordfriesisch **ōva* (zu german. **ōƀ-* »tätig sein, ins Werk setzen«) gebildet wurden. Von den 1930er- bis zu den 1960er-Jahren war Uwe ein sehr beliebter Vorname. ✧ Bekannte Namensträger: Uwe Johnson, deutscher Schriftsteller (20. Jh.); Uwe Seeler, deutscher Fußballspieler (20./21. Jh.); Uwe Timm, deutscher Schriftsteller (20./21. Jh.); Uwe Ochsenknecht, deutscher Filmschauspieler (20./21. Jh.).

Uzi, (auch:) Uzzi ['u:zɪ]: männl. Vorn., englische Form von ▸Usi.

Uzochi [u'zotʃi]: aus Nigeria stammender männl. Vorn., der in der Ibo-Sprache »Gottes Weg« bedeutet.

[1]Uzoma [u'zo:ma]: aus Nigeria stammender männl. Vorn., der in der Ibo-Sprache »folge dem rechten Weg!« bedeutet.

[2]Uzoma: weibl. Vorn., identisch mit ▸[1]Uzoma.

V

Vạ́clav ['va:tslaf]: männl. Vorn. tschechischer Herkunft (▸ Wenzeslaus). ✧ Bekannter Namensträger: Václav Havel, tschechischer Dramatiker und Politiker (20./21. Jh.).

Vadịm, (auch:) Wadịm: männl. Vorn. russischer, ukrainischer und polnischer Herkunft, dem wahrscheinlich das urslaw. Verb **vaditi* »streiten« zugrunde liegt. Manchmal wird der Name auch als Kurzform von *Vadimir* (urslaw. **vaditi* »streiten« + urslaw. **mirъ* »Friede«) aufgefasst.

Vạhan: männl. Vorn. armenischer Herkunft (»der Schild«).

Vaira: weibl. Vorn. lettischer Herkunft (zu lett. *vairot* »zunehmen, sich vermehren«).

Vạlborg: weibl. Vorn., dänische, schwedische, norwegische Form von ▸ Walburg, die früh aus dem Deutschen entlehnt worden ist.

Vạlda: weibl. Vorn. lettischer Herkunft, weibl. Form von ▸ Valdis.

Vạldis: männl. Vorn. lettischer Herkunft (zu lett. *valdīt* »herrschen«: »Herrscher«).

Valea: weibl. Vorn., weibliche Form zu *Vale*, einer rumänischen Kurzform von ▸ Valerian oder ▸ Valerius.

Valena: weibl. Vorn., Variante von ▸ Valene.

Valencia [vəˈlɛnsɪə]: weibl. Vorn., englische Variante von ▸ Valentia.

Valene [væˈli:n]: aus dem Englischen entlehnter weibl. Vorn., Neubildung (20. Jh.) aus *Val* (Kurzform von ▸ Valerie) und der häufigen Endung »-ene«.

Valẹntia: weibl. Vorn., weibliche Form des römischen Beinamens *Valentius* (zu lat. *valēns* »kräftig, stark, gesund, mächtig«). Engl. Aussprache: [vəˈlɛnʃɪə].

Vạlentin: männl. Vorn., der auf *Valentinus*, eine Ableitung des römischen Beinamens *Valens* (zu lat. *valēns* »kräftig, stark, gesund, mächtig«), zurückgeht. Zur Verbreitung des Vornamens Valentin in Deutschland hat vor allem die Verehrung des heiligen Bischofs Valentin (5. Jh.) beigetragen. Dieser ist Patron des Bistums Passau und wird auch als Schutzheiliger bei Epilepsie verehrt (volksetymologische Verbindung von »fallende Sucht« mit dem Namen »Valentin«); NAMENSTAG: 7. Januar. Ein anderer Heiliger gleichen Namens ist der römische Märtyrer Valentin (3. Jh.); NAMENSTAG: 14. Februar. Dieser Heilige gilt u. a. als Patron der Liebenden, weshalb der »Valentinstag« besonders in England und den USA, in den letzten Jahren auch in Deutschland unter Freunden und bei Liebespaaren ein Glückwunsch- und Geschenktag ist. Aus der Literatur bekannt ist Valentin, der Bruder Gretchens in Goethes Faust. ✧ Bekannter Namensträger: Valentin Fey, genannt Karl Valentin, Münchner Komiker (19./20. Jh.). Engl. Form: *Valentine* ['væləntaɪn], ['væləntɪn]. Italien. Form: *Valentịno*. Ungar. Form: *Bálint* ['ba:lint]. Poln. Form: *Walẹnty*.

Valentịna, (auch:) Valentịne: weibl. Vorn., weibliche Form von ▸ Valentin. Dieser Vorname begegnet in Deutschland seit dem 19. Jh.

Valentine ['væləntaɪn], ['væləntɪn]: männl. Vorn., englische Form von ▸ Valentin.

Valentịno: gegen Ende des 20. Jh.s entlehnter männl. Vorn., italienische Form von ▸ Valentin.

Valẹra: weibl. Vorn., weibliche Form von *Valer* (▸ Valerius).

Valéri [vale'ri]: männl. Vorn., französische Form von ▸ Valerius.

Valẹria: ▸ Valerie.

Die häufigsten Vornamen in der Bundesrepublik 1980

männlich	weiblich
1. Christian	1. Stefanie
2. Michael	2. Sabrina
3. Stefan	3. Christine
4. Daniel	4. Melanie
5. Markus	5. Kathrin
6. Andreas	6. Nicole
7. Matthias	7. Julia
8. Alexander	8. Sandra
9. Sebastian	9. Daniela
10. Tobias	10. Nadine

Quelle: G. Müller (2001)

Valerian: männl. Vorn. lateinischen Ursprungs (lat. *Valeriānus*, Ableitung von ▸Valerius). Namensvorbild ist der heilige Valerian, römischer Märtyrer, Bräutigam der heiligen Cäcilia (3. Jh.); NAMENSTAG: 14. April.

Valerie, (auch:) Valeria: weibl. Vorn., weibliche Form von ▸Valerius. Französ. Form: *Valérie* [vale'ri]. Italien. und spanische Form: *Valeria*. Engl. Formen: *Valerie, Valery* ['væləri]. Poln. Form: *Waleria*.

Valérie [vale'ri]: weibl. Vorn., französische Form von ▸Valerie.

Valerij: männl. Vorn., russische Form von ▸Valerius.

Valerio: männl. Vorn., italienische und spanische Form von ▸Valerius.

Valerius: männl. Vorn. lateinischen Ursprungs, der auf einen altrömischen Geschlechternamen (zu lat. *valēre* »kräftig, stark sein«) zurückgeht. Ein heiliger Valerius (3. Jh.?) soll zweiter Bischof von Trier gewesen sein; NAMENSTAG: 29. Januar. Italien. und span. Form: *Valerio*. Französ. Formen: *Valéri, Valéry* [vale'ri]. Russ. Form: *Valerij*.

Valery ['væləri]: weibl. Vorn., englische Variante von ▸Valerie.

Valéry: ▸Valéri.

Valeska, (auch:) Waleska: weibl. Vorn., der auf den Familiennamen der polnischen Gräfin Maria Walewska (18./19. Jh.), der Geliebten Napoleons, zurückgeht.

Valetta [və'lɛtə]: weibl. Vorn., englische Neubildung (20. Jh.) aus *Val* (Kurzform von ▸Valerie) und der italienischen Koseendung »-etta«.

Valtin: männl. Vorn., Kurzform von ▸Valentin.

Vanadis: weibl. Vorn., der auf den Beinamen der altnordischen Göttin Freya (▸Freia), die zum Göttergeschlecht der Vanen gehörte, zurückgeht (zu altnord. *vanr* »Vane« + *dís* »Göttin«).

Vanaspati: männl. Vorn. indischer Herkunft (sanskrit. *vanas* »Wald« + sanskrit. *pati* »Herr«: »der Herr des Waldes«), ein Name des Gottes Wischnu.

Vanecia [və'ni:ʃə], [və'ni:sɪə]: weibl. Vorn., englische Variante von ▸Venetia.

Vanessa: gegen Ende der 1960er-Jahre aus dem Englischen übernommener weibl. Vorn., der von Jonathan Swift für sein autobiografisches Gedicht »Cadenus und Vanessa« (1726) geprägt wurde und z. T. ein Anagramm des Namens seiner Geliebten Esther Vanhomrigh ist. ✧ Bekannte Namensträgerinnen: Vanessa Redgrave, englische Filmschauspielerin (20./21. Jh.); Vanessa Paradis, französische Sängerin und Schauspielerin (20./21. Jh.). Engl. Aussprache: [və'nɛsə].

Vanessa:

Der von dem irischen Schriftsteller Jonathan Swift (1667–1745) geprägte Vorname setzte sich in der angloamerikanischen Welt erst in den 1950er-Jahren richtig durch. Zur Verbreitung des Namens trug möglicherweise die Bekanntheit der englischen Schauspielerin Vanessa Redgrave bei. Vor den 1960er-Jahren war *Vanessa* in Deutschland unbekannt, doch entwickelte sich dieser Vorname in der Folgezeit zu einem Modenamen, der den Höhepunkt seiner Beliebtheit in den 1990er-Jahren erreichte. Gegenwärtig gehört *Vanessa* immer noch zu den geläufigen Mädchennamen.

Vania: weibl. Vorn., englische ['vænɪə] oder italienische Form von ▸²Wanja.

Vanilla: weibl. Vorn., latinisierte Form des französischen Vornamens *Vanille* nach dem gleichnamigen Gewürz.

Vanja: weibl. Vorn., schwedische oder italienische Form von ▸²Wanja.

Vannina: weibl. Vorn., italienische Kurzform von *Giovannina* (▸Johanna).

Varda: weibl. Vorn. neuhebräischer Herkunft (neuhebr. *varda* »Rosenstrauch, Rosenstock«).

Varenka, (auch:) Varinka: aus dem Russischen übernommener weibl. Vorn., Koseform von *Warwara* (▸Barbara).

Varg: männl. Vorn. nordischer Herkunft (altnord. *vargr* »Wolf, Räuber, friedloser Mann«).

Varina, (auch:) Varinia: weibl. Vorn. italienischer Herkunft (zu dem lateinischen Beinamen *Varinus* < lat. *vārus* »krummbeinig, mit O-Beinen versehen«).

Varinka: ▸Varenka.

Varun: männl. Vorn. indischer Herkunft (sanskrit. *varuṇa* »der zurückhält, zurückzieht«), Name einer vedischen Wassergottheit.

Varut: männl. Vorn. indischer Herkunft, der auf Sanskrit »Beschützer« bedeutet.

Lieber Mike oder Meik, Monique oder Monik?

Entscheiden sich Eltern für einen fremdländischen Vornamen, so sollte dieser in seiner Originalschreibweise übernommen werden. Versuche, schwierige Schreibweisen einzudeutschen, könnten nämlich den Eindruck erwecken, die richtige Schreibung sei den Eltern nicht bekannt gewesen: also nicht Michell, sondern Michelle, nicht Jaklin, sondern Jacqueline. Eine Ausnahme bilden einzelne seit Langem im Deutschen gängige Namen wie *Emil* (aus *Émile*), *Eduard* (aus *Édouard*) sowie die Schreibweisen *Desiree, Andree, Annett, Charlott* (statt *Désirée, Andrée, Annette, Charlotte*).

Varutri: weibl. Vorn., weibliche Form von ▸Varut.

Vasant: männl. Vorn. indischer Herkunft (sanskrit. *vasanta* »Frühling«).

Vasanti: weibl. Vorn., weibliche Form von ▸Vasant.

Vasati: weibl. Vorn. indischer Herkunft, der auf Sanskrit »Dämmerung« bedeutet.

Vasco: in den 1970er-Jahren entlehnter männl. Vorn. spanischer oder portugiesischer Herkunft, der dem Volksnamen »Baske« entspricht. ✧ Bekannter Namensträger: Vasco da Gama, portugiesischer Seefahrer und Entdecker (15./16. Jh.).

Vasílios (auch:) Vassilios: männl. Vorn., neugriechische Form von ▸Basilius.

Vasu: männl. Vorn. indischer Herkunft (sanskrit. *vasu* »Wohlstand, Reichtum«).

Vasumati: weibl. Vorn. indischer Herkunft (sanskrit. *vasu* »Wohlstand, Reichtum« + sanskrit. *matī* »habend«: »Wohlstand habend«), ein Name der Erdgöttin.

Vasupati: männl. Vorn. indischer Herkunft (sanskrit. *vasu* »Wohlstand, Reichtum« + sanskrit. *pati* »Herr«: »der Herr des Reichtums«).

Veeti: männl. Vorn., finnische Kurzform von *Fredrik* (▸Friedrich) und ▸Ferdinand.

Veikko ['veikko]: männl. Vorn. finnischer Herkunft (»Bruder«).

Veiko: männl. Vorn., vereinfachte Schreibung von ▸Veikko oder Schreibvariante von ▸¹Feiko.

Veit, (auch:) Vitus: männl. Vorn., dessen Verbreitung seit dem Mittelalter auf den heiligen Märtyrer Vitus (3./4. Jh.) zurückgeht. Die Etymologie seines Namens ist nicht sicher geklärt (vielleicht zu thrakisch *bītus* »aus Bithynien«). Der heilige Vitus gehört zu den 14 Nothelfern und wird u. a. als Helfer gegen Krämpfe, Fallsucht, Blindheit angerufen. Nach ihm heißen verschiedene mit Muskelzuckungen verbundene Krankheitsformen »Veitstanz«. Als der »heilige Veit vom Staffelstein« (oberes Maintal) erscheint er in Scheffels Lied »Wohlauf, die Luft geht frisch und rein!«. NAMENSTAG: 15. Juni.

✧ Bekannter Namensträger: Veit Stoß, deutscher Bildschnitzer und Bildhauer (15./16. Jh.). Italien. und span. Form: *Vito*. Poln. Form: *Wit*.

Velta: weibl. Vorn. lettischer Herkunft (zu lett. *velte* »Gabe, Geschenk«).

Velten, (auch:) Veltin: männl. Vorn., Kurzform von ▸ Valentin.

Veneta, (auch:) Veneta: weibl. Vorn., im Italienischen ['veneta] weibliche Form des männlichen Vornamens *Veneto* nach der gleichlautenden Region in Norditalien, im Englischen [vɪ'ni:tə], [və'ni:tə] Variante von ▸ Venetia.

Venetia [vɪ'ni:ʃə], [və'ni:ʃə]: in den 1990er-Jahren entlehnter weibl. Vorn., der in England seit dem 17. Jh. anzutreffen ist. Möglicherweise ist die Namensform *Venetia* (latinisierte Form von engl. *Venice* = dt. Venedig) als Umbildung des damals ebenfalls vergebenen Namens ▸ Venus aufgekommen, um den Bezug auf die heidnische Göttin zu verschleiern.

Venia: ▸ Venja.

Venice ['vɛnɪs]: weibl. Vorn. englischer Herkunft, identisch mit dem englischen Namen der Stadt Venedig.

Venita, engl. Aussprache: [və'ni:tə]: weibl. Vorn., englische Variante von *Veneta* (▸ Venetia).

Venja, (auch:) Venia: weibl. Vorn., russische Koseform verschiedener Vornamen, z. B. von *Venediktina* (▸ Benedikta) oder ▸ Vera.

Venla: weibl. Vorn., finnische Form von *Wendla* (▸ Wendela).

Venus: weibl. Vorn. nach der römischen Göttin der Schönheit und der Liebe. In England erscheint dieser Vorname seit dem 16. Jh., in Deutschland wird er seit den 1970er-Jahren gelegentlich vergeben. ✧ Bekannte Namensträgerin: Venus Williams, amerikanische Tennisspielerin (20./21. Jh.). Engl. Aussprache: ['vi:nəs].

Vera, (seltener:) Wera: im 19. Jh. aus dem Russischen übernommener weibl. Vorn. (russ. »Glaube, Zuversicht, Religion«). Der Name Vera kann gelegentlich auch als Kurzform von ▸ Verena oder ▸ Veronika auftreten. Tschech. Form: *Věra* ['vjɛra].

Die häufigsten Vornamen in der DDR 1980

männlich	weiblich
1. Christian	1. Kathrin
2. Stefan	2. Anja
3. Daniel	3. Sandra
4. Thomas	4. Nadine
5. Sebastian	5. Nicole
6. Matthias	6. Mandy
7. Marcel	7. Sabrina
8. Andreas	8. Claudia
9. Michael	9. Katja
10. Robert	10. Jana

Quelle: G. Müller (2001)

Veralore: weibl. Vorn., Doppelform aus ▸ Vera und ▸ Lore.

Verena, (auch:) Verene: weibl. Vorn., dessen Herkunft und Bedeutung ungeklärt sind. Zu seiner Verbreitung seit dem Mittelalter hat vor allem die Verehrung der heiligen Verena von Zurzach (3./4. Jh.) beigetragen; NAMENSTAG: 1. September.

Vérène [ve'rɛn]: weibl. Vorn., französische Form von ▸ Verena.

Vereni: weibl. Vorn., schweizerische Koseform von ▸ Verena.

Vérénice [vere'nis]: ▸ Bérénice.

Verginia [ver'dʒi:nia]: weibl. Vorn., italienische Nebenform von ▸ Virginia.

Verica ['vɛritsa]: weibl. Vorn., serbische, kroatische oder slowenische Koseform von ▸ Vera.

Verina: weibl. Vorn., italienische Koseform von ▸ Vera, auch englische Variante von ▸ Verena.

Verna: weibl. Vorn., im Schwedischen weibliche Form von *Verner* (▸ Werner), im Englischen möglicherweise weibliche Bildung zu ▸ Vernon.

Vernon ['və:nən]: männl. Vorn., ursprünglich ein englischer Familienname nach einem französischen Ortsnamen.

Vero: männl. Vorn. italienischer Herkunft, der auf den spätrömischen Beinamen *Verus* (lat. *vērus* »wahr«) zurückgeht. Gelegentlich kann es sich bei Vero auch um eine männliche Bildung zu ▸Vera handeln.

Verona: weibl. Vorn., Kurzform von ▸Veronika; teils auch nach der norditalienischen Stadt, auch im Englischen geläufig. ✧ Bekannte Namensträgerin: Verona Pooth, deutsche Fernsehmoderatorin (20./21. Jh.).

Verone: weibl. Vorn., Nebenform von ▸Verona.

Veronika, (auch:) Veronica: weibl. Vorn., der auf den Namen der Veronika von Jerusalem (Namenstag: 4. Februar) zurückgeht. Nach der (mittelalterlichen) Legende war sie eine Jüngerin Jesu, die diesem auf dem Kreuzweg ein Schweißtuch reichte, auf dem sich dann das Bild Christi abzeichnete. Ihr Name ist wahrscheinlich nach der im Latein des 12. Jh.s erstmals nachgewiesenen Bezeichnung *veronica* für dieses Schweißtuch gebildet. Dieses Wort, volksetymologisch verstanden als lat. *vēra īcon* »wahres Abbild«, lehnt sich wiederum an den Namen einer in den spätantiken sog. Pilatusakten (4. Jh.) im Zusammenhang mit dem Schweißtuch erwähnten Berníkē (▸Berenike) an. Eine weitere Namenspatronin ist die heilige Veronica Giuliani, italienische Mystikerin und Stigmatisierte (17./18. Jh.); Namenstag: 9. Juli. ✧ Bekannte Namensträgerin: Veronica Ferres, deutsche Schauspielerin (20./21. Jh.). Französ. Form: *Véronique* [vero'nik]. Poln. Form: *Weronika.*

Véronique [vero'nik]: weibl. Vorn., französische Form von ▸Veronika.

Veruschka: weibl. Vorn., russische Koseform von ▸Vera.

Vesna: weibl. Vorn. serbischer, kroatischer oder slowenischer Herkunft. Der Name ist eine südslawische Neuprägung zu urslaw. **vesna* »Licht, Helligkeit; Frühling«.

Vesta: weibl. Vorn. nach der römischen Göttin des Herdfeuers und der Häuslichkeit. In ihrem Rundtempel auf dem Forum Romanum brannte das heilige Feuer des Staatsherdes, den die Vestalinnen bewahrten.

Veva, (auch:) Vevi: weibl. Vorn., Kurzform von ▸Genoveva.

Viana: weibl. Vorn., Kurzform von ▸Silviana, ▸Viviana.

Vianne: weibl. Vorn., verkürzte Form von ▸Vivianne.

Vibeke: weibl. Vorn., dänische Form von ▸Wiebke.

Vicco: männl. Vorn., Kurzform von ▸Viktor.

Vicente [bi'θente]: männl. Vorn., spanische Form von ▸Vinzenz.

Vicki, (auch:) Viki: weibl. Vorn., Kurzform von ▸Viktoria. ✧ Bekannte Namensträgerin: Vicki Baum, österreichische Schriftstellerin (19./20. Jh.).

Vicky: weibl. Vorn., englische Kurzform von ▸Viktoria. ✧ Bekannte Namensträgerin: Vicky Leandros, griechische Schlagersängerin (20./21. Jh.).

Vico: männl. Vorn., italienische Kurzform von *Lodovico* (▸Ludwig), auch Schreibvariante von ▸Vicco.

Victoire [vik'twa:r]: weibl. Vorn., französische Form von ▸Viktoria.

Victor: ▸Viktor.

Victoria: ▸Viktoria.

Victorine: weibl. Vorn., der auf lat. *Victorina*, eine Ableitung von *Victor* (▸Viktor), zurückgeht, auch französisch [viktɔ'rin].

Vida: weibl. Vorn., englische und schwedische Kurzform von ▸Davida oder italienische Variante von ▸Vita.

Vidar: männl. Vorn. nordischer Herkunft (altnord. *Víðarr* zu altnord. *víð* »Wald« + urnord. *harjaR*, altnord. *herr* »Heer; Heerführer, Krieger«). In der nordischen Mythologie ist Vidar der Sohn des Gottes Odin.

Vidya: weibl. Vorn. indischer Herkunft, der auf Sanskrit »Wissen« bedeutet. Vidya ist ein Name der Göttin Saraswati.

Vienna: weibl. Vorn., italienische Form des Namens der österreichischen Hauptstadt. Das Aufkommen dieses Vornamens in Italien geht wahrscheinlich auf den Wiener Friedensvertrag von 1866 zurück, in welchem Österreich das Königreich Italien anerkannte. In den USA wird Vienna [vɪ'ɛnə] von afroamerikanischen Eltern vergeben.

Vigdis: weibl. Vorn. nordischer Herkunft (altnord. *Vígdís* zu altnord. *víg* »Kampf, Streit« + altnord. *dís* »Göttin«).

Viggo: männl. Vorn. nordischer Herkunft, latinisierte Kurzform von Zusammensetzungen mit dem altnordischen Namenbestandteil *víg* »Kampf, Streit«.

Vigil: männl. Vorn., der auf den römischen Beinamen *Vigilius* zurückgeht, der traditionellerweise zu lat. *vigilāre* »wachen« gestellt wird. Namenspatron ist der heilige Märtyrer Vigilius († um 400), Bischof von Trient; NAMENSTAG: 26. Juni.

Vija: weibl. Vorn. lettischer Herkunft (lett. *vija* »Kranz«).

Vijay [vi'dʒaj]: männl. Vorn. indischer Herkunft (sanskrit. *vijaya* »Sieg«).

Vijaya [vi'dʒaja]: weibl. Vorn., weibliche Form von ▸ Vijay.

Viki: ▸ Vicki.

Vikram: männl. Vorn. indischer Herkunft (sanskrit. *vikrama* »Schritt«, auch »Heldentum; Stärke«).

Viktor, (auch:) Victor: männl. Vorn. lateinischen Ursprungs (lat. *victor* »Sieger«, auch Beiname des Herkules und des Göttervaters Jupiter). Der Name Viktor wurde vielen christlichen Märtyrern als Ehrenname beigelegt. Im deutschen Sprachgebiet sind am bekanntesten die heiligen Märtyrer Viktor von Solothurn, NAMENSTAG: 30. September, und Viktor von Xanten, NAMENSTAG: 10. Oktober. Als Fürstenname erscheint Viktor im Hause Sardinien-Piemont, z. B. Viktor Emanuel II., erster König von Italien (19. Jh.). ✧ Andere bekannte Namensträger: Victor Marie Hugo, französischer Dichter (19. Jh.); Joseph Victor von Scheffel, deutscher Lyriker und Erzähler (19. Jh.); Victor de Vasarély (eigentlich Viktor Vásárhelyi), französischer Maler und Grafiker ungarischer Herkunft (20. Jh.). Französ. Aussprache: [vik'tɔr]. Engl. Aussprache: ['vɪktə]. Italien. Form: *Vittorio*. Poln. Form: *Wiktor*.

Viktoria, (auch:) Victoria: weibl. Vorn. lateinischen Ursprungs (lat. *victōria* »Sieg«, auch Name der altrömischen geflügelten Siegesgöttin Victoria). Die Vergabe dieses Vornamens setzt in Deutschland Anfang des 19. Jh.s ein. ✧ Bekannte Namensträgerinnen: Königin Victoria von England (19./20. Jh.) und ihre Tochter Viktoria, Königin von Preußen und deutsche Kaiserin (19./20. Jh.); Viktoria, Kronprinzessin von Schweden (20./21. Jh.); Victoria Beckham, englische Sängerin und Modedesignerin (20./21. Jh.). Engl. Aussprache: [vɪk'tɔːrɪə]. Französ. Form: *Victoire* [vik'twaːr]. Italien. Form: *Vittoria*. Russ. Form: *Viktorija*. Poln. Form: *Wiktoria*.

Viktorija: weibl. Vorn., russische Form von ▸ Viktoria.

Vilhelm: männl. Vorn., nordische Form von ▸ Wilhelm.

Vilja: weibl. Vorn. finnischen Ursprungs (»Nahrung, Reichtum, Güte«).

Vilma: weibl. Vorn., nordische, italienische, ungarische ['vilmɔ] und englische ['vɪlmə] Form von ▸ Wilma.

Vilmar: männl. Vorn., nordische Form von ▸ Wilmar.

Vilmos ['vilmoʃ]: männl. Vorn. ungarischer Herkunft, der aus der latinisierten Form *Willemus* (▸ Wilhelm) hervorgegangen ist.

Vimal: männl. Vorn. indischer Herkunft (sanskrit. *vimala* »rein«).

Vimala: weibl. Vorn., weibliche Form von ▸ Vimal.

Vina: weibl. Vorn., Kurzform von Namen, die auf »-vina« enden (z. B. ▸ Davina, ▸ Silvina).

Vince [vɪns]: in den 1980er-Jahren entlehnter männl. Vorn., englische Kurzform von *Vincent* (▸ Vinzenz), auch ungarisch. ✧ Bekannter Namensträger: Vince Vaughn, amerikanischer Filmschauspieler (20./21. Jh.).

Vincenc: ['vintsɛnts]: männl. Vorn., tschechische und slowakische Form von ▸ Vinzenz.

Vincent: männl. Vorn., deutsche, niederländische, englische ['vɪnsənt] und französische [vɛ̃'sã] Nebenform von ▸Vinzenz. ✧ Bekannter Namensträger: Vincent van Gogh, niederländischer Maler (19. Jh.).

Vịncenz: ▸Vinzenz.

Vincenza [vin'tʃɛntsa]: weibl. Vorn., weibliche Form von ▸Vincenzo.

Vincenzina [vintʃɛn'tsina]: weibl. Vorn., italienische Koseform von ▸Vincenza.

Vincenzo [vin'tʃɛntso]: männl. Vorn., italienische Form von ▸Vinzenz. ✧ Bekannter Namensträger: Vincenzo Bellini, italienischer Komponist (19. Jh.).

Vinịta: weibl. Vorn. indischer Herkunft, der auf Sanskrit »die Bescheidene« bedeutet.

Vịnja: weibl. Vorn., serbische, kroatische Koseform von ▸Vina.

Vinzẹnt: männl. Vorn., deutsche Nebenform von ▸Vinzenz.

Vinzẹntia, (auch:) Vinzẹnta: weibl. Vorn., weibliche Form von ▸Vinzenz.

Vịnzenz, (auch:) Vincẹnt; Vịncenz; Vinzẹnt: männl. Vorn. lateinischen Ursprungs (lat. *Vincentius*, Ableitung von lat. *vincēns* »siegend«). Zu der Verbreitung des Namens im Mittelalter trug vor allem die Verehrung des heiligen Märtyrers Vinzenz von Saragossa (3./4. Jh.) bei; NAMENSTAG: 22. Januar. Ein weiterer Namenspatron ist der heilige Vinzenz von Paul, französischer Priester, Begründer der neuzeitlichen katholischen Caritasarbeit (16./17. Jh.); NAMENSTAG: 27. September. Französ. Form: *Vincent* [vɛ̃'sã]. Engl. Form: *Vincent* ['vɪnsənt]. Niederländ. Form: *Vincẹnt*. Italien. Form: *Vincenzo* [vin'tʃɛntso]. Span. Form: *Vicente* [bi'θente]. Tschech., slowak. Form: *Vịncenc* ['vintsɛnts].

Viọla, (auch:) Vịola: weibl. Vorn. lateinischen Ursprungs (lat. *viola* »Veilchen, Levkoje«). Eine bekannte literarische Gestalt ist die Viola in Shakespeares »Was ihr wollt« (1600–01). Engl. Form: *Viola* ['vaɪələ].

Violaine [vjɔ'lɛn]: weibl. Vorn. französischer Herkunft, der auf eine Verkleinerungsform von altfranzös. *viole* »Veilchen« zurückgeht.

Violạnte, (auch:) Violạnta; Violạnda: weibl. Vorn. italienischer Herkunft, Variante von *Iolanda* (▸Jolanda) unter dem Einfluss von italien. *viola* »Veilchen«.

Violet ['vaɪəlɪt]: weibl. Vorn. zu engl. *violet* »Veilchen«.

Violẹta: weibl. Vorn. zu span. *violeta* »Veilchen«.

Violẹtta: weibl. Vorn. zu italien. *violetta* »Veilchen« oder Koseform von ▸Viola. Eine bekannte Operngestalt ist die Violetta Valéry in Verdis Oper »La Traviata« (1853).

Violette [vjɔ'lɛt]: weibl. Vorn. zu französ. *violette* »Veilchen«.

Viọna: weibl. Vorn., außerhalb des englischsprachigen Raums vorkommende Schreibvariante von ▸Fiona.

¹Virgịl: männl. Vorn., dessen frühe Verbreitung in Österreich und Bayern auf den heiligen Virgilius, Bischof von Salzburg (8. Jh., NAMENSTAG: 24. November), zurückgeht. Dieser Heilige stammte aus Irland. Sein ursprünglicher Name, vermutlich *Fearghal* (gäl. *fear* »Mann« + *gal* »Tapferkeit«), wurde als »Virgilius« (▸²Virgil) latinisiert.

²Virgịl: männl. Vorn., der auf Virgilius, jüngere Form des altrömischen Geschlechternamens *Vergilius*, zurückgeht. Vorbild für die gelegentliche Vergabe dieses Vornamens seit der Humanistenzeit (16. Jh.) ist der römische Nationaldichter Vergil (Publius Vergilius Maro), der Verfasser der »Äneis« (1. Jh. v. Chr.).

Virgịlia: weibl. Vorn., weibliche Form von *Virgilius* (▸¹Virgil, ▸²Virgil), auch italienisch [vir'dʒiːli̯a].

Virgilio [vir'dʒiːli̯o]: männl. Vorn., italienische Form von *Virgilius* (▸²Virgil, selten ▸¹Virgil).

Virgịnia, (auch:) Virgịnie: weibl. Vorn., der auf den römischen Geschlechternamen *Verginius* (jüngere Schreibung *Virginius*) zurückgeht, dessen eigentliche Bedeutung ungeklärt ist. Die jüngere Namensform *Virginia* wird gewöhnlich volksetymologisch mit dem lat. Eigenschaftswort *virgineus, -a, -um* »jungfräulich« (zu lat. *virgo*

»Jungfrau«) zusammengebracht und als »die Jungfräuliche« verstanden. Bekannt aus der Antike ist die Geschichte von Verginia, Tochter des Decimus Verginius, die von ihrem Vater erstochen wurde, um sie dem Zugriff des Appius Claudius zu entziehen. Dieser Stoff erfuhr mehrere dramatische und musikalische Verarbeitungen. ✧ Bekannte Namensträgerin: Virginia Woolf, englische Schriftstellerin (19./20. Jh.). Französ. Form: *Virginie* [virʒi'ni]. Engl. Form: *Virginia* [vɘ'dʒɪnjɘ]. Italien. Form: *Virginia* [vir'dʒiːni̯a].

Vi̱rya: weibl. Vorn. indischer Herkunft (sanskrit. *vīrya* »geistige Kraft, Stärke«).

Viryavạn: männl. Vorn. indischer Herkunft (sanskrit. *vīrya* »geistige Kraft, Stärke« + sanskrit. *van* »habend«: »geistige Kraft habend«).

Vịshnu: männl. Vorn., englische Schreibweise von ▸ Wischnu.

Vi̱ta: weibl. Vorn. lateinischen Ursprungs (lat. *vīta* »Leben«). Vita kann auch die weibliche Form von *Vitus* (▸ Veit) sein.

Vita̱l: männl. Vorn., deutsche Form von ▸ Vitalis.

Vita̱li, (auch:) Vita̱lij: männl. Vorn., russische und ukrainische Form von ▸ Vitalis. ✧ Bekannter Namensträger: Vitali Klitschko, ukrainischer Profiboxer (20./21. Jh.).

Vita̱lis: männl. Vorn. lateinischen Ursprungs, der auf einen römischen Beinamen (zu lat. *vītālis* »das Leben erhaltend, Leben spendend«) zurückgeht. Namenspatrone sind der heilige Märtyrer Vitalis, NAMENSTAG: 4. November, und der heilige Bischof Vitalis von Salzburg (8. Jh.), NAMENSTAG: 20. Oktober.

Vi̱to: in den 1930er-Jahren entlehnter männl. Vorn., italienische und spanische Form von ▸ Vitus.

Vitto̱ria: weibl. Vorn., italienische Form von ▸ Viktoria. Eine literarische Gestalt ist die Vittoria in dem Roman »Vittoria Accorombona« (1840) von Ludwig Tieck.

Vitto̱rio: im 20. Jh. entlehnter männl. Vorn., italienische Form von ▸ Viktor. ✧ Bekannter Namensträger: Vittorio De Sica, italienischer Filmschauspieler und Regisseur (20. Jh.).

Vi̱tus: ▸ Veit.

Vi̱va: weibl. Vorn. zu lat. *vīvus, -a, -um* »lebend, lebendig, lebhaft« oder Kurzform von ▸ Viviane oder von ▸ Viveca.

Vịveca, (auch:) Vịveka; Vịvica; Vịvika: weibl. Vorn., latinisierte Form des dänischen Vornamens *Vibeke* (▸ Wiebke).

Vivẹtte: weibl. Vorn., Weiterbildung von ▸ Viva.

Vi̱vi: weibl. Vorn., Kurzform von ▸ [2]Vivian, ▸ Viviana.

Vi̱via: weibl. Vorn., Kurzform von ▸ Viviana.

[1]Vivian ['vɪvɪɘn]: in den 1980er-Jahren aus dem Englischen entlehnter männl. Vorn., der auf eine altfranzösische Form des römischen Beinamens *Vibianus/Vivianus* (Ableitung von dem bislang ungeklärten Geschlechternamen *Vibius*, früher gern zu dem lateinischen Adjektiv *vīvus* »lebendig, lebhaft« gestellt) zurückgeht.

[2]Vivian ['vɪvɪɘn]: in den 1950er-Jahren entlehnter weibl. Vorn. englischer Herkunft, identisch mit ▸ [1]Vivian.

Vivia̱na: weibl. Vorn., weibliche Form des römischen Beinamens *Vivianus* (▸ [1]Vivian), auch italienisch und spanisch. Dieser Vorname begegnet in Deutschland seit den 1980er-Jahren.

Vivia̱ne: in den 1960er-Jahren entlehnter weibl. Vorn., französische Form von ▸ Viviana. Anderer, wahrscheinlich keltischer Herkunft ist Viviane, der Name einer Fee aus der Artussage, der auch als Niniane, Ninienne überliefert ist. Viviane, genannt die »Dame vom See«, wird von Merlin in die Geheimnisse der Zauberkunst eingeweiht. In ihrem Schloss in der Tiefe eines Zaubersees erzieht sie den jungen Lancelot in allen ritterlichen Tugenden. Französ. Aussprache: [vi'vjan].

Viviạnne: in den 1980er-Jahren aufgekommener weibl. Vorn., Umbildung von ▸ Viviana in Anlehnung an ▸ Anne.

Vịvica, (auch:) Vịvika: ▸ Viveca.

¹Vivien [vi'vjɛ̃]: in den 1960er-Jahren entlehnter männl. Vorn., französische Form des römischen Beinamens *Vibianus/Vivianus* (▸ ¹Vivian).

²Vivien ['vɪvɪən]: in den 1960er-Jahren aus dem Englischen entlehnter weibl. Vorn., der auf den Namen der Titelgestalt von Tennysons Gedicht »Vivien and Merlin« (1859) zurückgeht, das auf den keltischen Artusepen beruht (▸ Viviane). ✧ Bekannte Namensträgerin: Vivien Leigh, englische Filmschauspielerin (20. Jh.).

Vivienne [vi'vjɛn]: in den 1960er-Jahren entlehnter weibl. Vorn., weibliche Form von ▸ ¹Vivien, auch im Englischen geläufig. ✧ Bekannte Namensträgerin: Vivienne Westwood, englische Modedesignerin (20./21. Jh.).

Vịvika: ▸ Viveca.

Vla̲di: männl. Vorn., Kurzform von ▸ Vladimir.

Vladi̲mir: männl. Vorn., englische, französische, serbische, kroatische Form von ▸ Wladimir, auch Eindeutschung von tschech. *Vladimír.* ✧ Bekannte Namensträger: Vladimir Nabokov, russisch-amerikanischer Schriftsteller (20. Jh.); Vladimir Horowitz, amerikanischer Pianist russischer Herkunft (20. Jh.).

Vla̲do: männl. Vorn., Kurzform von ▸ Vladimir oder *Vladislav* (▸ Ladislaus).

Vlạsta: weibl. Vorn. tschechischer Herkunft, Kurzform von Namen, die mit »Vlast-« beginnen, z. B. *Vlastislava* (urslaw. **vlastь* »Macht, Eigentum« + urslaw. **slava* »Ruhm, Ehre«).

Vojtěch ['vɔjtjɛx]: männl. Vorn. tschechischer Herkunft (urslaw. **vojь* »Krieg« + altkirchenslawisch *potěcha, utěcha* »Trost, Freude«).

Vọlbert, (auch:) Fọlbert: männl. Vorn., jüngere Form von ▸ Volkbert.

Voli̲ne: ▸ Foline.

Volkạn: männl. Vorn. türkischer Herkunft, der »Vulkan« bedeutet.

Vọlkard, (auch:) Vọlkart: männl. Vorn., jüngere Form von ▸ Volkhard.

Vọlkbert, (auch:) Vọlbert; Fọlbert: alter deutscher männl. Vorn. (ahd. *folc* »Haufe, Kriegsschar, Volk« + ahd. *beraht* »glänzend, berühmt«; etwa »in der Kriegsschar glänzend, berühmt«).

Vọlker, (auch:) Fọlker; Vọlkher: alter deutscher männl. Vorn. (ahd. *folc* »Haufe, Kriegsschar, Volk« + ahd. *heri* »Heer; Heerführer, Krieger«; etwa »Kämpfer in der Kriegsschar«). Der Name ist bekannt durch den ritterlichen Spielmann des Nibelungenlieds, Volker von Alzey (= Alzey in Rheinhessen). Volker wurde nach 1900 wiederbelebt. ✧ Bekannte Namensträger: Volker Schlöndorff, deutscher Filmregisseur (20./21. Jh.); Volker Braun, deutscher Schriftsteller (20./21. Jh.); Volker Reiche, deutscher Zeichner (20./21. Jh.).

Vọlkert, (auch:) Fọlkert: männl. Vorn., jüngere Form von ▸ Volkhard.

Vọlkhard, (auch:) Fọlkhard; Vọlkard; Vọlkart; Fọlkert; Vọlkert: alter deutscher männl. Vorn. (ahd. *folc* »Haufe, Kriegsschar, Volk« + ahd. *harti, herti* »hart, kräftig, stark«; etwa »der in der Kriegsschar stark ist«).

Vọlkher: ▸ Volker.

Vọlkhild: alter deutscher weibl. Vorn. (ahd. *folc* »Haufe, Kriegsschar, Volk« + ahd. *hiltja* »Kampf; Kriegerin«; etwa »Kämpferin in der Kriegsschar«).

Vọlkmar, (auch:) Fọlkmar: alter deutscher männl. Vorn. (ahd. *folc* »Haufe, Kriegsschar, Volk« + ahd. *māri* »bekannt, berühmt, angesehen«; etwa »der in der Kriegsschar berühmt ist«).

Vọlko: männl. Vorn., Kurzform von Namen, die mit ahd. *folc* »Haufe, Kriegsschar, Volk« gebildet sind.

Vọlkrat, (auch:) Vọlrat; Fọlrat: alter deutscher männl. Vorn. (ahd. *folc* »Haufe, Kriegsschar, Volk« + ahd. *rāt* »Rat, Beratung, Ratgeber«; etwa »Berater/Ratgeber in der Kriegsschar«).

Vọlkwin: alter deutscher männl. Vorn. (ahd. *folc* »Haufe, Kriegsschar, Volk« + ahd. *wini* »Freund«).

Volma: weibl. Vorn. friesischer Herkunft, weibliche Bildung zu einer Kurzform von ▸ Volkmar.

Volrat: männl. Vorn., Nebenform von ▸ Volkrad.

Vrena: weibl. Vorn., Kurzform von ▸ Verena.

Vreni, (auch:) Vreny: weibl. Vorn., Koseform von ▸ Verena.

Vroni: weibl. Vorn., oberdeutsche Koseform von ▸ Veronika.

Vuk: männl. Vorn. serbischer, kroatischer Herkunft (serb., kroat. *vuk* »Wolf«).

Vutomi: aus Südafrika stammender weibl. Vorn., der in der Tsonga-Sprache »Leben« bedeutet.

Vytautas: männl. Vorn. litauischer Herkunft (lit. *vyd* zu [iš]*vysti* »sehen« + lit. *tauta* »Nation«). Diesen Namen trug der erste christliche Großfürst von Litauen (14./15. Jh.).

W

Wade [weɪd]: männl. Vorn., ursprünglich ein englischer Familienname, der auf den altenglischen Personennamen *Wada* (zu altengl. *wadan* »gehen«) oder auf einen Wohnstättennamen (»wohnhaft bei einer Furt«) zurückgehen kann. Die Vergabe dieses Vornamens setzte im 19. Jh. ein und wurde durch seine Verwendung in Margaret Mitchells Roman »Vom Winde verweht« (1936, Verfilmung 1939) gefördert.

Wadim: ▸ Vadim.

Wafa: weibl. Vorn. arabischer Herkunft (arab. *wafā'* »Treue« zu arab. *wafa* »[ein Versprechen] erfüllen«).

Wahib: männl. Vorn. arabischer Herkunft (arab. *wahīb* »Geber, großzügiger Schenker« zu arab. *wahaba* »geben«).

Wahiba: weibl. Vorn., weibliche Form von ▸ Wahib.

Waike: ▸ Weike.

Wail [wa:ˈil]: männl. Vorn. arabischer Herkunft (arab. *wā'il* »einer, der zu Gott zurückkehrt« zu arab. *wa'ala* »zurückkehren«).

Wakanda: weibl. Vorn., der in der Sprache der Sioux-Indianer »sie besitzt magische Kräfte« bedeutet.

Walafried: ▸ Walfried.

Walburg, (auch:) Walburga; Walburgis; Waldburga; Walpurga: alter deutscher weibl. Vorn. (ahd. *walt-* zu *waltan* »walten, herrschen« + ahd. *burg* »Burg, Zufluchtsstätte, Schutz«). Zu der großen Verbreitung des Namens im Mittelalter trug vor allem die Verehrung der heiligen Walpurga bei, einer angelsächsischen Missionarin und Äbtissin von Heidenheim bei Gunzenhausen (8. Jh.); NAMENSTAG: 25. Februar. Früher feierte man ihr Gedächtnis am 1. Mai; daher heißt die Nacht vor diesem Tage, in der nach dem Volksglauben Hexen und Geister unterwegs sind, Walpurgisnacht. Dieses Zusammentreffen ist aber rein zufällig.

Waldemar, (auch:) Woldemar: alter deutscher männl. Vorn. (ahd. *walt-* zu *waltan* »walten, herrschen« + ahd. *māri* »bekannt, berühmt, angesehen«). Waldemar war im Mittelalter dänischer Königsname, z. B. König Waldemar I., der Große (12. Jh.), König Waldemar IV. Atterdag (14. Jh.). Waldemar (niederdt. *Woldemar*) hieß auch der letzte askanische Markgraf von Brandenburg (13./14. Jh.). Im 19. Jh. wurde der Vorname Waldemar wieder häufiger und wird heute gern von Aussiedlern als Ersatz für russ. ▸ Wladimir gewählt. ✧ Bekannter Namensträger: Waldemar Bonsels, deutscher Schriftsteller (19./20. Jh.).

Waldfried: ▸ Walfried.

Waldo, (auch:) Walto: männl. Vorn., verselbstständigte Kurzform von Namen, die mit »Wald[e]-« oder »-wald« gebildet sind.

Waldtraut, (auch:) Waldtraute: weibl. Vorn., durch volkstümliche Anlehnung an »Wald« und »traut« entstandene Nebenform von ▸ Waltraud.

Walenty: männl. Vorn., polnische Form von ▸ Valentin.

Waleria: weibl. Vorn., polnische Form von ▸ Valerie.

Waleska: ▸ Valeska.

Walfried, (auch:) Walafried; Waldfried; Walfred: alter deutscher männl. Vorn. (ahd. *walt-* zu *waltan* »walten, herrschen« oder ahd. *walah* »der Welsche« + ahd. *fridu* »Schutz vor Waffengewalt, Friede; Friedenswahrer«).

Walfriede: weibl. Vorn., weibliche Form von ▸ Walfried.

Walheide: weibl. Vorn., Doppelform aus *Wal-* (▸ Waltraud) und ▸ Heide.

Walid: männl. Vorn. arabischen Ursprungs

(arab. *walīd* »neugeborenes Kind« zu arab. *walada* »gebären«). ✧ Bekannter Namensträger: Walid ibn Abd al-Malik, Omaijadenkalif (7./8. Jh.), unter dessen Herrschaft die arabischen Eroberungen ihren Höhepunkt erreichten.

Wallace ['wɔlɪs]: männl. Vorn., ursprünglich ein englischer und schottischer Familienname, dem altfranzös. *waleis* »Fremder, Kelte, Waliser« zugrunde liegt. Dieses Wort verwendeten die Normannen, um die verschiedenen Angehörigen der keltischen Bevölkerung zu bezeichnen.

Walli, (auch:) Wally: weibl. Vorn., Kurzform von ▸Walburg oder auch von ▸Valerie, ▸Valentine. Der Name war besonders im 19. Jh. beliebt. Bekannte literarische Gestalten sind die Wally in F. K. Gutzkows Roman »Wally, die Zweiflerin« (1835) und die Geierwally in dem gleichnamigen Roman von Wilhelmine v. Hillern (1875).

Walo: männl. Vorn., schweizerische Kurzform von ▸Walter und ▸Waldemar.

Walpurga: ▸Walburg.

Walram: alter deutscher männl. Vorn. (ahd. *wal* »Kampfplatz, Walstatt« + ahd. *hraban* »Rabe«. Der Rabe war in der germanischen Mythologie mit dem Gott Odin verbunden. Er ist auch der Totenvogel. Der Name bedeutet also »Schlachtrabe, Kampfrabe«.). Der Vorname Walram war im Mittelalter besonders bei rheinischen Adelsfamilien (Nassau, Limburg, Kleve) verbreitet.

¹**Walt:** männl. Vorn., Kurzform von Namen, die mit »Wald(e)-« oder »-wald« gebildet sind. Eine literarische Gestalt ist der Walt (hier Kurzform von *Gottwalt*) in Jean Pauls Roman »Flegeljahre« (1804/05).

²**Walt** [wɔ:lt]: männl. Vorn., englische Kurzform von *Walter* (▸Walter). ✧ Bekannte Namensträger: Walt Whitman, amerikanischer Dichter (19. Jh.); Walt Disney, amerikanischer Trickfilmzeichner und Filmproduzent, Erfinder der Mickymaus (20. Jh.).

Walter, (auch:) Walther: alter deutscher männl. Vorn. (ahd. *walt-* zu *waltan* »walten, herrschen« + ahd. *heri* »Heer; Heerführer, Krieger«). Der Name Walter war im Mittelalter weit verbreitet. Er erscheint auch als Sagengestalt (der westgotische Königssohn Walther von Aquitanien; vgl. das Waltharilied). Im 19. Jh. wurde der Vorname Walter im Anschluss an die historische Dichtung neu belebt. Aus Schillers »Wilhelm Tell« (1804) sind Tells Schwiegervater Walther Fürst und Tells Sohn Walther bekannt, aus Wagners Oper »Die Meistersinger von Nürnberg« (1868) der Ritter Walter von Stolzing. ✧ Bekannte Namensträger: Walther von der Vogelweide, mittelhochdeutscher Dichter (12./13. Jh.); Sir Walter Raleigh, englischer Seefahrer (16./17. Jh.); Walter Scott, schottischer Dichter (18./19. Jh.); Walther Rathenau, deutscher Politiker (19./20. Jh.); Walter Kollo, deutscher Operettenkomponist (19./20. Jh.); Walter Gropius, deutscher Architekt (19./20. Jh.); Walter Benjamin, deutscher Schriftsteller und Literaturkritiker (19./20. Jh.); Walter Scheel, deutscher Politiker (20./21. Jh.); Walter Jens, deutscher Schriftsteller (20./21. Jh.); Walter Kempowski, deutscher Schriftsteller (20./21. Jh.). Engl. Form: *Walter* ['wɔ:ltə]. Französ. Form: *Gauthier* [go'tje].

Die häufigsten Vornamen in der Bundesrepublik 1990

männlich	weiblich
1. Daniel	1. Anna
2. Christian	2. Christine
3. Alexander	3. Katharina
4. Patrick	4. Lisa
5. Tobias	5. Julia
6. Sebastian	6. Sarah
7. Jan	7. Maria
8. Philipp	8. Laura
9. Dennis	9. Jennifer
10. Michael	10. Nadine

Quelle: G. Müller (2001)

Walto: ▸Waldo.

Waltraud, (auch:) Waltraude; Waltraut; Waltraute; Waldtraut; Waldtraute; Waltrud; Waltrude: alter deutscher weibl. Vorn. (ahd. *walt-* zu *waltan* »walten, herrschen« + german. *þrūþi »Kraft, Stärke«, in althochdeutscher Zeit umgedeutet zu *trūt* »vertraut, lieb«). ✧ Bekannte Namensträgerin: Waltraud Meier, deutsche Opernsängerin (20./21. Jh.).

Waltrun: alter deutscher weibl. Vorn. (ahd. *walt-* zu *waltan* »walten, herrschen« + ahd. *rūna* »Geheimnis; geheime Beratung«).

[1]Wan: männl. Vorn. chinesischer Herkunft, der »anmutig, lieblich« bedeutet.

[2]Wan: weibl. Vorn., identisch mit ▸ [1]Wan.

Wanda: im 19. Jh. aus dem Polnischen übernommener weibl. Vorn., dessen Bedeutung ungeklärt ist.

Wander: männl. Vorn. friesischer/niederländischer Herkunft, der wohl über ▸ Warnder aus ▸ Warner entstanden ist.

[1]Wanja: männl. Vorn., russische Koseform von *Iwan* (▸ Johannes).

[2]Wanja: in den 1970er-Jahren entlehnter weibl. Vorn., russische Koseform von ▸ Iwana.

Wanjo: männl. Vorn., bulgarische Koseform von *Iwan* (▸ Johannes).

Warda: weibl. Vorn. arabischer Herkunft (arab. *warda* »Rose; Blume«).

Waris: weibl. Vorn., der durch die aus Somalia stammende Schriftstellerin Waris Dirie (20./21. Jh.) international bekannt ist. Sie selbst gibt die Bedeutung ihres Vornamens mit »Wüstenblume« an.

Warja: weibl. Vorn., russische Koseform von *Warwara* (▸ Barbara).

Warnder: männl. Vorn., friesische Variante von ▸ Warner.

Warner: männl. Vorn., niederdeutsche Form von ▸ Werner.

Warnfried: ▸ Wernfried.

Warren ['wɔrɪn]: männl. Vorn., ursprünglich ein englischer Familienname, der sich z. T. von dem Ortsnamen La Varenne in der Normandie, z. T. von dem alten Rufnamen *Warin/Guarin* (vgl. ▸ Werner) ableitet. ✧ Bekannter Namensträger: Warren Beatty, amerikanischer Schauspieler und Regisseur (20./21. Jh.).

Warwick, engl. Aussprache: ['wɔrɪk], amer. Aussprache: ['wɔːwɪk]: männl. Vorn., ursprünglich ein englischer Familienname, der wiederum auf einen Ortsnamen zurückgeht.

Wasja: männl. Vorn., russische Koseform von *Wassili* (▸ Basilius).

Wassili, (auch:) Wassilij; Wassily: im 19. Jh. entlehnter männl. Vorn., russische Form von ▸ Basilius. ✧ Bekannter Namensträger: Wassily Kandinsky, französischer Maler russischer Herkunft (19./20. Jh.).

Wassim: männl. Vorn. arabischer Herkunft (arab. *wasīm* »schön, anmutig, gut aussehend« zu arab. *wasama* »kennzeichnen«).

Wassima: weibl. Vorn., weibliche Form von ▸ Wassim.

Wastl: männl. Vorn., oberdeutsche, besonders bayerische und österreichische Koseform von ▸ Sebastian.

Wayne [weɪn]: in den 1970er-Jahren entlehnter männl. Vorn., ursprünglich ein englischer Berufsübername für den Wagenmacher, -lenker (zu altengl. *wæg[e]n* »Wagen«). Die Verwendung als Vorname wurde durch die Popularität des Filmschauspielers John Wayne (20. Jh.) gefördert.

Weda: weibl. Vorn., verselbstständigte Kurzform von Zusammensetzungen mit »Wig-« (ahd. *wīg* »Kampf, Krieg«) oder »Widu-« (ahd. *witu* »Wald«).

Weddo: männl. Vorn., verselbstständigte Kurzform von Zusammensetzungen mit »Wig-« oder »Widu-« (▸ Weda).

Wedigo, (auch:) Wedige: ▸ Witigo.

Wedis: weibl. Vorn., latinisierende Variante von ▸ Weda.

Weena, engl. Aussprache: ['wiːnə]: in den 1990er-Jahren entlehnter weibl. Vorn. literarischen Ursprungs. So heißt in dem Roman »Die Zeitmaschine« (1895) von H. G. Wells die zarte Eloi-Freundin des Zeitreisenden (vielleicht zu engl. *weeny* »winzig« oder engl. *to ween* »hoffen«).

Weert: männl. Vorn., durch Zusammenziehung entstandene niederdeutsch-friesische Kurzform von ▸ Wighard.

Weerta: weibl. Vorn., weibliche Form von ▸ Weert.

Wega: weibl. Vorn., Kurzform von Zusammensetzungen mit »Wig-« oder »-wig« (ahd. *wīg* »Kampf, Krieg«), weibliche Bildung zu *Wege* < *Wedige* (▸ Wedigo) oder auch nach dem gleichlautenden Stern.

[1]**Wei** [vei]: männl. Vorn. chinesischer Herkunft, der »wertvoll, kostbar« bedeutet.

[2]**Wei** [vei]: weibl. Vorn., identisch mit ▸ [1]Wei.

Weigand: ▸ Wigand.

Weike, (auch:) Waike: weibl. Vorn., friesische Kurzform von Namen mit »Wig-« oder »-wig« (ahd. *wīg* »Kampf, Krieg«).

Welf: alter deutscher männl. Vorn. (ahd. *hwelf* »Tierjunges, junger Hund«). Der Name war im Mittelalter traditionell im deutschen Fürstenhaus der Welfen.

Welfhard: alter deutscher männl. Vorn. (ahd. *hwelf* »Tierjunges, junger Hund« + ahd. *harti, herti* »hart, kräftig, stark«).

Wemko: männl. Vorn., friesische Koseform von Zusammensetzungen mit »Well-« (z.B. *Wellem*; ▸ Willhelm).

Wencke: weibl. Vorn., Schreibvariante von ▸ Wenke.

Wend, (auch:) Wendt: männl. Vorn., Kurzform von ▸ Wendelin.

Wendel: ▸ Wendelin.

Wendela, (auch:) Wendla; Wendula: weibl. Vorn., weibliche Form von ▸ Wendel.

Wendelgard: alter deutscher weibl. Vorn. (der erste Bestandteil gehört zum germanischen Stammesnamen der Vandalen; der zweite Bestandteil enthält german. **gardaz* »Zaun, Einfriedung«, vgl. ahd. *garto* »Garten«).

Wendelin, (auch:) Wendel; Wendlin: männl. Vorn., Koseform von heute nicht mehr vorkommenden Namen wie *Wendelbert, Wendelmar* (zu dem Namenbestandteil »Wendel-« ▸ Wendelgard). Die Verbreitung des Namens geht auf den heiligen Wendelin († um 570) zurück, der als Patron der Hirten und des Viehs verehrt wird. Sein Grab in St. Wendel (Saarland) wurde im Mittelalter zu einem bedeutenden Wallfahrtsort; NAMENSTAG: 20. Oktober.

Wendelina: weibl. Vorn., weibliche Form von ▸ Wendelin.

Wendelinus: männl. Vorn., latinisierte Form von ▸ Wendelin.

Wendi: weibl. Vorn., Schreibvariante von ▸ Wendy oder Koseform von Namen, die mit »Wendel-« gebildet sind, z.B. ▸ Wendelgard.

Wendla: ▸ Wendela.

Wendlin: ▸ Wendelin.

Wendo: männl. Vorn., Kurzform von ▸ Wendelin.

Wendt: ▸ Wend.

Wendula: ▸ Wendela.

Wendy ['wɛndɪ]: in den 1960er-Jahren aus dem Englischen übernommener weibl. Vorn., der auf die Wendy in J. M. Barries Stück »Peter Pan« (1904) zurückgeht. Der Ursprung dieses literarischen Namens ist der Spitzname »Friendy-Wendy« (= *friend* »Freund«), den der Verfasser von einem kleinen Mädchen bekam.

Wenke: weibl. Vorn., niederdeutsche Koseform von Namen, die mit »Win-« oder »-win« (ahd. *wini* »Freund«) gebildet sind.

Wenko: männl. Vorn., niederdeutsche Koseform von Namen, die mit »Win-« oder »-win« (ahd. *wini* »Freund«) gebildet sind.

Wenzel: männl. Vorn., deutsche Kurzform von ▸ Wenzeslaus. Der Name ist bekannt durch den heiligen Wenzel, Herzog von Böhmen (10. Jh.), den tschechischen Nationalheiligen, nach dem mehrere Könige von Böhmen benannt wurden (NAMENSTAG: 28. September), und durch den deutschen König und Böhmenkönig Wenzel IV., den Sohn Kaiser Karls IV. (14./15. Jh.). Der Name war bei den Tschechen so verbreitet, dass Johann Fischart (16. Jh.) behaupten konnte: »Behemen [heißen] Wentzel, Polen Stenzel« (▸ Stanislaus).

Wenzeslaus: männl. Vorn., lateinische Form von alttschech. *Venceslav*, tschech. *Václav*, dt. *Wenzel* (urslaw. **vętje*, poln. *więcej* »mehr« + urslaw. **slava* »Ruhm, Ehre«).

Wera: ▸ Vera.

Werna: weibl. Vorn., Kurzform von Zusammensetzungen mit »Wern-«.

Wernburg: alter deutscher weibl. Vorn. (zu dem ersten Bestandteil ▸Werner; der zweite Bestandteil enthält ahd. *burg* »Burg, Zufluchtsstätte, Schutz«).

Werner, (auch:) Wernher: alter deutscher männl. Vorn. In dessen erstem Bestandteil hat sich der Volksname der germanischen Warnen mit german. **warō* »Aufmerksamkeit« (vgl. altengl. *waru* »Schutz«, ahd. *warnōn* »warnen«) vermischt; der zweite Bestandteil ist ahd. *heri* »Heer; Heerführer, Krieger«; etwa »Warnenkrieger«. Der Name Wern[h]er war im Mittelalter weit verbreitet. Die lokale Verehrung des heiligen Werner von Oberwesel (13. Jh.; Wernerkapelle in Bacharach) hatte daran nur begrenzten Anteil; NAMENSTAG: 19. April. Bis in die 1960er-Jahre gehörte Werner zu den beliebten männlichen Vornamen. Eine literarische Gestalt ist der Werner Stauffacher in Schillers »Wilhelm Tell« (1804). ✧ Bekannte Namensträger: Wernher der Gartenære (der Gärtner), mittelhochdeutscher Dichter des »Meier Helmbrecht« (13. Jh.); Werner von Siemens, deutscher Ingenieur und Industrieller (19. Jh.); Werner Egk, deutscher Komponist (20. Jh.); Werner Heisenberg, deutscher Physiker (20. Jh.); Wernher Freiherr von Braun, amerikanischer Physiker und Raketeningenieur deutscher Herkunft (20. Jh.); Werner Tübke, deutscher Maler (20./21. Jh.); Werner Herzog, deutscher Filmregisseur und -produzent (20./21. Jh.).

Wernfried, (auch:) Warnfried: alter deutscher männl. Vorn. (zu dem ersten Bestandteil ▸Werner; der zweite Bestandteil ist ahd. *fridu* »Schutz vor Waffengewalt, Friede; Friedenswahrer«).

Werngard: alter deutscher weibl. Vorn. (zu dem ersten Bestandteil siehe ▸Werner; der zweite Bestandteil enthält german. **gardaz* »Zaun, Einfriedung«, vgl. ahd. *garto* »Garten«).

Wernhard: alter deutscher männl. Vorn. (zu dem ersten Bestandteil siehe ▸Werner; der zweite Bestandteil ist ahd. *harti, herti* »hart, kräftig, stark«).

Wernher: ▸Werner.

Wernhild, (auch:) Wernhilde: alter deutscher weibl. Vorn. (zu dem ersten Bestandteil siehe ▸Werner; der zweite Bestandteil ist ahd. *hiltja* »Kampf; Kriegerin«; etwa »Warnenkriegerin«).

Werno: männl. Vorn., Kurzform von Namen, die mit »Wern-« gebildet sind, besonders von ▸Werner.

Weronika: weibl. Vorn., polnische Form von ▸Veronika.

Wesley ['wɛslɪ]: in den 1970er-Jahren entlehnter männl. Vorn., ursprünglich ein englischer Familienname nach einem Orts- oder Flurnamen mit der Bedeutung »westliche Lichtung/Wiese«. Der Vorname Wesley wurde anfänglich zu Ehren der Brüder John und Charles Wesley (18. Jh.), Gründer der Methodistenkirche, vergeben, hat aber heute diesen religiösen Bezug weitgehend verloren. ✧ Bekannter Namensträger: Wesley Snipes, amerikanischer Filmschauspieler (20./21. Jh.).

Wessel: männl. Vorn., niederdeutsch-friesische Koseform von ▸Werner.

Whitney ['wɪtnɪ]: in den 1990er-Jahren entlehnter weibl. Vorn., ursprünglich ein englischer Familienname nach der Herkunft oder dem Wohnsitz (zu mittelengl. *atten whiten ey* »bei der weißen Insel«). ✧ Bekannte Namensträgerin: Whitney Houston, amerikanische Popsängerin (20./21. Jh.).

Wiard: männl. Vorn., durch Zusammenziehung entstandene friesische Kurzform von ▸Wighard.

Wibeke, (auch:) Wibke: ▸Wiebke.

Wibold: ▸Wigbald.

Wibrand: ▸Wigbrand.

Wiburg: alter deutscher weibl. Vorn. (ahd. *wīg* »Kampf, Krieg« + ahd. *burg* »Burg, Zufluchtsstätte, Schutz«).

Wichard, (auch:) Wichard: ▸Wighard.

Widad: weibl. Vorn. arabischer Herkunft (arab. *widād* »Zuneigung, Freundschaft« zu arab. *wadda* »lieben, gern haben«).

Widar: männl. Vorn., eindeutschende Schreibung von ▸Vidar.

Widmar: alter deutscher männl. Vorn. (ahd. *witu* »Wald, Holz« + ahd. *māri* »bekannt, berühmt, angesehen«).

Wido, (auch:) Wito; Widu: alter deutscher männl. Vorn., Kurzform von Namen, die mit »Wid-«, »Wit-« gebildet sind, z.B. ▸ Widukind und ▸ Witold. Italien. Form: *Guido*.

Widukind, (auch:) Wittekind: alter deutscher männl. Vorn., mit ahd. *kind* »Kind« gebildete Koseform zu Namen mit ahd. *witu* »Wald, Holz« als erstem Bestandteil. Der Name ist vor allem bekannt durch den Sachsenführer Widukind (8./9. Jh.), den Gegner Karls des Großen, ferner durch den sächsischen Mönch und Geschichtsschreiber Widukind von Corvey (10. Jh.).

Wiebe: weibl. Vorn., verselbstständigte niederdeutsch-friesische Kurzform von Zusammensetzungen mit »Wig-« (ahd. *wīg* »Kampf, Krieg«) und einem mit »-b« anlautenden zweiten Namenbestandteil (z.B. ▸ Wiburg).

Wiebke, (auch:) Wibke; Wibeke: weibl. Vorn., Koseform von ▸ Wiebe. Der Name wird oft als »junge Frau, Fräulein« aufgefasst.

Wiegand: ▸ Wigand.

Wiegbert: ▸ Wigbert.

Wieland, (auch:) Wielant; Wiland: alter deutscher männl. Vorn. (wohl zu ahd. **wēla* »[Kampf]gewoge« + ahd. *nand* [nur noch in Namen belegt] »kühn, wagemutig«, vgl. ahd. *nenden* »wagen«; also »kühn im Kampf«). Unter dem Einfluss der alten Sage von Wieland dem Schmied kam der Name im Mittelalter vor und wurde seit dem 19. Jh. wieder aufgegriffen. ✧ Bekannter Namensträger: Wieland Wagner, deutscher Regisseur, Enkel Richard Wagners (20. Jh.).

Wienand: ▸ Winand.

Wienke: weibl. Vorn., niederdeutsche Koseform von Zusammensetzungen mit »Win-« (ahd., altsächs. *wini* »Freund«).

Wieta, (auch:) Wiete; Witta: weibl. Vorn., friesische Kurzform unsicherer Herkunft, vielleicht von Namen, die mit dem Namenbestandteil altsächs. *widu*, ahd. *witu* »Holz, Wald« gebildet wurden. Der Name wird volksetymologisch an niederdt. *witt* »weiß« angelehnt.

Wigand, (auch:) Wiegand: alter deutscher männl. Vorn. (ahd. *wīgant*, Partizip Präsens zu *wīgan* »kämpfen«, also »der Kämpfende«).

Wigbald, (auch:) Wibold: alter deutscher männl. Vorn. (ahd. *wīg* »Kampf, Krieg« + ahd. *bald* »kühn«; etwa »der im Kampf kühn ist«).

Wigbert, (auch:) Wiegbert; Wiprecht: alter deutscher männl. Vorn. (ahd. *wīg* »Kampf, Krieg« + ahd. *beraht* »glänzend, berühmt«, etwa »der im Kampf berühmt ist«).

Wigbrand, (auch:) Wibrand: alter deutscher männl. Vorn. (ahd. *wīg* »Kampf, Krieg« + ahd. *brant* »Brand«, dichterische Umschreibung für das Schwert; etwa »der ein im Kampf bewährtes Schwert führt«).

Wighard, (auch:) Wichard: alter deutscher männl. Vorn. (ahd. *wīg* »Kampf, Krieg« + ahd. *harti, herti* »hart, kräftig, stark«; etwa »der im Kampf stark ist«).

Wiglaf, (auch:) Wiklef: alter deutscher männl. Vorn. (ahd. *wīg* »Kampf, Krieg« + altsächs. *leva* »Erbe, Nachlass; Sohn, Tochter«).

Wigmar: alter deutscher männl. Vorn. (ahd. *wīg* »Kampf, Krieg« + ahd. *māri* »bekannt, berühmt, angesehen«; etwa »der im Kampf berühmt ist«).

Wignand: ▸ Winand.

Wigo, (auch:) Wikko: männl. Vorn., Kurzform von Namen, die mit »Wig-« (ahd. *wīg* »Kampf, Krieg«) gebildet sind.

Wiklef: ▸ Wiglaf.

Wiktor: männl. Vorn., polnische Form von ▸ Viktor.

Wiktoria: weibl. Vorn., polnische Form von ▸ Viktoria.

Wil: männl. Vorn., Kurzform von ▸ Wilhelm, auch niederländisch.

Wiland: ▸ Wieland.

Wilbert: ▸ Willibert.

Wilbrand: alter deutscher männl. Vorn. (ahd. *willio* »Wille« + ahd. *brant* »Brand«, dichterische Umschreibung für das Schwert).

Wilbur ['wɪlbə]: männl. Vorn. angloamerikanischer Herkunft, der auf einen Familiennamen zurückgeht, dessen Bedeutung umstritten ist.

Wilburg: alter deutscher weibl. Vorn. (ahd. *willio* »Wille« + ahd. *burg* »Burg, Zufluchtsstätte, Schutz«).

Wilfred, (auch:) Wilfrid: männl. Vorn., Nebenformen von ▸ Wilfried, auch englisch ['wɪlfrɪd].

Wilfried, (auch:) Willfried: alter deutscher männl. Vorn. (ahd. *willio* »Wille« + ahd. *fridu* »Schutz vor Waffengewalt, Friede; Friedenswahrer«), dessen Vergabe gegen Ende des 19. Jh.s wieder aufgenommen wurde.

Wilfriede, (auch:) Wilfrieda: weibl. Vorn., weibliche Form von ▸ Wilfried.

Wilgard: alter deutscher weibl. Vorn. (ahd. *willio* »Wille« + german. **gardaz* »Zaun, Einfriedung«, vgl. ahd. *garto* »Garten«).

Wilgund: alter deutscher weibl. Vorn. (ahd. *willio* »Wille« + ahd. *gund* »Kampf; Kämpferin«).

Wilhard, (auch:) Willard; Willhart: alter deutscher männl. Vorn. (ahd. *willio* »Wille« + ahd. *harti, herti* »hart, kräftig, stark«).

Wilhelm: alter männl. Vorn. (ahd. *willio* »Wille« + ahd. *helm* »Helm«). Namenspatron ist u. a. der heilige Wilhelm von Aquitanien (8./9. Jh.); NAMENSTAG: 28. Mai. ✧ Bekannte Namensträger: Wilhelm der Eroberer, der erste normannische König von England (11. Jh.); Wilhelm von Nassau-Dillenburg, Prinz von Oranien, Befreier und erster Statthalter der Niederlande (16. Jh.); Wilhelm Grimm, deutscher Philologe, Sagen- und Märchenforscher (18./19. Jh.); Wilhelm von Humboldt, deutscher Gelehrter und Sprachphilosoph (18./19. Jh.); Wilhelm Hauff, deutscher Schriftsteller (19. Jh.); Wilhelm Raabe, deutscher Schriftsteller (19./20. Jh.); Wilhelm Trübner, deutscher Maler (19./20. Jh.); Wilhelm Conrad Röntgen, deutscher Physiker (19./20. Jh.); Wilhelm Busch, deutscher Dichter und Maler (19./20. Jh.); Wilhelm Furtwängler, deutscher Dirigent (19./20. Jh.); Wilhelm Kempff, deutscher Pianist (19./20. Jh.). Als zweiter Vorname: August Wilhelm von Schlegel, deutscher Kritiker, Dichter und Philologe (18./19. Jh.); Friedrich Wilhelm Joseph von Schelling, deutscher Philosoph (18./19. Jh.). Französ. Form: *Guillaume* [gi'jo:m]. Engl. Form: *William* ['wɪljəm]. Span. Form: *Guillermo* [gi'ljɛrmo]. Port. Form: *Guilherme* [gi'ljɛrmə].

Wilhelma: weibl. Vorn., weibliche Form von ▸ Wilhelm.

Wilhelmine, (auch:) Wilhelmina: weibl. Vorn., weibl. Form von ▸ Wilhelm mit der seit dem 17./18. Jh. beliebten Endung »-ine/-ina«. ✧ Bekannte Namensträgerin: Wilhelmine Friederike Sophie, Markgräfin von Bayreuth, Lieblingsschwester Friedrichs des Großen (18. Jh.).

Wilja: weibl. Vorn., Kurzform von Namen, die mit »Wil-« gebildet sind.

Wilka: weibl. Vorn., niederdeutsch-friesische Koseform von Namen, die mit »Wil-« gebildet sind (z. B. ▸ Wilhelmine).

Wilko, (auch:) Wilke; Wilken; Wilkin; Wilk; Williko: männl. Vorn., niederdeutsch-friesische Koseform von Namen, die mit »Wil-« oder »Willi-« gebildet sind, meist aber von ▸ Wilhelm.

Will: männl. Vorn., deutsche Kurzform von Namen, die mit »Wil-« oder »Willi-« gebildet sind, meist aber von ▸ Wilhelm, auch englische Kurzform [wɪl] von ▸ William. ✧ Bekannter Namensträger: Will Smith, amerikanischer Schauspieler (20./21. Jh.).

Willa: weibl. Vorn., Kurzform von Namen, die mit »Wil(l)-« gebildet sind, auch englisch ['wɪlə].

Willard: ▸ Wilhard.

Willehad: alter deutscher männl. Vorn. (ahd. *willio* »Wille« + ahd. *hadu* »Kampf«).

Willem: männl. Vorn., niederdeutsche und niederländische Form von ▸ Wilhelm.

Willemina, (auch:) Willemine: weibl. Vorn., weibl. Form von ▸ Willem.

Wilhelm:

In Deutschland gehörte *Wilhelm* vom frühen Mittelalter bis in die 1930er-Jahre zu den beliebten Jungennamen. Ein Vorbild für die mittelalterliche Namengebung war vor allem der heilige Wilhelm von Aquitanien, der im Auftrag Karls des Großen gegen die Sarazenen kämpfte, später aber der Welt entsagte und Benediktinermönch wurde. Als Sagenheld begegnet er uns unter dem Namen Wilhelm von Orange in dem altfranzösischen Wilhelmslied. Eine mittelhochdeutsche Bearbeitung dieses Stoffs ist Wolfram von Eschenbachs Epos »Willehalm« (13. Jh.). Die Vergabe des Namens *Wilhelm* wurde seit dem Mittelalter auch durch dessen Vorkommen in verschiedenen deutschen Adels- und Fürstenhäusern gefördert. Für die häufige Wahl dieses Vornamens vom Ende des 19. bis zum Anfang des 20. Jh.s ist zum Teil mit dem Vorbild der deutschen Kaiser Wilhelm I. und Wilhelm II. zu rechnen. Aus der Literatur ist der Name vor allem bekannt durch Schillers »Wilhelm Tell« und Goethes »Wilhelm Meister«.

Willfried: ▸ Wilfried.

Willhart: ▸ Wilhard.

Willi, (auch:) Willy: männl. Vorn., Kurzform von Namen, die mit »Wil-« oder »Willi-« gebildet sind, meist aber von ▸ Wilhelm. Vom ausgehenden 19. Jh. bis um die Mitte des 20. Jh.s waren Willi und Willy beliebte Vornamen. ✧ Bekannter Namensträger: Willi Baumeister, deutscher Maler (19./20. Jh.).

Willia: weibl. Vorn., weibliche Form von ▸ Willi.

William ['wɪljəm]: gegen Ende des 18. Jh.s entlehnter männl. Vorn., englische Form von ▸ Wilhelm. ✧ Bekannte Namensträger: William Shakespeare, englischer Dichter (16./17. Jh.); William Turner, englischer Maler (18./19. Jh.); William Somerset Maugham, englischer Schriftsteller (19./20. Jh.); Prinz William, Sohn des britischen Thronfolgers (20./21. Jh.).

Willibald: alter deutscher männl. Vorn. (ahd. *willio* »Wille« + ahd. *bald* »kühn«). Namenspatron ist der aus England stammende heilige Willibald (8. Jh.), der im bayrischen, fränkischen und schwäbischen Raum missionierte und Bischof von Eichstätt wurde; NAMENSTAG: 7. Juli. ✧ Bekannte Namensträger: Willibald Pir[c]kheimer, deutscher Humanist (15./16. Jh.). Als zweiter Vorname: Christoph Willibald Gluck, deutscher Komponist (18. Jh.).

Willibert, (auch:) Wilbert: alter deutscher männl. Vorn. (ahd. *willio* »Wille« + ahd. *beraht* »glänzend, berühmt«).

Willibrord: männl. Vorn. angelsächsischer Herkunft (altengl. *willa* »Wille« + altengl. *brord* »Spitze, Speer«). Namenspatron ist der heilige Willibrord (7./8. Jh.), der als angelsächsischer Missionar Bischof von Utrecht wurde und das Kloster Echternach in Luxemburg gründete; NAMENSTAG: 7. November.

[1]Willie ['wɪlɪ]: in den 1970er-Jahren entlehnter männl. Vorn., englische Koseform von ▸ William.

[2]Willie ['wɪlɪ]: weibl. Vorn., identisch mit ▸ [1]Willie.

Willigis: alter deutscher männl. Vorn. (ahd. *willio* »Wille« + german. **gīs* »Ger, Speer«). Namenspatron ist der heilige Willigis, Erzbischof von Mainz (10./11. Jh.); NAMENSTAG: 23. Februar.

Williko: ▸ Wilko.

Willm: ▸ Wilm.

Willmut, (auch:) Wilmut: alter deutscher männl. Vorn. (ahd. *willio* »Wille« + ahd. *muot* »Sinn, Gemüt, Geist«).

Willo: männl. Vorn., Kurzform von Namen, die mit »Wil-« oder »Willi-« gebildet sind, meist aber von ▸ Wilhelm.

Willtrud: ▸ Wiltrud.

Willy: männl. Vorn., Schreibvariante von ▸ Willi, auch englische Koseform ['wɪlɪ] von ▸ William. ✧ Bekannter Namensträger: Willy Brandt, deutscher Politiker (20. Jh.).

Wilm, (auch:) Willm: männl. Vorn., durch Zusammenziehung entstandene Kurzform von ▸ Wilhelm.

Wilma: weibl. Vorn., weibliche Form von ▸ Wilm oder Kurzform von ▸ Wilhelma. Die Vergabe dieses Vornamens setzt im 19. Jh. ein.

Wilmar: alter deutscher männl. Vorn. (ahd. *willio* »Wille« + ahd. *māri* »bekannt, berühmt, angesehen«).

Wilmer: männl. Vorn., niederländische Nebenform von ▸ Wilmar.

Wilmine: weibl. Vorn., Erweiterung von ▸ Wilma.

Wilmke: weibl. Vorn., Koseform von ▸ Wilma oder weibliche Bildung zu ▸ Wilm.

Wilmont: männl. Vorn., der sich aus der älteren Namensform *Wil(l)mund* entwickelt hat (ahd. *willio* »Wille« + ahd. *munt* »Schutz, Schützer«).

Wilmut: ▸ Willmut.

Wilram: alter deutscher männl. Vorn. (ahd. *willio* »Wille« + ahd. *hraban* »Rabe«).

Wilrich: alter deutscher männl. Vorn. (ahd. *willio* »Wille« + ahd. *rīhhi* »Herrschaft, Herrscher, Macht; reich, mächtig, hoch«).

Wilrun: alter deutscher weibl. Vorn. (ahd. *willio* »Wille« + ahd. *rūna* »Geheimnis; geheime Beratung«).

Wilson [wɪlsn]: in den 1990er-Jahren entlehnter männl. Vorn., ursprünglich ein englischer Familienname (»Sohn des ▸ Will«). In den englischsprachigen Ländern ist dieser Vorname seit dem 19. Jh. in Gebrauch.

Wiltrud, (auch:) Willtrud; Wiltrude; Wiltraud, Wiltraut: alter deutscher weibl. Vorn. (ahd. *willio* »Wille« + german. **þrūþi* »Kraft, Stärke«, in althochdeutscher Zeit umgedeutet zu *trūt* »vertraut, lieb«).

Wim: männl. Vorn., durch Zusammenziehung entstandene Kurzform von ▸ Wilhelm, auch niederländisch. ✧ Bekannter Namensträger: Wim Wenders, deutscher Filmregisseur (20./21. Jh.).

Wimar: alter deutscher männl. Vorn. (ahd. *wini* »Freund« + ahd. *māri* »bekannt, berühmt, angesehen«).

Wina: weibl. Vorn., Kurzform von Zusammensetzungen mit »Win-«.

Winald: alter deutscher männl. Vorn. (ahd. *wini* »Freund« + ahd. *-walt* zu *waltan* »walten, herrschen«).

Winand, (älter auch:) Wignand: alter deutscher männl. Vorn. (ahd. *wīg* »Kampf, Krieg« + ahd. *nand* [nur noch in Namen belegt] »kühn, wagemutig«, vgl. ahd. *nenden* »wagen«; etwa »der im Kampf kühn ist«).

Winfried, (auch:) Winfred; Winfrid: alter deutscher männl. Vorn. (ahd. *wini* »Freund« + ahd. *fridu* »Schutz vor Waffengewalt, Friede; Friedenswahrer«). Winfried (altengl. *Winfrið*) war der Taufname des heiligen Bonifatius (7./8. Jh.), der als angelsächsischer Missionar nach Deutschland kam. Der Vorname Winfried wurde zu Beginn des 20. Jh.s wieder aufgenommen. Engl. Form: *Winfred* ['wɪnfrɪd].

Winfrieda, (auch:) Winfriede: weibl. Vorn., weibliche Form von ▸ Winfried.

Winhilde: alter deutscher weibl. Vorn. (ahd. *wini* »Freund« + ahd. *hiltja* »Kampf; Kriegerin«).

Winifred, (auch:) Winnifred: weibl. Vorn., englische Form des walisischen Namens *Gwenfrewi* (walis. *gwen* »weiß, gesegnet, heilig« + walis. *frewi* »Versöhnung«), die in Anlehnung an die altenglischen Namenbestandteile *wynn* »Freude« und *frið* »Friede« entstanden ist. Engl. Aussprache: ['wɪnɪfrɪd].

Winja: in den 1980er-Jahren entlehnter weibl. Vorn., russische Koseform von *Sawina* (▸ Sabine).

Winka: weibl. Vorn., niederdeutsche Koseform von Namen, die mit »Win-« gebildet sind.

Winnetou: im 20. Jh. vereinzelt vorkommender männl. Vorn. nach dem jungen Häuptling der Apachen in dem gleichnamigen Abenteuerroman (1893–1910) von Karl May.

Winni, (auch:) Winny: weibl. Vorn., Koseform von Zusammensetzungen mit »Win-« oder Eindeutschung von ▸ Winnie.

Winnie, engl. Aussprache: ['wɪnɪ]: im 20. Jh. aus dem Englischen übernommener weibl. Vorn., Kurzform von ▸ Winifred.

Winnifred: ▸ Winifred.

Winno: männl. Vorn., Kurzform von Namen, die mit »Win-« oder »-win« gebildet sind.

Winnrich: ▸ Winrich.

Winny: ▸ Winni.

Winona, engl. Aussprache: [waɪ'noʊnə]: in den 1990er-Jahren entlehnter weibl. Vorn. indianischer Herkunft, der bei den Sioux »erstgeborene Tochter« bedeutet. Der Name ist in Deutschland vor allem durch die amerikanische Filmschauspielerin Winona Ryder (20./21. Jh.) bekannt geworden.

Winrich, (auch:) Winnrich: alter deutscher männl. Vorn. (ahd. *wini* »Freund« + ahd. *rīhhi* »Herrschaft, Herrscher, Macht; reich, mächtig, hoch«).

Winston ['wɪnstən]: in den 1980er-Jahren entlehnter männl. Vorn., der auf einen englischen Familiennamen zurückgeht. In der Familie des britischen Politikers Sir Winston Spencer Churchill (19./20. Jh.) begegnet der Vorname Winston seit 1620. Der erste Namensträger erhielt den Familiennamen seiner Mutter, deren Familie ursprünglich aus dem Weiler Winston in Gloucestershire stammte, als Vornamen.

Wioleta: weibl. Vorn., polnische Form von ▸ Violetta.

Wiprecht: ▸ Wigbert.

Wirnt: alter deutscher männl. Vorn. (ahd. *wisunt, wirunt* »Wisent«).

Wischnu: männl. Vorn. indischer Herkunft nach dem Gott Wischnu (*Viṣṇu* vielleicht zu sanskrit. *vis* »tätig sein«). Engl. Form: *Vishnu.*

Wit: männl. Vorn., polnische Form von *Vitus* (▸ Veit).

Witalis: männl. Vorn., polnische Form von ▸ Vitalis.

Die häufigsten Vornamen in der DDR 1990

männlich	weiblich
1. Martin	1. Anna
2. Christian	2. Stefanie
3. Sebastian	3. Julia
4. Stefan	4. Lisa
5. Patrick	5. Maria
6. Philipp	6. Franziska
7. Benjamin	7. Sarah
8. Daniel	8. Christin
9. Robert	9. Sandra
10. Michael	10. Karolin

Quelle: G. Müller (2001)

Withold: männl. Vorn., Nebenform von ▸ [1]Witold in Anlehnung an das Adjektiv »hold«.

Witigo, (auch:) Wittich; Wittig; Wedigo; Wedige: männl. Vorn., dessen erster Bestandteil aus ahd. *witu* »Holz« gebildet ist, während der zweite Teil zu got. *gauja* »Gaubewohner« gehört: »Waldgaubewohner«.

Wito: ▸ Wido.

[1]Witold: alter deutscher männl. Vorn. (ahd. *witu* »Holz, Wald« + ahd. *-walt* zu *waltan* »walten, herrschen«).

[2]Witold: männl. Vorn. polnischer Herkunft, der auf litauisch *Vytautas* (< lit. *vyd-* zu *[iš]vysti* »sehen« + lit. *tauta* »Nation«), den Namen des ersten christlichen Großfürsten von Litauen (14./15. Jh.), zurückgeht. ✧ Bekannte Namensträger: Witold Lutosławski, polnischer Komponist und Dirigent (20. Jh.); Witold Gombrowicz, polnischer Schriftsteller (20. Jh.).

Witolf: alter deutscher männl. Vorn. (ahd. *witu* »Holz, Wald« + ahd. *wolf* »Wolf«).

Witta: ▸ Wieta. ✧ Bekannte Namensträgerin: Witta Pohl, deutsche [Film]schauspielerin (20./21. Jh.).

Wittekind: ▸ Widukind.

Wittich, (auch:) Wittig: ▸ Witigo.

Wladimir, (auch:) Vladimir; Wladimir: im 19. Jh. aus dem Russischen übernommener männl. Vorn. (altrussisch *Volodimĕrъ*; der erste Bestandteil gehört zu kirchenslaw. *vlad-* »Macht«; der zweite Bestandteil ist urverwandt mit ahd. *māri* »bekannt, berühmt, angesehen« in Namen wie ▸Dietmar, ▸Waldemar, er wurde aber im Russischen volksetymologisch an russ. *mir* »Friede« angelehnt). ✧ Bekannte Namensträger: Wladimir I., der Heilige, Großfürst von Kiew (9./10. Jh.); NAMENSTAG: 15. Juli; Wladimir Majakowskij, russischer Schriftsteller (19./20. Jh.); Wladimir Bukowski, russischer Schriftsteller und Bügerrechtler (20./21. Jh.).

Wladislaw: männl. Vorn., Eindeutschung von polnisch *Władysław* oder tschechisch *Vladislav* (▸Ladislaus).

Wodan: ▸Wotan.

Wojciech [wɔj'tɕɛx]: männl. Vorn., polnische Form von ▸Vojtěch.

Wojtek: männl. Vorn. polnischer Herkunft, Variante von ▸Wojciech.

Woldemar: ▸Waldemar.

Wolf, (auch:) Wolff; Wulf; Wulff: alter deutscher männl. Vorn., Kurzform von Namen, die mit »Wolf-« gebildet sind, besonders von ▸Wolfgang. Der Name des Raubtiers konnte aber in alter Zeit auch unmittelbar zum Männernamen werden: Der Wolf war ein Sinnbild des Kriegers (vgl. dazu auch die Vornamen ▸Wolfgang und ▸Wolfram). ✧ Bekannte Namensträger: Wolf Biermann, deutscher Schriftsteller und Liedermacher (20./21. Jh.); Wolf Wondratschek, deutscher Dichter (20./21. Jh.).

Wolfbert: alter deutscher männl. Vorn. (ahd. *wolf* »Wolf« + ahd. *beraht* »glänzend, berühmt«).

Wolfdieter, (auch:) Wulfdieter: männl. Vorn., Doppelform aus ▸Wolf und ▸Dieter.

Wolfdietrich, (auch:) Wulfdietrich: männl. Vorn., Doppelform aus ▸Wolf und ▸Dietrich. Bekannt ist die Gestalt des Sagenhelden Wolfdietrich, die zuerst in einem mittelhochdeutschen Volksepos des 13. Jh.s überliefert ist, aber ursprünglich in die Merowingerzeit gehört. ✧ Bekannter Namensträger: Wolfdietrich Schnurre, deutscher Schriftsteller (20. Jh.).

Wolff: ▸Wolf.

Wolfgang: alter deutscher männl. Vorn. (ahd. *wolf* »Wolf« + ahd. *ganc* »Gang«; etwa »der den Gang eines Wolfes hat«). Der Name Wolfgang war seit dem Spätmittelalter besonders in Süddeutschland und Österreich verbreitet. Namenspatron ist der heilige Wolfgang, Bischof von Regensburg (10. Jh.). Nach der Legende soll er zeitweise am Abersee (St.-Wolfgang-See im Salzkammergut) als Einsiedler gelebt haben. Der heilige Wolfgang wird als Patron der Holzarbeiter, Zimmerleute und Hirten verehrt; NAMENSTAG: 31. Oktober. Bis in die zweite Hälfte des 20. Jh.s gehörte Wolfgang zu den beliebtesten männlichen Vornamen in Deutschland. ✧ Bekannte Namensträger: Wolfgang Amadeus Mozart, deutsch-österreichischer Komponist (18. Jh.); Johann Wolfgang von Goethe, deutscher Dichter (18./19. Jh.); Wolfgang Borchert, deutscher Dichter (20. Jh.); Wolfgang Fortner, deutscher Komponist (20. Jh.); Wolfgang Koeppen, deutscher Schriftsteller (20./21. Jh.); Wolfgang Wagner, deutscher Regisseur (20./21. Jh.); Wolfgang Sawallisch, deutscher Dirigent (20./21. Jh.); Wolfgang Joop, deutscher Modeschöpfer und Designer (20./21. Jh.); Wolfgang Leonhard, deutscher Publizist (20./21. Jh.); Wolfgang Petersen, deutscher Filmregisseur, Drehbuchautor und Filmproduzent (20./21. Jh..

Wolfgar, (auch:) Wulfgar: männl. Vorn., Variante von *Wolfger* (ahd. *wolf* »Wolf« + ahd. *gēr* »Speer«).

Wolfhard, (auch:) Wolfhart; Wulfhard: alter deutscher männl. Vorn. (ahd. *wolf* »Wolf« + ahd. *harti, herti* »hart, kräftig, stark«; etwa »stark wie ein Wolf«). Eine Gestalt der deutschen Heldensage ist Meister Hildebrands Neffe Wolfhart im Nibelungenlied.

Wolfhilde, (auch:) Wulfhild: alter deutscher weibl. Vorn. (ahd. *wolf* »Wolf« + ahd. *hiltja* »Kampf; Kriegerin«), der im 20. Jh. vereinzelt wieder aufgenommen wurde.

Wolfhorst: männl. Vorn., Doppelform aus ▸Wolf und ▸Horst.

Wolfjụrgen: männl. Vorn., Doppelform aus ▸Wolf und ▸Jürgen.

Wọlfmar: alter deutscher männl. Vorn. (ahd. *wolf* »Wolf« + ahd. *māri* »bekannt, berühmt, angesehen«).

Wọlfrad: alter deutscher männl. Vorn. (ahd. *wolf* »Wolf« + ahd. *rāt* »Rat, Beratung, Ratgeber«).

Wọlfram: alter deutscher männl. Vorn. (ahd. *wolf* »Wolf« + ahd. *hraban* »Rabe«; Wolf und Rabe spielen in der germanischen Mythologie eine Rolle). ✧ Bekannter Namensträger: Wolfram von Eschenbach, mittelhochdeutscher Dichter, Verfasser der epischen Dichtungen »Parzival«, »Willehalm« und »Titurel«.

Wọlfried: alter deutscher männl. Vorn. (ahd. *wolf* »Wolf« + ahd. *fridu* »Schutz vor Waffengewalt, Friede; Friedenswahrer«).

Wọlfrun: alter deutscher weibl. Vorn. (ahd. *wolf* »Wolf« + ahd. *rūna* »Geheimnis; geheime Beratung«).

Wọlftraud, (auch:) Wolftraude: alter deutscher weibl. Vorn. (ahd. *wolf* »Wolf« + german. **þrūþi* »Kraft, Stärke«, in althochdeutscher Zeit umgedeutet zu *trūt* »vertraut, lieb«), der im 20. Jh. vereinzelt wieder aufgenommen wurde.

Wọlfy: männl. Vorn., Koseform von Namen, die mit »Wolf-« beginnen.

Wolọdja, russ. Aussprache: [va'lɔdja]: männl. Vorn., russische Koseform von ▸Wladimir.

Wọlter: männl. Vorn., niederdeutsche Form von ▸Walter.

Woody ['wʊdɪ]: männl. Vorn., Koseform von *Woodrow*, einem englischen Familiennamen nach dem Wohnsitz (»Häuserreihe am Wald«) bzw. nach dem gleichlautenden Ortsnamen. ✧ Bekannter Namensträger: Woody Allen (eigtl. Allen Stewart Konigsberg), amerikanischer Filmschauspieler und Regisseur (20./21. Jh.).

Wọtan, (auch:) Wọdan: männl. Vorn. nach dem höchsten germanischen Gott (zu german. **wōda-* »besessen, erregt« im Sinne von »der Inspirierte«).

Wụbbo: männl. Vorn., friesische Kurzform von Zusammensetzungen mit »Walt-« (>*Wolt-* >*Wult-*), »Wig-« bzw. »Wulf-« und einem mit »-b« anlautenden zweiten Namenbestandteil.

Wübke: weibl. Vorn., Koseform von *Wolbrich*, einer friesischen Form von ▸Walburga.

Wụlf: ▸Wolf.

Wụlfbert: ▸Wolfbert.

Wulfdieter: ▸Wolfdieter.

Wulfdietrich: ▸Wolfdietrich.

Wụlff: ▸Wolf.

Wụlfgar: ▸Wolfgar.

Wụlfhard: ▸Wolfhard.

Wụlfhild: ▸Wolfhilde.

Wụnibald: alter deutscher männl. Vorn. (ahd. *wunn[i]a* »Verlangen, Lust, Wonne« + ahd. *bald* »kühn«). Namenspatron ist der heilige Wunibald (8. Jh.), der als angelsächsischer Missionar in Thüringen und der Oberpfalz wirkte; NAMENSTAG: 15. Dezember.

Wụnna: weibl. Vorn., verselbstständigte Kurzform von Namen, die mit »Wuni-« (ahd. *wunn[i]a* »Verlangen, Lust, Wonne«) gebildet wurden.

Wyatt ['waɪət]: männl. Vorn., ursprünglich ein englischer Familienname, dem eine mittelalterliche Koseform von ▸William oder eine zusammengezogene Form von *Wyard/Wyartt* (altengl. *Wīgheard*, vgl. ▸Wighard) zugrunde liegt. ✧ Bekannter Namensträger: Wyatt Earp, amerikanischer Revolverheld (19./20. Jh.).

X

Xaime [ˈʃaime]: männl. Vorn., galizische (nordwestspanische) Form von ▸Jakob, die aus spätlat. *Jacomus* hervorgegangen ist.

[1]**Xạna:** weibl. Vorn., Kurzform von ▸Oxana.

[2]**Xana** [ˈʃana]: weibl. Vorn., galizische (nordwestspanische) Form von ▸Johanna.

Xanat [ʃaˈnat]: aus Mexiko stammender weibl. Vorn., der in der Totonako-Sprache »Vanille, Blume« bedeutet.

Xạnder: männl. Vorn., Kurzform von ▸Alexander.

Xạndra: in den 1960er-Jahren aufgekommener weibl. Vorn., Kurzform von ▸Alexandra.

Xạnja, (auch:) Xạnia: weibl. Vorn., russische Variante von ▸Xenja.

Xạnthe: weibl. Vorn. griechischer Herkunft (zu griech. *xanthós* »gelb«).

Xa̱ver, (auch:) Xave̱rius: männl. Vorn., eigentlich der verselbstständigte Beiname des heiligen Franz Xaver (16. Jh.) nach seinem Geburtsort, dem Schloss Xavier (heute: Javier) in Navarra (Spanien); NAMENSTAG: 3. Dezember. ✧ Bekannte Namensträger: Franz Xaver von Baader, deutscher Philosoph (18./19. Jh.); Franz Xaver Kroetz, deutscher Schriftsteller und Schauspieler (20./21. Jh.). Span. Form: *Javier* [xaˈbi̯ɛr]. Französ. Form: *Xavier* [gzaˈvje]. Engl. Form: *Xavier* [ˈzeɪvɪə].

Xave̱ria: weibl. Vorn., weibliche Form von ▸Xaver(ius).

Xave̱rius: männl. Vorn., Latinisierung von ▸Xaver.

Xavier: männl. Vorn., französische [gzaˈvje] und englische [ˈzeɪvɪə] Form von ▸Xaver. ✧ Bekannter Namensträger: Xavier Naidoo, deutscher Popsänger und -musiker (20./21. Jh.).

Xaviera [ˈzeɪvɪərə]: weibl. Vorn., weibliche Form des englischen Vornamens ▸Xavier.

Xavière [gzaˈvjɛr]: weibl. Vorn., weibliche Form des französischen Vornamens ▸Xavier.

Xẹna: weibl. Vorn. griechischen Ursprungs, eigtl. Kurzform von Namen wie *Polyxena* (griech. *Polyxénē* zu *polýs* »viel« und *xénos* »Gast«), doch wird dieser um die Jahrtausendwende aufgekommene Name eher als eine Variante von ▸Xenia gebildet worden sein.

Xaver:

Xaver oder auch *Franz Xaver* gehören zusammen mit *Ignaz* und *Alois* zu den Vornamen, die typisch für die Namengebung der Gegenreformation sind. Der heilige Franz Xaver (1506–1552), der zu den ersten Mitgliedern des Jesuitenordens gehörte, wirkte als Missionar in Indien und Japan. Er wurde 1622 heilig gesprochen. Bereits im 17. Jh. werden Jungen in Bayern und Österreich auf den Vornamen *Xaver* bzw. *Franz Xaver* getauft. Im 18. und 19. Jh. steigt die Anzahl der Namensträger beträchtlich an. Danach macht sich eine rückläufige Tendenz bemerkbar, sodass zu Beginn des 21. Jh.s *Xaver* relativ selten und dann meist als zweiter oder dritter Vorname vergeben wird. Ganz anders in Spanien, der Heimat des heiligen Franz Xaver: hier gehört *Javier* seit Generationen zu den beliebtesten Jungennamen.

Xẹnia: weibl. Vorn., der auf einen römischen Personennamen griechischen Ursprungs (*Xenius, Xenia* zu griech. *xénios* »gastlich, gastfreundlich«) zurückgeht. Poln. Form: *Ksẹnia.*

Xẹnja, (auch:) Xẹnija: weibl. Vorn. russischer Herkunft; russische Form von

▸Xenia oder Kurzform von *Polyxenia* (griech. *polý xénios* »sehr gastfreundlich«). Russ. Aussprache: ['ksjeniɐ].

Xẹrxes: männl. Vorn., griechische Form des altpersischen Namens *Xšaya-ršan* »über Helden herrschend«. ✧ Bekannter Namensträger: Xerxes I., persischer König (6./5. Jh. v. Chr.).

Ximena [xi'mena]: weibl. Vorn., veraltete Schreibweise des spanischen Vornamens ▸Jimena.

Xịnia: weibl. Vorn., Kurzform von *Axinia* (▸ Axinja).

Xoan [ʃɔ'an]: männl. Vorn., galizische (nordwestspanische) Form von ▸Johannes.

Xóchitl ['sotʃitl], (auch:) Xóchil ['sotʃil]: in Mexiko und Mittelamerika geläufiger weibl. Vorn., der in der Indianersprache Nahuatl »Blume« bedeutet.

Xosé [ʃo'se]: männl. Vorn., galizische (nordwestspanische) Form von ▸Josef.

Xỵstus: männl. Vorn., lateinische Form des griechischen Beinamens *Xystós* (griech. *xystós* »geglättet« zu *xýō* »schaben, abreiben, glätten«).

Y

Yaakov: ▸Yakov.

Yael: weibl. Vorn., neuhebräische Form von ▸Jael.

Yafa: weibl. Vorn. neuhebräischer Herkunft (neuhebr. *yafā* »die Schöne, Gute«).

Yağmur ['ja:mur]: weibl. Vorn. türkischer Herkunft (türk. *yağmur* »Regen«).

Yago: männl. Vorn., der auf eine im mittelalterlichen Spanien geläufige Kurzform von ▸Jakob (vgl. den Ortsnamen Santiago) zurückgeht. Diese Namensform ist gegen Ende des 20. Jh.s wieder aufgegriffen worden.

Yahya ['jahja]: männl. Vorn., arabische Form *(Yaḥyā)* von ▸Johannes.

Yair: männl. Vorn., neuhebräische Form von ▸Jair.

Yaira: weibl. Vorn., weibliche Form von ▸Yair.

Yaiza ['jaiθa], (auch:) Yaisa ['jaisa]: weibl. Vorn. nach einem Ortsnamen auf den Kanarischen Inseln. In Spanien begegnet dieser Vorname seit den 1960er-Jahren.

Yakov, (auch:) Yaakov: männl. Vorn., neuhebräische Form von ▸Jakob.

Yakup: männl. Vorn., türkische Form von ▸Jakob.

Yamila: ▸Djamila.

Yamina, (auch:) Jamina: weibl. Vorn. arabischer Herkunft (arab. *yamīn* »rechter Hand, glücklich«).

Yamuna: in den 1980er-Jahren entlehnter weibl. Vorn. indischer Herkunft (zu Yamunā, Sanskrit-Name eines heiligen Nebenflusses des Ganges, Hindi Jamna, dt. Dschamna).

Yan: männl. Vorn., seit den 1980er-Jahren gelegentlich vorkommende Schreibvariante von ▸Jan oder ▸Yann.

Yana: weibl. Vorn., modische Schreibvariante von ▸Jana.

Yanek: männl. Vorn., modische Schreibvariante von ▸Janek.

Yanick, (auch:) Yanik: männl. Vorn., Schreibvariante von ▸Yannick oder ▸Janik.

Yanis: ▸Yannis, ▸[1]Janis.

Yann, französische Aussprache: [jã]: in den 1980er-Jahren entlehnter männl. Vorn., bretonische Form von ▸Johannes, auch modische Schreibvariante von ▸Jann.

Yanna: weibl. Vorn., weibliche Form von ▸Yann oder modische Schreibvariante von ▸Janna.

Yannek, (auch:) Yanneck: ▸Jannek.

Yannes: männl. Vorn., modische Schreibvariante von ▸Jannes.

Yannic: ▸Yannick, ▸Jannik.

Yannick: in den 1970er-Jahren entlehnter männl. Vorn., französische Schreibweise von bretonisch *Yannig*, einer Koseform von *Yann* (▸Johannes). ✧ Bekannter Namensträger: Yannick Noah, französischer Tennisspieler (20./21. Jh.). Französ. Aussprache: [ja'nik].

Yannicka: weibl. Vorn., weibliche Bildung zu ▸Yannick oder modische Schreibvariante von ▸Jannika.

Yannik: ▸Yannick, ▸Jannik.

Yannika: ▸Jannika.

Yannis: männl. Vorn., französische Schreibweise der neugriechischen Form von ▸Johannes, auch modische Schreibvariante von ▸[1]Jannis. Französ. Aussprache: [ja'ni].

Yaqub: männl. Vorn., arabische Form *(Ya'qūb)* von ▸Jakob.

[1]**Yara:** aus Spanien oder Lateinamerika entlehnter weibl. Vorn., der aus der südamerikanischen Indianersprache Tupí stammt und »Frau, Herrin« bedeutet.

[2]**Yara:** weibl. Vorn. persischer Herkunft (pers. *yāra* »Mut, Kraft«).

Yarden: männl. Vorn., neuhebräische Form von ▸ ¹Jordan.

Yardena, (dt. auch:) Jardena: weibl. Vorn., weibliche Form von ▸ Yarden.

Yaren: türkischer männl. Vorn. persischen Ursprungs (»Freund, enger Gefährte«).

Yari: männl. Vorn. persischer Herkunft (»Hilfe, Liebe, Freundschaft«).

Yaron: männl. Vorn. neuhebräischer Herkunft (»er wird singen, er wird froh sein«).

Yaşar [ja'ʃar]: männl. Vorn. türkischer Herkunft (zu der türkischen Partizipialbildung *yaşar* »lebend«).

Yasemin: weibl. Vorn., türkische Form von ▸ Jasmin.

Yasin: männl. Vorn., türkische Form von ▸ Yassin.

Yasmin, (auch:) Yasmina; Yasmine: ▸ Jasmin.

Yasser, (auch:) Yassir: männl. Vorn. arabischen Ursprungs (arab. *yāsir* »reich sein«).

Yassin: männl. Vorn. arabischer Herkunft, der aus den Anfangsbuchstaben *(yā* und *sīn)* der 36. Koransure gebildet ist. Türk. Form: *Yasin.*

Yassir: ▸ Yasser.

Yasuko ['jazko]: weibl. Vorn. japanischer Herkunft (japan. *yasu* »ruhig, friedlich« + japan. *ko* »Kind«).

Yavuz: männl. Vorn. türkischer Herkunft (türk. *yavuz* »der Gestrenge«).

Yazid [ja'zi:d]: männl. Vorn. arabischen Ursprungs (arab. *jazīd* »Er vergrößert«).

Yehuda: männl. Vorn., neuhebräische Form von ▸ Juda.

Yehudi: männl. Vorn. neuhebräischer Herkunft (»der aus Judäa«). ✧ Bekannter Namensträger: Yehudi Menuhin, amerikanischer Violinist und Dirigent (20. Jh.).

Yehudit: weibl. Vorn., neuhebräische Form von ▸ Judith.

Yejide [je'dʒi:de]: aus Nigeria stammender weibl. Vorn., der in der Yoruba-Sprache »Bild der Mutter« bedeutet.

Yelena: weibl. Vorn., englische Schreibweise von ▸ Jelena.

Yelka: weibl. Vorn., englische Schreibweise von ▸ Jelka, einer russischen Koseform von ▸ Jelena.

Die häufigsten Vornamen in Deutschland 2000

männlich	weiblich
1. Alexander	1. Marie
2. Maximilian	2. Sophie
3. Lukas	3. Maria
4. Leon	4. Anna/Anne
5. Tim	5. Laura
6. Paul	6. Lea
7. Niklas	7. Julia
8. Jonas	8. Michelle
9. Daniel	9. Katharina
10. Jan	10. Sara(h)

Quelle: G. Müller (2001)

Yella: ▸ Jella.

Yener: männl. Vorn. türkischer Herkunft (türk. *yener* »er besiegt«).

Yentl, (auch:) Yentel: jiddischer weibl. Vorn., dem vielleicht ein Beiname romanischer Herkunft (vgl. französ. *gentil, gentille,* span. *gentil,* italien. *gentile* »liebenswürdig, freundlich«) zugrunde liegt. Der Name wurde durch den Film »Yentl« (1983) mit Barbra Streisand bekannt. Die gelegentliche Vergabe dieses Vornamens setzt in Deutschland in den 1990er-Jahren ein.

Yeray: von den Kanarischen Inseln stammender männl. Vorn., der in der Guanche-Sprache »stark« bedeutet. Dieser Vorname wird seit den 1970er-Jahren auch in anderen spanischen Regionen vergeben.

Yered: männl. Vorn., neuhebräische Form von ▸ Jared.

Yewande: aus Nigeria stammender weibl. Vorn., der in der Yoruba-Sprache »die Mutter ist zurückgekehrt« bedeutet.

Yigal: männl. Vorn., neuhebräische Form von ▸ Jigal.

Yiğit [ji:'it]: männl. Vorn. türkischer Herkunft (türk. *yiğit* »kräftig und beherzt, mutig; Jüngling«).

Yıldız [jəl'dəz]: weibl. Vorn. türkischer Herkunft (türk. *yıldız* »Stern, Glücksstern; Glück«).

Yılmaz [jəlˈmɑz]: männl. Vorn. türkischer Herkunft (türk. *yılmaz* »der sich nicht fürchtet«).

Yishai [jiˈʃaːi]: männl. Vorn., neuhebräische Form von ▸Jesse.

Yisrael: männl. Vorn., neuhebräische Form von ▸Israel.

Yisraela: weibl. Vorn., weibliche Form von ▸Yisrael.

Yitzhak, (auch:) Yitzchak: männl. Vorn., neuhebräische Form von ▸Isaak.

Ylena: ▸Ilena.

Ylenia: ▸Ilenia.

Ylva: in den 1960er-Jahren entlehnter weibl. Vorn. schwedischer Herkunft, alte weibliche Form von *ulv* »Wolf«.

Yngve: in den 1960er-Jahren entlehnter männl. Vorn. nordischer Herkunft (zu altnord. *Yngvi*, Name einer germanischen Gottheit).

Yocheved: weibl. Vorn., neuhebräische Form von ▸Jochebet.

Yoki: weibl. Vorn., der in der Sprache der Hopi-Indianer »Regen« bedeutet.

Yoko: weibl. Vorn. japanischer Herkunft (japan. *yo* »Großzügigkeit, Toleranz«, »Heiterkeit, Freude«, auch »Hibiskusblüte« + japan. *ko* »Kind«). ✧ Bekannte Namensträgerin: Yoko Ono, japanische Künstlerin, Witwe von John Lennon (20./21. Jh.).

Yola: weibl. Vorn., Kurzform von ▸Yolanda.

Yolaine [jɔˈlɛn]: weibl. Vorn., französische Ableitung von *Yolande* (▸Jolanda).

Yolanda, (auch:) Yolande: ▸Jolanda.

Yoli: weibl. Vorn., spanische Koseform von *Yolanda* (▸Jolanda).

¹Yona, (auch:) ¹Yonah: männl. Vorn., neuhebräische Form von ▸Jonas.

²Yona, (auch:) ²Yonah: weibl. Vorn., identisch mit ▸¹Yona.

Yonca [jɔnˈdʒa]: weibl. Vorn. türkischer Herkunft (türk. *yonca* »Klee«).

Yone: von den Kanarischen Inseln stammender männl. Vorn. So hieß ein Wahrsager auf der Insel El Hierro, der die Ankunft der Europäer voraussagte und der einheimischen Bevölkerung riet, Verträge mit den Fremden abzuschließen.

Yorck: ▸Jork.

Yorick, (auch:) Yorrick: männl. Vorn., bekannt durch die Gestalt des königlichen Spaßmachers in Shakespeares Tragödie »Hamlet, Prinz von Dänemark« (um 1600). Die Namensform stellt wohl die englische Wiedergabe einer dänischen Ableitung von ▸Georg dar.

¹York [jɔːk]: männl. Vorn., ursprünglich ein englischer Familienname nach der Stadt York.

²York: ▸Jork.

Yorrick: männl. Vorn., Schreibvariante von ▸Yorick.

Yosef: männl. Vorn., neuhebräische Form von ▸Josef.

Yosefa: weibl. Vorn., weibliche Form von ▸Yosef.

Yoshi [ˈjoʃi]: weibl. Vorn. japanischer Herkunft, ▸Yoshiko.

Yoshiko [ˈjoʃko]: weibl. Vorn. japanischer Herkunft (japan. *yoshi* »schön, gut, anmutig, glücklich«, »Freude«, auch »Gerechtigkeit« + japan. *ko* »Kind«).

Yoshua: männl. Vorn., Schreibvariante von ▸Joshua.

Yraya: von den Kanarischen Inseln stammender weibl. Vorn. Yraya ist in historischen Quellen als einheimischer Name überliefert; seine Bedeutung ist noch ungeklärt.

Yrsa: altnordischer weibl. Vorn., dessen Bedeutung nicht sicher geklärt ist.

Yukiko: weibl. Vorn. japanischer Herkunft (japan. *yuki* »Schnee« + japan. *ko* »Kind«).

Yukio: männl. Vorn. japanischer Herkunft (japan. *yuki* »Schnee« + japan. *o* »Mann«). ✧ Bekannter Namensträger: Yukio Mishima, japanischer Schriftsteller (20. Jh.).

Yuna: weibl. Vorn., weibliche Form von ▸Yunus.

Yunus: männl. Vorn., türkische Form von ▸Jonas.

Yuri: männl. Vorn., englische Schreibweise von ▸Jurij.

Yụriko: weibl. Vorn. japanischer Herkunft (japan. *yuri* »Lilie« + japan. *ko* »Kind«).

Yusra̲: weibl. Vorn. arabischer Herkunft (arab. *yusrā* »Behagen, Wohlgefühl«).

Yusuf: männl. Vorn., arabische ['ju:suf] und türkische [ju'suf] Form von ▸Joseph. Die Liebe der Frau des Potiphar, die im Koran den Namen Suleika trägt, zu Yusuf ist von den persischen Dichtern Firdausi (10./11. Jh.) und Djami gestaltet worden (1483).

[1]Yuva̲l: männl. Vorn., neuhebräische Form von ▸Jubal.

[2]Yuva̲l: weibl. Vorn., identisch mit ▸[1]Yuval.

Y̲ven: männl. Vorn., Schreibvariante von ▸Iven.

Yves [i:v]: im 20. Jh. entlehnter männl. Vorn., französische Form von ▸Ivo. ✧ Bekannte Namensträger: Yves Tanguy, amerikanischer Maler französischer Herkunft (20. Jh.); Yves Montand, französischer [Film]schauspieler und Sänger (20. Jh.); Yves Klein, französischer Künstler (20. Jh.); Yves [Mathieu] Saint Laurent, französischer Modeschöpfer (20./21. Jh.).

Yvẹtta: weibl. Vorn., latinisierte Form von ▸Yvette.

Yvette [i'vɛt]: in den 1960er-Jahren aus dem Französischen übernommener weibl. Vorn., weibliche Form von ▸Yves.

Y̲vo: ▸[1]Ivo.

[1]Yvon [i'võ]: männl. Vorn., französische Form von ▸Ivo.

Yvọnn: weibl. Vorn., Eindeutschung des französischen Vornamens ▸Yvonne.

Yvonne [i'vɔn]: aus dem Französischen übernommener weibl. Vorn., weibliche Form von *Yvon* (▸Ivo). ✧ Bekannte Namensträgerin: Yvonne Catterfeld, deutsche Sängerin, Schauspielerin und Moderatorin (20./21. Jh.).

Yvonne:

Dieser Vorname, der bereits gegen Ende der 1920er-Jahre aus dem Französischen entlehnt wurde, startete erst nach dem Zweiten Weltkrieg eine erfolgreiche Karriere in Deutschland, als junge Eltern gern auf französische, englische, spanische und italienische Namen für ihre Kinder zurückgriffen. Besonders beliebt war *Yvonne* in der ehemaligen DDR, wo der Name von 1973 bis 1980 zu den Spitzenreitern gehörte. In Frankreich hingegen, wo er den Höhepunkt seiner Beliebtheit bereits zwischen 1905 und 1925 erreicht hatte, war er zu dieser Zeit schon lange aus der Mode.

Z

Zacharias: männl. Vorn. (griechische Form von hebr. *zecharyāh* »Jahwe hat sich erinnert«). Nach dem Neuen Testament war Zacharias der Vater Johannes' des Täufers und Gemahl der biblischen heiligen Elisabeth. Er wurde wegen seines Zweifels an der Engelsbotschaft, die ihm die Geburt eines Sohnes ankündigte, mit Stummheit bestraft und gewann erst nach der Geburt des Johannes die Sprache wieder; NAMENSTAG: 5. November.

Zachary ['zækərɪ]: männl. Vorn., englische Form von ▸ Zacharias.

Zadok: männl. Vorn. hebräischen Ursprungs (hebr. *ṣādōq* »Er [Gott] ist gerecht/Gerechtigkeit«). Nach der Bibel war Zadok Oberpriester in Jerusalem unter David und Salomon. Engl. Aussprache: ['zeɪdɔk].

Zahir ['za:hir]: männl. Vorn. arabischer Herkunft (arab. *zāhir* »leuchtend, glänzend, blühend« zu arab. *zahara* »glänzen, blühen«).

Zahra ['zahra]: weibl. Vorn. arabischer Herkunft (arab. *zahra* »Blume, Blüte« zu arab. *zahara* »leuchten, blühen«).

Zaid [za'i:d]: männl. Vorn. arabischer Herkunft (wohl zu arab. *zāda* »größer werden, wachsen, zunehmen«).

Zaida [za'i:da]: weibl. Vorn., weibliche Form von ▸ Zaid.

Zaïra [za'i:ra]: weibl. Vorn., italienische Form *(Zaìra)* von französisch *Zaïre*, dem Namen der Titelgestalt einer Tragödie von Voltaire (1732). Der Dichter prägte den Namen wohl in Anlehnung an arab. *zāhir* »leuchtend, glänzend, blühend« oder arab. *al-zāhir* »Schützer«.

Zakariya: männl. Vorn., arabische Form von ▸ Zacharias.

Zaki, (auch:) Zakiy [za'ki:]: männl. Vorn. arabischer Herkunft (arab. *zakiy* »rein, tugendhaft, rechtschaffen« zu arab. *zaka* »rein oder rechtschaffen sein«). Türk. Form: *Zeki* [zɛ'kɪ].

Zakiyya [za'ki:ja]: weibl. Vorn., weibliche Form von ▸ Zaki. Türk. Form: *Zekiye* [zɛki'jɛ].

Zander: männl. Vorn., Kurzform von ▸ Alexander.

Zandra ['zændrə]: weibl. Vorn., englische Variante von ▸ Sandra.

Zara ['zɛərə]: weibl. Vorn., englische Form von ▸ Zahra, auch als Variante von ▸ Sara aufgefasst.

Zarah, (auch:) Zara: weibl. Vorn., schwedische Nebenform von ▸ Sara. Eine literarische Gestalt ist die Zara in Brigitte Kronauers Roman »Teufelsbrück« (2000). ✧ Bekannte Namensträgerin: Zarah Leander, schwedische Schauspielerin und Sängerin (20. Jh.).

Zaynab, (auch:) Zeynab ['zeɪnab], Zinab, ['zi:nab], Zineb ['zi:neb]: weibl. Vorn. arabischer Herkunft (zu arab. *zaynab*, Bezeichnung einer wohlriechenden Wüstenpflanze). Der Name ist in der islamischen Welt beliebt, da u. a. eine Tochter und eine Enkelin des Propheten Mohammed ihn trugen. Türk. Form: *Zeynep* [zeɪ'nep].

Zäzilie, (auch:) Zäzilia: ▸ Cäcilie.

Zdenek: männl. Vorn. tschechischer Herkunft, der möglicherweise auf *Sidonius* (▸ Sidonie) zurückgeht. Tschech. Form: *Zdeněk* ['zdɛnjɛk].

Zdenka: weibl. Vorn., weibliche Form von ▸ Zdenek.

Zé [zɛ]: männl. Vorn. portugiesischer Herkunft, Kurzform von *José* (▸ Josef).

Zeev [ze'e:v]: männl. Vorn. hebräischen Ursprungs (hebr. *ze'ēv* »Wolf«). In der Bibel vergleicht Jakob Benjamin mit einem reißenden Wolf.

Zehava [ze'ha:va]: weibl. Vorn. neuhebräischer Herkunft (zu neuhebr. *zāhāv* »Gold«).

Zeki [zɛ'kɪ]: männl. Vorn., türkische Form von ▸ Zaki.

Zekiye [zɛki'jɛ]: weibl. Vorn., weibliche Form von ▸ Zeki.

Zeno, (auch:) Zenon: männl. Vorn. griechischen Ursprungs (griech. *Zēnōn*, Kurzform von griechischen Männernamen wie *Zēnódotos* »Geschenk des Zeus«). Den Namen Zenon trugen verschiedene griechische Philosophen (Zenon von Elea, 5. Jh. v. Chr.; Zenon von Kition, Begründer der stoischen Schule, 4./3. Jh. v. Chr.). Auf die Vornamengebung hat vor allem der heilige Bischof Zeno von Verona (4. Jh.) eingewirkt; NAMENSTAG: 12. April.

Zenobia: weibl. Vorn., der auf den Namen der Herrscherin von Palmyra (3. Jh.; griechische Form von ▸ Zaynab) zurückgeht.

Zenta: weibl. Vorn., Kurzform von ▸ Crescentia und von *Vinzenta* (▸ Vinzentia).

Zenzi: weibl. Vorn., oberdeutsche Kurzform von ▸ Crescentia oder ▸ Innocentia.

Zeynab: ▸ Zaynab.

Zeynep [zeɪ'nep]: weibl. Vorn., türkische Form von ▸ Zaynab.

Zi [zi]: weibl. Vorn. chinesischer Herkunft, der »anmutig, schön« bedeutet.

Zikomo [zi'ko:mo]: aus Malawi stammender männl. Vorn., der in der Ngoni-Sprache »danke schön« bedeutet.

[1]Zilla, (auch:) Cilla: weibl. Vorn., Kurzform von *Zäzilia*, (▸ Cäcilie).

[2]Zilla, (auch:) Zillah: aus der Bibel übernommener weibl. Vorn. hebräischen Ursprungs (hebr. *ṣillāh* zu hebr. *ṣēl* »Schatten« im Sinne von »Erfrischung« oder zu hebr. *ṣll* »schrillen« im Sinne von »Kriegsgeschrei« oder »Zymbel«). So heißt im Alten Testament eine der beiden Frauen Lamechs.

Zilli: ▸ Cilli.

Zina: weibl. Vorn., italienische Kurzform von Namen, die auf »-zina« enden, z. B. ▸ Vincenzina.

Zinab ['zi:nab], (auch:) Zineb ['zi:neb]: ▸ Zaynab.

Zino: männl. Vorn., italienische Kurzform von Namen, die auf »-zino« enden, z. B. *Lorenzino* (▸ Lorenzo), *Vincenzino* (▸ Vincenzo).

Zippora, (auch:) Zipora: weibl. Vorn. hebräischen Ursprungs (hebr. *ṣipporā* »Vogel«). Nach der Bibel war Zippora die Frau des Mose.

Ziska: weibl. Vorn., Kurzform von ▸ Franziska.

Zissi: weibl. Vorn., Koseform von ▸ Franziska.

Zita: im 20. Jh. entlehnter weibl. Vorn., der wahrscheinlich auf das altitalienische (toskanische) Wort *zita* »Mädchen« zurückgeht. Namenspatronin ist die heilige Zita, die im 13. Jh. als Dienstmagd in Lucca (Toskana) lebte; sie wird als Schutzpatronin der Dienstboten und Hausangestellten verehrt; NAMENSTAG: 17. April. Nach ihr hieß die Kaiserin Zita von Österreich (19./20. Jh.). Der Vorname Zita kann auch als Kurzform von ▸ Felizitas auftreten.

Ziv [ziv]: männl. Vorn. neuhebräischer Herkunft (neuhebr. *ziv* »Glanz, Ruhm«).

Ziva ['ziva:]: weibl. Vorn., weibliche Form von ▸ Ziv.

Ziyad [zi'ja:d]: männl. Vorn. arabischen Ursprungs (wohl eine verkürzte Form von arab. *ziyāda* »Zunahme, Wachstum« zu arab. *zāda* »größer werden, wachsen, zunehmen«).

Zlata ['zlata]: weibl. Vorn. serbischer, kroatischer, slowenischer, bulgarischer, tschechischer oder slowakischer Herkunft, Kurzform von Namen wie *Zlatomíra* (*zlato* »Gold« + urslaw. **mirъ* »Friede«).

Zlatko ['zlatko]: männl. Vorn. serbischer, kroatischer, slowenischer oder slowakischer Herkunft, Kurzform von Namen wie *Zlatomir* (▸ Zlata).

Zoé [zo'e]: weibl. Vorn., französische Form von ▸ Zoë.

Zoë, (auch:) Zoe: weibl. Vorn. griechischen Ursprungs (griech. *zoḗ* »Leben«), auch englisch ['zoʊɪ]. ✧ Bekannte Namensträgerin: Zoë Saldana, amerikanische Schauspielerin (20./21. Jh.).

Zoey ['zoʊɪ]: aus dem Englischen entlehnter weibl. Vorn., phonetische Schreibweise von ▸ Zoë.

Zofia ['zɔfja]: weibl. Vorn., polnische Form von ▸ Sophia.

[1]**Zohar** ['zo:har]: männl. Vorn. neuhebräischer Herkunft (neuhebr. *zōhār* »Glanz, Strahlen«).

[2]**Zohar** ['zo:har]: weibl. Vorn., identisch mit ▸ [1]Zohar.

Zohra ['zohra]: weibl. Vorn. arabischen Ursprungs (arab. *zuhra* »Helligkeit; Schönheit«, auch Name des Planeten Venus zu arab. *zahara* »leuchten, blühen«).

Zoë:

Dieser heute international beliebte Name griechischen Ursprungs mit der Bedeutung »Leben« war bereits im antiken Rom in Gebrauch. Besonders beliebt war er bei den frühen Christen, die mit dessen Vergabe die Hoffnung auf das ewige Leben verbanden. Dagegen blieben zwei Märtyrerinnen dieses Namens aus dem 2. bzw. 3. Jh. ohne Einfluss auf die Namengebung. Erst gegen Ende des 20. Jh.s wurde der bislang sehr seltene Vorname *Zoë* in den USA, England und Frankreich wieder entdeckt. Auch in Deutschland hat seine Beliebtheit seit den 1990er-Jahren stark zugenommen.

Zölestine: ▸ Cölestine.

Zoltán ['zolta:n]: männl. Vorn. ungarischer Herkunft (»Sultan«). ✧ Bekannter Namensträger: Zoltán Kodály, ungarischer Komponist (19./20. Jh.).

Zora ['zɔra]: weibl. Vorn. slowenischer, serbischer, kroatischer, bulgarischer Herkunft (»Morgenröte«). Eine literarische Gestalt ist die Zora in dem Jugendbuch »Die rote Zora« von Kurt Held.

Zoran ['zɔran]: männl. Vorn. slowenischer, serbischer, kroatischer, bulgarischer Herkunft, männliche Form von ▸ Zora.

Zorica ['zɔritsa]: weibl. Vorn., serbische, kroatische, slowenische oder bulgarische Koseform von ▸ Zora.

Zsófia ['ʒo:fiɔ]: weibl. Vorn., ungarische Form von ▸ Sophia.

Zsuzsanna ['ʒuʒɔnnɔ]: weibl. Vorn., ungarische Form von ▸ Susanne.

Zubaida, (auch:) Zubayda [zu'baida]: weibl. Vorn. arabischer Herkunft (»Ringelblume«). ✧ Bekannte Namensträgerin: Sitta (»Herrin«) Zubaida (8./9. Jh.), Gattin des Kalifen Harun ar-Raschid.

Zuleika [zu'laɪka]: weibl. Vorn., niederländische Form von ▸ Suleika.

Züleyha [zylei'ha]: weibl. Vorn., türkische Form von ▸ Suleika.

Zvi [zvi]: männl. Vorn. neuhebräischer Herkunft (hebr. *zvi* »männliche Gazelle; Hirsch«). In der Bibel vergleicht Jakob Naftali mit einem Hirsch.

Zviya [zvi'ja:]: weibl. Vorn., weibliche Form von ▸ Zvi.

Zwaantje: weibl. Vorn., niederländische ['zwa:ntjə] und friesische ['swa:ntjə] Form von ▸ Swaantje.

Zwanette: weibl. Vorn., niederländische [zwa'nɛtə] und friesische [swa'nɛtə] Form von ▸ Swanette.

Zwenna ['swena]: ▸ Swenna.

Zwier: männl. Vorn., niederländische [zwi:r] und friesische ['swi:ə] Form von ▸ Sweer.

Zyprian: ▸ Cyprianus.

Zyriak: ▸ Cyriacus.

BENUTZER-HINWEISE

Angaben zu Aussprache und Betonung

Vokale

a = helles a, dt. Bl*a*tt
ɑ = dunkles a, dt. w*a*r, engl. r*a*ther
ɐ = abgeschwächtes a, dt. Ob*er*
ã = nasaliertes a, französ. gr*an*d
ʌ = dumpfes a, engl. b*u*t
æ = breites ä, dt. *Ä*ther
e = geschlossenes e, dt. B*ee*t, engl. *e*gg
ɛ = offenes e, dt. B*e*tt, dt. f*e*tt
ə = dumpfes e, dt. all*e*, dt. Hack*e*
ɛ̃ = nasaliertes e, französ. f*in*, französ. v*in*
i = geschlossenes i, dt. W*ie*se
ɪ = offenes i, dt. b*i*n, dt. m*i*t, dt. b*i*tte
o = geschlossenes o, dt. T*o*r, dt. S*o*hle
ɔ = offenes o, dt. K*o*pf, dt. *O*rt
õ = nasaliertes o, französ. m*on*, französ. n*om*bre
œ = offenes ö, dt. H*ö*lle, dt. *ö*fter
ø = geschlossenes ö, dt. H*ö*hle, dt. sch*ö*n
u = geschlossenes u, dt. M*u*t, dt. *U*hr
ʊ = offenes u, dt. b*u*nt
w = halbvokalisches w, engl. *w*ell, engl. *w*ay
y = geschlossenes ü, dt. am*ü*sieren
ɥ = konsonantisches ü, französ. S*u*isse, französ. h*u*ile

Konsonanten

ç = deutscher Ichlaut, dt. i*ch*, Gewi*ch*t
ɣ = ähnlich dem deutschen Zäpfchen-r, jedoch ohne Schwingung
h = deutscher h-Laut
ŋ = deutscher ng-Laut, dt. Ha*ng*, dt. Di*ng*
s = stimmloses s, dt. la*ss*en, dt. Li*s*te
z = stimmhaftes s, dt. *S*onne, dt. le*s*en
ʃ = stimmloses sch, dt. *Sch*uh, dt. Fi*sch*
ʒ = stimmhaftes sch, dt. Gara*g*e, dt. *G*enie, französ. *j*our
θ = stimmloses englisches th, engl. *th*ing
ð = stimmhaftes englisches th, engl. *th*e, engl. *th*at
v = stimmhaftes w, dt. *W*ald, dt. *W*ein
x = deutscher Achlaut, dt. Kra*ch*, dt. A*ch*tung

Weitere Zeichen

ˈ = bezeichnet Betonung und steht vor der betonten Silbe
ː = bezeichnet Länge des vorhergehenden Vokals
̯ = unter Vokalen, gibt an, dass der Vokal unsilbisch ist
_ = gibt unter einem Vokal im Artikelwort an, dass die entsprechende Silbe betont ist und der Vokal lang gesprochen wird
. = gibt unter einem Vokal im Artikelwort an, dass die entsprechende Silbe betont ist und der Vokal kurz gesprochen wird.

Bei der Umschrift griechischer Buchstaben steht ē für η und ō für ω.

Abkürzungsverzeichnis

ägypt.	ägyptisch
ahd.	althochdeutsch
alban.	albanisch
altdän.	altdänisch
altengl.	altenglisch
altfranzös.	altfranzösisch
altfries.	altfriesisch
altgriech.	altgriechisch
altisländ.	altisländisch
altnord.	altnordisch
altpoln.	altpolnisch
altsächs.	altsächsisch
altschwed.	altschwedisch
altslaw.	altslawisch
alttschech.	alttschechisch
alwestnord.	altwestnordisch
amer.	amerikanisch
Anf.	Anfang
arab.	arabisch
aram.	aramäisch
armen.	armenisch
bask.	baskisch
Bd.	Band
breton.	bretonisch
bulg.	bulgarisch
chin.	chinesisch
dän.	dänisch
dgl.	dergleichen
d. h.	das heißt
d. i.	das ist
dt.	deutsch
eigtl.	eigentlich
engl.	englisch
ev.	evangelisch
evtl.	eventuell
französ.	französisch
gäl.	gälisch
german.	germanisch
got.	gotisch
griech.	griechisch
hd.	hochdeutsch
hebr.	hebräisch
Hrsg./hrsg.	Herausgeber/herausgegeben
i. J.	im Jahre
isländ.	isländisch
italien.	italienisch
japan.	japanisch
Jh.	Jahrhundert
Kap.	Kapitel
katal.	katalanisch
kelt.	keltisch
kirchenlat.	kirchenlateinisch
kirchenslaw.	kirchenslawisch
kroat.	kroatisch
lat.	lateinisch
lett.	lettisch
lit.	litauisch
männl.	männlich
mhd.	mittelhochdeutsch
mittelengl.	mittelenglisch
mittellat.	mittellateinisch
mittelniederländ.	mittelniederländisch
mundartl.	mundartlich
n. Chr.	nach Christus
neugriech.	neugriechisch
neuhebr.	neuhebräisch
neulat.	neulateinisch
nhd.	neuhochdeutsch
niederdt.	niederdeutsch
niederländ.	niederländisch
norweg.	norwegisch
o. O.	ohne Ort
pers.	persisch
poln.	polnisch
port.	portugisisch
roman.	romanisch
rumän.	rumänisch
runendän.	runendänisch
russ.	russisch
S.	Seite
sanskrit.	sanskritisch
schott.	schottisch
schwed.	schwedisch

schweiz.	schweizerisch
serb.	serbisch
slowak.	slowakisch
slowen.	slowenisch
span.	spanisch
spätgriech.	spätgriechisch
spätlat.	spätlateinisch
St.	Sankt
südl.	südlich
tschech.	tschechisch
türk.	türkisch
ungar.	ungarisch
urslaw.	urslawisch
urnord.	urnordisch
v. Chr.	vor Christus
vgl.	vergleiche
walis.	walisisch
Vorn.	Vorname
weibl.	weiblich
weißruss.	weißrussisch
z. B.	zum Beispiel
z. T.	zum Teil
†	gestorben
>	entwickelt zu
<	entwickelt aus
*	nicht belegte, erschlossene Form

NAMEN-VERZEICHNISSE

Biblische Vornamen

Vorbemerkung:
Die Liste enthält die im Lexikonteil behandelten Namen biblischer Herkunft. Sie gehen meist auf Gestalten des Alten und des Neuen Testaments zurück, vereinzelt aber auch auf geografische Namen, die in der Bibel Erwähnung finden.

Die Namen werden in den Formen aufgeführt, in denen sie als Vornamen vorkommen (z.B. Anna, Hanna[h], Johannes, Elisabeth, Maria, Mirjam).

Fremdsprachige Formen werden nur dann aufgenommen, wenn die deutschen Entsprechungen nicht üblich sind (z. B. Bethany, Sharon).

Verkürzte Formen (z.B. Johann, Hans) und Koseformen (z. B. Hänsel, Hansi) sowie weibliche Formen von männlichen Namen (z.B. Andrea, Gabriele, Michaela, Petra) werden nicht aufgenommen.

Dass die Vergabe mehrerer auf der Liste aufgeführter Namen (z.B. Johannes, Elisabeth) an die Verehrung gleichnamiger Heiliger anknüpfen kann, bleibt hier unberücksichtigt. Auskunft hierüber geben die entsprechenden Artikel des Lexikonteils.

Weibliche Vornamen

Abigail
Abischag
Abital
Ada
Anat
Anna
Atara
Batseba
Berenike
Bethany
Bilha
Biltja
Dalila
Damaris
Debora
Delila
Dina
Edna
Elisabeth
Esther
Eunike
Eva
Gitit
Hadassa
Hagar
Hanna(h)
Jael
Jemima
Jiska
Jochebet
Johanna
Judith
Keren
Kezia
Lea
Lia
Lilith
Lois
Magdalena
Mara
Maria
Martha
Michal
Milka
Mirjam
Naama
Noa
Noemi
Ofra
Pennina
Rachel
Rebekka
Rhoda
Ruth
Salome
Saphira
Sara
Schifra
Sharon
Shilo
Sulamith
Susanna
Tabea
Tabitha
Talitha
Tamar(a)
Tikva(h)
Timna
Tryphene
Veronika
Zilla
Zippora

Männliche Vornamen

Aaron
Abel
Abner
Abraham
Absalom
Adam
Adiel
Adriel
Amnon
Amon
Amos
Amram
Andreas
Aram
Aran
Ariel
Arye
Ascher
Asriël
Balthasar
Baptist
Barak
Barnabas
Bartholomäus
Baruch
Benaja
Benjamin
Bezalel
Boas
Dan
Daniel
David
Eden
Eder
Eli
Elias
Elieser
Elihu
Elimelech
Elischa
Eljakim
Em(m)anuel
Enoch
Ephraim
Esra
Et(h)an

Ezequiel
Gabriel
Gad
Gedeon
Gerschom
Gerschon
Gideon
Gilead
Habakuk
Hadar
Hanan
Henoch
Hiob
Hosea
Iddo
Immanuel
Isaak
Ismael
Israel
Itamar
Ittai
Jadon
Jair
Jakob
Jared
Jason
Jehiel
Jephtah
Jeremias
Jesaja
Jeschua
Jesse
Jesus
Jethro
Jigal
Joachim
Job
Joel
Johannes
Jonas
Jonathan
Joram
Jordan
Joscha
Joseph
Josias
Josua
Jubal
Juda
Kaleb
Kaspar
Kenan
Laban
Lais
Lazarus
Levi
Lukas
Manasse
Markus
Matthäus
Matthias
Melchior
Menachem
Micha
Michael
Mordechai
Moses
Naftali
Nahum
Nathan
Nathanael
Nehemia
Netanel
Nikodemus
Nimrod
Noah
Obadja
Ofir
Oren
Paul
Perez
Peter
Philipp
Pinkas
Raphael
Ruben
Sacharja
Salomon
Samson
Samuel
Saul
Schamir
Sem
Seraphin
Seth
Silas
Simeon
Simon
Sion
Stephan
Tammus
Thaddäus
Thomas
Timon
Timotheus
Titus
Tobias
Tobit
Urias
Uriel
Usi
Zacharias
Zadok

Namen aus der griechischen und römischen Mythologie

Weibliche Vornamen

Aglaia
Althea
Amalthea
Anthea
Ariadne
Artemis
Asträa
Athena
Cassiopeia
Ceres
Chloe
Clio
Cynthia
Danae
Daphne
Delia
Diana
Dido
Dione
Doris
Elektra
Elissa
Eos
Flora
Fortuna
Galatea
Gea
Helena
Hera
Hermione
Hero
Iphigenie
Irene
Iris
Ismene
Kalliope
Kassandra
Kora
Latona
Lavinia
Leda
Lucina
Luna
Maja
Medea
Minerva
Myrrha
Nausikaa
Nerea
Nike
Nona
Oceana
Penelope
Philomela
Phöbe
Rea
Selene
Sibylle
Silvia
Sirena
Thalia
Theia
Vesta
Venus
Viktoria

Männliche Vornamen

Achilles
Adonis
Aeneas
Ares
Damon
Eros
Hektor
Helios
Hermes
Hyazinth
Janus
Jason
Kastor
Leander
Narciss
Nestor
Oceano
Odysseus
Orest
Paris
Philemon
Quirinus
Remus
Romulus
Silvan(us)
Silvius
Viktor
Ulysses

Namen aus der germanischen Mythologie

Weibliche Vornamen

Brunhild
Freia
Frigga
Gerda
Gerlind
Gudrun
Hilde
Hildeburg
Hildegund(e)
Hjördis
Iduna
Ingeborg
Kriemhild
Ortrun
Schwanhild
Sieglinde
Sigrun
Siv/Siw
Skadi
Ute
Urd(a)
Vanadis

Männliche Vornamen

Alberich
Baldur
Dankwart
Diether
Dietrich
Eckart
Frithjof
Gernot
Giselher
Gunnar
Gunther
Hadubrand
Hagen
Hartmut
Helge
Herwig
Hildebrand
Horand
Iring
Odin
Ortwin
Rüdiger
Siegfried
Siegmund
Sigurd
Vidar
Volker
Wieland
Wolfdietrich
Wolfhard
Wotan

Geläufige Unisexnamen

Ady
Aike
Alexis
Andrea
Bo
Camille
Chris
Conny
Dan(n)y
Dominique
Eike
Elia
Ellis
Francis
Gerrit
Gillian
Hansi
Heike
Helge
Henny
Jamie
Janne
Jo
Jona
Josy
Kai
Kaj
Kay
Kelly
Kersten
Kim
Kirsten
Kris
Lee
Leslie
Lois
Loren
Lorin
Lou
Lu
Luca/Luka
Micha
Mika
Mo
Nicki
Nicky
Nicola
Niki
Nikita
Nikola
Noa
Noel
Pat
Patrice
Ricki
Ricky
Robin
Ronny
Sammy
Sandy
Sidney
Sig(g)i
Tomke
Toni
Tony
Tracy
Uli
Ulli
Vivian
Vivien

[Anmerkung: Unisexnamen aus anderen Sprachen (arabisch, türkisch, neuhebräisch u.a.), die in Deutschland wenig bekannt sind, wurden nicht berücksichtigt.]

Verzeichnis weiblicher Vornamen

A

Aada
Aaliyah
Aba
Abbey
Abby
Abelia
Abelina
Abena
Abigail
Abir
Abischag
Abital
Abla
Abril
Acerina
Ada
Adalet
Adda
Adebola
Adela
Adelaide
Adele
Adelene
Adelgard
Adelgunde
Adelheid
Adelia
Adelina
Adelind
Adeline
Adelisa
Adelita
Adeltraud
Adeola
Adi
Adia
Adiba
Adila
Adina
Adla
Adoette
Adolfine
Adowa
Adriana
Adrienne
Adsila
Ady
Aenne
Afaf
Afërdita
Afia
Afifa
Afiya
Afra
Afua
Aga
Agata
Agatha
Agathe
Agatina
Agda
Agi
Aglaé
Aglaë
Aglaia
Agnes
Agnès
Agnesa
Agnese
Agneta
Agnette
Agnieszka
Ahlam
Ahuva
Aida
Aike
Aiko
Aila
Aileen
Ailina
Ailke
Ailsa
Aimée
Aina
Ainara
Aino
Ainoa
Aira
Aischa
Aitana
Aja
Ajita
Ake
Akelei
Aki
Akiko
Akila
Alaine
Alamea
Alana
Alanis
Alannah
Alara
Alaska
Alba
Albana
Alberta
Albertina
Albina
Alda
Aldina
Alea
Aleen
Aleid
Aleka
Aleksandra
Alena
Alenka
Alesia
Alessa
Alessandra
Alessia
Alette
Alexa
Alexandra
Alexandrine
Alexia
Alexine
Alexis
Aleyna
Alfa
Alfreda
Alfredina
Alfrun
Algund
Alheid
Alia
Alica
Alice
Alicia
Alicja
Alida
Alieke
Aliénor
Alija
Alika
Alina
Alinde
Aline
Alisa
Alischa
Alise
Alisha
Alisia
Alison
Alissa
Alissia
Alita

Alix
Aliya
Aliye
Aliyyah
Aliza
Alizée
Alja
Aljona
Alka
Alke
Alla
Allegra
Allison
Allmut
Ally
Alma
Almas
Almina
Almira
Almke
Almudena
Almut
Aloisa
Alona
Aloysa
Alrike
Alrun
Althea
Altraud
Aluna
Alva
Alvina
Alwine
Alysa
Alysha
Alyssa
Alyssia
Ama
Amadea
Amadi
Amaia
Amal
Amali
Amalie
Amalthea
Aman
Amancaya
Amanda
Amandine
Amani
Amapola
Amaranta
Amaryllis
Amata
Amaya
Amber
Ambra
Ambre
Ambrosia
Amei
Ameli
Amelia
Amelie
Amélie
Amely
Amethyst
Ämilia
Amina
Amira
Amita
Amke
Amne
Amöna
Amory
Amra
Amrei
Amrit
Amy
An
Ana
Anabel
Anabell
Anaëlle
Anahita
Anaïs
Ananda
Anastasia
Anat
Andalib
Andere
Andi
Andina
Andone
Andra
Andrea
Andreana
Andrée
Andreina
Andrina
Anemone
Aneta
Anette
Angel
Angela
Angèle
Angelika
Angelina
Angélique
Angie
Ania
Anica
Aniela
Anika
Aniko
Anila
Anima
Anisa
Anisha
Anissa
Anita
Anitra
Anja
Anjali
Anje
Anjuli
Anjuscha
Anjuta
Anka
Anke
Ann
Anna
Annabella
Anne
Änne
Anneke
Anneli
Anneliese
Annely
Annemarie
Annemie
Annemieke
Annemone
Annette
Anni
Annick
Annie
Annika
Annikki
Annina
Annukka
Annunziata
Anny
Anouk
Ansgard
Anthea
Antina
Antje
Antke
Antoinette
Antonella
Antonetta
Antonia
Antonietta
Antonina
Anuk
Anuradha
Anuschka
Apollonia
April
Arabella
Araceli

Aranka
Arantxa
Ardita
Arendje
Areta
Aria
Ariadne
Ariane
Arianna
Ariela
Arietta
Arife
Arina
Aris
Arja
Arje
Arla
Arleen
Arlette
Arlind
Arline
Armelle
Armgard
Armida
Armina
Arnhild
Arnika
Arnolda
Arnoldina
Artemis
Aruna
Arwa
Asali
Ascha
Asgard
Ashley
Asia
Asiya
Asiye
Asja
Asma
Asmahani
Aspasia
Assja
Assunta
Asta
Asträa
Astrid
Asuman
Asya
Atara
Athanasia
Athena
Atiya
Atzimba
Aud
Audrey
Auguste
Augustine
Aune
Aurea
Aurelia
Aurélie
Aurica
Aurora
Ausma
Austra
Autumn
Ava
Avelina
Avery
Avishag
Avital
Aviva
Axana
Axelle
Axinja
Ayala
Ayame
Ayasha
Ayda
Aydın
Ayesha
Aygül
Ayita
Ayla
Ayleen
Aylin
Ayline
Ayperi
Ayşe
Ayşegül
Aysel
Ayşenur
Aytekin
Ayten
Azahara
Azalee
Azhar
Aziza
Azra
Azucena
Azza

B

Babette
Babs
Babsi
Badr
Bahar
Bahriyya
Bailey
Bala
Balbina
Banu
Barb
Barbara
Bärbel
Barbi
Barbie
Barbora
Barbra
Barbro
Bareket
Başak
Basma
Bastiana
Bastienne
Batseba
Batsheva
Batul
Batya
Bea
Beate
Beatrice
Béatrice
Beatrix
Beatriz
Beau
Becky
Beeke
Begonia
Beke
Bele
Belén
Belina
Belinda
Bella
Belle
Bellina
Benedetta
Benedicta
Bénédicte
Benedikta
Benigna
Benita
Benja
Bente
Bérangère
Berendine
Berenice
Bérénice
Berenike
Bergit
Berit
Berlind
Berna
Bernadette
Bernadina
Bernarda
Bernardette

Bernardina
Bernharda
Bernhardine
Bernhild
Berni
Bernice
Berrit
Berta
Bertha
Berthild
Berti
Bertina
Bertraud
Bertrun
Beryl
Bess
Bessy
Beta
Beth
Betha
Bethany
Bethsabée
Betina
Betsy
Betta
Bette
Betti
Bettina
Betty
Betül
Beverley
Beyza
Beyzanur
Bharati
Bianca
Bibi
Bibiana
Biggi
Bilha
Bilke
Bille
Billie
Bina
Binah
Bine
Bini
Binia
Bionda
Birdie
Birga
Birgit
Birgitta
Birke
Birkhild
Birsen
Birte
Biruta
Bitja
Blanca
Blanche
Blanda
Blandine
Blanka
Blomma
Bo
Bobbie
Bobby
Bodil
Bogdana
Boglárka
Bohdana
Bonina
Bonita
Bonnie
Bora
Borghild
Bothild
Božena
Bracha
Branka
Brenda
Brianna
Bridget
Brigida
Brigitte
Bringfriede
Brinja
Brit
Brita
Britney
Britt
Britta
Brittany
Brittney
Bronja
Brooke
Bruna
Brunhild
Bruni
Brunilda
Brunilde
Brurya
Brygida
Bryony
Bülent
Burga
Burgel
Burghild
Burgi
Burglind
Burgunde
Buschra
Bustan
Butaina

C

Cäcilie
Caitlín
Caja
Calíope
Cameron
Camila
Camilla
Camille
Candice
Candida
Candy
Cansu
Cara
Carda
Careen
Caren
Carena
Carima
Carin
Carina
Carine
Carissima
Caritas
Carla
Carleen
Carlie
Carlin
Carlina
Carlota
Carlotta
Carly
Carmela
Carmen
Carmina
Caro
Carol
Carola
Carole
Carolin
Carolina
Caroline
Carolyn
Carolyne
Carrie
Carsta
Cassandra
Cassidy
Cassie
Cassiopeia
Cassy
Catalina
Catarina
Caterina
Catharina
Catherine
Cathie

Cathleen
Cathrin
Cathrina
Cathy
Catina
Cato
Catrice
Catrin
Catrina
Catriona
Cattleya
Cay
Caya
Cäzilia
Cécile
Cecilia
Cecily
Cecylia
Celeste
Celestina
Celia
Celina
Céline
Cellina
Cemile
Centa
Ceres
Ceyhan
Chabela
Chana
Chandra
Chandrakanta
Chanel
Chaniya
Chantal
Chantale
Charis
Charise
Charissa
Charitas
Charity
Charleen
Charlène
Charlie
Charline
Charlize
Charlott
Charlotta
Charlotte
Charlyn
Charmaine
Charo
Chausiku
Chaya
Chayenne
Cheli
Chelsea
Cher
Chérie
Cherilyn
Cherine
Chérise
Cherry
Cheryl
Cheyenne
Chiara
Chimène
Chinook
Chloe
Chole
Chris
Christa
Christel
Christella
Christelle
Christhild
Christiane
Christie
Christien
Christin
Christine
Christl
Ciara
Çiğdem
Cilia
Cilla
Cilli
Cinderella
Cindy
Cinja
Cintia
Cinzia
Citlalli
Claire
Clara
Cläre
Clarissa
Clarisse
Clarita
Claude
Claudia
Claudina
Claudine
Clea
Clelia
Clementine
Cleo
Cleopatra
Clio
Clíona
Clivia
Coco
Cody
Coleen
Cölestine
Coletta
Colette
Colinda
Coline
Colleen
Collien
Colline
Concetta
Conchita
Connie
Conny
Constance
Constanze
Consuelo
Cora
Coral
Coralie
Coraline
Cordelia
Cordula
Coretta
Corinna
Corinne
Cornelia
Cornell
Corona
Corrie
Corry
Cosima
Cosma
Cosmea
Courtney
Crescentia
Cris
Crista
Cristin
Cristina
Crystal
Cyndi
Cyndie
Cynthia
Cyrilla

D

Dafina
Dafne
Dagmar
Dagny
Dahlia
Daina
Daisy
Daja
Dajana
Dakota
Dalal
Dale

Dalia
Dalila
Dalina
Dalisha
Damaris
Damayanti
Damiana
Dana
Danae
Danella
Danetta
Dania
Danica
Danice
Daniela
Daniele
Danièle
Daniella
Danielle
Danika
Danila
Danina
Danique
Danisha
Danita
Danja
Danka
Danny
Danuta
Dany
Danya
Daphne
Daphné
Dara
Darcy
Daria
Dariana
Darina
Darinka
Darja
Darla
Darleen
Darline
Darya
Davida
Davina
Davita
Dawn
Dayana
Dea
Deanna
Debbie
Debora
Debra
Deda
Deike
Deirdre
Dela
Delara
Dele
Delfina
Delia
Deliane
Delicia
Delila
Delina
Delisa
Delphina
Demet
Demi
Denice
Denis
Denisa
Denise
Deniz
Desdemona
Desideria
Désirée
Despina
Destina
Destiny
Detta
Devi
Devika
Devina
Devon
Diamanda
Diamond
Dian
Diana
Diandra
Diane
Dianna
Dido
Diederike
Diemut
Dieta
Dietburg
Dietgard
Dietgund
Diethild
Dietlind
Dietra
Dietrun
Dila
Dilan
Dilara
Dilek
Dilia
Dilschad
Dima
Dimitra
Dina
Dinah
Dini
Dione
Dionisia
Dionne
Dionysia
Diotima
Dirka
Dita
Ditta
Diya
Djamila
Djawahir
Dodo
Dolly
Dolores
Domenica
Domenika
Dominica
Dominika
Dominique
Donají
Donata
Donatella
Donja
Donna
Dora
Doralies
Dordana
Dore
Doreen
Dorena
Dorette
Dori
Doria
Doriana
Dorina
Dorine
Doris
Dorit
Dorita
Dorkas
Dorle
Dorleen
Dorlies
Dorota
Dorothea
Dorothy
Dorrit
Dorte
Dortje
Drina
Drora
Duha
Dunja
Dunya
Durga
Dvorah

Dylana
Dyonne

E

Ebba
Ebbine
Ebo
Ebony
Eda
Edda
Edel
Edelgard
Edelinde
Edeline
Edeltraud
Eden
Ederne
Edi
Edina
Edit
Edita
Edith
Editha
Edla
Edmée
Edna
Edwine
Edyta
Edyth
Effi
Efia
Egberdina
Eglantine
Ehrengard
Ehrentraud
Eika
Eike
Eila
Eileen
Eilika
Eilke
Eilko
Eka
Ekaterina
Ela
Elaine
Elanur
Elburg
Elda
Eldrid
Elea
Eleana
Eleanor
Eleanore
Elektra
Elena
Eléni
Elenora
Eleonora
Eleonore
Éléonore
Elfe
Elfgard
Elfgund
Elfi
Elfriede
Elfrun
Elga
Elgard
Elgin
Eli
Elia
Eliana
Eliane
Elida
Éliette
Elif
Elijana
Elin
Elina
Eline
Elinor
Elisa
Elisabet
Elisabeta
Elisabeth
Elisabetha
Elisabetta
Elise
Élise
Elisha
Elisheva
Eliška
Elissa
Eliza
Elizabete
Elizabeth
Elja
Elke
Ella
Elle
Ellen
Ellengard
Elli
Ellida
Ellie
Ellinor
Ellis
Elly
Elma
Elmine
Elmira
Elna
Élodie
Eloisa
Eloise
Éloïse
Elora
Elrike
Elsa
Elsabe
Elsbe
Elsbeth
Else
Elsi
Elsie
Elske
Elsmarie
Elsy
Eltje
Eltrud
Elvi
Elvina
Elvira
Elwine
Elwira
Elżbieta
Emanuela
Emel
Emelie
Emeline
Emely
Emerald
Emerentia
Emilia
Emilie
Émilie
Emily
Emina
Emine
Emke
Emma
Emmalie
Emmanuelle
Emmelie
Emmeline
Emmely
Emmi
Emmy
Emmylou
Emy
Ena
Enedina
Engel
Engelgard
Engelina
Enid
Enie
Enja
Enke
Enna

Enola
Énora
Enrica
Enya
Eos
Eppa
Erdmute
Eréndira
Erica
Erika
Erin
Erken
Erma
Ermelind
Ermengard
Erminia
Erna
Ernesta
Ernestine
Erni
Erwine
Esi
Eska
Esma
Esme
Esmé
Esmeralda
Espe
Esperanza
Esra
Esta
Estefania
Estella
Estelle
Esther
Estíbaliz
Estrella
Estrid
Eszter
Etelka
Ethel
Etta
Eugenie
Eugénie
Eulalia
Eunice
Eunike
Euphemia
Eva
Evamaria
Evangelia
Evangeline
Eve
Evelin
Evelina
Evelyn
Evelyne
Everdina
Evi
Evie
Evita
Ewa
Ewelina
Eyla
Eyleen
Ezra

F

Fabia
Fabiane
Fabienne
Fabiola
Fabrizia
Fadia
Fadila
Fahima
Faina
Fairuz
Faith
Faiza
Falka
Fang
Fania
Fanja
Fanni
Fanny
Farah
Fariba
Farida
Farimah
Farin
Farinam
Fatima
Fatin
Fatma
Fausta
Faustina
Fawn
Faye
Fayna
Fayola
Fe
Febe
Federica
Fedora
Fee
Feike
Felia
Felice
Felicia
Feliciana
Felicita
Felicitas
Felicity
Felicja
Felina
Felisa
Felisha
Felizia
Felizitas
Femke
Fenella
Feng
Fenja
Fenna
Fenni
Fentje
Feodora
Ferdinande
Feride
Fermina
Fernanda
Fia
Fidda
Fidelia
Fides
Fien
Fifi
Filippa
Filomena
Fina
Fine
Fini
Finja
Finni
Finola
Finya
Fiona
Fiora
Fiorella
Fiorenza
Fioretta
Fiorina
Firdaus
Flavia
Flavie
Fleur
Fleurie
Fleurine
Flor
Flora
Floreen
Florence
Florencia
Florentine
Florenze
Floretta
Floria
Floriane
Florianne
Florica

Florida
Florie
Florika
Florina
Florinda
Florine
Flurina
Fokka
Foline
Folke
Fortuna
Foruz
Franca
France
Frances
Francesca
Francie
Francine
Francis
Francisca
Françoise
Franka
Fränze
Franzi
Franzine
Franzis
Franziska
Frauke
Freda
Frede
Frederica
Frederika
Frédérique
Freia
Freja
Frerike
Freya
Freydis
Freyja
Fricka
Frida
Fridegunde
Fridel
Friderica
Friderike
Friderun
Fridgard
Fridhild
Fridolina
Fridrun
Frieda
Friedburg
Friede
Friedeberta
Friedeburg
Friedegard
Friedegund
Friedel
Friedelind
Friedemarie
Friederike
Friederun
Friedgard
Friedhild
Friedlinde
Friedrun
Frigga
Frigge
Fritzi
Frohgard
Frohlinde
Frohmut
Frolinde
Fromut
Fulvia
Fumi
Funani

G

Gabi
Gabriela
Gabriele
Gabriella
Gabrielle
Gaby
Gaëlle
Gaetana
Gaia
Gail
Gala
Galatea
Gali
Galina
Ganga
Garda
Gardenia
Gardi
Gardis
Gardy
Garnet
Gauri
Gayle
Gea
Gebba
Gebharda
Gebke
Geela
Geelke
Geertje
Geertruida
Geesche
Geeske
Gela
Geli
Gelsomina
Gemma
Geneva
Geneviève
Genia
Geno
Genovefa
Genoveva
Georgette
Georgia
Georgina
Gepa
Geralde
Geraldine
Gerarda
Gerardina
Gerburg
Gerda
Gerdi
Gerdina
Gerdis
Gerfriede
Gerharda
Gerhardina
Gerheid
Gerhild
Geri
Gerit
Gerke
Gerlinde
Gerline
Germaine
Germana
Germania
Gerrit
Gerry
Gerta
Gertfriede
Gerthild
Gerti
Gertien
Gertje
Gertraud
Gertrud
Gertrudis
Gertrun
Gerty
Gerwine
Gesa
Gesche
Gese
Gesina
Geske
Ghislaine
Giada
Gianna
Giannina

Gibeon
Giesela
Gila
Gilah
Gilda
Gili
Gill
Gillian
Gina
Gine
Ginette
Ginger
Ginia
Ginny
Ginster
Gioia
Giora
Giorgia
Giorgina
Giovanna
Giovannina
Gisa
Gisela
Giselda
Gisèle
Giselhild
Gisella
Giselle
Giseltrud
Gisla
Gislind
Gita
Gitit
Gitta
Gitti
Giulia
Giuliana
Giulietta
Giuseppina
Gizela
Gizella
Gladys
Glenda
Glenn
Glenna
Gloria
Glynis
Goda
Godela
Godelind
Godje
Gohar
Gonda
Goren
Gothild
Gotje
Gotlind
Gotthild
Grace
Gracia
Gracie
Graciela
Gracy
Grazia
Graziella
Grazina
Grażyna
Greet
Gret
Greta
Gretchen
Grete
Gretel
Grethe
Gretine
Gretje
Griet
Grietje
Griselda
Grit
Grita
Guadalupe
Guda
Gudela
Gudrid
Gudrun
Gudula
Guillermina
Guiomar
Gül
Gülay
Gülbahar
Gülcan
Gülçin
Gülperi
Gültekin
Gulzar
Günay
Gunda
Gundalena
Gunde
Gundel
Gundela
Gundelinde
Gundhilde
Gundi
Gundis
Gundula
Güneş
Gunhild
Gunild
Gunilla
Gunna
Gunthild
Guntlinde
Guntrud
Guntrun
Gunver
Gunvor
Gurli
Gusta
Gustava
Guste
Gustel
Gusti
Gutrune
Gwen
Gwenaëlle
Gwenda
Gwendolin
Gwyneth
Gyrid

H

Habiba
Hadar
Hadassa
Hadeburg
Hadia
Hadmut
Hadumod
Hadwig
Hadya
Hafisa
Hagar
Haide
Haidée
Haidi
Haike
Hailey
Hajar
Hakima
Hala
Haley
Halide
Halima
Halina
Halka
Hamida
Hamide
Hana
Hanan
Hania
Hanja
Hanka
Hanke
Hanna
Hannelore
Hanni
Hansi
Haralda

Hardi
Hardy
Harmina
Harmke
Harriet
Hartmute
Hatice
Hauke
Haukea
Hava
Haviva
Haya
Haydée
Hayley
Hazel
Heather
Heaven
Hed
Hedda
Heddi
Hede
Hedi
Hedvig
Hedwig
Hedwiga
Hedy
Heide
Heidi
Heidrun
Heike
Heilburg
Heilgard
Heilke
Heiltrud
Heilwig
Heimke
Heinke
Heinrike
Hela
Heleen
Helen
Helena
Hélène
Helga
Helgard
Helge
Helgrid
Heli
Helia
Helin
Helja
Helke
Hella
Helle
Helli
Helma
Helmgard
Helmi
Helmine
Helmke
Helmtraud
Helmy
Heloise
Heltrud
Hemma
Hendrike
Hendrikje
Hendrina
Henja
Henni
Henny
Henrica
Henrieke
Henrietta
Henriette
Henrike
Hera
Herburg
Herdis
Hergard
Herlinde
Herma
Hermanna
Hermi
Hermine
Hermione
Hermy
Hero
Herta
Hertraud
Hester
Heta
Heti
Hetta
Hetti
Hiba
Hikari
Hikmet
Hilaria
Hilary
Hilburg
Hilda
Hildburg
Hilde
Hildeburg
Hildegard
Hildegardis
Hildegund
Hildelies
Hildi
Hildis
Hildrun
Hilja
Hilke
Hilla
Hilma
Hiltje
Hiltrud
Hima
Hind
Hinderika
Hindrike
Hinnerika
Hinrike
Hiske
Hjördis
Holda
Holle
Holly
Holma
Hope
Hortense
Hortensia
Huberta
Hubertina
Huda
Huguette
Hulda
Hulya
Hülya
Hyazintha

I

Ibtisam
Iciar
Ida
Idan
Idoya
Iduna
Ifama
Ife
Ifigenia
Ignatia
Ignazia
Ihab
Ihna
Ihsan
Iida
Ika
Ike
Ila
Ilana
Ilanit
Ilaria
Ilayda
Ildiko
Ileana
Ileane
Ilektra
Ilena
Ilenia

Ilga
Ilia
Iliana
Iljana
Ilka
Ilknur
Illa
Ilma
Ilona
Ilonka
Ilsa
Ilsabe
Ilse
Ilske
Ilta
Ilva
Ilvy
Iman
Imanuel
Imanuela
Imelda
Imke
Imma
Immaculata
Imme
Imogen
Impi
Ina
Inamaria
Inbar
Inci
India
Indira
Indra
Ineke
Ines
Inessa
Inga
Ingar
Inge
Ingeborg
Ingeburg
Ingegerd
Ingehild
Ingela
Inger
Inghild
Ingke
Ingrid
Ingrun
Ingunn
Ingvild
Inis
Inja
Inka
Inkeri
Inna
Innocentia
Inola
Inse
Inska
Inta
Ioanna
Iolanda
Iolanthe
Iona
Iphigenie
Ira
Iracema
Iraida
Ireen
Irem
Irén
Irena
Irene
Irène
Iria
Irina
Irini
Iris
Irit
Irka
Irma
Irmalotte
Irmburg
Irmela
Irmelies
Irmelin
Irmelind
Irmen
Irmengard
Irmgard
Irmhild
Irmi
Irmina
Irmingard
Irmlind
Irmtraud
Irune
Isa
Isabe
Isabeau
Isabel
Isabelita
Isabell
Isabella
Isabelle
Isadora
Isamaria
Isaura
Ise
Isela
Isgard
Ishild
Isidora
Isis
Iska
Isla
Ismene
Ismet
Isobel
Isolde
Isra
Israela
Itziar
Iva
Ivana
Ivanka
Ivette
Ivona
Ivonne
Ivy
Iwana
Iwanka
Iwona

Jacaranda
Jacinta
Jacintha
Jackie
Jacklyn
Jacky
Jaclyn
Jacquelin
Jacqueline
Jacquelyn
Jada
Jade
Jadwiga
Jael
Jaime
Jaimie
Jakoba
Jakobine
Jale
Jalina
Jamie
Jamila
Jamina
Jamy
Jana
Jane
Janea
Janelle
Janet
Janett
Janetta
Janette
Janey
Jania

Janica
Janice
Janika
Janin
Janina
Janine
Janique
Janis
Janita
Janja
Janka
Janna
Janne
Janneke
Jannette
Janni
Jannika
Jannina
Janny
Jantje
Jaqueline
Jara
Jardena
Jarmila
Jaroslawa
Jasmin
Jaya
Jayanti
Jayde
Jayne
Jazmín
Jean
Jeanett
Jeanette
Jeanie
Jeanine
Jeanne
Jeannette
Jeannie
Jeannine
Jeanny
Jekaterina
Jelena
Jelisaveta
Jelka
Jella
Jelle
Jelsche
Jemima
Jemina
Jenifer
Jenita
Jenja
Jenna
Jenni
Jennie
Jennifer
Jenny
Jente
Jessica
Jessie
Jessika
Jette
Jewel
Jill
Jillian
Jimena
Jin
Jirina
Jirka
Jiska
Jitka
Jo
Joan
Joana
Joanne
Jocelyn
Jochebet
Jodie
Jody
Joela
Joelina
Joelle
Johanna
Johannah
Jola
Jolanda
Joleen
Jolena
Jolene
Jolie
Jolien
Jolina
Jolinda
Joline
Jolyn
Jona
Jonna
Jordan
Jordana
Jordis
Jördis
Jorid
Jorina
Jorinde
Jörna
Josa
Joscheba
Josefa
Josefina
Joselien
Josepha
Josephina
Josette
Josi
Josiane
Josie
Josina
Josy
Jovana
Jovanka
Joy
Joya
Joyce
Juana
Juanita
Judith
Judy
Jule
Juli
Julia
Juliana
Julianna
Julie
Julienne
Juliet
Julietta
Juliette
Julika
Julina
Julischka
Julitta
June
Junia
Jurina
Justina
Jutta
Jytte

K

Kaarina
Kaatje
Kadija
Kai
Kaia
Kaija
Kailani
Kainda
Kaitlyn
Kaj
Kaja
Kajetana
Kajsa
Kalani
Kali
Kalinka
Kalla
Kalliope
Kalyani
Kamala
Kamaria

Kamea
Kamila
Kamilla
Kanta
Kanti
Kanzi
Kaori
Kara
Karam
Karama
Kareen
Karen
Karena
Kari
Karima
Karimu
Karin
Karina
Karla
Karlina
Karlotta
Karmen
Karna
Karola
Karolin
Karolina
Karoline
Karsta
Kassandra
Katalin
Katarina
Kate
Käte
Katelyn
Katerina
Kateřina
Katharina
Käthchen
Käthe
Käthemarie
Katherina
Katherine
Kathi
Kathinka
Kathleen
Kathrein
Kathrin
Kathrina
Kathryn
Kathy
Kati
Katia
Katie
Katina
Katinka
Katja
Katjana
Katrein
Katrice
Katrin
Katrina
Katti
Katy
Kaveri
Kay
Kaya
Kayla
Kayleigh
Kazuko
Kea
Keely
Keiko
Keira
Keisha
Kellie
Kelly
Kelsey
Kendra
Kenia
Kenja
Kenya
Kenzie
Keren
Kerime
Kerrin
Kerry
Kersten
Kersti
Kerstin
Kerstina
Keshia
Kezia
Khadija
Kia
Kiana
Kiara
Kiera
Kim
Kimberley
Kimi
Kimiko
Kimmy
Kinga
Kira
Kirsa
Kirsten
Kirsti
Kirstin
Kirstina
Kirsty
Kitty
Kjerstin
Klara
Kläre
Klarina
Klarissa
Klasina
Klaudia
Klementina
Klio
Klothilde
Kohar
Konrada
Konradina
Konstantine
Konstanze
Kora
Kordelia
Kordula
Korinna
Kornelia
Kosima
Kreszentia
Kriemhild
Kris
Krista
Kristiane
Kristin
Kristina
Kristy
Kristýna
Krystal
Krystiana
Krystyna
Ksenia
Kumari
Kunigunde
Kyara
Kyla
Kyle
Kylie
Kyra

L

Laetitia
Laia
Laila
Laima
Laimutė
Laini
Lajana
Lakeisha
Lakschmi
Lale
Lalita
Lamberta
Lana
Lanie
Lara
Laraine
Larina

Larissa
Latasha
Latifa
Latischa
Latisha
Lätitia
Latona
Latonya
Latoya
Latrisha
Laura
Laurane
Laure
Laureen
Laureline
Lauren
Laurena
Laurence
Laurène
Laurentia
Lauretta
Laurette
Lauri
Laurie
Laurien
Laurina
Laurine
Laurita
Lauryn
Laverne
Lavinia
Laxmi
Layla
Lea
Leah
Leana
Leandra
Léane
Leanne
Leda
Lee
Leelou
Leena
Lei
Leia
Leigh
Leila
Leilani
Lelia
Lena
Lene
Leni
Lenia
Lenja
Lenka
Lenna
Lenne
Lenore
Leny
Lenya
Leokadia
Leona
Leonarda
Leonella
Leoni
Leonie
Leonilda
Leonilla
Leonina
Leonita
Leonor
Leonore
Leontina
Leony
Leopoldine
Leska
Lesley
Leslie
Leticia
Letta
Levina
Levinia
Levke
Lexa
Leyla
Li
Lia
Liah
Lian
Liane
Lianne
Libby
Libussa
Lida
Liddy
Lidia
Lidwina
Lie
Liebgard
Liebhild
Liebtraud
Lieke
Lien
Liena
Lies
Liesbeth
Lieschen
Liese
Liesel
Lieselore
Lieselotte
Liesgret
Liesl
Lika
Like
Lil
Lila
Lili
Lilia
Lilian
Liliana
Lilie
Lilith
Lilja
Lill
Lilla
Lillemor
Lilli
Lillian
Lilliana
Lilly
Lilo
Lilou
Lily
Lin
Lina
Linda
Linde
Lindgard
Lindsay
Lindtraud
Line
Linea
Linette
Ling
Linka
Linn
Linnea
Lintrud
Lioba
Liona
Lionella
Lis
Lisa
Lisabeth
Lisamaria
Lisanne
Lisbeth
Lise
Liselore
Liselotte
Lisette
Lisgret
Liska
Lison
Lissa
Lissi
Lita
Liutgard
Liv
Livia

Liviana
Liz
Liza
Lizanne
Lizzy
Ljuba
Ljubinka
Ljubka
Loane
Lois
Lola
Lolita
Lona
Loni
Lora
Loraine
Lore
Lorea
Loreana
Loredana
Loreen
Lorelies
Lorella
Loren
Lorena
Lorene
Lorenza
Loretta
Lorette
Lori
Lorin
Lorina
Loris
Lorna
Lorraine
Lotta
Lotte
Lotti
Lou
Louane
Louisa
Louise
Louna
Lourdes
Lovisa
Loyola
Lu
Luana
Lubaya
Luca
Lucette
Luchina
Luci
Lucia
Luciana
Lucie
Lucienne
Lucile
Lucilla
Lucille
Lucina
Lucinde
Lucretia
Lucrezia
Lucy
Ludgard
Ludivine
Ludmilla
Ludovica
Ludwiga
Ludwina
Luise
Luiselotte
Luitgard
Luka
Lukretia
Lulu
Luna
Lupe
Lupita
Lutgard
Luzia
Ly
Lya
Lyanne
Lydia
Lydie
Lylou
Lyn
Lynda
Lynette
Lynn
Lysann

M

Maaike
Maartje
Mabel
Mabelle
Mable
Macarena
Mackenzie
Madalena
Madalina
Madaline
Maddalena
Maddy
Madelaine
Madeleine
Madelief
Madeline
Madelon
Madhavi
Madhu
Madhur
Madiha
Madina
Madison
Madita
Madlaina
Madleen
Madlin
Madlon
Mae
Maëlle
Maëlys
Maéva
Maeve
Mafalda
Magali
Magda
Magdalena
Magelone
Maggie
Magna
Magnolia
Maha
Mahasin
Mahasti
Mahdukht
Mahin
Mahliqa
Mahnaz
Mai
Maia
Maiba
Maibrit
Maica
Maidie
Maie
Maija
Maike
Maiken
Maila
Mailin
Maïlys
Maira
Maire
Máirín
Maite
Maj
Maja
Majella
Makayla
Makena
Malaika
Male
Malea
Maleen
Maleika
Malen

Malenga
Malenka
Małgorzata
Mali
Malia
Malika
Malin
Malina
Maline
Malissa
Malka
Mallikavati
Mallory
Malou
Malu
Malve
Malvina
Malwine
Manda
Mandana
Mandisa
Mandy
Mania
Manja
Manoela
Manolita
Manon
Manou
Manouk
Manu
Manuela
Mara
Maraike
Marcela
Marcelina
Marceline
Marcella
Marcelle
Marcellina
Marcia
Marea
Maree
Mareen
Marei
Mareike
Mareile
Mareka
Maren
Marena
Maresa
Maret
Marfa
Marga
Margalit
Marganit
Margard
Margaret
Margareta
Margarete
Margarita
Margaux
Margherita
Margit
Margitta
Margo
Margot
Margret
Margrit
Marguerite
Margund
Mari
Maria
Mariah
Mariam
Marian
Mariane
Marianela
Marianka
Mariann
Marianne
Maribel
Marie
Mariechen
Marieke
Marieken
Mariel
Mariela
Mariele
Marielena
Marielies
Mariell
Mariella
Marielle
Marieluise
Marierose
Marieta
Marietheres
Marietta
Mariette
Marija
Marijana
Marijke
Marika
Marike
Marikka
Mariko
Marilena
Marilu
Marilyn
Marin
Marina
Marine
Marinella
Marinette
Marinka
Mariola
Marion
Mariona
Maris
Marisa
Marischka
Marise
Marisela
Mariska
Marisol
Marissa
Marit
Marita
Maritere
Mariví
Marja
Marjana
Marjolaine
Marjorie
Markéta
Marla
Marlea
Marlee
Marlene
Marlène
Marley
Marlies
Marlin
Marlina
Marlind
Marline
Marlis
Marlitt
Marlou
Marlu
Marnie
Marnina
Marny
Marsha
Marta
Martha
Martina
Martine
Martje
Maruja
Maruschka
Marusja
Mary
Maryam
Marylin
Marylou
Marzella
Masako
Mascha
Masika
Mason

Matea
Mathea
Mathilda
Matilda
Mattea
Mattia
Maud
Maura
Maureen
Mauritia
Maurizia
Mavis
Mawuwani
Maxi
Maxima
Maxime
Maximiliane
Maxine
May
Maya
Maybrit
Mayleen
Maylin
Mayra
Mazal
Mea
Mechthild
Medea
Meg
Megan
Meggy
Meghan
Mehlika
Mei
Meike
Meileen
Meina
Meingard
Meinhild
Mel
Mela
Melaine
Melani
Melania
Melanie
Melany
Melba
Melek
Melena
Melia
Melike
Melina
Melinda
Meline
Melisa
Melisande
Melissa
Melita
Melitta
Mélodie
Melody
Melusine
Melvina
Mena
Menchu
Menna
Meral
Mercedes
Merche
Meret
Meriel
Merit
Merita
Merja
Merle
Merleen
Merlin
Merlina
Merlind
Merlyn
Merry
Merula
Merve
Meryem
Meta
Metta
Mette
Mia
Micaela
Micha
Michaela
Michal
Michalina
Michela
Michèle
Michelina
Micheline
Michelle
Michi
Michiko
Michou
Mickey
Midori
Mieke
Miena
Mientje
Mignon
Mika
Mikaela
Mila
Milada
Milana
Milda
Mildred
Milena
Milène
Milenka
Miley
Milka
Milla
Milli
Millicent
Millie
Milly
Miloslawa
Milou
Milva
Mimi
Mina
Minerva
Minette
Minja
Minka
Minna
Minni
Minnie
Minou
Mio
Mira
Miranda
Mireia
Mireille
Mirella
Miren
Mireya
Miriam
Mirja
Mirjam
Mirjana
Mirka
Miroslawa
Mirta
Misaki
Misia
Mitsuko
Mitzi
Miyuki
Mizzi
Mo
Moa
Moana
Modesta
Mohana
Mohini
Moira
Molly
Mona
Moni
Monia
Monica
Monifa

Monika
Monique
Monja
Montse
Montserrat
Moon
Moreen
Morena
Morgaine
Morgan
Morgana
Morgane
Morna
Morowa
Mukami
Mukondi
Mukti
Muna
Munira
Muriel
My
Mylène
Myra
Myriam
Myrna
Myrrha
Myrta

N

Naama
Nabila
Nada
Nadège
Nadia
Nadin
Nadine
Nadira
Nadja
Nadjana
Nadjeschda
Nadya
Naëmi
Nahid
Nahla
Naila
Naima
Naira
Naja
Najma
Nana
Nancy
Nanda
Nandine
Nane
Nanea
Nanette
Nani
Nanna
Nannette
Nanni
Nannina
Nanny
Nanon
Naomi
Narcisa
Narcissa
Narmin
Nasra
Nassima
Nassira
Nastasja
Nastja
Natali
Natalie
Natalina
Natalja
Nataly
Natanja
Natascha
Nathalie
Nausikaa
Nava
Navina
Nayla
Nazli
Nea
Nechama
Nedschma
Neele
Neeltje
Nehama
Nejma
Nekane
Nele
Nelia
Nella
Nelli
Nelly
Nena
Nerea
Nerina
Nesta
Neta
Netti
Nevaeh
Nevenka
Ngaio
Nia
Nica
Nicki
Nicky
Nicla
Nicol
Nicola
Nicole
Nicoletta
Nicolette
Nicolina
Nicoline
Nika
Nike
Niki
Nikita
Nikki
Nikola
Nikoletta
Nikolette
Nikolina
Nikoline
Nila
Nilay
Nilda
Nilla
Nilufar
Nina
Ninette
Nini
Ninon
Nira
Nirmala
Nisa
Nischa
Nita
Nitsa
Nitza
Niva
Noa
Noam
Noel
Noela
Noelia
Noelle
Noemi
Nola
Nona
Noomi
Noor
Nora
Norea
Noreen
Nori
Noriko
Norina
Norita
Norma
Nortrud
Notburg
Nour
Nova
Nuala
Nur

Nuray
Nurcan
Nurgül
Nurhan
Nuria
Nurit
Nuriyya

O

Oceana
Ocotlán
Octavia
Octaviana
Oda
Odessa
Odette
Odile
Odilia
Odina
Ofelia
Ofira
Ofra
Okka
Oktavia
Ola
Olamide
Olayinka
Olesja
Olga
Olimpia
Olina
Oline
Olinka
Oliva
Olive
Olivera
Olivia
Olli
Olympia
Omolara
Omrit
Oni
Onna
Oona
Ophelia
Ophélie
Ophir
Ophira
Ophra
Ora
Oriana
Orla
Orna
Ornella
Orthia
Ortlinde
Ortrud
Ortrun
Othild
Otti
Ottilie
Oxana
Oya
Ozeana
Özgül
Öznur

P

Padma
Padmavati
Padmini
Paige
Paloma
Pam
Pamela
Pamina
Panya
Paola
Paraschakti
Parda
Pari
Parihan
Parizad
Parvati
Parvin
Pascale
Pascaline
Pat
Patni
Patrice
Patricia
Patrizia
Patsy
Patty
Paula
Paulette
Pauline
Pavla
Pearl
Peggy
Pelin
Penelope
Pénélope
Peninna
Penny
Pepi
Pepita
Perdita
Peri
Perla
Pernilla
Perpetua
Peterke
Petra
Petrina
Petronella
Petunia
Phebe
Phia
Phila
Philine
Philippa
Philippine
Phillis
Philomela
Philomena
Phöbe
Phyllis
Pia
Pien
Piera
Pierina
Pierrette
Pierrine
Pilar
Pili
Pina
Pınar
Pippa
Pirjo
Pirkko
Pirko
Piroschka
Piroska
Pocahontas
Pola
Polina
Polly
Portia
Praschanti
Prema
Premadasi
Prisca
Priscilla
Priska
Prita
Priti
Priya
Purnima

Q

Queenie
Quirina

R

Rabab
Rabea
Rabia
Rachel
Rachela
Rachele

Rachelle
Rachil
Rada
Radegund
Radha
Radka
Rae
Rafaela
Rafaelia
Raffaela
Raffaella
Rafika
Ragna
Ragnhild
Rahel
Rahima
Rahime
Raika
Raimonda
Raina
Raissa
Raja
Rajani
Rajka
Ramani
Ramapriya
Ramona
Ramunė
Rana
Randa
Randi
Randy
Rani
Raniya
Raphaela
Raquel
Rasa
Rasamayi
Raschida
Rasma
Ratna
Rea
Rebecca
Rebekka
Reena
Reese
Refika
Regina
Reglinde
Regula
Reika
Reina
Reingard
Reinhild
Reintje
Reintraud
Réka
Relinde
Rena
Renate
Renée
Renette
Reni
Renia
Renkea
Renko
Resi
Reşide
Reta
Rhea
Rhiannon
Rhoda
Rhona
Rhonda
Ria
Riana
Rianne
Ribanna
Rica
Ricarda
Ricca
Riccarda
Richarda
Richhild
Ricke
Ricky
Rieke
Riekje
Rigoberta
Rike
Rikea
Rilana
Riley
Rima
Rina
Rinat
Rita
Rivka
Rixa
Roberta
Robertine
Robin
Robina
Robyn
Rochelle
Rocío
Rohini
Rolanda
Roma
Romaine
Romana
Romane
Romea
Romi
Romilda
Romina
Romola
Romy
Rona
Ronda
Ronit
Ronja
Ronny
Roos
Rosa
Rosalba
Rosaleen
Rosalia
Rosalin
Rosalind
Rosalinde
Rosalyn
Rosamond
Rosamunde
Rosanna
Rosaria
Rosaura
Rose
Rosel
Roselinde
Roseline
Rosella
Roselore
Rosemarie
Rosemary
Rosetta
Rosette
Rosi
Rosika
Rosina
Rosita
Rossana
Roswitha
Rotraud
Rowena
Roxana
Roxanna
Roxy
Rubi
Rubina
Ruby
Rudolfine
Rufina
Rukmini
Rulani
Runa
Rune
Runfried
Runhild
Rusalka
Ruslana

Ruth
Ruthild
Rylee

S

Saar
Sabah
Sabel
Sabeth
Sabine
Sabira
Sabria
Sabrin
Sabrina
Sabrine
Sabriye
Sacha
Sadguna
Sadhwi
Sadie
Safia
Saga
Saguna
Sahar
Sahra
Saida
Saima
Sakuntala
Sakura
Saliha
Salima
Salina
Salka
Sally
Salma
Salome
Salua
Salvia
Salwa
Samantha
Samar
Samia
Samiha
Samina
Samira
Sammy
Sampat
Samuelina
Sana
Sanaa
Sandhya
Sandip
Sandra
Sandrina
Sandrine
Sandy
Sangita
Sanita
Saniyya
Sanja
Sanna
Santa
Santana
Santina
Santoschini
Sanura
Saphira
Sara
Sarafina
Sarah
Sarai
Sarala
Saralena
Saraswati
Sarina
Sarita
Sarja
Saroja
Sarojini
Sarvagati
Sary
Sascha
Saskia
Sassa
Satya
Satyarupa
Satyavati
Savanna
Savina
Scarlett
Schachar
Schahin
Schakira
Schalva
Schan
Schani
Schanta
Scharon
Schavit
Scheli
Schifra
Schir
Schira
Schiri
Schirin
Scholastika
Schuang
Schulammit
Schwanette
Schwanhild
Schwantje
Sebastiane
Sebastina
Ségolène
Selda
Selene
Selia
Selin
Selina
Selinde
Seline
Selini
Selke
Selma
Sema
Semiramis
Şen
Sena
Şenay
Seniye
Senja
Senna
Senta
Senya
Serafina
Seraina
Seraphine
Serena
Serina
Severa
Severine
Sevil
Sevinç
Shakira
Shaleen
Shalin
Shalyn
Shan
Shana
Shane
Shanell
Shania
Shanice
Shanita
Shanna
Shannon
Shanta
Shantelle
Shanti
Shara
Shareen
Shari
Sharice
Sharin
Sharina
Sharleen
Sharline
Sharmaine
Sharon
Sharona
Shauna

Sheela
Sheena
Sheila
Shelby
Sheli
Shelley
Sheri
Sherin
Sheryl
Shifrah
Shilo
Shir
Shira
Shiri
Shirin
Shirleen
Shirley
Shiva
Shizuko
Shlomit
Shona
Shoshana
Sia
Sian
Sibilla
Sibyl
Sibylle
Sidney
Sidonie
Siegfriede
Sieghild
Sieglinde
Siegrid
Siegrun
Siegtraud
Sieke
Siena
Sienna
Sierra
Siggi
Sighild
Sigi
Siglind
Signe
Sigourney
Sigrid
Sigrun
Sigune
Siham
Siiri
Silia
Silja
Silke
Silva
Silvana
Silvelin
Silvi
Silvia
Silviana
Silvie
Silvija
Silvina
Simcha
Simona
Simone
Simonetta
Sina
Sindy
Sini
Sinia
Sinikka
Sinja
Sinje
Siran
Sirena
Siri
Sirid
Sirin
Sirka
Sirke
Sirkka
Sirvart
Sisi
Siska
Sissy
Sita
Sitara
Sitta
Siv
Sixta
Skadi
Skrollan
Sky
Slava
Slavica
Smeralda
Smilla
Sofi
Sofia
Sofie
Solange
Soledad
Solène
Solveig
Sondra
Sonhild
Sonja
Sonnele
Sonngard
Sonnhild
Sonnlind
Sonntraud
Sonny
Sonya
Sophia
Sophy
Soraya
Soumia
Stacey
Stanislawa
Stefanie
Steffany
Steffi
Stella
Stephanie
Stephany
Stevie
Stilla
Stine
Su
Subhadra
Subhaga
Sudamini
Sudasi
Sue
Suheyla
Sulamith
Suleika
Suma
Sumaya
Sumia
Sumitra
Summer
Suna
Sundari
Sunhild
Sunita
Sünje
Sunna
Sunniva
Sunny
Suruci
Surya
Susan
Susana
Susann
Susanna
Susannah
Susanne
Susannika
Suschila
Suse
Susen
Susette
Susi
Suzan
Suzanne
Suzette
Svana
Svanhild
Svanja

Svantje
Svea
Svende
Svenja
Svetlana
Swaantje
Swana
Swanette
Swanhild
Swantje
Swarna
Swenja
Swenna
Swetlana
Swinda
Sybil
Sybille
Sydney
Syka
Sylke
Sylva
Sylvana
Sylvelin
Sylvi
Sylvia
Sylviana
Sylviane
Sylvie
Sylvina
Sylwia

T

Taalke
Tabatha
Tabea
Tabitha
Tahani
Tahira
Tahnee
Taina
Taisa
Taisha
Taissa
Taiwo
Taja
Tajana
Takako
Tale
Talena
Taleshia
Taletta
Talia
Talida
Talina
Talisa
Talisha
Talissa
Talitha
Talke
Talma
Talya
Tamar
Tamara
Tamaris
Tamaya
Tameka
Tami
Tamika
Tamina
Tamira
Tamisha
Tammus
Tammy
Tamsin
Tamu
Tana
Tania
Tanika
Tanischa
Tanisha
Tanita
Tanja
Tanny
Tanya
Tao
Taonga
Tapiwa
Tara
Tarah
Taravati
Tarina
Tarisha
Tarja
Taruni
Taryn
Tascha
Tashia
Tashina
Tasja
Tassja
Tatiana
Tatjana
Tawny
Taya
Tayanita
Taylor
Tea
Teda
Tekla
Telsa
Tendai
Tere
Teres
Teresa
Terese
Teresina
Teresita
Tereza
Terri
Terry
Terzia
Tesa
Tess
Thabea
Thadäa
Thaïs
Thale
Thalia
Thalina
Thalisa
Thalke
Thamar
Thea
Theda
Theia
Thekla
Thelma
Themba
Themke
Theodora
Thera
Theresa
Thérèse
Theresia
Thessa
Thilde
Thirza
Thora
Thordis
Thorid
Thorild
Thorina
Thurid
Thusnelda
Thyra
Tia
Tiana
Tiara
Ticia
Tietje
Tiffany
Tiki
Tikva
Tilde
Tilia
Tilla
Tilli
Tilly
Timea
Timna
Tina

Tindaya
Tine
Tineke
Tini
Tinia
Tinka
Tiphaine
Tirza
Tita
Titia
Tiva
Tizia
Tiziana
Tjadina
Tjorven
Tomke
Tomma
Tomoko
Tona
Toni
Tonia
Tonina
Tonja
Tonka
Tony
Tonya
Topsy
Tora
Tordis
Tore
Torhild
Tori
Toria
Torid
Toril
Torild
Torina
Tosca
Tova
Tove
Tracy
Traude
Traudel
Traudemarie
Trauderose
Traudhild
Traudi
Traudl
Traudlinde
Traute
Trautlind
Tressa
Tricia
Trientje
Trina
Trini
Trinidad
Trinity
Trischna
Trisha
Trishna
Trix
Trixi
Trude
Trudel
Trudeliese
Trudemarie
Trudhild
Trudi
Trudl
Trudlinde
Trudy
Tryphene
Tsambika
Tuba
Tula
Tulsi
Turid
Tuva
Tyra

U

Ubbina
Uda
Udasuta
Ude
Udi
Udo
Udonie
Ula
Ulana
Uletta
Ulfhild
Uli
Ulina
Ulinka
Ulita
Uljana
Ulla
Ulli
Ullrike
Ulrike
Uma
Una
Unathi
Unda
Undine
Unnati
Urda
Ursel
Ursela
Urselmarie
Ursi
Ursina
Ursula
Urte
Uscha
Uschi
Usha
Ute
Utlinde
Utta
Uzoma

V

Vaira
Valborg
Valda
Valea
Valena
Valencia
Valene
Valentia
Valentina
Valera
Valeria
Valerie
Valérie
Valery
Valeska
Valetta
Vanadis
Vanecia
Vanessa
Vania
Vanilla
Vanja
Vannina
Varda
Varenka
Varina
Varinka
Varutri
Vasanti
Vasati
Vasumati
Velta
Veneta
Venetia
Venia
Venice
Venita
Venja
Venla
Venus
Vera
Veralore
Verena
Vérène
Vereni
Vérénice

Verginia
Verica
Verina
Verna
Verona
Verone
Veronika
Véronique
Veruschka
Vesna
Vesta
Veva
Viana
Vianne
Vibeke
Vicki
Vicky
Victoire
Victoria
Victorine
Vida
Vidya
Vienna
Vigdis
Vija
Vijaya
Viki
Viktoria
Viktorija
Vilja
Vilma
Vimala
Vina
Vincenza
Vincenzina
Vinita
Vinja
Vinzentia
Viola
Violaine
Violante
Violet
Violeta
Violetta
Violette
Viona
Virgilia
Virginia
Virya
Vita
Vittoria
Viva
Viveca
Vivette
Vivi
Vivia
Vivian
Viviana
Viviane
Vivianne
Vivica
Vivien
Vivienne
Vivika
Vlasta
Voline
Volkhild
Volma
Vrena
Vreni
Vroni
Vutomi

W

Wafa
Wahiba
Waike
Wakanda
Walburg
Waldtraut
Waleria
Waleska
Walfriede
Walheide
Walli
Walpurga
Waltraud
Waltrun
Wan
Wanda
Wanja
Warda
Waris
Warja
Wassima
Weda
Wedis
Weena
Weerta
Wega
Wei
Weike
Wencke
Wendela
Wendelgard
Wendelina
Wendi
Wendla
Wendula
Wendy
Wenke
Wera
Werna
Wernburg
Werngard
Wernhild
Weronika
Whitney
Wibeke
Wiburg
Widad
Wiebe
Wiebke
Wienke
Wieta
Wiktoria
Wilburg
Wilfriede
Wilgard
Wilgund
Wilhelma
Wilhelmine
Wilja
Wilka
Willa
Willemina
Willia
Willie
Willtrud
Wilma
Wilmine
Wilmke
Wilrun
Wiltrud
Wina
Winfrieda
Winhilde
Winifred
Winja
Winka
Winni
Winnie
Winnifred
Winny
Winona
Wioleta
Witta
Wolfhilde
Wolfrun
Wolftraud
Wübke
Wulfhild
Wunna

X

Xana
Xanat
Xandra
Xanja
Xanthe
Xaveria

Xaviera
Xavière
Xena
Xenia
Xenja
Ximena
Xinia
Xóchitl

Y

Yael
Yafa
Yağmur
Yaira
Yaiza
Yamila
Yamina
Yamuna
Yana
Yanna
Yannicka
Yannika
Yara
Yardena
Yasemin
Yasmin
Yasuko
Yehudit
Yejide
Yelena
Yelka
Yella
Yentl
Yewande
Yıldız
Yisraela
Ylena
Ylenia
Ylva
Yocheved
Yoki
Yoko
Yola
Yolaine
Yolanda
Yoli
Yona
Yonca
Yosefa
Yoshi
Yoshiko
Yraya
Yrsa
Yukiko
Yuna
Yuriko
Yusra
Yuval
Yvetta
Yvette
Yvonn
Yvonne

Z

Zahra
Zaida
Zaïra
Zakiyya
Zandra
Zara
Zarah
Zaynab
Zäzilie
Zdenka
Zehava
Zekiye
Zenobia
Zenta
Zenzi
Zeynab
Zeynep
Zi
Zilla
Zilli
Zina
Zinab
Zippora
Ziska
Zissi
Zita
Ziva
Zlata
Zoé
Zoë
Zoey
Zofia
Zohar
Zohra
Zölestine
Zora
Zorica
Zsófia
Zsuzsanna
Zubaida
Zuleika
Züleyha
Zviya
Zwaantje
Zwanette
Zwenna

Verzeichnis männlicher Vornamen

A

Aaron
Abasi
Abbas
Abbo
Abdallah
Abdelaziz
Abdelmunim
Abderrahman
Abdi
Abdul
Abdulhamid
Abdullah
Abdurrahman
Abel
Abner
Abraham
Abram
Absalom
Acaraho
Achatius
Achill
Achim
Achmed
Adalbert
Adalger
Adam
Adamo
Adamu
Addo
Adeboro
Adelbert
Adelhard
Adem
Aden
Adeyemi
Adi
Adib
Adiël
Adil
Adnan
Adolf
Adolfo
Adolph
Adolphe
Adonis
Adri
Adriaan
Adrian
Adriano
Adrianus
Adriël
Adrien
Ady
Aegid
Aeneas
Afif
Ägid
Agilolf
Ago
Aharon
Ahas
Ahlert
Ahlrich
Ahmed
Ahmet
Aidan
Aik
Aike
Aiko
Aiman
Aimé
Aimo
Ainran
Aitor
Aiyetoro
Ajit
Ajjub
Akanni
Ake
Akiba
Akim
Akın
Akintunde
Akira
Akiva
Akono
Akram
Al
Aladin
Alain
Alan
Aland
Alban
Albano
Albert
Alberto
Albertus
Albin
Albinus
Albrecht
Albwin
Aldis
Aldo
Alec
Alejandro
Alek
Aleksander
Aleksanders
Aleksandr
Aleksi
Alert
Alessandro
Alessio
Alex
Alexander
Alexandre
Aléxandros
Alexei
Alexis
Alexius
Alf
Alfie
Alfio
Alfons
Alfonso
Alfred
Alfredo
Alfried
Alhard
Ali
Aljoscha
Allan
Allard
Allen
Alois
Aloisius
Alon
Aloys
Aloysius
Alper
Alperen
Alphons
Alphonse
Alptekin
Alram
Alrich
Alvar
Álvaro
Alvin
Alwin
Amadeo
Amadeus
Amadou
Amal
Amand
Amando
Amandus
Ambros

Ambrosius
Amédée
Amedeo
Amerigo
Ämilius
Amin
Amir
Amit
Amitabh
Amko
Ammar
Amnon
Amon
Amory
Amos
Amram
Amrit
Anand
Anant
Anas
Anastasius
Anatol
Ander
Anders
Andi
Andoni
Andor
András
Andre
André
Andrea
Andreas
Andrei
Andrej
Andres
Andrew
Andries
Andrik
Andrzej
Andy
Angel
Ángel
Angelino
Angelo
Angelos
Angelus
Angus
Anian
Anil
Anish
Anjo
Anno
Ansas
Ansbert
Anselm
Ansgar
Antal
Antara
Ante
Antek
Antero
Anthony
Antoine
Anton
Antoni
Antonín
Antonino
Antonio
Antonius
Antony
Antti
Anwar
Aram
Aramis
Aran
Aras
Aravind
Arbo
Archibald
Arda
Ardit
Arel
Arend
Ares
Ari
Arian
Aribert
Arie
Ariel
Arif
Arik
Aristide
Aristoteles
Arjan
Arjuna
Arman
Armand
Armando
Armas
Armin
Arn
Arnaldo
Arnau
Arnaud
Arnbjörn
Arnd
Arne
Arnfried
Arnhelm
Arnim
Arno
Arnold
Arnolf
Arnolt
Arnošt
Arnt
Arnulf
Aron
Arp
Árpád
Arslan
Art
Artjom
Arto
Arttu
Artur
Arun
Arved
Arvid
Arvind
Arvo
Arwed
Arwid
Arwin
Arye
Asad
Ascan
Ascher
Aschok
Aschraf
Aschwin
Ashley
Ashok
Ashraf
Ashton
Asier
Asim
Askan
Aslan
Asmus
Asriël
Assad
Asvin
Atahualpa
Athanasius
Atif
Atilla
Attila
August
Augustin
Augustinus
Aulis
Aurel
Aurelio
Aurelius
Aurobindo
Austin
Avery
Avigdor
Aviv
Avner

Avraham
Axel
Aydın
Ayman
Ayo
Ayoub
Ayyub
Azat
Aziz
Azriel

B

Badr
Bahar
Bahne
Bailey
Bala
Balagopal
Balakrischna
Balázs
Baldeo
Balder
Baldev
Baldo
Balduin
Baldur
Baldwin
Bálint
Baltasar
Balthasar
Balu
Balzer
Bamin
Baptist
Barack
Barak
Baran
Bardo
Barid
Barin
Barnabas
Barne
Barney
Barry
Bart
Bartel
Barthold
Bartholomäus
Bartholomé
Bartholomew
Bartley
Bartolo
Bartolomäus
Bartolomé
Bartolomeo
Bartosz
Baruch
Bas
Baschir
Basil
Basile
Basilius
Bastiaan
Bastian
Bastien
Bastin
Batuhan
Bayram
Beat
Beatus
Beau
Beda
Bedirhan
Bedřich
Bedros
Bekir
Bektaş
Béla
Belicar
Ben
Benaja
Bence
Bendix
Benedetto
Benedict
Bénédict
Benedikt
Bengt
Benito
Benjamin
Benjy
Bennet
Benno
Benny
Bent
Bentor
Benvenuto
Ber
Berat
Berend
Berengar
Berk
Berkan
Berkay
Bernard
Bernardin
Bernardo
Bernát
Bernd
Bernfried
Bernhard
Bernhold
Berni
Bernie
Berno
Bernold
Bernolf
Bernt
Bernward
Bero
Bert
Bertfried
Berthold
Berti
Bertil
Bertold
Bertram
Bertrand
Bertus
Bertwin
Bezalel
Bharat
Bhaskar
Bilal
Bilge
Bill
Billy
Binyamin
Birger
Birk
Birko
Bjarne
Björn
Blai
Blaise
Blake
Blas
Blasius
Bo
Boas
Bob
Bobby
Bodhi
Bodo
Bogdan
Bogislaw
Boguslaw
Bohdan
Boi
Bojan
Boje
Bolívar
Bolko
Bomani
Bonaventura
Bongani
Bonifatius
Bonino
Bonne
Bono
Bora

Börge
Boris
Borislav
Borja
Bork
Börries
Borromäus
Bosse
Boto
Boy
Boyd
Brad
Bradley
Brady
Brais
Bram
Brandon
Branko
Brendan
Brent
Brett
Brian
Brice
Bringfried
Briony
Brit
Broder
Bror
Bruce
Brun
Bruno
Bryan
Bryn
Bülent
Burak
Burchard
Burghard
Burkhard
Burt
Busso
Butros
Byron

C

Caden
Caesar
Cai
Caius
Cajetan
Caleb
Callum
Calvin
Cameron
Camill
Camille
Camillo
Camillus
Can
Candid
Candido
Candidus
Caner
Carel
Carl
Carlino
Carlo
Carlos
Carmelo
Caro
Carol
Carolus
Carsten
Carter
Cary
Cäsar
Casey
Casimir
Caspar
Cassian
Cassius
Castor
Cay
Cecil
Cedric
Cees
Celal
Celestino
Cem
Cemal
Cemil
Cengiz
Cesar
César
Cesare
Çetin
Chadwick
Chaim
Chandan
Chander
Chandra
Chandrakant
Charles
Charlie
Charly
Chase
Che
Chema
Chen
Chester
Chinua
Chlodwig
Chris
Christel
Christen
Christer
Christfried
Christhard
Christian
Christl
Christlieb
Christmar
Christof
Christoffer
Christoph
Christophe
Christopher
Christos
Cian
Ciarán
Claas
Clamor
Clark
Clas
Claude
Claudio
Claudius
Claus
Clayton
Clemens
Cliff
Clifford
Clint
Clinton
Clive
Cody
Cole
Cölestin
Colin
Collin
Colm
Colman
Conan
Conner
Connor
Conny
Conrad
Conradin
Constantin
Cooper
Corbinian
Cord
Cordt
Corentin
Corey
Corin
Cornel
Cornelio
Cornelis
Cornelius
Cornell
Corrado

Corry
Corvin
Cosimo
Coşkun
Cosmas
Cosme
Cosmo
Craig
Cris
Crispin
Cristian
Cuauhtémoc
Curd
Curtis
Cyprianus
Cyprien
Cyriacus
Cyril
Cyrill
Cyrillus
Cyrus

D

Daan
Dadvar
Dag
Dagobert
Daland
Dale
Damian
Damiano
Damien
Damjan
Damodar
Damon
Dan
Dane
Danesch
Daniel
Daniele
Daniil
Danilo
Dankmar
Danko
Dankrad
Dankward
Danny
Dano
Dante
Dany
Danyal
Darcy
Darek
Darian
Dario
Darius
Dariusz
Darko
Darnell
Darrell
Darren
Darryl
Darvin
Darwin
Daud
Dave
David
Davide
Davin
Davis
Davut
Davy
Dawar
Dawid
Dayaram
Dean
Debdan
Dedo
Deepak
Degenhard
Deinhard
Dejan
Delano
Delawar
Delf
Demian
Demir
Dénes
Denhart
Denis
Deniz
Dennis
Denny
Denys
Denzel
Deo
Deodan
Derek
Derik
Derrick
Desiderius
Desmond
Dethard
Detlef
Detmar
Dev
Devdan
Devdas
Devin
Devon
Dewi
Dex
Dexter
Diallo
Dian
Dick
Didi
Didier
Diederik
Diedrich
Diego
Diemo
Dierk
Dietbert
Dieter
Dietfried
Dietger
Diethard
Diethelm
Diether
Diethold
Dietholf
Dietlof
Dietmar
Dietram
Dietrich
Dietwald
Dietwin
Dietwolf
Dietz
Dilip
Dimitri
Dimítrios
Dimo
Din
Dinesch
Dino
Dion
Dionys
Dionysius
Dipak
Dirk
Dirko
Ditmer
Dittmar
Djalal
Djamal
Djamil
Dmitri
Dobo
Dodo
Doğan
Doğukan
Dolf
Domenic
Domenico
Domenik
Domingo
Dominic
Dominicus
Dominik

Dominikus
Dominique
Don
Donald
Donat
Donato
Donatus
Donny
Donovan
Dor
Dori
Dorian
Doron
Douglas
Dov
Dries
Dror
Duncan
Duran
Durs
Dursun
Dustin
Dwayne
Dwight
Dylan
Dylano
Dyon

E

Earl
Ebbo
Eberhard
Eberwin
Ebo
Eckard
Eckbert
Eckehard
Ed
Eddi
Eddie
Eddo
Eddy
Ede
Edelbert
Edelhard
Eden
Eder
Edgar
Edger
Edi
Edison
Edlef
Edmond
Edmondo
Edmund
Edo
Édouard
Eduard
Eduardo
Edvard
Edward
Edwin
Edzard
Eetu
Efe
Efraim
Egbert
Egge
Eggert
Egid
Egil
Eginhard
Egino
Egloff
Egmont
Egmund
Egolf
Egon
Ehlert
Ehme
Ehrenfried
Ehrenreich
Ehrhard
Eibe
Eick
Eike
Eiko
Eildert
Eilert
Eilhard
Eilke
Eilrich
Einar
Einhard
Eirik
Eitel
Ekke
Ekkehard
Elard
Eldert
Eldor
Elert
Elger
Elgo
Eli
Elia
Eliakim
Elian
Eliano
Elias
Élie
Elieser
Eliezer
Eligio
Eligius
Eligiusz
Elihu
Elija
Elijah
Elimar
Elimelech
Elio
Eliot
Elis
Elischa
Elisha
Eljakim
Elko
Elliot
Ellis
Elmar
Elmo
Éloi
Elouan
Eloy
Elrich
Elroy
Elso
Eltjo
Elton
Elvin
Elvis
Elwin
Emanuel
Emerich
Emerson
Emery
Emil
Émile
Emilian
Emiliano
Emilio
Emin
Emir
Emirhan
Emko
Emmanuel
Emmeram
Emmerich
Emmo
Emre
Endre
Endres
Endrik
Endrike
Eneas
Enes
Engbert
Engelbert
Engelhard
Engin

Ennio
Enno
Enoch
Enric
Enrico
Enrique
Ensar
Enzo
Ephraim
Eppo
Erardo
Erasmus
Eray
Erdmann
Erdmar
Erdoğan
Erdwin
Eren
Erfried
Erhard
Eric
Éric
Erich
Erik
Erin
Erk
Erkan
Erkmar
Erko
Erland
Ermanno
Ermin
Ernest
Ernesto
Erno
Ernő
Ernst
Erol
Eros
Errol
Erwin
Esbjörn
Espen
Esra
Estanislao
Esteban
Etan
Ethan
Étienne
Ettore
Etzel
Eugen
Eugene
Eugène
Eugenio
Eusebius
Eustachius
Evan
Evangelist
Evángelos
Everhard
Evert
Ewald
Eward
Eyck
Ezechiel
Ezra

F

Fabian
Fabien
Fabio
Fabius
Fabrice
Fabrizio
Fadi
Fadil
Fadl
Fahd
Fahim
Faisal
Faiz
Falco
Falk
Falkmar
Falko
Farid
Farnad
Farnam
Farrel
Farsad
Faruk
Faust
Faustin
Fausto
Faustus
Faysal
Federico
Fedor
Feike
Feisal
Felice
Felician
Feliks
Felipe
Felix
Felizian
Feodor
Ferdi
Ferdinand
Ferdinando
Ferenc
Ferit
Fermín
Fernand
Fernando
Ferran
Ferris
Ferry
Fidel
Fidelio
Fidelis
Fidelius
Fiete
Filibert
Filip
Filipe
Filippo
Finbar
Fingal
Finia
Finian
Finlay
Finn
Finnegan
Finnian
Finnja
Finnley
Fionn
Fiorenzo
Firmin
Fitz
Fitzgerald
Fjodor
Flavio
Flavius
Flemming
Florens
Florent
Florentin
Florenz
Florestan
Flori
Florian
Florijan
Florin
Floris
Florus
Floyd
Flurin
Flynn
Focke
Fokke
Folbert
Folke
Folker
Folkert
Folkhard
Folkmar
Folko
Folkwin

Fortunat
Fortunato
Fortunatus
Francesco
Francis
Francisco
Franciscus
Franciszek
Franck
Franco
François
Franjo
Frank
Frankie
Franklin
Franko
Franky
Frans
František
Franz
Franziskus
Fraser
Fred
Freddi
Freddy
Frédéric
Frederick
Frederico
Frederik
Fredi
Fredo
Fredric
Fredrich
Fredy
Freek
Freerk
Freimund
Freimut
Frerich
Frerk
Fridebert
Frider
Fridericus
Fridhelm
Fridiger
Frido
Fridolf
Fridolin
Fridtjof
Fried
Friedbert
Friedebald
Friedebert
Friedel
Friedemann
Friedemar
Friedemund
Frieder
Friedewald
Friedger
Friedhard
Friedhelm
Friedhold
Friedhorst
Friedlieb
Friedmann
Friedmar
Friedmund
Friedo
Friedolf
Friedolin
Friedrich
Friso
Frithjof
Fritz
Frohart
Frohmund
Frohmut
Frohwald
Frohwin
Frowald
Frowin
Fuad
Fulk
Fülöp
Fulvio
Fumio
Fürchtegott
Furkan
Fynn

G

Gábor
Gabriel
Gabriele
Gad
Gaël
Gaetano
Gallus
Galt
Gandolf
Ganesch
Gangolf
Garai
Gard
Gareth
Garlef
Garlieb
Garrelt
Garrit
Garry
Garvin
Garwin
Gary
Gaspar
Gáspár
Gaspard
Gaspare
Gaston
Gaudenz
Gautam
Gauthier
Gavin
Gaylord
Gebbert
Gebhard
Gebko
Gedeon
Geert
Gellért
Gene
Gennadi
Gennaro
Geo
Geoffrey
Georg
George
Georges
Geórgios
Gerald
Geralf
Gerard
Gérard
Gerardo
Gerardus
Gerbert
Gerbrand
Gerd
Gereon
Gerfried
Gergő
Gerhard
Gerhart
Gerhold
Gerion
Gerit
Gerke
Gerko
Gerlach
Germain
German
Germann
Germanus
Germar
Germo
Germund
Gernand
Gernd
Gernot
Gero
Gerold

Gerolf
Gérôme
Geronimo
Gerrit
Gerry
Gerschom
Gerschon
Gerson
Gert
Gertfried
Gerthold
Gertwin
Gerulf
Gervin
Gerwig
Gerwin
Gesinus
Géza
Giacomo
Gian
Gianni
Gideon
Gido
Gidon
Gidron
Giesbert
Gil
Gilad
Gilbert
Gildo
Gilead
Giles
Gili
Gilles
Gillian
Gilmar
Gino
Gioacchino
Gion
Giorgio
Giosuè
Giovanni
Gisbert
Giselbert
Giselher
Giselmar
Gismar
Giso
Giuliano
Giulio
Giuseppe
Givon
Giyora
Glaubrecht
Gleb
Glen
Glenn
Glyn
Gobind
Godehard
Godhard
Godo
Godwin
Gody
Golo
Gonzalo
Gopal
Goran
Göran
Gorch
Gorden
Gordian
Gordon
Goren
Gorka
Gosbert
Gösta
Goswin
Gotam
Gottbert
Gottfried
Gotthard
Gotthelf
Gotthilf
Gotthold
Gottlieb
Gottlob
Gottmar
Gottschalk
Gottwald
Gottwin
Götz
Govinda
Gowon
Goyo
Graham
Gralf
Gratian
Grazian
Greg
Gregor
Gregorio
Gregory
Gretus
Griffin
Griffith
Grigori
Grigórios
Grischa
Guido
Guilherme
Guillaume
Guillermo
Gülkan
Gunar
Günay
Gunder
Gundhard
Gundobert
Gundolf
Gundram
Güngör
Gunnar
Guntbert
Gunter
Günter
Guntfried
Gunthard
Gunther
Günther
Guntmar
Guntolf
Guntram
Guntwin
Gus
Gustav
Gustave
Gustavo
Gustel
Güven
Guy
Gwenaël
Gwyn
Gyatso
György
Gyula

H

Haakon
Habakuk
Habbo
Habib
Hadar
Hademar
Haden
Hadi
Hadmar
Hadrian
Hadubrand
Hadwin
Hafis
Hagen
Hagop
Haidar
Haider
Haiko
Haim
Haimo
Hainer
Hajo
Hakan

Hakim
Hakon
Hal
Haldor
Halil
Halit
Halldor
Hamid
Hamilton
Hamit
Hamza
Han
Hanan
Hanfried
Hanjo
Hank
Hanke
Hanko
Hannes
Hannfried
Hanno
Hans
Hänsel
Hansi
Harald
Harbert
Harder
Hardi
Hardo
Hardwin
Hardy
Hari
Harinder
Hariolf
Hark
Harlan
Harley
Harm
Harmen
Haro
Harold
Harri
Harris
Harrison
Harro
Harry
Hartfried
Hartlieb
Hartmann
Hartmut
Harto
Hartwig
Hartwin
Harun
Harvey
Harwig
Harwin
Hasan
Hasko
Hassan
Hasso
Hatim
Hatto
Haug
Hauke
Hauko
Haydar
Hayden
Haymo
Hayo
Hector
Heddo
Heider
Heiderich
Heidwin
Heikki
Heiko
Heilko
Heilmar
Heilwig
Heimeran
Heimito
Heimo
Heimrad
Hein
Heinar
Heine
Heiner
Heinfried
Heini
Heinke
Heinko
Heino
Heinrich
Heintje
Heinz
Heio
Hektor
Helfrich
Helfried
Helgar
Helge
Helger
Helgo
Helimar
Helios
Helko
Hellfried
Hellmuth
Helm
Helmar
Helmbrecht
Helmer
Helmfried
Helmke
Helmo
Helmut
Helwig
Helwin
Hemmo
Hendrick
Hendrik
Henk
Henner
Hennes
Hennig
Henno
Henny
Henoch
Henri
Henrich
Henrick
Henrik
Henry
Henryk
Herald
Herbert
Herdan
Herfried
Hergen
Herger
Heribert
Herko
Herm
Herman
Hermann
Hermes
Hermut
Hero
Herold
Herolf
Herrmann
Hertwig
Hervé
Herward
Herwig
Herwin
Hesekiel
Hesso
Heye
Heyko
Heyo
Hiddo
Hieronymus
Hikmet
Hilar
Hilario
Hilarius
Hilbert
Hildebert
Hildebrand

Hildmar
Hilger
Hilko
Hillrich
Hilmar
Hilrich
Hinderk
Hindrik
Hinnerk
Hinrik
Hinrikus
Hinz
Hiob
Hippolyt
Hiroshi
Hjalmar
Ho
Hoimar
Holger
Holk
Holly
Holm
Holmer
Homer
Honoré
Horant
Horatio
Horatius
Horst
Horstmar
Hosea
Howard
Hubald
Hubert
Hubertus
Hugh
Hugo
Huldreich
Humbert
Humphrey
Hunno
Hunold
Hunter
Husain
Hüseyin
Hussein
Hyazinth
Hyazinthus

I

Ian
Ibo
Ibrahim
Ichiro
Idan
Iddo
Ido
Idris
Ignacio
Ignacy
Ignatius
Igor
Ihab
Ihne
Ihsan
Ijob
Ike
Ilan
Ilay
Ildefons
Ilías
Ilja
Ilko
Ilmar
Ilyas
Imanol
Immanuel
Immo
Imre
Indra
Indradev
Ingar
Ingbert
Ingemar
Inger
Ingfried
Inghard
Ingmar
Ingo
Ingobert
Ingold
Ingolf
Ingomar
Ingram
Ingulf
Ingvar
Ingwar
Ingward
Ingwer
Ingwert
Inigo
Inko
Inno
Innozenz
Ino
Ioánnis
Ion
Irenäus
Irfan
Iring
Irmfried
Irmin
Irmo
Irving
Isaak
Isai
Isaiah
Isak
Isbrand
Isger
Ishaq
Ishmael
Isidor
Isko
Ismael
Ismail
Ismar
Ismet
Iso
Israel
István
Itai
Italo
Itamar
Itay
Itimu
Ittai
Ivan
Ivano
Ivar
Iven
Iver
Ives
Ivo
Ivor
Iwan
Iwo

J

Jaak
Jaap
Jacek
Jack
Jackie
Jackson
Jacky
Jacob
Jacques
Jaden
Jadon
Jago
Jahn
Jaime
Jaimie
Jair
Jairo
Jake
Jakim
Jakob
Jakobus
Jakov

Jakub
Jakup
Jalal
Jamal
James
Jamey
Jamie
Jamil
Jamy
Jan
Janek
Janic
Janick
Janik
Janis
Janko
Jankó
Jann
Janne
Jannek
Jannes
Janni
Jannik
Janning
Jannis
Jánnis
Janno
Janny
Jano
János
Janosch
Janpeter
Jans
Janus
Janusch
Janusz
Jared
Jarek
Jari
Jarik
Jarl
Jarne
Jarno
Jaro
Jaromir
Jaron
Jaroslaw
Jarvis
Jascha
Jason
Jaspar
Jasper
Javier
Jay
Jayant
Jayden
Jayson
Jean
Jeannot
Jeff
Jefferson
Jeffrey
Jeftah
Jehiel
Jeldrik
Jendrik
Jenning
Jenő
Jens
Jephtah
Jeremia
Jeremiah
Jeremias
Jeremie
Jérémie
Jeremy
Jermain
Jero
Jeroen
Jerome
Jérôme
Jerónimo
Jerry
Jerzy
Jesaja
Jeschua
Jesko
Jesper
Jess
Jesse
Jesus
Jethro
Jevon
Jian
Jigal
Jim
Jimmy
Jindřich
Jiri
Jirka
Jirko
Jo
Joachim
Joan
Job
Jobst
Jochen
Jockel
Jodokus
Joe
Joel
Joey
Johan
Johanan
Johann
Johannes
John
Johnny
Jojakim
Jon
Jona
Jonah
Jonas
Jonathan
Jonne
Jonny
Jonte
Joona
Joost
Joram
Jöran
Jordan
Jorden
Jordi
Jordy
Jörg
Jorge
Jörgen
Jórgos
Jori
Jorick
Jorin
Joris
Jorit
Jork
Jorma
Jörn
Jorrit
Jos
Joscha
Joschija
Joschka
Joschua
José
Josef
Joseph
Josh
Josha
Joshua
Josiah
Josias
Josip
Joss
Josse
Jost
Jostein
Josua
Josue
Josy
Jovan
Józef

Juan
Jubal
Juda
Juhani
Juho
Jules
Julian
Julien
Julio
Julius
Jupp
Jurek
Jürg
Jürgen
Jurij
Jürn
Jussuf
Just
Justin
Justino
Justinus
Justus

K

Kaan
Kadir
Kai
Kailash
Kairu
Kaj
Kajetan
Kajo
Kaleb
Kalidas
Kalle
Kálmán
Kalyan
Kamal
Kamau
Kamil
Kamill
Kamillo
Kamillus
Kandoro
Kane
Kani
Kannan
Kanoro
Karam
Karan
Karel
Karim
Karl
Karlheinz
Karlmann
Karlo
Karol
Karolus
Károly
Karsten
Kasimir
Kaspar
Kassian
Kassim
Kastor
Kay
Kaya
Kazuo
Keanu
Kees
Keiran
Keith
Kelly
Kelvin
Kemal
Ken
Kenan
Kendall
Kendrick
Kenji
Kenneth
Kenny
Keno
Kent
Kenta
Kerem
Kerim
Kerst
Kersten
Kevin
Khalid
Khalil
Kian
Kieran
Kilian
Kim
Kimi
Kiran
Kirill
Kirk
Kirsten
Kischor
Kistna
Kiyoshi
Kjell
Kjetil
Klaas
Klas
Klaudius
Klaus
Klemens
Knut
Kofi
Kolin
Kolja
Koloman
Kong
Konrad
Konradin
Konstantin
Koray
Korbinian
Kord
Kornel
Kornelius
Kosmas
Kosta
Kóstas
Kostja
Kraft
Kris
Krischan
Krischna
Krister
Kristian
Kristof
Kristoffer
Krystian
Krzysztof
Kumar
Kunibald
Kunibert
Kuno
Kunz
Kurt
Kuseni
Kyle
Kyrill
Kyros

L

Laban
Lachlan
Ladislaus
Lais
Lajisch
Lajos
Lal
Lamar
Lambert
Lambertus
Lammert
Lance
Lancelot
Landelin
Lando
Landolf
Landolin
Landon
Lane
Lanzelot

Lapo
Larry
Lars
Lasar
Laslo
Lasse
László
Latif
Lauren
Laurence
Laurens
Laurent
Laurentin
Laurentius
Lauri
Laurids
Laurie
Laurin
Lauris
Laurits
Lautaro
Lawrence
Lazarus
Lean
Leander
Leandro
Leberecht
Lech
Lee
Leevi
Lefert
Leif
Leigh
Len
Lenard
Lenert
Lenhard
Lenn
Lennard
Lennart
Lennert
Lenni
Lennon
Lennox
Lenny
Lenz
Leo
Leon
Léon
Leonard
Léonard
Leonardo
Leonas
Leonhard
Leonid
Leopold
Leroy
Leschek
Leslie
Lester
Leszek
Leutfried
Lev
Levent
Levente
Levi
Levin
Levy
Lew
Lewin
Lewis
Lex
Li
Liam
Lian
Liang
Lias
Liborius
Liebhard
Lienhard
Linford
Linnart
Lino
Linus
Lio
Lion
Lionel
Lior
Livio
Livius
Lloyd
Loan
Logan
Loic
Lois
Lok
Long
Loren
Lorenz
Lorenzo
Lorin
Loris
Lorne
Lothar
Lou
Louie
Louis
Lovis
Lu
Luan
Lübbe
Lübbert
Luc
Luca
Lucas
Lucca
Lucho
Lucian
Luciano
Lucien
Lucio
Lucius
Lüder
Ludewig
Ludger
Ludo
Ludolf
Ludwig
Ludwin
Luigi
Luis
Luitpold
Luitwin
Luk
Luka
Lukas
Lukáš
Luke
Lupold
Lüppe
Lutwin
Lutz
Luuk
Luzian
Luzius
Lyn
Lyndon
Lyon
Lyonel
Lysander

M

Maarten
Maddox
Madhav
Madhukar
Mads
Madu
Maël
Magnus
Mahadev
Mahavir
Mahdi
Mahendra
Mahesch
Mahinder
Mahmut
Maik
Maikel
Maiko
Mailo

Maksim
Malcolm
Malik
Malki
Malte
Malvin
Malwin
Manasse
Manfred
Manhard
Mani
Mano
Manoel
Manólis
Manolo
Manu
Manuel
Marbert
Marbod
Marc
Marceau
Marcel
Marcelin
Marcelino
Marcell
Marcellino
Marcellinus
Marcello
Marcellus
Marcial
Marcin
Marco
Marcos
Marcus
Marek
Marian
Mariano
Marianus
Marijan
Marin
Marino
Marinus
Mario
Maris
Marius
Mariusz
Mark
Marko
Markolf
Markos
Markus
Markward
Marley
Marlin
Marlon
Marlow
Marnin
Marno
Marshall
Marten
Marti
Martial
Martijn
Martin
Martino
Márton
Marty
Martyn
Marvin
Marwin
Marzell
Marzellus
Masashi
Massimo
Masud
Máté
Matěj
Mateo
Mateusz
Mathéo
Matheus
Mathew
Mathias
Mathieu
Mathis
Matias
Mats
Matt
Matteo
Mattes
Matthäus
Matthes
Mattheus
Matthew
Matthias
Matthieu
Matthis
Matti
Mattia
Mattias
Mattis
Matu
Maurice
Mauricio
Maurin
Mauritius
Maurits
Mauritz
Maurizio
Mauro
Maurus
Max
Maxim
Maxime
Maximilian
Maximilien
Maximin
Maximo
Medardus
Meeno
Meent
Mees
Mehdi
Mehmet
Meik
Meikel
Meiko
Meinard
Meine
Meinert
Meinhard
Meinhold
Meino
Meinold
Meinolf
Meinrad
Meint
Meinulf
Mel
Melchior
Melek
Melf
Melvin
Melvyn
Melwin
Menachem
Menko
Menno
Menso
Merlin
Mert
Merten
Mervyn
Merwin
Metin
Micha
Michael
Michail
Michal
Michel
Michelangelo
Michele
Michiel
Mick
Mickel
Mickey
Miguel
Mihály
Mika
Mikael
Mikail

Mike
Mikel
Mikis
Mikka
Mikkel
Mikko
Miklas
Miklós
Miko
Mikolai
Milan
Miles
Milian
Milko
Milo
Miloslaw
Milton
Mio
Miran
Mirco
Mirek
Mirjan
Mirko
Miro
Miroslaw
Mischa
Mitch
Mitchell
Mitja
Mo
Moctezuma
Modest
Mogens
Mohammed
Mohan
Mohinder
Momme
Mongo
Monty
Mordechai
Moreno
Morgan
Morice
Moritz
Morris
Morrison
Morten
Mortimer
Morton
Mosche
Moses
Moshe
Moyo
Muhammad
Muhammed
Mukesch
Munim
Munir
Murad
Musa
Mustafa
Myles
Myron

N

Nabil
Nachman
Nacho
Nadir
Naftali
Nagendra
Nahele
Nahman
Nahum
Nail
Naim
Nando
Nandolf
Nanno
Nantwin
Narasimha
Narciss
Narendra
Naresch
Narinder
Nasir
Nasr
Nasser
Nassim
Nassir
Nat
Natan
Natanaël
Nataradsch
Nathan
Nathanael
Nathaniel
Naveed
Navin
Nawid
Neal
Ned
Neels
Neftalí
Nehemia
Neidhard
Neil
Nelio
Nelson
Nemo
Neo
Nepomuk
Nestor
Netanel
Neven
Neville
Nevio
Newton
Niaz
Nic
Nicholas
Nick
Nicki
Nicklas
Nicko
Nicky
Niclas
Nico
Nicol
Nicola
Nicolai
Nicolas
Nicolaus
Nicolo
Niel
Niels
Nigel
Niilo
Nik
Niki
Nikias
Nikita
Nikki
Niklaas
Niklas
Niklaus
Niko
Nikodemus
Nikol
Nikola
Nikolai
Nikolaos
Nikolas
Nikolaus
Níkos
Nilo
Nils
Nimrod
Nino
Nirudsch
Nis
Niven
Noa
Noah
Noam
Noe
Noel
Nolan
Norbert
Norfried
Norman

Norwig
Norwin
Notker
Nour
Nur
Nureddin
Nuri

O

Oba
Obadja
Obi
Oceano
Ocko
Octavian
Octavio
Octavius
Odilo
Odin
Odo
Odwin
Odysseus
Ofir
Oke
Okko
Oktavian
Oktay
Olaf
Oldrik
Ole
Oleg
Olek
Olf
Oli
Oliver
Olivier
Olli
Olof
Olrik
Oluf
Olufemi
Olumide
Omar
Omer
Ommo
Ondřej
Onke
Onni
Onno
Opeyemi
Orbán
Orell
Oren
Orest
Orhan
Oriol
Orlando
Ortfried
Ortgies
Ortolf
Ortwin
Osbert
Oskar
Osman
Osmar
Osmund
Ossi
Ossip
Ossy
Oswald
Oswin
Otfried
Otger
Othmar
Otis
Otker
Otmar
Ott
Ottaviano
Ottavio
Ottfried
Otthein
Ottheinrich
Ottheinz
Ottmar
Otto
Ottokar
Ottomar
Otwin
Ovadya
Owe
Owen
Ozan
Özcan
Özhan
Özkan

P

Paavo
Pablo
Paco
Padmaj
Pál
Palle
Pancho
Pandu
Pankraz
Pantaleon
Paolo
Pär
Paris
Parsifal
Parzival
Pascal
Pascual
Paskal
Pasqual
Pasquale
Pat
Pati
Patrice
Patricio
Patricius
Patrick
Patrik
Patrizio
Patryk
Pau
Paul
Paulo
Paulus
Pavel
Pavlos
Pawel
Payaspati
Paye
Pedro
Peer
Pekka
Pelle
Pepe
Peppo
Per
Percy
Pere
Perez
Perko
Pero
Perry
Petar
Pete
Peter
Petr
Petro
Pétros
Petrus
Phil
Phileas
Philemon
Philibert
Philip
Philipp
Philippe
Philis
Phillip
Philo
Phineas
Pidder
Pier
Pierce
Pierino

Piero
Pierre
Piers
Piet
Pieter
Pietro
Pim
Pinkas
Pino
Pio
Piotr
Pirmin
Pit
Pitambar
Pitt
Pius
Pjotr
Plácido
Pol
Poldi
Pontus
Poul
Prabhu
Pran
Pratap
Pravin
Prem
Premabandhu
Premadas
Primus

Q

Quentin
Quincy
Quinn
Quint
Quintin
Quintino
Quintinus
Quintus
Quirin
Quirinus

R

Rabanus
Radek
Radko
Rado
Radolf
Radomir
Raf
Rafa
Rafael
Raffael
Raffaele
Rafik
Rafiq
Ragnar
Rahim
Rahman
Raik
Raiko
Raimar
Raimo
Raimond
Raimund
Rainald
Rainer
Rainhard
Rainier
Raj
Rajan
Rajendra
Rajko
Rakti
Ralf
Ram
Rama
Ramadan
Ramakrischna
Raman
Ramazan
Ramesch
Rami
Ramin
Ramiro
Ramón
Ramses
Ran
Randall
Rando
Randolf
Randolph
Randy
Rao
Raoul
Raphael
Raschid
Raşit
Rasmus
Rasso
Rathard
Räto
Raul
Raven
Ravi
Ray
Raye
Rayk
Raymond
Raymund
Redelf
Reece
Reelf
Reemt
Reenhard
Reent
Rees
Reese
Refik
Reginald
Régis
Reiko
Reimar
Reimo
Reimund
Reinald
Reinar
Reinard
Reinbert
Reiner
Reinfried
Reinhard
Reinhold
Reinke
Reinmar
Reino
Reinold
Reint
Reinulf
Relef
Rembert
Remi
Rémi
Remigius
Remko
Remmer
Remmo
Remo
Remus
Rémy
Renald
Renaldo
Renat
Renato
Renatus
René
Renke
Reno
Renold
Renz
Renzo
Reşit
Reto
Reuben
Rewert
Rex
Reyk
Reynaldo
Reza
Rhett

Rhys
Rian
Ricard
Ricardo
Riccardo
Ricco
Richard
Richie
Rick
Rickert
Rickey
Ricklef
Rickmer
Ricky
Rico
Ridsert
Rieko
Righard
Rigo
Rigobert
Rik
Riklef
Riko
Rimbert
Rinaldo
Ringo
Rino
Risto
Ritaparna
Ritayin
Ritayus
Ritchie
Roald
Rob
Robbe
Robby
Robert
Roberto
Robin
Robinson
Robyn
Rocco
Roch
Rochus
Rocky
Roderich
Rodger
Rodney
Rodolfo
Rodolphe
Rodrigo
Roger
Roi
Roland
Rolando
Rolf
Rolof
Romain
Roman
Romano
Romanus
Romeo
Romney
Romolo
Romuald
Romulus
Ron
Ronald
Ronaldo
Ronan
Ronny
Roolf
Rory
Rosario
Ross
Rostam
Roswin
Rötger
Rouven
Rowan
Roy
Ruben
Rubin
Rüdeger
Rudgar
Rudi
Rudibert
Rüdiger
Rudo
Rudolf
Rudy
Rufin
Rufus
Rul
Rulf
Rulo
Rumold
Runar
Rune
Rupert
Rurik
Ruslan
Russell
Rustam
Rusty
Rutger
Ruthard
Ruven
Ryan

S

Sabala
Sabir
Sabri
Sacha
Sacharja
Sahak
Şahin
Said
Sait
Saladin
Salama
Salih
Salim
Salomon
Salvador
Salvator
Salvatore
Sam
Samant
Sami
Samih
Samir
Sammy
Samson
Samudra
Samuel
Samy
Sancho
Sander
Sando
Sándor
Sandrino
Sandro
Sandy
Santi
Santiago
Santino
Santo
Santoschan
Sascha
Satpati
Satyajit
Satyam
Satyavan
Saul
Savin
Schakir
Schalom
Schamir
Schani
Schavit
Schen
Scher
Sching
Schir
Schiwa
Schorsch
Scott
Scotty
Sean

Sebald
Sebas
Sebastian
Sebastiano
Sébastien
Selahattin
Selim
Selmar
Sem
Semih
Semir
Semjon
Şen
Sepp
Serafin
Seraphin
Serenus
Serge
Sergej
Sergio
Sergius
Serjoscha
Servatius
Seth
Severin
Seymour
Shane
Shannon
Shaun
Shawn
Sherwin
Shir
Shiva
Shun
Sibo
Sibrand
Sicco
Sid
Siddharta
Sidney
Siebelt
Siebert
Siebo
Siegbert
Siegbrand
Sieger
Siegert
Siegesmund
Siegfried
Sieghard
Siegmar
Siegmund
Siegwald
Siegward
Siegwin
Siem
Sierk
Sievert
Sigfrid
Siggi
Sighard
Sigi
Sigidi
Sigisbert
Sigismund
Sigmar
Sigmund
Sigo
Sigolf
Sigurd
Silas
Silko
Silvan
Silvano
Silvester
Silvian
Silvino
Silvio
Silvius
Simba
Simcha
Simen
Simeon
Simon
Simone
Simson
Sinan
Sinclair
Sion
Sipho
Sirko
Sixten
Sixtus
Sizzo
Sjard
Skender
Sky
Söhnke
Solomon
Sondre
Sönke
Sonnfried
Sonny
Sophus
Soren
Sören
Spencer
Spyros
Stacey
Staffan
Stan
Stani
Stanislaus
Stanislaw
Stanko
Stanley
Steen
Stefan
Stefano
Steffen
Sten
Stephan
Stéphane
Stephanus
Stephen
Stevan
Steve
Steven
Stevie
Stig
Stojan
Stuart
Sturmi
Subhasch
Sudam
Sudaman
Sudas
Sudhir
Sugandhi
Suitbert
Süleyman
Sumantra
Sunder
Sunke
Sunny
Suparna
Suresch
Suschant
Suschil
Sven
Svend
Swapan
Swapnil
Swaran
Sweer
Swen
Switbert
Syasse
Sydney
Sylvain
Sylvan
Sylvester
Sylvian
Sylvio
Szymon

T

Taade
Tabaré
Tadeo
Tadeusz

Tadzio
Taha
Tahir
Takeshi
Takumi
Taliesin
Tamás
Tamino
Tammo
Tammus
Tammy
Tamo
Tan
Tane
Tangamma
Tanguy
Tanjo
Tankmar
Tankred
Tanno
Tano
Tapani
Tapio
Tarek
Taro
Taron
Tarun
Tassilo
Tasso
Taufiq
Tauno
Täve
Tayfun
Taylor
Tebbo
Tecumseh
Ted
Teddy
Teja
Tekin
Tell
Temani
Temmo
Teno
Teo
Terence
Terje
Terrence
Terry
Teun
Teunis
Teut
Tevfik
Tevin
Tewes
Thaddäus
Thade
Thankmar
Thassilo
Thedo
Thees
Theis
Theo
Theobald
Theoderich
Theodor
Theodore
Théodore
Theofried
Theophil
Thibaut
Thido
Thielo
Thiemo
Thierry
Thies
Thijs
Thilo
Thimo
This
Thomas
Thor
Thorald
Thoralf
Thorben
Thorbjörn
Thore
Thoren
Thorge
Thorgeir
Thorger
Thorin
Thorleif
Thorolf
Thorsten
Thorvid
Thorwald
Thure
Tiago
Tiberio
Tiberiu
Tiberius
Tibor
Tiburtius
Tido
Tiebo
Tiemo
Til
Tilbert
Till
Tillmann
Tilmann
Tilmar
Tilo
Tim
Timéo
Timm
Timmi
Timmo
Timmy
Timo
Timon
Timor
Timothée
Timotheus
Timothy
Timur
Tinerfe
Ting
Tino
Tito
Titus
Tizian
Tiziano
Tjade
Tjalf
Tjard
Tjark
Tjorben
Tjorven
Tobi
Tobia
Tobias
Tobit
Toby
Toivo
Tolga
Tom
Toma
Tomas
Tomáš
Tomaso
Tomasz
Tomek
Tomheinz
Tomi
Tomislav
Tomke
Tommaso
Tommi
Tommy
Ton
Tonátiuh
Toni
Tonino
Tonio
Tönjes
Tönnies
Tony
Tor
Torald

Toralf
Torben
Torbjörn
Tore
Toren
Torge
Torgeir
Torger
Torin
Torleif
Torolf
Torsten
Torvald
Torvid
Torwald
Toshiro
Tracy
Trajan
Traugott
Travis
Trevor
Trimurti
Trini
Trinidad
Tristan
Tristram
Troy
Trudbert
Trutz
Trygve
Tullio
Tulsidas
Tuomo
Turan
Ture
Tuvya
Tycho
Tyler
Tyll
Tyrone
Tyson

U

Ubbe
Ubbo
Ucke
Udaradsch
Uddanta
Ude
Udo
Ueli
Uffe
Ufuk
Ugo
Uğur
Uhland
Uke
Ukko
Uland
Ule
Ulf
Ulfert
Ulfilas
Ulfried
Uli
Ulises
Ulisse
Ulli
Ullo
Ullrich
Ulo
Ulpt
Ulrich
Ulrik
Ulv
Ulwig
Ulysse
Ulysses
Umakant
Umar
Umberto
Umesch
Ümit
Umut
Ünal
Unathi
Urban
Urho
Uri
Urias
Uriel
Urija
Urs
Ursin
Ursmar
Ursus
Usi
Usman
Uthelm
Uto
Uttam
Utz
Uwe
Uzi
Uzochi
Uzoma

V

Václav
Vadim
Vahan
Valdis
Valentin
Valentine
Valentino
Valéri
Valerian
Valerij
Valerio
Valerius
Valéry
Valtin
Vanaspati
Varg
Varun
Varut
Vasant
Vasco
Vasílios
Vasu
Vasupati
Veeti
Veikko
Veiko
Veit
Velten
Vernon
Vero
Vicco
Vicente
Vico
Victor
Vidar
Viggo
Vigil
Vijay
Vikram
Viktor
Vilhelm
Vilmar
Vilmos
Vimal
Vince
Vincenc
Vincent
Vincenz
Vincenzo
Vinzent
Vinzenz
Virgil
Virgilio
Viryavan
Vishnu
Vital
Vitali
Vitalis
Vito
Vittorio
Vitus
Vivian
Vivien

Vladi
Vladimir
Vlado
Vojtěch
Volbert
Volkan
Volkard
Volkbert
Volker
Volkert
Volkhard
Volkher
Volkmar
Volko
Volkrat
Volkwin
Volrat
Vuk
Vytautas

W

Wade
Wadim
Wahib
Wail
Walafried
Waldemar
Waldfried
Waldo
Walenty
Walfried
Walid
Wallace
Walo
Walram
Walt
Walter
Walto
Wan
Wander
Wanja
Wanjo
Warnder
Warner
Warnfried
Warren
Warwick
Wasja
Wassili
Wassim
Wastl
Wayne
Weddo
Wedigo
Weert
Wei
Weigand
Welf
Welfhard
Wemko
Wend
Wendel
Wendelin
Wendelinus
Wendlin
Wendo
Wendt
Wenko
Wenzel
Wenzeslaus
Werner
Wernfried
Wernhard
Wernher
Werno
Wesley
Wessel
Wiard
Wibold
Wibrand
Wichard
Widar
Widmar
Wido
Widukind
Wiegand
Wiegbert
Wieland
Wienand
Wigand
Wigbald
Wigbert
Wigbrand
Wighard
Wiglaf
Wigmar
Wignand
Wigo
Wiklef
Wiktor
Wil
Wiland
Wilbert
Wilbrand
Wilbur
Wilfred
Wilfried
Wilhard
Wilhelm
Wilko
Will
Willard
Willehad
Willem
Willfried
Willhart
Willi
William
Willibald
Willibert
Willibrord
Willie
Willigis
Williko
Willm
Willmut
Willo
Willy
Wilm
Wilmar
Wilmer
Wilmont
Wilmut
Wilram
Wilrich
Wilson
Wim
Wimar
Winald
Winand
Winfried
Winnetou
Winno
Winnrich
Winrich
Winston
Wiprecht
Wirnt
Wischnu
Wit
Witalis
Withold
Witigo
Wito
Witold
Witolf
Wittekind
Wittich
Wladimir
Wladislaw
Wodan
Wojciech
Wojtek
Woldemar
Wolf
Wolfbert
Wolfdieter
Wolfdietrich
Wolff
Wolfgang
Wolfgar

Wolfhard
Wolfhorst
Wolfjürgen
Wolfmar
Wolfrad
Wolfram
Wolfried
Wolfy
Wolodja
Wolter
Woody
Wotan
Wübbo
Wulf
Wulfbert
Wulfdieter
Wulfdietrich
Wulff
Wulfgar
Wulfhard
Wunibald
Wyatt

X

Xaime
Xander
Xaver
Xaverius
Xavier
Xerxes
Xoan
Xosé
Xystus

Y

Yaakov
Yago
Yahya
Yair
Yakov
Yakup
Yan
Yanek
Yanick
Yanis
Yann
Yannek
Yannes
Yannic
Yannick
Yannik
Yannis
Yaqub
Yarden
Yaren
Yari
Yaron
Yaşar
Yasin
Yasser
Yassin
Yassir
Yavuz
Yazid
Yehuda
Yehudi
Yener
Yeray
Yered
Yigal
Yiğit
Yishai
Yisrael
Yitzhak
Yılmaz
Yngve
Yona
Yone
Yorck
Yorick
York
Yorrick
Yosef
Yoshua
Yukio
Yunus
Yuri
Yusuf
Yuval
Yven
Yves
Yvo
Yvon

Z

Zacharias
Zachary
Zadok
Zahir
Zaid
Zakariya
Zaki
Zander
Zdenek
Zé
Zeev
Zeki
Zeno
Zikomo
Zino
Ziv
Ziyad
Zlatko
Zohar
Zoltán
Zoran
Zvi
Zwier
Zyprian
Zyriak

Gesamtverzeichnis nach Endungen

Thadäa
Nausikaa
Sanaa
Asträa
Aba
Ebba
Gebba
Joscheba
Batseba
Maiba
Habiba
Adiba
Hiba
Wahiba
Akiba
Fariba
Alba
Rosalba
Melba
Themba
Simba
Atzimba
Oba
Lioba
Jakoba
Ljuba
Tuba
Rebecca
Ricca
Lucca
Viveca
Maica
Alica
Nica
Anica
Danica
Janica
Domenica
Dominica
Monica
Rica
Erica
Federica
Frederica
Friderica
Verica
Enrica
Henrica
Florica
Zorica
Aurica
Jessica
Slavica
Vivica
Ludovica
Bianca
Blanca
Franca
Yonca
Francesca
Francisca
Prisca
Tosca
Luca
Ada
Aada
Giada
Jada
Milada
Nada
Rada
Konrada
Adda
Edda
Hedda
Fidda
Eda
Beda
Deda
Theda
Frieda
Winfrieda
Leda
Freda
Alfreda
Teda
Weda
Agda
Magda
Nadjeschda
Ida
Aida
Zubaida
Iraida
Saida
Zaida
Candida
Brigida
Brygida
Raschida
Iida
Lida
Alida
Talida
Elida
Ellida
Hamida
Armida
Farida
Frida
Florida
Geertruida
Vida
Davida
Alda
Mafalda
Haralda
Smeralda
Esmeralda
Valda
Elda
Imelda
Thusnelda
Selda
Giselda
Griselda
Gilda
Hilda
Mathilda
Milda
Romilda
Nilda
Leonilda
Brunilda
Matilda
Holda
Arnolda
Hulda
Wakanda
Blanda
Iolanda
Jolanda
Rolanda
Yolanda
Manda
Amanda
Diamanda
Nanda
Ananda
Fernanda
Randa
Jacaranda
Miranda
Wanda
Glenda
Brenda
Gwenda
Kainda
Linda
Belinda
Melinda
Colinda

Jolinda
Florinda
Govinda
Swinda
Gonda
Rhonda
Bionda
Raimonda
Ronda
Unda
Gunda
Lynda
Oda
Goda
Rhoda
Arda
Carda
Riccarda
Ricarda
Garda
Gebharda
Richarda
Bernharda
Gerharda
Leonarda
Bernarda
Parda
Gerarda
Varda
Warda
Gerda
Urda
Uda
Guda
Huda
Yehuda
Juda
Ayda
Ilayda
Bea
Thabea
Rabea
Tabea
Dea
Amadea
Medea
Gea
Rhea
Thea
Mathea
Althea
Amalthea
Anthea
Dorothea
Kea
Rikea
Renkea
Haukea
Lea
Alea
Malea
Valea
Clea
Elea
Marlea
Mea
Kamea
Alamea
Timea
Romea
Cosmea
Nea
Janea
Nanea
Linea
Linnea
Rea
Marea
Andrea
Nerea
Lorea
Norea
Aurea
Chelsea
Hosea
Tea
Galatea
Matea
Mattea
Svea
Rafa
Mustafa
Wafa
Yafa
Josefa
Yosefa
Genovefa
Afifa
Monifa
Latifa
Alfa
Marfa
Aga
Subhaga
Saga
Wega
Frigga
Jadwiga
Hedwiga
Ludwiga
Elga
Helga
Ilga
Olga
Tolga
Ganga
Malenga
Inga
Kinga
Taonga
Marga
Birga
Burga
Durga
Walpurga
Maha
Taha
Bracha
Sacha
Micha
Simcha
Ascha
Jascha
Mascha
Sascha
Tascha
Natascha
Aischa
Alischa
Elischa
Mischa
Nischa
Tanischa
Grischa
Latischa
Joscha
Aljoscha
Serjoscha
Uscha
Anjuscha
Radha
Anuradha
Madiha
Saliha
Samiha
Bilha
Narasimha
Josepha
Myrrha
Latasha
Ayasha
Ayesha
Taisha
Keisha
Lakeisha
Alisha
Dalisha
Talisha
Elisha
Felisha
Tamisha

Anisha
Danisha
Tanisha
Tarisha
Trisha
Latrisha
Latisha
Josha
Marsha
Usha
Alysha
Tabatha
Agatha
Betha
Elisabetha
Tabitha
Editha
Talitha
Roswitha
Samantha
Jacintha
Hyazintha
Martha
Bertha
Duha
Züleyha
Gaia
Kaia
Laia
Aglaia
Maia
Amaia
Fabia
Rabia
Zenobia
Tobia
Gracia
Vanecia
Alicia
Delicia
Felicia
Tricia
Patricia
Ticia
Leticia
Valencia
Florencia
Marcia
Lucia
Adia
Fadia
Hadia
Leokadia
Nadia
Lidia
India
Claudia
Klaudia
Lydia
Theia
Leia
Cassiopeia
Freia
Mireia
Fia
Afia
Safia
Efia
Sofia
Zsófia
Zofia
Georgia
Giorgia
Phia
Sophia
Tashia
Keshia
Taleshia
Cynthia
Orthia
Kia
Saskia
Lia
Alia
Dalia
Thalia
Eulalia
Malia
Rosalia
Talia
Elia
Rafaelia
Abelia
Celia
Delia
Adelia
Fidelia
Cordelia
Kordelia
Felia
Ofelia
Evangelia
Helia
Ophelia
Lelia
Clelia
Melia
Amelia
Nelia
Cornelia
Kornelia
Noelia
Aurelia
Selia
Dahlia
Ilia
Cilia
Cecilia
Dilia
Odilia
Virgilia
Lilia
Ämilia
Emilia
Silia
Tilia
Cäzilia
Willia
Magnolia
Giulia
Julia
Cecylia
Mia
Samia
Nehemia
Euphemia
Jeremia
Soumia
Sumia
Nia
Ania
Dania
Fania
Estefania
Hania
Shania
Jania
Melania
Mania
Germania
Tania
Vania
Gardenia
Genia
Ifigenia
Kenia
Lenia
Ilenia
Ylenia
Renia
Ksenia
Venia
Xenia
Binia
Finia
Ginia
Verginia
Virginia
Erminia
Sinia
Tinia

Lavinia
Levinia
Xinia
Begonia
Apollonia
Monia
Tonia
Antonia
Junia
Petunia
Gioia
Pia
Olimpia
Olympia
Ria
Aria
Daria
Ilaria
Hilaria
Maria
Kamaria
Inamaria
Isamaria
Lisamaria
Evamaria
Rosaria
Sabria
Desideria
Valeria
Waleria
Xaveria
Iria
Doria
Floria
Gloria
Toria
Victoria
Viktoria
Wiktoria
Vittoria
Nuria
Sia
Asia
Athanasia
Aspasia
Anastasia
Alesia
Theresia
Alisia
Misia
Dionisia
Hortensia
Ambrosia
Alessia
Alissia
Alyssia
Dionysia

Tia
Katia
Ignatia
Venetia
Lucretia
Lukretia
Mauritia
Titia
Lätitia
Laetitia
Innocentia
Crescentia
Valentia
Emerentia
Laurentia
Vinzentia
Kreszentia
Cintia
Portia
Mattia
Flavia
Octavia
Oktavia
Livia
Clivia
Olivia
Vivia
Salvia
Silvia
Fulvia
Sylvia
Sylwia
Alexia
Ignazia
Grazia
Kezia
Lucrezia
Felizia
Fabrizia
Patrizia
Maurizia
Tizia
Cinzia
Terzia
Luzia
Aja
Caja
Daja
Kaja
Maja
Naja
Benaja
Raja
Jesaja
Taja
Alicja
Felicja

Obadja
Nadja
Wolodja
Freja
Teja
Kaija
Maija
Khadija
Kadija
Joschija
Alija
Elija
Marija
Viktorija
Urija
Vija
Silvija
Alja
Natalja
Elja
Helja
Ilja
Hilja
Lilja
Silja
Vilja
Wilja
Kolja
Anja
Danja
Fanja
Hanja
Janja
Manja
Sanja
Tanja
Natanja
Vanja
Svanja
Wanja
Xanja
Enja
Benja
Fenja
Henja
Jenja
Kenja
Lenja
Senja
Venja
Svenja
Swenja
Xenja
Inja
Cinja
Finja
Minja

Brinja
Sinja
Vinja
Winja
Axinja
Finnja
Donja
Monja
Ronja
Bronja
Sonja
Tonja
Dunja
Saroja
Arja
Darja
Sacharja
Marja
Sarja
Tarja
Warja
Merja
Mirja
Borja
Asja
Tasja
Nastasja
Wasja
Olesja
Assja
Tassja
Marusja
Katja
Bitja
Mitja
Nastja
Kostja
Maruja
Freyja
Ljubka
Yannicka
Fricka
Radka
Eka
Aleka
Tameka
Réka
Mareka
Julischka
Marischka
Joschka
Piroschka
Anuschka
Maruschka
Veruschka
Ika
Malaika
Raika
Tsambika
Eika
Maleika
Suleika
Zuleika
Reika
Rafika
Refika
Lika
Alika
Malika
Angelika
Mehlika
Eilika
Julika
Mika
Tamika
Nika
Anika
Danika
Janika
Tanika
Domenika
Dominika
Annika
Jannika
Susannika
Yannika
Monika
Veronika
Weronika
Arnika
Marika
Erika
Frederika
Hinderika
Hinnerika
Florika
Masika
Rosika
Jessika
Scholastika
Devika
Vivika
Rajka
Rebekka
Pekka
Mikka
Sinikka
Marikka
Okka
Fokka
Sirkka
Annukka
Alka
Falka
Halka
Malka
Salka
Rusalka
Jelka
Etelka
Yelka
Ilka
Milka
Wilka
Anka
Danka
Hanka
Marianka
Janka
Blanka
Aranka
Branka
Franka
Ivanka
Jovanka
Iwanka
Zdenka
Lenka
Alenka
Malenka
Milenka
Varenka
Nevenka
Inka
Ljubinka
Kathinka
Linka
Kalinka
Olinka
Ulinka
Minka
Darinka
Marinka
Varinka
Tinka
Katinka
Winka
Olayinka
Ilonka
Tonka
Boglárka
Irka
Dirka
Jirka
Mirka
Sirka
Gorka
Alaska
Eska
Leska
Valeska

Waleska
Iska
Jiska
Liska
Eliška
Mariska
Priska
Siska
Ziska
Franziska
Inska
Piroska
Jitka
Luka
Rivka
Syka
Agnieszka
Bala
Sabala
Gala
Hala
Kamala
Vimala
Nirmala
Sarala
Sakuntala
Nuala
Ayala
Abla
Nicla
Adla
Edla
Wendla
Ela
Micaela
Rafaela
Raffaela
Michaela
Raphaela
Mikaela
Israela
Yisraela
Béla
Chabela
Marcela
Dela
Adela
Wendela
Gundela
Godela
Gudela
Geela
Sheela
Gela
Angela
Ingela
Hela

Rachela
Michela
Graciela
Aniela
Daniela
Ariela
Mariela
Gabriela
Mela
Pamela
Philomela
Carmela
Irmela
Marianela
Joela
Noela
Manoela
Giesela
Isela
Gisela
Marisela
Ursela
Manuela
Emanuela
Imanuela
Gizela
Nahla
Ila
Aila
Laila
Maila
Naila
Nabila
Dila
Adila
Fadila
Eila
Sheila
Leila
Gila
Suschila
Phila
Akila
Lila
Dalila
Delila
Mila
Camila
Jamila
Djamila
Kamila
Yamila
Jarmila
Nila
Anila
Danila
Adsila

Attila
Thekla
Tekla
Alla
Kalla
Ella
Raffaella
Bella
Annabella
Arabella
Isabella
Marcella
Hella
Daniella
Mariella
Gabriella
Graziella
Jella
Majella
Nella
Danella
Fenella
Marinella
Leonella
Lionella
Petronella
Antonella
Ornella
Cinderella
Mirella
Fiorella
Lorella
Estrella
Gisella
Rosella
Donatella
Stella
Estella
Christella
Yella
Gizella
Marzella
Illa
Sibilla
Cilla
Priscilla
Lucilla
Hilla
Lilla
Milla
Camilla
Kamilla
Ludmilla
Smilla
Nilla
Vanilla
Leonilla

Pernilla
Gunilla
Cyrilla
Tilla
Atilla
Stilla
Willa
Zilla
Ulla
Venla
Ola
Paola
Adebola
Nicola
Adeola
Fabiola
Mariola
Viola
Jola
Nikola
Lola
Romola
Nola
Enola
Inola
Finola
Pola
Amapola
Carola
Karola
Yola
Fayola
Loyola
Arla
Carla
Darla
Karla
Marla
Perla
Orla
Isla
Gisla
Ula
Paula
Wendula
Gundula
Cordula
Kordula
Gudula
Regula
Merula
Ursula
Tula
Gyula
Pavla
Ayla
Kayla
Makayla
Layla
Nayla
Eyla
Suheyla
Leyla
Kyla
Ama
Naama
Ifama
Nechama
Nehama
Salama
Rama
Karama
Padma
Iracema
Chema
Prema
Sema
Nedschma
Laima
Naima
Saima
Dima
Hima
Fahima
Rahima
Hakima
Halima
Salima
Jemima
Anima
Purnima
Rima
Carima
Karima
Cosima
Kosima
Nassima
Wassima
Carissima
Fatima
Diotima
Maxima
Najma
Nejma
Alma
Salma
Talma
Elma
Helma
Wilhelma
Thelma
Selma
Ilma
Hilma
Vilma
Wilma
Holma
Volma
Tangamma
Emma
Gemma
Hemma
Imma
Blomma
Tomma
Paloma
Roma
Toma
Uzoma
Erma
Herma
Irma
Jorma
Norma
Asma
Basma
Rasma
Esma
Cosma
Ausma
Fatma
Uma
Suma
Moctezuma
Ana
Albana
Dana
Loredana
Bogdana
Bohdana
Mandana
Dordana
Jordana
Oceana
Leana
Eleana
Ileana
Andreana
Loreana
Ozeana
Morgana
Hana
Chana
Mohana
Shana
Shoshana
Bibiana
Feliciana
Luciana
Diana
Kiana

Eliana
Iliana
Liliana
Lilliana
Giuliana
Juliana
Damiana
Riana
Dariana
Adriana
Oriana
Doriana
Tiana
Tatiana
Bastiana
Krystiana
Viana
Octaviana
Liviana
Viviana
Silviana
Sylviana
Tiziana
Jana
Dajana
Lajana
Tajana
Nadjana
Elijana
Marijana
Iljana
Uljana
Marjana
Mirjana
Katjana
Tatjana
Lana
Alana
Ilana
Milana
Rilana
Ruslana
Svetlana
Swetlana
Ulana
Dylana
Romana
Germana
Nana
Joana
Moana
Rana
Sana
Rossana
Susana
Tana
Gaetana
Kajetana
Aitana
Santana
Juana
Luana
Ivana
Silvana
Sylvana
Jovana
Svana
Iwana
Swana
Xana
Axana
Oxana
Roxana
Yana
Dayana
Edna
Ena
Abena
Azucena
Jardena
Yardena
Almudena
Sheena
Leena
Reena
Weena
Athena
Liena
Miena
Siena
Makena
Lena
Alena
Madalena
Maddalena
Magdalena
Gundalena
Saralena
Talena
Valena
Elena
Helena
Marielena
Jelena
Melena
Yelena
Ilena
Milena
Marilena
Jolena
Ylena
Mena
Jimena
Ximena
Filomena
Philomena
Nena
Rena
Carena
Macarena
Karena
Marena
Serena
Verena
Irena
Sirena
Dorena
Lorena
Morena
Laurena
Vrena
Sena
Rowena
Xena
Božena
Magna
Ragna
Benigna
Krischna
Balakrischna
Ramakrischna
Trischna
Ihna
Trishna
Ina
Aina
Daina
Faina
Madlaina
Raina
Seraina
Taina
Butaina
Bina
Ubbina
Albina
Balbina
Robina
Rubina
Lucina
Dina
Adina
Tjadina
Madina
Bernadina
Konradina
Edina
Enedina
Alfredina
Aldina
Arnoldina

Andina
Odina
Gerhardina
Bernardina
Gerardina
Egberdina
Gerdina
Everdina
Claudina
Meina
Reina
Andreina
Fina
Dafina
Sarafina
Serafina
Josefina
Delfina
Rufina
Gina
Regina
Georgina
Giorgina
Luchina
Josephina
Delphina
Tashina
Lina
Alina
Dalina
Madalina
Galina
Halina
Michalina
Thalina
Jalina
Malina
Salina
Talina
Catalina
Natalina
Elina
Belina
Abelina
Celina
Marcelina
Delina
Adelina
Wendelina
Felina
Angelina
Engelina
Michelina
Melina
Joelina
Selina
Samuelina
Avelina
Evelina
Ewelina
Ailina
Bellina
Cellina
Marcellina
Olina
Nicolina
Fridolina
Jolina
Nikolina
Polina
Carolina
Karolina
Carlina
Karlina
Marlina
Merlina
Ulina
Julina
Mina
Amina
Jamina
Pamina
Samina
Tamina
Yamina
Emina
Jemina
Willemina
Almina
Romina
Gelsomina
Armina
Carmina
Harmina
Fermina
Guillermina
Irmina
Nina
Danina
Janina
Annina
Giannina
Jannina
Nannina
Vannina
Giovannina
Bonina
Leonina
Tonina
Antonina
Marnina
Pina
Giuseppina
Despina
Rina
Arina
Kaarina
Carina
Darina
Sharina
Catharina
Katharina
Karina
Larina
Klarina
Marina
Sarina
Tarina
Catarina
Katarina
Varina
Sabrina
Drina
Andrina
Sandrina
Hendrina
Acerina
Katherina
Pierina
Nerina
Serina
Caterina
Katerina
Kateřina
Ekaterina
Jekaterina
Verina
Cathrina
Kathrina
Irina
Jirina
Quirina
Dorina
Thorina
Fiorina
Jorina
Lorina
Florina
Norina
Torina
Trina
Catrina
Katrina
Petrina
Laurina
Jurina
Flurina
Sina
Klasina
Gesina
Teresina

Josina
Rosina
Ursina
Tina
Catina
Agatina
Katina
Betina
Antina
Santina
Valentina
Klementina
Leontina
Martina
Bertina
Albertina
Hubertina
Sebastina
Destina
Celestina
Cristina
Kristina
Kerstina
Kirstina
Faustina
Justina
Bettina
Vina
Davina
Navina
Savina
Devina
Levina
Alvina
Malvina
Elvina
Melvina
Silvina
Sylvina
Wina
Lidwina
Ludwina
Zina
Grazina
Vincenzina
Elna
Timna
Anna
Ribanna
Deanna
Hanna
Johanna
Shanna
Dianna
Gianna
Julianna
Arianna
Brianna
Janna
Hermanna
Nanna
Ioanna
Sanna
Rosanna
Susanna
Zsuzsanna
Savanna
Giovanna
Roxanna
Yanna
Enna
Fenna
Sienna
Vienna
Jenna
Lenna
Glenna
Menna
Senna
Swenna
Zwenna
Inna
Minna
Peninna
Corinna
Korinna
Onna
Donna
Jonna
Gunna
Sunna
Wunna
Leona
Rhona
Shona
Iona
Fiona
Liona
Clíona
Mariona
Catriona
Viona
Jona
Aljona
Lona
Alona
Ilona
Mona
Amöna
Ramona
Desdemona
Simona
Nona
Winona
Oona
Joona
Rona
Sharona
Verona
Corona
Tona
Latona
Ivona
Iwona
Yona
Karna
Ritaparna
Suparna
Swarna
Erna
Berna
Verna
Werna
Orna
Jörna
Lorna
Morna
Myrna
Vesna
Ratna
Kistna
Una
Shauna
Iduna
Saguna
Sadguna
Arjuna
Luna
Aluna
Muna
Yamuna
Louna
Runa
Aruna
Bruna
Suna
Fortuna
Yuna
Fayna
Aleyna
Kristýna
Krystyna
Grażyna
Moa
Noa
Ainoa
Gepa
Atahualpa
Eppa
Filippa
Philippa

Pippa
Satyarupa
Mahliqa
Barbara
Cara
Dara
Azahara
Shara
Ciara
Chiara
Kiara
Tiara
Jara
Kara
Lara
Alara
Clara
Delara
Dilara
Klara
Omolara
Mara
Tamara
Ainara
Sara
Tara
Atara
Sitara
Antara
Yara
Kyara
Zara
Debra
Ambra
Barbra
Subhadra
Andra
Leandra
Chandra
Diandra
Sandra
Aleksandra
Cassandra
Kassandra
Alessandra
Xandra
Alexandra
Zandra
Nagendra
Mahendra
Rajendra
Kendra
Narendra
Indra
Sondra
Samudra
Hera
Thera
Kiera
Piera
Xaviera
Valera
Vera
Severa
Olivera
Wera
Afra
Schifra
Ofra
Allegra
Sahra
Zahra
Buschra
Zohra
Ophra
Ira
Aira
Maira
Naira
Vaira
Yaira
Zaïra
Sabira
Nadira
Eréndira
Indira
Keira
Ofira
Tahira
Schira
Saphira
Ophira
Shira
Kira
Akira
Schakira
Shakira
Mira
Amira
Samira
Tamira
Almira
Elmira
Nira
Munira
Moira
Nassira
Elvira
Elwira
Amra
Ora
Bora
Debora
Barbora
Cora
Dora
Isadora
Fedora
Isidora
Feodora
Theodora
Thora
Fiora
Giora
Kora
Lora
Elora
Flora
Nora
Énora
Elenora
Eleonora
Zippora
Drora
Aurora
Tora
Giyora
Zora
Sierra
Nasra
Esra
Isra
Yusra
Cleopatra
Dietra
Petra
Dimitra
Sumitra
Anitra
Elektra
Ilektra
Sumantra
Austra
Laura
Maura
Isaura
Rosaura
Sakura
Sanura
Bonaventura
Mayra
Thyra
Kyra
Myra
Tyra
Azra
Ezra
Rasa
Gesa
Agnesa
Maresa

Theresa
Teresa
Tesa
Isa
Taisa
Narcisa
Mandisa
Hafisa
Gisa
Lisa
Alisa
Thalisa
Talisa
Elisa
Delisa
Adelisa
Felisa
Melisa
Nisa
Anisa
Denisa
Aloisa
Eloisa
Marisa
Louisa
Lovisa
Kajsa
Elsa
Telsa
Ilsa
Ailsa
Josa
Rosa
Kirsa
Yrsa
Hadassa
Sassa
Odessa
Thessa
Alessa
Vanessa
Inessa
Tressa
Raissa
Taissa
Narcissa
Lissa
Alissa
Malissa
Talissa
Elissa
Melissa
Anissa
Charissa
Larissa
Clarissa
Klarissa
Marissa
Libussa
Alyssa
Nitsa
Musa
Alysa
Aloysa
Agata
Annunziata
Immaculata
Zlata
Amata
Donata
Małgorzata
Benedicta
Beta
Elisabeta
Heta
Elżbieta
Dieta
Marieta
Wieta
Markéta
Violeta
Wioleta
Meta
Neta
Aneta
Veneta
Agneta
Reta
Areta
Margareta
Greta
Jelisaveta
Felicita
Dita
Madita
Edita
Ardita
Afërdita
Perdita
Gita
Sangita
Anahita
Conchita
Ajita
Nikita
Lita
Alita
Lalita
Isabelita
Adelita
Melita
Lolita
Manolita
Ulita
Amita
Nita
Anita
Danita
Shanita
Janita
Sanita
Tanita
Juanita
Tayanita
Benita
Jenita
Venita
Vinita
Bonita
Leonita
Sunita
Pepita
Lupita
Rita
Margarita
Clarita
Marita
Sarita
Brita
Margherita
Merita
Grita
Dorita
Norita
Prita
Laurita
Sita
Teresita
Rosita
Tita
Vita
Davita
Evita
Ayita
Zita
Benedikta
Velta
Ilta
Uddanta
Schanta
Shanta
Kanta
Chandrakanta
Amaranta
Santa
Centa
Kenta
Senta
Zenta
Inta
Jacinta

Assunta
Dakota
Carlota
Dorota
Siddharta
Marta
Berta
Friedeberta
Alberta
Lamberta
Rigoberta
Roberta
Huberta
Weerta
Gerta
Herta
Mirta
Myrta
Asta
Vlasta
Esta
Modesta
Nesta
Ernesta
Vesta
Crista
Christa
Krista
Gösta
Kosta
Carsta
Karsta
Fausta
Gusta
Etta
Betta
Elisabetta
Concetta
Detta
Benedetta
Hetta
Giulietta
Julietta
Antonietta
Arietta
Marietta
Henrietta
Letta
Taletta
Valetta
Coletta
Nicoletta
Violetta
Nikoletta
Uletta
Metta
Danetta
Janetta
Simonetta
Antonetta
Coretta
Fioretta
Loretta
Floretta
Lauretta
Rosetta
Yvetta
Ditta
Gitta
Margitta
Birgitta
Melitta
Julitta
Britta
Sitta
Witta
Lotta
Carlotta
Charlotta
Karlotta
Utta
Jutta
Anjuta
Danuta
Biruta
Udasuta
Sixta
Edyta
Afua
Jeschua
Joschua
Joshua
Yoshua
Salua
Chinua
Josua
Perpetua
Ava
Hava
Zehava
Slava
Nava
Gustava
Eva
Maéva
Elisheva
Batsheva
Geneva
Veva
Genoveva
Iva
Shiva
Akiva
Oliva
Niva
Sunniva
Tiva
Viva
Aviva
Haviva
Ziva
Tikva
Alva
Schalva
Ilva
Milva
Silva
Ylva
Sylva
Nova
Tova
Minerva
Ahuva
Tuva
Stanislawa
Miloslawa
Jaroslawa
Miroslawa
Ewa
Schiwa
Tapiwa
Salwa
Adowa
Morowa
Arwa
Lexa
Alexa
Rixa
Arantxa
Lubaya
Caya
Amancaya
Tindaya
Haya
Chaya
Jaya
Vijaya
Kaya
Maya
Amaya
Tamaya
Sumaya
Soraya
Yraya
Taya
Hadya
Nadya
Ovadya
Vidya
Cattleya
Freya

Mireya
Yahya
Sandhya
Diya
Afiya
Aliya
Chaniya
Raniya
Zakariya
Priya
Ramapriya
Asiya
Atiya
Zviya
Lya
Talya
Hulya
Hülya
Danya
Panya
Tanya
Enya
Kenya
Lenya
Senya
Finya
Sonya
Tonya
Latonya
Dunya
Oya
Idoya
Joya
Latoya
Darya
Virya
Brurya
Surya
Asya
Batya
Satya
Tuvya
Zakiyya
Saniyya
Bahriyya
Nuriyya
Géza
Reza
Tereza
Faiza
Yaiza
Liza
Aliza
Eliza
Aziza
Hamza
Esperanza
Vincenza
Fiorenza
Lorenza
Thirza
Tirza
Nitza
Beyza
Azza
Rabab
Ihab
Zinab
Zaynab
Zeynab
Friedlieb
Garlieb
Hartlieb
Christlieb
Gottlieb
Caleb
Kaleb
Gleb
Habib
Adib
Wahib
Andalib
Bob
Jacob
Hiob
Job
Ijob
Jakob
Gottlob
Rob
Barb
Ajjub
Jakub
Ayoub
Yaqub
Ayyub
Alec
Nic
Janic
Domenic
Dominic
Yannic
Loic
Cedric
Fredric
Eric
Éric
Frédéric
Enric
Vincenc
Ferenc
Sevinç
Cuauhtémoc
Marc
Luc
Soledad
Trinidad
Widad
Gilead
Gad
Dilschad
Willehad
Gilad
Muhammad
Farnad
Árpád
Brad
Wolfrad
Dankrad
Heimrad
Meinrad
Conrad
Konrad
Murad
Asad
Farsad
Assad
Fuad
Ziyad
Parizad
Ed
Naveed
Hed
Fried
Walafried
Waldfried
Siegfried
Ingfried
Bringfried
Alfried
Walfried
Helfried
Wilfried
Hellfried
Willfried
Wolfried
Ulfried
Helmfried
Irmfried
Hanfried
Ehrenfried
Heinfried
Reinfried
Winfried
Hannfried
Sonnfried
Arnfried
Warnfried
Bernfried
Wernfried
Runfried

Theofried
Erfried
Gerfried
Herfried
Norfried
Dietfried
Guntfried
Otfried
Hartfried
Bertfried
Gertfried
Ortfried
Christfried
Ottfried
Gottfried
Leutfried
Ahmed
Achmed
Mohammed
Muhammed
Ned
Jared
Mildred
Yered
Fred
Winifred
Winnifred
Alfred
Wilfred
Manfred
Tankred
Ted
Yocheved
Arved
Arwed
Fahd
Said
Zaid
Candid
Alheid
Adelheid
Gerheid
Aleid
Ägid
Egid
Aegid
Nahid
Raschid
Khalid
Walid
Hamid
Abdulhamid
Enid
Leonid
Barid
Farid
Eldrid

Gudrid
Sigfrid
Siegrid
Sigrid
Helgrid
Ingrid
Sirid
Thorid
Jorid
Torid
Astrid
Estrid
Thurid
Turid
Gyrid
Sid
David
Arvid
Thorvid
Torvid
Dawid
Nawid
Arwid
Yazid
Friedebald
Sebald
Wigbald
Archibald
Willibald
Kunibald
Wunibald
Theobald
Hubald
Renald
Rainald
Reinald
Reginald
Winald
Donald
Ronald
Roald
Harald
Gerald
Fitzgerald
Herald
Emerald
Thorald
Torald
Romuald
Torvald
Ewald
Friedewald
Siegwald
Frohwald
Frowald
Thorwald
Torwald

Oswald
Dietwald
Gottwald
Liebhild
Friedhild
Fridhild
Traudhild
Trudhild
Ingehild
Ulfhild
Wulfhild
Sieghild
Sighild
Inghild
Borghild
Burghild
Richhild
Volkhild
Birkhild
Giselhild
Kriemhild
Irmhild
Svanhild
Schwanhild
Swanhild
Ragnhild
Meinhild
Reinhild
Sonnhild
Sonhild
Arnhild
Bernhild
Wernhild
Gunhild
Runhild
Brunhild
Sunhild
Gerhild
Torhild
Ishild
Diethild
Mechthild
Gunthild
Othild
Bothild
Gothild
Berthild
Gerthild
Christhild
Gotthild
Ruthild
Gunild
Thorild
Torild
Ingvild
Wibold
Ingold

Friedhold
Meinhold
Reinhold
Bernhold
Gerhold
Diethold
Withold
Barthold
Berthold
Gerthold
Gotthold
Rumold
Renold
Meinold
Reinold
Arnold
Bernold
Hunold
Leopold
Luitpold
Lupold
Harold
Gerold
Herold
Witold
Bertold
Wiegand
Weigand
Wigand
Aland
Daland
Wieland
Uhland
Wiland
Roland
Erland
Uland
Amand
Armand
Anand
Wienand
Wignand
Ferdinand
Winand
Fernand
Gernand
Hildebrand
Siegbrand
Wigbrand
Sibrand
Wibrand
Wilbrand
Gerbrand
Isbrand
Hadubrand
Bertrand
Arend
Berend
Svend
Wend
Gobind
Hind
Wittekind
Widukind
Rosalind
Adelind
Friedelind
Godelind
Ermelind
Irmelind
Siglind
Burglind
Irmlind
Sonnlind
Arlind
Marlind
Berlind
Merlind
Gislind
Dietlind
Gotlind
Trautlind
Aravind
Arvind
Diamond
Rosamond
Edmond
Raimond
Desmond
Raymond
Arnd
Bernd
Gernd
Radegund
Friedegund
Hildegund
Elfgund
Algund
Wilgund
Margund
Dietgund
Edmund
Friedmund
Friedemund
Egmund
Siegmund
Sigmund
Frohmund
Raimund
Reimund
Freimund
Germund
Siegesmund
Sigismund
Osmund
Raymund
Marbod
Hadumod
Nimrod
Ricard
Gard
Liebgard
Friedgard
Fridgard
Lindgard
Ludgard
Friedegard
Hildegard
Elfgard
Frohgard
Elgard
Adelgard
Edelgard
Wendelgard
Engelgard
Helgard
Heilgard
Wilgard
Helmgard
Armgard
Irmgard
Ellengard
Ermengard
Irmengard
Ehrengard
Meingard
Reingard
Irmingard
Sonngard
Werngard
Margard
Hergard
Asgard
Isgard
Ansgard
Dietgard
Luitgard
Liutgard
Lutgard
Gebhard
Liebhard
Richard
Wichard
Burchard
Friedhard
Neidhard
Gundhard
Godhard
Godehard
Eckehard
Ekkehard

Welfhard
Wolfhard
Wulfhard
Sieghard
Righard
Sighard
Wighard
Inghard
Burghard
Folkhard
Volkhard
Burkhard
Alhard
Adelhard
Edelhard
Engelhard
Eilhard
Wilhard
Manhard
Reenhard
Degenhard
Lienhard
Lenhard
Rainhard
Einhard
Deinhard
Meinhard
Reinhard
Eginhard
Leonhard
Bernhard
Wernhard
Erhard
Eberhard
Gerhard
Everhard
Ehrhard
Rathard
Dethard
Diethard
Gunthard
Christhard
Gotthard
Ruthard
Wiard
Sjard
Tjard
Eckard
Volkard
Elard
Allard
Willard
Lenard
Meinard
Reinard
Lennard
Leonard
Léonard
Bernard
Gaspard
Gerard
Gérard
Eduard
Édouard
Edvard
Edward
Eward
Siegward
Ingward
Dankward
Markward
Bernward
Howard
Herward
Edzard
Gerd
Ingegerd
Cord
Clifford
Linford
Kord
Gaylord
Willibrord
Curd
Sigurd
Aud
Daud
Maud
Arnaud
Liebtraud
Lindtraud
Wolftraud
Siegtraud
Altraud
Waltraud
Adeltraud
Edeltraud
Helmtraud
Irmtraud
Ehrentraud
Reintraud
Sonntraud
Rotraud
Bertraud
Gertraud
Hertraud
Eltrud
Heltrud
Giseltrud
Heiltrud
Hiltrud
Wiltrud
Willtrud
Lintrud
Guntrud
Gertrud
Ortrud
Nortrud
Masud
Boyd
Floyd
Lloyd
Aglaé
Aglaë
Mae
Danae
Rae
Isabe
Elsabe
Ilsabe
Robbe
Ubbe
Lübbe
Febe
Phebe
Wiebe
Eibe
Phöbe
Elsbe
Wallace
Grace
Reece
Candice
Alice
Felice
Danice
Shanice
Janice
Denice
Berenice
Bérénice
Vérénice
Venice
Bernice
Eunice
Sharice
Brice
Fabrice
Morice
Catrice
Beatrice
Béatrice
Katrice
Patrice
Maurice
Hatice
Lance
France
Constance
Bence
Terence

Florence
Terrence
Laurence
Lawrence
Vince
Pierce
Bruce
Joyce
Taade
Thade
Jade
Tjade
Wade
Ede
Hede
Friede
Siegfriede
Bringfriede
Walfriede
Elfriede
Wilfriede
Gerfriede
Gertfriede
Frede
Haide
Adelaide
Heide
Walheide
Yejide
Halide
Hamide
Olamide
Olumide
Feride
Reşide
Aristide
Davide
Geralde
Hilde
Gundhilde
Wolfhilde
Winhilde
Thilde
Klothilde
Brunilde
Tilde
Isolde
Ferdinande
Melisande
Yewande
Svende
Lucinde
Linde
Alinde
Rosalinde
Friedlinde
Traudlinde
Trudlinde
Edelinde
Gundelinde
Relinde
Selinde
Roselinde
Sieglinde
Reglinde
Frohlinde
Frolinde
Gerlinde
Herlinde
Guntlinde
Ortlinde
Utlinde
Jorinde
Gunde
Fridegunde
Kunigunde
Adelgunde
Burgunde
Rosamunde
Akintunde
Ude
Claude
Traude
Trude
Jayde
Bethsabée
Amédée
Haidée
Haydée
Fee
Timothée
Lee
Azalee
Marlee
Rylee
Edmée
Aimée
Renée
Tahnee
Maree
Andrée
Désirée
Alizée
Fe
Efe
Uffe
Ife
Arife
Elfe
Tinerfe
Nadège
Egge
Frigge
Paige
Helge
Bilge
Solange
Inge
Serge
Börge
George
Thorge
Jorge
Torge
Che
Blanche
Merche
Geesche
Gesche
Jelsche
Mosche
Adolphe
Rodolphe
Christophe
Moshe
Agathe
Käthe
Grethe
Iolanthe
Xanthe
Maie
Debbie
Bobbie
Barbie
Gracie
Francie
Lucie
Sadie
Eddie
Maidie
Cyndie
Jodie
Élodie
Mélodie
Birdie
Lydie
Alfie
Sofie
Maggie
Angie
Richie
Ritchie
Cathie
Jackie
Frankie
Lie
Nathalie
Amalie
Emmalie
Coralie
Natalie

Élie
Ophélie
Amelie
Amélie
Emelie
Emmelie
Aurélie
Cäcilie
Lilie
Emilie
Émilie
Ottilie
Zäzilie
Ellie
Kellie
Billie
Millie
Willie
Jolie
Carlie
Charlie
Leslie
Julie
Kylie
Jamie
Annemie
Jeremie
Jérémie
Jaimie
Jeanie
Stefanie
Stephanie
Lanie
Melanie
Enie
Queenie
Iphigenie
Eugenie
Eugénie
Annie
Jeannie
Jennie
Minnie
Winnie
Bonnie
Connie
Sidonie
Udonie
Leonie
Marnie
Bernie
Arie
Marie
Friedemarie
Traudemarie
Trudemarie
Käthemarie
Annemarie
Rosemarie
Urselmarie
Elsmarie
Chérie
Valerie
Valérie
Marjorie
Florie
Carrie
Corrie
Laurie
Fleurie
Elsie
Josie
Cassie
Jessie
Katie
Christie
Louie
Flavie
Evie
Stevie
Silvie
Sylvie
Kenzie
Mackenzie
Arendje
Godje
Riekje
Hendrikje
Anje
Sinje
Sünje
Boje
Arje
Terje
Kaatje
Grietje
Tietje
Gretje
Eltje
Neeltje
Hiltje
Antje
Swaantje
Zwaantje
Jantje
Svantje
Schwantje
Swantje
Fentje
Mientje
Trientje
Heintje
Reintje
Gotje
Maartje
Martje
Geertje
Gertje
Dortje
Ake
Jake
Blake
Gebke
Wiebke
Wübke
Ricke
Wencke
Focke
Ucke
Beke
Vibeke
Wibeke
Beeke
Lieke
Alieke
Mieke
Annemieke
Rieke
Marieke
Henrieke
Sieke
Ineke
Tineke
Anneke
Janneke
Ingke
Ike
Aike
Maaike
Haike
Maike
Maraike
Waike
Eike
Deike
Feike
Heike
Meike
Mareike
Weike
Like
Melike
Mike
Nike
Berenike
Eunike
Rike
Marike
Endrike
Hendrike
Hindrike

Diederike
Friederike
Friderike
Frerike
Alrike
Elrike
Ullrike
Ulrike
Henrike
Heinrike
Hinrike
Marijke
Ekke
Fokke
Alke
Taalke
Thalke
Talke
Elke
Geelke
Helke
Selke
Ailke
Bilke
Eilke
Heilke
Hilke
Silke
Folke
Sylke
Amke
Emke
Femke
Themke
Imke
Heimke
Almke
Helmke
Wilmke
Tomke
Harmke
Anke
Hanke
Enke
Wienke
Renke
Wenke
Söhnke
Heinke
Reinke
Onke
Sönke
Sunke
Oke
Brooke
Gerke
Peterke
Birke
Sirke
Geeske
Geske
Hiske
Elske
Ilske
Antke
Uke
Hauke
Frauke
Luke
Levke
Pascale
Dale
Thale
Jale
Lale
Male
Tale
Chantale
Pasquale
Mable
Raffaele
Bele
Dele
Adele
Neele
Angèle
Nahele
Rachele
Michele
Michèle
Daniele
Danièle
Mariele
Gabriele
Nele
Sonnele
Gisèle
Cécile
Lucile
Odile
Mareile
Émile
Cemile
Basile
Kalle
Palle
Elle
Gaëlle
Maëlle
Anaëlle
Gwenaëlle
Belle
Mabelle
Isabelle
Marcelle
Helle
Rachelle
Michelle
Rochelle
Danielle
Marielle
Gabrielle
Jelle
Armelle
Janelle
Joelle
Noelle
Pelle
Giselle
Shantelle
Estelle
Christelle
Emmanuelle
Axelle
Bille
Sybille
Lucille
Mireille
Camille
Neville
Holle
Sibylle
Ole
Cole
Nicole
Chole
Carole
Merle
Dorle
Ule
Jule
Gayle
Kyle
Ayame
Ehme
Aimé
Jaime
Xaime
Rahime
Kerime
Maxime
Imme
Momme
Salome
Bartholomé
Bartolomé
Gérôme
Jerome
Jérôme
Guilherme
Esme

Esmé
Cosme
Guillaume
Dane
Léane
Ileane
Morgane
Stéphane
Shane
Fabiane
Diane
Liane
Eliane
Deliane
Maximiliane
Ariane
Mariane
Floriane
Josiane
Sebastiane
Christiane
Kristiane
Viviane
Sylviane
Jane
Kane
Nekane
Lane
Romane
Nane
Loane
Laurane
Tane
Louane
Ariadne
Gene
Eugene
Eugène
Tryphene
Lene
Valene
Adelene
Hélène
Selene
Milène
Ségolène
Jolene
Solène
Charlène
Marlene
Marlène
Mylène
Chimène
Ismene
René
Vérène
Irene
Irène
Lorene
Laurène
Dafne
Signe
Bahne
Ihne
Daphne
Daphné
Morgaine
Tiphaine
Alaine
Elaine
Madelaine
Melaine
Violaine
Marjolaine
Yolaine
Ghislaine
Romaine
Charmaine
Sharmaine
Germaine
Laraine
Loraine
Lorraine
Bine
Sabine
Ebbine
Jakobine
Francine
Nadine
Geraldine
Leopoldine
Blandine
Amandine
Nandine
Berendine
Undine
Bernhardine
Claudine
Heine
Madeleine
Meine
Fine
Adolfine
Rudolfine
Gine
Seraphine
Line
Aline
Pascaline
Madaline
Maline
Coraline
Eline
Céline
Marceline
Adeline
Madeline
Edeline
Evangeline
Micheline
Meline
Emeline
Emmeline
Laureline
Seline
Roseline
Jaqueline
Jacqueline
Philine
Colline
Oline
Coline
Nicoline
Foline
Joline
Nikoline
Caroline
Karoline
Voline
Arline
Darline
Charline
Sharline
Marline
Gerline
Pauline
Ayline
Emine
Elmine
Helmine
Wilhelmine
Wilmine
Hermine
Jeanine
Janine
Jeannine
Antoine
Philippine
Carine
Marine
Sabrine
Sandrine
Alexandrine
Cherine
Catherine
Katherine
Severine
Dorine
Florine
Victorine
Pierrine

Laurine
Fleurine
Melusine
Tine
Gretine
Eglantine
Konstantine
Valentine
Clementine
Florentine
Martine
Robertine
Stine
Cölestine
Zölestine
Ernestine
Christine
Augustine
Ludivine
Edwine
Alwine
Malwine
Elwine
Erwine
Gerwine
Maxine
Alexine
Franzine
Amne
Anne
Änne
Jeanne
Leanne
Lianne
Rianne
Marianne
Florianne
Vianne
Vivianne
Janne
Joanne
Lisanne
Susanne
Lyanne
Lizanne
Suzanne
Aenne
Fabienne
Lucienne
Julienne
Adrienne
Étienne
Bastienne
Vivienne
Lenne
Chayenne
Cheyenne
Corinne
Bonne
Dionne
Jonne
Ivonne
Yvonne
Dyonne
Andone
Dione
Hermione
Magelone
Anemone
Annemone
Simone
Verone
Tyrone
Yone
Arne
Barne
Jarne
Bjarne
Ederne
Laverne
Lorne
Aune
Sigune
June
Ramunė
Rune
Irune
Gutrune
Jayne
Wayne
Dwayne
Evelyne
Carolyne
Joe
Chloe
Noe
Zoé
Zoë
Pepe
Felipe
Filipe
Hope
Calíope
Kalliope
Penelope
Pénélope
Giuseppe
Philippe
Lüppe
Espe
Lupe
Guadalupe
Tabaré
Cläre
Kläre
Gaspare
Cesare
Ambre
Andre
André
Alexandre
Endre
Sondre
Deirdre
Andere
Bérangère
Xavière
Pere
Tere
Maritere
Claire
Maire
Victoire
Emre
Imre
Dore
Theodore
Théodore
Thore
Lore
Veralore
Hannelore
Lieselore
Liselore
Roselore
Eleanore
Lenore
Leonore
Eleonore
Éléonore
Honoré
Tore
Salvatore
Ettore
Pierre
Laure
Thure
Ture
Chase
Reese
Gese
Liese
Trudeliese
Anneliese
Agnese
Thérèse
Terese
Ise
Blaise
Lise
Alise

Elise
Élise
Denise
Françoise
Eloise
Éloïse
Heloise
Charise
Marise
Chérise
Luise
Marieluise
Louise
Else
Ilse
Hortense
Inse
Alphonse
José
Rose
Trauderose
Marierose
Xosé
Lasse
Manasse
Syasse
Jesse
Ulisse
Clarisse
Bosse
Josse
Ulysse
Montse
Suse
Ayşe
Beate
Kate
Käte
Máté
Renate
Bénédicte
Elizabete
Fiete
Pete
Margarete
Grete
Maite
Marguerite
Malte
Ante
Dante
Violante
Bente
Vicente
Jente
Levente
Jonte
Birte
Dorte
Urte
Celeste
Guste
Auguste
Bette
Babette
Lucette
Bernadette
Odette
Bernardette
Georgette
Éliette
Juliette
Mariette
Henriette
Jette
Alette
Colette
Nicolette
Violette
Nikolette
Arlette
Paulette
Mette
Anette
Jeanette
Janette
Nanette
Schwanette
Swanette
Zwanette
Renette
Agnette
Ginette
Linette
Minette
Ninette
Antoinette
Marinette
Annette
Jeannette
Jannette
Nannette
Lynette
Adoette
Dorette
Lorette
Pierrette
Laurette
Lisette
Josette
Rosette
Susette
Huguette
Ivette
Vivette
Yvette
Suzette
Brigitte
Lotte
Irmalotte
Lieselotte
Liselotte
Luiselotte
Charlotte
Jytte
Ute
Traute
Erdmute
Laimutė
Hartmute
Angélique
Danique
Janique
Dominique
Monique
Véronique
Frédérique
Enrique
Sue
Giosuè
Josue
Dave
Täve
Gustave
Eve
Maeve
Geneviève
Steve
Yngve
Trygve
Clive
Olive
Malve
Tove
Hervé
Merve
Owe
Uwe
Faye
Paye
Raye
Heye
Zekiye
Aliye
Seniye
Sabriye
Asiye
Arye
Zé
Charlize
Fränze

Constanze
Konstanze
Florenze
Afaf
Wiglaf
Olaf
Raf
Aschraf
Ashraf
Madelief
Edlef
Relef
Ricklef
Riklef
Wiklef
Garlef
Detlef
Josef
Yosef
Józef
Jeff
Cliff
Wolff
Wulff
Egloff
Leif
Thorleif
Torleif
Afif
Elif
Arif
Atif
Latif
Alf
Tjalf
Ralf
Geralf
Gralf
Thoralf
Toralf
Delf
Redelf
Reelf
Gotthelf
Melf
Welf
Gotthilf
Olf
Dolf
Adolf
Radolf
Friedolf
Fridolf
Gandolf
Landolf
Nandolf
Randolf
Gundolf
Ludolf
Rudolf
Egolf
Sigolf
Gangolf
Ingolf
Dietholf
Hariolf
Markolf
Agilolf
Meinolf
Arnolf
Bernolf
Roolf
Rolf
Gerolf
Herolf
Thorolf
Torolf
Witolf
Guntolf
Ortolf
Wolf
Dietwolf
Ulf
Ingulf
Meinulf
Reinulf
Arnulf
Rulf
Gerulf
Wulf
Frithjof
Fridtjof
Olof
Rolof
Dietlof
Christof
Kristof
Krzysztof
Oluf
Jussuf
Yusuf
Dag
Abischag
Avishag
Oleg
Meg
Greg
Craig
Solveig
Hennig
Stig
Hedvig
Hadwig
Hedwig
Chlodwig
Ludwig
Ludewig
Helwig
Heilwig
Ulwig
Harwig
Gerwig
Herwig
Norwig
Hartwig
Hertwig
Fang
Wolfgang
Liang
Schuang
Feng
Sching
Ling
Flemming
Janning
Jenning
Iring
Ting
Irving
Kong
Long
Varg
Ingeborg
Valborg
Georg
Jörg
Friedburg
Hildburg
Hadeburg
Friedeburg
Hildeburg
Ingeburg
Wiburg
Walburg
Elburg
Heilburg
Hilburg
Wilburg
Irmburg
Wernburg
Gerburg
Herburg
Dietburg
Notburg
Jürg
Haug
Sabah
Leah
Isaiah
Liah
Jeremiah

Mariah
Josiah
Elijah
Gilah
Abdallah
Abdullah
Farimah
Binah
Dinah
Johannah
Alannah
Susannah
Jonah
Noah
Farah
Sarah
Tarah
Zarah
Shifrah
Dvorah
Jeftah
Jephtah
Aaliyah
Aliyyah
Amitabh
Gerlach
Wojciech
Lech
Elimelech
Vojtěch
Huldreich
Ehrenreich
Bedřich
Diedrich
Friedrich
Fredrich
Jindřich
Erich
Heiderich
Theoderich
Roderich
Emerich
Emmerich
Frerich
Helfrich
Alrich
Elrich
Ahlrich
Eilrich
Hilrich
Wilrich
Hillrich
Ullrich
Ulrich
Henrich
Heinrich
Ottheinrich

Winrich
Winnrich
Dietrich
Wolfdietrich
Wulfdietrich
Wittich
Enoch
Henoch
Roch
Gorch
Subhasch
Udaradsch
Nataradsch
Nirudsch
Mahesch
Mukesch
Ramesch
Umesch
Danesch
Ganesch
Dinesch
Naresch
Suresch
Lajisch
Janosch
Schorsch
Janusch
Mitch
Baruch
Nevaeh
Tecumseh
Leigh
Kayleigh
Hugh
Salih
Samih
Semih
Joseph
Adolph
Randolph
Christoph
Kailash
Anish
Josh
Beth
Sabeth
Lisabeth
Elisabeth
Elizabeth
Liesbeth
Lisbeth
Elsbeth
Kenneth
Gwyneth
Gareth
Seth
Faith

Edith
Judith
Keith
Griffith
Lilith
Sulamith
Hyazinth
Hellmuth
Ruth
Edyth
Tonátiuh
Cai
Tendai
Mordechai
Yishai
Kai
Blai
Nicolai
Mikolai
Nikolai
Mai
Garai
Sarai
Isai
Itai
Ittai
Gabi
Bibi
Obi
Tobi
Barbi
Rubi
Inci
Luci
Suruci
Adi
Fadi
Hadi
Skadi
Vladi
Amadi
Gennadi
Abdi
Eddi
Heddi
Freddi
Edi
Hedi
Fredi
Mahdi
Mehdi
Haidi
Didi
Heidi
Sigidi
Hildi
Poldi

Andi
Randi
Wendi
Mukondi
Gundi
Cyndi
Gardi
Hardi
Ferdi
Gerdi
Jordi
Udi
Traudi
Yehudi
Rudi
Trudi
Lei
Akelei
Mei
Amei
Marei
Andrei
Amrei
Wei
Alexei
Effi
Steffi
Fifi
Elfi
Kofi
Sofi
Agi
Biggi
Siggi
Sigi
Luigi
Burgi
Michi
Uzochi
Uschi
Sugandhi
Bodhi
Masashi
Takeshi
Hiroshi
Yoshi
Kiyoshi
Kathi
Unathi
Donají
Kenji
Aki
Misaki
Zaki
Nicki
Vicki
Zeki
Niki
Tiki
Viki
Heikki
Nikki
Annikki
Malki
Yoki
Miyuki
Li
Ali
Gali
Magali
Anjali
Kali
Mali
Amali
Asali
Natali
Naftali
Neftalí
Vitali
Eli
Araceli
Geli
Heli
Cheli
Scheli
Sheli
Ameli
Anneli
Ueli
Gili
Lili
Pili
Wassili
Citlalli
Walli
Elli
Helli
Nelli
Cilli
Lilli
Milli
Tilli
Willi
Zilli
Olli
Ulli
Oli
Yoli
Gurli
Uli
Juli
Anjuli
Nazli
Mukami
Rami
Sami
Tami
Naëmi
Demi
Olufemi
Noemi
Remi
Rémi
Adeyemi
Opeyemi
Lakschmi
Kimi
Mimi
Helmi
Emmi
Timmi
Tommi
Naomi
Noomi
Romi
Tomi
Vutomi
Hermi
Irmi
Sturmi
Fumi
Takumi
Laxmi
Bongani
Asmahani
Tahani
Schani
Juhani
Rajani
Kani
Kalani
Melani
Kailani
Leilani
Rulani
Mani
Amani
Ramani
Temani
Bomani
Nani
Funani
Tapani
Rani
Stani
Mawuwani
Kalyani
Leni
Eléni
Reni
Vereni

Vreni
Kuseni
Laini
Bini
Dini
Heini
Fini
Santoschini
Mohini
Rohini
Sarojini
Selini
Sudamini
Padmini
Rukmini
Nini
Irini
Trini
Sini
Tini
Anni
Fanni
Hanni
Gianni
Janni
Akanni
Nanni
Giovanni
Fenni
Henni
Jenni
Lenni
Finni
Minni
Winni
Onni
Oni
Andoni
Leoni
Loni
Moni
Vroni
Toni
Antoni
Erni
Berni
Patni
Taruni
Bruni
Boi
Éloi
Roi
Pepi
Impi
Ari
Sundari
Hari
Shari
Jari
Kari
Hikari
Mari
Kumari
Pari
Yari
Sabri
Adri
Geri
Sheri
Inkeri
Valéri
Peri
Gülperi
Ayperi
Kaveri
Schiri
Shiri
Siiri
Jiri
Siri
Henri
Kaori
Dori
Midori
Grigori
Jori
Lori
Flori
Nori
Tori
Harri
Terri
Dmitri
Dimitri
Varutri
Uri
Gauri
Lauri
Nuri
Yuri
Abasi
Premadasi
Sudasi
Babsi
Esi
Resi
Sisi
Aleksi
Elsi
Tulsi
Hansi
Josi
Rosi
Ursi
Lissi
Zissi
Ossi
Usi
Susi
Sarvagati
Kati
Vasumati
Unnati
Pati
Vanaspati
Payaspati
Satpati
Vasupati
Bharati
Vasati
Mallikavati
Padmavati
Taravati
Satyavati
Parvati
Saraswati
Veeti
Heti
Priti
Paraschakti
Rakti
Mukti
Praschanti
Shanti
Kanti
Santi
Vasanti
Jayanti
Damayanti
Marti
Berti
Gerti
Trimurti
Mahasti
Kersti
Kirsti
Gusti
Katti
Matti
Betti
Hetti
Netti
Gitti
Antti
Otti
Lotti
Madhavi
Ravi
Evi
Devi
Leevi

Levi
Mariví
Vivi
Elvi
Silvi
Sylvi
Zvi
Dewi
Sadhwi
Maxi
Trixi
Rasamayi
Zi
Kanzi
Franzi
Zenzi
Mitzi
Fritzi
Uzi
Mizzi
Kaj
Maj
Padmaj
Raj
Sergej
Andrej
Ondřej
Matěj
Andrzej
Valerij
Jurij
Jaak
Isaak
Sahak
Yitzhak
Zyriak
Deepak
Dipak
Barak
Burak
Başak
Isak
Jack
Barack
Dick
Eick
Mick
Nick
Janick
Yanick
Annick
Yannick
Rick
Hendrick
Kendrick
Frederick
Henrick
Jorick
Yorick
Derrick
Yorrick
Patrick
Chadwick
Warwick
Franck
Yorck
Eyck
Jacek
Radek
Freek
Leschek
Alek
Melek
Dilek
Olek
Tomek
Janek
Yanek
Zdenek
Jannek
Yannek
Darek
Jarek
Marek
Tarek
Derek
Mirek
Jurek
František
Wojtek
Antek
Leszek
Franciszek
Aik
Maik
Raik
Meik
Rafik
Refik
Tevfik
Malik
Nik
Janik
Domenik
Dominik
Jannik
Yannik
Rik
Arik
Jarik
Jeldrik
Oldrik
Andrik
Endrik
Hendrik
Jendrik
Hindrik
Erik
Derik
Diederik
Frederik
Eirik
Olrik
Ulrik
Henrik
Hinrik
Patrik
Rurik
Falk
Gottschalk
Holk
Fulk
Hank
Frank
Henk
Zadok
Aschok
Ashok
Lok
Chinook
Hark
Tjark
Clark
Mark
Erk
Berk
Hinderk
Freerk
Dierk
Sierk
Hinnerk
Frerk
Birk
Dirk
Kirk
Bork
Jork
York
Ufuk
Habakuk
Luk
Nepomuk
Anuk
Anouk
Manouk
Faruk
Luuk
Vuk
Rayk
Reyk
Henryk

Patryk
Al
Jubal
Pascal
Neal
Parsifal
Jigal
Yigal
Fingal
Hal
Michal
Marcial
Martial
Paskal
Lal
Dalal
Jalal
Djalal
Celal
Bilal
Amal
Jamal
Djamal
Kamal
Cemal
Kemal
Vimal
Ünal
Pál
Gopal
Balagopal
Meral
Coral
Faisal
Feisal
Faysal
Abital
Vital
Avital
Antal
Chantal
Crystal
Krystal
Pascual
Pasqual
Parzival
Yuval
Danyal
Mazal
Fadl
Traudl
Trudl
Rafael
Raffael
Gaël
Michael
Raphael
Jael
Mikael
Maël
Ishmael
Ismael
Nathanael
Natanaël
Gwenaël
Israel
Yisrael
Yael
Abel
Mabel
Anabel
Sabel
Isabel
Maribel
Isobel
Bärbel
Marcel
Edel
Friedel
Fidel
Fridel
Wendel
Gundel
Traudel
Trudel
Nigel
Angel
Ángel
Engel
Burgel
Rahel
Rachel
Michel
Ethel
Adiël
Ezechiel
Michiel
Jehiel
Hesekiel
Niel
Daniel
Nathaniel
Ariel
Mariel
Gabriel
Adriël
Meriel
Asriël
Uriel
Muriel
Azriel
Mickel
Jockel
Maikel
Meikel
Mikel
Mikkel
Bezalel
Mel
Emel
Chanel
Netanel
Lionel
Lyonel
Cornel
Kornel
Joel
Noel
Manoel
Arel
Carel
Karel
Farrel
Aurel
Liesel
Hänsel
Rosel
Ursel
Wessel
Aysel
Gretel
Eitel
Bartel
Christel
Gustel
Miguel
Samuel
Manuel
Emanuel
Imanuel
Emmanuel
Immanuel
Raquel
Pavel
Pawel
Jewel
Axel
Hazel
Denzel
Wenzel
Etzel
Gail
Abigail
Michail
Mikail
Ismail
Nail
Wail
Nabil
Sybil
Cecil

Adil
Fadil
Bodil
Neil
Gil
Egil
Vigil
Virgil
Rachil
Suschil
Phil
Theophil
Daniil
Lil
Halil
Khalil
Jamil
Djamil
Kamil
Emil
Cemil
Anil
Swapnil
Abril
Toril
April
Cyril
Basil
Til
Kjetil
Bertil
Sevil
Wil
Randall
Kendall
Marshall
Anabell
Isabell
Marcell
Mitchell
Mariell
Kjell
Shanell
Darnell
Cornell
Orell
Darrell
Russell
Tell
Marzell
Bill
Gill
Achill
Jill
Lill
Camill
Kamill

Kirill
Cyrill
Kyrill
Till
Will
Tyll
Nicol
Oriol
Nikol
Imanol
Pol
Carol
Karol
Erol
Errol
Marisol
Anatol
Carl
Earl
Pearl
Jarl
Karl
Liesl
Xóchitl
Yentl
Wastl
Christl
Paul
Raul
Saul
Abdul
Gül
Ayşegül
Nurgül
Aygül
Özgül
Raoul
Poul
Rul
Batul
Betül
Sibyl
Beryl
Cheryl
Sheryl
Darryl
Adam
Sudam
Abraham
Graham
Avraham
Siham
Liam
William
Mariam
Miriam
Myriam

Mirjam
Ahlam
Farinam
Farnam
Noam
Pam
Ram
Aram
Karam
Dayaram
Bram
Abram
Gundram
Emmeram
Wolfram
Ingram
Akram
Vikram
Alram
Walram
Wilram
Amram
Joram
Dietram
Guntram
Bertram
Tristram
Bayram
Sam
Ibtisam
Gotam
Rostam
Rustam
Uttam
Gautam
Maryam
Satyam
Cem
Adem
Çiğdem
Menachem
Siem
Willem
Kerem
Irem
Prem
Sem
Meryem
Haim
Chaim
Naim
Efraim
Ephraim
Vadim
Wadim
Fahim
Rahim

Ibrahim
Achim
Joachim
Jim
Kim
Akim
Hakim
Eliakim
Jakim
Eljakim
Jojakim
Salim
Selim
Arnim
Munim
Abdelmunim
Pim
Karim
Kerim
Asim
Maksim
Kassim
Nassim
Wassim
Tim
Hatim
Wim
Maxim
Helm
Friedhelm
Fridhelm
Vilhelm
Wilhelm
Arnhelm
Diethelm
Uthelm
Anselm
Wilm
Willm
Colm
Malcolm
Holm
Timm
Gerschom
Artjom
Schalom
Absalom
Tom
Harm
Herm
Nahum
Callum
An
Daan
Adriaan
Bastiaan
Kaan
Laban
Esteban
Alban
Orbán
Urban
Can
Gülcan
Duncan
Nurcan
Ascan
Özcan
Dan
Ramadan
Debdan
Bogdan
Bohdan
Idan
Aidan
Chandan
Brendan
Deodan
Wodan
Herdan
Jordan
Devdan
Dean
Jean
Lean
Sean
Stefan
Staffan
Irfan
Megan
Finnegan
Doğan
Erdoğan
Logan
Morgan
Han
Vahan
Schan
Krischan
Santoschan
Meghan
Parihan
Johan
Mohan
Stephan
Bedirhan
Emirhan
Orhan
Nurhan
Shan
Nathan
Jonathan
Ethan
Batuhan
Ceyhan
Özhan
Ian
Fabian
Cian
Felician
Lucian
Dian
Gordian
Gian
Jian
Kian
Lian
Elian
Kilian
Lilian
Milian
Emilian
Maximilian
Gillian
Jillian
Lillian
Julian
Damian
Demian
Anian
Corbinian
Korbinian
Finian
Finnian
Rian
Arian
Darian
Marian
Brian
Adrian
Hadrian
Valerian
Dorian
Florian
Zyprian
Sian
Cassian
Kassian
Gratian
Bastian
Sebastian
Cristian
Christian
Kristian
Krystian
Octavian
Oktavian
Vivian
Silvian
Sylvian
Grazian

Felizian
Tizian
Luzian
Jan
Rajan
Trajan
Dejan
Marijan
Florijan
Damjan
Bojan
Stojan
Arjan
Mirjan
Hakan
Volkan
Gülkan
Erkan
Berkan
Furkan
Askan
Doğukan
Özkan
Alan
Lachlan
Ilan
Dilan
Milan
Allan
Skrollan
Nolan
Harlan
Aslan
Arslan
Ruslan
Ocotlán
Dylan
Aman
Sudaman
Raman
Nahman
Rahman
Abderrahman
Abdurrahman
Nachman
Iman
Aiman
Kálmán
Colman
Koloman
Roman
Arman
German
Herman
Norman
Osman
Usman
Asuman
Ayman
Süleyman
Hanan
Johanan
Adnan
Kenan
Sinan
Kannan
Conan
Ronan
Joan
Loan
Xoan
Swapan
Ran
Aran
Baran
Ciarán
Karan
Swaran
Kieran
Heimeran
Keiran
Kiran
Miran
Siran
Ainran
Goran
Göran
Jöran
Zoran
Pran
Ferran
Duran
Turan
Hasan
Ihsan
Hassan
Susan
Tan
Natan
Etan
Cajetan
Kajetan
Zoltán
Wotan
Stan
Florestan
Tristan
Bustan
Juan
Luan
Elouan
Viryavan
Satyavan
Evan
Stevan
Ivan
Silvan
Sylvan
Jovan
Donovan
István
Wan
Iwan
Rowan
Yan
Kalyan
Ryan
Bryan
Ramazan
Ozan
Suzan
Ben
Thorben
Tjorben
Torben
Reuben
Ruben
Aden
Caden
Haden
Jaden
Eden
Yarden
Gorden
Jorden
Hayden
Jayden
Aleen
Shaleen
Maleen
Rosaleen
Madleen
Heleen
Cathleen
Kathleen
Aileen
Eileen
Meileen
Colleen
Coleen
Joleen
Arleen
Carleen
Darleen
Charleen
Sharleen
Merleen
Shirleen
Dorleen
Ayleen
Mayleen

Eyleen
Careen
Shareen
Kareen
Mareen
Ireen
Doreen
Loreen
Floreen
Moreen
Noreen
Laureen
Maureen
Steen
Steffen
Hagen
Imogen
Hergen
Jörgen
Jürgen
Wolfjürgen
Eugen
Chen
Mariechen
Käthchen
Jochen
Schen
Lieschen
Gretchen
Stephen
Fabien
Lucien
Fien
Lien
Joselien
Maximilien
Collien
Jolien
Julien
Damien
Pien
Adrien
Cyprien
Laurien
Gertien
Bastien
Sébastien
Christien
Vivien
Ken
Marieken
Maiken
Erken
Len
Malen
Belén
Helen
Glen
Allen
Ellen
Simen
Carmen
Harmen
Karmen
Irmen
Jeroen
Espen
Caren
Karen
Maren
Yaren
Eren
Keren
Alperen
Irén
Miren
Oren
Goren
Thoren
Loren
Soren
Sören
Toren
Darren
Warren
Lauren
Şen
Birsen
Susen
Velten
Maarten
Marten
Merten
Morten
Sten
Christen
Carsten
Karsten
Kersten
Kirsten
Thorsten
Torsten
Sixten
Ayten
Heaven
Raven
Neven
Steven
Iven
Niven
Tjorven
Sven
Güven
Rouven
Ruven
Yven
Gwen
Owen
Swen
Jahn
John
Alain
Romain
Germain
Jermain
Husain
Sylvain
Albin
Robin
Rubin
Gülçin
Marcin
Din
Aladin
Saladin
Nadin
Conradin
Konradin
Nureddin
Odin
Bernardin
Aydın
Hein
Otthein
Kathrein
Katrein
Hussein
Jostein
Serafin
Griffin
Rufin
Elgin
Engin
Schahin
Mahin
Şahin
Seraphin
Jin
Akın
Tekin
Gültekin
Alptekin
Aytekin
Lin
Shalin
Malin
Rosalin
Katalin
Madlin
Wendlin
Elin

Marcelin
Landelin
Wendelin
Helin
Irmelin
Pelin
Selin
Jacquelin
Evelin
Silvelin
Sylvelin
Mailin
Franklin
Collin
Colin
Friedolin
Fridolin
Landolin
Gwendolin
Kolin
Carolin
Karolin
Carlin
Marlin
Merlin
Caitlín
Aylin
Maylin
Marylin
Amin
Bamin
Benjamin
Ramin
Binyamin
Emin
Yasemin
Maximin
Armin
Narmin
Ermin
Fermín
Irmin
Firmin
Pirmin
Jasmin
Yasmin
Jazmín
Janin
Antonín
Marnin
Crispin
Barin
Carin
Farin
Sharin
Karin
Marin

Sabrin
Erin
Sherin
Severin
Cathrin
Kathrin
Máirín
Schirin
Shirin
Sirin
Quirin
Corin
Thorin
Jorin
Lorin
Florin
Torin
Kerrin
Catrin
Katrin
Laurin
Maurin
Flurin
Mahasin
Yasin
Taliesin
Tamsin
Ursin
Yassin
Fatin
Çetin
Metin
Valtin
Constantin
Konstantin
Valentin
Corentin
Florentin
Laurentin
Quentin
Quintin
Martin
Bastin
Cölestin
Cristin
Christin
Kristin
Kjerstin
Kerstin
Kirstin
Austin
Faustin
Dustin
Augustin
Justin
Selahattin
Balduin

Davin
Gavin
Navin
Pravin
Savin
Devin
Kevin
Levin
Tevin
Alvin
Calvin
Malvin
Elvin
Kelvin
Melvin
Darvin
Garvin
Marvin
Parvin
Gervin
Corvin
Asvin
Albwin
Hadwin
Edwin
Heidwin
Baldwin
Odwin
Godwin
Hardwin
Erdwin
Ludwin
Lewin
Siegwin
Aschwin
Frohwin
Folkwin
Volkwin
Alwin
Malwin
Elwin
Helwin
Melwin
Frowin
Arwin
Darwin
Garwin
Harwin
Marwin
Erwin
Eberwin
Gerwin
Herwin
Sherwin
Merwin
Norwin
Oswin

Goswin
Roswin
Dietwin
Luitwin
Nantwin
Guntwin
Otwin
Hartwin
Bertwin
Gertwin
Ortwin
Gottwin
Lutwin
Ritayin
Hüseyin
Martijn
Autumn
Ann
Johann
Mariann
Jann
Friedmann
Erdmann
Friedemann
Tilmann
Tillmann
Karlmann
Germann
Hermann
Herrmann
Hartmann
Susann
Lysann
Yann
Lenn
Glenn
Finn
Linn
Quinn
Fionn
Yvonn
Ingunn
Fynn
Lynn
Flynn
Don
Jadon
Gidon
Landon
Brandon
Lyndon
Gordon
Gibeon
Gedeon
Gideon
Leon
Léon

Pantaleon
Simeon
Gereon
Egon
Gerschon
Ion
Dion
Gion
Lion
Marion
Gerion
Sion
Jon
Semjon
Haakon
Hakon
Alon
Madlon
Madelon
Marlon
Amon
Damon
Ramón
Philemon
Simon
Timon
Salomon
Solomon
Szymon
Manon
Nanon
Mignon
Ninon
Amnon
Shannon
Rhiannon
Lennon
Vernon
Moon
Ron
Aron
Aaron
Aharon
Scharon
Sharon
Jaron
Taron
Yaron
Gidron
Cameron
Doron
Byron
Myron
Jason
Mason
Madison
Edison

Lison
Alison
Allison
Harrison
Morrison
Jackson
Nelson
Wilson
Samson
Simson
Robinson
Jefferson
Gerson
Emerson
Jayson
Tyson
Ton
Ashton
Elton
Milton
Hamilton
Anton
Clinton
Márton
Morton
Gaston
Winston
Newton
Clayton
Devon
Jevon
Givon
Yvon
Gowon
Dyon
Lyon
Arn
Jörn
Björn
Arnbjörn
Thorbjörn
Torbjörn
Esbjörn
Jürn
Shaun
Teun
Tayfun
Shun
Coşkun
Arun
Harun
Tarun
Varun
Brun
Friedrun
Heidrun
Fridrun

Hildrun
Gudrun
Friederun
Friderun
Alfrun
Elfrun
Wolfrun
Siegrun
Sigrun
Ingrun
Alrun
Wilrun
Dietrun
Waltrun
Guntrun
Bertrun
Gertrun
Ortrun
Dursun
Dawn
Fawn
Shawn
Robyn
Lyn
Shalyn
Rosalyn
Jaclyn
Jocelyn
Katelyn
Jacquelyn
Evelyn
Glyn
Marilyn
Cherilyn
Jacklyn
Jolyn
Carolyn
Charlyn
Merlyn
Kaitlyn
Taryn
Bryn
Kathryn
Lauryn
Martyn
Melvyn
Mervyn
Gwyn
Estanislao
Rao
Tao
Bo
Abbo
Habbo
Ebbo
Tebbo
Ubbo
Wübbo
Ebo
Siebo
Tiebo
Ibo
Sibo
Dobo
Arbo
Paco
Ricco
Sicco
Vicco
Rocco
Nico
Domenico
Rico
Federico
Frederico
Enrico
Vico
Falco
Franco
Coco
Marco
Mirco
Vasco
Francesco
Francisco
Vlado
Rado
Corrado
Addo
Eddo
Heddo
Weddo
Iddo
Hiddo
Edo
Dedo
Thedo
Friedo
Fredo
Alfredo
Ido
Plácido
Dido
Candido
Gido
Thido
Frido
Tido
Guido
Wido
Aldo
Baldo
Renaldo
Rinaldo
Ronaldo
Arnaldo
Reynaldo
Waldo
Gildo
Lando
Rolando
Orlando
Amando
Armando
Nando
Ferdinando
Fernando
Rando
Sando
Wendo
Aurobindo
Edmondo
Odo
Bodo
Dodo
Godo
Bardo
Riccardo
Ricardo
Hardo
Leonardo
Bernardo
Erardo
Gerardo
Eduardo
Udo
Ludo
Rudo
Deo
Amadeo
Tadeo
Amedeo
Baldeo
Geo
Theo
Mathéo
Leo
Cleo
Timéo
Bartolomeo
Romeo
Neo
Teo
Mateo
Matteo
Adolfo
Rodolfo
Ago
Tiago
Santiago
Jago

Yago
Diego
Viggo
Wedigo
Inigo
Rigo
Rodrigo
Amerigo
Sigo
Witigo
Wigo
Elgo
Helgo
Ingo
Domingo
Ringo
Mongo
Margo
Gergő
Ugo
Hugo
Ho
Acaraho
Nacho
Pancho
Sancho
Lucho
Tycho
Sipho
Urho
Juho
Ngaio
Fabio
Ignacio
Patricio
Mauricio
Rocío
Lucio
Claudio
Heio
Alfio
Eligio
Sergio
Giorgio
Yukio
Lio
Clio
Elio
Fidelio
Nelio
Cornelio
Aurelio
Virgilio
Emilio
Klio
Tullio
Giulio
Julio
Mio
Fumio
Eugenio
Ennio
Tonio
Antonio
Pio
Tapio
Dario
Hilario
Mario
Rosario
Tiberio
Valerio
Gregorio
Vittorio
Alessio
Horatio
Flavio
Octavio
Ottavio
Nevio
Livio
Silvio
Fulvio
Sylvio
Tadzio
Fabrizio
Patrizio
Maurizio
Jo
Hajo
Kajo
Anjo
Hanjo
Franjo
Tanjo
Wanjo
Pirjo
Eltjo
Takako
Masako
Gebko
Nicko
Ocko
Radko
Rieko
Aiko
Haiko
Maiko
Raiko
Ildiko
Eiko
Heiko
Keiko
Meiko
Reiko
Veiko
Michiko
Yoshiko
Akiko
Yukiko
Williko
Miko
Kimiko
Niko
Aniko
Riko
Mariko
Noriko
Yuriko
Rajko
Veikko
Mikko
Okko
Pirkko
Ukko
Falko
Elko
Helko
Ilko
Eilko
Heilko
Hilko
Milko
Silko
Wilko
Bolko
Folko
Volko
Amko
Emko
Remko
Wemko
Danko
Hanko
Janko
Jankó
Branko
Franko
Stanko
Menko
Renko
Wenko
Inko
Heinko
Tomoko
Yoko
Darko
Marko
Erko
Gerko
Herko

Perko
Birko
Dirko
Jirko
Mirko
Pirko
Sirko
Hasko
Jesko
Isko
Zlatko
Hauko
Yasuko
Mitsuko
Kazuko
Shizuko
Heyko
Italo
Walo
Gonzalo
Pablo
Angelo
Michelangelo
Thielo
Carmelo
Consuelo
Mailo
Odilo
Philo
Shilo
Thilo
Niilo
Lilo
Milo
Nilo
Danilo
Thassilo
Tassilo
Tilo
Diallo
Marcello
Camillo
Kamillo
Willo
Ullo
Paolo
Nicolo
Golo
Romolo
Manolo
Bartolo
Carlo
Karlo
Laslo
Ulo
Paulo
Rulo
László
Mo
Adamo
Tamo
Diemo
Thiemo
Tiemo
Nemo
Remo
Aimo
Haimo
Raimo
Dimo
Heimo
Reimo
Thimo
Geronimo
Jerónimo
Cosimo
Massimo
Timo
Maximo
Elmo
Helmo
Tammo
Emmo
Hemmo
Remmo
Temmo
Immo
Timmo
Ommo
Giacomo
Zikomo
Tuomo
Germo
Guillermo
Irmo
Cosmo
Haymo
Albano
Dano
Oceano
Stefano
Luciano
Eliano
Emiliano
Giuliano
Damiano
Mariano
Adriano
Sebastiano
Ottaviano
Tiziano
Jano
Delano
Dylano
Mano
Romano
Tano
Gaetano
Ivano
Silvano
Meeno
Geno
Jenő
Keno
Reno
Moreno
Teno
Zeno
Ino
Aino
Dino
Heino
Meino
Reino
Gino
Egino
Gioacchino
Lino
Marcelino
Angelino
Marcellino
Carlino
Tamino
Nino
Bonino
Tonino
Antonino
Pino
Rino
Marino
Sandrino
Pierino
Tino
Santino
Valentino
Quintino
Martino
Celestino
Justino
Silvino
Zino
Anno
Hanno
Janno
Ermanno
Nanno
Tanno
Enno
Benno
Henno
Menno

Ottokar
Bhaskar
Oskar
Madhukar
Hilar
Pilar
Thamar
Lamar
Samar
Tamar
Itamar
Hadmar
Friedmar
Widmar
Hildmar
Erdmar
Hademar
Friedemar
Waldemar
Woldemar
Ingemar
Wolfmar
Dagmar
Siegmar
Sigmar
Wigmar
Ingmar
Othmar
Raimar
Reimar
Elimar
Helimar
Hoimar
Wimar
Falkmar
Folkmar
Volkmar
Dankmar
Thankmar
Tankmar
Erkmar
Hjalmar
Elmar
Helmar
Selmar
Giselmar
Ilmar
Heilmar
Gilmar
Hilmar
Tilmar
Vilmar
Wilmar
Ammar
Reinmar
Omar
Ingomar

Guiomar
Ottomar
Germar
Ismar
Gismar
Osmar
Ursmar
Detmar
Dietmar
Guntmar
Otmar
Christmar
Horstmar
Dittmar
Ottmar
Gottmar
Umar
Kumar
Ragnar
Einar
Heinar
Reinar
Pınar
Gunnar
Gunar
Runar
Pär
Caspar
Gaspar
Gáspár
Jaspar
Kaspar
Cäsar
Balthasar
Lasar
Baltasar
Yaşar
Caesar
Cesar
César
Ensar
Petar
Dadvar
Ingvar
Ivar
Bolívar
Alvar
Dawar
Delawar
Ingwar
Anwar
Gulzar
Badr
Aleksandr
Ber
Amber
Spencer

Pidder
Eder
Frieder
Haider
Heider
Frider
Balder
Ander
Leander
Chander
Sander
Aleksander
Lysander
Wander
Xander
Alexander
Zander
Skender
Mahinder
Mohinder
Harinder
Narinder
Warnder
Gunder
Sunder
Broder
Harder
Lüder
Peer
Sweer
Christoffer
Kristoffer
Jenifer
Jennifer
Edger
Friedger
Rodger
Ludger
Rüdeger
Sieger
Fridiger
Rüdiger
Adalger
Elger
Helger
Hilger
Holger
Inger
Ginger
Roger
Herger
Birger
Thorger
Torger
Isger
Dietger
Otger

Rötger
Rutger
Cher
Scher
Ascher
Volkher
Giselher
Wernher
Christopher
Heather
Diether
Gunther
Günther
Esther
Didier
Gauthier
Rainier
Pier
Asier
Javier
Xavier
Olivier
Zwier
Folker
Volker
Otker
Notker
Tyler
Mortimer
Rickmer
Helmer
Wilmer
Holmer
Remmer
Summer
Omer
Homer
Ditmer
Caner
Abner
Yener
Hainer
Rainer
Heiner
Reiner
Henner
Conner
Warner
Werner
Avner
Per
Alper
Cooper
Jasper
Jesper
Fraser
Elieser
Nasser
Yasser
Dieter
Wolfdieter
Wulfdieter
Pieter
Peter
Janpeter
Walter
Wolter
Gunter
Günter
Hunter
Carter
Hester
Chester
Lester
Silvester
Sylvester
Christer
Krister
Ginster
Dexter
Eszter
Xaver
Iver
Oliver
Gunver
Ingwer
Eliezer
Balzer
Jair
Sinclair
Yair
Abir
Sabir
Kadir
Nadir
Thorgeir
Torgeir
Ofir
Tahir
Djawahir
Zahir
Schir
Baschir
Sudhir
Ophir
Shir
Schakir
Bekir
Amir
Schamir
Samir
Emir
Demir
Semir
Vladimir
Wladimir
Casimir
Kasimir
Radomir
Jaromir
Munir
Nasir
Nassir
Yassir
Mahavir
Gábor
Tibor
Dor
Salvador
Fedor
Avigdor
Isidor
Haldor
Eldor
Halldor
Andor
Sándor
Feodor
Theodor
Fjodor
Gregor
Igor
Güngör
Kischor
Thor
Melchior
Lior
Flor
Taylor
Clamor
Lillemor
Timor
Eleanor
Aliénor
Elinor
Ellinor
Connor
Leonor
Noor
Bror
Dror
Tor
Salvator
Hector
Victor
Aitor
Hektor
Viktor
Wiktor
Bentor
Castor

Kastor
Nestor
Trevor
Ivor
Gunvor
Nasr
Petr
Piotr
Pjotr
Wilbur
Baldur
Fleur
Uğur
Madhur
Yağmur
Timur
Nur
Elanur
Beyzanur
Ayşenur
Ilknur
Öznur
Seymour
Nour
Artur
Claas
Klaas
Niklaas
Bas
Barnabas
Abbas
Sebas
Lucas
Premadas
Kalidas
Tulsidas
Sudas
Devdas
Phileas
Eneas
Aeneas
Phineas
Andreas
Ahas
Tobias
Mathias
Matthias
Nikias
Lias
Elias
Ilías
Jeremias
Zacharias
Urias
Josias
Matias
Mattias

Pinkas
Dorkas
Lukas
Lukáš
Blas
Clas
Niclas
Douglas
Ulfilas
Silas
Klas
Nicklas
Miklas
Niklas
Nicolas
Nicholas
Nikolas
Tamás
Almas
Thomas
Tomas
Tomáš
Armas
Cosmas
Kosmas
Anas
Leonas
Jonas
Boas
Aras
András
Ansas
Felicitas
Caritas
Charitas
Felizitas
Bektaş
Pocahontas
Kóstas
Vytautas
Ilyas
Babs
Mads
Laurids
Frances
Mercedes
Fides
Lourdes
Cees
Thees
Kees
Mees
Rees
Georges
Matthes
Ortgies
Thies

Lies
Doralies
Hildelies
Marielies
Irmelies
Lorelies
Marlies
Dorlies
Tönnies
Dries
Andries
Börries
Tönjes
Aristoteles
Giles
Miles
Gilles
Charles
Jules
Myles
James
Hermes
Enes
Dénes
Agnes
Agnès
Ines
Hannes
Johannes
Jannes
Yannes
Hennes
Güneş
Ares
Andres
Endres
Ceres
Marietheres
Teres
Dolores
Ulises
Ramses
Moses
Ulysses
Mattes
Jacques
Ives
Yves
Tewes
Xerxes
Thaïs
Lais
Anaïs
Brais
Francis
Vanadis
Wedis

Vigdis
Aldis
Valdis
Hildis
Gundis
Gardis
Hildegardis
Gerdis
Herdis
Thordis
Jordis
Jördis
Hjördis
Tordis
Gertrudis
Freydis
Theis
Hafis
Régis
Willigis
This
Mathis
Matthis
Mikis
Lis
Vitalis
Witalis
Elis
Fidelis
Cornelis
Philis
Ellis
Phillis
Phyllis
Amaryllis
Manólis
Marlis
Aulis
Aramis
Semiramis
Artemis
Nis
Janis
Alanis
Yanis
Denis
Inis
Jannis
Jánnis
Ioánnis
Yannis
Dennis
Adonis
Teunis
Glynis
François
Lois
Alois
Aris
Charis
Maris
Damaris
Tamaris
Paris
Waris
Cris
Idris
Chris
Iris
Kris
Boris
Doris
Joris
Loris
Floris
Harris
Ferris
Morris
Lauris
Isis
Otis
Curtis
Mattis
Luis
Louis
Davis
Mavis
Travis
Elvis
Lovis
Jarvis
Lewis
Alexis
Franzis
Thijs
Feliks
Neels
Niels
Nils
Hans
Jans
Frans
Mogens
Jens
Clemens
Klemens
Florens
Laurens
Ildefons
Alfons
Alphons
Nikolaos
Marcos
Eos
Jórgos
Geórgios
Helios
Vasílios
Grigórios
Dimítrios
Jos
Lajos
Níkos
Markos
Angelos
Evángelos
Miklós
Carlos
Pavlos
Amos
Vilmos
János
Roos
Ambros
Bedros
Aléxandros
Eros
Pétros
Butros
Kyros
Spyros
Christos
Lars
Anders
Aleksanders
Piers
Urs
Durs
Bess
Jess
Tess
Narciss
Joss
Ross
Mats
Laurits
Maurits
Thaddäus
Firdaus
Matthäus
Claus
Klaus
Niklaus
Nicolaus
Nikolaus
Wenzeslaus
Ladislaus
Stanislaus
Bartholomäus
Bartolomäus
Borromäus

Irenäus
Jakobus
Cyriacus
Dominicus
Fridericus
Marcus
Franciscus
Candidus
Amandus
Medardus
Gerardus
Amadeus
Matheus
Timotheus
Mattheus
Odysseus
Rufus
Gus
Angus
Rochus
Sophus
Hyazinthus
Caius
Fabius
Eusebius
Patricius
Lucius
Claudius
Klaudius
Eligius
Remigius
Sergius
Eustachius
Fidelius
Cornelius
Kornelius
Aurelius
Ämilius
Basilius
Julius
Antonius
Pius
Darius
Hilarius
Marius
Tiberius
Desiderius
Valerius
Xaverius
Liborius
Blasius
Athanasius
Anastasius
Aloisius
Ambrosius
Cassius
Dionysius
Aloysius
Bonifatius
Achatius
Ignatius
Horatius
Servatius
Mauritius
Laurentius
Tiburtius
Flavius
Octavius
Livius
Silvius
Alexius
Luzius
Dominikus
Hinrikus
Jodokus
Markus
Franziskus
Angelus
Gallus
Marcellus
Marzellus
Camillus
Kamillus
Cyrillus
Carolus
Karolus
Paulus
Romulus
Nikodemus
Remus
Primus
Tammus
Asmus
Rasmus
Erasmus
Hieronymus
Rabanus
Stephanus
Marianus
Adrianus
Cyprianus
Janus
Romanus
Germanus
Serenus
Venus
Magnus
Albinus
Linus
Wendelinus
Marcellinus
Marinus
Quirinus
Gesinus
Quintinus
Augustinus
Justinus
Yunus
Lazarus
Florus
Petrus
Maurus
Cyrus
Jesus
Ursus
Beatus
Renatus
Donatus
Fortunatus
Gretus
Titus
Vitus
Quintus
Pontus
Bertus
Albertus
Lambertus
Hubertus
Faustus
Justus
Xystus
Sixtus
Ritayus
Gladys
Rhys
Maëlys
Maïlys
Denys
Dionys
Aloys
Balázs
Beat
Nat
Anat
Xanat
Renat
Rinat
Donat
Bernát
Fortunat
Pat
Sampat
Bharat
Berat
Volkrat
Volrat
Montserrat
Azat
Benedict
Bénédict
Wendt

Cordt
Elisabet
Jochebet
Greet
Bridget
Juliet
Piet
Griet
Harriet
Bareket
Adalet
Violet
Demet
Ahmet
Mehmet
Hikmet
Ismet
Janet
Bennet
Garnet
Margaret
Maret
Meret
Gret
Margret
Liesgret
Lisgret
Kraft
Bengt
Albrecht
Helmbrecht
Glaubrecht
Leberecht
Wiprecht
Dwight
Mahdukht
Sait
Tobit
Edit
Ardit
Yehudit
Veit
Yiğit
Margit
Bergit
Birgit
Ajit
Satyajit
Margalit
Halit
Amit
Hamit
Schulammit
Shlomit
Ümit
Marganit
Ilanit
Ronit
Pit
Marit
Brit
Maibrit
Maybrit
Berit
Ferit
Gerit
Merit
Grit
Margrit
Irit
Amrit
Omrit
Dorit
Jorit
Garrit
Berrit
Gerrit
Dorrit
Jorrit
Nurit
Raşit
Reşit
Gitit
Schavit
Wit
Benedikt
Galt
Walt
Siebelt
Garrelt
Arnolt
Reemt
Suschant
Umakant
Chandrakant
Samant
Anant
Horant
Vasant
Jayant
Bent
Millicent
Vincent
Meent
Reent
Kent
Bülent
Brent
Florent
Laurent
Levent
Vinzent
Meint
Reint
Bálint
Clint
Quint
Egmont
Wilmont
Arnt
Bernt
Wirnt
Margot
Eliot
Elliot
Lancelot
Lanzelot
Jeannot
Gernot
Ulpt
Art
Bart
Willhart
Denhart
Frohart
Gerhart
Lennart
Linnart
Stuart
Sirvart
Bert
Gebbert
Lübbert
Friedbert
Trudbert
Friedebert
Fridebert
Hildebert
Siebert
Wolfbert
Wulfbert
Egbert
Siegbert
Wiegbert
Wigbert
Engbert
Ingbert
Rudibert
Filibert
Philibert
Willibert
Kunibert
Aribert
Heribert
Eckbert
Volkbert
Albert
Adalbert
Adelbert
Edelbert
Engelbert

Giselbert
Gilbert
Hilbert
Tilbert
Wilbert
Folbert
Volbert
Lambert
Rembert
Rimbert
Humbert
Reinbert
Gundobert
Dagobert
Rigobert
Ingobert
Robert
Harbert
Marbert
Gerbert
Herbert
Norbert
Giesbert
Gisbert
Sigisbert
Ansbert
Osbert
Gosbert
Dietbert
Suitbert
Switbert
Guntbert
Gottbert
Hubert
Eldert
Eildert
Geert
Weert
Lefert
Ulfert
Gert
Siegert
Eggert
Rickert
Folkert
Volkert
Alert
Elert
Ahlert
Ehlert
Eilert
Gellért
Mert
Lammert
Lenert
Meinert
Lennert
Rupert
Ridsert
Evert
Sievert
Rewert
Ingwert
Burt
Kurt
Jobst
Modest
Ernest
Orest
Evangelist
Baptist
Ernst
Jost
Arnošt
Joost
Kerst
Horst
Friedhorst
Wolfhorst
Faust
August
Just
Amethyst
Matt
Wyatt
Rhett
Scarlett
Jeanett
Janett
Brett
Marlitt
Pitt
Britt
Ott
Scott
Fürchtegott
Traugott
Charlott
Thibaut
Waldtraut
Teut
Hadmut
Diemut
Mahmut
Frohmut
Freimut
Almut
Helmut
Wilmut
Allmut
Willmut
Fromut
Hermut
Hartmut
Umut
Knut
Varut
Davut
Hippolyt
Beau
Isabeau
Marceau
Kamau
Arnau
Pau
Madu
Pandu
Mathieu
Matthieu
Prabhu
Menchu
Madhu
Premabandhu
Elihu
Tiberiu
Chausiku
Lu
Balu
Malu
Marilu
Marlu
Lulu
Adamu
Tamu
Karimu
Itimu
Banu
Keanu
Manu
Wischnu
Vishnu
Amadou
Michou
Lou
Malou
Leelou
Lilou
Milou
Marlou
Lylou
Emmylou
Marylou
Manou
Minou
Winnetou
Kairu
Su
Vasu
Cansu
Matu
Eetu

Arttu
Madhav
Václav
Tomislav
Borislav
Gustav
Dev
Mahadev
Indradev
Baldev
Zeev
Lev
Liv
Siv
Aviv
Ziv
Ulv
Dov
Yaakov
Jakov
Yakov
Wladislaw
Bogislaw
Stanislaw
Miloslaw
Jaroslaw
Miroslaw
Boguslaw
Mathew
Matthew
Lew
Bartholomew
Andrew
Marlow
Max
Dex
Lex
Alex
Rex
Bendix
Alix
Felix
Trix
Beatrix
Maddox
Lennox
Margaux
Cay
Jay
Vijay
Kay
Berkay
Ilay
Nilay
Finlay
Gülay
May
Şenay
Günay
Ray
Eray
Yeray
Koray
Nuray
Lindsay
Itay
Oktay
Gaby
Abby
Libby
Bobby
Robby
Shelby
Toby
Ruby
Ignacy
Gracy
Tracy
Nancy
Quincy
Darcy
Percy
Lucy
Ady
Brady
Maddy
Eddy
Freddy
Teddy
Liddy
Hedy
Fredy
Cassidy
Andy
Candy
Mandy
Randy
Sandy
Wendy
Cindy
Sindy
Cody
Gody
Jody
Melody
Woody
Gardy
Hardy
Jordy
Judy
Rudy
Trudy
Abbey
Stacey
Mickey
Rickey
Haley
Bradley
Ashley
Bailey
Hailey
Miley
Riley
Shelley
Stanley
Finnley
Harley
Marley
Kimberley
Beverley
Shirley
Lesley
Wesley
Bartley
Hayley
Jamey
Janey
Sidney
Rodney
Sydney
Romney
Barney
Sigourney
Whitney
Britney
Courtney
Brittney
Joey
Zoey
Audrey
Jeffrey
Geoffrey
Humphrey
Corey
Casey
Kelsey
Harvey
Wolfy
Meggy
Peggy
György
Sophy
Cathy
Kathy
Timothy
Dorothy
Benjy
Jacky
Becky
Nicky
Ricky

Vicky
Rocky
Franky
Sky
Ly
Mihály
Nataly
Keely
Amely
Emely
Emmely
Annely
Cecily
Lily
Emily
Ally
Sally
Elly
Kelly
Nelly
Billy
Lilly
Milly
Tilly
Willy
Dolly
Holly
Molly
Polly
Károly
Carly
Charly
My
Amy
Jamy
Samy
Emy
Rémy
Jeremy
Helmy
Sammy
Tammy
Emmy
Jimmy
Kimmy
Timmy
Tommy
Romy
Hermy
Dany
Steffany
Tiffany
Stephany
Bethany
Melany
Brittany
Leny
Dagny
Destiny
Anny
Danny
Jeanny
Fanny
Janny
Nanny
Tanny
Benny
Denny
Henny
Jenny
Kenny
Lenny
Penny
Johnny
Ginny
Winny
Conny
Donny
Jonny
Ronny
Sonny
Sunny
Ebony
Leony
Anthony
Briony
Tony
Antony
Bryony
Marny
Tawny
Boy
Joy
Eloy
Roy
Leroy
Elroy
Troy
Cary
Gary
Zachary
Hilary
Mary
Rosemary
Sary
Valery
Valéry
Emery
Avery
Henry
Gregory
Mallory
Amory
Rory
Barry
Garry
Harry
Larry
Ferry
Gerry
Cherry
Thierry
Jerry
Kerry
Merry
Perry
Terry
Corry
Daisy
Elsy
Josy
Topsy
Cassy
Bessy
Sissy
Ossy
Patsy
Betsy
Katy
Felicity
Trinity
Charity
Walenty
Monty
Marty
Gerty
Kristy
Kirsty
Rusty
Patty
Betty
Kitty
Scotty
Guy
Tanguy
Davy
Levy
Ivy
Ilvy
Roxy
Jerzy
Lizzy
Niaz
Yılmaz
Mahnaz
Pankraz
Perez
Faiz
Yıldız
Cengiz
Liz

Estíbaliz
Deniz
Beatriz
Aziz
Abdelaziz
Franz
Vincenz
Gaudenz
Lenz
Renz
Lorenz
Florenz
Vinzenz
Innozenz
Heinz
Karlheinz
Tomheinz
Ottheinz
Hinz
Kunz
Tomasz
Bartosz
Tadeusz
Mateusz
Eligiusz
Dariusz
Mariusz
Janusz
Dietz
Fitz
Fritz
Moritz
Mauritz
Götz
Utz
Lutz
Trutz
Fairuz
Foruz
Yavuz

Tabellenverzeichnisse

Verzeichnis der Tabellen zu den Spitzenreitern der Namengebung in verschiedenen Ländern

Verzeichnis der Tabellen zu den am häufigsten vergebenen Vornamen in Deutschland von 1900 bis 2000

Verzeichnis der Kastenartikel

LITERATUR

Literaturverzeichnis

Das Literaturverzeichnis enthält eine Auswahl wichtiger Werke zur Erforschung von Vornamen. Zeitschriftenartikel und Beiträge zu Sammelbänden werden nur dann aufgeführt, wenn sie zur Abfassung dieses Buches berücksichtigt wurden. Das Literaturverzeichnis ist in folgende Teile untergliedert:

1 Handbücher, Einführungen
2 Quellenwerke, historische Untersuchungen, Vornamensammlungen
3 Deutsche Vornamenbücher
4 Fremdsprachige Vornamenbücher
5 Spezielle Untersuchungen
6 Wörterbücher und Lexika
7 Internetquellen

1 Handbücher, Einführungen

BACH, A.: *Deutsche Namenkunde.* Bd. I, 1 u. 2: *Die deutschen Personennamen.* 3. Auflage. Heidelberg 1978.

DEBUS, F.: *Namenkunde und Namengeschichte. Eine Einführung.* (= Grundlagen der Germanistik 51.) Berlin 2012.

Europäische Personennamensysteme. Ein Handbuch von Abasisch bis Zentralladinisch. Hrsg. von A. BRENDLER und S. BRENDLER. (= Lehr- und Handbücher zur Onomastik, Bd. 2.) Hamburg 2007.

FLEISCHER, W.: *Die deutschen Personennamen. Geschichte, Bildung und Bedeutung.* 2., durchgesehene und ergänzte Auflage. (= Wissenschaftliche Taschenbücher, Bd. 20.) Berlin 1968.

GOTTSCHALD, M.: *Deutsche Namenkunde.* 6., durchgesehene und bibliographisch aktualisierte Auflage mit einer Einführung in die Familiennamenkunde von R. SCHÜTZEICHEL. Berlin, New York 2006.

KOHLHEIM, R.; KOHLHEIM, V.: *Personennamen.* In: *Namenarten und ihre Erforschung. Ein Lehrbuch für das Studium der Onomastik.* Hrsg. von A. BRENDLER und S. BRENDLER. Hamburg 2004. S. 671–704.

KOSS, G.: *Namenforschung. Eine Einführung in die Onomastik.* 3., aktualisierte Auflage. (= Germanistische Arbeitshefte 34.) Tübingen 2002.

KUNZE, K.: *dtv-Atlas Namenkunde. Vor- und Familiennamen im deutschen Sprachgebiet.* 5., durchgesehene und korrigierte Auflage. (= dtv 3266.) München 2004.

NÜBLING, D.; FAHLBUSCH, F.; HEUSER, R.: *Namen. Eine Einführung in die Onomastik.* Tübingen 2012.

Namenforschung. Ein internationales Handbuch zur Onomastik. Hrsg. von E. EICHLER, G. HILTY, H. LÖFFLER, H. STEGER, L. ZGUSTA. (= Handbücher zur Sprach- und Kommunikationswissenschaft, Bd. 11.1. u. 11.2.) Berlin, New York 1995–1996.

Reader zur Namenkunde II. Anthroponymie. Hrsg. von F. DEBUS und W. SEIBICKE. Germanistische Linguistik 115–118 (1993).

SEIBICKE, W.: *Die Personennamen im Deutschen.* 2., überarbeitete Auflage. (=Sammlung Göschen 2218.) Berlin, New York 2008.

2 Quellenwerke, historische Untersuchungen, Vornamensammlungen

ANDERSEN, CH.: *Studien zur Namengebung in Nordfriesland. Die Bökingharde 1760–1970.* Bredstedt 1977.

BECKER, L.: *Hispano-romanisches Namenbuch. Untersuchung der Personennamen vorrömischer, griechischer und lateinisch-romanischer Etymologie auf der Iberischen Halbinsel im Mittelalter (6.–12. Jahrhundert).* (= Patronymica Romanica 23.) Tübingen 2009.

BIELEFELD, K.: *Beliebte Vornamen. Jahrbuch 2012.* Norderstedt 2012.

FÖRSTEMANN, E.: *Altdeutsches Namenbuch.* Bd. 1: *Personennamen.* 2. Auflage. Bonn 1900. Nachdruck: München, Hildesheim 1966.

HARTIG, J.: *Die münsterländischen Rufnamen im späten Mittelalter.* Köln, Graz 1967.

Internationales Handbuch der Vornamen, bearbeitet von O. NÜSSLER. Nachdruck der Ausgabe von 1986, ergänzt durch G. MÜLLER und L. KUNTZSCH. Frankfurt a.M. 2008.

KAJANTO, I.: *The Latin Cognomina.* Helsinki 1965.

KAUFMANN, H.: *Ergänzungsband zu Ernst Förstemann, Altdeutsche Personennamen.* München, Hildesheim 1968.

KLEINTEICH, B.: *Vornamen in der DDR: 1960–1990.* Berlin 1992.

KOHLHEIM, V.: *Regensburger Rufnamen des 13. und 14. Jahrhunderts. Linguistische und sozioonomastische Untersuchungen zu Struktur und Motivik spätmittelalterlicher Anthroponymie.* Wiesbaden 1977.

L'Onomastique Latine. Hrsg. von N. DUVAL unter Mitarbeit von D. BRIQUEL und M. HAMIAUX. (= Colloques Internationaux du CNRS 564.) Paris 1977.

MORLET, M.-T.: *Les noms de personne sur le territoire de l'ancienne Gaule du VIe au XIIe siècle.* I. *Les noms issus du germanique continental et les créations gallo-germaniques.* II. *Les noms latins ou transmis par le latin.* Paris 1971–1972.

MÜLLER, G.: *Studien zu den theriophoren Personennamen der Germanen.* Köln 1970.

NEDOMA, R.: *Personennamen in südgermanischen Runeninschriften. Studien zur altgermanischen Namenkunde* I, 1.1. Heidelberg 2004.

PIEL, J. M.; KREMER, D.: *Hispano-gotisches Namenbuch. Der Niederschlag des Westgotischen in den alten und heutigen Personen- und Ortsnamen der Iberischen Halbinsel.* Heidelberg 1976.

RAVELING, I.: *Die ostfriesischen Vornamen. Herkunft, Bedeutung und Verbreitung.* 3. Auflage. Aurich 1988.

SALOMIES, O.: *Die römischen Vornamen. Studien zur römischen Namengebung.* Helsinki 1987.

SCHLAUG, W.: *Die altsächsischen Personennamen vor dem Jahre 1000.* Lund 1962.

SCHRAMM, G.: *Namenschatz und Dichtersprache. Studien zu den zweigliedrigen Personennamen der Germanen.* Göttingen 1957.

SEIBICKE, W.: *Historisches deutsches Vornamenbuch.* Bd. 1: *A–E*, Bd. 2: *F–K*, Bd. 3: *L–Sa*, Bd. 4: *Sc–Z*, Bd. 5: *Nachträge und Korrekturen.* Berlin, New York 1996, 1998, 2000, 2002, 2007.

SOCIN, A.: *Mittelhochdeutsches Namenbuch nach oberrheinischen Quellen des zwölften und dreizehnten Jahrhunderts.* Basel 1903. Nachdruck: Hildesheim 1966.

3 Deutsche Vornamenbücher

BAHLOW, H.: *Unsere Vornamen im Wandel der Jahrhunderte.* Limburg/Lahn 1965.

DEBUS, F.: *Reclams Namenbuch. Deutsche und fremde Vornamen nach Herkunft und Bedeutung erklärt.* (= Reclams Universal-Bibliothek 18458.) Stuttgart 2006.

DROSDOWSKI, G.: *Lexikon der Vornamen. Herkunft, Bedeutung und Gebrauch von mehreren tausend Vornamen.* 2., neu bearbeitete und erweiterte Auflage. (= Duden-Taschenbücher, Bd. 4.) Mannheim 1974.

EBERHARD-WABNITZ, M.; LEISERING, H.: *Knaurs Buch der Vornamen.* München 1998.

JACOB, L.: *Das neue Falken Buch der Vornamen.* Niederhausen/Ts. 2000.

MACKENSEN, L.: *Das große Buch der Vornamen. Herkunft, Ableitungen und Verbreitung, Koseformen, berühmte Namensträger, Gedenk- und Namenstage, verklungene Vornamen.* 9. Auflage. München 1990.

NAUMANN, H.; SCHLIMPERT, G.; SCHULTHEIS, J.: *Vornamenbuch.* Leipzig 1988.

SEIBICKE, W.: *Vornamen.* 2., vollständig überarbeitete Auflage. Frankfurt a.M. 1991.

SEIBICKE, W.: *Vornamen.* 3., vollständig überarbeitete Auflage. Frankfurt a.M., Berlin 2002.

WEITERSHAUS, F. W.: *Das neue große Vornamenbuch. Herkunft und Bedeutung von 8000 Vornamen.* München 2003.

WIMMER, O.; MELZER, H.: *Lexikon der Namen und Heiligen.* Bearbeitet und ergänzt von J. GELMI. 6. Auflage. Innsbruck, Wien 1988.

4 Fremdsprachige Vornamenbücher

ALBAIGÉS OLIVART, J. M.: *Diccionario de Nombres de Personas.* 3. Auflage. Barcelona 1993.

ALBAIGÉS, J. M.: *El libro de los nombres.* Barcelona 2004.

AYSAN, A., TUNCAY, S.: *Kadın erkek adları sözlüğü* (Lexikon der Frauen- und Männernamen). Ankara 1997.

BAKER, M.: *Common Names in the Arab World.* In: P. HANKS; F. HODGES: *A Dictionary of First Names.* Oxford, New York 1996. S. 351–386.

BESNARD, J.: *La cote des prénoms en 2006.* Neuilly sur-Seine 2005.

BLOOTHOOFT, G.; VAN NIFTERICK, E.; GERRITZEN, D.: *Over voornamen. Hoe Nederland aan z'n voornamen komt.* Utrecht 2004.

BRYLLA, E.: *Förnamn i Sverige.* Stockholm 2004.

BUBAK, J.: *Księga naszych imion* (Buch unserer Vornamen). Wrocław, Warszawa, Kraków 1993.

DE FELICE, E.: *Dizionario dei nomi italiani. Origine, etimologia, storia, diffusione e frequenza di oltre 18.000 nomi.* Milano 1986.

DUNKLING, L. A.: *Scottish Christian Names.* Stirling 1978.

DUNKLING, L. A.; GOSLING, W.: *Everyman's Dictionary of First Names.* London 1984.

FAURE, R.: *Diccionario de nombres propios.* Madrid 2002.

GARCÍA GALLARÍN, C.: *Los nombres de pila españoles.* Madrid 1998.

GERRITZEN, D.: *Voornamen. Een praktische handleiding.* Utrecht 1999.

HANKS, P.; HODGES, F.: *A Dictionary of First Names.* Oxford, New York 1996.

HORNBY, R.: *Danske Personnavne.* København 1978.

JANOWOWA, W.; SKARBEK, A.; ZBIJOWSKA, B.; ZBINIOWSKA, J.: *Słownik imion* (Vornamenwörterbuch). Wrocław, Warszawa, Kraków 1991.

KEBER, J.: *Leksikon imen. Izvor imen na Slovenskem* (Lexikon der Vornamen. Herkunft der Vornamen in Slowenien). 2., ergänzte Auflage. Celje 1996.

KIVINIEMI, E.: *Jita Linta Maria. Etuninimiopas vuosituhannen vaihtessen* (Ida Linda Maria. Ein Ratgeber für Vornamen bis zur Jahrtausendwende). Helsinki 1993.

KNAPPOVÁ, M.: *Jak se bude Vaše dítě jmenovat?* (Wie unser Kind heißen wird). 5., überarbeitete Auflage. Praha 2010.

KOPEČNÝ, F.: *Průvodce našimi jmény* (Begleiter zu unseren Vornamen). Praha 1991.

KRISHNAMURTHY, R.: *Common Names of the Indian Subcontinent.* In: P. HANKS; F. HODGES: *A Dictionary of First Names.* Oxford, New York 1996. S. 387–443.

KRUKEN, K.; STEMSHAUG, O.: *Norsk Personnamnleksikon.* 2. Auflage. Oslo 1995.

LADÓ, J.; BÍRÓ, Á.: *Magyar utónévkönyv* (Ungarisches Vornamenbuch). Budapest 1998.

LASRI, A.: *Lexique de prénoms arabes.* Amberieu en Bugey 1990.

MELDGAARD, E. V.: *Den Store Navnebog* (Das große Namenbuch). København 1994.

NORMAN, T.: *The African-American Baby Name Book.* New York 1998.

OSSORIO ACEVEDO, F.: *Los nombres propios aborígenes de Canarias* (Die einheimischen Eigennamen der Kanarischen Inseln). 3. Auflage, o.O., 2002.

OTTERBJÖRK, R.: *Svenska förnamn.* 4. Auflage. Stockholm 1981.

PETROVSKIJ, N. A.: *Slovar' russkich ličnych imen* (Wörterbuch der russischen Vornamen). Moskva 1966 (2. Auflage 1980).

RAPOPORT, ST.: *L'Officiel des prénoms. Édition 2012.* Paris 2011.

ROOM, A.: *Cassell's Dictionary of First Names.* 2. Auflage. London 2002.

RYMUT, K. (Hrsg.): *Słownik imion współcześniew Polsce używanych* (Wörterbuch der gegenwärtig in Polen gebrauchten Vornamen). Kraków 1995.

Satchidanada, S. S.: *The Dictionary of Sanskrit Names.* Buckingham, Va., 1989.

Satrústegui, J. M.: *Euskal Izendegia. Nomenclator onomástico vasco. Liste des prénoms basques.* Bilbao 1983.

Schimmel, A.: *Von Ali bis Zahra. Namen und Namengebung in der islamischen Welt.* (= Diederichs Gelbe Reihe 102.) München 1993.

Sidi, S. S.: *The Complete Book of Hebrew Baby Names.* San Francisco 1989.

Siliņš, K.: *Latviešu Personvārdu Vārdnīca.* Riga 1990.

Spectrum Voornamenboek. Samengesteld door dr. J. van der Schaar, bewerkt door dr. D. Gerritzen en dr. J. B. Berns. 21. Auflage. Utrecht 1994.

Superanskaja, A. V.: *Slovar' russkich ličnych imen* (Wörterbuch der russischen Vornamen). Moskva 1998.

Tanet, Ch.; Hordé, T.: *Dictionnaire des prénoms.* Paris 2000.

Tibón, G.: *Diccionario etimológico comparado de nombres propios de persona.* 2., durchgesehene Auflage. México, D. F. 1986.

Tichonov, A. N.; Bojarinova, L. Z.; Ryžkova, A. G.: *Slovar' russkich ličnych imen* (Wörterbuch der russischen Vornamen). Moskva 1995.

Trijnjak, I. I.: *Slovnik ukrainskych imen* (Wörterbuch ukrainischer Vornamen). Kijiv 2005.

Withycombe, E. G.: *The Oxford Dictionary of Christian Names.* 3. Auflage. Oxford, New York 1977.

5 Spezielle Untersuchungen

Arcamone, M. G.: *Die langobardischen Personennamen in Italien:* nomen *und* gens *aus der Sicht der linguistischen Analyse.* In: *Nomen et gens. Zur historischen Aussagekraft frühmittelalterlicher Personennamen,* hrsg. von D. Geuenich, W. Haubrichs, J. Jarnut. (= Ergänzungsbände zum Reallexikon der Germanischen Altertumskunde 16.) Berlin, New York 1997. S. 157–175.

De Felice, E.: *Nomi e cultura. Riflessi della cultura italiana dell'Ottocento e del Novecento nei nomi personali.* Venezia 1987.

Faltings, V. F.: *Kleine Namenkunde von Föhr und Amrum.* Hamburg 1985.

Gerritzen, D.: *Wandel der Vornamengebung im niederländischen Raum aus gesellschaftlicher Sicht.* In: *Name und Gesellschaft. Soziale und historische Aspekte der Namengebung und Namenentwicklung.* Hrsg. von J. Eichhoff, W. Seibicke und M. Wolffsohn. (= Thema Deutsch, Bd. 2.) Mannheim, Leipzig, Wien, Zürich 2001. S. 126–145.

Goetz, H.-W., Haubrichs, W.: *Personennamen in Sprache und Gesellschaft. Zur sprach- und geschichtswissenschaftlichen Auswertung frühmittelalterlicher Namenzeugnisse auf der Grundlage einer Datenbank.* In: Beiträge zur Namenforschung. Neue Folge 40 (2005) S. 1–50 (*Teil 1*), S. 121–215 (*Teil 2*).

Haubrichs, W.: *Von der Kunst der Identifizierung. Personennamenforschung, Prosopographie und philologische Quellenkritik.* In: *Beiträge des Ehren-Kolloquiums aus Anlaß des 70. Geburtstages von Ernst Eichler am 15. Mai 2000.* Hrsg. von W. P. Schmid. Sächsische Akademie der Wissenschaften zu Leipzig, Arbeitsblätter der Kommission für Deutsch-Slawische Namenforschung 1 (2000) S. 31–56.

Herbert, R. K.: *Anthroponymy and Culture Change in Southern Africa.* In: Onoma 34 (1998/99) S. 215–227.

Hergemöller, B.-U.: *Die Geschichte der Papstnamen.* Münster 1980.

Jochum-Godglück, C.: *Der Löwe in germanischen Personennamen – Erweiterung des theriophoren Namenschatzes oder romanisch-germanische Hybridbildung?* In: *Proceedings of the 21st International Congress of Onomastic Sciences.* Bd. 5, hrsg. von E. Brylla, M. Ohlsson, M. Wahlberg. Uppsala 2010, S. 156–164.

Jochum-Godglück, C.: *‚Wolf' und ‚Bär' in germanischer und romanischer Personennamengebung.* In: *Interferenz-Onomastik. Namen in*

Grenz- und Begegnungsräumen in Geschichte und Gegenwart. Saarbrücker Kolloquium des Arbeitskreises für Namenforschung vom 5.–7.Oktober 2006, hrsg. von W. Haubrichs und H. Tiefenbach. Saarbrücken 2011, S. 447–477.

Kleinöder, R.: *Konfessionelle Namengebung in der Oberpfalz von der Reformation bis zur Gegenwart.* Frankfurt a. M. 1996.

Knörr, E.: *Nombres de persona en el País Vasco: Cuestiones históricas y de normalización.* In: *Proceedings of the XIXth International Congress of Onomastic Sciences.* Hrsg. von W. F. H. Nicolaisen. Aberdeen 1998. Bd. 3, S. 218–236.

Kohlheim, R.: *Zur Verbreitung englischer Vornamen in der gegenwärtigen europäischen Namengebung.* In: *Namenforschung und Namendidaktik. Gerhard Koß zum 65. Geburtstag.* Hrsg. von K. Franz und A. Greule. Baltmannsweiler 1999. S. 70–83.

Kohlheim, R.: *Die gegenwärtige Vornamengebung in Katalonien als Spiegel soziokulturellen Wandels.* In: *Name und Gesellschaft. Soziale und historische Aspekte der Namengebung und Namenentwicklung.* Hrsg. von J. Eichhoff, W. Seibicke und M. Wolffsohn. (= Thema Deutsch, Bd. 2.) Mannheim, Leipzig, Wien, Zürich 2001. S. 146–165.

Kohlheim, V.: *Mittelalterliche und gegenwärtige Vornamengebung: ein Vergleich.* In: *Name und Gesellschaft. Soziale und historische Aspekte der Namengebung und Namenentwicklung.* Hrsg. von J. Eichhoff, W. Seibicke und M. Wolffsohn. (= Thema Deutsch, Bd. 2.) Mannheim, Leipzig, Wien, Zürich 2001. S. 88–103.

Kohlheim, V.: *Die Integration der nichtgermanischen Heiligennamen in das spätmittelalterliche deutsche Rufnamensystem.* In: *Interferenz-Onomastik. Namen in Grenz- und Begegnungsräumen in Geschichte und Gegenwart. Saarbrücker Kolloquium des Arbeitskreises für Namenforschung vom 5. –7.Oktober 2006,* hrsg. von W. Haubrichs und H. Tiefenbach. Saarbrücken 2011, S. 607–616.

Kremer, D.: *Wortforschung und Namenetymologie.* In: Namenkundliche Informationen 93/94 (2008) S. 11–32.

Lawson, E. D.: *Most common Jewish first names in Israel.* In: *Onomastik. Akten des 18. Internationalen Kongresses für Namenforschung, Trier, 12.–17. April 1993.* Bd. VI., hrsg. von D. Kremer in Zusammenarbeit mit M. Bourin, W. F. Nicolaisen und W. Seibicke. Tübingen 2002. S. 509–519.

Lawson, E. D.; Balode, L.: *Latvian naming patterns, 1880–1991.* In: *Proceedings of the XIXth International Congress of Onomastic Sciences.* Bd. 3, hrsg. von W. F. H. Nicolaisen, Aberdeen 1998. S. 244–249.

Lawson, E. D.; Butkus, A.: *Lithuanian 'patriotic' names, 1878–1991.* In: Onoma 34 (1998/99) S. 249–263.

Littger, K. W.: *Studien zum Auftreten der Heiligennamen im Rheinland.* München 1975.

Lühr, R.: *Werturteile in germanischen Personennamen – Lexemersatz von Gallizismen?* In: *Grammatica Ianua Artium. Festschrift für Rolf Bergmann.* Hrsg. von E. Glaser und M. Schlaefer. Heidelberg 1997. S. 445–462.

Mitterauer, M.: *Ahnen und Heilige. Namengebung in der europäischen Geschichte.* München 1993.

Müller, G.: *Die beliebtesten Vornamen in Deutschland seit 1960.* In: *Name und Gesellschaft. Soziale und historische Aspekte der Namengebung und Namenentwicklung.* Hrsg. von J. Eichhoff, W. Seibicke und M. Wolffsohn. (= Thema Deutsch, Bd. 2.) Mannheim, Leipzig, Wien, Zürich 2001. S. 52–69.

Nübling, D.: *Von* Monika *zu* Mia, *von* Norbert *zu* Noah. *Zur Androgynisierung der Rufnamen seit 1945 auf prosodisch-phonologischer Ebene.* In: Beiträge zur Namenforschung. Neue Folge 44 (2009) S. 67–110. *Korrekturnachtrag* ebenda, S. 255f.

Nübling, D.: *Von* Monika *zu* Mia, *von* Klaus *zu* Nico: *Die Vornamen werden androgyner.* In: *Beliebte Vornamen. Jahrbuch 2011.* Hrsg. von K. Bielefeld. Norderstedt 2011, S. 62–74.

Oelkers, S.: *Naming Gender. Empirische Untersuchungen zur phonologischen Struktur von Vornamen im Deutschen.* Frankfurt 2003.

Oelkers, S.: *Warum Adam und Eva? Vornamengebung und Geschlecht.* In: *Adam, Eva und die Sprache. Beiträge zur Geschlechterforschung.* Hrsg. von K. Eichhoff-Cyrus. (= Thema Deutsch, Bd. 5.) Mannheim 2004, S. 133–147.

Porcelli, B.: *Despina e l'onomastica di* Cosi fan tutte *di Da Ponte – Mozart.* In: Rivista Italiana di Onomastica 13 (2007) S. 168–172.

Rosenfeld, H.: *Der Name Wieland.* In: Beiträge zur Namenforschung, Neue Folge 4 (1969) S. 53–62.

Seibicke, W.: *Pietistische und andere christliche Namen: Zum Verhältnis von Vornamengebung und Religion.* In: *Name und Gesellschaft. Soziale und historische Aspekte der Namengebung und Namenentwicklung.* Hrsg. von J. Eichhoff, W. Seibicke und M. Wolffsohn. (= Thema Deutsch, Bd. 2.) Mannheim, Leipzig, Wien, Zürich 2001. S. 104–112.

Siliņa-Piņķe, R.: *Rufnamen in Riga im 15. Jahrhundert anhand des Kämmerei-Registers der Stadt.* Riga 2009.

Solin, H.: *Benedictus.* In: Beiträge zur Namenforschung, Neue Folge 21 (1986) S. 387–400.

Solin, H.: *Silvius.* In: Studi classici e orientali 43 (1993) S. 359–372.

Solin, H.: *De Bérénike à Véronique.* In: *Philokypros.* Hrsg. von L. Dubois und E. Masson. Suplementos a MINOS, Nr. 16. Salamanca 2000. S. 277–283.

Solin, H.: *Zur Entwicklung des römischen Namensystems.* In: *Person und Name.* Hrsg. von D. Geuenich, W. Haubrichs, J. Jarnut. (Ergänzungsbände zum Reallexikon der Germanischen Altertumskunde 32.) Berlin, New York 2002. S. 1–17.

Tang, L.: *Xingshi und Mingzi – Chinesische Namensysteme in der Geschichte und in der Gegenwart.* In: *Onomastik. Akten des 18. Internationalen Kongresses für Namenforschung, Trier, 12.–17. April 1993.* Bd. II, hrsg. von D. Kremer in Zusammenarbeit mit R. Šrámek. Tübingen 2000. S. 300–306.

Tiefenbach, H.: *Der Name Kriemhilt.* In: Beiträge zur Namenforschung, Neue Folge 20 (1985) S. 19–26.

Timmermann, U.: *Altfriesische Personennamen.* In: *Handbuch des Friesischen.* Hrsg. von H. H. Munske. Tübingen 2001. S. 657–670.

Utech, U.: *Rufname und soziale Herkunft. Studien zur schichtenspezifischen Vornamenvergabe in Deutschland.* (= Germanistische Linguistik, Monographien 25.) Hildesheim 2011.

Wagner, N.: *Arminius und die Ingaewones.* In: Beiträge zur Namenforschung, Neue Folge 17 (1982) S. 291–304.

Wagner, N.: *Geno-veifa und Geno-baudes.* In: Beiträge zur Namenforschung, Neue Folge 22 (1987) S. 53–67.

Wagner, N.: *Thela/Okla*, Tzeiouk und ähnliche.* In: Beiträge zur Namenforschung, Neue Folge 28 (1993) S. 127–138.

Wagner, N.: *Ostgotische Personennamengebung.* In: *Nomen et gens. Zur historischen Aussagekraft frühmittelalterlicher Personennamen.* Hrsg. von D. Geuenich, W. Haubrichs, J. Jarnut. Berlin, New York 1997. S. 41–57.

Wagner, N.: *Faileuba/Fachileuua*, Emmerammus*, Flameris und andere.* In: Beiträge zur Namenforschung, Neue Folge 32 (1997) S. 287–302.

Wagner, N.: *Zu* -gast, -lant *und zur Umkehrung der Namengliederfolge.* In: Beiträge zur Namenforschung, Neue Folge 33 (1998) S. 1–14.

Wagner, N.: *Zu ungeklärten Personennamen in süddeutschen Ortsnamen.* In: Beiträge zur Namenforschung, Neue Folge 37 (2002) S. 371–407.

Wagner, N.: *As.* yrias ‚De pagano cursu'. *Zu dessen Etymologie und der von* Iring. In: Beiträge zur Namenforschung. Neue Folge 42 (2007) S. 413–416.

Wagner, N.: *Zum Inhalt althochdeutscher Personennamen auf* -heri *und einiger weiterer.* In: Beiträge zur Namenforschung, Neue Folge 43 (2008) S. 157–165.

WAGNER, N.: Hilt-gund *und* Gund-hilt. *Zum Sinngehalt der beiden Namen.* In: Beiträge zur Namenforschung, Neue Folge 45 (2010) S. 157–160.

WOLFFSOHN, M.; BRECHENMACHER, TH.: *Die Deutschen und ihre Vornamen. 200 Jahre Politik und öffentliche Meinung.* München, Zürich 1999.

ZENGIN, D.: *Geschlechtsspezifik von deutschen und türkischen Vornamen.* In: Muttersprache 119 (2009) S. 58–65.

6 Wörterbücher und Lexika

The Anchor Bible Dictionary. Hrsg. von D. N. FREEDMAN. 6 Bde. New York, London, Toronto, Sydney, Auckland 1992.

Duden 6, Das Aussprachewörterbuch. Wörterbuch der deutschen Standardaussprache. 6., neu bearbeitete und aktualisierte Auflage. Mannheim 2005.

Duden 7, Das Herkunftswörterbuch. Etymologie der deutschen Sprache. 3., völlig neu bearbeitete und erweiterte Auflage. Mannheim 2001.

GÄRTNER, H.: *Kleines Lexikon der griechischen und römischen Mythologie.* 2. Auflage. Leipzig 1991.

GEORGES, K. E.: *Ausführliches lateinisch-deutsches Handwörterbuch. Aus den Quellen zusammengetragen und mit besonderer Bezugnahme auf die Synonymik und Antiquitäten unter Berücksichtigung der besten Hilfsmittel ausgearbeitet von* K. E. GEORGES. Nachdruck der 8., verbesserten und vermehrten Auflage (1913) von H. GEORGES: Darmstadt 1995.

KLUGE, F.: *Etymologisches Wörterbuch der deutschen Sprache.* Bearbeitet von E. SEEBOLD. 24., durchgesehene und erweiterte Auflage. Berlin, New York 2002.

Neues Bibel-Lexikon. Hrsg. von M. GÖRG und B. LANG. Zürich 1991ff.

Ökumenisches Verzeichnis der biblischen Eigennamen nach den Loccumer Richtlinien. Hrsg. von den katholischen Bischöfen Deutschlands, dem Rat der Evangelischen Kirche in Deutschland und der Deutschen Bibelgesellschaft – Evangelisches Bibelwerk. 2. Auflage, neu bearbeitet von J. LANGE. Stuttgart 1981.

PFEIFER, W.: *Etymologisches Wörterbuch des Deutschen.* Bd. 1–3. Berlin 1989.

POKORNY, J.: *Indogermanisches etymologisches Wörterbuch.* Bern, München 1959 (3. Auflage 1994); *Register*: Bern, München 1969.

PUKUI, M. K.; ELBERT, S. H.: *Hawaiian Dictionary. Hawaiian-English, English-Hawaiian.* Revised and enlarged edition. Honolulu 1986.

SARI, M.: *Turkish, English, Arabic, Persian Sözlük.* Istanbul o.J.

SCHMOLDT, H.: *Lexikon der biblischen Personen und Gestalten.* (= Reclams Universal-Bibliothek 18650) Stuttgart 2009.

SCHÜTZEICHEL, R.: *Althochdeutsches Wörterbuch.* 6., überarbeitete und erweiterte Auflage. Tübingen 2006.

Internetquellen

Afrikanische Namen: http://www.namensite.com-African Names (April 2006)

Arabische Namen: http://www.cedarseed.com/air/arabicnames.html (April 2006)

Armenische Namen: http://www.behindthename.com (August 2006)

Australien, New South Wales (Vornamenstatistik): http://www.bdm.nsw.gov.au/cgi-bin/popularNames.cgi (22.01.2013)

Belgien (Vornamenstatistik): http://www.statbel.fgov.be/fr/statistiques/chiffres/population/autres/noms/pre/ (22.01.2013)

Brasilien (Vornamenstatistik): http://brasil.babycenter.dom/a7000029/os-100nomes-de-beb%C3%AA-meis-usa dos-em-2011 (22.01.2013)

Chinesische Namen:
http://www.20000-names.com (April 2006)
Dänemark (Vornamenstatistik):
http://www.baby-navne.dk (22.01.2013)
Deutschland (Vornamenstatistik):
http://www.beliebte-vornamen.de/jahrgang/j2012 und http://www.beliebte-vornamen.de/jahrgang/j2012/top500-2012 (23.01.2013)
England und Wales (Vornamenstatistik):
http://www.ons.gov.uk/ons/rel/vsob1/baby-names//england-and-wales/2011/sb-baby-names-2011.html (22.01.2013)
Finnland (Vornamenstatistik):
http://www.beliebte-vornamen.de/1862-finnische.htm (22.01.2013)
Frankreich (Vornamenstatistik):
http://www.babycenter.fr/a8600181/Le-top-des-pr%C3%A9noms-2011-en-france (23.01.2013)
Hawaiische Namen:
http://www.babynameworld.com (August 2006)
Indianische Namen:
http://www.20000-names.com (April 2006)
Kanada, Québec (Vornamenstatistik):
http://www.rrq.gouv.qc.ca/en/enfantsPages/banque_prenoms.aspx (22.01.2013)
Kanada, British Columbia (Vornamenstatistik:
http://www.vs.gov.bc.ca/babynames/baby2011.html (23.01.2013)
Niederlande (Vornamenstatistik):
http://sbv.nl/int/nl/kinderbijslag/Kindernamen/top20/index/jsp (23.01.2013)
Nigerianische Namen:
http://www.cedarseed.com/air/nigeriannames.html (Oktober 2006)
Norwegen (Vornamenstatistik):
http://www.ssb.no/navn/ (23.01.2013)
Österreich (Vornamenstatistik):
http://www.statistik.at/web_de/statistiken/bevoelkerung/geburten/haeufigste_vornamen/index.html (23.01.2013)
Persische Namen: Maryam Kutchemeshgi, Iranian Names: http://cleo-las-psu-edu/index.html (April 2006)
Schweden (Vornamenstatistik):
http://www.scb.se/Pages/TableAndChart–347442.aspx (23.01.2013)
Schweiz (Vornamenstatistik):
http://www.bfs.admin.ch/bfs/portal/de/index/themen/01/02/blank/dos/prenoms/01.html;
http://www.bfs.admin.ch/bfs/portal/fr/index/themen/01/02/blank/dos/prenoms/01.html;
http://www.bfs.admin.ch/bfs/portal/it/index/themen/01/02/blank/dos/prenoms/01.html (23.01.2013)
Spanien (Vornamenstatistik):
http://www.ine.es.daco/daco42/nombyapel/nomnac11.xls (23.01.2013)
Tschechische Republik (Vornamenstatistik):
http://czechmatediary.com/2009/3/23/and-the-most-popular-czech-name-is/ (22.01.2013)
USA (Vornamenstatistik):
http://www.ssa.gov/oact/babynames/ (23.01.2013)